PSICOLOGÍA

*Con aplicaciones en países
de habla hispana*

PSICOLOGÍA

*Con aplicaciones en países
de habla hispana*

Cuarta edición

Robert S. Feldman
University of Massachusetts at Amherst

Traducción
Jorge Alberto Velázquez Arellano
Traductor profesional

Revisión técnica
Guadalupe Vadillo Bueno
Psicóloga y Master en Educación,
Universidad de las Américas
Doctora en Educación,
Universidad La Salle
Directora de Educación Continua y de Comunicación Humana,
Universidad de las Américas

Rosa Laura Cantú Elizondo
Licenciada en Psicología,
Universidad Autónoma de Nuevo León
Especialista en Neuropsicología,
APINEP, Argentina

McGRAW-HILL

MÉXICO • BUENOS AIRES • CARACAS • GUATEMALA • LISBOA • MADRID
NUEVA YORK • SAN JUAN • SANTAFÉ DE BOGOTÁ • SANTIAGO • SÃO PAULO
AUCKLAND • LONDRES • MILÁN • MONTREAL • NUEVA DELHI • SAN FRANCISCO
SINGAPUR • ST. LOUIS • SIDNEY • TORONTO

Gerente de producto: Alejandra Martínez Avila
Supervisor de edición: Sergio Campos Peláez
Supervisor de producción: Zeferino García García
Imagen de portada: "Lesende Frau" (Mujer leyendo),
ilustración de: Quint Buchholz
© Sanssouci Verlag AG Zürich, 1997
Reproducido con permiso

PSICOLOGÍA
Con aplicaciones en países de habla hispana
Cuarta edición

DERECHOS RESERVADOS © 2002, 1998, 1995 respecto a la tercera edición en
español por McGRAW-HILL INTERAMERICANA EDITORES, S.A. de C.V.
*A subsidiary of The **McGraw-Hill** Companies*
Cedro Núm. 512, Col. Atlampa
Delegación Cuauhtémoc,
06450, México, D.F.
Miembro de la Cámara Nacional de la Industria Editorial Mexicana,
Reg. Núm. 736

ISBN 970-10-2913-5
970-10-0633-X (primera edición en español)
970-10-1895-8 (segunda edición en español)

Traducido de la cuarta edición de:
ESSENTIALS OF UNDERSTANDING PSYCHOLOGY
Fourth Edition
Copyright © MM, 1997, 1994, 1989 by the McGraw-Hill Companies, Inc.
All rights reserved
ISBN: 007-2285362

234567890

Impreso en México

09876542103

Esta obra se terminó de
imprimir en Septiembre del 2003 en
Impresora APOLO
Centeno Núm.162-1
Col. Granjas Esmeralda
Delegación Iztapalapa
C.P. 09810 México, D.F.

Printed in Mexico

Robert S. Feldman es profesor de psicología en la University of Massachusetts en Amherst, donde es director de pregrado y donde recibió el College Outstanding Teacher Award. También ha impartido cursos en el Mount Holyoke College, la Wesleyan University y la Virginia Commonwealth University. Como director de pregrado inició el Minority Mentoring Program y enseña en el Talent Advancement Program. Sus clases de introducción a la psicología, las cuales enseña cada semestre, varían en tamaño de 20 a 300 estudiantes.

Graduado de la Wesleyan University y de la University of Wisconsin-Madison, el profesor Feldman es miembro de la American Psychological Association y de la American Psychological Society. Es ganador del premio Fulbright Senior Research Scholar and Lecturer y ha escrito más de 100 artículos científicos, capítulos de libros y libros. Sus libros, varios de los cuales han sido traducidos a otros idiomas, incluyen *Fundamentals of Nonverbal Behavior, Development of Nonverbal Behavior in Children, Essentials of Understanding Psychology, Social Psychology* y *Development Across the Life Span.* Sus intereses de investigación abarcan el desarrollo del comportamiento no verbal en niños y la psicología social de la educación, y su investigación ha sido apoyada por becas del National Institute of Mental Health y el National Institute on Disabilitiès and Rehabilitation Research.

Su tiempo libre lo dedica casi siempre a cocinar con seriedad y a tocar el piano de manera entusiasta, pero poco pulida. Vive con su esposa, quien también es psicóloga, y con sus tres hijos en un hogar con vista a las montañas Holyoke en Amherst, Massachusetts.

Para
Ethel Radler, con amor

Resumen de contenido

Contenido

Lista de recuadros

Prefacio

La complejidad y las contradicciones del comportamiento humano desafían cualquier explicación fácil. Observamos comportamientos buenos y malos; encontramos conductas racionales e ilógicas, y descubrimos cooperación y competencia violenta entre los pueblos del mundo.

La cuarta edición de *Psicología con aplicaciones en países de habla hispana* refleja lo que han aprendido los psicólogos en su esfuerzo por comprender y explicar los comportamientos que vemos a nuestro alrededor. El texto se diseñó para ofrecer una amplia introducción a la psicología. Aunque se centra en los fundamentos de este campo de estudio, también aclara la relevancia de la psicología en la vida cotidiana de las personas.

En la revisión de esta obra me planteé cuatro objetivos principales:

1. Proporcionar una amplia cobertura del campo de la psicología mediante la presentación de las teorías, investigaciones y aplicaciones que conforman la disciplina.
2. Servir como motivador para que los lectores piensen de manera crítica sobre los fenómenos psicológicos, en particular aquellos que tienen un impacto en sus vidas cotidianas.
3. Ilustrar la considerable diversidad dentro del campo de la psicología, así como en la sociedad en conjunto por medio de la exposición de material que refleje la creciente preocupación de la disciplina por los problemas culturales, de género, raciales y étnicos.
4. Despertar el interés intelectual y formar una apreciación de la forma en que la psicología puede aumentar la comprensión de los estudiantes respecto al mundo que los rodea.

En resumen, este texto no sólo pretende exponer a los lectores al contenido, y la promesa, de la psicología, sino hacerlo de modo tal que le dé vida a los conceptos básicos y hallazgos de la investigación, y así mantener el interés por la disciplina, incluso mucho después de que los lectores hayan completado su primer encuentro con este campo.

ALCANCE Y ESTRUCTURA DE *PSICOLOGÍA CON APLICACIONES EN PAÍSES DE HABLA HISPANA*

Psicología con aplicaciones en países de habla hispana está basada en la quinta edición, que consta de 18 capítulos, del libro *Understanding Psychology*, una extensa y completa introducción al campo de la psicología. Al igual que el libro del que se deriva, esta obra incluye una cobertura de las áreas temáticas tradicionales de la psicología. Abarca, por ejemplo, las bases biológicas del comportamiento, sensación y percepción, aprendizaje, cognición, desarrollo, personalidad, comportamiento anormal y los fundamentos sociales y psicológicos del comportamiento. Sin embargo, a diferencia de su predecesor, esta obra es un volumen más breve, de 14 capítulos. Se centra en lo esencial de la psicología y ofrece una amplia introducción a este campo de estudio. El libro también muestra cómo las teorías e investigaciones de campo influyen de manera directa en la vida cotidiana de los lectores, lo cual se enfatiza con aplicaciones de la psicología.

La estructura organizativa de este libro es muy flexible. Cada uno de los capítulos se divide en tres o cuatro unidades manejables e independientes, lo cual permite a los profesores elegir y omitir secciones de acuerdo con su programa. Además, el material sobre la aplicación de la psicología está bien integrado a lo largo del texto. Como resultado, el libro refleja una combinación de temas esenciales tradicionales y de materias aplicadas contemporáneas, por lo cual ofrece una perspectiva amplia, ecléctica y actual del campo de la psicología.

Psicología con aplicaciones en países de habla hispana emplea diversas estrategias pedagógicas diseñadas para ayudar a los estudiantes a dominar el campo de la psicología. Las más importantes de estas características son las siguientes:

- **Prólogo.** Cada capítulo inicia con el relato de una situación de la vida real que demuestra la relevancia de conceptos y principios básicos de la psicología con relación a temas y problemas pertinentes. Estos prólogos por lo general describen personas y eventos bien conocidos, como el triunfo olímpico de Kerri Strug, al Unabomber y el accidente y recuperación de Christopher Reeve, desde una perspectiva psicológica.

- **Un vistazo anticipatorio.** Un panorama general del capítulo se encuentra después del prólogo. En esta sección se articulan los temas y los problemas más importantes que se exponen en el capítulo.

- **Preguntas orientadoras.** Cada sección principal dentro del capítulo comienza con varias preguntas amplias que proporcionan un marco de referencia para comprender y dominar el material propuesto. Estas preguntas aparecen al margen, junto a la sección que se va a leer.

- **Aplicación de la psicología en el siglo xxi.** Son recuadros especiales, nuevos en esta edición, que ilustran las aplicaciones de la teoría psicológica actual y los hallazgos de las investigaciones a problemas del mundo real, enfocándose en adelantos actuales y posibilidades futuras en el nuevo siglo. Por ejemplo, estas exposiciones incluyen investigaciones sobre el desarrollo de órganos sensoriales artificiales, fármacos para reducir el olvido, terapia génica y psicoterapia virtual reforzada por computadora.

- **Los caminos de la psicología.** Cada capítulo proporciona bosquejos biográficos de personas que trabajan en profesiones que emplean los hallazgos de la psicología. Algunas de estas personas son psicólogos; otras trabajan en otros campos; todos emplean la psicología a diario. Por ejemplo, hay entrevistas con un director de un laboratorio del sueño, un administrador que trabaja con gente con deficiencia mental, un psicólogo del deporte, un defensor de las personas sin hogar y un ejecutivo de publicidad.

- **Exploración de la diversidad.** Además de una cantidad considerable de material relevante sobre la diversidad integrado a lo largo de las exposiciones en el texto, cada capítulo dedica también al menos una sección especial a un aspecto de la diversidad racial, étnica, de género o cultural. Estas secciones destacan el modo en que la psicología informa (y es informada) de asuntos relacionados con el creciente multiculturalismo de nuestra sociedad global. Entre las secciones de exploración de la diversidad están aquellas sobre diferencias transculturales en la memoria, semejanzas transculturales en la expresión emocional, perspectivas culturales sobre la circuncisión femenina y el uso de la raza para establecer normas para pruebas.

- **PsicoVínculos.** Nuevos en esta edición, los iconos marginales llamados "PsicoVínculos" indican material relacionado con el sitio World Wide Web de *Psicología con aplicaciones en países de habla hispana* en http://www.mhhe.com/psycafe.

- **El consumidor de psicología bien informado.** Cada uno de los capítulos incluye material diseñado para que los lectores sean mejores consumidores de información psicológica, al ofrecerles la capacidad para evaluar de manera crítica lo que brinda el campo de la psicología. Por ejemplo, estas secciones exponen formas para evaluar las declaraciones de las investigaciones, manejar el dolor, identificar problemas de drogas y alcohol, mejorar la memoria, estrategias de pensamiento crítico, perder peso con éxito, terminar con el acoso sexual, adaptarse a la muerte, valorar las evaluaciones de la personalidad y cómo elegir un terapeuta. Estas secciones únicas ilustran las aplicaciones con base en la investigación psicológica y al mismo tiempo proporcionan una guía útil y sólida respecto a problemas comunes.

- **Recapitulación, revisión y reflexión.** Todos los capítulos se dividen en tres o cuatro secciones, cada una de las cuales concluye con una recapitulación, revisión y reflexión. La recapitulación resume los puntos esenciales de la sección anterior. La revisión pone a prueba el recuerdo inicial del material. La reflexión presenta preguntas de pensamiento crítico que motivan al razonamiento.

- **Acotaciones.** Los principales términos se destacan con negritas dentro del texto donde son introducidos y se definen al margen de la página. Existe también un glosario al final del libro.

- **Una mirada retrospectiva.** Para facilitar la revisión y la síntesis de la información expuesta, dos características al final del capítulo refuerzan el aprendizaje del estudiante. Primero, un *resumen numerado del capítulo* enfatiza los puntos esenciales que se abordaron y está organizado de acuerdo a las preguntas orientadoras planteadas al inicio de cada sección principal. Segundo, al final de cada capítulo se proporciona una lista de *términos y conceptos clave*, que incluye el número de página donde corresponden.

- **Epílogo.** Nuevo en esta edición, cada capítulo termina con un epílogo que incorpora preguntas de pensamiento crítico relacionadas con el prólogo al principio del capítulo. Las preguntas de reflexión del epílogo proporcionan una forma de relacionar el capítulo e ilustrar cómo los conceptos abordados en éste se aplican a la situación del mundo real presentada en el prólogo.

¿QUÉ NOVEDADES HAY EN LA CUARTA EDICIÓN?

Esta edición contiene una cantidad significativa de información nueva y actualizada. Por mencionar sólo un ejemplo, los avances en genética conductual y los enfoques evolutivos de la psicología reciben una cobertura nueva y significativa. Además, muchos capítulos abordan la importancia de las tecnologías en evolución que afectan al comportamiento. En general, se han agregado más de 1 000 citas nuevas, la mayor parte de las cuales son de investigaciones publicadas en los últimos tres años.

Además de la extensa actualización, se ha incorporado una amplia gama de temas nuevos. La siguiente muestra de temas nuevos y revisados que aparecen en esta edición proporciona un buen indicio de la actualidad de la revisión: fundamentos evolutivos del comportamiento (capítulo 1), genética conductual (capítulo 2), órganos sensoriales virtuales (capítulo 3), evaluación crítica de los programas contra las drogas (capítulo 4), influencias de los medios de comunicación en el aprendizaje (capítulo 5), máquinas pensantes (capítulo 6); ebónica y espanglish (capítulo 7), el efecto Flynn (capítulo 8), dexfenfluramina (capítulo 9), ingeniería genética (capítulo 10), rasgos de personalidad tímidos e inhibidos (capítulo 11), trastorno de personalidad limítrofe (capítulo 12), terapia virtual (capítulo 13) y vulnerabilidad al estereotipo (capítulo 14). Entre los nuevos aspectos pedagógicos que se aplican en esta edición se encuentran los recuadros de *Aplicación de la psicología en el siglo XXI*. En ellos se abordan los avances actuales y las posibilidades futuras, enfocándose en las formas en que pueden mejorarse nuestras vidas en el siguiente siglo mediante el trabajo que están realizando los psicólogos. Los *PsicoVínculos*, otra característica nueva, es una lista comentada de sitios en la World Wide Web relevantes para el contenido del capítulo.

Por último, un breve *Epílogo* al final de cada capítulo incorpora preguntas de pensamiento crítico relacionadas con el prólogo. Debido a que los prólogos sirven como estudios de caso que anticipan los temas que abordará el capítulo, las preguntas del epílogo que invitan a la reflexión entrelazan el capítulo. También ilustran cómo pueden aplicarse los conceptos abordados en el capítulo a las situaciones del mundo real descritas en el prólogo.

La cuarta edición enfatiza de nuevo y expande los aspectos de pensamiento crítico del libro de texto. Las secciones de *Recapitulación, revisión y reflexión* se han mejorado con la adición de más preguntas diseñadas para motivar la reflexión crítica de orden superior. Estas preguntas son extensas e integradoras, e incluso pueden servir como base para los ensayos de los estudiantes.

A pesar de los cambios en esta edición de *Psicología con aplicaciones en países de habla hispana*, una constante permanece: la familiaridad básica del estudiante con el texto. *Psicología con aplicaciones en países de habla hispana*, cuarta edición, sigue siendo un libro de texto dedicado al éxito del estudiante. Al ayudar en los esfuerzos del estudiante para dominar el cuerpo del material que abarca el campo de la psicología, el libro está diseñado para nutrir la emoción del estudiante acerca de la psicología y para mantener esa emoción viva durante toda la vida.

PAQUETE COMPLEMENTARIO*

Un paquete multimedia integrado apoya la cuarta edición de *Psicología con aplicaciones en países de habla hispana*. (Por favor póngase en contacto con el representante local de McGraw-Hill para los detalles concernientes a políticas, precios y disponibilidad, ya que pueden aplicarse algunas restricciones.)

- La **Student Study Guide** (0-07-228537-0), preparada por Robert S. Feldman. Cada capítulo de esta guía de estudio comienza con un resumen y una lista de objetivos de aprendizaje. Una revisión guiada y ejercicios de correspondencia ayudan a los estudiantes a aprender el material en el capítulo, y exámenes de práctica de opción múltiple así como preguntas de ensayo les permiten medir su comprensión de la información. Una clave de respuestas proporciona las respuestas correctas a todos los ejercicios del capítulo, incluyendo retroalimentación para todos los reactivos de opción múltiple. También se proporciona una lista de actividades y proyectos que animan a los estudiantes a aplicar la psicología en sus vidas cotidianas.

- El **Instructor's Manual** (0-07-228538-9), preparado por Sandy Ciccarelli del Gulf Coast Community College, está encuadernado en una carpeta de tres argollas con etiquetas divisorias para cada capítulo. Esta presentación permite al instructor para que reordene, elimine o agregue su propio material, permitiéndole personalizar el manual para satisfacer las necesidades de su curso. Cada capítulo proporciona numerosas ideas para lecturas, demostraciones, actividades y proyectos completos con folletos listos para usarse. También se incluye un conjunto de objetivos de

---

* El paquete complementario sólo está disponible en inglés. Si desea mayor información sobre éste, póngase en contacto con alguno de los representantes de McGraw-Hill.

aprendizaje que corresponden con la guía de estudio y el banco de pruebas, y listas de películas y videos relevantes afines a los temas.

- El **Test Bank** (0-07-228539-7) fue preparado por Jeff Kaufmann del Muscatine Community College. El banco de pruebas contiene más de 2 000 reactivos de opción múltiple, clasificados por tipo cognitivo y nivel de dificultad, y codificados según el objetivo de aprendizaje apropiado y el número de página correspondiente del libro de texto. Se indican los reactivos que examinan el conocimiento del material en los recuadros del libro de texto para una referencia fácil. También se proporcionan preguntas de ensayo para todos los capítulos.

- **Computerized Test Banks**, disponible en formatos de Windows (0-07-228542-7) y Macintosh (0-07-228541-9), hacen que los reactivos del banco de pruebas computarizado se encuentren disponibles con facilidad para los profesores. El programa de generación de pruebas Microtest III facilita la selección de preguntas del banco de pruebas e imprime pruebas y claves de respuestas, también permite a los profesores agregar o importar sus propias preguntas.

- Otros complementos incluyen, pero puede ser que no se limiten a: **Phone-in Test Compiling, Overhead Transparency Acetates** (0-07-228540-0), **Presentation Manager CD-ROM** (0-07-228545-1), **PowerPoint Slides** (0-07-228544-3), **Videos and Videodisks**, la **página Web de** *Psicología con aplicaciones en países de habla hispana*, **McGraw-Hill Learning Architecture** (0-07-427859-2), *The Psychology Students' Survival Guide* por Robert S. Feldman y Sara Pollak Levine y *PsychWeek*, un boletín de actualización preparado por Robert S. Feldman y distribuido en forma directa a estudiantes y docentes vía correo electrónico cada semana.

- Por último, se ha establecido una línea telefónica interactiva gratuita para comentarios y dudas del lector. Los usuarios de *Psicología con aplicaciones en países de habla hispana* pueden llamar al 1-800-223-6880, extensión 2-9496, para tener acceso a esta línea.

Reconocimientos

Una de las características más importantes de *Psicología con aplicaciones en países de habla hispana* es la participación tanto de profesionales como de estudiantes en el proceso de revisión. La cuarta edición se ha basado en gran medida, y se ha beneficiado en forma considerable, del consejo de profesores y alumnos con una amplia gama de antecedentes.

El manuscrito fue evaluado por revisores académicos tradicionales y profesores de psicología, quienes estuvieron en su calidad de expertos en el contenido. Estos revisores ayudaron a asegurar que la cobertura y la presentación fueran precisas, que se incorporaran los descubrimientos de investigación más recientes y permanecieran enfocados en las diversas necesidades de los cursos de introducción a la psicología. Entre ellos se incluyen a los siguientes:

Mike Aamodt, *Radford University*

Susan K. Beck, *Wallace State College*

Therison Bradshaw, *Macomb Community College*

Andrew R. Eisen, *Fairleigh Dickinson University*

Steve Ellyson, *Youngstown State University*

Gary King, *Rose State College*

Jeff Kaufmann, *Muscatine Community College*

Dave G. McDonald, *University of Missouri*

Tom Moye, *Coe College*

Brenda Nantz, *Vincennes University*

Robert F. Schultz, *Fulton-Montgomery Community College*

Joanne Stephenson, *Union University*

George T. Taylor, *University of Missouri-St. Louis*

Varias personas también aportaron su opinión en revisiones y entrevistas respecto al paquete auxiliar. Estoy agradecido con los siguientes profesores de psicología:

Mike Aamodt, *Radford University*

Craig Beauman, *California State-Fullerton*

Don Brodeaur, *Sacred Heart University*

Cindy Dulaney, *Xavier University*

Jeff Kaufmann, *Muscatine Community College*

George T. Taylor, *University of Missouri-St. Louis.*

Otro grupo de revisores participó con un panel de tres estudiantes, quienes usaron la edición anterior de *Psicología con aplicaciones en países de habla hispana* en su clase de introducción a la psicología. En el transcurso de un semestre subsiguiente, revisaron el manuscrito entero, literalmente línea por línea. Sus ideas, sugerencias y a veces sus críticas demasiado entusiastas fueron invaluables para mí cuando preparaba esta revisión. El panel de estudiantes revisores estuvo formado por Petra Doyle, Benjamin Happ y Jean Pacifico.

Por último, docenas de estudiantes leyeron partes del manuscrito para asegurarse de que el material fuera claro y atractivo. Sus sugerencias se incorporaron a lo largo del texto.

Estoy agradecido con todos estos revisores que pusieron su tiempo y experiencia para ayudar a asegurar que *Psicología con aplicaciones en países de habla hispana* refleje lo mejor que la psicología puede ofrecer.

También estoy en deuda con muchos otros. Mi pensamiento ha sido moldeado por muchos profesores a lo largo de mi trayectoria educativa. Fui introducido a la psicología en la Universidad Wesleyan, donde varios profesores comprometidos e inspiradores, en particular Karl Scheibe, me transmitieron su entusiasmo por este campo y me aclararon su relevancia. Karl personifica la combinación de profesor y estudioso a la que aspiro, y continúo maravillándome de mi fortuna por tener un modelo así.

Para cuando dejé Wesleyan no pude imaginarme otra carrera que la de psicólogo. Aunque la naturaleza de la Universidad de Wisconsin, donde realicé mi trabajo de graduado, no podía haber sido más diferente a la de la pequeña Wesleyan, el entusiasmo y la inspiración fueron parecidos. Una vez más, un cuadro de excelentes profesores, conducidos, en especial, por el finado Vernon Allen, moldearon mi pensamiento y me enseñaron a apreciar la belleza y la ciencia de la disciplina de la psicología.

Mis colegas y estudiantes en la Universidad de Massachusetts, en Amherst, me proporcionan una estimulación intelectual constante, y les agradezco por hacer de esta universidad un sitio muy agradable para trabajar. Diversas personas también me han proporcionado ayuda extraordinaria en materia de investigación y de labor editorial. En particular, estoy agradecido con mis magníficos estudiantes, pasados y presentes. Agradezco en especial a Erik Coats (ahora en el Vassar College), quien aún es una fuente constante de ideas y (con mayor frecuencia de lo que desearía) críticas apasionadas, y mis actuales estudiantes graduados Sara Pollak Levine, Dan Urbes y Jim Forrest. Edward Murphy ayudó en diversas e importantes formas, proporcionando información y consejos editoriales útiles e inteligentes, y Joshua Feldman ofreció consejos y críticas entusiastas sobre diversos asuntos editoriales y estilísticos. Por último, estoy muy agradecido con John Graiff, cuyo excelente trabajo y dedicación ayudaron en forma inconmensurable en casi todo lo que se refería a este libro.

También ofrezco mi sincero agradecimiento a Kristen Mellitt, quien proporcionó apoyo para el desarrollo de esta edición. Todos los lectores de este libro también tienen una deuda de gratitud con Rhona Robbin, editora de desarrollo en ediciones anteriores de *Psicología con aplicaciones en países de habla hispana*. Su búsqueda incansable de la excelencia ayudó a dar forma a este libro, y me enseñó mucho sobre el arte y oficio de escribir. Joe Terry, editor responsable, proporcionó una energía creativa seria y un fuerte compromiso con el libro, y estoy agradecido por su guía y apoyo. Otras personas en McGraw-Hill fueron centrales para el proceso de diseño, producción y comercialización, incluyendo a Cathy Smith y Mary Christianson. También aprecio a Jim Rozsa, de quien estoy feliz de admitir que es un tipo muy agradable y con cuya sapiencia de mercadotecnia cuento. Estoy orgulloso de ser parte de este equipo de clase mundial.

Por último, sigo en deuda por completo con mi familia. Mis padres, Leah Brochstein y el finado Saul D. Feldman, quienes me proporcionaron cimientos de amor y apoyo para toda la vida, y aún veo su influencia en cada rincón de mi vida. Mi familia extensa también desempeña una función central en mi vida. Incluye, más o menos en orden de edad, a mis sobrinas y sobrinos, mi hermano, varios cuñados y cuñadas, Ethel Radler y Harry Brochstein. Por último, mi suegra, la finada Mary Evans Vorwerk, quien tuvo una influencia importante en este libro y le sigo eternamente agradecido.

Para finalizar, mis hijos: Jonathan, Joshua y Sarah, y mi esposa, Katherine, continúan siendo el punto central en mi vida. Les doy las gracias, con inmenso amor.

Robert S. Feldman
Amherst, Massachusetts

Al estudiante

USO DE *PSICOLOGÍA CON APLICACIONES EN PAÍSES DE HABLA HISPANA:* UNA GUÍA PARA ESTUDIANTES

Esta obra ha sido escrita pensando en el lector. En cada paso de la elaboración del libro se han consultado en forma extensa a estudiantes y profesores, con objeto de identificar la combinación de características de aprendizaje que aumentarían al máximo su capacidad para aprender y recordar la materia de psicología. El resultado es un libro que contiene características que no sólo le ayudarán a entender esta ciencia, sino también harán de esta disciplina una parte de su vida.

Ahora es su turno; siga los siguientes pasos para maximizar la efectividad de las herramientas de aprendizaje de este libro. Estos pasos incluyen familiarizarse con la disposición del libro, usar los auxiliares de aprendizaje incorporados y emplear una estrategia de estudio sistemática.

Familiarícese con la disposición de *Psicología con aplicaciones en países de habla hispana*

Comience por leer la lista de capítulos y eche una ojeada al resumen de contenido. Éste le ofrece los temas que se van a exponer y le da sentido al modo en que se interrelacionan los distintos temas. Tenga presente que cada uno de los capítulos sigue el mismo patrón en forma de diamante: el núcleo de cada capítulo consta de tres o cuatro unidades independientes que le ofrecen puntos lógicos para iniciar y terminar la lectura y el estudio. Puede usar estas secciones de cada capítulo para planear su estudio. Por ejemplo, si su profesor le asigna un capítulo para leer en el transcurso de una semana, podría planear leer y estudiar una sección principal cada día, y usar los días restantes de la semana para revisar el material.

Use los auxiliares de aprendizaje incorporados

Una vez que ha adquirido un panorama amplio de *Psicología con aplicaciones en países de habla hispana*, está listo para comenzar a leer y a aprender sobre psicología. Cada capítulo contiene el mismo conjunto de características que le ayudarán a dominar el material (véase las ilustraciones de esta sección).

Debido a que cada capítulo contiene estas características, el libro proporciona un conjunto de señales familiares para ayudarle a encontrar su camino a través del material nuevo. Esta estructura le ayudará a organizar el contenido de cada capítulo, al igual que a aprender y recordar el material.

Una nota final: deberá percatarse de que los psicólogos usan un estilo de redacción aprobado por la *American Psychological Association* (Asociación Psicológica Estadunidense, APA por sus siglas en inglés). El único aspecto fuera de lo común de este estilo se refiere a las citas de investigaciones anteriores. Estas citas están indicadas por un nombre y una fecha, por lo general se encuentran entre paréntesis al final de una oración, los datos especifican el autor y el año de publicación (por ejemplo, Kirsch y Lynn, 1998); cada uno de estos nombres y fecha se refiere a un libro o artículo incluido en la bibliografía al final de este libro.

Prólogo

Cada capítulo
comienza con un prólogo.
Éste establece el contexto
para el desarrollo del contenido
del capítulo, y proporciona
un escenario
relevante de la vida real.

Un vistazo anticipatorio

Las secciones de Un vistazo
anticipatorio plantean
los temas y cuestiones
esenciales que se abordarán
en el capítulo. Lo alertan
sobre lo que aprenderá
después de leer y estudiar
el capítulo.

Preguntas orientadoras

Se encuentran varias preguntas
amplias al principio de cada
sección importante. Estas preguntas
le ayudan a enfocar su pensamiento
en el contenido del capítulo;
y organizan el resumen del capítulo
al final del mismo. Use estas preguntas
(a las que los psicólogos se refieren
como "organizadores avanzados") como
apoyo para organizar lo que
necesita aprender.

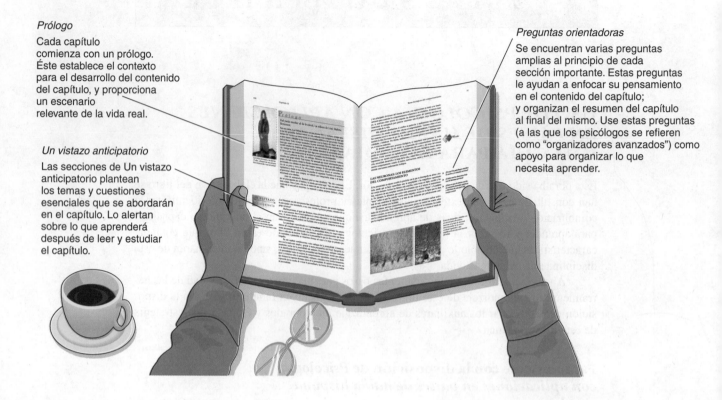

*Aplicación de la psicología
en el siglo XXI*

Éste es un recuadro en cada capítulo
que describe cuestiones de investigación
psicológica aplicadas a problemas
cotidianos. Se enfocan en la relevante
aplicación de la psicología para este siglo.
Léalos para entender las formas reales
que promete la psicología para mejorar
la condición humana.

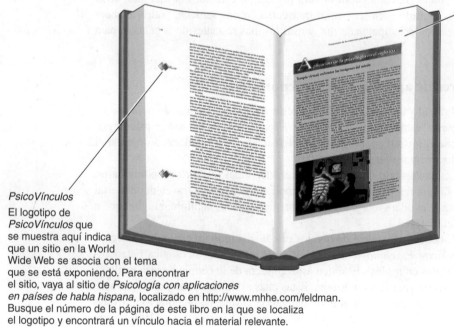

PsicoVínculos

El logotipo de
PsicoVínculos que
se muestra aquí indica
que un sitio en la World
Wide Web se asocia con el tema
que se está exponiendo. Para encontrar
el sitio, vaya al sitio de *Psicología con aplicaciones
en países de habla hispana*, localizado en http://www.mhhe.com/feldman.
Busque el número de la página de este libro en la que se localiza
el logotipo y encontrará un vínculo hacia el material relevante.

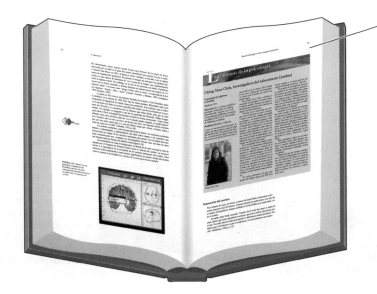

Los caminos de la psicología

Son entrevistas con individuos,
psicólogos y no psicólogos,
cuyas profesiones y trabajo cotidiano
son afectados por los hallazgos
del campo de la psicología.
Estos bosquejos biográficos le muestran
las formas en que se relaciona
el estudio de la psicología con una
amplia gama de profesiones
y cuestiones relacionadas con el trabajo.
Pueden ayudar a responder
sus interrogantes respecto a cómo
podría usar su conocimiento
en psicología una vez que se gradúe.

Exploración de la diversidad

Cada capítulo incluye al menos
una sección dedicada a un
aspecto de la diversidad racial,
étnica, de género o cultural.
Estas exposiciones le muestran
muchas semejanzas entre la
psicología y las cuestiones
multiculturales que son tan
centrales para nuestra
sociedad global cada
vez más diversa.

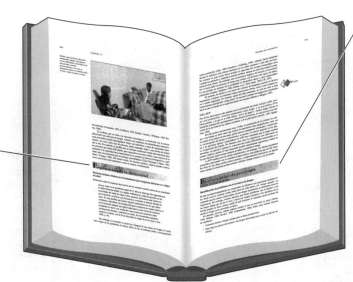

*El consumidor de psicología
bien informado*

Una meta importante de *Psicología
con aplicaciones en países
de habla hispana* es hacer
que los lectores sean consumidores
críticos más informados
de conocimientos psicológicos.
Estos artículos, que se encuentran
en cada capítulo, le dan las herramientas
para evaluar la información
relacionada con el comportamiento
humano y le ayudarán a ser un
consumidor más enterado
de dicha información.

*Recapitulación, revisión
y reflexión*

Cada sección principal de
un capítulo concluye con una
recapitulación, revisión y reflexión.
La recapitulación es una lista breve
que enumera los puntos principales
abordados en esa sección.
La revisión proporciona una serie
de preguntas que piden información
concreta, en un formato de opción
múltiple, o para completar
verdadero/falso. Las respuestas
a estas preguntas aparecen
en la parte inferior de las páginas
que siguen a las preguntas.
Por último, las preguntas de reflexión
están diseñadas para provocar
un pensamiento crítico; son preguntas
que invitan a la reflexión que a menudo
tienen más de una respuesta correcta.
¡Responda estas preguntas! Sus respuestas indicarán tanto su grado
de dominio sobre el material como la profundidad de su conocimiento.
Use las preguntas con las que tenga dificultad para guiar su estudio futuro.

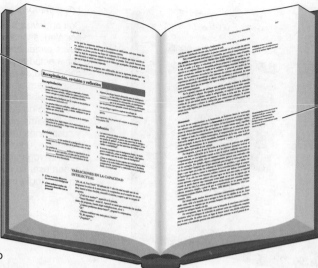

Acotaciones

Cuando un término o concepto
clave aparece en el texto, se enfatizan
con cursivas o negritas. Las palabras
en cursivas son de importancia
secundaria; las palabras en negritas
son de importancia primaria.
Los términos en negritas se definen
en los márgenes y también en el glosario
al final del libro. Además, los términos
en negritas se incluyen en la lista
de términos y conceptos clave
al final de cada capítulo. Si desea,
podría resaltar las definiciones difíciles
con un marcador de textos.

Una mirada retrospectiva

Estas secciones al final
de los capítulos incluyen dos
partes importantes: el resumen
numerado está organizado
de acuerdo a las preguntas
orientadoras planteadas antes
en el capítulo. La lista de términos
y conceptos clave incluye el
número de la página en la que
se introduce el término por primera
vez. Para encontrar su definición,
tiene dos opciones: ir al margen
de la página donde el término
se introdujo por primera vez o
consultar el glosario al final del libro,
el cual contiene todos los términos y conceptos clave.

Epílogo

El epílogo se refiere al escenario
planteado en el prólogo, el cual
abrió el capítulo. El epílogo le ayuda
a poner este escenario en el contexto
del material tratado en el capítulo,
planteando preguntas diseñadas
para hacerlo pensar de manera
crítica acerca de la información
expuesta.

Utilice una estrategia de estudio comprobada para el estudio efectivo y el pensamiento crítico

Ahora que ya conoce las características especiales de *Psicología con aplicaciones en países de habla hispana* que están diseñadas para ayudarle a aprender el contenido y razonamiento de la psicología, debería considerar usar una estrategia de estudio general. Es irónico que aunque se espera que estudiemos y a fin de cuentas aprendamos una amplia gama de temas a lo largo de nuestra preparación escolar, pocas veces nos enseñan estrategias sistemáticas que permitan estudiar con mayor eficacia. Sin embargo, aunque no esperaríamos que un médico aprendiera anatomía humana por ensayo y error, son pocos los estudiantes que emplean una estrategia de estudio en verdad efectiva.

Sin embargo, los psicólogos han diseñado diversas técnicas excelentes (y comprobadas) para mejorar las habilidades de estudio, dos de las cuales se describen a continuación. Por medio del empleo de uno de estos procedimientos, conocidos por sus iniciales en inglés "SQ3R" y "MURDER", usted puede aumentar su capacidad para aprender y retener información y pensar de manera crítica, no sólo en las clases de psicología, sino en todas las áreas académicas. El método SQ3R incluye una serie de cinco pasos que tienen las iniciales SQRRR. El primer paso (S de *survey:* esbozo general) consiste en tomar una muestra del material mediante la lectura de las partes destacadas del capítulo, los encabezados, las notas de las ilustraciones, las recapitulaciones y las secciones Un vistazo anticipatorio y Una mirada retrospectiva; esto le brindará un resumen general de los principales temas a tratar. El siguiente paso ("Q" de *question:* preguntar) es interrogar, formular preguntas, ya sea en voz alta o por escrito, antes de realizar la lectura de una sección del material. Por ejemplo, si tomó una muestra de esta sección del libro, podría haber anotado en el margen: "¿qué quiere decir SQ3R y MURDER?" Las preguntas al comienzo de las secciones principales y las revisiones que ponen término a cada una de las partes del capítulo también son una buena fuente de preguntas. Pero es importante no depender por completo de ellas; la formulación de sus propias preguntas es un factor de suma importancia. Esta obra tiene márgenes lo suficientemente amplios en las páginas para que pueda anotar sus propias preguntas. Este proceso le ayuda a centrarse en los principales puntos del capítulo, y al mismo tiempo lo anima a pensar de manera inquisitiva.

Ahora es el momento del siguiente paso, que es fundamental: leer (R de *read:* leer) el material. Lea con cuidado y, lo que es más importante, de modo activo y crítico. Por ejemplo, mientras lee, responda las preguntas que se haya planteado. Podrá darse el caso de que le surjan más preguntas a medida que avance en la lectura; eso está muy bien, puesto que demuestra que su lectura es inquisitiva y que le pone atención al material. Evalúe en forma crítica el material y considere las implicaciones de lo que está leyendo, piense en posibles excepciones y contradicciones, y haga un examen de las suposiciones que están detrás de las afirmaciones del autor.

El siguiente paso (la segunda "R") es el más inusitado. Esta "R" quiere decir *recite,* es decir, *parafrasear,* e indica que ahora debe dejar a un lado el libro e interpretar para usted, o para un amigo, el material que acaba de leer y responder las preguntas que se había planteado antes. Hágalo en voz alta; éste es un momento en el que hablar para usted no debe ser algo vergonzoso. El proceso de parafrasear le ayuda a identificar con claridad el grado en que ha llegado a comprender el material que acaba de leer. Además, la investigación psicológica ha demostrado que comunicar el material a los demás, o parafrasear el material en voz alta para uno mismo, ayuda a comprenderlo de modo distinto y con mayor profundidad, que si no se comunica a nadie. Por tanto, parafrasear el material es un eslabón crucial en el proceso de estudio.

La última "R" hace referencia a la *revisión* (*review*). Tal como se expone en el capítulo 6, la revisión es un prerrequisito para aprender y recordar por completo el material estudiado. Revise la información; lea de nuevo las recapitulaciones y los resúmenes de las miradas retrospectivas; responda las preguntas de revisión en el texto y use cualquier material auxiliar de que disponga. (Hay una guía de estudio tradicional y una computarizada para el estudiante que acompaña a *Psicología con aplicaciones en países de habla hispana.**) La revisión debe ser un proceso activo en el que pueda apreciar cómo se acomodan los distintos elementos de la información para dar origen al panorama general.

Un enfoque alternativo para el estudio, aunque no del todo distinto del SQ3R, es el que ofrece el sistema MURDER (Dansereau, 1978). A pesar de las connotaciones mortales de su nombre (*murder* significa asesinar), este sistema es una estrategia de estudio útil.

En MURDER el primer paso consiste en establecer un *estado de ánimo* (la primera letra de la palabra es M, de *mood*) adecuado para estudiar al plantear objetivos para la sesión de estudio y elegir un momento y un lugar que eviten distracciones. Después se realiza una lectura para *comprender* (U de *understanding*), en la que se pone especial atención al significado del material que se estudia. El *recuerdo* (R de *recall*) es un intento inmediato para recuperar en la memoria el material, sin consultar el texto. El *resumen* (D de *digesting*) del material es la etapa siguiente; donde se deben corregir todos los errores de la memoria y tratar de organizar y almacenar en ella el material recién aprendido.

Ahora se debe *expandir* (E de *expanding*), analizar y evaluar el nuevo material y tratar de aplicarlo a situaciones que van más allá de las aplicaciones comentadas en el texto. Al incorporar todo lo que se ha aprendido en una red de información más amplia en la memoria, será capaz de recordarlo con mayor facilidad en el futuro. El último paso es la *revisión* (R de *review*). Al igual que con el sistema SQ3R, el sistema MURDER sugiere que la revisión sistemática del material es una condición necesaria para que el estudio sea eficaz.

Tanto el sistema SQ3R como el MURDER ofrecen un medio comprobado para aumentar la eficiencia del estudio. Sin embargo, no es necesario sentirse atado a una estrategia particular; es posible que desee combinar otros elementos en su propio sistema de estudio. Por ejemplo, en todo el texto se presentan estrategias y recomendaciones de aprendizaje para el pensamiento crítico, como ocurre en el capítulo 6, donde se comenta el empleo de la mnemotécnica (técnicas de memoria para la organización de material a fin de facilitar su recuerdo). Si estas estrategias le ayudan a dominar con eficacia materiales nuevos, consérvelas. El último aspecto del estudio que vale la pena mencionar es el relativo a que el *momento* y el *lugar* en que se estudia son de alguna manera tan importantes como la *forma* en que se estudia. Una de las mayores verdades de la literatura psicológica es que aprendemos mejor la información, y podemos recordarla durante más tiempo, cuando estudiamos el material en cantidades pequeñas y en diversas sesiones de estudio, en lugar de abarcar todo nuestro estudio en una sola y demasiado larga sesión. Esto implica que estudiar toda la noche antes de un examen será menos efectivo, y mucho más agotador, que utilizar una serie de sesiones de estudio constantes y de manera regular.

Además de medir con sumo cuidado su tiempo de estudio, es importante buscar un sitio especial para estudiar. En realidad no es muy importante dónde esté, siempre y cuando las distracciones sean mínimas y sea un lugar que utilice exclusivamente para estudiar. La identificación de un "territorio" especial le permite generar un estado de ánimo adecuado para el estudio desde el momento mismo en que comienza a hacerlo.

Un comentario final

Cuando utilice las estrategias de estudio comprobadas que se describieron aquí, así como las herramientas pedagógicas que están integradas en el texto, llevará al máximo su comprensión del material expuesto en este libro y dominará varias técnicas que le ayudarán a aprender y a pensar en forma crítica en todas sus labores académicas. Asimismo, lo que es más importante, optimizará su comprensión en el campo de la psicología. El esfuerzo vale la pena: el interés, el desafío y las promesas que la psicología le ofrece son sumamente significativos.

---

* Este material de apoyo sólo está disponible en inglés. Si desea mayor información sobre éste, póngase en contacto con alguno de los representantes de McGraw-Hill.

PSICOLOGÍA

*Con aplicaciones en países
de habla hispana*

1

Introducción a la psicología

Los dolientes se consuelan entre sí en el servicio fúnebre para estudiantes asesinados en Columbine High School en Colorado. El tiroteo planteó numerosas preguntas psicológicas.

Prólogo

Del terrorismo al heroísmo

Comenzó como un día común de escuela; terminó en una tarde de horror que ilustró los extremos del comportamiento humano, de lo peor a lo mejor.

Los estudiantes en la Columbine High School en Littleton, Colorado, enfrentaron horas de terror cuando dos de sus compañeros irrumpieron por los pasillos de la escuela disparando armas de fuego, en un tiroteo metódico que comenzó una brillante mañana de abril. Mientras oficiales de policía establecían un cerco afuera y los padres de los alumnos, desesperados, esperaban noticias sobre la suerte de sus hijos e hijas, los estudiantes se ocultaban en salones de clases, áreas de almacenamiento y armarios, tratando de evitar que los alcanzara un tiro.

Pertenecientes a un grupo que se hacía llamar la Trenchcoat Mafia (Mafia de la Trinchera), los dos pistoleros adolescentes tenían como blanco para la ejecución a atletas y miembros de minorías. Para cuando terminaron la balacera quitándose sus propias vidas, una docena de estudiantes y un profesor yacían muertos. Después, las autoridades encontraron docenas de bombas, lo que indica que los asesinos pretendían volar la escuela.

Sin embargo, en medio de la tragedia, también fue evidente lo mejor de la condición humana. Los estudiantes se protegieron entre sí de las balas. Los profesores idearon formas de conducir a los alumnos a lugares seguros, aun exponiendo sus propias vidas en el proceso. La policía y el personal de rescate se arriesgaron también mientras buscaban ayudar a los heridos y terminar con el terror.

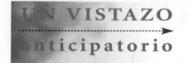

UN VISTAZO
anticipatorio

El rango de comportamientos observado en la Columbine High School, desde la agresión mortal de los asesinos hasta las acciones desinteresadas de quienes acudieron en ayuda de las víctimas, plantea muchas interrogantes de naturaleza psicológica. Considérense, por ejemplo, las perspectivas desde las cuales diferentes clases de psicólogos verían el incidente:

- Los psicólogos que estudian los fundamentos biológicos que subyacen a la conducta considerarían los cambios en la actividad corporal interna cuando los individuos enfrentaron la situación.

- Los psicólogos que estudian los procesos de aprendizaje y memoria examinarían lo que las personas recuerdan después del incidente.

- Los psicólogos que estudian los procesos de pensamiento considerarían cómo calcularon las personas qué acción emprender durante la crisis.

- Los psicólogos que se enfocan en la motivación buscarían explicar las razones que hay detrás de las acciones de los asesinos.

- Los psicólogos del desarrollo, que estudian el proceso de crecimiento y cambio a lo largo de toda la vida, podrían preguntarse cómo afectará el haber estado implicado en un incidente de este tipo en las vidas de los estudiantes en el futuro.

- Los psicólogos de la salud examinarían las clases de reacciones de estrés y las enfermedades que los sujetos podrían padecer más adelante como resultado del incidente.

- Los psicólogos clínicos y especialistas en consejería tratarían de identificar las formas más efectivas de ayudar a las personas involucradas a afrontar la pérdida de vidas.

- Los psicólogos sociales intentarían explicar las causas de la agresión en la sociedad; también examinarían los esfuerzos humanitarios y compasivos de quienes proporcionaron ayuda durante el incidente.

Aun cuando son diversos los enfoques que estas diferentes perspectivas psicológicas pudieran utilizar en el caso de la Columbine, existe un vínculo común: cada una representa un área especializada dentro del campo general de estudio llamado psicología. La **psicología** es el estudio científico del comportamiento y de los procesos mentales.

Psicología: estudio científico del comportamiento y de los procesos mentales

Esta definición parece sencilla, pero su simplicidad es engañosa. De hecho, desde los orígenes de la disciplina, los psicólogos han debatido acerca de cuáles son los alcances apropiados del campo. ¿Deben limitarse los psicólogos al estudio de la conducta externa y observable? ¿Es posible estudiar el pensamiento interno de manera científica? ¿El campo debe abarcar el estudio de temas tan diversos como salud física y mental, percepción, ensoñación y motivación? ¿Es apropiado centrarse sólo en el comportamiento humano o debe incluirse el de los seres no humanos?

La mayoría de los psicólogos responden estas preguntas a partir de una perspectiva amplia, afirmando que el campo debe ser receptivo a una variedad de puntos de vista y enfoques. En consecuencia, debe entenderse que la frase "comportamiento y procesos mentales" de la definición significa muchas cosas: no sólo abarca las acciones de las personas sino también sus pensamientos, sentimientos, percepciones, procesos de razonamiento, recuerdos e incluso las actividades biológicas que mantienen el funcionamiento corporal.

PsicoVínculos

Cuando los psicólogos hablan de "estudiar" el comportamiento y los procesos mentales, su perspectiva es, por igual, amplia. Para ellos no basta sólo con describir el comportamiento. Como toda ciencia, la psicología intenta explicar, predecir, modificar y, en última instancia, mejorar la vida de la gente y el mundo en el que vive.

Al emplear métodos científicos, los psicólogos pueden encontrar respuestas a preguntas sobre la naturaleza del comportamiento y los procesos de pensamiento humanos, que son más válidas y legítimas que las resultantes de la pura intuición y especulación. Y qué gran variedad de preguntas hacen los psicólogos. Consideremos estos ejemplos: ¿cómo distinguimos entre los colores?, ¿qué es la inteligencia?, ¿puede alterarse el comportamiento anormal?, ¿cuánto tiempo podemos pasar sin dormir?, ¿puede retrasarse el proceso de envejecimiento?, ¿cómo nos afecta el estrés?, ¿cuál es la mejor manera de estudiar?, ¿cuál es el comportamiento sexual normal?, ¿cómo reducimos la violencia?

Estas preguntas constituyen sólo algunas pistas de los diversos temas que se presentarán en este libro mientras analizamos el campo de la psicología. Nuestras exposiciones recorrerán el espectro de lo que se sabe acerca del comportamiento y los procesos mentales. Algunas veces nos alejaremos de los factores humanos para explorar el comportamiento animal, ya que muchos psicólogos estudian a organismos no humanos para determinar leyes generales de comportamiento que se aplican a *todos* los organismos. El comportamiento de otros animales, por tanto, proporciona claves importantes para responder preguntas sobre la conducta humana. Sin embargo, siempre regresaremos a una consideración en torno a la utilidad de la psicología en la resolución de problemas cotidianos que confrontan todos los humanos.

En resumen, este libro no sólo cubrirá la amplitud del campo de la psicología, sino que intentará transmitir su contenido de manera que motive su interés y curiosidad continua acerca de esta disciplina. Con este fin, se pretende que el texto proporcione una comunicación tan cercana como la de dos personas sentadas que discuten acerca de la psicología, tanto como sea posible transmitir con la palabra escrita; cuando escribo "nosotros", me refiero a nosotros dos: lector y escritor.

El libro incorpora también varias características que pretenden ilustrar la forma en que la psicología puede tener un impacto en las vidas de cada uno de nosotros. Usted descubrirá cómo aplican los psicólogos lo que han aprendido para resolver problemas prácticos que las personas encuentran en sus vidas cotidianas (recuadros de *Aplicación de la psicología en el siglo XXI*). Conocerá gente que experimentó en forma directa lo valiosa que puede ser en sus vidas profesionales la formación en psicología (recuadros de *Los caminos de la psicología*). Aprenderá acerca de las contribuciones que la psicología puede hacer para aumentar nuestra comprensión del mundo multicultural en el que vivimos (secciones de *Exploración de la diversidad*). También encontrará material en cada capítulo que intenta hacer de usted un consumidor de la información psicológica más enterado. Estas secciones de *El consumidor de psicología bien informado* exponen recomendaciones concretas para incorporar esta disciplina a su vida. Tienen el propósito de aumentar su capacidad para evaluar en forma crítica las contribuciones que los psicólogos pueden ofrecer a la sociedad. Por último, los vínculos con páginas de la world wide web están indicados por el símbolo "PsicoVínculos" en los márgenes. Cuando aparece un símbolo de PsicoVínculos, es para alertar sobre material relacionado en sitios web a los que puede llegarse por medio del sitio web de *Psicología con aplicaciones en los países de habla hispana*, cuarta edición.

El libro, en sí, se diseñó para hacer más fácil el aprendizaje del material que exponemos. Con base en los principios desarrollados por psicólogos que se especializan en el aprendizaje y la memoria, la información se presenta en partes relativamente pequeñas, incluyendo de tres a cinco secciones principales en cada capítulo. Cada uno de estos segmentos empieza con algunas preguntas amplias y concluye con una sección de *Recapitulación, revisión y reflexión* que lista los puntos clave y le plantea una serie de preguntas. Las interrogantes en la "Revisión" proveen una prueba rápida de recuerdo y las respuestas se proporcionan después del repaso. Otras, denominadas "Reflexión", tienen un alcance más amplio y se diseñaron para elaborar análisis críticos de la información que se ha leído. Estos autoexámenes le ayudarán a aprender, y luego recordar, el material de cada segmento. Para reforzar más su comprensión de términos y conceptos importantes, cada capítulo termina con un resumen general, una lista de términos clave y un breve epílogo, el cual le solicita que regrese al prólogo y considere unas cuantas preguntas adicionales.

La estructura del libro (la cual se explica en detalle en el "Prefacio" y en la sección "Al estudiante") se materializa en este capítulo introductorio, el cual presenta varios temas que son centrales para una mejor comprensión de la psicología. Empezaremos por describir los diferentes tipos de psicólogos y las diversas funciones que desempeñan. Después examinaremos las principales perspectivas usadas para guiar el trabajo de los psicólogos. Por último, identificaremos los problemas importantes que subyacen a la visión que tienen los psicólogos del mundo y de la conducta humana.

EL TRABAJO DE LOS PSICÓLOGOS

▶ **¿Qué es la psicología y por qué es una ciencia?**

▶ **¿Cuáles son las diferentes ramas del campo de la psicología?**

▶ **¿Dónde trabajan los psicólogos?**

Un mes después de perder su brazo izquierdo en un accidente automovilístico, Víctor Quintero se sienta con los ojos cerrados en un laboratorio de investigación cerebral mientras un científico presiona su mejilla con una torunda.

"¿Dónde siente esto?", pregunta el doctor Vilayanur S. Ramachandran, un psicólogo de la Universidad de California, en San Diego.

"En mi mejilla izquierda y en el dorso de mi mano faltante", dice el estudiante de bachillerato de 17 años de edad.

El doctor Ramachandran toca un punto bajo de la narina izquierda de Víctor. "¿Y dónde siente esto?", pregunta el doctor.

"En mi dedo meñique izquierdo. Hormiguea", responde el joven.

Al final el doctor Ramachandran encontró puntos por todo el lado izquierdo del rostro y mandíbula del joven que producían sensaciones en su mano y brazo amputados.

Por último, el doctor Ramachandran derrama agua caliente, gota a gota, por la mejilla izquierda de Víctor. Ambos se sorprenden. "Siento que corre por mi brazo", comenta Víctor, mirando con asombro para comprobar que todavía le faltaba el miembro (Blakeslee, 1992b, p. C1).

***

Una mujer de mediana edad da la bienvenida a los participantes en el estudio; casi todos entran a la habitación en pares. Esto no es extraordinario debido a que el propósito del estudio es examinar gemelos. Ellos han venido a un sitio de prueba para encontrarse con investigadores que estudian semejanzas en los rasgos conductuales y de personalidad entre gemelos. Al comparar a los pares que han vivido juntos casi toda su vida con aquellos a los que se les separó desde el nacimiento, los investigadores buscan determinar la influencia relativa de la herencia y la experiencia en el comportamiento humano.

***

Una estudiante de posgrado en China muestra a un grupo de alumnos universitarios una lista de proverbios cortos, algunos de los cuales contienen dos ideas contradictorias ("ser demasiado humilde es ser medio soberbio"), mientras otros son más "lineales" ("árbol que crece torcido jamás su rama endereza"). Después de ver cuáles proverbios prefieren los estudiantes chinos, repite el mismo estudio en una universidad de Estados Unidos. Ella encuentra que los estudiantes chinos prefieren proverbios que contienen dos ideas contradictorias, mientras que los estudiantes estadounidenses optan por la otra propuesta (Peng y Nisbett, 1997).

***

Al reconstruir en forma metódica, y dolorosa, acontecimientos de años anteriores, el estudiante universitario descubre un secreto de la niñez que no ha revelado con anterioridad a nadie. El oyente responde con apoyo, y le sugiere que de hecho mucha gente comparte su preocupación.

Aunque la última escena puede ser la única que encaja en la imagen de la labor de un psicólogo, cada uno de estos episodios describe el trabajo realizado por estos especialistas en la actualidad. El alcance y extensión de la psicología son muy amplios.

Las ramas de la psicología: el árbol genealógico de la psicología

La psicología puede compararse con una gran familia extensa, con múltiples sobrinas y sobrinos, tías y tíos, y primos que pueden no interactuar a diario, pero que se relacionan entre sí de manera fundamental.

Examinaremos el árbol genealógico de la psicología al considerar cada una de las áreas importantes de especialidad del campo, describiéndolas en el orden general en el que se discuten en capítulos subsecuentes de este libro. La figura 1.1 describe la proporción de psicólogos que se identifican a sí mismos como pertenecientes a cada una de estas áreas fundamentales de especialización.

Las bases biológicas del comportamiento

En el sentido más fundamental, las personas son organismos biológicos. Algunos psicólogos investigan las formas en que las funciones y estructuras fisiológicas de nuestro cuer-

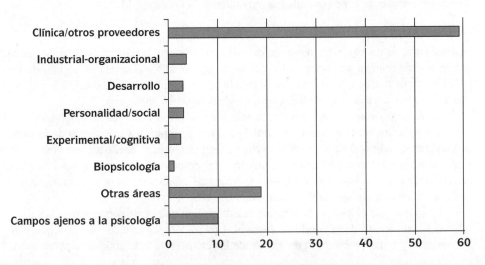

FIGURA 1.1 *Esta figura describe el porcentaje de psicólogos que se dedican a las principales áreas de especialidad en el campo.*

po trabajan en conjunto para influir en nuestro comportamiento. La *biopsicología* es la rama de la psicología que se especializa en las bases biológicas del comportamiento. Los biopsicólogos estudian una amplia gama de temas, concentrándose en el funcionamiento del cerebro y el sistema nervioso. Por ejemplo, pueden examinar las maneras en que sitios específicos del cerebro se relacionan con los temblores musculares que se perciben en la enfermedad de Parkinson (que se expone en el capítulo 2) o tratar de determinar cómo es que las sensaciones corporales se relacionan con nuestras emociones (capítulo 9).

Sensación, percepción, aprendizaje y pensamiento

Si se ha preguntado alguna vez qué tan aguda es su vista, cómo es que siente el dolor o cuál es la mejor manera de estudiar, la respuesta más adecuada será la de un psicólogo experimental. La *psicología experimental* es la rama de la psicología que estudia los procesos de la sensación, la percepción, el aprendizaje y el pensamiento acerca del mundo.

El trabajo de los psicólogos experimentales coincide con el de los biopsicólogos y otros tipos de psicólogos. Por esta razón, el término "psicólogo experimental" es un tanto equívoco; los psicólogos de cualquier especialidad emplean técnicas experimentales, y aquél no se limita de manera específica a la utilización de métodos experimentales.

Son varias las subespecialidades que derivan de la psicología experimental, a tal grado que se han convertido en ramas centrales del campo de la psicología por derecho propio. Un ejemplo de estas especialidades es la *psicología cognitiva*, la cual se enfoca en el estudio de los procesos mentales superiores, incluyendo pensamiento, lenguaje, memoria, solución de problemas, conocimiento, razonamiento, juicio y toma de decisiones. Abarca una amplia gama del comportamiento humano; los psicólogos cognitivos han logrado, por ejemplo, identificar maneras más eficientes para recordar las cosas, así como mejores estrategias para la solución de problemas que impliquen el uso de la lógica (como se expone en los capítulos 6 y 7).

La comprensión del cambio y las diferencias individuales

Un bebé que esboza su primera sonrisa, que da sus primeros pasos, que pronuncia su primera palabra. Estos acontecimientos, que se pueden caracterizar como hitos universales en el desarrollo humano, son asimismo sumamente especiales y únicos para cada persona. Los psicólogos del desarrollo (cuya labor se expone en el capítulo 10) indagan los cambios físicos, cognitivos, sociales y emocionales que ocurren a lo largo de la vida.

La *psicología del desarrollo* es, en este sentido, la rama de la psicología que estudia cómo crece y cambia la gente desde el momento de la concepción hasta la muerte. Otra rama, la *psicología de la personalidad*, intenta dar una explicación a la consistencia y a los cambios que se observan en la conducta de una persona a lo largo del tiempo, así como a los rasgos individuales que diferencian la conducta de una persona de la de las demás cuando se enfrentan a una misma situación. Los principales temas que se relacionan con el estudio de la personalidad se expondrán en el capítulo 11.

La salud física y mental

Si usted sufre de un estrés constante, se deprime con frecuencia o busca superar un miedo que le impide realizar sus actividades normales, puede solicitar ayuda de alguno de los psicólogos que consagran su esfuerzo al estudio de la salud física o mental: los psicólogos de la salud, los psicólogos clínicos y los especialistas en consejería.

La *psicología de la salud* explora la relación que existe entre los factores psicológicos y los padecimientos físicos o enfermedades. Por ejemplo, los psicólogos de la salud se interesan en cómo el estrés sostenido (un factor psicológico) puede afectar la salud física. También les preocupa identificar maneras de promover comportamientos que estén relacionados con una buena salud (como realizar más ejercicio) o modos para desalentar comportamientos poco saludables, como fumar.

La *psicología clínica* es la rama de esa disciplina que versa sobre el estudio, diagnóstico y tratamiento de la conducta anormal. Los psicólogos clínicos se capacitan para diagnosticar y tratar problemas que van desde las crisis en la vida cotidiana, como puede

Los psicólogos especialistas en consejería que trabajan en centros universitarios aconsejan a los estudiantes sobre opciones vocacionales, métodos de estudio y estrategias para afrontar problemas cotidianos.

ser la pena debida a la muerte de un ser querido, hasta situaciones más extremas, como la pérdida de contacto con la realidad. Algunos psicólogos clínicos también realizan investigaciones sobre temas diversos, desde la identificación de los primeros signos de las alteraciones psicológicas hasta el estudio de la relación que existe entre los patrones de comunicación de una familia y los trastornos psicológicos.

Como veremos en los capítulos 12 y 13, el tipo de actividades que realizan los psicólogos clínicos es sin duda muy variado. Son ellos quienes aplican y evalúan las pruebas psicológicas y proporcionan servicios psicológicos en los centros comunitarios de salud mental. A menudo también tratan los problemas sexuales.

Al igual que los psicólogos clínicos, los psicólogos especializados en consejería tratan los problemas psicológicos de la gente, aunque éstos son de un tipo particular. La *consejería* es la rama de la psicología que se concentra principalmente en los problemas de adaptación social, educativa y profesional. Casi todas las universidades cuentan con un centro de consulta integrado por psicólogos expertos en consejería. Allí los estudiantes pueden recibir consejos sobre los tipos de trabajo para los que son más aptos, métodos eficaces de estudio y estrategias para resolver las dificultades cotidianas, como problemas con los compañeros de dormitorio y preocupaciones acerca del modo de calificar de un determinado profesor. Muchas empresas comerciales importantes también emplean a psicólogos especialistas en consejería para ayudar a los empleados con problemas relacionados con su actividad laboral.

Con vínculos muy directos con la consejería se encuentra la *psicología educativa*. Ésta se encarga de estudiar los procesos de enseñanza y aprendizaje. Está interesada, por ejemplo, en las maneras de comprender la inteligencia, en el desarrollo de mejores técnicas de enseñanza y en la comprensión de la interacción entre estudiantes y maestros. También se encarga de evaluar a niños de escuelas primarias y secundarias que experimentan problemas académicos o emocionales, así como desarrollar soluciones para ellos.*

Comprensión de nuestras redes sociales

Ninguno de nosotros vive aislado, todos formamos parte de una compleja red de interrelaciones sociales. Estas redes con otras personas y con la sociedad en su conjunto son el centro de estudio de diversas clases de psicólogos.

---

* *N. de la R. T.* En Estados Unidos este último aspecto constituye el campo de estudio de otra rama de la psicología, la llamada *psicología escolar*.

La *psicología social*, como se analizará en el capítulo 14, es el estudio de cómo los pensamientos, sentimientos y acciones de la gente se ven afectados por los demás. Los psicólogos sociales se concentran en factores tan variados como la agresividad, el cariño y el amor humanos, la persuasión y la conformidad a las normas. Por ejemplo, los psicólogos sociales preguntan: "¿el observar violencia en televisión hace más agresivas a las personas?", "¿cuál es la función de la atracción física al elegir un cónyuge?" y "¿cómo somos influidos por los vendedores?"

El estudio de la *psicología de la mujer* se enfoca en factores psicológicos relacionados con el comportamiento y el desarrollo del género femenino. Aborda una amplia gama de asuntos, como la discriminación contra las mujeres, la posibilidad de que existan diferencias estructurales en los cerebros de hombres y mujeres, los efectos de las hormonas en el comportamiento y las causas de la violencia contra las mujeres (Chrisler, Golden y Rozee, 1996; Matlin, 1996).

La *psicología industrial*-organizacional se interesa por los aspectos psicológicos del lugar de trabajo. Trata específicamente temas como productividad, satisfacción en el trabajo y toma de decisiones (Cascio, 1995; Riggio y Porter, 1996; Spector, 1996; Aamodt, 1996). Una rama que se relaciona con la anterior es la *psicología del consumidor*, que analiza los hábitos de compra de la gente y los efectos que tiene la publicidad en el comportamiento del comprador. Un psicólogo industrial podría hacer la siguiente pregunta: "¿cómo se puede influir en los trabajadores para mejorar la calidad de los productos que generan?", en tanto que un psicólogo especialista en el comportamiento del consumidor podría formular la pregunta correspondiente: "¿en qué medida es relevante la calidad del producto para las decisiones de compra de un artículo determinado?"

Por último, la *psicología transcultural* investiga semejanzas y diferencias de funcionamiento psicológico existentes entre diversos grupos étnicos y culturales. Como se comenta a lo largo de este libro, los psicólogos que se especializan en temas transculturales investigan asuntos como los que a continuación se mencionan (Shweder y Sullivan, 1993; Goldberger y Veroff, 1995; Gergen *et al.*, 1996): "¿en qué medida las diferencias en el desempeño académico se derivan de los factores a los que individuos de culturas distintas atribuyen sus éxitos y fracasos en materia académica? (un factor que pueda dar cuenta de las diferencias en aprovechamiento académico existentes entre los estudiantes estadounidenses y los japoneses)", "¿cómo es que las prácticas de crianza, que difieren de manera considerable de una cultura a otra, afectan los valores y las actitudes que las personas tendrán cuando se conviertan en adultos?" y "¿por qué las culturas varían en su interpretación de lo que constituye el atractivo físico?"

Nuevas áreas de especialidad

Conforme ha madurado el campo de la psicología, siguió en aumento el número de áreas de especialización (Bower, 1993; Koch, 1993). Por ejemplo, el estudio de la *psicología evolutiva*, un área cada vez más influyente, busca identificar patrones de comportamiento resultado de la herencia genética de nuestros antepasados. La psicología evolutiva está arraigada en el trabajo de Charles Darwin, cuya obra *El origen de las especies*, publicada en 1859, afirmaba que un proceso de selección natural produce rasgos en una especie que son adaptativos para su ambiente. Siguiendo la perspectiva de Darwin, la psicología evolutiva examina si nuestra herencia genética no sólo determina rasgos como el color del cabello y la raza, sino también contiene la clave para entender ciertos comportamientos. Como veremos en capítulos posteriores, la evidencia sugiere que una colección sorprendente de comportamientos, como el grado en que somos sociables o introvertidos, puede estar influida por factores genéticos (Plomin y McClearn, 1993; Crawford y Krebs, 1997).

Algunas áreas recientes del campo de la psicología son la neuropsicología clínica y la psicología ambiental. La *neuropsicología clínica* une las áreas de la biopsicología y la psicología clínica. Se enfoca en la relación entre los factores biológicos, como las disfunciones cerebrales, y los trastornos psicológicos. La *psicología ambiental* considera la relación entre la gente y su entorno físico. Los psicólogos ambientales han hecho progresos significativos en la comprensión de la forma en que nuestro ambiente físico afecta nuestras emociones, la manera en que nos comportamos con los demás y la cantidad de estrés que experimentamos en un escenario particular. La *psicología forense* se enfoca en asuntos legales como el desarrollo de criterios para determinar si una persona está trastornada para efectos legales, o si jurados más numerosos o menos numerosos toman decisiones más justas (Stern, 1992; Palermo y Knudten, 1994; Davies *et al.*, 1995; Gudjonsson, 1996).

"¿Hay una ventaja al jugar en una cancha local?" "¿Existen diferencias de personalidad entre personas que participan en deportes y programas de ejercicio y aquellas que no lo hacen?" "¿La participación en deportes reduce la conducta agresiva?" "¿Cómo podemos motivarnos para desempeñar nuestro nivel óptimo?" Estas preguntas son abordadas por la *psicología del deporte*, la cual es una rama que investiga las aplicaciones de la disciplina psicológica a la actividad atlética y el ejercicio. Considera la función de la motivación, los aspectos sociales de los deportes e incluso cuestiones fisiológicas como el impacto del entrenamiento en el desarrollo muscular. La creciente influencia de este campo se debe al hecho de que no había menos de veinte psicólogos del deporte presentes en las Olimpiadas de Atlanta (Murray, 1996).

Los psicólogos que se interesan en la *evaluación de programas* constituyen también un grupo en proceso de crecimiento. Se dedican a la evaluación de programas a gran escala, por lo general a cargo del gobierno, con el fin de determinar si en efecto aquéllos tienen éxito en el logro de sus objetivos. Por ejemplo, han examinado la efectividad de servicios sociales gubernamentales en Estados Unidos como el programa preescolar Head Start y el programa Medicaid (Rossi y Freeman, 1993; Caruso, Horm-Wingerd y Dickinson, 1996; Sisk *et al.*, 1996).

La demografía de la disciplina

Se busca: profesor adjunto para una pequeña universidad orientada a las humanidades, para dictar cursos de introducción a la psicología y de especialización en las áreas de psicología cognitiva, percepción y aprendizaje. Se requiere un fuerte compromiso con la enseñanza de calidad y consejería académica a estudiantes. Los candidatos deberán presentar evidencia de su currícula académica y de su productividad o potencial de investigación.

Se busca: psicólogo industrial para consejería. Empresa internacional solicita psicólogos para trabajo de tiempo completo como consultores ejecutivos. Los candidatos deberán tener capacidad para establecer una empatía efectiva con altos ejecutivos comerciales y apoyarlos con soluciones psicológicamente sólidas, prácticas e innovadoras para problemas relacionados con el personal y la empresa.

Se busca: psicólogo clínico con doctorado y experiencia en hospitales, con licencia para ejercer. Clínica general busca psicólogo para trabajar con niños y adultos, que conduzca terapia individual y de grupo, evaluaciones psicológicas, intervenciones en crisis y elaboración de planes para tratamiento con un equipo multidisciplinario. Es deseable que tenga amplia experiencia en problemas de adicciones a fármacos.

El lugar de trabajo de la psicología

Debido a la diversidad de funciones que desempeñan los psicólogos, no resulta sorprendente que trabajen en distintos contextos. Son muchos los psicólogos con nivel de doctorado empleados por instituciones de educación superior (universidades e institutos tecnológicos) o que trabajan como profesionistas independientes y tratan directamente a sus clientes. El siguiente ámbito de empleo en importancia son las organizaciones privadas lucrativas y no lucrativas, como hospitales, clínicas, centros comunitarios de salud mental y centros de consejería. Otros escenarios incluyen las dependencias gubernamentales de servicios humanitarios y las escuelas (APA, 1996).

¿Por qué se encuentran tantos psicólogos en el contexto académico? La respuesta es que las tres funciones principales que desempeñan en la sociedad: profesor, científico y profesional clínico, tienen un área propicia para desarrollarse en dicho ambiente. Con mucha frecuencia los profesores de psicología también están involucrados en labores de investigación o en actividades de servicio a pacientes. Sin embargo, cualquiera que sea su contexto de trabajo, los psicólogos comparten el compromiso de mejorar la vida de los individuos al igual que a la sociedad en general (Peterson, 1991; Coie *et al.*, 1993; Rheingold, 1994; Robertson, 1994).

Los psicólogos: un retrato estadístico

¿Hay un psicólogo "promedio" en términos de características personales? Es probable que no. Del mismo modo en que las ramas de la psicología están diversificadas, los tipos de personas que integran el campo también son bastante variados. Algunas estadísticas demográficas básicas comienzan a relatar la historia. Por ejemplo, alrededor de 60% de los psicólogos estadounidenses son hombres y 40% mujeres. Pero estas cifras no son estáticas: en el año 2000 estos porcentajes eran más o menos similares, y se predice que para el año 2010 el número de mujeres en el campo excederá al de hombres (APA, 1993; Fowler, 1993; Pion *et al.*, 1996).

Además, aunque en la actualidad la mayoría de los psicólogos radica en Estados Unidos, el campo se extiende más allá de las fronteras de este país. Poco más de un tercio de los 500 000 psicólogos se encuentran en otras partes del mundo. Los psicólogos que radican fuera de Estados Unidos influyen cada vez más en la base de conocimiento y las prácticas de la psicología, las cuales han sido moldeadas en la última mitad del siglo por psicólogos estadounidenses (Rosenzweig, 1992; Mays *et al.*, 1996; Pawlik y d'Ydewalle, 1996).

Un problema de gran preocupación para los psicólogos de Estados Unidos es la falta relativa de diversidad racial y étnica entre ellos. De acuerdo con cifras recopiladas por la American Psichological Association, de aquellos psicólogos que se identificaron por raza y origen étnico en encuestas, y casi una quinta parte no respondió a esta pregunta, la gran mayoría son blancos. La discriminación educativa y ocupacional que existió en el pasado y una falta de estímulo para que las minorías ingresaran en el campo dio como resultado una situación en la que menos de 2% son hispanos, 1.6% afroamericanos, 1.2% asiáticos y 0.5% indios americanos. Aunque en la actualidad ha aumentado el número de psicólogos no caucásicos en posgrado, las cifras aún no son representativas de la proporción de las minorías en la sociedad en su conjunto. De hecho, los incrementos no se han mantenido a la par con el crecimiento cada vez mayor de las poblaciones minoritarias (APA, 1994).

La subrepresentación de las minorías raciales y étnicas entre los psicólogos es significativa debido a varias razones. Primera, el campo de la psicología puede verse disminuido por la carencia de perspectivas y talentos diversos proporcionados por miembros de grupos minoritarios. Además, los psicólogos de estos últimos grupos sirven como modelos para los miembros de las comunidades minoritarias. Su falta de representación dentro de la profesión puede disuadir a miembros adicionales de grupos minoritarios de buscar entrar en este campo (King, 1993).

Otra razón es que los miembros de grupos minoritarios con frecuencia prefieren recibir terapia y asesoría psicológicas de terapeutas de su misma raza o grupo étnico. Por consiguiente, la relativa escasez de psicólogos minoritarios puede desalentar a algunos miembros de grupos minoritarios en la búsqueda de tratamiento. En consecuencia, tanto la American Psichological Association como instituciones de posgrado específicas buscan con vigor incrementar la cantidad de psicólogos de grupos subrepresentados (Sue y Sue, 1990; Youngman, 1992; Fowler, 1993; Patterson, 1996).

La educación de un psicólogo

¿Cómo se forma un psicólogo? La ruta más común es larga. La mayoría de los psicólogos estadounidenses tienen grado de doctorado en forma de Ph.D. (doctorado en filosofía) o

(con menos frecuencia) Psy.D. (doctorado en psicología). El Ph.D. es un grado de investigación, que requiere una disertación basada en una investigación original, mientras que el Psy.D. es un grado obtenido por psicólogos que desean enfocarse en el tratamiento de trastornos psicológicos. Tanto el Ph.D. como el Psy.D. requieren de cuatro a cinco años de estudios después de haber concluido el nivel de pregrado (H.C. Ellis, 1992).

Algunos campos de la psicología implican educación más allá del doctorado. Por ejemplo, los psicólogos clínicos con nivel de doctorado, que tratan a personas con trastornos psicológicos, por lo general cursan un año adicional en un internado. Pueden obtener su licencia a través de un comité de acreditación estatal.

Aunque la mayoría de los psicólogos estadounidenses tiene grado de doctorado, no todos los que trabajan en el campo de la psicología lo poseen. Alrededor de un tercio tiene un grado de maestría, el cual se obtiene con un trabajo de dos o tres años en posgrado. Los psicólogos con nivel de maestría pueden ingresar a la docencia, realizar investigaciones bajo la supervisión de un psicólogo con nivel de doctorado o trabajar en programas especializados que tratan la adicción a fármacos o la intervención en crisis. Algunos trabajan en universidades, en dependencias gubernamentales y en empresas comerciales en la recolección y análisis de datos. Aun así, las oportunidades para ejercer como profesionales son más limitadas para aquellos con un grado de maestría que para quienes poseen un doctorado (APA, 1996; Sternberg, 1997).

Estudiar un área de concentración en psicología durante el pregrado proporciona, en Estados Unidos, una preparación valiosa para una variedad de ocupaciones, aunque no autoriza el trabajo profesional en la disciplina. Por ejemplo, muchas personas en empresas, enfermería, leyes, trabajo social y otras profesiones informan que esta clase de educación ha demostrado ser invaluable en sus carreras. Los estudiantes de pregrado que se especializan en psicología por lo regular tienen buenas capacidades de razonamiento analítico de orden superior y pueden sintetizar y evaluar información con efectividad, habilidades que los patrones en los negocios, la industria y el gobierno aprecian en gran medida. Además, alrededor de 20% de quienes reciben títulos de pregrado en psicología en Estados Unidos participan en servicios sociales o en alguna otra forma de asuntos públicos (APA, 1996).

Profesionales que no son psicólogos también tratan problemas psicológicos, pero su capacitación difiere en forma significativa de la de los especialistas en esta disciplina. Por ejemplo, aunque los psiquiatras tratan a personas con trastornos psicológicos, cuentan títulos en medicina y tienen la capacidad de recetar medicinas. Capacitados en un principio como médicos, a menudo se enfocan en las causas físicas de los trastornos psicológicos. En consecuencia, pueden ser más propensos a emplear tratamientos que implican el uso de fármacos, en lugar de enfocarse en las causas psicológicas de los trastornos. Además, las personas que laboran en campos relacionados, como trabajo social, consejería matrimonial y orientación vocacional, a menudo tratan problemas psicológicos. Sin embargo, su capacitación directa en esta disciplina es más limitada que la alcanzada por los psicólogos.

Recapitulación, revisión y reflexión

Recapitulación

- La psicología es el estudio científico del comportamiento y los procesos mentales.

- Entre las ramas principales de la psicología se encuentran la biopsicología, la psicología experimental y cognitiva, la psicología del desarrollo y de la personalidad, la psicología de la salud, clínica y la especializada en consejería, la psicología educativa, la psicología social, la psicología de la mujer, la psicología industrial-organizacional, la psicología del consumidor y la psicología transcultural. También están surgiendo muchas áreas de especialización nuevas.

- Muchos psicólogos trabajan para instituciones de educación superior y el resto labora en hospitales, clínicas, centros comunitarios de salud, organizaciones de servicios humanitarios y escuelas, o bien son profesionistas independientes.

Revisión

1. Las actuales bases de la psicología descansan en:
   a. La intuición
   b. La observación y la experimentación
   c. El ensayo y el error
   d. La metafísica

2. Relacione cada rama de la psicología con los temas o las preguntas planteadas a continuación.
   a. Biopsicología
   b. Psicología experimental
   c. Psicología cognitiva
   d. Psicología del desarrollo
   e. Psicología de la personalidad
   f. Psicología de la salud
   g. Psicología clínica
   h. Consejería psicológica
   i. Psicología educativa
   j. Psicología escolar
   k. Psicología social
   l. Psicología industrial
   m. Psicología del consumidor

   1. Julieta, una estudiante que ingresará al primer semestre en la universidad, siente pánico. Necesita adquirir mejores hábitos de estudio y aprender mejores técnicas de organización para afrontar las exigencias universitarias.
   2. ¿A qué edad los niños comienzan a adquirir apego emocional hacia sus padres?
   3. Se piensa que las películas pornográficas en las que aparecen actos de violencia en contra de las mujeres pueden generar un comportamiento agresivo en algunos hombres.
   4. ¿Cuáles son las sustancias químicas que se liberan en el cuerpo humano como resultado de un suceso estresante? ¿Qué efectos tienen sobre el comportamiento?
   5. Juan responde a las situaciones de crisis de modo único, con un temperamento tranquilo y una actitud positiva.
   6. Por lo general la gente se inclina más a comprar productos promovidos por actores atractivos y exitosos.
   7. Los maestros de Javier, quien tiene ocho años de edad, se preocupan debido a que el niño ha comenzado a retraerse socialmente y muestra poco interés por las actividades escolares.

8. El trabajo de Janet es muy demandante y es la fuente de un gran estrés. Ella se pregunta si este estilo de vida la hace más propensa a contraer cierto tipo de enfermedades como el cáncer y los padecimientos cardiacos.
9. Un psicólogo está intrigado por el hecho de que algunas personas son más sensibles a los estímulos dolorosos que otras.
10. Un fuerte miedo a las multitudes provoca que una joven busque tratamiento para su problema.
11. ¿Cuáles son las estrategias mentales que están implicadas en la solución de problemas lingüísticos complejos?
12. ¿Cuáles son los métodos de enseñanza que motivan con mayor efectividad a los estudiantes de primaria a realizar con éxito sus labores académicas?
13. A Jessica le han pedido en su compañía que elabore una estrategia administrativa que fomente las prácticas de seguridad industrial en una planta de ensamblaje.

Las respuestas a las preguntas de revisión se encuentran en la página 16.

Reflexión

1. ¿Por qué el estudio de gemelos que fueron y que no fueron criados juntos podría ser útil para distinguir los efectos de la herencia y el ambiente?

2. Imagine que tiene un hijo de siete años de edad con dificultades para aprender a leer. Asimismo, piense que puede consultar a tantos psicólogos como desee. ¿Cómo analizaría el problema cada clase de psicólogo?

3. ¿Son suficientes la intuición y el sentido común para comprender por qué las personas actúan de cierta forma? ¿Por qué es adecuado un enfoque científico para el estudio del comportamiento humano?

UNA CIENCIA EN EVOLUCIÓN: PASADO, PRESENTE Y FUTURO

▶ **¿Cuáles son las raíces históricas del campo de la psicología?**

▶ **¿Cuáles son los enfoques utilizados por los psicólogos contemporáneos?**

Hace medio millón de años los pueblos prehistóricos supusieron que los problemas psicológicos eran provocados por la presencia de espíritus malignos. Para permitir que éstos pudieran escapar, los curanderos antiguos realizaban una operación denominada trepanación, que consistía en dar golpes en el cráneo con instrumentos de piedra muy rudimentarios hasta hacer un orificio en el hueso. Debido a que los arqueólogos han encontrado cráneos con señales de que las heridas alrededor del orificio sanaron, es posible suponer que los pacientes en ocasiones sobrevivían al procedimiento.

***

Hipócrates, el destacado médico griego, pensaba que la personalidad estaba compuesta por cuatro temperamentos: sanguíneo (alegre y activo), melancólico (triste), colérico (enojado y agresivo) y flemático (calmado y pasivo). Éstos se hallaban influidos por la presencia de "humores" o fluidos en el cuerpo. Si un humor estaba desequilibrado, un médico buscaría incrementar el humor deficiente (por medio de una poción medicinal) o disminuir el exceso (a menudo a través de una sangría).

***

De acuerdo con el filósofo Descartes, los nervios eran tubos huecos por los que "espíritus animales" conducían impulsos del mismo modo en que el agua fluye por una tubería. Cuando una persona acercaba demasiado un dedo al fuego, se transmitía el calor por medio de los espíritus animales a través del tubo directamente al cerebro.

***

Franz Josef Gall, científico del siglo XVIII, aseguraba que un observador capacitado podía discernir la inteligencia, el carácter moral y otras características básicas de la personalidad por la forma y la cantidad de protuberancias en el cráneo de una persona. Su teoría dio origen a la "ciencia" de la frenología, que practicaron cientos de especialistas dedicados en el siglo XIX.*

Aunque estas explicaciones "científicas" pueden parecernos exageradas, en una época representaron el pensamiento más avanzado de lo que puede considerarse la psicología de la época. Incluso sin saber gran cosa acerca de la psicología moderna, es posible conjeturar que nuestra comprensión del comportamiento ha avanzado mucho desde que se formularon estas primeras concepciones. Sin embargo, la mayor parte de los avances se han realizado en fechas recientes, puesto que, respecto al conjunto de las ciencias, la psicología es una disciplina de reciente aparición.

A pesar de que sus raíces se pueden indagar en el pasado hasta los antiguos griegos y romanos, y de que los filósofos han discutido durante varios siglos acerca de algunos de los mismos problemas que abordan los psicólogos de la actualidad, el origen formal de la psicología se suele fijar en 1879. En este año, Wilhelm Wundt estableció el primer laboratorio dedicado al estudio experimental de los fenómenos psicológicos en Leipzig, Alemania. Más o menos al mismo tiempo, el estadounidense William James estableció su laboratorio en Cambridge, Massachusetts.

A lo largo de doce décadas de existencia formal, la psicología ha evolucionado de manera muy activa y dinámica, desarrollándose gradualmente hasta convertirse en una verdadera ciencia. Como parte de esta evolución ha producido una serie de perspectivas conceptuales o *modelos*. Éstos representan sistemas organizados de ideas y conceptos interrelacionados que se emplean para explicar fenómenos. Algunas de estas perspectivas se descartaron, como las concepciones de Hipócrates y Descartes, pero otras se perfeccionaron y ofrecen a los psicólogos un conjunto de rutas que pueden seguir (Hilgard, Leary y McGuire, 1991; Robinson, 1995; Benjafield, 1996; Benjamin, 1997).

Cada una de las perspectivas proporciona un panorama específico, poniendo énfasis sobre distintos factores. Así como podemos emplear varios mapas para encontrar nuestro camino en un área geográfica determinada (un mapa para que nos muestre los caminos, otro para los principales accidentes geográficos y uno más para la topografía de los valles y las montañas) los psicólogos también descubrieron que recurrir a diversos enfoques es de utilidad para comprender el comportamiento. Debido a la diversidad y la complejidad de éste, ninguna perspectiva o modelo específicos ofrecerá una explicación óptima. Sin embargo, en conjunto, las diferentes perspectivas proporcionan un medio para explicar la extraordinaria amplitud del comportamiento.

Las raíces de la psicología

Cuando Wilhelm Wundt estableció el primer laboratorio de psicología en 1879, su objetivo era estudiar los elementos primarios de la mente. Considerando a la psicología como el estudio de la experiencia consciente, desarrolló un modelo que llegó a conocerse como estructuralismo. El **estructuralismo** se concentraba en los elementos fundamentales que conforman las bases del pensamiento, la conciencia, las emociones y otros tipos de estados y actividades mentales.

Estructuralismo: modelo de Wundt que se centra en los elementos fundamentales que forman la base del pensamiento, la conciencia, las emociones y otras clases de estados y actividades mentales

---

* *N. de la R. T.* Una referencia muy interesante al respecto se encuentra en la novela del escritor mexicano Fernando del Paso, *Palinuro de México*, México, Diana, 1987, pp. 17-178.

Introspección: procedimiento
empleado para estudiar la estructura de
la mente, en el que se pide a los sujetos
que describan con detalle lo que
experimentan cuando se les expone a un
estímulo

Para comprender de qué forma se combinan las sensaciones básicas para producir
nuestra conciencia del mundo, Wundt y otros estructuralistas se sirvieron de un procedimiento denominado **introspección** a fin de estudiar la estructura de la mente. En la introspección, a las personas se les presentaba un estímulo, como puede ser un objeto verde
y brillante o un enunciado escrito en una tarjeta, y se les pedía que describieran, en sus
propias palabras y con tanto detalle como les fuera posible, lo que experimentaban.
Wundt aseguraba que los psicólogos lograrían comprender la estructura de la mente por
medio de los informes que las personas proporcionaban con relación a sus reacciones
(Bjork, 1997).

El estructuralismo de Wundt, sin embargo, no soportó la prueba del tiempo. Los
psicólogos quedaban cada vez menos satisfechos con el supuesto de que la introspección
fuera capaz de descubrir los elementos fundamentales de la mente. Por un lado, las personas tenían dificultades para describir cierto tipo de experiencias internas, como las respuestas emocionales (por ejemplo, la próxima vez que tenga la experiencia de la ira, trate
de analizar y de explicar los elementos primarios de lo que está sintiendo).

Además, la descomposición de los objetos en sus unidades mentales más básicas en
ocasiones parecía una empresa extraña. Un libro, por ejemplo, no podía ser descrito por
un estructuralista meramente como un libro, sino que en lugar de ello debía descompo-
nerlo en sus diversos componentes, por ejemplo el material de la portada, los colores, las
formas de las letras, etc. Por último, la introspección no era una técnica en realidad científica. Había pocas maneras en las que un observador externo podría verificar la precisión
de las introspecciones que elaboraban las personas. Semejantes desventajas originaron la
evolución de nuevos modelos, que en gran medida reemplazaron al estructuralismo.

Es interesante señalar, sin embargo, que todavía perduran remanentes importantes
del estructuralismo. Como veremos en el capítulo 7, en los últimos veinte años se ha presenciado un resurgimiento en el interés por las descripciones de las personas acerca de
sus experiencias internas. Los psicólogos cognitivos, que se enfocan en los procesos mentales superiores como el pensamiento, la memoria y la solución de problemas, han desarrollado técnicas novedosas para la comprensión de la experiencia consciente de las
personas, las cuales superan muchas de las dificultades propias de la introspección.

El modelo que reemplazó en gran medida al estructuralismo en la evolución de la
psicología se denominó funcionalismo. En lugar de centrar su interés en los componentes
de la mente, el **funcionalismo** pone atención en lo que *hace* la mente, las funciones de la
actividad mental, al igual que en las funciones del comportamiento en general. Los funcionalistas, cuyo modelo gozó de gran prominencia a principios del siglo XX, se preguntaron qué funciones desempeña el comportamiento para permitir una mejor adaptación de
las personas a su entorno. Encabezados por el psicólogo estadounidense William James,
los funcionalistas se dedicaron a analizar los modos en que el comportamiento le permite
a las personas satisfacer sus necesidades (Johnson y Henley, 1990). Con la aplicación del
funcionalismo, el destacado educador estadounidense John Dewey desarrolló el campo de
la psicología escolar, proponiendo procedimientos con los que podrían satisfacerse mejor
las necesidades educativas de los estudiantes.

Funcionalismo: uno de los primeros
enfoques de la psicología que se
centraba en lo que hace la mente, es
decir las funciones de la actividad
mental, y en la función del
comportamiento en la adaptación de la
gente a su entorno

Otra reacción al estructuralismo fue el desarrollo de la psicología de la Gestalt a
principios del siglo XX. La **psicología de la Gestalt** es un modelo que se enfoca en el estudio del modo en que se organiza la percepción. En lugar de considerar las partes individuales que conforman el pensamiento, los psicólogos de la Gestalt emprendieron la labor
opuesta, la de concentrarse en la manera en que las personas consideran a los elementos
individuales como unidades o como un todo. Su principal hipótesis era la siguiente: "el
todo es diferente a la suma de sus partes", lo que significa que, cuando se les considera en
conjunto, los elementos básicos que componen nuestra percepción de los objetos produ-

Psicología de la Gestalt: enfoque
de la psicología centrado en la
organización de la percepción y el
pensamiento respecto a un "todo", en
lugar de hacerlo con base en los
elementos individuales de la percepción

Respuestas a las preguntas de revisión:

l. b 2.a-4, b-9, c-11, d-2, e-5, f-8, g-10, h-1, i-12, j-7, k-3, l-13, m-6

cen algo más grande y significativo que esos mismos elementos individuales por separado. Como verá cuando examinemos la sensación y la percepción en el capítulo 3, son enormes las contribuciones que realizaron los psicólogos de la Gestalt al entendimiento de la percepción.

Las mujeres en la psicología: las madres fundadoras

A pesar de las restricciones sociales que limitaban la participación de las mujeres en muchas profesiones, y la psicología no era la excepción, varias mujeres realizaron importantes contribuciones a la psicología en sus primeros años (Russo y Denmark, 1987; Bohan, 1992; Denmark y Fernandez, 1993). En la primera mitad del siglo XX, por ejemplo, Leta Stetter Hollingworth acuñó el término "sobresaliente" para designar a niños insólitamente brillantes, y escribió un libro sobre la adolescencia que se convirtió en un clásico (Hollingworth, 1928). También fue una de las primeras especialistas en psicología en enfocarse en particular en asuntos relativos a la mujer. Por ejemplo, reunió datos para refutar la concepción, muy popular a principios del siglo XX, de que las capacidades de las mujeres disminuían con regularidad durante determinadas partes del ciclo menstrual (Benjamin y Shields, 1990; Hollingworth, 1943/1990).

Leta Stetter Hollingworth

Otra figura de gran influencia fue Karen Horney (1937), quien se enfocó en los factores sociales y culturales que se encontraban tras la personalidad. Fue una de las primeras psicólogas que defendió los asuntos femeninos. Del mismo modo, June Etta Downey encabezó el estudio de los rasgos de la personalidad y elaboró una prueba con ese objetivo que se utilizó ampliamente. Ella se convirtió en la primera mujer en dirigir un departamento de psicología en una universidad estatal (Stevens y Gardner, 1982).

A pesar de las contribuciones de estas mujeres, la psicología era un campo de dominio masculino en sus primeros años. Sin embargo, la situación ha cambiado de manera significativa las dos décadas pasadas y, como se mencionó antes, el número de mujeres en la disciplina se incrementó con rapidez en años recientes. En consecuencia, cuando los futuros historiadores de la ciencia escriban acerca de la psicología en la década de 1990, habrán de registrar una historia de hombres y mujeres (Denmark, 1994).

Resulta irónico, pero el incremento en el número de mujeres en el campo se ha convertido en una fuente de preocupación para la American Psichological Association, la más importante organización profesional que representa a esta disciplina en Estados Unidos. El porcentaje de mujeres en el campo se ha incrementado tan rápido que algunos psicólogos han expresado preocupación respecto a la "feminización" de la disciplina, un problema que no es menor a la "masculinización" del campo en épocas anteriores. Por tanto, aunque los psicólogos ven el incremento en la cantidad de mujeres en el campo respecto a los niveles anteriores como un resultado muy positivo, la posibilidad de que la proporción de psicólogas pueda volverse significativamente superior que el de psicólogos es preocupante para algunos (Pion *et al.*, 1996).

Perspectivas contemporáneas

Las primeras raíces de la psicología son complejas y variadas. No es sorprendente, entonces, que el campo posea tal diversidad en la actualidad. Sin embargo, es posible abarcar toda la amplitud de la psicología valiéndose sólo de unas cuantas perspectivas básicas: biológica, psicodinámica, cognitiva, conductual y humanista. Cada una de estas amplias perspectivas, en evolución constante, destaca distintos aspectos del comportamiento y de los procesos mentales, y conduce el pensamiento de los psicólogos en direcciones un tanto diferentes.

La perspectiva biológica: sangre, sudor y miedos

Cuando nos limitamos a lo básico vemos que el comportamiento lo realizan criaturas de carne y hueso. De acuerdo con la **perspectiva biológica**, el comportamiento de personas y animales se debe considerar en términos de su funcionamiento biológico: cómo están

Perspectiva biológica: modelo psicológico que concibe el comportamiento desde la perspectiva del funcionamiento biológico

organizadas las células nerviosas individuales, en qué modo la herencia de ciertas características de los padres y otros antepasados influye en el comportamiento, cómo afecta el funcionamiento del cuerpo las esperanzas y los temores, cuáles son los tipos de comportamiento que obedecen a los instintos, etc. Los psicólogos que emplean la perspectiva biológica consideran que algunos tipos más complejos de comportamientos, como la reacción de un bebé ante los extraños, se deben a componentes biológicos críticos. La perspectiva biológica también considera cómo la herencia y la evolución impactan no sólo rasgos como la estatura y el color del cabello, sino también al comportamiento.

Debido a que todo comportamiento puede descomponerse en cualquier momento en sus elementos biológicos, esta perspectiva goza de una amplia aprobación. Los psicólogos que pertenecen a esta corriente han realizado aportaciones importantes para comprender y mejorar la vida humana, que van desde el desarrollo de curas para algunos problemas de audición hasta la identificación de fármacos para el tratamiento de personas que padecen trastornos mentales severos.

La perspectiva psicodinámica: la comprensión de la persona interna

Perspectiva psicodinámica: modelo psicológico basado en la creencia de que el comportamiento está motivado por fuerzas internas sobre las que el individuo ejerce poco control

Para muchas personas que nunca han tomado un curso de psicología, esta disciplina inicia y termina con la **perspectiva psicodinámica**. Quienes la apoyan creen que el comportamiento está motivado por fuerzas y conflictos internos sobre los cuales el individuo tiene poca conciencia y control. Los sueños y los errores que comete uno al hablar se conciben como indicadores de lo que una persona está sintiendo en realidad, en una efervescencia de actividad psíquica inconsciente.

La perspectiva psicodinámica está muy relacionada con un individuo: Sigmund Freud. Él fue un médico vienés de principios del siglo XX, cuyas ideas acerca de los determinantes inconscientes del comportamiento tuvieron un efecto revolucionario en el pensamiento de ese siglo, no exclusivamente en la psicología, sino también en campos afines. Aunque muchos de los principios básicos del pensamiento psicodinámico han sido criticados con severidad, la perspectiva derivada de los trabajos de Freud proporcionó un medio útil no sólo para el tratamiento de los trastornos mentales, sino también para comprender fenómenos cotidianos como los prejuicios y la agresividad.

Sigmund Freud

Perspectiva cognitiva: modelo psicológico que se concentra en la forma en que las personas conocen, comprenden y piensan acerca del mundo

La perspectiva cognitiva: la comprensión de las raíces del entendimiento

El camino hacia la comprensión del comportamiento conduce a algunos psicólogos directamente hacia la mente. Como derivado en parte del estructuralismo, la **perspectiva cognitiva** se concentra en los procesos que permiten a las personas conocer y comprender el mundo y pensar acerca de él. Lo importante aquí es conocer cómo las personas comprenden y representan al mundo exterior dentro de sí mismos. Los psicólogos cognitivos buscan explicar el modo en el que procesamos la información y cómo nuestras formas de pensar sobre el mundo influyen en nuestro comportamiento.

Los psicólogos que se basan en esta perspectiva formulan preguntas que van desde si una persona puede ver la televisión y estudiar al mismo tiempo (la respuesta es "probablemente no"), hasta cómo un individuo se explica las causas del comportamiento de los demás. Los elementos comunes que relacionan a los enfoques cognitivos son el interés en saber cómo las personas comprenden y piensan acerca del mundo y una preocupación por describir los patrones y las regularidades del funcionamiento de nuestras mentes.

La perspectiva conductual: observación de la persona exterior

Perspectiva conductual: modelo psicológico que sugiere que el comportamiento observable debe ser el centro de estudio

En tanto que los enfoques biológico, psicodinámico y cognitivo miran al interior del organismo para determinar las causas del comportamiento, la perspectiva conductual utiliza una aproximación muy distinta. La **perspectiva conductual** surgió a partir del rechazo al énfasis inicial que la psicología ponía en el funcionamiento interno de la mente, sugiriendo en lugar de ello que el comportamiento observable debería ser el punto central de atención del campo.

John B. Watson fue el primer psicólogo importante de Estados Unidos en respaldar un enfoque conductual. En sus trabajos durante la década de los años veinte, Watson sostuvo con firmeza que se podía obtener una comprensión completa del comportamiento al estudiar y modificar el ambiente en el que actuaban las personas. De hecho, creía con cierto optimismo que mediante un adecuado control del entorno de una persona se podría evocar cualquier tipo de comportamiento que se deseara. Sus propias palabras aclaran esta filosofía: "Denme una docena de niños sanos y bien formados y mi propio mundo bien especificado para criarlos, y les garantizo escoger al azar a cualquiera de ellos y capacitarlo para convertirlo en un especialista de cualquier área que se me ocurra, médico, abogado, artista, comerciante y, sí, hasta mendigo y ladrón, independientemente de sus talentos, inclinaciones, tendencias, capacidades, vocaciones y de la raza de sus antepasados" (Watson, 1924). En años más recientes, la perspectiva conductual fue encabezada por B. F. Skinner, quien, hasta su muerte en 1990, fue el psicólogo contemporáneo más conocido. Gran parte de nuestra comprensión sobre cómo se aprenden nuevos comportamientos se basa en la perspectiva conductual.

John B. Watson

Como veremos, la perspectiva conductual se hace presente en todos los senderos de la psicología. Junto con la influencia que tiene en el área de los procesos de aprendizaje, este enfoque también realiza contribuciones en diversas áreas como el tratamiento de trastornos mentales, la disminución de la agresividad, y la solución de problemas sexuales y de adicción a las drogas.

La perspectiva humanista: las cualidades únicas del Homo Sapiens

El rechazo a las concepciones de que el comportamiento está determinado en gran medida por fuerzas biológicas automáticas, por procesos inconscientes o únicamente por el ambiente, la **perspectiva humanista** sugiere que las personas están dotadas en forma natural con la capacidad de tomar decisiones respecto a sus vidas y de controlar su comportamiento. Los psicólogos humanistas argumentan que todos poseemos el poder de desarrollar niveles superiores de madurez y realización. En su opinión, las personas lucharán por alcanzar su mayor potencial si se les da la oportunidad. En este sentido, se enfoca en el **libre albedrío**, es decir, la capacidad humana para tomar decisiones respecto a la vida propia.

La perspectiva humanista asume que las personas tienen la capacidad para hacer sus propias elecciones respecto a su comportamiento, más que basarse en las normas sociales. Desde este punto de vista, alguien que lucha sólo por un empleo mediocre, no desafiante, no sería peor, ni mejor, que una persona que tiene aspiraciones más elevadas.

Más que cualquier otro enfoque, la perspectiva humanista subraya la función de la psicología en el enriquecimiento de la vida de las personas y en la ayuda que puede brindarles para que logren su realización. Aunque algo más limitado que las otras perspectivas, el enfoque humanista ha tenido una influencia importante en los psicólogos, recordándoles su compromiso con el individuo y la sociedad.

Es importante no permitir que las cualidades abstractas de la perspectiva humanista, al igual que las de los demás enfoques que se han expuesto, lo confundan haciéndolo pensar que son exclusivamente teóricos. Estas perspectivas subyacen en trabajos actuales de naturaleza práctica, como los que describimos a lo largo de este libro. Como punto de partida, considere el recuadro de *Aplicación de la psicología en el siglo XXI* de este capítulo.

Perspectiva humanista: modelo psicológico que sugiere que las personas tienen control sobre sus vidas

Libre albedrío: la capacidad humana para tomar decisiones acerca de la propia vida

CONEXIONES: TEMAS UNIFICADORES DE LA PSICOLOGÍA

Cuando se consideran las diversas áreas y perspectivas de interés que constituyen el campo de la psicología, se puede tener la impresión de haberse embarcado en un viaje hacia el interior de una disciplina fragmentada que carece de cohesión. Se puede temer que la psicología consiste sólo en una serie de áreas temáticas independientes que no guardan relación entre sí, tan cercanas unas a otras como lo pueden estar la física y la química. De hecho, semejante conclusión no es ilógica, puesto que la psicología abarca áreas tan di-

▶ **¿Cuál es el probable futuro de la psicología?**

Aplicación de la psicología en el siglo XXI

La psicología y la reducción de la violencia

Una bomba explotó en un parque durante la Olimpiada de 1996 en Atlanta, mató a una persona e hirió a docenas más.

Elisa Izquierdo, de seis años de edad, víctima de abuso casi constante desde la infancia, murió cuando su madre la lanzó contra un muro de concreto.

Una mujer fue asesinada por dos rufianes adolescentes durante un asalto que les reportó a los perpetradores menos de dos dólares.

La violencia en Estados Unidos ha sido llamada la plaga del siglo XX, y muestra pocas señales de disminuir al ingresar el nuevo siglo. Las encuestas muestran de manera consistente que la violencia y la delincuencia se encuentran en los primeros lugares en la lista de problemas sociales más preocupantes para los estadounidenses (Mehren, 1996).

Se han realizado esfuerzos por detener la violencia, y el campo de la psicología está desempeñando una función esencial en los esfuerzos por reducir este mal social. Los psicólogos que se especializan en diversas áreas y emplean las principales perspectivas del campo realizan un esfuerzo concertado para sofocar la propagación de la violencia y enfrentar sus secuelas (Human Capital Initiative, 1997; Osofsky, 1997). Su trabajo se ve reflejado en diversas áreas fundamentales:

- *Examinar la idea de que un "ciclo de violencia" perpetúa el comportamiento violento entre generaciones*. Muchos abusadores de niños fueron víctimas de abuso en su infancia. De acuerdo con la explicación del "ciclo de violencia", el abuso y el descuido durante la infancia hace más probable que las personas abusen y descuiden a sus propios hijos (Widom, 1989). Esta idea sugiere que la violencia se perpetúa conforme cada generación aprende de la precedente cómo comportarse en forma abusiva (Burman y Allen-Meares, 1994; Wileman y Wileman, 1995; Peled, Jaffe y Edleson, 1995).

  Los psicólogos del desarrollo, quienes estudian la maduración y los cambios a lo largo de la vida, han encontrado una cantidad considerable de evidencia que apoya la idea del ciclo de violencia. Sin embargo, esos hallazgos no narran la historia completa: ser maltratado no conduce de manera inevitable al abuso de los propios hijos. Sólo un tercio de las personas que han sido víctimas de abuso o descuido cuando niños lo practican con sus propios hijos (Kaufman y

Zigler, 1987). La investigación actual está dirigida a determinar cuándo es más probable que un antecedente de abuso en la infancia conduzca a la violencia en el adulto, y cómo puede romperse el ciclo.

- *Examinar los efectos de la violencia televisada*. La violencia en la televisión es común. Una encuesta encontró que de 94 programas en horario estelar examinados, 48 mostraron al menos un acto de violencia, incluyendo 57 personas asesinadas y 99 asaltadas (Hanson y Knopes, 1993). Además, la tasa de crímenes violentos descritos en la televisión es casi del doble del índice real en Estados Unidos. La televisión infantil presenta también altas tasas de violencia. En una temporada reciente, por ejemplo, la frecuencia de violencia en los programas infantiles fue de 18 escenas violentas por hora (Gerbner, Morgan y Signorielli, 1993; Waters, 1993). ¿Observar tanta violencia en televisión conduce a incrementar la agresión en el mundo real? Aunque no pueden estar seguros por completo, la mayoría de los psicólogos sociales

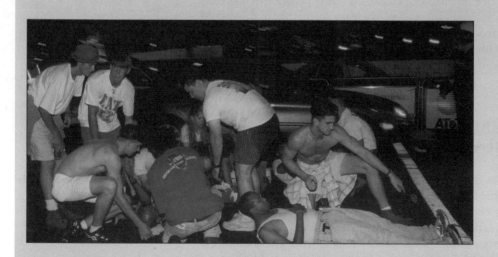

La violencia ocurre en muchas formas, como la explosión de una bomba que sacudió los Juegos Olímpicos en Atlanta.

y del desarrollo coincide en que al observar agresión en los medios de comunicación masiva se refuerza la probabilidad de que los espectadores actuarán en forma violenta. Además, la observación de la agresión en los medios de comunicación masiva desensibiliza a los espectadores a las exhibiciones de agresión, llevándolos a reaccionar con pasividad ante incidentes reales (Molitor e Hirsch, 1994; Palermo, 1995; Bushman, 1995; Hughes y Hasbrouck, 1996; Seppa, 1997).

- *Identificar los métodos para reducir la violencia juvenil.* El psicólogo Ervin Staub afirma que una combinación de factores psicológicos culturales, sociales e individuales subyace a la violencia en los jóvenes, la cual se ha vuelto significativamente más común durante la década de los noventa. El análisis de Staub sugiere que factores como la falta de cariño, el descuido y un trato cruel, la observación frecuente de violencia, las condiciones de vida difíciles y la pobreza, el prejuicio y la discriminación dan como resultado mayores índices de violencia. Pero también sugiere formas de reducirla. Por ejemplo, ha elaborado un programa de capacitación para difundir creencias y habilidades de procesamiento de información más adaptativas para estudiantes urbanos con antecedentes de agresión. Por medio de una combinación de representación de papeles, grabaciones de video y discusión estructurada, se enseña a estos alumnos a responder a situaciones provocadoras en forma no agresiva (Staub, 1996a, 1996b; Loeber y Hay, 1997; Spielman, 1997).
- *Reducir la agresión sexual.* De acuerdo con algunas estimaciones, una mujer en Estados Unidos tiene la alta probabilidad de 14 a 25% de ser violada en algún momento de su vida (Koss *et al.*, 1988; Kilpatrick, Edmunds y Seymour, 1992; Koss, 1993). Psicólogos de varias ramas del campo, incluyendo especialistas en psicología clínica, psicología del desarrollo y psicología de la mujer, han trabajado para diseñar formas de reducir el comportamiento sexual agresivo. Las estrategias incluyen enseñar valores que hacen menos probable la agresión, como alentar a los hombres a adoptar actitudes consideradas tradicionalmente femeninas y actitudes multiculturales no occidentales, las cuales por lo general apoyan menos la agresión sexual (Hall y Barongan, 1997).
- *Elaborar medidas para reducir la frecuencia de la violencia contra miembros de grupos minoritarios.* Aunque la violencia representa una amenaza significativa para todos los niños y jóvenes de ambos sexos, en particular los hombres afroamericanos están en riesgo. Por ejemplo, la causa más frecuente de muerte de los adolescentes afroamericanos varones son las heridas producidas por armas de fuego de amigos o conocidos (Fingerhut, Ingram y Feldman, 1992; Hammond y Yung, 1993; Hill *et al.*, 1994).

  Los psicólogos han diseñado varios programas de intervención dirigidos a adolescentes afroamericanos. Por ejemplo, un programa enseñaba habilidades sociales que podían emplearse en situaciones en las que era probable que los conflictos condujeran a la violencia. Después de ver una serie de grabaciones de video usando pares como modelos, los participantes tenían menos probabilidad de pelear y ser arrestados que quienes no participaron (Hammond y Yung, 1991). En otro enfoque, se enseñó a afroamericanos que cursaban la escuela primaria a modificar sus interpretaciones respecto a las acciones de otros. Por ejemplo, fueron entrenados para evitar que sacaran conclusiones apresuradas de que el comportamiento de otros tenía la intención de molestarlos. La capacitación dio como resultado una reducción del enojo frente a la provocación (Graham y Hudley, 1992). Un resultado que ha surgido con bastante claridad de esta investigación es el requerimiento de que los programas sean sensibles desde los puntos de vista cultural, étnico y racial (Hammond y Yung, 1993).

- *Ayudar a los niños que son víctimas de la violencia.* Los altos índices de violencia han motivado al psicólogo del desarrollo Joy Osofsky a iniciar el Proyecto de Intervención contra la Violencia para Niños y Familias (Violence Intervention Project for Children and Families) en Nueva Orleans. El programa busca prevenir la violencia y proporcionar ayuda a los niños, quienes con demasiada frecuencia son víctimas o testigos de la violencia. El programa se lleva a cabo en relación estrecha con la policía, los educadores y miembros de la comunidad. Por ejemplo, se capacita a los oficiales de policía para que sean sensibles a las necesidades y reacciones de los niños que presencian violencia, ya sea que la encuentren en las calles o en sus propios hogares (Osofsky, 1995).
- *Considerar la función de los factores biológicos en la agresión.* Varios psicólogos han considerado el problema de si los factores biológicos están vinculados con la agresión. Por ejemplo, el psicólogo James Dabbs, Jr. cree que hay un vínculo entre las hormonas y el comportamiento agresivo, basándose en las investigaciones en las áreas de la biopsicología y la psicología social. Él y sus colaboradores examinaron el nivel de testosterona, una hormona

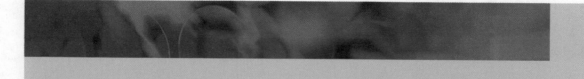

masculina, en casi cinco mil veteranos del ejército de Estados Unidos. Al examinar a los hombres con los niveles más altos y más bajos de testosterona, Dabbs encontró que aquellos en el grupo con testosterona elevada tenían mayor probabilidad de estar implicados en una variedad de comportamientos agresivos y antisociales que los del grupo con baja testosterona. Del mismo modo, en el examen de un grupo grande de prisioneros se encontró que los hombres con niveles más altos de testosterona tenían más probabilidad de haber cometido delitos de sexo y violencia contra las personas, mientras que aquellos con niveles menores de testosterona eran más propensos a cometer delitos contra la propiedad que implicaban asalto, robo y drogas. Si otros estudios respaldan este trabajo sujeto a debate, el futuro puede traer la controvertida posibilidad de administrar tratamientos médicos diseñados para reducir la violencia en los perpetradores (Dabbs, 1993; Dabbs *et al.*, 1995; Banks y Dabbs, 1996; Dabbs, Hargrove y Heusel, 1996; Rutter, 1997).

Como puede verse, los psicólogos están desempeñando funciones importantes y bastante variadas para combatir la violencia, aunque ésta no es el único problema social a cuya solución están contribuyendo los psicólogos en un esfuerzo por aliviar el sufrimiento humano. Como exploraremos en los recuadros de *Aplicación de la psicología en el siglo XXI* en cada capítulo, los principios básicos de la psicología son empleados, conforme caminamos por el nuevo siglo, para abordar una amplia gama de problemas sociales.

versas, que van desde temas tan concretos como las influencias bioquímicas específicas sobre el comportamiento hasta la conducta social en su más amplia acepción.

A pesar de la aparente disparidad existente entre los distintos temas y perspectivas, las diferencias son en algunos sentidos más aparentes que reales. El campo, de hecho, está más unificado de lo que pueda sugerir un primer vistazo, en términos tanto de los vínculos entre las ramas y perspectivas de la psicología como de los problemas esenciales que abordan los psicólogos.

Nexos entre las ramas y las perspectivas de la psicología

Las cinco perspectivas fundamentales del campo desempeñan una función esencial en la integración de las diversas ramas de la disciplina. De manera específica, un psicólogo de cualquier rama determinada podría emplear cualesquiera de las perspectivas fundamentales, o más de una.

Por ejemplo, un psicólogo del desarrollo puede adoptar una perspectiva psicodinámica, una conductual o cualquier otra. Del mismo modo, un psicólogo clínico puede emplear una perspectiva conductual, una cognitiva o cualquier otra. Diversos psicólogos pueden emplear las perspectivas de modos distintos, pero los supuestos de una perspectiva determinada son los mismos, sin importar la subespecialidad en que se apliquen.

Por supuesto, no todas las ramas de la psicología tienen la misma probabilidad de emplear una perspectiva particular. Desde el punto de vista histórico, algunos psicólogos han sido propensos a basarse en ciertas perspectivas, y algunas de éstas demostraron ser más útiles que otras al intentar abordar un área temática particular.

Los biopsicólogos que estudian el cerebro, por ejemplo, tienen más probabilidades de emplear la perspectiva biológica, debido a su énfasis en los fundamentos biológicos del comportamiento. Al mismo tiempo, la mayoría rechaza la dependencia de la perspectiva psicodinámica sobre los determinantes inconscientes del comportamiento.

Del mismo modo, los psicólogos sociales que se interesan en explicar las raíces del prejuicio tienen mayor probabilidad de encontrar más útil la perspectiva cognitiva que la biológica.

El futuro de la psicología

Ya se han examinado los fundamentos a partir de los cuales evolucionó el campo de la psicología. Pero, ¿qué es lo que el futuro le tiene deparado a esta disciplina? A pesar de que el curso del desarrollo científico es bastante difícil de predecir, es probable que surjan las siguientes tendencias en un futuro no muy distante:

- La psicología será cada vez más especializada. En un campo en el que los profesionales deben ser expertos en temas tan diversos como las minucias de la transmisión de impulsos electroquímicos a través de terminales nerviosas y los patrones de comunicación de los empleados en las grandes empresas, no es posible esperar que un solo individuo domine la totalidad del campo; por tanto, es probable que la especialización aumente a medida que los psicólogos se adentren en nuevas áreas (Bower, 1993; Koch, 1993; Plomin, 1995).

- Evolucionarán nuevas perspectivas. En su calidad de ciencia en crecimiento y maduración, la psicología desarrollará nuevas perspectivas que reemplazarán a los enfoques actuales. Es más, los enfoques antiguos podrán fusionarse para dar origen a otros nuevos. Por ello, podemos estar seguros de que conforme los psicólogos acumulen más conocimientos, su comprensión del comportamiento y de los procesos mentales experimentará una complejidad cada vez mayor (Boneau, 1992; Gibson, 1994; Andreasen, 1997).

- Las explicaciones del comportamiento considerarán al mismo tiempo los factores genéticos y ambientales, al igual que las influencias biológicas y sociales. Por ejemplo, es evidente que fenómenos como la memoria no pueden comprenderse por completo sin tener como referencia los mecanismos biológicos que permiten almacenar los recuerdos igual que a las influencias situacionales relativas a la información que es atendida en primera instancia (Eichenbaum, 1997; Segal, Weisfeld y Weisfeld, 1997).

- El tratamiento psicológico será cada vez más accesible y aceptable desde el punto de vista social conforme aumente el número de especialistas. Más psicólogos se concentrarán en la prevención de los trastornos psicológicos, en lugar de hacerlo sólo en el tratamiento. Además, actuarán como asesores del creciente número de grupos de voluntarios y de autoayuda en un esfuerzo por apoyarlos para que se auxilien a sí mismos de modo más efectivo (Jacobs y Goodman, 1989; R. E. Fox, 1994).

- Aumentará la influencia de la psicología en temas de interés público. Cada uno de los grandes problemas de nuestro tiempo, como las amenazas de terrorismo, los prejuicios étnicos y raciales, la pobreza y los desastres ambientales y tecnológicos, tiene importantes ramificaciones psicológicas (Archer, Pettigrew y Aronson, 1992; Calkins, 1993; Cialdini, 1997). Aunque la psicología por sí sola no va a resolver estos problemas, los grandes logros que obtuvo en el pasado (muchos de los cuales se documentan en otros capítulos de este libro) predicen que los psicólogos harán importantes contribuciones prácticas para su solución.

- La psicología tomará en cuenta la creciente diversidad de la población. Conforme la población de algunos países multirraciales como Estados Unidos sea más diversa, se volverá más importante considerar los factores raciales, étnicos, lingüísticos y culturales para los especialistas, al proporcionar servicios psicológicos y realizar investigaciones. El resultado será un campo que puede proporcionar una comprensión de la conducta *humana* en su sentido más amplio (Goodchilds, 1991; Brislin, 1993; Fowers y Richardson, 1996).

Recapitulación, revisión y reflexión

Recapitulación

- Es posible observar antecedentes del estructuralismo, el funcionalismo y la psicología de la Gestalt en los principales enfoques empleados por los psicólogos en la actualidad.

- Las perspectivas psicológicas dominantes abarcan los enfoques biológico, psicodinámico, cognitivo, conductual y humanista.

- En el futuro, es probable que el campo de la psicología se vuelva más especializado, que considere tanto los factores biológicos como los ambientales, que tome en cuenta en forma más completa la creciente diversidad de la población, y que dirija su atención cada vez más al interés público. También es probable que el tratamiento psicológico se haga más accesible.

Revisión

1. Cuando una persona afirma: "Con el fin de estudiar el comportamiento humano es preciso considerar la totalidad de la percepción y no sólo sus partes integrantes", ¿cuál perspectiva de la psicología está utilizando?

2. Identifique la perspectiva que sugiere que el comportamiento anormal puede ser el resultado de fuerzas en gran medida inconscientes.

3. "Los psicólogos sólo deberían preocuparse por el comportamiento que se puede observar en forma directa." ¿Cuál perspectiva psicológica sigue con mayor probabilidad la persona que formuló esta afirmación?

4. La psicología en la actualidad está moviéndose hacia una mayor especialización. ¿Verdadero o falso?

Las respuestas a las preguntas de revisión se encuentran en la página 26.

Reflexión

1. ¿Cómo se relacionan las principales perspectivas actuales de la psicología con los primeros modelos del estructuralismo, funcionalismo y la psicología de la Gestalt?

2. Considere algún acontecimiento que haya recibido mucha cobertura en las noticias en una fecha reciente. ¿Cómo podrían usarse las diferentes perspectivas de la psicología para explicar el suceso?

LA INVESTIGACIÓN EN LA PSICOLOGÍA

▶ **¿Cuál es el método científico y cómo utilizan los psicólogos la teoría y la investigación para responder preguntas de interés?**

▶ **¿Cuáles son los diferentes métodos de investigación empleados por los psicólogos?**

▶ **¿Cómo establecen los psicólogos relaciones causa-efecto en los estudios de investigación?**

El inmigrante haitiano Abner Louima, de 30 años de edad, fue atacado en la sala de espera de una estación de policía en la ciudad de Nueva York. Desnudo de la cintura hacia abajo y esposado, fue conducido al sanitario de la estación. Ahí, un oficial de policía, quien pidió prestado un par de guantes protectores a un colega, violó a Louima con un destapador de caños. Después empujó el destapador en la boca de Louima, rompiéndole varios dientes. Luego fue trasladado a una celda, donde sólo debido a que otros ocupantes notaron que estaba sangrando se llamó a una ambulancia una hora después. Al final fue transportado al hospital, donde permaneció al borde de la muerte durante varios días.

Mientras Abner Louima sufría lesiones horribles, ningún testigo le proporcionó ayuda.

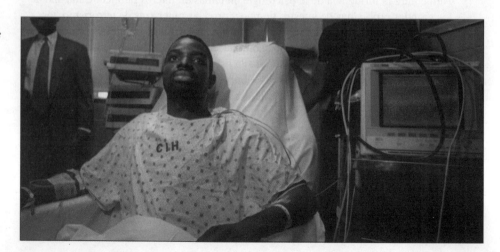

El sanitario donde tuvo lugar el asalto se encontraba en el centro de la estación de policía, y es difícil imaginar que nadie haya oído los gritos de pánico del inmigrante mientras lo atacaban. De hecho, varios días después, algunos oficiales admitieron que habían presenciado el incidente. Pero nadie prestó ayuda alguna, y durante varios días otros oficiales se rehusaron a admitir que se habían enterado del ataque.

La pregunta que queda en el aire es: ¿por qué nadie acudió en ayuda de Louima?

Si fuera un incidente aislado, podríamos atribuir la falta de intervención de los testigos a algún suceso específico de la situación. Sin embargo, acontecimientos como éste son demasiado comunes.

Por ejemplo, en otro caso célebre una mujer de nombre Kitty Genovese fue atacada por un hombre cerca de un edificio de departamentos en la ciudad de Nueva York, a mediados de la década de los años sesenta. Durante el ataque, que duró treinta minutos, la mujer logró soltarse y gritar: "¡ay, Dios mío! ¡Me apuñaló! ¡Ayúdenme por favor!" En la quietud de la noche, no menos de 38 vecinos escucharon sus gritos. Se abrieron las ventanas y se encendieron las luces. Una pareja acercó sillas a la ventana y apagó su luz para ver mejor el incidente. Alguien gritó: "deje en paz a esa chica". Pero los gritos no fueron suficientes para ahuyentar al homicida. Éste la persiguió, la apuñaló otras ocho veces y abusó sexualmente de ella antes de abandonarla para que muriera. ¿Y cuántos de esos 38 testigos acudieron en su ayuda? Como en el caso de Abner Louima, nadie ayudó (Rogers y Eftimiades, 1995).

Los casos de Abner Louima y de Kitty Genovese son ejemplos desalentadores e inquietantes de "malos samaritanos". La mayoría de la gente, al igual que los psicólogos, encuentra difícil explicar cómo es que tantas personas pudieron presenciar los hechos sin decidirse a acudir en auxilio de las víctimas.

Una explicación simple, publicada por muchos editorialistas, fue que los incidentes podían ser atribuidos a los defectos básicos de la "naturaleza humana". Pero esta suposición es lamentablemente inadecuada. Por una parte, hay numerosos ejemplos de personas que han puesto sus propias vidas en riesgo para ayudar a otras en situaciones peligrosas.

Es claro, entonces, que la "naturaleza humana" abarca una amplia gama de respuestas negativas y positivas. En consecuencia, no proporciona una explicación satisfactoria para el comportamiento poco solidario de los testigos; por tanto, el misterio de la falta de intervención de las personas en ambos incidentes permanece sin respuesta.

Este problema particular intrigó a los psicólogos quienes, después de muchas investigaciones, por fin llegaron a una inesperada conclusión: tanto Abner Louima como Kitty Genovese pudieron haber tenido mejor suerte si sólo unas cuantas personas hubieran escuchado sus gritos de ayuda, en lugar de ese elevado número de testigos. De hecho, si sólo hubiera un testigo presente en cada caso, las probabilidades de que esa persona interviniera habrían sido bastante elevadas. Lo que ocurre es que mientras *menos* testigos presencien una situación similar a las descritas son mayores las posibilidades de que la víctima reciba ayuda.

Pero, ¿cómo fue que los psicólogos llegaron a una conclusión tan extraña? Después de todo, la lógica y el sentido común sugieren con claridad que la presencia de un mayor número de testigos implicaría más probabilidad de que alguien acuda a prestar socorro a alguien que lo necesite. Esta aparente contradicción, y el modo en que la resolvieron los especialistas, sirve para ilustrar una labor de importancia central para la psicología: el reto que significa el planteamiento de preguntas de interés y su respectiva respuesta.

Planteamiento de interrogantes: el método científico

El reto que representa plantear en forma adecuada aquellas preguntas que interesan a la psicología y responderlas de manera correcta se ha enfrentado por medio del método científico. El **método científico** es el enfoque empleado por psicólogos para adquirir de

Método científico: enfoque empleado por los psicólogos para adquirir en forma sistemática conocimiento y comprensión del comportamiento y otros fenómenos de interés

manera sistemática conocimiento y comprensión del comportamiento y de otros fenómenos de interés (Hazen y Trefil, 1991; Leong y Austin, 1996). Consta de tres pasos principales: 1) identificar las preguntas de interés, 2) formular una explicación y 3) realizar investigaciones diseñadas para apoyar o refutar la explicación propuesta.

Teorías: especificar explicaciones amplias

Al emplear el método científico, los psicólogos empiezan por el tipo de observaciones relativas al comportamiento que son familiares para todos. Si alguna vez se ha preguntado por qué un maestro se enoja con mucha facilidad, por qué su amigo siempre llega tarde a las citas o cómo entiende su perro las órdenes que le da, se ha planteado preguntas acerca del comportamiento. También los psicólogos hacen preguntas relativas a la naturaleza y las causas del comportamiento, aunque sus preguntas suelen ser más precisas.

Teorías: explicaciones y predicciones amplias relativas a fenómenos de interés

Una vez que se formuló una pregunta, el siguiente paso en el método científico consiste en la elaboración de teorías para explicar el fenómeno que se ha observado. Las **teorías** son explicaciones y predicciones amplias acerca de los fenómenos de interés. Proporcionan una estructura para entender las relaciones entre un conjunto de hechos o principios de otro modo desorganizados.

Las teorías que se desprenden de las distintas perspectivas de la psicología que expusimos en este capítulo varían tanto en su amplitud como en su grado de detalle. Por ejemplo, una teoría podría tratar de explicar y predecir un fenómeno tan amplio como la experiencia emocional en general. Una teoría más específica podría tratar de predecir cómo las personas manifiestan el miedo en forma no verbal después de recibir una amenaza. Una teoría aún más específica podría intentar explicar cómo trabajan en conjunto los músculos de la cara para producir expresiones de miedo cuando la gente se atemoriza.

Todos desarrollamos alguna vez nuestras propias teorías informales acerca del comportamiento humano, como: "la gente es fundamentalmente buena" o "el comportamiento de la gente por lo general está motivado por su propio interés" (Sternberg, 1985a; Sternberg, 1990; Sternberg y Beall, 1991). Sin embargo, las teorías de los psicólogos son más formales y específicas. Se establecen con base en un estudio cuidadoso de la literatura psicológica con el fin de identificar las investigaciones relevantes y las teorías formuladas en el pasado, así como sobre la base del conocimiento general que los psicólogos tienen acerca del campo de estudio (McGuire, 1997).

Los psicólogos Bibb Latané y John Darley, como respuesta específica al caso de Kitty Genovese, elaboraron una teoría con base en un fenómeno que denominaron *difusión de la responsabilidad* (Latané y Darley, 1970). De acuerdo con su teoría, mientras mayor sea el número de testigos de un suceso en el que se requiera su ayuda, se percibe que la responsabilidad de ayudar es compartida entre la totalidad de los testigos presentes. Por tanto, a causa de este sentido de responsabilidad compartida, mientras más gente esté presente durante una situación de emergencia, menos responsable se siente en lo individual cada una de esas personas, y resulta menos probable que cualquiera de ellas se decida a prestar ayuda.

Hipótesis: confección de predicciones verificables

Aunque semejante teoría tiene sentido, sólo representa la fase inicial del proceso de investigación de Latané y Darley. El siguiente paso fue idear un modo de probar su teoría. Para hacerlo fue necesario elaborar una hipótesis. Una **hipótesis** es una predicción planteada de modo que sea posible su verificación. Se deriva de las teorías y ayuda a probar la validez subyacente de éstas.

Hipótesis: una predicción, derivada de una teoría, planteada de modo que pueda verificarse

Así como todos tenemos nuestras teorías generales acerca del mundo, también elaboramos hipótesis relativas a sucesos y comportamientos (que van desde cosas triviales, como las razones por las cuales nuestro profesor de inglés es tan excéntrico, hasta cues-

---

Respuestas a las preguntas de revisión:

1. gestalt   2. psicodinámica   3. conductual   4. verdadero

El concepto de difusión de la responsabilidad ayuda a explicar por qué no es probable que los individuos en una multitud auxilien a extraños en apuros, debido a que cada espectador supone que otros tomarán la responsabilidad de apoyar.

tiones más significativas, como cuáles son las mejores técnicas de estudio). Aunque casi nunca las verificamos en forma sistemática, tratamos de determinar si son correctas o no. Tal vez intentemos estudiar la noche anterior todos los apuntes para un examen, pero nos aplicamos durante un periodo más largo para otro. Al evaluar los resultados, generamos un modo de comparar ambas estrategias.

La hipótesis de Latané y Darley fue una derivación directa de su teoría más general sobre la difusión de la responsabilidad: mientras más gente presencie una situación de emergencia, menos probable será que la víctima reciba ayuda. Estos psicólogos, por supuesto, podrían haber elegido otra hipótesis (por ejemplo, que a quienes cuentan con mejores habilidades para actuar en situaciones de emergencia no les afectará la presencia de otros individuos), pero su formulación original parecía ofrecer la prueba más directa de la teoría.

Existen diversas razones por las cuales los psicólogos basan su labor en teorías e hipótesis formales. Por un lado, éstas les permiten dar sentido a observaciones y fragmentos de información aislados y desorganizados, debido a que brindan la oportunidad de ubicarlos dentro de un marco de referencia estructurado y coherente. Además, generan la posibilidad de ir más allá de hechos y principios ya conocidos y hacer deducciones relativas a fenómenos que aún no han sido explicados. De esta forma, las teorías y las hipótesis ofrecen una guía razonada para determinar qué dirección deben seguir las investigaciones futuras.

En resumen, entonces, las teorías e hipótesis ayudan a los psicólogos a plantear las preguntas adecuadas. Pero, ¿cómo se responde a éstas? Como veremos, las respuestas se derivan de la investigación.

Encuentro de respuestas: la investigación en psicología

La *investigación*, indagación sistemática dirigida al descubrimiento de conocimiento nuevo, es un elemento central del método científico en la psicología. Proporciona la clave para entender el grado de precisión de las teorías e hipótesis.

Del mismo modo en que es posible generar diversas teorías e hipótesis con el fin de explicar fenómenos particulares, también existen gran variedad de medios alternativos para realizar investigación. Sin embargo, primero es preciso que la hipótesis se replantee de modo que permita su comprobación, proceso denominado **operacionalización**, mediante el cual una hipótesis se traduce en procedimientos específicos susceptibles de comprobación, que se pueden observar y medir.

Operacionalización: proceso de traducir una hipótesis en procedimientos verificables específicos que pueden ser medidos y observados

No existe un modo único para hacer la operacionalización de las hipótesis; ello dependerá de la lógica, del equipo y las instalaciones con que se cuente, del modelo psicológico que se emplee y, en última instancia, del ingenio del investigador (Creswell, 1994). Por ejemplo, una investigadora podría elaborar una hipótesis en la que operacionaliza el "temor" como un incremento en el ritmo cardiaco. Por el contrario, otro psicólogo podría hacerlo como una respuesta escrita a la pregunta: "¿cuánto temor está experimentando en este momento?"

A continuación se comentan algunas de las principales herramientas para la investigación con que cuentan los psicólogos. Mientras se exponen estos métodos de investigación, debe considerarse que su relevancia se extiende más allá de la prueba y evaluación de teorías e hipótesis en la psicología. En este sentido, aun sin tener un título en psicología, las personas a menudo realizan formas rudimentarias de investigación por su cuenta; por ejemplo, una supervisora puede necesitar evaluar el desempeño de un empleado; un médico probar de manera sistemática los efectos de diferentes dosis de un fármaco en un paciente; un vendedor comparar diferentes estrategias de persuasión. Cada una de estas situaciones exige el uso de las prácticas de investigación que estamos a punto de exponer (Breakwell, Hammond y Fife-Schaw, 1995; Shaughnessy y Zechmeister, 1997; Graziano y Raulin, 1997).

Además, el conocimiento de los métodos de investigación usados por los psicólogos también permite evaluar mejor las investigaciones que realizan otros. Los medios de comunicación nos bombardean en forma constante con información sobre estudios y resultados de investigación. El conocimiento de los métodos de investigación permite discernir lo verídico de lo que debería ser ignorado. Por último, hay evidencia de que el estudio a fondo de algunos métodos de investigación permite a las personas aprender a razonar de manera más crítica y efectiva (Lehman, Lempert y Nisbett, 1988; Leshowitz *et al.*, 1993). La comprensión de los métodos con que los psicólogos realizan sus investigaciones puede mejorar nuestra capacidad para analizar y evaluar las situaciones que encontramos en la vida cotidiana.

Investigación documental

Suponga que, como a los psicólogos Latané y Darley, le interesa conocer más acerca de las situaciones de emergencia como la de los testigos que no prestaron ayuda. Uno de los primeros lugares a los que tendría que acudir sería al sitio donde se conservan los registros históricos. Mediante la consulta de los registros hemerográficos, por ejemplo, podría encontrar apoyo para la idea de que un aumento en el número de testigos fue acompañada por una disminución en el comportamiento de ayuda.

Recurrir a artículos periodísticos es una forma de investigación documental. En la **investigación documental** los registros existentes, como la información censal, las actas de nacimiento o los artículos periodísticos, se consultan para confirmar una hipótesis. La investigación documental es un medio relativamente barato de probar una hipótesis, pues-

Investigación documental:
investigación en la que se examinan registros existentes, como datos censales, certificados de nacimiento o artículos de periódico, para confirmar una hipótesis

Durante largos periodos en el escándalo de Monica Lewinsky y el proceso de acusación, las encuestas nacionales mostraron que el apoyo al presidente Clinton permanecía fuerte entre el pueblo estadounidense. Los resultados de las encuestas ayudaron a los defensores de Clinton a mantener el apoyo.

to que otras personas ya se han encargado de reunir los datos fundamentales. Claro está que el empleo de datos tiene varias desventajas. En primer lugar, los datos pueden no estar configurados de modo que sea posible para el investigador realizar la comprobación cabal de una hipótesis. La información puede ser incompleta o haber sido recolectada de forma incidental (Stewart y Kamins, 1993).

No obstante, en la mayor parte de los casos, la investigación documental puede verse obstaculizada por el simple hecho de que no existen registros con la información pertinente. En estas situaciones, los investigadores suelen hacer uso de otro método de investigación: la observación naturalista.

Observación naturalista

En la **observación naturalista** el investigador sólo observa algún comportamiento de ocurrencia natural, sin intervenir de ningún modo en la situación. Por ejemplo, un investigador que estudia el comportamiento de ayuda puede observar el tipo de apoyo que se da a las víctimas de un área de la ciudad con un alto índice de criminalidad. Lo fundamental en la observación naturalista es que el investigador es pasivo y sólo registra lo que ocurre (Erlandson *et al.*, 1993; Adler y Adler, 1994).

Observación naturalista: estudio en el que un investigador sólo observa algún comportamiento que ocurre de manera natural y no interviene en la situación

A pesar de que la ventaja de este tipo de investigación resulta evidente, debido a que se obtiene una muestra de lo que hace la gente en su "habitat natural", presenta asimismo una gran desventaja: la imposibilidad de controlar los factores de interés. Por ejemplo, puede ser que encontremos tan pocos casos espontáneos en la conducta de ayuda, que no sea posible obtener alguna conclusión. Debido a que la observación naturalista no permite que los investigadores hagan modificaciones a la situación que analizan, éstos deben esperar a que se presenten las condiciones adecuadas. Además, si la gente se da cuenta de que es observada, puede alterar sus reacciones, lo cual produciría un comportamiento que no sería en verdad representativo del grupo en cuestión.

Investigación por encuesta

No hay manera más directa de averiguar lo que la gente piensa, siente y hace que mediante las preguntas directas. Por esta razón, las encuestas representan un importante método de investigación. En la **investigación por encuesta** se formula una serie de preguntas a distintas personas elegidas para representar a una población más amplia acerca de su comportamiento, sus pensamientos o sus actitudes. Los métodos por encuesta han alcanzado tal complejidad que incluso el empleo de una muestra sumamente pequeña basta para inferir con gran precisión cómo respondería un grupo de mayor tamaño. Por ejemplo, la muestra de sólo unos miles de votantes es suficiente para predecir, con margen de uno o dos puntos porcentuales, quién será el vencedor en una elección presidencial, siempre y cuando la muestra se elija de manera cuidadosa (Fowler, 1995; Schuman, 1996; Weisberg, Krosnick y Bowen, 1996).

Investigación por encuesta: investigación en la que a algunas personas elegidas para representar a alguna población mayor se les hace una serie de preguntas respecto a su comportamiento, pensamientos o actitudes

Los investigadores que estudian el comportamiento de ayuda pueden realizar una investigación mediante encuestas, pidiendo a las personas que indiquen las razones por las que no están dispuestas a auxiliar a otro individuo. De igual modo, los investigadores a quienes interesa el conocimiento de las prácticas sexuales han realizado encuestas para averiguar cuáles son comunes y cuáles no lo son, así como para registrar el cambio en las ideas relativas a la moral sexual a lo largo de las últimas décadas.

A pesar de que preguntar de forma directa a la gente acerca de su comportamiento parece en cierta forma el enfoque más directo para comprender lo que hace, la investigación por encuesta tiene asimismo diversas desventajas potenciales. En primer lugar, las personas pueden dar una información inexacta debido a fallas de la memoria o a que no desean que el investigador sepa lo que de verdad piensan acerca de algún tema en particular. Además, en ocasiones los entrevistados ofrecen respuestas que a su juicio son las que el investigador desea escuchar o, justamente a la inversa, que creen que *no* quiere oír. En algunos casos, encuestadores sin escrúpulos hacen preguntas tendenciosas diseñadas de manera deliberada para producir un resultado particular, ya sea con propósitos comerciales o políticos.

"Hablamos de nuevo del servicio de Encuesta de Negocios del New York Times, *señor Landau. ¿Se siente mejor o peor respecto a la economía que hace veinte minutos?"*

El estudio de caso

Cuando fueron arrestados los oficiales de policía que participaron en el ataque a Abner Louima, eran muchas las personas que se preguntaban cuáles eran los factores y antecedentes de personalidad que habrían determinado la conducta de los oficiales. Con el fin de dar respuesta a esta pregunta, los psicólogos pueden realizar un estudio de caso. En contraste con la encuesta, en la que se estudia a una multitud de personas, un **estudio de caso** es una investigación intensiva y a profundidad de un individuo o de un pequeño grupo de personas. Los estudios de caso suelen incluir un examen psicológico, procedimiento en el que se emplea una serie de preguntas diseñada cuidadosamente con el objeto de adquirir algún conocimiento de la personalidad del sujeto o grupo al que se estudia (Stake, 1995; Kvale, 1996).

Cuando se emplean los estudios de caso como técnica de investigación, el objetivo no sólo consiste en conocer acerca de las personas a quienes se estudia, sino también en utilizar los conocimientos obtenidos para una mejor comprensión de las personas en general. Sin embargo, cualquiera de estas generalizaciones se debe realizar con sumo cuidado. Por ejemplo, el grado en el que los oficiales de policía del caso de Abner Louima son representativos de la población en general está a todas luces sujeto a debate.

Investigación correlacional

Al utilizar los métodos de investigación que acaban de describirse, con frecuencia los investigadores desean determinar la relación que existe entre dos comportamientos o entre las respuestas a dos preguntas de un cuestionario. Por ejemplo, es posible que deseemos averiguar si las personas que declaran asistir con regularidad a los servicios religiosos también dicen brindar mayor ayuda a los desconocidos en situaciones de emergencia. De llegar a encontrar dicha relación, sería posible afirmar que existe una asociación o correlación entre la asistencia a los servicios religiosos y la conducta de ayuda durante las emergencias.

Mediante la **investigación correlacional** se examina la relación entre dos conjuntos de factores con el fin de determinar si están o no asociados o "correlacionados". La fuerza y dirección de la relación entre los dos factores se representa por medio de una puntuación matemática, conocida como *correlación*, que va de +1.0 a −1.0.

La correlación positiva indica que a medida que se incrementa el valor de un factor, es posible predecir que el valor del otro factor también aumentará. Por ejemplo, si hemos

Estudio de caso:
investigación intensiva y a fondo de un individuo o un pequeño grupo de personas

Investigación correlacional:
examina la relación entre dos conjuntos de factores para determinar si están asociados o "correlacionados"

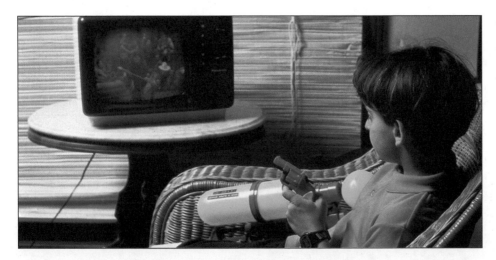

Muchos estudios muestran que hay una asociación entre la observación de violencia en los medios masivos de comunicación y la agresión por parte de los espectadores. Sin embargo, no podemos decir que la observación de violencia cause agresión.

predicho que entre *más* estudien los alumnos para un examen, *más altas* serán sus calificaciones en él, y en la medida en que estudien *menos*, *más bajas* serán, esperaríamos encontrar una correlación positiva (los valores más altos del factor "cantidad de tiempo de estudio" se asociarían con valores más altos del factor "calificaciones del examen"; y valores más bajos de "cantidad de tiempo de estudio" se asociarían con valores más bajos de "calificaciones del examen"). Por tanto, la correlación quedaría indicada por un número positivo, y mientras mayor fuera la asociación entre estudio y calificaciones, más cerca estaría la calificación a +1.0.

Por otra parte, una correlación con un valor negativo nos indica que a medida que aumenta el valor de un factor, el valor del otro disminuye. Por ejemplo, podemos predecir que en la medida en que *aumente* el número de horas de estudio, *disminuirá* la cantidad de horas invertidas en actividades de recreación. Lo que esperamos aquí es una correlación negativa, que oscilará entre 0 y −1.0. Mayor cantidad de estudio se asocia con menor recreación, mientras que menor cantidad de estudio se relaciona con más tiempo de recreación. Mientras más fuerte sea la relación entre estudio y diversión, la correlación se acercará más al valor de −1.0. Por ejemplo, una correlación de −.15 indicaría que hay poca asociación entre ambos factores; una correlación de −.45 indicaría una relación negativa moderada; y una correlación de −.80 indicaría una fuerte asociación negativa.

También cabe la posibilidad de que no exista ningún tipo de relación entre dos factores. Por ejemplo, es poco probable encontrar una relación entre el número de horas de estudio y la estatura de una persona. La ausencia de relación quedaría indicada por una correlación cercana a 0; el conocimiento de la cantidad de tiempo de estudio de una persona no representa nada acerca de su altura.

Cuando descubrimos que dos variables tienen una fuerte correlación, resulta tentadora la suposición de que un factor es la causa del otro. Por ejemplo, si descubrimos que más tiempo de estudio se asocia con mejores calificaciones, se puede deducir que un mayor tiempo de estudio es la *causa* de mejores calificaciones. Aunque ésta no es una mala suposición, nunca dejará de ser tan sólo eso, una mera suposición, puesto que descubrir la existencia de una correlación entre dos factores no significa que exista entre ellos una relación causal. Aunque la fuerte correlación sugiere que saber la cantidad de tiempo que estudia una persona nos puede ayudar a predecir cómo se desempeñará en un examen, no significa que la duración de sus periodos de estudio sea la causa del desempeño en la prueba. Puede que se trate, por ejemplo, de que las personas más interesadas en la materia tienden a estudiar más que aquellas que lo están menos, y que sea la cantidad de interés la que en realidad cause el desempeño en el examen, y no el número de horas que se dedican al estudio. El solo hecho de que dos factores ocurran juntos no implica que uno de ellos sea la causa del otro.

Otro ejemplo puede ilustrar el importante punto que consigna que las correlaciones no dicen nada acerca de la relación de causa y efecto, sino que sólo nos brindan una me-

FIGURA 1.2 *Si descubrimos que la observación frecuente de programas de televisión con contenido agresivo se asocia con niveles altos de comportamiento agresivo, podríamos citar varias causas plausibles, como lo sugiere esta figura. Por tanto, los hallazgos correlacionales no nos permiten determinar causalidad.*

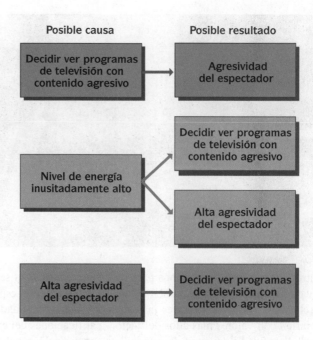

dida de la fuerza de una relación entre dos factores. Podríamos encontrar que los niños que ven muchos programas de televisión que contienen altos niveles de violencia pueden mostrar un grado relativamente alto de comportamiento agresivo, mientras que aquellos que ven pocos programas de ese tipo pueden exhibir un grado relativamente bajo de esa forma de comportamiento (véase figura 1.2). Pero no podemos decir que ver la televisión *cause* la agresividad, puesto que son posibles diversas explicaciones.

Por ejemplo, puede ser que los niños que tienen niveles inusitadamente altos de energía busquen programas que tengan contenido violento y sean más agresivos. Los niveles de energía de los niños, entonces, pudieran ser la causa verdadera de la frecuencia más elevada de agresión en ellos. Por último, también es posible que las personas que son muy agresivas elijan ver programas con alto contenido de violencia *debido* a que se identifican con ellos. Por tanto, está claro que es posible encontrarse con infinidad de secuencias causales, ninguna de las cuales puede descartarse por la investigación correlacional.

La incapacidad de la investigación correlacional para demostrar relaciones de causa y efecto representa una desventaja; sin embargo, existe una técnica alternativa que sí logra establecer vínculos de causalidad: la experimentación.

Investigación experimental

El *único* modo en que los psicólogos pueden establecer relaciones de causa-efecto por medio de la investigación implica la realización de un experimento. En un **experimento** formal se investigan las relaciones existentes entre dos (o más) factores mediante la producción intencional de un cambio en uno de ellos y la observación de los efectos de ese cambio en otros aspectos de la situación. En un experimento, entonces, las condiciones requeridas para estudiar un factor de interés son creadas por el experimentador, quien en forma deliberada hace un cambio en esas condiciones para observar los efectos de dicha modificación.

El cambio producido de forma intencional en una situación por un experimentador se denomina **manipulación experimental**. Las manipulaciones experimentales se emplean para detectar relaciones entre **variables**, las cuales son comportamientos, sucesos u otras características que puedan cambiar o variar de alguna forma.

Son varios los pasos que se deben seguir para la realización de un experimento, pero este proceso suele comenzar con el planteamiento de una o más hipótesis que se deberán probar por medio de aquél (Broota, 1990). Recuérdese, por ejemplo, la hipótesis

Experimento: investigación de la relación entre dos (o más) factores por medio de la producción intencional de un cambio en un factor en una situación y la observación de los efectos de ese cambio en otros aspectos de la misma

Manipulación experimental: el cambio que un experimentador produce de manera deliberada en una situación

Variables: comportamientos, sucesos u otras características que pueden cambiar o variar de alguna manera

En este experimento se estudian las reacciones del preescolar ante el títere.

elaborada por Latané y Darley para verificar su teoría acerca del comportamiento de ayuda: mientras más sean las personas que presencien una situación de emergencia, menos probabilidades habrá de que alguna de ellas se decida a ayudar a la víctima. Podemos seguir la forma en que estos investigadores diseñaron un experimento para probar esta hipótesis.

El primer paso consistió en operacionalizar la hipótesis, conceptualizándola de modo que fuera susceptible de verificación. Esta labor requirió que Latané y Darley tomaran en cuenta el principio fundamental de la investigación experimental que se mencionó antes. Es preciso que haya una manipulación de por lo menos una de las variables con objeto de observar los efectos que tiene sobre otra. Pero esta manipulación no se puede concebir de forma aislada; si lo que se va a establecer es una relación de causa-efecto, es preciso comparar los efectos de la manipulación con los que se produzcan en ausencia de ésta, o con los de una manipulación distinta.

Por tanto, la investigación experimental requiere que se comparen entre sí las respuestas de por lo menos dos grupos. Un grupo recibirá algún **tratamiento** especial, la manipulación realizada por el experimentador, en tanto que otro no recibirá tratamiento alguno, o bien recibirá uno distinto. A cualquier grupo que reciba un tratamiento determinado se le denomina **grupo experimental**, al que no lo recibe se le llama **grupo control** (en algunos experimentos existen diversos grupos de tratamiento y control, a los que se compara entre sí).

Mediante el empleo de los grupos experimental y control en un experimento, los investigadores pueden descartar la posibilidad de que cualquier otro elemento que no sea la manipulación experimental produzca los resultados que se observan en el experimento. Si no tuviésemos un grupo control, no podríamos estar seguros de que algún otro factor, como puede ser la temperatura en el momento de la realización del experimento, el color del cabello del experimentador o incluso el simple transcurso del tiempo, haya sido el responsable de los cambios observados.

Por ejemplo, considérese a un investigador médico que piense que inventó una medicina que cura el resfriado común. Para probar su afirmación, le suministra la medicina un día a un grupo de 20 personas que tienen resfriado y encuentra que diez días después todas ellas están curadas. ¿*Eureka*? No tan rápido. Un observador de este estudio defectuoso podría argumentar de manera razonable que las personas habrían mejorado aun sin la medicina. Es obvio que el investigador necesitaba un grupo control consistente en personas con resfriado que *no* recibieran la medicina y cuya salud también se revisara diez

Tratamiento: la manipulación realizada por el experimentador

Grupo experimental: cualquier grupo que recibe un tratamiento

Grupo control: un grupo que no recibe tratamiento

días después. Sólo si hay una diferencia entre los grupos experimental y control puede evaluarse la efectividad de la medicina. Por medio del uso de grupos control, entonces, los investigadores pueden aislar causas específicas para sus hallazgos, y extraer inferencias de causa-efecto.

Regresando al experimento de Latané y Darley, notamos que los investigadores necesitaban un medio para operacionalizar sus hipótesis a fin de proceder. Decidieron crear una situación de emergencia falsa, la cual aparentaría requerir de la ayuda de un testigo. Como manipulación experimental optaron por variar el número de testigos presentes. Podrían haber contado con un grupo experimental de, por ejemplo, sólo dos personas, y un grupo control con fines comparativos con una sola persona presente. En lugar de ello, eligieron un procedimiento más complejo en el que figuraban tres grupos que podían compararse entre sí y que constaban de dos, tres y seis personas.

Variable independiente: la variable que es manipulada por un experimentador

Latané y Darley habían identificado ya lo que se denomina **variable independiente** del experimentador, la variable que se manipula. En este caso se trataba del número de personas presentes.

El siguiente paso consistió en decidir cómo se determinarían los efectos que provocaría en el comportamiento la variación del número de testigos. La **variable dependiente** es crucial para cualquier experimento, ya que es la que se mide y se espera que varíe como resultado de los cambios causados por la manipulación del experimentador.

Variable dependiente: la variable que se mide y que se espera que cambie como resultado de las variaciones causadas por la manipulación del experimentador

Latané y Darley tenían varias opciones para su medida dependiente. Una podría haber sido una simple medida de "sí" o "no" del comportamiento de ayuda de parte de los *participantes* o *sujetos*, es decir, las personas que toman parte en el experimento. Pero los investigadores decidieron que también deseaban una medida que proporcionara un análisis más preciso del comportamiento de ayuda. En consecuencia, determinaron que también medirían el tiempo que le tomaba al participante proporcionar ayuda.

Ahora Latané y Darley tenían todos los componentes de un experimento. La variable independiente, es decir, la manipulada, era el número de testigos presentes en una situación de emergencia. La variable dependiente era si los testigos en cada uno de los grupos proporcionaban ayuda y el tiempo que les tomaba hacerlo. Como todos los experimentos, éste tenía una variable independiente y una dependiente. (Para recordar la diferencia se puede tener presente que una hipótesis predice cómo una variable dependiente *depende* de la manipulación de la variable independiente.) *Todos* los experimentos verdaderos en la psicología se ajustan a este sencillo modelo.

El paso final: asignación aleatoria de sujetos. Para lograr que el experimento sea una prueba válida de la hipótesis, los investigadores tenían que añadir un último punto a su diseño: la asignación adecuada de los sujetos para recibir un tratamiento particular.

La importancia de este paso se aclara cuando examinamos distintos procedimientos alternativos. Por ejemplo, los investigadores pudieron considerar la posibilidad de asignar sólo hombres al grupo con dos testigos, sólo mujeres al grupo con tres testigos, y hombres y mujeres al de seis testigos. Sin embargo, de haber procedido de ese modo, habría sido evidente que cualquier diferencia que encontraran en el comportamiento de ayuda no se le podría atribuir con entera certeza solamente al tamaño del grupo, ya que las diferencias encontradas también podrían obedecer a su composición. Un procedimiento más razonable consistiría en asegurarse de que cada uno de los grupos tuviera la misma conformación en cuanto a género; de esta manera, los investigadores estarían en posibilidad de realizar comparaciones entre grupos con mayor precisión.

Los sujetos que integran cada uno de los grupos experimentales deben ser comparables entre sí. Además, es sumamente sencillo crear grupos similares en cuanto a género se refiere. Sin embargo, el problema se complica un poco cuando se toman en cuenta otras características de los sujetos de estudio. ¿Cómo podemos asegurar que los integrantes de cada uno de los grupos de tratamiento serán igual de inteligentes, extrovertidos, cooperativos, etc., cuando la lista de características, cualquiera de las cuales puede ser relevante, es potencialmente infinita?

Asignación aleatoria a la condición: un procedimiento en el que los sujetos de estudio son asignados a diferentes grupos o "condiciones" experimentales con base exclusivamente en el azar

La solución a este problema radica en un procedimiento sencillo pero elegante denominado asignación aleatoria a la condición. En una **asignación aleatoria a la condi-**

ción se asigna a los participantes a diferentes grupos experimentales o "condiciones" con base exclusivamente en el azar. El investigador podría, por ejemplo, colocar los nombres de la totalidad de los sujetos potenciales en un sombrero y sacarlos para asignarlos a grupos específicos. La ventaja que ofrece esta técnica radica en que las características de los sujetos de estudio tienen las mismas posibilidades de distribución entre los distintos grupos. Mediante el empleo de la asignación aleatoria, el experimentador puede confiar en que cada uno de los grupos comprenderá aproximadamente la misma proporción de personas inteligentes, cooperativas, extrovertidas, de hombres y mujeres, etcétera.

Es importante recordar el siguiente conjunto de elementos clave cuando se considera si un estudio de investigación representa un experimento verdadero:

- Una variable independiente, que es el factor que manipula el investigador.

- Una variable dependiente, que es la variable que el experimentador mide y en la que espera detectar cambios.

- Un procedimiento que asigna de manera aleatoria los sujetos de estudio a distintos grupos experimentales o "condiciones" de la variable independiente.

- Una hipótesis que relaciona entre sí las variables independiente y dependiente.

Sólo si existen todos estos elementos, el estudio de investigación se puede considerar como un verdadero experimento en el que es posible determinar relaciones de causa-efecto. (Para un resumen de los diferentes tipos de investigación que se han expuesto, véase cuadro 1-1.)

Cuadro 1-1	Estrategias de investigación	
Investigación correlacional		**Investigación experimental**
	Proceso general:	
El investigador observa una situación existente con anterioridad pero no interviene		El investigador manipula una situación para observar el resultado de la manipulación
	Resultado pretendido:	
Identificar asociaciones entre factores		Conocer cómo los cambios en un factor tienen efectos en otro
	Tipos:	
Investigación documental (examina registros para confirmar una hipótesis)		Experimento (el investigador produce un cambio en un factor para observar sus efectos en otros factores)
Observación naturalista (observación del comportamiento que ocurre de manera natural, sin intervención)		
Investigación por encuesta (hacer preguntas a personas escogidas para representar a una población mayor)		
Estudio de caso (investigación intensiva de un individuo o grupo pequeño)		

¿Estuvieron en lo correcto Latané y Darley? A estas alturas debe estar preguntándose si Latané y Darley tuvieron razón al plantear la hipótesis de que un aumento en el número de testigos en una situación de emergencia provoca la disminución del comportamiento de ayuda.

De acuerdo con los resultados del experimento que realizaron, la hipótesis planteada dio justo en el blanco. Para verificar su hipótesis utilizaron un laboratorio como escenario, y se les dijo a los sujetos de estudio que el objeto del experimento era entablar una discusión acerca de problemas personales relacionados con la universidad. La discusión se debería realizar a través de un sistema de intercomunicación, supuestamente a fin de evitar en lo posible las inhibiciones potenciales que podría generar el contacto cara a cara. Conversar de problemas personales no era el objetivo del experimento, pero se dijo a los sujetos de estudio que ésa era la finalidad, con el objeto de que las expectativas que ellos tuvieran del estudio no influyeran sobre su comportamiento. (Piense cómo habrían reaccionado si se les hubiera dicho que se iba a hacer una prueba sobre su comportamiento de ayuda en situaciones de emergencia. Los investigadores nunca habrían logrado obtener una evaluación precisa de lo que en verdad harían los sujetos durante una emergencia. Por definición, las urgencias rara vez se anuncian con anticipación.)

Las dimensiones de los grupos de discusión eran de dos, tres y seis personas, quienes obedecían a la manipulación de la variable independiente, que era el tamaño de los grupos. Se asignó de manera aleatoria a los sujetos de estudio a uno de los grupos según iban llegando al laboratorio.

Mientras los sujetos de cada grupo discutían, de pronto escucharon cómo otro de los participantes (que de hecho era un *confederado*, o empleado entrenado, de los experimentadores) tenía lo que parecía ser un ataque epiléptico:

> Cre-cre-creo que me-me alguien ayude alg-alg-alg-alguien que me ayude po-po-po-po-porque tengo un-un-un-un pro-pro-problema y-y-y si me ayu-ayudan se los vo-vo-voy a agradecer... porq-po-porque me está da-dando uno de e-e-esos ataques y-y-y ne-ne-neci-necesito ayuda así que si alg-al-guien no-no me-me ayuda (hay sonidos de asfixia)... me-me vo-voy a mori-r-r-r, me voy a-a-a mo-morir ayud-ayuda-da a-ataq-que (sonidos de asfixia y luego silencio). (Latané y Darley, 1970, p. 379.)

El comportamiento de los sujetos era ahora lo que importaba. La variable dependiente consistió en el tiempo que transcurrió desde el inicio del "ataque" hasta el momento en que alguno de los sujetos comenzaba a ayudar a la "víctima". Si pasaban más de seis minutos sin que alguno de los sujetos ofreciera su ayuda, el experimento se daba por terminado.

Como lo había predicho la hipótesis, el tamaño del grupo tuvo un efecto muy significativo con relación a la predisposición de los sujetos a prestar ayuda o no (Latané y Darley, 1970). En el grupo conformado por dos personas (en el que el sujeto pensó que estaba a solas con la víctima), el tiempo transcurrido aproximadamente fue de 52 segundos; en el grupo formado por tres personas (el sujeto, la víctima y otra persona), el tiempo transcurrido fue, en promedio, de 93 segundos; mientras que en el grupo de seis personas (el sujeto, la víctima y otras cuatro personas), el tiempo promedio fue de 166 segundos. La consideración de una simple medida de "sí" o "no" acerca de si se prestó o no ayuda corrobora el patrón del tiempo transcurrido. En el grupo conformado por dos personas, 85% de los sujetos prestaron ayuda; 62% fueron quienes ayudaron en el grupo de tres personas; y sólo 31% de las personas del grupo de seis se decidió a prestar apoyo.

Como consecuencia de la claridad de estos resultados, parece cierto que se logró confirmar la veracidad de la hipótesis original. Sin embargo, Latané y Darley no podían estar seguros de la significación real de los resultados hasta que examinaran sus datos con procedimientos estadísticos formales. Los procedimientos estadísticos, que implican el uso de distintos tipos de cálculos matemáticos, le permiten al investigador determinar con precisión la posibilidad de que los resultados sean significativos y no sólo productos del azar.

Los caminos de la psicología

Mary Garrett

Investigadora de SIDA
San Francisco State College,
San Francisco, California

Nació en: *1947*

Educación: *A.A., City College of San Francisco; B.A., San Francisco State College; en la actualidad se encuentra inscrita en un programa de posgrado en el San Francisco State College*

Residencia: *San Francisco, California*

Mary Garrett

La mayoría de los estudiantes de bachillerato sólo tienen una idea vaga de lo que desean hacer con sus vidas, pero en lo que respecta a Mary Garrett, no había lugar a dudas sobre lo que deseaba. Anhelaba ser psicóloga.

A la edad de 47 años, Garrett por fin comenzó a hacer realidad su sueño. Después de un paréntesis de muchos años en su educación, ahora está inscrita en un programa de posgrado en investigación psicológica en el San Francisco State College.

"Siempre estuve interesada en las personas, en su comportamiento y en las causas que las conducen a éste", dijo. "Desde que asistía al bachillerato quería ser psicóloga y ahora planeo enseñar y hacer investigación en psicología en el ámbito universitario."

Como parte de sus estudios de posgrado, Garrett planea emprender un estudio innovador y potencialmente significativo de mujeres afroamericanas con el virus del SIDA. "El estudio pretende aumentar nuestro conocimiento sobre la naturaleza de los efectos del estrés en la salud mental y física de las mujeres afroamericanas con VIH y SIDA, y sobre los procesos de afrontamiento que median estos efectos, a fin de diseñar una intervención psicosocial efectiva", comentó.

El incentivo para el estudio fue un proyecto similar conducido por uno de sus profesores. Éste había realizado un estudio inicial sobre el afrontamiento del SIDA, pero sólo empleó hombres en su muestra. Garrett se interesa en comparar cómo enfrentan las mujeres y los hombres la enfermedad.

"Quiero averiguar si las estrategias y procesos de afrontamiento son diferentes para las mujeres. Ellas poseen factores estresantes diferentes a los de los hombres, como ser madres solteras o mujeres negras en esta sociedad", dijo.

La investigación, de acuerdo con Garrett, incluirá tres fases: un estudio exploratorio inicial, entrevistas a profundidad y un cuestionario escrito. Ella atribuye gran parte de su capacidad para diseñar el estudio a su capacitación en el pregrado en psicología. "Fue en mi clase de metodología donde aprendí cómo elaborar y conducir encuestas. También usaré material que aprendí en mis clases de estadística, métodos, envejecimiento y desarrollo adulto", agregó Garrett. "Todo mi trabajo de pregrado en psicología contribuyó a mi preparación para este estudio."

El estudio de Latané y Darley posee todos los elementos de un experimento: una variable independiente, una variable dependiente, asignación aleatoria a las condiciones y varios grupos experimentales. Debido a que posee todos estos elementos, podemos decir con cierta confianza que el tamaño del grupo *causó* cambios en el grado de comportamiento de ayuda.

Claro está que un solo experimento no logra resolver de una vez por todas el asunto relativo a la intervención de testigos durante situaciones de emergencia. Los psicólogos requieren una **réplica**, o repetición, de los resultados mediante el empleo de otros procedimientos en otros escenarios, con otros grupos de sujetos de estudio, antes de tener confianza plena en la validez de cualquier experimento individual. [En este caso, el experimento ha logrado soportar la prueba del tiempo. En una revisión de alrededor de 50 estudios que se realizaron en el transcurso de los diez años siguientes a su experimento original, el descubrimiento de que un aumento en el número de testigos provoca una disminución en el comportamiento de ayuda se replicó en muchos estudios más (Latané y Nida, 1981).]

Réplica: la repetición de los hallazgos usando otros procedimientos en otros escenarios, con otros grupos de sujetos, antes de que pueda tenerse plena confianza en la validez de cualquier experimento aislado

Además de replicar los resultados experimentales, los psicólogos necesitan probar las limitaciones de sus teorías e hipótesis con objeto de determinar bajo qué condiciones específicas son aplicables y en cuáles no lo son. Parece poco probable, por ejemplo, que un aumento en el número de testigos *siempre* provoque una disminución en el comportamiento de ayuda. Por tanto, es de vital importancia comprender las condiciones en las que se producen excepciones a esta regla general. Por ejemplo, se puede especular que bajo condiciones de resultados compartidos, en las que los testigos experimentan la sensación de que las dificultades de una víctima pueden afectarles en lo personal más adelante de alguna manera, la ayuda se ofrecería con mayor facilidad (Aronson, 1988). La comprobación de esta hipótesis (para la que, de hecho, existe cierta evidencia) requiere de experimentación adicional.

Como cualquier otra ciencia, la psicología incrementa nuestro entendimiento con avances pequeños, en donde cada uno de éstos se apoya en trabajos previos. Es un trabajo realizado en muchos frentes, que implica a muchas personas, como Mary Garrett, cuya labor se discute en el recuadro de *Los caminos de la psicología*.

Recapitulación, revisión y reflexión

Recapitulación

- El método científico es un método de estudio sistemático que consiste en identificar preguntas de interés, formular una explicación y realizar una investigación.

- Las teorías son explicaciones o predicciones amplias de fenómenos de interés, y las hipótesis son predicciones de la investigación que pueden comprobarse; ambas son herramientas importantes de investigación científica.

- Los métodos clave de investigación incluyen la investigación documental, la observación naturalista, la investigación por encuesta y el estudio de caso.

- En la investigación correlacional se examina la relación entre dos variables con el fin de determinar si están asociadas o no, aunque no es posible establecer por esta vía relaciones de causa-efecto.

- En un experimento formal, que representa el único medio para determinar relaciones de causa-efecto, se investiga la relación entre los factores mediante la producción intencional de un cambio en un factor para observar los cambios en el otro.

Revisión

1. Un experimentador se interesa en estudiar la relación entre el hambre y la agresividad. Ha definido la agresividad como el número de veces que un sujeto golpea un saco de boxeo. ¿Cómo se denomina al proceso de definición de esta variable?

2. Relacione los siguientes tipos de investigación con su definición:
   1. Investigación documental
   2. Observación naturalista
   3. Investigación por encuesta
   4. Estudio de caso

   a. Preguntar directamente a una muestra de personas acerca de su comportamiento
   b. Revisar los registros existentes para confirmar una hipótesis
   c. Observar el comportamiento en un escenario real, sin intervenir en los resultados
   d. Investigar de manera profunda a una persona o a un grupo pequeño

3. Relacione cada uno de los siguientes métodos de investigación con un problema básico:

   1. Investigación documental
   2. Observación naturalista
   3. Investigación por encuesta
   4. Estudio de caso

   a. A veces no es posible generalizar a la población.
   b. El comportamiento de las personas puede cambiar si se percatan de que son observadas.
   c. Puede que no existan los datos, o éstos pueden no ser útiles.
   d. Las personas pueden mentir con el fin de ofrecer una buena imagen.

4. Un amigo le dice que "la ansiedad provocada por hablar en público y el desempeño se correlacionan de forma negativa. Por tanto, mucha ansiedad debe provocar un mal desempeño". Diga si esta afirmación es cierta o falsa. Explique su respuesta.

5. Un psicólogo desea estudiar el efecto del atractivo sobre la disposición a ayudar a una persona que tiene un problema matemático. El atractivo sería la variable _____, en tanto que la cantidad de ayuda sería la variable _____.

6. El grupo que en un experimento no recibe tratamiento alguno se denomina grupo _____.

Las respuestas a las preguntas de revisión se encuentran en la página 40.

Reflexión

1. ¿Puede describir cómo un investigador podría usar la observación naturalista, los métodos de estudio de caso y la investigación por encuesta para estudiar las diferencias de género en el comportamiento agresivo en el lugar de trabajo? Primero plantee una hipótesis, luego describa sus enfoques para la investigación. ¿Qué características positivas y negativas posee cada método?

2. Las compañías tabacaleras con frecuencia afirman que ningún experimento ha probado que fumar cause cáncer. ¿Puede explicar esta afirmación en función de los procedimientos y diseños de investigación expuestos en este capítulo? ¿Qué clase de investigación establecería una relación de causa-efecto entre el uso del tabaco y el cáncer? ¿Es posible dicha investigación?

3. Al realizar un experimento, usted decide tomar a los primeros 20 sujetos disponibles y asignarlos al grupo experimental y remitir a los siguientes 20 al grupo control. ¿Por qué puede que ésta no sea una buena idea?

RETOS DE LA INVESTIGACIÓN: EXPLORACIÓN DEL PROCESO

Es probable que a estas alturas sea evidente que hay pocas fórmulas simples que puedan seguir los psicólogos cuando llevan a cabo una investigación. Se debe seleccionar el tipo de estudio a realizar, las medidas a tomar y el modo más efectivo para analizar los resultados. Incluso después de tomar estas decisiones esenciales, quedan por considerarse diversos problemas de vital importancia. Abordamos en primera instancia al más fundamental de estos asuntos: la ética.

▶ ¿Cuáles son los aspectos importantes que subyacen al proceso de realizar una investigación?

La ética de la investigación

Póngase en el lugar de uno de los sujetos de estudio en el experimento de Latané y Darley. ¿Cómo se sentiría cuando se enterara de que la persona que creía que tenía un ataque en realidad era un cómplice pagado por el experimentador?

Aunque al principio podría sentir alivio puesto que no había en realidad emergencia alguna, también sería posible que guardara resentimiento debido a que se le engañó durante el experimento. También podría experimentar preocupación puesto que se le colocó en una situación poco común en la que, dependiendo de la forma en que se haya conducido, podría haber sufrido un golpe a su autoestima.

La mayoría de los psicólogos afirma que el uso del engaño a veces es necesario debido a que evita que los sujetos de estudio estén influidos por lo que a su juicio es el verdadero propósito del experimento (si usted supiera que el experimento de Latané y Darley se interesaba en su comportamiento de ayuda, ¿no estaría tentado automáticamente a intervenir en la emergencia?). Con objeto de evitar semejantes desenlaces, los investigadores a veces se ven obligados a emplear el engaño.

No obstante, debido a que las investigaciones tienen el potencial de violar los derechos de quienes participan en ellas, se espera que los psicólogos se adhieran a una serie de lineamientos éticos muy estrictos, cuya finalidad es la protección de los sujetos de estudio (APA, 1992). Estas directrices recomiendan lo siguiente:

- Protección a los sujetos de daños físicos y mentales.

- El derecho que tienen los sujetos a la privacidad respecto a su comportamiento.

- La seguridad de que la participación en la investigación es voluntaria por completo.

- La obligación de informar a los sujetos con anterioridad a la participación en el experimento sobre la naturaleza de los procedimientos.

Aunque estas directrices permiten el empleo del engaño, todos los experimentos que lo impliquen deben ser revisados por un grupo independiente de expertos antes de usarlo, como debe ser en cualquier experimento en que participen humanos como sujetos de estudio (Rosnow *et al.*, 1993; Rosenthal, 1994; Fisher y Fyrberg, 1994; Gurman, 1994; Bersoff, 1995; Kimmel, 1996).

Los estudiantes universitarios están disponibles y son sujetos de investigación muy frecuentemente, pero es posible que no sean lo bastante representativos de la población general.

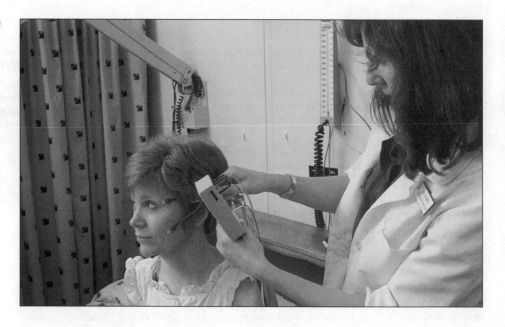

Consentimiento informado: un documento firmado por los sujetos de estudio en el que declaran que se les ha informado la naturaleza básica del estudio y que se percatan qué implicará su participación

Uno de los principios éticos esenciales que siguen los psicólogos es el del **consentimiento informado**. Antes de participar en un experimento, los sujetos de estudio deben firmar un documento en el que reconocen que se les ha informado sobre la naturaleza general del estudio y sobre lo que implicará su participación, que están conscientes de los riesgos que puede implicar el experimento y que entienden que su participación es voluntaria por completo y que puede cancelarse en cualquier momento. La única ocasión en que se puede prescindir del consentimiento informado es cuando los riesgos del experimento son mínimos, como en los estudios que sólo requieren de observación en una calle o en algún otro lugar público (Sieber, 1993; Mann, 1994; Stanley y Guido, 1996; Thompson, 1996).

Exploración de la diversidad

Selección de sujetos que representen todo el rango de la conducta humana

Cuando Latané y Darley, ambos profesores universitarios, eligieron a quienes debían participar como sujetos en sus experimentos, acudieron a las personas que podían ser más accesibles para ellos: estudiantes universitarios. De hecho, los universitarios participan con tanta frecuencia en los experimentos, que la psicología ha sido llamada, en forma algo desdeñosa, la "ciencia del comportamiento del estudiante universitario de primeros semestres" (Rubenstein, 1982).

Su participación en calidad de sujetos de estudio implica ventajas y desventajas. El principal de los beneficios es su disponibilidad. Debido a que la mayor parte de las investigaciones se realizan en ambientes universitarios, los estudiantes de educación superior están ampliamente disponibles. Por lo general, participan ya sea por créditos adicionales

---

Respuestas a las preguntas de revisión:

1. Operacionalización.   2. 1.b; 2.c; 3.a; 4.d   3. 1.c; 2.b; 3.d; 4.a   4. Falso; la correlación no implica causalidad. El solo hecho de que dos variables se relacionen no significa que una sea causa de la otra. Se puede dar el caso de que un mal desempeño sea la causa de que la gente padezca de mayor ansiedad, o que un tercer factor sea la causa de ambos efectos.   5. independiente; dependiente   6. control.

como recompensa o por un pequeño pago monetario, lo que hace mínimo el costo que el investigador debe cubrir.

El problema que implica emplear a estudiantes universitarios en calidad de sujetos de estudio radica en la posibilidad de que no representen de forma adecuada a la población en general. Esto se debe a que son jóvenes y poseen mejor educación que un gran porcentaje del resto de la población en países como Estados Unidos. Además, es muy probable que sus actitudes estén menos formadas, siendo más susceptibles que los adultos mayores a las presiones sociales procedentes de las figuras de autoridad y de sus semejantes (Sears, 1986).

Además, en el caso de las investigaciones en Estados Unidos, los estudiantes universitarios son caucásicos y de clase media de manera desproporcionada. De hecho, incluso las investigaciones en que no participan estudiantes universitarios tienden a emplear sujetos blancos de clase media. En particular, la participación de afroamericanos como sujetos no sólo es baja, sino que en realidad ha disminuido durante los últimos 20 años (Graham, 1992).

Cuando una ciencia que pretende explicar el comportamiento humano en general hace caso omiso de una proporción significativa de la población al sacar conclusiones, hay algo que no está bien. En consecuencia, los investigadores en psicología se han vuelto cada vez más sensibles a la importancia de contar con sujetos representativos por completo de la población general (Gannon *et al.*, 1992; Youngstrom, 1994). ◼

¿Deben usarse animales en la investigación?

No sólo los psicólogos que trabajan con seres humanos tienen que laborar bajo severas restricciones de índole ética; los investigadores que se sirven de animales en calidad de sujetos de estudio tienen su propio conjunto de directrices con el fin de garantizar que éstos no sufran (APA, 1993). Específicamente, deben hacer todo lo posible para reducir al mínimo la incomodidad, la enfermedad y el dolor; además, los procedimientos que someten a aflicción a los animales se utilizan sólo cuando no se cuenta con un procedimiento alternativo y cuando el objetivo de la investigación queda justificado por su valor prospectivo. Además, existen reglamentos federales en países como Estados Unidos que especifican cómo se debe albergar a los animales y de qué modo se les debe alimentar y mantener. Los investigadores no sólo deben hacer todo lo posible para evitar la incomodidad física de los animales, sino que también se les exige promover el bienestar *psicológico* de algunas especies de animales, como los primates, que se emplean en estudios (Novak y Suomi, 1988; Adler, 1991; Novak y Petto, 1991).

Para empezar, ¿por qué deben usarse animales para la investigación? ¿Cómo podemos atrevernos a inferir comportamiento humano a partir de los resultados de investigaciones que emplean a ratas, gerbos o palomas en calidad de sujetos de estudio? La respuesta es que 7 u 8% de las investigaciones en psicología en las cuales se emplean animales tienen un objetivo distinto y están diseñadas para dar respuesta a preguntas diferentes a las de los estudios que se realizan con sujetos humanos. Por ejemplo, el periodo de vida más corto de algunos animales (las ratas viven un promedio de dos años) permite a los investigadores aprender sobre los efectos del envejecimiento en un tiempo mucho más corto que si estudiaran el mismo fenómeno en seres humanos. Además, la complejidad del hombre puede oscurecer la información relativa a fenómenos básicos que pueden identificarse con mucha mayor facilidad en animales. Por último, algunos estudios requieren de gran número de sujetos que compartan antecedentes o que hayan estado expuestos a ambientes específicos, condiciones que prácticamente no pueden lograrse en el caso de los seres humanos (Gill *et al.*, 1989; Domjan y Purdy, 1995; Gallagher y Rapp, 1997; Mukerjee, 1997).

Las investigaciones que utilizan animales en calidad de sujetos de estudio proporcionan a los psicólogos información que representa enormes beneficios para la especie humana. Por ejemplo, la investigación con animales nos ha permitido descubrir las claves para aprender a detectar los trastornos oculares de los niños a edades tan tempranas que se hace posible evitar un daño permanente, para encontrar la forma de comunicarnos con

La investigación que emplea animales genera controversia, pero cuando se realiza dentro de lineamientos éticos, produce beneficios significativos para los humanos.

Sesgos experimentales: factores que distorsionan la comprensión de un experimentador de la forma en que afectó la variable independiente a la variable dependiente

mayor efectividad con niños con deficiencia mental severa y para reducir los dolores crónicos de las personas, por citar sólo unos cuantos resultados (APA, 1988; Domjan y Purdy, 1995; Botting y Morrison, 1997).

A pesar del valor ya demostrado de las investigaciones que utilizan animales en calidad de sujetos de estudio, su empleo en la investigación psicológica continúa siendo un tema controvertido (Orlans, 1993; Plous, 1991, 1996a, 1996b; Birke y Michael, 1995), y hay quienes exigen estrictas restricciones o incluso una prohibición completa de esta práctica (Bowd y Shapiro, 1993; Barnard y Kaufman, 1997). Sin embargo, la mayoría de los psicólogos respaldan los estudios con animales que implican observación o confinamiento, aunque las encuestas señalan que una mayoría no apoya los estudios que implican dolor o muerte. Además, la mayoría cree que las directrices éticas existentes son lo bastante rigurosas como para ofrecer protección a los animales y al mismo tiempo permiten que se realice una muy valiosa investigación (Plous, 1996a).

Amenazas para los experimentos: las expectativas del experimentador y de los sujetos

Incluso los planes experimentales mejor diseñados están sujetos a **sesgos experimentales**: factores que distorsionan la comprensión del investigador acerca de la forma en que la variable independiente afectó a la variable dependiente. Uno de los modos más comunes de sesgo experimental que los investigadores deben eludir es el de las *expectativas del experimentador*, en las que éste transmite de manera involuntaria claves a los sujetos de estudio sobre el modo en que se espera que se comporten ante una determinada condición experimental (Harris, 1991; Blanck, 1993; Rosnow y Rosenthal, 1994, 1997). El peligro radica en que estas expectativas provocarán un comportamiento "adecuado", que de otro modo tal vez no se daría. Por ejemplo, si Latané y Darley se hubieran comportado en forma involuntaria con los dos testigos como si esperaran que prestaran ayuda, y hubiesen insinuado que tenían pocas expectativas de observar un comportamiento de ayuda en seis testigos, tales variaciones en su comportamiento, sin importar que no hayan sido intencionales, podrían haber afectado los resultados.

Un problema similar es el de las *expectativas del sujeto de estudio* acerca de lo que constituye un comportamiento adecuado. Si alguna vez ha sido sujeto de estudio en un experimento, sabe bien que con mucha rapidez se desarrollan ideas acerca de lo que se espera de uno, y es muy común que las personas desarrollen sus propias hipótesis acerca de lo que el experimentador espera aprender del estudio. Si estas expectativas llegan a influir en el comportamiento del sujeto de estudio, ello será un motivo de preocupación, puesto que entonces ya no es la manipulación experimental lo que produce el efecto, sino las expectativas del sujeto.

Para tomar precauciones de que las expectativas del sujeto sesguen los resultados de un experimento, el investigador puede tratar de disimular su propósito verdadero. Los sujetos desconocedores de que lo estudiado es el comportamiento de ayuda, por ejemplo, probablemente actuarán de modo más "natural" que si previamente se les dice lo que se analiza. Por tanto, Latané y Darley decidieron dar información engañosa a los sujetos de estudio, diciéndoles que el propósito del experimento era realizar una discusión entre estudiantes universitarios con respecto a sus problemas personales. De esta manera, esperaban que no sospecharían el verdadero propósito del experimento.

En algunos experimentos resulta imposible esconder el objetivo real de la investigación. En estos casos se puede disponer de otras técnicas; por ejemplo, suponga que le interesa probar la capacidad de un nuevo fármaco para aliviar los síntomas de una depresión severa. Si sólo se le suministra el fármaco a la mitad de los sujetos de estudio y a la otra mitad no, los sujetos a los que se les administró la sustancia pueden informar que se sienten menos deprimidos sólo a consecuencia de que saben que han ingerido un medicamento. Del mismo modo, quienes no tomaron fármaco alguno pueden informar que no se sienten mejor porque saben que forman parte de un grupo control que no recibe tratamiento alguno.

Para resolver este problema, los psicólogos suelen emplear un procedimiento en el que todos los sujetos reciben un tratamiento, pero los integrantes del grupo control tienen en realidad un tratamiento placebo. Un **placebo** es un tratamiento simulado, como una píldora, "medicamento" u otra sustancia que no tiene ninguna propiedad química significativa ni ingrediente activo alguno. Debido a que a los miembros de ambos grupos se les oculta la información de si reciben un tratamiento real o simulado, cualquier diferencia que se descubra puede atribuirse a la calidad del fármaco y no a los posibles efectos psicológicos de la administración de una píldora u otra sustancia (Roberts *et al.*, 1993).

Todavía hay otro factor que un investigador cuidadoso debe aplicar en un experimento de esta naturaleza. Para eliminar la posibilidad de que las expectativas del experimentador afecten al sujeto, la persona que administre el medicamento no debería saber si se trata de un fármaco verdadero o de un placebo. Si tanto el sujeto de estudio como el experimentador que interactúa con el sujeto son "ciegos" a la naturaleza del fármaco que se administra, los investigadores pueden evaluar con mayor precisión sus efectos. A este método se le denomina *procedimiento doble ciego*.

Placebo: tratamiento simulado, como una píldora, un "fármaco" u otra sustancia sin ninguna propiedad química significativa o ingrediente activo

El consumidor de psicología bien informado

Pensamiento crítico acerca de la investigación

Si estuviera a punto de comprar un automóvil sería poco probable que acudiera a la agencia más cercana y saliera manejando el primer auto que le recomendara el vendedor. En vez de ello, probablemente reflexionaría un poco acerca de la compra, leería artículos sobre autos, consideraría las alternativas, hablaría con otros de sus experiencias y a fin de cuentas habría pensado lo suficiente antes de realizar una compra de tal magnitud.

En contraste, gran parte de nosotros somos menos conscientes cuando se trata de gastos relacionados con bienes intelectuales que cuando disponemos de nuestros recursos financieros. La gente llega a precipitarse en conclusiones basadas en información incompleta e inexacta, y es relativamente raro que se tome el tiempo para evaluar de modo crítico las investigaciones y la información a la que está expuesta.

Debido a que el campo de la psicología se fundamenta en un cuerpo acumulado de investigaciones, es de vital importancia la realización de un escrutinio concienzudo de los métodos, resultados y aseveraciones de los investigadores. Sin embargo, no son sólo los psicólogos quienes deben saber cómo evaluar de modo crítico las investigaciones; todos estamos expuestos de manera constante a las afirmaciones que realizan los demás. Conocer la forma de abordar los datos de las investigaciones puede ser de mucha ayuda en áreas distantes de la psicología.

Una serie de preguntas básicas nos puede servir para determinar lo que es válido y lo que no lo es. Entre las más importantes que se deben formular destacan las siguientes:

- ¿Cuáles son los fundamentos de la investigación? Los estudios de investigación deben derivarse de una teoría establecida con claridad. Además, debe tomarse en cuenta la hipótesis específica que se trate de verificar. A menos que tengamos conocimiento de la hipótesis que se examina, no será posible evaluar el éxito que pueda haber tenido un estudio determinado. Necesitamos ser capaces de saber cómo se derivó la hipótesis de una teoría subyacente y entonces considerar qué tan bien el diseño del estudio logra verificar la hipótesis planteada.

- ¿En qué medida se condujo de manera correcta el estudio? Considere quiénes fueron los sujetos de estudio, cuántos estuvieron presentes, cuáles métodos se emplearon y con qué problemas se encontró el investigador al recolectar la información. Por ejemplo, existen diferencias significativas entre un estudio de caso que registre las anécdotas de un grupo de entrevistados y una encuesta meticulosa que reúna información proveniente de miles de personas.

• ¿Cuáles son los supuestos que subyacen a la presentación de los resultados del estudio? Es necesario determinar la precisión con que las afirmaciones reflejan la información real, así como la lógica de lo que se afirma. Por ejemplo, la American Cancer Society publicó en 1991 que la probabilidad de contraer cáncer de mama se había elevado a una de cada nueve mujeres. Resultó, sin embargo, que éstas eran probabilidades acumuladas, que reflejaban la posibilidad de que una mujer desarrollara cáncer de mama en algún momento entre su nacimiento y la edad de 110 años. Durante la mayor parte de la vida de una mujer, las probabilidades de enfermar de cáncer de mama son menores de manera considerable. Por ejemplo, para menores de 50 años de edad, el riesgo es cercano a 1 de cada 1 000 mujeres (Blakeslee, 1992; Kolata, 1993).

Del mismo modo, cuando el fabricante del analgésico marca X asegura con arrogancia que "ningún otro analgésico es más efectivo para combatir el dolor que la marca X", esto no significa que dicha marca sea mejor que cualquier otro tipo de analgésico. Sólo implica que ninguna otra marca de estos fármacos funciona mejor y que en realidad otras pueden funcionar tan bien como la marca X. Expresado de esta última manera, el hallazgo no parece ser cosa de la que valga la pena hacer alarde.

Estos principios básicos nos pueden ayudar a determinar la validez de los resultados de las investigaciones con las que nos encontramos, tanto dentro como fuera del campo de la psicología. De hecho, mientras más sepamos cómo evaluar las investigaciones en general, más capaces seremos de evaluar lo que el campo de la psicología puede ofrecer. ∎

Recapitulación, revisión y reflexión

Recapitulación

• Entre los principales asuntos éticos a los que se enfrentan los psicólogos se encuentran el engaño en los experimentos y el empleo de animales en calidad de sujetos de estudio.

• Los riesgos en los experimentos incluyen las expectativas del experimentador y las del sujeto de estudio.

Revisión

1. La investigación ética inicia con el concepto del consentimiento informado. Antes de estampar su firma para participar en un experimento, los sujetos de estudio deben ser informados acerca de:
   a. El procedimiento del estudio, planteado en términos generales
   b. Los riesgos que puede implicar
   c. El derecho a retirarse en cualquier momento
   d. Todo lo anterior

2. Enuncie tres beneficios de utilizar animales en la investigación psicológica.

3. Los investigadores pueden usar el engaño como un medio para eliminar las expectativas de los sujetos de estudio. ¿Verdadero o falso?

4. Un método en el que el experimentador desconoce si los sujetos reciben o no un tratamiento verdadero se denomina procedimiento _____-_____.

5. Un estudio muestra que los hombres difieren de las mujeres en su preferencia de sabores de helados. Tal estudio se basó en una muestra de dos hombres y tres mujeres. ¿Qué podría encontrarse mal en el estudio?

Las respuestas a las preguntas de revisión se encuentran en la página 46.

Reflexión

1. Un encuestador estudia las actitudes de las personas hacia los programas de asistencia social haciendo circular un cuestionario por Internet. ¿Es probable que la investigación refleje con precisión las opiniones de la población general? ¿Por qué sí o por qué no?

2. Una investigadora sostiene que los profesores universitarios en general le prestan menos atención y respeto a las alumnas en el salón de clases que a los estudiantes varones. Lleva a cabo un estudio experimental que implica la observación en aulas en condiciones diferentes. Al explicar el estudio a los docentes y estudiantes que participarán, ¿qué pasos deberá seguir para eliminar el sesgo experimental basado en las expectativas del experimentador y en las de los sujetos de estudio?

UNA MIRADA

r e t r o s p e c t i v a

¿Qué es la psicología y por qué es una ciencia?

1. A pesar de que la definición de psicología, el estudio científico del comportamiento y de los procesos mentales, es muy clara, es asimismo engañosamente sencilla, puesto que "comportamiento" no abarca sólo lo que hace la gente, sino también sus pensamientos, sentimientos, percepciones, razonamiento, memoria y actividades biológicas.

¿Cuáles son las distintas ramas del campo de la psicología?

2. La psicología incluye una serie de áreas de especialización importantes. Los biopsicólogos se concentran en las bases biológicas del comportamiento, en tanto que los psicólogos experimentales estudian los procesos de sensación, percepción, aprendizaje y pensamiento acerca del mundo. La psicología cognitiva, que se desprendió de la psicología experimental, trata el estudio de los procesos mentales superiores, lo cual incluye el pensamiento, el lenguaje, la memoria, la solución de problemas, el conocimiento, el razonamiento, el juicio y la toma de decisiones.

3. Las ramas de la psicología que estudian el cambio y las diferencias individuales son la psicología del desarrollo y la psicología de la personalidad. Los especialistas en la primera estudian el proceso de crecimiento y cambio de las personas a lo largo de su vida. Los psicólogos de la personalidad abordan la consistencia y el cambio de comportamiento de un individuo conforme éste se enfrenta a situaciones diversas, así como las diferencias que distinguen la conducta de una persona de la de otra cuando se encuentran en una misma situación.

4. Los psicólogos de la salud, los clínicos y los especialistas en consejería se ocupan de manera fundamental en promover la salud física y mental. Los psicólogos de la salud estudian los factores psicológicos que afectan a las enfermedades físicas, en tanto que los psicólogos clínicos se dedican al estudio, diagnóstico y tratamiento del comportamiento anormal. Los expertos en consejería se concentran en problemas de adaptación educativa, social y vocacional.

5. Los psicólogos educativos investigan la manera en que el proceso educativo influye en los estudiantes; mientras que los psicólogos escolares se especializan en la evaluación y el tratamiento de niños de escuelas primarias y secundarias que tienen problemas académicos y/o emocionales.

6. La psicología social es el estudio de la forma en que los pensamientos, sentimientos y acciones de las personas son influidos por los demás. La psicología de la mujer se concentra en los factores psicológicos que se relacionan con el comportamiento y el desarrollo de las mujeres. Los psicólogos industriales se concentran en la forma en que se puede aplicar la psicología en los lugares de trabajo, mientras que los dedicados a la psicología del consumidor estudian los factores que influyen en los hábitos de compra de la gente. La psicología transcultural analiza las semejanzas y diferencias en el funcionamiento psicológico entre diversas culturas. Las áreas más nuevas de especialización incluyen la psicología evolutiva, la neuropsicología clínica, la psicología ambiental, la forense, la del deporte y la evaluación de programas.

¿Dónde trabajan los psicólogos?

7. Los psicólogos laboran en gran variedad de lugares. Aunque los principales sitios de empleo son las universidades, muchos de ellos se encuentran en hospitales, clínicas, centros comunitarios de salud y de orientación. Muchos tratan a pacientes en forma privada.

¿Cuáles son las raíces históricas del campo de la psicología?

8. Los fundamentos de la psicología fueron establecidos por Wilhelm Wundt, en Alemania, en 1879. Las primeras perspectivas conceptuales que guiaron el trabajo de los psicólogos fueron el estructuralismo, el funcionalismo y la teoría de la Gestalt. El estructuralismo dirigía su atención a la identificación de los elementos básicos de la mente, apelando en gran medida al uso de la introspección. El funcionalismo se concentraba en las funciones que desempeñan las actividades mentales. La psicología de la Gestalt se enfocaba en el estudio de la forma en que se organiza la percepción en unidades significativas.

¿Cuáles son los principales enfoques que emplean los psicólogos contemporáneos?

9. La perspectiva biológica se concentra en las funciones biológicas de personas y animales, reduciendo el comportamiento a sus componentes fundamentales. La perspectiva psicodinámica tiene un enfoque distinto. Sugiere que existen fuerzas y conflictos internos inconscientes bastante fuertes, que son los principales determinantes del comportamiento, de los cuales las personas tienen una conciencia escasa o nula.

10. Los enfoques cognitivos del comportamiento se dedican al estudio de la forma en que las personas conocen, comprenden y piensan el mundo. Las perspectivas cognitivas, que surgieron de los trabajos iniciales con la introspección y de trabajos posteriores por parte de los funcionalistas y de los psicólogos de la Gestalt, estudian la manera en que la gente comprende el mundo y lo representa de manera interna.

11. La perspectiva conductual resta importancia a los procesos internos y se concentra en el comportamiento observable. Sugiere que el conocimiento y el control del ambiente en que vive una persona bastan para explicar por completo su comportamiento y modificarlo.

12. La perspectiva humanista es la más reciente de las corrientes en la psicología. Hace hincapié en que los humanos poseen una inclinación única hacia el crecimiento psicológico y hacia niveles superiores de funcionamiento, a la vez que sostiene que los seres humanos hacen todo lo posible para alcanzar su máximo potencial.

¿Cuál es el futuro de la psicología?

13. Parecen surgir varias tendencias importantes que pueden influir en el futuro de la psicología. Ésta se volverá cada vez más especializada, sus explicaciones tomarán más en consideración los factores genéticos y ambientales en forma simultánea, incluirá de manera más completa la creciente diversidad de la población y se preocupará en mayor grado por el interés público. Además, es probable que el tratamiento psicológico se vuelva más accesible y sea más aceptado socialmente.

¿Qué es el método científico y cómo los psicólogos emplean la teoría y la investigación para dar respuesta a preguntas de interés?

14. El método científico es un enfoque utilizado por los psicólogos para entender lo desconocido. Consiste en tres pasos: identificación de las preguntas de interés, formulación de una explicación y realización de una investigación diseñada para apoyar la explicación.

15. La investigación psicológica está dirigida por teorías (explicaciones y predicciones amplias de los fenómenos de interés) e hipótesis (derivaciones de las teorías que son predicciones planteadas de modo que sean susceptibles de verificación).

¿Cuáles son los diversos métodos de investigación que emplean los psicólogos?

16. La investigación documental emplea los registros existentes, como pueden ser publicaciones antiguas u otro tipo de documentos, para confirmar una hipótesis. En la observación naturalista, el investigador actúa fundamentalmente como observador, sin producir cambio alguno en una situación de ocurrencia natural. Una investigación por encuesta hace a las personas una serie de preguntas relativas a su comportamiento, pensamientos o actitudes. El estudio de caso representa una entrevista y un examen profundos de una persona o un grupo pequeño de individuos. Estos métodos se sirven de técnicas de correlación, las cuales describen asociaciones entre diversos factores, mas no pueden determinar relaciones de causa-efecto.

¿Cómo establecen los psicólogos las relaciones de causa-efecto en los estudios de investigación?

17. En un experimento formal, la relación entre factores se analiza mediante la producción intencional de un cambio, denominado manipulación experimental, en uno de los factores para observar los cambios que se producen en el otro. Los factores que se modifican se denominan variables: comportamientos, sucesos o personas que pueden cambiar o variar en algún sentido. Con el fin de verificar una hipótesis, ésta debe operacionalizarse, es decir, pasar por un proceso en el que el investigador traduce los conceptos abstractos de la hipótesis a procedimientos reales que habrán de emplearse en el estudio.

18. En un experimento se deben comparar entre sí por lo menos dos grupos con objeto de evaluar las relaciones de causa-efecto. El grupo que recibe el tratamiento (el procedimiento especial ideado por el investigador) es el grupo experimental, en tanto que el segundo grupo (que no recibe tratamiento alguno) es el grupo control. Puede haber también diversos grupos experimentales, cada uno de los cuales está sujeto a un procedimiento distinto, para así poder compararlo con los demás. La que manipulan los experimentadores es la variable independiente. La variable que se mide y de la que se espera un cambio como resultado de la manipulación de la variable independiente es la dependiente.

19. En un experimento formal, los sujetos de estudio se deben asignar en forma aleatoria a todas las condiciones experimentales para que las características de los participantes queden distribuidas de manera uniforme.

¿Cuáles son los aspectos más importantes que subyacen en el proceso de una investigación?

20. Uno de los principios éticos fundamentales que siguen los psicólogos es el del consentimiento informado. Es preciso que los sujetos sean informados con anterioridad a su inclusión en el estudio, de la naturaleza básica del experimento y cuáles son los principales riesgos y beneficios potenciales que implicaría su participación. Los investigadores que trabajan con animales también deben seguir un conjunto de directrices éticas muy severas para la protección de la fauna.

21. Los experimentos están sujetos a una serie de amenazas, o sesgos. Las expectativas del experimentador pueden producir un sesgo cuando un investigador transmite a los sujetos de estudio, de forma involuntaria, claves de sus propias expectativas con relación al comportamiento de éstos ante determinada condición experimental. Las expectativas de los sujetos de estudio también pueden sesgar un experimento. Para tratar de eliminar los sesgos, los investigadores emplean placebos, así como procedimientos llamados doble ciego.

Términos y conceptos clave

psicología (p. 5)
estructuralismo (p. 15)
introspección (p. 16)
funcionalismo (p. 16)
psicología de la Gestalt (p. 16)
perspectiva biológica (p. 17)
perspectiva psicodinámica (p. 18)
perspectiva cognitiva (p. 18)
perspectiva conductual (p. 18)
perspectiva humanista (p. 19)
libre albedrío (p. 19)

método científico (p. 25)
teorías (p. 26)
hipótesis (p. 26)
operacionalización (p. 27)
investigación documental (p. 28)
observación naturalista (p. 29)
investigación por encuesta (p. 29)
estudio de caso (p. 30)
investigación correlacional (p. 30)
experimento (p. 32)
manipulación experimental (p. 32)

variables (p. 32)
tratamiento (p. 33)
grupo experimental (p. 33)
grupo control (p. 33)
variable independiente (p. 34)
variable dependiente (p. 34)
asignación aleatoria a la condición (p. 34)
réplica (p. 37)
consentimiento informado (p. 40)
sesgos experimentales (p. 42)
placebo (p. 43)

Respuestas a las preguntas de revisión:

1. d   2. 1) Podemos estudiar con más facilidad algunos fenómenos en animales de lo que es posible con personas, ya que se tiene un mayor control sobre los factores ambientales y genéticos. 2) Pueden obtenerse grandes cantidades de sujetos similares. 3) Podemos ver los efectos generacionales con mayor facilidad en animales, debido a su menor longevidad que en personas.   3. verdadero   4. doble ciego   5. Hay pocos sujetos de estudio. Sin una muestra mayor, no se puede sacar conclusiones válidas respecto a las preferencias de helados.

Epílogo

El campo de la psicología, como hemos visto, es amplio y diverso. Abarca diversas ramas y especialidades practicadas en una variedad de escenarios, con nuevas ramas que surgen y alcanzan prominencia. Además, hemos visto que aun dentro de las diversas ramas de la disciplina, es posible adoptar enfoques diferentes, incluyendo las perspectivas biológica, psicodinámica, cognitiva, conductual y humanista.

También que, a pesar de su diversidad, la psicología está unida en su uso del método científico, en la creación de teorías productivas y en la elaboración de hipótesis verificables. Hemos expuesto los métodos básicos que emplean los psicólogos para realizar estudios de investigación y explorado algunos de los retos importantes que enfrentan cuando realizan investigación, incluyendo consideraciones éticas, sesgos potenciales y la cuestión de la significancia.

Antes de pasar a la biología del comportamiento, regresemos por un momento al prólogo que abre este capítulo, el cual narra el incidente en la Columbine High School. A la luz de lo que ha aprendido sobre las ramas, perspectivas y métodos de la psicología, considere las siguientes preguntas:

1. ¿Cómo podría explicar una perspectiva psicodinámica el hecho de que los asesinos decidieron llevar a cabo un tiroteo? ¿En qué diferiría esta explicación de la que daría un psicólogo que emplee la perspectiva conductual?

2. Suponga que dos psicólogos del desarrollo están considerando los efectos en la evolución futura de haber presenciado el asesinato de un compañero de escuela. ¿En qué diferirían las preguntas y estudios de interés de los psicólogos si uno de ellos empleara la perspectiva biológica y el otro la conductual?

3. ¿Cómo podrían explorar los psicólogos sociales los efectos sobre la agresividad de los espectadores al enterarse por las noticias del incidente en la Columbine?

4. ¿Cómo podrían realizar los investigadores un experimento para probar un fármaco que creen que reduce la agresividad? ¿Cuál sería la variable independiente y cuál la dependiente en dicho experimento?

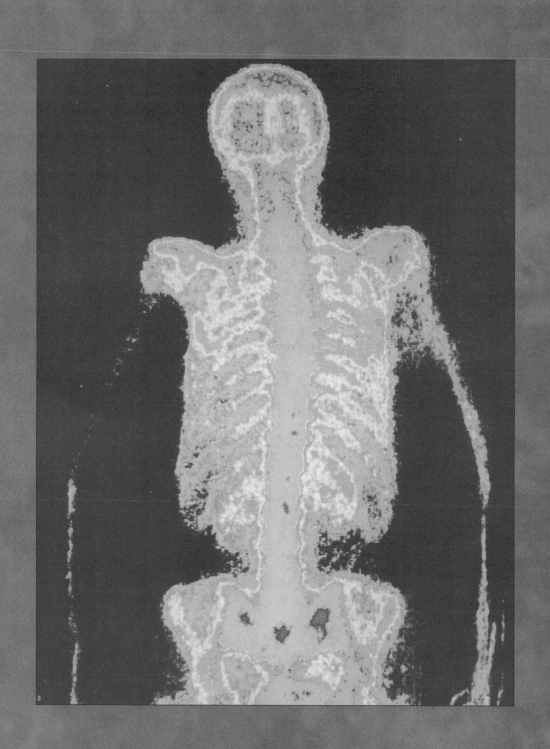

La administración inmediata de un fármaco experimental, TPA, puede detener el daño causado por embolias.

Prólogo

Control de daños

Lee Phillips, de 62 años de edad, se encontraba de compras en un centro comercial de San Diego con su esposo Eric cuando sintió un tirón extraño en el lado derecho de su cara. Su boca se torció en una mueca desgarradora. De pronto se sintió débil. "¿Qué clase de juego intentas?", preguntó Eric. "No estoy...", trató de responder Lee, pero sus palabras eran confusas. "Vamos al hospital", la conminó Eric. Todo lo que deseaba Lee era ir a casa y acostarse. Por suerte, en vez de ello su esposo llamó a una ambulancia.

Como otros 500 000 estadounidenses cada año, Lee estaba sufriendo una embolia. Algo había obstruido el flujo de oxígeno y sangre rica en nutrimentos a una porción de su cerebro. A veces la culpable es una arteria perforada. Pero en el caso de Phillips, como suceden en 80% de las embolias, el problema revelado por una tomografía axial computarizada (TAC) fue un coágulo que tapaba uno de los vasos sanguíneos en su cabeza. A menos que se removiera el coágulo, una porción de su cerebro moriría, dejándola paralizada al menos parcialmente.

Debido a que Phillips llegó a la sala de emergencias tan pronto como empezó su embolia, los doctores le ofrecieron un tratamiento experimental. Le inyectaron un fármaco llamado TPA, el cual disolvió el coágulo y normalizó pronto el flujo sanguíneo a su cerebro. Phillips se recuperó en forma tan completa, que parecía como si nunca hubiera tenido una embolia. Dejó el hospital después de cuatro días; podía hablar normalmente y no presentaba rastro alguno de parálisis (Gorman, 1996, pp. 31-32).

El éxito del TPA, el fármaco que de seguro salvó a Phillips de una vida de discapacidad severa o incluso de la muerte, casi es milagroso. Pero el factor principal del milagro es el cerebro mismo. Como veremos en este capítulo, el cerebro, un órgano que apenas es de la mitad del tamaño de una hogaza de pan, controla nuestro comportamiento en todo momento, ya sea cuando estamos despiertos o dormidos. El cerebro y los nervios que se extienden por todo el cuerpo constituyen el sistema nervioso humano. Nuestros movimientos, pensamientos, esperanzas, aspiraciones y sueños, la conciencia misma de que somos humanos, están relacionados de manera estrecha con este sistema.

Debido a que el sistema nervioso es de vital importancia para controlar el comportamiento, y a que los humanos, en su nivel más básico, son entidades biológicas, los psicólogos e investigadores de otros campos tan diversos como las ciencias de la computación, la zoología y la medicina han puesto especial atención en los fundamentos biológicos del comportamiento. A estos expertos se les llama en conjunto *neurocientíficos* (Sarter, Berntson y Cacioppo, 1996; Joseph, 1996).

A los psicólogos especializados en los modos en que las estructuras y las funciones biológicas del cuerpo afectan al comportamiento se les denomina **biopsicólogos**. Estos especialistas tratan de responder a preguntas como: ¿cuáles son las bases del funcionamiento voluntario e involuntario del cuerpo?, ¿cómo se comunican los mensajes de otras partes del cuerpo al cerebro y viceversa?, ¿cuál es la estructura física del cerebro y en qué forma afecta al comportamiento?, ¿pueden rastrearse las causas de los trastornos psicológicos en los factores biológicos y cómo se les puede tratar?

Este capítulo se enfoca en responder tales preguntas, concentrándose en las estructuras biológicas del cuerpo que le interesan a los biopsicólogos. En un principio, se abordan las células nerviosas, denominadas neuronas, las cuales permiten que los mensajes viajen a través del cerebro y el cuerpo. Aprenderemos que, mediante el conocimiento cada vez mayor de las neuronas y del sistema nervioso, los psicólogos incrementan su comprensión acerca del comportamiento humano y al mismo tiempo descubren importantes claves para curar determinados tipos de padecimientos. Se presentan después la estructura

Biopsicólogos: psicólogos especializados en considerar las formas en que las estructuras biológicas y las funciones del cuerpo afectan al comportamiento y las principales divisiones del sistema nervioso, con explicaciones en torno a su funcionamiento para controlar los comportamientos voluntarios e involuntarios. Al mismo tiempo, se analizan cómo operan en conjunto las distintas partes del sistema nervioso en situaciones de emergencia para generar reacciones ante el peligro, cuya finalidad es la preservación de la vida.

Más adelante abordaremos el cerebro en particular y analizaremos sus principales estructuras y los modos en que éstas afectan al comportamiento. Veremos cómo el cerebro controla nuestros movimientos, sentidos y procesos de pensamiento. Consideraremos también la idea fascinante de que las dos mitades del cerebro pueden tener distintas especialidades y fortalezas. Por último, analizaremos el sistema químico mensajero del cuerpo, el sistema endocrino.

Al abordar todos estos procesos biológicos, es importante tener presente la razón por la cual procedemos de ese modo: la comprensión del comportamiento humano no puede ser completa si no conocemos los fundamentos del cerebro y del resto del sistema nervioso. Como veremos en capítulos posteriores, los factores biológicos tienen efectos importantes en nuestra experiencia sensorial, estados de conciencia, motivación y emoción, sexualidad, desarrollo a lo largo de la vida, y salud física y psicológica. En resumen, nuestro comportamiento: estados de ánimo, motivaciones, metas y deseos, está muy relacionado con nuestra conformación biológica.

LAS NEURONAS: LOS ELEMENTOS DEL COMPORTAMIENTO

Si ha presenciado en alguna ocasión la precisión con la que se desempeña un atleta o bailarín, puede que se haya maravillado ante la complejidad y las magníficas capacidades del cuerpo humano. Incluso las labores más sencillas, como tomar un lápiz, escribir y hablar, requieren de una compleja sucesión de actividades que en sí misma es impresionante. Por ejemplo, la diferencia que existe entre pronunciar la palabra "doma" y la palabra "toma" radica en que las cuerdas vocales estén relajadas o tensas en un lapso que no dura más de una centésima de segundo; y se trata de una distinción que prácticamente cualquiera puede realizar con facilidad.

El sistema nervioso proporciona los mecanismos que nos permiten realizar actividades de tal precisión. Para comprender cómo puede ejercer un control tan exacto sobre nuestros cuerpos, es necesario que comencemos con el análisis de las neuronas, las cuales son los componentes básicos del sistema nervioso, y que tomemos en cuenta el modo en que los impulsos nerviosos se transmiten en todo el cerebro y el cuerpo.

► **¿Por qué los psicólogos estudian el cerebro y el sistema nervioso?**

► **¿Cuáles son los elementos básicos del sistema nervioso?**

► **¿Cómo es que el sistema nervioso comunica mensajes químicos y eléctricos de una parte del cuerpo a otro?**

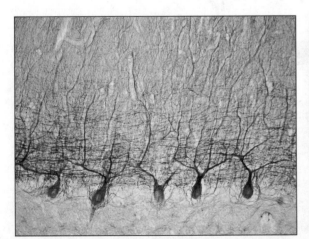
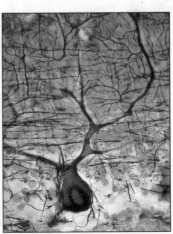

Estas dos fotografías, tomadas con un microscopio electrónico, muestran un grupo de neuronas interconectadas en la corteza cerebral (izquierda) y una amplificación de una sola neurona (derecha).

Estructura de la neurona

La capacidad para tocar el piano, manejar un automóvil o golpear una pelota de tenis depende, en cierto nivel, exclusivamente de la coordinación muscular. Pero si consideramos *cómo* se activan los múscul los implicados en semejantes actividades, nos damos cuenta de que existen procesos más básicos implicados. Es preciso que el cuerpo envíe y coordine mensajes a los músculos a fin de permitir que éstos realicen los complejos movimientos característicos de una actividad física exitosa.

Estos mensajes se transmiten a través de células especializadas denominadas **neuronas**, los elementos básicos del sistema nervioso. Su cantidad es impresionante; algunas estimaciones sugieren que hay *un billón* de neuronas implicadas en el control del comportamiento (Ferster y Spruston, 1995). Aunque existen varias clases de neuronas, todas ellas poseen una estructura básica similar, la cual se ilustra en la figura 2.1 (Levitan y Kaczmarek, 1991). Al igual que todas las células del organismo, las neuronas cuentan con un cuerpo celular, que contiene al núcleo en donde hay material genético que determina el funcionamiento de la célula.

En contraste con la mayor parte de las demás células, las neuronas poseen una característica distintiva: la capacidad de comunicarse con otras células y transmitir información, en ocasiones a través de distancias relativamente largas. Como se puede observar en la figura 2.1, las neuronas cuentan con un conjunto de fibras en uno de sus extremos, llamadas **dendritas**. Estas fibras, que parecen las ramas torcidas de un árbol, reciben los mensajes provenientes de otras neuronas. En el extremo opuesto, las neuronas poseen una extensión en forma de tubo, larga y delgada, a la que se denomina **axón**; esta parte de la neurona lleva los mensajes destinados a otras células. El axón es mucho más largo que el resto de la neurona. Aunque la mayor parte de los axones tiene una longitud de varios milímetros, algunos pueden alcanzar hasta 90 centímetros de largo. En el extremo del axón se encuentran pequeñas protuberancias llamadas **botones terminales**, los cuales envían los mensajes a las demás células.

Los mensajes que viajan a través de la neurona son exclusivamente de naturaleza eléctrica. Aunque hay excepciones, por lo general estos mensajes eléctricos se mueven a

Neuronas: células especializadas que constituyen los elementos básicos del sistema nervioso

Dendritas: conjunto de fibras en uno de los extremos de la neurona que recibe mensajes provenientes de otras neuronas

Axón: la parte de la neurona que lleva mensajes destinados a otras células

Botones terminales: pequeñas protuberancias ubicadas en el extremo de los axones de las que parten los mensajes hacia otras células

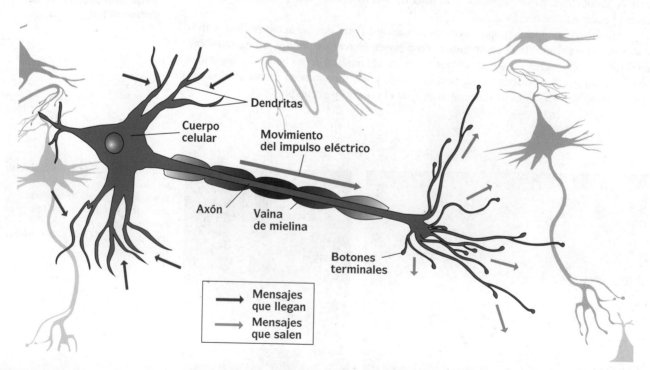

FIGURA 2.1 *Principales componentes de la célula especializada denominada neurona, elemento básico del sistema nervioso.*

lo largo de las neuronas como si viajaran por una calle de un solo sentido. Siguen una ruta que comienza en las dendritas, continúa hacia el cuerpo de la célula y llega, por último, hacia la extensión en forma de tubo, el axón. De esta manera, las dendritas detectan los mensajes provenientes de otras neuronas; los axones llevan los mensajes en dirección contraria al cuerpo celular.

Con el fin de evitar que los mensajes hagan un cortocircuito entre sí, es preciso que el axón cuente con algún tipo de aislante (similar a la forma en que se aíslan los cables eléctricos). De esta manera la mayoría de los axones están protegidos por un recubrimiento conocido como **vaina de mielina**, compuesta por una serie de células especializadas que contienen grasas y proteínas que envuelven por completo al axón.

La vaina de mielina sirve también para aumentar la velocidad de los impulsos eléctricos a través de los axones. Los axones que transportan la información más urgente e importante son los que poseen la mayor concentración de mielina. Si su mano toca una estufa caliente, por ejemplo, la información que tiene que ver con el dolor se transmite a través de axones ubicados en la mano y en el brazo, los cuales contienen una cantidad relativamente grande de mielina, por lo que es más rápida la conducción del mensaje de dolor hacia el cerebro. En determinado tipo de enfermedades, como la esclerosis múltiple, se deteriora la vaina de mielina que rodea al axón, lo cual deja sin protección algunas partes normalmente cubiertas. El resultado es una especie de cortocircuito que ocasiona una perturbación de los mensajes transmitidos entre el cerebro y los músculos que provoca síntomas como incapacidad para caminar, dificultades visuales y deterioro muscular generalizado.

Aun cuando los impulsos eléctricos viajan a lo largo de la neurona en una secuencia que va desde las dendritas hacia el cuerpo celular y de allí hacia el axón, algunas sustancias se transportan a través de la neurona en sentido opuesto. Por ejemplo, los axones permiten que determinadas sustancias químicas necesarias para la nutrición del núcleo celular viajen hacia el cuerpo de la célula en sentido inverso. Ciertas enfermedades, como la esclerosis amiotrófica lateral, también conocida como "enfermedad de Lou Gehrig", el reconocido beisbolista de los Yankees de Nueva York, su víctima más famosa, pueden tener su origen en la incapacidad de la neurona para transportar sustancias de vital importancia en este sentido inverso. Cuando esto ocurre, la neurona muere por inanición. Del mismo modo, la hidrofobia es provocada por la transmisión del virus de la rabia en sentido inverso a través del axón, desde los botones terminales.

El disparo de la neurona

Como una pistola, la neurona dispara o no dispara; no existe un estado intermedio. Apretar con más fuerza el gatillo de una pistola no hará que la bala viaje con mayor rapidez o precisión. De modo similar, las neuronas obedecen a una **ley de todo o nada**, es decir, se encuentran activas o inactivas; una vez que han sido excitadas más allá de cierto punto, disparan. Cuando están inactivas o en **estado de reposo**, en el interior de la neurona hay una carga eléctrica negativa de unos −70 milivoltios (un milivoltio es la milésima parte de un voltio). Esta carga se origina debido a la presencia de una mayor cantidad de iones (cierto tipo de molécula) de carga negativa dentro de la neurona que fuera de ella. Se puede concebir a la neurona como uno de los polos de una batería para automóvil en miniatura, en la que el interior de la neurona representa el polo negativo y el exterior de la neurona, el polo positivo (Koester, 1991).

Cuando llega un mensaje a la neurona, sin embargo, sus paredes celulares permiten que los iones de carga positiva penetren rápido, en cantidades tan grandes como 100 millones de iones por segundo. La llegada súbita de estos iones positivos provoca que se invierta de manera momentánea la carga dentro de esa parte de la célula, de negativa a positiva. Cuando la carga alcanza un nivel elevado, se acciona el "gatillo", y un impulso nervioso eléctrico, denominado **potencial de acción**, viaja entonces a través del axón de la neurona (Siegelbaum y Koester, 1991; E. Neher, 1992; McCarley, 1994; Siegel *et al.*, 1994; véase figura 2.2).

Vaina de mielina: serie de células especializadas de grasa y proteína que envuelven al axón y le proporcionan un recubrimiento protector

Lou Gehrig, de los Yankees de Nueva York, tuvo un promedio de bateo en toda su carrera de .340 y participó en 2 130 juegos consecutivos antes de que la esclerosis amiotrófica lateral lo obligara a retirarse. Murió del trastorno neurológico ahora conocido comúnmente como enfermedad de Lou Gehrig, a la edad de 37 años.

Ley de todo o nada: regla que establece que las neuronas están o activas o en reposo

Estado de reposo: el estado en que hay una carga eléctrica negativa de alrededor de −70 milivoltios dentro de la neurona

Potencial de acción: impulso nervioso eléctrico que viaja por toda una neurona cuando es activada por un "disparador", cambiando la carga de la célula de negativa a positiva

FIGURA 2.2 *Movimiento del potencial de acción a lo largo de un axón. Justo antes del tiempo 1, los iones de carga positiva penetran por las paredes celulares y cambian la carga de esa parte de la célula de negativa a positiva. Por tanto, se dispara el potencial de acción que viaja por todo el axón, como se ilustra en los cambios que ocurren del tiempo 1 al tiempo 3 (de la parte superior a la parte inferior de este dibujo). Después de que pasó el potencial de acción, los iones positivos son expulsados del axón, con lo que su carga vuelve a ser negativa. El cambio de voltaje que se ilustra en la parte del axón se puede ver con mayor detalle en la figura 2.3.*

FIGURA 2.3 *Cambios en la carga eléctrica de una neurona durante el paso del potencial de acción. En su estado de reposo normal, la neurona tiene una carga negativa de alrededor de –70 milivoltios. Sin embargo, cuando se dispara un potencial de acción, la carga de la célula pasa a ser positiva, aumentando hasta alcanzar +40 milivoltios. Después del paso del potencial de acción, la carga se hace más negativa aún que en su estado típico. No es sino hasta que la carga retorna a su potencial de reposo cuando la neurona estará lista por completo para ser activada de nuevo.*

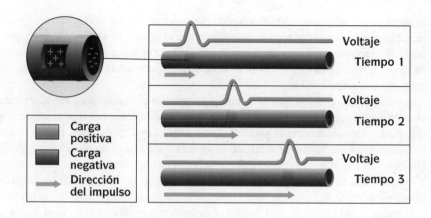

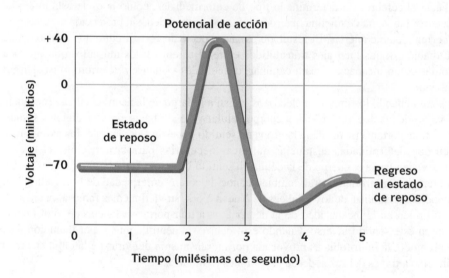

El potencial de acción se mueve de un extremo del axón al otro, al igual que una llama lo hace a lo largo de una mecha en dirección de un explosivo. A medida que el impulso se desplaza por el axón, el movimiento de los iones provoca un cambio secuencial en la carga, de negativa a positiva (véase figura 2.3). Después de que pasa el impulso, los iones positivos son bombardeados hacia afuera del axón y la carga de la neurona vuelve a ser negativa.

La neurona no puede dispararse inmediatamente después del paso de un potencial de acción, sin importar cuánta estimulación reciba. Es como si fuera necesario recargar de manera concienzuda la pistola después de cada disparo. Luego sigue un periodo en el que, aunque es posible disparar la neurona, se requiere de un estímulo más fuerte del que se requeriría si hubiera pasado suficiente tiempo para que la neurona alcanzara su estado de reposo normal. Con el tiempo, sin embargo, la neurona está lista para ser disparada de nuevo.

Estos sucesos complicados pueden producirse a velocidades impresionantes, aunque existe gran variación entre diferentes neuronas. La velocidad específica a la que viaja un potencial de acción por un axón está determinada por su tamaño y por el espesor de la vaina de mielina. Los axones con diámetros pequeños transportan impulsos a una velocidad aproximada de tres kilómetros por hora; los axones más largos y de mayor espesor pueden alcanzar velocidades superiores a los 360 kilómetros por hora.

Además de la variación respecto a la velocidad para transmitir un impulso a través del axón, las neuronas difieren en sus tasas potenciales de disparo. Mientras algunas son capaces de disparar hasta 1 000 veces por segundo, otras poseen un potencial máximo de

disparo muy inferior. La intensidad del estímulo que excita a una neurona determina qué nivel de esta tasa potencial se alcanza. Un estímulo fuerte, como puede ser una luz o un sonido intensos, genera una tasa de disparo mayor que el correspondiente a un estímulo menos potente. Por tanto, aunque no hay diferencias de fuerza o velocidad con la que se mueve un impulso a través de un axón determinado, como lo sugiere la ley de todo o nada, sí existe una variación en la frecuencia de los impulsos, lo que proporciona información que nos permite distinguir entre el cosquilleo de una pluma y el peso de alguien que nos pisa el pie.

La estructura, operación y funciones de las neuronas ilustran de qué manera los aspectos biológicos básicos del cuerpo humano subyacen a diversos procesos psicológicos primarios. Nuestra comprensión acerca de la forma en que sentimos, percibimos y aprendemos sobre el mundo quedaría sumamente restringida sin la información que los biopsicólogos y otros investigadores han adquirido en torno a la neurona.

Encuentro de neuronas: el tendido del puente

¿Tuvo alguna vez un radio para armar en casa? Si fue así, es posible que recuerde que el fabricante incluyó en su producto unos cables que tenían que conectarse con sumo cuidado unos con otros o con algún otro componente del radio; y cada pieza tenía que conectarse físicamente con algún otro elemento.

El cerebro y el cuerpo humanos son mucho más complejos que un radio o que cualquier otro aparato manufacturado. La evolución produjo un sistema de transmisión neuronal que en algunos puntos no precisa de conexiones estructurales entre sus componentes. En lugar de ello, una conexión química tiende el puente, conocido como **sinapsis**, entre dos neuronas (véase figura 2.4). Cuando un impulso nervioso llega al extremo del axón y alcanza un botón terminal, éste descarga una sustancia química a la que se denomina neurotransmisor.

Los **neurotransmisores** son sustancias químicas que llevan mensajes a través de la sinapsis hacia las dendritas (y en ocasiones hacia el cuerpo celular) de una neurona receptora. Del mismo modo en que un barco lleva a los pasajeros al otro lado de un río, estos mensajeros químicos se mueven hacia las costas de otras neuronas. El modo químico de transmisión de mensajes que ocurre entre las neuronas es notablemente diferente del medio por el que ocurre la comunicación dentro de ellas. Es importante recordar que aunque los mensajes viajan eléctricamente *dentro* de una neurona, se mueven *entre* neuronas por medio de un sistema de transmisión química.

Existen diversas clases de neurotransmisores y no todas las neuronas receptoras son capaces de recibir el mensaje químico que porta un neurotransmisor particular. Del mismo modo en que una pieza de un rompecabezas sólo puede encajar en un sitio específico, cada uno de los neurotransmisores posee una configuración distintiva que le permite ajustarse a un tipo específico de sitio receptor en la neurona receptora (véase figura 2.4*b*). Sólo cuando un neurotransmisor se ajusta con precisión a un sitio receptor, es posible lograr la comunicación química exitosa.

Si un neurotransmisor se ajusta a un sitio en la neurona receptora, el mensaje químico que lleva consigo pertenece fundamentalmente a una de estas dos clases: excitatorio o inhibitorio. Los **mensajes excitatorios** hacen más factible que una neurona receptora se dispare y que un potencial de acción viaje a través de su axón. Los **mensajes inhibitorios** hacen lo contrario; proporcionan información química que evita o disminuye la posibilidad de que se active la neurona receptora.

Si las dendritas de una neurona reciben gran cantidad de mensajes de modo simultáneo, algunos excitatorios y otros inhibitorios, la neurona debe integrarlos de alguna manera (Bariniga, 1995; Brezina, Orekhova y Weiss, 1996; Abbot *et al.*, 1997; Thomson, 1997). Esta labor se realiza usando una especie de calculadora química. Si el número de mensajes excitatorios es mayor que el de mensajes inhibitorios, la neurona disparará. Por otro lado, si el número de mensajes inhibitorios supera al de los excitatorios, nada ocurrirá, y la neurona continuará en su estado de reposo (véase figura 2.5).

Sinapsis: espacio entre dos neuronas, en el que se tienden puentes por medio de conexiones químicas

Neurotransmisores: sustancias químicas que llevan mensajes a través de la sinapsis a la dendrita (y a veces al cuerpo celular) de una neurona receptora

Mensaje excitatorio: secreción química que hace más probable que una neurona receptora se active y que un potencial de acción viaje a través de su axón

Mensaje inhibitorio: secreción química que evita que una neurona receptora se active

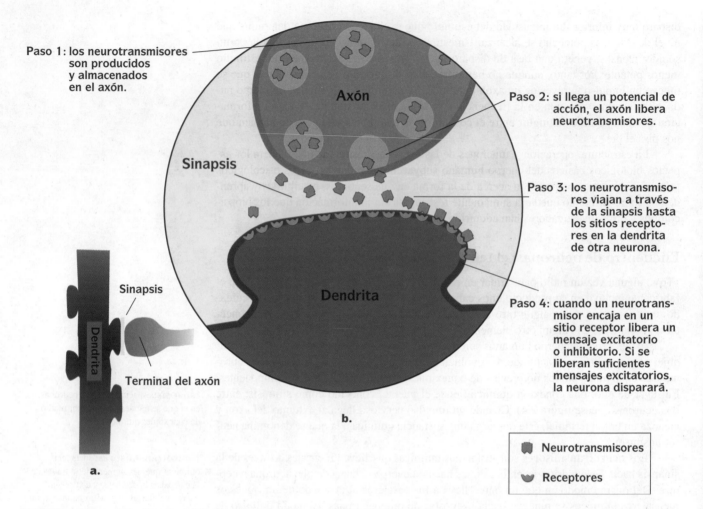

Paso 1: los neurotransmisores son producidos y almacenados en el axón.

Axón

Sinapsis

Paso 2: si llega un potencial de acción, el axón libera neurotransmisores.

Paso 3: los neurotransmisores viajan a través de la sinapsis hasta los sitios receptores en la dendrita de otra neurona.

Dendrita

Sinapsis

Dendrita

Terminal del axón

Paso 4: cuando un neurotransmisor encaja en un sitio receptor libera un mensaje excitatorio o inhibitorio. Si se liberan suficientes mensajes excitatorios, la neurona disparará.

b.

a.

Neurotransmisores

Receptores

FIGURA 2.4 *a. Una sinapsis es la unión entre un axón y una dendrita. El espacio libre entre éstos se cubre por sustancias químicas denominadas neurotransmisores. b. Como las piezas de un rompecabezas sólo pueden ajustarse en un lugar específico de éste, cada tipo de neurotransmisor posee una configuración distintiva que le permite ajustarse a un tipo específico de sitio receptor.*

Si los neurotransmisores permanecieran en el lugar de la sinapsis, las neuronas receptoras estarían inundadas por un baño químico continuo, lo cual produciría una estimulación constante de las neuronas receptoras. Si sucediera esto, la comunicación efectiva a través de la sinapsis ya no sería posible. Para solucionar este problema, los neurotransmisores son desactivados por enzimas o, lo que ocurre con mayor frecuencia, reabsorbidos por los botones terminales en un ejemplo de reciclamiento químico denominado **reabsorción**. Como una aspiradora que absorbe el polvo, las neuronas reabsorben los neurotransmisores que están obstruyendo la sinapsis. Toda esta actividad ocurre a una velocidad sorprendente, tomándole al proceso sólo varios milisegundos.

Reabsorción: recuperación de los neurotransmisores por un botón terminal

Neurotransmisores: mensajeros químicos con muchos talentos

Los neurotransmisores representan un nexo de especial importancia entre el sistema nervioso y el comportamiento. No sólo son importantes para la conservación de funciones vitales del cerebro y del cuerpo, sino que tener una disminución o un exceso de algún neurotransmisor puede producir trastornos graves del comportamiento. Se han descubierto más de 100 sustancias químicas que pueden actuar como neurotransmisores, y son

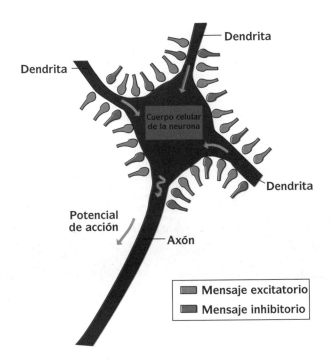

Dendrita

Dendrita

Cuerpo celular de la neurona

Dendrita

Potencial de acción

Axón

■ Mensaje excitatorio
■ Mensaje inhibitorio

FIGURA 2.5 *Debido a que las dendritas de una neurona reciben mensajes excitatorios (los cuales la estimulan a disparar) y mensajes inhibitorios (los cuales le indican que no dispare), la neurona debe integrar los mensajes por medio de un proceso de adición. Como en este caso el número de mensajes excitatorios es mayor que el número de mensajes inhibitorios, es probable que dispare.*

muchos los biopsicólogos que creen que, con el tiempo, se descubrirán más (Purves *et al.*, 1997).

Los neurotransmisores varían de manera significativa en términos de la concentración que se requiere para hacer que se dispare una neurona. Además, los efectos de un determinado neurotransmisor difieren de acuerdo con el área del sistema nervioso en el que se produce. En este sentido, el mismo neurotransmisor puede causar que una neurona se active cuando es secretado en cierta parte del cerebro o que inhiba su actividad cuando se produce en otra parte (los principales neurotransmisores aparecen en el cuadro 2-1).

Uno de los neurotransmisores más comunes es la *acetilcolina* (*ACh* es su símbolo químico), la cual se encuentra en todo el sistema nervioso. Esta sustancia está implicada en todos nuestros movimientos, debido a que, entre otras cosas, transmite mensajes relacionados con nuestros músculos esqueléticos. La ACh también se relaciona con la droga denominada curare, empleada como veneno en las puntas de los dardos que lanzan los nativos de algunas regiones de Sudamérica. El curare evita que la ACh llegue a las células receptoras, con lo que se paralizan los músculos esqueléticos, lo que a su vez produce la muerte por asfixia debido a que la víctima no puede respirar.

En la actualidad, algunos científicos sugieren que la enfermedad de Alzheimer, un trastorno degenerativo progresivo que en última instancia produce pérdida de la memoria, confusión y cambios de personalidad en sus víctimas, está asociada con una deficiencia en la producción de ACh. Hay una creciente evidencia de que la ACh está relacionada de manera estrecha con las capacidades de la memoria. Por ejemplo, algunas investigaciones muestran que los pacientes con enfermedad de Alzheimer tienen una producción restringida de ACh en algunas partes de su cerebro. Si estas investigaciones llegan a corroborarse, pueden conducir a tratamientos en los que se pueda restablecer la producción de ACh (Quirion *et al.*, 1995; Arneric *et al.*, 1995; Selkoe, 1997).

Otro neurotransmisor excitatorio común, el *glutamato*, se relaciona con la base química de la memoria. Como se expondrá en el capítulo 6, los recuerdos parecen producirse por cambios bioquímicos específicos en sinapsis particulares, y el glutamato, con otros neurotransmisores, desempeña una función importante en este proceso (Kandel, Schwartz y Jessell, 1995; Kandel y Abel, 1995; Tiunova *et al.*, 1996; M. E. Gibbs *et al.*, 1996).

| Cuadro 2-1 | Principales neurotransmisores |

Nombre	Ubicación	Efecto	Funciones
Acetilcolina (ACh)	Cerebro, médula espinal, sistema nervioso periférico, en especial en algunos órganos del sistema nervioso parasimpático	Excitatorio en el cerebro y el sistema nervioso autónomo; inhibitorio en todas las demás áreas	Movimiento muscular; funcionamiento cognitivo
Glutamato	Cerebro, médula espinal	Excitatorio	Memoria
Ácido gammaaminobutírico (GABA)	Cerebro, médula espinal	Principal neurotransmisor inhibitorio	Alimentación, agresión, sueño
Dopamina (DA)	Cerebro	Inhibitorio o excitatorio	Trastornos musculares, trastornos mentales, mal de Parkinson
Serotonina	Cerebro, médula espinal	Inhibitorio	Sueño, alimentación, estado de ánimo, dolor, depresión
Trifosfato de adenosina (ATP)	En todo el sistema nervioso	Excitatorio	Memoria
Endorfinas	Cerebro, médula espinal	Principalmente inhibitorio, excepto en el hipocampo	Supresión del dolor, sensaciones de placer, apetitos, placebos

El *ácido gammaaminobutírico* (GABA, por sus siglas en inglés) se localiza tanto en el cerebro como en la médula espinal; parece ser el principal neurotransmisor inhibitorio del sistema nervioso. Se encarga de moderar gran variedad de comportamientos que van desde comer hasta la agresión. La estricnina, un veneno mortal, provoca convulsiones mediante la perturbación de la transmisión del GABA a través de las sinapsis. La estricnina evita que el GABA realice su labor inhibitoria, lo cual permite que las neuronas se activen sin control, lo que produce convulsiones. En contraste con lo anterior, algunas sustancias comunes, como el tranquilizante Valium y el alcohol, son efectivas debido a que permiten que el GABA trabaje con mayor eficiencia (F. Petty, 1996; Tabakoff y Hoffman, 1996).

Otro de los principales neurotransmisores es la *dopamina* (*DA*). El descubrimiento de que determinados fármacos pueden tener un efecto marcado en la secreción de dopamina ha conducido al desarrollo de tratamientos eficaces para gran variedad de padecimientos físicos y mentales. Por ejemplo, el mal de Parkinson, caracterizado por distintos grados de rigidez muscular y temblores, es causado por la destrucción de ciertas neuronas, lo que conduce a una deficiencia de dopamina en el cerebro. Algunas técnicas para aumentar la producción de dopamina en pacientes con mal de Parkinson demuestran ser efectivas (Hutton *et al.*, 1996; Youdim y Riederer, 1997).

En algunos casos, la producción excesiva de dopamina parece producir consecuencias negativas; por ejemplo, algunos investigadores han planteado la hipótesis de que la esquizofrenia y otros trastornos mentales graves son afectados o quizás incluso causados por la presencia de niveles excesivos de dopamina. Los fármacos que bloquean la recepción de dopamina han resultado eficaces en reducir el comportamiento anormal exhibido por algunas personas a las que se les diagnosticó esquizofrenia, como se verá más adelante cuando abordemos el comportamiento anormal y su tratamiento en el capítulo 13 (Siever, 1995; R. S. Kahn, Davidson y Davis, 1996; McIvor *et al.*, 1996).

Mohammed Ali se prepara para encender la antorcha olímpica en los Juegos Olímpicos de Atlanta en 1996.

Otro neurotransmisor es la *serotonina*, que realiza diversas funciones. Se asocia con la regulación del sueño, la alimentación, el estado de ánimo y el dolor. De hecho, un cuerpo creciente de investigación apunta hacia una función aún más amplia de la serotonina, lo que sugiere su participación en comportamientos tan diversos como el afrontamiento del estrés, el alcoholismo, la depresión, el suicidio, la impulsividad y la agresión (Higley, Suomi y Linnoila, 1996).

Uno de los neurotransmisores identificado recientemente es una de las sustancias más comunes del cuerpo: *trifosfato de adenosina* (ATP, por sus siglas en inglés). Del mismo modo en que la gasolina le sirve de combustible al motor de un automóvil, el ATP es el combustible usado por el cuerpo para producir energía en las células, y es posible que desempeñe una función adicional como neurotransmisor. Aunque la investigación sobre el ATP es nueva, los biopsicólogos especulan que puede desempeñar un papel excitatorio importante. Además, debido a que funciona muy rápido, puede demostrar tener cualidades terapéuticas importantes y estar vinculado con varios procesos psicológicos básicos. Por ejemplo, algunos investigadores plantean la hipótesis de que el ATP es esencial en la formación de sinapsis vitales para la memoria (Ragozzino *et al.*, 1995).

Las *endorfinas*, otra clase de neurotransmisores, son una familia de sustancias químicas producidas por el cerebro con una estructura similar a los analgésicos opiáceos. La producción de endorfinas parece reflejar el esfuerzo del cerebro para combatir el dolor. Por ejemplo, las personas que padecen de enfermedades que producen fuertes dolores crónicos suelen desarrollar grandes concentraciones de endorfinas en sus cerebros, lo cual sugiere un esfuerzo por parte del cerebro para controlar el dolor.

Las endorfinas pueden hacer más que reducir el dolor. También pueden producir sentimientos de euforia como los que experimentan los corredores después de carreras largas. Es posible que la cantidad de ejercicio y tal vez incluso el dolor implicado después de correr varios kilómetros estimulen la producción de endorfinas, lo que a fin de cuentas puede generar lo que se ha denominado el "viaje del corredor" (Kremer y Scully, 1994; Dishman, 1997).

La secreción de endorfinas puede explicar asimismo otros fenómenos que durante mucho tiempo han intrigado a los psicólogos, como las razones por las cuales la acupuntura y los placebos (píldoras u otras sustancias que no contienen fármacos verdaderos, pero con las cuales los pacientes *creen* que obtendrán alivio) pueden ser efectivos para reducir el dolor. Algunos biopsicólogos especulan que tanto la acupuntura como los placebos inducen la secreción de endorfinas, las cuales a su vez producen un estado corporal positivo (Mikamo *et al.*, 1994; Murray, 1995; Brown, 1998).

Aunque se ha pensado que todos los neurotransmisores se producen en forma de líquidos químicos, una nueva y sorprendente evidencia sugiere que al menos alguna comunicación química entre neuronas también puede ocurrir por medio del óxido nítrico, el cual es un gas. Si esta especulación es correcta, puede significar que los gases químicos son una forma complementaria de comunicación interneuronal, cuya existencia apenas está en estudio (Bach y Rita, 1993; Schuman y Madison, 1994; Purves *et al.*, 1997).

Recapitulación, revisión y reflexión

Recapitulación

* Las neuronas son los elementos básicos del sistema nervioso. Permiten la transmisión de mensajes que coordinan complejas actividades del cuerpo humano.

* Todas las neuronas poseen una estructura básica similar: reciben mensajes por medio de las dendritas y los transmiten a través del axón a otras neuronas.

* Las neuronas se activan conforme a la ley de todo o nada; se encuentran en estado de actividad o de reposo.

* El sitio específico de transmisión de mensajes de una neurona a otra se denomina sinapsis. Los mensajes que se mueven *a través* de las sinapsis son de naturaleza química, aunque se desplazan *dentro* de las neuronas en forma eléctrica.

* Los neurotransmisores son las sustancias químicas específicas que realizan la conexión química en las sinapsis. Estas sustancias actúan para excitar o inhibir la actividad de otras neuronas.

Revisión

1. La _____ es el elemento fundamental del sistema nervioso.

2. ¿En qué dirección se transmiten los mensajes a través de la neurona?
   a. dendritas —> axón
   b. axón —> dendritas
   c. mielina —> núcleo
   d. botón terminal —> cerebro

3. De igual modo que los cables eléctricos cuentan con un recubrimiento externo, los axones poseen un recubrimiento aislante denominado _____.

4. El impulso nervioso eléctrico que viaja a través de una neurona se denomina _____.

5. La ley _____ indica que una neurona está activa o en reposo.

6. La conexión química entre dos neuronas tiene lugar en "un puente" denominado:
   a. axón
   b. botón terminal
   c. sinapsis
   d. aminoácido

7. Los _____ son mensajeros químicos que transmiten información entre las neuronas.

8. Relacione al neurotransmisor con su función:
   a. ACh
   b. GABA
   c. Endorfinas
   1. Reducir la experiencia de dolor
   2. Moderar la alimentación y la agresividad
   3. Producir contracciones de los músculos esqueléticos

Las respuestas a las preguntas de revisión se encuentran en la página 62.

Reflexión

1. ¿Cuál puede ser la ventaja de que las neuronas sigan la ley de todo o nada?

2. ¿Puede usar su conocimiento acerca de los métodos de investigación psicológica para sugerir cómo estudian los investigadores los efectos de los neurotransmisores en el comportamiento humano?

3. ¿En qué formas podrían ayudar las endorfinas a producir el efecto placebo? ¿Hay una diferencia entre *creer* que el dolor que siente uno ha disminuido y *experimentar* en realidad una reducción del dolor? ¿Por qué sí o por qué no?

EL SISTEMA NERVIOSO

Debido a la complejidad de las neuronas individuales y del proceso de neurotransmisión, no es sorprendente que las conexiones y estructuras formadas por las neuronas también sean complicadas. Una neurona puede estar conectada a otras 80 000, por lo que el número total de posibles conexiones es asombroso. Por ejemplo, algunos científicos estiman que el número de conexiones neuronales en el cerebro se aproximan a 1 cuatrillón (un 1 seguido por 15 ceros), mientras que algunos investigadores consideran el número aún mayor (McGaugh, Weinberger y Lynch, 1990; Estes, 1991; Eichenbaum, 1993).

Cualquiera que sea el número verdadero de conexiones neuronales, el sistema nervioso humano posee lógica y elegancia. Ahora veremos sus estructuras básicas y sus fundamentos evolutivos.

Los sistemas nervioso central y periférico

Como se puede observar en la representación esquemática de la figura 2.6, el sistema nervioso se divide en dos partes principales: el sistema nervioso central y el sistema nervioso periférico. El **sistema nervioso central (SNC)** está compuesto por el cerebro y la médula espinal. La **médula espinal**, que es más o menos del grosor de un lápiz, contiene un conjunto de nervios que sale del cerebro y corre a lo largo de la espalda (véase figura 2.7). La médula espinal es el principal medio para la transmisión de mensajes entre el cerebro y el cuerpo.

La médula espinal, sin embargo, no sólo es un conducto de comunicación, también controla por sí sola algunas clases sencillas de comportamientos, sin ninguna intervención del cerebro. Un ejemplo es el movimiento involuntario de la rodilla, que ocurre cuando a ésta se le golpea con un martillo de goma. Este tipo de comportamientos, denominados **reflejos**, representa una respuesta automática involuntaria a un estímulo de entrada. Del mismo modo, cuando se toca una olla caliente y de inmediato se retira la mano, estamos en presencia de un reflejo. Aunque al final el cerebro analiza y reacciona ante la situación (¡ay, una olla caliente, apártate!), la acción inicial de retirar la mano es dirigida sólo por neuronas de la médula espinal.

En los reflejos están implicados tres tipos de neuronas: las **neuronas sensoriales (aferentes)**, que transmiten información del perímetro del cuerpo hacia el sistema nervioso central; las **neuronas motoras (eferentes)**, que comunican información del sistema

▶ **¿De qué modo están interrelacionadas las distintas partes del sistema nervioso?**

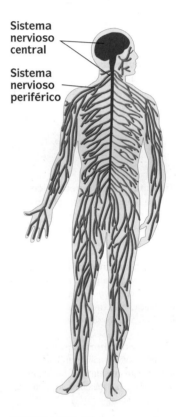

FIGURA 2.7 *El sistema nervioso central, que consiste en el cerebro y la médula espinal, y el sistema nervioso periférico.*

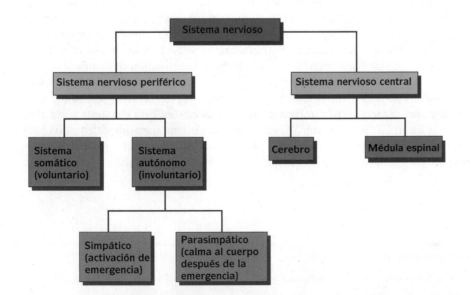

FIGURA 2.6 *Un diagrama de la relación entre las partes del sistema nervioso.*

Sistema nervioso central (SNC): sistema que incluye al cerebro y la médula espinal

Médula espinal: conjunto de nervios que salen del cerebro y corren a lo largo de la espalda; es el medio principal para transmitir mensajes entre el cerebro y el cuerpo

Reflejo: respuesta automática e involuntaria a un estímulo que llega

Neuronas sensoriales (aferentes): neuronas que transmiten información del perímetro del cuerpo al sistema nervioso central

Neuronas motoras (eferentes): neuronas que comunican información del sistema nervioso a los músculos y glándulas del cuerpo

Interneuronas: neuronas que conectan a las neuronas sensoriales y motoras, llevando mensajes entre ambas

Sistema nervioso periférico: sistema formado por axones largos y dendritas, que se ramifica desde la médula espinal y el cerebro y llega a todas las extremidades del cuerpo

Sistema somático: parte del sistema nervioso que se especializa en el control de los movimientos voluntarios y de la comunicación de información desde y hacia los órganos sensoriales

Sistema autónomo: parte del sistema nervioso que controla el movimiento involuntario (las acciones del corazón, las glándulas, los pulmones y otros órganos)

Sistema simpático: parte del sistema autónomo del sistema nervioso que prepara al cuerpo en situaciones de emergencia y de mucha tensión, coordinando todos los recursos del organismo para responder a una amenaza

Sistema parasimpático: parte del sistema autónomo del sistema nervioso que actúa para calmar al cuerpo después de que se resuelve la situación de emergencia

nervioso central hacia los músculos y las glándulas del cuerpo; y las **interneuronas**, que conectan a las neuronas sensoriales con las neuronas motoras y transmiten mensajes entre ambas.

La importancia de la médula espinal y de los reflejos queda ilustrada por los resultados de los accidentes en los que se lesiona o se secciona ésta. El actor Christopher Reeve, quien se lesionó en un accidente cuando montaba a caballo, sufre de *cuadriplejía*, una condición en la que se pierde el movimiento muscular voluntario del cuello hacia abajo. Con características menos severas pero más debilitante, se encuentra la *paraplejía*, cuando la persona es incapaz de mover en forma voluntaria todos los músculos de la mitad inferior del cuerpo.

Aunque la médula espinal esté lesionada en la cuadriplejía y la paraplejía, las áreas sin daños de la médula todavía son capaces de producir algunas acciones reflejas sencillas si se les estimula en forma adecuada. Por ejemplo, si se golpea ligeramente la rodilla de un parapléjico, su pierna se levantará un poco. De modo similar, en algunos tipos de lesiones en la médula espinal, la persona mueve las piernas como respuesta involuntaria a una estimulación con un alfiler, a pesar de que no experimente sensación de dolor.

Como lo sugiere su nombre, el **sistema nervioso periférico** se ramifica a partir del cerebro y la médula espinal, y llega hasta las extremidades del cuerpo. Compuesto por axones largos y dendritas, el sistema nervioso periférico abarca todas las partes del sistema nervioso, con excepción del cerebro y la médula espinal. Tiene dos grandes divisiones, el sistema somático y el autónomo, los cuales conectan el sistema nervioso central con los órganos de los sentidos, los músculos, las glándulas y otros órganos. El **sistema somático** se especializa en el control de los movimientos voluntarios, como el de los ojos al leer este enunciado o el de la mano para cambiar de página, y en la comunicación de la información que se dirige a los órganos de los sentidos y la que proviene de ellos. Por otra parte, el **sistema autónomo** se encarga de las partes del cuerpo que nos mantienen vivos: el corazón, los vasos sanguíneos, las glándulas, los pulmones y otros órganos que funcionan de manera involuntaria, sin que seamos conscientes de ello. Mientras lee estas líneas, el sistema nervioso autónomo de su sistema nervioso periférico se encarga de bombear la sangre a su cuerpo, de mover acompasadamente sus pulmones, de supervisar la digestión de los alimentos que ingirió hace unas cuantas horas, etc. Todo esto sin que usted piense o se preocupe por ello.

La activación del sistema nervioso autónomo

El sistema autónomo desempeña una función de especial importancia durante las situaciones de emergencia. Suponga que mientras está leyendo de pronto tiene la sensación de que un extraño lo observa a través de la ventana. Cuando levanta la vista, logra ver el brillo de algo que bien puede ser un cuchillo. Mientras su mente está confundida y el miedo interfiere con sus intentos por pensar de manera racional, ¿qué es lo que ocurre con su cuerpo? Si es como el común de los mortales, reaccionará de inmediato en un nivel fisiológico. Su ritmo cardiaco se acelerará, comenzará a sudar y sentirá la piel erizada.

Los cambios fisiológicos son el resultado de la activación de una de las dos partes que componen el sistema nervioso autónomo: el **sistema simpático**, el cual actúa para preparar al cuerpo durante situaciones de tensión y de emergencia, al coordinar todos los recursos del organismo para responder ante las amenazas. Esta respuesta con frecuencia toma la forma de "pelear o huir". En contraste, el **sistema parasimpático** actúa para calmar al cuerpo después de resolverse la situación de emergencia. Cuando usted se da cuenta, por ejemplo, de que el extraño en la ventana es su compañero de cuarto que ha

---

Respuestas a las preguntas de revisión:

1. neurona   2. a   3. vaina de mielina   4. potencial de acción   5. de todo o nada   6. c   7. neurotransmisores   8. a-3; b-2; c-1

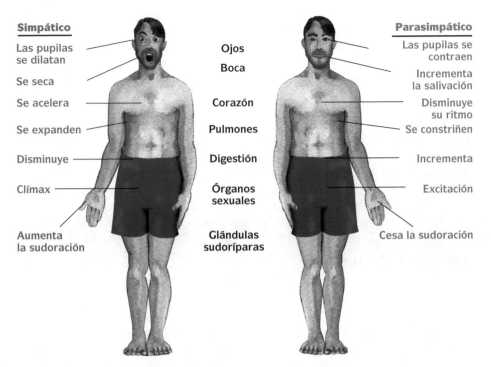

FIGURA 2.8 *Las principales funciones del sistema nervioso autónomo. El sistema simpático actúa para preparar a ciertos órganos del cuerpo para situaciones de emergencia de mucha tensión; el sistema parasimpático actúa para calmar al cuerpo después de resolverse la situación de emergencia.*

perdido sus llaves y está escalando por la ventana para no despertarlo, su sistema parasimpático comienza a predominar, lo que provoca la disminución del ritmo cardiaco, detiene la sudoración y hace que su cuerpo regrese al estado previo al sobresalto. El sistema parasimpático también tiene los medios para que el cuerpo mantenga reservas de fuentes de energía como distintos nutrientes y oxígeno. Los sistemas simpático y parasimpático colaboran para regular muchas funciones del cuerpo (véase figura 2.8). Por ejemplo, la excitación sexual está controlada por el sistema parasimpático, en tanto que el orgasmo es una función del sistema simpático.

Los fundamentos evolutivos del sistema nervioso

Las complejidades del sistema nervioso sólo pueden comprenderse tomando en consideración el curso de la evolución. El precursor del sistema nervioso humano se encuentra en los organismos primitivos simples que tienen médula espinal. Básicamente, estos organismos constituían dispositivos simples de entrada y salida: cuando el lado superior de su médula espinal era estimulado al ser tocado, por ejemplo, reaccionaban con una respuesta simple, como alejarse de un salto. Tales respuestas eran por completo consecuencia de la estructura genética del organismo.

Tuvieron que transcurrir millones de años para que el extremo frontal de la médula espinal se volviera más especializado y los organismos pudieran distinguir entre distintos tipos de estímulos y respondieran de manera diferente a ellos. A final de cuentas, el extremo frontal de la médula espinal evolucionó para formar lo que consideraríamos un cerebro primitivo. Al principio, sólo tenía tres partes dedicadas a los estímulos cercanos (como el olfato), a los más distantes (como la vista y el sonido) y a la capacidad para mantener el equilibrio y la coordinación corporal. De hecho, muchos animales, como los peces, todavía tienen un sistema nervioso que está estructurado de manera similar. En contraste, el cerebro humano evolucionó de su configuración de tres partes hasta convertirse en un órgano que es considerablemente más complejo y diferenciado (Merlin, 1993).

Psicología evolutiva: rama de la psicología que busca identificar patrones de comportamiento que son resultado de la herencia genética de nuestros antepasados

Genética conductual: estudio de los efectos de la herencia en el comportamiento

Además, el sistema nervioso está *organizado de manera jerárquica*, lo que significa que las regiones relativamente más recientes (desde el punto de vista evolutivo) y más complejas del cerebro regulan a las partes más antiguas y más primitivas del sistema nervioso. En este sentido, conforme ascendemos en la médula espinal y continuamos subiendo hasta el cerebro, las funciones controladas por diversas regiones se vuelven más avanzadas en forma progresiva.

¿Por qué deberíamos preocuparnos por los antecedentes evolutivos del sistema nervioso humano? La respuesta nos la proporcionan los investigadores que trabajan en el área de la **psicología evolutiva**, rama que busca identificar la forma en que la herencia genética de nuestros antepasados influye y produce el comportamiento. Este enfoque afirma que el curso de la evolución se refleja en la estructura y funcionamiento del sistema nervioso, y que en consecuencia los factores evolutivos tienen una influencia significativa en nuestro comportamiento cotidiano. Su trabajo y el de otros científicos ha conducido al desarrollo de un nuevo campo: la genética conductual.

Genética conductual

La herencia evolutiva se manifiesta no sólo a través de la estructura y funcionamiento del sistema nervioso, sino también por medio de nuestro comportamiento. Según la opinión de un área de estudio nueva y en expansión, al igual que controvertida, la personalidad y los hábitos conductuales de las personas son influidos por factores evolutivos y por su herencia genética. La **genética conductual** estudia los efectos de la herencia en el comportamiento. Los investigadores de esta rama están encontrando evidencia cada vez mayor de que las capacidades cognitivas, los rasgos de personalidad, la orientación sexual y los trastornos psicológicos son afectados en cierta medida por factores genéticos (Gilger, 1996; Pillard, 1996; Rieder, Kaufmann y Knowles, 1996; Funder, 1997).

La genética conductual es el centro de la controversia herencia-medio que se expuso en el capítulo 1. Aunque nadie afirmaría que nuestro comportamiento está determinado *sólo* por factores hereditarios, la evidencia reunida por los especialistas en genética conductual sugiere que la herencia genética nos predispone a responder en forma particular ante nuestro entorno, e incluso a buscar tipos específicos de ambientes. Por ejemplo, la investigación señala que los factores genéticos pueden estar relacionados con conductas tan diversas como el nivel de conflicto familiar, la esquizofrenia, los problemas de aprendizaje y la sociabilidad general (Gilger, 1996; Feldman, 1996; Schmitz *et al.*, 1996; Elkins, McGue e Iacono, 1997).

Además, cada vez hay más estudios que apoyan la idea de que las características humanas importantes se relacionan con la presencia (o ausencia) de *genes* particulares, es decir, el material genético que controla la transmisión de los rasgos. Por ejemplo, parece que el comportamiento de búsqueda de la novedad se asocia con la presencia de un gene particular (Cloninger, Adolfsson y Svrakic, 1996; Benjamin *et al.*, 1996).

La investigación y experimentación con los genes es reciente: se estima que hay entre 50 000 y 100 000 genes individuales, y se han identificado y localizado menos de 20 000 (Benjamin *et al.*, 1996; Backlar, 1996; Ebstein *et al.*, 1996; Polymeropoulos *et al.*, 1996; Schuler *et al.*, 1996). Sin embargo, a pesar de su infancia relativa, el campo de la genética conductual ya ha hecho contribuciones considerables. Al entender la relación entre nuestra herencia genética y las estructuras del sistema nervioso, obtenemos conocimientos nuevos sobre la forma en que se desarrollan diversos problemas conductuales, como los trastornos psicológicos que expondremos en el capítulo 12. Es necesario señalar que la genética conductual promete la elaboración de nuevas técnicas de tratamiento, que permitirán identificar cómo pueden remediarse las deficiencias genéticas que conducen a dificultades físicas y psicológicas (Bouchard, 1994; Plomin, 1994, 1995; Risch y Merikangas, 1996; Haseltine, 1997). En los próximos capítulos discutiremos la influencia creciente de la genética conductual.

Ahora consideraremos las estructuras particulares del cerebro y las funciones primarias con las que se relacionan; sin embargo, se amerita una advertencia; aunque expondremos la forma en que áreas específicas del cerebro están ligadas con comportamientos específicos, este enfoque es una simplificación exagerada. No existe ninguna correspondencia simple de uno a uno entre una parte específica del cerebro y una conducta particular. En lugar de ello, el comportamiento se produce por interconexiones complejas entre conjuntos de neuronas localizadas en diversas partes del cerebro. De hecho, ninguna porción cerebral está aislada de cualquier otra área, y una conducta particular representa el resultado de la activación de neuronas que se encuentran en muchas áreas del sistema nervioso. En resumen, nuestro comportamiento, emociones, pensamientos, esperanzas y sueños son producidos por distintas neuronas del sistema nervioso que trabajan de común acuerdo (Schneider y Tarshis, 1995; Grillner, 1996; Joseph, 1996).

Recapitulación, revisión y reflexión

Recapitulación

- El sistema nervioso central (SNC) está compuesto por el cerebro y la médula espinal, un grueso conjunto de nervios que parten del cerebro y recorren toda la espalda hasta su parte inferior.

- El sistema nervioso periférico incluye todas las partes del sistema nervioso, con excepción del cerebro y la médula espinal. Posee dos partes principales: el sistema somático (para los movimientos voluntarios) y el sistema autónomo (para los movimientos involuntarios).

- El sistema autónomo, que a su vez está integrado por dos partes (los sistemas simpático y parasimpático), desempeña una función muy importante durante las situaciones de emergencia.

- La psicología evolutiva relaciona la evolución del sistema nervioso con la evolución humana en general y busca entender cómo los patrones de comportamiento se derivan de nuestra herencia genética.

- La genética conductual, una rama que se desprende de la psicología evolutiva, estudia la relación entre los factores evolutivos y genéticos y la personalidad y los comportamientos humanos.

Revisión

1. Si usted pone su mano en un metal al rojo vivo, la respuesta inmediata de retirarla constituirá un ejemplo de _____.

2. La parte de su sistema nervioso que controla funciones como la respiración y la digestión se conoce como sistema nervioso _____.

3. El sistema nervioso periférico incluye los nervios que se localizan en los brazos, las piernas y la médula espinal. ¿Verdadero o falso?

4. María vio correr a un niño por la calle, al que después atropelló un automóvil. Cuando llegó hasta donde yacía el niño, María se encontraba en un estado de pánico. Sudaba, y su corazón latía aceleradamente. Su estado fisiológico fue resultado de la activación de uno de los sistemas del sistema nervioso autónomo. ¿De cuál de los siguientes?
   a. Parasimpático
   b. Somático
   c. Periférico
   d. Simpático

5. La creciente complejidad y jerarquía del sistema nervioso a través de millones de años es el objeto de estudio de los investigadores que trabajan en el campo de la _____ _____.

6. El campo naciente de la _____ _____ estudia las formas en que la herencia genética nos predispone a comportarnos de determinadas maneras.

Las respuestas a las preguntas de revisión se encuentran en la página 66.

Reflexión

1. ¿Cómo es que la comunicación dentro del sistema nervioso da por resultado la conciencia humana?

2. ¿En qué formas es útil la respuesta de "pelear o huir" para los organismos en situaciones de emergencia?

3. ¿Cómo podría estar determinado en forma genética un hábito al parecer personal e individual, como una tendencia a buscar la novedad? ¿Cómo estudiarían esta cuestión los investigadores?

EL CEREBRO

▶ **¿Cómo identifican los investigadores las partes principales del cerebro y su funcionamiento?**

▶ **¿Cuáles son las principales partes del cerebro y de qué comportamientos es responsable cada una de ellas?**

No hay mucho que ver: suave, esponjado, veteado y de color rosa grisáceo, no se puede decir que posea gran belleza física, sin embargo, a pesar de su apariencia, se le califica como la mayor de las maravillas naturales que conocemos, y es poseedor de una belleza y complejidad propias.

El órgano al que se le aplica la anterior descripción es, como habrá podido imaginar, el cerebro. Éste es responsable de nuestros pensamientos más elevados, así como de nuestras necesidades más primitivas. Es el supervisor del intrincado funcionamiento del cuerpo humano. Si alguien tratara de diseñar una computadora que simulara las capacidades del cerebro, la tarea sería casi imposible; de hecho, se ha visto que incluso acercarse a su funcionamiento es tarea sumamente difícil. La enorme cantidad de células nerviosas del cerebro es suficiente para intimidar al más ambicioso de los ingenieros computacionales. Muchos miles de millones de células nerviosas conforman una estructura que pesa sólo 1 kilo 250 gramos en promedio en los adultos. Sin embargo, no es el número de células el dato más sorprendente acerca del cerebro, sino su capacidad para permitir el desarrollo del intelecto humano al tiempo que guía nuestro comportamiento y pensamientos.

Estudio de la estructura y funciones del cerebro: espiar al cerebro

El cerebro plantea un reto continuo para quienes desean estudiarlo. Durante la mayor parte de la historia, su examen fue posible sólo después de la muerte de una persona. Sólo así se podía abrir el cráneo y hacer cortes en el cerebro sin el riesgo de provocar daños de gravedad. Si bien se sacaba información de semejante procedimiento tan limitado, con dificultad podría aportar información acerca del funcionamiento de un cerebro sano.

No obstante, en la actualidad han surgido avances importantes en el estudio del cerebro que se basan en el empleo de técnicas de exploración. Con su uso, los investigadores pueden tomar una fotografía del funcionamiento interno del cerebro sin necesidad de hacer cirugía para perforar el cráneo de una persona. A continuación se describen las principales técnicas de exploración del cerebro, las cuales se ilustran en la figura 2.9 (Rauch y Renshaw, 1995; Bigler, 1996; Toga y Mazziotta, 1996; Barinaga, 1997).

- El *electroencefalograma* (*EEG*) registra, por medio de electrodos que se colocan en la parte exterior del cráneo, las señales eléctricas que se transmiten en el interior del cerebro. Aunque de manera tradicional el EEG podía producir sólo una gráfica de patrones de ondas eléctricas, en la actualidad, con el empleo de nuevas técnicas, se puede transformar la actividad eléctrica del cerebro en una representación gráfica de éste que permite diagnosticar enfermedades como la epilepsia y problemas de aprendizaje.

- La *tomografía axial computarizada* (*TAC*) utiliza una computadora para elaborar una imagen de las estructuras del cerebro mediante la combinación de miles de placas individuales de rayos X tomadas desde ángulos ligeramente distintos. Es de gran utilidad para mostrar anormalidades en la estructura del cerebro, como inflamaciones o dilataciones de ciertas partes, pero no proporciona información acerca de la actividad cerebral.

- La exploración de *imágenes por resonancia magnética funcional* (*IRMF*) produce un poderoso campo magnético que ofrece imágenes generadas por computadora sumamente detalladas de las estructuras cerebrales y su actividad. También es capaz

---

Respuestas a las preguntas de revisión:

1. reflejo   2. autónomo   3. Falso; la médula espinal corresponde al SNC   4. d   5. psicología evolutiva   6. genética conductual

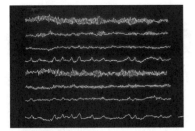

a. EEG

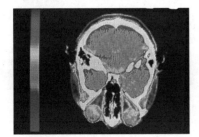

b. TAC

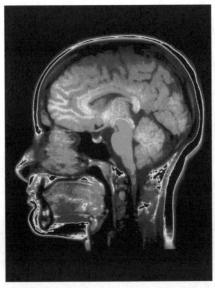

c. IRMf

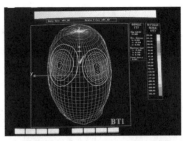

d. DICS

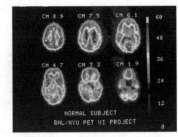

e. TEP

FIGURA 2.9 *Exploraciones cerebrales producidas mediante diferentes técnicas: a. imagen de EEG producida por computadora; b. esta exploración TAC muestra las estructuras del cerebro; c. la exploración IRMf emplea un campo magnético para detallar las partes del cerebro; d. la exploración DICS muestra la actividad neuronal del cerebro; e. la exploración TEP muestra el funcionamiento del cerebro en un momento determinado y es sensible a las actividades de la persona.*

de producir imágenes gráficas de grupos individuales de nervios en otras partes del cuerpo; esta técnica abrió el camino para mejorar el diagnóstico de padecimientos como el dolor de espalda crónico y el daño cerebral (Thatcher *et al.*, 1994; Gonzalez, 1996).

- El *dispositivo de interferencia cuántica de superconducción* (*DICS*) es sensible a cambios minúsculos en los campos magnéticos que ocurren cuando las neuronas disparan. Con su uso, los investigadores pueden localizar con toda precisión dónde se ubica la actividad neuronal (Kuriki, Takeuchi y Kobayashi, 1994; Sasaki *et al.*, 1995; Forss, Jousmaki y Hari, 1995).

- La *tomografía por emisión de positrones* (*TEP*) muestra la actividad bioquímica que hay en el cerebro en un momento determinado. La exploración TEP comienza con la inyección de agua radiactiva (pero segura) en el torrente sanguíneo, la cual se dirige al cerebro. Mediante la determinación de los sitios donde se halla la radiación dentro del cerebro, una computadora puede establecer cuáles son las regiones de mayor actividad, lo cual proporciona una sorprendente imagen del cerebro en pleno funcionamiento.

Cada una de estas técnicas ofrece posibilidades muy interesantes, no sólo para el diagnóstico y el tratamiento de los padecimientos y las lesiones cerebrales, sino también para una mayor comprensión del funcionamiento normal del cerebro. Además, se están desarrollando formas de combinar técnicas de exploración (como exploraciones TEP e IRMf simultáneas integradas) para producir descripciones aún más efectivas del cerebro (Sarter, Berntson y Cacioppo, 1996; Service, 1996).

Estos avances en la exploración del cerebro están abriendo caminos para desarrollar nuevos métodos que permitan captar los signos neurales provenientes del cerebro. Algunos de estos hallazgos se consideran en el recuadro *Aplicación de la psicología en el siglo xxi* de este capítulo.

plicación de la psicología en el siglo XXI

Sus deseos son órdenes

Tire el teclado de su computadora, extermine a su ratón y, por supuesto, deshágase de sus plumas y lápices. En su lugar, sólo piense una orden que desee que ejecute su computadora, y ésta la cumplirá.

Al menos éste es el escenario que varios grupos de investigadores esperan ver en un futuro no muy distante. En su opinión, las computadoras del futuro serán capaces de responder a los pensamientos de las personas (Knapp y Lusted, 1992; McFarland *et al.*, 1993; Wolpaw y McFarland, 1994; Lusted y Knapp, 1996).

Los científicos esperan lograr esta hazaña de la mente sobre el cursor aprovechando los impulsos eléctricos del cerebro. Con el empleo de técnicas de electroencefalografía o EEG, los investigadores pueden conectar electrodos al cráneo de un individuo y trazar los impulsos eléctricos y patrones de ondas cerebrales que producen mientras piensa tipos específicos de ideas.

Hasta el momento, el proceso por el que se podrían aprovechar las ondas cerebrales es especulativo y teórico en gran

medida. Por ejemplo, es bastante difícil reconocer a partir de las ondas cerebrales si la persona quiere decir "sí" o "no", y es casi imposible reconocer pensamientos más complicados. Además, ocurren tantas actividades cerebrales al mismo tiempo que resulta complicado seleccionar los impulsos eléctricos relevantes (Shine, 1994).

Aun así, se han logrado algunos éxitos en la actualidad. El doctor Emanuel Donchin, profesor de psicología de la Universidad de Illinois, ha descubierto una técnica que permite a las personas mecanografiar deletreando las palabras en sus mentes, aunque sólo a una velocidad de 2.3 caracteres por minuto (Farwell y Donchin, 1988; Pollack, 1993). El sistema funciona de manera indirecta. Las letras del alfabeto son ordenadas en filas y columnas en una pantalla de computadora y destellan al azar. Cuando se enciende la fila o columna que contiene la letra en la que piensa la persona, el cerebro emite una señal indicadora que ocurre cuando las personas ven algo que habían estado anticipando. Al analizar estas señales,

otra computadora es capaz de identificar la letra relevante.

Aunque el proceso es lento y tedioso, funciona. Es más, otros laboratorios también están progresando en sus esfuerzos para que las computadoras respondan al pensamiento. Por ejemplo, los investigadores del Department of Health del estado de Nueva York están elaborando un sistema que permite a las personas mover despacio un cursor hacia arriba, hacia abajo o en forma lateral en una pantalla de computadora por medio del pensamiento. Los investigadores planean usar el sistema con personas que tienen trastornos neurológicos o lesiones físicas que les impiden moverse o hablar (Pollack, 1993; Lusted y Knapp, 1996).

Aunque todos los sistemas actuales están en las primeras etapas de desarrollo, parecen promisorios. Conforme se incremente nuestro conocimiento del cerebro, el potencial de la frase "la mente es más poderosa que el cursor" puede volverse realidad (Osman *et al.*, 1992).

Con la ayuda de equipo de cómputo avanzado, Heather Black, quien tiene parálisis cerebral severa, es capaz de comunicarse con efectividad. Cuando dirige su mirada a uno de los cuadrados que se enciende en forma intermitente en la pantalla de la computadora, electrodos conectados en la parte posterior de su cabeza detectan sus reacciones a la coordinación de las intermitencias, permitiéndole dar a conocer su elección.

El núcleo central: nuestro "cerebro viejo"

En tanto que las capacidades del cerebro humano sobrepasan por mucho las de los cerebros de cualquier especie animal, no resulta sorprendente que las funciones básicas que compartimos con los animales menos desarrollados, como respirar, comer y dormir, sean dirigidas por una porción del cerebro que es relativamente primitiva. Una parte del cerebro denominada **núcleo central** (véase figura 2.10) es muy parecida a la que se encuentra

Núcleo central: el "cerebro viejo" que controla funciones básicas como comer y dormir, y es común a todos los vertebrados

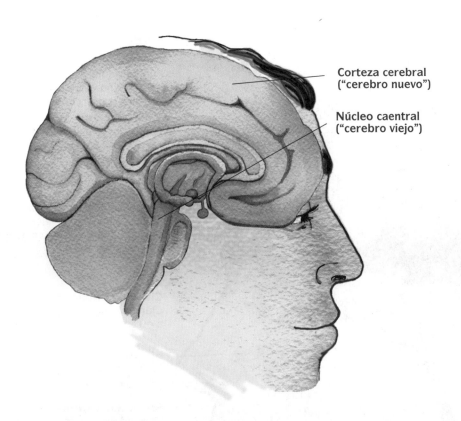

Corteza cerebral
("cerebro nuevo")

Núcleo caentral
("cerebro viejo")

FIGURA 2.10 *Principales divisiones del cerebro: corteza cerebral y núcleo central.*

en todos los vertebrados (especies que tienen columna vertebral). Al núcleo central se le suele llamar "cerebro viejo" debido a que sus cimientos evolutivos pueden rastrearse hasta hace unos 500 millones de años en las estructuras primitivas encontradas en especies no humanas.

Si subiéramos desde la médula espinal en la base del cráneo para localizar las estructuras del núcleo central del cerebro, la primera parte con la que nos encontraríamos sería el *bulbo raquídeo* (véase figura 2.11). El bulbo controla diversas funciones corporales críticas: las más importantes son la respiración y el mantenimiento del ritmo cardiaco. A continuación encontramos el *puente*, que une las dos mitades del cerebelo y se ubica junto al bulbo. El puente, que contiene grandes conjuntos de nervios, actúa como un transmisor de información motora, coordina los músculos y la integración de movimiento entre las mitades derecha e izquierda del cuerpo. También se relaciona con el control del sueño.

La **formación reticular** se extiende desde el bulbo y pasa a través del puente. Como una especie de guardián siempre vigilante, se integra por grupos de células nerviosas que pueden activar de inmediato otras partes del cerebro para producir una excitación general del cuerpo. Por ejemplo, si nos sorprende un ruido muy fuerte, nuestra formación reticular puede provocar un estado de conciencia acentuado para determinar si se requiere o no de una respuesta. Además, realiza una función distinta mientras dormimos, al parecer bloqueando los estímulos de fondo para permitirnos dormir sin perturbaciones.

El **cerebelo** se localiza encima del bulbo y detrás del puente. Sin la ayuda del cerebelo no seríamos capaces de caminar sobre una línea recta sin movernos hacia los lados e inclinarnos hacia delante: su función es controlar el equilibrio del cuerpo. Supervisa de forma continua la retroalimentación de los músculos para coordinar su ubicación, movimiento y tensión. De hecho, beber alcohol en exceso parece provocar una disminución de la actividad del cerebelo, lo cual origina los titubeos y los movimientos sin control característicos del estado de ebriedad. Investigaciones recientes sugieren que el cerebelo también está implicado en varias funciones intelectuales, que van desde el análisis de la información sensorial hasta la solución de problemas (Raymond, Lisberger y Mauk, 1996; Barinaga, 1996; Gao *et al.*, 1996).

Formación reticular: parte del cerebro que va del bulbo raquídeo al puente; se forma por un grupo de células nerviosas que puede activar de inmediato otras partes del cerebro para producir una excitación corporal general

Cerebelo: parte del cerebro que controla el equilibrio corporal

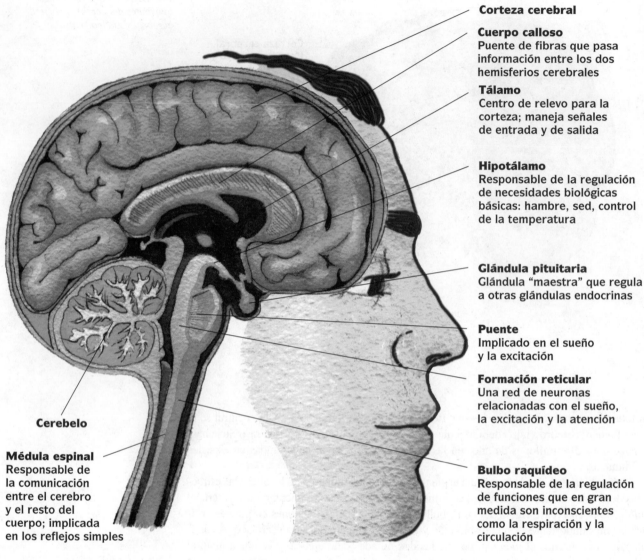

Corteza cerebral

Cuerpo calloso
Puente de fibras que pasa
información entre los dos
hemisferios cerebrales

Tálamo
Centro de relevo para la
corteza; maneja señales
de entrada y de salida

Hipotálamo
Responsable de la regulación
de necesidades biológicas
básicas: hambre, sed, control
de la temperatura

Glándula pituitaria
Glándula "maestra" que regula
a otras glándulas endocrinas

Puente
Implicado en el sueño
y la excitación

Formación reticular
Una red de neuronas
relacionadas con el sueño,
la excitación y la atención

Bulbo raquídeo
Responsable de la regulación
de funciones que en gran
medida son inconscientes
como la respiración y la
circulación

Cerebelo

Médula espinal
Responsable de
la comunicación
entre el cerebro
y el resto del
cuerpo; implicada
en los reflejos simples

FIGURA 2.11 *Principales estructuras del cerebro.*

Tálamo: parte del cerebro localizada en medio del núcleo central que actúa sobre todo como una estación de relevo atareada, de manera principal para pasar información concerniente a los sentidos

Hipotálamo: parte diminuta del cerebro, localizada debajo del tálamo, que mantiene la homeostasis, y produce y regula el comportamiento básico vital como comer, beber y la conducta sexual

Oculto en la parte media del núcleo central, el **tálamo** actúa de manera primordial como una atareada estación de retransmisión, sobre todo de información que tiene que ver con los sentidos. Los mensajes que provienen de los ojos, los oídos y la piel viajan hacia el tálamo para que se les comunique hacia partes superiores del cerebro. El tálamo también se encarga de integrar información de partes superiores del cerebro, distribuyéndola de modo que pueda ser enviada al cerebelo y al bulbo.

El **hipotálamo** se localiza justo debajo del tálamo. A pesar de que es muy pequeño, como del tamaño de la punta de un dedo, desempeña una labor excepcionalmente importante. Una de sus principales funciones es la conservación de la *homeostasis*, es decir, un ambiente interno estable para el cuerpo. Como veremos más adelante en el capítulo 9, el hipotálamo ayuda a mantener una temperatura corporal constante y supervisa la cantidad de nutrimentos almacenados en las células. Otra función de igual importancia de este órgano consiste en producir y regular comportamientos que son vitales para la sobrevivencia básica de las especies: huir, pelear, comer y reproducirse (Kupfermann, 1991a).

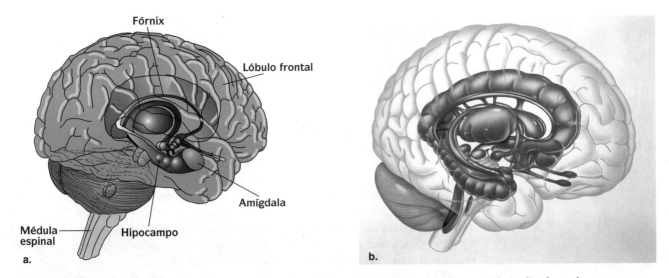

FIGURA 2.12 *a. El sistema límbico consiste en una serie de estructuras en forma de rosquilla que están implicadas en la autoconservación, el aprendizaje, la memoria y la experiencia del placer. b. Esta imagen generada por computadora proporciona otra vista del sistema
límbico. Fuente: cortesía del doctor Robert B. Livingston, Universidad de California en San Diego, y Philip J. Mercurio, Neurosciences
Institute.*

El sistema límbico: más allá del núcleo central

En una atemorizante visión del futuro, algunos escritores de ciencia ficción han sugerido
la idea de que vendrá una época en la que se implanten rutinariamente electrodos en los
cerebros de las personas. Éstos permitirán recibir pequeñas descargas eléctricas que producirán la sensación de placer mediante la estimulación de determinados centros del cerebro. Cuando se sienta mal, la persona sólo activará sus electrodos para obtener un estado
de satisfacción inmediato.

Aunque exagerada, y en última instancia improbable, semejante fantasía futurista se
basa en un hecho real. El cerebro tiene centros de placer en diversas áreas, incluso algunas en el **sistema límbico**. Compuesto por una serie de estructuras en forma de rosquillas
que incluyen la *amígdala*, el *hipocampo* y el *fórnix*, el sistema límbico está en contacto
con la parte superior del núcleo central y tiene conexiones con la corteza cerebral (véase
figura 2.12).

Las estructuras del sistema límbico controlan en conjunto diversas funciones básicas que se relacionan con las emociones y la autoconservación, como la alimentación, la
agresión y la reproducción. Los daños en el sistema límbico pueden provocar cambios
sorprendentes en el comportamiento. Pueden volver fieras salvajes a animales que suelen
ser dóciles y mansos. También tornar sumisos y obedientes a animales que se caracterizan por ser feroces e incontrolables (Fanelli, Burright y Donovick, 1983; Bedard y Parsinger, 1995).

Las investigaciones que examinan los efectos que tienen pequeñas descargas eléctricas en distintas partes del sistema límbico y en otras partes del cerebro han producido
algunos hallazgos reveladores (Olds y Milner, 1954; Olds y Fobes, 1981). En un experimento, las ratas que apretaban una palanca recibían una corriente eléctrica ligera, la cual
producía sensaciones placenteras a través de un electrodo implantado en su cerebro. Hasta las ratas más hambrientas que se dirigían hacia donde había comida paraban para pre-
sionar la palanca tantas veces como les fuera posible. De hecho, algunas ratas se
estimulaban literalmente miles de veces por hora, hasta desmayarse de fatiga (Routtenberg y Lindy, 1965).

Sistema límbico: parte del cerebro
localizada fuera del "cerebro nuevo" que
controla la alimentación, la agresión y la
reproducción

La extraordinaria cualidad de producir placer que poseen determinados tipos de estimulación también ha sido experimentada por algunos seres humanos, a quienes se les ha aplicado estimulación eléctrica en ciertas áreas del sistema límbico como parte del tratamiento para determinados tipos de trastornos cerebrales. Aunque no pueden describir con exactitud lo que se siente, estas personas aseguran que la experiencia les resultó sumamente placentera, similar en algunos aspectos al orgasmo.

El sistema límbico también desempeña una función importante en los procesos de aprendizaje y memoria, descubrimiento que se demostró en pacientes con epilepsia. En un intento por detener sus ataques, estas personas se sometieron a la extirpación de algunas porciones de sus sistemas límbicos. Una consecuencia involuntaria de la cirugía es que los individuos en ocasiones tienen dificultades para aprender y recordar información nueva. En un caso (que se habrá de retomar cuando hablemos de la memoria, en el capítulo 6), un paciente sometido a cirugía era incapaz de recordar dónde vivía, a pesar de que había residido en la misma dirección durante ocho años. Además, aunque el paciente era capaz de sostener conversaciones animadas, no podía recordar, unos cuantos minutos después, el tema y las características de éstas (Milner, 1966).

El sistema límbico, por tanto, está relacionado con distintas funciones de gran importancia, entre las que se incluyen la autoconservación, el aprendizaje, la memoria y la experiencia de placer. Estas funciones no son exclusivas de los seres humanos; de hecho, en ocasiones al sistema límbico se le denomina "cerebro animal", puesto que sus estructuras y funciones son muy similares a las de otros mamíferos. Para identificar la parte del cerebro que proporciona las complejas y sutiles capacidades únicas de la especie humana, debemos acudir a otra estructura: la corteza cerebral.

Recapitulación, revisión y reflexión

Recapitulación

- Las principales técnicas de exploración del cerebro incluyen el electroencefalograma (EEG); la tomografía axial computarizada (TAC); la imagen de resonancia magnética funcional (IRMf); el dispositivo de interferencia cuántica de superconducción (DICS) y la tomografía por emisión de positrones (TEP).

- El núcleo central del cerebro humano es parecido al que poseen todos los vertebrados.

- Empezando en la parte superior de la médula espinal y moviéndose hacia arriba hasta el cerebro, la primera estructura que encontramos es el bulbo raquídeo, que se encarga de controlar funciones como la respiración y el ritmo cardiaco. Después se encuentra el puente, que actúa para transmitir información motora.

- La formación reticular, que se extiende desde el bulbo y pasa a través del puente, excita y activa al organismo, pero también censura la información procedente del exterior durante el sueño. El cerebelo se relaciona con el control del movimiento.

- El tálamo actúa principalmente como un centro de relevo de la información sensorial; el hipotálamo mantiene la homeostasis, es decir, un ambiente interno estable para el cuerpo.

- El sistema límbico controla diversas funciones básicas relacionadas con las emociones y la autoconservación, como la alimentación, la agresión y la reproducción.

Revisión

1. La _____ _____ es un procedimiento con el que se puede obtener una imagen del cerebro sin necesidad de abrir el cráneo.

2. Relacione el nombre de cada una de las técnicas de exploración cerebral con la descripción apropiada:

   a. EEG
   b. TAC
   c. IRMf
   d. TEP
   e. DICS

   1. Imanes potentes que producen campos magnéticos en el cerebro que proporcionanuna fotografía generada por computadora.
   2. Localización de isótopos radiactivos dentro del cerebro para determinar sus regiones activas.
   3. Electrodos que registran las señales eléctricas transmitidas a través del cerebro.
   4. Esta exploración mide cambios pequeños en los campos magnéticos que ocurren cuando disparan las neuronas, y localiza con precisión la actividad neuronal.
   5. Imagen de computadora que combina miles de placas de rayos X en una sola.

3. El control de funciones como la respiración y el sueño se localiza en el "cerebro nuevo", de desarrollo reciente. ¿Verdadero o falso?

4. Relacione el área del cerebro con su función:

a. Bulbo raquídeo
b. Puente
c. Cerebelo
d. Formación reticular

1. Mantiene la respiración y el ritmo cardiaco
2. Controla el equilibrio corporal
3. Coordina e integra los movimientos musculares
4. Activa el cerebro para producir excitación

5. Usted recibe unas flores de parte de un amigo. El color, el aroma y la sensación de éstas se retransmiten por medio de una parte del cerebro. ¿Cuál?

6. El _____, un área del cerebro que tiene el tamaño de la punta de un dedo, es responsable de conservar la _____, o la regulación del ambiente interno del cuerpo.

7. El hipotálamo es responsable de la producción y la regulación de comportamientos de vital importancia para la sobrevivencia de las especies, como alimentarse, beber, el comportamiento sexual y la agresión. ¿Verdadero o falso?

Las respuestas a las preguntas de revisión se encuentran en la página 74.

Reflexión

1. ¿Cómo respondería al argumento de que "los psicólogos deberían dejar el estudio de las neuronas y las sinapsis, así como del sistema nervioso, a los biólogos"?

2. ¿A qué limitaciones se enfrentaban los psicólogos respecto de los fenómenos relacionados con el cerebro por el hecho de que sólo podían estudiarlo después de la muerte? ¿En qué áreas esperaría los avances más significativos una vez que fueron posibles las técnicas de exploración cerebral?

3. ¿Cuáles son algunas implicaciones del hecho de que los humanos y otros vertebrados tienen sistemas límbicos muy similares?

La corteza cerebral: nuestro "cerebro nuevo"

Al ir en ascenso desde la médula espinal hacia el interior del cerebro, nuestra exposición ha versado en torno a las áreas del cerebro que controlan funciones similares a las que están presentes en organismos menos complejos que los seres humanos. Pero, es posible que se pregunte: ¿dónde están las áreas del cerebro que nos permiten realizar eso que hacemos mejor y que distinguen a la condición humana del resto de los animales? Esas características únicas del cerebro humano, de hecho, las mismas capacidades que le permiten a usted plantear esa pregunta, están conformadas por la habilidad de pensar, evaluar y hacer juicios complejos. La ubicación principal de estas capacidades, y muchas otras, radica en la **corteza cerebral**.

La corteza cerebral, a la que a veces se denomina "cerebro nuevo" como consecuencia de su evolución relativamente reciente, es una masa de tejido con muchos dobleces, pliegues y circunvoluciones. Aun cuando tiene sólo un espesor de aproximadamente dos milímetros, si se le extendiera en una superficie plana abarcaría un área mayor a los 65 centímetros cuadrados. Esta configuración permite que el área superficial de la corteza sea más grande que si estuviera integrada de forma más lisa y uniforme en el cráneo. También permite un mayor nivel de integración neuronal y un procesamiento de información de mayor complejidad.

La corteza posee cuatro secciones principales, a las que se denomina **lóbulos**. Si tomamos una vista lateral del cerebro, los *lóbulos frontales* quedarán en la parte frontal central de la corteza y los *lóbulos parietales* se ubicarán atrás de los frontales. Los *lóbulos temporales* se localizan en la parte central inferior de la corteza, con los *lóbulos occipitales* detrás de ellos. Estos cuatro conjuntos de lóbulos se separan físicamente por canales profundos a los que se llama surcos o cisuras. La figura 2.13*a* muestra estas cuatro áreas.

Otra manera de describir el cerebro es considerar las funciones que se asocian con un área determinada. La figura 2.13*b* muestra las regiones especializadas dentro de los lóbulos, que se relacionan con funciones y áreas específicas del cuerpo. Se han descubierto tres áreas principales: las áreas motoras, las áreas sensoriales y las áreas asociativas. Aunque examinaremos cada una de éstas como si se tratara de entidades separadas e independientes, tenga en cuenta que este enfoque representa una simplificación excesiva. En general el comportamiento está influido de manera simultánea por distintas estructuras y áreas del cerebro que operan de modo interdependiente; lo que es más, incluso dentro de un área determinada existen subdivisiones adicionales (Gibbons, 1990).

Corteza cerebral: el "cerebro nuevo", responsable del procesamiento de información más complejo en el cerebro; contiene los lóbulos

Lóbulos: las cuatro secciones principales de la corteza cerebral: frontal, parietal, temporal y occipital

FIGURA 2.13 *La corteza cerebral. a. Las principales estructuras físicas de la corteza cerebral se denominan lóbulos. b. Esta figura ilustra las funciones asociadas con áreas particulares de la corteza cerebral.*

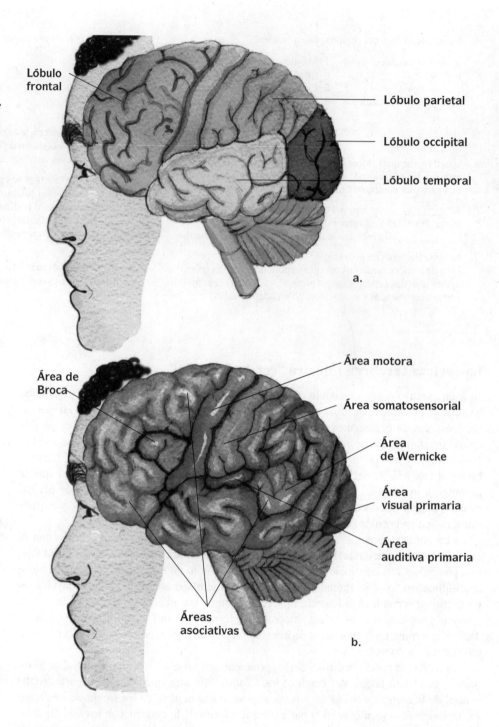

a.

b.

El área motora de la corteza

Área motora: parte de la corteza que es responsable en gran medida del movimiento voluntario de zonas específicas del cuerpo

Si observa con atención el lóbulo frontal de la figura 2.13*b*, podrá ver una zona sombreada denominada **área motora**. Esta parte de la corteza cerebral controla en gran parte los movimientos voluntarios de partes específicas del cuerpo. De hecho, cada porción del área motora corresponde a un sitio determinado del cuerpo. Si insertáramos un electrodo en una parte específica de esta área de la corteza y aplicáramos una ligera estimulación

Respuestas a las preguntas de revisión:

1. exploraciones cerebrales   2. a-3; b-5; c-1; d-2; e-4   3. Falso; se localiza en el núcleo central o "cerebro viejo"   4. a-1; b-3; c-2; d-4
5. tálamo   6. hipotálamo; homeostasis   7. Verdadero

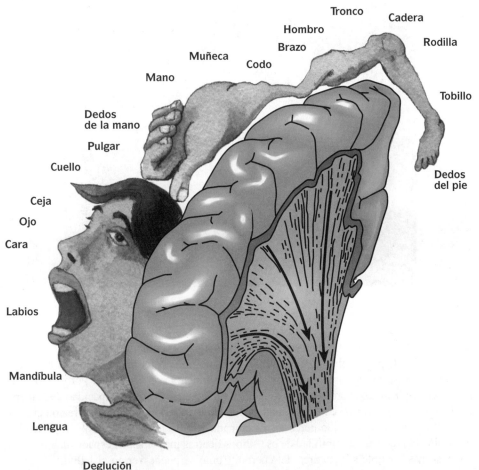

FIGURA 2.14 *Correspondencia entre la cantidad y ubicación del tejido en el área motora del cerebro y las partes del cuerpo específicas en las que el movimiento es controlado por dicho tejido. Fuente: Penfield y Rasmussen, 1950.*

eléctrica, se producirían movimientos involuntarios en la parte correspondiente del cuerpo (Kertesz, 1983). Si estimuláramos otro sitio del área motora, se movería una parte distinta del cuerpo.

Se han podido trazar mapas tan precisos del área motora que es posible realizar representaciones esquemáticas como la que se muestra en la figura 2.14. Este modelo ilustra la cantidad y ubicación relativa del tejido cortical que se emplea para producir movimiento en partes específicas del cuerpo humano. Como puede verse, el control de los movimientos corporales de escala relativamente amplia y que requieren de poca precisión, como el movimiento de una rodilla o el de la cadera, está centrado en un espacio pequeño del área motora. Por otra parte, los movimientos delicados y precisos, como las expresiones faciales y los movimientos de los dedos, son controlados por una porción más grande del área motora.

En resumen, el área motora de la corteza ofrece una guía clara del grado de complejidad y de la importancia de las capacidades motoras de partes específicas del cuerpo. Tenga en cuenta, sin embargo, que estos esquemas son una simplificación exagerada: como hemos señalado antes, el comportamiento es producido por múltiples conjuntos de neuronas del sistema nervioso que se vinculan en formas complejas. Como otros comportamientos, el movimiento se produce por medio de la activación coordinada de una variedad compleja de neuronas que trabajan juntas pero no necesariamente alineadas en el área motora de la corteza (Donoghue y Sanes, 1994; Sanes *et al.*, 1995).

El área sensorial de la corteza

Debido a la correspondencia uno a uno que existe entre el área motora y la localización corporal, no es sorprendente encontrar una relación similar entre porciones específicas de

FIGURA 2.15 *Mientras mayor sea la cantidad de tejido en el área somatosensorial del cerebro que se relacione con una parte específica del cuerpo, más sensible será ésta. Si el tamaño de nuestras partes del cuerpo reflejara la cantidad correspondiente de tejido cerebral, tendríamos el aspecto de esta extraña criatura.*

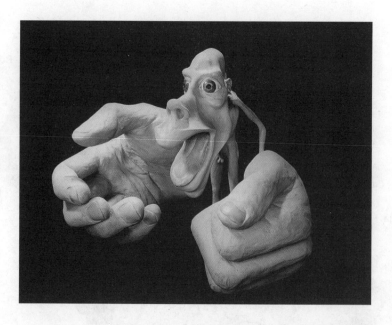

Área sensorial: sitio en el cerebro que contiene tejido que corresponde a cada uno de los sentidos, cuyo grado de sensibilidad está relacionado con la cantidad de tejido

la corteza y los sentidos. El **área sensorial** de la corteza se compone de tres regiones: una que corresponde principalmente a las sensaciones corporales (como el tacto y la presión), otra relacionada con la vista y una tercera que se vincula con el sonido. Por ejemplo, el *área somatosensorial* abarca lugares específicos relacionados con la capacidad de percepción del tacto y la presión en determinada área del cuerpo. Al igual que ocurre con el área motora, la cantidad de tejido cerebral relacionada con un lugar del cuerpo en particular determina el grado de sensibilidad de ese sitio. Mientras mayor sea el espacio dentro de la corteza, más sensible será el área del cuerpo. Como se puede ver en el individuo de aspecto extraño de la figura 2.15, partes del cuerpo como los dedos de las manos se relacionan de manera proporcional con mayor cantidad de espacio en el área somatosensorial, y son las más sensibles.

Los sentidos auditivo y visual también están representados en áreas específicas de la corteza cerebral. El *área auditiva*, localizada en el lóbulo temporal es la responsable del sentido de la audición. Si se estimula eléctricamente esta área, la persona escucha sonidos como chasquidos y zumbidos. Asimismo, parece que sectores específicos de dicha área responden a determinados tonos.

El *área visual* en la corteza, ubicada en el lóbulo occipital, opera de modo análogo a las demás áreas sensoriales. Su estimulación con electrodos produce la experiencia de ver haces luminosos o de colores, lo que sugiere que las entradas sensoriales en bruto de las imágenes provenientes de los ojos se reciben en esta área del cerebro y son transformadas en estímulos significativos. El área visual también ofrece otro ejemplo de la estrecha relación que existe entre ciertas áreas del cerebro y sitios específicos del cuerpo: áreas particulares de la retina del ojo corresponden a partes específicas de la corteza, como lo habrá imaginado, con más espacio en el cerebro para las porciones más sensibles de la retina (Martin *et al.*, 1995; Miyashita, 1995).

Las áreas asociativas de la corteza

Tome en cuenta el siguiente caso:

> Phineas Gage, de 25 años de edad, empleado del ferrocarril, se encontraba dinamitando rocas un día del año 1848 cuando una explosión accidental impulsó una barra de metal de 90 centímetros de longitud y de alrededor de 25 milímetros de ancho, la cual atravesó de un lado a otro el cráneo de Phineas. La barra penetró justo debajo de su mejilla derecha, emergió por la parte superior de su cabeza y

salió volando por los aires. El hombre sufrió de inmediato una serie de convulsiones; pero unos minutos después se encontraba conversando con las personas que acudieron a brindarle ayuda. De hecho, luego subió por un largo tramo de escaleras antes de recibir algún tipo de asistencia médica. De modo sorprendente, su herida sanó en pocas semanas y Phineas volvió a ser el mismo de siempre en el aspecto físico. Sin embargo, en el plano mental había una gran diferencia: quien una vez había sido una persona cuidadosa y trabajadora, ahora se aferraba a extrañas lucubraciones y se había hecho muy caprichoso y con frecuencia irresponsable. Como lo comentó uno de sus médicos: "antes de su herida, a pesar de no haber asistido a la escuela, poseía una mente bien equilibrada, y quienes lo conocían lo consideraban un hombre de negocios listo y capaz, muy enérgico y persistente para ejecutar todos sus planes. En este sentido su mente cambió de manera radical, a tal grado que sus amistades y conocidos afirmaban que 'ya no se trataba de Gage'" (Harlow, 1869, p. 14).

¿Qué fue lo que le ocurrió al buen Gage? Aunque no hay modo de saberlo con certeza debido al contexto en que se encontraba la ciencia en el siglo XIX, podemos especular que el accidente pudo haber dañado las áreas asociativas de la corteza cerebral de Gage.

Si observa una vez más el diagrama de la corteza cerebral (figura 2.13*b*), verá que las áreas motora y sensorial comprenden una porción relativamente pequeña de la corteza; el resto corresponde a las áreas asociativas. Se considera que las **áreas asociativas** son el sitio en donde se realizan los procesos mentales superiores como el pensamiento, el lenguaje, la memoria y el habla.

La mayor parte de nuestro conocimiento en torno a las áreas asociativas procede de pacientes que han sufrido algún tipo de lesión cerebral. En algunos casos el daño se origina por causas naturales como un tumor o una embolia, los cuales bloquean ciertos vasos sanguíneos dentro de la corteza cerebral. En otros casos, se debe a causas accidentales, como sucedió con Phineas Gage. De cualquier forma, el daño en estas áreas puede provocar extraños cambios de comportamiento, lo cual indica la importancia de las áreas asociativas para el funcionamiento normal (Kupfermann, 1991b; Hoogenraad, Ramos y van Gijn, 1994; Randolph, Tierney y Chase, 1995; Herholz, 1995).

El caso de Gage proporciona evidencias de que existen áreas especializadas para tomar decisiones racionales. Cuando se lesiona esta área, las personas experimentan cambios de personalidad que afectan su capacidad para hacer juicios morales y para procesar las emociones. Al mismo tiempo, las personas con daño en esta área son bastante capaces de razonar en forma lógica, realizar cálculos y recordar información (Damasio *et al.*, 1994).

Las lesiones en otras partes de las áreas asociativas pueden producir una condición conocida como *apraxia*. Ésta ocurre cuando una persona es incapaz de integrar actividades de un modo racional o lógico. Por ejemplo, un paciente al que se le pide que tome un refresco del refrigerador puede dirigirse a éste y abrir y cerrar la puerta repetidas veces, o puede tomar botella tras botella de refresco, sacarlas del refrigerador y tirar al suelo cada una de ellas. De modo similar, una persona con apraxia a la que se le pide que abra un candado con una llave puede no ser capaz de hacerlo como respuesta a la indicación, pero si sencillamente se le deja sola en un cuarto cerrado con llave, abrirá el candado con la llave si desea salir (Lechtenberg, 1982).

Es evidente que la apraxia no es un problema muscular, puesto que la persona es capaz de realizar los componentes individuales que integran el comportamiento general. Además, si se le pide que realice los actos individuales de un patrón de comportamiento más amplio, de uno en uno, el paciente suele tener éxito al realizarlos. Sólo cuando se le pide que realice una secuencia de comportamientos que requiera de cierto grado de planeación y de previsión actúa en forma deficiente. Por todo ello, parece ser que las áreas asociativas actúan como una especie de "planificadores maestros"; es decir, como organizadores de las acciones.

Otras dificultades que surgen como consecuencia de una lesión en las áreas asociativas del cerebro se relacionan con el uso del lenguaje. Los trastornos de la expresión ver-

Áreas asociativas: una de las áreas importantes del cerebro, el sitio de los procesos mentales superiores como el pensamiento, el lenguaje, la memoria y el habla

Un modelo de la lesión sufrida por Phineas Gage. Fuente: reimpreso con autorización del autor y del editor de Science, *volumen 254, 20 de mayo de 1994, p. 1104, Derechos reservados 1994 American Association for the Advancement of Science.*

bal, denominados *afasia*, pueden asumir formas muy diversas. En la *afasia de Broca* (provocada por un daño en la parte del cerebro identificado por primera vez por el médico francés Paul Broca, en 1861), el habla se vuelve vacilante, se dificulta y por lo regular carece de organización gramatical. El paciente es incapaz de encontrar las palabras adecuadas, en una especie de fenómeno de "en la punta de la lengua" que experimentamos todos en alguna ocasión. Sin embargo, en el caso de las personas con afasia, el problema ocurre casi en forma constante, y termina diciendo de manera brusca una especie de "telegrama verbal". Una frase como "pongo el libro sobre la mesa", es expresada de la forma siguiente: "pongo... libro... mesa" (Cornell, Fromkin y Mauner, 1993; Goodglass, 1993; Kirshner, 1995).

La *afasia de Wernicke* es un trastorno llamado así en honor a Carl Wernicke, quien la identificó en la década de 1870. Este tipo de afasia produce dificultades tanto para comprender el lenguaje de los demás como para producirlo. Este trastorno, que se observa en pacientes con daño en un área específica del cerebro que fue localizada por vez primera por Wernicke, se caracteriza por un discurso que suena fluido, pero que no tiene sentido. Por ejemplo, se preguntó a uno de los pacientes de Wernicke, Philip Gorgan: ¿qué razón lo llevó al hospital? El paciente contestó en forma incoherente: "¡vaya! Estoy sudando, estoy muy nervioso; sabe, de vez en cuando quedo atrapado, no puedo mencionar el tarripoi, hace un mes, un poco, me ha ido muy bien, me impongo mucho, mientras que, por otra parte, usted sabe a lo que me refiero, tengo que voltear, revisarlo, trebin y todas las cosas por el estilo" (Gardner, 1975, p. 68).

Las lesiones cerebrales, como las que provocan la afasia y los trastornos cerebrales debidos a enfermedades y padecimientos, han dado nuevo ímpetu a los científicos que buscan hacer un "mapa" de los circuitos neuronales del cerebro. Con el empleo de tecnología computarizada muy compleja, los investigadores buscan crear una base de datos que abarque todas las facetas del cerebro (véase figura 2.16).

Por profundizar en estas investigaciones, la década de los años noventa ha sido designada por el Congreso de Estados Unidos como la "década del cerebro" en reconocimiento a la importancia de la revelación de los secretos intrincados del cerebro. Estos esfuerzos están conduciendo a innovaciones significativas en nuestro estudio del cerebro, como se expone en el recuadro *Los caminos de la psicología* de este capítulo.

FIGURA 2.16 *Muestra de una pantalla de computadora de BrainMap, una base de datos computarizada diseñada para hacer accesible todos los aspectos del cerebro.*

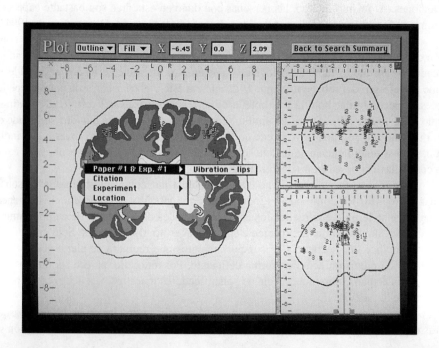

Los caminos de la psicología

Ching-Yune Chen, investigadora del Laboratorio Cerebral

Universidad de California en Berkeley

Nació en: 1974

Educación: *B.A. en ciencia cognitiva y psicología, Universidad de Virginia, Charlottesville, Virginia; M.A. en la Universidad de California en Berkeley; candidata al Ph.D. en la Universidad de California en Berkeley*

Residencia: *Berkeley, California*

A pesar de muchos descubrimientos recientes que han ayudado a trazar el mapa del territorio antes inexplorado del cerebro, el estudio de este órgano implica una incursión en una de las fronteras finales y

Ching-Yune Chen

más evasivas de la ciencia. Esta frontera es tan vasta y abierta que los investigadores tienen una profusión de rastros que pueden seguir.

Para Ching-Yune Chen, candidata al doctorado en psicología, el cerebro ofrece el máximo desafío. Presenta una oportunidad única para aprender cómo funciona un órgano vital pero misterioso.

"Siempre estuve interesada en averiguar cómo funcionan las cosas", comenta. "Cuando estaba chica siempre desarmaba los juguetes y los armaba de nuevo. También tenía una curiosidad temprana sobre el aprendizaje humano. Leía los libros de mi madre sobre educación en la primera infancia y me preguntaba cómo niños diferentes podían aprender en la misma forma. Ahora esta curiosidad se centra en el interés en los estilos de aprendizaje. Complementar estos dos intereses me motivó a estudiar mi carrera de psicología."

En la actualidad Chen realiza investigaciones en los laboratorios Shimamura en Berkeley, dedicados al estudio de la memoria y cognición humanas desde una perspectiva neuropsicológica. El interés de Chen se enfoca en la función de los lóbulos frontales en el procesamiento de la información y en otras funciones mentales. El área específica del cerebro que es el blanco de estudio en el que participa Chen es la porción anterior de los lóbulos frontales, un área llamada corteza prefrontal.

"La corteza prefrontal es la parte más grande del cerebro, abarca casi 30% de la corteza cerebral, y la ciencia todavía está tratando de dilucidar qué hace", dijo ella.

"El proyecto de investigación actual es un estudio de los antecedentes generales de pacientes que han sufrido varias clases de lesiones cerebrales debidas a embolias o, en algunos casos, a la extirpación de tumores", explica Chen. "Estamos buscando toda clase de deficiencias cognitivas que implican sobre todo la memoria y la atención, al igual que el lenguaje."

Alrededor de una docena de pacientes han sido enviados al laboratorio y se les ha aplicado una batería de pruebas de inteligencia y de habilidad cognitiva, como la Escala Wechsler de Inteligencia para Adultos-Revisada (Wechsler Adult Intelligence Scale-Revised; WAIS-R) y la Prueba de Denominación de Boston (Boston Naming Test). Además, se está examinando un grupo control, equiparado con los pacientes en edad y educación, según Chen.

"Estos pacientes, a pesar de sus lesiones cerebrales, llevan vidas bastante normales y muchos trabajan todavía", dijo Chen, "pero las pruebas que requieren habilidades intelectuales complejas revelan sus déficits".

"Esperamos que los estudios contribuyan a nuestra comprensión de los problemas del trastorno de déficit de atención con hiperactividad y la enfermedad de Alzheimer", agregó, "y quizá arrojen alguna luz respecto a por qué estas enfermedades muestran esos síntomas y siguen esos cursos".

Reparación del cerebro

Poco después de nacer, los brazos y piernas de Jacob Stark comenzaron a presentar espasmos cada 20 minutos. Semanas después no podía mirar a los ojos de su madre. El diagnóstico: ataques epilépticos incontrolables que implicaban a todo el cerebro.

Su madre, Sally Stark, recuerda: "Cuando Jacob tenía dos meses y medio de edad, dijeron que nunca aprendería a sentarse, que nunca podría alimentarse por sí solo. No podía hacerse nada para impedir la deficiencia mental profunda. Nos dijeron que lo lleváramos a casa, lo amáramos y le encontráramos una institución" (Blakeslee, 1992a, p. C3).

En lugar de ello, los Stark llevaron a Jacob a la Universidad de California en Los Ángeles para que le practicaran una cirugía cerebral cuando tenía cinco meses de edad. Los cirujanos extirparon 20% de su cerebro. La operación fue un completo éxito. Tres años después, Jacob parecía normal en todo sentido, pues no presentaba señales de ataques.

La cirugía de Jacob es representativa de enfoques cada vez más atrevidos en el tratamiento de trastornos cerebrales. También ilustra cómo nuestra creciente comprensión acerca de los procesos que subyacen al funcionamiento cerebral puede traducirse en soluciones para problemas difíciles.

La cirugía que ayudó a Jacob se basó en la premisa de que la parte afectada de su cerebro estaba produciendo ataques por todo su cerebro. Los cirujanos razonaron que si extirpaban la porción dañada, las partes restantes del cerebro que aparecían intactas en las exploraciones TEP se harían cargo. Apostaron a que Jacob aún podía llevar una vida normal después de la cirugía, en particular debido a que ésta se realizaría a muy temprana edad. Es evidente que la operación dio buen resultado.

El éxito de esta cirugía se relaciona en parte con los nuevos hallazgos acerca de los poderes regenerativos del cerebro y el sistema nervioso. Aunque se sabe que el cerebro tiene la capacidad de cambiar funciones a diferentes ubicaciones después de una lesión en un área específica, se había supuesto por décadas que las neuronas de la médula espinal y el cerebro no podían remplazarse nunca.

Sin embargo, nuevos estudios están sugiriendo lo contrario. Por ejemplo, los investigadores han encontrado que las células cerebrales de ratones adultos pueden producir neuronas nuevas, al menos en un ambiente de tubo de ensayo. Del mismo modo, los investigadores Henrich Cheng, Yihai Cao y Lars Olson han informado de la restauración parcial del movimiento en ratas que tenían un hueco completo en sus médulas espinales y, como resultado, eran incapaces de mover sus miembros posteriores. Empleando nervios del sistema nervioso periférico, los investigadores trasplantaron neuronas y las unieron a través de una brecha de alrededor de cinco milímetros. Las ratas fueron capaces de flexionar sus patas después del trasplante. Un año después de la operación, eran capaces de soportar su propio peso y mover sus patas. El examen de las neuronas en la médula espinal mostró una regeneración significativa alrededor del área del trasplante (Reynolds y Weiss, 1992; Young, 1996; Cheng, Cao y Olson, 1996).

El futuro también es promisorio para las personas que sufren de temblores y pérdida del control motor producidos por el mal de Parkinson. Debido a que este trastorno es causado por una pérdida gradual de células que estimulan la producción de dopamina en el cerebro, los investigadores razonaron que un procedimiento que incrementara el suministro de dopamina podría ser efectivo, y al parecer están en el camino correcto. Cuando ciertas células de fetos humanos se inyectan en forma directa en los cerebros de quienes padecen el mal de Parkinson, parecen arraigar y estimulan la producción de dopamina. Para la mayoría de quienes han experimentado este procedimiento, los resultados preliminares son promisorios; algunos pacientes muestran gran mejoría. Por otra parte, la técnica aún es experimental y también plantea algunas cuestiones éticas difíciles, debido a que la fuente del tejido implantado son fetos abortados (Thompson, 1992; Widner *et al.*, 1992; Watson, 1994; Kolata, 1995).

La especialización de los hemisferios: ¿dos cerebros o uno solo?

El desarrollo más reciente, por lo menos en términos evolutivos, en la organización y funcionamiento de nuestro cerebro ocurrió quizá durante el último millón de años: una especialización de las funciones controladas por los dos lados del cerebro, que cuenta con mitades derecha e izquierda simétricas.

De manera específica, el cerebro se puede dividir en mitades muy similares, como imágenes en espejo, del mismo modo en que poseemos dos brazos, dos piernas y dos pulmones. A consecuencia del modo en que los nervios se conectan del cerebro hacia el resto del cuerpo, estas dos mitades simétricas, izquierda y derecha, a las que se denomina

▶ ¿Cómo operan de manera interdependiente las dos mitades del cerebro?

▶ ¿Cómo nos puede ayudar la comprensión del sistema nervioso para encontrar nuevos procedimientos para combatir el dolor y la enfermedad?

hemisferios, controlan el lado del cuerpo contrario a su propia localización. Por tanto, el hemisferio izquierdo del cerebro controla por lo general el lado derecho del cuerpo, mientras que el hemisferio derecho controla el lado izquierdo. Así, cualquier daño que sufra el lado derecho del cerebro indicará normalmente dificultades funcionales en el lado izquierdo del cuerpo.

La similitud estructural existente entre los dos hemisferios del cerebro, sin embargo, no se refleja en todos los aspectos de su funcionamiento. Parece que determinadas actividades tienen más probabilidades de ocurrir en un hemisferio que en el otro. Las primeras evidencias de las distinciones funcionales entre ambas mitades del cerebro se obtuvieron mediante la realización de estudios en personas con afasia. Los investigadores descubrieron que las personas con dificultades de habla, características de la afasia, tendían a poseer un daño físico en el hemisferio izquierdo del cerebro. En contraste con esta situación, las anormalidades físicas en el hemisferio derecho del cerebro tendían a producir un número menor de problemas en el lenguaje. Este descubrimiento llevó a los investigadores a la conclusión de que, para la mayoría de las personas, el lenguaje está **lateralizado**, es decir, se ubica más en un hemisferio que en el otro, en este caso, en la mitad izquierda del cerebro (Bradshaw y Rogers, 1993; Zaidel *et al.*, 1995; Grossi *et al.*, 1996).

En la actualidad se sabe que los dos hemisferios del cerebro se especializan ligeramente en términos de las funciones que realizan. El hemisferio izquierdo se concentra más en labores que requieren de habilidades verbales, como hablar, leer, pensar y razonar. El hemisferio derecho posee sus propias habilidades, en especial en las áreas no verbales como la comprensión de las relaciones espaciales, el reconocimiento de patrones y dibujos, la música y la expresión de las emociones (Zaidel, 1994; Davidson y Hugdahl, 1995; Siegal, Carrington y Radel, 1996; Mandal *et al.*, 1996; LaMendola y Bever, 1997; véase figura 2.17).

Además, el modo en que se procesa la información parece ser un poco diferente en cada hemisferio. El izquierdo tiende a considerar la información de manera secuencial, un fragmento a la vez, mientras que el derecho tiende a procesar la información de modo global, considerándola como un todo (Gazzaniga, 1983; Springer y Deutsch, 1989; Turkewitz, 1993).

Hemisferios: dos mitades simétricas izquierda y derecha del cerebro que controlan el lado del cuerpo opuesto a su ubicación

Lateralización: predominio de un hemisferio del cerebro en funciones específicas

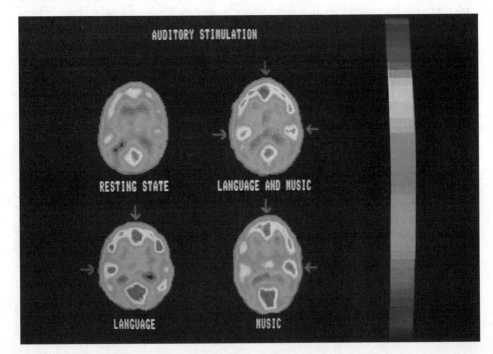

FIGURA 2.17 *La serie de TEP muestra la actividad de los hemisferios izquierdo y derecho mientras la persona está en reposo escuchando lenguaje y música al mismo tiempo, sólo lenguaje y sólo música.*

Por otra parte, es importante considerar que la diferencia en la especialización entre ambos hemisferios no es grande y que el grado y la naturaleza de la lateralización varían de una persona a otra. Si usted es diestro, como la mayoría de las personas, es probable que la porción de su cerebro encargada de controlar el lenguaje esté concentrada en el hemisferio izquierdo. En contraste, si pertenece al 10% de las personas que son zurdas o ambidiestras (que utilizan ambas manos en forma indistinta), es más probable que los centros del lenguaje de su cerebro se localicen en el derecho o que estén divididos por partes iguales entre ambos hemisferios.

Los investigadores han descubierto evidencia de que puede haber diferencias sutiles en los patrones de lateralización cerebral entre hombres y mujeres. De hecho, algunos científicos argumentan que hay ligeras diferencias en la estructura del cerebro que pueden diferir según el género y la cultura. Como se verá a continuación, estos hallazgos han conducido a un fuerte debate en la comunidad científica (Geschwind y Galaburda, 1987; Coren, 1992a; Springer y Deutsch, 1993).

Exploración de la diversidad

La diversidad humana y el cerebro

La interacción entre la biología y el ambiente es evidente en particular cuando se consideran los estudios que sugieren que hay diferencias culturales y de género en la estructura y funcionamiento del cerebro. Respecto al género, de acuerdo con las pruebas que se han acumulado, hombres y mujeres muestran algunas diferencias intrigantes en la lateralización cerebral, aunque la naturaleza de estas diferencias, e incluso su existencia misma, es fuente de una considerable controversia (Wood, Flowers y Naylor, 1991; Kimura, 1992; Iaccino, 1993; Kaplan y Rogers, 1994).

Pueden hacerse algunas afirmaciones con una confianza razonable. Por ejemplo, la mayoría de los hombres tiende a presentar mayor lateralización del lenguaje en el hemisferio izquierdo. Para ellos, el lenguaje está relegado en gran medida al lado izquierdo del cerebro. En contraste, las mujeres presentan menor lateralización, ya que sus habilidades relativas al lenguaje son susceptibles de una distribución más uniforme entre ambos hemisferios (Gur *et al*., 1982; Shaywitz *et al*., 1995; Kulynych *et al*., 1994). Semejantes diferencias en la lateralización cerebral pueden explicar, en parte, la superioridad que suelen exhibir las mujeres en algunas mediciones de habilidades verbales, como la temprana aparición del lenguaje y la fluidez para hablar, así como el hecho de que más niños que niñas tienen problemas de lectura en la escuela primaria (Kitterle, 1991).

Otras investigaciones señalan diferencias en las estructuras cerebrales entre hombres y mujeres, aunque aquí la evidencia es menos sólida. Por ejemplo, parte del *cuerpo calloso*, un conjunto de fibras que conecta a los hemisferios del cerebro, es proporcionalmente más grande en las mujeres que en los hombres (Witelson, 1995; Driesen y Raz, 1995; Steinmetz *et al*., 1995; Johnson *et al*., 1996). Estudios realizados con ratas, hámsteres y monos también han encontrado diferencias en el tamaño y estructura de los cerebros entre machos y hembras (Gorski, 1990, 1996; Jacobs y Spencer, 1994).

Evidencia reciente también señala que hombres y mujeres pueden procesar la información de manera diferente. Por ejemplo, las exploraciones cerebrales por IRM de hombres al pronunciar palabras muestran activación de un área pequeña en el lado izquierdo del cerebro, mientras que las mujeres utilizan áreas en ambos lados del cerebro (Shaywitz *et al*., 1995; véase figura 2.18). Del mismo modo, las exploraciones cerebrales con TEP en hombres y mujeres mientras no realizan ninguna actividad mental muestran diferencias en el uso de la glucosa (Gur *et al*., 1995; Gur, 1996).

El significado de las divergencias entre los géneros está lejos de ser claro. Considere una posibilidad relacionada con las diferencias que se han encontrado en el tamaño proporcional del cuerpo calloso. Su proporción mayor en las mujeres puede permitir que se desarrollen conexiones más fuertes entre aquellas partes del cerebro que controlan el ha-

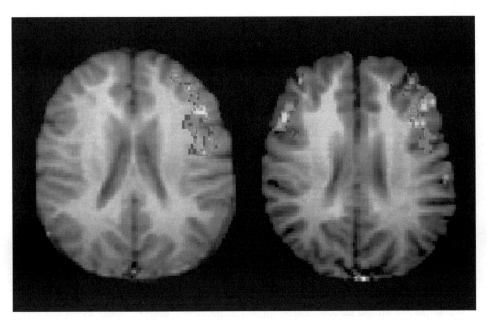

FIGURA 2.18 *Estas exploraciones cerebrales por IMRF compuestas muestran la distribución de áreas activas en el cerebro de hombres* (izquierda) *y mujeres* (derecha) *durante una tarea verbal que implicaba rimas. En los hombres, la activación es más lateralizada o confinada al hemisferio izquierdo, mientras que en las mujeres la activación es bilateral, es decir, ocurre en ambos hemisferios del cerebro. Fuente: B. A. Shaywitz et al., 1995. NMR/Yale Medical School.*

bla. A su vez, esto explicaría por qué el habla tiende a aparecer un poco más pronto en las niñas que en los niños.

Antes de apresurar conclusiones, es importante considerar una hipótesis alternativa: es plausible que la aparición temprana de las capacidades verbales en las niñas se deba a que cuando son bebés se les alienta más que a los niños para que se expresen con palabras. A su vez, esta experiencia comparativamente temprana puede fomentar el crecimiento de ciertas partes del cerebro. En este sentido, las diferencias cerebrales físicas pueden ser un *reflejo* de influencias sociales y ambientales, más que una *causa* de las diferencias en el comportamiento de los hombres y las mujeres. Hasta el momento, es imposible confirmar cuál de estas dos hipótesis alternativas es correcta.

La cultura en la que hemos sido educados hace surgir diferencias en la lateralización cerebral. Por ejemplo, quienes hablan el japonés como lengua materna parecen procesar la información relativa al sonido de las vocales de preferencia en el hemisferio izquierdo del cerebro. En contraste, los norteamericanos y los sudamericanos, los europeos y los individuos de ascendencia japonesa que aprenden japonés en una etapa más avanzada de sus vidas organizan los sonidos de las vocales sobre todo en el hemisferio derecho.

¿Cuál es la razón de esta diferencia cultural respecto a la lateralización? Una explicación puede radicar en que determinadas características del idioma japonés, como la capacidad de expresar ideas complejas mediante el empleo exclusivo de sonidos vocales, producen el desarrollo de un tipo específico de lateralización cerebral en quienes hablan este idioma como lengua materna. Las diferencias en la lateralización pueden explicar otras divergencias en el modo en que piensan los hablantes nativos de japonés y los occidentales acerca del mundo (Tsunoda, 1985).

En general, los científicos apenas comienzan a entender el grado, la naturaleza y el significado de las diferencias culturales y de género en la lateralización y la estructura del cerebro. Además, al evaluar la investigación sobre la lateralización cerebral, es importante tener en cuenta que ambos hemisferios cerebrales funcionan en *tándem*. Es un error pensar que tipos particulares de información son procesados sólo en el hemisferio derecho o en el izquierdo. Los hemisferios funcionan de manera interdependiente para descifrar, interpretar y reaccionar ante el mundo.

Además, las personas que sufren lesiones cerebrales en la mitad izquierda de su cerebro y que pierden las capacidades lingüísticas con frecuencia recuperan la capacidad para hablar. En estos casos, el lado derecho del cerebro entra como relevo y se encarga de algunas de las operaciones que coordinaba el lado izquierdo. Este desplazamiento sucede en especial en niños pequeños; el grado de recuperación aumenta si la lesión ocurre a una edad más temprana. En general, el cerebro es capaz de un impresionante grado de adaptación. Puede modificar su funcionamiento en un grado significativo, como respuesta a situaciones adversas (Hellige, 1994; Hoptman y Davidson, 1994; Singer, 1995; Freund, 1996). ■

El cerebro escindido: exploración de ambos hemisferios

Cuando los ataques comenzaron por vez primera, Cindy Gluccles esperaba que su médico pudiera recetarle un medicamento para evitar que se volvieran a producir. Su médico y su neurólogo, optimistas, afirmaron que en la mayoría de los casos los ataques se podían controlar con medicamentos adecuados. Pero los ataques empeoraron y se hicieron más frecuentes y ningún tratamiento farmacológico parecía ser adecuado. Un examen más profundo reveló que los ataques eran provocados por enormes explosiones de actividad eléctrica que se iniciaban en uno de los hemisferios y se trasladaban al otro. Por último, sus médicos le aconsejaron una última medida: cortar quirúrgicamente el cuerpo calloso, es decir, el conjunto de nervios que conectan ambos hemisferios entre sí. Como por arte de magia cesaron los ataques. La operación fue un éxito a todas luces; pero, ¿Cindy era la misma persona que había sido antes de la operación?

Este tema ha generado enorme interés por parte de quienes se dedican a la investigación cerebral e, incluso, su estudio ha hecho a Roger Sperry merecedor de un Premio Nobel. Sperry, con un equipo de colegas, exploró el comportamiento de pacientes a los que se había seccionado mediante cirugía el cuerpo calloso. El equipo de investigación descubrió que en general no se producían grandes cambios en la personalidad ni en la inteligencia de los pacientes.

Paciente con el cerebro escindido: persona que sufre de un funcionamiento independiente de las dos mitades del cerebro; como resultado de ello los lados del cuerpo trabajan en discordancia

Por otra parte, pacientes como Cindy Gluccles, a quienes se llama **pacientes con el cerebro escindido**, en ocasiones exhibían un comportamiento extraño. Por ejemplo, un paciente informó que con una mano se bajaba los pantalones al tiempo que con la otra se los subía. Además, mencionó que había sujetado y sacudido con violencia a su mujer con su mano izquierda, en tanto que la mano derecha trataba de ayudar a su esposa esforzándose por poner bajo control la mano izquierda (Gazzaniga, 1970).

El interés despertado por este tipo de comportamiento ocasional y peculiar era secundario ante la oportunidad que brindaban los pacientes con el cerebro escindido para realizar investigaciones sobre el funcionamiento independiente de los dos hemisferios del cerebro, por lo cual Sperry ideó diversas técnicas ingeniosas para estudiar cómo funciona cada uno de los hemisferios (Sperry, 1982). En un procedimiento experimental, se permitía a sujetos con los ojos vendados que tocaran un objeto con su mano derecha, pidiéndoles decir qué era. Debido a que el lado derecho del cuerpo está conectado con el lado izquierdo del cerebro, es decir, el hemisferio que se ocupa en mayor medida del lenguaje, el paciente con el cerebro escindido era capaz de hacerlo. Pero si el sujeto con los ojos vendados tocaba el objeto con su mano izquierda, no le era posible nombrarlo. Sin embargo, la información se había registrado: cuando se le quitaba la venda, el sujeto era capaz de escoger en forma correcta el objeto que había tocado antes. Por tanto, es posible aprender y recordar la información utilizando sólo el lado derecho del cerebro. (Por cierto, este experimento no funcionaría con usted, a menos que se le haya efectuado una operación de escisión del cerebro, puesto que los nervios que conectan ambas mitades de un cerebro normal transfieren de inmediato la información de un hemisferio al otro.)

Está claro, a partir de experimentos de esta clase, que los hemisferios derecho e izquierdo del cerebro se especializan en el manejo de información de distintos tipos. Al mismo tiempo, resulta importante saber que ambos hemisferios son capaces de comprender, conocer y tener conciencia del mundo, aunque ello ocurre de modos distintos. En este sentido ambos hemisferios se deben considerar diferentes en función de la eficiencia con la que procesan cierto tipo de información, en lugar de visualizarlos como dos cerebros separados por completo. Además, en las personas con cerebro normal, que no ha sido dividido, los hemisferios funcionan en forma interdependiente a fin de permitir que se logre el espectro completo y la riqueza de pensamiento de los que somos capaces los humanos.

EL SISTEMA ENDOCRINO: SUSTANCIAS QUÍMICAS Y GLÁNDULAS

Un aspecto de la biopsicología del comportamiento que aún no hemos expuesto es el **sistema endocrino**, una red química de comunicación que envía mensajes a través del sistema nervioso por medio del torrente sanguíneo. Aunque en sí no es una estructura del cerebro, el sistema endocrino está estrechamente ligado al hipotálamo. La labor del sistema endocrino consiste en la secreción de **hormonas**: sustancias químicas que circulan en la sangre y afectan el funcionamiento y crecimiento de otras partes del cuerpo (Crapo, 1985; Kravitz, 1988).

Sistema endocrino: red de comunicación química que envía mensajes a lo largo del sistema nervioso por medio del torrente sanguíneo

Hormonas: sustancias químicas que circulan en la sangre y afectan el funcionamiento o crecimiento de otras partes del cuerpo

Al igual que los neurotransmisores, las hormonas comunican mensajes químicos por todo el cuerpo, aunque la velocidad y el modo de transmisión son muy diferentes. En tanto que los mensajes neuronales se miden en milésimas de segundo, las comunicaciones hormonales pueden tardar minutos enteros en llegar a su destino. Además, los mensajes neuronales viajan a través de las neuronas en líneas específicas (como ocurre con los cables sostenidos por los postes telefónicos), mientras que las hormonas viajan por todo el cuerpo, de modo similar a las ondas de radio que se propagan en todo el espacio. Así como las ondas de radio sólo generan una respuesta cuando el aparato se sintoniza en la estación adecuada, las hormonas que fluyen por el torrente sanguíneo activan exclusivamente aquellas células que son receptivas y que están "sintonizadas" para recibir el mensaje hormonal adecuado.

Un componente importante del sistema endocrino es la **glándula pituitaria**, que se localiza cerca del hipotálamo y es regulada por éste. La glándula pituitaria ha sido llamada en ocasiones la "glándula maestra", debido a que controla el funcionamiento del resto del sistema endocrino. Esta glándula es más que un simple regulador de las demás glándulas; posee funciones importantes por derecho propio. Por ejemplo, las hormonas secretadas por la glándula pituitaria controlan el crecimiento. Las personas de baja estatura y las demasiado altas suelen padecer de anormalidades de la glándula pituitaria. Otras glándulas endocrinas, que se muestran en la figura 2.19, afectan las reacciones emotivas, los impulsos sexuales y los niveles de energía.

Glándula pituitaria: la "glándula maestra", el componente principal del sistema endocrino, que secreta hormonas que controlan el crecimiento

A pesar de ser designada como "glándula maestra", la glándula pituitaria está bajo las órdenes del cerebro, puesto que éste es responsable en última instancia del funcionamiento del sistema endocrino. El cerebro regula el equilibrio interno del organismo, garantizando que se conserve la homeostasis por medio del hipotálamo. Sin embargo, el camino que va desde el cerebro hasta el sistema endocrino no constituye por necesidad una vía de un solo sentido. Las hormonas pueden modificar en forma permanente el modo en que se organizan las células cerebrales. Se piensa que el comportamiento sexual de los adultos es influido por la producción de hormonas que modifican a las células del hipotálamo.

De modo similar, episodios específicos de nuestras vidas pueden influir en la producción de hormonas. Por ejemplo, en un experimento en el que estudiantes universitarios competían en un juego de computadora, se descubrió que quienes iban ganando mostraron un aumento en la producción de testosterona: hormona que se ha vinculado con el comportamiento agresivo (Gladue, Boechler y McCaul, 1989).

De acuerdo con las circunstancias, ciertas hormonas específicas pueden desempeñar diversas funciones. Por ejemplo, la hormona oxitocina se encuentra en la raíz de muchas de las satisfacciones y los placeres de la vida. En las madres recién paridas, la

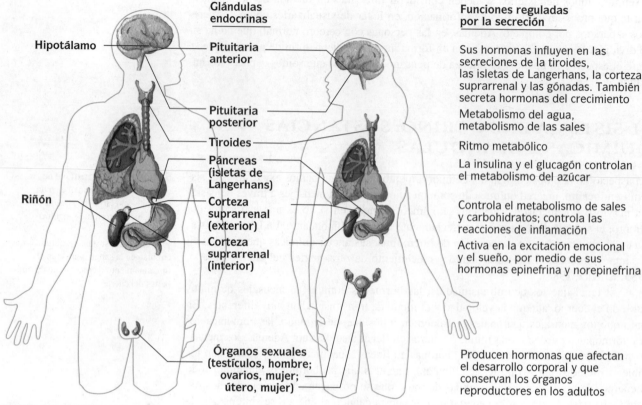

FIGURA 2.19   *Ubicación y funciones de las principales glándulas endocrinas.*

oxitocina produce el deseo de cuidar al recién nacido. Esa misma hormona parece estimular los abrazos y las caricias entre los miembros de la misma especie; y en experimentos realizados con las ratas, hace que los machos sexualmente activos busquen con mayor dedicación a las hembras y que éstas sean más receptivas a los cortejos sexuales de los machos. Un estudio mostró que a los ratones hembras a las que se les suministró oxitocina fueron entre 60 y 80% más enérgicas en su búsqueda de machos que se aparearan con ellas que un grupo control constituido por ratones hembras que no recibieron oxitocina (Angier, 1991).

El consumidor de psicología bien informado

Aprender a controlar el corazón, y el cerebro, por medio de la retroalimentación biológica

Una noche de junio de 1985, Tammy DeMichael circulaba por una autopista del estado de Nueva York con su novio cuando él se quedó dormido al volante. El automóvil se estrelló en la valla de contención y se volcó, dejando a DeMichael con lo que los doctores llaman un "C-6,7 aplastado": el cuello roto y la espina dorsal presionada.

       Después de un año de tratamiento médico exhaustivo, todavía no recuperaba las funciones ni sensaciones en sus brazos y piernas. "Los expertos dijeron

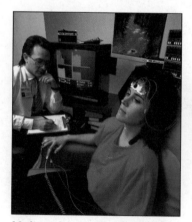

Mediante la retroalimentación biológica las personas aprenden a controlar respuestas que antes se consideraban involuntarias, como el ritmo cardiaco y la presión sanguínea.

que quedaría cuadripléjica por el resto de mi vida, sólo sería capaz de mover del cuello hacia arriba", recuerda ella. "No quería seguir viviendo."

Pero DeMichael demostró que los expertos se equivocaban. En la actualidad, la sensibilidad ha regresado a sus miembros, la fuerza de su brazo es normal o mejor y ya no usa silla de ruedas. "Puedo caminar cerca de 18 metros usando sólo un bastón e ir casi a cualquier parte con muletas", comenta. "Puedo levantar una pesa de 45 kilogramos en un banco y recorro 6.5 kilómetros a diario en una bicicleta fija." (Morrow y Wolff, 1991, p. 64.)

La clave de la sorprendente recuperación de DeMichael fue la **retroalimentación biológica**, procedimiento por el cual una persona aprende a controlar, por medio del pensamiento consciente, procesos fisiológicos internos como la presión arterial, el ritmo cardiaco y respiratorio, la temperatura de la piel, la transpiración y la contracción de determinados músculos. Tradicionalmente se había pensado que el ritmo cardiaco y respiratorio, la presión sanguínea y otras funciones corporales están bajo el control de partes del cerebro sobre las que no tenemos influencia. Pero los psicólogos han encontrado que las que alguna vez se consideraron respuestas biológicas involuntarias, en realidad son susceptibles de control voluntario (Schwartz y Schwartz, 1993; Olson, Schwartz y Schwartz, 1995; Rau *et al.*, 1996; Grimsley y Karriker, 1996).

En la retroalimentación biológica una persona es conectada a aparatos electrónicos que le proporcionan una retroalimentación continua de la respuesta fisiológica en cuestión. Por ejemplo, a una persona interesada en controlar su presión arterial se le puede conectar un aparato que supervise y muestre de modo continuo su presión arterial. Conforme la persona piensa conscientemente en alterar su presión, recibe una retroalimentación inmediata de la medida de su éxito. De esta forma puede aprender al final a controlar su presión. De modo similar, si un individuo desea controlar sus jaquecas por medio de la retroalimentación biológica, se le pueden colocar sensores electrónicos en determinados músculos de su cabeza para que aprenda a controlar la contracción y el relajamiento de esos músculos. Después, cuando perciba los primeros síntomas de jaqueca, será capaz de relajar los músculos relevantes y no experimentar dolor.

En el caso de DeMichael, la retroalimentación biológica fue efectiva debido a que no todas las conexiones del sistema nervioso entre el cerebro y sus piernas estaban seccionadas por completo. Por medio de la retroalimentación biológica aprendió a enviar mensajes hacia los músculos específicos, "ordenándoles" moverse. Aunque le tomó más de un año, DeMichael tuvo éxito en recuperar su movilidad en gran medida.

Aunque el control de los procesos fisiológicos por medio de la retroalimentación biológica no es fácil de aprender, se le ha empleado con éxito en diversos padecimientos, entre los cuales se cuentan problemas emocionales (la ansiedad, la depresión, las fobias, las jaquecas tensionales, el insomnio y la hiperactividad), problemas médicos con componentes psicológicos (el asma, la presión arterial alta, las úlceras, los espasmos musculares y la migraña) y problemas físicos (como las lesiones de DeMichael, embolias, parálisis cerebral y curvatura de la columna vertebral, como puede verse en la figura 2.20).

Aunque el tratamiento mediante retroalimentación biológica no puede tener éxito en todos los casos, lo cierto es que el aprendizaje mediante ésta ha abierto amplias e interesantes posibilidades para el tratamiento de personas con problemas físicos y psicológicos (Schwartz, 1995; Arena y Blanchard, 1996; Sedlacek y Taub, 1996; Ham y Packard, 1996, entre otros). Más aún, algunos psicólogos especulan que el empleo de la retroalimentación biológica puede convertirse en parte de la vida cotidiana algún día.

Un investigador ha sugerido que los estudiantes que se distraigan durante los momentos de estudio podrían conectarse a un aparato que les proporcione retroalimentación acerca de su nivel de atención a la información que estudian (Ornstein, 1977). Si dejan de prestar atención, la computadora se los señalará, devolviéndolos al estudio. ■

Retroalimentación biológica: procedimiento en el que una persona aprende a controlar, mediante el pensamiento consciente, procesos fisiológicos internos como la presión sanguínea, el ritmo cardiaco y respiratorio, la temperatura de la piel, la transpiración y la contracción de músculos específicos

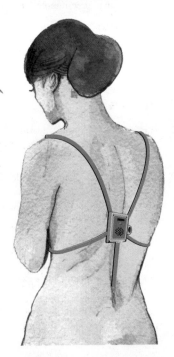

FIGURA 2.20 *El tratamiento tradicional para la curvatura de la columna vertebral emplea un aparato ortopédico molesto y desagradable a la vista. En contraste, el tratamiento con retroalimentación biológica emplea un discreto conjunto de correas unidas a un pequeño dispositivo electrónico que produce retroalimentación tonal cuando el paciente no tiene una postura derecha. La persona aprende a mantener una posición que disminuye de manera gradual la curvatura de la columna vertebral hasta que el dispositivo ya no es necesario. Fuente: Miller, 1985a.*

Recapitulación, revisión y reflexión

Recapitulación

- La corteza cerebral contiene tres áreas principales: la motora, la sensorial y las áreas asociativas. Éstas controlan los movimientos voluntarios, los sentidos y los procesos mentales superiores (como el pensamiento, el lenguaje, la memoria y el habla), respectivamente.

- Las dos mitades o hemisferios del cerebro tienen una estructura similar, pero parecen especializarse en funciones diferentes. El lado izquierdo del cerebro está relacionado en forma más estrecha con el lenguaje y las habilidades verbales; y el lado derecho, con habilidades no verbales como la capacidad musical, la expresión emocional, el reconocimiento de patrones y el procesamiento de información visual.

- El sistema endocrino secreta hormonas: sustancias químicas que afectan el crecimiento y funcionamiento del cuerpo.

- La retroalimentación biológica es un procedimiento por medio del cual una persona aprende a controlar determinados procesos fisiológicos internos, con lo que se logra dar alivio a diversos padecimientos.

Revisión

1. Los lóbulos _____ se ubican detrás de los lóbulos frontales, y los lóbulos _____ se localizan detrás de los lóbulos temporales.

2. Un cirujano coloca un electrodo en una porción de su cerebro y la estimula. De inmediato, su muñeca derecha describe un giro involuntario. Es muy probable que el médico haya estimulado una porción del área _____ de su cerebro.

3. El área motora del cerebro se divide en segmentos que controlan distintas partes del cuerpo. Mientras más precisos sean los movimientos de estas partes, más grande será la porción del área motora dedicada a esas partes. ¿Verdadero o falso?

4. Las áreas sensoriales del cerebro se dividen según el tamaño del órgano sensorial. Así, debido a que hay más piel en la espalda de una persona que en la punta de sus dedos, la porción

del área sensorial que se ocupa de las sensaciones de la espalda debe ser más grande que la sección correspondiente a las puntas de los dedos. ¿Verdadero o falso?

5. Un hombre al que se le ha pedido sacar punta a un lápiz acciona el sacapuntas durante cinco minutos sin introducir el lápiz en su interior. La condición que puede ocasionar este tipo de comportamiento se denomina _____.

6. Los hemisferios cerebrales controlan el lado del cuerpo en el que se encuentran. El hemisferio izquierdo controla el lado izquierdo del cuerpo y el hemisferio derecho controla el lado derecho. ¿Verdadero o falso?

7. El ámbito de lo no verbal, como las emociones y la música, está controlado principalmente por el hemisferio _____ del cerebro, en tanto que el hemisferio _____ es responsable en mayor medida del habla y la lectura.

Las respuestas a las preguntas de revisión se encuentran en la página 90.

Reflexión

1. Suponga que las anormalidades en un área del cerebro asociada con el juicio moral fueron vinculadas por medio de una investigación con el comportamiento criminal grave. ¿Estaría a favor de los exámenes obligatorios de los individuos en busca de dichas anormalidades y la cirugía para repararlas o eliminarlas? ¿Por qué sí o por qué no?

2. ¿Las diferencias personales en la especialización de los hemisferios derecho e izquierdo de los individuos podrían estar relacionadas con el éxito ocupacional? ¿Un arquitecto que se basa en habilidades espaciales podría tener un patrón diferente de especialización hemisférica que un escritor?

3. ¿Cómo podrían examinar los investigadores si las diferencias en las estructuras cerebrales entre hombres y mujeres están determinadas en forma genética o son causadas por influencias sociales y ambientales? ¿Es posible diseñar una investigación *ética* para decidir esta cuestión? ¿Podría aclarar este asunto un estudio transcultural?

UNA MIRADA
retrospectiva

¿Por qué los psicólogos estudian el cerebro y el sistema nervioso?

1. Para comprender por completo el comportamiento humano es necesario conocer las influencias biológicas que lo subyacen. Este capítulo expone lo que los biopsicólogos (psicólogos que se especializan en el estudio de los efectos de las estructuras y las funciones biológicas en el comportamiento) han logrado aprender acerca del sistema nervioso de la especie humana.

¿Cuáles son los elementos básicos del sistema nervioso?

2. Las neuronas, elementos fundamentales del sistema nervioso, permiten que los impulsos nerviosos pasen de una parte del cuerpo a otra. La información por lo general sigue una ruta que inicia en las dendritas, continúa por el cuerpo celular y llega a la extensión en forma de tubo: el axón.

¿Cuáles son los procedimientos mediante los que el sistema nervioso comunica mensajes químicos y eléctricos de una parte del cuerpo a otra?

3. La mayor parte de los axones están protegidos por una capa denominada vaina de mielina. Cuando un axón recibe un mensaje para que dispare, libera un potencial de acción, una carga eléctrica que viaja a través de la neurona. Las neuronas operan de acuerdo con la ley de todo o nada: o se encuentran en estado de reposo o un potencial de acción viaja a través de ellas. No existe un estado intermedio.

4. Una vez que la neurona dispara, los impulsos nerviosos se transmiten a otras neuronas por medio de la producción de sustancias químicas, los neurotransmisores, que tienden un puente entre las separaciones, denominadas sinapsis, que existen entre las neuronas. Los neurotransmisores pueden ser excitatorios, que indican a otras neuronas que se activen, o inhibitorios, que impiden o disminuyen la probabilidad de que otras neuronas se activen. Entre los principales neurotransmisores destacan la acetilcolina (ACh), que produce contracciones de los músculos esqueléticos, y la dopamina, que se ha relacionado con el mal de Parkinson y con ciertos trastornos mentales, como la esquizofrenia.

5. Las endorfinas, otro tipo de neurotransmisores, se relacionan con la reducción del dolor. Ayudan en la producción de analgésicos naturales y tal vez sean las responsables de la especie de euforia que experimentan en ocasiones los corredores después de hacer ejercicio.

¿De qué modo están interrelacionadas las distintas partes del sistema nervioso?

6. El sistema nervioso está compuesto por el sistema nervioso central (el cerebro y la médula espinal) y el sistema nervioso periférico (el resto del sistema nervioso). Este último está compuesto por el sistema somático, que controla los movimientos voluntarios y la comunicación de información hacia y desde los órganos de los sentidos, y por el sistema autónomo, que controla las funciones involuntarias, como son las del corazón, los vasos sanguíneos y los pulmones.

7 . El sistema autónomo del sistema nervioso periférico se subdivide además en los sistemas simpático y parasimpático. El primero prepara al cuerpo en situaciones de emergencia, mientras que el segundo ayuda al cuerpo a regresar a su estado normal de reposo.

8. La psicología evolutiva, rama de la psicología que busca identificar patrones de comportamiento resultado de nuestra herencia genética, ha permitido comprender mejor la base evolutiva de la estructura y organización del sistema nervioso humano. La genética conductual extiende este estudio para incluir los fundamentos evolutivos y hereditarios de los rasgos de personalidad y del comportamiento humanos.

¿Cómo identifican los investigadores las principales partes del cerebro y su funcionamiento?

9. Las exploraciones cerebrales toman una "fotografía" del funcionamiento interno del cerebro sin tener que abrir quirúrgicamente el cráneo de una persona. Las principales técnicas de exploración cerebral son: el electroencefalograma (EEG), tomografía axial computarizada (TAC), las imágenes por resonancia magnética funcional (IRMf), el dispositivo de interferencia cuántica de superconducción (DICS) y la tomografía por emisión de positrones (TEP).

¿Cuáles son las partes principales del cerebro y de qué comportamientos es responsable cada una?

10. El núcleo central del cerebro está compuesto por el bulbo raquídeo (que controla funciones como la respiración y el ritmo cardiaco), el puente (que coordina los músculos y los dos lados del cuerpo), el cerebelo (que controla el equilibrio), la formación reticular (que actúa para aumentar el estado de conciencia durante las emergencias), el tálamo (que comunica mensajes hacia y desde el cerebro) y el hipotálamo (que conserva la homeostasis o equilibrio corporal y regula los comportamientos básicos de sobrevivencia). Las funciones de las estructuras del núcleo central son parecidas a las que se encuentran en otros vertebrados. Esta parte del cerebro en ocasiones se denomina "cerebro viejo". Una evidencia creciente señala también que los cerebros de los hombres y las mujeres pueden diferir en su estructura en aspectos mínimos.

11. La corteza cerebral, el "cerebro nuevo", tiene áreas que controlan el movimiento voluntario (el área motora), los sentidos (el área sensorial) y el pensamiento, razonamiento, habla y memoria (el área asociativa). El sistema límbico, que se encuentra en la frontera entre el "cerebro viejo" y el "cerebro nuevo", está relacionado con la alimentación, la reproducción y las experiencias de placer y dolor.

¿Cómo operan de manera interdependiente las dos mitades del cerebro?

12. El cerebro se divide en una mitad izquierda y una derecha, o hemisferios, cada una de las cuales controla por lo general el lado opuesto del cuerpo. Se puede concebir a cada uno de los hemisferios como si estuviera especializado en las funciones que desempeña: el hemisferio izquierdo se desempeña mejor en tareas verbales, como el razonamiento lógico, el habla y la lectura; el hemisferio derecho actúa mejor en tareas no verbales, como la percepción espacial, el reconocimiento de patrones y la expresión de emociones.

13. El sistema endocrino secreta hormonas, lo cual le permite al cerebro enviar mensajes a todo el sistema nervioso a través del torrente sanguíneo. Un componente importante es la glándula pituitaria, que influye en el crecimiento.

¿Cómo puede ayudarnos la comprensión del sistema nervioso a encontrar formas de aliviar la enfermedad y el dolor?

14. La retroalimentación biológica es un procedimiento mediante el cual una persona aprende a controlar procesos fisiológicos internos. Al controlar las que antes se consideraban respuestas involuntarias, las personas son capaces de aliviar la ansiedad, la tensión, la migraña y una amplia gama de problemas psicológicos y físicos.

Términos y conceptos clave

biopsicólogos (p. 50)

neuronas (p. 52)

dendritas (p. 52)

axón (p. 52)

botones terminales (p. 52)

vaina de mielina (p. 53)

ley de todo o nada (p. 53)

estado de reposo (p. 53)

potencial de acción (p. 53)

sinapsis (p. 55)

neurotransmisores (p. 55)

mensaje excitatorio (p. 55)

mensaje inhibitorio (p. 55)

reabsorción (p. 57)

sistema nervioso central (SNC) (p. 61)

médula espinal (p. 61)

reflejos (p. 61)

neuronas sensoriales (aferentes) (p. 61)

neuronas motoras (eferentes) (p. 61)

interneuronas (p. 62)

sistema nervioso periférico (p. 62)

sistema somático (p. 62)

sistema autónomo (p. 62)

sistema simpático (p. 62)

sistema parasimpático (p. 62)

psicología evolutiva (p. 64)

genética conductual (p. 64)

núcleo central (p. 68)

formación reticular (p. 69)

cerebelo (p. 69)

tálamo (p. 70)

hipotálamo (p. 70)

sistema límbico (p. 71)

corteza cerebral (p. 73)

lóbulos (p. 73)

área motora (p. 74)

área sensorial (p. 76)

áreas asociativas (p. 77)

hemisferios (p. 81)

lateralización (p. 81)

pacientes con el cerebro escindido (p. 84)

sistema endocrino (p. 85)

hormonas (p. 85)

glándula pituitaria (p. 85)

retroalimentación biológica (p. 87)

Epílogo

Este capítulo ha trazado las formas en que las estructuras y funciones biológicas del cuerpo afectan el comportamiento. Se inició con una explicación de las neuronas, se describió cada uno de los componentes del sistema nervioso y se culminó con el examen de la forma en que nuestro cerebro es capaz de permitirnos pensar, razonar, hablar, recordar y experimentar emociones, los hitos de ser humanos.

Antes de pasar al siguiente capítulo, donde emplearemos nuestro conocimiento de la biología del comportamiento mientras revisamos la sensación y la percepción, regresemos por un momento al prólogo de este capítulo, el cual narraba la embolia que tenía el potencial de incapacitar de manera permanente o matar a Lee Phillips. Considere las siguientes preguntas:

1. Aplicando lo que sabe ahora sobre las estructuras y funcionamiento cerebrales, ¿puede explicar qué pudo haber producido la embolia de Lee Phillips en primera instancia?

2. Las embolias a menudo causan parálisis sólo en un lado del cuerpo, dejando el otro lado intacto. ¿Por qué cree que podría ser así?

3. El fármaco con el que se trató la embolia de Phillips, TPA, disolvió el coágulo que había interrumpido el flujo sanguíneo dentro del cerebro. Especule sobre otros tratamientos que podrían emplearse para tener un efecto similar.

4. Algunas víctimas de embolia son capaces de restablecer el movimiento de sus miembros paralizados o recuperarse de la pérdida del habla por medio de terapia. Considerando lo que sabe sobre el cerebro y el sistema nervioso, ¿por qué podría tener éxito dicha terapia? ¿Habría que esperar que una víctima de embolia más joven o de más edad experimentara un mayor éxito en el tratamiento?

Respuestas a las preguntas de revisión:

1. parietales, occipitales   2. motora   3. Verdadero   4. Falso; se divide de acuerdo al grado de sensibilidad que se necesite   5. apraxia

6. Falso; controlan los lados contrarios   7. derecho; izquierdo

Es probable que la incapacidad para discernir los colores en forma correcta, una falla del sistema sensorial visual, haya contribuido a este fatal accidente ferroviario.

Prólogo

Fallas de percepción mortales

Fue un accidente que nunca debió haber sucedido. El equipo en el sistema del ferrocarril operaba de manera apropiada y una señal luminosa, que indicaba que el ingeniero debía detenerlo, brillaba con un rojo intenso. Si el ingeniero, John J. DeCurtis, la hubiera percibido en forma correcta, el accidente podría haberse evitado.

No obstante, por desgracia, DeCurtis sufría de una deficiencia en la visión del color, que había sido revelada en un reconocimiento médico de rutina algunos meses antes. Aunque podía distinguir el rojo, amarillo y verde puros, era incapaz de reconocer colores más sutiles en pruebas de visión del color durante el examen médico; por ejemplo, falló casi la mitad del tiempo en distinguir el número de puntos de colores dentro de un círculo.

Los sistemas de ferrocarril usan luces rojas, amarillas y verdes para señalar cuándo detenerse, en qué momento disminuir la velocidad y cuándo acelerar, y en ocasiones emplean dos o tres luces en forma simultánea. Una luz amarilla sobre una luz roja sobre otra luz roja le indica a un ingeniero una cosa; un cambio en la configuración de colores señala algo muy diferente. Además, a diferencia de las luces de semáforos para el tráfico de automóviles, las luces de señales ferroviarias sólo varían ligeramente cuando cambian, lo que significa que la ubicación de la luz es de poca ayuda para determinar lo que se indica. El color es de importancia crucial.

Aunque no es posible saber con certeza, la deficiencia en la visión del color de DeCurtis, junto a la fatiga que es probable que experimentara como resultado de trabajar un turno que ya había durado 14 1/2 horas, pueden haber sido los motivos para el desastre. El tren de DeCurtis se pasó primero una luz amarilla a toda máquina, luego se pasó una luz roja, y después se cruzó en el camino de otro tren en Jersey City, Nueva Jersey. DeCurtis resultó muerto, además de un pasajero y el ingeniero del otro tren, y se alteró el tráfico ferroviario en las transitadas líneas durante días (Belluck y Álvarez, 1996; Pérez-Peña, 1996; Wald, 1997).

Por fortuna, hay pocos casos en los que la incapacidad para sentir y percibir el mundo con precisión tienen estas consecuencias mortales. De hecho, por lo general nuestra capacidad para sentir los estímulos en el ambiente es notable, debido a que nos permite captar la más ligera de las brisas, ver luces parpadeantes a kilómetros de distancia y escuchar el suave murmullo de aves canoras distantes.

El presente capítulo se enfocará en el campo de la psicología que se interesa en la naturaleza de la información que recibe nuestro cuerpo mediante sus sentidos y en la forma en que interpretamos dicha información. Exploraremos la **sensación**, la estimulación de los órganos sensoriales, y la **percepción**, es decir la organización, interpretación, análisis e integración de los estímulos que implican a nuestros órganos sensoriales y al cerebro.

Para el psicólogo que le interesa comprender las causas del comportamiento, la sensación y la percepción son temas fundamentales, debido a que nuestro comportamiento es en gran medida un reflejo de la forma en que reaccionamos ante los estímulos provenientes del mundo que nos rodea. En efecto, interrogantes que van desde los procesos que nos permiten ver y oír, la forma en que sabemos si es más dulce el azúcar o el limón, hasta el modo en que distinguimos a una persona de otra, entran dentro de la esfera de la sensación y la percepción (Basic Behavioral Science Task Force, 1996).

Aunque la percepción representa un paso más allá de la sensación, en la práctica a veces es difícil distinguir los límites precisos entre ambos. De hecho, los psicólogos, al igual que los filósofos, han discutido durante años acerca de las diferencias. La principal radica en que la sensación puede ser entendida como el primer encuentro de un organismo con un estímulo sensorial bruto, en tanto que la percepción es el proceso mediante el cual se interpreta, analiza e integra dicho estímulo con otra información sensorial. Por ejemplo, si consideramos a la sensación, nos podríamos preguntar qué tan fuerte suena una alarma contra incendios. Por otra parte, si nos referimos a la percepción, podríamos preguntarnos si alguien identifica el sonido como una alarma y reconoce su significado.

Este capítulo inicia con una exposición sobre la relación entre las características de un estímulo físico y las clases de respuestas sensoriales que produce. Luego se examinan varios de los sentidos principales, como la visión, la audición, el equilibrio, el olfato, el gusto y los sentidos de la piel, los cuales incluyen al tacto y la experiencia del dolor.

A continuación, el capítulo explica cómo organizamos los estímulos a los que están expuestos nuestros órganos sensoriales. Se describirán varios asuntos relacionados con la percepción, como la forma en que podemos percibir al mundo en tres dimensiones cuando nuestros ojos son capaces de captar sólo imágenes bidimensionales. Por último, hablaremos acerca de las ilusiones ópticas, que ofrecen claves muy importantes para la comprensión de nuestros mecanismos generales de percepción. Conforme exploremos estos temas, veremos cómo los sentidos trabajan juntos para proporcionarnos una visión y una comprensión integradas del mundo.

LA DETECCIÓN SENSORIAL DEL MUNDO QUE NOS RODEA

Durante la cena de Acción de Gracias, Isabel reflexionaba sobre lo feliz que era por estar en casa de sus padres para la celebración. Agotada por los viajes entre la universidad, su departamento y su trabajo, estaba encantada de que alguien más estuviera cocinando. En especial estaba cansada de los almuerzos insípidos que engullía en la cafetería de la universidad.

Estos pensamientos fueron interrumpidos pronto cuando vio que su padre llevaba el pavo en una charola y lo colocaba en el centro de la mesa. El nivel del ruido de por sí alto por la charla y las risas de los miembros de la familia se hizo aún más elevado. Mientras Isabel levantaba su tenedor, el aroma del pavo llegó hasta ella y sintió que su estómago le gruñía de hambre. Ver y oír a su familia alrededor de la mesa, con los olores y los sabores de la cena de celebración, hi-

UN VISTAZO anticipatorio

Sensación: la estimulación de los órganos sensoriales
Percepción: organización, interpretación, análisis e integración de estímulos que implican a nuestros órganos sensoriales y al cerebro

Psico Vínculos

▶ **¿Qué es la sensación y cómo la estudian los psicólogos?**

▶ **¿Cuál es la relación que existe entre la naturaleza de un estímulo físico y los tipos de respuestas sensoriales que se originan a partir de éste?**

cieron que Isabel se sintiera más relajada de lo que había estado desde que iniciaron las clases en el otoño.

Ubíquese en este escenario y considere qué tan diferente podría ser si cualquiera de sus sentidos no funcionara. ¿Qué pasaría si fuera ciego y no pudiera ver los rostros de su familia o la forma grata del suculento pavo? ¿Qué sucedería si no tuviera el sentido de la audición y no le fuera posible escuchar las conversaciones de la familia, o fuera incapaz de sentir gruñir a su estómago, el olor de la cena o el sabor de la comida? Es claro que experimentaría la cena en una forma muy diferente a la de alguien cuyo aparato sensorial funciona bien.

De hecho, las sensaciones descritas antes apenas rascan la superficie de la experiencia sensorial. Aunque a la mayoría se nos ha enseñado en un momento u otro que sólo hay cinco sentidos: vista, oído, gusto, olfato y tacto, esta enumeración es demasiado limitada, debido a que las capacidades sensoriales humanas van mucho más allá de los cinco sentidos básicos. Está bien establecido, por ejemplo, que no sólo somos sensibles al tacto, sino a un conjunto considerablemente más amplio de estímulos: dolor, presión, temperatura y vibración, por nombrar sólo algunos. Además, el oído responde a información que no sólo nos permite escuchar sino también conservar el equilibrio. En la actualidad los psicólogos creen que hay al menos una docena de sentidos distintos, los cuales están interrelacionados.

Para considerar cómo entendería un psicólogo los sentidos, y de manera más amplia, la sensación y la percepción, es necesario antes que nada tener una serie de conceptos básicos de trabajo. En términos formales, si cualquier fuente de energía física activa un órgano sensorial, a ésta se le denomina estímulo. Así, un **estímulo** es energía que produce una respuesta en un órgano sensorial.

Estímulo: energía que produce una respuesta en un órgano sensorial

Los estímulos varían en tipo e intensidad. Diferentes estímulos activan sus respectivos órganos sensoriales. Por ejemplo, podemos distinguir los estímulos luminosos, que activan nuestro sentido de la vista y nos permiten ver los colores de un árbol en el otoño, de los estímulos sonoros, los que, por medio de nuestro sentido auditivo, nos permiten escuchar los sonidos de una orquesta.

Cada uno de los tipos de estímulos que son capaces de activar un órgano sensorial también puede ser considerado con base en su fuerza o *intensidad*. Interrogantes como qué tan intenso debe ser un estímulo luminoso para que sea posible detectarlo o qué cantidad de perfume se debe poner una persona para que otros logren notarlo, son asuntos relacionados con la intensidad de los estímulos.

El problema de la forma en que la intensidad de un estímulo influye en nuestras respuestas sensoriales es estudiado por una rama de la psicología conocida como **psicofísica**, la cual estudia la relación que existe entre la naturaleza física de los estímulos y las respuestas sensoriales que evocan. La psicofísica desempeñó una función de mucha importancia en el desarrollo del campo de la psicología. Gran parte de los primeros psicólogos se dedicaron al estudio de temas relacionados con la psicofísica, es fácil comprender la razón: este campo tiende un puente entre el mundo físico externo y el mundo psicológico interno (Geissler, Link y Townsend, 1992; Baird, 1997; Gescheider, 1997).

Psicofísica: estudio de la relación entre la naturaleza física de los estímulos y las respuestas sensoriales que evoca

Psico Vínculos

Umbrales absolutos

¿Cuándo un estímulo es lo suficientemente fuerte como para que logren detectarlo nuestros órganos sensoriales? La respuesta a esta pregunta requiere de la comprensión del concepto de umbral absoluto. Un **umbral absoluto** es la intensidad mínima que debe tener un estímulo para que se le pueda detectar. Considere los siguientes ejemplos de umbrales absolutos de los distintos sentidos (Galanter, 1962):

Umbral absoluto: intensidad mínima de un estímulo que debe estar presente para que éste sea detectado

- *Vista*: es posible observar la luz de una vela a 48 kilómetros de distancia en una noche oscura y despejada.

- *Audición*: se puede escuchar el tictac de un reloj a 760 centímetros de distancia en condiciones de silencio.

Las visiones, sonidos, temperatura y condiciones de hacinamiento pueden considerarse como ruido que interfiere con la sensación.

- *Gusto*: es posible detectar la presencia de azúcar cuando se ha disuelto una cucharadita de ella en 7.6 litros de agua.

- *Olfato*: se puede oler un perfume si hay tan sólo una gota en un departamento de tres habitaciones.

- *Tacto*: es posible sentir en la mejilla el ala de una abeja cuando cae a un centímetro de distancia.

Semejantes umbrales permiten que nuestro aparato sensorial detecte una gama muy amplia de estimulación sensorial. De hecho, las capacidades de nuestros sentidos son tan agudas que tendríamos problemas si llegasen a ser un poco más sensibles. Por ejemplo, si nuestra audición fuera sólo un poco más aguda, seríamos capaces de escuchar el sonido de las moléculas de aire que chocan con el tímpano, fenómeno que seguramente sería fuente de distracciones y que incluso podría impedirnos escuchar sonidos externos a nuestro cuerpo.

Por supuesto, los umbrales absolutos de los que hemos hablado se midieron en condiciones ideales. Por lo común, nuestros sentidos no son capaces de detectar de manera tan satisfactoria la estimulación debido a la presencia de ruido. El *ruido,* como lo definen los psicofísicos, es una estimulación de fondo que interfiere con la percepción de otros estímulos. Por tanto, el ruido no sólo se refiere a estímulos auditivos, el ejemplo más evidente, sino también a los que afectan al resto de los sentidos. Imagine un grupo de personas parlanchinas amontonadas en un cuarto repleto de gente y humo de cigarrillos durante una fiesta. El estrépito de la multitud dificulta escuchar las voces de cada individuo, a la vez que el humo dificulta ver e incluso saborear la comida. En este caso, las condiciones de humo y bullicio serían "ruido", puesto que impiden captar las sensaciones con mayor precisión.

La teoría de la detección de señales

¿Se desatará una tormenta inminente? ¿Esta aeronave es incapaz de volar? ¿Ese avión tiene la intención de atacar a ese barco? ¿Esta planta de energía nuclear funciona mal? ¿Está defectuoso ese artículo de la línea de producción? ¿Este paciente tiene el virus del síndrome de inmunodeficiencia adquirida (SIDA)? ¿Miente esta persona? ¿Este jugador de futbol usa drogas? ¿Tendrá éxito este aspirante a ingresar a la escuela (o a un empleo)? (Swets, 1992, p. 522.)

Preguntas como éstas ilustran la gama de decisiones que toman las personas. Pero para muchas de estas preguntas no hay una respuesta del tipo blanco o negro. En su lugar, la evidencia a favor o en contra de una respuesta particular es una cuestión de grado, lo cual hace a la respuesta un asunto de juicio.

Diversos factores influyen en cómo respondemos a dichas preguntas. Por ejemplo, los médicos que buscan identificar la presencia de un tumor en una placa de rayos X son influidos por sus expectativas, conocimiento y experiencia con los pacientes. Es claro, entonces, que la capacidad para detectar e identificar un estímulo no sólo es una función de las propiedades del estímulo particular; también es afectada por factores psicológicos relacionados con la persona que hace el juicio.

Teoría de la detección de señales: teoría que busca explicar la función de los factores psicológicos en el juicio de si un estímulo está presente o ausente

La **teoría de la detección de señales** explica la función de los factores psicológicos al juzgar si un estímulo está presente o ausente (Green y Swets, 1989; Greig, 1990; Swets, 1992). Esta teoría, surgida de la psicofísica, reconoce que cuando intentan detectar un estímulo, los observadores pueden errar en una de dos formas: indicar que existe un estímulo cuando no es así, o informar que no hay un estímulo cuando sí lo hay.* Mediante procedimientos estadísticos, los psicólogos que aplican la teoría de la detección de señales pueden llegar a comprender de qué modo los distintos tipos de decisiones, que pueden implicar factores como las expectativas del observador y su motivación, se relacionan con juicios acerca de los estímulos sensoriales en diversas situaciones. Los métodos estadísticos también permiten a los psicólogos aumentar la confiabilidad de las predicciones acerca de cuáles condiciones permitirán que los observadores emitan los juicios con mayor precisión (Commons, Nevin y Davison, 1991; Swets, 1996).

Estos descubrimientos revisten gran importancia práctica, como en el caso de los operadores de radar a quienes se les encomienda identificar y distinguir entre las imágenes de misiles enemigos que se aproximan y la presencia de aves que van de paso (Getty *et al.*, 1988; Wickens, 1991). Otro campo en el que la teoría de la detección de señales tiene implicaciones prácticas es el sistema judicial (Buckhout, 1976). Los testigos a quienes se pide observar una serie de sospechosos en fila se encuentran en una situación clásica de detección de señales, en la que una identificación errónea puede tener consecuencias serias para un individuo (si se señala de manera incorrecta a una persona inocente como autora de un delito) y para la sociedad (si no se detecta a quien realizó el delito). Sin embargo, muchos testigos tienen prejuicios que van desde las expectativas previas acerca de la posición socioeconómica y la raza de los criminales, hasta sus actitudes hacia la policía y el sistema de justicia penal, así como otros puntos de vista que impiden la emisión de un juicio certero. Con el uso de la teoría de la detección de señales, los psicólogos han elaborado procedimientos que mejoran las probabilidades de que las personas identifiquen con precisión a los sospechosos. Por ejemplo, es útil decir a los testigos que observan una fila que puede ser que el principal sospechoso no esté en ella. Es más, se sirve mejor a la justicia cuando las personas en la línea parecen distintas entre sí, lo cual parece reducir la probabilidad de que los testigos adivinen.

Diferencias apenas perceptibles

Suponga que desea elegir las seis mejores manzanas de un estante del supermercado: las más grandes, las más rojas y las más dulces. Una forma de abordar este problema consistiría en comparar de manera sistemática una manzana con otra hasta quedar con unas cuantas tan parecidas que le sería imposible decir en qué se diferencian unas de otras. En este punto, no importaría cuáles escogiera.

Umbral diferencial o diferencia apenas perceptible: diferencia mínima detectable entre dos estímulos

Los psicólogos se refieren a este problema de comparación como el **umbral diferencial**, es decir, la mínima diferencia detectable entre dos estímulos, a la que también se le denomina **diferencia apenas perceptible**. Han descubierto que el valor de un estímulo que constituye una diferencia apenas perceptible depende de la intensidad inicial del estímulo. Por ejemplo, puede haberse percatado de que el cambio de luz producido en un foco de tres intensidades parece ser mayor cuando se pasa de 75 a 100 vatios que al cambiar de 100 a 125 vatios, a pesar de que el incremento de energía es el mismo en ambos casos. Del mismo modo, cuando la Luna es visible en horas de la tarde, se nos presenta

---

* Nota de la R.T. Al primer caso se le conoce también como "falso positivo"; al segundo como "falso negativo".

un poco opaca y difusa; pero con el cielo de una noche oscura como fondo, parece ser sumamente brillante.

La relación que existe entre los cambios ocurridos en el valor original de un estímulo y el grado en que dichos cambios serán detectados constituye una de las leyes básicas de la psicofísica: la ley de Weber. La **ley de Weber** sostiene que la diferencia apenas perceptible es una proporción constante de la intensidad del estímulo inicial. Por tanto, si un aumento de 1 kilogramo en un peso de 10 kilogramos produce una diferencia apenas perceptible, haría falta un aumento de 10 kilogramos para producir una diferencia apenas perceptible cuando el peso inicial fuera de 100 kilogramos. En ambos casos, es necesario el mismo incremento proporcional para producir una diferencia apenas perceptible: l:10 = 10:100 (de hecho, Weber descubrió que el incremento proporcional real de peso que produce una diferencia apenas perceptible es entre 2 y 3%.) De modo similar, la diferencia apenas perceptible que distingue cambios de volumen de los sonidos es mayor para aquellos que al principio tienen un volumen alto que para los sonidos que son inicialmente bajos. Este principio explica por qué una persona tiene más probabilidades de alterarse por el sonido de un teléfono en una habitación en silencio, que quien se encuentre en un cuarto con algarabía. Con el fin de producir una reacción similar en una habitación ruidosa, el sonido del teléfono tendría que aproximarse a la fuerza sonora de las campanas de una catedral.

La ley de Weber parece aplicarse a todos los estímulos sensoriales, aunque sus predicciones son menos precisas en niveles de estimulación muy altos o muy bajos (Sharpe *et al.*, 1989; MacLeod y Willen, 1995). Por otra parte, esta ley ayuda a explicar fenómenos psicológicos que escapan del ámbito de los sentidos. Por ejemplo, imagínese que es dueño de una casa que quisiera vender en 150 000 pesos. Podría quedar satisfecho si recibe una oferta de 145 000 pesos por parte de un comprador potencial, aunque la oferta sería 5 000 pesos menor al precio fijado. Por otro lado, si usted quisiera vender su automóvil y pidiera 10 000 pesos por él, una oferta que estuviera 5 000 pesos por debajo de ese precio seguramente no lo complacería. A pesar de que la cantidad absoluta de dinero es la misma en ambos casos, el valor psicológico de los 5 000 pesos es muy diferente en cada situación descrita.

Adaptación sensorial

Mientras el hombre fuerte del circo cargaba a un grupo de cinco acróbatas a lo largo de la pista, alguien le preguntó si no eran excesivamente pesados. El hombre fuerte respondió: "No si se acaba de cargar un elefante."

Esta historia ilustra el fenómeno de la **adaptación**, es decir, un ajuste de la capacidad sensorial que sigue a una prolongada exposición a los estímulos. La adaptación se produce cuando la persona se acostumbra a un estímulo y cambia su marco de referencia. Por consiguiente, no responde al estímulo del mismo modo en que lo hacía antes.

Un ejemplo de adaptación es la disminución en la sensibilidad que sucede después de la exposición frecuente a un estímulo. Por ejemplo, si en repetidas ocasiones estuviera obligado a escuchar un tono muy fuerte, después de un tiempo parecería que es menos intenso. Esta aparente disminución de la sensibilidad ante los estímulos sensoriales se debe a la incapacidad de los receptores de los nervios sensoriales de emitir mensajes hacia el cerebro de forma constante. Debido a que estas células receptoras son más sensibles a los *cambios* de estimulación, una estimulación constante no resulta eficaz para provocar una reacción.

La adaptación tiene lugar en todos los sentidos; por ejemplo, trate de mirar fijamente sin parpadear el punto al final de esta oración. (En realidad no podrá hacerlo muy bien debido a movimientos involuntarios minúsculos de sus ojos.) Si puede fijar la vista lo suficiente, el punto desaparecerá con el tiempo conforme las neuronas visuales pierden su capacidad para disparar.

Los juicios acerca de los estímulos sensoriales también son influidos por los contextos en que se emiten. Cargar a cinco acróbatas parece insignificante para el hombre fuerte que acaba de soportar el peso de un elefante en su espalda a través de la pista. La razón es que los juicios se realizan en función de la experiencia sensorial precedente, y no en forma aislada de otros estímulos.

Ley de Weber: una de las leyes básicas de la psicofísica que establece que una diferencia apenas perceptible es una proporción constante de la intensidad de un estímulo inicial

PsicoVínculos

Adaptación: ajuste en la capacidad sensorial después de una exposición prolongada a los estímulos

Usted mismo puede comprobarlo si realiza un sencillo experimento. Tome dos sobres, uno grande y otro pequeño, y coloque quince monedas del mismo tamaño en cada uno de ellos. Ahora, levante el sobre grande y póngalo en la mesa, luego levante el pequeño. ¿Cuál de los dos parece más pesado? La mayoría de las personas afirman que el sobre pequeño es más pesado, aunque, como usted sabe, los pesos de ambos sobres son prácticamente idénticos. El motivo de esta concepción equívoca obedece a que el contexto físico del sobre interfiere con la experiencia sensorial del peso. La adaptación al contexto de uno de los estímulos (el tamaño del sobre) modifica las respuestas que se dan al otro estímulo (el peso del sobre) (Coren y Ward, 1989).

Recapitulación, revisión y reflexión

Recapitulación

- Aunque las personas conocemos de manera tradicional sólo cinco sentidos, los psicólogos que estudian la sensación han encontrado que hay un número considerablemente mayor.

- La sensación es la estimulación de los órganos sensoriales por una forma de energía, conocida como estímulo. La percepción es la organización, interpretación, análisis e integración de los estímulos por nuestros órganos sensoriales y el cerebro.

- La psicofísica estudia la relación entre la naturaleza física de los estímulos y las respuestas sensoriales que evocan.

- El umbral absoluto es la cantidad mínima de intensidad física que permitirá detectar un estímulo.

- La teoría de la detección de señales se emplea para predecir la precisión de los juicios sensoriales.

- El umbral diferencial o diferencia apenas perceptible se refiere a la diferencia mínima detectable entre dos estímulos. Según la ley de Weber, una diferencia apenas perceptible es una proporción constante de la intensidad de un estímulo inicial.

- La adaptación sensorial tiene lugar cuando la gente está expuesta a un estímulo durante tanto tiempo que se acostumbra a él, razón por la cual ya no responde ante éste.

Revisión

1. La _____ es la estimulación de los órganos de los sentidos; la _____ es la organización, interpretación, análisis e integración de los estímulos por nuestros órganos sensoriales y el cerebro.

2. El término umbral absoluto se refiere a la máxima intensidad física de un estímulo que es detectable sin llegar a ser dolorosa. ¿Verdadero o falso?

3. Según la teoría de la detección de señales, las personas pueden fallar de dos maneras al hacer juicios. ¿Cuáles son?

4. La proposición que sostiene que una diferencia apenas perceptible es una proporción constante de la intensidad del estímulo inicial se conoce como ley de _____.

5. Después de escalar una roca muy difícil por la mañana, Carmela sintió que su ascenso de la tarde fue sumamente fácil. Este caso ilustra el fenómeno de _____.

Las respuestas a las preguntas de revisión se encuentran en la página 102.

Reflexión

1. ¿En qué forma están implicadas la sensación y la percepción en la respuesta de "luchar o huir" ante un estímulo alarmante pero en realidad inofensivo, como un ruido fuerte o un movimiento repentino en la oscuridad?

2. ¿Puede pensar en ejemplos de la medicina o de algún otro campo en el que haya algún debate respecto a cuál tipo de error de detección de señales es más aceptable (es decir, creer que un estímulo está presente cuando no está o creer que un estímulo está ausente cuando está presente)?

3. ¿Por qué la adaptación sensorial es esencial para el funcionamiento psicológico cotidiano?

VISIÓN: ILUMINAR EL OJO

▶ **¿Cuáles son los procesos básicos que subyacen al sentido de la vista?**

▶ **¿Cómo vemos los colores?**

Al mostrarle el dibujo de una punta de espárrago y preguntarle qué era, el joven contestaba: "un tallo de rosa con espinas". Pero cuando se le pedía era capaz de trazar con rapidez un dibujo fácilmente reconocible de un espárrago.

Cuando se le mostraba un mapa dibujado a mano de su originaria Inglaterra con su lugar de nacimiento marcado, no podía identificarlo, aun cuando él mismo había dibujado el mapa de memoria.

Todavía más extraño, el joven podía escribir una carta, pero era incapaz de leerla (Bishop, 1993, p. 1).

Aunque las dificultades visuales de C.K., como es conocido en la literatura especializada, trastornaron por completo su vida, la naturaleza peculiar de su problema les ofreció a los psicólogos una oportunidad inusitada para aprender más sobre el funcionamiento de la visión. C.K., un inmigrante inglés de 33 años de edad, sufría de daño cerebral a consecuencia de un accidente automovilístico. Al estudiar su condición, los científicos descubrieron un vínculo desconocido entre el ojo y un área particular del cerebro donde se almacenan las imágenes (Behrmann, Winocur y Moscovitch, 1992).

El caso de C.K. ejemplifica la enorme complejidad de la visión que comienza con el estímulo mismo que produce la visión: la luz. Aunque todos estamos familiarizados con la luz, sus cualidades físicas subyacentes son más complejas de lo que parece.

Los estímulos que se registran en nuestros ojos como luz en realidad son ondas de radiación electromagnética a las que es sensible y capaz de responder el aparato visual de nuestro cuerpo. Como se puede ver en la figura 3.1, la radiación electromagnética se mide en longitudes de onda. El tamaño de cada longitud de onda corresponde a distintos tipos de energía. La gama de longitudes de onda a la que somos sensibles los seres humanos, denominada *espectro visual*, en realidad es relativamente pequeña. Muchas especies no humanas tienen capacidades diferentes. Por ejemplo, algunos reptiles y peces ven longitudes de onda más largas que los humanos, mientras que ciertos insectos captan longitudes de onda más cortas que las personas.

Las ondas luminosas que proceden de cualquier objeto exterior al cuerpo (imagine la luz reflejada en la imagen de la flor en la figura 3.2) se encuentran primero con el único órgano capaz de responder al espectro visual: el ojo. Curiosamente, la mayor parte del ojo no tiene relación con una reacción directa a la luz. En su lugar, su función es darle a la imagen que entra una forma que pueda ser empleada por las neuronas que habrán de servir como mensajeras hacia el cerebro. Las neuronas mismas ocupan un porcentaje relativamente pequeño del área total del ojo. En otras palabras, la mayor parte del ojo es un aparato mecánico, análogo en muchos sentidos a una cámara sin película, como se muestra en la figura 3.2. Al mismo tiempo, es importante darse cuenta de las limitaciones de esta semejanza. La visión implica procesos más complejos que los que cualquier cámara sea capaz de imitar. Una vez que la imagen llega a los receptores neuronales del ojo, la analogía termina, ya que el procesamiento de la imagen visual en el cerebro es más similar al de una computadora que al de la cámara.

Iluminar la estructura del ojo

El rayo de luz al que seguimos la pista desde que es reflejado por la flor viaja primero por la *córnea,* una ventana protectora transparente que permite que la luz pase a través de ella. Después de atravesar la córnea, la luz pasa por la *pupila*; ésta es un orificio oscuro que se encuentra en el centro del *iris,* la parte coloreada del ojo, que en los seres humanos puede ser desde un azul claro hasta un café oscuro. El tamaño de la abertura de la pupila

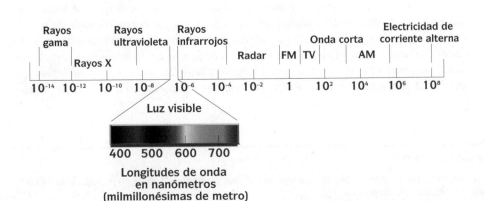

FIGURA 3.1 *El espectro visual, la gama de longitudes de onda a las que es sensible una persona, representa sólo una pequeña parte de las clases de longitudes de onda que existen en nuestro ambiente.*

FIGURA 3.2 *Aunque la visión humana es mucho más compleja que la cámara fotográfica más sofisticada, en algunos sentidos los procesos visuales básicos son análogos a los que se emplean en la fotografía.*

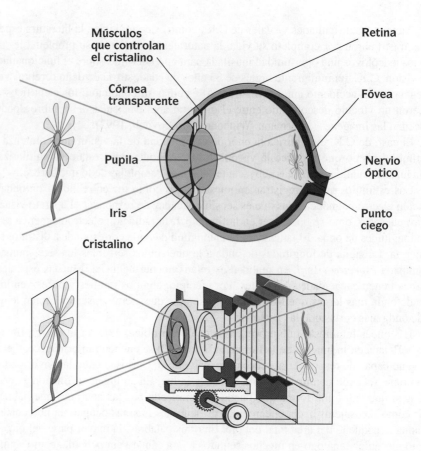

depende de la cantidad de luz que haya en el entorno. Mientras más oscuros sean los alrededores, más se abrirá la pupila para permitir la entrada de mayor cantidad de luz.

    ¿Por qué no está la pupila abierta al máximo todo el tiempo, con lo cual permitiría que ingresara la mayor cantidad posible de luz al ojo? La respuesta se relaciona con la física elemental de la luz. Una pupila pequeña aumenta en gran medida la gama de distancias en las que los objetos se encuentran enfocados; con una pupila abierta por completo, el rango es relativamente pequeño y se dificulta la visualización de los detalles (los aficionados a la fotografía conocen un fenómeno parecido en la apertura del diafragma, el cual deben ajustar en sus cámaras). El ojo aprovecha la luz intensa al reducir el tamaño de la pupila, con lo que obtiene una mayor capacidad para distinguir. En los ambientes oscuros la pupila se expande con el fin de permitirnos ver mejor lo que ocurre, pero a expensas del detalle visual. Es posible que una de las razones de pensar que las cenas a la luz de las velas son románticas radique en que la escasa intensidad de la luz impide poder ver en detalle los defectos de la pareja.

    Una vez que la luz atravesó la pupila, penetra en el *cristalino,* que se localiza detrás de aquélla. Su función es dirigir los rayos de luz de modo que se enfoquen de forma adecuada en el fondo del ojo. El cristalino enfoca la luz mediante la modificación de su propio espesor, proceso que se denomina *acomodación.* El tipo de acomodación depende del lugar donde se encuentre el objeto con relación al cuerpo de quien lo observa. Los objetos distantes requieren de un cristalino relativamente plano. En este caso, los músculos que controlan al cristalino se relajan, lo que permite que se aplane. En contraste, los objetos

---

Respuestas a las preguntas de revisión:

1. sensación; percepción   2. Falso; es la cantidad mínima perceptible   3. Un estímulo podría ser identificado como presente cuando no está o como ausente cuando está presente   4. Weber   5. adaptación

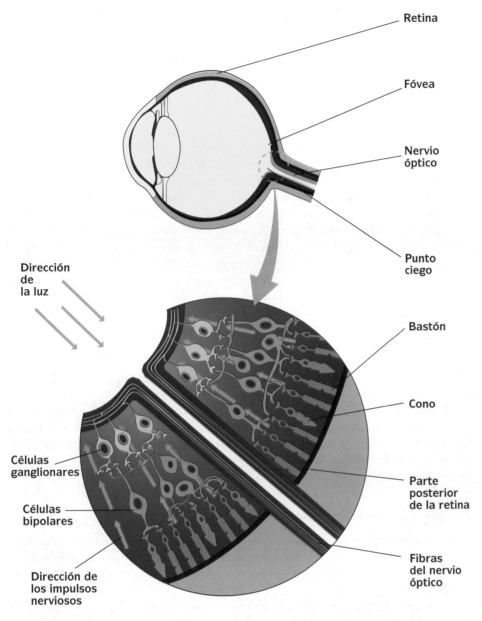

Retina

Fóvea

Nervio
óptico

Punto
ciego

Dirección
de
la luz

Bastón

Cono

Células
ganglionares

Parte
posterior
de la retina

Células
bipolares

Fibras
del nervio
óptico

Dirección de
los impulsos
nerviosos

FIGURA 3.3 *Células básicas del ojo. La luz que penetra en el ojo se desplaza a través de las células ganglionares y bipolares y llega a los bastones y los conos, que son sensibles a la luz, ubicados en la parte posterior del ojo. Los bastones y los conos transmiten después los impulsos nerviosos hacia el cerebro a través de las células bipolares y ganglionares.*

cercanos se ven mejor a través de un cristalino redondeado. En este caso los músculos se contraen, lo cual disminuye la tensión y permite que el cristalino adopte una forma más curveada.

Después de viajar a través de la pupila y del cristalino, nuestra imagen al fin llega a su destino en el ojo: la **retina**. Aquí la energía electromagnética de la luz se convierte en mensajes que pueden ser empleados por el cerebro. Es importante señalar que, a consecuencia de las propiedades físicas de la luz, la imagen se invierte al atravesar el cristalino y llega a la retina de cabeza (con relación a su posición original). Aunque podría parecer que esta inversión produciría dificultades para la comprensión y el desempeño en el mundo, no es así. El cerebro interpreta la imagen en términos de su orientación apropiada.

La retina es una capa delgada de células nerviosas ubicada en el fondo del globo ocular (véase figura 3.3). En ella existen dos tipos de células receptoras sensibles a la luz. Los nombres que se les han dado describen sus formas: **bastones**, que son largos y cilíndricos, y **conos**, que son cortos, gruesos y piramidales. Estos dos tipos de células se distribuyen de manera irregular en la retina. La mayor concentración de conos está en la parte de la retina a la que se denomina *fóvea* (véase figura 3.2). La fóvea es una región en

Retina: parte del ojo que convierte la energía electromagnética de la luz en información útil para el cerebro
Bastones: receptores sensibles a la luz, de forma larga y cilíndrica, que se localizan en la retina y funcionan correctamente en presencia de poca luz, pero son insensibles en gran medida al color y a los detalles pequeños
Conos: células receptoras sensibles a la luz, de forma cónica, localizadas en la retina, que son responsables de enfocar con precisión y de la percepción del color, en especial en presencia de luz intensa

particular sensible de la retina. Si se desea enfocar algo de interés especial, es posible que centre la imagen del cristalino en la fóvea.

La densidad de los conos disminuye justo afuera de la fóvea, aunque se encuentran conos por toda la retina en concentraciones menores. Por otra parte, no hay bastones en el centro de la fóvea, pero la densidad es mayor afuera de la fóvea y luego disminuye en forma gradual hacia los bordes de la retina. Debido a que la fóvea cubre sólo una pequeña porción del ojo, contamos con menos conos (alrededor de siete millones) que bastones (aproximadamente 125 millones).

Los bastones y los conos no sólo tienen diferencias estructurales, también desempeñan funciones distintas en la visión (Cohen y Lasley, 1986; Buser, Imbert y Kay, 1992). Los conos son los principales responsables de la percepción de los colores de enfoque nítido, en especial en situaciones en las que hay luz intensa; los bastones se relacionan con la visión en situaciones de luz escasa y en gran medida son insensibles al color y a los detalles precisos que los conos pueden reconocer. Los bastones desempeñan una función esencial en la *visión periférica*, la visión de objetos ubicados fuera del centro principal de enfoque, y para la visión nocturna. En ambos casos, el nivel de detalle que se puede lograr cuando intervienen los bastones es mucho menor que cuando se activan los conos, como sucede al andar a tientas por un cuarto oscuro durante la noche; aunque apenas se puede ver el contorno de los muebles, es casi imposible distinguir colores y otros detalles de los obstáculos con que se topa en su camino. También puede haberse percatado de que es posible mejorar su visión de una estrella poco luminosa en la noche si mira ligeramente al costado de ella. ¿Cuál es la razón de esto? Si desvía su mirada del centro, la imagen del cristalino no cae sobre los conos de la fóvea, relativamente ciegos durante la noche, sino sobre los bastones, que son más sensibles a la luz.

Las capacidades distintivas de los bastones y los conos hacen que el ojo sea similar a una cámara fotográfica cargada con dos tipos de película. Una película es en blanco y negro y muy sensible (los bastones); la otra es una película de color un poco menos sensible (los conos). Recuérdese también que estos dos tipos de película están distribuidos en el ojo en diferentes formas.

Adaptación: de la luz a la oscuridad

¿Alguna vez ha entrado en un cine durante un día brillante y pleno de sol, para tropezar en su asiento y sentirse prácticamente incapaz de ver en absoluto? ¿Recuerda haberse levantado más tarde para comprar palomitas de maíz sin haber tenido problema alguno en el camino a lo largo del pasillo?

Adaptación a la oscuridad: aumento de la sensibilidad a la luz derivado de haber estado expuesto a una luz de baja intensidad

Su capacidad para ver relativamente bien después de haber estado en el cine durante un rato se debe a la **adaptación a la oscuridad**, que es un aumento de la sensibilidad a la luz que resulta de haber permanecido en una relativa oscuridad. La velocidad a la que ocurre la adaptación a la oscuridad está en función de la tasa de cambio en la composición química de los bastones y los conos. Los cambios suceden a velocidades distintas en ambos tipos de células, debido a que los conos alcanzan su mayor nivel de adaptación en pocos minutos, en tanto que los bastones requieren cerca de media hora para alcanzar su nivel máximo. Por otra parte, los conos nunca alcanzan el mismo nivel de sensibilidad a la luz que el que logran los bastones. No obstante, cuando se considera de manera conjunta a bastones y conos, la adaptación a la oscuridad se completa en un cuarto oscuro en cuestión de media hora (Tamura, Nakatani y Yau, 1989; Peachey *et al.*, 1992).

Envío del mensaje del ojo al cerebro

Cuando la energía luminosa llega a los bastones y los conos, comienza el primero de una serie de sucesos que transforman la luz en impulsos nerviosos que pueden comunicarse al cerebro. Sin embargo, antes de que el mensaje neuronal llegue al cerebro, se produce una alteración inicial de la información visual.

Lo que ocurre cuando la energía luminosa llega a la retina depende en parte de que se encuentre con un bastón o con un cono. Los bastones contienen *rodopsina,* una sustancia compleja de color rojo purpúreo, cuya composición cambia químicamente cuando recibe la energía de la luz, momento en el cual se origina una reacción. La sustancia que encontramos en los conos receptores es distinta, pero el principio es similar. La estimulación de las células nerviosas del ojo desencadena una respuesta neuronal que se transmite a otras, denominadas *células bipolares* y *células ganglionares,* que la hacen llegar al cerebro.

Las células bipolares reciben información directamente de los bastones y los conos; después la información se comunica a las células ganglionares. Estas células reúnen y resumen la información visual, que se transporta en conjunto hacia afuera de la parte posterior del globo ocular por medio de un grupo de axones ganglionares denominado **nervio óptico** (Tessier-Lavigne, 1991; Yang y Masland, 1992).

Nervio óptico: grupo de axones ganglionares encargado de llevar la información visual

Debido a que la abertura del nervio óptico pasa por la retina, no existen conos ni bastones en esa área, lo que genera un punto ciego. No obstante, por lo general esta ausencia de células nerviosas no interfiere con la visión, puesto que se produce una compensación automática de la parte faltante del campo visual (O'Regan, 1992; Ramachandran, 1992, 1995; Durgin, Tripathy y Levi, 1995; Churchland y Ramachandran, 1995). (Para encontrar su punto ciego vea figura 3.4.)

Una vez que han salido del ojo, las señales neuronales que se relacionan con la imagen se desplazan a lo largo del nervio óptico. Al abandonar el globo ocular, el camino del nervio no sigue la ruta más directa hacia la porción del cerebro que se encuentra justo detrás del ojo. En lugar de ello, los nervios ópticos de cada ojo se reúnen en un punto que se localiza aproximadamente entre los dos ojos, denominado *quiasma óptico,* donde se divide cada uno de los nervios ópticos.

Cuando se dividen los nervios ópticos, los impulsos nerviosos provenientes de la mitad derecha de cada una de las retinas se envían al lado derecho del cerebro, mientras que los impulsos procedentes de la mitad izquierda de cada retina se envían al lado izquierdo de éste; sin embargo, puesto que la imagen de la retina está invertida y de cabeza, las imágenes procedentes de la mitad derecha de cada retina se originan en el campo visual ubicado a la izquierda de la persona, a la vez que las imágenes que provienen de la mitad izquierda de cada retina representan el campo visual derecho del sujeto (véase figura 3.5). De este modo, nuestro sistema nervioso produce en última instancia el fenómeno mencionado en el capítulo 2, en el que cada una de las mitades del cerebro se asocia con el funcionamiento del lado contrario del cuerpo.

Una de las causas más frecuentes de ceguera consiste en una restricción de los impulsos que viajan a través del nervio óptico. El *glaucoma,* que ataca a 1 o 2% de las personas mayores de 40 años, se produce cuando comienza a aumentar la presión en el fluido del ojo, ya sea debido a que no se le puede drenar de forma adecuada o a consecuencia de una producción excesiva de fluido. Cuando empieza a ocurrir esto, las células

FIGURA 3.4 *Para encontrar su punto ciego, cierre su ojo derecho y vea la casa encantada con su ojo izquierdo. Verá al fantasma en la periferia de su visión. Ahora, mientras mira fijamente la casa, acerque la página hacia usted. Cuando el libro esté más o menos a 30 centímetros de su ojo, el fantasma desaparecerá. En este momento, la imagen del fantasma está cayendo en su punto ciego.*

Pero también note cómo, cuando la página está a esa distancia, no sólo parece desaparecer el fantasma, sino que la línea parece correr continua a través del área en la que estaba el fantasma. Esto muestra cómo compensamos de manera automática la información faltante usando material cercano para complementar lo que no se ve. Por esta razón no se nota nunca el punto ciego. Lo que falta se reemplaza por lo que se ve junto al punto ciego.

FIGURA 3.5 *A consecuencia de que el nervio óptico proveniente de cada ojo se divide en el quiasma óptico, la imagen que aparece a la derecha de una persona se envía al lado izquierdo del cerebro, mientras que la imagen registrada a la izquierda del individuo se manda al lado derecho del cerebro.*

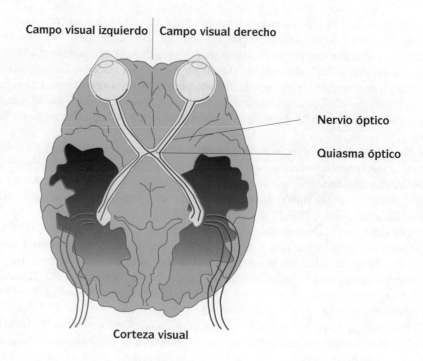

Campo visual izquierdo | Campo visual derecho

Nervio óptico

Quiasma óptico

Corteza visual

nerviosas que comunican la información relativa a la visión periférica se contraen, lo cual produce una disminución de la capacidad para ver cualquier cosa que se encuentre fuera de un estrecho círculo ubicado frente a la cabeza. Al problema resultante se le denomina *visión de túnel.* Con el tiempo, la presión puede ser tan grande que todas las células del nervio óptico llegan a contraerse, lo cual produce una ceguera total. Por fortuna, si se detecta a tiempo, el glaucoma puede ser tratado con muy alta probabilidad de éxito, ya sea mediante medicamentos que reducen la presión del ojo o por medio de una operación quirúrgica.

Procesamiento del mensaje visual

Cuando un mensaje visual llega al cerebro ya ha pasado por varias etapas de procesamiento. Uno de los primeros centros de procesamiento se encuentra en las células ganglionares (Yang y Masland, 1992). Cada una de estas células reúne información de un grupo de bastones y conos de un área específica del ojo y compara la cantidad de luz que penetra en el centro de esa área con la cantidad existente alrededor de ella. En algunos casos, las células ganglionares son activadas por la presencia de luz en el centro (y de oscuridad en el área circundante). En otros casos ocurre lo contrario; algunas células ganglionares se activan cuando hay oscuridad en el centro y luz en el área circundante. El efecto final de este proceso es maximizar la detección de variaciones de luz y oscuridad. De esta manera, la imagen neuronal que se transmite al cerebro es una versión mejorada del estímulo visual real ubicado fuera del cuerpo.

El último procesamiento de imágenes visuales tiene lugar en la corteza visual del cerebro, y es aquí donde ocurren los tipos de procesamiento más complejos (Hurlbert y Poggio, 1988; DeAngelis, Ohzawa y Freeman, 1995; Sajda y Finkel, 1995). Los psicólogos David Hubel y Torsten Wiesel ganaron el Premio Nobel por descubrir que muchas de las neuronas de la corteza tienen una especialización extraordinaria, ya que son activadas exclusivamente por estímulos visuales de una forma o patrón determinados, proceso al que se llama **detección de atributos**. Estos psicólogos encontraron que algunas células se activan sólo con líneas de un ancho, forma u orientación específicos. Otras son activadas sólo mediante estímulos en movimiento, en oposición a los estímulos estacionarios (Hu-

Detección de atributos: activación de neuronas en la corteza debida a estímulos visuales de formas o patrones específicos

bel y Wiesel, 1979; Gallant, Braun y VanEssen, 1993; Patzwahl, Zanker y Altenmuller, 1994).

Investigaciones más recientes han contribuido a nuestro conocimiento de las formas complejas en que se combina y procesa la información visual que llega de las neuronas individuales. Al mismo tiempo, diferentes partes del cerebro parecen procesar impulsos nerviosos en varios sistemas individuales. Por ejemplo, un sistema se relaciona con las formas, uno con los colores y otros con el movimiento, ubicación y profundidad (Moutoussis y Zeki, 1997).

Si existen sistemas neuronales separados para el procesamiento de la información sobre aspectos específicos del mundo visual, ¿cómo integra todos estos datos el cerebro? Aunque el proceso exacto todavía no se ha descubierto, parece probable que el cerebro use la información relativa a la frecuencia, ritmo y momento del disparo de conjuntos particulares de células neuronales (Ferster y Spurston, 1995). Además, parece que la integración cerebral no ocurre en un solo paso o ubicación en el cerebro. En su lugar, la integración de información visual es un proceso que parece ocurrir en varios niveles a la vez (Zeki, 1992; Maunsell, 1995; Schechter, 1996; Moutoussis y Zeki, 1997). El resultado final, sin embargo, es indiscutible: la visión del mundo que nos rodea.

a.

b.

c.

d.

FIGURA 3.6 *Estos globos se muestran como se presentan a: a. Una persona con visión normal. b. Una persona con daltonismo para el rojo y el verde, que vería así la escena, en tonalidades de azul y amarillo. c. Una persona con daltonismo para el azul y el amarillo, quien, a la inversa, la vería en tonalidades de rojo y verde. d. Quien tiene ceguera total a los colores, para quien la escena se vería así. Fuente: Joe Epstein/ Design Conceptions.*

Visión de color y ceguera al color: el espectro de siete millones de colores

A pesar de que la gama de longitudes de onda a la que son sensibles los seres humanos es relativamente reducida, al menos comparada con la totalidad del espectro electromagnético, la porción a la que somos capaces de responder permite gran flexibilidad para percibir el mundo. En ningún momento esta afirmación es más clara que cuando nos referimos al número de colores que podemos distinguir. Una persona con una visión normal de los colores es capaz de distinguir no menos de siete millones de colores distintos (Bruce, Green y Georgeson, 1997).

Aunque la variedad de colores que las personas pueden distinguir es vasta en términos generales, existen determinados individuos cuya capacidad para percibir los colores es bastante limitada: los daltónicos. Curiosamente, la condición de estas personas ha brindado algunas de las claves más importantes para comprender cómo opera la visión de los colores (Nathans *et al.*, 1986; Nathans *et al.*, 1989; Shepard y Cooper, 1992; Cowey y Heywood, 1995; Neitz, Neitz y Kainz, 1996).

Antes de proseguir, observe las fotografías que aparecen en la figura 3.6. Si no logra ver diferencia alguna en esta serie de fotografías, es probable que forme parte del 2% de los hombres que padecen de daltonismo, o ceguera a los colores, o que sea una de las 2 mujeres por cada 10 000 que presentan el mismo defecto visual.

Para la mayoría de quienes padecen daltonismo, el mundo parece muy soso. Los carros de bomberos rojos se ven amarillos, el pasto verde se ve amarillo y los tres colores de un semáforo también se ven amarillos. De hecho, cuando se sufre de la forma más común de daltonismo, todos los objetos rojos y verdes se ven de color amarillo. Existen también otros tipos de esta alteración, pero son muy poco comunes. En la ceguera al amarillo y azul, las personas son incapaces de distinguir estos colores, y en el caso más extremo de daltonismo el individuo no percibe color alguno. Una persona que padece de esta afección percibe el mundo como la imagen de un televisor en blanco y negro.

Para comprender por qué algunos individuos padecen de daltonismo, es preciso considerar los fundamentos de la visión en colores. Al parecer están involucrados dos procesos distintos. El primero de ellos es explicado por la **teoría tricromática de la visión de los colores**. Esta teoría sugiere que en la retina existen tres tipos de conos; cada uno de ellos responde principalmente a una gama específica de longitudes de onda. Uno es más sensible a los colores azul y violeta, otro al verde, mientras que el tercer tipo responde en mayor grado al amarillo y al rojo (Brown y Wald, 1964). De acuerdo con la teoría tricromática, la percepción de los colores está influida por la intensidad relativa con que se activa cada uno de los tres tipos de conos. Por ejemplo, si vemos un cielo azul, son los conos azul-violeta los que se activan principalmente, en tanto que los demás muestran menor actividad. La teoría tricromática ofrece una explicación directa del daltonismo. Sugiere que uno de los tres sistemas de conos no funciona de manera adecuada, por lo cual los colores correspondientes a esa gama se perciben de forma inadecuada (Nathans *et al.*, 1989).

Existen fenómenos, sin embargo, ante los cuales la explicación ofrecida por la teoría tricromática tiene menos éxito. Por ejemplo, no puede explicar por qué diversos pares de colores se pueden combinar para formar el gris. La teoría tampoco explica qué es lo que ocurre después de observar fijamente, algo como la bandera que aparece en la figura 3.7, durante un minuto más o menos. Hágalo usted y después desplace sus ojos hacia el espacio en blanco de abajo. Verá la imagen de la tradicional bandera estadounidense: roja, blanca y azul. Donde se encontraba el amarillo, verá el azul, y donde había verde y negro, verá rojo y blanco.

El fenómeno que acaba de experimentar se denomina *postimagen*. Ocurre debido a que la actividad en la retina continúa incluso cuando usted ya no observa la imagen original. Sin embargo, también demuestra que la teoría tricromática no explica por completo la visión de los colores. ¿Por qué los colores de la postimagen son distintos de los de la imagen original?

Teoría tricromática del color: teoría que sugiere que hay tres clases de conos en la retina, cada una de las cuales responde de manera principal a una gama específica de longitudes de onda

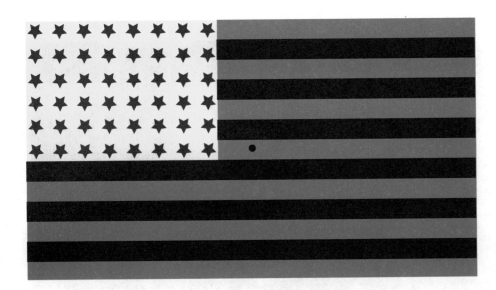

FIGURA 3.7 *Si observa fijamente el punto de esta bandera por espacio de un minuto y luego mira el pedazo de papel en blanco, el fenómeno de la postimagen hará que aparezca la tradicional bandera roja, blanca y azul de Estados Unidos.*

Como consecuencia de que los procesos tricromáticos no ofrecen una explicación completa acerca de la visión de los colores, algunos investigadores de la visión han desarrollado una explicación alternativa. De acuerdo con la **teoría de la visión de colores por procesos opuestos**, las células receptoras se unen en pares que funcionan unas en oposición de otras. De manera específica, existe un par azul y amarillo, un par rojo y verde y un par negro y blanco. Si un objeto refleja luz que contenga más azul que amarillo, estimulará la activación de las células sensibles al azul, al tiempo que inhibirá la actividad de las células receptoras sensibles al amarillo, por lo cual el objeto se verá azul. Por otra parte, si la luz contiene más amarillo que azul, se estimularán las células que responden al amarillo, en tanto que las que reaccionan al azul serán inhibidas, por lo cual el objeto se verá amarillo.

La teoría de la visión de colores por procesos opuestos permite explicar en forma directa las postimágenes. Cuando vemos fijamente el amarillo de la imagen, por ejemplo, las células receptoras del componente amarillo del par amarillo y azul se fatigan y pierden capacidad para responder a estímulos amarillos. Por otra parte, las células receptoras de la parte azul del par no están cansadas, puesto que no han sido estimuladas. Así, cuando vemos una superficie en blanco, la luz que refleja por lo general habría de estimular

Teoría de la visión de colores por procesos opuestos: teoría que sugiere que las células receptoras están ligadas en pares y que funcionan unas en oposición a otras

plicación de la psicología en el siglo XXI

Visión, a través del sonido, para gente ciega

Guiada por satélites que se encuentran a cientos de kilómetros de altura, una persona ciega escucha una voz sintetizada producida en un par de audífonos estereofónicos. Al escuchar las instrucciones transmitidas por los audífonos, la persona deambula por un campus universitario atestado, evitando los obstáculos y siguiendo una ruta intrincada.

Aunque parece ciencia ficción, el equipo que permitió que este individuo ciego maniobrara en su ambiente ya existe, e incluso puede volverse común en un futuro no muy distante. Los psicólogos de la percepción sensorial, Roberta Klatzky y Jack Loomis, de la Universidad de California en Santa Bárbara, están desarrollando lo que llaman "sistema de guía personal" para ayudar a las personas con limitaciones visuales a moverse en sus entornos (McIntosh, 1994).

El sistema emplea un dispositivo de posicionamiento que está vinculado con satélites de navegación capaces de trazar el terreno con una precisión de varias decenas de centímetros. La información geográfica de los satélites se transmite a un receptor y computadora en tierra que pesa casi 13 kilogramos, la cual se cuelga en la espalda de la persona. La computadora traduce la información geográfica en estimulación acústica que se envía a un audífono o al otro. La estimulación, la cual por ahora sólo es una palabra clave, se vuelve más suave o más fuerte, dependiendo de la dirección hacia la que se supone que debe virar la persona. La persona ciega voltea en la dirección del sonido o continúa hacia adelante si no escucha ninguno.

Aunque en el presente la computadora sólo genera una palabra clave, Klatzky y Loomis predicen que versiones futuras proporcionarán instrucciones verbales completas, como "sigue adelante tres metros y luego gira a la derecha". Además, la computadora identificará los lugares por los que pase una persona: "soy la oficina de correos y estoy a seis metros a tu izquierda". Además, el tamaño de la computadora que cuelga en una mochila a la espalda deberá reducirse de manera significativa hasta entrar en un bolso para la cintura.

Un sistema de guía personal permite a las personas con ceguera ubicar el lugar donde están en un momento determinado.

El nuevo sistema de navegación se fundamenta en investigación básica sobre cálculo absoluto, es decir, la capacidad para identificar con precisión la posición de uno mismo en el espacio. Por ejemplo, algunos científicos examinaron las formas en que las personas que veían y las ciegas podían usar su sentido de movimiento y dirección para realizar tareas simples como regresar a un punto de partida después de seguir una ruta triangular mientras estaban vendadas. Encontraron que las personas hacían razonablemente bien la tarea, aunque hubo una cantidad considerable de error para algunos individuos. Fue más significativo el hallazgo de la investigación de que incluso personas que eran ciegas desde temprana edad eran capaces de hacer la tarea casi tan bien como las personas que veían y que estaban vendadas, lo que sugiere que un sistema que proporcione claves respecto al lugar en que se encuentra una persona en un momento determinado podría ser efectivo en verdad (Klatzky *et al.*, 1995).

Este primer trabajo condujo a la idea de que podría desarrollarse una "representación acústica virtual". La persona ciega experimentaría la representación virtual como una imagen mental de objetos y edificios en sus alrededores. La tarea es difícil, e incluye complejidades como la producción de ecos simulados para producir una imagen virtual más precisa del entorno.

Klatzky y sus colegas esperan que pasarán otros cinco o diez años antes de que los sistemas de guía personal estén disponibles para que los use el público en general. De hecho, dice ella: "En realidad no prevemos que el sistema de guía personal esté listo para venderse en los estantes de los supermercados en mucho tiempo."

Otros científicos investigan técnicas adicionales para que puedan ver las personas ciegas. Por ejemplo, algunos psicólogos están considerando formas de que implantes en el nervio óptico o en la corteza visual del cerebro pudieran transmitir señales eléctricas de cámaras, lo cual permitiría en potencia que las personas ciegas logren algún grado de visión. Los investi-

gadores sugieren que dichos sistemas deben probarse durante los próximos años y que podrían estar disponibles para el público en las primeras décadas del siglo XXI (McIntosh, 1994; Leutwyler, 1994).

tanto los receptores amarillos como los azules en igual medida. Pero la fatiga de los receptores amarillos impide que esto ocurra. Temporalmente son incapaces de responder al amarillo, lo que hace que la luz blanca tenga la apariencia de ser azul. Debido a que los demás colores de la figura hacen lo mismo con relación a sus contrarios específicos, la postimagen genera los colores opuestos por un rato. La postimagen dura sólo un periodo corto, puesto que la fatiga de los receptores amarillos se mitiga en poco tiempo y la luz blanca empieza a percibirse con mayor precisión.

En la actualidad se ha descubierto que tanto los procesos opuestos como los mecanismos tricromáticos operan para que podamos ver los colores; sin embargo, funcionan en partes distintas del sistema sensorial visual. Los procesos tricromáticos funcionan dentro de la retina, mientras que los mecanismos de oposición operan tanto en la retina como en etapas posteriores del procesamiento neuronal (Leibovic, 1990; Gouras, 1991; De Valois y De Valois, 1993).

Conforme ha aumentado el conocimiento acerca de los procesos que nos permiten ver, algunos psicólogos han comenzado a elaborar nuevas técnicas para ayudar a aquellos que tienen serios problemas de visión, las personas con debilidad visual y las que están ciegas por completo, con el propósito de superar sus dificultades. Uno de los dispositivos más prometedores se comenta en el recuadro de *Aplicación de la psicología en el siglo XXI* de este capítulo.

Recapitulación, revisión y reflexión

Recapitulación

- Los ojos son sensibles a ondas de radiación electromagnética de longitudes específicas. Estas ondas se registran como la sensación de la luz.

- Cuando la luz penetra en el ojo, pasa a través de la córnea, la pupila y el cristalino, y llega por último a la retina, donde la energía electromagnética de la luz se convierte en impulsos nerviosos que pueden ser utilizados por el cerebro. Los impulsos abandonan el ojo a través del nervio óptico.

- La retina está compuesta por células nerviosas denominadas bastones y conos, las cuales desempeñan distintas funciones

en la visión y son responsables de la adaptación a la oscuridad.

- Los seres humanos somos capaces de distinguir alrededor de siete millones de colores. Se sabe que la visión de los colores implica dos procesos: mecanismos tricromáticos y un sistema de procesamiento de opuestos.

Revisión

1. La luz que entra al ojo atraviesa en primer lugar la _____, una ventana protectora.

2. A la estructura que convierte la luz en mensajes neuronales que puede utilizar el cerebro se le denomina _____.

3. La luz es enfocada en el fondo del ojo por el iris. ¿Verdadero o falso?

4. Una mujer de ojos azules es una persona que tiene un pigmento azul en su _____.

5. ¿Cuál es el proceso mediante el cual se modifica el grosor del cristalino a fin de enfocar adecuadamente la luz?

6. La secuencia correcta de las estructuras que atraviesa la luz al pasar por el ojo es la siguiente: _____, _____, _____ y _____.

7. Relacione el tipo de receptor visual con su función.

   a. bastones
   b. conos

   1. Se activan en presencia de poca luz; en gran medida son insensibles a los colores.
   2. Detectan los colores; se desempeñan bien en presencia de luz intensa.

8. Paco tenía que encontrarse con su novia en el cine. Como de costumbre, llegó tarde y la película ya había empezado. Caminó a tientas por el pasillo, ya que apenas podía ver. Por desgracia, la mujer a cuyo lado se sentó y a quien trató de abrazar no era su novia. Deseó haberle dado más tiempo a

sus ojos para que se produjera la adaptación a la _____.

9. La teoría _____ sostiene que existen tres tipos de conos en la retina, cada uno de los cuales responde primordialmente a un color distinto.

Las respuestas a las preguntas de revisión se encuentran en la página 114.

Reflexión

1. ¿Por qué C.K., el hombre con daño cerebral descrito al principio de esta sección, podía escribir y dibujar, pero era incapaz de leer lo que escribió o de identificar lo que dibujó? ¿Este problema se relaciona con la sensación o con la percepción? ¿Qué parte del sistema visual general es probable que esté dañada?

2. ¿Por qué cree que el ojo utiliza dos tipos distintos de células receptoras llamadas bastones y conos? ¿Por qué evolucionó el ojo de manera que los bastones, que se activan cuando hay luz escasa, no generan imágenes precisas? ¿Presenta ventajas este sistema?

3. Si el ojo estuviera construido con un segundo cristalino que "volviera a invertir" la imagen que llega a la retina, ¿qué cambios esperaría observar en la percepción y procesamiento de la información visual? ¿Los hemisferios cerebrales funcionarían de manera diferente?

LA AUDICIÓN Y LOS OTROS SENTIDOS

▶ **¿Qué función desempeña el oído en los sentidos de la audición, el movimiento y el equilibrio?**

▶ **¿Cómo funcionan el olfato y el gusto?**

▶ **¿Cuáles son los sentidos de la piel y cómo se relacionan con la experiencia del dolor?**

El despegue fue algo sencillo comparado con lo que el astronauta experimentaba en estos momentos: mareo espacial. La náusea y los vómitos constantes eran suficientes para hacerlo preguntarse por qué había trabajado tan duro para convertirse en un astronauta. A pesar de que le advirtieron que había una probabilidad de dos tercios de que su primera experiencia en el espacio se viera acompañada por estos síntomas, no estaba preparado para lo terriblemente enfermo que se sentía.

Ya sea que nuestro astronauta ficticio dé una vuelta de 180 grados en su cohete y regrese a la Tierra o no lo haga, su experiencia, que representa uno de los principales problemas para los viajeros del espacio, se relaciona con un proceso sensorial básico que se ubica en el oído: el sentido del movimiento y el equilibrio. Este sentido le permite a las personas ir con sus cuerpos por el mundo y conservar una posición erguida sin caer. Con la audición, el proceso por el que las ondas sonoras se traducen en formas comprensibles y dotadas de significado, los sentidos del movimiento y equilibrio representan las principales funciones del oído.

Detección sensorial del sonido

Aunque muchos pensamos primordialmente en el *oído externo* cuando se hace referencia a la audición, esta parte funciona de manera simple como un megáfono invertido, diseñado para reunir y llevar los sonidos hacia las partes internas del oído (véase figura 3.8). La ubicación de los oídos externos en ambos lados de la cabeza ayuda a la *localización del sonido,* el proceso por el que identificamos el origen de un sonido. Los patrones de las ondas en el aire entran en cada oído en un momento ligeramente diferente, permitiéndole al cerebro usar la discrepancia para localizar el lugar donde se originó el sonido. Además,

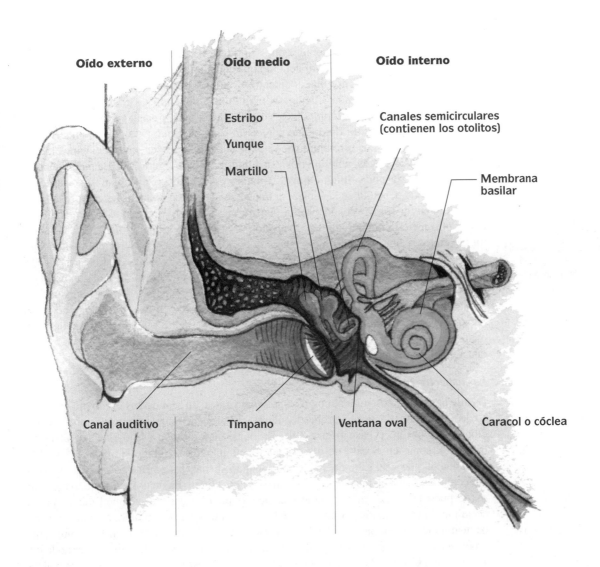

Oído externo

Oído medio

Oído interno

Estribo

Yunque

Martillo

Canales semicirculares
(contienen los otolitos)

Membrana
basilar

Canal auditivo

Tímpano

Ventana oval

Caracol o cóclea

FIGURA 3.8 *El oído.*

los dos oídos externos demoran o amplifican los sonidos de frecuencias particulares en diferentes grados (Middlebrooks y Green, 1991; Yost, 1992; Konishi, 1993).

El **sonido** es el movimiento de las moléculas de aire producido por la vibración de un objeto. Los sonidos viajan a través del aire en patrones de ondas de forma similar a las que se producen cuando se arroja una piedra en una charca tranquila. Los sonidos, que llegan en forma de vibraciones de onda al oído externo, son encauzados hacia el *canal auditivo,* pasaje en forma de tubo que conduce al tímpano. El **tímpano** funciona como un tambor en miniatura que vibra cuando las ondas sonoras lo golpean. Mientras más intenso es el sonido, mayores son las vibraciones que después se transmiten hacia el *oído medio*, una diminuta cámara que contiene únicamente tres huesecillos denominados, debido a sus formas, *martillo, yunque* y *estribo*. Estos huesos tienen una función: transmitir las vibraciones hacia la *ventana oval*, una delgada membrana que conduce hacia el oído interno. A consecuencia de la forma que tienen, el martillo, el yunque y el estribo realizan una labor eficaz en particular. Debido a que actúan como un conjunto de palancas, no sólo transmiten vibraciones, sino que también aumentan su intensidad. Además, puesto que la abertura hacia el oído medio (tímpano) es mucho más amplia que el orificio que conduce hacia afuera del oído medio (ventana oval), la fuerza de las ondas sonoras en dicha venta-

Sonido: movimiento de moléculas de aire producido por la vibración de un objeto

Tímpano: parte del oído que vibra cuando es golpeada por las ondas sonoras

na se amplifica. Por tanto, el oído medio actúa como un pequeño amplificador mecánico, y hace que nos percatemos de sonidos que de otra forma pasarían desapercibidos.

El *oído interno* es la porción del oído que cambia las vibraciones sonoras a una forma que permite que se transmitan al cerebro. Contiene asimismo los órganos que permiten localizar nuestra posición y determinar cómo nos movemos en el espacio. Cuando el sonido penetra en el oído interno a través de la ventana oval, pasa al **caracol** o **cóclea**, un tubo en espiral relleno de fluido que parece un caracol. Dentro de éste se encuentra la **membrana basilar**, una estructura que se extiende a lo largo del centro del caracol, dividiéndolo en dos cámaras, una superior y una inferior (véase figura 3.8). La membrana basilar está cubierta por **células ciliares**. Cuando estas células se doblan a causa de las vibraciones que penetran en la cóclea, se transmite al cerebro un mensaje neuronal.

Aunque el sonido por lo común penetra en la cóclea a través de la ventana oval, existe otro método de entrada: la conducción ósea. Debido a que el oído descansa sobre un laberinto de huesos dentro del cráneo, la cóclea puede captar vibraciones sutiles que viajan por los huesos procedentes de otras partes de la cabeza (Lenhardt *et al.*, 1991; Carlsson, Hakansson y Ringdahl, 1995). Por ejemplo, una de las formas en que usted escucha su propia voz es a través de la conducción ósea, lo que explica por qué su voz le suena distinta a usted que a otras personas (¡escuche su voz en una grabación para saber cómo suena *en realidad*!). El sonido de su voz le llega tanto a través del aire como por medio de la conducción ósea, por lo que el sonido que recibe le parece más rico a usted que a ninguna otra persona.

Los aspectos físicos del sonido

Lo que denominamos sonido, como ya se señaló antes, en realidad es el movimiento físico de moléculas de aire en patrones regulares, en forma de onda, provocados por la vibración de un objeto (véase figura 3.9). En ocasiones incluso es posible ver estas vibraciones, como en el caso de una bocina de un aparato de sonido sin tapa. Si usted ha visto una alguna vez, sabe que, al menos cuando suenan las notas más graves, se puede ver cómo la bocina se mueve hacia adentro y hacia afuera. Es menos evidente lo que ocurre después: la bocina empuja moléculas de aire para formar ondas con el mismo patrón de su movimiento. Estos patrones de onda llegan con rapidez a su oído, aunque su fuerza ha disminuido en forma considerable durante su travesía. Todos los demás estímulos que producen sonido funcionan en esencia del mismo modo, originando patrones de onda que se mueven a través del aire hasta llegar al oído. Es necesaria la existencia de aire o algún otro medio, como el agua, para que las vibraciones de los objetos lleguen hasta nosotros. Esto explica por qué no puede haber sonido en el vacío.

Podemos ver el movimiento de la bocina cuando se interpretan las notas graves debido a una característica básica del sonido a la que se denomina frecuencia. La *frecuencia* es el número de crestas de onda que ocurre en un segundo. Con frecuencias bajas hay relativamente pocos ciclos de onda hacia arriba y hacia abajo por segundo y, por tanto, son más lentos. Estos ciclos son visibles para el ojo humano como las vibraciones en la bocina. Las frecuencias bajas se traducen en un sonido de tono muy bajo (el *tono* es una sensación relativa a la frecuencia que puede ir de "bajo" a "alto"). Por ejemplo, la frecuencia más baja que los seres humanos somos capaces de escuchar es de 20 ciclos por segundo. Frecuencias más altas se traducen en tonos más altos. En el extremo superior del espectro de sonido, las personas pueden detectar sonidos de frecuencias tan altas como 20 000 ciclos por segundo.

En tanto que la frecuencia del sonido permite que disfrutemos de los sonidos de las notas agudas de un flautín y de las notas graves de una tuba, la *intensidad* es una caracte-

Caracol o cóclea: tubo en espiral relleno de fluido que recibe el sonido a través de la ventana oval o por conducción ósea

Membrana basilar: estructura que pasa por el centro del caracol, dividiéndolo en una cámara superior y una inferior

Células ciliares: pequeñas células que cubren la membrana basilar, las cuales, cuando se doblan a consecuencia de las vibraciones que penetran en el caracol, transmiten mensajes neuronales al cerebro

PsicoVínculos

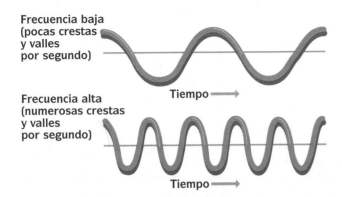

Frecuencia baja
(pocas crestas
y valles
por segundo)

Tiempo →

Frecuencia alta
(numerosas crestas
y valles
por segundo)

Tiempo →

FIGURA 3.9 *Las ondas
producidas por diferentes estímulos
son transmitidas, por lo general a
través del aire, en patrones
diferentes, donde las frecuencias
más bajas están indicadas por
menos crestas y valles por segundo.*

rística de los patrones de onda que nos permite distinguir entre los sonidos fuertes y los suaves. La intensidad se refiere a la distinción entre las crestas y los valles de presión de aire que se producen en una onda de sonido a medida que ésta se desplaza por el aire. Las ondas con crestas y valles pequeños producen sonidos débiles; las que son relativamente grandes producen sonidos fuertes.

Somos sensibles a una amplia gama de intensidades de sonido. Los sonidos más fuertes que podemos escuchar son alrededor de diez millones de veces más intensos que los sonidos más débiles que nos es posible oír. Esta gama se mide en *decibeles*, que se pueden utilizar para ubicar en un continuo a la totalidad de los sonidos cotidianos (véase figura 3.10). Cuando los sonidos superan los 120 decibeles provocan dolor al oído humano. La exposición a niveles tan altos de sonido puede generar con el tiempo una pérdida auditiva, puesto que las células ciliares de la membrana basilar pierden su elasticidad, se doblan y se aplanan. Esta pérdida a menudo es permanente, aunque hallazgos recientes han mostrado que las células ciliares tienen el potencial de repararse solas después de la lesión (Travis, 1992).

Organización de las teorías del sonido

¿Cómo logra el cerebro clasificar las longitudes de onda de distintas frecuencias e intensidades? Una clave proviene de los estudios realizados sobre la membrana basilar, ésta es el área interna de la cóclea que traduce las vibraciones físicas en impulsos neuronales. Lo que ocurre es que el sonido afecta distintas áreas de la membrana basilar, según la frecuencia de la onda sonora. La parte de la membrana basilar más cercana a la ventana oval es la más sensible a los sonidos de alta frecuencia, en tanto que la parte más cercana al extremo interno de la cóclea es la más sensible a los sonidos de baja frecuencia. Este descubrimiento ha generado la **teoría del lugar de la audición**, que afirma que distintas áreas de la membrana basilar responden a frecuencias diferentes.

Por otra parte, esta teoría no agota todo lo relacionado con la audición, puesto que sonidos de muy baja frecuencia activan neuronas en un área tan amplia de la membrana

Teoría del lugar de la audición:
teoría que sugiere que distintas áreas de la membrana basilar responden ante frecuencias diferentes

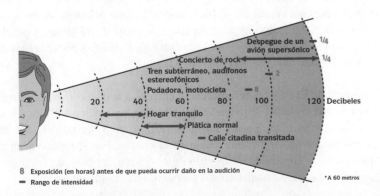

Despegue de un avión supersónico* — 1/4

Concierto de rock — 1/4

Tren subterráneo, audífonos estereofónicos

Podadora, motocicleta — 2

— 8

20   40   60   80   100   120 — Decibeles

Hogar tranquilo

Plática normal

Calle citadina transitada

8 Exposición (en horas) antes de que pueda ocurrir daño en la audición
— Rango de intensidad

*A 60 metros

FIGURA 3.10 *Ilustraciones de
los niveles en decibeles (intensidad
del sonido). Entre mayor es el nivel
en decibeles, se requiere menos
tiempo para que ocurra un daño
permanente en el oído. Fuente:
Deafness Research Foundation;
National Institute on Deafness and
Other Communication Disorders.*

basilar que no se puede decir que esté implicada sólo una parte de ella. Por tanto, se ha propuesto una explicación adicional de la audición: la teoría de la frecuencia. La **teoría de la frecuencia de la audición** sugiere que toda la membrana basilar actúa como un micrófono, que vibra como un todo en respuesta a un sonido. De acuerdo con esta explicación, los receptores nerviosos envían señales que están relacionadas en forma directa con la frecuencia (el número de crestas de onda por segundo) de los sonidos a los que estamos expuestos, y el número de impulsos nerviosos es una función directa de la frecuencia del sonido. Así, mientras más alto sea el tono del sonido (y por tanto mayor la frecuencia de sus crestas de onda), será mayor el número de impulsos nerviosos que se transmitirán a través del nervio auditivo hacia el cerebro.

La mayoría de las investigaciones contemporáneas indican que tanto la teoría del lugar como la teoría de la frecuencia aclaran al menos algunos de los procesos implicados en la audición, pero ninguna explica por sí sola todo el proceso (Levine y Shefner, 1991; Hartmann, 1993; Luce, 1993; Hirsh y Watson, 1996). Específicamente, la teoría del lugar ofrece una mejor explicación de la detección de sonidos de alta frecuencia, en tanto que la teoría de la frecuencia explica lo que ocurre cuando nos encontramos con sonidos de baja frecuencia. Los sonidos con frecuencias intermedias parecen incorporar ambos procesos.

Después de que un mensaje auditivo deja el oído, es transmitido a la corteza auditiva del cerebro por medio de una compleja serie de interconexiones neuronales. Al ser transmitido el mensaje, es comunicado a través de neuronas que responden a tipos específicos de sonidos. Dentro de la misma corteza auditiva existen neuronas que responden de manera selectiva a conjuntos muy específicos de características de los sonidos, como chasquidos o silbidos. Algunas neuronas sólo responden a un patrón específico de sonidos, como puede ser un tono uniforme, pero no a uno intermitente. Además, neuronas específicas transfieren información respecto a la ubicación del sonido mediante sus patrones particulares de disparo (Ahissar *et al.*, 1992; Middlebrooks *et al.*, 1994).

Si analizáramos la configuración de las células de la corteza auditiva, encontraríamos que las células vecinas responden a frecuencias similares. En este sentido, la corteza auditiva nos proporciona un "mapa" de frecuencias sonoras, del mismo modo que la corteza visual ofrece una representación del campo visual.

Equilibrio: los altibajos de la vida

Nick Esasky acababa de firmar un contrato de 5.7 millones de dólares para jugar béisbol con los Bravos de Atlanta cuando empezó a tener problemas. En sus propias palabras:

> Me sentía contento por jugar en Atlanta y estaba en la mejor forma de toda mi carrera. Pero más o menos una semana y media después de iniciar el entrenamiento de primavera las cosas comenzaron a caerse en pedazos. De pronto empecé a sentirme débil y cansado todo el tiempo. Al principio, pensé que era un resfriado y que se me pasaría. Luego comencé a tener dolores de cabeza y náusea, y me sentía mareado y con vértigos. Esto pronto empezó a afectar mi forma de jugar. A veces me era difícil seguir la pelota. La veía nebulosa, como si tuviera un resplandor. Atrapaba algunas apenas con la punta de mi guante y perdía otras por completo. Otras veces, una bola caía en mi guante y no tenía idea de cómo había llegado ahí (Esasky, 1991, p. 62).

El problema de Esasky no desaparecía, y empezó a acudir con especialistas. Por último, después de una variedad de diagnósticos erróneos, un médico identificó la causa del problema de Esasky: su oído. Esasky sufría de *vértigo*, un trastorno del oído interno resultante de una infección viral o una lesión en la cabeza. Fue sometido a un programa agotador para reforzar su sentido de la visión y el sentido del tacto en las plantas de los pies, lo que podría ayudar a compensar sus problemas en el oído interno.

Varias estructuras del oído se relacionan más con nuestro sentido del equilibrio que con nuestra capacidad auditiva (J. P. Kelly, 1991). Los **canales semicirculares** del oído interno constan de tres tubos que contienen fluido que se mueve en su interior cuando la cabeza realiza un movimiento, y envía una señal de rotación o de movimiento angular al cerebro. La atracción que provoca en nuestros cuerpos la aceleración del movimiento hacia adelante, hacia atrás, hacia arriba o hacia abajo, así como la atracción constante de la gravedad, son detectadas por los **otolitos**, diminutos cristales sensibles al movimiento localizados en el interior de los canales semicirculares. Cuando nos movemos, estos cristales se desplazan como la arena en una playa con mucho viento. La inexperiencia del cerebro en la interpretación de mensajes provenientes de otolitos carentes de peso es la causa del mareo espacial que suelen experimentar dos tercios de los astronautas (Flam, 1991; Weiss, 1992; Clarke, Teiwes y Scherer, 1993; Mittelstaedt y Glasauer, 1993; Stern y Koch, 1996).

Canales semicirculares: estructuras del oído interno que consisten en tres tubos que contienen fluido que se mueve con el movimiento de la cabeza, señalándole al cerebro el movimiento rotatorio o angular

Otolitos: cristales diminutos sensibles al movimiento dentro de los canales semicirculares que sienten la aceleración del cuerpo

Olfato y gusto

Cuando Mariana Mendoza regresó a casa después de un día de trabajo, supo que algo andaba mal desde el momento en que abrió la puerta de su departamento. Un olor que indicaba la presencia de gas, un olor fuerte y desagradable que de inmediato hizo que se sintiera débil, saturaba el ambiente. Corrió hacia el teléfono público de la calle y llamó a la compañía de gas. Cuando les explicaba lo que había olido, Mariana escuchó una explosión sofocada y vio después cómo salían llamas de la ventana de su departamento. Su vida se había salvado gracias a su capacidad para oler el gas.

Olfato

A pesar de que hay pocos ejemplos en donde el sentido del olfato implique tal dramatismo, es evidente que nuestras vidas serían menos interesantes si no fuéramos capaces de olfatear el heno recién segado, de oler un ramo de flores o de disfrutar del aroma de un pastel de manzana recién horneado. Aunque muchos animales poseen capacidades más agudas para detectar olores de las que tenemos los humanos, puesto que en sus cerebros se destina una mayor proporción de tejido al sentido del olfato que en los nuestros, de todas formas somos capaces de detectar más de 10 000 aromas diferentes. También podemos recordar los olores, y sucesos olvidados hace mucho tiempo pueden recordarse sólo con la detección de un aroma que se asocie con el acontecimiento en cuestión (Schab, 1990, 1991; Herz y Cupchik, 1992; Bartoshuk y Beauchamp, 1994; Gillyatt, 1997).

Los resultados de las "pruebas del olfato" han demostrado que las mujeres suelen tener un mejor sentido del olfato que los hombres (Engen, 1987; Ship y Weiffenbach, 1993; Segal *et al.*, 1995). Las personas también parecen tener la capacidad de distinguir a los hombres de las mujeres basándose sólo en el olfato. En un experimento, estudiantes con los ojos vendados olían una mano sudorosa sostenida a un centímetro y cuarto de su nariz. Los hallazgos mostraron que las manos de los hombres y de las mujeres podían distinguirse entre sí con una precisión mayor a 80% (Wallace, 1977). Del mismo modo, sujetos de estudio a los que se les pidió oler el aliento de un voluntario hombre o mujer que estaba oculto a su vista fueron capaces de distinguir el sexo del participante a niveles mayores que el azar (Doty *et al.*, 1982).

Nuestra comprensión acerca de los mecanismos que subyacen al sentido del olfato apenas comienza a surgir. Sabemos que el sentido del olfato se activa cuando moléculas pertenecientes a alguna sustancia penetran por los pasajes nasales y se encuentran con las *células olfatorias,* es decir las células receptoras de la nariz, las cuales están diseminadas por toda la cavidad nasal. Hasta la fecha se han identificado más de mil tipos distintos de células olfatorias receptoras. Cada una de ellas está tan especializada que sólo responde a una pequeña gama de olores diferentes. Las respuestas de las células olfatorias individuales se transmiten al cerebro, donde se combinan para el reconocimiento de un olor particular (Buck y Axel, 1991; Vassar *et al.*, 1994; Fulle *et al.*, 1995).

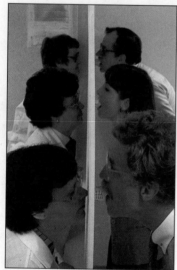

Voluntarios intrépidos como los que se ven a la izquierda demuestran que es posible diferenciar entre hombres y mujeres sólo por el olor de su aliento.

Existe una creciente evidencia de que el olfato también puede actuar como un medio involuntario de comunicación para los humanos. Desde hace mucho se sabe que los animales liberan *feromonas*, sustancias químicas que producen una reacción en otros miembros de la especie, permitiéndoles enviar mensajes como la disponibilidad sexual. Por ejemplo, ciertas sustancias en las secreciones vaginales de las hembras de mono contienen feromonas que estimulan el interés sexual de los machos de su especie.

Aunque parece razonable suponer que también los seres humanos se comunican mediante la liberación de feromonas, la evidencia todavía es muy escasa. Las secreciones vaginales de las mujeres contienen sustancias químicas similares a las que tienen los monos hembra pero sus olores no parecen estar relacionados con la actividad sexual. Por otra parte, la presencia de estas sustancias podría explicar por qué las mujeres que viven juntas durante periodos largos tienden a exhibir una sincronización de sus ciclos menstruales. Además, las mujeres son capaces de identificar a sus bebés sólo basándose en su olor unas cuantas horas después del nacimiento. Por último, estudios de las reacciones de las mujeres a la androsterona, un componente del sudor masculino, encontraron que la mayoría de las mujeres responde de manera negativa al olor, excepto en momentos específicos durante sus ciclos menstruales, cuando hay mayor probabilidad de que queden embarazadas. En esos momentos el olor parece no molestarlas. Al parecer, la androsterona actúa como si fuera una feromona, que ayuda a incrementar las probabilidades de que una mujer lista para concebir sea receptiva a la actividad sexual (McClintock, 1971; Porter, Cernich y McLaughlin, 1983; Engen, 1987; Weller y Weller, 1995; Grammer, 1996).

Gusto

A diferencia del olfato, que emplea más de mil tipos distintos de células receptoras, el sentido del gusto cuenta sólo con un puñado de tipos básicos de receptores. La mayoría de los investigadores cree que sólo hay cuatro células receptoras básicas, las cuales se especializan en sabores dulce, agrio, salado y amargo. Todos los demás sabores son sencillamente una combinación de estas cuatro cualidades básicas, de la misma manera en que los colores primarios se mezclan en gran variedad de tonalidades y matices (McLaughlin y Margolskee, 1994).

Las células receptoras del gusto se localizan en las *papilas gustativas*, que se encuentran por toda la lengua; sin embargo, su distribución no es uniforme, por lo cual determinadas áreas de la lengua son más sensibles a unos sabores básicos específicos que a otros (Bartoshuk, 1971). Como podemos ver en la figura 3.11, la punta de la lengua es más sensible a lo dulce. Por ejemplo, un grano de azúcar colocado en la parte trasera de la lengua difícilmente parecerá dulce. De modo similar, sólo los costados de la lengua son muy sensibles a los sabores agrios, mientras que la parte posterior se especializa en los sabores amargos.

Las distintas zonas de degustación de la lengua corresponden a diferentes áreas del cerebro. Las neuronas que responden a los sabores agrios y amargos se localizan en un extremo de la corteza correspondiente al gusto, en tanto que los sabores dulces estimulan neuronas del extremo opuesto de la corteza. En contraste, los sabores salados estimulan neuronas que se distribuyen por toda el área del gusto en el cerebro (Yamamoto, Yuyama y Kawamura, 1981).

Existen diferencias significativas en el sentido del gusto entre diversos individuos, determinadas en gran medida por factores genéticos. Algunos individuos, llamados "personas con supergusto", son muy sensibles al sabor; tienen el doble de receptores gustativos que las "personas sin gusto", quienes son relativamente insensibles al sabor. Las personas con supergusto encuentran lo dulce más dulce, lo cremoso más cremoso y los platillos condimentados más condimentados, y menores concentraciones de sabor son suficientes para satisfacer cualquier antojo que puedan tener. Por otra parte, debido a que no son tan sensibles al sabor, las personas sin gusto pueden buscar alimentos relativamente más dulces y más grasosos para maximizar el sabor; como consecuencia, pueden ser propensas a la obesidad. (Para determinar su propia sensibilidad al sabor, intente la prueba de la figura 3.12; Bartoshuk *et al.*, 1996; Brownlee y Watson, 1997; Bartoshuk y Lucchina, 1997; Bartoshuk y Drewnowski, 1997.)

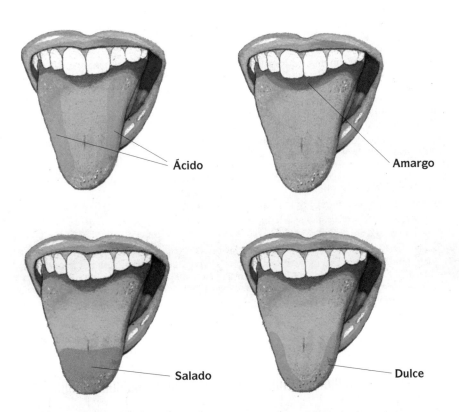

FIGURA 3.11 *Áreas particulares de la lengua son sensibles a los sabores que son amargos, ácidos, dulces o salados.*

Los sentidos de la piel: tacto, presión, temperatura y dolor

Comenzó de manera inocente, cuando Jennifer Darling se había lastimado su muñeca derecha durante su clase de gimnasia. Al principio parecía como un simple esguince. Pero aun cuando la lesión inicial sanó, el dolor insoportable y abrasador que la acompañaba no cedió. En lugar de ello, se extendió a su otro brazo y luego a sus piernas. Jennifer describía el dolor como parecido a "un hierro candente sobre su brazo", era insoportable y los analgésicos normales resultaban ineficaces.

La causa del dolor resultó ser una condición rara conocida como "síndrome de distrofia simpática refleja" (SDSR). Para una víctima de este síndrome, un estímulo tan leve como una brisa ligera o el roce de una pluma puede producir un dolor insoportable. Incluso la luz solar brillante o el ruido fuerte pueden provocar un dolor intenso.

Aunque no se ha podido encontrar una explicación precisa para el SDSR, una teoría señala que los mensajes de dolor abruman y hieren a las neuronas en el sistema nervioso. Los mecanismos naturales del cuerpo que moderan la experiencia del dolor se vuelven cada vez menos efectivos y el cerebro comienza a interpretar de manera errónea estímulos inofensivos como la luz o el calor como una señal de dolor.

Para Jennifer Darling, conocer las causas específicas del SDSR es menos importante que hallar alivio para sus estragos. Por fortuna, ha encontrado una forma de obtener un alivio al dolor al menos de manera temporal. Le implantaron electrodos alimentados con baterías en su espalda y brazo derecho que tienen un dispositivo computarizado capaz de administrar choques leves, los cuales neutralizan el dolor al menos en forma temporal. Aunque no es una cura, este tratamiento al menos le permite tener lo más cercano a una vida normal (Bylinsky, 1993).

Haga una prueba de gusto

1. Cuente las papilas gustativas

Haga un agujero con una perforadora normal en un cuadrado de papel encerado. Pinte el frente de su lengua con un cotonete de algodón empapado en colorante para alimentos azul. Ponga el papel encerado en la punta de su lengua, justo a la derecha del centro. Con una linterna y una lupa, cuente el número de círculos rosas sin teñir. Contienen papilas gustativas.

2. Sensibilidad a lo dulce

Enjuague su boca con agua antes de probar cada muestra. Ponga 1/2 taza de azúcar en una taza medidora y luego agregue suficiente agua para llenarla. Mézclela. Cubra la mitad frontal de su lengua, incluyendo la punta, con un cotonete de algodón empapado en la solución. Espere unos cuantos momentos. Estime lo dulce de acuerdo con la escala que se muestra abajo.

3. Sensibilidad a lo salado

Ponga dos cucharaditas de sal en una taza medidora y agregue suficiente agua para llenarla. Repita los pasos indicados antes, estimando lo salada que es la solución.

4. Sensibilidad a lo picante

Agregue una cucharadita de salsa Tabasco a una taza de agua. Aplique con un cotonete de algodón en el primer centímetro de la lengua, incluyendo la punta. Mantenga su lengua fuera de la boca hasta que el escozor alcance su máximo, entonces estime el dolor de acuerdo con la escala.

ESCALA DE GUSTO

Apenas detectable　　Moderado　　Fuerte　　Muy fuerte　　La sensación más fuerte imaginable

Débil

0　10　20　30　40　50　60　70　80　90　100

	SUPERGUSTO	SIN GUSTO
No. de papilas gustativas	25 en promedio	10
Estimación de lo dulce	56 en promedio	32
Salsa Tabasco	64 en promedio	31

Los que tienen un gusto promedio se encuentran entre quienes tienen supergusto y quienes carecen de gusto. Bartoshuk y Lucchina carecen hasta el momento de datos para estimar lo salado en forma confiable, pero usted puede comparar sus resultados con otros que hagan la prueba.

Si no se alivia el dolor, esto puede devastar la vida de una persona. No obstante, la ausencia de dolor puede ser igual de mala. Por ejemplo, si usted nunca experimentara dolor, podría no percatarse de que su brazo ha rozado una cacerola caliente y es probable que sufriera una quemadura grave. De modo similar, sin la señal de alarma de un dolor estomacal que acompaña por lo general a una apendicitis, su apéndice podría reventarse y esparcir por su cuerpo una infección fatal.

De hecho, todos nuestros **sentidos de la piel**: tacto, presión, temperatura y dolor, desempeñan un papel de gran importancia para la sobrevivencia, indicándonos la existencia de posibles peligros para nuestros cuerpos. La mayor parte de estos sentidos funcionan mediante células nerviosas receptoras ubicadas a distintas profundidades en la piel, y que no están distribuidas de manera uniforme. Cuando consideramos los receptores sensibles al tacto, por ejemplo, algunas áreas como la punta de los dedos, poseen muchas células y en consecuencia son mucho más sensibles. En contraste, zonas con menos células, como la parte central de la espalda, son considerablemente menos sensibles al tacto (véase figura 3.13; Kreuger, 1989).

Es posible que el sentido de la piel que ha sido investigado en mayor medida es el del dolor, ello se debe a una buena razón: las personas acuden a los médicos e ingieren medicamentos para el dolor más que para cualquier otro síntoma o condición. Casi 120 millones de personas en Estados Unidos tienen problemas de dolores persistentes o recurrentes, y en cualquier momento dado alrededor de dos millones de éstas no pueden de-

Sentidos de la piel: sentidos que incluyen el tacto, la presión, la temperatura y el dolor

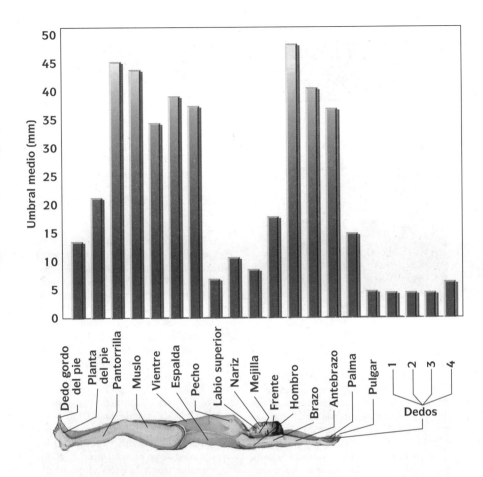

FIGURA 3.13 *Sensibilidad de la piel en diversas áreas del cuerpo. Entre más corta es una línea, más sensible es una parte del cuerpo. Los dedos y el pulgar, los labios, la nariz, las mejillas y el dedo gordo del pie son los más sensibles. Fuente: Weinstein, 1968.*

senvolverse en forma normal. El dolor de espalda, las migrañas y el dolor por la artritis por sí solos producen facturas médicas de alrededor de 40 *mil millones* de dólares cada año (Langreth, 1996).

Al igual que los otros sentidos, la percepción del dolor no es una simple cuestión de una respuesta directa a ciertos tipos de estimulación. Algunos tipos de dolor, como el que se experimenta en el momento del parto, son moderados por la naturaleza alegre de la situación. Al mismo tiempo, incluso un estímulo menor puede producir la percepción de un dolor intenso si ocurre en el contexto de una visita al dentista llena de ansiedad. Es evidente, entonces, que el dolor es una respuesta perceptual que depende mucho de nuestras emociones y pensamientos (Fernandez y Turk, 1992; Cioffi y Holloway, 1993; Schorr, 1993; Turk, 1994; Symbaluk *et al.*, 1997).

Algunas de las contradicciones implícitas en nuestras respuestas ante la estimulación capaz de evocar dolor son explicadas por la teoría del control de puertas. La **teoría del dolor basada en el control de puertas** sugiere que receptores nerviosos específicos conducen a áreas determinadas del cerebro que se relacionan con el dolor (Melzack y Wall, 1965; Wall y Melzack, 1989; Pancyr y Genest, 1993). Cuando estos receptores se activan a consecuencia de algún daño o problema en alguna de las partes del cuerpo, se abre una "puerta" hacia el cerebro, lo que permite que se experimente la sensación de dolor.

Otro conjunto de receptores neuronales es capaz, cuando se le estimula, de cerrar la "puerta" hacia el cerebro, con lo que se reduce la experiencia de dolor. La puerta se puede cerrar de dos maneras. En primer lugar, otros impulsos pueden saturar las vías nerviosas que se relacionan con el dolor, que están distribuidas por todo el cerebro (Talbot *et al.*, 1991; Kakigi, Matsuda y Kuroda, 1993). En este caso, estímulos no dolorosos compiten con el mensaje neuronal del dolor y en ocasiones lo desplazan, con lo que se cancela el estímulo doloroso. Esto explica por qué masajear la piel alrededor de una herida ayuda

Teoría del dolor basada en el control de puertas: teoría que sugiere que receptores nerviosos particulares conducen a áreas específicas del cerebro relacionadas con el dolor

Los caminos de la psicología

James C. Willcockson

Coordinador del Pain Management Center
Pain Management Center
Centro Médico de la Universidad de Nebraska

Nació en: 1948

Educación: B.A. en zoología, Universidad de Arkansas; B.A. en psicología, Universidad de Arkansas en Little Rock; M.A. y Ph.D, Universidad de Arkansas

Residencia: Omaha, Nebraska

James C. Willcockson

Miles de personas despiertan todos los días enfrentando el dolor crónico, una condición que puede alterar de manera dramática la vida de cualquier individuo. Aunque muchos casos de dolor crónico no pueden curarse, existen tratamientos disponibles para personas afligidas por el dolor que pueden mejorar en gran medida su calidad de vida.

"Cambiar la forma en que las personas manejan el dolor es un proceso de reconceptualización", señala James Willcockson, coordinador clínico del Programa para el Dolor en el Pain Management Center del Centro Médico de la Universidad de Nebraska.

"La meta para el paciente es resignificar la experiencia del dolor de modo que implique esperanza y recursos en lugar de impotencia y desesperanza", explica. "Enseñamos a las personas a tener control voluntario sobre algunos componentes de su dolor. No podemos curarlas o quitarles el dolor, pero podemos enseñarles estrategias de afrontamiento para reducirlo y manejarlo."

Willcockson señala que el Programa para el Dolor, el cual se limita a seis pacientes al mes, es intenso, global e interdisciplinario, requiere ocho horas al día de participación, cinco días a la semana, durante cuatro semanas. Los resultados han sido alentadores, en especial en vista de que los pacientes del Programa para el Dolor habían recurrido antes a todo tratamiento médico, quirúrgico y farmacológico para su dolor, sin éxito.

"Hacemos seguimientos intensivos. Después de seis meses, hemos encontrado 26% de mejora en el empleo, 60% de reducción en el uso de medicamentos, 89% de reducción en la cirugía para el dolor y reducción de 78% en comportamientos de dolor."

"Y no obstante todos estos cambios vienen después de una reducción de sólo 19% en el nivel real de dolor", apunta Willcockson. "Lo importante es que al parecer un simple cambio de 19% en el nivel del dolor produce mejoras en la funcionalidad y la calidad de vida."

"Uno de los mitos que tenemos que disipar cuando llegan los pacientes es su creencia de que sus doctores los han enviado aquí porque el dolor está en sus cabezas. Bueno, así es. De hecho, todo nuestro dolor está, en cierto sentido, en nuestras cabezas", comenta. "Pero eso no significa que sea imaginario."

"El trabajo de un psicólogo, en especial en nuestro escenario, es reconocer las ideas previas de un paciente acerca del dolor, y redireccionarlas hacia el desarrollo de sus habilidades para afrontarlo. Los pacientes tienen ciertas creencias acerca del dolor; tenemos que trabajar dentro del sistema de creencias del paciente, para adaptarlo y ajustarlo a una forma que sea saludable para ellos."

"Hay muchas formas en las que podemos trabajar con los comportamientos de dolor, el sufrimiento y la sensación del mismo. Si podemos influir en dichas conductas, podemos reducir la experiencia global del dolor", dice Willcockson.

a reducir el dolor. Los estímulos en competencia originados por el masaje pueden superar a los de dolor. De modo similar, la acción de rascarse es capaz de aliviar la comezón (a la que técnicamente se le clasifica como un tipo de estímulo doloroso).

Los factores psicológicos explican la segunda manera en la que se puede activar una puerta (Turk, 1994). Dependiendo de las emociones del momento, la interpretación de los acontecimientos y la experiencia previa de un individuo, el cerebro es capaz de cerrar una puerta por medio del envío de un mensaje a través de la médula espinal hacia un área dañada, lo cual produce una reducción o alivio del dolor. De esta manera, los soldados que son heridos en batalla pueden no experimentar dolor alguno, situación sorprendente que se presenta en más de la mitad de las heridas en combate. Es probable que la ausencia de dolor ocurra debido a que un soldado experimenta tal alivio al saberse vivo todavía, que su cerebro envía una señal al lugar de la herida para cerrar la puerta del dolor (Willis, 1988; Baker y Kirsch, 1991; Azar, 1996a; Rainville *et al.*, 1997).

La teoría del control de puertas también puede explicar diferencias culturales en la experimentación del dolor. Algunas de estas variaciones son sorprendentes. Por ejemplo, en India, las personas que participan en el ritual del "balanceo con ganchos" para celebrar el poder de los dioses, tienen ganchos de metal clavados bajo la piel y los músculos de su espalda. Durante el ritual, se balancean colgados de un poste, suspendidos por los ganchos. Lo que al parecer debería producir un dolor insoportable, sólo genera un estado cercano a la euforia debido a la celebración. De hecho, cuando se retiran los ganchos, las heridas sanan con rapidez y después de dos semanas prácticamente no quedan señales de ellas (Kosambi, 1967).

La teoría del control de puertas sugiere que la ausencia de dolor se debe a un mensaje emitido por el cerebro del participante, que cierra las vías del dolor. Puede ser que esta teoría también explique la efectividad de la *acupuntura*, una antigua técnica china en la que se clavan agujas afiladas en distintas partes del cuerpo. La sensación de las agujas puede cerrar la puerta de acceso al cerebro, reduciendo así la experiencia de dolor. También es posible que los analgésicos propios del cuerpo, las endorfinas (comentadas en el capítulo 2), así como las emociones positivas y negativas, desempeñen una función significativa para abrir y cerrar las puertas del dolor (Wall y Melzack, 1984; Warga, 1987; Murray, 1995; Bromm y Desmedt, 1995). (Para conocer a alguien que trata con el dolor en forma profesional, véase el recuadro *Los caminos de la psicología* de este capítulo.)

Recapitulación, revisión y reflexión

Recapitulación

- Los sentidos de la audición, el movimiento y el equilibrio se localizan en el oído.

- Las principales partes del oído son el oído externo (que incluye el canal auditivo y el tímpano), el oído medio (martillo, el yunque y el estribo) y la ventana oval que conduce al oído interno. El oído interno contiene la cóclea o el caracol, la membrana basilar y las células ciliares.

- Los aspectos físicos del sonido incluyen la frecuencia y la intensidad. Se cree que los procesos de lugar y de frecuencia operan en la transformación de las ondas sonoras en la experiencia del sonido.

- El sentido del equilibrio se localiza en los canales semicirculares y los otolitos del oído.

- Se sabe menos acerca de los sentidos del olfato, del gusto y de la piel (tacto, presión, temperatura y dolor) que acerca de la visión y la audición, aunque cada uno es muy complejo.

Revisión

1. El pasaje en forma de tubo que está en el oído externo se llama _____.

2. El propósito del tímpano es proteger los nervios sensitivos que se localizan debajo de él. No tiene ningún propósito en la audición real. ¿Verdadero o falso?

3. ¿A qué parte del oído transmiten el sonido los tres huesecillos del oído medio?

4. ¿Qué teoría de la audición es la que sostiene que la totalidad de la membrana basilar responde a un sonido, vibrando más o menos de acuerdo con la naturaleza del sonido?

5. Los tres tubos rellenos de fluido del oído interno responsables de nuestro sentido del equilibrio se conocen con el nombre de _____.

6. Las sustancias químicas que producen determinada reacción en otros miembros de la especie se conocen como _____.

7. La teoría del _____ sostiene que al activar determinados receptores de la piel como resultado de una herida, se abre una "vía" hacia el cerebro, lo cual permite que se experimente dolor.

Las respuestas a las preguntas de revisión se encuentran en la página 125.

Reflexión

1. Se han realizado numerosas investigaciones acerca de la reparación de órganos sensoriales que no estén intactos por medio de dispositivos como sistemas de guía personal, anteojos, etc. ¿Cree factible que la ciencia intentará, mediante estos mismos métodos, aumentar las capacidades sensoriales normales más allá de su alcance "natural" (como aumentar la capacidad del espectro visual o auditivo de los seres humanos)? ¿Qué beneficios obtendríamos con ello? ¿Qué problemas se podrían generar?

2. ¿Por qué podría haber evolucionado de manera diferente la sensibilidad a las feromonas en los humanos que en otras especies? ¿Qué factores culturales podrían haber intervenido?

3. Si la teoría del dolor basada en el control de puertas es correcta, ¿sería posible "entrenar" al cerebro para que cancelara a voluntad los estímulos dolorosos? ¿Puede pensar en técnicas terapéuticas que podrían ser un intento para lograr esto?

ORGANIZACIÓN PERCEPTUAL: CONSTRUIR NUESTRA VISIÓN DEL MUNDO

▶ **¿Cuáles son los principios subyacentes a nuestra organización del mundo visual que nos permiten dar sentido a nuestro entorno?**

▶ **¿Cómo somos capaces de percibir el mundo en tres dimensiones, a pesar de que nuestras retinas sólo pueden captar imágenes en dos dimensiones?**

▶ **¿Cuáles son las claves que nos ofrecen las ilusiones ópticas acerca de nuestra comprensión general de los mecanismos de percepción?**

Considere la ilustración que se muestra en la figura 3.14*a* por un momento.

¿Es un jarrón? Véala de nuevo y en su lugar podrá distinguir el perfil de dos personas.

Ahora que se ha señalado una interpretación alternativa es probable que oscile entre las dos en forma alternada. Del mismo modo, si examina las formas en la figura 3.14*b* y 3.14*c* por suficiente tiempo, es probable que experimente un cambio en lo que está viendo. La razón para que se invierta la forma es la siguiente: debido a que cada figura tiene dos dimensiones, los medios normales que utilizamos para distinguir la *figura* (el objeto que se percibe) del *fondo* (el escenario o los espacios dentro del objeto) no funcionan.

El hecho de que podamos ver la misma figura en más de una forma ilustra un punto de importancia. No se trata sólo de responder pasivamente a los estímulos visuales que llegan hasta nuestras retinas. En lugar de ello, tratamos en forma activa de organizar y dotar de sentido a lo que vemos.

Ahora pasaremos de un énfasis en la respuesta inicial ante un estímulo (sensación) a lo que nuestras mentes hacen con él: la percepción. Esta última es un proceso constructivo por medio del cual vamos más allá de los estímulos que se nos presentan e intentamos construir una situación significativa (Haber, 1983; Kienker *et al.*, 1986).

Leyes gestálticas de la organización

Leyes gestálticas de la organización: conjunto de principios que describen cómo organizamos fragmentos de información en unidades significativas

Algunos de los procesos perceptivos más básicos operan de acuerdo con una serie de principios que describen cómo organizamos fragmentos y porciones de información en unidades provistas de significado. A estos principios se les denomina **leyes gestálticas de la organización**, postuladas a principios del siglo xx por un grupo de psicólogos alemanes que se dedicaban al estudio de patrones o *gestalts* (Wertheimer, 1923). Ellos descu-

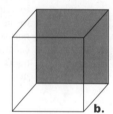

FIGURA 3.14 *Cuando las claves comunes que utilizamos para distinguir la figura del fondo están ausentes, podemos alternar en forma constante entre diferentes vistas de la misma figura. Si ve cada una de las ilustraciones durante suficiente tiempo, es probable que experimente un cambio en lo que está viendo. En la figura a. un diseñador empleó los perfiles de la reina Isabel y el príncipe Felipe de Inglaterra. En la figura b. la porción sombreada de la figura, llamada cubo de Necker, puede aparecer ya sea en el frente o en la parte posterior del cubo. Por último, en la figura c. podrá ver la cara de una mujer si observa el dibujo lo suficiente.*

brieron diversos principios de importancia que son válidos para estímulos visuales, al igual que auditivos:

- *Cierre*. Solemos agrupar en términos de figuras cerradas o completas, en lugar de figuras abiertas. Por tanto, tendemos a ignorar las discontinuidades de la figura que sigue y a concentrarnos en la forma general.

- *Proximidad*. Tendemos a agrupar los elementos que se encuentran más cerca entre sí. Como resultado, nos inclinamos a ver pares de puntos en lugar de una fila de puntos individuales en el siguiente patrón:

. . . .

- *Semejanza*. Agrupamos los elementos de apariencia similar. Así, abajo vemos filas horizontales de círculos y cuadrados en lugar de columnas verticales mixtas.

- *Simplicidad*. En sentido general, el principio gestáltico preponderante es el de simplificar: cuando observamos un patrón, lo percibimos del modo más básico y directo que nos es posible (Hochberg, 1978; Chater, 1996). Por ejemplo, la mayoría vemos la figura que sigue como un rombo con líneas en ambos lados, en lugar de como la letra "W" en bloque encima de la letra "M". Si podemos elegir interpretaciones, por lo general optamos por la más simple.

Aunque la psicología de la gestalt ya no tiene un lugar prominente en la psicología contemporánea, su legado perdura (Kubovy y Wagemans, 1995; Sos-Pena, Gabucio y Tejero, 1995; Kriz, 1995). Por ejemplo, un principio gestáltico fundamental, el cual sigue siendo influyente, es que dos objetos considerados juntos forman un todo que es diferente a la simple combinación de los objetos. Los psicólogos de la gestalt afirmaban, de manera bastante convincente, que la percepción de los estímulos en nuestro entorno va más allá de los elementos individuales que sentimos. En su lugar, representa un proceso constructivo activo realizado en el cerebro. Ahí, los fragmentos de sensaciones son unidos para formar algo más grande y más significativo que los elementos separados.

Considérese, por ejemplo, la figura 3.15. Si examina las manchas negras es probable que perciba la forma de un perro. El perro representa una gestalt o unidad de percepción. Aunque puede ver las partes individuales que forman la figura, al ponerlas juntas forma algo mayor que las partes individuales. El todo, entonces, es bastante diferente a la suma de los elementos individuales.

Y PARA MI SIGUIENTE TRUCO . . .

Respuestas a las preguntas de revisión:

1. canal auditivo   2. Falso; vibra cuando las ondas sonoras lo golpean y así transmite el sonido   3. Ventana oval   4. Teoría de la frecuencia   5. canales semicirculares   6. feromonas   7. control de puertas

Análisis de atributos: un enfoque de la percepción que considera cómo percibimos una forma, patrón, objeto o escena reaccionando primero a los elementos individuales que lo conforman

Análisis de atributos: centrarse en las partes del todo

Un enfoque más reciente de la percepción, el **análisis de atributos**, estudia el proceso mediante el cual percibimos una forma, patrón, objeto o escena por medio de la reacción inicial ante los elementos que la conforman. Después se hace uso de estos componentes individuales para comprender la naturaleza general de lo que percibimos. El análisis de atributos comienza con la evidencia de que neuronas individuales del cerebro son sensibles a determinadas configuraciones espaciales como ángulos, curvas, formas y bordes, como se comentó antes en este capítulo. La presencia de estas neuronas sugiere que cualquier estímulo se puede desglosar en una serie de características componentes. Por ejemplo, la letra "R" es una combinación de una línea vertical, una línea diagonal y un semicírculo (véase figura 3.16).

De acuerdo con el análisis de atributos, cuando nos encontramos con un estímulo, por ejemplo una letra, el sistema de procesamiento perceptual de nuestro cerebro responde primero a sus partes. Cada una de éstas se compara con información acerca de los componentes que está almacenada en la memoria. Cuando las partes específicas que percibimos corresponden a un conjunto determinado de componentes que hemos encontrado antes, podemos identificar el estímulo (Spillmann y Werner, 1990; Ullman, 1996).

De acuerdo con algunas investigaciones, percibimos los objetos complejos en una manera similar a la que experimentamos con letras simples, viéndolos en términos de sus elementos componentes. Por ejemplo, sólo 36 componentes fundamentales son capaces de producir más de 150 millones de objetos, más que suficiente para describir los 30 000 objetos separados que puede reconocer la persona en promedio (véase figura 3.17). Al final, estos atributos componentes se combinan en una representación del objeto completo en el cerebro. Ésta se compara con los recuerdos que están presentes, lo cual permite, por consiguiente, identificar el objeto (Biederman, 1987, 1990).

La psicóloga Anne Treisman tiene una perspectiva diferente. Sugiere que la percepción de los objetos se entiende mejor en función de un proceso de dos etapas. En la *etapa de preatención* nos centramos en las características físicas de un estímulo, como su tamaño, forma, color, orientación o dirección de movimiento. Esta etapa inicial requiere poco o ningún esfuerzo consciente. En la *etapa de atención focalizada* atendemos a características particulares del objeto, y se seleccionan y enfatizan los atributos que al principio fueron considerados por separado (Treisman, 1988, 1993).

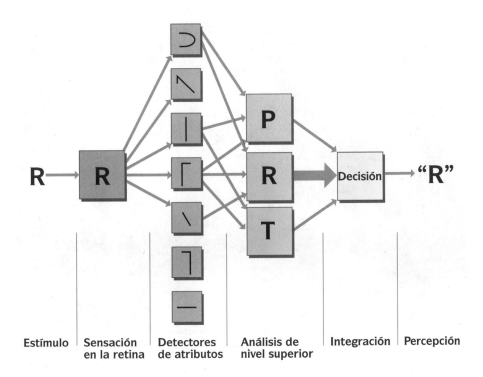

FIGURA 3.16 *Según los enfoques de la percepción sugeridos por el análisis de atributos, descomponemos los estímulos en sus partes constitutivas y luego las comparamos con información almacenada en la memoria. Cuando encontramos elementos coincidentes, podemos identificar el estímulo. En este ejemplo se ilustra el proceso mediante el cual reconocemos la letra "R".*

Por ejemplo, vea las fotografías que están de cabeza en la figura 3.18. Es probable que su primera impresión sea que está viendo dos fotografías parecidas de la *Mona Lisa*. Pero ahora véalas por su lado correcto y le sorprenderá notar que una de ellas tiene características distorsionadas. De acuerdo con los términos de Treisman, su exploración inicial de las fotografías tuvo lugar en la etapa de preatención. Sin embargo, cuando las volteó, de inmediato pasó a la etapa de atención focalizada, en la que pudo considerar con mayor cuidado la verdadera naturaleza de los estímulos.

La perspectiva de Treisman y otros enfoques del análisis de atributos plantean una interrogante misteriosa sobre la naturaleza fundamental de los procesos perceptuales: ¿la percepción se basa principalmente en la consideración de las partes componentes de un estímulo, o está fundamentada en la percepción de un estímulo en su conjunto? Es un problema que abordaremos a continuación.

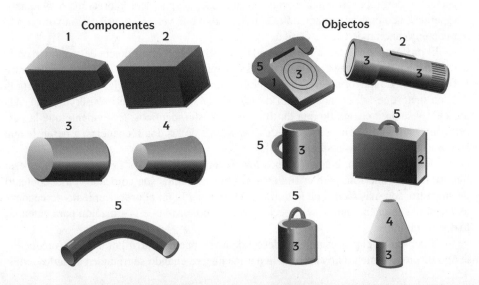

FIGURA 3.17 *Componentes y objetos simples creados a partir de ellos. Fuente: Adaptado de Biederman, 1990.*

FIGURA 3.18 *¿Doble Mona Lisa? Estas ilustraciones parecen similares a primera vista porque sólo está activo nuestro proceso de preatención. Cuando son colocadas al derecho, se revela el detalle verdadero en las dos caras. Fuente: Tomado de Julesz, 1986.*

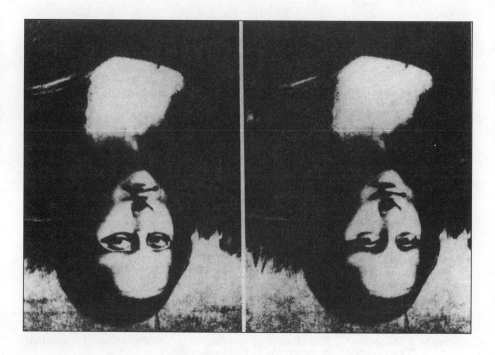

Procesamientos descendente (*top-down*) y ascendente (*bottom-up*)

¿Pu-de -ee- es-e e-un-ia-o e- el -ue -al-a c-da -er-er- le-ra? Es probable que no le tome demasiado tiempo darse cuenta de que dice: "¿Puede leer este enunciado en el que falta cada tercera letra?"

Si la percepción se basara principalmente en descomponer un estímulo en sus elementos más básicos, la comprensión del enunciado, así como la de otros estímulos ambiguos, sería imposible. El hecho de que probablemente fuera capaz de reconocer un estímulo tan impreciso demuestra que la percepción transita por dos caminos distintos, a los que se denomina procesamientos descendente y ascendente.

En el **procesamiento descendente** la percepción se guía por medio de un conocimiento, experiencia, expectativas y motivaciones de orden superior. Usted fue capaz de descubrir el sentido del enunciado al que le faltaban letras a consecuencia de su experiencia previa de lectura y debido a que el español escrito contiene redundancias. No son necesarias todas las letras de cada palabra para descifrar su significado. Por otra parte, sus expectativas desempeñaron una función en su capacidad para leer la oración. Posiblemente esperaba encontrar un enunciado que tuviera *algo* que ver con la psicología y no con la letra de una canción de Carlos Gardel.

El procesamiento descendente queda ilustrado por la importancia del contexto en la determinación de nuestra percepción de los objetos (Biederman, 1981). Por ejemplo, mire la figura 3.19. La mayoría percibimos que la primera fila consta de las letras "A" hasta la "F", en tanto que la segunda consta de los números 10 al 14. Pero obsérvela con más atención y se dará cuenta de que la "B" y el "13" son idénticos. Es evidente que la percepción es influida por nuestras expectativas acerca de las dos secuencias, a pesar de que ambos estímulos son exactamente iguales.

Del mismo modo, cuando vemos los estímulos aislados en la figura 3.20*a* es casi imposible decir qué son; pero cuando los mismos estímulos son colocados en el contexto de un rostro, son más fáciles de identificar. Debe tener lugar el procesamiento descendente, que toma en cuenta nuestras expectativas y comprensión de la situación para entender lo que percibimos.

No obstante, el procesamiento descendente no puede ocurrir por sí solo. Aunque este tipo de procesamiento nos permite llenar los huecos cuando se trata de estímulos ambi-

Procesamiento descendente: percepción guiada por el conocimiento, la experiencia, las expectativas y las motivaciones de nivel superior

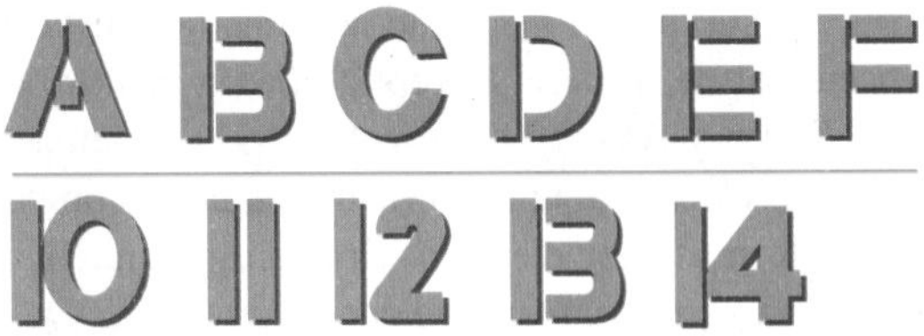

A B C D E F
10 11 12 13 14

FIGURA 3.19 *El poder del contexto se muestra en esta figura. Note que la letra B y el número 13 son idénticos.*

guos y fuera de contexto, seríamos incapaces de percibir el significado de dichos estímulos si no contáramos con el procesamiento ascendente. El **procesamiento ascendente** consiste en el reconocimiento y el procesamiento de información relativa a los componentes individuales de los estímulos. No lograríamos comenzar siquiera el reconocimiento del enunciado si no fuéramos capaces de percibir las formas individuales que componen las letras. En este sentido, se produce cierto tipo de percepción al nivel de los patrones y las características de cada una de las letras separadas.

Resulta evidente que los procesamientos descendente y ascendente ocurren de manera simultánea e interactúan entre sí en nuestra percepción del mundo que nos rodea (Kimchi, 1992; Egeth y Yantis, 1997). El procesamiento ascendente nos permite procesar las características fundamentales de los estímulos, mientras que el procesamiento descendente hace que nuestra experiencia contribuya a la percepción. Así, a medida que aprendemos más acerca de los complejos procesos implicados en la percepción, desarrollamos una mejor comprensión de la forma en que nuestro cerebro interpreta de manera continua la información proveniente de los sentidos y nos permite dar respuestas adecuadas al entorno (Rees, Frith y Lavie, 1997).

Procesamiento ascendente: percepción que consiste en el reconocimiento y procesamiento de información acerca de los componentes individuales de los estímulos

Constancia perceptual

Piense en lo que ocurre cuando termina una conversación con una amiga y ella comienza a alejarse de usted. Mientras la observa caminar por la calle, la imagen en su retina se hace cada vez más pequeña. ¿Se pregunta por qué se está encogiendo?

Por supuesto que no. A pesar del cambio real en el tamaño de la imagen en la retina, usted incorpora en su mente el conocimiento de que su amiga se aleja de usted. Independientemente de lo lejos que se vaya y de lo pequeña que pueda volverse la imagen en su retina como consecuencia de la distancia, la sigue percibiendo con el mismo tamaño.

Su amiga no parece encogerse a causa de la constancia perceptual. La *constancia perceptual* es un fenómeno en el cual los objetos físicos se perciben como si fueran invariantes y consistentes, a pesar de que haya cambios en su apariencia o en el ambiente físico.

Uno de los ejemplos más dramáticos de la constancia perceptual se relaciona con la Luna, conforme va cambiando su posición en el firmamento. Cuando la Luna aparece por vez primera en la noche, cercana al horizonte, parece enorme, mucho más grande que cuando está en lo alto del cielo, más tarde durante esa misma noche. Puede habérsele ocurrido que el tamaño aparente de la Luna era provocado porque está físicamente más cerca de la Tierra cuando aparece por primera vez. Sin embargo, ésta no es la razón en absoluto (Hershenson, 1989).

En lugar de ello, la Luna parece ser más grande cuando está más cercana al horizonte a consecuencia de una aplicación equívoca de la constancia perceptual (Coren y Aks, 1990; Coren, 1992b). Cuando la Luna está cerca del horizonte, las claves perceptuales del terreno y de objetos como árboles en el horizonte producen una apreciación errónea de la distancia. Debido a que la constancia perceptual nos hace considerar esa distancia cuando vemos la Luna, la percibimos relativamente grande. Por otra parte, cuando la Luna está en lo alto del cielo la vemos sola, por lo cual la constancia perceptual nos lleva a apreciarla relativamente pequeña. Para comprobar lo anterior vea la Luna cuando esté relativamente baja en el horizonte a través de un tubo de cartón; la Luna parecerá "encogerse" de inmediato a su tamaño normal.

a. Fuera de contexto

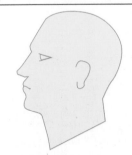

b. En contexto

FIGURA 3.20 *Las formas extrañas en el espacio a. se vuelven más reconocibles cuando se colocan en la cara que aparece en b. Fuente: basado en Palmer, 1975.*

Aunque otros factores ayudan a explicar esta ilusión visual de la Luna, la constancia perceptual parece ser el ingrediente principal de nuestra susceptibilidad a la ilusión (Coren, 1989; Baird, Wagner y Fuld, 1990; Coren y Aks, 1990; Suzuki, 1991). Además, la constancia perceptual no sólo tiene lugar con relación al tamaño (como en la ilusión de la Luna), sino también con los colores y las formas (por ejemplo, Brainard, Wandell y Chichilnisky, 1993). La imagen en nuestra retina varía conforme se acerca un avión, vuela sobre nuestra cabeza y luego desaparece; sin embargo, no percibimos al avión como si cambiara de forma. En lugar de ello, lo percibimos sin cambios, a pesar de las variaciones físicas que ocurren.

Percepción de la profundidad: convertir lo bidimensional en tridimensional

A pesar de la complejidad de la retina, las imágenes que se proyectan sobre ella son planas y de dos dimensiones; sin embargo, el mundo que nos rodea tiene tres dimensiones y así es como lo percibimos. ¿Cómo realizamos la transformación de lo bidimensional a lo tridimensional?

La capacidad para ver el mundo en tres dimensiones y de percibir la distancia, una capacidad a la que se denomina *percepción de la profundidad*, se debe en gran medida al hecho de que poseemos dos ojos. Debido a que existe cierta distancia entre los ojos, una imagen ligeramente distinta llega a cada retina. Así, el cerebro integra estas dos imágenes en una visión compuesta. Mas no ignora la diferencia de las imágenes, a la que se conoce como *disparidad binocular*. Esta disparidad le permite al cerebro calcular la distancia a la que se encuentra un objeto.

Usted puede darse una idea de lo que es la disparidad binocular. Tome un lápiz con el brazo extendido y obsérvelo primero con un ojo y luego con el otro. Hay poca diferencia entre ambas imágenes con relación al fondo. Ahora ponga el lápiz a sólo unos diez centímetros de su cara y realice la misma acción. Esta vez percibirá una diferencia mucho mayor entre ambas imágenes.

La discrepancia entre las imágenes de los dos ojos varía de acuerdo con la distancia de los objetos que vemos, lo cual nos proporciona un medio para determinar la distancia. Si vemos dos objetos, y uno de ellos está mucho más cerca de nosotros que el otro, la disparidad en las retinas será relativamente grande y tendremos una sensación de profundidad entre ambos. Por otra parte, si los dos objetos están a distancias similares de nosotros, la disparidad de las retinas será menor y los percibiremos como casi equidistantes de nosotros.

Los cineastas, cuyo medio de expresión los obliga a proyectar imágenes de sólo dos dimensiones, han intentado crear la ilusión de percepción de la profundidad mediante el empleo de dos cámaras, ubicadas en sitios ligeramente distintos, para producir imágenes un tanto diferentes, cada una de ellas dirigida a uno de los ojos. En una película en tercera dimensión, ambas imágenes se proyectan de manera simultánea. Esto produce una imagen doble, a menos que se utilicen anteojos especiales a fin de que cada una de las imágenes sea percibida por el ojo que se desea que la detecte. Estos anteojos especiales, con los que están familiarizados los aficionados al cine desde la proyección de la primer película en tercera dimensión, *Bwana Devil,* en 1952, producen una genuina sensación de profundidad. Técnicas similares se están desarrollando para proyectar películas en tercera dimensión por televisión (Rogers, 1988).

En algunos casos, determinadas claves nos permiten obtener una sensación de profundidad y de la distancia con un solo ojo (Burnham, 1983). A ellas se les denomina **claves monoculares**. Una clave monocular, el *paralaje de movimiento*, consiste en el cambio de posición de un objeto en la retina conforme la cabeza se mueve de lado a lado. El cerebro es capaz de calcular la distancia hasta el objeto por la cantidad de cambio en la imagen de la retina. De modo similar, la experiencia nos ha enseñado que si dos objetos tienen el mismo tamaño, el que presente la imagen más pequeña en la retina estará más

Claves monoculares: señales que nos permiten percibir la distancia y la profundidad con un solo ojo

lejos que el objeto que genere la imagen más grande, lo cual es un ejemplo de la clave monocular conocida como *tamaño relativo*.

Por último, quien haya visto alguna vez las vías del tren unirse a la distancia sabe que los objetos lejanos parecen estar más cerca entre sí que los objetos cercanos, a este fenómeno se le denomina *perspectiva lineal*. Las personas utilizan la perspectiva lineal como clave monocular para calcular la distancia, lo cual permite que la imagen bidimensional en la retina registre el mundo tridimensional (Bruce, Green y Georgeson, 1997).

Percepción del movimiento: el mundo nunca se detiene

Cuando un bateador trata de golpear una pelota que le acaban de lanzar, el factor más importante es el movimiento de la bola. ¿Cómo puede calcular un bateador la velocidad y la ubicación de un blanco que se mueve a unos 144 kilómetros por hora?

La respuesta está, en parte, en distintas claves que nos proporcionan información importante acerca de la percepción del movimiento (Movshon y Newsome, 1992). Por un lado, el movimiento de un objeto a lo largo de la retina por lo general se percibe con relación a algún fondo estable e inmóvil. Además, si el estímulo se acerca a nosotros, la imagen en la retina puede agrandar su tamaño, abarcando cada vez una mayor proporción del campo visual. En estos casos, suponemos que el estímulo se acerca, no que se trata de un estímulo que crece al cual se le ve a una distancia constante.

No obstante, no es sólo el movimiento de las imágenes a lo largo de la retina lo que genera la percepción del movimiento. Si así fuera, percibiríamos el mundo en movimiento cada vez que moviéramos la cabeza. En lugar de ello, uno de los aspectos más importantes que aprendemos de la percepción es el de descomponer en factores la información relativa a los movimientos de la cabeza y los ojos, con información acerca de los cambios en la imagen en la retina.

En algunos casos, el movimiento es tan rápido que somos incapaces de seguirlo. En esas situaciones podemos anticipar dónde quedará el objeto con base en nuestra experiencia previa. Por ejemplo, la medición por computadora de los lanzamientos de pelotas de béisbol ha demostrado que casi todas las rectas que se lanzan en los partidos de ligas mayores van tan rápido que el ojo no es capaz de seguirlas. De hecho, si un bateador tratara de seguir una recta desde que la pelota sale de la mano del lanzador, la perdería de vista a unos 180 centímetros de distancia antes del *home* (Bahill y Laritz, 1984). Las investigaciones sugieren que los buenos peloteros apartan sus ojos de la bola a la mitad de su recorrido y dirigen su visión más cerca del *home*, en donde aguardan la llegada de la pelota para (esperan) batearla. En este sentido, en lugar de confiar en los datos sensoriales brutos de la bola en tránsito, el fenómeno de la sensación, utilizan procesos perceptuales, valiéndose de lo que han aprendido para hacer conjeturas respecto a la trayectoria de las pelotas.

Ilusiones perceptuales: los engaños de las percepciones

Puesto que la vista sigue contornos agraciados, a menos que halaguemos su placer mediante alteraciones proporcionales de estas partes (de modo que por medio de ajustes neutralicemos la medida en la que es víctima de ilusiones), un aspecto extraño y sin gracia se le presentará a los espectadores.

El fenómeno al que en lenguaje tan elegante se refiere Vitruvius, un arquitecto griego que vivió alrededor del año 30 a.C., consiste en que la gente no siempre ve el mundo con precisión. En consecuencia, Vitruvius sostiene que debemos considerar la forma en que el cerebro y los ojos de las personas perciben los edificios cuando diseñemos obras arquitectónicas.

Piense en el Partenón, una de las construcciones más célebres de la antigua Grecia. A pesar de que al ojo se le presenta recto y exacto, en realidad se construyó con un lado pandeado. Esta característica engaña a quienes lo ven y les hace pensar que está derecho.

Si no estuviera pandeado en esa sección, y si careciera de otros tantos "trucos" parecidos, como las columnas que se inclinan hacia adentro, parecería estar chueco y a punto de caerse.

El hecho de que el Partenón dé la impresión de estar completamente derecho, con líneas y ángulos rectos en cada una de sus esquinas, es el resultado de una serie de ilusiones ópticas. Las **ilusiones ópticas** son estímulos físicos que producen, de manera consistente, errores en la percepción. En el caso del Partenón, el edificio parecer estar completamente recto, como se ilustra en la figura 3.21*a*. Sin embargo, si se le hubiera construido de esa forma, lo veríamos como se nos presenta en la figura 3.21*b*. La razón de ello es la ilusión que se muestra en la figura 3.21*c*, que hace que los ángulos colocados sobre una línea parezcan estar pandeados. Para eliminar la ilusión, el Partenón se construyó como se ilustra en la figura 3.21*d*, con una ligera curvatura hacia arriba.

Estos descubrimientos sobre la percepción no terminan con los griegos. Los arquitectos y los diseñadores modernos también toman en cuenta las distorsiones visuales cuando realizan sus planos. Por ejemplo, el Superdomo de Nueva Orleáns tiene diversos trucos visuales. Sus asientos varían de color a lo largo y ancho del estadio con el fin de presentar la apariencia, desde la distancia, de que siempre está repleto. El alfombrado en

Ilusiones ópticas: estímulos físicos que de manera consistente producen errores en la percepción

FIGURA 3.21 *Al erigir el Partenón, los griegos construyeron una maravilla arquitectónica que da la impresión de estar perfectamente derecha, con ángulos rectos en todas sus esquinas, como en a. Sin embargo, si lo hubiesen construido con ángulos totalmente rectos, se habría visto como aparece en b. a causa de la ilusión óptica que se muestra en c. Para compensar el efecto de esta ilusión, se diseñó el Partenón de modo que tuviera una ligera curvatura hacia arriba, como se muestra en d. Fuente: Coren y Ward, 1989, p. 5.*

a.

c.

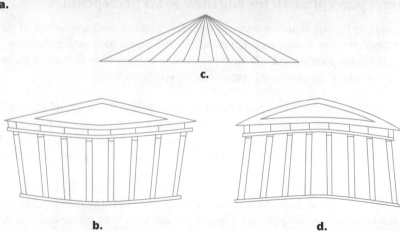

b.   d.

algunos de los pasillos de entrada cuenta con bandas perpendiculares que hacen que la gente aminore su velocidad al producir la percepción de que la persona se mueve más rápido de lo que en realidad lo está haciendo. Esa misma ilusión se emplea en las casetas de cobro de las autopistas: las rayas pintadas en el pavimento frente a las casetas de cobro hacen que los conductores sientan que su automóvil se mueve más rápido de lo que en realidad va, lo cual provoca que disminuyan con rapidez su velocidad.

Las implicaciones de las ilusiones visuales van más allá del atractivo de los edificios. Por ejemplo, suponga que usted es un controlador de tráfico aéreo que observa una pantalla de radar como la que se muestra en la figura 3.22a. Podría estar tentado a reclinarse hacia atrás y relajarse mientras dos aviones, cuyas rutas de vuelo se indican en la figura, se acercan entre sí cada vez más. Sin embargo, si lo hace, el resultado podría ser un desastre aéreo. Aunque parece que los dos aviones no chocarán, se dirigen a una colisión. Las investigaciones han sugerido que entre 70 y 80% de todos los accidentes aéreos son causados por errores humanos de una clase o de otra (O'Hare y Roscoe, 1990; Baker *et al.*, 1993).

La situación de la ruta de vuelo es un ejemplo de una ilusión óptica bien conocida, a la cual se le llama *ilusión de Poggendorf*. Como puede verse en la figura 3.22b, esta ilusión, cuando se reduce a lo básico, da la impresión de que la línea x pasaría *debajo* de la línea y, si se extendiera a través de la figura en forma de tubo, en vez de dirigirse directamente hacia la línea y como sucede en realidad.

La ilusión de Poggendorf es sólo una de las muchas que engañan al ojo en forma consistente (Perkins, 1983; Greist-Bousquet y Schiffman, 1986). Otra, ilustrada en la figura 3.23, se llama *ilusión de Müller-Lyer*. Aunque ambas líneas miden lo mismo, la que tiene las puntas de flecha hacia adentro (figura 3.23a, parte superior) parece ser más larga que la que tiene las puntas de flecha hacia afuera (figura 3.23a, parte inferior).

Aun cuando se han sugerido todo tipo de explicaciones para las ilusiones ópticas, la mayoría de ellas se centra en el aparato sensorial del ojo o en nuestra interpretación de una figura determinada. Las explicaciones que se dan a la ilusión de Müller-Lyer argumentan, por ejemplo, que los movimientos oculares son mayores cuando las puntas de la flecha apuntan hacia adentro, lo cual nos hace percibir la línea más larga que cuando las puntas de la flecha apuntan hacia afuera.

Otra evidencia señala que la ilusión puede ser atribuida a errores de interpretación del cerebro. Por ejemplo, una hipótesis supone que la ilusión de Müller-Lyer es resultado del sentido que le damos a cada una de las líneas (Gregory, 1978; Redding y Hawley, 1993). Cuando vemos la línea superior de la figura 3.23a, tendemos a percibirla como si se tratara de la esquina interna de un cuarto que se extendiera alejándose de nosotros, como se ilustra en la figura 3.23b. Por otra parte, cuando vemos la línea inferior de la figura

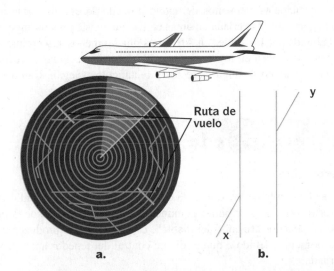

a.   b.

FIGURA 3.22 *a. Póngase en el lugar de un controlador de vuelo y observe las rutas de vuelo de los dos aviones en esta pantalla de radar. A primera vista parece que se dirigen por diferentes cursos y que no chocarán. Pero ahora tome una regla y colóquela a lo largo de las dos rutas. Su carrera como controlador de vuelos podría haber terminado si estuviera guiando a los dos aviones y les permitiera continuar sin cambiar de curso (Coren, Porac y Ward, 1984, p. 7). b. La ilusión de Poggendorf, en la que parece (en forma incorrecta) que las dos líneas diagonales no se encontrarían si se extendieran una hacia la otra.*

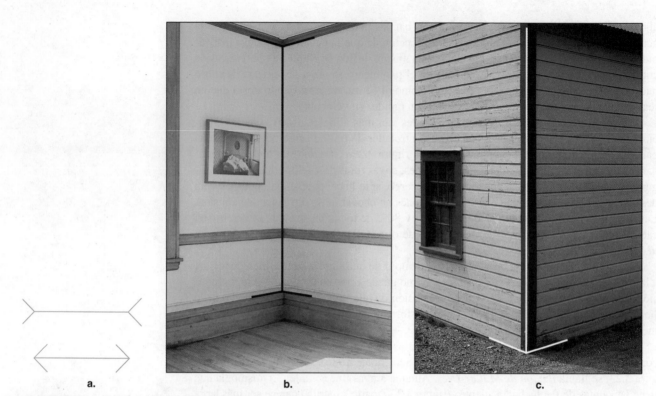

a.   **b.**   **c.**

FIGURA 3.23 *a. La ilusión de Müller-Lyer, en la que la línea horizontal superior parece más larga que la línea horizontal inferior. Una explicación de la ilusión de Müller-Lyer sugiere que la línea con las puntas de flecha dirigidas hacia adentro se interpreta como la esquina interior de una habitación rectangular que se aleja de nosotros b. y la línea con las puntas de flecha que señalan hacia afuera se ve como la esquina relativamente cercana de un objeto rectangular, como la esquina de la casa en c. Nuestra experiencia previa con claves de distancia nos lleva a suponer que la esquina exterior está más cerca que la esquina interior y que esta última debe ser, por tanto, más grande.*

3.23*a*, la percibimos como la esquina exterior relativamente cercana de un objeto rectangular, como la esquina de la casa que aparece en la figura 3.23*c*. A consecuencia de que la experiencia previa nos hace suponer que la esquina exterior está más cerca que la esquina interior, postulamos la suposición adicional de que la esquina interior por tanto debe ser más larga.

Debido a todas las suposiciones subyacentes, puede parecer poco probable que esta explicación sea válida. Sin embargo, existe una buena cantidad de evidencia que la apoya. Uno de los principales elementos de apoyo procede de estudios transculturales que muestran que la gente que fue criada en áreas en las que existen pocos ángulos rectos, como la región habitada por los zulúes en África, es mucho menos susceptible a esta ilusión que las personas que crecen en lugares en que la mayor parte de las estructuras se construyen mediante el empleo de ángulos rectos y rectángulos (Segall, Campbell y Herskovits, 1966).

Exploración de la diversidad

Cultura y percepción

Como lo indica el ejemplo de los zulúes, la cultura en la que somos criados influye claramente en las formas en que percibimos el mundo. Considere el dibujo de la figura 3.24. A veces llamado el "tenedor afinador del diablo", es probable que produzca un efecto que haga vacilar a la mente, debido a que el diente central del tenedor aparece y desaparece en forma alternada.

Ahora trate de reproducir el dibujo en un trozo de papel. Las probabilidades indican que la tarea le resultará casi imposible, a menos que sea integrante de una tribu africana con poca exposición a las culturas occidentales. Para dichos individuos, la tarea es simple, no tienen problema para reproducir la figura. La razón parece ser que los occidentales interpretan de manera automática el dibujo como algo que no puede existir en tres dimensiones y por consiguiente se inhiben para reproducirlo. Los miembros de tribus africanas, por otra parte, no hacen la suposición de que la figura es "imposible" y en vez de ello la ven en dos dimensiones, lo cual les permite copiar la figura con facilidad (Deregowski, 1973).

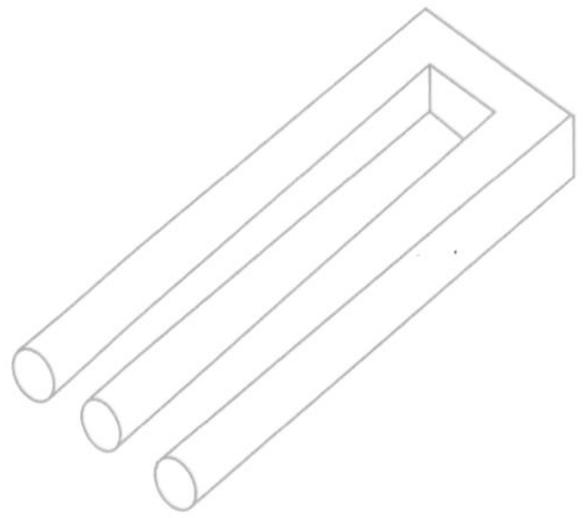

Las diferencias culturales también se reflejan en la percepción de la profundidad. Un occidental que viera la figura 3.25 interpretaría el dibujo como uno en el que el cazador está apuntándole al antílope en el primer plano mientras un elefante está parado debajo del árbol en el fondo. Sin embargo, un integrante de una tribu africana aislada interpreta la escena de manera diferente al suponer que el cazador está apuntando al elefante. Los occidentales usan la diferencia de tamaño entre los dos animales como una clave de que el elefante está más lejos que el antílope (Hudson, 1960).

En este sentido, las interpretaciones equívocas generadas por las ilusiones ópticas se deben, en última instancia, a errores tanto de procesamiento visual fundamental como de la forma en que el cerebro interpreta la información que recibe. Las ilusiones ópticas ilustran asimismo un dato fundamental acerca de la percepción, lo cual las convierte en algo más que meras curiosidades psicológicas. Existe una conexión básica entre nuestro conocimiento previo, necesidades, motivaciones y expectativas acerca del modo en que está conformado el mundo y la manera en que lo percibimos. Así las cosas, nuestra visión del mundo en gran medida está en función de factores psicológicos básicos. Además, cada uno de nosotros percibe el entorno de un modo único y específico, hecho que permite a cada uno hacer nuestra propia contribución especial al mundo. ■

Percepción subliminal y otras controversias de la percepción

¿Puede elevar su autoestima o mejorar su memoria por medio de la percepción subliminal? Es probable que no, aunque puede hacer que *piense* que se siente mejor y que recuerda más.

La **percepción subliminal** se refiere a la percepción de mensajes de los cuales no nos percatamos. El estímulo puede ser una palabra, un sonido o incluso un olor que activa al sistema sensorial, pero que no es lo bastante intenso como para que la persona indique

FIGURA 3.24 *El "tenedor afinador del diablo" tiene tres dientes... ¿o tiene dos?*

Percepción subliminal: la percepción de mensajes de los que no se da cuenta la persona

FIGURA 3.25 *¿El hombre le está apuntando al elefante o al antílope? Los occidentales asumen que la diferencia de tamaño entre los dos animales indica que el elefante está más lejos y por consiguiente el hombre está apuntándole al antílope. Por otra parte, los miembros de algunas tribus africanas, no acostumbrados a las claves de profundidad en dibujos bidimensionales, asumen que el hombre está apuntándole al elefante. Fuente: basado en Deregowski, 1973.*

que lo ha experimentado. Por ejemplo, las personas pueden informar que no les es posible percibir una palabra, llamada un *primordial*, mostrada en forma momentánea en una pantalla frente a ellas. Más tarde, sin embargo, pueden comportarse en una forma que indica que en realidad vieron la primordial: esto proporciona evidencia de la percepción subliminal. De manera específica, algunos experimentos han mostrado que las personas que son expuestas en forma muy breve a una etiqueta descriptiva que no pueden recordar haber visto, más tarde forman impresiones que están influidas por esa etiqueta (Bargh y Pietromonaco, 1982; Merikle, 1992; Greenwald, Draine y Abrams, 1996).

¿Esto significa que los mensajes subliminales pueden conducir en realidad a cambios significativos en las actitudes o el comportamiento? La mayor parte de la evidencia sugiere que no. En un experimento bien controlado, el psicólogo Anthony Greenwald y sus colegas dieron a voluntarios que deseaban mejorar su autoestima o su memoria grabaciones que habían sido compradas con tres fabricantes (Greenwald *et al.*, 1991). El contenido audible de las cintas consistía en música clásica, música popular o sonidos de olas o bosques; sin embargo, de acuerdo con los fabricantes, mensajes sonoros subliminales relevantes para el mejoramiento de la autoestima o de la memoria eran repetidos suavemente en las cintas.

Para probar por completo los efectos de los mensajes, los investigadores manipularon las etiquetas en algunas de las cintas. En consecuencia, algunos participantes que pensaban que estaban obteniendo una cinta para mejorar la autoestima en realidad recibían una cinta para mejorar la memoria, y a otros que recibían una cinta etiquetada como si fuera para mejorar la memoria en realidad se les daba una diseñada para mejorar la autoestima. Algunos sujetos, por supuesto, recibieron cintas etiquetadas en forma correcta.

Los resultados fueron claros. Después de un mes de prácticas, ni la cinta para autoestima ni la de la memoria habían tenido ningún efecto real en las personas. Lo que importó, sin embargo, fue la etiqueta en la cinta. Los participantes que pensaron que habían recibido una cinta de autoestima (fuera en realidad una cinta de autoestima o una para la memoria) tendieron a informar que notaban una mejora en su autoestima. Aquellos que pensaron haber escuchado una cinta para la memoria indicaron que su memoria había mejorado, sin importar la naturaleza verdadera de la cinta.

En síntesis, los mensajes subliminales contenidos en las cintas al parecer no tuvieron consecuencias significativas. Esta conclusión se suma al estado de nuestro conocimiento sobre la percepción subliminal. Aunque somos capaces de percibir algún tipo de información del que no nos percatamos, ninguna evidencia demuestra que los mensajes subliminales puedan cambiar nuestras actitudes o comportamiento en forma considerable.

Aun así, continúan haciéndose declaraciones sobre la efectividad de los mensajes subliminales. Por ejemplo, los padres de dos muchachos que se suicidaron demandaron al grupo de rock Judas Priest debido a los supuestos mensajes subliminales contenidos en su música (Neely, 1990). Los padres argumentaban que sus hijos se habían matado después de escuchar en forma repetida un mensaje subliminal que decía "¡Hazlo!" en una canción cuya letra expone la inutilidad de la vida. El juez y el jurado estuvieron en desacuerdo, al igual que la mayoría de los psicólogos.

Percepción extrasensorial (PES)

Debido a la evidencia poco confiable que apoya la percepción subliminal, los psicólogos son aún más escépticos con los informes de *percepción extrasensorial* (PES), es decir, percepción que no implica a nuestros sentidos conocidos. La mayoría de los psicólogos rechaza la existencia de la PES, y afirman que no hay documentación válida de que el fenómeno exista (Swets y Bjork, 1990; Hyman, 1994).

Un reciente debate en una de las revistas especializadas en psicología más prestigiadas, sin embargo, ha aumentado el interés en el área. De acuerdo con un artículo de Daryl Bem y Charles Honorton, existe evidencia confiable para lo que ellos llaman "proceso anómalo de transferencia de información" o *psi*, una forma de PES (Bem y Honorton, 1994). Ellos afirman que un cuerpo acumulativo de investigaciones muestra un apoyo confiable para la existencia de *psi* cuando se emplea un método llamado "procedimiento Ganzfeld" para transferir información.

El procedimiento Ganzfeld tiene un transmisor que es expuesto a un estímulo, como una obra de arte, una fotografía o una secuencia grabada en video, durante unos 30 minutos. En otra habitación, un receptor aislado se sienta en una silla cómoda y es protegido de estimulación extraña cubriéndole los ojos y tapándole los oídos con audífonos que reproducen una estática constante. Mientras los transmisores se concentran en lo que están viendo, los receptores dan un relato verbal sucesivo de sus pensamientos durante el periodo de 30 minutos. Al final del periodo, se les presentan a los receptores cuatro estímulos y se les pide que escojan cuál se parece más a lo que experimentaron durante el periodo de recepción. Debido a que, después de muchos ensayos empleando el procedimiento Ganzfeld, algunos receptores han escogido con éxito el estímulo correcto en una proporción que está ligeramente por encima de lo que se podría esperar sólo por azar, Bem y Honorton sugieren que la evidencia apoya la existencia de *psi*.

Su conclusión ha sido puesta en duda en varios aspectos; por ejemplo, un crítico sugirió que la metodología de investigación en los estudios realizados era inadecuada, y que los experimentos específicos que apoyan a la *psi* no incluyen formas aceptables de aleatorización en la presentación de los estímulos (Hyman, 1994).

Debido a las dudas sobre la calidad de la investigación, así como a la falta de cualquier explicación teórica creíble respecto a la manera en que podría llevarse a cabo la percepción extrasensorial, la mayoría de los psicólogos continúa creyendo que no hay apoyo científico confiable para la PES. Aun así, es probable que la revista *Psychological Bulletin* aumente el debate. De mayor importancia, es probable que el interés renovado en la PES entre los psicólogos inspire más investigación, la única forma en que puede resolverse la cuestión.

El consumidor de psicología bien informado

El manejo del dolor

El dolor, sea una sensación palpitante, punzante, picante, lacerante o quemante, es una sensación que no puede pasarse por alto con facilidad. Cuando el dolor ataca, es probable que busquemos diversos remedios que tengamos a la mano, desde tomar un analgésico hasta acostarnos en una tina con agua caliente.

Para algunas víctimas, como Jennifer Darling (cuyo caso fue descrito antes), el dolor nunca cesa. Debido a enfermedad, lesiones o procedimientos médicos o a veces por razones desconocidas, algunas personas sufren de un dolor crónico persistente. Para combatir el dolor crónico, al igual que tipos más comunes, los psicólogos y médicos especialistas han diseñado varias estrategias, como la mencionada antes en el recuadro *Los caminos de la psicología* de este capítulo que describe el trabajo de James Willcockson.

Entre los enfoques más importantes para combatir el dolor crónico están los siguientes (Turk y Melzack, 1992; Novy *et al.*, 1995; Langreth, 1996; Gatchel y Turk, 1996):

- *Medicación.* Los analgésicos constituyen el tratamiento más popular para combatir al dolor. Van desde aquellos que tratan en forma directa la fuente del dolor, como reducir la inflamación en articulaciones adoloridas, hasta aquellos que actúan sobre los síntomas del dolor. Los medicamentos vienen en forma de píldoras, inyecciones o líquidos. En una de las innovaciones más recientes, los fármacos son inyectados en forma directa en la médula espinal. Los investigadores también están trabajando en medicamentos que estimulen la creación de endorfinas, los analgésicos naturales propios del cuerpo, las cuales se comentaron en el capítulo 2.

- *Estimulación nerviosa y cerebral.* El dolor puede aliviarse en ocasiones cuando se pasa una corriente eléctrica de bajo voltaje por la parte específica del cuerpo que duele. En casos aún más graves, pueden implantarse quirúrgicamente electrodos directo en el cerebro y un paquete de baterías manual puede estimular a las células nerviosas para proporcionar un alivio directo (Garrison y Foreman, 1994; Walsh *et al.*, 1995). Este proceso, empleado en el caso de Jennifer Darling, es conocido como *estimulación nerviosa eléctrica transcutánea.*

- *Hipnosis.* Para aquellas personas que pueden ser hipnotizadas, este método puede producir un mayor grado de alivio del dolor (Erickson, Hershman y Secter, 1990; Rhue, Lynn y Kirsch, 1993; Genuis, 1995; Mairs, 1995; Holroyd, 1996; Spiegel, 1996).

- *Retroalimentación biológica y técnicas de relajación.* Como se expuso en el capítulo anterior, la retroalimentación biológica es un proceso en el que las personas aprenden a controlar funciones "involuntarias" como el ritmo cardiaco y la respiración. Si el dolor implica músculos, como en las jaquecas tensionales o el dolor de espalda, la retroalimentación biológica puede ser eficaz. Por medio de la biorretroalimentación y el uso de otras técnicas, las personas pueden ser entrenadas para relajar sus cuerpos de manera sistemática. Esta relajación a menudo es efectiva para disminuir el dolor causado por tensión (Schwartz y Schwartz, 1993; Wauquier *et al.*, 1995; Hermann, Kim y Blanchard, 1995; NIH, 1996a, 1996b).

- *Cirugía.* Uno de los métodos más extremos, la cirugía, puede emplearse para cortar ciertas fibras nerviosas que transmiten mensajes de dolor al cerebro. Debido al riesgo de que otras funciones corporales puedan resultar afectadas, la cirugía es un último recurso, y es usado con más frecuencia en pacientes terminales.

- *Reestructuración cognitiva.* Las personas que se dicen de manera continua a sí mismas: "este dolor nunca cesará", "el dolor está arruinando mi vida" o "no aguanto más" es probable que empeoren aún más su dolor. Como se expondrá en el capítulo 13, al sustituirlo por formas más positivas de pensamiento, las personas pueden incrementar su sentido de control, y en realidad reducir el grado de dolor que experimentan. Enseñar a las personas a reescribir el "argumento" que controla su reacción ante el dolor por medio de terapia puede dar como resultado reducciones significativas en la percepción del dolor (Heyneman *et al.*, 1990; Turk y Nash, 1993; Azar, 1996b).

Si desea aprender más sobre el dolor crónico, puede consultar a la American Chronic Pain Association, P.O. Box 850, Rocklin, CA 95677. Además, muchos hospitales tienen clínicas del dolor que se especializan en su tratamiento; no obstante, debe asegurarse, en caso de que se trate en Estados Unidos, de que la clínica a la que acude está aprobada por la Commission for the Accreditation of Rehabilitative Facilities o la Joint Commission on the Accreditation of Health-Care Organizations.   ■

Recapitulación, revisión y reflexión

Recapitulación

- Entre las leyes gestálticas de la organización se encuentran la de cierre, la de proximidad, la de semejanza y la de simplicidad.

- Las personas no responden en forma pasiva a los estímulos visuales; en lugar de ello, tratan de separar una figura determinada del fondo.

- El análisis de atributos considera cómo perciben un estímulo las personas, lo descomponen en los elementos individuales que lo constituyen y luego emplean éstos para comprender lo que ven.

- La percepción tiene lugar a través de los procesamientos descendente y ascendente.

- La percepción de profundidad se genera a consecuencia de la disparidad binocular, del paralaje del movimiento y del tamaño relativo de las imágenes en la retina. La percepción del movimiento es resultado del desplazamiento de las imágenes en la retina, combinado con información sobre los movimientos de la cabeza y de los ojos.

- Las ilusiones ópticas son estímulos físicos que producen errores de percepción de manera consistente. Entre las más comunes se encuentran la ilusión de Poggendorf y la de Müller-Lyer.

- La percepción subliminal y la percepción extrasensorial aún son asuntos controvertidos.

Revisión

1. Relacione cada una de las siguientes leyes de organización con su significado:

   a. cierre
   b. proximidad
   c. semejanza
   d. simplicidad

   1. Los elementos cercanos entre sí se agrupan.
   2. Los patrones se perciben de la manera más básica y directa que sea posible.
   3. Las agrupaciones se hacen con base en figuras completas.
   4. Los elementos de aspecto similar se agrupan.

2. El análisis de _____ está relacionado con el modo en que descomponemos un objeto en las partes que lo conforman con el fin de comprenderlo.

3. El procesamiento que toma en cuenta funciones superiores como las expectativas y las motivaciones se denomina procesamiento _____, en tanto que el que implica el reconocimiento de los componentes individuales de un estímulo se conoce como procesamiento _____.

4. Cuando pasa un automóvil por la carretera y parece encogerse conforme se aleja, ¿cuál es el fenómeno de percepción que le permite darse cuenta de que el automóvil no se está haciendo más pequeño, sino que se está alejando?

5. La _____ es la capacidad de ver el mundo en tres dimensiones en lugar de dos.

6. Los ojos emplean una técnica conocida como _____ _____, la cual usa las imágenes diferentes que ve cada ojo para darle tres dimensiones a la visión.

7. Relacione las claves monoculares con sus definiciones:

   1. tamaño relativo
   2. perspectiva lineal
   3. paralaje del movimiento

   a. Las líneas rectas parecen juntarse a medida que se alejan.
   b. Un objeto cambia de posición en la retina conforme se mueve la cabeza.
   c. Si dos objetos tienen el mismo tamaño, el que produzca la imagen más pequeña en la retina es el más lejano.

8. ¿Cuál de las siguientes explicaciones *no* se ha propuesto como una explicación de por qué percibimos ilusiones ópticas?

   a. Variaciones en el aparato sensorial del ojo
   b. Escasa distancia entre los globos oculares
   c. Errores de interpretación cometidos por el cerebro
   d. Experiencia de aprendizaje previa

Las respuestas a las preguntas de revisión se encuentran en la página 141.

Reflexión

1. ¿Puede pensar en ejemplos del uso combinado de procesamiento descendente y ascendente en la vida cotidiana? En sus ejemplos, ¿qué tipo de procesamiento parece ocurrir primero de manera más regular? ¿Por qué? ¿Un tipo de procesamiento es superior al otro?

2. ¿En qué formas aprenden los pintores a representar escenas tridimensionales en el medio bidimensional del lienzo? ¿Piensa que los artistas en culturas no occidentales emplean los mismos principios u otros diferentes para representar la tridimensionalidad? ¿Por qué?

3. Si el experimento *psi* descrito en este capítulo tiene fallas, ¿cómo puede explicarse el éxito mayor que el azar de algunos receptores?, ¿cómo podría mejorar el diseño del experimento?

UNA MIRADA

retrospectiva

¿Qué es la sensación y cómo la estudian los psicólogos?

1. La sensación es la estimulación de los órganos sensoriales que se produce mediante el contacto inicial con los estímulos (formas de energía que activan un órgano sensorial). Por otro lado, la percepción es el proceso por el que organizamos, interpretamos, analizamos e integramos los estímulos a los que están expuestos nuestros sentidos. La sensación ha sido investigada de manera tradicional por la rama de la psicología a la que se denomina psicofísica, que estudia las relaciones que existen entre la naturaleza física de los estímulos y las respuestas sensoriales que una persona presenta ante ellos.

¿Cuál es la relación entre la naturaleza de un estímulo físico y los tipos de respuestas sensoriales que se originan a partir de él?

2. Un área importante de la psicofísica es el estudio del umbral absoluto, es decir, la cantidad mínima de intensidad física por la que se puede detectar un estímulo. A pesar de que bajo condiciones ideales los umbrales absolutos son en extremo sensibles, la presencia de ruido (estímulos de fondo que interfieren con otros estímulos) reduce las capacidades de detección. Además, factores como las expectativas y las motivaciones de un individuo afectan el éxito en la detección de

estímulos. En la actualidad se emplea la teoría de la detección de señales para predecir la precisión de los juicios mediante la apreciación sistemática de dos tipos de errores cometidos por los observadores: informar acerca de la presencia de un estímulo cuando no existe ninguno, e informar acerca de la ausencia de un estímulo cuando sí hay uno presente.

3. Los umbrales diferenciales están relacionados con la diferencia mínima detectable entre dos estímulos, a la que se denomina diferencia apenas perceptible. De acuerdo con la ley de Weber, una diferencia apenas perceptible es una proporción constante de la intensidad de un estímulo inicial.

4. La adaptación sensorial sucede cuando nos acostumbramos a un estímulo constante y modificamos nuestra evaluación de éste. La exposición reiterada a un estímulo produce una declinación aparente de la sensibilidad a él.

¿Cuáles son los procesos básicos que subyacen al sentido de la visión?

5. La experiencia sensorial humana va mucho más allá de los cinco sentidos tradicionales, aunque se sabe más sólo sobre dos: la visión y la audición. La visión depende de la sensibilidad a la luz, que no es más que ondas electromagnéticas reflejadas por los objetos externos a nuestro cuerpo. El ojo moldea la luz para formar una imagen que se transforma en impulsos nerviosos que el cerebro debe interpretar.

6. Cuando la luz entra en el ojo, se desplaza a través de la córnea y atraviesa la pupila, que es un orificio oscuro en el centro del iris. El tamaño de la abertura de la pupila se ajusta de acuerdo a la cantidad de luz que penetra en el ojo. La luz pasa después al cristalino, el cual por medio de un proceso denominado acomodación, actúa para enfocar los rayos luminosos hacia la parte posterior del ojo, en donde se encuentra la retina, que se compone de células nerviosas sensibles a la luz: los bastones y los conos. Estos dos están distribuidos desigualmente por toda la retina, y la mayor concentración de conos tiene lugar en un sitio al que se denomina fóvea. Debido al fenómeno de la adaptación, requiere tiempo ajustarse a situaciones que son más oscuras que el ambiente previo.

7. La información visual recabada por los bastones y los conos se transfiere por medio de las células bipolares y ganglionares a través del nervio óptico, que conduce hasta el quiasma óptico, punto donde se divide el nervio óptico. Debido a que la imagen de la retina está invertida y de cabeza, las imágenes de la mitad derecha de la retina corresponden en realidad al campo de visión ubicado a la izquierda de la persona, y viceversa.

¿Cómo vemos los colores?

8. La visión de los colores parece tener dos procesos, uno descrito por la teoría tricromática y el otro por la teoría de los procesos opuestos. La primera sugiere que en la retina existen tres tipos de conos, cada uno de los cuales es sensible a determinada gama de colores. La segunda sostiene que en el ojo existen pares de células de distintos tipos. Estas células funcionan en oposición unas de otras.

¿Qué papel desempeña el oído en los sentidos de la audición, el movimiento y el equilibrio?

9. El sonido, el movimiento y el equilibrio se concentran en el oído. Los sonidos, en forma de ondas vibrantes de aire, penetran por el oído externo y viajan por el canal auditivo hasta

que llegan al tímpano. Las vibraciones del tímpano se transmiten al oído medio, que consta de tres huesecillos: martillo, yunque y estribo. Éstos transmiten las vibraciones a la ventana oval, una membrana delgada que conduce al oído interno. En el oído interno las vibraciones llegan hasta el caracol o cóclea que contiene la membrana basilar. Las células ciliares de la membrana basilar transforman la energía mecánica de las ondas sonoras en impulsos nerviosos que se transmiten al cerebro. Además de procesar el sonido, el oído está implicado en el sentido del equilibrio y del movimiento por medio de los canales semicirculares y los otolitos.

10. El sonido posee diversas características de importancia. Una de ellas es la frecuencia o número de crestas de onda que tienen lugar en un segundo. Las diferencias de frecuencia entre las ondas sonoras producen los distintos tonos. Otro aspecto importante del sonido es la intensidad, o variaciones de presión producidas por una onda que se desplaza por el aire. La intensidad se mide en decibeles. La teoría del lugar y la teoría de la frecuencia explican los procesos mediante los cuales distinguimos los sonidos de distinta frecuencia e intensidad.

¿Cómo funcionan el olfato y el gusto?

11. Se sabe menos acerca de los sentidos del olfato, del gusto y de los sentidos de la piel que acerca de la vista y el oído. Sin embargo, es claro que el olfato utiliza células olfatorias (células receptoras de la nariz) y que el gusto se concentra en las papilas gustativas de la lengua, las cuales son capaces de detectar combinaciones de sabores dulces, agrios, salados y amargos.

¿Cuáles son los sentidos de la piel y cómo se relacionan con la experiencia del dolor?

12. Los sentidos de la piel son responsables de las experiencias de tacto, presión, temperatura y dolor. Se sabe más sobre el dolor, el cual puede explicarse por la teoría del control de puertas. Ésta sugiere que receptores nerviosos particulares conducen a áreas específicas del cerebro relacionadas con el dolor. Cuando se activan estos receptores, se abre una "puerta" hacia el cerebro que permite que se experimente la sensación de dolor. Además, hay otro conjunto de receptores que, cuando es estimulado, cierra la puerta, lo cual reduce la experiencia de dolor. Las endorfinas, analgésicos internos, también pueden afectar la operación de la puerta.

13. Entre las técnicas usadas con mayor frecuencia para aliviar el dolor están la administración de fármacos, la hipnosis, la retroalimentación biológica, las técnicas de relajación, la cirugía, la estimulación de los nervios y del cerebro y la psicoterapia.

¿Cuáles son los principios subyacentes a nuestra organización del mundo visual que nos permiten dar sentido al propio entorno?

14. Las investigaciones relativas a las discrepancias entre figura y fondo demuestran que la percepción es un proceso constructivo en el cual las personas van más allá de los estímulos presentes físicamente e intentan construir una situación significativa. La percepción sigue las leyes gestálticas de la organización, una serie de principios por medio de los cuales organizamos fragmentos de información para formar unidades significativas, conocidas como gestalts. Entre las leyes más importantes están las de cierre, proximidad, semejanza y simplicidad. Los psicólogos gestálticos demostraron de manera

convincente que la percepción sigue la siguiente regla general: "El todo es mayor que la suma de sus partes."

15. El análisis de atributos se refiere a cómo consideramos una forma, patrón, objeto o escena con base en los elementos individuales que lo conforman. Estos atributos componentes se combinan en una representación del objeto completo en el cerebro. Por último, esta combinación de atributos se compara con recuerdos previos, lo cual permite que se realice la identificación del objeto.

16. El procesamiento de los estímulos perceptuales se produce tanto en forma descendente como ascendente. En el procesamiento descendente la percepción es guiada por conocimiento, experiencia, expectativas y motivaciones de orden superior. En el procesamiento ascendente, la percepción implica el reconocimiento y el procesamiento de información relativa a los componentes individuales de los estímulos.

17. La constancia perceptual nos permite percibir los estímulos como consistentes e invariantes, a pesar de que se produzcan cambios en el ambiente o en la apariencia de los objetos que se perciben. La constancia perceptual ocurre en función de la constancia de tamaño, forma y color.

¿Por qué somos capaces de percibir el mundo en tres dimensiones, a pesar de que nuestras retinas sólo pueden captar imágenes en dos dimensiones?

18. La percepción de la profundidad es la capacidad de percibir la distancia y ver el mundo en tres dimensiones, a pesar de que las imágenes que se proyectan en nuestras retinas sean bidimensionales. Somos capaces de juzgar la profundidad y la distancia como resultado de la disparidad binocular (diferencia entre las imágenes vistas por cada uno de los ojos) y de las claves monoculares, como el paralaje del movimiento (movimiento aparente de los objetos al tiempo que nuestra cabeza se mueve de un lado a otro), del tamaño relativo de las imágenes de la retina, y de la perspectiva lineal.

19. La percepción del movimiento depende de varias claves. Éstas incluyen el movimiento percibido de un objeto en nuestra retina y la información acerca de cómo se mueven la cabeza y los ojos.

¿Cuáles son las claves que nos ofrecen las ilusiones ópticas acerca de nuestra comprensión general de los mecanismos de percepción?

20. Las ilusiones ópticas son estímulos físicos que producen en forma consistente errores de percepción, lo cual origina juicios que no reflejan con precisión la realidad física del estímulo. Entre las ilusiones más conocidas se encuentran la ilusión de Poggendorf y la de Müller-Lyer.

21. Las ilusiones visuales por lo general son el resultado de errores en la interpretación que hace el cerebro de los estímulos visuales. Además, la cultura particular en la que somos criados tiene influencias evidentes en las formas en las que percibimos al mundo.

22. La percepción subliminal se refiere a la percepción de mensajes de los cuales no nos percatamos, mientras que la percepción extrasensorial no implica a nuestros sentidos conocidos. La existencia de ambos fenómenos está abierta a cuestionamiento y debate.

Términos y conceptos clave

sensación (p. 95)
percepción (p. 95)
estímulo (p. 96)
psicofísica (p. 96)
umbral absoluto (p. 96)
teoría de la detección de señales (p. 98)
umbral diferencial (p. 98)
ley de Weber (p. 99)
adaptación (p. 99)
retina (p. 103)
bastones (p. 103)
conos (p. 103)
adaptación a la oscuridad (p. 104)

nervio óptico (p. 105)
detección de atributos (p. 106)
teoría tricromática del color (p. 108)
teoría de la visión de colores por procesos opuestos (p. 109)
sonido (p. 113)
tímpano (p. 113)
caracol o cóclea (p. 114)
membrana basilar (p. 114)
células ciliares (p. 114)
teoría del lugar de la audición (p. 115)
teoría de la frecuencia de la audición (p. 116)

canales semicirculares (p. 117)
otolitos (p. 117)
sentidos de la piel (p. 120)
teoría del dolor basada en el control de puertas (p. 121)
leyes gestálticas de la organización (p. 124)
análisis de atributos (p. 126)
procesamiento descendente (p. 128)
procesamiento ascendente (p. 129)
claves monoculares (p. 130)
ilusiones ópticas (p. 132)
percepción subliminal (p. 135)

Respuestas a las preguntas de revisión:

1. a-3; b-1; c-4; d-2   2. atributos   3. descendente; ascendente   4. constancia perceptual   5. percepción de la profundidad   6. disparidad binocular   7. l-c; 2-a; 3-b   8. b

Epílogo

En este capítulo hemos señalado la importante distinción entre sensación y percepción, y hemos examinado los procesos fundamentales que subyacen a ambas. Hemos visto cómo los estímulos externos evocan respuestas sensoriales, y cómo nuestros diferentes sentidos procesan la información contenida en esas respuestas. También nos hemos enfocado en la estructura física y funcionamiento interno de los sentidos individuales, como la visión, la audición, el equilibrio, el olfato, el gusto y los sentidos de la piel, y hemos explorado cómo nuestro cerebro organiza y procesa la información sensorial para construir un panorama integrado y consistente del mundo que nos rodea.

Antes de proceder a exponer acerca de la conciencia en el siguiente capítulo, regresemos al prólogo que abrió este capítulo. Considere la historia del accidente ferroviario y responda las siguientes preguntas usando su conocimiento de la sensación y la percepción.

1. ¿La deficiencia en la visión del color comentada en el prólogo es principalmente una deficiencia de sensación o de percepción? ¿Por qué?

2. ¿Qué parte del ojo está implicada en la sensación de los colores de las señales luminosas del tren? ¿El ojo funcionaría de manera diferente durante el día en contraposición a la noche?

3. ¿Las dos teorías de la visión del color expuestas en este capítulo (la teoría tricromática y la teoría de los procesos opuestos) ayudarían a explicar cómo un ingeniero de ferrocarril podría aprobar una parte de la prueba de visión descrita en el prólogo y fallar en la otra?

4. ¿Las dos teorías pueden explicar cómo pudo haber omitido el ingeniero las señales amarilla y roja en la ruta del tren justo antes del accidente?

5. ¿Cómo podrían haber estado implicados el procesamiento descendente y el ascendente en el accidente? ¿La posible fatiga del ingeniero pudo haber afectado a cualquiera de ambos tipos de procesamiento? ¿Cómo?

Estados de conciencia

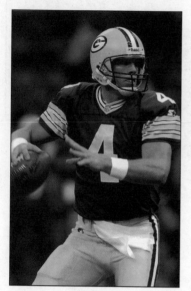

Brett Favre, estrella de los Empacadores de Green Bay, peleó y ganó su propia guerra personal contra las drogas.

Prólogo

Ganar la batalla

El mariscal de campo de los Empacadores de Green Bay, Brett Favre, puede decir con exactitud cuándo cambió su vida, aunque él no lo recuerde. Eran las 6 de la tarde del 27 de febrero y Favre estaba en su habitación del Hospital Bellin en Green Bay, Wisconsin, recuperándose de una cirugía del tobillo. Una enfermera estaba a punto de reinsertarle la aguja intravenosa mientras el mariscal, muchas veces lesionado, entornaba los ojos con resignación hacia su novia de mucho tiempo, Deanna Tynes, y su hija de siete años de edad, Brittany. De pronto convulsionó. "Su cuerpo entero estaba sacudiéndose, su labio estaba doblado", dijo Deanna, de 27 años, quien gritó a la enfermera que no dejara que se tragara la lengua. Brittany, aterrada, preguntó: "Mami, ¿se va a morir?"

En cierto sentido, sucedió justo lo contrario. Cuando Favre, de 26 años, recuperó la conciencia minutos después, se percató de un hecho central en su vida: era un adicto que necesitaba ayuda. Durante los cinco meses anteriores, Favre había estado tomando el analgésico vicodin, primero para que le ayudara a soportar durante toda la temporada las lesiones y luego como un apoyo para afrontar la fama. Los doctores no pudieron precisar la causa del ataque, pero a Favre le parecía claro que se relacionaba con su dependencia al fármaco prescrito. Tres meses después ingresaba en la Clínica Menninger en Topeka, Kansas, para una rehabilitación de seis semanas (Plummer y Pick, 1996, p. 129).

Brett Favre tuvo éxito en su guerra personal contra las drogas: en la actualidad no usa analgésicos, fue nombrado el jugador más valioso de la National Football League (NFL) y condujo a su equipo dos veces consecutivas al Súper Tazón. Otros, sin embargo, no son tan afortunados. Cada año, miles de personas mueren de complicaciones por sobredosis de fármacos, y muchas más son adictas a varias clases de drogas.

¿Qué conduce a la gente a volverse dependiente de las drogas o a usarlas como una forma para cambiar sus estados normales de conciencia? En forma más general, ¿qué *es* la conciencia y cómo se relaciona la conciencia de vigilia normal con estados como el sueño, los trances hipnóticos o las experiencias inducidas por drogas? En este capítulo consideraremos estas cuestiones.

La **conciencia** es la noción o conocimiento de las sensaciones, pensamientos y sentimientos que se experimentan en un momento determinado. Es la comprensión subjetiva tanto del ambiente que nos rodea como de nuestro mundo interno privado, inobservable para los demás.

La conciencia abarca varias dimensiones, e incluye diversos niveles. Por ejemplo, se extiende desde las percepciones que experimentamos mientras estamos despiertos al concentrarnos en responder bien un examen o al tratar de jugar bien en un partido de béisbol, hasta el nivel mínimo de conciencia que experimentamos mientras dormimos. La conciencia varía, por tanto, desde un estado activo a uno pasivo (Hilgard, 1980; Milner y Rugg, 1992). En los estados de más actividad realizamos de manera sistemática actividades mentales, enfocando nuestros pensamientos y absorbiendo el mundo que nos rodea. En estados de vigilia más pasivos, los pensamientos y las imágenes vienen a nosotros de manera más espontánea; ensoñamos o nos deslizamos de un pensamiento a otro. En los estados de conciencia más pasivos, como cuando dormimos, sólo estamos conscientes en forma mínima de los estímulos que nos rodean. Aun así, permanecemos conscientes al menos en parte de los acontecimientos que ocurren en el exterior de nuestros cuerpos, debido a que todavía podemos ser despertados por estímulos lo bastante fuertes, como el sonido insistente de un reloj despertador.

Como la conciencia es un fenómeno muy personal, los psicólogos en ocasiones se han negado a estudiarla (Rychlak, 1997). Después de todo, ¿quién puede decir que su conciencia es parecida o, para el caso, diferente de la de alguien más? De hecho, los primeros psicólogos sugirieron que el estudio de la conciencia rebasaba los límites de la disciplina. Afirma-

Conciencia: el hecho de percatarse de las sensaciones, pensamientos y sentimientos que se experimentan en un momento determinado

ban que, debido a que la conciencia sólo podía entenderse con base en las introspecciones "no científicas" de los sujetos sobre lo que experimentaban en un momento determinado, era mejor dejar su estudio a disciplinas como la filosofía. Quienes adoptaban esta postura sugerían que los filósofos podrían especular hasta la saciedad con respecto a temas tan enredados como si la conciencia está o no separada del cuerpo físico, cómo la gente sabe que existe, de qué manera se relacionan el cuerpo y la mente, y cómo identificamos el estado de conciencia en que nos encontramos en cualquier momento determinado.

La mayoría de los psicólogos contemporáneos, sin embargo, rechazan la perspectiva de que el estudio de la conciencia es inasequible para su campo de estudio (Block, Flanagan y Güzeldere, 1997; Shear, 1997). En lugar de ello afirman que existen diversos enfoques científicos que hacen posible su estudio. Por ejemplo, los biopsicólogos pueden medir patrones de ondas cerebrales bajo condiciones de conciencia que van desde el sueño hasta la vigilia, pasando por los trances hipnóticos. Además, nuevos conocimientos acerca de la química de drogas como la mariguana y el alcohol han propiciado nuevas hipótesis relativas al modo en que éstas producen sus particulares efectos placenteros, al igual que los adversos.

Otro argumento para el estudio de la conciencia es comprender el hecho de que las personas en culturas diferentes han buscado en forma cotidiana modos de alterar sus estados de conciencia. Se ha encontrado que estas variaciones en los estados de conciencia comparten algunas características básicas (Ludwig, 1969; Martindale, 1981). Una de ellas es una alteración en el pensamiento, el cual puede volverse superficial, ilógico o deteriorado de alguna manera. Además, puede perturbarse el sentido del tiempo de las personas, y es posible que cambien sus percepciones del mundo y de sí mismos. Pueden experimentar pérdida del autocontrol, haciendo cosas que de otra manera nunca harían. Por último, pueden tener una sensación de *inefabilidad*, es decir, la incapacidad para entender una experiencia en forma racional o describirla con palabras.

Este capítulo considera diversos estados de conciencia; inicia por dos que todos hemos experimentado: dormir y soñar. Después abordaremos los estados de conciencia logrados bajo condiciones de hipnosis y meditación. Por último, examinamos los estados de conciencia inducidos por drogas.

DORMIR Y SOÑAR

La multitud rugió cuando el corredor Donald Dorff, de 67 años de edad, capturó el balón que le lanzó su mariscal de campo y aceleró su carrera en el pasto artificial. Mientras Dorff se detenía en seco y daba un salto para esquivar a quien trataba de taclearlo, un enorme defensa se atravesó en su camino. Dorff, que representaba 54 kilogramos de peso en movimiento, no dudó en absoluto. Pero dejemos que el empleado de supermercado jubilado de Golden Valley, Minnesota, nos lo cuente:

"Había un defensivo de 126 kilogramos de peso esperándome, así que decidí cargarlo con mi hombro. Cuando recuperé el sentido, estaba tirado en el suelo de mi recámara. Había embestido el tocador y tirado todo lo que tenía encima, rompí el espejo y provoqué un gran desorden. Era la 1:30 de la mañana" (Long, 1987, p. 787).

Dorff, según se averiguó después, padecía de una extraña anomalía que afecta a algunos hombres mayores. El problema se produce cuando el mecanismo que suele cancelar los movimientos corporales durante los sueños no funciona de manera adecuada. Se sabe que los individuos que sufren de este trastorno han golpeado a otras personas, roto ventanas y perforado paredes, todo ello mientras se encontraban profundamente dormidos.

El problema de Donald Dorff tuvo un final feliz. Con la ayuda del clonazepam, un fármaco que suprime el movimiento mientras dormimos, su trastorno desapareció. Ahora puede dormir toda la noche sin molestias.

▶ **¿Cuáles son los distintos estados de conciencia?**

▶ **¿Qué ocurre cuando dormimos y cuál es el significado y la función de los sueños?**

▶ **¿En qué medida soñamos despiertos?**

▶ **¿Cuáles son los principales trastornos del sueño y cómo se les puede tratar?**

Aunque dormir es algo que todos hacemos durante gran parte de nuestras vidas, abundan los mitos y concepciones erróneas acerca de este tema. Para poner a prueba sus conocimientos acerca de dormir y soñar trate de responder las siguientes preguntas antes de continuar leyendo el capítulo.

____ 1. Algunas personas nunca sueñan. ¿Verdadero o falso?

____ 2. La mayor parte de los sueños es provocada por sensaciones corporales, como un dolor de estómago. ¿Verdadero o falso?

____ 3. Se ha demostrado que se requiere de ocho horas de sueño para conservar la salud mental. ¿Verdadero o falso?

____ 4. Cuando las personas no recuerdan lo que soñaron, es probable que se deba a que tratan secretamente de olvidarlo. ¿Verdadero o falso?

____ 5. Impedir a alguien que duerma provocará de forma invariable que el individuo pierda su equilibrio mental. ¿Verdadero o falso?

____ 6. Si perdemos algo de sueño, finalmente lo repondremos la noche siguiente o alguna otra. ¿Verdadero o falso?

____ 7. Nadie ha logrado pasar más de 48 horas sin dormir. ¿Verdadero o falso?

____ 8. Todos somos capaces de dormir y respirar al mismo tiempo. ¿Verdadero o falso?

____ 9. Dormir permite que el cerebro descanse, puesto que se produce poca actividad cerebral durante el sueño. ¿Verdadero o falso?

____ 10. Se ha demostrado que algunas drogas proporcionan una cura a largo plazo para los problemas del sueño. ¿Verdadero o falso?

Calificación: ésta es una lista de preguntas fácil de calificar, debido a que todas son falsas. Pero no pierda el sueño si no se dio cuenta, ya que se eligieron para representar los mitos más comunes respecto al sueño.

La eficacia del tratamiento de Dorff ilustra apenas uno de los avances recientes en nuestra comprensión del sueño; sin embargo, existen todavía muchas preguntas sin respuesta: por qué dormimos, cuánto sueño necesitamos, qué significan los sueños y cuál es su función y cómo podemos evitar el insomnio. (Antes de continuar la lectura, tal vez desee probar su conocimiento sobre dormir y soñar al responder las preguntas que aparecen en la figura 4.1.)

Las fases del sueño

La mayoría de nosotros pensamos que el sueño es un tiempo de calma y tranquilidad, hacemos a un lado las tensiones del día y pasamos la noche durmiendo apaciblemente. No obstante, una mirada más de cerca al sueño nos muestra que durante la noche se produce una enorme actividad, y lo que en principio parece ser un estado unitario, de hecho es muy diverso.

Gran parte de nuestro conocimiento de lo que ocurre cuando dormimos proviene del *electroencefalograma* (*EEG*), una medición de la actividad eléctrica dentro del cerebro (véase capítulo 2). Cuando los electrodos de un electroencefalógrafo se fijan en la superficie del cuero cabelludo y el rostro de una persona dormida, se hace evidente que, en lugar de estar dormido, el cerebro está activo durante toda la noche. Produce descargas eléctricas que forman patrones de onda sistemáticos que varían en altura (o amplitud) y

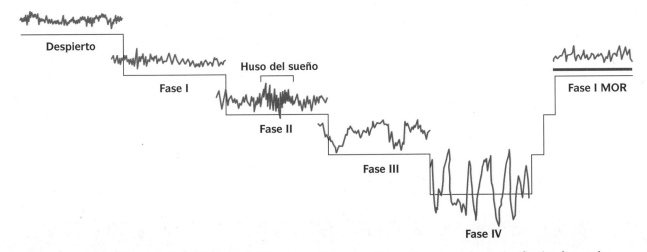

FIGURA 4.2 *Los patrones de ondas cerebrales (medidas con un electroencefalógrafo) varían en forma significativa durante las diferentes fases del sueño. Fuente: Hobson, 1988.*

en velocidad (o frecuencia) en secuencias regulares. Los instrumentos que miden los movimientos musculares y oculares también revelan la presencia de gran cantidad de actividad física.

La gente atraviesa por cuatro fases distintas de sueño a lo largo del descanso nocturno, pasando por ciclos que duran alrededor de 90 minutos. Cada una de estas cuatro fases del sueño está relacionada con un patrón particular de ondas cerebrales, como se muestra en la figura 4.2. Además, existen indicadores biológicos específicos de la ensoñación.

Cuando las personas se duermen, pasan de un estado de vigilia en el que se logra un relajamiento con los ojos cerrados hacia la **fase 1 del sueño**, que se caracteriza por ondas cerebrales relativamente rápidas y de bajo voltaje. Esta etapa en realidad es una transición entre la vigilia y el sueño. Durante la fase 1 a veces aparecen imágenes. Es como si estuviéramos viendo fotografías. Sin embargo, la ensoñación real no se alcanza durante la entrada inicial a esta fase.

Conforme el sueño se hace más profundo, la gente entra en la **fase 2 del sueño**, que se caracteriza por un patrón de ondas más lento y regular. No obstante, se producen interrupciones momentáneas de ondas muy puntiagudas a las que se denomina "husos del sueño" debido a su configuración. Es cada vez más difícil despertar a una persona que se encuentra en la fase 2, que abarca alrededor de la mitad del tiempo total que pasan durmiendo las personas de entre 20 y 25 años de edad.

A medida que la gente pasa a la **fase 3 del sueño**, las ondas cerebrales pierden velocidad y aparecen crestas más altas y valles más bajos en el patrón de ondas. En el momento en que la persona dormida alcanza la **fase 4 del sueño**, el patrón es aún más lento y regular, y las personas tienen la más baja sensibilidad a la estimulación externa.

Como se puede ver en la figura 4.3, la fase 4 del sueño tiene mayores probabilidades de ocurrir en la primera parte de la noche. Por tanto, además de pasar a través de transiciones regulares entre las fases del sueño, la gente tiende a dormir cada vez menos y con menor profundidad a medida que avanza la noche. En la primera mitad de la noche nuestro sueño está dominado por las fases 3 y 4. La última mitad se caracteriza por fases de sueño más ligero, así como por la fase en la que ocurren los sueños, como veremos a continuación (Dement y Wolpert, 1958).

Sueño MOR: la paradoja del sueño

Varias veces cada noche, mientras se está en la fase 1 del sueño, ocurre algo curioso: aumenta el ritmo cardiaco y se vuelve irregular, sube la presión arterial y aumenta el ritmo

Fase 1 del sueño: estado de transición entre la vigilia y el sueño, caracterizado por ondas cerebrales relativamente rápidas y de bajo voltaje

Fase 2 del sueño: sueño más profundo que el de la fase 1, caracterizado por un patrón de onda más lento y regular, con interrupciones momentáneas de "husos del sueño"

Fase 3 del sueño: sueño caracterizado por ondas cerebrales lentas, con crestas y valles más amplios en el patrón de ondas

Fase 4 del sueño: etapa más profunda del sueño, durante la cual somos menos sensibles a la estimulación externa

FIGURA 4.3 *Durante la noche, la persona que duerme por lo general atraviesa por las cuatro fases del sueño y por varios periodos de sueño MOR. Fuente: Hartmann, 1967.*

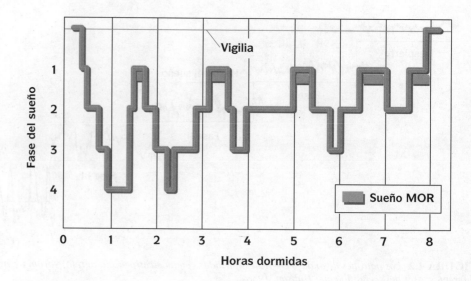

Sueño con movimientos oculares rápidos (sueño MOR): fase que abarca alrededor de 20% del tiempo de sueño de los adultos, caracterizado por aumento del ritmo cardiaco, de la presión arterial y del ritmo respiratorio; erecciones en los hombres; movimientos oculares y la experiencia de soñar

respiratorio, y los hombres, incluso los bebés, tienen erecciones. La principal característica de este periodo es el movimiento hacia uno y otro lado que realizan los ojos de la persona que duerme, como si estuvieran observando una película con mucha acción. Este periodo se denomina **sueño con movimientos oculares rápidos** o **sueño MOR**. Éste abarca poco más de 20% del tiempo total de descanso de un adulto.

De manera paradójica, mientras ocurre toda esta actividad, los principales músculos del cuerpo se comportan como si estuvieran paralizados, excepto en contados casos como el de Donald Dorff. Por esta razón es difícil despertar a una persona dormida. Además, el sueño MOR suele estar acompañado de ensoñaciones, las cuales, ya sea que las personas puedan recordarlas o no, son experimentadas por *todos* durante alguna parte de la noche.

Una posible explicación, pero aún no comprobada, acerca del movimiento ocular rápido sostiene que los ojos siguen la acción que ocurre en el sueño (Dement, 1979; D. D. Kelly, 1991b). Por ejemplo, las personas que han informado que soñaban estar viendo un partido de tenis justo antes de despertar, exhibían un movimiento ocular regular de derecha a izquierda y viceversa, como si vieran pasar la pelota de un lado a otro por encima de la red.

Existen buenas razones para pensar que el sueño MOR desempeña un cometido importante en el funcionamiento humano cotidiano. Las personas a las que se priva del sueño MOR, despertándolas cada vez que comienzan a exhibir las señales fisiológicas de esta fase, presentan un *efecto de rebote* cuando se les permite descansar sin molestias. Debido a este efecto de rebote, pasan mucho más tiempo en la fase de sueño MOR del que normalmente experimentarían. Es como si el cuerpo requiriera de determinada cantidad de sueño MOR a fin de funcionar de manera adecuada.

¿Cuánto tiempo es necesario dormir?

Un requisito para el normal funcionamiento humano es dormir, a pesar de que, aunque resulte sorprendente, la cantidad exacta de sueño que requiere la gente aún no se ha establecido con precisión. Es razonable esperar que el cuerpo requiera de un periodo tranquilo de "descanso y relajamiento" para revitalizarse, y experimentos con ratas muestran que la privación total de sueño causa la muerte (Webb, 1992; Porkka-Heiskanen *et al.*, 1997).

Aunque sabemos que es necesario *algo* de sueño, no sabemos con exactitud cuánto se requiere de manera imprescindible. Por ejemplo, mientras la mayoría dormimos entre siete y ocho horas cada noche (Farley, 1993), existe gran variabilidad entre individuos, ya que algunas personas sólo requieren de tres horas de sueño (véase figura 4.4). Los requisitos de sueño también varían durante el transcurso de la vida de una persona. A medida que la gente envejece, suele necesitar cada vez menor cantidad de sueño.

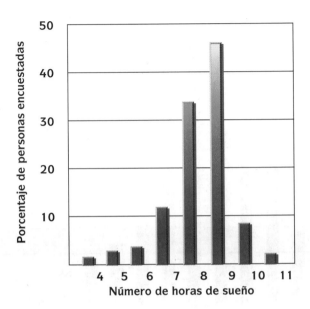

FIGURA 4.4 *Aunque la mayoría de las personas señala que duerme entre ocho y nueve horas cada noche, la cantidad varía en gran medida. Fuente: tomado de Borbely, A. (1996).* Secrets of sleep. *Nueva York: Basic Books, p. 43. Basado en datos de Kripke, D.F.* et al. *(1979).*

Las personas que han participado en experimentos de privación de sueño, en los que se les mantenía despiertas durante periodos de hasta 200 horas seguidas, no han mostrado efectos duraderos. No es divertido: se sienten cansados e irritables, no pueden concentrarse y muestran pérdida de creatividad, aun después de una privación menor. También presentan disminución en la capacidad de razonamiento lógico, aunque hay incrementos ocasionales en ciertos momentos del día (véase figura 4.5). No obstante, después de que se les permite dormir de forma normal, retornan con rapidez a las condiciones normales y son capaces de desempeñarse en los niveles previos a la privación después de sólo unos cuantos días (Dement, 1976; Webb, 1992; Dinges *et al.*, 1997).

En este sentido, debemos animarnos aquellos quienes nos preocupamos debido a que las largas horas de estudio, de trabajo o tal vez de fiestas y celebraciones puedan estar arruinando nuestra salud. Hasta donde es posible saber, la mayoría de las personas no padece consecuencias permanentes por la privación temporal de sueño. Sin embargo, su falta puede hacernos sentir nerviosos, disminuir el tiempo de reacción y afectar el desempeño en tareas académicas. Lo más seguro es que no nos sentimos en particular bien. Además, nos ponemos en riesgo a nosotros mismos y a los demás cuando realizamos actividades rutinarias, como conducir, y estamos muy soñolientos. Como sugiere el investigador del sueño Stanley Coren: "Andar sin dormir es un riesgo para la seguridad pública y personal, tanto como ir a trabajar en estado de ebriedad por la mañana" (Coren, 1996, p. A10).

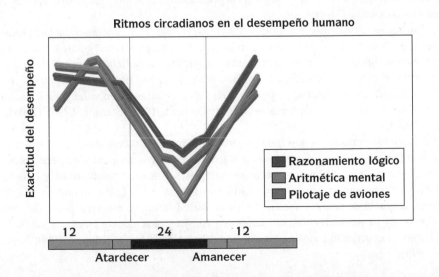

FIGURA 4.5 *El desempeño en diversas clases de tareas mejora y declina durante ciertos periodos del día. Fuente: Moore-Ede, 1993.*

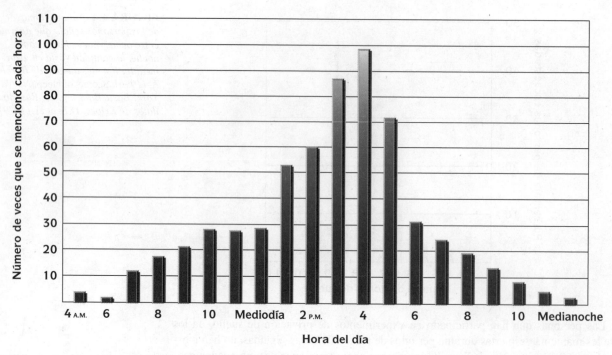

FIGURA 4.6 *Las horas en que la gente indica tener mayor dificultad para permanecer despierto. Fuente: Dement, 1989.*

Ritmos circadianos: los ciclos de la vida

Ritmos circadianos: procesos
biológicos que se repiten en un ciclo
de aproximadamente 24 horas

El hecho de oscilar de un ciclo a otro entre la vigilia y el sueño es un ejemplo de los ritmos circadianos de nuestro cuerpo. Los **ritmos circadianos** (del latín *circa dies*, o "alrededor de un día") son procesos biológicos que se repiten en ciclos de aproximadamente
24 horas. El sueño y la vigilia, por ejemplo, ocurren de modo natural al ritmo de un mar-
capasos interno que funciona con base en un ciclo de alrededor de 25 horas. (¿Por qué 25
y no 24? Algunos científicos creen que la rotación de la Tierra puede haber sido más lenta y la duración del día mayor en alguna etapa crucial anterior de la evolución [Wheeler,
1995].) Otras funciones corporales, como la temperatura del cuerpo, funcionan también
con base en ritmos circadianos, regulados por mecanismos biológicos que apenas comienzan a conocerse (Morell, 1996a).

   Los ciclos circadianos son complejos. Por ejemplo, la somnolencia no se produce
de forma exclusiva por la noche, sino a lo largo del día en patrones regulares. Como puede verse en la figura 4.6, la mayoría tendemos a sentirnos soñolientos a mitad de la tarde,
sin importar si ingerimos un alimento pesado o no. Al incluir una siesta vespertina como
parte de sus hábitos cotidianos, las personas en varias culturas sacan ventaja de la inclinación natural del cuerpo a dormir a esta hora (Dement, 1989; Stampi, 1992; Ogilvie y
Harsh, 1994).

   Los ciclos circadianos son muy poderosos, como bien sabe todo el que haya trabajado en el turno nocturno. Las personas que laboran en este horario no sólo tienen problemas para permanecer despiertas, sino que además son menos productivas y más susceptibles de accidentarse en comparación con las personas que trabajan de día. Por
ejemplo, la planta de energía nuclear de Three Mile Island que estuvo a punto de explotar, el derrame de petróleo de *Exxon Valdez* en Alaska y el accidente en el reactor nuclear
de Chernobyl ocurrieron todos en las diminutas horas de la noche (Mapes, 1990; Moore-
Ede, 1993).

El trastorno afectivo estacional puede aliviarse con una exposición durante varias horas a luces brillantes especiales en los días cortos del invierno.

Aunque el sueño opera en un ciclo circadiano de 25 horas, otros ritmos corporales operan en ciclos mucho más largos. Por ejemplo, algunas personas experimentan un *trastorno afectivo estacional*, una forma de depresión severa en la que los sentimientos de desesperación y desesperanza aumentan durante el invierno y disminuyen durante el resto del año. Este trastorno parece ser el resultado de la brevedad y la penumbra de los días invernales. Los psicólogos han encontrado que varias horas de exposición diaria a luces brillantes a veces es suficiente para mejorar el estado de ánimo de los que sufren este trastorno. Se están desarrollando tratamientos experimentales adicionales que se basan en variaciones en los niveles hormonales producidos por los ciclos circadianos para tratar otros problemas médicos, como la obesidad y una forma de diabetes (Sack *et al.*, 1990; Roush, 1995; Oren y Terman, 1998).

Otro ritmo periódico son los ciclos menstruales de las mujeres. Con un calendario de 28 días, este ciclo es regulado por la producción de hormonas que disminuye y se incrementa a lo largo del ciclo conforme los cuerpos de las mujeres se preparan para la posible concepción.

¿Los cambios físicos que ocurren durante las fases del ciclo menstrual son acompañados por variaciones en el estado de ánimo? La respuesta es: "probablemente no", a pesar del predominio en la prensa popular de discusiones del "síndrome premenstrual" o "SPM". Éste se refiere a un conjunto de síntomas que incluyen irritabilidad, fatiga, ansiedad y volubilidad que se supone se presentan justo antes de la menstruación. Sin embargo, muchos miembros de la comunidad científica dudan de la existencia de este síndrome y cuestionan que los cambios de estado de ánimo en las mujeres sean más cíclicos que los de los hombres. Por ejemplo, experimentos que solicitan a los sujetos de estudio registrar su estado de ánimo diario muestran poca relación entre el ciclo menstrual y el estado de ánimo. En efecto, cuando se llevan registros cuidadosos, los hombres y las mujeres parecen no mostrar diferencias en la variabilidad de sus estados de ánimo. En suma, aunque una pequeña proporción de mujeres sufre cambios en el estado de ánimo periódicos relativamente intensos relacionados con su ciclo menstrual, la mayoría no los presentan (McFarlane, Martin y Williams, 1988; Cotton, 1993; Hunter, Swann y Ussher, 1995).

"Ahí está de nuevo, Larry... una sensación pavorosa de que hay algo arriba de la cama."

La función y el significado de los sueños

¡Estaba sentado en mi escritorio cuando recordé que era el día de mi examen final de química! Me sentí muy mal. No había estudiado nada en absoluto. De hecho, ni siquiera podía recordar dónde era el examen, y había faltado a todas las clases del semestre. Sentí pánico y comencé a correr por la universidad buscando con desesperación el salón de clases para rogarle al profesor que me diera otra oportunidad. Pero tenía que detenerme en cada edificio y echar un vistazo salón por salón con la esperanza de encontrar al profesor. Era inútil; sabía que iba a reprobar y que me iban a expulsar de la universidad.

Si ha tenido alguna vez un sueño parecido a éste, que es bastante común en las personas con metas académicas, sabe bien lo intensamente convincentes que son el pánico y el miedo que pueden generar los sucesos del sueño. Las *pesadillas*, sueños que provocan espanto, ocurren con relativa frecuencia. En una encuesta, casi la mitad de un grupo de estudiantes universitarios que llevaron un registro de sus sueños durante un periodo de dos semanas informaron haber tenido por lo menos una pesadilla. Esto se traduce en un promedio de 24 pesadillas al año por persona (Wood y Bootzin, 1990; Berquier y Ashton, 1992; Tan y Hicks, 1995).

Por otro lado, la mayor parte de los 150 000 sueños que ha tenido la persona promedio al llegar a los 70 años de edad son menos dramáticos (Snyder, 1970; Webb, 1992). Por lo regular abarcan acontecimientos cotidianos como ir al supermercado, trabajar en la oficina o preparar una comida. Los estudiantes sueñan con asistir a clases; los profesores, con impartir sus cátedras. Los pacientes del dentista sueñan que les taladran los dientes, mientras que los dentistas sueñan que taladran el diente equivocado. Los ingleses toman té con la reina en sus sueños; en Estados Unidos, las personas van a un bar con el presi-

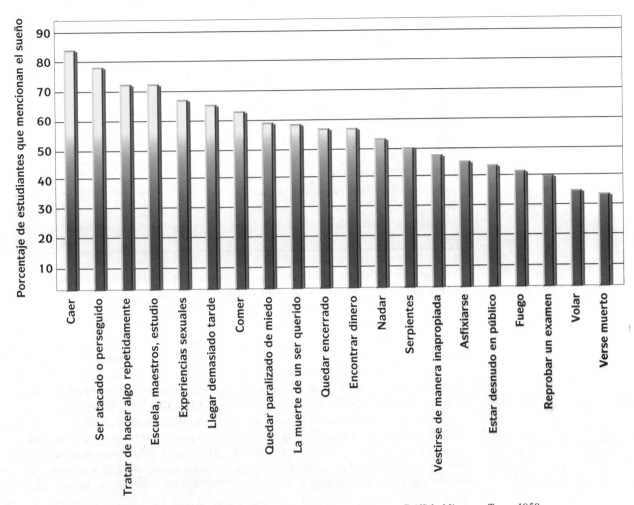

FIGURA 4.7 *Los veinte sueños más comunes mencionados por estudiantes. Fuente: Griffith, Miyago y Tago, 1958.*

dente (K. Wells, 1993; Solomon, 1993; Potheraju y Soper, 1995; Domhoff, 1996; véase la figura 4.7 para conocer los sueños más comunes).

Pero, ¿qué significado tienen todos estos sueños, si es que poseen alguno? El que los sueños tengan una significación y función específica es un asunto que los científicos han abordado durante muchos años, formulando varias teorías alternativas.

¿Los sueños representan la satisfacción de deseos inconscientes?

Para Sigmund Freud los sueños eran una guía hacia el inconsciente (Freud, 1900). En su **teoría de la satisfacción de los deseos inconscientes** propuso que los sueños representan deseos inconscientes que las personas desean ver satisfechos. Sin embargo, debido a que estos deseos constituyen una amenaza para su conciencia, los deseos reales, denominados **contenido latente de los sueños**, aparecen disfrazados. Por tanto, el verdadero objeto y significado de un sueño puede tener poca relación con su guión explícito, al que Freud llamó **contenido manifiesto de los sueños**.

Para Freud era importante perforar la armadura del contenido manifiesto de un sueño para comprender su verdadero significado. Para lograrlo, él intentaba que las personas discutieran sus sueños, asociando símbolos que aparecían en éstos con sucesos del pasado. También sugirió que ciertos símbolos comunes con un significado universal aparecen en los sueños. Por ejemplo, según Freud, los sueños en los que una persona vuela simbolizan un deseo de actividad sexual. (Véase el cuadro 4.1 para conocer otros símbolos comunes.)

Teoría de la satisfacción de los deseos inconscientes: teoría de Sigmund Freud en la que propone que los sueños representan deseos inconscientes que quien sueña desea satisfacer

Contenido latente de los sueños: según Freud, los significados "disfrazados" de los sueños, ocultos por temas más obvios

Contenido manifiesto de los sueños: de acuerdo con Freud, el guión explícito de los sueños

Cuadro 4-1	Simbolismo de los sueños, según Freud

Símbolo (contenido manifiesto del sueño)	Interpretación (contenido latente)
Subir una escalera, cruzar un puente, subir en un elevador, volar en avión, caminar por un pasillo largo, entrar en un cuarto, un tren que pasa por un túnel	Actividad sexual
Manzanas, duraznos, toronjas	Senos
Balas, fuego, serpientes, palos, paraguas, pistolas, mangueras, cuchillos	Órganos sexuales masculinos
Hornos, cajas, túneles, armarios, cuevas, botellas, barcos	Órganos sexuales femeninos

En la actualidad muchos psicólogos rechazan la opinión de Freud de que los sueños representan de manera típica deseos inconscientes y de que los objetos y sucesos particulares de un sueño sean simbólicos. En lugar de ello, se considera que la acción directa y explícita de un sueño es el factor principal para la comprensión de su significado. Por ejemplo, un sueño en el que caminamos por un largo pasillo a fin de realizar un examen para el cual no hemos estudiado no se relaciona con deseos inconscientes e inaceptables. En lugar de eso, sencillamente significa que estamos preocupados por un examen pendiente. Incluso sueños más complejos se pueden interpretar en función de preocupaciones y tensiones cotidianas (Cook, Caplan y Wolowitz, 1990; Domhoff, 1996).

Además, ahora sabemos que algunos sueños reflejan sucesos que tienen lugar en el entorno del que sueña mientras está dormido*. Por ejemplo, se roció agua a los sujetos de estudio mientras estaban dormidos. Estos desafortunados voluntarios informaron sobre más sueños relacionados con agua que un grupo comparativo de sujetos a los que se dejó dormir sin molestias (Dement y Wolpert, 1958). De modo similar, no es raro despertar para darse cuenta de que el timbre que sonaba en el sueño en realidad es un reloj despertador que nos indica que ya es tiempo de levantarse.

Teoría del desaprendizaje

Teoría del desaprendizaje: teoría que propone que los sueños no tienen significado alguno, sino que funcionan para librarnos de información innecesaria que hemos acumulado durante el día

Aunque es evidente que el contenido de los sueños puede ser influido por estímulos ambientales, sigue sin resolverse la cuestión de *por qué* soñamos. Se han propuesto diversas alternativas a la teoría de Freud. De acuerdo con la **teoría del desaprendizaje**, por ejemplo, los sueños no tienen significado alguno. En lugar de ello representan una especie de desaprendizaje en el que nos deshacemos de toda la información innecesaria que acumulamos durante el día. Según esta perspectiva, soñar representa sólo una forma para olvidar el material que a fin de cuentas resultaría una fuente de confusión para nosotros. Desde esta óptica, los sueños son una especie de limpieza mental del cerebro, pero no tienen significado por sí mismos (Crick y Mitchison, 1983, 1995).

Teoría de soñar para sobrevivir

Teoría de soñar para sobrevivir: teoría que sugiere que los sueños permiten reconsiderar y reprocesar información vital para nuestra sobrevivencia cotidiana

La **teoría de soñar para sobrevivir** propone otra función para los sueños. De acuerdo con esta teoría, los sueños permiten que información de vital importancia para nuestra sobrevivencia diaria sea reconsiderada y reprocesada mientras dormimos. Se interpreta el sueño como una herencia de nuestros antepasados animales, cuyos pequeños cerebros eran incapaces de examinar suficiente información durante las horas de vigilia. En consecuencia, soñar les ofrecía un mecanismo que hacía posible el procesamiento de información 24 horas al día.

---

* *Nota de la R.T.* Freud habló también de este tipo de sueños, en los que "se incorpora" el estímulo externo con el fin de "proteger" al soñante de ser despertado.

En la perspectiva de esta teoría, los sueños sí tienen significado. Representan preocupaciones respecto a nuestra vida cotidiana, ilustran nuestras incertidumbres, indecisiones, ideas y deseos. En este sentido, se considera que los sueños son congruentes con la vida diaria. En lugar de tratarse de deseos disfrazados, como sugiere Freud, representan preocupaciones centrales surgidas de las experiencias cotidianas (Pavlides y Winson, 1989; Winson, 1990).

Las investigaciones apoyan a la teoría de soñar para sobrevivir, al sugerir que ciertos sueños permiten a las personas enfocar y consolidar recuerdos, en particular aquellos que se vinculan a "cómo hacerlo", que se relacionan con habilidades motoras. Por ejemplo, en un experimento, los sujetos de estudio aprendieron una tarea de memoria visual ya avanzado el día. Luego fueron a dormirse, pero se les despertaba en ciertos momentos durante la noche. Cuando las personas eran despertadas en momentos que no interrumpían un sueño, por lo regular su desempeño en la tarea de memoria mejoraba al día siguiente. Pero cuando se les despertaba durante el sueño (MOR), la etapa en que las personas sueñan mientras duermen, su desempeño declinó. La conclusión del experimento fue: el sueño puede desempeñar una función para ayudarnos a recordar material al que hemos sido expuestos con anterioridad (Karni *et al.*, 1992, 1994).

Teoría de la activación y la síntesis

La más influyente de las explicaciones actuales sobre los sueños los considera un producto secundario de actividad biológica fundamental. De acuerdo con el psiquiatra J. Allan Hobson, quien propuso la **teoría de la activación y la síntesis**, el cerebro produce energía eléctrica aleatoria durante el sueño MOR, posiblemente a causa de cambios en la producción de neurotransmisores específicos. Esta energía eléctrica estimula al azar recuerdos almacenados en distintas regiones del cerebro. Debido a que tenemos necesidad de dotar de sentido al mundo, incluso cuando dormimos, el cerebro recoge estos recuerdos caóticos y los entreteje en un argumento lógico, rellenando los espacios vacíos para generar una situación racional. Por tanto, desde esta perspectiva, los sueños están más cerca de ser una versión generada por nosotros mismos del juego de *Madlibs* que un fenómeno psicológico significativo y dotado de sentido (J. A. Hobson 1988; J. A. Hobson, 1996; Porte y Hobson, 1996).

Teoría de la activación y la síntesis: teoría de Hobson que asegura que el cerebro produce energía eléctrica aleatoria durante el sueño MOR que estimula los recuerdos almacenados en diversas partes del cerebro

Hobson, sin embargo, no rechaza por completo la postura de que los sueños reflejan deseos inconscientes. Sugiere que la escena particular que produce quien sueña no es aleatoria sino que, en lugar de ello, representa una clave de sus miedos, emociones y preocupaciones. En consecuencia, lo que empieza como un proceso aleatorio termina por ser algo dotado de sentido.

La evidencia de que soñar representa una respuesta a la actividad aleatoria del cerebro procede de investigaciones realizadas con personas a las que se les inyectan fármacos similares al neurotransmisor acetilcolina. Bajo la influencia del fármaco, el individuo entra rápidamente en la fase de sueño MOR y tiene sueños de calidad similar a los que ocurren al dormir de manera natural. De todas formas, este tipo de evidencia no confirma que los sueños inducidos por fármacos tengan significado psicológico (Schmeck, 1987; Solms, 1996).

La gama de teorías relativas a los sueños (resumida en el cuadro 4-2) ilustra en forma clara que los investigadores todavía tienen que ponerse de acuerdo con respecto al significado fundamental de este fenómeno. No obstante, parece probable que el contenido específico de nuestros sueños es único para cada uno de nosotros y de alguna manera representa patrones y preocupaciones significativos. A fin de cuentas, los sueños pueden proporcionar claves acerca de las experiencias que en algún nivel de conciencia tienen la mayor importancia para nosotros.

La ensoñación diurna: sueños sin dormir

Es la materia de la que está hecha la magia: nuestros errores pasados pueden eliminarse y se puede llenar el futuro con logros notables. La fama, la felicidad y la riqueza pue-

| Cuadro 4-2 | Cuatro perspectivas de los sueños | | |

Teoría	Explicación básica	Significado de los sueños	¿Está disfrazado el significado de los sueños?
Teoría de la satisfacción de los deseos inconscientes (Freud)	Los sueños representan deseos inconscientes que la persona que los experimenta desea satisfacer	El contenido latente revela la existencia de deseos inconsciente	Sí, mediante el contenido manifiesto de los sueños
Teoría del desaprendizaje	Información que no es necesaria, se "desaprende" y se elimina de la memoria	Ninguno	No tienen significado
Teoría de soñar para sobrevivir	Información de importancia para nuestra sobrevivencia cotidiana se reconsidera y reprocesa	Son claves acerca de nuestras preocupaciones cotidianas relacionadas con la sobrevivencia	No necesariamente
Teoría de la activación y la síntesis	Los sueños son el resultado de la activación aleatoria de distintos recuerdos, que son unidos entre sí según un relato lógico	El escenario del sueño que se elabora se relaciona con las preocupaciones de quien sueña	No necesariamente

den ser nuestras. Sin embargo, en el momento siguiente, puede tener lugar la peor de las tragedias, dejándonos solos, sin un centavo, como una imagen de la más dolorosa tristeza.

Ensoñaciones diurnas: fantasías que las personas construyen en estado de vigilia

La fuente de estas escenas son las **ensoñaciones diurnas**, es decir, fantasías que construyen las personas cuando están despiertas. A diferencia de los sueños que tienen lugar cuando dormimos, las ensoñaciones diurnas están más sujetas al control de las personas. Por tanto, su contenido está más relacionado con sucesos inmediatos del ambiente que el contenido de los sueños que ocurren cuando dormimos. Aunque pueden llegar a incluir contenidos sexuales, las ensoñaciones diurnas también se relacionan con otras actividades o sucesos que tienen importancia para la vida de una persona.

Las ensoñaciones diurnas son un elemento común de la vigilia consciente, aunque disminuye nuestra conciencia del ambiente que nos rodea. Las personas varían de manera considerable en la cantidad de ensoñación que tienen. Por ejemplo, entre 2 y 4% de la población pasa por lo menos la mitad de su tiempo libre elaborando fantasías. Aunque la mayoría de la gente sueña despierta con menor frecuencia, prácticamente todo mundo elabora fantasías en alguna medida. Los estudios en donde piden a las personas identificar qué es lo que hacen en distintos momentos del día al azar han demostrado que tienen ensoñaciones diurnas alrededor de 10% del tiempo. En lo que respecta al contenido de las fantasías, la mayor parte de ellas se relaciona con sucesos tan comunes y corrientes como pagar la cuenta del teléfono, ir por la despensa o resolver un problema amoroso (Singer, 1975; Lynn y Rhue, 1988; Lynn *et al.*, 1996).

A pesar de que una frecuente ensoñación diurna podría sugerir dificultades psicológicas, de hecho parece existir poca relación entre los problemas psicológicos y este tipo de ensoñación. Con excepción de casos raros en los que la persona que experimenta las ensoñaciones diurnas es incapaz de distinguir la fantasía de la realidad (una señal de problemas graves, como veremos en el capítulo 12), la ensoñación diurna parece ser un componente normal de la conciencia durante la vigilia. De hecho, puede ser que la fantasía contribuya al bienestar psicológico de algunas personas debido a que facilita el desarrollo de su creatividad y permite emplear su imaginación para comprender lo que experimentan otras personas (Rhue y Lynn, 1987; Lynn y Rhue, 1988; Pihlgren, Gidycz y Lynn, 1993; Lynn *et al.*, 1996).

Trastornos del sueño: problemas para dormir

En algún momento prácticamente todos hemos tenido problemas para dormir, condición conocida como *insomnio*. Es posible que esto se deba a una situación específica como el rompimiento de una relación, la preocupación acerca de la calificación en un examen o la pérdida de un empleo. Sin embargo, algunos casos de insomnio no tienen causas obvias. A algunas personas sencillamente les cuesta trabajo dormirse rápido, o se duermen con facilidad, pero se despiertan con frecuencia durante la noche. El insomnio es un problema que aqueja a alrededor de una cuarta parte de la población de Estados Unidos (Hauri, 1991; Pressman y Orr, 1997).

Resulta interesante que muchas personas que *creen* que tienen problemas para dormir pueden equivocarse. Observadores encuentran que pacientes que entran a laboratorios del sueño para tratamiento en realidad duermen mucho más de lo que piensan. Por ejemplo, los investigadores han encontrado que algunas personas que indican haber estado despiertas toda la noche en realidad se quedan dormidas en 30 minutos y permanecen así toda la noche. Además, algunas personas con insomnio pueden recordar con precisión sonidos que escucharon mientras dormían, lo cual les da la impresión de que en verdad están despiertas durante la noche (Engle-Friedman, Baker y Bootzin, 1985).

De esta manera, el problema para muchas personas con insomnio no es una falta real de sueño sino más bien percepciones fallidas de sus patrones de sueño. En muchos casos, con sólo percatarse de cuánto duermen en realidad y comprender el hecho de que entre más edad tengan menos tiempo necesitan dormir, es suficiente para "curar" la percepción de las personas en cuanto a tener un trastorno del sueño. De hecho, algunos investigadores sugieren que en el siglo XXI se producirán medicamentos para el insomnio que funcionarán cambiando las *percepciones* de las personas sobre cuánto han dormido, en lugar de hacerlas dormir más en realidad (Klinkenborg, 1997).

Otros problemas del sueño son menos conocidos que el insomnio, aunque también están muy difundidos (D. D. Kelly, 1991a; Bootzin *et al.*, 1993; Buysse, Morin y Reynolds, 1995). Por ejemplo, alrededor de 20 millones de personas padecen de *apnea del sueño*, una condición en la cual la persona tiene dificultades para respirar y dormir de forma simultánea. El resultado es un sueño perturbado e intermitente, debido a que el individuo se despierta constantemente cada vez que la falta de oxígeno es suficiente como para hacerlo despertar. En algunos casos, las personas que padecen de apnea se despiertan hasta 500 veces durante una noche, aunque es posible que ni siquiera se den cuenta de que se despertaron. No resulta sorprendente que un sueño tan perturbado provoque quejas de fatiga al día siguiente. La apnea del sueño puede explicar el *síndrome de muerte infantil súbita*, un misterioso asesino de bebés aparentemente normales que mueren mientras duermen (Ball *et al.*, 1997).

La *narcolepsia* es una necesidad incontrolable de dormir durante periodos cortos en el día (Dement, 1976; Aldrich, 1992). Sin importar el tipo de actividad que realiza: sostener una conversación acalorada, hacer ejercicio o conducir un automóvil, el narcoléptico súbitamente se queda dormido. Las personas que padecen de narcolepsia pasan de manera directa de la vigilia al sueño MOR, saltando las otras fases (Siegel *et al.*, 1991; Tafti *et al.*, 1992; Dantz, Edgar y Dement, 1994). Las causas de este trastorno son desconocidas, aunque puede ser que esté presente un componente genético, ya que la narcolepsia es común en algunas familias.

Se sabe relativamente poco acerca de hablar dormido y del sonambulismo, dos perturbaciones del sueño que no provocan grandes daños. Ambas se producen durante la fase 4 del sueño y son más frecuentes en los niños que en los adultos. En la mayoría de los casos, los sonámbulos y quienes hablan dormidos tienen una conciencia vaga del mundo que los rodea. Así, un sonámbulo puede esquivar con agilidad los obstáculos de una habi-

Los caminos de la psicología

James Covington

Director del Sleep Laboratory de la Universidad Tecnológica de Texas

Nació en: *1969*

Educación: *B.A. en psicología, Universidad Tecnológica de Texas, Lubbock, Texas*

Residencia: *Lubbock, Texas*

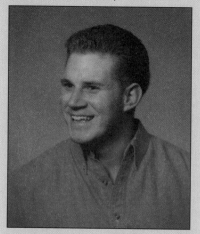

James Covington

Cuando James Covington entró a la universidad, no estaba seguro de la carrera que deseaba estudiar, y al final la dejó sin graduarse. Se convirtió en un técnico de sueño certificado y por medio de este trabajo encontró lo que le interesaba. Después de varios años en el campo de la investigación del sueño, regresó a la escuela y obtuvo su título en psicología.

"Ahora quiero obtener un doctorado en psicología y convertirme en un polisomnógrafo clínico acreditado", dice Covington, quien en la actualidad es director técnico de neurología en el Sleep Laboratory de la Universidad Tecnológica de Texas, dentro del departamento de psicología. Agrega que con un doctorado en psicología podrá involucrarse más en la investigación de la fisiología del sueño.

"Con una base de psicología, mi trabajo aquí en el Sleep Laboratory me permitirá ampliar mi campo en muchas formas diferentes", comentó.

El Sleep Laboratory de la Universidad Tecnológica de Texas ve aproximadamente a 20 pacientes al mes que buscan tratamiento para diversos trastornos del sueño. "Alrededor de la mitad de los pacientes que vemos vienen aquí por apnea del sueño, el más común de todos los trastornos del sueño", apuntó. "También tratamos personas con narcolepsia, pesadillas severas y trastorno conductual asociado al sueño MOR, una condición muy interesante."

"Las personas con trastorno conductual asociado al sueño MOR actúan sus sueños y se vuelven muy animados. En algunos casos incluso saltan de la cama y literalmente actúan lo que están soñando", explicó. "Pero este trastorno no equivale al sonambulismo."

"El cerebro en esencia está tan activo cuando estamos en el sueño MOR que cuando estamos despiertos", explicó Covington. "La diferencia entre el trastorno conductual asociado al sueño MOR y el sonambulismo es que este último ocurre durante el sueño de ondas lentas."

Otra cuestión interesante en la fisiología del sueño se refiere a la cantidad de sueño que obtiene la gente. Aunque hay un debate acerca de cuánto sueño requiere un individuo, Covington siente que la norma de ocho horas es una cifra arbitraria.

"Se ha demostrado que algunas personas duermen poco o en forma ligera y otras requieren dormir más. Son diferentes los ritmos circadianos de cada individuo."

"Sin embargo, diría que en general somos una sociedad privada de sueño debido a que siempre estamos apresurados. En ocasiones ni siquiera nos detenemos para comer o, si lo hacemos, lo hacemos en 15 a 20 minutos. En otras sociedades las personas toman más de una hora y luego duermen una siesta", apuntó. "Nuestra sociedad no entiende esto. Nunca nos detendríamos para tomar un respiro como ése."

"El simple hecho de que usemos relojes despertadores es un indicio de que estamos privados de sueño. Si nuestros relojes biológicos internos fueran lo bastante fuertes prescindiríamos de los relojes despertadores y no necesitaríamos apegarnos a la norma de ocho horas", agregó.

tación repleta de objetos. A menos que un sonámbulo deambule en un ambiente peligroso, el sonambulismo por lo general implica pocos riesgos. Es más, la creencia popular de que no se debe despertar a los sonámbulos es errónea: despertarlos no les provocará daño alguno, aunque seguramente estarán muy confundidos.

Por otra parte, el sonambulismo tiene un potencial lado oscuro. Considere el siguiente caso:

> Una muchacha de 16 años de edad de Kentucky, al soñar que unos ladrones entraban en su casa y mataban a su familia, se levantó dormida, tomó dos revólveres y disparó en la casa a oscuras, matando a su padre y a su hermano de seis años e hiriendo a su horrorizada y desconcertada madre (J. Brody, 1996, C1).

El defensor argumentó que debido a que era sonámbula, no era culpable, y un jurado estuvo de acuerdo. Otros defensores han proporcionado explicaciones similares para actos violentos, y el sonambulismo se está convirtiendo en una defensa cada vez más popular. Aun así, el número de casos en los que el sonambulismo se asocia con violencia sigue siendo pequeño (Moldofsky *et al.*, 1995; Nofzinger y Wettstein, 1995; Kryger *et al.*, 1996).

(Para una exposición de un psicólogo que trabaja en una clínica que trata trastornos del sueño, véase el recuadro *Los caminos de la psicología* de este capítulo.)

El consumidor de psicología bien informado

Dormir mejor

Por fortuna, el más severo de los trastornos del sueño que padecemos la mayoría es el insomnio. Sin embargo, para los casi 40 millones de personas que tienen dificultades crónicas para dormir en Estados Unidos, y los otros 20 a 30 millones que indican tener dificultades ocasionales para dormir, el hecho de que las cosas podrían ser peores les ofrece muy poco consuelo.

Para aquellos que pasamos horas dando vueltas en la cama, los psicólogos que estudian los trastornos del sueño han propuesto una serie de recomendaciones para superar el insomnio (Jacobs, Benson y Friedman, 1993; NIH, 1996; Kupfer y Reynolds, 1997), las cuales incluyen las siguientes:

- Haga ejercicio durante el día y evite las siestas. ¡No es de sorprender que sea conveniente estar cansado antes de acostarse! Además, el aprendizaje de técnicas sistemáticas de relajación y de retroalimentación biológica (véase capítulo 2) pueden ayudarlo a superar las dificultades y el estrés del día (Woolfolk y McNulty, 1983; Bootzin y Perlis, 1992; Rakel, 1993; Lehrer, 1996).

- Elija un horario de sueño regular y llévelo a cabo. Adoptar un programa habitual ayuda a que sus mecanismos internos de estimación del tiempo regulen mejor su organismo.

- No utilice su cama como un área para realizar todo tipo de actividades; estudie, lea, coma, vea la televisión y realice otras actividades recreativas en alguna otra área de su hogar. Esto permite que su cama sea una clave sólo para dormir.

- Evite las bebidas que contengan cafeína (como el café, el té y algunos refrescos) después de comer; sus efectos pueden extenderse de ocho a doce horas después de haberlas consumido.

- Beba un vaso con leche tibia a la hora de acostarse. Sus abuelitos tenían razón, aunque tal vez no sabían por qué (la leche contiene una sustancia química denominada triptofano, que ayuda a conciliar el sueño).

- Evite ingerir píldoras para dormir. A pesar de que en Estados Unidos se gastan más de 100 millones de dólares al año en pastillas para dormir, la mayor parte de este dinero se desperdicia. Las píldoras pueden ser efectivas durante una temporada, pero a la larga suelen provocar más daños que beneficios, puesto que perturban el ciclo normal de sueño. Por cierto, la advertencia de evitar las píldoras para dormir a menos que las recete un profesional de la salud incluye los remedios "naturales" como las tabletas de melatonina, las cuales pueden conseguirse sin receta en las tiendas naturistas. Por otra parte, en ocasiones los fármacos son eficaces para perturbaciones del sueño a corto plazo como el trastorno en el patrón de sueño que acompaña a menudo a los que viajan a diferentes husos horarios (McClusky *et al.*, 1991; Haimov y Lavie, 1996; Zhdanova *et al.*, 1996).

- Trate de *no dormirse*. Este consejo, que al principio suena raro, tiene mucho sentido. Los psicólogos han comprobado que parte de la razón por la que las personas

*Las respuestas fisiológicas de
este hombre durante el sueño son
estudiadas en la Sleep Disorders
Clinic de la Universidad de
Stanford en California.*

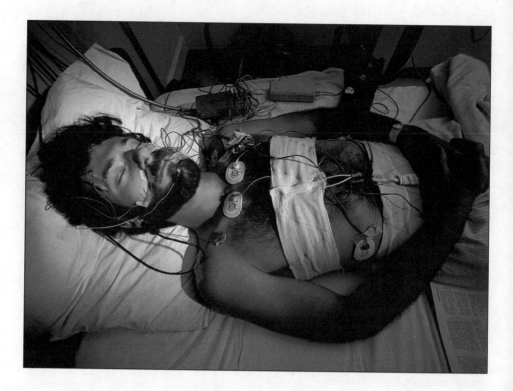

tienen dificultades para dormir radica en que lo intentan con mucho empeño. Una estrategia mejor es la que sugiere Richard P. Bootzin, de la Universidad de Arizona, quien enseña a las personas a volver a condicionar los hábitos de sueño. Recomienda a las personas que deben acostarse sólo cuando se sientan cansadas. Si no se concilia el sueño en cuestión de diez minutos, se debe dejar la alcoba y hacer otra cosa, para volver a acostarse sólo cuando se sienta cansancio. Este proceso se debe seguir, de ser preciso, toda la noche. Pero a la mañana siguiente, el paciente debe levantarse a la hora habitual y no debe dormir ninguna siesta durante el día. Después de tres a cuatro semanas en estas condiciones, la mayoría de la gente se condiciona a asociar su cama con el sueño y a dormirse rápidamente por la noche (Seltzer, 1986; Ubell, 1993; Sloan *et al.*, 1993).

Para problemas crónicos de sueño, podría considerar visitar un centro de tratamiento para trastornos del sueño. Para una lista de clínicas acreditadas, envíe un sobre con sus datos y el porte pagado a: American Sleep Disorders Association, 6301 Bandel Road, Suite 101, Rochester, Minnesota 55901. En México funciona un centro de esta naturaleza en el Hospital General de México, en el Distrito Federal, así como un laboratorio de sueño en el Instituto Mexicano de Psiquiatría. ▪

Recapitulación, revisión y reflexión

Recapitulación

- La conciencia se refiere al conocimiento de una persona de las sensaciones, pensamientos y sentimientos que experimenta en un momento determinado.

- Existen cuatro fases del sueño distintas, así como la fase de sueño MOR (sueño con movimientos oculares rápidos). Estas fases se repiten en varios ciclos durante el transcurso del sueño nocturno normal.

- Las cuatro explicaciones principales de los sueños incluyen la teoría de Freud de la satisfacción de deseos inconscientes, la teoría del desaprendizaje, la teoría de soñar para sobrevivir y la teoría de la activación y la síntesis.

- Los principales trastornos del sueño incluyen el insomnio, la narcolepsia y la apnea del sueño.

Revisión

1. _____ es el término que se emplea para describir nuestra comprensión tanto del mundo externo como de nuestro mundo interno.

2. Al contrario de la creencia popular, gran actividad nerviosa se produce durante el sueño. ¿Verdadero o falso?

3. ¿En qué fase se producen los sueños?

4. Los _____ son procesos orgánicos que ocurren en un ciclo diario.

5. La teoría de Freud sobre la _____ _____ inconscientes sostiene que los individuos disfrazan los verdaderos deseos expresados en los sueños, debido a que resultan amenazadores para su conciencia.

6. Relacione la teoría sobre los sueños con su definición.

   1. Teoría del soñar para sobrevivir
   2. Teoría del desaprendizaje
   3. Teoría de la activación y la síntesis

   a. Los sueños permiten que cierta información necesaria se reprocese mientras dormimos.
   b. La energía producida en forma aleatoria al dormir estimula al cerebro, el cual entreteje un relato con los recuerdos activados.
   c. Los sueños "desechan" el exceso de información reunida durante el día.

7. Relacione el trastorno del sueño con su definición:

   1. Insomnio
   2. Narcolepsia
   3. Apnea del sueño

   a. Condición que dificulta el respirar mientras se duerme
   b. Dificultad para dormir
   c. Necesidad incontrolable de dormir durante el día

Las respuestas a las preguntas de revisión se encuentran en la página 164.

Reflexión

1. ¿Cómo podría ilustrarnos el estudio de los patrones de sueño de especies animales acerca de las funciones de dormir y soñar? ¿Cree que encontraríamos diferencias entre el sueño humano y no humano y los patrones de movimientos oculares? ¿Qué clase de diferencias podríamos encontrar?

2. ¿En qué formas es parecida la teoría de la activación y la síntesis de los sueños a la teoría de Freud? ¿En qué formas es diferente?

3. Suponga que se ha desarrollado una nueva "píldora milagrosa" que permitirá a una persona funcionar con sólo dormir una hora cada noche. Sin embargo, debido al periodo tan corto que duerme por noche, una persona que tome la píldora no volverá a soñar de nuevo. Con los conocimientos que tiene sobre las funciones de dormir y soñar, ¿cuáles serían las ventajas y desventajas de semejante píldora desde un punto de vista personal? ¿Y desde un punto de vista social? ¿Tomaría usted esa píldora?

HIPNOSIS Y MEDITACIÓN

Se siente relajado y soñoliento. Cada vez tiene más sueño. Su cuerpo se afloja. Ahora empieza a tener una sensación de calidez, descanso y mayor comodidad. Sus párpados se sienten cada vez más pesados. Se le cierran los ojos; ya no los puede mantener abiertos. Está relajado por completo.

Ahora, al escuchar mi voz, haga exactamente lo que le diga. Coloque sus manos sobre su cabeza. Sentirá que se vuelven cada vez más pesadas, tan pesadas que casi no puede sostenerlas arriba. De hecho, aunque se esfuerce al máximo, no será capaz de mantenerlas arriba por más tiempo.

Un observador que presenciara la escena descrita en las líneas anteriores notaría la ocurrencia de un fenómeno extraño. Muchas de las personas que escucharan la voz, de una en una, dejarían caer sus brazos a los lados, como si en ellos cargaran pesas de plomo. ¿Cuál es la razón de este extraño comportamiento? Las personas han sido hipnotizadas.

▶ **¿Se encuentran en un estado de conciencia diferente las personas hipnotizadas y pueden ser hipnotizadas contra su voluntad?**

▶ **¿Cuáles son las consecuencias de la meditación?**

Hipnosis: ¿una experiencia generadora de trances?

Las personas bajo **hipnosis** se encuentran en un estado de mayor susceptibilidad a las sugestiones de los demás. En algunos aspectos, parece ser que están dormidas. No obstante, otras señales de su comportamiento contradicen esta idea, puesto que las personas prestan atención a las sugestiones del hipnotizador y pueden realizarlas, aunque sean extrañas o ridículas.

Hipnosis: estado de mayor susceptibilidad a las sugestiones de otros

Se ha encontrado que la hipnosis es un auxiliar efectivo en ciertos casos, como aliviar el dolor y dejar de fumar.

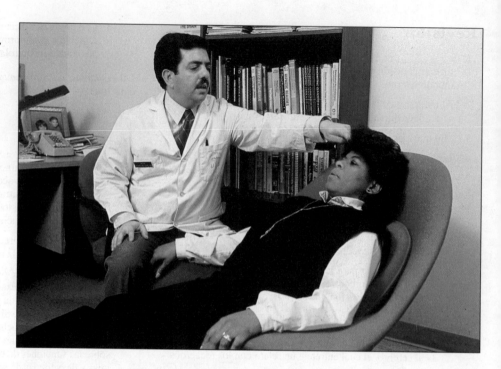

A pesar de su obediencia cuando están hipnotizadas, las personas no pierden toda su voluntad. No realizarán actos antisociales o autodestructivos. La gente no revelará verdades ocultas acerca de sí misma, e incluso es capaz de mentir. Es más, no se puede hipnotizar a las personas contra su voluntad, a pesar de la creencia popular de lo contrario (Pekala, Kumar y Marcano, 1995; Gwynn y Spanos, 1996).

Existen amplias variaciones en la susceptibilidad de las personas a la hipnosis (Lynn *et al.*, 1991; Kirsch y Council, 1992). Entre 5 y 20% de la población no puede ser hipnotizada, en tanto que alrededor de 15% es susceptible de ello con facilidad. La mayoría de la gente se ubica entre ambas cifras. Es más, la facilidad con la que se hipnotiza a una persona se relaciona con otra serie de características. Las personas a las que se puede hipnotizar fácilmente también son cautivadas con facilidad mientras leen libros o escuchan música, momentos en los que pierden conciencia de lo que ocurre a su alrededor; además, suelen pasar gran cantidad de tiempo en ensoñaciones diurnas. En resumen, exhiben gran capacidad para concentrarse y ser absorbidas por completo por aquello que realizan (Hilgard, 1974; Crawford, 1982; Lynn y Snodgrass, 1987; Rhue, Lynn y Kirsch, 1993).

¿Un estado de conciencia distinto?

La cuestión de que la hipnosis represente o no un estado de conciencia cualitativamente diferente a la conciencia normal de vigilia ha sido fuente de controversias entre los psicólogos desde hace mucho tiempo. Ernest Hilgard (1975) presentó un lado del argumento al afirmar de manera convincente que la hipnosis representa un estado de conciencia que difiere significativamente de otros estados. Sostiene que características conductuales particulares diferencian con claridad a la hipnosis de otros estados. Dichas características incluyen una mayor susceptibilidad a la sugestión, mayor capacidad para recordar y elaborar imágenes, incluso imágenes visuales de la infancia temprana, falta de iniciativa y la capacidad para aceptar sugestiones que evidentemente contradicen la realidad. Por ejem-

Psico **V**ínculos

Respuestas a las preguntas de revisión:

1. Conciencia   2. Verdadero   3. MOR   4. ritmos circadianos   5. satisfacción de deseos   6. 1-a; 2-c; 3-b   7. 1-b; 2-c; 3-a

plo, se puede decir a las personas hipnotizadas que son ciegas, y subsecuentemente éstas manifiestan su incapacidad para ver los objetos que se les muestran (Bryant y McConkey, 1990). Es más, como resultado de investigaciones, se ha descubierto que existen cambios en la actividad eléctrica del cerebro que se relacionan con la hipnosis, lo cual brinda apoyo a la postura de que la hipnosis es un estado de conciencia distinto al de la vigilia normal (Spiegel, 1987; Graffin, Ray y Lundy, 1995).

En el otro lado de la controversia se encuentran los teóricos que rechazan la idea de que la hipnosis representa un estado de conciencia que difiere en forma significativa de la conciencia de la vigilia normal (Spanos, 1986; Spanos y Chaves, 1989). Aseguran que los patrones alterados de las ondas cerebrales no son suficientes para demostrar una diferencia cualitativa, puesto que no se producen otros cambios fisiológicos específicos cuando una persona está en trance.

Además, algunos investigadores han demostrado que la gente que sólo finge estar hipnotizada exhibe comportamientos que son casi idénticos a los de individuos en verdad hipnotizados, y que la susceptibilidad hipnótica se puede incrementar por medio de entrenamiento (Gfeller, Lynn y Pribble, 1987; Spanos *et al.*, 1987; Spanos *et al.*, 1993). También existen pocos estudios que apoyen la postura de que los adultos pueden recordar con precisión acontecimientos de su niñez mientras están hipnotizados (Nash, 1987; Frankel, 1993). Este tipo de evidencia convergente sugiere que en el trance hipnótico no existe nada cualitativamente especial (Barber, 1975; Lynn, Rhue y Weekes, 1990; Spanos *et al.*, 1991; Kirsch y Lynn, 1998).

Si la hipnosis no representa un estado de conciencia distinto al de la vigilia normal, ¿entonces por qué las personas *parecen* estar en un estado alterado? Para Theodore Sarbin y sus colegas, las personas que son hipnotizadas se encuentran en un estado de alto nivel de susceptibilidad a las sugestiones, y representan el papel del estado de hipnosis como lo entienden. No "fingen" estar hipnotizadas. En lugar de ello, creen estar hipnotizadas y siguen las sugestiones del hipnotizador de la misma manera en que siguen las sugerencias de sus patrones, jefes y otras personas con autoridad (Sarbin, 1991, 1993).

En la actualidad existe un acuerdo creciente respecto a que la controversia sobre la naturaleza de la hipnosis condujo a posiciones extremas en ambos lados de la cuestión (Kirsch y Lynn, 1995). Enfoques más recientes argumentan que el estado hipnótico puede considerarse a lo largo de un continuo en el que la hipnosis no es ni un estado de conciencia por completo diferente ni por completo parecido a la conciencia que hay en la vigilia normal.

Mientras continúan las discusiones en torno a la verdadera naturaleza de la hipnosis, una cosa queda clara: se ha usado con éxito para resolver problemas humanos prácticos. De hecho, psicólogos que trabajan en áreas muy diferentes han descubierto que la hipnosis es una herramienta confiable y eficaz (Rhue, Lynn y Kirsch, 1993). Entre las diversas aplicaciones de la hipnosis destacan las siguientes:

- *Control del dolor.* A los pacientes que sufren de dolor crónico se les puede sugestionar, cuando están bajo hipnosis, para que sientan que su dolor ha sido eliminado o reducido. Se les puede inducir para que sientan que un área de dolor está caliente, fría o entumecida. También se les puede enseñar a hipnotizarse ellos mismos para aliviar el dolor o para obtener una sensación de control sobre sus síntomas. La hipnosis ha demostrado ser útil en particular durante el parto y los tratamientos odontológicos (Erickson, Hershman y Secter, 1990; Oster, 1994; Enqvist, Von Konow y Bystedt, 1995; Mairs, 1995; Barber, 1996).

- *Eliminación de la adicción al tabaco.* Aunque no ha tenido éxito para terminar con el consumo excesivo de alcohol y drogas, en ocasiones la hipnosis tiene éxito al ayudar a las personas a eliminar un comportamiento indeseado como fumar. En algunas perspectivas, a los fumadores hipnotizados se les sugestiona en el sentido de que el sabor y el olor de los cigarrillos son desagradables. Otras técnicas incluyen la enseñanza de la autohipnosis para enfrentar el deseo irrefrenable de fumar, o la sugestión hipnótica de que los fumadores deben proteger sus cuerpos de los estragos que provoca el tabaco (Erickson, Hershman y Secter, 1990; Spiegel *et al.*, 1993).

- *Tratamiento de trastornos psicológicos*. En ocasiones la hipnosis se utiliza durante el tratamiento de trastornos psicológicos. Por ejemplo, se puede emplear para aumentar el relajamiento, reducir la ansiedad, incrementar las expectativas de éxito o para modificar pensamientos autoderrotistas (Fromm y Nash, 1992).

- *Apoyo en la aplicación de la ley*. A veces, los testigos y las víctimas recuerdan mejor los detalles de un crimen cuando están hipnotizados. En un caso muy conocido, un testigo del secuestro de un grupo de niños de California fue hipnotizado y pudo recordar todos los dígitos, menos uno, de la placa del vehículo del secuestrador (Gieselman *et al.*, 1985). Por otra parte, la evidencia relativa a la precisión de los recuerdos obtenidos bajo hipnosis es decididamente confusa. En algunos casos aumenta el recuerdo preciso de información específica, pero también la cantidad de errores. Es más, se produce un incremento en la confianza de la persona acerca de los recuerdos obtenidos mediante hipnosis, incluso cuando los recuerdos son erróneos. El estado hipnótico bien puede hacer que las personas sólo tengan mayor inclinación por decir cualquier cosa que crean recordar. A consecuencia de estas interrogantes acerca de su utilidad, la situación legal de la hipnosis aún está por resolverse (McConkey y Sheehan, 1995; Gibson, 1995).

- *Mejorar el desempeño atlético*. En ocasiones, los atletas utilizan la hipnosis para mejorar su desempeño. Por ejemplo, el campeón de boxeo Ken Norton utilizó hipnosis antes de una pelea a fin de prepararse para ese encuentro, mientras que la estrella de béisbol, Rod Carew, empleaba el hipnotismo para mejorar su concentración cuando bateaba (Udolf, 1981; Stanton, 1994; Edgette y Edgette, 1995).

En este sentido, la hipnosis tiene muchas aplicaciones potenciales; aunque es claro que no es invariablemente efectiva. Para el elevado número de personas que no pueden ser hipnotizadas, este recurso ofrece poca ayuda. Pero para los individuos que son susceptibles de ser hipnotizados, puede proporcionar beneficios significativos.

Meditación: regulación de nuestro propio estado de conciencia

Cuando los practicantes tradicionales de la antigua religión oriental del budismo zen desean lograr un mayor discernimiento espiritual, utilizan una técnica secular para alterar su estado de conciencia. A ésta se le denomina meditación.

La **meditación** es una técnica aprendida para reenfocar la atención, lo cual produce un estado alterado de conciencia. A pesar de que el término suena un tanto exótico, algún

Meditación: técnica aprendida para reenfocar la atención que produce un estado alterado de conciencia

tipo de meditación se encuentra siempre en cualquiera de las grandes religiones, lo cual incluye al cristianismo y al judaísmo. En la actualidad, en Estados Unidos, algunos de los principales expositores de la meditación, seguidores del Maharishi Mahesh Yogi, practican un tipo de meditación al que se denomina meditación trascendental (MT), aunque muchos otros grupos enseñan otros tipos de meditación.

La técnica específica de meditación que se emplea en la MT implica la repetición de un *mantra*: un sonido, una palabra o una sílaba, una y otra vez. En otras formas de meditación, la concentración se hace en una imagen, una flama o una parte específica del cuerpo. Sin importar la naturaleza del estímulo inicial particular, en la mayoría de las formas de meditación la clave del procedimiento radica en concentrarse tanto en el objeto que quien medita pierde conciencia de cualquier estímulo externo y se alcanza un estado distinto de conciencia.

Después de la meditación las personas aseguran sentirse relajadas por completo. En ocasiones relatan haber obtenido nuevos conocimientos acerca de sí mismos y de los problemas a los que se enfrentan. La práctica de la meditación a largo plazo incluso puede mejorar la salud. Un estudio realizado con un grupo de ancianos residentes en un asilo encontró una mayor longevidad entre quienes habían practicado la MT durante un periodo de tres años y otro estudio encontró que las personas que meditaban con regularidad tenían menos gastos médicos (Alexander *et al.*, 1989; Goldberg, 1995; Herron *et al.*, 1996).

La meditación produce varios cambios fisiológicos. Por ejemplo, se reduce el consumo de oxígeno, el ritmo cardiaco y la presión arterial, y los patrones de las ondas cerebrales pueden cambiar (Sudsuang, Chentanez y Veluvan, 1991). Por otra parte, se producen cambios similares con cualquier otro tipo de relajamiento, de modo que si éstos califican o no como indicadores de una verdadera alteración de la conciencia sigue siendo un aspecto abierto a debate (Wallace y Benson, 1972; Holmes, 1985; Jevning *et al.*, 1996; Zamarra *et al.*, 1996; véase figura 4.8).

Es evidente que usted también puede meditar sin adornos exóticos mediante el empleo de unos cuantos procedimientos sencillos desarrollados por Herbert Benson, quien ha estudiado con amplitud esta técnica. Los fundamentos se parecen en muchos sentidos

Un diseño que puede usarse como un mantra para enfocar la atención mientras se medita.

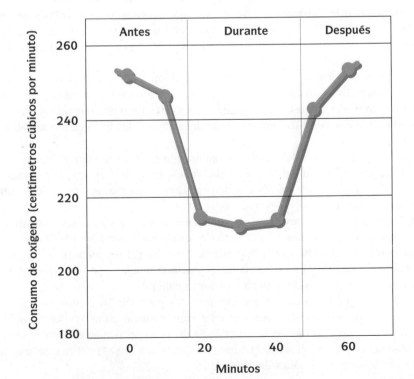

FIGURA 4.8 *El uso de oxígeno por parte del cuerpo disminuye de manera significativa durante la meditación. Fuente: Benson, 1993.*

a los desarrollados en las religiones orientales, pero sin componentes espirituales; se hacen prácticas que incluyen estar sentado en un cuarto en silencio con los ojos cerrados, respirando en forma profunda y rítmica, y repitiendo una palabra o sonido, como la palabra "un", una y otra vez. Aunque el procedimiento es un poco más complicado que esto, la mayoría de las personas se encuentra en un estado de gran relajamiento después de sólo 20 minutos. Si se practican dos veces al día, las técnicas de meditación de Benson parecen tener la misma eficacia para relajarse que otros métodos más místicos (Benson y Friedman, 1985; Benson, 1993; Benson *et al.*, 1994).

Exploración de la diversidad

Rutas transculturales para los estados alterados de conciencia

- Un grupo de nativos estadounidenses sioux se sientan desnudos en una tienda que rezuma vapor, mientras un curandero lanza agua sobre rocas candentes para enviar oleadas de vapor hirviente hacia el aire.

- Los sacerdotes aztecas se untan con una mezcla de hierbas venenosas machacadas, gusanos negros peludos, escorpiones y lagartijas. A veces beben la mezcla.

- Durante el siglo XVI, un judío hasídico devoto yace sobre la lápida de un erudito célebre. Mientras murmura el nombre de Dios repetidamente, busca ser poseído por el alma del espíritu del sabio muerto. Si tiene éxito, alcanzará un estado místico y las palabras del difunto fluirán de la boca del seguidor.

Cada uno de estos rituales tiene un objetivo común: suspender los lazos de la conciencia cotidiana y tener acceso a un estado alterado de conciencia (Furst, 1977; Fine, 1994). Aunque puede parecer curioso y exótico desde el punto de vista de muchas culturas occidentales, representa lo que parece ser un esfuerzo universal para alterar la conciencia. Para los miembros de muchas culturas no occidentales, el uso de medicamentos, alcohol y otras drogas en las culturas occidentales para producir un cambio en la conciencia parece igual de peculiar.

Algunos estudiosos sugieren que la búsqueda de la alteración de la conciencia representa un deseo humano básico. Por ejemplo, Ronald Siegel, quien estudia las bases biológicas de las drogas, ha afirmado que existe una necesidad universal de alterar el estado de ánimo o la conciencia (Siegel, 1989). Este autor sugirió que esta necesidad es tan básica como los requerimientos de sexo, agua y alimento.

Sin importar si estamos de acuerdo con esta opinión o no, es claro que culturas diferentes han desarrollado sus formas únicas y propias de actividades que alteran la conciencia. Del mismo modo, como se verá cuando se expongan los trastornos psicológicos en el capítulo 12, lo que se considera un comportamiento "anormal" varía en forma considerable de una cultura a otra.

Por supuesto, percatarse de que los esfuerzos para producir estados alterados de conciencia están extendidos en todas las sociedades del mundo no responde la pregunta fundamental: ¿la experiencia de los estados de conciencia *normales,* no alterados, es similar en diferentes culturas?

Hay dos respuestas posibles a esta pregunta. Debido a que los humanos comparten rasgos biológicos básicos comunes en la forma en que están conectados sus cerebros y sus cuerpos, podríamos suponer que la experiencia fundamental de la conciencia es similar en las diferentes culturas. Como resultado, podríamos suponer que la conciencia básica muestra algunas semejanzas básicas en forma transcultural.

Por otra parte, la forma en que son interpretados y asimilados ciertos aspectos de la conciencia muestran diferencias considerables entre distintas culturas. Por ejemplo, las personas en diversas culturas ven la experiencia del paso del tiempo en formas variadas. Un estudio encontró, por ejemplo, que los mexicanos ven el paso del tiempo más lento que otros norteamericanos (Díaz-Guerrero, 1979).

Cualquiera que sea la verdadera naturaleza de la conciencia, y la razón por la que las personas buscan alterarla, es evidente que a menudo buscan los medios para modificar su experiencia cotidiana del mundo. En algunos casos esta necesidad se vuelve abrumadora, como se verá a continuación cuando se considere el uso de las drogas. ∎

Recapitulación, revisión y reflexión

Recapitulación

- La hipnosis coloca a las personas en un estado de mayor susceptibilidad a las sugestiones de otros. Las personas no pueden ser hipnotizadas en contra de su voluntad y varían en cuanto a sus niveles de susceptibilidad a la hipnosis.

- Una pregunta de gran importancia acerca de la hipnosis es si representa o no un estado de conciencia distinto. Existen evidencias en ambos sentidos.

- La meditación es una técnica aprendida para reenfocar la atención con el fin de producir un estado alterado de conciencia.

- Las culturas difieren en cuanto a los caminos que eligen para producir estados alterados de conciencia.

Revisión

1. La _____ es un estado de mayor susceptibilidad a las sugestiones de otros.

2. Un amigo le dice: "¡Una vez escuché que una persona fue asesinada al hipnotizarla y le dijeron que saltara desde el Golden Gate!" ¿Podría haber sucedido algo así? Explique su respuesta.

3. La _____ es una técnica aprendida para reenfocar la atención con el fin de producir un estado alterado de conciencia.

4. Leslie repite un sonido único, conocido como _____ cuando practica la meditación trascendental.

5. La meditación sólo se puede aprender mediante la realización de procedimientos que incluyen algún componente espiritual. ¿Verdadero o falso?

Las respuestas a las preguntas de revisión se encuentran en la página 171.

Reflexión

1. ¿Qué clase de funcionamiento mental parece la hipnosis afectar con mayor intensidad? ¿Piensa que es más un efecto del hemisferio izquierdo o derecho del cerebro, o afecta a ambos por igual? ¿Por qué?

2. ¿En qué formas se parece la meditación a la retroalimentación biológica? ¿En qué formas es diferente?

3. Si la meditación tiene beneficios psicológicos, ¿esto sugiere que estamos sobrecargados mentalmente en nuestro estado de conciencia normal?

CONSUMO DE DROGAS: ALTAS Y BAJAS DE LA CONCIENCIA

Mientras el mechero de gas vaporizaba la cocaína colocada en el recipiente de una pipa de vidrio, Amir Vik-Kiv inhaló profundamente, retuvo el humo en su pecho expandido y luego exhaló apurado y sin aliento. De pronto, se le inyectaron los ojos y las manos le comenzaron a temblar. Aparecieron gotas de sudor en su frente y se formaron manchas de sudor en la ropa que tocaba sus axilas.

Momentos antes... el antiguo camarógrafo de televisión había "cocinado" un gramo de cocaína refinada en la cocina de su departamento del noreste de Washington. Utilizando una sencilla receta de agua y bicarbonato de sodio redujo la sustancia a una forma potente y dañina conocida como "*crack*".

En una hora había "quemado" alrededor de 100 dólares de droga, pero lo que había ocurrido en su cerebro sólo siete segundos después de dar el primer golpe era algo parecido a una explosión. Aunque no había comido en todo el día ni había tenido relaciones sexuales en seis meses, ya no sentía deseos de saciar ninguna de esas necesidades...

Lo que habría de suceder cuando se acabara la droga era otra historia. Antes de que pasara mucho tiempo Vik-Kiv estaría gateando por el piso de la cocina, buscando un poco de cocaína que se le hubiera podido caer. Al encontrar cualquier cosa blanca, la tomaría y sentiría asco ante el sabor de lo que podría haber

▶ **¿Cuáles son las principales clasificaciones y efectos de las drogas?**

sido cualquier cosa, desde una migaja de pan quemada hasta unos huevecillos de cucaracha (Milloy, 1986, p. 1).

Aunque pocas personas exhiben un comportamiento tan extremo, las drogas son parte de casi toda nuestra vida. Desde la infancia, la mayor parte de la gente ingiere vitaminas, analgésicos, medicina para la gripe y otras cosas por el estilo, y las encuestas encuentran que 80% de los adultos en Estados Unidos han tomado un analgésico de los que no requieren receta médica en los seis meses anteriores. Sin embargo, estos fármacos tienen poco efecto sobre nuestra conciencia, ya que en lugar de ello operan principalmente a nivel de nuestras funciones biológicas (Dortch, 1996).

Por otra parte, algunas sustancias, conocidas como drogas psicoactivas, afectan la conciencia. Las **drogas psicoactivas** influyen en las emociones, las percepciones y el comportamiento de una persona. Pero incluso éstas son comunes en la mayor parte de nuestra vida. Si alguna vez ha bebido una taza de café o un trago de cerveza, usted ha tomado una droga psicoactiva.

Un gran número de personas ha consumido drogas psicoactivas más potentes y peligrosas que el café y la cerveza (véase figura 4.9). Por ejemplo, las encuestas han mostrado que 40% de los alumnos de último grado de preparatoria había consumido una droga ilegal durante el año anterior, y más de 50% reporta haber bebido alcohol. Las cifras para la población adulta son aún más altas (Johnson *et al.*, 1996).

Por supuesto, las drogas varían con amplitud en términos de los efectos que tienen en los usuarios. Las más peligrosas son las adictivas. Las **drogas adictivas** producen en el consumidor una dependencia biológica o psicológica, y la abstinencia de su consumo provoca un deseo vehemente de la droga que en algunos casos puede ser casi irresistible. Las adicciones pueden tener un *fundamento biológico*, en cuyo caso el organismo se acostumbra tanto a funcionar en presencia de una droga, que ya no puede funcionar sin ella. Las adicciones también pueden ser *psicológicas*, en cuyo caso la gente cree necesitar de la droga con el fin de dar respuesta a las tensiones de la vida cotidiana. A pesar de que por lo general asociamos la adicción con drogas como la heroína, las drogas de todos los días, como la cafeína (presente en el café) y la nicotina (encontrada en los cigarrillos) también tienen aspectos adictivos.

En realidad se sabe poco acerca de las razones que subyacen a la adicción. Uno de los problemas de la identificación de las causas radica en que distintas drogas (como el alcohol y la cocaína) afectan al cerebro de modos muy diversos, y aun así pueden ser

Drogas psicoactivas: drogas que influyen en las emociones, percepciones y comportamiento de una persona

Drogas adictivas: drogas que producen una dependencia biológica o psicológica en el usuario, y en las que la abstinencia conduce a un anhelo por la droga que, en algunos casos, puede ser casi irresistible

Psico Vínculos

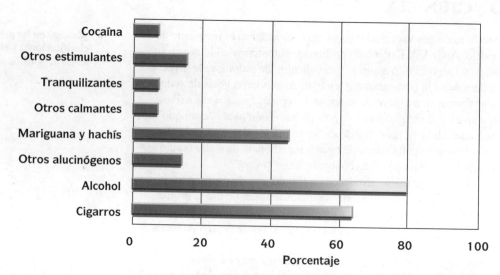

FIGURA 4.9 *¿Cuántas personas consumen drogas? Los resultados de la encuesta global más reciente de 16 000 estudiantes de último grado de bachillerato de todo Estados Unidos muestran el porcentaje de quienes respondieron que han usado diversas sustancias con propósitos que no son médicos al menos una vez. Fuente: Johnston, Bachman y O'Malley, 1996.*

adictivas en igual medida. Además, lleva más tiempo convertirse en adicto a algunas drogas que a otras, aunque las consecuencias últimas de la adicción suelen tener la misma gravedad (Julien, 1995; Hyman, 1996; Leshner, 1997; Lowinson *et al.*, 1997).

¿Por qué ingieren drogas las personas? Existen muchas razones, que van desde el placer de la experiencia misma, hasta el escape de las presiones cotidianas que brinda un viaje inducido por medio de la droga, pasando por el intento de lograr un estado religioso o espiritual. Asimismo otro tipo de factores, que tiene que ver poco con la naturaleza de la experiencia misma, también conduce a las personas a probarlas (Glantz y Pickens, 1991; Washton, 1995; Mesquita *et al.*, 1995).

Por ejemplo, el supuesto uso de drogas por figuras populares que funcionan como modelos (como la estrella de cine Robert Downey junior, o Marion Barry, alcalde de Washington, D.C.), la fácil disponibilidad de algunas drogas ilegales y la presión de los compañeros desempeñan una función importante en la decisión de consumir drogas (Jarvik, 1990; Graham, Marks y Hansen, 1991; Dupre *et al.*, 1995). En algunos casos, el motivo es simplemente la tentación de probar algo nuevo y tal vez burlarse de la ley (MacCoun, 1993). Por último, la sensación de desamparo experimentada por individuos desposeídos y desempleados atrapados en una vida de pobreza puede llevarlos a probar drogas como una forma de escapar de la desolación de sus vidas. Sin importar las fuerzas que impelen a una persona a empezar a consumir drogas, la drogadicción se cuenta entre los comportamientos más difíciles de modificar, incluso con la ayuda de un tratamiento extenso (Hawkins, Catalano y Miller, 1992; McCoun, 1993; DiClemente, 1993; Hser, Anglin y Powers, 1993; Jarvis, Tebbutt y Mattick, 1995).

Debido a la dificultad para tratar los problemas con las drogas, hay un amplio acuerdo en que la mejor esperanza para enfrentar el problema social global del abuso de sustancias es evitar que la gente ingiera drogas en primer lugar. Sin embargo, hay poco acuerdo en la forma de lograr esta meta. De hecho, como lo consideramos en el recuadro *Aplicación de la psicología en el siglo XXI* de este capítulo, incluso la efectividad del más popular de los programas antidrogas es cuestionable.

Estimulantes: drogas que afectan el sistema nervioso central al provocar un aumento en el ritmo cardiaco, de la presión arterial y de la tensión muscular

Estimulantes

Es la una de la madrugada y todavía no termina de leer el último capítulo del libro sobre el que le harán un examen en la mañana. Sintiéndose exhausto, utiliza lo único que le podrá ayudar a permanecer despierto durante el siguiente par de horas: una taza de café negro muy cargado.

Si alguna vez se ha encontrado en una situación semejante, usted confió en un **estimulante** de importancia, la cafeína, para permanecer despierto. La *cafeína* es uno de diversos estimulantes que afectan al sistema nervioso central causando un aumento del ritmo cardiaco, de la presión arterial y de la tensión muscular. La cafeína no sólo está presente en el café; es un ingrediente importante del té, de algunos refrescos y también del chocolate (véase figura 4.10).

La cafeína produce diversas reacciones. Sus principales efectos sobre el comportamiento son un aumento de la capacidad de atención y una disminución en el tiempo de reacción. La cafeína también puede motivar un mejoramiento del humor, probablemente debido a que imita los efectos de una sustancia química presente en el cerebro de forma natural, la adenosina. Sin embargo, demasiada cafeína puede provocar nerviosismo e insomnio. Las personas pueden generar una dependencia biológica a esta droga. Si de pronto dejan de beber café, pueden experimentar jaquecas o depresión. Muchas personas que beben grandes cantidades de café entre semana tienen dolores de cabeza los fines de se-

La cafeína y la nicotina son dos drogas potentes muy usadas.

Aplicación de la psicología en el siglo XXI

Sólo di no ¿al DARE? Encontrar programas antidrogas que funcionen

Los dos alumnos de octavo grado en un salón de clases en el Harlem español de la ciudad de Nueva York apenas podían contener la risa. "Están sentados en un autobús atestado y detenido", les dice su maestra. "Comiencen una conversación." Esther, pequeña y con cola de caballo, empieza. "¡Vaya, este autobús en verdad está atestado!" "Sí", dice Luis. "No puedo esperar a salir de aquí... Me voy a sofocar." Pausa. Esther: "Bonito día, ¿no es así? ¿A dónde va?" Luis: "Llevaré a mi novia al cine." Esther: "Yo también tengo una cita." Pausa penosa. Luis: "Ciertamente el autobús está... detenido." La clase ríe a carcajadas y los dos se precipitan a regresar a sus pupitres (Van Biema, 1996, p. 70).

Puede parecer que este diálogo no tiene nada que ver con ayudar a los adolescentes a evitar quedar atrapados por las drogas, pero de hecho es parte de un nuevo enfoque para la prevención del uso de drogas llamado Entrenamiento en Habilidades para la Vida. A diferencia de esfuerzos anteriores, este programa se enfoca en enseñar una amplia gama de habilidades sociales que los adolescentes necesitan para enfrentar las presiones que tienen.

El programa de Habilidades para la Vida contrasta claramente con el DARE (Drug Abuse Resistance Education: Educación para la Resistencia al Abuso de Drogas), en la actualidad el programa antidrogas más popular en Estados Unidos. El

DARE se aplica en más de 80% de los distritos escolares en Estados Unidos, y consiste en una serie de 17 lecciones que son enseñadas a alumnos de quinto y sexto grados por un oficial de policía. El oficial imparte conferencias sobre los peligros de las drogas, el alcohol y las pandillas. El programa es muy popular entre los funcionarios escolares, los padres y los políticos.

El problema: varias evaluaciones bien controladas no han podido demostrar que el programa DARE es efectivo para reducir el uso de drogas a largo plazo. Por ejemplo, una evaluación reciente y minuciosa realizada por el Center for Prevention Research de la Universidad de Kentucky, encontró que los participantes en programas DARE tienen una probabilidad igual de terminar usando drogas que quienes no lo toman. De hecho, otro estudio incluso mostró que los participantes en el DARE tenían *mayor* probabilidad de consumir mariguana que un grupo comparativo de jóvenes que no habían participado en el programa (Clayton *et al.*, 1996; Glass, 1997).

Debido a los problemas del DARE, los investigadores han buscado elaborar estrategias alternativas, como las empleadas en el programa de Entrenamiento en Habilidades para la Vida. En lugar de enfocarse en los peligros a largo plazo del uso de drogas, como lo hace el DARE, el Entrenamiento en Habilidades para la Vida se concentra en las consecuencias negativas inmediatas.

Durante 15 sesiones, los estudiantes aprenden a ser más asertivos y seguros, y a evaluar con más precisión las comunicaciones que reciben de sus compañeros y de la cultura popular. La idea es que al aprender habilidades sociales generales los estudiantes estarán mejor equipados para enfrentar la presión que perciben de sus compañeros para usar drogas, alcohol y cigarrillos (Botvin y Botvin, 1992; Dusenbury y Botvin, 1992).

El análisis del enfoque del Entrenamiento en Habilidades para la Vida sugiere que tiene éxito en reducir el uso de drogas por parte de los adolescentes. Por ejemplo, una evaluación de varios miles de estudiantes en Newark, Nueva Jersey, quienes habían participado en el Entrenamiento en Habilidades para la Vida en el séptimo grado y a quienes se les dio seguimiento hasta que se graduaron del bachillerato, mostró que los estudiantes usaron 50% menos drogas, tabaco y alcohol que sus compañeros que no habían participado en el programa (Botvin *et al.*, 1994; Botvin *et al.*, 1995; Van Biema, 1996).

A pesar de las evaluaciones negativas que ha acumulado el DARE, continúa teniendo amplio apoyo entre la policía y los consejos escolares. Queda por verse si el DARE continuará ganando el apoyo o será reemplazado por otros programas, como el Entrenamiento en Habilidades para la Vida. Lo que es evidente es que el consumo de drogas en los adolescentes es aún un problema social considerable y que hacen mucha falta programas que prevengan la drogadicción.

Es difícil identificar programas antidrogas que en verdad sean efectivos.

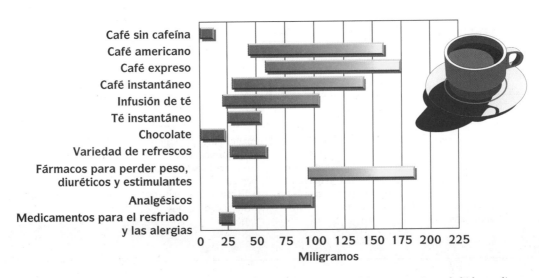

FIGURA 4.10 *¿Cuánta cafeína come y bebe? Esta gráfica muestra la cantidad de cafeína que contienen bebidas y alimentos comunes. El estadounidense promedio consume alrededor de 200 miligramos de cafeína diariamente. Fuente:* The New York Times, *1991, p. c11.*

mana a consecuencia de una súbita disminución en la cantidad de cafeína que consumen (Silverman *et al.*, 1992; Silverman *et al.*, 1994; James, 1997).

Otro estimulante común es la *nicotina*, que se encuentra en los cigarrillos. Los efectos calmantes de la nicotina ayudan a explicar por qué fumar cigarrillos satisface a sus usuarios, muchos de los cuales siguen fumando a pesar de la clara evidencia de los peligros para la salud que dicho hábito implica a largo plazo. Cuando consideramos la psicología de la salud, el tabaquismo es adictivo. Los fumadores desarrollan una dependencia a la nicotina, por lo cual los que dejan de fumar en forma repentina extrañan de manera ferviente la droga. De acuerdo con el anterior titular de Salud de Estados Unidos, C. Everett Koop, quien modificó la designación para fumar de "hábito" a "adicción" en 1988, el consumo de nicotina "está impulsado por una urgencia severa, a veces irresistible, que suele persistir a pesar de... esfuerzos reiterados por dejarlo" (Koop, 1988). Esto no es sorprendente, debido a que evidencia reciente muestra que la nicotina activa mecanismos neuronales similares a los activados por la cocaína, la cual, como veremos a continuación, también es muy adictiva (Murray, 1990; Pich *et al.*, 1997).

Cocaína

Existen pocas dudas con respecto a que la droga ilegal que ha planteado los problemas más graves en la década pasada ha sido el estimulante denominado *cocaína* y su derivado el *crack*. La cocaína se inhala o "aspira" a través de la nariz, se fuma o se inyecta directamente al torrente sanguíneo. El cuerpo la absorbe con rapidez, y hace efecto casi de inmediato.

Cuando se le consume en cantidades pequeñas, la cocaína produce sensaciones de profundo bienestar psicológico, aumento de confianza y estado de alerta. (Véase en el cuadro 4.3 un resumen de los efectos de la cocaína y otras drogas ilegales.)

La cocaína produce su "viaje" por medio del neurotransmisor denominado dopamina. Como recordará del capítulo 2, la dopamina es una de las sustancias químicas que transmiten mensajes entre las neuronas relacionadas con sentimientos ordinarios de placer. Normalmente, cuando se libera este neurotransmisor, su exceso es reabsorbido por la neurona liberadora. Sin embargo, cuando la cocaína entra en el cerebro, bloquea la reabsorción de la dopamina sobrante. Como resultado, el cerebro se satura de dopamina, lo cual genera sensaciones de placer (Self *et al.*, 1996; Balter, 1996; Landry, 1997).

No obstante, el precio que se paga por los efectos placenteros de la cocaína es excesivo. Esta droga es adictiva psicológica y físicamente, y quienes la consumen pueden llegar a obsesionarse por obtenerla. Los adictos a la cocaína dan rienda suelta a su necesidad

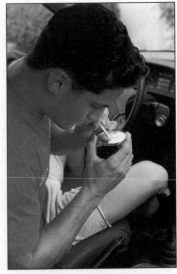

La cocaína es un estimulante ilegal muy adictivo.

Cuadro 4-3	Las drogas y sus efectos

Droga	Nombre común	Efectos	Síntomas de abstinencia	Reacciones adversas o por sobredosis
Estimulantes				
Cocaína Anfetaminas Bencedrina Dexedrina	Coca, nieve, talco, *crack* Acelerador, *speed*, anfetas Acelerador, *speed*, anfetas	Aumento de la confianza, elevación del ánimo, sensación de energía y alerta, reducción del apetito, ansiedad, irritabilidad, insomnio, somnolencia pasajera, orgasmo retardado	Apatía, fatiga general, sueño prolongado, depresión, desorientación, pensamientos suicidas, actividad motriz agitada, irritabilidad, sueños extraños	Aumento de la presión arterial y de la temperatura corporal, desconfianza, comportamientos extraños y repetitivos, alucinaciones vívidas, convulsiones, posible muerte
Calmantes				
Barbitúricos Nembutal Seconal Fenobarbital Alcohol	Avispa, amarillo y rojo Chupe, pomo	Reducción de la ansiedad, impulsividad, cambios anímicos dramáticos, pensamientos extraños, comportamiento suicida, dificultades para hablar, desorientación, lentitud en el funcionamiento físico y mental, reducción del espectro de atención	Debilidad, inquietud, náuseas y vómitos, jaquecas, pesadillas, irritabilidad, depresión, ansiedad aguda, alucinaciones, convulsiones, posible muerte	Confusión, reducción de la respuesta al dolor, respiración superficial, pupilas dilatadas, pulso débil y rápido, estado de coma, posible muerte
Narcóticos				
Heroína Morfina	Heros, arponazo, caballo, azúcar morena Morfea	Reducción de la ansiedad y del dolor, apatía, dificultad para concentrarse, lentitud en el habla, reducción de la actividad física, babeo, comezón, euforia, náuseas	Ansiedad, vómito, estornudos, diarrea, dolor de la parte baja de la espalda, ojos lacrimosos, flujo nasal, bostezos, irritabilidad, temblores, pánico, escalofrío y sudor, calambres	Niveles de conciencia disminuidos, presión arterial baja, ritmo cardiaco rápido, respiración superficial, convulsiones, estado de coma, posible muerte
Alucinógenos				
Cannabis Mariguana Hachís Aceite de hachís	Juanita, hierba, churro, mota, mois, mostaza, café, chala, toque, porro, *joint*	Euforia, relajación de las inhibiciones, aumento del apetito, conducta de desorientación	Hiperactividad, insomnio, reducción del apetito, ansiedad	Las reacciones severas son poco comunes, pero incluyen pánico, paranoia, fatiga, comportamiento extraño y peligroso, disminución de la testosterona por el uso prolongado, efectos en el sistema inmunológico
LSD	Ácido, *speed*	Fascinación ante objetos comunes, respuestas estéticas acentuadas, distorsión de la visión y la profundidad, incremento de la sensibilidad ante rostros y gestos, aumento de los sentimientos, paranoia, pánico, euforia	No registrados	Náusea y escalofrío, pulso acelerado, mayor temperatura y presión arterial, temblores, respiración lenta y profunda, pérdida del apetito, insomnio, "viajes" más largos e intensos, comportamiento extraño y peligroso
Fenciclidina (PCP)	Polvo de ángel, cohete, combustible, superhierba	Aumento del ritmo cardiaco y de la presión arterial, sudor, náuseas, reflejos retardados, alteración de la imagen corporal, percepción alterada del tiempo y el espacio, deterioro de la memoria	No registrados	Sumamente variables y tal vez relacionados con la dosis: desorientación, pérdida de la memoria de hechos recientes, comportamiento violento y extraño, alucinaciones y delirios, estado de coma

de la droga ingiriendo dosis cada diez a 30 minutos, si está disponible. Durante estas juergas, no piensan en otra cosa que en la cocaína, por lo que comer, dormir, la familia, los amigos, el dinero y hasta la sobrevivencia carecen de importancia. Sus vidas quedan atadas a la droga. Con el tiempo, los usuarios sufren un deterioro mental y físico, bajan de peso y comienzan a desconfiar de los demás. En casos extremos, la cocaína puede provocar alucinaciones; una que es común consiste en ver insectos que se arrastran y caminan sobre el cuerpo del afectado. Por último, una sobredosis de cocaína puede provocar la muerte (Gawin y Ellinwood, 1988; Mendoza y Miller, 1992; Pottieger *et al.*, 1992).

Cuando no se dispone de cocaína, los adictos a esa droga pasan por tres etapas distintas (véase figura 4.11). Durante la primera etapa, los consumidores de la droga sufren un "choque" cuando el viaje amaina. Anhelan la cocaína, se sienten deprimidos y agitados y se intensifica su ansiedad. En la segunda etapa, que se inicia de nueve horas a cuatro días después, los consumidores asiduos comienzan el proceso de "abstinencia". Durante este periodo, al principio anhelan menos la cocaína, se sienten aburridos y carentes de motivación y experimentan poca ansiedad.

No obstante, más tarde los consumidores de cocaína son muy sensibles a cualquier clave que les recuerde su antiguo consumo de la droga: una persona, un suceso, un lugar o artefactos para el consumo de la sustancia, como por ejemplo una pipa de cristal. Cuando esto ocurre, son susceptibles a retornar al consumo de la droga si la encuentran disponible. Pero si los adictos logran superar la etapa de abstinencia, pasan a la tercera fase, en la que el anhelo de la cocaína se reduce aún más y los estados de ánimo se vuelven relativamente normales. Sin embargo, mantienen su sensibilidad ante los indicios que se puedan relacionar con el consumo de cocaína, por lo cual las reincidencias son muy comunes. Por todo esto, el consumo de esta droga tiene poderosas consecuencias y de larga duración (Waldorf, Reinarman y Murphy, 1991).

En realidad uno de cada dos estadounidenses de entre 25 y 30 años de edad ha probado la cocaína, y se calcula que entre uno y tres millones de consumidores de esta sustancia requieren de tratamiento. Aunque su consumo entre los estudiantes de bachillerato ha disminuido en años recientes, la cocaína todavía representa un problema grave (Gawin, 1991; Monitoring the Future Study, 1996).

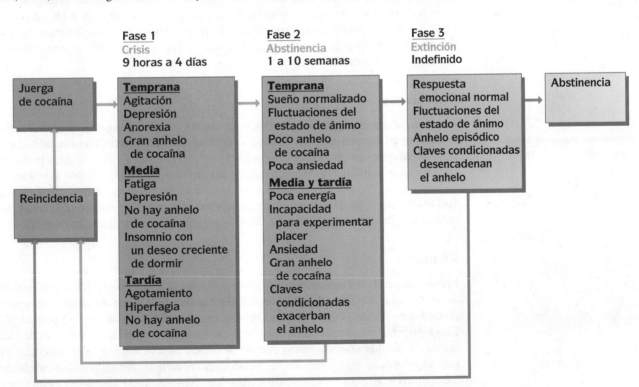

FIGURA 4.11 *Fases de la privación de cocaína. Fuente: basado en Gawin, 1991.*

El alcohol, un calmante, es la causa de decenas de miles de muertes cada año.

Anfetaminas

Las *anfetaminas* son estimulantes poderosas como la dexedrina y la bencedrina, conocidos de manera popular como "aceleradores". Cuando su consumo aumentó en la década de los años setenta, la frase "la velocidad mata" se extendió cuando la droga causó un número creciente de muertes. Aunque el consumo de anfetaminas ha disminuido respecto al máximo que alcanzó en esa década, muchos expertos en drogas creen que estos fármacos resurgirían pronto en grandes cantidades si se interrumpe el abastecimiento de cocaína.

En pequeñas dosis, las anfetaminas producen una sensación de energía y alerta, locuacidad, aumento de confianza y un estado de ánimo "elevado". Reducen la fatiga y aumentan la concentración. Las anfetaminas también provocan pérdida del apetito y aumento de la ansiedad y de la irritabilidad. Cuando se les ingiere durante periodos largos, las anfetaminas pueden producir en el usuario la sensación de ser perseguido por otros, así como una sensación general de suspicacia. Las personas que ingieren estos fármacos pueden perder interés por el sexo. Si se les consume en cantidad excesiva, producen tanta estimulación para el sistema nervioso central que se pueden presentar convulsiones y hasta la muerte.

Calmantes

Calmantes: drogas que desaceleran al sistema nervioso

En contraste con el efecto inicial de los estimulantes, que consiste en un incremento en la excitación del sistema nervioso central, el efecto de los **calmantes** consiste en entorpecerlo al provocar que las neuronas se activen con más lentitud. Dosis pequeñas provocan, por lo menos, sentimientos temporales de *intoxicación* (ebriedad) con una sensación de euforia y gozo. No obstante, cuando se consumen en grandes cantidades, el lenguaje se vuelve confuso, y se desarticula el control muscular, con la consiguiente dificultad para realizar movimientos. Por último, se puede llegar a perder por completo la conciencia.

Alcohol

El más común de los calmantes es el *alcohol*, que es la droga consumida por la mayoría de las personas. De acuerdo con estimaciones basadas en la venta de alcohol, la persona promedio mayor de 14 años de edad bebe nueve y medio litros de alcohol puro al año. Esto representa más de 200 copas por persona. Aunque la cantidad de consumo de alcohol ha disminuido continuamente durante la década pasada, las encuestas muestran que más de las tres cuartas partes de los estudiantes universitarios estadounidenses admiten haber ingerido alcohol en los últimos treinta días (NIAAA, 1990; Carmody, 1990; Center on Addiction and Substance Abuse, 1994).

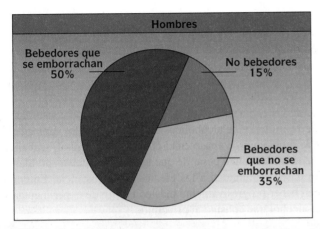
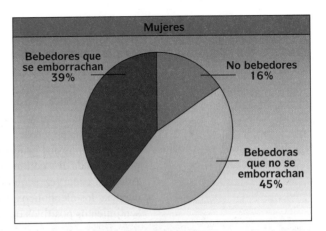

FIGURA 4.12 *Hábitos en el consumo de alcohol de estudiantes universitarios. Para los hombres, una borrachera se define como consumir cinco o más bebidas por ocasión; para las mujeres, el total es cuatro o más. Las cifras se basan en una encuesta realizada en 1993 a 17 592 estudiantes en 140 universidades e instituciones de educación superior. A los estudiantes se les preguntó acerca de lo que habían bebido en las dos semanas anteriores a la encuesta. Fuente: Wechsler et al., 1994.*

Una de las tendencias más perturbadoras es la alta frecuencia de borracheras entre estudiantes universitarios. Para los hombres, la *borrachera* se define como beber cinco o más copas por ocasión; para las mujeres, quienes por lo general pesan menos que los hombres y cuyos cuerpos absorben el alcohol con menos eficiencia, la borrachera se define como beber cuatro o más copas por ocasión.

Como se muestra en la figura 4.12, alrededor de 50% de los estudiantes universitarios varones y casi 40% de las mujeres universitarias que respondieron a una encuesta nacional en Estados Unidos dijeron que se habían emborrachado dentro de las dos semanas anteriores. Además, incluso los bebedores ligeros fueron afectados por el alto índice de consumo de alcohol: dos terceras partes de los bebedores ligeros dijeron que estudiantes borrachos habían perturbado su estudio o su sueño, y alrededor de una tercera parte había sido insultada o humillada por un estudiante borracho. Una cuarta parte de las mujeres dijeron que habían sido el blanco de un avance sexual indeseado por parte de un compañero de clases borracho (Wechsler *et al.*, 1994).

Aunque el consumo de alcohol es muy amplio, existen grandes variaciones de género y culturales en su uso. Por ejemplo, por lo general las mujeres son bebedoras un poco más ligeras que los hombres, aunque la brecha entre los sexos se está reduciendo para las mujeres mayores y se ha cerrado por completo para las adolescentes. Además, las mujeres por lo general son más susceptibles a los efectos del alcohol, debido a diferencias en el volumen sanguíneo y en la composición corporal, las cuales permiten que una mayor cantidad de alcohol pase en forma directa a su torrente sanguíneo (Eng, 1990; Hart y Sciutto, 1994; Galanter, 1995; Lex, 1995; National Center on Addiction and Substance Abuse, 1996).

También existen marcadas diferencias étnicas en el consumo de alcohol. Por ejemplo, las personas de ascendencia asiática que viven en Estados Unidos tienden a beber menos que los blancos o los afroamericanos y presentan menor frecuencia de problemas relacionados con el alcohol. Al parecer las reacciones físicas a la bebida, que pueden incluir sudor, aceleración del ritmo cardiaco y bochornos, les resultan más desagradables a las personas asiáticas que a los demás grupos (Akutsu *et al.*, 1989; Mogelonsky, 1996; Smith y Lin, 1996; Garcia-Andrade, Wall y Ehlers, 1997).

Aun cuando el alcohol es un calmante, la mayoría de las personas asegura que aumenta su sociabilidad y bienestar. La discrepancia entre los efectos reales del alcohol y los percibidos obedece a los efectos iniciales que produce en la mayoría de los usuarios: liberación de la tensión, sentimientos de felicidad y pérdida de inhibiciones (Steele y Southwick, 1985; Josephs y Steele, 1990; Steele y Josephs, 1990; Sayette, 1993). Sin embargo, a medida que aumenta la dosis de alcohol, los efectos depresivos se hacen más pronunciados (véase figura 4.13). Las personas pueden sentir una inestabilidad física y emocional. Exhiben además errores de juicio y pueden actuar en forma agresiva; empieza a fallar la memoria, el procesamiento cerebral de la información espacial disminuye y su habla pierde precisión y se vuelve incoherente. Al final pueden caer en un estupor y desmayarse. Si se bebe suficiente alcohol en un periodo breve, se puede morir por envenenamiento alcohólico (Bushman, 1993; Matthews *et al.*, 1996; Chin y Pisoni, 1997).

Aunque la mayor parte de las personas se ubican en la categoría de consumidores casuales, existen alrededor de 18 millones de alcohólicos en Estados Unidos. Los *alcohólicos*, personas que padecen de problemas de abuso en el consumo de alcohol, acaban dependiendo de él y continúan consumiéndolo a pesar de que les provoca graves problemas. Además, cada vez adquieren mayor inmunidad a los efectos de la sustancia. En consecuencia, los alcohólicos deben beber progresivamente más con el fin de experimentar los sentimientos positivos que el alcohol trae consigo al principio.

FIGURA 4.13 *Los efectos del alcohol.*

Número de copas consumidas en dos horas	Porcentaje de alcohol en la sangre	Efectos típicos en un adulto de estatura normal
2	0.05	Debilitamiento del juicio, el pensamiento y el control de sí mismo; se libera la tensión y surge una sensación de despreocupación
3	0.08	Disminución de las tensiones y las inhibiciones cotidianas; alegría
4	0.10	Afectación de la acción motora voluntaria y entorpecimiento de los movimientos de manos y brazos, así como del caminar y del hablar
7	0.20	Deterioro severo: tartamudez, alto volumen al habla fuerte, incoherencia, inestabilidad emocional; riesgo 100 veces mayor de tener un accidente automovilístico; aumento de la exuberancia y las inclinaciones agresivas
9	0.30	Afectación de áreas más profundas del cerebro, con confusión de la respuesta a estímulos y de la comprensión; estupor; visión borrosa
12	0.40	Incapacidad para realizar acciones voluntarias, soñolencia, dificultad para excitarse; equivalente a la anestesia quirúrgica
15	0.50	Estado comatoso; anestesia de los centros que controlan la respiración y el ritmo cardiaco; probabilidad de muerte cada vez más alta

Nota: una copa se refiere a una botella típica de cerveza de 355 mililitros, una copa de licor de 45 mililitros o un vaso de vino de 148 mililitros.

En algunos casos de alcoholismo, la persona necesita beber en forma constante para sentirse lo bastante bien como para funcionar en su vida cotidiana. En otros casos, sin embargo, la gente bebe en forma inconsistente, pero de manera ocasional tiene borracheras en las cuales consume grandes cantidades de alcohol.

No se ha resuelto todavía el porqué algunas personas caen en el alcoholismo y desarrollan tolerancia al alcohol, mientras otras no. Existen pruebas que sugieren la presencia de una causa genética, aunque la cuestión de la existencia de un gene específico heredado que provoque el alcoholismo es muy cuestionable. Lo que es evidente es que las probabilidades de convertirse en alcohólico son mucho mayores si ha habido alcohólicos en generaciones previas de la familia de un individuo. Por otra parte, no todos los alcohólicos tienen parientes cercanos que sufran la enfermedad; en estos casos se sospecha que los factores ambientales que producen tensiones desempeñan una función importante (Greenfield *et al.*, 1993; Hester y Miller, 1995; Kendler *et al.*, 1996; Royce y Scratchley, 1996; Pennisi, 1997).

Barbitúricos

Los *barbitúricos*, que incluyen drogas como el nembutal, el seconal y el fenobarbital, constituyen otro tipo de calmantes. Los médicos los recetan con frecuencia para inducir sueño o reducir el estrés. Esta clase de fármacos produce una sensación de relajamiento. No obstante, también generan adicción psicológica y física y, cuando se les combina con el alcohol, pueden ser mortales, debido a que semejante mezcla relaja los músculos del diafragma a tal grado que el sujeto no puede respirar. La droga callejera a la que se denomina *cualud* está muy relacionada con la familia de los barbitúricos y con ella se asocian peligros similares.

Narcóticos: alivio del dolor y la ansiedad

Los **narcóticos** son drogas que aumentan el relajamiento y alivian el dolor y la ansiedad. Dos de los narcóticos más poderosos, la *morfina* y la *heroína*, se obtienen de la amapola. Aunque la morfina se utiliza médicamente para controlar dolores agudos, la heroína es ilegal en Estados Unidos; aunque esto no ha logrado evitar su consumo generalizado.

Los consumidores de heroína por lo general se inyectan la droga directamente en las venas con una jeringa hipodérmica. Se ha descrito el efecto inmediato como un "arrebato" de bienestar, similar en algunos aspectos al orgasmo sexual, e igualmente difícil de describir. Después de ese arrebato, quien consume heroína experimenta una sensación de bienestar y paz que dura de tres a cinco horas. Sin embargo, cuando pasan los efectos de la droga, el sujeto siente una enorme ansiedad y un deseo desesperado por repetir la experiencia. Además, en cada ocasión se requiere de mayores cantidades de heroína para producir el mismo efecto placentero. Esto conduce a un ciclo de adicción biológica y psicológica: el consumidor de heroína se inyecta de manera constante o trata de obtener cantidades cada vez mayores de droga. Con el tiempo, la vida del adicto acaba por centrarse en la heroína.

Como consecuencia de los poderosos sentimientos positivos que produce la heroína, su adicción es en particular difícil de curar. Un tratamiento que ha obtenido cierto éxito es el que emplea a la metadona. La *metadona* es una sustancia química sintética que satisface los anhelos fisiológicos del adicto por la droga, sin proporcionarle el "viaje" que suele acompañar a la droga. Cuando se recetan dosis regulares de metadona a los adictos a la heroína, éstos son capaces de desempeñarse con relativa normalidad. No obstante, el empleo de metadona presenta una seria desventaja. Aunque acaba con la dependencia psicológica a la heroína, reemplaza la adicción biológica a la heroína con una adicción a la metadona. Por tanto, los investigadores están tratando de identificar sustitutos químicos para la heroína y otras drogas adictivas que no generen adicción, los cuales no sustituyan una adicción con otra (Waldrop, 1989; Sinclair, 1990; Pulvirenti y Koob, 1994).

Narcóticos: drogas que aumentan el relajamiento y alivian el dolor y la ansiedad

FIGURA 4.14 *El uso de mariguana continúa en niveles altos. Por ejemplo, casi 40% de los alumnos de último grado de bachillerato y más de un tercio de los de octavo grado dicen que han consumido la droga durante el año anterior. Fuente: Johnston, Bachman y O'Malley, 1996.*

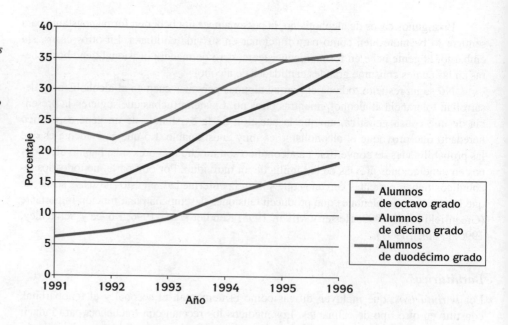

Alucinógenos: drogas que son capaces de producir alucinaciones o cambios en el proceso de la percepción

Alucinógenos: las drogas psicodélicas

¿Qué tienen en común los hongos, la mariguana y el dondiego? Aparte de ser plantas muy comunes, cada una de ellas puede ser fuente de un poderoso **alucinógeno**, es decir, una droga capaz de producir alucinaciones o cambios en el proceso de percepción.

El más común de los alucinógenos y de consumo muy generalizado en la actualidad es la *mariguana*, cuyo ingrediente activo, tetrahidrocannabinol (THC), se encuentra en una hierba silvestre: la *cannabis*. La mariguana se suele consumir en cigarrillos, aunque se puede cocinar y comer. En Estados Unidos, casi 40% de los estudiantes de los últimos grados del bachillerato, y más de la tercera parte de los alumnos de octavo grado, reportan haber consumido mariguana durante el año anterior. Además, estas cifras se han incrementado en forma constante desde principios de la década de los años noventa (Monitoring the Future Study, 1996; véase figura 4.14).

Los efectos de la mariguana varían de una persona a otra, pero en general consisten en sentimientos de euforia y bienestar. Las experiencias sensoriales parecen más vivas e intensas, y el sentido de importancia personal parece aumentar. La memoria puede deteriorarse, lo cual provoca que el consumidor de la droga se sienta agradablemente "en otro espacio". Por otra parte, los efectos no son positivos para todos. Cuando están deprimidas las personas, con el consumo de mariguana lo pueden estar aún más, puesto que la droga tiende a potenciar tanto los sentimientos positivos como los negativos.

La mariguana tiene la reputación de ser una droga "segura" cuando se consume con moderación, y hay poca evidencia de que su consumo cause adicción. También parece haber poca evidencia científica de que quienes la consumen tiendan a "ascender" hacia el consumo de drogas más peligrosas. De hecho, en ciertas culturas, el uso de la mariguana es rutinario. Por ejemplo, algunas personas en Jamaica beben en forma habitual un té preparado con esta planta. Además, la mariguana tiene varias aplicaciones médicas; puede emplearse para prevenir la náusea causada por la quimioterapia, para tratar algunos síntomas del SIDA y para aliviar espasmos musculares en personas con lesiones en la médula espinal. En un movimiento controvertido, varios estados de Estados Unidos consideran legal el uso de la droga si la receta un médico, aunque aún es ilegal según las leyes federales de ese país (Brookhiser, 1997).

No obstante, existen claros riesgos asociados con un alto consumo de mariguana durante un largo plazo. Por ejemplo, hay algunas evidencias de que su consumo en grandes cantidades disminuye, al menos temporalmente, la producción de la hormona masculina llamada testosterona, lo cual puede afectar la actividad sexual y el número de espermatozoides producidos (Jaffe, 1990; Crenshaw y Goldberg, 1996). Además, fumar mariguana durante el embarazo tiene efectos duraderos en los niños expuestos a ella antes de nacer. Su consumo en gran escala afecta también la capacidad del sistema inmunológico para combatir los gérmenes y aumenta la tensión cardiaca, aunque no está clara todavía la magnitud de estos efectos. Sin embargo, una consecuencia negativa de fumarla es incuestionable: el humo daña los pulmones de forma muy similar a la del humo del cigarro de tabaco, lo cual produce un aumento de la posibilidad en desarrollar cáncer y otras enfermedades pulmonares (Caplan y Brigham, 1990; Sridhar *et al.*, 1994; Julien, 1995; CR, 1997).

En resumen, los efectos *a corto plazo* del consumo de mariguana parecen ser de poca importancia, si quienes la consumen toman precauciones obvias, como evitar conducir autos u operar maquinaria. No obstante, aparte del daño pulmonar, no está tan claro si tiene consecuencias perjudiciales a largo plazo. Es necesario realizar investigaciones adicionales antes de que la cuestión de su seguridad pueda ser resuelta (Zimmer y Morgan, 1997).

LSD y PCP

Dos de los alucinógenos más potentes son la *dietilamida del ácido lisérgico* (LSD, *lysergic acid diethylamide*, conocida comúnmente como ácido), y la *fenciclidina* (PCP, *phencyclidine,* a la que se le suele llamar "polvo de ángel"). Ambas drogas afectan la operación cerebral del neurotransmisor denominado serotonina, lo cual provoca una alteración de la actividad de las células cerebrales y de la percepción (Jacobs, 1987; Aghajanian, 1994).

El LSD produce alucinaciones muy vívidas. La percepción de los colores, los sonidos y las formas se altera tanto que incluso la experiencia más insignificante, como ver los nudos en la madera de una mesa, puede parecer sumamente interesante y conmovedora. La percepción del tiempo se distorsiona y se pueden ver nuevos aspectos de los objetos y las personas; algunos consumidores de LSD han comentado que la droga aumenta su comprensión del mundo. No obstante, para otros la experiencia con LSD puede ser aterradora, en especial si quienes lo consumen han tenido dificultades emocionales en el pasado. Además, quienes lo han consumido pueden experimentar regresiones, estados en los que alucinan mucho tiempo después de haber consumido la droga.

La PCP también provoca fuertes alucinaciones; sin embargo, los efectos secundarios potenciales relacionados con su consumo la hacen incluso más peligrosa que el LSD. Grandes dosis de esta droga pueden causar paranoia y comportamiento destructivo; en algunos casos, quienes la consumen pueden tornarse violentos consigo mismos y con los demás.

El consumidor de psicología bien informado

Identificación de problemas con el alcohol y las drogas

En una sociedad bombardeada con comerciales de fármacos que garantizan realizarlo todo, desde curar el resfriado común hasta dotar de vida nueva a la "sangre agotada", no sorprende que los asuntos relacionados con las drogas representen un fenómeno social de importancia. Sin embargo, muchas personas que tienen problemas con el alcohol o con las drogas niegan que tal sea el caso, y hasta sus amigos cercanos y los miembros de su familia pueden no darse cuenta a partir de qué momento el consumo social ocasional de alcohol o drogas se ha convertido en abuso.

No obstante, diversas señales indican cuándo el uso se convierte en abuso (Brody, 1982; Gelman, 1989; NIAAA, 1990; Archambault, 1992). Entre estas señales destacan las siguientes:

- Consumir alcohol o drogas siempre que se desee pasarla bien.

- Estar bajo los efectos del alcohol o las drogas más tiempo que el que se está sin sus efectos.

- Buscar los efectos del alcohol o las drogas para funcionar.

- Asistir al trabajo o a la escuela bajo los efectos del alcohol o las drogas.

- Faltar al trabajo o la escuela, o no estar preparado para ambos, a consecuencia de haber estado bajo los efectos del alcohol o las drogas.

- Sentirse mal a consecuencia de haber dicho o hecho algo mientras se estaba bajo los efectos del alcohol o las drogas.

- Manejar un automóvil bajo los efectos del alcohol o las drogas.

- Tener problemas con la ley a causa de las drogas.

- Hacer algo bajo los efectos del alcohol o las drogas que no se haría en otras circunstancias.

- Estar bajo los efectos del alcohol o las drogas en situaciones solitarias, no sociales.

- Ser incapaz de dejar de buscar los efectos del alcohol y las drogas.

- Sentir la necesidad de tomar una bebida o ingerir alguna droga para terminar el día.

- Sufrir deterioros de la salud física.

- Fracasar en la escuela o el trabajo.

- Pensar todo el tiempo en las drogas o el alcohol.

- Evitar a la familia o los amigos cuando se consume alcohol o drogas.

Cualquier combinación de estos síntomas debe ser suficiente para alertarlo acerca de un problema grave en potencia de drogas o alcohol. Debido a que la dependencia a las drogas o el alcohol es prácticamente imposible de curar por iniciativa propia, la persona que sospeche tener un problema debe buscar de inmediato la ayuda de un psicólogo, de un médico o de un consejero. También se puede obtener ayuda de diversas organizaciones gubernamentales o privadas que brindan asesoría sin costo o de grupos de Alcohólicos Anónimos y similares. ■

Recapitulación, revisión y reflexión

Recapitulación

- Las drogas psicoactivas afectan las emociones, percepciones y comportamiento de una persona. Las drogas más peligrosas son las adictivas, debido a que producen dependencia biológica o psicológica.

- Los estimulantes producen un aumento de la excitación del sistema nervioso central.

- Los calmantes disminuyen la excitación del sistema nervioso central; pueden producir intoxicación.

- Los narcóticos producen relajamiento y alivian el dolor y la ansiedad.

- Los alucinógenos producen alucinaciones y otras alteraciones de la percepción.

Revisión

1. ¿Cuál es el término técnico que se da a las drogas que afectan la conciencia de una persona?

2. Relacione el tipo de droga con un ejemplo de ese tipo.

   1. Barbitúrico
   2. Anfetamina
   3. Alucinógeno

   a. LSD
   b. Fenobarbital
   c. Dexedrina

3. Clasifique cada una de las drogas de la lista como un estimulante (E), calmante (C), alucinógeno (A) o narcótico (N):

   1. PCP _____
   2. Nicotina _____
   3. Cocaína _____
   4. Alcohol _____
   5. Heroína _____
   6. Mariguana _____

4. Los efectos del LSD pueden volver a presentarse mucho tiempo después de que se consumió la droga. ¿Verdadero o falso?

5. La _____ es una droga que se ha utilizado para curar a las personas de su adicción a la heroína.

6. ¿Cuál es el problema que presenta el tratamiento con metadona?

Las respuestas a las preguntas de revisión se encuentran en la página 184.

Reflexión

1. Las personas usan la palabra "adicción" en forma vaga, refiriéndose a una adicción a los dulces o a un programa de televisión. ¿Puede explicar la diferencia entre este tipo de "adicción" y una verdadera adicción fisiológica? ¿Existe alguna diferencia entre este tipo de "adicción" y una adicción psicológica?

2. ¿Por qué las personas beben en situaciones sociales? ¿Cómo podría ser útil un programa de entrenamiento de habilidades para la vida para reducir el consumo de alcohol en dichas situaciones?

3. ¿Por qué en casi todas las culturas se observa el consumo de drogas psicoactivas y la búsqueda de estados alterados de conciencia?

UNA MIRADA
retrospectiva

¿Cuáles son los distintos estados de conciencia?

1. La conciencia se refiere al conocimiento de una persona acerca de las sensaciones, pensamientos y sentimientos que experimenta en un momento determinado. Puede variar desde estados más activos, como una gran concentración en una tarea y el hecho de percatarse en forma enfocada del mundo que nos rodea, hasta estados más pasivos, como las ensoñaciones diurnas y el sueño verdadero.

¿Qué ocurre cuando dormimos, y cuál es el significado y la función de los sueños?

2. Con el empleo del electroencefalograma (EEG), para estudiar el sueño, los científicos han descubierto que el cerebro está activo durante toda la noche, y que el sueño pasa por una serie de fases identificadas por patrones específicos de ondas cerebrales. La fase 1 se caracteriza por ondas relativamente rápidas de bajo voltaje; la fase 2 muestra patrones más regulares, en forma de huso. Durante la fase 3 las ondas cerebrales se vuelven más lentas, y aparecen crestas más altas y valles más bajos en el registro. Por último, la fase 4 del sueño incluye ondas todavía más lentas y más regulares.

3. El sueño MOR (sueño con movimientos oculares rápidos) se caracteriza por un aumento del ritmo cardiaco, de la presión arterial, del ritmo respiratorio y, en los hombres, por erecciones. Lo más sorprendente son los movimientos rápidos de los ojos, que van de un lado a otro debajo de los párpados cerrados. Los sueños se producen durante esta fase. El sueño MOR parece ser de vital importancia para el funcionamiento humano, en tanto que otras fases del sueño son menos importantes.

4. Según Freud, los sueños tienen un contenido manifiesto (su guión aparente) y uno latente (su verdadero significado). Freud sostuvo que el contenido latente proporciona una guía hacia el inconsciente de quien sueña, ya que revela sus deseos insatisfechos. Muchos psicólogos están en desacuerdo con este punto de vista. Ellos sugieren que el contenido manifiesto de los sueños representa el verdadero tema del sueño.

5. La teoría del desaprendizaje sostiene que los sueños representan un proceso en el que información no necesaria se "desaprende" y se elimina de la memoria. Desde esta perspectiva, los sueños no tienen significado alguno. En contraste, la teoría de soñar para sobrevivir afirma que

información de importancia para nuestra sobrevivencia cotidiana se reconsidera y reprocesa durante los sueños. Por último, la teoría de la activación y la síntesis propone que los sueños son el resultado de la actividad eléctrica producida de manera aleatoria. Esta energía eléctrica estimula al azar diversos recuerdos, los cuales después se entretejen en un relato coherente.

¿En qué medida soñamos despiertos?

6. La ensoñación diurna puede abarcar 10% del tiempo, aunque existen amplias diferencias individuales en cuanto a la cantidad de tiempo que se le dedica. Existe escasa relación entre los trastornos psicológicos y una alta frecuencia de ensoñación diurna.

¿Cuáles son los principales trastornos del sueño y cómo se les puede tratar?

7. El insomnio es un trastorno del sueño que se caracteriza por la dificultad para dormir. La apnea del sueño es un estado en el que se experimentan dificultades para dormir y respirar al mismo tiempo. Las personas que padecen de narcolepsia tienen un impulso incontrolable por dormir. El sonambulismo y hablar dormido son relativamente inocuos.

8. Los psicólogos y los investigadores del sueño le recomiendan a quienes padecen de insomnio que consideren aumentar el ejercicio durante el día, elegir un horario regular para dormir, no ingerir cafeína ni tomar píldoras para dormir, beber un vaso de leche tibia antes de acostarse y evitar *tratar* de dormir.

¿Están en un estado de conciencia diferente las personas hipnotizadas y se les puede inducir a tal estado contra su voluntad?

9. La hipnosis produce un estado de mayor susceptibilidad a las sugestiones del hipnotizador. Aunque no existen indicadores fisiológicos que distingan a la hipnosis de la conciencia normal de vigilia, ocurren cambios conductuales significativos. Estos cambios incluyen un incremento en la concentración y en la susceptibilidad a la sugestión, mayor capacidad para recordar y elaborar imágenes, falta de iniciativa y aceptación de sugestiones que con claridad contradicen la realidad. No obstante, no es posible hipnotizar a las personas contra su voluntad.

¿Cuáles son las consecuencias de la meditación?

10. La meditación es una técnica aprendida para reenfocar la atención, la cual genera un estado alterado de conciencia. En la meditación trascendental, la forma más popular de meditación practicada en Estados Unidos, el individuo repite un mantra (un sonido, palabra o sílaba) una y otra vez, concentrándose hasta ignorar la estimulación exterior y alcanzar un estado de conciencia distinto.

11. Culturas diferentes tienen formas únicas de alterar los estados de conciencia. Algunos investigadores especulan que existe una necesidad universal de alterar los estados de conciencia.

¿Cuáles son las principales clasificaciones y efectos de las drogas?

12. Las drogas pueden producir estados alterados de conciencia. Sin embargo, varían en cuanto a su peligrosidad y con respecto a si son o no adictivas; esto es, si provocan o no una dependencia biológica o psicológica. El consumo de drogas se debe a diversas razones: para sentir el placer de la experiencia misma, para escapar de las presiones cotidianas, para alcanzar estados religiosos o espirituales, para seguir los modelos representados por usuarios célebres o compañeros o para experimentar la emoción de hacer algo nuevo y tal vez ilegal. Cualquiera que sea la causa, la adicción a las drogas es uno de los comportamientos más difíciles de modificar.

13. Los estimulantes excitan al sistema nervioso central. Dos estimulantes muy comunes son la cafeína (presente en el café, el té y los refrescos) y la nicotina (hallada en los cigarrillos). Son más peligrosas la cocaína y las anfetaminas o "aceleradores". A pesar de que en pequeñas cantidades los estimulantes producen un aumento de la confianza en sí mismo, sensación de energía y alerta, y un "viaje", en cantidades mayores pueden sobrecargar el sistema nervioso central, lo cual puede provocar convulsiones y la muerte.

14. Los calmantes disminuyen la capacidad de excitación del sistema nervioso central, por lo cual las neuronas se activan con más lentitud. Pueden provocar intoxicación con sentimientos de euforia. Los calmantes más comunes son el alcohol y los barbitúricos.

15. El alcohol es el calmante que se consume con mayor frecuencia. Aunque al principio elimina las tensiones y produce un sentimiento positivo, a medida que aumenta la dosis ingerida, sus efectos calmantes se hacen más evidentes. Los alcohólicos desarrollan tolerancia hacia el alcohol y deben consumir bebidas que contengan esa sustancia para desempeñarse adecuadamente. Tanto causas genéticas como factores ambientales generadores de estrés pueden conducir al alcoholismo.

16. La morfina y la heroína son narcóticos, drogas que producen relajamiento y alivian el dolor y la ansiedad. A consecuencia de sus efectos adictivos, estas dos sustancias son particularmente peligrosas.

17. Los alucinógenos son drogas que producen alucinaciones y otros cambios en la percepción. El alucinógeno de consumo más frecuente es la mariguana: su consumo es común en Estados Unidos. Aunque el uso ocasional y por periodos cortos de la mariguana no parece tener efectos peligrosos, sus efectos a largo plazo son menos claros. Los pulmones pueden sufrir daños, existe la posibilidad de que disminuyan los niveles de testosterona en los hombres y que el sistema inmunológico se afecte. Otros dos alucinógenos, el LSD y la PCP, afectan la operación de neurotransmisores en el cerebro, lo que provoca una alteración de la actividad en las células cerebrales y de la percepción.

18. Existen diversas señales que indican el momento en el que el consumo de drogas se convierte en abuso. Estos signos incluyen usarlas con frecuencia, estar bajo los efectos del alcohol o las drogas para ir a clases o al trabajo, conducir un automóvil bajo la influencia de drogas o alcohol, tener problemas legales y consumirlas cuando se está solo. Toda persona que sospeche tener un problema con las drogas debe buscar ayuda profesional. Casi nunca se es capaz de resolver los problemas de drogas por cuenta propia.

Términos y conceptos clave

conciencia (p. 146)
fase 1 del sueño (p. 149)
fase 2 del sueño (p. 149)
fase 3 del sueño (p. 149)
fase 4 del sueño (p. 149)
sueño con movimientos oculares rápidos (sueño MOR) (p. 150)
ritmos circadianos (p. 152)

teoría de la satisfacción de los deseos inconscientes (p. 155)
contenido latente de los sueños (p. 155)
contenido manifiesto de los sueños (p. 155)
teoría del desaprendizaje (p. 156)
teoría de soñar para sobrevivir (p. 156)
teoría de la activación y la síntesis (p. 157)
ensoñaciones diurnas (p. 158)

hipnosis (p. 163)
meditación (p. 166)
drogas psicoactivas (p. 170)
drogas adictivas (p. 170)
estimulantes (p. 171)
calmantes (p. 176)
narcóticos (p. 179)
alucinógenos (p. 180)

Respuestas a las preguntas de revisión:

1. psicoactivas   2. 1-b; 2-c; 3-a   3. 1-A; 2-E; 3-E; 4-C; 5-N; 6-A   4. Verdadero   5. metadona   6. Las personas desarrollan adicción a la metadona

Epílogo

En este capítulo expusimos la conciencia en todo su espectro, desde los estados activos hasta los pasivos. Nos enfocamos en especial en factores que afectan la conciencia, desde factores naturales como dormir, soñar y tener ensoñaciones diurnas, hasta modos más intencionales de alterar la conciencia, incluyendo la hipnosis, la meditación y las drogas. Se examinaron algunas de las razones por las cuales las personas buscan alterar su conciencia, consideramos los usos y abusos de las estrategias de alteración de la conciencia e intentamos abordar algunas de las formas más peligrosas en que las personas afectan su conciencia.

Antes de pasar al tema del aprendizaje en el siguiente capítulo, regresemos por un momento al prólogo de este capítulo, que trata de la dependencia de las drogas del mariscal de campo Brett Favre. Considere las siguientes preguntas a la luz de su comprensión del uso y el abuso de las drogas.

1. ¿Cuál fue la causa aparente de la dependencia de las drogas de Favre? ¿Cree que era adicto en forma fisiológica o psicológica al vicodin?

2. De acuerdo con la información del prólogo, ¿a qué clase de drogas piensa que pertenece el vicodin? ¿Qué efectos había tenido en el estado de conciencia de Favre? ¿La droga lo habría hecho un mejor mariscal de campo? Explique su respuesta.

3. ¿Piensa que Favre se percató de que era dependiente de las drogas antes de su ataque? ¿Por qué el ataque cambió su vida?

4. ¿Qué tan difícil es dejar de tomar una droga como el vicodin? ¿Qué síntomas esperaría que exhibiera Favre durante su periodo de abstinencia?

Aprendizaje

Los animales, como los perros guía para ciegos, pueden ser entrenados para que realicen tareas sorprendentemente complejas usando los principios básicos del aprendizaje.

Prólogo

Un amigo llamado Bo

Cualquiera de nosotros sería afortunado de tener un amigo como Bo. Es un compañero maravilloso y leal que brinda de manera desinteresada tiempo y afecto. Siempre está listo para ayudar y pide poco a cambio.

Pero Bo fue entrenado para ser así.

Bo es una mezcla de labrador y cobrador dorado de cinco años de edad; es un perro entrenado para ser un buen compañero de su propietario, Brad Gabrielson. Gabrielson presenta parálisis cerebral, por lo que tiene poco control sobre sus músculos. Pero con la ayuda de Bo, Gabrielson puede llevar una vida independiente.

Las capacidades de Bo son muchas. Si suena el timbre de la puerta, la abre. Si Gabrielson tira algo, Bo lo levanta. Si Gabrielson tiene sed, Bo le dará una bebida. En una ocasión, cuando Gabrielson se cayó, Bo salió del departamento y cruzó el pasillo hasta la puerta de un vecino, donde rascó la puerta y ladró. Cuando se percató de que el vecino no estaba en casa, Bo subió las escaleras hasta el departamento de otro vecino.

Cuando ese vecino, quien no se había encontrado con Bo antes, abrió la puerta, Bo lo condujo escaleras abajo, tirando de su mano con cuidado. Mientras el vecino ayudaba a Gabrielson, Bo permaneció vigilante a su lado. Gabrielson dijo después: "de haber estado solo, hubiera tenido que quedarme tirado allí... hasta que mi novia llegara a casa seis horas después". Pero, continuó: "Bo se acercó y me lamió la cara, para asegurarse de que estaba bien, que respondía. Luego salió a buscar ayuda" (Ryan, 1991, p. 14). Y Gabrielson dejó de preocuparse.

Es evidente que la pericia de Bo no apareció nada más porque sí. Es el resultado de esmerados procedimientos de entrenamiento, mismos que están en funcionamiento en nuestras vidas, y que se ilustran por nuestra capacidad para leer un libro, conducir un automóvil, jugar a las cartas, estudiar para un examen o realizar cualquiera de las numerosas actividades que son parte de nuestra rutina cotidiana. Igual que Bo, cada uno de nosotros debe adquirir y después pulir sus habilidades y capacidades mediante el aprendizaje.

Tema fundamental para los psicólogos, el aprendizaje desempeña una función central en casi todas las áreas de especialización de la psicología, como se verá a lo largo de este libro. Por ejemplo, un psicólogo que estudia la percepción podría preguntar: "¿cómo aprendemos que la gente que se ve pequeña a la distancia está lejos, y no que es más pequeña?". Un psicólogo del desarrollo preguntaría: "¿cómo aprenden los bebés a distinguir a sus madres de otras personas?". Un psicólogo clínico podría cuestionar: "¿por qué algunas personas aprenden a espantarse cuando ven una araña?". Un psicólogo social podría hacer la siguiente pregunta: "¿cómo aprendemos a sentir que estamos enamorados?". Cada una de estas preguntas, a pesar de que proceden de distintos campos de la psicología, sólo pueden tener respuesta con relación a los procesos de aprendizaje.

¿Qué es lo que intentamos decir con aprendizaje? Aunque los psicólogos han identificado diversos tipos de aprendizaje, existe una definición general que los abarca a todos: **aprendizaje** es un cambio de comportamiento relativamente permanente, como resultado de la experiencia. Lo importante de esta definición radica en que nos permite distinguir entre los cambios en el desempeño debidos a la *maduración* (el desarrollo de patrones de comportamiento predeterminados biológicamente que obedecen sólo a los años vividos) y aquellos cambios que la experiencia trae consigo. Por ejemplo, los niños se convierten en mejores jugadores de tenis a medida que crecen, en parte como consecuencia de que su fuerza aumenta con su tamaño: un fenómeno de maduración. Es preciso distinguir ese tipo de cambios provocados por la maduración de aquellas mejoras que obedecen al aprendizaje, las cuales son consecuencia de la práctica.

Aprendizaje: un cambio de comportamiento relativamente permanente producido por la experiencia

De modo similar, es necesario distinguir entre los cambios de comportamiento a corto plazo provocados por factores distintos del aprendizaje, como una disminución en el rendimiento debido a cansancio o a falta de esfuerzo, de los cambios debidos a un verdadero aprendizaje. Por ejemplo, si Andre Agassi se desempeña mal en un juego de tenis como consecuencia de la tensión o la fatiga, ello no significa que no haya aprendido a jugar en forma adecuada o que haya olvidado cómo jugar bien.

La distinción entre aprendizaje y desempeño es muy importante, y no siempre es fácil de realizar (Druckman y Bjork, 1994). Para algunos psicólogos, el aprendizaje sólo se puede inferir de modo indirecto, mediante la observación de cambios en el desempeño. Como consecuencia de que no siempre hay una correspondencia de uno a uno entre el aprendizaje y el desempeño, es difícil comprender cuándo se ha producido un verdadero aprendizaje. (Quienes hayamos reprobado un examen porque estábamos cansados y cometíamos errores por descuido podemos comprender bien esta distinción.)

Por otra parte, algunos psicólogos han abordado el aprendizaje desde otra perspectiva muy diferente. Al considerar el aprendizaje sencillamente como cualquier cambio en el comportamiento, sostienen que el aprendizaje y el desempeño son una misma cosa. Este enfoque tiende a hacer a un lado al pensamiento que puede estar involucrado en el aprendizaje al enfocar tan sólo el desempeño observable. Como veremos, el grado en que puede comprenderse el aprendizaje sin tener en cuenta los procesos mentales representa una de las áreas de mayor desacuerdo entre los teóricos del aprendizaje de distintas orientaciones.

En resumen, comenzamos este capítulo examinando el tipo de aprendizaje que subyace a respuestas que van desde la salivación de un perro cuando ve o escucha a su propietario abrir una lata de alimento para mascotas, hasta las emociones que sentimos cuando escuchamos nuestro himno nacional. Después se exponen otras teorías que consideran la forma en que el aprendizaje es una consecuencia de circunstancias recompensantes. Por último, examinamos los enfoques que se centran en los aspectos mentales del aprendizaje.

EL CONDICIONAMIENTO CLÁSICO

¿El simple hecho de ver el logotipo de un restaurante de hamburguesas le hace sentir retortijones de hambre y pensar en ese alimento? Si es así, entonces se trata de una forma rudimentaria de aprendizaje denominada condicionamiento clásico.

Los procesos que subyacen al condicionamiento clásico explican fenómenos tan diversos como llorar cuando se ve a una novia caminar hacia el altar en una boda, temer a la oscuridad o enamorarse del chico o la chica que vive enfrente. Sin embargo, para comprender el condicionamiento clásico es preciso retroceder en el tiempo, hasta los primeros años del siglo xx en Rusia.

Fundamentos del condicionamiento

Iván Pavlov, fisiólogo ruso, nunca pretendió realizar una investigación psicológica. En 1904 obtuvo el Premio Nobel por sus trabajos acerca de la digestión, como estímulo a sus contribuciones en ese campo. No obstante, a Pavlov no se le recuerda por sus investigaciones fisiológicas, sino por sus experimentos acerca de procesos básicos de aprendizaje, trabajo que comenzó por accidente (Windholz, 1997).

Pavlov estudiaba la secreción de los ácidos estomacales y la salivación de los perros como respuesta a la ingestión de distintas cantidades y clases de alimentos. Mientras lo hacía, se percató de un fenómeno singular: algunas veces las secreciones estomacales y la salivación comenzaban sin haber ingerido alimento alguno. Ver un plato de alimentos o al individuo que usualmente lleva la comida, o hasta escuchar el sonido de sus pasos, era suficiente para producir la respuesta fisiológica de los perros. La genialidad de Pavlov radicó en su capacidad para reconocer las implicaciones de este descubrimiento tan bási-

▶ **¿Qué es el aprendizaje?**

▶ **¿Cómo aprendemos a crear asociaciones entre estímulos y respuestas?**

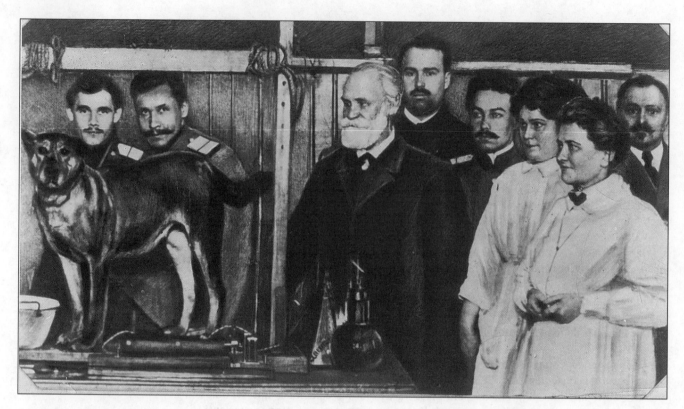

A Iván Pavlov (en el centro con barba blanca) se le conoce mejor por sus contribuciones al campo del condicionamiento clásico.

Condicionamiento clásico: tipo de aprendizaje en el cual un organismo responde ante un estímulo neutro que por lo común no produce esa respuesta

co. Se dio cuenta de que los perros no sólo respondían con base en la necesidad biológica (hambre), sino también como resultado de un aprendizaje o, como se le denominó, de un condicionamiento clásico. En el **condicionamiento clásico** un organismo aprende a responder a un estímulo neutro que normalmente no evoca esa respuesta.

Para demostrar y analizar el condicionamiento clásico, Pavlov condujo una serie de experimentos (Pavlov, 1927). En uno de ellos colocó un tubo en la glándula salival de un perro, lo cual le permitió medir con precisión la cantidad de salivación que éste producía. Después hizo sonar un diapasón y, segundos después, le mostraba carne molida al perro. Este apareamiento, planeado en forma cuidadosa para que transcurriera exactamente la misma cantidad de tiempo entre la presentación del sonido y de la carne, ocurrió en repetidas ocasiones. En un principio el perro sólo salivaba al presentarle la carne molida, pero pronto comenzó a salivar con sólo escuchar el sonido del diapasón. De hecho, incluso cuando Pavlov dejó de mostrarle la carne molida, el perro salivaba después de escuchar el sonido. Se había logrado un condicionamiento clásico en el perro para que salivara al escuchar el diapasón.

Como se puede ver en la figura 5.1, los procesos básicos del condicionamiento clásico que subyacen a los descubrimientos de Pavlov son sencillos, aunque la terminología que eligió tiene un aire técnico. Vea primero el diagrama de la figura 5.1*a*. Antes del condicionamiento, tenemos dos estímulos no relacionados: el sonido de un diapasón y la carne molida. Sabemos que el sonido de un diapasón no conduce a la salivación, sino a una respuesta irrelevante como levantar las orejas o, tal vez, una reacción de sorpresa. Por ello, el sonido en este caso se denomina **estímulo neutro**, puesto que no tiene efecto sobre la respuesta de interés. También tenemos carne molida, la cual, como consecuencia del acervo biológico del perro, conduce de forma natural a la salivación, la respuesta que nos interesa condicionar. La carne molida se considera el **estímulo incondicionado (EI)**, debido a que todo alimento que se coloca en el hocico de un perro causa de inmediato sa-

Estímulo neutro: estímulo que, antes del condicionamiento, no tiene efecto sobre la respuesta deseada.

Estímulo incondicionado (EI): estímulo que provoca una respuesta sin que se haya aprendido

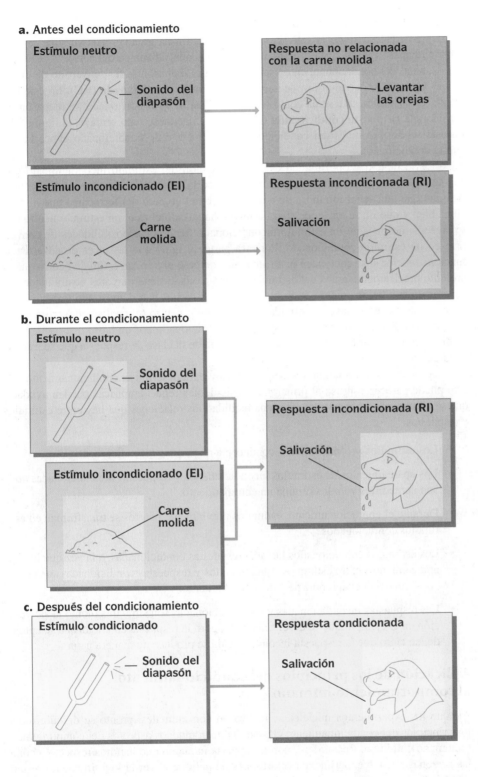

a. Antes del condicionamiento

Estímulo neutro

Sonido del diapasón

Respuesta no relacionada con la carne molida

Levantar las orejas

Estímulo incondicionado (EI)

Carne molida

Respuesta incondicionada (RI)

Salivación

b. Durante el condicionamiento

Estímulo neutro

Sonido del diapasón

Estímulo incondicionado (EI)

Carne molida

Respuesta incondicionada (RI)

Salivación

c. Después del condicionamiento

Estímulo condicionado

Sonido del diapasón

Respuesta condicionada

Salivación

FIGURA 5.1 *Proceso básico del condicionamiento clásico. a. Antes del condicionamiento, el sonido de un diapasón no produce salivación, lo cual convierte al diapasón en un estímulo neutro. Por otra parte, la carne molida produce salivación de modo natural, lo cual hace de la carne molida un estímulo incondicionado y de la salivación una respuesta incondicionada. b. Durante el condicionamiento se hace sonar el diapasón justo antes de presentar la carne molida. c. Por último, el sonido del diapasón por sí solo produce la salivación. Ahora podemos decir que se ha logrado un condicionamiento: el estímulo del diapasón que antes era neutro ahora se considera un estímulo condicionado que evoca la respuesta condicionada de la salivación.*

livación. La respuesta provocada por la carne molida (salivación) se denomina **respuesta incondicionada** (**RI**), una respuesta que no está asociada con un aprendizaje previo. Las respuestas incondicionadas son respuestas innatas naturales que no implican entrenamiento alguno. Siempre son provocadas por la presencia de estímulos incondicionados.

La figura 5.1*b* ilustra lo que ocurre durante el condicionamiento. El diapasón suena de manera repetida justo antes de presentarse la carne molida. La meta del condicionamiento radica en que el sonido del diapasón se asocie con el estímulo incondicionado (la

Respuesta incondicionada (RI): una respuesta que es natural y que no necesita de entrenamiento (por ejemplo, la salivación ante el olor de alimentos)

carne molida) y que, en consecuencia, provoque el mismo tipo de respuesta que este último. Durante este periodo la salivación aumenta de forma gradual cada vez que se hace sonar el diapasón, hasta que el sonido de éste provoca la salivación del perro.

Cuando el condicionamiento está completo, el diapasón se ha convertido de un estímulo neutro a lo que ahora se denomina un **estímulo condicionado** (**EC**). En este momento, la salivación que se da como respuesta al estímulo condicionado (el diapasón) se considera la **respuesta condicionada** (**RC**). Esta situación se representa en la figura 5.1c. En este sentido, después del condicionamiento, el estímulo condicionado evoca la respuesta condicionada.

La secuencia y oportunidad de la presentación del estímulo incondicionado y el condicionado revisten especial importancia (Rescorla, 1988; Wasserman y Miller, 1997). Al igual que una señal luminosa de advertencia en el crucero del ferrocarril que no funciona bien y que no se enciende sino hasta que ha pasado el tren, un estímulo neutro que se presenta después de un estímulo incondicionado tiene pocas posibilidades de convertirse en un estímulo condicionado. Por otra parte, al igual que las luces de advertencia funcionan mejor si se encienden justo antes de que pase el tren, un estímulo neutro que se presente precisamente antes del estímulo incondicionado tiene mayores posibilidades de generar un condicionamiento exitoso. Las investigaciones han demostrado que el condicionamiento tiene la mayor efectividad si el estímulo neutro (el cual se convertirá en un estímulo condicionado) precede al estímulo incondicionado por un lapso que oscile entre medio segundo y varios segundos, lo cual depende de la clase de respuesta que se trate de condicionar.

Aunque la terminología que empleó Pavlov para describir al condicionamiento clásico puede parecer confusa al principio, las siguientes reglas empíricas pueden ayudar a que se comprendan y recuerden con más facilidad las relaciones que hay entre estímulos y respuestas:

- Los estímulos *in*condicionados conducen a respuestas *in*condicionadas.

- Los apareamientos de estímulos *in*condicionados y respuestas *in*condicionadas *no* son aprendidos y *no* los origina un entrenamiento.

- Durante el condicionamiento, estímulos previamente neutros se transforman en estímulos condicionados.

- Los estímulos condicionados llevan a respuestas condicionadas, a la vez que los apareamientos entre estímulos condicionados y respuestas condicionadas son una consecuencia del aprendizaje y del entrenamiento.

- Las respuestas incondicionadas y las condicionadas son similares (como la salivación en el ejemplo que se describió antes), pero la respuesta condicionada se aprende, en tanto que la respuesta incondicionada se produce de manera natural.

Aplicación de los principios del condicionamiento al comportamiento humano

Aunque los experimentos iniciales se realizaron con animales, pronto se descubrió que los principios del condicionamiento clásico explican muchos aspectos del comportamiento humano cotidiano. Recuérdese, por ejemplo, la mención que hicimos respecto a cómo las personas pueden experimentar retortijones de hambre al ver el logotipo de un restaurante de hamburguesas. La causa de esta reacción es el condicionamiento clásico: el logotipo previamente neutro ha llegado a asociarse con la comida que se vende en ese lugar (el estímulo incondicionado), lo que provoca que dicho logotipo se convierta en el estímulo condicionado que trae consigo la respuesta condicionada del hambre.

Las respuestas emocionales tienen una amplia probabilidad de aprenderse mediante procesos de condicionamiento clásico. Por ejemplo, ¿cómo es que algunos desarrollamos miedo a los ratones, a las arañas y a otras criaturas, por lo regular inofensivas? En un estudio de caso ahora célebre, diseñado para demostrar que el condicionamiento clásico se

Estímulo condicionado (EC): estímulo antes neutro que se ha asociado con un estímulo incondicionado para producir una respuesta que antes sólo era generada por el estímulo incondicionado

Respuesta condicionada (RC): respuesta que, después del condicionamiento, sigue a la presentación de un estímulo antes neutro (por ejemplo, salivación ante el sonido de un diapasón

PsicoVínculos

encontraba en la base de semejantes miedos, se expuso a un bebé de 11 meses de edad, de nombre Alberto, quien en un principio no exhibía temor a las ratas, a un ruido muy fuerte al mismo tiempo que se le presentaba una rata (Watson y Rayner, 1920). El ruido (el estímulo incondicionado) evocaba miedo (la respuesta incondicionada). Después de tan sólo algunos apareamientos de ruido y rata, Alberto comenzó a exhibir miedo a la rata sola. Por tanto, la rata se había convertido en un EC que provocaba la RC, es decir, el miedo. Del mismo modo, la asociación entre la presencia de determinadas especies (como los ratones o las arañas) con los comentarios de un adulto temeroso de esos animales puede provocar que los niños desarrollen los mismos miedos que tienen sus padres. (Por cierto, no se sabe lo que sucedió con el desafortunado Alberto. Watson, el experimentador, ha sido censurado por usar procedimientos éticamente cuestionables.)

En la edad adulta, el aprendizaje por medio del condicionamiento clásico ocurre de modo más sutil. Usted puede llegar a saber que una supervisora está de mal humor cuando cambia su tono de voz si en el pasado la ha escuchado utilizar ese tono sólo cuando va a criticar el trabajo de alguien. Del mismo modo, puede ser que no vaya al dentista con la frecuencia que debería como consecuencia de anteriores asociaciones entre los odontólogos y el dolor. También es posible que experimente un gusto especial por el color azul debido a que ése era el color de su habitación durante la infancia. Así, el condicionamiento clásico explica muchas de nuestras reacciones ante estímulos del mundo que nos rodea.

Extinción: el desaprendizaje de lo que hemos aprendido

¿Qué cree que sucedería si un perro, que ha sido entrenado con condicionamiento clásico para salivar ante el sonido de una campana, no vuelve a recibir nunca alimento cuando ésta suena? La respuesta se encuentra en uno de los fenómenos básicos del aprendizaje: la **extinción**, que tiene lugar cuando disminuye la frecuencia de una respuesta previamente condicionada, hasta que, por último, desaparece.

Para producir la extinción es preciso terminar con la asociación existente entre los estímulos condicionado e incondicionado. Por ejemplo, si hemos entrenado a un perro para que salive ante el sonido de una campana, podemos generar la extinción si dejamos de llevarle carne después de que haya sonado la campana. Primero, el perro seguirá salivando cuando escuche la campana, pero después de algunas instancias en que se omita la carne, la cantidad de salivación probablemente disminuirá y, por último, el perro dejará de responder por completo al sonido de la campana. En ese momento, podremos decir que la respuesta se ha extinguido. En resumen, la extinción se produce cuando el estímulo condicionado se presenta repetidas veces sin el estímulo incondicionado. Debemos considerar que la extinción puede ser un fenómeno útil. Considérese, por ejemplo, qué sucedería si el temor que experimentó después de ver la famosa escena en la ducha de la película *Psicosis* nunca se hubiera extinguido. Podría ponerse a temblar de pánico cada vez que pensara en bañarse.

Como describiremos con mayor detalle en el capítulo 13, los psicólogos tratan a personas que sufren de miedos irracionales o fobias mediante el empleo de un tipo de terapia al que se denomina desensibilización sistemática. El objetivo de la *desensibilización sistemática* consiste en extinguir la fobia. Por ejemplo, un terapeuta que use dicha técnica con un cliente temeroso de los perros puede exponerlo a ellos repetidamente, comenzando con un aspecto menos temido (una fotografía de un perro lindo) hasta llegar a los que producen más temor (como un encuentro real con un perro desconocido). Debido a que las consecuencias negativas de la exposición al perro no se materializan, con el tiempo se extingue el miedo.

Recuperación espontánea: el retorno de la respuesta condicionada

Una vez que se ha extinguido la respuesta condicionada, ¿se ha ido para siempre? No necesariamente. Pavlov descubrió este hecho cuando regresó con su perro, previamente

Extinción: uno de los fenómenos básicos del aprendizaje que ocurre cuando una respuesta previamente condicionada disminuye su frecuencia y al final desaparece

condicionado, una semana después de que el comportamiento condicionado se había extinguido. Si hacía sonar el diapasón, el perro salivaba una vez más. De modo similar, piense en las personas que han padecido de adicción a la cocaína y han logrado vencer ese hábito. A pesar de que se han "curado", si después se enfrentan a un estímulo que tenga fuerte relación con la droga, como puede ser el polvo blanco o una pipa que se haya utilizado para fumar cocaína, pueden experimentar un impulso repentino e irresistible por consumir de nuevo la droga, incluso después de mucho tiempo de haber prescindido de ella (O'Brien *et al.*, 1992; Drummond *et al.*, 1995).

Recuperación espontánea:
reaparición de una respuesta previamente extinguida después de que ha pasado un tiempo sin exposición al estímulo condicionado

A este fenómeno se le denomina **recuperación espontánea**, es decir, la reaparición de una respuesta previamente extinguida después de que ha pasado tiempo sin exposición al estímulo condicionado. No obstante, las respuestas que reaparecen por vía de la recuperación espontánea suelen ser más débiles que las iniciales, por lo cual se pueden extinguir con mayor facilidad.

Generalización y discriminación

A pesar de las diferencias de figura y color, para la mayoría de nosotros una rosa es una rosa. El placer que experimentamos ante la belleza, el aroma y la gracia de la flor es similar ante distintos tipos de rosas. Pavlov se percató de la existencia de un fenómeno análogo. A menudo, sus perros no sólo salivaban ante el sonido del diapasón que se empleó durante su condicionamiento original, sino también ante el sonido de una campana o de un zumbador.

Generalización de estímulos:
respuesta a un estímulo que es similar pero diferente de un estímulo condicionado; entre más se parezcan los dos estímulos, es más probable que ocurra la generalización

Semejante comportamiento es el resultado de la **generalización de estímulos**, que tiene lugar cuando la respuesta condicionada se produce ante un estímulo similar al estímulo condicionado original. Mientras mayor sea el parecido entre ambos estímulos, mayor será la probabilidad de que se produzca una generalización de estímulos. Por ejemplo, se descubrió posteriormente que el bebé Alberto, a quien, como se mencionó antes, se le había condicionado para que temiera a las ratas, temía también a otras cosas de piel o pelo blanco. Le tenía miedo a los conejos, a los abrigos de pieles de color blanco y hasta a una máscara blanca de Santa Claus. Por otra parte, de acuerdo con el principio de la generalización de estímulos, es poco probable que le tuviera miedo a un perro negro, puesto que su color lo diferenciaría lo suficiente del estímulo original que provocaba miedo.

La respuesta condicionada evocada por el nuevo estímulo por lo general no es tan intensa como la respuesta condicionada original, aunque mientras mayor similitud haya entre el estímulo nuevo y el anterior, mayor semejanza habrá entre ambas respuestas. En este sentido, es poco probable que el miedo que Alberto sentía ante la máscara de Santa Claus fuera tan considerable como su miedo aprendido hacia las ratas. De todas formas, la generalización de estímulos nos permite saber, por ejemplo, que debemos detenernos ante todas las luces rojas de las señales de tránsito, incluso si hay pequeñas variaciones en el tamaño, forma y tonalidad de la luz.

Discriminación de estímulos:
proceso por el cual un organismo aprende a diferenciar entre estímulos, restringiendo la respuesta a uno en particular

Si dos estímulos son lo suficientemente distintos entre sí como para que la presencia de uno evoque una respuesta condicionada, pero la del otro no lo haga, podemos decir que se ha presentado la **discriminación de estímulos**; en ésta, el organismo aprende a diferenciar distintos estímulos y restringe la respuesta condicionada a uno solo, en lugar de responder a todos. Si no tuviéramos la capacidad para discriminar entre las luces verde y roja de un semáforo, el tráfico de las calles nos arrollaría, y si no fuéramos capaces de distinguir a un gato de un puma, nos encontraríamos en una difícil situación cuando estuviéramos de campamento en las montañas.

Condicionamiento de orden superior

Suponga que a un niño de cuatro años de edad lo derribara varias veces Nerón, el perro grande y mal educado del vecino. Después de unos cuantos incidentes así, no resultaría sorprendente que sólo escuchar el nombre del perro produciría en el niño una reacción de miedo.

La desagradable reacción emocional que el niño experimenta al oír "Nerón", representa un ejemplo de un condicionamiento de orden superior. El *condicionamiento de orden superior* se produce cuando un estímulo condicionado que se ha establecido durante un condicionamiento previo se relaciona repetidamente con un estímulo neutro. Si este último, por sí mismo, llega a provocar una respuesta condicionada parecida a la del estímulo condicionado original, se habrá producido un condicionamiento de orden superior. En efecto, el estímulo condicionado original actúa como un estímulo incondicionado.

El ejemplo de Nerón puede ilustrar el condicionamiento de orden superior. El niño ha aprendido a asociar la vista del perro, que originalmente era un estímulo neutro, con temor y dolor. Por tanto, el simple hecho de ver a Nerón se ha convertido en un estímulo condicionado que evoca la respuesta condicionada de miedo.

Además, el niño hace la siguiente asociación: cada vez que aparece el perro, su dueño lo llama a gritos diciendo: "Ven aquí, Nerón." Como consecuencia de esta recurrente asociación del nombre "Nerón" (que originalmente era un estímulo neutro) con la visualización del perro (ahora un estímulo condicionado), el niño se condiciona a sufrir una reacción de miedo y aversión siempre que escuche ese nombre, aunque se encuentre a salvo en el interior de su casa. Por consiguiente, el nombre "Nerón" se ha convertido en un estímulo condicionado por su apareamiento previo con el estímulo condicionado de la visualización de Nerón. Se ha producido un condicionamiento de orden superior: el sonido del nombre "Nerón" se ha convertido en un estímulo condicionado que evoca una respuesta condicionada.

Algunos psicólogos han sugerido que el condicionamiento de orden superior puede ofrecer una explicación de la adquisición y mantenimiento de prejuicios en contra de los miembros de grupos étnicos y raciales (Staats, 1975). Suponga, por ejemplo, que cada vez que los padres de una niña hicieran mención de un grupo étnico en particular, utilizaran palabras negativas como "estúpido" o "sucio". Con el transcurso del tiempo, la niña podría llegar a asociar a los miembros del grupo con la desagradable reacción emocional que se produce con aquellos adjetivos (reacciones aprendidas a través de un condicionamiento clásico previo). A pesar de que ésta no constituye una explicación completa del prejuicio, es probable que el condicionamiento de orden superior sea parte de ese proceso.

Más allá del condicionamiento clásico tradicional: un desafío a los supuestos básicos

Desde el punto de vista teórico, debería ser posible producir cadenas ilimitadas de respuestas de orden superior asociando un estímulo condicionado con otro. De hecho, Pavlov planteó la hipótesis de que todo el aprendizaje no es más que un conjunto de largas cadenas de respuestas condicionadas. Sin embargo, esta idea no ha sido apoyada por investigaciones posteriores, por lo cual el condicionamiento clásico nos ofrece sólo una explicación parcial sobre la forma en que aprenden las personas y los animales (Rizley y Rescorla, 1972; Hollis, 1997).

Algunos de los otros supuestos fundamentales del condicionamiento clásico también han sido cuestionados. Por ejemplo, de acuerdo con Pavlov, así como con muchos defensores contemporáneos de la perspectiva tradicional del condicionamiento clásico, el proceso de asociación entre estímulos y respuestas se produce de modo mecánico e irreflexivo. En contraste con esta perspectiva, los teóricos del aprendizaje influidos por la psicología cognitiva afirman que el condicionamiento clásico va mucho más allá de esta visión mecanicista. Sostienen que los aprendices desarrollan en forma activa una comprensión y expectativa acerca de qué estímulos incondicionados específicos se asocian con determinados estímulos condicionados. Una campana que suena, por ejemplo, le da al perro algo en qué pensar: la llegada inminente de la comida. En cierto sentido, esta perspectiva sugiere que los que aprenden desarrollan y conservan una idea o imagen acerca de cómo se relacionan diversos estímulos entre sí (Rescorla, 1988; Turkkan, 1989; Baker y Mercier, 1989).

Las explicaciones tradicionales relativas a la forma en que opera el condicionamiento clásico también han sido puestas en duda por John Garcia, un destacado investigador de los procesos de aprendizaje. Este autor pone en entredicho la suposición de que el aprendizaje óptimo ocurre sólo cuando el estímulo incondicionado sigue de *inmediato* al estímulo condicionado (Papini y Bitterman, 1990; Garcia, 1990).

Al igual que Pavlov, Garcia realizó su contribución más importante mientras estudiaba un fenómeno que no se relacionaba con el aprendizaje. En principio estaba interesado en los efectos que la radiación nuclear produce en animales de laboratorio. En el transcurso de sus experimentos se percató de que las ratas situadas dentro de una cámara de radiación casi no tomaban agua, mientras que en la jaula donde habitaban la bebían con avidez. La explicación más obvia, relacionada con la radiación, fue descartada pronto. Garcia descubrió que incluso cuando no estaba activada la radiación, las ratas bebían poca o nada de agua en la cámara de radiación.

Intrigado al principio por el comportamiento de las ratas, Garcia al fin averiguó lo que estaba sucediendo. Notó que los bebederos en la cámara de radiación estaban hechos de plástico, lo cual le transmitía al agua su peculiar sabor. En contraste, los bebederos en la jaula eran de vidrio, por lo que el agua no tenía ningún sabor especial.

Después de una serie de experimentos que descartaron varias explicaciones alternativas, sólo quedó una posibilidad: al parecer, el agua con sabor a plástico se había relacionado en forma repetida con la enfermedad producida por la exposición a la radiación, lo cual provocó que las ratas formaran una asociación de condicionamiento clásico. El proceso comenzó cuando la radiación actuó como un estímulo incondicionado que evocaba la respuesta incondicionada de enfermedad. Con apareamientos repetidos, el agua con sabor a plástico se había convertido en un estímulo condicionado que provocaba la respuesta condicionada de enfermedad (Garcia, Hankins y Rusiniak, 1974).

El problema que planteaba este descubrimiento era que violaba una de las regias básicas del condicionamiento clásico: que un estímulo incondicionado debe seguir de *inmediato* al estímulo condicionado para que ocurra un condicionamiento óptimo. En lugar de ello, los hallazgos de Garcia demostraron que el condicionamiento podía ocurrir aun cuando hubiera un intervalo de hasta ocho horas entre la exposición al estímulo condicionado y la respuesta de enfermedad. Además, el condicionamiento persistió durante periodos muy largos y, en ocasiones, ocurría sólo después de una sola exposición al agua seguida más tarde por la enfermedad.

Estos hallazgos han tenido implicaciones prácticas importantes. Por ejemplo, para impedir que los coyotes maten a sus ovejas, algunos granjeros suelen dejar una oveja muerta impregnada de una droga en un lugar donde los coyotes puedan encontrarla. La sustancia hace que los coyotes se sientan muy enfermos durante un tiempo, pero no les provoca daños permanentes. Después de una exposición a la oveja muerta impregnada con la sustancia, los coyotes tienden a evitar a las ovejas, las cuales normalmente son una de sus principales víctimas naturales. En este sentido, las ovejas, entonces, se convierten en un estímulo condicionado para los coyotes. Este procedimiento es más humano que dispararles para matarlos, lo cual es la respuesta a la que recurren los granjeros contra los depredadores (Gustavson *et al.*, 1974).

Recapitulación, revisión y reflexión

Recapitulación

- El aprendizaje es un cambio de comportamiento relativamente permanente como consecuencia de la experiencia.

- El condicionamiento clásico es un tipo de aprendizaje en el que un estímulo en principio neutro, que no evoca una respuesta relevante, se relaciona de forma repetida con un estímulo incondicionado. Entonces, el estímulo antes neutro provoca una respuesta parecida a la que traía consigo el estímulo incondicionado.

- El condicionamiento clásico subyace a muchas clases de aprendizaje cotidiano, como la adquisición de respuestas emocionales.

- Entre los fenómenos básicos del condicionamiento clásico se encuentran la extinción, la recuperación espontánea, la generalización de estímulos, la discriminación de estímulos y el condicionamiento de orden superior.

Revisión

1. El _____ implica cambios como consecuencia de la experiencia, en tanto que la _____ describe cambios producidos por el desarrollo biológico.

2. _____ es el nombre del científico responsable del descubrimiento del fenómeno del aprendizaje conocido como condicionamiento _____, en el que un organismo aprende a responder a un estímulo al que normalmente no daría respuesta.

Considere el párrafo que sigue para responder las preguntas 3 a 6.

Las últimas tres veces que Teresa visitó al doctor Ramírez para que la revisara, éste le aplicó una dolorosa vacuna preventiva que la dejó con lágrimas en los ojos. En la actualidad, cuando su madre la lleva para otra revisión, Teresa comienza a sollozar en cuanto está frente al doctor Ramírez, incluso antes de que él haya tenido oportunidad de saludarla.

3. La dolorosa vacuna que recibió Teresa en cada una de las visitas era un _____ _____, que provocó la _____ _____ de sus lágrimas.

4. El doctor Ramírez está molesto debido a que su presencia se ha convertido en un _____ _____ para el llanto de Teresa.

5. Cuando es evocado por la sola presencia del doctor Ramírez, al llanto de Teresa se le denomina _____ _____.

6. Por fortuna, el doctor Ramírez ya no le puso más vacunas a Teresa durante una temporada muy larga. Transcurrido cierto tiempo, Teresa dejó paulatinamente de llorar y hasta llegó a apreciar al doctor. Se produjo la _____.

7. La _____ se produce cuando un estímulo que se parece al estímulo condicionado, mas no es idéntico a éste, produce una respuesta. Por otra parte, la _____ ocurre cuando un organismo no produce una respuesta ante un estímulo distinto del EC.

Las respuestas a las preguntas de revisión se encuentran en la página 199.

Reflexión

1. ¿Puede pensar en formas en que sea usado el condicionamiento clásico por los políticos?, ¿por publicistas?, ¿por cineastas?, ¿surgen problemas éticos por cualquiera de estos usos?

2. ¿Es probable que Alberto, el sujeto experimental de Watson, ande por la vida temiéndole a Santa Claus? Describa qué es probable que sucediera para impedirlo.

3. Desde el punto de vista teórico, debería ser posible construir una cadena infinita de respuestas de condicionamiento clásico de orden superior, de modo que los estímulos se asocien en forma indefinida. ¿Qué podría evitar que esto ocurriera en los seres humanos?

CONDICIONAMIENTO OPERANTE

Muy bien... Qué buena idea... Fantástico... Estoy de acuerdo... Gracias... Excelente... Formidable... Adelante... Éste es el mejor trabajo que has escrito; tienes un 10... Ya lograste conseguirlo... Estoy impresionado... Déjame darte un abrazo... Obtendrás un aumento... Toma una galleta... Te ves estupendo... Te amo...

Pocos pondríamos objeciones al recibir cualquiera de los comentarios que aparecen arriba. Pero lo digno de mención es que cada uno de estos sencillos enunciados puede utilizarse para producir enormes cambios de comportamiento y para enseñar las tareas más complicadas por medio de un proceso denominado condicionamiento operante. Este condicionamiento constituye la base de gran parte del aprendizaje humano y animal de mayor importancia.

El **condicionamiento operante** describe el aprendizaje en el que una respuesta voluntaria se fortalece o debilita, según sus consecuencias sean positivas o negativas. A diferencia del condicionamiento clásico, en el que los comportamientos originales son las respuestas biológicas naturales ante la presencia de estímulos como alimento, agua o dolor, el condicionamiento operante se aplica a las respuestas voluntarias, que son realizadas deliberadamente por un organismo con el fin de producir un resultado deseable. El término "operante" destaca este punto: el organismo *opera* en su entorno para producir algún resultado deseable. Por ejemplo, el condicionamiento operante está funcionando cuando aprendemos que trabajar con esmero puede generar un aumento salarial, o que estudiar con ahínco trae consigo buenas calificaciones.

▶ **¿Cuál es la función de la recompensa y el castigo en el aprendizaje?**

Condicionamiento operante: aprendizaje en el que se fortalece o debilita una respuesta voluntaria, dependiendo de sus consecuencias positivas o negativas

FIGURA 5.2 *Edward L. Thorndike diseñó esta caja de escape para estudiar el proceso mediante el cual el gato aprende a pisar un pedal para escapar de la caja y recibir alimento.*

Como ocurrió con el condicionamiento clásico, las bases para comprender el condicionamiento operante se determinaron mediante experimentos con animales. Ahora nos referiremos a algunas de las primeras investigaciones, que comenzaron con un sencillo estudio acerca del comportamiento de los gatos.

La ley del efecto de Thorndike

Si coloca a un gato hambriento dentro de una jaula y luego deja un poco de alimento afuera de ella, es muy probable que el gato trate de hallar el modo de salir de la jaula. El gato primero hurgaría con sus garras por los costados o intentaría salir a través de una abertura. Sin embargo, suponga que usted arregló la jaula para que el gato pudiera escapar si pisa una pequeña palanca que quita el cerrojo de la puerta (véase figura 5.2). En algún momento, al moverse dentro de la jaula el gato pisaría la palanca, la puerta se abriría y el animal comería el alimento.

¿Qué ocurriría si de nuevo coloca al gato en el interior de la jaula? Es probable que el gato emplearía un poco menos de tiempo para poner su pata sobre la palanca y escapar de la jaula. Después de varios ensayos, el gato pisaría deliberadamente la palanca tan pronto como lo metieran en la jaula. Lo que ocurrió, según Edward L. Thorndike (1932), quien estudió esta situación en forma extensa, es que el gato aprendió que pisar la palanca está asociado con la consecuencia deseable de obtener el alimento. Thorndike resumió esta relación al formular la *ley del efecto*, que establece que las respuestas que generan satisfacción tienen más posibilidades de repetirse, lo cual no sucede con las que no la producen, que tienen menor probabilidad de repetirse.

Thorndike creía que la ley del efecto operaba en forma tan automática como las hojas que caen de los árboles en el otoño. No era necesario para un organismo comprender que había un nexo entre la respuesta y la recompensa. En lugar de ello, pensaba que a lo largo del tiempo y por medio de la experiencia, el organismo formaría una conexión directa entre el estímulo y la respuesta, sin tener conciencia de la existencia de dicha conexión.

B. F. Skinner, quien fue el padre fundador del condicionamiento operante, desarrolló el aparato que se conoce como "caja de Skinner".

Fundamentos del condicionamiento operante

Las primeras investigaciones de Thorndike sirvieron como fundamento de la labor realizada por uno de los psicólogos de mayor influencia en el siglo XX, B. F. Skinner, quien falleció en 1990. Es posible que haya oído hablar de la caja de Skinner (que se muestra en una de sus formas en la figura 5.3), una cámara con un ambiente altamente controlado empleada para estudiar procesos de condicionamiento operante con animales de laboratorio. Mientras la meta de Thorndike era que sus gatos aprendieran a salir de la jaula para

FIGURA 5.3 *Una caja de Skinner empleada para estudiar el condicionamiento operante. Los animales de laboratorio aprenden a oprimir la palanca a fin de obtener alimento, el cual es entregado por un despachador.*

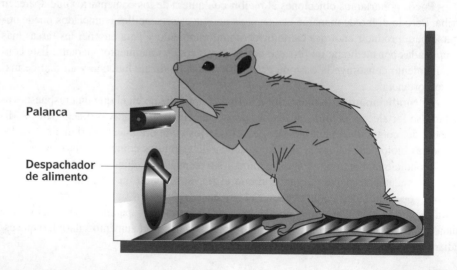

Palanca

Despachador de alimento

*"Ah, no me quejo. La luz se enciende, oprimo la palanca y ellos me pagan.
¿Y a ti cómo te va?*

*Dibujado por Cheney; © 1993 The
New Yorker Magazine, Inc.*

obtener alimento, los animales de la caja de Skinner aprendían a obtener alimento operando en el ambiente interno de la caja. Skinner se interesó en determinar las variaciones del comportamiento como resultado de alteraciones en el entorno.

A Skinner, cuya labor se extendió más allá del perfeccionamiento del aparato inicial de Thorndike, se le considera el padre de toda una generación de psicólogos interesados en el condicionamiento operante (Delprato y Midgley, 1992; Bjork, 1993; Keehn, 1996). Para ilustrar la contribución de este psicólogo, veamos lo que le ocurre a un pichón en una caja de Skinner típica.

Suponga que quiere enseñar a un pichón hambriento a picar en una tecla que está colocada en la caja. Al principio el pichón dará vueltas alrededor de la caja, explorando el entorno en forma aleatoria. No obstante, es probable que en algún momento dé un picotazo a la tecla por simple azar; entonces recibirá una bolita de alimento. La primera vez que así ocurra el pichón no aprenderá la conexión existente entre el picotazo y recibir alimento, y seguirá con su exploración. Tarde o temprano el pichón volverá a dar un picotazo a la tecla y recibirá su alimento; con el tiempo la frecuencia de la respuesta de los picotazos en la tecla se incrementará. Al final, el pichón dará picotazos a la tecla hasta satisfacer su hambre, lo cual demuestra que ha aprendido que recibir comida está relacionado con ese comportamiento.

Reforzamiento del comportamiento deseable

Skinner llamó "reforzamiento" al proceso que lleva al pichón a continuar picoteando la tecla. El **reforzamiento** es el proceso por el que un estímulo incrementa la probabilidad de repetir un comportamiento precedente. En otras palabras, es más probable que ocurran de nuevo los picotazos debido al estímulo del alimento.

En una situación como ésta, al alimento se le denomina **reforzador**, el cual es cualquier estímulo que incremente la probabilidad de que un comportamiento antecedente

Reforzamiento: proceso por el que un estímulo incrementa la probabilidad de que se repetirá un comportamiento precedente

Reforzador: cualquier estímulo que incremente la probabilidad de que ocurrirá de nuevo un comportamiento precedente

---

Respuestas a las preguntas de revisión:

1. aprendizaje; maduración   2. Pavlov; clásico   3. estímulo incondicionado; respuesta incondicionada   4. estímulo condicionado
5. respuesta condicionada   6. extinción   7. generalización de estímulos; discriminación de estímulos

ocurra de nuevo. Por consiguiente, el alimento es un reforzador, puesto que aumenta la probabilidad de que ocurra el comportamiento de dar picotazos a la tecla (denominado formalmente la *respuesta* de dar picotazos).

¿Qué clase de estímulos pueden actuar como reforzadores? Los premios, los juguetes y las buenas calificaciones pueden servir como reforzadores, si fortalecen una respuesta que se da antes de su introducción. En cada caso, es importante que el organismo aprenda que la aparición del reforzador es contingente con la ocurrencia de la respuesta en primer lugar.

Por supuesto que no nacemos con el conocimiento de que podemos comprar un chocolate con dos monedas. En lugar de ello, aprendemos por medio de la experiencia que el dinero es un bien valioso debido a que lo asociamos con estímulos como el alimento, la bebida o el abrigo, reforzadores naturales. Este hecho sugiere que puede establecerse una distinción entre reforzadores primarios y secundarios. Un *reforzador primario* satisface alguna necesidad biológica y funciona de modo natural, independiente a la experiencia previa de una persona. El alimento para alguien que siente hambre, el calor para quien tiene frío y el alivio para el que experimenta dolor deben clasificarse como reforzadores primarios. En contraste, un *reforzador secundario* es un estímulo que funciona como reforzador en consecuencia de su asociación con un reforzador primario. Por ejemplo, sabemos que el dinero es valioso debido a que hemos aprendido que nos permite obtener otros objetos deseables, incluyendo reforzadores primarios como la comida y el abrigo. En este sentido, el dinero se convierte en un reforzador secundario.

Lo que convierte a algo en un reforzador depende de preferencias individuales. En tanto que un chocolate puede ser un reforzador para una persona, un individuo al que le disguste el chocolate podría encontrar más deseable el dinero. El único modo en que podemos saber si un estímulo es un reforzador para determinado organismo es observar si la tasa de respuesta de un comportamiento que ocurrió antes aumenta con posterioridad a la presentación del estímulo.

Reforzadores positivos, negativos y castigo

En muchos aspectos, los reforzadores se pueden concebir en función de recompensas; tanto un reforzador como una recompensa incrementan la probabilidad de que se repita una respuesta previa. Pero el término "recompensa" se limita a las ocurrencias *positivas*, y en esto radica su diferencia de los reforzadores, puesto que éstos pueden ser positivos o negativos.

Un **reforzador positivo** es un estímulo que se añade al entorno y que trae consigo un incremento de la respuesta precedente. Si se otorga alimento, agua, dinero o elogios después de una respuesta, es más probable que ésta se repita en el futuro. El salario que reciben los trabajadores al término de la semana, por ejemplo, aumenta la probabilidad de que regresen a sus trabajos la semana siguiente.

En contraste, un **reforzador negativo** se refiere a la eliminación en el ambiente de un estímulo desagradable, la cual conduce a un aumento en la probabilidad de que la respuesta precedente ocurra de nuevo en el futuro. Por ejemplo, si tiene síntomas de resfrío (un estímulo desagradable) que se eliminan al ingerir una medicina, es más probable que la tome la próxima vez que experimente esos síntomas. En este sentido, tomar la medicina es un reforzador negativo, debido a que elimina los síntomas desagradables del resfriado. De modo similar, si la radio tiene un volumen muy alto y le lastima los oídos, seguro encontrará que bajar el volumen alivia el problema. Bajar el volumen es reforzante en forma negativa y tendrá más probabilidades de repetir esa acción en el futuro. Por tanto, el reforzamiento negativo le enseña a un individuo que la realización de una acción elimina una condición negativa existente en el entorno. Al igual que los reforzadores positivos, los negativos incrementan la probabilidad de que se repita el comportamiento precedente.

El reforzamiento negativo ocurre en dos tipos de aprendizaje: el condicionamiento de escape y el condicionamiento de evitación. En el *condicionamiento de escape* el organismo aprende a dar respuestas que ponen fin a una situación aversiva. El condiciona-

PsicoVínculos

Reforzador positivo: estímulo que se agrega al ambiente y que produce un incremento de una respuesta precedente

Reforzador negativo: remoción en el ambiente de un estímulo desagradable, la cual conduce a un incremento en la probabilidad de que una respuesta precedente ocurrirá de nuevo en el futuro

miento de escape es un lugar común, y suele ocurrir con rapidez. Por ejemplo, los niños no tardan mucho tiempo para aprender a alejar sus manos de un radiador caliente. De modo similar, los estudiantes atareados que se toman un día para evitar la tensión que les produce gran cantidad de trabajo exhiben un condicionamiento de escape.

El *condicionamiento de evitación*, en contraste, tiene lugar cuando un organismo responde a una señal de que ocurrirá de manera inminente un suceso desagradable, de modo que se hace posible su evasión. Por ejemplo, una rata aprende con rapidez a accionar una palanca para evitar una descarga eléctrica que se da después de un sonido. Del mismo modo, los conductores de automóviles aprenden a llenar sus tanques de combustible a fin de evitar que se les termine la gasolina.

Es importante notar que aun cuando el reforzador negativo consiste en un condicionamiento de escape o de evitación, no es lo mismo que un castigo. El **castigo** se refiere a estímulos desagradables o dolorosos que disminuyen la probabilidad de que ocurra de nuevo el comportamiento precedente. En contraste, al reforzador negativo se le asocia con la remoción de un estímulo desagradable o doloroso, lo cual produce un *incremento* del comportamiento que puso fin al estímulo desagradable. Si recibimos una descarga eléctrica después de determinado comportamiento, estamos recibiendo un castigo; pero si recibimos la descarga eléctrica y hacemos algo para ponerle fin, se considera que el comportamiento que pone fin a la descarga ha sido reforzado en forma negativa. En el primer caso, un comportamiento específico es capaz de disminuir como consecuencia del castigo; en el segundo, es más probable que aumente debido al reforzamiento negativo (Azrin y Holt, 1966).

Castigo: estímulos desagradables o dolorosos que disminuyen la probabilidad de que un comportamiento precedente ocurrirá de nuevo

Aunque se suele considerar al castigo en función de la aplicación de algún estímulo aversivo, como una nalgada por portarse mal o diez años de cárcel por haber cometido un delito, también puede consistir en la remoción de algo positivo. Por ejemplo, cuando se le dice a una adolescente que no podrá utilizar el automóvil familiar por sus malas calificaciones, o cuando informan a un empleado que se le ha disminuido el salario debido a sus resultados deficientes en las evaluaciones de desempeño, se está administrando un castigo en la forma de la remoción de un reforzador positivo.

Las distinciones entre las clases de castigo, así como entre el reforzamiento positivo y negativo, pueden parecer confusas al principio, pero las siguientes reglas empíricas (y el resumen del cuadro 5-1) le pueden ayudar a distinguir entre ambos conceptos:

Cuadro 5-1	Tipos de reforzamiento y castigo	
Naturaleza del estímulo	**Cuando el estímulo se agrega, el resultado es...**	**Cuando el estímulo se elimina o se termina, el resultado es...**
Positivo (agradable)	*Reforzamiento positivo* Ejemplo: otorgar un aumento por el buen desempeño	*Castigo por remoción* Ejemplo: retirar el juguete favorito después de un mal comportamiento
	Resultado: *aumento* de la frecuencia de la respuesta (buen desempeño)	Resultado: *disminución* de la frecuencia de la respuesta (mala conducta)
Negativo (desagradable)	*Castigo por aplicación* Ejemplo: dar nalgadas después de un mal comportamiento	*Reforzamiento negativo* Ejemplo: poner fin a una jaqueca ingiriendo una aspirina
	Resultado: *disminución* de la frecuencia del comportamiento (mala conducta)	Resultado: *aumento* de la frecuencia de la respuesta (ingestión de aspirinas)

- El reforzamiento *incrementa* el comportamiento que le precede; el castigo lo *disminuye*.

- La *aplicación* de un estímulo *positivo* trae consigo un incremento del comportamiento y se denomina reforzamiento positivo; la *remoción* de un estímulo *positivo* disminuye el comportamiento debido a la omisión del reforzamiento y se denomina castigo por remoción.

- La *aplicación* de un estímulo *negativo* que disminuye o reduce el comportamiento se denomina castigo por aplicación; la *remoción* de un estímulo *negativo* que provoca un incremento del comportamiento se denomina reforzamiento negativo.

Las ventajas y desventajas del castigo: por qué el reforzamiento supera al castigo

¿El castigo es un medio efectivo para modificar el comportamiento? A menudo el castigo representa el camino más corto para modificar comportamientos que, si se permite que continúen, podrían ser peligrosos para el individuo. Por ejemplo, un padre tal vez no llegue a tener una segunda oportunidad para advertir a su hijo que no corra hacia una calle donde transitan muchos vehículos, de modo que el castigo en la primera vez que ocurre este comportamiento puede ser una elección sensata. Es más, el empleo del castigo para suprimir el comportamiento, aunque sea en forma temporal, proporciona la oportunidad de reforzar a una persona para comportarse de forma más deseable en lo subsecuente.

En algunos casos, el castigo puede ser la forma más humana de tratar determinados problemas psicológicos profundamente arraigados. Por ejemplo, algunos niños padecen de trastorno generalizado del desarrollo (autismo), un extraño trastorno psicológico en el que se pueden lastimar a sí mismos, rasgándose la piel o golpeándose la cabeza contra la pared, lo cual puede provocarles mucho daño. En estos casos se ha empleado el castigo en la forma de una descarga eléctrica breve pero intensa, lo que en ocasiones ha dado resultados notables para evitar el comportamiento de lesionarse a sí mismos cuando todos los demás tratamientos han fracasado. Sin embargo, dicho castigo se emplea sólo como tratamiento de último recurso para mantener al niño seguro y ganar tiempo hasta que se puedan iniciar procedimientos de reforzamiento positivo (Lovaas y Koegel, 1973; Linscheid *et al.*, 1990; Siegel, 1996a).

Hay diversas desventajas que hacen cuestionable el uso cotidiano del castigo. Por una parte, por lo regular no resulta efectivo, en particular si el castigo no se aplica poco después del comportamiento que se desea suprimir o si el individuo es capaz de retirarse del entorno en el que se administra el castigo. Un empleado regañado por el jefe puede renunciar; un adolescente que pierde el derecho de usar el automóvil de la familia puede pedir prestado el de un amigo; en estas circunstancias, el comportamiento inicial causante del castigo puede ser remplazado por otro incluso menos deseable.

Peor aún, el castigo físico puede generar en quien lo recibe la idea de que la agresión física es algo permisible, e incluso quizá deseable. Un padre que grita y golpea a su hijo porque se portó mal le está enseñando que la agresión constituye un comportamiento adulto adecuado. En este contexto, el hijo puede imitar pronto el comportamiento de su padre y actuar agresivamente con los demás. Asimismo, el castigo físico a menudo lo administran personas que se encuentran enojadas o iracundas. Es poco probable que individuos en semejante estado emocional sean capaces de pensar en lo que hacen o de controlar el grado del castigo que aplican. En última instancia, quienes recurren al castigo físico corren el riesgo de despertar temor en los demás.

Otra desventaja es que si no se logra que las personas castigadas entiendan las razones para su castigo (es decir, que el castigo tiene como fin la modificación del comportamiento y, por lo tanto, es independiente del concepto que tiene de ellos como individuos el encargado de su aplicación), éste puede provocar una disminución de su autoestima.

Por último, el castigo no transmite información acerca de cuál puede ser un comportamiento alternativo más apropiado. Para servir como generador de un comportamien-

A pesar de sus desventajas conocidas, el castigo se emplea con frecuencia en diversas situaciones.

to más deseable en el futuro, el castigo debe ir acompañado de información específica acerca del comportamiento que se está castigando, y de sugerencias detalladas respecto a un comportamiento más deseable. Castigar a una niña por mirar a través de la ventana puede llevarla en lugar de ello a mirar al piso. A menos que le enseñemos formas apropiadas de responder, no habremos hecho más que sustituir una forma de comportamiento indeseable por otra. Si el castigo no es seguido por reforzamiento del comportamiento subsecuente que resulte más adecuado, será poco lo que se logre.

En síntesis, reforzar el comportamiento deseable es una técnica más apropiada que el castigo para modificar el comportamiento. Por consiguiente, tanto dentro como fuera del campo de la ciencia, el reforzamiento por lo general supera al castigo (Sulzer-Azaroff y Mayer, 1991; Seppa, 1996).

Programas de reforzamiento: la administración de las recompensas de la vida

El mundo sería distinto si los jugadores de cartas abandonaran el juego después de perder la primera mano, si los pescadores retornaran a la costa en cuanto no encontraran pesca o si los vendedores ambulantes dejaran de vender la primera vez que los rechazaran en una casa. El hecho de que dichos comportamientos no reforzados continúen, a menudo con mucha frecuencia y persistencia, ilustra la particularidad de que el reforzamiento no necesita recibirse continuamente para que se aprenda y mantenga el comportamiento. De hecho, el comportamiento que sólo se refuerza de modo ocasional a fin de cuentas puede aprenderse mejor que el comportamiento que se refuerza siempre.

Cuando hablamos de la frecuencia y oportunidad del reforzamiento que sigue al comportamiento deseable, se hace referencia a los **programas de reforzamiento**. El comportamiento que es reforzado todas las veces que se manifiesta se encuentra bajo un **programa de reforzamiento continuo**; si se le refuerza en algunas ocasiones, pero no en todas, está sometido a un **programa de reforzamiento parcial**. Aunque el aprendizaje se produce con más rapidez bajo un programa de reforzamiento continuo, el comportamiento tiene mayor duración una vez que cesa el reforzamiento si se aprende bajo un programa de reforzamiento parcial.

¿Por qué los programas de reforzamiento parcial llevan a un aprendizaje más firme y duradero que los programas de reforzamiento continuo? Podemos responder a la pregunta examinando cómo nos comportaríamos al utilizar una máquina expendedora de re-

Programas de reforzamiento: la frecuencia y oportunidad del reforzamiento que sigue al comportamiento deseado

Programa de reforzamiento continuo: comportamiento que es reforzado cada vez que ocurre

Programa de reforzamiento parcial: comportamiento que es reforzado algunas veces pero no todas

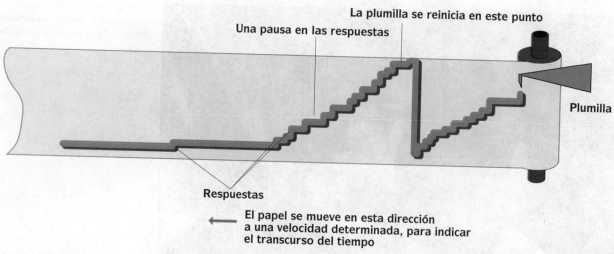

FIGURA 5.4 *Un registrador acumulativo. Conforme se desenrolla el papel lentamente, la plumilla indica cuando se ha producido una respuesta haciendo una muesca hacia arriba. Las pausas en las respuestas son indicadas por una falta de movimiento hacia arriba de la línea. Como en el caso de este ejemplo, es típico que el tiempo entre las respuestas iniciales disminuya conforme el organismo aprende a dar la respuesta.*

frescos en comparación con una máquina tragamonedas de juegos en Las Vegas. Cuando utilizamos la primera, la experiencia ha demostrado que cada vez que introducimos unas monedas nos debe ser entregado el reforzamiento: un refresco. En otras palabras, el programa de reforzamiento es continuo. En comparación, una máquina de juegos ofrece un programa de refuerzo parcial; después de introducir unas monedas, la mayoría de las veces no recibiremos nada a cambio. No obstante, al mismo tiempo sabemos que en algunas ocasiones ganaremos algo.

Suponga ahora que, sin que lo sepamos, tanto la máquina de refrescos como la de juegos están descompuestas, por lo que ninguna de las dos puede entregarnos nada. No pasará mucho tiempo antes de que dejemos de introducir monedas en la máquina expendedora de refrescos descompuesta; por mucho trataremos dos o tres veces antes de alejarnos molestos de ella. Pero la historia sería muy distinta con la máquina de juegos. En este caso introduciríamos dinero por un periodo más largo, a pesar de no recibir respuesta alguna.

En términos formales, podemos ver la diferencia entre ambos programas de reforzamiento: los programas de reforzamiento parcial (como los que ofrecen las máquinas de juegos) mantienen la ejecución por periodos más largos que los programas de reforzamiento continuo (como los de las máquinas vendedoras de refrescos) antes de que se produzca la extinción, es decir, la desaparición de la respuesta condicionada.

Con el empleo de un *registrador acumulativo*, aparato que registra y grafica en forma automática el patrón de respuestas que se dan como una reacción ante un programa específico (véase figura 5.4), los psicólogos del aprendizaje han descubierto que determinadas clases de programas de reforzamiento parcial producen respuestas más fuertes y duraderas antes de la extinción que otros (King y Logue, 1990). Aunque han sido examinados distintos programas de reforzamiento parcial, es posible agruparlos en dos categorías: aquellos que toman en cuenta el *número de respuestas* ejecutadas antes de que se presente el reforzador, a los cuales se les denomina de razón fija y programas de razón variable, y los que toman en cuenta la *cantidad de tiempo* que transcurre antes de que se proporcione el reforzamiento, denominados programas de intervalo fijo y programas de intervalo variable.

Programas de razón fija y variable

En un **programa de razón fija** el reforzador se presenta sólo después de la realización de determinado número de respuestas. Por ejemplo, un pichón puede recibir alimento después de la décima vez que picotee una tecla; aquí, la razón sería de 1:10. De modo simi-

Programa de razón fija: programa en el que el reforzamiento se da sólo después de la ejecución de determinado número de respuestas

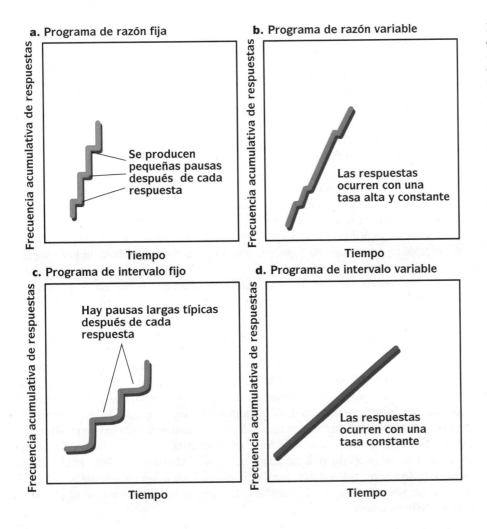

a. Programa de razón fija

Frecuencia acumulativa de respuestas

Se producen
pequeñas pausas
después de cada
respuesta

Tiempo

b. Programa de razón variable

Frecuencia acumulativa de respuestas

Las respuestas
ocurren con una
tasa alta y constante

Tiempo

c. Programa de intervalo fijo

Frecuencia acumulativa de respuestas

Hay pausas largas típicas
después de cada
respuesta

Tiempo

d. Programa de intervalo variable

Frecuencia acumulativa de respuestas

Las respuestas
ocurren con una
tasa constante

Tiempo

FIGURA 5.5 *Resultados típicos de diferentes programas de reforzamiento. a. En un programa de razón fija se producen pausas cortas después de cada respuesta. Debido a que mientras más respuestas se emitan se obtendrá más reforzamiento, los programas de razón fija producen una tasa alta de respuestas. b. En un programa de razón variable también se obtiene una tasa alta de respuestas. c. Un programa de intervalo fijo produce tasas bajas de respuestas, en especial justo después de que se ha presentado el reforzamiento, en vista de que el organismo aprende que debe transcurrir un periodo específico entre reforzamientos. d. Un programa de intervalo variable produce una cadena de respuestas constante.*

lar, a los costureros se les suele pagar con base en programas de razón fija: reciben *x* cantidad de dinero por cada camisa que cosen. Debido a que mayor cantidad de producción significa mayor reforzamiento, los empleados que laboran bajo un programa de razón fija por lo general trabajan con la mayor rapidez posible. Aun cuando ya no se ofrecen recompensas, aparecen altos índices de respuestas agrupadas en "ráfagas", aunque las pausas entre ellas se espacian cada vez más hasta que la respuesta desaparece por completo (véase figura 5.5).

En un **programa de razón variable** el reforzamiento ocurre después de un número variable de respuestas, y no después de un número fijo. A pesar de que varía el número específico de respuestas necesarias para que se reciba el reforzamiento, la cantidad de respuestas suele rondar un promedio específico. Es posible que el mejor ejemplo de un programa de razón variable sea el programa con que se encuentra la persona que realiza ventas por teléfono. Puede que logre una venta en la tercera, octava, novena y vigésima llamada que haga, sin haber tenido éxito en ninguna de las restantes. Aunque varía el número de respuestas que debe emitir antes de lograr una venta, su índice de éxito es 20%. En estas circunstancias se espera que el vendedor trate de hacer el mayor número de llamadas como pueda en el menor tiempo posible. Así sucede en todos los programas de razón variable, los cuales promueven una tasa de respuestas alta y una gran resistencia a la extinción.

Programas de intervalo fijo y variable: el paso del tiempo

En contraste con los programas de razón fija y variable, en los que el factor crucial es el número de respuestas, los programas de *intervalo* fijo y de *intervalo* variable se centran en la cantidad de *tiempo* que transcurre desde que una persona o animal ha recibido un re-

Programa de razón variable:
programa en el que el reforzamiento ocurre después de un número variable de respuestas, en lugar de un número fijo

Programa de intervalo fijo:
programa que proporciona
reforzamiento para una respuesta sólo
si ha transcurrido un periodo fijo, lo
que hace que las tasas generales de
respuesta sean relativamente bajas

forzamiento. Un ejemplo de programa de intervalo fijo es el salario semanal. Para las personas que reciben un salario semanal regular, en general poco importa lo que produzcan en una semana determinada, siempre y cuando se presenten y trabajen *algo*.

Debido a que el **programa de intervalo fijo** proporciona un reforzamiento para una respuesta sólo si ha transcurrido determinado periodo fijo, los índices generales de respuesta son relativamente bajos. Esto sucede en especial en el periodo inmediato posterior al reforzamiento, cuando el tiempo por transcurrir antes del siguiente reforzamiento es relativamente largo. Los hábitos de estudio de los alumnos ejemplifican esta realidad. Si los periodos entre los exámenes son relativamente largos (lo cual significa que la oportunidad de reforzar el buen aprovechamiento es poco frecuente), los estudiantes suelen estudiar poco o nada en absoluto, hasta que se aproxima el día del examen. Sin embargo, justo antes del examen, los estudiantes comienzan a estudiar con ahínco exhibiendo un rápido incremento en su índice de respuesta de estudio (Mawhinney *et al.*, 1971). Como es de esperarse, inmediatamente después del examen se produce una rápida disminución del índice de respuesta, debido a que son pocos los alumnos que abren un libro al día siguiente del examen.

Programa de intervalo variable:
*programa en el que el tiempo entre
reforzamientos varía alrededor de algún
promedio en lugar de ser fijo*

Una manera de disminuir la demora en la respuesta que se produce después de aplicar el reforzamiento, y de mantener el comportamiento deseado en forma más consistente a lo largo del intervalo, es la utilización de un **programa de intervalo variable**, en el cual el tiempo transcurrido entre los reforzamientos varía alrededor de un promedio determinado en lugar de ser fijo. Por ejemplo, un profesor que aplica exámenes sorpresa que varían de uno cada tres días a uno cada tres semanas, aplicando en promedio un examen cada dos semanas, está utilizando un programa de intervalo variable. Comparado con los hábitos de estudio que observamos en el programa de intervalo fijo, es muy probable que los hábitos de estudio de los alumnos bajo un programa de intervalo variable como éste serían muy distintos. Los estudiantes se dedicarán al estudio con mayor regularidad puesto que no saben cuándo se realizará el siguiente examen sorpresa. En general, los programas de intervalo variable tienen más posibilidades de producir índices de respuestas relativamente más estables que las producidas por los programas de intervalo fijo, a la vez que sus respuestas tardan más en extinguirse después de que cesa la administración del reforzamiento.

Discriminación y generalización en el condicionamiento operante

Un niño no emplea mucho tiempo en aprender que una luz roja en un cruce de calles significa "alto", en tanto que una luz verde indica que está permitido seguir caminando. Así, al igual que con el condicionamiento clásico, el aprendizaje operante implica los fenómenos de la discriminación y la generalización.

El proceso mediante el cual las personas aprenden a distinguir estímulos se conoce como entrenamiento de control de estímulos. En el *entrenamiento de control de estímulos* se refuerza un comportamiento en presencia de un estímulo específico, pero no en su ausencia. Por ejemplo, una de las discriminaciones más difíciles a las que se enfrentan las personas consiste en determinar en qué momento la amistad de alguien no es sólo amistad, sino el indicio de un interés romántico. La gente aprende a hacer esa discriminación mediante la observación de la presencia de diversas y sutiles claves no verbales, como un aumento del contacto ocular y un contacto corporal más frecuente, que indican un interés romántico. Cuando dichas claves están ausentes, las personas saben que no existe dicho interés romántico. En este caso, las claves no verbales actúan como estímulos discriminativos, a los que el organismo aprende a responder durante el entrenamiento de control de estímulos. Un *estímulo discriminativo* señala la probabilidad de que una respuesta sea seguida por un reforzamiento. Por ejemplo, si espera hasta que su compañero de cuarto esté de buen humor antes de pedirle prestado su disco compacto preferido, se puede decir que su comportamiento actúa bajo el control de estímulos debido a que puede discriminar entre sus estados de ánimo.

Al igual que en el condicionamiento clásico, el fenómeno de la generalización de estímulos, en el que un organismo aprende a responder a un estímulo y luego aplica esa respuesta a otros estímulos, también se encuentra en el condicionamiento operante. Si ha comprobado que ser amable produce el reforzamiento de conseguir su propósito en determinada situación, es probable que generalice su respuesta a otras situaciones. No obstante, algunas veces la generalización puede tener consecuencias desafortunadas, como cuando las personas se comportan de manera negativa frente a todos los miembros de un grupo racial porque tuvieron una experiencia adversa con alguien de ese grupo.

Conducta supersticiosa

- En la Universidad de Illinois, los estudiantes que presentan exámenes en el auditorio de la sala Lincoln primero frotan la nariz de un busto de Lincoln para tener buena suerte.

- En días de exámenes, los estudiantes de la Universidad de Miami evitan caminar sobre un escudo de metal de la escuela que está incrustado en la acera.

- Un estudiante del Albright College en Reading, Pennsylvania, asistía a un curso de introducción a la psicología en un salón que estaba parcialmente bajo el nivel del suelo. Siempre que había un examen, entraba en el salón por una ventana (Vyse, 1994).

Aunque es fácil burlarse de estos rituales, los psicólogos del aprendizaje los consideran ejemplos de una clase interesante de respuestas llamada *conducta supersticiosa*. Dicho comportamiento puede ser explicado en función de los principios básicos del reforzamiento (Zimmer, 1984; Justice y Looney, 1990; White y Liu, 1995). Como se ha expuesto, el comportamiento seguido de un reforzador tiende a fortalecerse. No obstante, en ocasiones, el comportamiento que se manifiesta antes del reforzador es totalmente coincidente. Imagine, por ejemplo, que un jugador de béisbol golpea el suelo tres veces seguidas con su bate y después logra conectar un cuadrangular. Por supuesto que el batazo es una coincidencia con respecto a que el bateador haya golpeado tres veces el suelo, pero en lo que toca al jugador, esto puede parecer un evento relacionado. Debido a que el jugador hace esta asociación, empieza a golpear tres veces el suelo cada vez que se presente a batear en el futuro, y debido a que por lo menos recibirá un reforzamiento parcial por su comportamiento (los bateadores suelen conectar un *hit* 25% de las veces que batean) es posible que se mantenga su comportamiento de golpear el suelo.

¿Las supersticiones afectan el comportamiento posterior? Es evidente que sí. De acuerdo con algunos psicólogos, la conducta supersticiosa permite a las personas afrontar la ansiedad, ofreciéndoles rutinas o rituales que les pueden hacer sentir que controlan la situación en que se encuentran. De esta forma, tocar la nariz de una estatua puede ayudar a tranquilizar a una persona, lo que, de hecho, puede llevarla a lograr un mejor desempeño cuando contesta un examen o durante una entrevista que le produce tensión. En este sentido, nuestras supersticiones sí pueden moldear nuestro comportamiento posterior (Van Ginkel, 1990; Matute, 1994, 1995).

La conducta supersticiosa, como tener cuidado de no pisar las hendiduras en la acera, puede ser el resultado de un reforzamiento que ocurre de manera coincidente.

Moldeamiento: el reforzamiento de lo que no ocurre en forma natural

Piense en la dificultad que implica el empleo del condicionamiento operante para enseñar a las personas a reparar la transmisión de un automóvil. Si se tuviera que esperar hasta que la repararan a la perfección antes de ofrecerles un reforzamiento, el Modelo T volvería a estar de moda mucho antes de que lograran dominar ese proceso.

Existen muchos comportamientos complejos, que van desde la reparación de automóviles hasta tocar la cítara, cuya ocurrencia natural no esperaríamos como parte del comportamiento espontáneo de cualquiera de nosotros. En estos casos, en los que de otro modo no habría ocasión de ofrecer reforzamiento para un comportamiento determinado

Los caminos de la psicología

Lynne Calero

Dolphin Research Center
Grassy Key, Florida

Nació en: 1974
Educación: B.A. en psicología, Universidad George Washington

Residencia: Big Pine Key, Florida

Muchas personas han leído acerca de las posibles conexiones entre los delfines y

Lynne Calero

los humanos desde los puntos de vista del comportamiento y del intelecto, pero por más de una década Lynne Calero ha visto estas semejanzas muy de cerca.

En la actualidad directora médica del Dolphin Research Center en Grassy Key, Florida, Calero tuvo su acercamiento básico a la psicología como estudiante de pregrado en la Universidad George Washington, Washington, D.C. "Nuestra institución es un centro de educación e investigación en el que ofrecemos entrenamiento para educar al público, al igual que supervisamos la salud de los animales de manera individual", dice ella.

Al entrenar delfines, Calero usa los principios básicos del aprendizaje. "El fundamento completo del entrenamiento que se hace con los delfines y leones marinos se basa en el condicionamiento operante y en el reforzamiento positivo", señala.

Por ejemplo, un tipo específico de entrenamiento implica una serie de pasos para conseguir que los delfines aprendan a presentar las aletas caudales, permitiendo,

por consiguiente, que se realicen pruebas médicas que requieren muestras de sangre. "Todos los animales aprenden primero los fundamentos, como responder ante un silbato. Éste se vuelve luego un reforzador secundario que es asociado con la alimentación, con darles atención o con frotarles el lomo."

"A partir de ahí logramos en forma gradual que se coloquen junto al muelle", explica ella: "seguido por una serie de aproximaciones, como en el entrenamiento de cualquier comportamiento. Con cada paso nos acercamos cada vez más a las aletas caudales hasta que el delfín nos permite sostenernos de ellas por encima de la superficie del agua".

Los delfines más jóvenes son más fáciles de entrenar, y se requiere sólo un mes de entrenamiento antes de que presenten sus aletas. Para Calero, éste es un ejemplo de la inteligencia inusitada de los delfines. "Por supuesto que su anatomía cerebral es muy compleja. En general, mi impresión es que los delfines son increíblemente inteligentes, al igual que muy intuitivos y sabios."

Moldeamiento: proceso de enseñanza de un comportamiento complejo por medio de recompensas ante aproximaciones sucesivas del comportamiento deseado

(puesto que por principio de cuentas no ocurre), se utiliza un procedimiento al que se denomina moldeamiento. El **moldeamiento** es el proceso de enseñanza de un comportamiento complejo mediante la recompensa ante aproximaciones cada vez más cercanas al comportamiento deseado. En el moldeamiento, cualquier comportamiento que sea similar al que se desea que aprenda el sujeto al principio obtiene reforzamiento. Después se refuerzan sólo las respuestas más cercanas al comportamiento que se desea enseñar. Al final, sólo se refuerza la respuesta deseada. En este sentido, cada uno de los pasos del moldeamiento va un poco más allá del comportamiento previamente aprendido, lo que permite a la persona que relacione el nuevo paso con el comportamiento aprendido con anterioridad.

El moldeamiento permite incluso a los animales inferiores el aprendizaje de respuestas complejas que nunca ocurrirían de forma natural; respuestas que van desde leones que aprenden a saltar a través de aros hasta delfines entrenados para rescatar a los buzos que se han perdido en el océano. Asimismo, el moldeamiento subyace al aprendizaje de diversas habilidades humanas complejas. Por ejemplo, la organización de la mayoría de los libros de texto se basa en los principios del moldeamiento. Por lo común, la información se presenta de manera que el nuevo material se apoya en conceptos o habilidades aprendidos con anterioridad. Por ello, el concepto del moldeamiento no podía haber sido presentado en este capítulo sino hasta después de haber comentado los principios más básicos del aprendizaje operante. (Para una exposición más amplia de las aplicaciones de los enfoques psicológicos al aprendizaje, véase *Los caminos de la psicología* de este capítulo.)

Restricciones biológicas del aprendizaje: a un perro viejo no se le puede enseñar cualquier truco

Keller y Marian Breland estaban satisfechos con su idea: en su calidad de asesores de adiestradores profesionales de animales, se les ocurrió que un cerdo colocara un disco de madera dentro de una alcancía de cochinito. Debido a su experiencia para adiestrar animales mediante el condicionamiento operante, pensaron que sería fácil enseñar esa tarea, puesto que estaba incluida dentro de las capacidades físicas del cerdo. Cada vez que trataban de realizar el procedimiento, sin embargo, resultaba un fracaso. Al ver el disco, los cerdos no hacían otra cosa que arrastrarlo por el suelo. Parecía que los animales estaban programados biológicamente para arrastrar sobre el suelo los estímulos con forma de disco.

Su fracaso con los cerdos condujo a los Breland a sustituirlos por un mapache. A pesar de que el procedimiento funcionó bien con un disco, cuando se le presentaron dos discos el mapache se rehusó a depositarlos en la alcancía y, en lugar de ello, los frotaba entre sí, como si los estuviera lavando. Una vez más, al parecer los discos provocaban el surgimiento de comportamientos biológicamente innatos que era imposible sustituir incluso mediante adiestramiento muy exhaustivo (Breland y Breland, 1961).

Estas dificultades de los Breland ilustran un aspecto importante: no se puede enseñar todo tipo de comportamientos a todas las especies y obtener resultados igualmente buenos. En lugar de ello, existen *restricciones biológicas*, es decir, limitaciones estructurales en la capacidad de los animales para aprender comportamientos específicos. En algunos casos, el organismo tiene una inclinación especial que favorece el aprendizaje de cierto comportamiento (como el de las palomas al dar picotazos); en otros casos, las restricciones biológicas se activarán para evitar o impedir que un organismo logre aprender determinado comportamiento. En cualquier caso, es evidente que los animales poseen mecanismos especializados de aprendizaje que influyen en la facilidad con la que funcionarán tanto el condicionamiento clásico como el operante, debido a que cada especie está inclinada biológicamente para desarrollar tipos particulares de asociaciones y para encontrar obstáculos al tratar de aprender otras (Hollis, 1984).

La instrucción mediante computadoras se fundamenta en los principios del moldeamiento, en los cuales los aprendices son llevados a proporcionar aproximaciones cada vez más cercanas al comportamiento deseado.

Recapitulación, revisión y reflexión

Recapitulación

- El condicionamiento operante es un tipo de aprendizaje en el que se fortalece o debilita una respuesta voluntaria, según si sus consecuencias son positivas o negativas.

- El reforzamiento es el proceso por el cual un estímulo incrementa la probabilidad de que se repita una conducta precedente.

- Un reforzador positivo es un estímulo que se añade al entorno para aumentar la probabilidad de que ocurra una respuesta. Un reforzador negativo es un estímulo que elimina algo desagradable del ambiente, lo que conduce a un aumento de la probabilidad de que una respuesta precedente ocurrirá en el futuro.

- El castigo implica la administración de un estímulo desagradable después de una respuesta, con lo que se trata de disminuir o suprimir algún comportamiento; puede consistir también en la remoción de un reforzador positivo.

- En el castigo, el objetivo es disminuir o suprimir el comportamiento indeseable mediante la administración de un es-

tímulo; en el reforzamiento negativo, el propósito es aumentar un comportamiento deseable mediante la remoción de un estímulo.

- El reforzamiento no tiene que ser constante para que el comportamiento se aprenda y se mantenga; de hecho, los programas de reforzamiento parcial conducen a una mayor resistencia a la extinción que los programas de reforzamiento continuo.

- La generalización, la discriminación y el moldeamiento se cuentan entre los fenómenos fundamentales del condicionamiento operante.

Revisión

1. El condicionamiento _____ describe el aprendizaje que tiene lugar como resultado del reforzamiento.

2. Una persona hambrienta encontrará que la comida es un reforzador _____, en tanto que un billete de cien pesos sería un reforzador _____.

3. Relacione el tipo de aprendizaje operante con su definición:

1. Se presenta un estímulo desagradable para reducir un comportamiento.
2. Se remueve un estímulo desagradable para aumentar el comportamiento.
3. Se presenta un estímulo placentero para incrementar un comportamiento.

a. Reforzamiento positivo
b. Reforzamiento negativo
c Castigo

4. Sandra tuvo un día pesado; además, el ruido que hacía su hijo no le permitía relajarse. Debido a que no deseaba regañarlo, Sandra bajó su tono de voz y le dijo a su hijo con mucha seriedad que se encontraba muy cansada y le gustaría que jugara sin hacer ruido durante una hora. Esta manera de abordar el problema funcionó. Para Sandra, el cambio de comportamiento de su hijo fue:

a. Un reforzador positivo
b. Un reforzador secundario
c. Un castigo
d. Un reforzador negativo

5. Sandra estaba satisfecha. No había quedado contenta consigo misma la semana pasada, cuando le gritó muy fuerte a su hijo. En aquella ocasión terminó con el ruido excesivo de su hijo por medio de:

a. La remoción de un reforzador
b. Un castigo
c. Un reforzador negativo
d. La extinción

6. En un programa de reforzamiento _____, el comportamiento se refuerza algunas veces, en tanto que en un programa de reforzamiento _____, el comportamiento se refuerza todo el tiempo.

7. Relacione el tipo de programa de reforzamiento con su definición.

1. El reforzamiento se aplica después de un periodo determinado.
2. El reforzamiento se da después de un determinado número de respuestas.
3. El reforzamiento se ofrece después de un periodo variable.
4. El reforzamiento se proporciona después de un número variable de respuestas.

a. De razón fija
b. De intervalo variable
c. De intervalo fijo
d. De razón variable

8. Los programas de reforzamiento fijo producen mayor resistencia a la extinción que los programas de reforzamiento variable. ¿Verdadero o falso?

Las respuestas a las preguntas de revisión se encuentran en la página 212.

Reflexión

1. B. F. Skinner creía que toda la vida de un sujeto se puede estructurar conforme a principios de condicionamiento operante. ¿Cree que sea posible? ¿Qué beneficios y qué problemas podría generar?

2. ¿El condicionamiento operante puede usarse para abordar preocupaciones personales serias, como el tabaquismo y los hábitos de alimentación poco sanos? ¿Puede usarse para abordar problemas sociales, como la contaminación ambiental y la violencia? ¿Con qué tipo de problema tiene una mayor probabilidad de éxito? ¿Por qué?

3. ¿Cómo podría "curar" la conducta supersticiosa, como los rituales que realizan las personas antes de presentar exámenes o de participar en competencias atléticas? ¿Es importante efectuar la extinción de dichos comportamientos?

ENFOQUES COGNITIVO-SOCIALES DEL APRENDIZAJE

▶ **¿Cuál es el papel de la cognición y el pensamiento en el aprendizaje?**

▶ **¿Cuáles son algunos métodos prácticos para producir un cambio en el comportamiento, tanto en nosotros como en los demás?**

Teoría cognitivo-social del aprendizaje: estudio de los procesos de pensamiento que subyacen al aprendizaje

Imaginemos lo que sucede cuando las personas aprenden a conducir un automóvil. No se colocan detrás del volante y vacilan por todo el tablero hasta que al azar colocan la llave en el encendido y, más tarde, después de muchos arranques en falso, por accidente logran que el automóvil se mueva hacia delante, recibiendo, por consiguiente, un reforzamiento positivo. En lugar de ello, ya conocen los elementos básicos de conducir por su experiencia anterior como pasajeros, durante la cual con toda probabilidad notaron cómo era colocada la llave en el encendido, de qué forma se ponía la velocidad y cómo se oprimía el pedal del acelerador para que el automóvil avanzara.

Es evidente que no todo el aprendizaje se debe al condicionamiento clásico y operante. De hecho, casos como aprender a conducir un automóvil implican que algunos tipos de aprendizaje se lleven a cabo por medio de procesos de orden superior, en los cuales los pensamientos y recuerdos de las personas y la forma en que procesan la información explican sus respuestas. Estas situaciones contradicen la perspectiva que considera al aprendizaje como la adquisición irreflexiva, mecánica y automática de asociaciones entre estímulos y respuestas, como en el condicionamiento clásico, o que puede ser una consecuencia de la presentación de un reforzamiento, como en el condicionamiento operante.

En lugar de ello, algunos psicólogos conciben el aprendizaje en función de procesos de pensamiento o cogniciones subyacentes: enfoque conocido como **teoría cognitivo-so-**

cial del aprendizaje. Aunque los psicólogos que defienden esta teoría no niegan la importancia del condicionamiento clásico y operante, han desarrollado perspectivas que se enfocan en los procesos mentales no percibidos que tienen lugar durante el aprendizaje, en lugar de concentrarse exclusivamente en estímulos externos, respuestas y reforzamientos.

En su formulación más sencilla, la teoría cognitiva social del aprendizaje sugiere que no es suficiente afirmar que presentamos respuestas como consecuencia de que existe una supuesta asociación entre un estímulo y una respuesta debido a una historia previa de reforzamiento para la respuesta. En lugar de ello, de acuerdo con este punto de vista, las personas, e incluso los animales, desarrollan una *expectativa* de que recibirán un reforzamiento al presentar una respuesta. El apoyo para este punto de vista proviene de varias fuentes.

Aprendizaje latente

Algunas de las evidencias más directas con respecto a los procesos cognitivos provienen de una serie de experimentos que revelaron un tipo de aprendizaje cognitivo social denominado **aprendizaje latente** en el cual se aprende un nuevo comportamiento, pero no se le demuestra sino hasta que se proporciona un reforzamiento para exhibirlo (Tolman y Honzik, 1930). En estos estudios, los psicólogos analizaron el comportamiento de ratas dentro de un laberinto como el que se muestra en la figura 5.6*a*. En un experimento repre-

Aprendizaje latente: aprendizaje en el que se adquiere un comportamiento nuevo pero no se demuestra hasta que se proporciona un reforzamiento

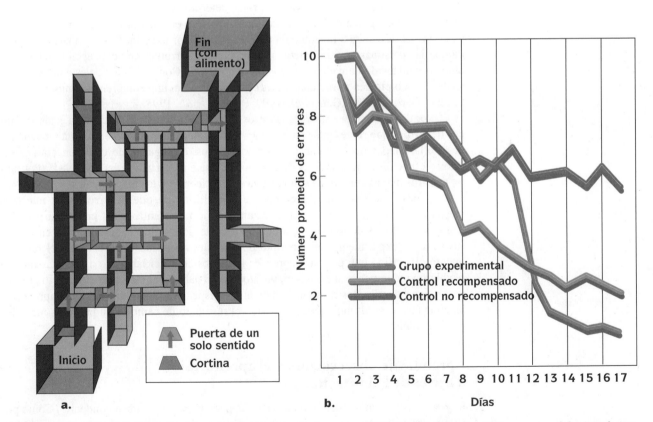

a.

b. Días

FIGURA 5.6 *a. En un intento por demostrar el aprendizaje latente, se permitió que unas ratas deambularan por un laberinto de este tipo una vez al día durante 17 días. b. Las ratas que nunca fueron recompensadas (la condición control no recompensada) de manera consistente cometieron más errores, mientras que aquellas que recibieron alimento al final cada día (la condición control recompensada) de manera consistente cometieron mucho menos errores. Los resultados también mostraron un aprendizaje latente: las ratas que al principio no fueron recompensadas pero que comenzaron a recibir recompensa después del décimo día (el grupo experimental) mostraron una reducción inmediata en los errores y pronto igualaron la tasa de errores de las ratas que habían sido recompensadas de manera consistente. De acuerdo con los teóricos cognitivo-sociales del aprendizaje, la reducción en errores indica que las ratas habían desarrollado un mapa cognitivo o representación mental del laberinto.*

sentativo, se permitió que un grupo de ratas deambulara por el laberinto una vez al día durante 17 días sin recibir recompensa alguna. Como era de esperarse, estas ratas cometieron muchos errores e invirtieron un tiempo relativamente largo para llegar al final del laberinto. A un segundo grupo siempre se le dio alimento al final del laberinto; no resultó sorprendente que estas ratas aprendieran a correr rápido y directo a la caja con comida, cometiendo menos errores.

Un tercer grupo de ratas comenzó en la misma situación que las ratas sin recompensa, pero sólo durante los primeros diez días. En el undécimo día se introdujo una manipulación experimental importante: desde ese momento se dio alimento a las ratas de este grupo cuando finalizaban el recorrido del laberinto. Los resultados de esta manipulación fueron impresionantes, como se puede ver en la gráfica de la figura 5.6*b*. Las ratas que al principio no obtuvieron recompensa, que parecían haber deambulado sin ningún objetivo, mostraron tales reducciones en el tiempo de recorrido así como disminuciones en los índices de error que su desempeño igualó casi de inmediato a las del grupo que recibió la recompensa desde el principio.

Para los teóricos cognitivo-sociales parecía evidente que las ratas que no recibían recompensa habían aprendido la disposición del laberinto durante sus exploraciones previas, pero no exhibieron su aprendizaje latente sino hasta que se les ofreció un reforzamiento. Las ratas parecían haber desarrollado un **mapa cognitivo** del laberinto, es decir, una representación mental de ubicaciones y direcciones espaciales.

También las personas desarrollan mapas cognitivos de su entorno con base principalmente en señales específicas. Cuando se enfrentan por vez primera con un ambiente nuevo, sus mapas tienden a basarse en rutas determinadas, como las indicaciones que le podemos dar a alguien que no conozca una zona: "en el semáforo dé vuelta a la derecha, en el puente dé vuelta a la izquierda y después suba por la colina". Sin embargo, a medida que las personas se familiarizan con un área, desarrollan una concepción general de ella, la cual ha sido llamada mapa cognitivo abstracto. Con el empleo de este mapa, al paso del tiempo pueden tomar atajos conforme desarrollan una comprensión más amplia de la zona (Garling, 1989; Gale *et al.*, 1990; Plumert *et al.*, 1995).

Por desgracia, sin embargo, nuestros mapas cognitivos con frecuencia están saturados de errores que representan simplificaciones del terreno real. Tenemos una tendencia a desarrollar mapas que ignoran los caminos curvos, en lugar de lo cual concebimos las áreas en función de redes rectas de caminos que se entrecruzan (Tversky, 1981). Por tanto, nuestros mapas cognitivos son versiones imperfectas de los mapas reales.

A pesar de sus imperfecciones, la posibilidad de que desarrollemos nuestros mapas cognitivos a través del aprendizaje latente representa cierto problema para los teóricos ortodoxos del condicionamiento operante. Por ejemplo, si pensamos en los resultados del experimento del laberinto de Tolman, no queda claro cuál fue el reforzamiento específico que permitió aprender la disposición del laberinto a las ratas que no recibieron recompensa al principio, puesto que no había ningún reforzador obvio presente. En lugar de ello, los resultados apoyan la perspectiva cognitiva social del aprendizaje, en la cual este último puede haber sido el resultado de cambios en procesos mentales no observables.

Aprendizaje observacional: el aprendizaje a través de la imitación

Regresemos por un momento al caso de una persona que aprende a conducir. ¿Cómo podemos dar cuenta de casos en los que una persona sin experiencia directa en un compor-

Mapa cognitivo: representación mental de ubicaciones y direcciones espaciales

---

Respuestas a las preguntas de revisión:

1. operante   2. primario; secundario   3. 1–c; 2-b; 3-a   4. d   5. b   6. parcial, continuo   7. 1-c; 2-a; 3-b; 4-d   8. Falso; las razones variables son más resistentes a la extinción.

tamiento determinado lo aprende y lo realiza? Para dar respuesta a esta pregunta, los psicólogos han propuesto otra forma de aprendizaje cognitivo social: el aprendizaje observacional.

De acuerdo con el psicólogo Albert Bandura y sus colegas, la mayor parte del aprendizaje humano se basa en el **aprendizaje observacional**, al que definen como un aprendizaje a través de la observación del comportamiento de otra persona al que llaman *modelo* (Bandura, 1977). Bandura y sus colaboradores demostraron en forma muy dramática la capacidad de los modelos para estimular el aprendizaje. En lo que en la actualidad se considera un experimento clásico, niños pequeños vieron una película en la que aparecía un adulto golpeando y pateando salvajemente un muñeco inflable de metro y medio de altura (Bandura, Ross y Ross, 1963a, 1963b). Después se dio a los niños la oportunidad de jugar con el muñeco y, como se esperaba, exhibieron el mismo tipo de comportamiento, y en algunos casos la imitación era casi idéntica al comportamiento agresivo que presenciaron.

No sólo se adquieren comportamientos negativos a través del aprendizaje observacional. Por ejemplo, en un experimento se expuso a varios niños que temían a los perros frente a un modelo, a quien se llamó el "Compañero sin miedo", que jugaba con un perro (Bandura, Grusec y Menlove, 1967). Después de ello, los sujetos que lo observaron tenían más probabilidades de acercarse a un perro desconocido que los niños que no habían visto al "Compañero sin miedo".

De acuerdo con Bandura, el aprendizaje observacional tiene un proceso de cuatro pasos: l) prestar atención y percibir las características más importantes del comportamiento de otra persona, 2) recordar el comportamiento, 3) reproducir la acción y 4) estar motivado para aprender y ejecutar el comportamiento. En este sentido, en lugar de que el aprendizaje ocurra mediante ensayo y error, en donde se refuerza el éxito y se castiga el fracaso, muchas habilidades de importancia se aprenden a través de procesos de observación (Bandura, 1986).

El aprendizaje observacional es de especial importancia para adquirir habilidades para las que el moldeamiento resulta inadecuado. Pilotear un avión y realizar cirugías ce-

Aprendizaje por observación: aprendizaje a través de la observación del comportamiento de otra persona a la que se denomina modelo

rebrales, por ejemplo, son comportamientos que difícilmente pueden aprenderse mediante métodos de ensayo y error sin incurrir en costos graves, en sentido literal, para quienes están involucrados en ese tipo de aprendizaje.

Por supuesto que no todos los comportamientos que presenciamos son aprendidos o ejecutados. Un factor crucial que determina si vamos a imitar un modelo son las consecuencias de su comportamiento. Si observamos que se recompensa a un amigo con mejores calificaciones por dedicar más tiempo a sus estudios, habrá más probabilidades de imitarlo que si su comportamiento no produce una mejora en sus calificaciones, sino un mayor cansancio y una disminución de su vida social. Los modelos que reciben recompensas por comportarse de un modo determinado tienen más probabilidades de ser imitados que quienes reciben castigos. No obstante, es interesante señalar que aun cuando se observe el castigo a un modelo, esto no necesariamente evita que los observadores aprendan el comportamiento. Todavía son capaces de relatar el comportamiento del modelo, lo que ocurre es que tienen menos probabilidades de ejecutarlo (Bandura, 1977, 1986, 1994).

El aprendizaje observacional es un tema central en cuestiones importantes relacionadas con el grado en que las personas aprenden con sólo observar el comportamiento de otros. Por ejemplo, el grado en que se observa la agresión en los medios de comunicación masiva y se produce una agresividad subsecuente por parte de los espectadores es una cuestión crucial y muy controvertida, como expondremos a continuación.

La violencia en la televisión y en el cine: ¿es relevante el mensaje de los medios de comunicación masiva?

La caricatura de Beavis y Butthead *describe diversos comportamientos repugnantes y antisociales, que algunos espectadores pueden haber imitado.*

Beavis y Butthead, personajes de caricatura de MTV, discuten lo divertido que es iniciar incendios. En una ocasión, uno de ellos encendió fuego en el cabello del otro usando latas de aerosol y cerillos.

Más tarde, Austin Messner, de cinco años de edad, quien había visto la caricatura, le prendió fuego a su cama con un encendedor. Aunque él y su madre escaparon del incendio posterior, su hermana menor murió.

***

En una escena de la película *The Program*, de 1993, un personaje que deseaba demostrar su rudeza se acuesta en la línea central de una autopista en la noche mientras los automóviles y camiones pasan a toda velocidad en ambas direcciones. En la película salió ileso, demostrando que no le teme a nada.

La vida real es un poco diferente: poco después de ver la película, varios adolescentes resultaron muertos en incidentes aislados en los que se acostaron en el centro de un camino oscuro y fueron arrollados por automóviles (Hinds, 1993).

¿El observar violencia o actos antisociales en los medios de comunicación masiva conduce a los espectadores a comportarse en forma similar? Debido a que la investigación sobre el modelamiento muestra que las personas con frecuencia aprenden e imitan la agresión que observan, esta cuestión está entre las más importantes que han sido abordadas por los psicólogos sociales.

En realidad la cantidad de violencia en los medios de comunicación masiva es excesiva. Entre los cinco y los 15 años de edad, el niño estadounidense promedio es expuesto a no menos de 13 000 muertes violentas en televisión; la cantidad de peleas y secuencias agresivas que ven los niños todavía es mayor. Los sábados por las mañanas antes tenían una programación relativamente pacífica; ahora hay programas de caricaturas con títulos como *X-men* y *Los Power Rangers*, que incluyen largas secuencias de acción agresiva (Freedman, 1984; Liebert y Sprafkin, 1988; Signorielli, Gerbner y Morgan, 1995).

De hecho, la mayor parte de las investigaciones sugieren que existe una asociación significativa entre observar dichos programas de televisión violentos y exhibir un comportamiento agresivo (Berkowitz, 1993; Boyatzis, Matillo y Nesbitt, 1995; Hughes y

*Tanto los niños como los adultos
son expuestos a cantidades
excesivas de agresión en los medios
de comunicación masiva.*

Hasbrouck, 1996). Por ejemplo, un experimento mostró que los sujetos que vieron mucha televisión cuando estaban en tercer grado se volvieron adultos más agresivos que quienes no vieron tanta (Eron *et al.*, 1972). Por supuesto, estos resultados no pueden demostrar que ver televisión fue la *causa* de la agresión en los adultos. Algunos factores adicionales, como las características de la personalidad particular de los espectadores, pueden haber llevado a niveles elevados de observación de programas agresivos y a una agresión alta (Freedman, 1996).

Aun así, la mayoría de los investigadores concuerdan en que ver violencia en los medios de comunicación masiva puede conducir a una mayor disposición para actuar en forma agresiva (si no es que de manera invariable a una agresión manifiesta) y a una insensibilidad ante el sufrimiento de las víctimas de violencia (Bushman y Geen, 1990; Comstock y Strasburger, 1990; Huesmann y Moise, 1996). Diversos factores ayudan a explicar por qué la observación de violencia en los medios puede provocar agresión. Por una parte, ver violencia parece disminuir las inhibiciones contra la ejecución de la agresión; ver representaciones de violencia en la televisión hace que la agresión parezca una respuesta legítima en situaciones particulares.

Además, ver violencia puede distorsionar nuestra comprensión acerca del significado del comportamiento de otros. Por ejemplo, podemos estar predispuestos a ver incluso los actos no ofensivos de los demás como agresivos después de ver violencia en los medios de comunicación masiva, y después podemos actuar en consecuencia, según estas nuevas interpretaciones, respondiendo en forma agresiva. Por último, una exposición continua a agresión puede dejarnos desensibilizados a la violencia, y lo que antes nos habría repugnado ahora produce poca respuesta emocional. Nuestro sentido del dolor y del sufrimiento provocados por la agresión puede verse disminuido y podemos encontrar más fácil actuar agresivamente nosotros mismos (Geen y Donnerstein, 1983; Moliter y Hirsch, 1994; Huesmann y Moise, 1996).

Debido a los vínculos probables entre la violencia y la exposición a la agresión en los medios de comunicación masiva, los psicólogos trabajan en formas de reducir la agresión en espectadores frecuentes. Un enfoque ha sido enseñar en forma explícita a los niños que la violencia televisada no es representativa del mundo real, que ver violencia es objetable y que deberían abstenerse de imitar el comportamiento visto en la televisión (Eron y Huesmann, 1985; Zillman, 1993; Hughes y Hasbrouck, 1996).

Las lecciones parecen ser efectivas: como grupo, los niños expuestos a ellas actúan en forma menos agresiva que quienes no han recibido lecciones. Por ejemplo, en un experimento, estudiantes de primer y tercer grados que tendían a ver mucha televisión

Aplicación de la psicología en el siglo XXI

Pelear menos y hablar más: guiones para reducir la violencia

La NBC quería el argumento de la escritora para televisión Connie Bottinelli para una "Película de la Semana", pero le preocupaba que fuera demasiado violenta. Así que la señorita Bottinelli acudió a *Dialogue*.

Dialogue, un boletín distribuido por un pequeño grupo no lucrativo con sede en Washington, llamado Institute for Mental Health Initiatives, indica a escritores y productores la forma de evitar confrontaciones violentas en la pantalla. El instituto comenzó el boletín con cuatro páginas el invierno pasado y distribuye 20 000 ejemplares trimestrales, la mayoría a creadores de películas y programas de televisión, y a menudo en forma gratuita.

La historia de la señorita Bottinelli para la NBC era sobre Vincent, un gángster convicto que es encontrado muerto en su celda de la prisión. Su esposa demanda a las autoridades encargadas de aplicar la ley por ser responsables de su muerte.

Después de ver el boletín, la señorita Bottinelli, quien vive en Filadelfia, escribió su guión de manera que restara importancia a los actos de violencia de Vincent y en su lugar enfatizó su encarcelamiento y su muerte. Incluso agregó una escena en la que Vincent sufre de humillaciones, de modo que los espectadores comprenderían su furia. A la NBC le gustaron los cambios y compraron el guión (Chang, 1994, p. B1).

Dialogue se apuntó otro éxito. Al usar los principios definidos con el trabajo de psicólogos que estudian la relación entre la violencia de los medios de comunicación masiva y la agresión de los espectadores, el boletín ofrece a los escritores formas prácticas para tratar las representaciones de violencia, lenguaje ofensivo y sexo. Por ejemplo, un número proporcionó los siguientes lineamientos para presentar violencia en televisión y en el cine, los cuales se enfocan en la redefinición de las normas sobre la violencia y en restarle atractivo a la violencia y las armas:

- Minimizar escenas violentas que no contribuyen a la trama o al desarrollo del personaje o a la historia en el reportaje de un crimen real.
- Describir la violencia como un último recurso para los héroes que han usado su ingenio al encontrarse en peligro.
- Describir la violencia y el uso irreflexivo de armas como una debilidad y falta de autoconocimiento; describir la verbalización de la ira y el temor y la lucha para demorar la acción como una fuerza.
- Representar el impacto emocional, social y económico de la violencia en los perpetradores, las víctimas, las familias y los testigos (Institute for Mental Health Initiatives, 1993, p. 4).

Estos consejos específicos son útiles para los guionistas, quienes deben enfrentar una variedad de presiones de directores, productores y ejecutivos de televisión y cine. De hecho, con la introducción de un sistema de calificación para los programas de televisión, es probable que se incrementen las presiones para los escritores (Institute for Mental Health Initiatives, 1996).

La introducción del sistema de calificación para televisión a principios de 1997 fue una reacción ante la exigencia creciente de que las cadenas de televisión ofrecieran una guía dirigida a los padres. Esta categorización está basada más o menos en el sistema de calificación de películas, el cual usa, en Estados Unidos, diversas categorías relacionadas con la cantidad de contenido para "adultos" de un programa, que varían de "TV-G" (para el público en general) a "TV-MA" (sólo para adultos). Por desgracia, los lineamientos son ambiguos y no están bien estandarizados.

A pesar de los esfuerzos de los medios de comunicación masiva para producir programas y películas para televisión que describan la violencia de manera más apropiada, a final de cuentas un enfoque más efectivo puede ser enseñar a los espectadores habilidades que les ayuden a discernir más lo que ven. En última instancia, es probable que se requiera de una combinación de habilidades del espectador y presentaciones más realistas en los medios de comunicación masiva para prevenir que las representaciones de violencia en los medios conduzcan a la agresión en los espectadores.

recibieron varias sesiones de entrenamiento durante un periodo de nueve meses (Huesmann *et al.*, 1983). Durante las sesiones, los estudiantes aprendieron que el comportamiento agresivo en la televisión no se aproxima a lo que sucede en el mundo real. Se les enseñó sobre las técnicas de cámara y efectos especiales usados para producir la ilusión de agresión. Más aún, aprendieron que las personas, por lo general, usan alternativas a la agresión en la búsqueda de soluciones a sus problemas. Por último, se les enseñó en forma directa lo indeseable de ver violencia en la televisión y la manera de evitar imitar la agresión.

El programa tuvo mucho éxito. Comparado con un grupo control de niños que no recibieron el entrenamiento, quienes asistieron a las clases fueron estimados por sus compañeros de clases con niveles significativamente inferiores de exhibición de agresión. Además, los estudiantes en el programa percibieron la agresión televisada en forma mucho más negativa que quienes no participaron. Como resultado, las consecuencias indeseables de ver agresión en los medios de comunicación masiva puede reducirse con entrenamiento. Así como las personas aprenden a actuar de manera agresiva por medio de la observación, pueden aprender a volverse menos agresivas.

Otros enfoques para reducir el vínculo entre la violencia en los medios de comunicación masiva y la agresión de los espectadores han considerado la posibilidad de modificar las representaciones de la agresión en dichos medios, como se expone en el recuadro *Aplicación de la psicología en el siglo XXI* de este capítulo.

Exploración de la diversidad

¿La cultura influye en la forma que aprendemos?

Cuando un miembro de la tribu chilcotin de India enseña a su hija a preparar salmón, al principio sólo le permite observar el proceso completo. Más adelante, le deja intentar algunas partes básicas de la tarea. Su respuesta a las preguntas es notable. Por ejemplo, cuando la hija pregunta cómo hacer "la parte de la espina dorsal", la respuesta de la madre consiste en repetir el proceso completo con otro pescado. ¿La razón? La madre piensa que uno no puede aprender las partes individuales de la tarea fuera del contexto de preparar el pescado completo (Tharp, 1989).

No debe sorprender que los niños educados en la tradición chilcotin, que enfatiza la instrucción que comienza por comunicar la tarea completa, podrían tener dificultades con la educación occidental tradicional. En el enfoque para enseñar más característico de la cultura occidental, las tareas son divididas en sus partes componentes. Se piensa que sólo después de aprender cada paso pequeño es posible dominar la tarea completa.

¿Las diferencias en los enfoques de enseñanza entre culturas afectan el modo en que aprenden las personas? De acuerdo con una escuela de pensamiento, los aprendices desarrollan *estilos de aprendizaje*, formas características de aproximarse al material, con base en sus antecedentes culturales y en su patrón único de capacidades (Anderson y Adams, 1992; Milgram, Dunn y Price, 1993; Chi-Ching y Noi, 1994; Furnham, 1995; Sternberg y Grigorenko, 1997).

Los estilos de aprendizaje difieren en varias dimensiones. Por ejemplo, una dimensión central se da en los enfoques del aprendizaje analítico en contraposición con el relacional (Anderson, 1988; Tharp, 1989). Como se ilustra en el cuadro 5-2, las personas con un estilo de aprendizaje relacional dominan mejor el material por medio de la exposición a una unidad o fenómeno completo. Las partes de la unidad sólo pueden comprenderse entendiendo su relación con el conjunto.

En contraste, las personas con un estilo de aprendizaje analítico exhiben mejor desempeño cuando realizan un análisis inicial de los principios y componentes que subyacen a un fenómeno o situación. Al desarrollar una comprensión de los principios y componentes fundamentales, pueden comprender mejor el panorama completo. (En cierto sentido, la diferencia entre los estilos de aprendizaje relacional y analítico es análoga a la distinción entre el procesamiento ascendente y descendente que expusimos en el capítulo 3.)

Aunque los hallazgos en la investigación son mixtos, algunas evidencias sugieren que grupos minoritarios particulares dentro de la sociedad occidental muestran estilos de aprendizaje característicos. Por ejemplo, James Anderson y Maurianne Adams (1992) afirman que las mujeres blancas y los afroamericanos, nativos americanos e hispanoamericanos de ambos sexos, son más propensos a usar un estilo de aprendizaje relacional que los hombres blancos y estadounidenses de ascendencia asiática, quienes tienen más probabilidad de emplear un estilo analítico.

La conclusión de que los integrantes de grupos étnicos y de género tienen un estilo de aprendizaje similar ha despertado controversia. Debido a que existe mucha diversidad dentro de cada grupo racial y étnico particular, los críticos afirman que no pueden hacerse

Cuadro 5-2	Estilos de aprendizaje

Estilo relacional	Estilo analítico
1. Perciben la información como parte del panorama total	1. Capaces de desintegrar la información del panorama total (enfocarse en los detalles)
2. Exhiben pensamiento de improvisación e intuitivo	2. Exhiben pensamiento secuencial y estructurado
3. Aprenden con más facilidad materiales que tienen un contenido humano y social y que se caracterizan por relevancia para la experiencia o para la cultura	3. Aprenden con más facilidad materiales que son inanimados e impersonales
4. Tienen buena memoria para ideas e información presentadas en forma verbal, en especial si son relevantes	4. Tienen buena memoria para las ideas abstractas y la información irrelevante
5. Son más orientados hacia las tareas que se relacionan con las áreas no académicas	5. Son más orientados hacia las tareas que se relacionan con lo académico
6. Están influidos por la expresión de confianza o duda de las figuras de autoridad respecto a la capacidad de los estudiantes	6. No les afectan mucho las opiniones de los demás
7. Prefieren abstenerse de la realización de tareas que no son estimulantes	7. Muestran capacidad para persistir en tareas que no son estimulantes
8. El estilo está en conflicto con el ambiente escolar tradicional	8. El estilo concuerda con la mayor parte de los ambientes escolares

generalizaciones respecto al estilo de aprendizaje para predecir el estilo de cualquier individuo aislado sin importar su pertenencia a un grupo. Muchos psicólogos sostienen que una discusión en torno a los estilos de aprendizaje de un grupo es un trabajo sin sentido. (Este argumento hace eco de una controversia sobre la utilidad de las pruebas de CI que se examinará en el capítulo 8.) En su lugar, sugieren que es más fructífero concentrarse en determinar el estilo de aprendizaje y patrón de fortalezas académicas y sociales de cada individuo.

Aún así, es evidente que los valores sobre el aprendizaje, los cuales se comunican a través de los antecedentes familiares y culturales de una persona, poseen un impacto en el éxito que tienen los estudiantes en la escuela. Por ejemplo, una teoría sugiere que los miembros de grupos minoritarios que fueron inmigrantes voluntarios tienen mayor probabilidad de tener éxito en la escuela que quienes fueron llevados a una cultura mayoritaria contra su voluntad. Por ejemplo, niños coreanos en Estados Unidos, hijos e hijas de inmigrantes voluntarios se desempeñan bastante bien, como grupo, en las escuelas estadounidenses. En contraste, los niños coreanos en Japón, a menudo hijos e hijas de personas que fueron obligados a inmigrar durante la Segunda Guerra Mundial, en esencia como obreros en trabajos forzados, tienden a desempeñarse mal en la escuela. Se presume que los niños en el grupo de inmigración forzada están menos motivados para tener éxito que aquellos en el grupo de inmigración voluntaria (Ogbu, 1992; Gallagher, 1994). ■

La controversia no resuelta de la teoría cognitivo-social del aprendizaje

El grado en que el aprendizaje se basa en factores internos no percibidos en lugar de hacerlo en externos es uno de los principales temas que divide a los teóricos del aprendizaje en la actualidad. Tanto la teoría del condicionamiento clásico como la del condicionamiento operante consideran el aprendizaje en función de estímulos externos y respuestas, una especie de análisis de "caja negra" en el que lo único importante son las características observables del entorno, no lo que ocurre dentro de la cabeza de una persona. Para los teóricos cognitivo-sociales del aprendizaje, semejante análisis no es el correcto; lo que importa es la actividad mental, los pensamientos y las expectativas que se generan dentro de la cabeza.

Algunos psicólogos afirman que ningún enfoque, por sí solo, es suficiente para explicar todo el aprendizaje. En lugar de concebir a los enfoques conductual y cognitivo social como contradictorios, los contemplan como formas de abordar diferentes facetas del aprendizaje. Tal enfoque teórico ha permitido que diferentes psicólogos realicen importantes avances en áreas como el tratamiento de ciertos tipos de comportamiento anormal, como veremos en el capítulo 13.

En este contexto, en tanto la controversia que rodea a los distintos enfoques del aprendizaje sigue siendo un problema importante en la psicología, se están realizando avances impresionantes en la aplicación práctica de los principios que se derivan de las diversas teorías, como veremos en lo que resta de este capítulo.

El consumidor de psicología bien informado

El empleo del análisis conductual y la modificación del comportamiento

Una pareja que había vivido unida durante tres años comenzó a discutir cada vez con mayor frecuencia. Los temas de controversia iban de lo insignificante, como quién se encargaría de lavar los platos, hasta lo más profundo, como la calidad de su vida amorosa y si en realidad se encontraban interesantes uno al otro. Molestos ante ese patrón de interacción cada vez más desagradable, acudieron con un analista del comportamiento, un psicólogo que se especializa en técnicas de modificación del comportamiento. Después de entrevistarse a solas con cada uno de los miembros de la pareja y de hablar posteriormente con ambos, les pidió que llevaran un registro detallado por escrito de sus interacciones durante las siguientes dos semanas, concentrándose en particular en los sucesos que antecedieran a sus discusiones.

Cuando regresaron, dos semanas después, el especialista revisó con ellos de manera cuidadosa los registros. Al hacerlo se percató de la existencia de un patrón que la pareja misma había observado después de llevar los registros: cada una de sus discusiones había ocurrido justo cuando uno de ellos había dejado de hacer alguna de las labores del hogar. Por ejemplo, la mujer se enfurecía cuando al regresar del trabajo se encontraba con que el hombre, un estudiante, había dejado sus platos sucios en la mesa y ni siquiera había comenzado a preparar la cena. El hombre se enfurecía cuando encontraba las prendas de vestir de la mujer amontonadas en la única silla de la habitación; insistía en que era responsabilidad de ella recoger sus cosas.

Con los datos que había reunido la pareja, el analista les diseñó un sistema para que trataran de llevarlo a la práctica. Les pidió que hicieran una lista de todas las labores domésticas que pudieran surgir y que asignaran a cada una de ellas un valor en puntos, según el tiempo que se necesitara para realizarlas. Después les pidió que se dividieran las labores en partes iguales y que acordaran en un contrato por escrito realizar las que les hubieran sido asignadas. Si cualquiera de ellos dejaba de realizar una de las labores asignadas, estaría obligado, u obligada, a depositar diez pesos por punto en un fondo que la otra persona estaba autorizada a gastar. También estuvieron de acuerdo en un programa de elogios verbales, prometieron recompensar verbalmente al otro por haber realizado una tarea.

A pesar de que sentían escepticismo acerca del valor de semejante programa, la pareja estuvo de acuerdo en intentarlo durante un mes y en mantener registros precisos del número de discusiones que tuvieran en este periodo. Para su sorpresa, el número de discusiones disminuyó con rapidez, y hasta los aspectos básicos de su relación parecían ir en camino de resolverse.

La modificación de conducta para personas que desean dejar de fumar puede implicar el condicionamiento aversivo, en el que la acción de fumar y las claves relacionadas con este hábito se asocian de manera repetida con estímulos desagradables.

Modificación de la conducta:
técnica formalizada para incrementar la frecuencia de comportamientos deseables y disminuir la frecuencia de los indeseables

El caso que se describe en las líneas anteriores nos ofrece un ejemplo de **modificación de conducta**, una técnica formal para aumentar la frecuencia de comportamientos deseables, así como para disminuir los indeseables. Con el empleo de los principios básicos de la teoría del aprendizaje, las técnicas de modificación de conducta han demostrado ser útiles en diversas situaciones. Personas con una deficiencia mental severa han podido aprender los rudimentos del lenguaje y, por primera vez en sus vidas, han comenzado a vestirse y alimentarse por sí solas. Asimismo, la modificación de conducta ha ayudado a las personas a bajar de peso, a dejar de fumar y a comportarse con mayor seguridad (Bellack, Hersen y Kazdin, 1990; Sulzer-Azaroff y Mayer, 1991; Malott, Whaley y Malott, 1993; Walter, Vaughan y Wynder, 1994).

Las técnicas que emplean los analistas del comportamiento son tan variadas como las listas de los procesos que modifican el comportamiento. Éstas incluyen el uso de programas de reforzamiento, de moldeamiento, del entrenamiento de generalización y de discriminación, y de la extinción. Sin embargo, quienes participan en un programa de cambio de comportamiento suelen seguir una serie de pasos básicos similares. Estos pasos incluyen:

La identificación de comportamientos que constituyan la meta o el objetivo. El primer paso es definir el "comportamiento deseable". ¿Es un aumento del tiempo que se dedica al estudio? ¿Una pérdida de peso? ¿Un incremento en el uso del lenguaje? ¿Una reducción de la cantidad de agresión exhibida por un niño? Las metas se deben plantear en términos observables y deben conducir a objetivos específicos. Por ejemplo, una meta puede ser "aumentar el tiempo de estudio", en tanto que el objetivo del comportamiento sería "estudiar por lo menos dos horas al día entre semana y una hora los sábados".

El diseño de un sistema de registro y el registro de datos preliminares. Con el fin de determinar si un comportamiento ha cambiado, es preciso reunir datos antes de que se realice cualquier cambio en la situación. Esta información proporciona una línea base con respecto a la cual es posible medir los cambios futuros.

La selección de una estrategia de cambio de comportamiento. El paso de mayor importancia consiste en seleccionar una estrategia adecuada. Debido a que se pueden emplear todos los principios del aprendizaje para producir un cambio de comportamiento, normalmente se utiliza un "paquete" de tratamientos. Éste puede incluir el empleo sistemático de un reforzamiento positivo para el comportamiento deseable (elogios verbales o algo más tangible, como alimento), así como un programa de extinción para el comportamiento indeseable (ignorar a un niño que hace un berrinche). La selección de los reforzadores adecuados es sumamente importante; puede ser necesario experimentar un poco para averiguar lo que es importante para un individuo determinado. Es mejor para los participantes evitar las amenazas, puesto que éstas sólo son un castigo y a final de cuentas no son muy efectivas para cambiar el comportamiento a largo plazo.

La puesta en práctica del programa. El siguiente paso consiste en establecer el programa. Es probable que el aspecto de mayor importancia del establecimiento del programa sea la consistencia. También es importante asegurarse de que se está reforzando el comportamiento que se desea reforzar. Por ejemplo, suponga que una madre desea que su hija le dedique más tiempo a la tarea, pero tan pronto como la hija se sienta a estudiar, le pide un refrigerio. Si la madre se lo lleva, es probable que esté reforzando la táctica dilatoria de su hija, no su estudio. En lugar de ello, la madre le podría prometer a la hija un refrigerio después de que haya estudiado durante cierto tiempo, así utilizaría el refrigerio como un reforzamiento para el estudio.

La conducción de registros precisos una vez que se estableció el programa. Otra de las tareas de suma importancia es llevar registros. Si los comportamientos objetivos no se supervisan, no hay modo de saber si el programa ha tenido éxito o no. Se les advierte a los participantes que no confíen en su memoria, puesto que es muy fácil que se produzcan lagunas en el recuerdo.

La evaluación y la alteración del programa vigente. Por último, los resultados del programa se deben comparar con los datos previos a la puesta en práctica, con el fin de determinar su efectividad. Si se ha tenido éxito, los procedimientos empleados se pueden disminuir de forma gradual. Por ejemplo, si el programa implicaba el reforzamiento de cada ocasión en que se recogía la ropa del piso de la recámara, el programa de reforzamiento se puede modificar para convertirlo en un programa de razón fija, en el que se refuerza cada tercera vez que se presenta el comportamiento deseado. Por otra parte, si el programa no ha tenido éxito en producir el cambio de comportamiento deseado, es aconsejable la consideración de otros enfoques.

Las técnicas de cambio de comportamiento que se basan en estos principios generales han tenido un amplio éxito y han demostrado ser uno de los medios más poderosos para modificar el comportamiento (Greenwood *et al.*, 1992). Es evidente que es posible emplear las nociones básicas de la teoría del aprendizaje para mejorar nuestras vidas. ■

Recapitulación, revisión y reflexión

Recapitulación

- La teoría cognitiva social del aprendizaje se centra en los procesos mentales internos no observables que ocurren dentro de la persona.

- El modelamiento consiste en el aprendizaje a partir de la observación del comportamiento de los demás. Las recompensas recibidas por un modelo influyen en el grado en que ese modelo será imitado.

- Los factores culturales se asocian con la manera en que aprenden las personas.

- La modificación de la conducta, una técnica para promover comportamientos deseables y disminuir aquellos que no lo son, se ha empleado con éxito para realizar cambios en el comportamiento propio, así como en el de los demás.

Revisión

1. Un distinguido científico le dice: "el mejor modo de comprender el aprendizaje es por medio de los procesos de pensamiento subyacentes". ¿Qué teoría es la que se describe?

2. En la teoría cognitiva social del aprendizaje se supone que las personas desarrollan una _____ acerca de la recepción de un reforzador en lugar de basar el comportamiento en los reforzadores previos.

3. El aprendizaje _____ describe al aprendizaje que tiene lugar pero que no se hace explícito hasta que se presenta un reforzamiento adecuado.

4. La teoría de Bandura acerca del aprendizaje _____ sostiene que las personas aprenden a través de la observación de un _____, el cual es otra persona que exhibe el comportamiento de interés.

5. Los teóricos cognitivo-sociales del aprendizaje sólo se interesan por el comportamiento externo, no por sus causas internas. ¿Verdadero o falso?

6. Un hombre desea dejar de fumar. Siguiendo el consejo de un psicólogo, inicia un programa en el que se plantea metas para dejar de fumar, registra sus progresos con precisión y se otorga recompensas por no fumar durante determinado periodo. ¿Qué tipo de programa es el que está siguiendo?

Las respuestas a las preguntas de revisión se encuentran en la página 223.

Reflexión

1. ¿Cuál es la relación entre un modelo en el sentido en que lo usa Bandura y un modelo en el sentido popular?

Las celebridades a menudo se quejan de que sus acciones no deberían ser escrutadas en forma tan estrecha debido a que no desean ser un modelo. ¿Cómo les respondería?

2. ¿Cómo podría diseñarse un experimento real que pudiera confirmar las consecuencias a largo plazo de la observación de agresión en la televisión?

3. Se dice que el estilo relacional de aprendizaje está en conflicto con el ambiente escolar tradicional. ¿Podría crearse un ambiente escolar que sacara ventaja de las características del estilo relacional? ¿Cómo? ¿Hay tipos de aprendizaje para los que el estilo analítico sea decididamente superior?

UNA MIRADA
retrospectiva

¿Qué es el aprendizaje?

1. El aprendizaje, un cambio relativamente permanente del comportamiento como resultado de la experiencia, es uno de los temas básicos de la psicología. Sin embargo, es un proceso que se debe evaluar de modo indirecto: sólo podemos asumir que se ha aprendido mediante la observación del desempeño, susceptible a factores como el cansancio y la falta de esfuerzo.

¿Cómo aprendemos a crear asociaciones entre estímulos y respuestas?

2. Una de las principales formas de aprendizaje se conoce como condicionamiento clásico. Iván Pavlov fue quien lo estudió por vez primera. El condicionamiento clásico se produce cuando un estímulo neutro, uno que no trae consigo respuesta relevante alguna, se relaciona repetidas veces con un estímulo (denominado estímulo incondicionado) que provoca una respuesta natural, no entrenada. Por ejemplo, un estímulo neutro puede ser un zumbador; un estímulo incondicionado puede ser un plato con helado. La respuesta que el helado podría evocar en una persona hambrienta, la salivación, se denomina respuesta incondicionada; ocurre de modo natural como consecuencia del acervo físico del individuo bajo entrenamiento.

3. El condicionamiento tiene lugar cuando se presenta repetidas veces al estímulo neutro inmediatamente antes del estímulo incondicionado. Después de varios de estos apareamientos, el estímulo neutro comienza a provocar la misma respuesta que el incondicionado. Cuando ocurre esto, podemos decir que el estímulo neutro se ha convertido en un estímulo condicionado, y la respuesta que se le da a este estímulo es la respuesta condicionada. Por ejemplo, luego de que una persona ha aprendido a salivar después de oír un zumbador, decimos que este último es un estímulo condicionado y que la salivación es una respuesta condicionada.

4. El aprendizaje no siempre es permanente. La extinción tiene lugar cuando disminuye la frecuencia de una respuesta previamente aprendida, hasta desaparecer por completo.

5. La generalización de estímulos tiene lugar cuando una respuesta condicionada sigue a un estímulo parecido al estímulo condicionado original. Cuanto mayor sea la semejanza entre ambos estímulos, mayor será la posibilidad de que se produzca una generalización de estímulos; cuanto más cercano esté el nuevo estímulo al estímulo precedente, más parecida será la nueva respuesta. La discriminación de estímulos, un fenómeno inverso, se produce cuando un organismo aprende a responder a un estímulo, pero no a otro.

6. El condicionamiento de orden superior ocurre cuando un estímulo condicionado, previamente establecido, se asocia con un estímulo neutro, el cual provoca la misma respuesta condicionada que el estímulo condicionado original. Por tanto, el estímulo neutro se convierte en otro estímulo condicionado.

¿Cuál es la función de la recompensa y el castigo en el aprendizaje?

7. Una segunda forma importante de aprendizaje es el condicionamiento operante. A partir del perfeccionamiento de los trabajos originales de Edward Thorndike sobre la ley del efecto, la cual establece que las respuestas que producen resultados satisfactorios tienen mayores probabilidades de repetirse que las que no producen resultados favorables, B. F. Skinner fue precursor en el campo del condicionamiento operante.

8. De acuerdo con Skinner, el mecanismo principal que subyace al aprendizaje es el reforzamiento, el proceso por el cual un estímulo aumenta la probabilidad de que vuelva a ocurrir la conducta precedente. Podemos determinar si un estímulo es un reforzador únicamente a través de la observación de sus efectos sobre el comportamiento. Si se incrementa el comportamiento, el estímulo será, por definición, un reforzador. Los reforzadores primarios implican recompensas que tienen una efectividad natural sin precisar de una exposición previa, puesto que satisfacen una necesidad biológica. Por otra parte, los reforzadores secundarios empiezan a actuar como si fueran primarios a través de apareamientos frecuentes con un reforzador primario.

9. Los reforzadores positivos son estímulos que se añaden al entorno y provocan un aumento de la respuesta antecedente. Los reforzadores negativos son estímulos que eliminan algo desagradable del entorno, lo que provoca un aumento de la respuesta antecedente. El reforzamiento negativo asume dos formas principales. En el condicionamiento de escape, el organismo aprende a dar una respuesta que produce el fin de una situación aversiva. En el condicionamiento de evitación, el organismo responde a una señal de un suceso desagradable inminente de modo que logra evitarlo.

10. El castigo es la administración de un estímulo desagradable después de una respuesta con el fin de producir una disminución de la frecuencia de esa respuesta. El castigo puede caracterizarse también como la remoción de un reforzador positivo. En contraste con el reforzamiento, en el cual la meta es aumentar la frecuencia del comportamiento, el castigo tiene por objetivo disminuir o suprimir el comportamiento. A pesar de que el empleo del castigo presenta algunos beneficios, sus desventajas en general son mayores que sus efectos positivos.

11. Los programas y los patrones de reforzamiento afectan la fuerza y la duración del aprendizaje. Por lo general, los programas de reforzamiento parcial, en donde los reforzadores no se otorgan en todos los ensayos, producen un aprendizaje más robusto y de mayor duración que los programas de reforzamiento continuo.

12. Entre las principales categorías de los programas de reforzamiento se encuentran los programas de razón fija y variable, que se basan en el número de respuestas obtenidas, y los programas de intervalo fijo y variable, que se basan en el intervalo de tiempo transcurrido antes de que se proporcione el reforzamiento. Los programas de razón fija proporcionan un reforzamiento sólo después que se presenta cierto número de respuestas; los programas de razón variable después de lograr una cantidad variable de respuestas, aunque el número específico se suele centrar alrededor de determinado promedio. En contraste con lo anterior, los programas de intervalo fijo proporcionan reforzamiento después que ha transcurrido una cantidad específica de tiempo desde la presentación del último reforzamiento; los programas de intervalo variable ofrecen reforzamiento con base en periodos variables, aunque dichos periodos oscilan alrededor de un promedio específico.

13. La generalización y la discriminación son fenómenos que operan en el condicionamiento operante y también en el clásico. La generalización se produce cuando el organismo da ante un estímulo nuevo la misma respuesta que ha aprendido a presentar en el pasado ante un estímulo similar, o una parecida. La discriminación tiene lugar cuando el organismo responde a un estímulo, pero no a otro similar (pero diferente).

14. La conducta supersticiosa surge de la creencia errónea de que ideas, objetos o comportamientos específicos provocan la ocurrencia de ciertos sucesos. Se produce como consecuencia de un aprendizaje basado en la asociación coincidente entre un estímulo y un reforzamiento subsecuente.

15. El moldeamiento es un proceso mediante el que se pueden enseñar comportamientos complejos por medio de la recompensa de aproximaciones cada vez más cercanas al comportamiento deseado. El moldeamiento representa la base del aprendizaje de gran cantidad de habilidades cotidianas y es de vital importancia para la presentación de información compleja en los libros de texto y en la instrucción programada computarizada.

16. Existen restricciones biológicas o estructurales en la capacidad que un organismo tiene para aprender. Como resultado de la existencia de estas restricciones, determinado tipo de comportamientos son relativamente fáciles de aprender, en tanto que otros serán difíciles o imposibles de aprender.

¿Cuál es la función de la cognición y el pensamiento en el aprendizaje?

17. Los enfoques cognitivo-sociales consideran al aprendizaje con base en procesos de pensamiento o cogniciones. Fenómenos como el aprendizaje latente, en el que se aprende un nuevo comportamiento pero no se pone de manifiesto hasta que se ofrece reforzamiento para exhibirlo, y el desarrollo de mapas cognitivos apoyan los enfoques cognitivo sociales. El aprendizaje también ocurre mediante la observación del comportamiento de otros sujetos, a los cuales se les denomina modelos.

18. El principal factor que determina si un comportamiento observado se repetirá o no es la naturaleza del reforzamiento o castigo que reciba el modelo.

19. Los estilos de aprendizaje son formas características de aproximarse al material, con base en los antecedentes culturales y el patrón único de capacidades de una persona. Una dimensión importante se relaciona con los enfoques del aprendizaje analítico, que se contrapone con el relacional. Las personas con estilo de aprendizaje relacional dominan mejor el material por medio de la exposición a una unidad o fenómeno completo. En contraste, las personas con estilo de aprendizaje analítico hacen un análisis inicial de los principios y componentes subyacentes de un fenómeno o situación.

¿Cuáles son algunos métodos prácticos para producir un cambio en el comportamiento, tanto en uno mismo como en los demás?

20. La modificación de conducta es un método para utilizar de manera formal los principios de la teoría del aprendizaje con el fin de promover el incremento en la frecuencia de comportamientos deseables y la disminución o eliminación de los indeseables. Los pasos característicos de un programa de modificación de conducta son la identificación de las metas y objetivos de comportamiento, el diseño de un sistema de registro de datos, el registro de los datos preliminares, la selección y puesta en práctica de una estrategia de cambio del comportamiento, el registro cuidadoso de los datos y la evaluación y alteración del programa en curso.

Respuestas a las preguntas de revisión:

1. teoría cognitiva social del aprendizaje   2. expectativa   3. latente   4. observacional; modelo   5. Falso; los teóricos cognitivo-sociales del aprendizaje se interesan principalmente en los procesos mentales   6. modificación de la conducta

Términos y conceptos clave

aprendizaje (p. 188)
condicionamiento clásico (p. 190)
estímulo neutro (p. 190)
estímulo incondicionado (EI) (p. 190)
respuesta incondicionada (RI) (p. 191)
estímulo condicionado (EC) (p. 192)
respuesta condicionada (RC) (p. 192)
extinción (p. 193)
recuperación espontánea (p. 194)
generalización de estímulos (p. 194)
discriminación de estímulos (p. 194)

condicionamiento operante (p. 197)
reforzamiento (p. 199)
reforzador (p. 199)
reforzador positivo (p. 200)
reforzador negativo (p. 200)
castigo (p. 201)
programas de reforzamiento (p. 203)
programa de reforzamiento continuo
   (p. 203)
programa de reforzamiento parcial
   (p. 203)

programa de razón fija (p. 204)
programa de razón variable (p. 205)
programa de intervalo fijo (p. 206)
programa de intervalo variable (p. 206)
moldeamiento (p. 208)
teoría cognitivo-social del aprendizaje
   (p. 210)
aprendizaje latente (p. 211)
mapa cognitivo (p. 212)
aprendizaje por observación (p. 213)
modificación de la conducta (p. 220)

Epílogo

En este capítulo hemos expuesto varias clases de aprendizaje, que van desde el condicionamiento clásico, que depende de la existencia de asociaciones naturales entre estímulo y respuesta, hasta el condicionamiento operante, en el que se usa el reforzamiento en forma intencional para incrementar el comportamiento deseado. Estos enfoques del aprendizaje se centran en procesos de aprendizaje conductual externo. También se abordaron enfoques más cognitivo-sociales del aprendizaje, los cuales se centran en procesos mentales que permiten el aprendizaje.

También hemos señalado que el aprendizaje, al ser conductual y cognitivo, también es cultural en alguna medida, e incluso personal, con los estilos de aprendizaje individuales afectando de manera potencial las formas en que las personas aprenden con mayor eficacia. Por último, vimos algunas formas en las que nuestra comprensión sobre el aprendizaje puede ponerse en práctica, por medio de programas de modificación de conducta diseñados para disminuir los comportamientos negativos e incrementar los positivos.

Otro proceso mental complejo, la memoria, es el tema de nuestro siguiente capítulo. Sin embargo, antes de pasar a él, regresemos al prólogo de este capítulo y consideremos las siguientes preguntas en relación a Bo, el útil perro que sirvió a Brad Gabrielson.

1. ¿El aprendizaje de Bo es principalmente un ejemplo de condicionamiento clásico, condicionamiento operante o aprendizaje cognitivo social? ¿Por qué?

2. ¿Puede describir cómo podrían usarse los principios del reforzamiento positivo y del reforzamiento negativo para enseñarle a Bo sus comportamientos de ayuda? ¿Piensa que el castigo sería una estrategia de aprendizaje efectiva?

3. ¿Cómo podrían haberse utilizado los programas de reforzamiento para entrenar a Bo, como programas de razón fija y variable y programas de intervalo fijo y variable?

4. ¿En qué forma se habría usado el moldeamiento para enseñar a Bo algunos de sus comportamientos más complejos, como rascar en repetidas ocasiones en las puertas de los vecinos?

5. ¿Enseñar a un niño de seis años de edad a ser útil en el caso de una caída como la que sufrió el propietario de Bo habría sido igual que enseñar a Bo? ¿De qué manera habría sido diferente? ¿Qué enfoque del aprendizaje habría sido más prominente?

Kim y Krickitt Carpenter

Prólogo

La esposa que olvidó que tenía marido

En los retratos de boda en las paredes de su sala en Las Vegas, Nevada, Kim y Krickitt Carpenter lucen como cualquier pareja de jóvenes recién casados, profundamente enamorados y llenos de esperanza por su nueva vida juntos. Pero Krickitt admite que ahora le causa algo de dolor observar las fotografías o verse a sí misma en el video de la boda, caminando por el pasillo con su traje blanco de encaje. "Casi preferiría no verlo", dice ella. "Me hace extrañar cada vez más a la chica de la fotografía."

En cierto sentido, esa Krickitt se había ido, estaba perdida para siempre. Menos de diez semanas después de la ceremonia realizada en septiembre de 1993, los Carpenter tuvieron un accidente automovilístico de pesadilla que los dejó heridos de gravedad a ambos y a Krickitt en estado de coma. Aun cuando al principio los doctores dudaron que sobreviviría, ella se recuperó, recobró el conocimiento y, con el tiempo, la mayor parte de sus capacidades físicas. Pero el traumatismo en su cerebro le causó amnesia retrógrada, la cual borró casi por completo sus recuerdos de los 18 meses anteriores, incluyendo cualquier recuerdo del hombre del que se había enamorado y con quien se había casado. "Los últimos dos años y medio se han basado en una historia que me han contado", dice Krickitt, de 26 años de edad, "debido a que no recuerdo nada de ellos" (Fields-Meyer y Haederle, 1996, p. 48).

Para Krickitt Carpenter, el proceso de recuperación ha sido lento. Aunque conservó la mayor parte de sus recuerdos a largo plazo después del accidente, no tenía recuerdos recientes de su matrimonio ni de su esposo. Al principio, cuando regresó a vivir con Kim, era como estar con un extraño hacia quien no sentía emoción alguna, y el matrimonio se tambaleó. Sin embargo, reconstruyendo los orígenes de su relación, comenzaron a tener "citas" y fueron capaces de forjar de nuevo los lazos que se habían roto. El día de San Valentín, tres años después del accidente, Kim propuso matrimonio a Krickitt de nuevo, y ella aceptó. Poco tiempo después, la pareja intercambió anillos y renovó sus votos.

La historia de los Carpenter plantea varias cuestiones respecto a la naturaleza de la pérdida de la memoria: ¿cuál fue la causa específica del traumatismo físico que devastó los recuerdos de Krickitt? ¿Los recuerdos perdidos retornarán alguna vez? ¿Por qué sólo se perdieron los recuerdos recientes y los más antiguos se conservaron?

Historias como ésta ilustran la función central que desempeña la memoria en nuestras vidas cotidianas. La memoria nos permite recuperar gran cantidad de información a la que hemos estado expuestos. Somos capaces de recordar el nombre de un amigo con quien no hemos estado en contacto por décadas y recordar detalles de una fotografía que estaba colgada en nuestra recámara cuando éramos niños. Al mismo tiempo, sin embargo, son comunes las fallas de la memoria. Podemos olvidar dónde dejamos las llaves del automóvil o ser incapaces de responder a una pregunta de examen referente a material que estudiamos (y comprendimos) apenas unas cuantas horas antes.

En este capítulo abordamos el tema de la memoria. Se examinan las formas en que se almacena y recupera la información. Exponemos enfoques que sugieren que existen varios tipos de memoria, y se explica cómo funciona cada uno de ellos y las propias características de cada uno. Se analizan los problemas que plantea la recuperación de información de la memoria, la precisión de los recuerdos y las razones por las que en ocasiones olvidamos la información. Consideramos también los fundamentos biológicos de la memoria. Por último, comentamos algunos medios prácticos para aumentar la capacidad de la memoria.

CODIFICACIÓN, ALMACENAMIENTO Y RECUPERACIÓN DE LA MEMORIA

Usted participa en un juego de acertijos y para ganar tiene que responder a una pregunta: ¿cuál es el mar frente al que se localiza Bombay?

Mientras se devana los sesos en busca de la respuesta, varios procesos fundamentales relacionados con la memoria entran en funcionamiento. Por ejemplo, su dificultad para contestar la pregunta podría estar relacionada con la etapa de codificación inicial de su memoria. La *codificación* se refiere al proceso mediante el cual la información se registra inicialmente en una forma en que la memoria pueda utilizarla. Por ejemplo, puede ser que nunca haya estado expuesto a información relativa a la ubicación de Bombay, o sencillamente no la registró de modo significativo si alguna vez se le transmitió tal información.

Por otra parte, incluso si recibió dicha información y sabía originalmente el nombre de ese mar, es posible que no logre recordarlo durante el juego como resultado de una fa-

► ¿Qué es la memoria?

► ¿Existen diversos tipos de memoria?

FIGURA 6.1 *La memoria se construye sobre estos tres procesos básicos.*

lla en el proceso de retención. Los especialistas de la memoria hablan de *almacenamiento*: el mantenimiento del material guardado en el sistema de memoria. Si el material no se almacena en forma adecuada, no podrá ser recordado más tarde.

La memoria también depende de un último proceso: la *recuperación*; en ella se localiza el material almacenado en la memoria, se le trae a la conciencia y se le utiliza. En este sentido, el no poder recordar la ubicación de Bombay puede ser consecuencia de su incapacidad para recuperar la información que aprendió con anterioridad.

En resumen, los psicólogos consideran a la **memoria** como el proceso por medio del cual codificamos, almacenamos y recuperamos información (véase figura 6.1). Cada una de las tres partes de esta definición: codificación, almacenamiento y recuperación, representa un proceso diferente, el cual puede considerarse análogo al teclado (codificación), disco (almacenamiento) y pantalla (recuperación) de una computadora. Sólo si los tres procesos han funcionado será capaz de recordar el mar frente al cual se localiza Bombay: el Mar Arábigo.

Antes de proseguir, sin embargo, es importante destacar el valor de las *fallas* de la memoria. El olvido es esencial para el funcionamiento adecuado de la memoria. La capacidad de olvidar detalles innecesarios acerca de las experiencias, personas y objetos nos evita estar agobiados y distraídos por el almacenamiento trivial de datos carentes de significado. Además, el olvido nos permite combinar recuerdos similares y formar impresiones y recuerdos generales. Por ejemplo, no sería muy útil generar recuerdos independientes del modo en que se ven nuestros amigos cada vez que los miramos. En consecuencia, tendemos a olvidar su ropa, las espinillas de sus rostros y otras características pasajeras que cambian de un momento a otro. En lugar de ello, nuestros recuerdos se basan en el resumen de diversas características críticas, un uso mucho más económico de nuestras capacidades de memoria. Olvidar información innecesaria es tan esencial para el funcionamiento adecuado de la memoria como lo es recordar material más importante.

Los tres sistemas de memoria: los almacenes de memoria

A pesar de que los procesos de codificación, almacenamiento y recuperación de información son necesarios para que la memoria funcione de manera correcta, no describen el modo específico en que el material ingresa en la memoria. Muchos de los psicólogos que estudian la memoria sugieren que existen distintos sistemas o etapas por las que debe pasar la información si es que se le ha de recordar.

De acuerdo con una de las teorías más importantes y duraderas, existen tres tipos de sistemas de almacenamiento de memoria. Estos almacenes varían en cuanto a sus funciones y a la cantidad de tiempo que retienen la información (Atkinson y Shiffrin, 1968, 1971).

Como se muestra en la figura 6.2, la **memoria sensorial** se refiere al almacenamiento inicial y momentáneo de información que dura sólo un instante. Queda registrada por el sistema sensorial del individuo como estímulos brutos y carentes de significado. La **memoria a corto plazo** retiene la información durante 15 a 25 segundos. En este sistema, la información se almacena de acuerdo con su significado, en lugar de almacenarse sólo como estimulación sensorial. El tercer tipo de almacenamiento es la **memoria a largo plazo**, en la cual la información es almacenada en forma relativamente permanente, aunque puede ser difícil de recuperar.

A pesar de que hablaremos de estos tres tipos de memoria como si se tratara de tres almacenes distintos de memoria, debe tenerse presente que no son almacenes miniatura ubicados en áreas específicas del cerebro, sino que representan tres tipos distintos de sistemas de memoria abstracta con características diferentes. Además, aun cuando el modelo de tres partes fue una teoría predominante en el campo de la memoria durante varias décadas, investigaciones recientes sugieren enfoques distintos, como se expondrá más adelante. De todas formas, representar a la memoria en función de tres tipos importantes de almacenes es un marco conceptual útil para comprender cómo se recuerda y se olvida la información.

Memoria: proceso por medio del cual codificamos, almacenamos y recuperamos información

Memoria sensorial: almacenamiento inicial momentáneo de información que dura sólo un instante

Memoria a corto plazo: memoria que retiene información durante 15 a 25 segundos

Memoria a largo plazo: memoria que almacena la información en forma relativamente permanente, aunque puede ser difícil de recuperar

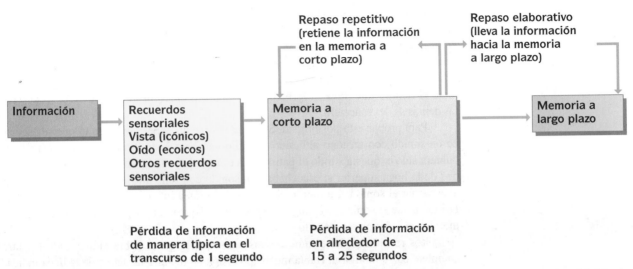

FIGURA 6.2 *En este modelo de la memoria en tres etapas, la información registrada en un principio por el sistema sensorial del sujeto ingresa en la memoria sensorial, la cual la retiene de manera momentánea. Después pasa a la memoria a corto plazo, donde se almacena de 15 a 25 segundos. Por último, la información puede transferirse a la memoria a largo plazo, la cual es relativamente permanente. El hecho de que la información pase de la memoria a corto plazo a la de largo plazo depende del tipo y de la cantidad de repaso del material en cuestión. Fuente: tomado de Atkinson y Shiffrin, 1968.*

Memoria sensorial

Un relámpago momentáneo, el sonido de una rama al romperse y el dolor por el piquete de un alfiler representan estimulaciones de un breve instante, pero capaces de proporcionar información importante que puede requerir de alguna respuesta. Estímulos semejantes se almacenan al inicio, por un periodo breve, en la memoria sensorial, el primer receptáculo de la información que nos ofrece el mundo. De hecho, el término "memoria sensorial" abarca varios tipos de recuerdos sensoriales, cada uno de los cuales se relaciona con una fuente distinta de información sensorial. Existe la **memoria icónica**, que refleja información de nuestro sistema visual; la **memoria ecoica**, que almacena información proveniente de los oídos; además, memorias correspondientes a cada uno de los otros sentidos.

De manera independiente de los subtipos individuales, en general, la memoria sensorial es capaz de almacenar información sólo por un breve periodo. Si no pasa a la memoria a corto plazo, se pierde para siempre. Por ejemplo, la memoria icónica parece durar menos de un segundo, pero si el estímulo inicial es muy brillante, la imagen puede durar un poco más (Long y Beaton, 1982). La memoria ecoica se desvanece en cuestión de tres o cuatro segundos (Darwin, Turvey y Crowder, 1972). No obstante, a pesar de la breve duración de la memoria sensorial, su precisión es muy elevada: es capaz de almacenar una réplica casi exacta de cada uno de los estímulos a los que está expuesta.

Si las capacidades de almacenamiento de la memoria sensorial son tan limitadas y la información almacenada en ella es tan fugaz, parecería prácticamente imposible encontrar evidencias de su existencia; nueva información remplazaría a la información precedente en forma constante, aun antes de que una persona pudiera advertir su presencia. No fue sino hasta que el psicólogo George Sperling (1960) realizó una serie de estudios brillantes, clásicos en la actualidad, que se pudo comprender mejor la memoria sensorial. Sperling expuso brevemente a varios sujetos a una serie de doce letras ordenadas en el siguiente patrón:

F   T   Y   C

K   D   N   L

Y   W   B   M

Memoria icónica: memoria que refleja información de nuestro sistema visual
Memoria ecoica: memoria que almacena información que proviene de los oídos

Cuando se les exponía a este conjunto de letras durante una vigésima de segundo, la mayoría de las personas podía recordar con precisión sólo cuatro o cinco de ellas. A pesar de que sabían que habían visto más letras, el recuerdo del resto de ellas desaparecía para cuando enunciaban las primeras letras. Por tanto, era posible que en un principio la información se hubiera almacenado adecuadamente en la memoria sensorial, pero que durante el tiempo que llevaba verbalizar las cuatro o cinco primeras letras, el recuerdo de las demás se desvaneciera.

Para probar esta posibilidad, Sperling realizó un experimento en el que se escuchaba un sonido con un tono alto, uno medio o uno bajo justo después de que una persona hubiera sido expuesta a todo el patrón de letras. Se le pedía a las personas enunciar las letras de la línea superior si escuchaban un sonido con tono alto, las de la línea intermedia al escuchar el sonido con tono medio y las de la línea inferior si se trataba del tono bajo. Debido a que el sonido tenía lugar después de la exposición, la gente debía utilizar su memoria para informar sobre la línea adecuada.

Los resultados del estudio demostraron que la gente había almacenado el patrón completo en su memoria. Había mucha precisión en recodar las letras de la línea indicada por el sonido, independientemente de que se tratara de la superior, la intermedia o la inferior. Es evidente que *todas* las líneas que vieron se almacenaron en la memoria sensorial. Así, a pesar de su pérdida rápida, la información de la memoria sensorial era una representación precisa de lo que habían visto las personas.

Al aumentar de manera gradual el tiempo transcurrido entre la presentación del patrón visual y del sonido, Sperling logró determinar con cierta precisión el lapso en que la información estaba almacenada en la memoria sensorial. La capacidad de recordar una línea específica del patrón cuando se escuchaba un sonido disminuía en forma progresiva a medida que aumentaba el periodo transcurrido entre la exposición visual y la presentación del sonido. Este deterioro prosiguió hasta que el periodo alcanzó la duración de un segundo, punto en el que ya no se recordaba la línea con precisión alguna. Sperling concluyó que la imagen visual completa estaba almacenada en la memoria sensorial durante menos de un segundo.

En resumen, la memoria sensorial funciona como una especie de fotografía que almacena información, la cual puede ser de naturaleza visual, auditiva o de otro de los sentidos, durante un corto periodo. Pero es como si cada fotografía, inmediatamente después de que se realizó, fuera destruida y remplazada por una nueva. A menos que la información de la fotografía se transfiera a otro tipo de memoria, se perderá para siempre.

Memoria a corto plazo: *nuestra memoria de trabajo*

Debido a que la información que se almacena con brevedad en nuestra memoria sensorial consiste en representaciones de estímulos sensoriales brutos, no tendrá sentido para nosotros. A fin de otorgarle sentido y para poder retenerla a largo plazo, la información tiene que ser transferida a la siguiente etapa de la memoria: la memoria a corto plazo. Ésta es el almacén de memoria en la que el material tiene significado por primera vez, aunque la duración máxima de retención es relativamente corta.

El proceso específico mediante el cual los recuerdos sensoriales se transforman en recuerdos a corto plazo todavía no está claro. Algunos teóricos sugieren que la información se transforma primero en representaciones gráficas o imágenes, mientras que otros plantean la hipótesis de que la transferencia tiene lugar cuando los estímulos sensoriales se convierten en palabras (Baddeley y Wilson, 1985). Sin embargo, lo que sí está claro es que, a diferencia de la memoria sensorial, que conserva una representación del mundo completa y detallada, aunque breve, la memoria a corto plazo posee capacidades de representación incompletas.

De hecho, la cantidad específica de información que se puede conservar en la memoria a corto plazo ya ha sido identificada: siete elementos o "paquetes" de información, con variaciones de más o menos dos paquetes. Un **paquete** es un grupo significativo de estímulos que pueden almacenarse como una unidad en la memoria a corto plazo. De

Psico Vínculos

Paquete: agrupamiento significativo de estímulos que pueden ser almacenados como una unidad en la memoria a corto plazo

> | ⊃ ς | C ⊂ ⊃ | − ⊃ G í /−\

FIGURA 6.3 *Observe las formas de esta figura por unos instantes y memorícelas en la secuencia exacta en que aparecen.*

Si considera que se trata de una tarea imposible, he aquí una pista que garantizará que podrá memorizarlas con facilidad: son las formas de cada una de las partes de las letras de la palabra "PSICOLOGÍA". La razón por la que la tarea de pronto se ha simplificado tanto es que las formas se pueden agrupar en un paquete, una palabra que todos reconocemos. En lugar de considerar 15 formas distintas, los símbolos se registran en la memoria como un solo paquete.

acuerdo con George Miller (1956), puede tratarse de letras individuales, como en la siguiente lista:

C N Q M W N T

Cada una de las letras aparece aquí como un paquete distinto y, puesto que hay siete, se les retiene con facilidad en la memoria a corto plazo.

Pero un paquete puede consistir también en categorías más grandes, como palabras u otras unidades significativas. Por ejemplo, considere la siguiente lista de veintiún letras:

T W A C I A A B C C B S M T V U S A N B C

De manera evidente, debido a que la lista sobrepasa los siete paquetes, es difícil recordar las letras después de una sola exposición. Pero suponga que se le presentan de la manera siguiente:

TWA CIA ABC CBS MTV USA NBC

En este caso, a pesar de que son las mismas veintiún letras, es posible almacenarlas en la memoria, puesto que representan sólo siete paquetes.

Puede darse cuenta de cómo funcionan los paquetes en su propio proceso de memoria tratando de recordar las formas de la figura 6.3 después de verlas por sólo unos instantes. A pesar de que en un principio parece ser una labor imposible, una sola pista garantizará que pueda memorizar con facilidad todas las formas: cada figura representa alguna parte de una letra en la palabra "PSICOLOGÍA".

La razón por la que esa tarea se simplificó radica en que las formas se podían agrupar en un paquete, una palabra que todos reconocemos. En lugar de tratarse de quince símbolos separados sin significado alguno, se les puede volver a codificar como un solo paquete.

Los paquetes pueden variar de tamaño, desde letras o números individuales hasta categorías más complejas. La naturaleza específica de lo que constituye un paquete varía según la experiencia de cada persona. Usted mismo puede darse cuenta de ello mediante un experimento que se ejecutó por vez primera haciendo una comparación entre jugadores de ajedrez expertos y jugadores novatos (deGroot, 1966; Bédard y Chi, 1992; Schneider *et al.*, 1993; Gobet y Simon, 1996).

Examine el tablero de ajedrez de la parte izquierda de la figura 6.4 durante unos cinco segundos; luego tápelo y trate de reproducir la posición de las piezas en el tablero vacío de la derecha. Es probable que se encuentre con grandes dificultades para realizar esta labor, a menos que sea un jugador de ajedrez experimentado. Los verdaderos maestros ajedrecistas, aquellos que triunfan en los torneos, lo hacen muy bien: son capaces de reproducir correctamente 90% de las piezas del tablero. En comparación, los jugadores novatos por lo general son capaces de reproducir de forma correcta sólo 40% del tablero. Los maestros no tienen memoria superior en otros aspectos; suelen obtener resultados normales en otras mediciones de memoria. Lo que pueden hacer mejor que los demás es ver el tablero desde el punto de vista de paquetes o unidades significativas y reproducir la posición de las piezas de ajedrez usando estas unidades.

Aun cuando es posible recordar alrededor de siete conjuntos de información que ingresan en la memoria a corto plazo, esta información no se puede mantener allí por mucho tiempo. ¿Qué tan corta es la memoria a corto plazo? Cualquiera que haya consultado un número telefónico en una caseta, haya tenido dificultades para encontrar las monedas y al escuchar el tono se dé cuenta que ha olvidado el número, sabe bien que la información almacenada en la memoria a corto plazo no permanece allí por mucho tiempo. La mayoría de los psicólogos argumenta que la información de la memoria a corto plazo se pierde después de 15 a 25 segundos, a menos que sea transferida a la memoria a largo plazo.

Ensayo. La transferencia del material de la memoria a corto plazo a la memoria a largo plazo procede en gran medida con base en el **ensayo**, es decir, la repetición de la información que ha entrado en la memoria a corto plazo. El ensayo logra dos cosas. En primer lugar, siempre y cuando se repita la información, se le mantiene viva en la memoria a corto plazo. Lo que es más importante, sin embargo, es que el ensayo nos permite transferir el material a la memoria a largo plazo.

El hecho de que la transferencia se realice de la memoria a corto plazo a la de largo plazo parece depender en gran medida del tipo de ensayo que se efectúe. Si sólo se repite una y otra vez el material, como haríamos con un número telefónico mientras cerramos el directorio y tomamos el teléfono, se mantiene en la memoria a corto plazo, mas no necesariamente quedará ubicado en la memoria a largo plazo. En lugar de ello, tan pronto como dejamos de marcar, es probable que el número sea remplazado por otra información y quede olvidado por completo.

Por otra parte, si la información de la memoria a corto plazo se ensaya con el empleo de un proceso llamado ensayo elaborativo, es más probable que sea transferida a la memoria a largo plazo (Craik y Lockhart, 1972). El *ensayo elaborativo* se produce cuando el material es considerado y organizado de alguna forma. La organización puede incluir una expansión de la información para adecuarla a un marco de referencia lógico, relacionarla con otros recuerdos, convertirla en una imagen o transformarla de algún otro modo. Por ejemplo, una lista de vegetales que se tienen que comprar en la tienda se puede entretejer en la memoria como ingredientes que se utilizan para preparar una ensalada muy elaborada, o relacionarlos con los elementos que se compraron en otra salida a la tienda, o asociarlos con la imagen de una huerta con filas de sembradíos de esos vegetales.

Por medio del empleo de estrategias de organización denominadas *mnemotecnia*, podemos mejorar en gran medida nuestra retención de la información. La mnemotecnia

Ensayo: repetición de información que ha entrado en la memoria a corto plazo

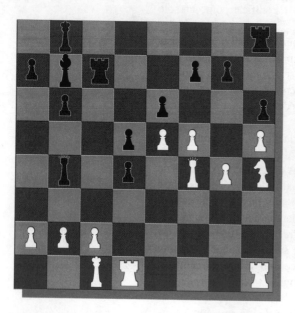

FIGURA 6.4 *Observe el tablero de ajedrez de la izquierda por espacio de cinco segundos y luego tápelo con su mano. Trate ahora de ubicar las piezas en el tablero de la derecha. A menos que sea un jugador de ajedrez experimentado, es probable que tenga grandes dificultades para recordar la configuración y los tipos de las piezas del ajedrez. Por otra parte, los jugadores expertos tienen pocas dificultades para recrear el tablero de juego. Fuente: Basado en deGroot, 1966.*

Dibujo por R. Chast © 1994 The New Yorker Magazine, Inc.

consiste en una serie de técnicas formales para organizar el material, de manera que se hace más probable recordarlo. Por ejemplo, cuando aprendemos la rima "treinta días tienen septiembre, abril, junio y noviembre; todos los demás..." estamos haciendo uso de la mnemotecnia (Mastropieri y Scruggs, 1991; Bellezza, Six y Phillips, 1992; Schoen, 1996; Goldstein *et al.*, 1996).

Memoria de trabajo: los componentes de la memoria a corto plazo. Aunque de manera tradicional la memoria a corto plazo ha sido considerada como un sistema único, evidencias más recientes sugieren que en realidad puede constar de varios componentes. Según el psicólogo Alan Baddeley (1992, 1993; Baddeley y Hitch, 1994; Baddeley, 1995a, 1995b), la memoria a corto plazo se comprende mejor como una **memoria de trabajo** dividida en tres partes (véase figura 6.5). Desde esta perspectiva, un componente es el *ejecutivo central*, el cual coordina el material que se enfoca durante el razonamiento y la toma de decisiones. El ejecutivo central emplea dos subcomponentes: el *cuaderno visoespacial* y la *espiral fonológica*. El primero se concentra en la información visual y espacial, mientras que la segunda es responsable de mantener y manipular material rela-

Memoria de trabajo: teoría de Baddeley según la cual la memoria a corto plazo comprende tres componentes: el ejecutivo central, el cuaderno visoespacial y la espiral fonológica

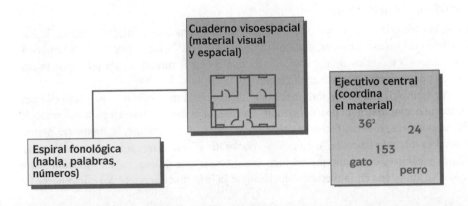

FIGURA 6.5 *Este enfoque de la memoria de trabajo sugiere que un "ejecutivo central" coordina al cuaderno visoespacial y a la espiral fonológica. Fuente: Gathercole y Baddeley, 1993.*

cionado con el discurso, las palabras y los números (Gathercole y Baddeley, 1993; Logie, 1995; Della Sala *et al.*, 1995; Baddeley, 1996).

Algunos investigadores sospechan que una falla en el componente ejecutivo central puede dar como resultado las pérdidas de memoria que son características de la enfermedad de Alzheimer: el trastorno degenerativo progresivo que produce pérdida de la memoria y confusión (Baddeley, 1992; Morris, 1994; Baddeley y Hitch, 1994; Carlesimo *et al.*, 1994; Della Sala *et al.*, 1995; Cherry, Buckwalter y Henderson, 1996). (Abordaremos la enfermedad de Alzheimer y otros trastornos de la memoria con mayor detalle más adelante en el capítulo.)

Memoria a largo plazo: el último almacén

El material que pasa de la memoria a corto plazo a la de largo plazo ingresa en un almacén de capacidad prácticamente ilimitada. Al igual que un nuevo libro que se entrega a una biblioteca, la información de la memoria a largo plazo se archiva y cataloga, de modo que pueda ser recuperada cuando la necesitemos.

La evidencia de la existencia de la memoria a largo plazo, como entidad distinta de la memoria a corto plazo, proviene de diversas fuentes. Por ejemplo, las personas con determinado daño cerebral no tienen recuerdos duraderos de información nueva con posterioridad a su lesión, aunque permanecen intactos los recuerdos de personas y sucesos almacenados en la memoria antes de la lesión (Milner, 1966). Debido a que, después del daño, la memoria a corto plazo parece funcionar de manera adecuada, ya que es posible recordar material nuevo por un periodo muy breve, y que la información codificada y almacenada antes de la lesión se puede recordar, podemos inferir que existen dos tipos de memoria diferentes, una para almacenamiento a corto plazo y otra para almacenamiento a largo plazo.

Los resultados de experimentos de laboratorio también apoyan la noción de las memorias a corto y a largo plazo separadas. Por ejemplo, en un conjunto de estudios se pidió a las personas recordar una cantidad relativamente pequeña de información (como puede ser un grupo de tres letras). Luego, con el fin de evitar que se practicara la información inicial, se les pidió a los participantes recitar en voz alta algún material extraño, como puede ser el conteo regresivo de tres en tres (Brown, 1958; Peterson y Peterson, 1959). Al variar la cantidad de tiempo que transcurría entre la presentación del material inicial y la solicitud de su recuerdo, los investigadores descubrieron que el recuerdo era muy bueno cuando los intervalos eran muy cortos, pero disminuía rápido después de ello. Luego de transcurridos 15 segundos, el recuerdo oscilaba alrededor de 10% del material presentado inicialmente.

Al parecer, la distracción de contar regresivamente evitó que casi la totalidad del material inicial llegara a la memoria a largo plazo. El recuerdo inicial era bueno puesto que provenía de la memoria a corto plazo, pero estos recuerdos se perdían con mucha rapidez. Por último, todo lo que se podía recordar era la pequeña cantidad de material que se había abierto paso hasta la memoria a largo plazo, a pesar de las distracciones que implicaba el contar de manera regresiva.

Los módulos de la memoria

Aunque la memoria a largo plazo al principio se consideraba una entidad unitaria, la mayor parte de las investigaciones actuales sugieren que está formada por varios componentes diferentes, o módulos de memoria. Cada uno de estos módulos está relacionado con un sistema de memoria distinto en el cerebro.

Por ejemplo, una distinción importante dentro de la memoria a largo plazo es entre la memoria declarativa y la procedimental. La **memoria declarativa** es para información objetiva: nombres, rostros, fechas y cosas por el estilo. En contraste, la **memoria procedimental** (a menudo llamada "memoria no declarativa") se refiere a la memoria para habilidades y hábitos, como montar en bicicleta o batear una pelota. La información *sobre* las cosas se almacena en la memoria declarativa; la información relativa a *cómo* hacer las

Memoria declarativa: memoria para información sobre hechos: nombres, rostros, fechas y cosas por el estilo

Memoria procedimental: memoria para las habilidades y hábitos, como montar en bicicleta o batear una pelota de béisbol; en ocasiones se denomina "memoria no declarativa"

Aunque algunas de estas personas pueden no haber montado en bicicleta en años, la memoria procedimental les permite volver a andar en ella con un poco de práctica.

cosas se almacena en la memoria procedimental (Desimone, 1992; Squire, Knowlton y Musen, 1993; Eichenbaum, 1997).

Los hechos en la memoria declarativa pueden ser subdivididos, además, en memoria semántica y memoria episódica (Tulving, 1993; Nyberg y Tulving, 1996). La **memoria semántica** es para el conocimiento general y los hechos relacionados con el mundo, así como la memoria para las reglas de la lógica que se usan para deducir otros hechos (Martin, 1993). Debido a la memoria semántica, recordamos que $2 \times 2 = 4$, que el código postal del zócalo de la ciudad de México es 06068 y que "memorya" está mal escrito. Por tanto, la memoria semántica es similar a una especie de almanaque mental de hechos.

En contraste, la **memoria episódica** es para los detalles biográficos de nuestras vidas individuales. Nuestros recuerdos de lo que hemos hecho y los tipos de experiencias que hemos tenido constituyen la memoria episódica. En consecuencia, cuando recordamos nuestra primera cita, el momento en que nos caímos de la bicicleta o lo que sentimos cuando nos graduamos del bachillerato, estamos evocando recuerdos episódicos. (Para ayudarle a *su* memoria a largo plazo a recordar las distinciones entre los diferentes tipos de memoria a largo plazo, considere la figura 6.6.)

Los recuerdos episódicos pueden ser detallados de manera sorprendente. Considere, por ejemplo, cómo respondería si se le pidiera describir lo que estaba haciendo determinado día hace dos años. ¿Imposible? Puede que piense lo contrario cuando lea el siguiente diálogo entre un investigador y un sujeto al que se le preguntó, en un experimento de memoria, lo que hizo "la tarde del lunes de la tercera semana de septiembre hace dos años".

SUJETO: ¡Vamos! ¿Cómo lo voy a saber?
EXPERIMENTADOR: Sólo intente responder de cualquier forma.

Memoria semántica: memoria para el conocimiento y hechos generales acerca del mundo, al igual que para las reglas de lógica que se emplean para deducir otros hechos

Memoria episódica: memoria para los detalles biográficos de nuestras vidas individuales

FIGURA 6.6 *Los diferentes tipos de memoria a largo plazo.*

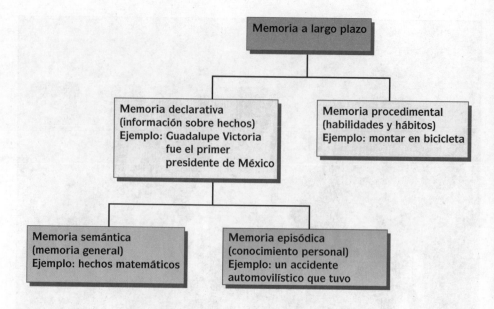

SUJETO: Bueno. Déjeme ver: hace dos años... estaría en la preparatoria en Pittsburgh... Ése sería mi último año de preparatoria. La tercera semana de septiembre, eso es justo después del verano, sería el semestre que comienza en otoño... Déjeme ver. Creo que tenía laboratorio de química los lunes. No lo sé. Tal vez estaba en el laboratorio de química. Espere un momento: ésa debió ser la segunda semana de clases. Me acuerdo que el profesor comenzó con la tabla periódica, una tabla grande y elaborada. Pensé que estaba loco tratando de hacernos memorizar esa cosa. Sabe, creo que recuerdo que me sentaba... (Lindsay y Norman, 1977).

En este sentido, la memoria episódica nos puede proporcionar información de sucesos que ocurrieron mucho tiempo atrás (Reynolds y Takooshian, 1988).

Sin embargo, la memoria semántica no es menos impresionante, ya que nos permite rastrear decenas de miles de hechos que van desde la fecha de nuestro cumpleaños hasta el conocimiento de que un peso vale menos que cinco pesos. Muchos psicólogos que emplean **modelos asociativos** de memoria afirman que la memoria semántica consiste en asociaciones entre representaciones mentales de distintos fragmentos de información (por ejemplo, Collins y Quillian, 1969; Collins y Loftus, 1975, entre otros). Considere, por ejemplo, la figura 6.7, la cual muestra algunas de las relaciones en la memoria respecto a la palabra "animal".

La noción básica que subyace a los modelos asociativos consiste en que, cuando pensamos en un concepto específico, la memoria semántica activa el recuerdo de conceptos relacionados, trayéndolos a la mente con más facilidad. Por ejemplo, pensar en un "petirrojo" activa nuestro recuerdo de conceptos relacionados como "come gusanos" y "tiene el pecho rojo". Como resultado, si tratamos de recordar algún fragmento de información específico (como dónde dejamos nuestros anteojos para el sol), pensar en material asociado nos puede ayudar a recordarlo (como dónde estábamos cuando usamos por última vez los anteojos para el sol).

En estos casos, la información relacionada ayuda a que nos preparemos para recordar información que de otra forma seríamos incapaces de recuperar. En la **imprimación**, la presentación previa de información nos permite que después recordemos con mayor fa-

Modelos asociativos: técnica para recordar información pensando en material relacionado

Imprimación: técnica para recordar información mediante la exposición previa a material relacionado

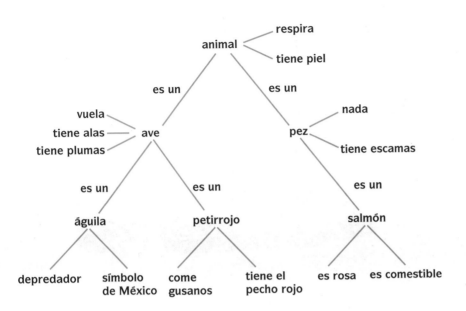

FIGURA 6.7 *Los modelos asociativos sugieren que la memoria semántica consiste en relaciones entre distintos fragmentos de información, como los que se relacionan con el concepto de "animal", que se muestran en esta figura. Fuente: tomado de Collins y Quillian, 1969.*

cilidad algunos elementos relacionados, incluso cuando no tenemos un recuerdo consciente de la información original (Tulving y Schacter, 1990; Toth y Reingold, 1996).

El experimento típico diseñado para ilustrar la imprimación nos ayuda a aclarar este fenómeno. En los experimentos de imprimación, se les presenta primero a los sujetos un estímulo, como una palabra, un objeto o tal vez el dibujo de un rostro. La segunda fase del experimento se realiza después de un intervalo que puede ser desde unos cuantos segundos hasta varios meses. En ese momento, se expone a los sujetos a una información perceptual incompleta relacionada con el primer estímulo y se les pregunta si la reconocen. Por ejemplo, el material nuevo puede consistir en la primera letra de una palabra que se les presentó con anterioridad, o en parte de un rostro que se les mostró con antelación. Si los sujetos son capaces de identificar el estímulo con mayor facilidad que cuando reconocen estímulos que no se les han presentado con anterioridad, se dice que ha tenido lugar la imprimación.

La imprimación ocurre aun cuando los sujetos no indiquen que se han percatado en forma consciente de haber sido expuestos a un estímulo con anterioridad. Por ejemplo, algunos estudios han encontrado que las personas anestesiadas durante la cirugía a veces pueden recordar fragmentos de información que escucharon durante la operación, aun cuando no tengan un recuerdo consciente de ésta (Kihlstrom *et al.*, 1990; Sebel, Bonke y Winogard, 1993).

El descubrimiento de que las personas poseen recuerdos acerca de los cuales no tienen conciencia es muy importante. Ha conducido a especulaciones en torno a que dos formas de memoria, explícita e implícita, pueden coexistir. La **memoria explícita** se refiere a un recuerdo intencional o consciente de la información. Cuando tratamos de recordar un nombre o fecha, empleamos la memoria explícita. En contraste, la **memoria implícita** se refiere a recuerdos de los que las personas no están conscientes, pero que pueden afectar el desempeño y el comportamiento subsecuentes. Cuando un acontecimiento que somos incapaces de recordar de manera consciente afecta nuestro comportamiento, entonces está funcionando la memoria implícita (Graf y Masson, 1993; Schacter, Chiu y Ochsner, 1993; Schacter, 1994b, 1995; Underwood, 1996).

Existe un amplio desacuerdo con respecto a la diferencia precisa entre la memoria implícita y la explícita (Lewandowsky, Dunn y Kirsner, 1989; Roediger, 1990; Schacter, 1993, 1997). Algunos investigadores sugieren la existencia de dos sistemas de memoria diferenciados, uno para la memoria implícita y otro para la explícita (Weiskrantz, 1989; Schacter, Chiu y Ochsner, 1993; Graf, 1994; Kandel y Hawkins, 1995, entre otros). En contraste, otros investigadores han propuesto que los dos tipos de memoria difieren sólo

Memoria explícita: recuerdo intencional o consciente de información

Memoria implícita: recuerdos de los cuales las personas no tienen conciencia, pero que pueden afectar el comportamiento y desempeño posteriores

AL FIN... UNA OPORTUNIDAD PARA RELAJARSE Y DISFRUTAR DEL **SOL** (AGUJERO EN LA CAPA DE OZONO... CAUSA CÁNCER EN LA PIEL... AUMENTA LOS GASTOS MÉDICOS) Y DE LA **ARENA** (SACOS DE ARENA... MUROS DE CONTENCIÓN... VÍCTIMAS DE INUNDACIONES) EN **PAZ** (MEDIO ORIENTE... BOSNIA) Y **SOLEDAD** (YA NADIE PUEDE COSTEAR VACACIONES COMO ÉSTAS... DESEMPLEO... CAÍDA DE LA ECONOMÍA)

Rob Rogers reimpreso con autorización de UFS, Inc.

en el modo en que la información se procesa y se recupera inicialmente, y que no constituyen sistemas de memoria independientes (Roediger, Weldon y Challis, 1989, entre otros).

Aún es prematuro decir cuál de estas perspectivas prevalecerá en el campo de la investigación de la memoria. Los estudios que apoyan ambos lados del argumento aún están en proceso. Mientras tanto, investigaciones en diversos campos de la psicología están demostrando que la influencia de los recuerdos implícitos en el comportamiento de las personas puede ser importante. Por ejemplo, psicólogos sociales investigan cómo es que recordamos la apariencia de los demás y en qué modo actuamos hacia ellas en consecuencia. Del mismo modo, psicólogos que se especializan en el aprendizaje están investigando cómo podemos utilizar la memoria implícita para enseñar habilidades con mayor efectividad. Estos trabajos prometen tener aplicaciones importantes.

Niveles de procesamiento

Hasta ahora nos hemos basado en un modelo de la memoria que sugiere que el procesamiento de la información en la memoria se realiza en tres etapas secuenciales: inicia con la memoria sensorial, después pasa a la memoria a corto plazo, para terminar potencialmente en la memoria a largo plazo. No obstante, no todos los especialistas en la memoria están de acuerdo con esta perspectiva. Algunos sugieren que un solo proceso da cuenta del grado de perfección con que se recuerda la información: el modo en que se percibe, considera y comprende por primera vez la información.

La **teoría de los niveles de procesamiento** subraya el grado en que se analiza el material nuevo (Craik y Lockhart, 1972; Craik, 1990). En contraste con la concepción de que existe una memoria sensorial, una a corto y otra a largo plazo, la teoría de los niveles de procesamiento sugiere que la cantidad de procesamiento de información que se produce cuando se registra un primer encuentro con el material es de vital importancia para determinar qué cantidad de esa información será memorizada. Según este enfoque, es de suma importancia la profundidad del procesamiento en el momento de la exposición al material, es decir, el grado en el que se le analiza y considera; mientras mayor sea la intensidad de su procesamiento inicial, hay más probabilidades de recordarlo.

Debido a que no se pone mucha atención a gran parte de la información a la que estamos expuestos, de manera típica sólo realizamos un escaso procesamiento mental y olvidamos casi de inmediato el material nuevo. No obstante, la información a la que prestamos más atención se procesa más a fondo. Por tanto, ingresa en la memoria hasta un nivel más profundo, y es menos propensa a olvidarse que la información procesada en niveles más superficiales.

Teoría de los niveles de procesamiento: teoría que enfatiza el grado en que el material nuevo se analiza mentalmente

Esta teoría sugiere que existen diferencias considerables en las formas en que se procesa la información en los distintos niveles de la memoria. En los niveles superficiales sólo se procesan los aspectos físicos y sensoriales de la información. Por ejemplo, podemos prestar atención sólo a las formas de las letras de la palabra "perro". En el nivel intermedio de procesamiento, las formas se traducen en unidades significativas, en este caso, letras del alfabeto. Se considera a estas letras en el contexto de las palabras y se les puede adjuntar el sonido específico de la palabra.

En el nivel más profundo de procesamiento, la información se analiza en función de su significado. Se le puede ver en un contexto más amplio, por lo cual es posible derivar asociaciones entre el significado de la información y redes más amplias de conocimiento. Por ejemplo, podemos pensar en los perros no solamente como animales cuadrúpedos con cola, sino en función de sus relaciones con los gatos y otros mamíferos. Podemos formarnos una imagen de nuestro propio perro, relacionando por consiguiente el concepto con nuestra vida personal. De acuerdo con el enfoque de los niveles de procesamiento, mientras más profundo sea el nivel inicial de procesamiento de una información específica, más tiempo será retenida en la memoria. En este sentido, este enfoque sostiene que la mejor manera de recordar información nueva consiste en considerarla con profundidad la primera vez que se está en contacto con ella, reflexionando cómo se relaciona con información que ya se conoce (McDaniel, Riegler y Waddill, 1990).

La teoría de los niveles de procesamiento considera que la memoria implica procesos mentales más activos que los del enfoque de las tres etapas. Sin embargo, las investigaciones no han apoyado por completo a la teoría de los niveles de procesamiento. Por ejemplo, en algunos casos el material que se procesa en niveles superficiales se recuerda mejor que la información procesada en un nivel más profundo (Baddeley, 1978; Cermak y Craik, 1979). Además, no se ha encontrado ningún medio óptimo para medir qué tan profundo se procesa el material en primer término (Searleman y Herrmann, 1994).

En resumen, ni el modelo de los niveles de procesamiento ni el modelo de la memoria en tres etapas pueden explicar la totalidad de los fenómenos relacionados con la memoria. Como resultado, se han propuesto otros modelos. Por ejemplo, una perspectiva sugiere un modelo en el cual el almacenamiento a corto plazo se considera parte integrante del almacenamiento a largo plazo, en lugar de que represente una etapa separada. Es probable que aún sea prematuro decir, ya no tan sólo recordar, cuál de los múltiples modelos de la memoria nos proporciona la caracterización más precisa de ella (Collins *et al.*, 1993; Searleman y Herrmann, 1994; Wolters, 1995; Bjork y Bjork, 1996; Conway, 1997).

Recapitulación, revisión y reflexión

Recapitulación

- La memoria es el proceso por medio del cual codificamos, almacenamos y recuperamos la información.

- La memoria sensorial contiene representaciones breves pero precisas de los estímulos físicos a los que está expuesta una persona. Cada representación es remplazada constantemente por una nueva.

- La memoria a corto plazo tiene capacidad para captar alrededor de siete (dos más o dos menos) paquetes de información. Los recuerdos permanecen almacenados en la memoria a corto plazo entre 15 y 25 segundos y después son transferidos a la memoria a largo plazo o son olvidados.

- La memoria a largo plazo consta de la memoria declarativa y la memoria procedimental. La primera se subdivide, además, en memoria episódica y semántica.

- La teoría de los niveles de procesamiento, alternativa que se presenta ante el modelo de la memoria en tres etapas, sostiene que la información se analiza en distintos niveles, y que el material procesado en los niveles más profundos se retiene durante más tiempo.

Revisión

1. El proceso mediante el cual la información se almacena inicialmente en la memoria se denomina _____. La _____ es el proceso mediante el cual se traen a la conciencia y se utilizan los elementos de la memoria.

2. Relacione el tipo de memoria con su definición:

   1. Memoria a largo plazo
   2. Memoria a corto plazo
   3. Memoria sensorial

a. Retiene la información de 15 a 25 segundos.
b. Almacenamiento permanente: puede ser difícil de recuperar.
c. Almacenamiento inicial de la información: sólo dura un segundo.

3. Un _____ es un grupo significativo de estímulos que se pueden almacenar conjuntamente en la memoria a corto plazo.

4. La _____ es una serie de estrategias que se emplean para organizar la información.

5. Al parecer hay dos tipos de memoria declarativa: la memoria _____, la cual es la memoria para el conocimiento y los hechos, y la memoria _____, que es la memoria para las experiencias personales.

6. Los modelos _____ de memoria plantean que la memoria de largo plazo se almacena como asociaciones entre fragmentos de información.

7. Usted leyó un artículo en el que se aseguraba que mientras más se analice un enunciado, mayores probabilidades tendrá de recordarlo más tarde. ¿Qué teoría está describiendo ese artículo?

Las respuestas a las preguntas de revisión se encuentran en la página 244.

Reflexión

1. ¿Cuál es la diferencia entre la memoria sensorial y la memoria duradera que tiene una persona respecto al sonido de una voz, la forma de una cara o el olor de un perfume? ¿En qué parte de la memoria se almacenan estas experiencias sensoriales duraderas? ¿Cómo llegan allí?

2. Resulta evidente que "nunca se olvida cómo montar una bicicleta". ¿Por qué podría ser así? ¿Dónde está almacenada la información respecto a montar en bicicleta? ¿Qué sucede cuando una persona tiene que recuperar esa información después de no usarla durante mucho tiempo? ¿La recuperación es igual para la memoria declarativa?

3. En la mayoría de los casos, la imprimación parece tener lugar en ausencia de la conciencia. ¿Cómo podrían utilizar este efecto los publicistas y otras personas para promover sus productos? ¿Qué principios éticos están implicados aquí?

LA REMEMORACIÓN DE RECUERDOS A LARGO PLAZO

▶ **¿Qué es lo que provoca dificultades y fallas en la memoria?**

Una hora después de su entrevista de trabajo, Ricardo se encontraba en una cafetería, hablando con su amiga Laura acerca de su aparente éxito, cuando la mujer que lo había entrevistado entró allí. "Hola, Ricardo. ¿Cómo te va?" Tratando de dar una buena impresión, Ricardo comenzó a presentarle a Laura, pero entonces se dio cuenta de que no podía recordar el nombre de la entrevistadora. Balbuceando un poco, buscó con desesperación en su memoria el nombre de esa mujer, pero no lograba recordarlo. *"Conozco* su nombre", pensaba en su interior, "pero aquí estoy, viéndome como un tonto. Ya puedo despedirme de este trabajo".

¿Alguna vez ha tratado de recordar el nombre de una persona, convencido de que lo conoce, pero sin poder recordarlo, sin importar cuánto se empeñe? Este suceso tan co-

El fenómeno de "en la punta de la lengua" es frustrante en especial en situaciones en las que una persona no puede recordar el nombre de alguien a quien acaban de presentarle.

mún, conocido como **fenómeno de "en la punta de la lengua"**, ejemplifica las dificultades que pueden producirse en la recuperación de información almacenada en la memoria a largo plazo (Harris y Morris, 1986; A. S. Brown, 1991; Smith, 1994; Riefer, Keveri y Kramer, 1995).

Fenómeno de "en la punta de la lengua": incapacidad de recordar información que se está seguro de conocer, resultado de la dificultad para recuperar información de la memoria a largo plazo

Claves para la recuperación

Una razón por la que la memoria no es perfecta se debe a la enorme cantidad de recuerdos que están almacenados en la memoria a largo plazo. Aunque este asunto está todavía lejos de ser resuelto, muchos psicólogos han sugerido que el material que llega hasta esa memoria es relativamente permanente (Tulving y Psotka, 1971). Si están en lo correcto, ello indicaría que la capacidad de la memoria a largo plazo es muy vasta, debido a la amplia gama de experiencias y antecedentes educativos de las personas. Por ejemplo, si usted es un estudiante universitario promedio, su vocabulario incluye unas 50 000 palabras, conoce cientos de "hechos" matemáticos y es capaz de evocar imágenes, como el aspecto que tenía su hogar durante su infancia, sin ningún problema. El simple hecho de catalogar todos sus recuerdos posiblemente le llevaría varios años.

¿Cómo nos las arreglamos ante tal cantidad de material y recuperamos información específica en el momento oportuno? Una manera de hacerlo es usar claves de recuperación. Una *clave de recuperación* es un estímulo que nos permite recordar información localizada en la memoria a largo plazo con mayor facilidad (Tulving y Thompson, 1973; Ratcliff y McKoon, 1989). Puede ser una palabra, una emoción, un sonido; cualquiera que sea la clave específica, un recuerdo vendrá a la mente en forma repentina cuando esté presente la clave de recuperación. Por ejemplo, el olor de pavo al horno puede evocar recuerdos de la cena de Navidad o de reuniones familiares (Schab y Crowder, 1995).

Las claves de recuperación guían a las personas a través de la información almacenada en la memoria a largo plazo de modo muy similar a la forma en que las tarjetas de un catálogo antiguo lo hacen en una biblioteca, o un portal de búsqueda como "Yahoo" guía a las personas a través de la world wide web. Son de especial importancia cuando se está haciendo un esfuerzo por *recordar* información, en oposición a cuando se nos pide *reconocer* material almacenado en la memoria. En el *recuerdo*, se debe recuperar una porción específica de información, como la necesaria para completar un enunciado o escribir una composición en un examen. En contraste, el *reconocimiento* tiene lugar cuando se presenta a las personas un estímulo y se les pregunta si han estado expuestas o no a éste con anterioridad, o se les pide que lo identifiquen entre varias opciones.

FIGURA 6.8 *Nombre a los personajes que se muestran en esta figura. Debido a que es una tarea de recuerdo, es relativamente difícil.* © *Disney Enterprises, Inc.*

Responda esta pregunta de reconocimiento:

¿Cuáles de los siguientes son los nombres de los siete enanos de la película *Blanca Nieves y los siete enanos* de Walt Disney?

Tribilín	Tímido
Dormilón	Tacaño
Sabelotodo	Doc
Asustado	Feliz
Tontín	Enojón
Gruñón	Estornudo
Jadeante	Loco

FIGURA 6.9 *El problema de reconocimiento planteado aquí es considerablemente más fácil que la tarea de recuerdo en la figura anterior.*

Como puede haber adivinado, el reconocimiento suele ser una tarea más sencilla que el recuerdo (véase figuras 6.8 y 6.9). El recuerdo es más difícil puesto que consiste en una serie de procesos: buscar en la memoria, recuperar la información potencialmente relevante y después decidir si la información que se ha encontrado es o no exacta. Si parece ser correcta, la búsqueda termina, pero si no es así, debe continuar. Por otra parte, el reconocimiento es más sencillo debido a que implica un menor número de pasos (Anderson y Bower, 1972; Miserando, 1991).

Recuerdos fotográficos

¿Dónde se encontraba usted el 19 de septiembre de 1985? Es probable que su mente se quede en blanco hasta que se añada este fragmento de información: el 19 de septiembre de 1985 es la fecha en que ocurrió el terremoto que destruyó parte de la ciudad de México.

Es probable que no tenga problemas para recordar el sitio exacto en el que se encontraba así como otra variedad de detalles triviales que ocurrieron cuando escuchó las noticias, aun cuando el desastre tuvo lugar hace años. La razón de ello es un fenómeno denominado **recuerdo fotográfico**, aquel que se enfoca en un suceso determinado, importante o sorprendente, tan vivo que parece que fuera una fotografía del acontecimiento.

Entre los estudiantes universitarios son comunes distintos tipos de recuerdos fotográficos. Por ejemplo, estar involucrado en un accidente automovilístico, la primera vez que se vio al compañero de cuarto o la noche de su graduación, son recuerdos fotográficos típicos (Rubin, 1985).

Por supuesto que los recuerdos fotográficos no contienen todos los detalles de la escena original. Por ejemplo, recuerdo vivamente que hace unas tres décadas yo me encontraba en la clase de geometría del profesor Sharp en el décimo grado cuando escuché que le habían disparado al presidente Kennedy. Aunque recuerdo dónde estaba sentado y cómo reaccionaron ante la noticia mis compañeros de clase, no puedo acordarme de la ropa que llevaba puesta o qué fue lo que almorcé ese día. Por tanto, los recuerdos fotográficos no son completos y la magnitud de su divergencia de la naturaleza esencial de los recuerdos cotidianos sigue siendo una cuestión abierta a debate (McCloskey *et al.*, 1988; Pillemer, 1990; Winograd y Neisser, 1992; Conway, 1995).

De cualquier modo, los recuerdos fotográficos son extraordinarios como resultado de los detalles que incluyen. Un análisis de los recuerdos de la gente acerca del asesinato de Kennedy descubrió que éstos tendían a poseer diversas características en común (Brown y Kulik, 1977). La mayoría contenía información relativa al lugar donde la persona escuchó las noticias, quién le habló acerca del suceso, qué acontecimiento fue interrumpido por las noticias, las emociones del informador y las propias, y algunos detalles personales acerca del suceso (como ver volar a un petirrojo mientras se recibía la información). (Véase la figura 6.10.)

Por otra parte, no podemos estar seguros de que todos los detalles consignados en los recuerdos fotográficos sean precisos. Por ejemplo, un día después del accidente del transbordador espacial *Challenger*, los psicólogos Nicole Harsch y Ulric Neisser le preguntaron a un grupo de estudiantes universitarios cómo se habían enterado de la noticia del desastre. Cuando hicieron la misma pregunta a las mismas personas tres años más tarde, la mayoría respondió con facilidad, ofreciendo respuestas razonables. El problema radicó en que cerca de la tercera parte de los entrevistados ofreció respuestas totalmente incorrectas (Harsch y Neisser, 1989; Neisser y Harsch, 1992; Winograd y Neisser, 1993).

Recuerdos fotográficos: recuerdos centrados alrededor de un evento específico, importante o sorpresivo que son tan vivos que parecen ser una fotografía del suceso

Respuestas a las preguntas de revisión:

1. codificación; recuperación   2. 1-b; 2-a; 3-c   3. paquete   4. mnemotecnia   5. semántica; episódica   6. asociativos   7. Teoría de los niveles de procesamiento

Los recuerdos fotográficos ilustran un fenómeno más general relativo a la memoria: los recuerdos excepcionales se recuperan con mayor facilidad (aunque no necesariamente con precisión) que los recuerdos relacionados con sucesos cotidianos. Por ejemplo, tenemos más probabilidades de recordar un número específico si aparece en un grupo de veinte palabras que si aparece en un grupo de otros veinte números. En este sentido, mientras más distintivo sea el estímulo, más probabilidades tendremos de recordarlo después (von Restorff, 1933; Walker y Jones, 1983; Hunt, 1995).

Procesos constructivos de la memoria: la reconstrucción del pasado

Aunque es evidente que podemos tener recuerdos detallados de sucesos significativos y distintivos, es difícil evaluar la precisión de estos recuerdos. De hecho, parece ser que nuestros recuerdos reflejan, al menos en parte, **procesos constructivos**; es decir, procesos en que los recuerdos son influidos por el significado que asignamos a los sucesos. Así, cuando recuperamos información, el recuerdo que se produce no está afectado exclusivamente por la experiencia directa previa que tuvimos con el estímulo, sino también por nuestras conjeturas e inferencias relativas a su significado.

La idea de que la memoria se basa en procesos constructivos fue planteada por primera vez por sir Frederic Bartlett, un psicólogo inglés. Él sugirió que las personas tienden a recordar la información en forma de **esquemas**, es decir, temas generales que contienen relativamente pocos detalles específicos (Bartlett, 1932). En un esquema, se omiten los detalles carentes de importancia. En lugar de ello, los recuerdos consisten en una reconstrucción general de la experiencia previa. Bartlett afirmó que dichos esquemas no sólo se basaban en el material específico al que eran expuestas las personas, sino también en su comprensión de la situación, sus expectativas acerca de ésta y su conciencia de las motivaciones subyacentes en el comportamiento de los demás.

Durante una demostración del funcionamiento de los esquemas, algunos investigadores emplearon un proceso denominado *reproducción en serie*, en el que la información de la memoria se transmite en forma secuencial de una persona a otra. Para consultar un ejemplo de reproducción en serie, observe brevemente el dibujo de la figura 6.11 y después trate de describirlo a otra persona sin verlo de nuevo. Luego pídale a esa persona que se lo describa a otra y que ésta repita el proceso con otro sujeto más.

Si escucha el informe de la última persona acerca del contenido del dibujo, de seguro se encontrará con que difiere en aspectos importantes de lo representado en la ilustra-

Procesos constructivos: procesos en los que los recuerdos son influidos por el significado que damos a los acontecimientos

Esquemas: temas generales que contienen relativamente pocos detalles específicos

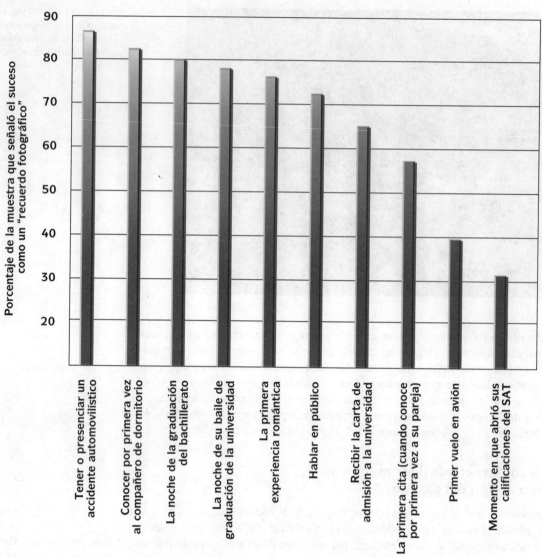

FIGURA 6.10 *Aquí se muestran los "recuerdos fotográficos" más comunes de una muestra de estudiantes universitarios. Fuente: Rubin, 1985.*

ción. Muchas personas recuerdan el dibujo como si mostrara una navaja en la mano del individuo afroamericano, un recuerdo evidentemente incorrecto, puesto que la navaja la tiene el individuo blanco (Allport y Postman, 1958).

Este ejemplo, que está tomado de un experimento clásico, ilustra la función de las expectativas en la memoria. El tergiversar la imagen de la navaja de la mano de la persona blanca a la del afroamericano en el recuerdo indica con claridad que las expectativas acerca del mundo (que en este caso reflejan el prejuicio injustificado de que los afroamericanos pueden ser más violentos que los blancos, y por ello más capaces de blandir una navaja) tienen un fuerte impacto sobre la manera en que se recuerdan los sucesos.

Por supuesto, no sólo son nuestras expectativas y conocimiento previo lo que influye sobre lo que recordamos. Nuestra comprensión de las motivaciones de los demás también contribuye a los procesos constructivos de la memoria. Por ejemplo, en lo que ha sido denominado *efecto telenovela*, el conocimiento sobre las motivaciones de un individuo puede conducir a explicaciones en la memoria de sucesos previos que involucran a esa persona.

El nombre de este efecto proviene de los personajes de las telenovelas, quienes, por lo menos ante los ojos de los televidentes ocasionales, realizan afirmaciones en aparien-

FIGURA 6.11 *Cuando una persona observa este dibujo y luego lo describe de memoria a una segunda persona, quien a su vez lo describe a una tercera y así en forma sucesiva, en un proceso que se denomina reproducción en serie, la última persona que repite el contenido del dibujo suele dar una descripción que difiere del original en aspectos importantes. Fuente: basado en Allport y Postman, 1958.*

cia inocentes. No obstante, para los televidentes constantes, que están al tanto de los motivos reales de los personajes, esas mismas afirmaciones pueden estar colmadas de significado. A su vez, esta información se recordará en forma diferente, de acuerdo con la comprensión del televidente sobre la motivación que hay detrás de la afirmación (Owens, Bower y Black, 1979).

En resumen, es evidente que nuestra comprensión de las motivaciones que subyacen al comportamiento de una persona, así como nuestras expectativas y nuestro conocimiento, afectan la confiabilidad de nuestros recuerdos (Katz, 1989; Ross y Newby, 1996; McDonald y Hirt, 1997). En algunos casos, las imperfecciones de los recuerdos de las personas pueden tener implicaciones profundas, como veremos al analizar a continuación a la memoria en la esfera legal.

Memoria en el tribunal: los testigos en juicio

A William Jackson le costaron cinco años de su vida los recuerdos tergiversados de dos personas. Jackson fue víctima de una confusión de identidad durante un juicio penal, cuando dos testigos lo señalaron en un grupo de comparación como la persona que cometió un crimen. Con base en ello, se le condenó a una sentencia de 14 a 50 años de prisión.

No fue sino hasta cinco años más tarde que se identificó al verdadero criminal y que se liberó a Jackson. Sin embargo, para Jackson ya era demasiado tarde, como lo señala en sus propias palabras: "Me quitaron una parte de mi vida, una parte de mi juventud. Pasé cinco años allí y todo lo que me dijeron fue 'lo sentimos mucho...'" (*Time*, 1982).

Por desgracia, Jackson no es la única víctima a quien se ha tenido que pedir disculpas; han ocurrido muchos casos de confusión de identidad que han conducido a acciones legales injustificadas. Investigaciones sobre la identificación de sospechosos y los recuerdos de otros detalles de crímenes han mostrado que los testigos oculares pueden cometer errores considerables cuando tratan de recordar detalles de actos criminales (G. L. Wells, 1993; Ross, Read y Toglia, 1994; Wells, Luus y Windschitl, 1994; Cutler y Penrod, 1995; Egeth, 1995; Sporer, Malpass y Koehnken, 1996).

Una razón para ello es el efecto que causan las armas utilizadas en los crímenes. Cuando la persona que comete un crimen muestra una pistola o un cuchillo, el arma actúa como un imán perceptual, por lo que los ojos de los testigos se ven atraídos hacia ella. Como consecuencia, se presta menos atención a otros detalles del crimen, lo cual disminuye la capacidad de los testigos para recordar lo que en realidad ocurrió (Loftus, Loftus y Messo, 1987; Steblay, 1992).

Incluso cuando las armas no están implicadas, la memoria de los testigos oculares está propensa a cometer errores. Por ejemplo, a algunas personas que vieron una película sobre un atraco, con una duración de doce segundos, que se exhibió en un noticiero de televisión de la ciudad de Nueva York, se les dio más tarde la oportunidad de identificar al individuo que cometió el asalto de entre un grupo de seis sospechosos. Alrededor de 2 000 televidentes llamaron a la estación después del programa, pero sólo 15% pudo identificar correctamente al delincuente, una cifra similar a la que se obtiene adivinando al azar (Buckhout, 1975).

Una razón para que los testigos oculares sean propensos a los errores relacionados con la memoria es que la redacción específica de las preguntas que les plantean los policías o los abogados puede afectar la forma en que los testigos recuerdan la información, como lo ilustran varios experimentos. Por ejemplo, en un experimento se mostró a los sujetos una película de dos automóviles que chocaban entre sí. A algunos se les planteó la pregunta, "¿a qué velocidad iban los automóviles cuando se *estrellaron*?". En promedio calcularon que la velocidad era de 61 kilómetros por hora. En contraste, cuando se le planteó a otro grupo de sujetos, "¿a qué velocidad iban los automóviles cuando *hicieron contacto*?", el promedio de velocidad calculada fue de sólo 48 kilómetros por hora (Loftus y Palmer, 1974; véase figura 6.12).

El problema de la confiabilidad en la memoria se agudiza cuando los testigos son niños. Evidencias crecientes sugieren que los recuerdos de los niños son muy vulnerables a la influencia de otros (Loftus, 1993; Ceci y Bruck, 1995; Hutcheson *et al.*, 1995; Beal, Schmitt y Dekle, 1995; Cassel, Roebers y Bjorklund, 1996). Por ejemplo, en un experimento se enseñó una muñeca desnuda, anatómicamente normal, a niñas de entre 5 y 7 años de edad a las que se acababa de realizar un examen médico de rutina. Se mostró a las niñas el área genital de la muñeca y se les preguntó, "¿te tocó aquí el doctor?". Tres de las niñas que no fueron sometidas a exámenes vaginales o anales dijeron que el médico las había tocado en el área genital. Además, una de ellas agregó el detalle: "el doctor lo hizo con un palo" (Saywitz y Goodman, 1990).

Los recuerdos de los niños son más susceptibles a ser influidos, en especial cuando la situación es muy emotiva o tensa. Por ejemplo, en juicios en los que hay gran publici-

FIGURA 6.12 *Después de ver un accidente entre dos automóviles, se les pidió a los sujetos que estimaran la velocidad de la colisión. Las estimaciones variaron de manera considerable, dependiendo de la forma en que se planteara la pregunta. Fuente: Loftus y Palmer, 1974.*

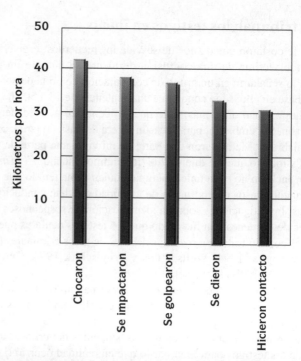

¿Más o menos qué tan rápido iban los automóviles cuando _____ entre sí?

dad antes del proceso o en los que las supuestas víctimas fueron interrogadas repetidamente, a menudo por entrevistadores sin entrenamiento, sus recuerdos pueden haber sido influidos por los tipos de preguntas que les hicieron.

En resumen, los recuerdos de los testigos están lejos de ser confiables y esto es cierto especialmente cuando se trata de niños (Davies, 1993; Ceci y Bruck, 1995; Cassell y Bjorklund, 1995). Sin embargo, el asunto de la precisión de los recuerdos se vuelve aún más complejo cuando consideramos el desencadenamiento de recuerdos de acontecimientos que al principio las personas ni siquiera recordaban que hubieran sucedido. Como se expondrá a continuación, esta cuestión ha despertado una controversia considerable.

Recuerdos reprimidos: ¿verdad o ficción?

Culpable de asesinato en primer grado.

Ése fue el veredicto del jurado en el caso de George Franklin padre, quien fue acusado del asesinato de la amiga de su hija. Pero este caso fue diferente a la mayor parte de los casos de asesinato: se basó en recuerdos que habían estado reprimidos durante 20 años. La hija de Franklin declaró haber olvidado todo lo que sabía sobre el crimen cometido por su padre, hasta dos años antes, cuando comenzó a recordar escenas retrospectivas del suceso. Al principio, sólo recordaba una mirada de su amiga acusándola de traicionarla. Durante el siguiente año, los recuerdos se fueron aclarando y recordó estar junto a su padre y su amiga. Luego recordó que su padre había atacado sexualmente a su amiga. Recordó que él había levantado una roca sobre su cabeza y luego veía a su amiga tirada en el suelo y cubierta de sangre. Con base en estos recuerdos, su padre fue arrestado y después se le sentenció (aunque al final obtuvo su libertad después de apelar la sentencia).

¿Qué tan precisos fueron los recuerdos que al principio hicieron que sentenciaran a Franklin? Aunque es evidente que el fiscal y el jurado le creyeron a la hija de Franklin, hay suficientes razones para cuestionar la validez de los *recuerdos reprimidos*, que se refieren a recuerdos de acontecimientos que al principio resultan tan aterradores que la mente responde colocándolos en el inconsciente. Los defensores de la idea de los recuerdos reprimidos sugieren que pueden permanecer ocultos, quizá durante toda la vida de una persona, a menos que sean disparados por alguna circunstancia actual, como los sondeos que ocurren durante la terapia psicológica.

Sin embargo, la psicóloga Elizabeth Loftus (1997) argumenta que los recuerdos reprimidos pueden ser inexactos o incluso falsos por completo. Señala lo fácil que es inculcar recuerdos que las personas creen que son reales. Por ejemplo, en un experimento, un estudiante de nombre Jack escribió una historia para que la leyera su hermano menor, Chris, de 14 años de edad. Describía un acontecimiento que nunca ocurrió:

"Era 1981 o 1982. Recuerdo que Chris tenía cinco años de edad. Habíamos ido de compras al centro comercial de la Ciudad Universitaria en Spokane. Después de algo de pánico, encontramos que Chris era conducido por un hombre viejo y alto (creo que el individuo usaba una camisa de franela). Chris estaba llorando, tomado de la mano del hombre. Este último explicó que había encontrado a Chris vagando y llorando unos momentos antes y que trataba de ayudarlo a encontrar a sus padres."

Unas cuantas semanas más tarde, Chris estaba convencido de que el acontecimiento había sucedido en realidad. Describió el color de la camisa de franela del anciano, su cabeza calva y cómo se sintió "en verdad asustado". Aun cuando se le informó que eso no había sucedido nunca, Chris se aferró a su recuerdo, diciendo: "¿En verdad? Creo que recuerdo haberme perdido... y andar buscándolos a ustedes. Recuerdo eso, y luego el llanto de mamá diciéndome: ¿Dónde estabas? No... vuelvas a hacerlo?" (Loftus, 1993, p. 532).

Es evidente que las personas son potencialmente susceptibles a tener recuerdos falsos. ¿Por qué? Algunos de éstos ocurren cuando las personas son incapaces de recordar la fuente del recuerdo de un suceso particular sobre el que sólo tengan imágenes vagas. Cuando la fuente de la memoria es imprecisa o ambigua, las personas empiezan a confundir si experimentaron en realidad el suceso o si lo imaginaron. A final de cuentas, el recuerdo comienza a parecer auténtico y las personas pueden llegar a creer que el suceso ocurrió en verdad (Roediger y McDermott, 1995; Zaragoza y Mitchell, 1996; Read, 1996; Payne *et al.*, 1996; Mitchell y Zaragoza, 1996; McDermott, 1996).

De hecho, algunos terapeutas han sido acusados de alentar de modo inadvertido a las personas que acuden a ellos con dificultades psicológicas a recrear crónicas falsas de experiencias sexuales infantiles. Por ejemplo, la hipnosis, que en ocasiones se usa para ayudar a las personas a recordar sucesos que habían olvidado en realidad puede crear recuerdos falsos. Además, existen muchas declaraciones de recuerdos reprimidos que recibieron mucha publicidad, como las de feligreses de iglesias católicas que recuerdan que un sacerdote abusó de ellos durante su infancia. Esta publicidad crea la posibilidad de que los recuerdos reprimidos parezcan más legítimos y, como consecuencia, pueden preparar a las personas para que recuerden sucesos que nunca ocurrieron (Lynn, 1997).

Por otra parte, muchos psicólogos ven a los recuerdos reprimidos como un fenómeno muy real. Basándose en el modelo psicodinámico del comportamiento humano, examinado en el capítulo 1, afirman que es razonable suponer que algunos recuerdos son tan dolorosos que son obligados a permanecer en el inconsciente. Sugieren que el abuso sexual infantil es tan traumático que las personas están motivadas para olvidar su ocurrencia. En apoyo de sus opiniones, señalan casos en los que es posible confirmar los recuerdos antes reprimidos de abuso infantil (Frederickson, 1992; Whitfield, 1995; Davies, 1996).

Es poco probable que la controversia respecto a la legitimidad de los recuerdos reprimidos se resuelva pronto. Muchos psicólogos, en particular aquellos que proporcionan terapia, se inclinan más a considerar la realidad de los recuerdos reprimidos. En contraste, muchos investigadores de la memoria sostienen que no hay apoyo científico para la existencia de tales recuerdos (Brown y Pope, 1996; Pezdek y Banks, 1996; Loftus, 1997).

Mientras tanto, parece claro que algunos recuerdos de traumas infantiles pueden ser olvidados en forma temporal y recordados más adelante en la vida. Es igual de cierto que determinados recuerdos de la juventud son imprecisos o incluso falsos por completo. El desafío es distinguir la verdad de la ficción.

Memoria autobiográfica: donde el pasado se encuentra con el presente

Los recuerdos de experiencias de su propio pasado bien podrían ser ficción, o por lo menos una distorsión de lo que ocurrió en realidad. Los mismos procesos constructivos que actúan para hacernos recordar de manera imprecisa el comportamiento de los demás también reducen la precisión de los recuerdos autobiográficos. La **memoria autobiográfica** se refiere a nuestros recuerdos de circunstancias y episodios de nuestras propias vidas (Mullen y Yi, 1995; Thompson *et al.*, 1996; Rubin, 1996; Stein *et al.*, 1997).

Por lo regular existe la tendencia a olvidar la información acerca de nuestro pasado que es incompatible con la forma en que nos percibimos en el presente. Un estudio descubrió que los adultos bien adaptados, pero que habían recibido tratamiento como consecuencia de problemas emocionales durante los primeros años de sus vidas, tendían a olvidar sucesos importantes pero problemáticos de la infancia. Por ejemplo, olvidan circunstancias difíciles como que su familia haya recibido cupones de ayuda social cuando eran niños, el haber sido criados en hogares adoptivos o su estancia en un tutelar para menores (Robbins, 1988). De modo similar, las personas que están deprimidas recuerdan con mayor facilidad sucesos tristes de su pasado que aquellas que son felices, y los adultos que dicen ser felices recuerdan más sucesos placenteros que acontecimientos tristes (Eich, 1995; Mayer, McCormick y Strong, 1995; Stein *et al.*, 1996).

No se trata de que se distorsionen sólo determinados tipos de sucesos, sino que se recuerdan con mayor facilidad periodos particulares de la vida que otros. Por ejemplo, cuando las personas llegan a la tercera edad, recuerdan mejor sus periodos de vida en que experimentaron transiciones importantes, como asistir a la universidad o su primer empleo, que los años de su edad madura (Rubin, 1985; Fitzgerald, 1988; Fromholt y Larsen, 1991).

Memoria autobiográfica:
recuerdos de circunstancias y episodios de nuestras propias vidas

Exploración de la diversidad

¿Hay diferencias transculturales en la memoria?

Muchos viajeros que han visitado áreas del mundo en las que no existe un lenguaje escrito, regresan con relatos de personas con memorias fenomenales. Se supone que debido a que no tienen un lenguaje escrito, las personas en esas culturas desarrollan memorias capaces de proporcionar una especie de registro oral que da seguimiento a sucesos importantes en la historia de la sociedad. Por ejemplo, los narradores en algunas culturas analfabetas pueden hacer un recuento de largas crónicas que recuerdan los nombres y actividades de personas durante muchas generaciones (Rubin, 1995).

Con base en estas anécdotas, los expertos en la memoria al principio afirmaron que las personas en las sociedades analfabetas desarrollan un tipo de memoria diferente, y quizá mejor, que aquellas en las culturas que emplean un lenguaje escrito (Bartlett, 1932; Cole y Gay, 1972). Argumentan que, en una sociedad que carece de escritura, las personas van a estar motivadas a recordar información con exactitud, en particular historias y tradiciones tribales que de otra manera se perderían si no fueran transmitidas en forma oral de una generación a otra.

Sin embargo, enfoques más recientes de las diferencias culturales sugieren una conclusión diferente. Por una parte, los pueblos analfabetos no tienen exclusividad sobre las proezas sorprendentes de memoria. Por ejemplo, ciertos eruditos hebreos saben de memoria el texto entero del Talmud, una larga recopilación de comentarios bíblicos. No sólo han memorizado sus miles de páginas, sino que pueden recordar qué palabra está impresa en determinada ubicación cuando se les da un número de página. Del mismo modo, los cantores de poesía en Yugoslavia conocen al menos 30 canciones de memoria, cada una de las cuales tiene varios miles de líneas de longitud. Incluso en culturas donde existe el lenguaje escrito, son posibles las hazañas de memoria asombrosa (Neisser, 1982).

Los expertos en memoria sugieren que hay semejanzas y diferencias en la memoria entre diversas culturas. De acuerdo con el psicólogo Daniel Wagner, los procesos básicos de memoria, como la capacidad de la memoria a corto plazo y la estructura de la memoria a largo plazo, son universales y operan de forma similar en personas de todas las culturas (Wagner, 1981). En contraste, las diferencias culturales influyen en la forma en que se adquiere, ensaya y recupera de la memoria determinada información. En consecuencia, la cultura determina cómo consideran y enmarcan las personas la información al principio, cuánto practican para aprenderla y recordarla, y qué estrategias emplean para tratar de recordarla.

En resumen, la asociación entre la cultura y la memoria puede compararse con la relación entre el equipo y los programas para computadora. Los procesos de memoria básicos, análogos al "equipo" de cómputo, son universales a través de las culturas. Por otra parte, los "programas" de la memoria, la forma en que la información es adquirida, ensayada y recuperada inicialmente, son influidos por la naturaleza de una cultura específica. ∎

Recapitulación, revisión y reflexión

Recapitulación

- El fenómeno de "en la punta de la lengua" se refiere a la incapacidad de recordar algo que una persona está segura de saber.

- Las claves de recuperación revisten especial importancia cuando se recuerda la información, en contraste con cuando se le reconoce.

- Los recuerdos fotográficos son aquellos que se centran en un suceso específico e importante y tienen tanta claridad como si fueran una fotografía del evento.

- Los recuerdos son afectados, al menos en parte, por procesos constructivos, los cuales influyen en el significado que damos a los sucesos. La memoria autobiográfica, por ejemplo, puede ser distorsionada por procesos constructivos.

- Los procesos básicos de memoria son universales, aunque la manera en que la información es adquirida, ensayada y recuperada inicialmente difiere entre culturas.

Revisión

1. Mientras estaba con un grupo de amigos en un baile, Evita se encontró con un hombre con quien salió el mes pasado. Cuando trató de presentárselo a sus amigos, no fue capaz de recordar su nombre, aunque estaba segura de conocerlo. ¿Cuál es el término que describe este hecho?

2. El _____ se emplea cuando se pide a una persona que recupere un elemento específico de su memoria.

3. Un amigo de su madre le dice: "Sé exactamente dónde estaba y lo que estaba haciendo cuando me enteré de que Elvis había muerto." ¿Qué fenómeno explica esta clase de recuerdo?

4. La persona de la pregunta número 3 posiblemente podría describirle también con precisión los detalles de la ropa que llevaba puesta cuando murió Elvis, incluyendo el color de las agujetas de sus zapatos de ante azul. ¿Verdadero o falso?

5. La recuperación de recuerdos no sólo es influida por la realidad objetiva, sino también por nuestra construcción de los acontecimientos pasados. ¿Verdadero o falso?

6. Los _____ son "temas" que contienen pocos detalles específicos, los cuales empleamos para organizar la información en la memoria.

Las respuestas a las preguntas de revisión se encuentran en la página 254.

Reflexión

1. ¿Las claves de recuperación son explicadas por modelos asociativos de la memoria? ¿Cómo se relacionan las claves de recuperación con la imprimación?

2. ¿Cómo ayudan los esquemas a procesar la información durante la codificación, almacenamiento y recuperación? ¿En qué formas son útiles? ¿Pueden contribuir a tener recuerdos autobiográficos imprecisos?

3. ¿Cómo se podrían mejorar los juicios criminales, teniendo en cuenta lo que sabe ahora acerca de los errores de la memoria y los prejuicios?

EL OLVIDO: CUANDO FALLA LA MEMORIA

▶ **¿Por qué olvidamos la información?**

▶ **¿Cuáles son las bases biológicas de la memoria?**

▶ **¿Cuáles son los principales trastornos de la memoria?**

Literalmente, no era capaz de recordar nada, es decir, nada que hubiera ocurrido desde la pérdida de los lóbulos temporales y el hipocampo de su cerebro como consecuencia de una cirugía experimental que tenía por objetivo reducir sus ataques epilépticos. Hasta ese momento, su memoria había sido bastante normal; pero a partir de la operación era incapaz de recordar cualquier cosa más allá de unos cuantos minutos, después de los cuales el recuerdo parecía desaparecer para siempre. No podía recordar su dirección o el nombre de la persona con la que estaba hablando. Podía leer la misma revista una y otra vez sin recordarla. Según su propia descripción, su vida era algo así como despertar de un sueño y ser incapaz de saber dónde se encontraba o cómo había llegado allí (Milner, 1966)

Las dificultades a las que se enfrenta una persona que carece de memoria normal son innumerables, como lo ejemplifica el caso comentado en el párrafo anterior. Todos los que hayamos experimentado aunque sea un caso rutinario de olvido, como puede ser no recordar el nombre de un conocido o un dato en el momento de un examen, comprendemos las serias consecuencias de las fallas en la memoria.

Los primeros intentos por estudiar el olvido los realizó el psicólogo alemán Hermann Ebbinghaus, aproximadamente hace cien años. Valiéndose de sí mismo como único sujeto de estudio, memorizó listas de sílabas sin sentido de tres letras, grupos de dos consonantes con una vocal en medio carentes de significado, como FIW y BOZ. Midió con cuánta facilidad podía volver a aprender una lista determinada de palabras después de que hubieran transcurrido distintos periodos desde el aprendizaje inicial, con lo cual logró descubrir que el olvido se producía de forma sistemática, como se muestra en la figura 6.13. Como lo indica esta figura, el olvido más rápido ocurre en las primeras nueve horas, en particular en la primera hora. Después de nueve horas, el índice de olvido disminuye poco en cantidad y velocidad, incluso después del transcurso de muchos días.

A pesar de lo primitivo de sus métodos, la investigación de Ebbinghaus influyó en forma notable sobre investigaciones posteriores, y sus conclusiones básicas han sido confirmadas (Wixted y Ebbesen, 1991). Casi siempre se produce un fuerte decaimiento ini-

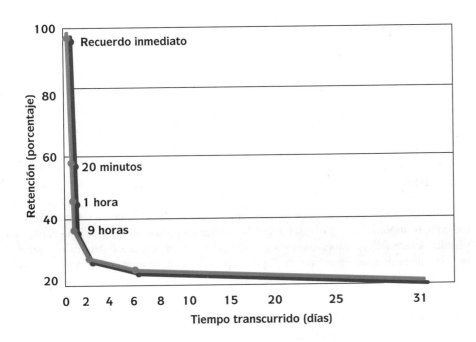

FIGURA 6.13 *En su trabajo clásico, Ebbinghaus encontró que el olvido más rápido ocurre durante las primeras nueve horas posteriores a la exposición a material nuevo. Sin embargo, la tasa de olvido luego se hace más lenta y disminuye muy poco aun después de que transcurran muchos días. Fuente: Ebbinghaus, 1885.*

cial de la memoria, seguido de una disminución más gradual a medida que avanza el tiempo. Además, volver a aprender material que previamente se dominaba casi siempre resulta más rápido que comenzar desde el inicio, ya sea que se trate de información académica o una habilidad motora, como servir en un partido de tenis.

Los esfuerzos para comprender el problema de *por qué* olvidamos han planteado dos soluciones principales. Una teoría explica el olvido con base en un proceso al que se denomina **decaimiento** o pérdida de la información como consecuencia de su falta de uso. Esta explicación supone que cuando se aprende nuevo material se produce una **huella mnémica** o **engrama**: un cambio físico real ocurrido en el cerebro. En el decaimiento, la huella sencillamente se desvanece sin dejar nada tras de sí, como resultado del simple transcurso del tiempo.

A pesar de las evidencias que indican la ocurrencia del decaimiento, ello no parece representar una explicación completa del olvido. Con frecuencia no hay relación alguna entre el tiempo que una persona estuvo expuesta a una información y la precisión con que la recuerda. Si el decaimiento explicara todo el olvido, deberíamos esperar que mientras más largo sea el tiempo transcurrido entre el aprendizaje inicial de la información y nuestro intento de recordarla, más difícil será esta última operación, puesto que habría pasado más tiempo para que decayera la huella mnémica. Sin embargo, las personas a quienes se les realizan diversos exámenes consecutivos acerca del mismo material, con frecuencia recuerdan una mayor parte de la información original cuando realizan los exámenes posteriores que cuando respondían los primeros. Si el decaimiento estuviera operando, deberíamos esperar que ocurriera justamente lo opuesto (Payne, 1986).*

Debido a que el decaimiento no es suficiente para dar una explicación completa acerca del olvido, los investigadores de la memoria han propuesto un mecanismo adicional: la **interferencia**. Cuando ésta sobreviene, cierta información de la memoria desplaza o bloquea a otra información e impide que se la recuerde.

Para distinguir entre el decaimiento y la interferencia, piense en ambos procesos en función de filas de libros en un anaquel de biblioteca. En el decaimiento, los libros viejos

Decaimiento: pérdida de información como resultado de la falta de uso

Huella mnémica o engrama: cambio físico real en el cerebro que ocurre cuando se aprende material nuevo

Interferencia: fenómeno por el que la información en la memoria desplaza o bloquea otra información, impidiendo su recuerdo

---

* *N. de la R. T.* Sin embargo, estos experimentos no son los más adecuados, puesto que con cada examen se da una nueva oportunidad de practicar el material, por lo que no se puede medir directamente el olvido del material original.

se pudren y se rompen continuamente en pedazos y dejan su lugar para que otros vengan a ocuparlo. Los procesos de interferencia sugieren que los libros nuevos desplazan de su lugar en el anaquel a los viejos, con lo que los hacen inaccesibles.

La mayor parte de las investigaciones sugieren que la interferencia es el proceso clave del olvido (Potter, 1990; Wang y Arbib, 1993; Mel'nikov, 1993; Bower, Thompson y Tulving, 1994). Olvidamos las cosas principalmente como resultado de que nuevos recuerdos interfieren con la recuperación de recuerdos viejos y no tanto porque haya decaído la huella mnémica.

A pesar de que podemos concebir a la interferencia de modo negativo, es importante considerar que puede aumentar nuestra capacidad para comprender al mundo que nos rodea e interactuar con él. La interferencia nos ayuda a desarrollar recuerdos generales y sumarios de nuestras experiencias. Por ejemplo, en lugar de recordar cada uno de los detalles de todos los encuentros con un profesor determinado, tendemos a recordar los episodios más importantes y a olvidar aquellos que tienen menor relevancia. Esta capacidad permite desarrollar un panorama general, aunque no necesariamente detallado o preciso por completo, de cómo han sido en el pasado nuestros encuentros con el profesor. Además, nos ayuda a anticipar el curso de las interacciones futuras (Potter, 1990).

Interferencias proactiva y retroactiva: antes y después del olvido

Existen dos tipos de interferencia que influyen en el olvido: la proactiva y la retroactiva. En la *interferencia proactiva*, la información que previamente se aprendió interfiere con el recuerdo de materiales más recientes. Suponga que, en calidad de estudiante de lenguas extranjeras, aprendió inglés en primero de bachillerato y que en segundo tomó clases de francés. Cuando sea tiempo de presentar un examen de aprovechamiento en francés para ingresar a la universidad, es posible que tenga problemas para traducir al francés determinada palabra, debido a que sólo recuerda su equivalente en inglés.

Por otra parte, la *interferencia retroactiva* se refiere a la dificultad para recordar información como consecuencia de una exposición posterior a materiales diferentes. Por ejemplo, si tiene dificultades en un examen de conocimientos del inglés como resultado de su exposición más reciente al francés, la interferencia retroactiva es la responsable de ello (véase figura 6.14). Una forma de recordar la diferencia entre la interferencia proactiva y la retroactiva consiste en tener en cuenta que la interferencia *proactiva* actúa hacia el futuro, es decir, el pasado interfiere con el presente, en tanto que la interferencia *retroactiva* opera hacia el pasado, retrocediendo de modo que el presente interfiere con el pasado.

Aunque los conceptos de las interferencias proactiva y retroactiva sugieren las razones por las que se puede olvidar la información, todavía no logran explicar si el olvido producido por la interferencia tiene su origen en la pérdida o modificación real de la información o en problemas con la recuperación del material. La mayor parte de las investigaciones contemporáneas sugiere que el material que aparentemente se ha perdido debido a la interferencia puede recordarse después si se presentan los estímulos adecuados (Tulving y Psotka, 1971; Anderson, 1981), pero este problema no ha sido resuelto aún en su totalidad. En un esfuerzo por resolverlo, algunos psicólogos han empezado por analizar las bases biológicas de la memoria con el fin de comprender mejor qué es lo que se recuerda y qué es lo que se olvida, una vertiente de investigación cada vez más importante y que examinamos a continuación.

Respuestas a las preguntas de revisión:

1. Fenómeno de "en la punta de la lengua"   2. recuerdo   3. memoria fotográfica   4. Falso; los detalles pequeños tal vez no puedan ser recordados por medio de la memoria fotográfica   5. Verdadero   6. esquemas

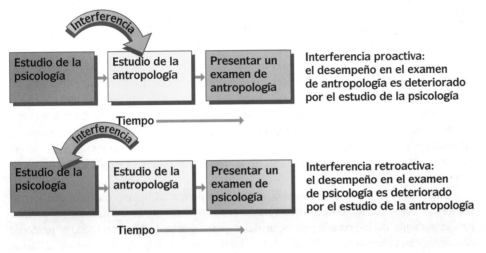

FIGURA 6.14 *La interferencia proactiva ocurre cuando el material aprendido con anterioridad interfiere con el recuerdo de material más reciente. En este ejemplo, la exposición a la psicología antes de aprender antropología interfiere con el desempeño en un examen de antropología. En contraste, la interferencia retroactiva existe cuando el material aprendido después de la exposición inicial a otro material interfiere con el recuerdo del primer material. En este sentido, la interferencia retroactiva ocurre cuando el recuerdo de la psicología es afectado debido a la exposición posterior a la antropología.*

Las bases biológicas de la memoria: la búsqueda del engrama

¿Dónde reside la memoria? La búsqueda del engrama, el cambio físico en el cerebro que corresponde a la memoria, ha dado como resultado el desarrollo de varias rutas imaginativas de investigación. Este trabajo ha extendido nuestro conocimiento de los fundamentos biológicos de la memoria en varias direcciones (Rosenzweig, 1996; Milner, 1996).

Quizá la forma más básica de responder a la interrogante sobre el lugar en el que se "localiza" la memoria es considerar el nivel de las neuronas individuales y sus interconexiones químicas. La mayoría de los estudios sugiere que recuerdos particulares producen cambios bioquímicos en sinapsis específicas entre neuronas. Las investigaciones con el caracol marino, un organismo primitivo que puede aprender respuestas simples, han mostrado que ocurren cambios sistemáticos en sus sinapsis durante el aprendizaje. De manera específica, la capacidad de que una neurona particular libere sus neurotransmisores aumenta o disminuye como resultado del aprendizaje. Si la retención de la respuesta es a corto plazo, los cambios neuronales serán temporales. Por otra parte, si tiene lugar una retención a largo plazo, ocurrirán cambios estructurales permanentes en las conexiones neuronales. Es obvio que esta diferencia entre los cambios fugaces y permanentes en el cerebro corresponde a la distinción entre la memoria a corto y a largo plazo (Kandel y Schwartz, 1982; Mayford *et al.*, 1992; Kandel y Abel, 1995).

Resulta justo preguntar en qué medida podemos generalizar del modesto caracol marino a los humanos. Sin embargo, las investigaciones con diferentes especies han producido resultados que sugieren que los procesos subyacentes son similares. Además, este argumento es consistente con la investigación de la *potenciación a largo plazo*: aumentos de larga duración en la intensidad de la sensibilidad en varias sinapsis. Ciertas vías neuronales al parecer se excitan con facilidad mientras se aprende una respuesta, aparentemente conforme se forma un recuerdo. Es como si expandiéramos el tamaño de una manguera para jardín a fin de permitir que se descargue más agua (Martinez y Derrick, 1996; Oliet, Malenka y Nicoll, 1996; Kilborn, Lynch y Granger, 1996; Johnston, 1997).

En resumen, la potenciación a largo plazo aumenta la excitabilidad de neuronas y vías neuronales particulares. Al mismo tiempo, ocurren cambios en el número de sinapsis conforme se ramifican las dendritas. A estos cambios se les conoce como *consolidación*, es decir, el proceso por el que los recuerdos se vuelven fijos y estables en la memoria a largo plazo. Los recuerdos a largo plazo requieren de algún tiempo para estabilizarse, lo cual explica por qué los acontecimientos y otros estímulos no se fijan de manera súbita en la memoria. En lugar de ello, la consolidación puede continuar durante días e incluso años (Abel *et al.*, 1995; Squire, 1995).

El sitio del engrama

Es evidente que la memoria produce cambios en un nivel neuronal. Pero, ¿en qué parte del cerebro tiene lugar esta actividad?

Esta pregunta ha demostrado ser un difícil acertijo para los psicólogos que se interesan en la memoria. La búsqueda se inició en la década de 1920, cuando el psicólogo Karl Lashley realizó una serie de experimentos en los cuales retiraba distintas porciones de la corteza cerebral de ratas de laboratorio. Descubrió que las ratas que debían volver a aprender un problema que implicaba recorrer un laberinto mostraban deficiencias de aprendizaje proporcionales al grado en que se habían dañado sus cortezas; cuando era mayor la cantidad de material retirado de la corteza, mayores eran sus dificultades de aprendizaje.

Fue más intrigante, sin embargo, el hallazgo de que el tiempo que requería el reaprendizaje del problema no guardaba relación con la *ubicación* específica del daño. Independientemente de la porción particular del cerebro que se hubiera retirado, el grado de deficiencia en el aprendizaje era similar, lo cual sugería que las huellas mnémicas no se localizan en un lugar específico sino que están algo distribuidas. Los resultados de las investigaciones de Lashley, resumidos en un famoso trabajo titulado *In Search of the Engram*, condujeron a la teoría, sostenida durante varias décadas, de que los recuerdos almacenados tienen una distribución uniforme a lo largo y ancho del cerebro (Lashley, 1950).

Las investigaciones contemporáneas sobre la biología del aprendizaje parecen sugerir una conclusión distinta. Estos estudios muestran que distintas áreas de la corteza procesan de manera simultánea la información relativa a dimensiones específicas del mundo, incluyendo estímulos visuales, auditivos y otros estímulos sensoriales. Debido a que distintas áreas del cerebro están implicadas de manera simultánea en el procesamiento de la información relativa a los distintos aspectos de un estímulo, parece razonable que el almacenamiento de información pueda estar vinculado con los sitios de procesamiento y por tanto se localice en esas áreas específicas. De acuerdo con esta perspectiva, la ubicación de un engrama depende de la naturaleza del material que se está aprendiendo y del sistema neuronal específico que haya procesado la información (Alkon, 1987; Matthies, 1989; Desimone, 1992; Squire, 1987, 1993).

¿Cómo podemos reconciliar la creciente opinión contemporánea de que la memoria se relaciona con tipos específicos de procesamiento neuronal utilizados durante el aprendizaje, cuando tomamos en consideración los descubrimientos de Lashley en el sentido de que las deficiencias de memoria no se relacionan con la ubicación del daño realizado en la corteza? Una respuesta radica en señalar que la contradicción existente entre ambos es más aparente que real. Por ejemplo, es probable que el procedimiento de Lashley, que implicaba que las ratas recorrieran un laberinto, incluya varios tipos de información y aprendizaje, como información visual, configuración espacial, olores y, tal vez, hasta sonidos. Suponiendo que éste sea el caso, el aprendizaje y el procesamiento de información tienen que haberse producido en distintas modalidades simultáneamente, aunque se supone que en diferentes áreas del cerebro. Si cada una de estas modalidades de procesamiento produjera una huella distinta en la memoria, la remoción de cualquier área específica de la corteza dejaría aún intactas otras huellas mnémicas y produciría la misma deficiencia aparente en el desempeño, sin importar el área cortical que haya sido removida.

En este sentido, parece ser que la memoria está localizada en áreas específicas en las que cada huella mnémica se relaciona con un sistema específico de procesamiento de información en el cerebro. Pero en un sentido más amplio, dichas huellas se distribuyen a lo largo del cerebro, en vista de que diversos sistemas de procesamiento cerebral están implicados en cualquier situación de aprendizaje (Squire, 1987; Bear, Cooper y Ebner, 1987; Cotman y Lynch, 1989; Prado-Alcala, 1995).

Otros científicos siguen diferentes líneas de investigación para conocer los fundamentos biológicos de la memoria. Por ejemplo, trabajos recientes sugieren que el hipocampo desempeña una función central en la consolidación de los recuerdos, lo que permite que sean almacenados en la corteza cerebral (Zola-Morgan y Squire, 1990, 1993; Gluck y Myers, 1997).

Investigadores que emplean tomografías por emisión de positrones, las cuales miden la actividad bioquímica en el cerebro, han encontrado recientemente que las huellas mnémicas neuronales están muy especializadas. Por ejemplo, a los sujetos de un experimento se les dio una lista de sustantivos para que los leyeran en voz alta. Después de leer cada palabra se les pidió que sugirieran un verbo relacionado. Después de leer el sustantivo "perro", por ejemplo, podrían haber propuesto el verbo "ladrar".

Distintas áreas del cerebro mostraron un aumento en la actividad neuronal cuando los sujetos hicieron la tarea por primera vez (véase figura 6.15). Sin embargo, si repetían la tarea con los mismos sustantivos varias veces, la actividad cerebral cambiaba a otra área. Lo más interesante es que si se les daba una lista nueva de sustantivos, la actividad en el cerebro regresaba a las áreas que se habían activado al principio.

Los resultados sugieren que una porción particular del cerebro está implicada en la producción de palabras, y pasa a otra parte cuando el proceso se vuelve rutinario; en otras palabras, cuando la memoria entra en funcionamiento. Sugiere, además, que la memoria está distribuida en el cerebro no sólo con base en su contenido, sino en su función (Horgan, 1993; Corbetta et al., 1993; Petersen y Fiez, 1993).

Además, parece que ciertas sustancias químicas y neurotransmisores están vinculados con la formación de la memoria, con sus daños y sus mejoras. Como se expone en el recuadro *Aplicación de la psicología en el siglo XXI* de este capítulo, esto sugiere un escenario futurista en el que las personas toman en forma rutinaria ciertas sustancias para mejorar su memoria.

Trastornos de la memoria: las tribulaciones del olvido

Para un observador casual, Harold parece ser un buen jugador de golf. Parece haber logrado aprender el juego a la perfección; sus golpes prácticamente no tienen fallas.

Sin embargo, cualquiera que lo acompañe en el campo de golf de seguro se percatará de algunas incongruencias sorprendentes. A pesar de que es capaz de analizar una situación y golpear la pelota exactamente hacia el objetivo que desea, no puede recordar dónde acaba de caer la pelota. Al final de cada hoyo, olvida la puntuación (Schacter, 1983; Blakeslee, 1984, p. C1).

El problema de Harold es que sufre de la *enfermedad de Alzheimer*, un padecimiento que incluye entre sus síntomas serios problemas de memoria. Esta enfermedad, de la

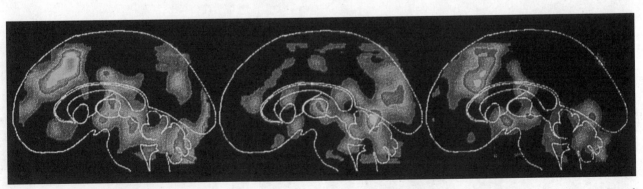

FIGURA 6.15 *Tomografías por emisión de positrones a un sujeto en un experimento a quien se le pidió primero que leyera una lista de sustantivos y propusiera un verbo relacionado (tomografía de la izquierda). Cuando se le pidió que realizara la tarea en forma repetida con la misma lista de sustantivos, se activaron diferentes áreas del cerebro (centro). Sin embargo, cuando se le dio al sujeto una lista nueva de sustantivos, se reactivaron las regiones del cerebro que estaban implicadas en un principio (derecha). Fuente: doctor Steven E. Peterson/Washington University.*

Aplicación de la psicología en el siglo XXI

¿Se avisoran en el horizonte fármacos para la memoria?

¿Nuestros futuros viajes por la senda de la memoria comenzarán en los pasillos de una farmacia? Esta extraña posibilidad puede volverse realidad algún día, conforme los investigadores encuentran evidencia creciente de que ciertas sustancias pueden ayudar a mejorar la memoria. Estas investigaciones conducen a la posibilidad de que se diseñen fármacos para mejorar los recuerdos deseados o incluso, quizá, suprimir los indeseables, como los recuerdos de acontecimientos traumáticos.

De acuerdo con el investigador de memoria James L. McGaugh, director del Center for the Neurobiology of Learning and Memory en la Universidad de California en Irvine: "es alta la probabilidad de que haya disponible un fármaco para la memoria de efectividad al menos moderada en un futuro no muy distante" (Kotulak, 1995, p. 1).

Hay varios tipos de fármacos para mejorar la memoria que se están desarrollando en la actualidad. Una sustancia llamada nimodipina ayuda en la codificación inicial del material. De manera más específica, el fármaco trata un problema experimentado por algunos adultos mayores en el que las moléculas de calcio se

"filtran" de las neuronas individuales en el cerebro. Esta filtración interfiere con la codificación del material nuevo y en lo subsecuente da como resultado un recuerdo menos efectivo. La nimodipina reduce la filtración neuronal, estimulando por consiguiente la eficiencia de las neuronas en el procesamiento de las cargas eléctricas. A su vez, esta mayor eficiencia permite que se aprenda material nuevo y más tarde se recuerde en forma más efectiva.

El enfoque más reciente para el mejoramiento de la memoria implica incrementar la eficiencia de la potenciación a largo plazo, proceso por el que vías neurales particulares se excitan con mayor facilidad a medida que se forma la memoria. Debido a que ciertos fármacos incrementan la potenciación de la memoria a largo plazo, parece razonable que estas sustancias pudieran emplearse para mejorarla. De acuerdo con el investigador de memoria Gary Lynch: "Estamos hablando de una píldora que se tomaría y, dos minutos después y durante las siguientes horas, la información que está tratando de codificar en su cerebro se va a codificar mejor" (Kotulak, 1995, p. 16).

El objetivo inicial de Lynch y sus colegas es proporcionar un tratamiento más efectivo para personas que sufren de problemas de memoria producidos por enfermedades como la de Alzheimer. Para lograr esto, Lynch y sus colegas han desarrollado un fármaco llamado Ampalex, que en la actualidad está en estudio. Los resultados iniciales son alentadores. Por ejemplo, en un experimento, se le dieron dosis del fármaco a un grupo de voluntarios en Europa. Los participantes en el estudio obtuvieron puntuaciones cuatro veces más altas en una batería de pruebas de memoria que cuando no tomaron el fármaco. De hecho, su desempeño se elevó a niveles logrados por personas 35 años más jóvenes (Service, 1994; Beardsley, 1997).

Otros investigadores están examinando fármacos dirigidos a otras moléculas en el cerebro. Por ejemplo, el investigador Tim Tully y sus colegas han encontrado que una proteína conocida como CREB tiene un efecto marcado en la capacidad de las moscas de la fruta para recordar olores. Al alterar en forma genética una ubicación particular en los cerebros de las moscas de la fruta, los investigadores fueron capaces de afectar la producción de CREB y

Algunos trabajadores de emergencia aún son atormentados por recuerdos espantosos del bombazo en la ciudad de Oklahoma mucho después de que ocurrió el hecho. En el futuro, los trabajadores de emergencia podrán tomar fármacos antes de llegar a la escena de un accidente para prevenir que se desarrollen recuerdos traumáticos.

cambiar la capacidad de las moscas para aprender y recordar. Tully sugiere que las sustancias que afectan la producción de CREB pueden emplearse con el tiempo no sólo para mejorar la memoria, sino para prevenir los recuerdos recurrentes, intrusivos y desagradables que puede originar un suceso traumático. Una persona podría incluso tomar un fármaco así *antes* de ser expuesta a una situación siniestra. Por ejemplo, podría dársele a los trabajadores de rescate (como los que sacaron a las víctimas del bombazo en la ciudad de Oklahoma) un fármaco antes de llegar a la escena a fin de reducir los futuros recuerdos espantosos e impactantes (Connelly *et al.*, 1996; Schacter, 1996; Beardsley, 1997).

Los investigadores de la memoria están cada vez más optimistas acerca de las posibilidades de desarrollar sustancias que afecten la forma en que recordamos. De hecho, para principios del siglo XXI, tales fármacos pueden ser nada menos que memorables.

que ya se ha hablado antes en el capítulo, es la cuarta causa de muerte entre la población adulta de Estados Unidos. Afecta a cerca de 10% de las personas mayores de 65 años, y casi la mitad de quienes pasan de los 85 la desarrollan.

En sus etapas iniciales, los síntomas de esta enfermedad se presentan como una tendencia a olvidar cosas simples como citas o fechas de cumpleaños. A medida que avanza, la pérdida de la memoria se hace más profunda y hasta las labores más sencillas, como marcar un número telefónico, se olvidan por completo. En las últimas etapas, las víctimas pueden olvidar sus propios nombres o los rostros de los miembros de su familia. Además, se produce deterioro físico y es posible que se pierdan por completo las capacidades lingüísticas.

A pesar de que aún no se comprenden en su totalidad las causas de la enfermedad de Alzheimer, evidencias recientes sugieren que el padecimiento puede estar relacionado con determinado defecto hereditario, el cual conduce a dificultades para producir la proteína beta amiloide, sustancia necesaria para la conservación de las conexiones celulares nerviosas. Cuando se pierde el control de la producción de beta amiloide, se deterioran las células nerviosas del cerebro, lo cual origina los síntomas de la enfermedad de Alzheimer (Kitani, Aoba y Goto, 1996; Wurtman *et al.*, 1996; Wisniewski y Wegiel, 1996; Selkoe, 1997). (Para una exposición más detallada de la enfermedad de Alzheimer, véase el recuadro *Los caminos de la psicología* de este capítulo.)

Esta enfermedad es sólo uno de los diversos trastornos de la memoria que atormentan a sus víctimas. Otra de ellas es la *amnesia*, una pérdida de la memoria que se produce a causa de otras dificultades mentales. El caso clásico, inmortalizado en gran cantidad de obras dramáticas, es la víctima que recibe un golpe en la cabeza, como consecuencia del cual no puede recordar nada acerca de su pasado. En realidad, la amnesia de este tipo, conocida como amnesia retrógrada, es sumamente rara. La *amnesia retrógrada* origina la pérdida del recuerdo de sucesos ocurridos antes de cierto evento. Suele producirse una reaparición gradual de la memoria perdida, aunque pueden pasar varios años antes de que se logre una recuperación completa. En ciertos casos, algunos recuerdos se pierden para siempre (Baddeley, Wilson y Watts, 1995; Mayes y Downes, 1997; Parkin, 1997).

Un segundo tipo de amnesia es el ejemplificado por personas que no recuerdan nada de sus actividades actuales. La *amnesia anterógrada* provoca la pérdida de memoria de sucesos posteriores al sufrimiento de un daño. La información no puede transferirse de la memoria a corto plazo hacia la de largo plazo, lo cual produce la incapacidad de recordar nada que no hubiera estado ya en la memoria a largo plazo con anterioridad al accidente.

Los caminos de la psicología

Janice McGillick

Alzheimer's Association, Saint Louis

Nació en: 1950

Educación: B.A. en la Universidad de Missouri, Columbia; M. A. en la Universidad de Chicago

Residencia: St. Louis, Missouri

Crecer en una familia con múltiples generaciones no sólo le proporcionó a Janice McGillick un sentido real de la historia familiar, sino también la condujo a trabajar con personas que tienen la enfermedad de Alzheimer.

Janice McGillick (derecha)

"Mientras crecía, tuve un panorama cercano del envejecimiento de mis bisabuelos y pude ver cómo las personas podían pasar de ser miembros productivos e independientes de la comunidad a ser dependientes", dice McGillick, en la actualidad directora educativa de la sección de Saint Louis, Missouri, de la Alzheimer´s Association.

Después de haber tomado cursos que van desde introducción básica a la psicología durante el pregrado hasta cursos de desarrollo humano y envejecimiento en el posgrado, McGillick le concede el crédito a su educación en psicología por haberle proporcionado un fundamento fuerte para su trabajo al tratar a pacientes con Alzheimer en diversas etapas de la enfermedad.

Señaló que la pérdida de la memoria típica de la enfermedad de Alzheimer por lo general sigue un patrón establecido. "La memoria de las personas para los acontecimientos recientes se ve afectada primero. Tienden a perder contacto con eventos como la graduación de una nieta o un aniversario de bodas reciente", señaló. "Al mismo tiempo, rituales y rutinas como oraciones, canciones o el nombre de la madre son los tipos de material que un paciente tiende a retener."

"Desde el punto de vista del funcionamiento cotidiano, significa que no puedes recordar lo que almorzaste, realizar cálculos básicos, hacer el balance de una chequera o llevar a cabo el tipo de juicios que aprendemos cuando somos adultos. Con el tiempo", explica ella, "la enfermedad progresa y afecta a la memoria a largo plazo".

El trabajo con un paciente de Alzheimer requiere de paciencia y sensibilidad, según McGillick. "En las primeras etapas, tratas de organizar rutinas diarias de manera que la persona pueda lograr hacerlas", comentó. Sin embargo, conforme progresa la enfermedad, los cuidadores deben asumir cada vez más responsabilidades por el paciente. "Tenemos que modificar nuestras técnicas de comunicación para no hablar con oraciones compuestas", agregó. "Debemos mantener las cosas simples y hacerlos realizar una tarea a la vez. Conforme progresa la enfermedad, los cuidadores tienen que asumir la responsabilidad del juicio, como distinguir lo caliente de lo frío."

Los pacientes con Alzheimer requieren sensibilidad y comprensión, de acuerdo con McGillick, aun cuando la pérdida de la memoria lleve a las personas a contar la misma historia una y otra vez. "Tienes que dejar que las personas cuenten la historia, aun cuando puedas haberla escuchado miles de veces. Para ellos es importante."

La amnesia también está presente en las personas que padecen del *síndrome de Korsakoff*, enfermedad que afecta a los alcohólicos crónicos que han tenido una dieta inadecuada, lo cual provoca una deficiencia de vitamina B_1 (tiamina). A pesar de que muchas de sus capacidades intelectuales pueden estar intactas, quienes padecen esta enfermedad presentan una sintomatología extraña, que incluye tener alucinaciones, repetir las preguntas que formulan, incluso después de haber escuchado la respuesta, y relatar una y otra vez la misma historia.

Por fortuna, la mayoría tenemos memorias intactas, y las fallas ocasionales que llegamos a sufrir son preferibles a la posesión de una memoria perfecta. Piense, por ejemplo, el caso de un hombre que recordaba absolutamente todo. Después de leer pasajes de la *Divina Comedia* en italiano, un idioma que no sabía hablar, era capaz de repetirlos de memoria, incluso quince años después. Podía memorizar listas de 50 palabras que no tenían relación entre sí y recordarlas con facilidad más de una década más tarde. Inclusive era capaz de repetir la misma lista de palabras en sentido inverso, si se le pedía que lo hiciera (Luria, 1968).

En un principio, semejante capacidad parecía implicar muchas ventajas, pero en realidad significaba un enorme problema. La memoria de aquel hombre se convirtió en un montón de listas de palabras, números y nombres, y cuando trataba de relajarse, su mente estaba saturada de imágenes. Incluso le era difícil leer, puesto que cada una de las palabras evocaba todo un torrente de pensamientos del pasado que interferían con su capacidad para comprender el texto que leía. En parte como consecuencia de la extraña memoria del sujeto, el psicólogo A. R. Luria, quien estudió el caso, pensaba que era una "persona desorganizada y de escaso ingenio" (Luria, 1968, p. 65).

En este sentido, podemos estar agradecidos por el hecho de que ser un tanto olvidadizos cumple una función de mucha utilidad en nuestras vidas.

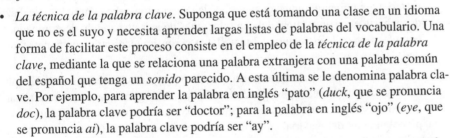

El consumidor de psicología bien informado

Optimización de la memoria

Aparte de las ventajas que implica olvidar, por ejemplo, los detalles de una película horripilante de ciencia ficción, la mayoría de nosotros desearía encontrar medios para mejorar la memoria. Si tomamos en cuenta lo que hemos comprendido acerca de la memoria, ¿es posible encontrar métodos prácticos para aumentar nuestra capacidad para recordar información? Por supuesto que sí. Las investigaciones han revelado diversas estrategias que se pueden emplear para ayudarnos a desarrollar mejor nuestra memoria (Hermann, 1991; Mastropieri y Scruggs, 1992; West, 1995; Herrmann *et al.*, 1996; VanLehn, 1996). Entre las mejores se encuentran las siguientes:

- *La técnica de la palabra clave*. Suponga que está tomando una clase en un idioma que no es el suyo y necesita aprender largas listas de palabras del vocabulario. Una forma de facilitar este proceso consiste en el empleo de la *técnica de la palabra clave*, mediante la que se relaciona una palabra extranjera con una palabra común del español que tenga un *sonido* parecido. A esta última se le denomina palabra clave. Por ejemplo, para aprender la palabra en inglés "pato" (*duck*, que se pronuncia *doc*), la palabra clave podría ser "doctor"; para la palabra en inglés "ojo" (*eye*, que se pronuncia *ai*), la palabra clave podría ser "ay".

  Una vez que ha pensado en una palabra clave, debe formar una imagen mental de ella "interactuando" gráficamente con la traducción al español de esa palabra. Por ejemplo, puede pensar en un doctor que examina a un pato para recordar la palabra *duck*, o que le pican el ojo y dice ¡ay! para recordar la palabra *eye*. Esta técnica ha producido excelentes resultados en el aprendizaje del vocabulario de lenguas extranjeras comparada con las técnicas más tradicionales que implican la memorización de las palabras mismas (Pressley y Levin, 1983; Pressley, 1987; Moore y Surber, 1992; Elhelou, 1994; Gruneberg y Pascoe, 1996).

- *El método de loci*. Si alguna vez ha tenido que hablar en su clase, conocerá bien la dificultad que implica recordar todos los asuntos que desea exponer. Una técnica que funciona con mucha eficacia fue desarrollada por los griegos en la antigüedad. Cuando los oradores trataban de memorizar discursos largos, utilizaban el *método de loci* (*loci* significa *lugares*, en latín) para organizar los recuerdos de lo que deseaban decir. Con esta técnica, se imagina que cada una de las partes del discurso "reside" en una ubicación específica dentro de una construcción.

  Por ejemplo, puede pensar que el prefacio de su charla se encuentra en el pasillo de entrada de su casa, el primero de los temas de importancia se encuentra en la sala, el siguiente tema principal se ubica en el comedor y así en forma sucesiva, hasta que el final de su discurso queda localizado en la última recámara de su hogar.

  Esta técnica puede adaptarse con facilidad para el aprendizaje de listas de palabras. Se supone que cada una de las palabras de la lista se localiza en una serie de ubicaciones secuenciales. Este método funciona mejor si se emplean las imágenes más extravagantes que sean posibles. Si desea recordar una lista de alimentos que consta de plátanos, salsa de tomate y leche, por ejemplo, puede imaginarse al plátano enredado entre las hojas de la begonia que se encuentra en la sala de su casa, la salsa de tomate derramada en uno de los extremos de la mesa y la leche escurriendo de una lámpara de mesa. Cuando llegue al supermercado, podrá "caminar" mentalmente por la sala de su casa y recordar con facilidad los elementos de su lista.

- *El fenómeno de la especificidad de la codificación.* Algunos investigadores sugieren que el mejor modo de recordar la información se produce en un entorno igual o muy parecido a aquel donde nos encontrábamos cuando la aprendimos inicialmente, fenómeno que se conoce como *especificidad de la codificación* (Tulving y Thompson, 1973). En este sentido, le puede ir mejor en un examen si estudia en el mismo salón de clase en que se realizará dicho examen. Por otra parte, si está obligado a realizar exámenes en un salón de clase distinto de aquel en el que estudió, no pierda el ánimo: las características del examen, como la redacción de las preguntas, en ocasiones son tan poderosas que superan por mucho a las claves más sutiles relacionadas con la codificación original del material (Bjork y Richardson-Klarehn, 1989).

- *La organización del material de los textos.* La mayor parte de las tareas importantes de la vida para memorizar no implican listas de palabras, sino más bien textos que se han leído. ¿Cómo se puede facilitar el recuerdo de este tipo de material? Una técnica probada para recordar mejor el material escrito consiste en organizarlo en la memoria cuando se lee por primera vez. Para ello es preciso, en primer lugar, identificar cualquier adelanto de información acerca de la estructura y el contenido del material, examinar el índice de materias, la descripción del capítulo, los encabezados y hasta el resumen final del capítulo, antes de leer un capítulo determinado. La comprensión de la estructura del material le permitirá recordarlo con mayor facilidad.

  Otra técnica consiste en hacerse a sí mismo preguntas acerca del material que acaba de leer y proceder a responderlas. Formular preguntas le permitirá realizar conexiones y descubrir relaciones entre los diversos hechos, lo cual facilitará el procesamiento del material en un nivel más profundo. Como lo sugiere el enfoque de los niveles de procesamiento (que expusimos antes), crear conexiones profundas ayudará a recordar posteriormente el material (Royer y Feldman, 1984). Por ejemplo, podría preguntarse en este momento: "¿cuáles son las principales técnicas para recordar el material consignado en libros?", y después intentar responder a la pregunta.

- *La organización de apuntes.* "Mientras menos, mejor", tal vez sea la recomendación más adecuada para tener apuntes que ayuden a recordar. En lugar de intentar transcribir todos los detalles de una clase, es mejor escuchar y pensar acerca del material, anotando los principales aspectos después de haberlos considerado en un contexto más amplio. Cuando se toman notas en forma eficiente, es más importante pensar antes acerca del material que escribirlo en forma directa. Ésta es una de las razones por las que pedir prestados los apuntes de otra persona es una mala práctica, puesto que no contará con un marco de referencia en la memoria que le sirva para comprenderlos (Peper y Mayer, 1978).

- *La práctica y el repaso.* Aun cuando la práctica no necesariamente lleva a la perfección, sí ayuda. Mediante el estudio y el repaso del material más allá del punto de su dominio inicial, proceso denominado *sobreaprendizaje*, las personas pueden contar con un mayor nivel de recuerdo a largo plazo que si dejaran de practicar el material en cuestión después del aprendizaje inicial.

  Con el tiempo, por supuesto, la práctica llega a tener poco efecto o ninguno; es probable que ya conozca tan bien su dirección que ninguna cantidad de práctica adicional hará que la recuerde mejor. Pero es sensato decir que, debido a la cantidad de información que se estudia en la mayor parte de los cursos, el material académico rara vez logra retenerse definitivamente, por lo cual lo más conveniente sería revisar de vez en cuando el material después de haberlo aprendido, con el fin de lograr un buen nivel de sobreaprendizaje.

Investigaciones acerca de los resultados de los ensayos elaborativos, comentados antes en este capítulo, sugieren también la importancia de plantear preguntas y ensayar sus respuestas de la manera más activa que se pueda. De esta forma, las conexiones entre las partes del material tienen mayores probabilidades de hacerse explícitas, lo que facilita su posterior recuerdo puesto que proporcionan gran cantidad de claves de recuperación.

Por último, las personas que acostumbran estudiar enormes cantidades de material a poco tiempo de la fecha de un examen deben tener presente que la mejor retención se logra mediante una práctica que se divide en varias sesiones, y no la que se obtiene durante una sola e intensa sesión larga. Las investigaciones demuestran con claridad que el cansancio y otros factores impiden que las sesiones de práctica excesivamente largas tengan la misma eficacia que la práctica distribuida en forma adecuada.

Recapitulación, revisión y reflexión

Recapitulación

- El decaimiento y la interferencia son las principales explicaciones del olvido.

- Existen dos tipos de interferencia: la proactiva (cuando la información aprendida con anterioridad interfiere con el recuerdo de información más reciente) y la retroactiva (cuando información nueva interfiere con la evocación de información aprendida con anterioridad).

- Los principales trastornos de la memoria son la enfermedad de Alzheimer, la amnesia retrógrada, la amnesia anterógrada y el síndrome de Korsakoff.

- Las técnicas específicas para mejorar el recuerdo de información incluyen el método de la palabra clave, el método de *loci*, el empleo de la especificidad de la codificación, la organización de la información de los libros, una manera adecuada de tomar apuntes y la práctica y el repaso.

Revisión

1. Después de estudiar la historia del Imperio Romano en un curso hace dos años, descubre que ahora no recuerda lo que había aprendido. Un amigo le dice que la falta de uso provocó la pérdida de esa información. ¿Cuál es el nombre formal de este proceso?

2. Un _____ es un cambio físico producido en el cerebro como consecuencia del aprendizaje.

3. ¿Qué fenómeno ejemplifican los recuerdos que son difíciles de recuperar como resultado de la presencia de otra información?

4. La interferencia _____ se produce cuando es difícil recuperar el material más antiguo debido a la exposición a ma-

terial más reciente. La interferencia _____ es la dificultad de recuperar material nuevo debido a la interferencia que ocasiona un material previo.

5. Relacione los siguientes trastornos de la memoria con la información adecuada:

1. Afecta a los alcohólicos; deficiencia de vitamina B_1 (tiamina)
2. Pérdida de la memoria que se produce a causa de otros problemas mentales
3. Defecto de proteína beta amiloide; olvido progresivo acompañado de un deterioro físico

a. Enfermedad de Alzheimer
b. Síndrome de Korsakoff
c. Amnesia

Las respuestas a las preguntas de revisión se encuentran en la página 265.

Reflexión

1. ¿El fenómeno de interferencia ayuda a explicar la falta de confiabilidad de la memoria autobiográfica? Explique su respuesta.

2. ¿Cómo podría ayudar la biopsicología, en especial el conocimiento obtenido gracias a la "búsqueda del engrama", al tratamiento de trastornos de la memoria como la amnesia?

3. ¿Puede emplear los conceptos relacionados con la memoria que ha aprendido en este capítulo para explicar cómo funciona el método de *loci* para mejorar el recuerdo? ¿Cómo ayuda emplear imágenes extravagantes para vincular los elementos de una lista con ubicaciones secuenciales? ¿Puede usar el método de *loci* de manera repetida con las mismas ubicaciones, o las asociaciones entre los elementos de la lista y las ubicaciones son permanentes? ¿Por qué?

¿Qué es la memoria?

1. La memoria es el proceso mediante el cual codificamos, almacenamos y recuperamos información. Existen tres tipos básicos de almacenamiento de memoria: la memoria sensorial, la memoria a corto plazo y la memoria a largo plazo.

¿Existen diversos tipos de memoria?

2. La memoria sensorial (constituida por recuerdos correspondientes a cada uno de los sistemas sensoriales) es el primer sitio donde se guarda la información acerca del mundo, aunque estos recuerdos son muy breves. Por ejemplo, la memoria icónica (que guarda las sensaciones visuales) dura menos de un segundo y la memoria ecoica (que corresponde a las sensaciones auditivas) dura menos de cuatro segundos. A pesar de su brevedad, los recuerdos sensoriales son sumamente precisos y almacenan una réplica casi idéntica de cada uno de los estímulos a los que está expuesta una persona. Sin embargo, a menos que sean transferidos a otros tipos de memoria, parece ser que los recuerdos sensoriales se pierden.

3. Alrededor de siete paquetes de información (dos más o dos menos) se pueden transmitir y almacenar en la memoria a corto plazo. Un paquete es un fragmento de información significativa, que puede ser desde una sola letra o dígito hasta categorizaciones de mayor complejidad. La información de la memoria a corto plazo se conserva de 15 a 25 segundos y, si no se transfiere a la memoria a largo plazo, se pierde principalmente a través de la interferencia, al igual que por medio del decaimiento. La interferencia es la pérdida de material a través del desplazamiento de material antiguo por información nueva, mientras que el decaimiento es la pérdida de información por su falta de uso.

4. Algunos teóricos sugieren que la memoria a corto plazo se comprende mejor como una memoria de trabajo que consta de tres partes. Desde esta perspectiva, hay un ejecutivo central, el cual coordina el material que se enfoca durante el razonamiento y la toma de decisiones, y dos subcomponentes: el cuaderno visoespacial y la espiral fonológica.

5. Los recuerdos se transfieren al almacén de largo plazo por medio del repaso. El tipo de repaso más eficaz es el ensayo elaborativo, en el que el material que se debe recordar se organiza y expande. Las técnicas formales de organización del material se denominan mnemotecnia.

6. Si los recuerdos se transfieren a la memoria a largo plazo, se vuelven relativamente permanentes. La memoria a largo plazo está formada por componentes o módulos, cada uno de los cuales se relaciona con sistemas de memoria separados en el cerebro. Por ejemplo, podemos distinguir entre la memoria declarativa (memoria para la información relativa a hechos: nombres, rostros, fechas, acontecimientos en nuestras vidas y cosas por el estilo) y la memoria procedimental (memoria para habilidades y hábitos como montar en bicicleta o batear una pelota de béisbol). La memoria declarativa se subdivide, además, en memoria episódica (recuerdos relacionados con nuestras vidas personales) y memoria semántica (conocimiento y hechos organizados).

7. La memoria explícita se refiere al recuerdo intencional o consciente de información. En contraste, la memoria implícita se refiere a los recuerdos de los cuales la gente no tiene conocimiento consciente, pero que pueden afectar el comportamiento y el desempeño posteriores. Algunos investigadores sugieren que existen dos sistemas distintos de memoria, uno para la memoria implícita y otro para la explícita. En contraste, otros han propuesto que ambas clases de sistemas de memoria difieren sencillamente en el modo en que se procesa la información.

8. El enfoque que sostiene la teoría de los niveles de procesamiento de la memoria sugiere que el modo en que se percibe y analiza en un principio la información determina el éxito con que se pueda recordar. Mientras más profundo sea el procesamiento inicial, mejor será el recuerdo del material.

¿Qué es lo que provoca las dificultades y fallas de memoria?

9. El fenómeno de "en la punta de la lengua" se refiere a la experiencia de tratar de recordar en vano información que se está seguro de conocer. Una estrategia eficaz para recuperar información es el empleo de claves de recuperación; esto es, de estímulos que permitan realizar una búsqueda en la memoria a largo plazo.

10. Los recuerdos fotográficos son evocaciones que se centran en un suceso específico de importancia. Estos recuerdos son tan claros que parecen representar "fotografías" del evento en cuestión. Tales recuerdos ilustran el hecho de que mientras más distintivo sea el recuerdo, con mayor facilidad se le podrá recordar.

11. La memoria es un proceso constructivo por medio del cual relacionamos los recuerdos con el significado, las conjeturas y las expectativas que otorgamos a los sucesos representados por cada recuerdo. La información específica se recuerda con base en esquemas o temas generales que contienen relativamente pocos detalles.

12. Los testigos oculares de crímenes pueden cometer errores considerables cuando tratan de recordar detalles de los actos criminales. El problema de la confiabilidad de la memoria se vuelve aún más agudo en casos donde los testigos son niños y en casos de recuerdos reprimidos, memoria de acontecimientos que al principio son tan aterradores que la mente responde colocándolos en el inconsciente.

13. La memoria autobiográfica se refiere a recuerdos de circunstancias y episodios de nuestras vidas y es influida por procesos constructivos. Por ejemplo, el individuo olvida información sobre su pasado que es incompatible con la forma en que se percibe en la actualidad. Además, aunque la estructura básica de la memoria es similar en todas las culturas, la forma en que se adquiere, ensaya y recupera la memoria difiere de una cultura a otra.

¿Por qué olvidamos información?

14. Incluso con el empleo de las claves de recuperación, cierta información parece ser irrecuperable como resultado del de-

caimiento o de la interferencia. La interferencia parece ser la causa principal del olvido. Existen dos tipos: la interferencia proactiva (cuando información aprendida con anterioridad interfiere con el recuerdo de material al cual se estuvo expuesto posteriormente) y la interferencia retroactiva (cuando información nueva interfiere con el recuerdo de información a la que se estuvo expuesto antes).

¿Cuáles son las bases biológicas de la memoria?

15. Las investigaciones actuales que abordan la biología subyacente a la memoria se preocupan por la ubicación del engrama o huella mnémica. Diversos fármacos deterioran o mejoran la memoria de los animales, lo cual sugiere que en el futuro se podrán emplear sustancias para mejorar la memoria de los seres humanos.

¿Cuáles son los principales trastornos de la memoria?

16. Existen diversos trastornos de la memoria. Entre ellos se encuentran la enfermedad de Alzheimer, la cual produce una

pérdida progresiva de la memoria, y la amnesia, pérdida de la memoria que ocurre en ausencia de otras dificultades mentales y que puede presentarse en dos formas. En la amnesia retrógrada, se produce una pérdida de la memoria de sucesos acaecidos con anterioridad a un evento determinado; en la amnesia anterógrada, se produce una pérdida del recuerdo de sucesos ocurridos después de una lesión. El síndrome de Korsakoff es una enfermedad que afecta a los alcohólicos crónicos y produce daños a la memoria.

17. Los psicólogos han desarrollado diversas técnicas específicas para mejorar la memoria. Entre éstas destacan la técnica de la palabra clave para memorizar el vocabulario de una lengua extranjera; la aplicación del método de *loci* para aprender listas; el empleo del fenómeno de la especificidad de la codificación; la organización del material de los libros y los apuntes de las clases, y la práctica suficiente como para que tenga lugar el sobreaprendizaje, el estudio y el repaso del material más allá de su dominio inicial.

Términos y conceptos clave

memoria (p. 230)
memoria sensorial (p. 230)
memoria a corto plazo (p. 230)
memoria a largo plazo (p. 230)
memoria icónica (p. 231)
memoria ecoica (p. 231)
paquete (p. 232)
ensayo (p. 234)
memoria de trabajo (p. 235)
memoria declarativa (p. 236)

memoria procedimental (p. 236)
memoria semántica (p. 237)
memoria episódica (p. 237)
modelos asociativos (p. 238)
imprimación (p. 238)
memoria explícita (p. 239)
memoria implícita (p. 239)
teoría de los niveles de procesamiento
 (p. 240)

fenómeno de "en la punta de la lengua"
 (p. 243)
recuerdos fotográficos (p. 244)
procesos constructivos (p. 245)
esquemas (p. 245)
memoria autobiográfica (p. 250)
decaimiento (p. 253)
huella mnémica o engrama (p. 253)
interferencia (p. 253)

Respuestas a las preguntas de revisión:

1. Decaimiento   2. engrama o huella mnémica   3. Interferencia   4. retroactiva; proactiva   5. 1-b; 2-c; 3-a

Epílogo

En este capítulo hemos dado un vistazo por la memoria. Notamos que la memoria abarca los procesos de codificación, almacenamiento y recuperación, y vimos que puede considerarse que la memoria tiene diferentes componentes. También encontramos varios fenómenos relacionados con la memoria, como el fenómeno de "en la punta de la lengua" y los recuerdos fotográficos. Sobre todo observamos que es un proceso constructivo por medio del cual las interpretaciones, expectativas y conjeturas contribuyen a la naturaleza de nuestros recuerdos.

Antes de pasar al siguiente capítulo, regresemos brevemente al prólogo de éste, en el que encontramos a Krickitt Carpenter y sus recuerdos perdidos de su noviazgo y matrimonio. Considere las siguientes preguntas a la luz de lo que sabe sobre la memoria.

1. La pérdida de memoria de Krickitt Carpenter se llama "amnesia retrógrada". ¿Qué significa esto?

2. ¿Cuáles habrían sido los efectos en la vida de Carpenter si su accidente hubiera causado amnesia anterógrada?

3. ¿Cuáles son las probabilidades de que Carpenter recupere sus recuerdos perdidos del periodo de 18 meses anteriores al accidente? ¿Cómo podría suceder esto? ¿Piensa que el proceso puede acelerarse con técnicas asociativas?

4. Si Krickitt Carpenter anuncia de pronto que ha recobrado la memoria, ¿cómo sabrán los doctores que en verdad está recordando el pasado en lugar de sólo aceptar como recuerdos propios las historias que le han contado los demás?

5. ¿Cómo podrían examinar los investigadores a Carpenter durante su recuperación para responder preguntas sobre las bases biológicas de la memoria? Suponiendo que ella diera su consentimiento para que se le practicaran tomografías por emisión de positrones y otros medios para observar dentro de su corteza cerebral, ¿qué clase de cuestiones podrían explorarse?

El ingenio de inventos como este robot bípedo (mostrado con el inventor del MIT Gil Pratt) ilustra las cuestiones estudiadas por los psicólogos cognitivos.

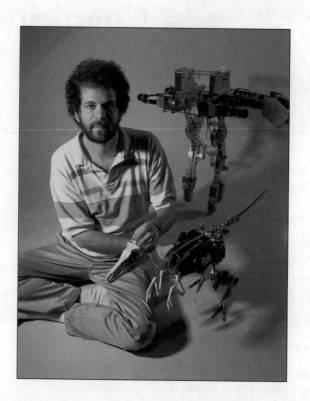

Prólogo

La invención como arte

Su amiga era de estatura tan corta que cuando se sentaba en el Kennedy Center en Washington sus pies no llegaban al suelo. ¿Podría diseñar una especie de taburete en el que pudiera descansar los pies?, le preguntó ella. Un día, mientras conducía camino a su trabajo, le llegó la inspiración. No se puede entrar a un teatro con un taburete bajo el brazo. ¿Pero qué tal un libro? ¿Qué tal si un libro ordinario de pasta dura, no más grande que un programa del teatro, se abriera para dejar que se desplegaran dos aletas con bisagras y, tras asegurarlas en forma apropiada, formaran las patas de un taburete?

Así que tomó las memorias encuadernadas de un simposio científico, unió las páginas con pegamento, ahuecó una sección en medio, cortó algunas hojas de aluminio al tamaño y agujeró y atornilló el artefacto.

Funcionó. Ella estaba encantada. Y él también.

Años después, ante un auditorio reunido en el elegante salón de recepciones del National Museum of American History en Washington, D.C., Jacob Rabinow mostraba el modelo original, transformándolo en repetidas ocasiones de libro a taburete y viceversa, ante sonrisas y asentimientos de aprecio. Era el 150o. aniversario de la fundación del sistema moderno de patentes y este inventor menudo, rechoncho y calvo, poseedor de más de doscientas patentes, había sido invitado para hablar sobre el tema "Inventar por diversión y beneficios ocasionales".

Rebosante de seguridad en sí mismo, nada apologético, Rabinow habló sobre un método que inventó para determinar si los alimentos congelados habían permanecido refrigerados en forma segura; sobre su plan para explotar la exuberancia natural para esculpir estatuas monumentales bajo el agua; sobre embragues sin discos de embrague, máquinas de escribir mecánicas capaces de justificar en ambos márgenes y relojes que identifican su atraso y aceleran su velocidad en consecuencia. "La invención es una forma de arte", declaró, "y no es más lógica que componer música o escribir poesía" (Kanigel, 1987, p. 48).

¿Jacob Rabinow está en lo correcto al afirmar que su inventiva y creatividad son una forma de arte, la cual no está abierta al análisis científico? Los psicólogos estarían en desacuerdo. Para ellos, la creatividad y la inventiva son temas que no sólo pueden estudiarse en forma científica, sino que también implican diversas cuestiones centrales para la comprensión del comportamiento: ¿cómo utilizan y recuperan información las personas para idear soluciones innovadoras a los problemas? ¿Cómo se transforma ese conocimiento, cómo se le elabora y se le emplea? y, fundamentalmente, ¿cómo piensan las personas acerca del mundo, de qué modo lo comprenden y cómo lo describen con ayuda del lenguaje?

En este capítulo tratamos a la **psicología cognitiva**, la rama de la psicología que se centra en el estudio de la **cognición**, la cual abarca los procesos mentales superiores de los seres humanos, incluyendo el modo en que las personas conocen y comprenden el mundo, cómo procesan información, la forma de elaborar juicios y tomar decisiones, y cómo describen su conocimiento y comprensión a los demás. En este sentido, el ámbito de la psicología cognitiva es muy amplio, e incluye la investigación de la memoria, comentada en el capítulo anterior, y gran parte de las investigaciones sobre la inteligencia que expondremos en el capítulo siguiente (Massaro, 1991; Barsalou, 1992; BBSTF, 1996; Thagard, 1996).

Psicología cognitiva: rama de la psicología que se enfoca en el estudio de la cognición
Cognición: procesos mentales superiores de los seres humanos, que incluyen la forma en que las personas conocen y comprenden el mundo, procesan la información, hacen juicios y toman decisiones, y describen su conocimiento y comprensión a los demás

En este capítulo abordaremos tres amplios temas centrales para el campo de la psicología cognitiva: el pensamiento y el razonamiento, la solución de problemas y la creatividad y el lenguaje. Consideraremos primero los conceptos, que son la base del pensamiento, así como distintos tipos de razonamiento. Luego procederemos a examinar diferentes estrategias para abordar los problemas, los medios para generar soluciones y maneras de elaborar juicios respecto a la utilidad y precisión de las soluciones. Por último, en nuestro análisis en torno al lenguaje, consideraremos cómo se adquiere y desarrolla éste, sus características básicas y la relación entre lenguaje y pensamiento.

PENSAMIENTO Y RAZONAMIENTO

Pensamiento

¿Qué es el pensamiento? La simple capacidad de plantear semejante pregunta ilustra la naturaleza distintiva de la capacidad humana para pensar. Ninguna otra especie es capaz de contemplar, analizar, recordar o planear de la misma forma en que podemos hacerlo los seres humanos. Sin embargo, saber que pensamos y comprender qué es el pensamiento son dos cosas distintas. Los filósofos, por ejemplo, han discutido durante siglos en torno al significado del pensamiento, y algunos de ellos lo ubican en el núcleo de la comprensión de los seres humanos acerca de su propia existencia.

► ¿Cómo pensamos?

► ¿Qué procesos subyacen al razonamiento y la toma de decisiones?

Para los psicólogos, el **pensamiento** es la manipulación de representaciones mentales de información. La representación puede ser una palabra, una imagen visual, un sonido o datos en cualquier otra modalidad. Lo que hace el pensamiento es transformar la representación de la información en una forma nueva y diferente con el fin de responder a una pregunta, resolver un problema o ayudar a alcanzar una meta.

Pensamiento: manipulación de representaciones mentales de la información

Aun cuando sigue evadiéndonos una noción clara respecto de lo que ocurre específicamente cuando pensamos, comprendemos cada vez más la naturaleza de los elementos fundamentales que empleamos al pensar. Entonces comenzaremos por considerar cómo empleamos las imágenes mentales y los conceptos, que son los cimientos del pensamiento.

Imágenes mentales: examen del ojo de la mente

Piense en su mejor amigo. Las probabilidades son que "vea" alguna clase de imagen visual cuando se le pida que piense en él, o en cualquier otra persona u objeto. Para algunos psicólogos cognitivos, estas imágenes mentales representan una parte importante del pensamiento.

FIGURA 7.1 *Trate de girar mentalmente uno de cada par de patrones para ver si es igual que el otro miembro del par. Es probable que entre más tenga que girar mentalmente un patrón, le tomará más decidir si concuerdan entre sí. Fuente: basado en Shepard y Metzler, 1971.*

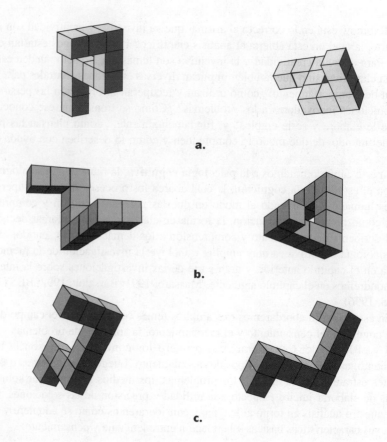

a.

b.

c.

Imágenes mentales:
representaciones en la mente que se asemejan al objeto o evento que se está representando

Las **imágenes mentales** son representaciones en la mente que se asemejan al objeto o evento que se está representando. No son sólo representaciones visuales; nuestra capacidad para "escuchar" una tonada en nuestra cabeza también representa una imagen mental. De hecho, puede ser que cada modalidad sensorial produzca imágenes mentales correspondientes (Paivio, 1971, 1975; Kosslyn, 1981; Kosslyn *et al.*, 1990; Kosslyn y Shin, 1994).

Las investigaciones han encontrado que nuestras representaciones de imágenes mentales tienen muchas de las propiedades de la percepción real de los objetos que se están representando. Por ejemplo, requiere más tiempo examinar las representaciones visuales mentales de objetos grandes que las de pequeños, del mismo modo en que toma más tiempo examinar un objeto grande real que uno pequeño real. De igual manera, podemos manipular y girar las imágenes visuales mentales de los objetos, al igual que somos capaces de manipularlos y girarlos en el mundo real (Kosslyn, 1981; Cooper y Shepard, 1984; Denis y Greenbaum, 1991; Brandimonte, Hitch y Bishop, 1992; Sharps, Price y Williams, 1994; véase figura 7.1).

La producción de imágenes mentales ha sido considerada por algunos como una forma de mejorar el desempeño de diversas habilidades. Por ejemplo, muchos atletas emplean la imaginería mental en el entrenamiento. Los jugadores de basquetbol pueden intentar producir imágenes vivas y detalladas de la cancha, la canasta, el balón y la multitud ruidosa. Pueden visualizarse en el cobro de un tiro de castigo, observar el balón y escuchar el sonido susurrante que hace cuando pasa por la red (Isaac y Marks, 1994). Evaluaciones sistemáticas del uso que hacen de la imaginería mental los atletas sugieren que es útil y proporciona un medio para mejorar el desempeño en la esfera deportiva (Druckman y Bjork, 1991).

La imaginería mental también puede producir mejoras en otros tipos de habilidades. Por ejemplo, en el campo de la música, el investigador Alvaro Pascual-Leone enseñó a un grupo de personas a tocar un ejercicio de cinco dedos en el piano. Un grupo practicó durante cinco días consecutivos, mientras que un grupo control tocó sin ningún entrena-

Práctica física

Práctica mental

Control

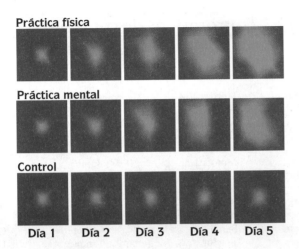

Día 1   Día 2   Día 3   Día 4   Día 5

FIGURA 7.2 *Comparadas con las tomografías cerebrales de personas que en verdad practicaron un ejercicio de digitación en el piano, las tomografías cerebrales de aquellos que sólo usaron ensayo mental pero que no tocaron el piano fueron casi idénticas. Los resultados del experimento muestran con claridad el valor de la imaginería mental. Fuente: Pascual-Leone et al., 1995.*

miento, sólo oprimiendo las teclas al azar. Por último, a los miembros de un tercer grupo se les enseñó el ejercicio, pero no se les permitió ensayarlo o practicarlo en el piano. En su lugar, lo ensayaron mentalmente, sentándose al piano y observando las teclas, pero sin tocarlas en verdad.

Cuando se compararon las tomografías cerebrales de los sujetos de los diversos grupos, los investigadores encontraron una diferencia distintiva entre quienes practicaron manualmente el ejercicio y los que sólo golpeaban las teclas al azar. Sin embargo, el hallazgo más sorprendente provino del grupo que ensayó mentalmente, debido a que sus tomografías fueron casi idénticas a las correspondientes a personas del grupo que practicó el ejercicio (véase figura 7.2). Al parecer, la misma red de células cerebrales implicadas en la ejecución de la tarea estaban involucradas también en el ensayo mental (Chase, 1993; Pascual-Leone *et al.*, 1995).

Estas investigaciones sugieren que los niños cuyos padres los fastidian para que practiquen un instrumento, una rutina de baile o alguna otra habilidad que requiera de práctica, ahora pueden emplear una excusa nueva: la *están* practicando... en la mente.

Conceptos: categorización del mundo

Si alguien le preguntara qué hay en la despensa de su cocina, podría responderle con una lista detallada de cada elemento (un frasco de mermelada, tres cajas de macarrones con queso, seis platos grandes de distintas vajillas, etcétera). Sin embargo, es más probable que respondiera utilizando categorías más amplias, como "comida" y "platos".

El empleo de este tipo de categorías refleja la operación de conceptos. Los **conceptos** son clasificaciones de objetos, sucesos o personas que comparten propiedades entre sí. Al emplear conceptos, podemos organizar los fenómenos complejos en categorías cognitivas más simples y, por consiguiente, más fáciles de usar.

Conceptos: categorizaciones de objetos, sucesos o personas que comparten propiedades comunes.

Los conceptos nos permiten clasificar objetos que encontramos por primera vez con base en nuestra experiencia previa. Por ejemplo, somos capaces de decir que una caja rectangular pequeña, con botones, situada en una silla cerca de la televisión, probablemente es un control remoto, aunque nunca hayamos visto antes esa marca específica. En última instancia, los conceptos influyen en el comportamiento; por ejemplo, supondríamos que puede ser adecuado acariciar a un animal después de haber determinado que se trata de un perro, mientras que nos comportaríamos de manera diferente después de clasificar al animal como un lobo.

Cuando los psicólogos cognitivos estudiaron por primera vez los conceptos, centraron su atención en los que son definidos en forma clara por un conjunto único de propiedades o características. Por ejemplo, un triángulo equilátero es una figura que tiene tres lados de igual longitud. Si un objeto posee estas características, es un triángulo equilátero; si no las tiene, no lo es.

Cuadro 7-1	Prototipos de conceptos comunes

Categoría de concepto

Nivel	Muebles	Vehículos	Armas	Vegetales
1	Silla	Automóvil	Pistola	Chícharos
2	Sofá	Camión	Cuchillo	Zanahorias
3	Mesa	Autobús	Espada	Alubias
4	Ropero	Motocicleta	Bomba	Espinaca
5	Escritorio	Tren	Granada de mano	Brócoli
6	Cama	Tranvía	Lanza	Espárrago
7	Librero	Bicicleta	Cañón	Maíz
8	Tarima	Avión	Arco y flecha	Coliflor
9	Lámpara	Barco	Garrote	Coles de Bruselas
10	Piano	Tractor	Tanque	Lechuga
11	Cojín	Carreta	Gas lacrimógeno	Betabel
12	Espejo	Silla de ruedas	Látigo	Jitomate
13	Tapete	Tanque	Picahielo	Haba
14	Radio	Balsa	Puños	Berenjena
15	Horno	Trineo	Cohete	Cebolla

Los prototipos se enumeraron en orden del más al menos típico. Fuente: Rosch y Mervis, 1975.

Otros conceptos, que con frecuencia revisten mayor importancia en nuestra vida cotidiana, son mucho más ambiguos y difíciles de definir. Por ejemplo, conceptos como "mesa" o "ave" comparten un conjunto de atributos característicos generales relativamente vagos, en lugar de propiedades únicas que distinguen un ejemplo del concepto de uno que no representa una instancia. Cuando consideramos estos conceptos más ambiguos, por lo general pensamos en función de ejemplos, llamados prototipos. Los **prototipos** son ejemplos típicos muy representativos de un concepto. Por ejemplo, un prototipo del concepto "ave" es el petirrojo; un prototipo de "mesa" es una mesa de centro. Existe un acuerdo relativamente amplio entre las personas respecto a cuáles ejemplos de un concepto son prototipos, así como cuáles no lo son. Por ejemplo, la mayoría de las personas considera a los automóviles y los camiones como buenos ejemplos de vehículos, en tanto que los elevadores y las carretillas no son vistos como ejemplos buenos. En este sentido, los automóviles y los camiones son prototipos del concepto de vehículo (véase cuadro 7-1).

Prototipos: ejemplos típicos muy representativos de un concepto

Los conceptos nos permiten pensar y comprender con mayor facilidad el complejo mundo en el que vivimos. Por ejemplo, los juicios que realizamos acerca de las razones del comportamiento de los demás se basan en la forma en que clasificamos su comportamiento. Así, nuestras evaluaciones acerca de una persona que se lava las manos 20 veces al día pueden variar, según ubiquemos su comportamiento dentro del marco conceptual de un profesional de la salud o el de un enfermo mental. De modo similar, los médicos hacen diagnósticos basados en conceptos y prototipos de síntomas que aprendieron en la facultad de medicina. Por último, los conceptos y prototipos facilitan nuestros esfuerzos por extraer conclusiones adecuadas por medio del proceso cognitivo que veremos a continuación: el razonamiento.

Razonamiento: toma de decisiones

Los profesores que deciden cuál calificación merecen las tareas de los alumnos.

Un patrón que determina a quién contratar entre un conjunto de solicitantes de empleo.

El presidente cuya conclusión es la necesidad de enviar tropas a una nación extranjera.

La clasificación de objetos es una función importante de los conceptos.

El elemento común de estas tres circunstancias: cada una requiere de razonamiento, proceso por medio del cual se usa la información para extraer una conclusión y tomar decisiones.

Aunque los filósofos y los estudiosos de la lógica han considerado los fundamentos del razonamiento durante siglos, fue hasta hace relativamente poco tiempo que los psicólogos cognitivos han comenzado a investigar cómo razonan y toman decisiones las personas. En conjunto, sus esfuerzos han contribuido a nuestra comprensión de los procesos de razonamiento formal al igual que de los atajos mentales que empleamos cotidianamente, los cuales a veces pueden conducir a nuestras capacidades de razonamiento por el mal camino (Evans, Newstead y Byrne, 1994; Johnson-Laird y Shafir, 1994; Corrigan, 1996).

Razonamiento deductivo y razonamiento inductivo

Un enfoque adoptado por los psicólogos cognitivos en su esfuerzo por comprender la toma de decisiones es examinar cómo utiliza la gente los procedimientos formales de razonamiento. Existen dos formas principales: el razonamiento deductivo y el razonamiento inductivo (Rips, 1990, 1994a, 1994b, 1995).

En el **razonamiento deductivo** extraemos inferencias e implicaciones de un conjunto de supuestos y las aplicamos a casos específicos. El razonamiento deductivo inicia con una serie de supuestos o premisas que se consideran verdaderas, para después derivar las implicaciones de estos supuestos. Si los supuestos son verdaderos, entonces las conclusiones también deben serlo.

Una técnica importante para el estudio del razonamiento deductivo es pedir a los sujetos que evalúen silogismos. Un *silogismo* presenta un conjunto de dos suposiciones o *premisas* que se emplean para deducir una conclusión. Por definición, la conclusión debe ser verdadera si los supuestos o premisas lo son. Por ejemplo, considere el siguiente silogismo:

> *Todos los hombres son mortales.*   [premisa]
>
> *Sócrates es un hombre.*   [premisa]
>
> *Por tanto, Sócrates es mortal.*   [conclusión]

En este caso ambas premisas son verdaderas y por tanto también lo es la conclusión. De manera más abstracta, podemos plantear el silogismo como sigue:

> *Todas las A son B.*   [premisa]
>
> *C es una A.*   [premisa]
>
> *Por tanto, C es una B.*   [conclusión]

Por otra parte, si cualquiera de las premisas en un silogismo o ambas no son exactas, entonces hay un apoyo insuficiente para la exactitud de la conclusión. Suponga, por ejemplo, que ve el siguiente silogismo:

> *Todos los hombres son mortales.*   [premisa]
>
> *Sócrates es un hombre.*   [premisa]
>
> *Por tanto, todos los hombres son Sócrates.*   [conclusión]

Es obvio que dicha conclusión no tiene sentido. Podemos ver con mayor facilidad por qué es irrazonable replanteando el silogismo en abstracto y extrayendo una conclusión obviamente falsa.

> *Todas las A son B.*   [premisa]
>
> *C es una A.*   [premisa]
>
> *Por tanto, todas las A son C.*   [conclusión]

El complemento conceptual del razonamiento deductivo es el razonamiento inductivo. Mediante el **razonamiento inductivo** inferimos una regla general a partir de casos específicos. Con el empleo de nuestras observaciones, conocimiento, experiencias y creencias

Razonamiento deductivo: forma de razonamiento en la que una persona extrae inferencias e implicaciones de un conjunto de supuestos y los aplica a casos específicos

P~sico~V~ínculos~

Razonamiento inductivo: proceso de razonamiento por medio del cual se infiere una regla general a partir de casos específicos, usando la observación, el conocimiento, la experiencia y las creencias

plicación de la psicología en el siglo XXI

¿Las máquinas pueden pensar?

Puede ser que no lo haya calificado como una "derrota para la humanidad", como lo hizo un comentarista, pero clasificar la derrota del campeón mundial de ajedrez Gary Kasparov ante Deep Blue, una computadora IBM, de seguro cambió la forma en que las personas veían las capacidades de las computadoras.

Kasparov perdió el encuentro cuando cometió un error en el sexto y último juego. Hasta entonces, el encuentro había sido muy parejo. Pero a menos de dos docenas de movimientos en el último juego, Kasparov se rindió, percatándose de que ya no tenía esperanzas.

Sin embargo, Kasparov no estaba listo para renunciar a ser campeón mundial. Aunque después de uno de los primeros juegos había señalado: "De pronto [Deep Blue] jugó como un dios por un momento", más tarde fue menos conciliador. Después de perder en el encuentro final, dijo: "Creo que la competencia acaba de comenzar. Esto apenas es el principio" (IBM, 1997; S. Levy, 1997).

¿Estamos enfrentando una época en que las máquinas no sólo pueden vencernos en ajedrez, sino que se puede afirmar que tienen la capacidad de pensar de manera similar a la de los humanos? Hasta el momento, nadie puede dar una respuesta precisa. Parte de la dificultad para responder esta pregunta es que el pensamiento no sólo implica la fuerza bruta de realizar una serie de cálculos matemáticos, sino una red compleja de cuestiones relacionadas con la naturaleza de la conciencia, la mente y la esencia de la humanidad (Chalmers, 1996).

Deep Blue fue capaz de hacer pasar a Kasparov un mal rato debido a su capaci-

A pesar del encuentro de ajedrez que perdió Gary Kasparov ante "Deep Blue" de IBM, ninguna máquina ha demostrado el potencial para sobrepasar la capacidad del pensamiento humano.

acerca del mundo, desarrollamos una conclusión resumida. (Puede recordar la diferencia que existe entre el razonamiento deductivo y el inductivo de esta forma: en el razonamiento *de*ductivo, la conclusión se *de*duce mediante el empleo de reglas generales, en tanto que en el razonamiento *in*ductivo, la conclusión se *in*fiere a partir de ejemplos específicos.)

Sherlock Holmes usaba el razonamiento inductivo en su búsqueda por solucionar misterios. Al reunir pistas era capaz de determinar la identidad del criminal. Del mismo modo, todos usamos el razonamiento inductivo, aunque por lo regular en situaciones más comunes. Por ejemplo, si la persona del departamento de abajo siempre escucha música de las Spice Girls, podemos comenzar a formarnos una impresión de cómo es ese individuo, con base en la muestra de evidencia de que disponemos. Como Sherlock Holmes, nos valemos de fragmentos de evidencia para extraer una conclusión general.

La limitación del razonamiento inductivo radica en que cualesquiera conclusiones que se extraigan pueden estar influidas si se han utilizado evidencias insuficientes o inválidas. Los psicólogos conocen bien este hecho: los distintos métodos científicos que pueden

dad para considerar hasta 200 millones de posiciones posibles de ajedrez en un segundo. En sí misma, esta velocidad asombrosa de cálculo no constituye pensamiento. Por otra parte, Herbert Simon, psicólogo cognitivo de la Universidad Carnegie Mellon y ganador del Premio Nobel, afirma que la computadora muestra rudimentos de pensamiento tipo humano debido a su *selectividad*, es decir, su conocimiento acerca de dónde buscar y dónde no buscar la respuesta para un problema. Simon sugiere que la capacidad de Deep Blue para evaluar los movimientos potenciales e ignorar las posibilidades intrascendentes le confiere una capacidad de pensamiento (Webber, 1996; Wright, 1996).

Otros están en desacuerdo. Por ejemplo, algunos críticos sugieren que la capacidad de Deep Blue para considerar miles de millones de movimientos no es diferente desde el punto de vista cualitativo de lo que puede hacer una simple calculadora. Quizá Deep Blue puede hacer más cálculos que una calculadora de bolsillo, pero ninguna máquina es capaz de preocuparse por lo que viene a continuación, hacer estrategias respecto a la forma de tomar en cuenta las emociones de un oponente o soñar acerca de lo que podría hacer con el dinero que le darán de premio por ganar el torneo. En opinión de los críticos, debido a que estos sentimientos y expectativas no son parte de las capacidades de la computado-

ra, ésta no realiza un pensamiento real (Webber, 1996).

Es obvio que muchas de las cuestiones que rodean a la capacidad de las computadoras para pensar son más filosóficas que psicológicas y no pueden responderse con facilidad. Aun así, es claro que las computadoras se vuelven cada vez más complejas, aproximándose cada vez más a los procesos de pensamiento humanos. Por ejemplo, los psicólogos Jack Gelfand y Susan Epstein están diseñando una computadora que puede demostrar pericia en una variedad de tareas, en lugar de dominar una sola tarea, como el ajedrez. Para hacerlo, esperan diseñar una máquina que pueda aprender a jugar empleando la experiencia, la memoria y la heurística. La computadora también tiene un componente de reconocimiento visual, que le permite percibir patrones en los juegos de mesa. La capacidad de "ver" patrones en el tablero le permite a la computadora sacar conclusiones acerca de si un patrón específico de piezas de juego tiene una probabilidad mayor o menor de conducir al éxito (Epstein, 1995; Azar, 1997).

Uno de los programas de computadora, llamado Hoyle, está diseñado para volverse un jugador experto. Empezando por lo más simple, juega como lo haría un novato, practicando con computadoras "expertas" diseñadas para jugar un solo juego. Por ejemplo, al principio podría jugar gato. Conforme obtiene experiencia, aprende

diversas estrategias, equilibrándolas y ponderándolas para ver cuál sería la más exitosa. Si una estrategia en particular es efectiva, la computadora incrementa su peso, de modo que cuenta más en el futuro; si una estrategia no es muy útil, su peso disminuye. Luego, conforme Hoyle pasa a otros juegos, puede utilizar las estrategias que aplicó a juegos anteriores y volverlas a utilizar y adaptarlas (Epstein, 1995).

Hasta ahora Hoyle ha dominado casi 20 juegos de mesa diferentes. Debido a que, como los humanos, aprende algunos juegos más rápido que otros, parece emplear las estrategias en forma efectiva para que le ayuden a aprender. Además, las investigaciones sobre la forma en que los niños aprenden los juegos sugiere que ellos y Hoyle usan estrategias similares (Rattermann, 1992).

¿Hoyle está pensando como un humano? Por el momento la pregunta sigue sin responderse. Es evidente que las máquinas como Hoyle y Deep Blue avanzan a grandes pasos hacia la imitación de los movimientos de jugadores expertos. De hecho, es posible que un día el campeón mundial de ajedrez sea una máquina. Pero aun si este pronóstico se cumple, los campeones reales seguirán siendo las personas que programan las computadoras, los humanos que están detrás de las máquinas. Estas hazañas representan, sin duda, un pensamiento real.

emplear la recolección de datos para dar apoyo a sus hipótesis están propensos a varias clases de influencias, como usar una muestra inapropiada de sujetos (véase capítulo l). De modo similar, podemos extraer conclusiones imprecisas sobre nuestro vecino si éstas se basan sólo en la música que escucha y no en una muestra más amplia de su comportamiento.

Algoritmos y heurística

Cuando nos enfrentamos al momento de tomar una decisión, con frecuencia solemos usar como ayuda varias clases de atajos mentales, conocidos como algoritmos y heurística. Un **algoritmo** es una regla que, de seguirse, garantiza la solución de un problema. Podemos utilizar un algoritmo incluso si no comprendemos la razón por la cual funciona. Por ejemplo, puede saber que la longitud del tercer lado de un triángulo rectángulo se determina con la fórmula $a^2 + b^2 = c^2$. Puede ser que no tenga ni la más remota idea de los principios matemáticos que están detrás de esta fórmula, pero tal algoritmo siempre es preciso y, por consiguiente, proporciona una solución a un problema específico.

Algoritmo: regla que, si se sigue, garantiza una solución para un problema

Heurística: regla empírica o atajo mental que puede conducir a una solución

Para gran cantidad de problemas y decisiones, sin embargo, no contamos con algoritmo alguno. En esos casos, podemos utilizar como apoyo a la **heurística**, que es una regla empírica o atajo mental que puede llevar a una solución. La heurística aumenta las posibilidades de éxito para obtener una solución, pero, a diferencia de los algoritmos, no puede asegurarlo. Por ejemplo, quienes juegan gato suelen aplicar la heurística de colocar una "X" en el centro de los cuadros al principio del juego. Esta táctica no garantiza que ganen, pero aumenta sus posibilidades de éxito. De modo similar, algunos estudiantes adoptan la heurística de prepararse para un examen ignorando la guía de estudio y estudiando exclusivamente sus apuntes, estrategia que puede darles buenos resultados o no (Nisbett *et al.*, 1993).

Aunque puede ayudar a las personas a resolver problemas y a tomar decisiones, el empleo de ciertas clases de heurística puede tener resultados adversos. Por ejemplo, a veces usamos la *heurística de representatividad*, una regla que aplicamos al juzgar a las personas por el grado en que representan una determinada categoría o grupo de individuos. Suponga, por ejemplo, que es el propietario de un restaurante de comida rápida y ha sido asaltado muchas veces por adolescentes. La heurística de representatividad lo llevaría a estar en guardia en cada ocasión en que un individuo de este grupo de edad entre en su restaurante (aun cuando, desde el punto de vista estadístico, es poco probable que cualquier adolescente determinado lo asalte).

La *heurística de disponibilidad* implica juzgar la probabilidad de ocurrencia de un suceso con base en la facilidad que se tenga para recordarlo (Tversky y Kahneman, 1974, 1990). De acuerdo con esta heurística, suponemos que los sucesos recordados con facilidad es probable que ocurrieran con mayor frecuencia en el pasado a diferencia de los que son más difíciles de recordar. Además, suponemos que el mismo tipo de evento tiene más probabilidades de ocurrir en el futuro. Por ejemplo, tendemos más a preocuparnos de morir asesinados que de diabetes, pese a que existe el doble de posibilidades de morir como consecuencia de la enfermedad. La razón de este equívoco proviene de la facilidad con que recordamos sucesos dramáticos y muy difundidos, como los asesinatos, lo cual nos lleva a exagerar la probabilidad de que ocurran.

Del mismo modo, muchas personas tienen más temor de morir en un accidente aéreo que en uno automovilístico, aun cuando las estadísticas muestran que viajar en avión es mucho más seguro. La razón es que los accidentes aéreos reciben más publicidad que los choques automovilísticos y, por consiguiente, son recordados con mayor facilidad. De este modo es la heurística de disponibilidad la que lleva a las personas a concluir que están en un peligro mayor en un avión que en un automóvil (Slovic, Fischhoff y Lichtenstein, 1976; Schwartz *et al.*, 1991).

¿Los algoritmos y la heurística están confinados al pensamiento humano o las computadoras pueden programarse para que los usen? Como se expone en el recuadro *Aplicación de la psicología en el siglo XXI* de este capítulo, nuevas investigaciones sugieren que un futuro en el que las máquinas piensen no es del todo inverosímil. Al mismo tiempo, estos trabajos plantean algunas cuestiones fundamentales sobre la naturaleza del pensamiento y de la mente.

Recapitulación, revisión y reflexión

Recapitulación

- Los psicólogos cognitivos se especializan en el estudio de los procesos mentales superiores de los seres humanos, lo cual incluye la solución de problemas, el conocimiento, el razonamiento, el juicio y la toma de decisiones.

- El pensamiento es la manipulación de representaciones mentales de información.

- Las imágenes mentales son representaciones en la mente que se asemejan al objeto o evento que se está representando.

- Los conceptos son categorizaciones de objetos, sucesos o personas que comparten propiedades comunes.

- En el razonamiento deductivo, extraemos deducciones e implicaciones de un conjunto de supuestos y las aplicamos a casos específicos; en el razonamiento inductivo, inferimos una regla general a partir de casos específicos.

• Cuando las personas toman decisiones suelen utilizar algoritmos (conjuntos de reglas que, de seguirse, garantizan la obtención de una solución) y la heurística (reglas empíricas que pueden conducir a una solución).

Revisión

1. Las _____ _____ son representaciones en la mente que se asemejan al objeto o suceso que están representando.

2. Los _____ son categorizaciones de objetos que comparten características comunes.

3. Cuando piensa en el término "silla", de inmediato se representa una silla de comedor. Una silla de este tipo se puede interpretar como un _____ de la categoría "silla".

4. Relacione el tipo de razonamiento con su definición:

   1. Razonamiento deductivo
   2. Razonamiento inductivo

   a. Derivar conclusiones a partir de un conjunto de premisas
   b. Inferir una regla general a partir de casos específicos

5. Cuando le pregunta a un amigo cuál será la mejor manera de estudiar para su examen final de psicología, éste le responde: "Siempre me ha parecido que lo mejor es darle un vistazo a los apuntes una vez, leer el libro y después volver a revisar los apuntes." ¿Qué herramienta de toma de decisiones puede ejemplificar esta estrategia?

6. La heurística de _____ se emplea cuando se elabora un juicio acerca de la probabilidad de que ocurra un suceso con base en la facilidad con la que se pueda recordar.

Las respuestas a las preguntas de revisión se encuentran en la página 280.

Reflexión

1. ¿En qué formas difiere la visualización de batear un jonrón con la ensoñación de que está bateando un jonrón? ¿Cuál tiene mayor probabilidad de producir mejores resultados? ¿Por qué?

2. ¿Cómo podrían contribuir la heurística de representatividad y la heurística de disponibilidad a los prejuicios basados en la raza, la edad y el género? ¿Darse cuenta de estas heurísticas puede prevenir que suceda esto?

3. ¿Qué conocimientos de algoritmos y heurística aplicaría un experto programador de computadoras para realizar la tarea de diseñar un robot que pueda "aprender" (a través de la observación) a jugar ajedrez a la perfección, sin perder nunca? ¿Qué problemas podría encontrar el programador?

SOLUCIÓN DE PROBLEMAS

Según una antigua leyenda, un grupo de monjes vietnamitas consagra gran parte de su tiempo al intento de resolver un problema denominado el acertijo de la Torre de Hanoi. Los monjes tienen la creencia de que si logran resolverlo, el mundo tal como lo conocemos llegará a su fin (Raphael, 1976). (Si prefiere que el mundo permanezca en su estado actual, no tiene razón para preocuparse por el momento: de acuerdo con un cálculo, el acertijo es tan complicado que encontrar su solución llevará alrededor de un billón de años.)

En una versión simplificada del acertijo, ilustrada en la figura 7.3, se presentan tres postes en los que se deben colocar tres discos en el orden que se muestra. El objeto del acertijo es mover los tres discos al tercer poste y colocarlos en el mismo orden, utilizando el menor número posible de movimientos. Pero hay dos restricciones: sólo se puede mover un disco a la vez y ninguno puede cubrir jamás a uno que sea más pequeño durante los movimientos.

¿Por qué se interesan los psicólogos cognitivos en el problema de la Torre de Hanoi? Porque la manera en que se trata de resolver este acertijo y otros más sencillos ayuda a aclarar los procesos que utilizan las personas para resolver problemas complejos con los que se encuentran en la escuela y en el trabajo. Por ejemplo, los psicólogos han descubierto que la solución de problemas implica tres pasos importantes: la preparación para

▶ **¿Las personas cómo abordan los problemas y de qué manera los resuelven?**

▶ **¿Cuáles son los principales obstáculos para la solución de problemas?**

FIGURA 7.3 *El objetivo del acertijo de la Torre de Hanoi consiste en mover los tres discos desde el primer poste hasta el último, preservando el orden original de los discos y empleando el menor número posible de movimientos, mientras se siguen las reglas de que sólo puede moverse un disco a la vez y ninguno puede quedar encima de uno más pequeño durante algún movimiento. Intente resolverlo antes de ver la solución, la cual se presenta según la secuencia de los movimientos. (Solución: mueva C a 3, B a 2, C a 2, A a 3, C a 1, B a 3 y C a 3.)*

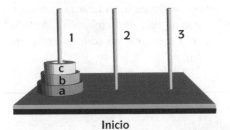

Inicio

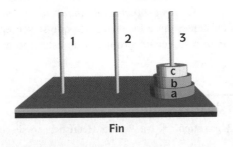

Fin

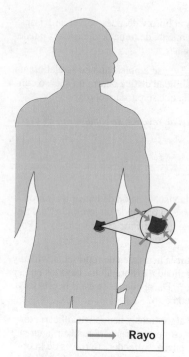

Rayo

FIGURA 7.4 *La solución al problema de cómo dirigir rayos intensos a un tumor sin que éstos dañen el tejido sano: dirigir varios rayos de menor intensidad al tumor desde diferentes posiciones. De esta manera, ninguna porción de tejido sano resultará dañada, mientras el tumor recibe una dosis completa. Fuente: Duncker, 1945.*

crear soluciones, la producción de soluciones y la evaluación de las soluciones generadas (Sternberg y Frensch, 1991).

Preparación: comprensión y diagnóstico de problemas

Cuando se aborda un problema como el de la Torre de Hanoi, la mayoría de las personas comienza tratando de asegurarse de que ha comprendido por completo el problema. Si éste es nuevo, es probable que se preste particular atención a cualquier restricción planteada para lograr la solución, así como al estado inicial de los componentes del problema. Por otra parte, si el problema es conocido, es posible dedicar menos tiempo a esta etapa.

Los problemas varían desde los bien definidos hasta los mal definidos (Reitman, 1965; Arlin, 1989). Ante *un problema bien definido*, como una ecuación matemática o la solución de un rompecabezas, tanto la naturaleza del problema en sí como la información necesaria para resolverlo son claras y accesibles; por tanto, es posible elaborar juicios directos con respecto a lo adecuado de una solución potencial. En el caso de un *problema mal definido*, como puede ser la manera de elevar la moral de los empleados en una línea de montaje o la forma de lograr la paz en el Medio Oriente, no sólo la naturaleza específica del problema puede ser poco clara, sino que la información requerida para resolverlo puede ser aún menos obvia.

Por ejemplo, considere el siguiente problema, ideado por Karl Duncker (1945):

Suponga que es un doctor, quien está tratando a un paciente con un tumor maligno en el estómago. Operarlo es imposible, pero el paciente morirá a menos que se destruya el tumor. Una clase de rayo, con una intensidad lo bastante alta, puede destruir el tumor. Por desgracia, con esa intensidad el tejido sano que atraviese el rayo en su camino hasta el tumor también será destruido. Con intensidades menores los rayos serán inofensivos para el tejido sano pero tampoco afectarán al tumor. ¿Cómo pueden usarse los rayos para destruir al tumor sin lesionar al tejido sano? (Holyoak, 1990, p. 134).

La mayoría tenemos gran dificultad para pensar siquiera en una solución a este problema. La barrera principal es que la naturaleza mal definida del problema, el cual implica alguna especie vaga de "rayos", no sugiere ninguna solución inmediata. Sin embargo, hay una solución ingeniosa al problema: dirigir rayos débiles al tumor desde varios puntos diferentes (véase figura 7.4). De esta manera, ninguna porción de tejido sano resultaría dañada y el tumor recibiría una dosis completa.

Clases de problemas

Los problemas por lo general se clasifican en una de las tres categorías que se muestran en la figura 7.5: ordenación, inducción de la estructura y transformación (Greeno, 1978; Spitz, 1987). La solución de cada uno de ellos requiere de clases un tanto diferentes de habilidades psicológicas y conocimientos.

Los *problemas de ordenación* requieren reorganizar o recombinar un grupo de elementos de modo que se satisfaga un criterio determinado. Existen diversas ordenaciones posibles de adoptar, pero sólo una, o unas cuantas, producirán una solución. Los problemas de anagramas y de rompecabezas son ejemplos de problemas de ordenación.

En los *problemas de inducción de la estructura* se deben identificar las relaciones existentes entre los elementos que se presentan y construir una nueva relación entre ellos. Para resolver un problema de este tipo es necesario determinar no sólo las relaciones

---

Respuestas a las preguntas de revisión:

1. imágenes mentales   2. conceptos   3. prototipo   4. 1-a; 2-b   5. Heurística   6. disponibilidad

existentes entre los elementos, sino también la estructura y las dimensiones de los elementos implicados. En el ejemplo que se muestra en la figura 7.5, en primer lugar el sujeto debe determinar que la solución requiere considerar los números en pares (14-24-34-44-54-64). Sólo después de que se identifica esa parte del problema es posible determinar la regla de solución (el primer número de cada par aumenta una unidad, en tanto que el segundo permanece igual).

El acertijo de la Torre de Hanoi representa el tercer tipo de problema. Los *problemas de transformación* constan de un estado inicial, de un estado final o meta y de una serie de métodos para modificar el estado inicial y convertirlo en el estado final. En el problema de la Torre de Hanoi, el estado inicial es la configuración original, el estado final está representado por los tres discos colocados en el tercer poste, mientras que el método consiste en las reglas para mover los discos.

Ya sea que un problema sea de ordenación, de inducción de la estructura o de transformación, la etapa inicial de comprensión y diagnóstico es de vital importancia para su resolución, puesto que permite desarrollar nuestra propia representación cognitiva del problema y ubicarlo dentro de un marco de referencia personal. El problema se puede dividir en partes, o alguna parte de la información se puede ignorar cuando tratamos de simplificar la tarea. Postergar la consideración de información secundaria con frecuencia resulta un paso de suma importancia para la solución de problemas.

Representación y organización de un problema

Un aspecto crucial al enfrentar un problema por primera vez es el modo en que lo representamos para nosotros mismos y cómo organizamos la información que se nos presenta (Brown y Walter, 1990, 1993; Davidson, Deuser y Sternberg, 1994). Considere el siguiente problema:

Un hombre escala una montaña el sábado: parte al amanecer y llega a la cima casi al anochecer. Pasa toda la noche en la cima de la montaña. Al día siguiente, domingo, parte al amanecer y camina montaña abajo, siguiendo la misma ruta que tomó en su escalada del día anterior. La pregunta es: ¿habrá algún momento durante el segundo día en el que se encuentre exactamente en el mismo lugar de la montaña que el día anterior a la misma hora?

Si trata de resolver este problema por medio de representaciones algebraicas o verbales se enfrentará con muchas dificultades. Sin embargo, si lo representa mediante un diagrama simple parecido al que se muestra en la figura 7.6, la solución será obvia.

En este sentido, la solución de problemas precisa que la persona los represente y los organice de manera adecuada y apropiada. No obstante, no existe ningún método óptimo para representar y organizar el material, todo depende de la naturaleza del problema. En ocasiones una simple reestructuración del problema, de una forma verbal a una forma gráfica o matemática, por ejemplo, puede ayudar a encontrar una solución directa (Mayer, 1982).

Producción: generación de soluciones

Si un problema es relativamente sencillo, una solución directa puede estar ya almacenada en la memoria a largo plazo, y sólo es necesario recuperar la información adecuada. Si la solución no puede recuperarse o no se conoce, debemos buscar un proceso por medio del cual se generen posibles soluciones que puedan compararse con la información almacenada en las memorias a corto y a largo plazo.

En el nivel más primitivo, las soluciones a los problemas se pueden obtener por medio de ensayo y error. Thomas Edison logró inventar la bombilla eléctrica debido a que probó miles de clases de materiales para elaborar el filamento antes de descubrir uno que funcionara (el carbón). Claro, la dificultad de este método radica en que existen algunos problemas tan complejos que llevaría toda una vida probar cada una de las posibilida-

FIGURA 7.5 *Categorías principales de los problemas: a) ordenación, b) inducción de estructura y c) transformación. Fuente: Bourne et al., 1986; problema del hobbit: Solso, 1991, p. 448; las soluciones se encuentran en la página 284.*

a. Problemas de ordenación

1. Anagramas: reordene las letras de cada conjunto para formar una palabra en español:

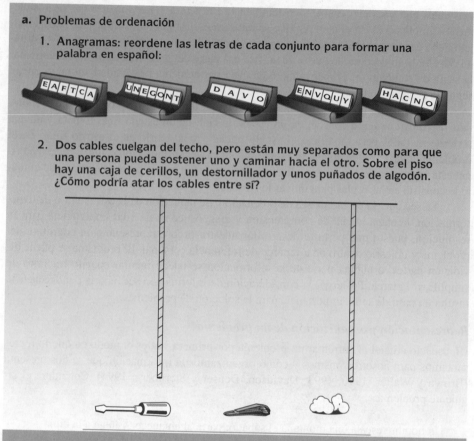

2. Dos cables cuelgan del techo, pero están muy separados como para que una persona pueda sostener uno y caminar hacia el otro. Sobre el piso hay una caja de cerillos, un destornillador y unos puñados de algodón. ¿Cómo podría atar los cables entre sí?

b. Problemas de inducción de la estructura

1. ¿Cuál es el siguiente número de la serie?

      1 4 2 4 3 4 4 4 5 4 6 4

2. Complete estas analogías:

   el béisbol es al bat lo que el tenis es a _____

   el mercader es a las ventas lo que el cliente es a _____

3. Las carátulas del reloj en cada una de las tres hileras están acomodadas en una secuencia lógica. Trate de encontrar la secuencia en cada hilera y dibuje las manecillas faltantes en las tres carátulas en blanco, en menos de 15 segundos.

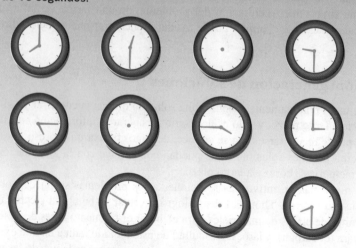

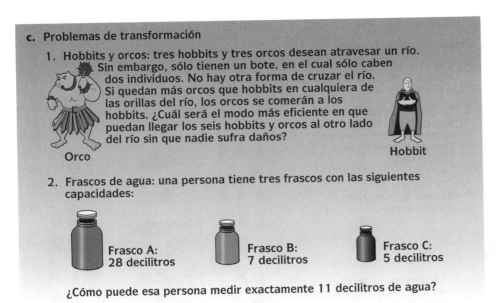

c. Problemas de transformación

1. **Hobbits y orcos:** tres hobbits y tres orcos desean atravesar un río. Sin embargo, sólo tienen un bote, en el cual sólo caben dos individuos. No hay otra forma de cruzar el río. Si quedan más orcos que hobbits en cualquiera de las orillas del río, los orcos se comerán a los hobbits. ¿Cuál será el modo más eficiente en que puedan llegar los seis hobbits y orcos al otro lado del río sin que nadie sufra daños?

Orco

Hobbit

2. **Frascos de agua:** una persona tiene tres frascos con las siguientes capacidades:

Frasco A: 28 decilitros

Frasco B: 7 decilitros

Frasco C: 5 decilitros

¿Cómo puede esa persona medir exactamente 11 decilitros de agua?

des. Por ejemplo, según un cálculo, existen aproximadamente 10^{120} secuencias posibles de jugadas de ajedrez.

En lugar del ensayo y error, la solución de problemas complejos suele implicar el uso de diversos tipos de heurística, la cual, como se expuso antes, consiste en reglas empíricas que nos indican el camino hacia las soluciones. Quizá la heurística de mayor aplicación en la solución de problemas sea la del análisis de medios y fines. Mediante el **análisis de medios y fines** las personas realizan pruebas repetidas para encontrar diferencias entre el resultado deseado y el estado actual. Por ejemplo, quienes emplean el análisis de medios y fines para buscar la secuencia correcta de caminos que los lleven a una ciudad vista a la distancia, deberían analizar sus soluciones a partir de qué tanto los acerca cada una de las alternativas a la meta final, es decir, a la ciudad. Sin embargo, esta estrategia solamente es eficaz si existe una solución directa para el problema. Si por la naturaleza del problema se deben dar pasos indirectos, los cuales dan la impresión de *aumentar* la discrepancia entre el estado actual y la solución, el análisis de medios y fines puede resultar contraproducente. En nuestro ejemplo, si los caminos están trazados de modo que la persona se deba *alejar* momentáneamente de la ciudad con el fin de llegar a ella después, el análisis de medios y fines impedirá que logre su meta.

Para algunos problemas lo opuesto a un análisis de medios y fines representa el enfoque más efectivo: trabajar hacia atrás a partir de la meta y retroceder en dirección al estado inicial. En lugar de comenzar con la situación actual y acercarse cada vez más a la solución, las personas pueden trabajar en la dirección opuesta, comenzando con la meta para tratar de llegar al punto inicial (Malin, 1979; Bourne *et al.*, 1986; Hunt, 1994).

Análisis de medios y fines: pruebas repetidas para determinar las diferencias entre el resultado deseado y lo que existe en la actualidad

Submetas

Otra heurística de uso común implica dividir un problema en pasos intermedios o *submetas*, y luego resolver cada uno de ellos. Por ejemplo, en nuestro problema de la Torre de Hanoi modificado, existen varias submetas evidentes que se pueden elegir, una de las cuales consistiría en pasar el disco más grande al tercer poste.

Si la resolución de una submeta es un paso adelante para la solución final del problema, entonces la identificación de submetas es una estrategia adecuada. Sin embargo, en algunas situaciones la determinación de submetas no resulta eficaz, y quien trata de resolver el problema puede ser obligado a invertir más tiempo para encontrar la solución (Hayes, 1966; Reed, 1996). Por ejemplo, algunos problemas no pueden subdividirse. Otros son tan difíciles de subdividir que lleva más tiempo identificar las subdivisiones apropiadas que resolver el problema por otros medios. Por último, incluso cuando se divi-

SOLUCIONES A LOS PROBLEMAS PLANTEADOS EN LA FIGURA 7.5

a. Problemas de ordenación

   1. FACETA, INGENUO, DUDA, YUNQUE, ANCHO o NACHO o CHANO

   2. El destornillador se ata a uno de los cables. Esto forma un péndulo que se puede balancear para alcanzar el otro cable.

b. Problemas de inducción de la estructura

   1. 7

   2. raqueta; las compras

   3. La primera carátula en blanco deberá mostrar las 5:00 (se agregan 4 ½ horas cada vez); la segunda, 4:30 (se restan 45 minutos cada vez); la tercera, 7:40 (se agregan 50 minutos cada vez).

c. Problemas de transformación

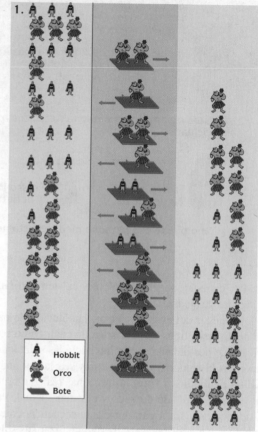

Hobbit
Orco
Bote

   2. Llene el frasco A, vacíelo en el frasco B una vez, y en el frasco C dos veces. Lo que queda en el frasco A son 11 decilitros.

de un problema en submetas, puede no quedar claro qué se debe hacer después de haber alcanzado una submeta determinada.

Inteligencia súbita

Algunos enfoques respecto a la solución de problemas otorgan menos importancia a los procesos que sugieren conducirse paso por paso y se enfocan en los chispazos repentinos de comprensión que se pueden experimentar durante los esfuerzos por resolverlos. Después de la Primera Guerra Mundial, el psicólogo alemán Wolfgang Köhler analizó los procesos de aprendizaje y solución de problemas en chimpancés (Köhler, 1927). En sus estudios, Köhler expuso a los chimpancés a situaciones que les representaban un reto, en las cuales estaban presentes todos los elementos de la solución; los chimpancés sólo los debían reunir.

Por ejemplo, en una serie de estudios se mantuvo a los chimpancés en una jaula, donde se encontraban cajas y palos dispersos, además de un racimo de apetitosos plátanos que colgaba de lo alto, fuera de su alcance. En un principio, los animales realizaron una serie de intentos de ensayo y error para alcanzar los plátanos: les arrojaban un palo, saltaban desde una de las cajas o brincaban con ímpetu desde el piso. Con frecuencia parecían rendirse, frustrados, dejando a los tentadores plátanos colgar sobre sus cabezas. Pero entonces, en lo que parecía ser una revelación súbita, abandonaban cualquier actividad que

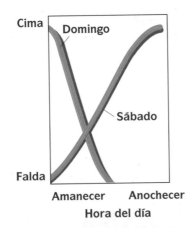

FIGURA 7.6 *Con el empleo de una gráfica es sencillo resolver el problema que se plantea en el texto. Recuerde que el objetivo no consiste en determinar la hora, sino sólo en indicar si existe un momento exacto. Fuente: Anderson, 1980.*

estuvieran realizando y se paraban en una caja con el fin de alcanzar los plátanos con un palo. Köhler denominó **inteligencia súbita** a los procesos cognitivos subyacentes en el comportamiento de los chimpancés, es decir, una conciencia repentina de las relaciones existentes entre diversos elementos que antes parecían ser independientes unos de otros.

Aun cuando Köhler hizo hincapié en el evidente carácter repentino en que se revelaban las soluciones, estudios posteriores demostraron que la experiencia previa y la práctica inicial de ensayo y error para la solución de problemas son prerrequisitos para la "inteligencia súbita" (Metcalfe, 1986). Un estudio demostró que únicamente los chimpancés con experiencia en jugar con los palos podían resolver el problema; los chimpancés sin esa experiencia nunca lograron descubrir la relación entre pararse sobre la caja y alcanzar los plátanos (Birch, 1945). Algunos investigadores han sugerido que el comportamiento de los chimpancés representaba poco más que el encadenamiento de respuestas aprendidas con anterioridad, lo cual no difiere del aprendizaje de una paloma al picotear una tecla por medio de ensayo y error (Epstein *et al.*, 1984; Epstein, 1987, 1996). La inteligencia súbita, es evidente, depende de la experiencia previa con los elementos implicados en un problema.

Inteligencia súbita: conciencia repentina de las relaciones entre diversos elementos que con anterioridad parecían ser independientes entre sí

a.　　　　**b.**　　　　**c.**

En una impresionante exhibición de inteligencia súbita, Sultán, uno de los chimpancés en los experimentos de Köhler de solución de problemas, ve un racimo de plátanos que está fuera de su alcance a. Luego lleva varias cajas b. las apila y se para sobre ellas para alcanzar los plátanos c.

Juicio: evaluación de soluciones

El último paso para resolver problemas es juzgar si es adecuada la solución elegida. Si se trata de un asunto sencillo, si hay una solución clara, como en el problema de la Torre de Hanoi, sabremos de inmediato si hemos tenido éxito.

Por otra parte, si la solución es menos concreta o si no existe una sola solución correcta, la evaluación de soluciones se complica. En estos casos debemos decidir cuál alternativa de solución es la mejor. Por desgracia, en ocasiones somos muy imprecisos para juzgar la calidad de nuestras propias ideas (Johnson, Parrott y Stratton, 1968). Por ejemplo, un equipo de investigadores farmacológicos que trabaja en una compañía privada puede sentir que su remedio para una enfermedad es superior a todas las demás, sobreestimando su probabilidad de éxito y menospreciando los enfoques de las compañías farmacéuticas competidoras.

Desde el punto de vista teórico, si son adecuadas y válidas la heurística y la información sobre las que nos basamos para tomar decisiones, podemos elegir en forma correcta entre las soluciones a un problema. No obstante, como veremos a continuación, existen diversas clases de obstáculos y sesgos en el proceso de solución de problemas que afectan la calidad de las decisiones y de los juicios que realizamos.

Impedimentos para la solución de problemas

Considere la siguiente prueba de solución de problemas (Duncker, 1945):

> Se le dan conjuntos de tachuelas, velas y cerillos en diversas cajitas, y su objetivo es colocar tres velas a la altura de los ojos en una puerta cercana, de modo que la cera derretida no gotee en el suelo conforme las velas se consumen (véase figura 7.7). ¿Cómo enfocaría este desafío?

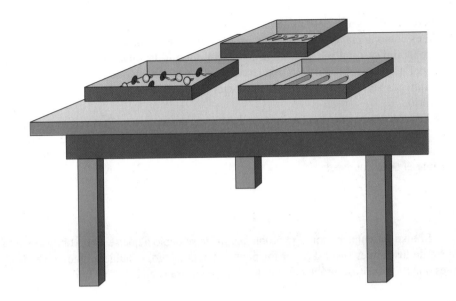

FIGURA 7.7 *El problema consiste en colocar tres velas a la altura de los ojos en una puerta cercana de modo que la cera no caiga en el piso mientras se queman las velas, usando sólo las tachuelas, las velas y los cerillos en las pequeñas cajas. La solución se muestra en la figura 7.10.*

Si tiene dificultades para resolver este problema, no es la única persona a quien le sucede. La mayoría de las personas es incapaz de resolverlo cuando se le presenta del modo ilustrado en la figura, donde los objetos están *dentro* de las cajas. Por otra parte, si se presentaran los objetos *junto* a las cajas, sólo dispuestos en la mesa, las probabilidades indican que podríamos resolver el problema con mayor facilidad, el cual, en caso de que tenga duda, requiere fijar las cajas con las tachuelas en la puerta y luego poner las velas sobre las cajas (véase figura 7.10).

La dificultad que posiblemente encontró para resolver el problema surge de su presentación y se relaciona con la etapa inicial de preparación, la cual condujo en forma errónea. De hecho, existen obstáculos significativos para la solución de problemas en cada una de las tres etapas principales. A pesar de que los enfoques cognitivos de solución de problemas sugieren que el pensamiento actúa de acuerdo con líneas bastante racionales y lógicas cuando una persona se enfrenta con un problema y debe considerar diversas soluciones, varios factores operan para obstaculizar el desarrollo de soluciones creativas, apropiadas y precisas.

Fijación funcional y acomodo mental

La razón por la cual experimentamos dificultades con el problema de las velas puede atribuirse a un fenómeno denominado **fijación funcional**, tendencia a pensar en un objeto sólo en función de su utilidad característica. Por ejemplo, la fijación funcional le hará pensar que este libro sólo es para leer, en oposición a su valor como un tope para la puerta o como material para encender una fogata. En el problema de las velas, la fijación funcional ocurre debido a que los artículos se presentan inicialmente dentro de las cajas, las cuales se ven como simples recipientes de los artículos que están en su interior, en lugar de ser consideradas como una parte potencial de la solución.

La fijación funcional es ejemplo de un fenómeno más amplio denominado **acomodo mental**, tendencia a persistir que poseen los viejos patrones de solución de problemas. Este fenómeno fue demostrado en un experimento clásico realizado por Abraham Luchins (1946). Como puede ver en la figura 7.8, el objetivo de la tarea es usar los tarros en cada fila para medir la cantidad designada de líquido. (Inténtelo para darse cuenta del poder del acomodo mental antes de continuar leyendo.)

Si ha intentado solucionar el problema, sabe que las primeras cinco partes se solucionan de la misma manera: se llena el tarro grande b y de él se llena el tarro mediano a una vez y el tarro pequeño c dos veces. Lo que queda en b es la cantidad designada. (Planteado como fórmula, es $b - a - 2c$.) La demostración del acomodo mental

Fijación funcional: tendencia a pensar en un objeto sólo en función de su uso típico

Acomodo mental: tendencia a persistir que poseen los antiguos patrones de solución de problemas

Tarros con estas capacidades (en mililitros)

	a	b	c	Obtener
1.	21	127	3	100
2.	14	163	25	99
3.	18	43	10	5
4.	9	42	6	21
5.	20	59	4	31
6.	28	76	3	25

FIGURA 7.8 *Trate de resolver esta demostración clásica, la cual ilustra la importancia del acomodo mental en la solución de problemas. El objeto es usar los tarros en cada fila para medir la cantidad de líquido designada. Después de que encuentre la solución para las primeras cinco filas, es probable que tenga problemas con la sexta fila, aunque la solución en realidad es muy fácil. De hecho, si hubiera intentado solucionar primero el problema de la sexta fila, es probable que no hubiera tenido ninguna dificultad.*

FIGURA 7.9 *La solución al problema de los nueve puntos requiere del uso de líneas trazadas fuera de los límites de la figura, algo que nuestro acomodo mental puede impedirnos descubrir con facilidad.*

viene con la sexta parte del problema, punto en el cual es probable encontrar dificultades. Si es como la mayoría de la gente, probó la fórmula y quedó perplejo cuando falló. Las probabilidades indican que, de hecho, pasó por alto la solución simple (pero diferente) del problema, la cual sólo requiere restar c de a. Lo interesante es que las personas a quienes se les dio *primero* el problema seis no tuvieron dificultad alguna para resolverlo.

El acomodo mental también puede afectar las percepciones. Puede impedirnos ver la solución más allá de las restricciones de un problema. Por ejemplo, intente trazar cuatro líneas rectas de modo que toquen los nueve puntos que aparecen a continuación, sin despegar el lápiz del papel:

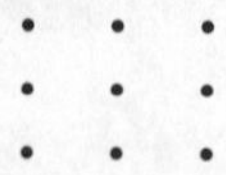

Si tuvo dificultades con este problema, quizá se debió a que se sintió obligado a no salirse de los límites sugeridos por los puntos. Sin embargo, si hubiera ignorado esos límites, habría resuelto el problema con la solución mostrada en la figura 7.9.

Evaluación imprecisa de soluciones

Cuando la planta de energía nuclear de la isla Three Mile, en Pennsylvania, sufrió su falla inicial en 1979, un siniestro que casi provocó una fusión nuclear, los operadores de la planta debieron enfrentar de inmediato la solución de un problema sumamente grave. Distintos monitores presentaban información contradictoria acerca de la fuente del problema: uno indicaba que la presión era demasiado alta, lo cual implicaba el peligro de una explosión; otros señalaban que la presión era muy baja, lo cual podía provocar una fusión. Aun cuando en realidad la presión era baja, los supervisores encargados confiaron en la información proporcionada por el monitor que indicaba una presión demasiado alta, el cual estaba defectuoso. Una vez que tomaron una decisión y actuaron de conformidad con ella, ignoraron la evidencia en contra proveniente de los demás monitores (Wickens, 1984).

Una de las razones del error de los operadores fue el *sesgo de confirmación*, por el cual se favorecen las hipótesis iniciales y se ignora la información opuesta que sustente hipótesis o soluciones alternativas. Incluso cuando descubrimos evidencias que contradicen la solución elegida, tendemos a mantener nuestra hipótesis original.

Existen diversas razones para que se produzca el sesgo de confirmación. Una de ellas es que se requiere de esfuerzo cognitivo para reexaminar un problema aparentemente ya solucionado, por lo cual tendemos a apegarnos a nuestra primera solución. Otra razón es que la evidencia opuesta a una solución inicial puede representar una amenaza para nuestra autoestima, lo cual nos conduce a mantenernos en las soluciones planteadas desde un principio (Fischoff, 1977; Rasmussen, 1981).

Creatividad y solución de problemas

A pesar de los obstáculos para obtener la solución de problemas, muchas personas suelen aportar soluciones creativas. Una de las constantes preguntas a las que han tratado de dar respuesta los psicólogos cognitivos es la que busca determinar los factores que subyacen a la **creatividad**, es decir, la combinación de respuestas o ideas en formas novedosas (Isaksen y Murdock, 1993; Boden, 1994, 1996; Smith, Ward y Finke, 1995).

Aunque ser capaces de identificar las etapas de la solución de problemas nos ayuda a comprender la forma en que las personas los enfrentan y resuelven, no es suficiente para explicar por qué algunos individuos, como Jacob Rabinow, cuyos inventos se describieron en el prólogo, encuentran mejores soluciones que otros. Incluso las soluciones posibles para los problemas más sencillos a menudo exhiben enormes discrepancias. Considere, por ejemplo, cómo respondería a la pregunta: "¿cuántos usos se le pueden ocurrir para un periódico?"

Creatividad: combinación de respuestas o ideas en formas nuevas

Ahora compare su propia solución con la propuesta por un niño de diez años de edad:

Se puede leer, escribir sobre él, extenderlo y hacer un dibujo en él... Se puede colocar en una puerta como adorno, se puede colocar en el bote de la basura, en una silla si está sucia. Si tienes un perrito, pones el periódico en su caja o lo pones en el jardín para que el perro juegue con él. Cuando construyes algo y no quieres que alguien lo vea, envuélvelo con un periódico. Coloca un periódico en el suelo si no tienes colchón; úsalo para coger algo caliente; úsalo para dejar de sangrar o para que le caigan encima las gotas de la ropa que se está secando. Puedes utilizar el periódico como cortinas; colocarlo en tus zapatos para tapar lo que te lastima los pies; puedes hacer un papalote con él; para opacar una luz demasiado brillante. Puedes envolver pescado con él, lavar las ventanas o envolver dinero... Colocas los zapatos limpios sobre el periódico, limpias los anteojos con él, lo pones debajo de un fregadero que gotea, colocas una planta sobre él, haces un recipiente de papel, lo utilizas como sombrero si está lloviendo, lo amarras a tus pies como pantuflas. Lo puedes poner sobre la arena si no tienes toalla, lo utilizas para marcar las bases en el béisbol, para hacer avioncitos de papel, lo usas como recogedor de basura cuando barres, lo haces bola para que el gato juegue con él, para envolverte las manos si hace frío (Ward, Kogan y Pankove, 1972).

Es obvio que esta lista muestra una creatividad extraordinaria. Por desgracia, es más fácil identificar *ejemplos* de creatividad que determinar sus causas. No obstante, existen diversos factores que parecen estar relacionados con la creatividad (Swede, 1993; Csikszentmihalyi, 1997; Ward, Smith y Vaid, 1997).

Uno de estos factores es el **pensamiento divergente**, el cual se refiere a la capacidad de generar respuestas poco usuales, pero adecuadas, ante problemas o preguntas. Este tipo de pensamiento contrasta con el **pensamiento convergente**, el cual produce respuestas basadas de manera fundamental en el conocimiento y la lógica. Por ejemplo, una per-

Pensamiento divergente: capacidad para generar respuestas inusuales, pero apropiadas, ante problemas o preguntas
Pensamiento convergente: capacidad de producir respuestas que se basan sobre todo en el conocimiento y la lógica

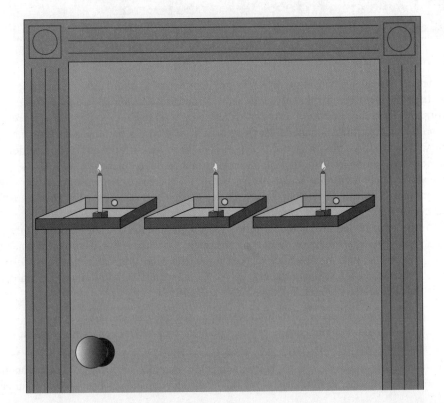

FIGURA 7.10 *Una solución al problema planteado en la figura 7.7 implica fijar las cajas a la puerta con las tachuelas y colocar las velas en las cajas.*

sona que se apoya en el pensamiento convergente responde, "lo lees", a la interrogante, "¿qué haces con un periódico?". En contraste, "lo utilizas como recogedor de basura" es una respuesta más divergente y creativa (Runco, 1991; Baer, 1993; Runco y Sakamoto, 1993; Finke, 1995).

Los psicólogos Robert Sternberg y Todd Lubart sugieren que un ingrediente importante de la creatividad es la disposición a correr riesgos que puedan dar como resultado potenciales ganancias elevadas (Sternberg y Lubart, 1992, 1995, 1996; Lubart y Sternberg, 1995). En su opinión, las personas creativas se parecen a los inversionistas exitosos de la bolsa de valores, quienes siguen la regla de "comprar barato y vender caro". En forma análoga, los individuos creativos formulan y promueven ideas que están, al menos por el momento, fuera de sintonía con la sabiduría prevaleciente ("comprar barato"). En última instancia, sin embargo, las personas creativas esperan que sus ideas aumentarán de valor y que a final de cuentas los demás las encontrarán valiosas y las adoptarán ("vender caro").

Otro ingrediente de la creatividad es la *complejidad cognitiva*: la utilización y preferencia de estímulos y patrones de pensamiento elaborados, intrincados y complejos. Además, las personas creativas a menudo poseen una amplia gama de intereses y son más independientes y se interesan más en los problemas filosóficos o abstractos que los individuos menos creativos (Barron, 1990).

Un factor *no* relacionado estrechamente con la creatividad es la inteligencia. La mayor parte de los reactivos en las pruebas de inteligencia se centran en habilidades de pensamiento convergente, puesto que sus preguntas están bien definidas y sólo tienen una respuesta aceptable. Las personas creativas, pensadoras divergentes, pueden, por tanto, encontrarse en desventaja cuando resuelven dichas pruebas. Esto puede explicar por qué los investigadores encuentran en forma consistente que la creatividad se relaciona poco con las calificaciones escolares o con la inteligencia, en especial cuando se mide con pruebas típicas de inteligencia (Barron y Harrington, 1981; Sternberg, 1988a; Albert, 1992; Simonton, 1994; Hong, Milgram y Gorsky, 1995).

El consumidor de psicología bien informado

El pensamiento crítico y creativo

¿Podemos aprender a pensar mejor? Aunque hemos estado abordando maneras de evaluar la información en forma crítica en las secciones *El consumidor de psicología bien informado* de cada capítulo, nuestra consideración de la psicología cognitiva representa una buena oportunidad para revisar y expandir las técnicas para pensar en forma crítica y creativa. Los investigadores cognitivos han encontrado que todos podemos aprender a desempeñarnos mejor en tareas de toma de decisiones y de solución de problemas. Se pueden enseñar reglas abstractas de lógica y razonamiento, cuyo aprendizaje mejora la forma de razonar acerca de las causas subyacentes a los sucesos de la vida cotidiana.

En resumen, las investigaciones de los psicólogos cognitivos han sugerido que los pensadores críticos y creativos se hacen, no nacen. Considere, por ejemplo, algunas de estas sugerencias para incrementar el pensamiento crítico y la creatividad (Anderson, 1993; Feldman, Coats y Schwartzberg, 1994; Conti, Amabile y Pollak, 1995; Halpern, 1995; Schaller *et al.*, 1996; D.A. Levy, 1997; Baer, 1997):

- *Redefina los problemas*. Los límites y supuestos que sostiene son susceptibles de modificación. Por ejemplo, se puede replantear un problema en un nivel más abstracto o más concreto.

- *Utilice la fragmentación*. En la fragmentación, una idea o concepto se descompone en las partes que lo forman. Por medio de la fragmentación es posible examinar ca-

Los psicólogos cognitivos han encontrado que la creatividad y las habilidades de pensamiento crítico, como aquellas implicadas en el diseño de esta silla de ruedas de carreras, pueden enseñarse.

da una de las partes para encontrar nuevos enfoques y posibilidades, lo que puede conducir a una nueva solución del problema en su conjunto.

- *Adopte una perspectiva crítica.* En lugar de aceptar pasivamente los supuestos o las aseveraciones, podemos evaluar en forma crítica el material mediante la consideración de sus implicaciones y reflexionando acerca de posibles excepciones y contradicciones.

- *Considere lo opuesto.* Al considerar lo opuesto de un concepto que pretendemos entender, a veces podemos avanzar. Por ejemplo, para definir "buena salud mental", puede ser útil considerar qué significa "mala salud mental".

- *Utilice analogías.* Las analogías no sólo nos ayudan a descubrir una nueva manera de entender, también nos ofrecen marcos de referencia alternativos para interpretar los hechos. Un medio particularmente efectivo para emplear las analogías consiste en buscarlas en el reino animal cuando el problema se refiere a los seres humanos, y en la física o la química cuando está relacionado con objetos inanimados. Por ejemplo, la idea para el empaque tan particular de las papas fritas Pringles surgió, según dicen, cuando un fabricante notó que las hojas secas de los árboles, las cuales normalmente se rompen con facilidad, podían empacarse en forma apretada si se humedecían un poco (Rice, 1984; Holyoak y Thagard, 1994; Reisberg, 1997; Getner y Holyoak, 1997).

- *Piense en forma divergente.* En lugar de pensar en el uso más lógico o más común de un objeto, podemos considerar cuál sería su utilidad si se prohibiera utilizarlo en la forma acostumbrada.

- *Asuma la perspectiva de otra persona.* Al adoptar de manera temporal el punto de vista de otra persona, puede obtener una visión fresca acerca de la situación.

- *Use la heurística.* Como se dijo, la heurística consiste en reglas empíricas que pueden ayudar a lograr una solución para un problema. Si la naturaleza del problema es tal que sólo acepta una respuesta correcta, y existe una heurística disponible o se le puede generar, su uso con frecuencia ayuda a desarrollar una solución de modo más rápido y efectivo.

- *Experimente diversas soluciones.* No tenga miedo de utilizar distintos caminos para encontrar soluciones a los problemas (verbales, matemáticos, gráficos, incluso la representación escénica de una situación). Por ejemplo, podríamos tratar de sacar a la luz toda idea concebible que podamos, sin importar lo extraña o peculiar que pueda parecer al principio. Después de haber elaborado una lista de soluciones, podemos revisar cada una de ellas e intentar pensar en maneras de hacer que lo que al principio parecía poco práctico parezca más factible. ■

Recapitulación, revisión y reflexión

Recapitulación

- Para resolver los problemas, las personas en general pasan por tres etapas: la preparación, la producción y el juicio.

- La *inteligencia súbita* es una conciencia repentina de las relaciones entre diversos elementos que antes parecían independientes entre sí.

- Entre los obstáculos que se presentan para una solución de problemas exitosa se cuentan el acomodo mental y la fijación funcional, la aplicación inadecuada de algoritmos y heurística, y el sesgo de confirmación.

- La creatividad se relaciona con el pensamiento divergente y con la complejidad cognitiva.

- Los psicólogos han diseñado varios métodos para promover el pensamiento crítico y la solución creativa de problemas.

Revisión

1. Las tres etapas para la solución de problemas que estudian los psicólogos son _____, _____ y _____.

2. Relacione el tipo de problema con su definición:

   1. De inducción de la estructura
   2. De ordenación
   3. De transformación

   a. Modificación del estado inicial al estado meta o final
   b. Reordenación de los elementos para satisfacer determinados criterios
   c. Construcción de una nueva relación entre los elementos

3. La solución de un problema mediante un intento de reducir la diferencia entre el estado actual y el estado final o meta se conoce como _____ _____ _____

4. _____ _____ es el término que se emplea para describir la revelación sorpresiva que suele acompañar a la solución de un problema.

5. Pensar acerca de un objeto exclusivamente en función de su uso típico se conoce como _____ _____. Una

dificultad relacionada, y más amplia, que consiste en la tendencia a persistir que tienen los patrones antiguos de solución de problemas se denomina _____ _____.

6. El _____ _____ describe el fenómeno mediante el cual se favorece una hipótesis inicial y se ignoran las hipótesis alternativas subsecuentes.

7. La generación de respuestas poco usuales a una pregunta, pero de todas formas apropiadas, se conoce como _____ _____.

8. La inteligencia, como se mide mediante las pruebas de inteligencia tradicionales, está altamente correlacionada con las evaluaciones de creatividad. ¿Verdadero o falso?

Las respuestas a las preguntas de revisión se encuentran en la página 295.

Reflexión

1. ¿El razonamiento en el siguiente silogismo es correcto o incorrecto? ¿Por qué?

   Las personas creativas a menudo tienen problemas con las pruebas de inteligencia tradicionales.

   Yo tengo problemas con las pruebas de inteligencia tradicionales.

   Por consiguiente, soy una persona creativa.

2. ¿El pensamiento divergente y el convergente son mutuamente excluyentes o complementarios? ¿Por qué? ¿Hay situaciones en las que una forma de pensamiento es claramente superior? ¿Pueden combinarse las dos formas de pensamiento? ¿Cómo?

3. Si en realidad ciertas estrategias que promueven el desarrollo de la creatividad pueden enseñarse, ¿qué beneficios potenciales podría acarrear esto al campo de los negocios? ¿Y al de la ciencia? ¿Y al del trabajo con personas que tienen necesidades especiales?

LENGUAJE

▶ **¿Cómo emplean las personas el lenguaje?**

▶ **¿Cómo se desarrolla el lenguaje?**

Apenas él le amalaba el noema,

a ella se le agolpaba el clémiso

y caían en hidromurias, en salvajes ambonios,

en sustalos exasperantes...

Aunque ninguno de nosotros haya escuchado jamás palabras como amalar, noema y clémiso (inventadas por el autor del fragmento), no nos cuesta mucho trabajo discernir que en este fragmento de la novela *Rayuela*, del escritor argentino Julio Cortázar,* se narra un encuentro amoroso.

Nuestra capacidad para darle sentido a aquello que no lo tiene, si esto último sigue las reglas típicas del lenguaje, ilustra tanto la complejidad de las capacidades del lenguaje humano como la de los procesos cognitivos que subyacen al desarrollo y empleo del len-

_____

* Julio Cortázar, *Rayuela*, La Oveja Negra, Colombia, 1984, p. 546.

guaje. El uso del **lenguaje**, el arreglo sistemático y significativo de símbolos, representa con claridad una capacidad cognitiva muy importante, indispensable para la comunicación con los demás. El lenguaje no es sólo vital para la comunicación, también está estrechamente relacionado con la forma en que pensamos el mundo y lo comprendemos, puesto que existe un nexo crucial entre el pensamiento y el lenguaje. En este sentido, no es sorprendente que los psicólogos hayan centrado una considerable atención al estudio del tema del lenguaje (Harley, 1995; Forrester, 1996; Velichkovsky y Rumbaugh, 1996).

Lenguaje: arreglo sistemático y significativo de símbolos

Gramática: el lenguaje del lenguaje

Con el fin de comprender cómo se desarrolla el lenguaje y cuál es su relación con el pensamiento, es preciso revisar primero algunos de los elementos formales que constituyen el lenguaje. La estructura básica del lenguaje descansa en la **gramática**, el sistema de reglas que determina cómo podemos expresar nuestros pensamientos.

Gramática: sistema de reglas que determina cómo pueden expresarse nuestros pensamientos

La gramática trabaja con tres componentes importantes del lenguaje: la fonología, la sintaxis y la semántica. La **fonología** se refiere al estudio de las unidades mínimas de sonido, a las que se denomina **fonemas**, que afectan el significado del habla, y la forma en que empleamos esos sonidos para generar significados, ordenándolos de modo que formen palabras. Por ejemplo, la "y" en "pan y leche" y la "y" en "yema" representan dos fonemas diferentes en español (Halle, 1990; Feldman, 1995; Hirsh-Pasek y Golinkoff, 1996; Vihman, 1996).

Fonología: estudio de las unidades mínimas de sonido, llamadas fonemas
Fonemas: unidades mínimas de sonido

Así como los hispanohablantes del continente americano emplean entre 23 y 25 fonemas básicos, dependiendo del país, para producir palabras, los fonemas básicos de otros idiomas varían desde un mínimo de 15 hasta un máximo de 85 (Akmajian, Demers y Harnish, 1984). Las diferencias entre los fonemas son una de las razones por que las personas tienen dificultad para aprender otros idiomas: por ejemplo, para una persona cuya lengua materna es el japonés, en la que no existe el fonema "r", palabras del español como "rugir" presentan cierta dificultad.

La **sintaxis** se refiere a las reglas que indican cómo se pueden combinar las palabras y las frases para formar enunciados. Todos los idiomas tienen reglas intrincadas que regulan el orden en que se deben unir las palabras para comunicar un significado. Quienes hablan español como lengua materna no tienen problemas para distinguir que "la apaga radio" no sigue un orden adecuado, en tanto que "apaga la radio" sí lo sigue. La importancia de la sintaxis correcta queda demostrada por los cambios de significado que origina el diferente orden de las palabras en los siguientes tres enunciados: "la madre no ve los defectos del hijo", "el hijo no ve los defectos de la madre", "ve los defectos el hijo, no la madre" (Lasnik, 1990).

Sintaxis: reglas que indican cómo pueden combinarse las palabras y las frases para formar enunciados

El tercer componente fundamental del lenguaje es la **semántica**, que se refiere al empleo de reglas que rigen el significado de las palabras y los enunciados (Larson, 1990; Hipkiss, 1995; O'Grady y Dobrovolsky, 1996). Las reglas semánticas nos permiten utilizar las palabras para transmitir los matices más sutiles. Por ejemplo, somos capaces de hacer la distinción entre "el camión atropelló a Laura" (lo que quizá diríamos si presenciáramos al vehículo pegándole a Laura) y "a Laura la atropelló un camión" (lo que probablemente diríamos si se nos preguntara por qué Laura faltó a clases mientras se recuperaba).

Semántica: reglas que rigen el significado de las palabras y los enunciados

A pesar de la complejidad del lenguaje, la mayoría adquirimos los fundamentos de la gramática sin siquiera estar conscientes de haber aprendido sus reglas (Pinker, 1994). Es más, aunque podemos encontrar dificultades para enunciar de manera explícita las reglas gramaticales de que nos servimos, nuestra capacidad lingüística es tan compleja que nos permite pronunciar un número infinito de enunciados distintos. Ahora veremos cómo se adquieren esas habilidades.

Desarrollo del lenguaje: hacerse camino con las palabras

Para los padres, los sonidos de su bebé cuando balbucea y hace gorgoritos son música para sus oídos (excepto, tal vez, a las tres de la mañana). Estos sonidos cumplen además

Balbuceo: sonidos parecidos a los del habla, pero carentes de significado, emitidos por los niños desde alrededor de los tres meses de edad hasta un año

Una sílaba en lenguaje de signos, similar a ésta, se encuentra en el balbuceo manual de bebés sordos y en el balbuceo hablado de bebés que oyen. Las semejanzas en la estructura del lenguaje hacen pensar que el lenguaje tiene raíces biológicas.

Habla telegráfica: enunciados que suenan como si fueran parte de un telegrama, en el que se omiten las palabras que carecen de importancia para el mensaje

Sobregeneralización: fenómeno por el que los niños aplican las reglas aun cuando la aplicación da como resultado un error

una función importante: marcan el primer paso en el camino para el desarrollo del lenguaje.

Los niños **balbucean**, producen sonidos parecidos a los del lenguaje, pero carentes de sentido, desde la edad de tres meses hasta cumplir un año de edad. Mientras balbucean pueden producir, en cualquier momento, cualesquiera de los sonidos que existen en todos los idiomas, no sólo en aquel al que están expuestos. Incluso los niños sordos emiten su forma particular de balbuceo: los bebés sordos a quienes se les expone desde el nacimiento al lenguaje de signos "balbucean", pero lo hacen con sus manos (Petitto y Marentette, 1991; Petitto, 1993; Meier y Willerman, 1995).

El balbuceo refleja cada vez más el idioma específico que se habla en el entorno, al principio en cuanto al tono y timbre, y por último respecto a sonidos específicos (Reich, 1986; Kuhl *et al.*, 1992; de Boysson-Bardies y Halle, 1994). Cuando el niño tiene aproximadamente un año de edad, desaparecen los sonidos que no son propios del idioma. De ahí sólo hay un corto paso hacia la producción de palabras* reales. En el español se trata por lo general de palabras cortas que tienen consonantes como "b", "m", "p" o "t", lo cual ayuda a entender por qué "mamá" y "papá" por lo regular están entre las primeras palabras que pronuncian los bebés. Claro está que, antes incluso de que pronuncien sus primeras palabras, los niños son capaces de comprender una buena parte del lenguaje que escuchan. La comprensión del lenguaje antecede a la producción de éste.

Después de cumplir un año de edad, los niños comienzan a aprender formas más complicadas del lenguaje. Producen combinaciones de dos palabras, las cuales se convierten en las partes componentes de sus enunciados, y se produce un aumento en el número de palabras distintas que son capaces de emplear. Cuando cumplen dos años de edad, los niños promedio poseen un vocabulario de más de 50 palabras; sólo seis meses después, ese vocabulario ha crecido a varios cientos de palabras.* A esa misma edad, los niños son capaces de producir pequeños enunciados, aunque emplean un **habla telegráfica**, es decir, enunciados que suenan como si fueran parte de un telegrama, en los que se omiten las palabras que no son de vital importancia para el mensaje. En lugar de decir "yo te mostré el libro", un niño que emplea el habla telegráfica podría decir, "mostré libro", y "yo dibujo un perro" podría convertirse en "dibujo perro". Claro está que conforme el niño crece, el empleo del habla telegráfica disminuye y los enunciados adquieren mayor complejidad.

Cuando los niños cumplen tres años de edad, aprenden a formar plurales, añadiendo ya sea "s" o "es" a los sustantivos, y son capaces de conjugar los verbos en pasado mediante la incorporación de las inflexiones verbales según corresponda a cada tiempo. Esta capacidad conduce también a errores, puesto que los niños tienden a aplicar las reglas con una inflexibilidad excesiva. A este fenómeno se le conoce como **sobregeneralización**, ya que los niños aplican las reglas incluso cuando usarlas es erróneo. Así, por ejemplo, aunque es correcto decir "molido" al usar el participio de "moler", esa misma regla no funciona tan bien cuando los niños dicen "escribido" para expresar el participio de "escribir" (Marcus, 1996).

Gran parte de la adquisición de las reglas del lenguaje de los niños se completa cuando cumplen cinco años de edad. No obstante, un vocabulario completo y la capacidad para comprender y utilizar reglas gramaticales sutiles no se logra sino hasta más tarde. Por ejemplo, si se le muestra a un niño de cinco años una muñeca con los ojos vendados y se le pregunta, "¿esta muñeca es fácil o difícil de ver?", tendría grandes problemas para responder a la pregunta. De hecho, si se le pidiera hacer que la muñeca fuera más fácil de ver, quizá trataría de quitarle la venda de los ojos. Por otra parte, los niños de ocho años de edad tienen poca dificultad para comprender la pregunta, debido a que se dan cuenta que la venda de la muñeca no tiene nada que ver con la capacidad de un observador para verla (Chomsky, 1969).

---

* *N. de la R. T.* Sin embargo, hace mucho se dejó de usar el número de palabras por edad como un parámetro del desarrollo, porque existen variaciones enormes en éste. Lo que sí es muy indicativo es la estructura del lenguaje que se usa: si combina o no dos palabras, por ejemplo.

Entre más hablen los padres a sus hijos, éstos tendrán mejores habilidades lingüísticas.

Comprensión de la adquisición del lenguaje: identificación de las raíces del lenguaje

Quienes conviven con niños, aunque sea durante poco tiempo, se percatarán de los enormes avances que realizan en el desarrollo del lenguaje en el transcurso de la niñez. Sin embargo, las razones de esta rápida evolución son menos evidentes. Se han planteado dos explicaciones principales: una se basa en la teoría del aprendizaje y la otra en procesos innatos.

El **enfoque de la teoría del aprendizaje** sugiere que la adquisición del lenguaje obedece a los principios del reforzamiento y del condicionamiento, expuestos en el capítulo 5. Por ejemplo, un niño que pronuncia la palabra "mamá" recibe caricias y halagos de su madre, con lo cual se refuerza ese comportamiento y se hace más probable su repetición. Esta perspectiva sugiere que los niños aprenden a hablar primero gracias a que se les recompensa por proferir sonidos que se aproximan a los del lenguaje. Por último, a través de un proceso de moldeamiento, el lenguaje se va pareciendo cada vez más al de los adultos (Skinner, 1957).

La teoría del aprendizaje es apoyada por investigaciones que muestran que entre más les hablan los padres a sus hijos pequeños, más competentes se volverán los niños en el uso del lenguaje (véase figura 7.11). Además, los niveles superiores de complejidad lingüística en la forma en que los padres le hablan a sus hijos pequeños se relacionan con un índice mayor de adquisición de vocabulario, uso del mismo e incluso rendimiento intelectual general para cuando los niños tienen tres años de edad (Hart y Risley, 1997).

Por otra parte, el enfoque de la teoría del aprendizaje tiene menos éxito cuando trata de explicar la adquisición de las reglas del lenguaje. A los niños no sólo se les refuerza cuando utilizan bien el lenguaje, sino también cuando responden en forma incorrecta. Por ejemplo, los padres dan igual respuesta cuando el niño pregunta, "¿el perro no come por qué?", que cuando dice "¿por qué no come el perro?", pues ambos enunciados se com-

Enfoque de la teoría del aprendizaje: teoría que sugiere que la adquisición del lenguaje sigue los principios del reforzamiento y el condicionamiento

---

Respuestas a las preguntas de revisión:

1. preparación, producción, juicio   2. 1-c; 2-b; 3-a   3. análisis de medios y fines   4. Inteligencia súbita   5. fijación funcional; acomodo mental   6. sesgo de confirmación   7. pensamiento divergente   8. Falso; la inteligencia, como se mide en las pruebas tradicionales, sólo tiene una ligera relación con la creatividad.

FIGURA 7.11 *Entre mayor sea el número de palabras que los padres les dicen a sus hijos antes de los tres años de edad, será mayor el vocabulario del niño. Fuente: cortesía de los doctores Betty Hart y Todd Risley, 1997.*

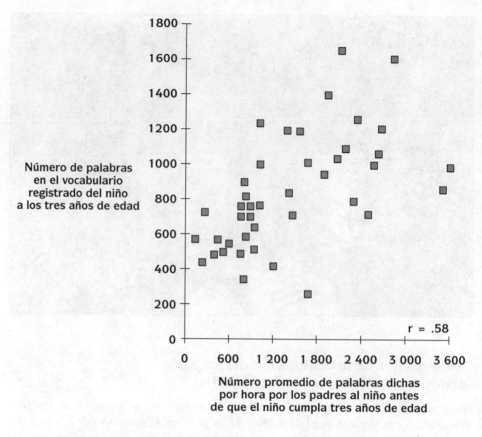

prenden con igual facilidad. Por lo tanto, la teoría del aprendizaje no parece proporcionar una explicación completa de la adquisición del lenguaje.*

Al analizar estos problemas con los enfoques de la teoría del aprendizaje para explicar la adquisición del lenguaje, el lingüista Noam Chomsky (1968, 1978, 1991) proporcionó una alternativa que abrió un nuevo camino. Él afirmó que los seres humanos nacen con una capacidad lingüística innata que surge principalmente como una función de la maduración. Según este análisis, todos los lenguajes del mundo comparten una estructura subyacente similar a la que se denomina **gramática universal**. Chomsky sugiere que el cerebro humano posee un sistema neuronal, el **mecanismo de adquisición del lenguaje,** que hace posible la comprensión de la estructura del lenguaje y proporciona estrategias y técnicas para el aprendizaje de las características exclusivas de una lengua materna determinada.

En cierto sentido, entonces, las conexiones del mecanismo de adquisición del lenguaje en el cerebro proporcionan el equipo para nuestra adquisición del lenguaje; la exposición al lenguaje en nuestro entorno nos permite desarrollar los programas específicos. Chomsky afirma que el lenguaje es un fenómeno específicamente humano el cual se hace posible por la presencia del mecanismo de adquisición del lenguaje.

Como sospechará, el punto de vista de Chomsky no carece de críticas. Por ejemplo, los teóricos del aprendizaje plantean que la aparente capacidad de animales como los chimpancés para aprender los rudimentos del lenguaje humano (tema que expondremos más adelante en este capítulo) contradice la perspectiva del mecanismo innato. Por tanto, el asunto sobre el modo en que los seres humanos adquieren el lenguaje es sumamente polémico (Rice, 1989; Pinker, 1990, 1994; McDonald, 1997).

Gramática universal: teoría de Noam Chomsky de que todos los idiomas del mundo comparten una estructura subyacente similar
Mecanismo de adquisición del lenguaje: sistema neurológico del cerebro que hipotéticamente permite la comprensión del lenguaje

---

* *N. de la R. T.* Éste puede no ser el ejemplo más adecuado, ya que la sustitución de estos errores puede aplicarse con razonamientos conductuales: el medio proporciona más reforzamiento a la forma gramatical adecuada y por aprendizaje vicario se elabora el modelo correcto muchas más veces que el incorrecto. En realidad, la principal elección sería el uso generalizado de reglas, ya que nunca se enseña "andó" o "ponió", y estos "errores" se producen en todos los niños.

Influencia del lenguaje en el pensamiento

¿Los esquimales, habitantes del gélido ártico, tienen un vocabulario más extenso para hablar de la nieve que los habitantes de climas más templados? Contrario a las creencias de la sabiduría convencional, es probable que no. Desde principios del siglo xx se han expuesto argumentos respecto a que el lenguaje de los esquimales tiene muchas más palabras que otros idiomas para designar a la "nieve". En esa época, el lingüista Benjamin Lee Whorf afirmó que debido a que la nieve es tan relevante para la vida de los esquimales, éstos han elaborado un amplio vocabulario para describirla, mucho más rico que cualquier otro idioma, como el español. Conforme transcurrió el tiempo, la supuesta cantidad de palabras esquimales para referirse a la nieve adquirió proporciones míticas, con una cuenta que sugiere la existencia de 400 términos esquimales diferentes para ese concepto (Martin y Pullum, 1991; Pinker, 1994).

Sin embargo, en la actualidad la mayoría de los psicólogos concuerdan en que estas afirmaciones se basan más en el mito que en la realidad. Los esquimales no tienen más palabras para referirse a la nieve que los parlantes de otro idioma. De hecho, si se examina el español con detenimiento, es difícil decir que es pobre al tratar de describir a la nieve (considere aguanieve, ventisca, borrasca y avalancha, para empezar).

La afirmación de que el lenguaje de los esquimales es rico, en particular en términos relacionados con la nieve, fue usada como evidencia para sustentar una idea controvertida conocida como la hipótesis del relativismo lingüístico. De acuerdo con la **hipótesis del relativismo lingüístico**, el lenguaje da forma y, de hecho, puede determinar el modo en que los integrantes de una cultura determinada perciben y comprenden el mundo (Whorf, 1956; Lucy, 1992, 1996; Smith, 1996). De acuerdo con esta perspectiva, el lenguaje nos proporciona categorías que empleamos para construir nuestra visión de las personas y acontecimientos del mundo que nos rodea. En consecuencia, el lenguaje moldea y produce el pensamiento.

Consideremos otra posibilidad, supongamos que el lenguaje no es la *causa* de ciertas formas de pensar respecto al mundo, por lo contrario, es un *resultado* de pensar y experimentar estímulos relevantes en el ambiente. Desde este punto de vista, el pensamiento

Hipótesis del relativismo lingüístico: teoría según la cual el lenguaje moldea y, de hecho, puede determinar la forma en que las personas de una cultura particular perciben y comprenden el mundo

Viajar por países donde se habla un idioma distinto al nuestro plantea la cuestión de la relación entre el lenguaje y el pensamiento.

produce al lenguaje. La única razón por que el lenguaje esquimal pudiera tener más palabras relacionadas con la nieve que otro idioma es la relevancia de ésta entre los esquimales, a diferencia de los pueblos de otras culturas.

En un esfuerzo por determinar cuál de las dos descripciones (el lenguaje produce al pensamiento o el pensamiento produce al lenguaje) proporciona la explicación más precisa, los estudiosos han realizado buena cantidad de investigaciones. En un estudio importante, Eleanor Rosch (1974) comparó la percepción de los colores entre estadounidenses y miembros de la tribu dani, de Nueva Guinea. Los dani sólo poseen dos nombres para los colores: uno para los colores fríos y oscuros, y otro para los cálidos y luminosos. En inglés, por supuesto, hay cientos de nombres para los colores, pero once de ellos representan las principales categorías de los colores (rojo, amarillo, verde, azul, negro, gris, blanco, morado, anaranjado, rosa y café). Rosch afirmó que si la hipótesis del relativismo lingüístico era correcta, los estadounidenses deberían ser más eficientes para reconocer y distinguir los colores de las principales categorías que los colores que no pertenecían a ellas. En contraste, razonó que los miembros de la tribu dani no deberían exhibir diferencia alguna en el reconocimiento de los colores que pertenecen a las categorías principales o las no principales, puesto que en su vocabulario no había palabras para describir a ninguno de ellos.

No obstante, los resultados obtenidos no apoyaron esta hipótesis. No hubo diferencia en la forma en que percibían los colores los que hablaban inglés y los dani; ambos grupos percibían los colores de las principales categorías con mayor eficiencia que los colores de las categorías secundarias. Por tanto, según estos resultados, las diferencias de lenguaje no influyen en la percepción.

Investigaciones posteriores apoyan los hallazgos de Rosch y, en general, no han apoyado la hipótesis del relativismo lingüístico (Brown, 1986; Pinker, 1990; Laws, Davies y Andrews, 1995). Parece lo más adecuado concluir que, por lo general, la cognición influye en el lenguaje y no a la inversa.

Por otra parte, el lenguaje *sí afecta* en ciertos aspectos al pensamiento y la cognición. La forma en que la información se almacena en la memoria, y lo bien que se puede recuperar posteriormente, se relaciona con el lenguaje. De igual modo, nuestras impresiones y recuerdos de la personalidad y comportamiento de los demás se ven afectados por las categorías lingüísticas que nos proporciona el lenguaje que hablamos (Hoffman, Lau y Johnson, 1986; McFadyen, 1996).

¿Los animales utilizan un lenguaje?

Una de las interrogantes que con mayor constancia ha planteado problemas a los psicólogos es la de contestar si el lenguaje es un atributo específicamente humano o si otros animales también pueden adquirirlo. Es bien sabido que muchos animales se comunican entre sí de diversas maneras rudimentarias, como los cangrejos, que agitan sus tenazas para emitir una señal; las abejas, cuya danza indica la dirección en la que se encuentra el alimento, o algunos tipos de aves que dicen "zik, zik" durante su cortejo amoroso y "quiá" cuando están a punto de volar. No obstante los investigadores aún deben demostrar en forma concluyente que estos animales utilizan un verdadero lenguaje, caracterizado por la capacidad de producir y comunicar significados nuevos y únicos con base en una gramática formal.

Algunos psicólogos han sido capaces de enseñar a chimpancés a comunicarse en niveles sorprendentes. Por ejemplo, Kanzi, un chimpancé pigmeo de nueve años de edad, posee habilidades lingüísticas que según algunos psicólogos se aproximan a las de un niño de dos años. La psicóloga Sue Savage-Rumbaugh y sus colegas, quienes han trabajado en forma extensa con Kanzi, sugieren que éste es capaz de crear enunciados complejos desde el punto de vista gramatical e incluso puede confeccionar nuevas reglas de sintaxis (Savage-Rumbaugh *et al.*, 1993).

A pesar de las habilidades exhibidas por algunos primates como Kanzi, los críticos sostienen que el lenguaje empleado por los primates aún carece de la gramática y las

Los caminos de la psicología

Rose Sevcik

Investigadora del lenguaje

Nació en: 1953

Educación: B. A. en artes, Universidad John Carroll; M. S. en ciencias, Universidad de Connecticut; Ph. D., Universidad Estatal de Georgia

Residencia: Atlanta, Georgia

Durante años, el futuro de Sondra fue considerado poco prometedor. Nació sorda, muda y con deficiencia mental. Sondra parecía no tener esperanzas de hablar. En la actualidad, sin embargo, es capaz de hacer peticiones simples usando un lenguaje basado en computadora, desarrollado por un grupo de investigadores que al principio estaban interesados en las capacidades de lenguaje de los chimpancés.

Rose Sevcik y un chimpancé.

La transformación de Sondra se produjo como resultado de una línea de investigación seguida por la psicóloga Rose Sevcik. Como integrante de un equipo de investigadores que buscaban refinar nuestra comprensión del desarrollo del lenguaje, estudiando tanto a niños como a chimpancés, Sevcik tenía el objetivo de elaborar un sistema de lenguaje para los niños que, debido a diversos trastornos, no desarrollaban el lenguaje.

Sevcik comenzó la búsqueda de su objetivo en la Universidad John Carroll, una pequeña institución de estudios generales en Ohio, la cual le proporcionó la mezcla correcta de cursos y profesorado. "La escuela me ofreció múltiples opciones en todo tipo de disciplinas", dijo Sevcik. "Encontré un curso sobre métodos de investigación bastante estimulante, debido a que tuve la oportunidad de aprender sobre las neurociencias y la forma en que el cerebro influye y afecta el comportamiento."

Pregraduada en psicología, Sevcik continuó en la Universidad de Connecticut y obtuvo un grado de maestría en psicología fisiológica experimental, seguido por un doctorado en psicología comparativa del desarrollo en la Universidad Estatal de Georgia.

Fue en la Universidad de Connecticut donde comenzó a estudiar el modo en que emplean y desarrollan el lenguaje los niños y los chimpancés. "Tuve la experiencia de tomar cursos que se enfocaban en la relación entre la biología y el comportamiento", señaló. "Elaboré mi tesis sobre

las capacidades de los monos para percibir el habla sintetizada. Lo que en realidad me introdujo en todo esto fue plantearme la pregunta: '¿Estos animales tienen alguna capacidad de enseñarnos algo sobre la forma en que los humanos usan y desarrollan el lenguaje?'"

"Cuando llegué a Atlanta para continuar mis estudios de posgrado, usábamos un lenguaje artificial desarrollado en un estudio sobre la forma en que los grandes simios manejan un sistema de lenguaje sistemático", continuó Sevcik. "Mi tesis doctoral fue sobre la forma en que los bebés de una especie rara de chimpancés pigmeos desarrollaría un sistema de comunicación cuando su única exposición fue mostrarles el lenguaje."

En la actualidad, Sevcik trabaja en las mañanas con niños y por las tardes con chimpancés. "Estamos trabajando en un proyecto a largo plazo que implica el uso de la tecnología de microcomputadoras para desarrollar un sistema aumentativo dirigido a niños que no desarrollan el habla", dijo. "Queremos saber si estos niños pueden ser enseñados a hablar, a pesar de tener problemas cognitivos y lingüísticos severos. Para responder a esta interrogante, necesitamos determinar cómo proceden hacia el desarrollo normal y de qué manera aprenden. No sólo queremos observar a los niños; también deseamos beneficiarlos." Para los niños con retardo en el desarrollo, como Sondra, quien puede aprender a comunicarse en forma efectiva por primera vez, este trabajo en verdad es prometedor.

construcciones suficientemente complejas y nuevas características de las capacidades humanas (Seidenberg y Petitto, 1987). Lo que sucede, sostienen, es que los chimpancés exhiben una habilidad similar a la de un perro que aprende a echarse cuando se le ordena, con el fin de obtener una recompensa. Además, no hay evidencia firme de que los animales son capaces de reconocer y responder a los estados mentales de otros de su especie, lo cual es un aspecto importante de la comunicación humana (Cheney y Seyfarth, 1990; Seyfarth y Cheney, 1992, 1996).

La mayoría de las evidencias apoyan la afirmación de que los seres humanos estamos mejor equipados que los animales para producir y organizar el lenguaje en forma de enunciados significativos. Pero la cuestión acerca de si los animales son capaces de ser enseñados a comunicarse en una forma que se parezca al lenguaje humano aún es un asunto controvertido (Savage-Rumbaugh, 1987; Gibbons, 1991; Cenami-Spada, 1994; Gilbert, 1996; Savage-Rumbaugh y Brakke, 1996). (Para considerar algunas de las implicaciones prácticas del trabajo con las capacidades de lenguaje de los animales, véase el recuadro *Los caminos de la psicología* de este capítulo.)

Exploración de la diversidad

Variedad lingüística: espanglish, ebónica y educación bilingüe

Nely Galan, conductora invitada por un día, y la actriz de televisión Liz Torres se dejaron caer pesadamente en las mullidas sillas de tamaño descomunal que dominan el foro del programa de entrevistas nocturno y, sin perder un segundo, se pusieron a hablar en el lenguaje que les sale más natural a ambas.

"Oye, oye, check out those red lips, girlfriend", dice la señorita Galan.

"Madonna Red", contesta la señorita Torres, haciendo pucheros con los labios.

"Madonna Red, una belleza", dice la señorita Galan. "You look beautiful."

"Sí, gracias", comenta la señorita Torres, devolviendo el cumplido. "Y tú te ves tan linda" (Alvarez, 1997, p. A1).

El lenguaje hablado por las señoritas Galan y Torres es una combinación de español e inglés llamada "espanglish". Los hablantes de espanglish toman prestadas palabras de los dos idiomas, cambian de uno a otro, emplean frases de cada uno y usan palabras nuevas que no se encuentran en ninguno de ambos idiomas. No se tiene claro cuántas personas hablan espanglish, pero se usa cada vez más en áreas de Estados Unidos con grandes poblaciones de latinos.

El empleo creciente del espanglish atrae nuestra atención hacia otra controversia, el uso de la ebónica. Esta palabra, que se deriva de una combinación de "ébano" y "fonética", se volvió controvertida cuando el consejo escolar de Oakland, California, decidió que se consideraría un idioma distinto al inglés. El consejo ordenó que los estudiantes que hablaran ebónica deberían recibir su educación inicial usando ebónica en lugar del inglés estándar (Applebome, 1997).

La decisión de alentar la enseñanza usando ebónica condujo a una controversia nacional y, menos de un mes después, el consejo dio marcha atrás. El consejo afirmó que nunca había pretendido que los estudiantes usaran la ebónica. En lugar de ello, dijeron, sólo reconocían que muchos estudiantes afroamericanos requerían instrucción especial a fin de hacer el cambio de la ebónica, la cual hablan en sus hogares, al inglés estándar.

 P<small>SICO</small> V<small>ínculos</small>

La controversia de la ebónica, al igual que el uso creciente del espanglish, plantean varias interrogantes. Por ejemplo, ¿la ebónica y el espanglish son idiomas diferentes del inglés? Aunque algunos lingüistas afirman que la ebónica sólo es un dialecto del inglés, del cual difiere muy poco, otros sugieren que la ebónica tiene suficientes reglas formales como para diferenciarlo del inglés estándar (Baron, 1997; Burnette, 1997; McMillen, 1997).

Una cuestión más crítica es la forma en que los hablantes de ebónica y espanglish son tratados cuando ingresan a la escuela. En el pasado, se consideraba que quienes hablaban inglés no estándar tenían discapacidades del habla. En la actualidad, sin embargo, la mayoría de los educadores sugiere que las formas no estándar del inglés no son inferiores, sino *diferentes*, un cambio importante en el punto de vista. Además, es evidente que un buen número de palabras que tienen su origen en el inglés no estándar han entrado en el inglés estándar, como "hip", "cool", "chill out" y "rip-off" (Sanchez, 1997).

La controversia de la ebónica se relaciona con un debate educativo más amplio respecto a la educación de niños que ingresan a la escuela sin hablar nada de inglés, un problema social que ha adquirido renovada importancia conforme crece la diversidad de la población de Estados Unidos. Por ejemplo, en siete estados, como Texas, Nueva York y Colorado, más de una cuarta parte de los estudiantes son personas cuya lengua materna no es el inglés. El inglés es el segundo idioma para alrededor de 32 millones de estadounidenses (U.S. Census Bureau, 1993).

No siempre es obvio cómo tratar de manera apropiada y eficaz al número creciente de niños que no hablan inglés en Estados Unidos (Lam, 1992; Fuchs *et al.*, 1997). La mayoría de los educadores sugiere que un enfoque bilingüe es mejor; con un enfoque así, a los estudiantes se les enseñan algunas materias en su lengua natal mientras aprenden en forma simultánea el inglés. Quienes defienden la educación bilingüe consideran necesario que los estudiantes desarrollen un dominio adecuado de las áreas básicas y que, al menos en un principio, la instrucción en su lengua materna es la única forma de proporcionarles esos fundamentos. Al mismo tiempo aprenden inglés, y la meta final es que toda su educación se imparta en esa lengua.

En contraste, algunos educadores sugieren que toda la instrucción debería impartirse en inglés desde el momento en que ingresan a la escuela los estudiantes, incluyendo a quienes no hablan inglés como lengua materna. Para estos educadores, enseñar a los alumnos en otro idioma no hace más que obstaculizar su integración a la sociedad, lo que, a fin de cuentas, les causa un perjuicio.

Aunque este asunto es muy debatido, con fuertes tendencias políticas subyacentes, las investigaciones psicológicas han contribuido con diversos conocimientos al respecto. Al estudiar la relación entre el bilingüismo y la cognición, los psicólogos han encontrado que las personas que hablan más de un idioma pueden contar con ciertas ventajas cognitivas sobre quienes sólo hablan un idioma.

Por ejemplo, quienes hablan dos idiomas exhiben mayor flexibilidad cognitiva. Disponen de un mayor número de posibilidades lingüísticas para contemplar las situaciones con que se encuentran como consecuencia de sus capacidades para manejar más de un idioma. Esto les permite, a su vez, resolver problemas con creatividad y flexibilidad mayores (Bochner, 1996).

Los estudiantes bilingües también están más conscientes de las reglas del lenguaje, por lo que pueden comprender los conceptos con mayor facilidad. Pueden incluso obtener calificaciones más altas en pruebas de inteligencia. Por ejemplo, una encuesta a escolares en Canadá encontró que quienes hablaban francés e inglés tenían calificaciones significativamente más altas en pruebas de inteligencia tanto verbales como no verbales que quienes sólo hablaban un idioma (Lambert y Peal, 1972; Hakuta y Garcia, 1989).

También hay evidencias de que existen principios comunes para la adquisición del lenguaje. Por tanto, la instrucción inicial en la lengua materna puede facilitar el aprendizaje del inglés como segundo idioma. No existen evidencias de que los niños sean abrumados desde el punto de vista cognitivo si se les instruye tanto en su lengua materna como en inglés (Lindholm, 1991).

En resumen, las investigaciones sugieren que los estudiantes bilingües tienen ventaja sobre aquellos que sólo hablan un idioma, lo que sugiere que el curso de acción más sensato podría ser aumentar las habilidades lingüísticas para los estudiantes bilingües en su idioma original y en inglés. Además, la atención ha comenzado a cambiar en fechas recientes de las consecuencias del bilingüismo a una interrogante más amplia: ¿cuál es el impacto psicológico del *biculturalismo*, en el que una persona es integrante de dos culturas?

Algunos psicólogos afirman que la sociedad debería promover un *modelo de alternancia* en la competencia bicultural. En un modelo de alternancia, los miembros de culturas minoritarias son apoyados en sus esfuerzos por conservar su identidad cultural original, al igual que en su integración a la cultura adoptada. El modelo promueve la perspectiva de que una persona puede vivir como parte de dos culturas, con dos identidades culturales, sin tener que elegir entre ellas. Todavía está por verse si el modelo de alternancia es adoptado en forma amplia (LaFromboise, Coleman y Gerton, 1995).

Recapitulación, revisión y reflexión

Recapitulación

- El lenguaje se caracteriza por la gramática, que es un sistema de reglas que determina cómo podemos expresar nuestros pensamientos.

- La adquisición del lenguaje ocurre con rapidez desde el nacimiento y se completa en gran medida alrededor de los cinco años de edad, aunque después se producen incrementos de vocabulario y complejidad.

- La perspectiva de la teoría del aprendizaje sostiene que el lenguaje se aprende mediante los principios del reforzamiento y del condicionamiento. En contraste, el enfoque de Chomsky plantea que las capacidades lingüísticas son innatas, ya que son el resultado de la existencia de un mecanismo de adquisición del lenguaje en el cerebro.

- Los problemas que abordan la relación entre lenguaje y pensamiento, las capacidades lingüísticas de los animales y la educación bilingüe son muy controvertidos.

Revisión

1. Relacione cada componente de la gramática con su definición:

   1. Sintaxis
   2. Fonología
   3. Semántica

   a. Reglas que muestran cómo se deben combinar las palabras para formar enunciados
   b. Reglas que rigen el significado de las palabras y los enunciados
   c. El estudio de las unidades de sonido que afectan al habla

2. La producción y la comprensión del lenguaje se desarrollan en los bebés más o menos al mismo tiempo. ¿Verdadero o falso?

3. El _____ _____ hace referencia al fenómeno en el cual los niños pequeños omiten palabras que no son esenciales para el enunciado.

4. Un niño sabe que añadir la terminación "ido" a algunas palabras las transforma en participio. Como resultado, en lugar de decir "ha visto", dice "ha veído". Esto es un ejemplo de _____.

5. La teoría del _____ afirma que la adquisición del lenguaje se basa en los principios del condicionamiento operante.

6. Chomsky argumenta que la adquisición del lenguaje es una capacidad innata que se relaciona con la estructura del cerebro. ¿Verdadero o falso?

7. Se ha demostrado que el pensamiento influye en el lenguaje, pero el lenguaje parece no tener influencia en el pensamiento. ¿Verdadero o falso?

Las respuestas a las preguntas de revisión se encuentran en la página 304.

Reflexión

1. ¿Por qué la sobregeneralización se considera como un argumento contra un enfoque estricto de la teoría del aprendizaje para la explicación de la adquisición del lenguaje?

2. Suponga que se anuncia que un grupo de chimpancés ha logrado dominar el idioma inglés (por medio de una computadora) en un nivel equivalente a un adolescente de tercero de secundaria. ¿Qué efecto tendría esto en las teorías actuales sobre la adquisición del lenguaje? ¿Cómo se podría aplicar este conocimiento a los seres humanos?

3. ¿Las personas que tienen dos idiomas, uno en el hogar y uno en la escuela, de manera automática tienen dos culturas? ¿Por qué las personas que hablan dos idiomas podrían experimentar ventajas cognitivas sobre aquellas que sólo hablan uno?

UNA MIRADA
retrospectiva

¿Cómo pensamos?

1. Los psicólogos cognitivos estudian la cognición, la cual abarca los procesos mentales superiores. Estos procesos incluyen la forma en que las personas conocen y comprenden el mundo, la manera en que procesan información, toman decisiones y elaboran juicios, y cómo describen su conocimiento y comprensión a los demás.

2. El pensamiento es la manipulación de representaciones mentales de información. Transforma dichas representaciones en formas nuevas y diferentes, lo cual

permite que las personas respondan preguntas, resuelvan problemas o alcancen metas.

3. Las imágenes mentales son representaciones en la mente que se parecen al objeto o acontecimiento que se está representando. Las imágenes mentales tienen muchas de las propiedades de los objetos percibidos que se representan. Por ejemplo, toma un mayor tiempo explorar las representaciones visuales mentales de objetos grandes que de objetos pequeños. Del mismo modo, las personas pueden manipular y girar las imágenes visuales mentales de los objetos.

4. Los conceptos, uno de los cimientos con los que se construye el pensamiento, son categorizaciones de objetos, sucesos o personas que comparten propiedades comunes. Algunos conceptos son considerados prototipos, ejemplos representativos del concepto.

¿Qué procesos subyacen al razonamiento y la toma de decisiones?

5. En el razonamiento deductivo, las personas derivan las implicaciones de una serie de supuestos que saben que son verdaderos. En contraste, en el razonamiento inductivo infieren una regla general a partir de casos específicos. El razonamiento inductivo les permite utilizar sus observaciones, conocimientos, experiencias y creencias acerca del mundo para desarrollar conclusiones sumarias.

6. Es posible mejorar la toma de decisiones mediante el empleo de algoritmos y heurística. Los algoritmos son reglas que, de seguirse, garantizan una solución; la heurística implica reglas empíricas que pueden conducir a una solución, mas no garantizarla.

7. Existen diversos tipos de heurística. Cuando emplean la heurística de representación, las personas deciden si un ejemplo determinado pertenece a una categoría específica evaluando su nivel de representatividad con relación a esa categoría. La heurística de disponibilidad consiste en juzgar la probabilidad de la ocurrencia de un suceso con base en la facilidad que exista para recordar otros casos de ese evento. Estas dos heurísticas pueden conducir a un error.

¿Las personas cómo abordan los problemas y de qué manera los resuelven?

8. La solución de problemas suele implicar tres etapas importantes: preparación, producción de soluciones y evaluación de las soluciones que se han generado. La preparación comienza cuando las personas tratan de comprender un problema. Algunos problemas están bien definidos, ya que plantean requisitos de solución claros; otros problemas están mal definidos, debido a que incluyen ambigüedades tanto en la información que se requiere para la solución como en la solución misma.

9. En los problemas de ordenación, se debe reordenar o recombinar un grupo de elementos de modo que satisfaga determinado criterio. En los problemas de inducción de la estructura, la persona debe identificar las relaciones que existen entre los elementos que se le presentan y generar una nueva relación entre ellos. Por último, los problemas de transformación constan de un estado inicial, de un estado final o meta, y de una serie de métodos para transformar el estado inicial en el final.

10. Un aspecto de suma importancia en la etapa de preparación es el de la representación y organización del problema. En algunas ocasiones la reestructuración de un problema de una forma verbal a una gráfica o matemática puede ayudar a encontrar el camino a la solución.

11. En la etapa de producción, las personas tratan de generar soluciones. Las soluciones para algunos problemas pueden estar ya almacenadas en la memoria a largo plazo, por lo que pueden recuperarse en forma directa. Como alternativa, existen problemas que se pueden resolver por medio de un simple ensayo y error. No obstante, los problemas más complejos precisan del empleo de algoritmos y heurística.

12. En un análisis de medios y fines, una persona hará pruebas repetidas para encontrar diferencias entre el resultado que se desea y lo que existe en el presente, intentando acercarse cada vez más a la meta. Otro tipo de heurística consiste en dividir un problema en pasos intermedios o submetas, y resolver cada uno de esos pasos.

13. Un ejemplo del enfoque de solución de problemas son las investigaciones de Köhler con chimpancés, en las que éstos debían manipular de un modo nuevo los elementos de la situación con el fin de resolver el problema. Köhler denominó inteligencia súbita al proceso cognitivo subyacente en el comportamiento de los chimpancés, una conciencia repentina de las relaciones existentes entre los elementos que anteriormente parecían haber sido independientes.

¿Cuáles son los principales obstáculos para la solución de problemas?

14. Diversos factores obstaculizan una solución de problemas efectiva. La fijación funcional (tendencia a pensar en un objeto exclusivamente en función de su uso más generalizado) es un ejemplo de un fenómeno más amplio que se denomina acomodo mental. El acomodo mental es la tendencia a persistir que tienen los viejos patrones de solución de problemas. El empleo inadecuado de algoritmos y heurística también puede constituir un obstáculo para la producción de soluciones. Por último, el sesgo de confirmación, mediante el cual se favorece a las hipótesis iniciales, puede entorpecer la evaluación adecuada de las soluciones propuestas.

15. La creatividad es la combinación de respuestas o ideas de modos novedosos. El pensamiento divergente, el cual se asocia con la creatividad, es la capacidad para generar respuestas poco comunes, pero adecuadas, a los problemas o preguntas. La complejidad cognitiva, que es el empleo y preferencia de estímulos y patrones de pensamiento elaborados, complejos e intrincados, también se relaciona con la creatividad.

16. Un número creciente de evidencias apoya la idea de que las personas pueden aprender a desempeñarse mejor en situaciones de solución de problemas. Mediante el aprendizaje de reglas abstractas de la lógica y el razonamiento, pueden pensar críticamente acerca de las causas subyacentes de sucesos cotidianos.

17. Algunas sugerencias para resolver problemas de forma creativa incluyen redefinir el problema, usar fragmentación, adoptar una perspectiva crítica, emplear analogías, utilizar pensamiento divergente, asumir la perspectiva de otra persona, emplear la heurística y experimentar con diversas soluciones.

¿Cómo emplean el lenguaje las personas?

18. El lenguaje es el arreglo sistemático y significativo de símbolos. Todos los lenguajes poseen una gramática, un sistema de reglas que determina cómo expresar nuestros pensamientos. La gramática abarca los tres componentes principales del lenguaje: la fonología, la sintaxis y la semántica. La fonología se refiere al estudio de los sonidos (llamados fonemas) que hacemos al hablar y al uso de éstos para generar significado; la sintaxis comprende las reglas que indican cómo deben agruparse las palabras para formar enunciados; la semántica se refiere a las reglas que gobiernan el significado de las palabras y enunciados del lenguaje.

¿Cómo se desarrolla el lenguaje?

19. La producción del lenguaje, precedida de su comprensión, se desarrolla a partir del balbuceo (sonidos similares a los del habla, pero carentes de significado), lo cual lleva a la producción de palabras reales. Después de un año de edad, los niños emplean combinaciones de dos palabras y su vocabulario aumenta. En un principio se valen de un habla telegráfica, en el que se omiten las palabras que no son esenciales para el mensaje. Cuando cumplen cinco años de edad, la adquisición de las reglas del lenguaje está casi completa.

20. Existen dos teorías importantes acerca de la adquisición del lenguaje. Los teóricos del aprendizaje sugieren que el lenguaje se adquiere a través del reforzamiento y del condicionamiento. En contraste, Chomsky sugiere que existe un mecanismo de adquisición del lenguaje que es innato, el cual sirve de guía para su desarrollo.

21. La hipótesis del relativismo lingüístico postula que el lenguaje modela y puede determinar la forma en que piensa la gente acerca del mundo. La mayor parte de las evidencias sugiere que si bien el lenguaje no determina al pensamiento, sí afecta el modo en que la información se almacena en la memoria y la facilidad con que se puede recuperar.

22. Sigue siendo controvertido el grado en que el lenguaje es una habilidad humana exclusiva. Aunque algunos psicólogos sostienen que ciertos primates se comunican en un nivel elevado pero no utilizan lenguaje, otros sugieren que en verdad entienden y producen lenguaje en la misma forma que los humanos.

23. Las personas que hablan más de un idioma pueden tener una ventaja cognitiva sobre aquellas que sólo hablan uno. La investigación sugiere que tienen una mayor flexibilidad cognitiva, están más conscientes de las reglas del lenguaje y pueden entender conceptos con mayor facilidad.

Términos y conceptos clave

psicología cognitiva (p. 271)
cognición (p. 271)
pensamiento (p. 271)
imágenes mentales (p. 272)
conceptos (p. 273)
prototipos (p. 274)
razonamiento deductivo (p. 275)
razonamiento inductivo (p. 275)
algoritmo (p. 277)
heurística (p. 278)
análisis de medios y fines (p. 283)

inteligencia súbita (p. 285)
fijación funcional (p. 287)
acomodo mental (p. 287)
creatividad (p. 288)
pensamiento divergente (p. 289)
pensamiento convergente (p. 289)
lenguaje (p. 293)
gramática (p. 293)
fonología (p. 293)
fonemas (p. 293)
sintaxis (p. 293)

semántica (p. 293)
balbuceo (p. 294)
habla telegráfica (p. 294)
sobregeneralización (p. 294)
enfoque de la teoría del aprendizaje (p. 295)
gramática universal (p. 296)
mecanismo de adquisición del lenguaje (p. 296)
hipótesis del relativismo lingüístico (p. 297)

Respuestas a las preguntas de revisión:

1. 1-a; 2-c; 3-b   2. Falso; la comprensión del lenguaje antecede a su producción   3. habla telegráfica   4. sobregeneralización
5. aprendizaje   6. Verdadero   7. Falso; al parecer el lenguaje y el pensamiento interactúan entre sí de diversos modos.

Epílogo

Los temas de este capítulo ocupan un lugar central en el campo de la psicología. Primero examinamos el pensamiento y el razonamiento, enfocándonos en la importancia de las imágenes mentales y los conceptos en nuestra comprensión del mundo y nuestras interacciones con él. Luego pasamos a la solución de problemas, identificando los tres pasos más comunes implicados en la solución de problemas: preparación, producción de soluciones y evaluación de las soluciones generadas. Por último, concluimos con una exposición del lenguaje, describiendo los componentes de la gramática y trazando el desarrollo del lenguaje en los niños.

En el siguiente capítulo continuaremos enfocándonos en la cognición, mientras abordamos el tema de la inteligencia. Sin embargo, antes de proceder, regresemos al prólogo, donde conocimos al prolífico inventor Jacob Rabinow. Considere las siguientes preguntas a la luz de lo que ha aprendido sobre el razonamiento, la solución de problemas y la creatividad.

1. ¿Qué cree que quiere decir Rabinow cuando comenta que inventar es una forma de arte, como componer música o escribir poesía? ¿Está en lo correcto?

2. ¿La idea de los prototipos proporciona claves para el proceso de invención? ¿Piensa que la combinación de libro y taburete de Rabinow es un ejemplo prototípico de un taburete?

3. ¿Cómo se relacionan los conceptos de fijación funcional y acomodo mental con la inventiva de Rabinow? ¿Se relacionan con la idea de los prototipos?

4. ¿Cómo piensa que está implicada la inteligencia súbita en la inventiva de Rabinow?

5. ¿En qué formas considera que el pensamiento divergente y el convergente están implicados en los procesos de invención? ¿Desempeñan funciones diferentes en las diversas etapas del acto de la invención, incluyendo la identificación

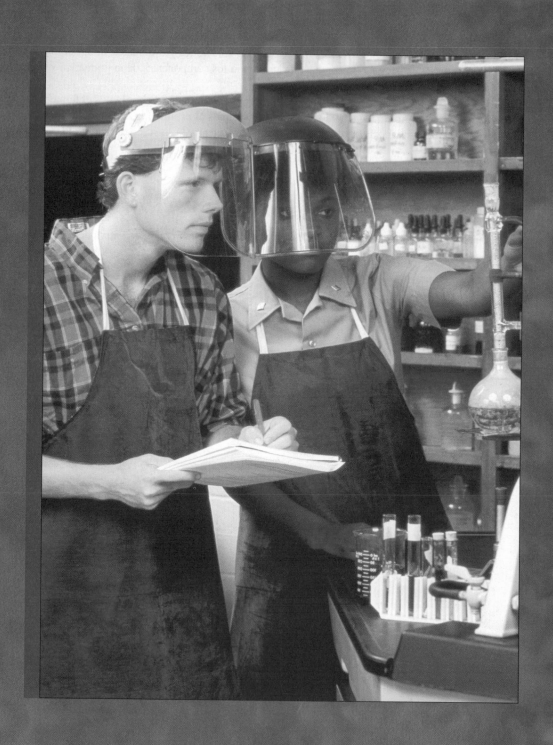

Prólogo: Mindie Crutcher y Lenny Ng

Un vistazo anticipatorio

Prólogo

Mindie Crutcher y Lenny Ng

Mindie Crutcher (arriba) y Lenhard Ng (abajo).

Cuando nació Mindie, los médicos dijeron que, por desgracia, siempre tendría deficiencia mental, que nunca podría sentarse, ni caminar, ni hablar. "Nunca sabrá que usted es su madre", le dijeron a Diane Crutcher, de 25 años de edad. "Dígale a sus parientes que su bebé está muerta."

Hoy, la niña que nunca se sentaría es una entusiasta alumna de primero de secundaria. La niña que nunca sería capaz de hablar ni conocer a su propia madre dijo en un congreso médico que estaba "contenta de que mamá y papá me dieran una oportunidad".

Sin embargo, los expertos estaban en lo cierto en una cosa: Mindie tiene síndrome de Down, un trastorno genético, uno de los defectos congénitos más comunes y la causa física principal de la deficiencia mental (Turkington, 1987, p. 42).

***

Imagine, y le costará un poco de trabajo, a Lenhard (Lenny) Ng, el hijo primogénito de unos inmigrantes cantoneses que se establecieron en Chapel Hill, Carolina del Norte, donde su padre es profesor de física en la Universidad de Carolina del Norte. A los diez años de edad obtuvo una puntuación perfecta de 800 en la sección de matemáticas de la Prueba de Aprovechamiento Escolar (*Scholastic Assessment Test*, SAT por sus siglas en inglés). Estableció una nueva marca al realizar sin errores, en cuatro años consecutivos, el American High School Math Exam. El año pasado ganó una medalla de oro en las olimpiadas de matemáticas en Moscú. Ha recibido honores en varias competencias de violín y piano, y jugó en un campeonato con un equipo de basquetbol de la liga infantil mientras obtenía sólo la calificación más alta en la Universidad de Carolina del Norte (asistía al *high school* y a la universidad al mismo tiempo)... En este otoño Ng entrará a Harvard, tal vez como estudiante de segundo año. Él tiene 16 años. Es suficiente como para hacer que lo odien, excepto que en verdad es un muchacho agradable... Y esto hará que usted se sienta mejor: en la sección verbal del SAT del año pasado, Ng obtuvo sólo 780 de puntuación (Beck y Wingert, 1993, p. 53).

UN VISTAZO anticipatorio

Dos personas muy diferentes, con capacidades y ventajas intelectuales distintas. Sin embargo, en su interior, Mindie Crutcher y Lenny Ng comparten aspectos básicos de la humanidad e incluso, se podría afirmar, de la inteligencia, que a final de cuentas los hacen más semejantes que diferentes.

En este capítulo se estudia la inteligencia en todas sus variedades. Ésta representa un tema central para los psicólogos que pretenden entender la manera en que las personas pueden adaptar su comportamiento al entorno en el que viven. También representa un aspecto clave de la forma en que los individuos difieren en la manera en que aprenden sobre el mundo y lo entienden.

Comenzaremos este capítulo abordando los desafíos que implican la definición y la medición de la inteligencia. Si es como la mayoría de las personas, es probable que se haya preguntado qué tan listo es. Los psicólogos han tratado de ponderar la naturaleza de la inteligencia, por lo que examinaremos algunos de sus enfoques, así como los esfuerzos que se han realizado para elaborar y aplicar pruebas estandarizadas como una herramienta para la medición de la inteligencia.

También analizaremos los dos grupos que representan las diferencias individuales extremas de inteligencia: las personas con deficiencia mental y las personas sobresalientes en el área intelectual. Se analizarán los desafíos particulares de cada grupo y los programas especiales desarrollados para ayudar a los individuos de ambos grupos a alcanzar su potencial pleno.

Por último, exploraremos los dos aspectos quizá más controvertidos relacionados con la inteligencia. Primero, consideraremos el grado en que la herencia y el ambiente influyen en ella. Luego analizaremos si las pruebas tradicionales de inteligencia están elaboradas a favor de los grupos culturales dominantes de la sociedad, un asunto difícil que tiene significación tanto psicológica como social.

DEFINICIÓN DE COMPORTAMIENTO INTELIGENTE

Es muy común para los miembros de la tribu truquese, que habita en el Pacífico Sur, navegar cientos de kilómetros en mar abierto. A pesar de que su destino tal vez sea un pequeño trozo de tierra de menos de kilómetro y medio de extensión, los truqueses son capaces de navegar sin yerros hacia él sin la ayuda de brújula, cronómetro, sextante o cualquiera de las demás herramientas de navegación indispensables para la navegación occidental moderna. Pueden navegar en el océano con precisión, incluso cuando los vientos prevalecientes no les permiten realizar una aproximación directa a la isla y se vean obligados a seguir un curso zigzagueante (Gladwin, 1964).

¿Cómo pueden navegar con tal efectividad los truqueses? Si se les pregunta, no lo podrán explicar. Pueden decirle que se valen de un proceso que toma en cuenta la salida y la puesta de las estrellas, y la apariencia, el sonido y el golpeteo de las olas en los costados del bote. Pero en cualquier momento específico de su ruta no son capaces de identificar su posición o de decir por qué hacen precisamente lo que están haciendo. Tampoco pueden explicar la teoría subyacente a su técnica de navegación.

Algunos pueden decir que la incapacidad de los truqueses para explicar en términos occidentales cómo funciona su técnica de navegación es un indicio de comportamiento primitivo e incluso no inteligente. De hecho, si aplicáramos a los marinos truqueses un examen occidental estandarizado de teoría y conocimientos de navegación o sólo una prueba tradicional de inteligencia, es probable que tuviesen un desempeño muy deficiente. Sin embargo, en la práctica es difícil afirmar que los truqueses no son inteligentes: a pesar de su incapacidad para explicar cómo lo hacen, pueden navegar con éxito en mar abierto.

En este contexto, el modo de navegar de los truqueses es un ejemplo de la dificultad que implica apreciar lo que se entiende por inteligencia. Para un occidental, viajar en línea

▶ **¿Cómo conceptualizan y definen los psicólogos a la inteligencia?**

▶ **¿Cuáles son los principales enfoques para medir la inteligencia?**

El método de navegación efectivo de los truqueses, el cual se realiza sin mapas o instrumentos, plantea interrogantes acerca de la naturaleza de la inteligencia.

recta por el camino más directo y rápido, utilizando un sextante y otros instrumentos de navegación, quizá representa el tipo de comportamiento más "inteligente"; por otra parte, un curso zigzagueante, basado en la "sensación" de las olas, no le parecería muy razonable. No obstante, para un truquese habituado a su propio sistema de navegación, el empleo de herramientas complicadas para navegar podría parecerle tan complejo e innecesario en extremo que podría pensar que los navegantes occidentales no son muy inteligentes.

Es claro que el término "inteligencia" puede implicar diversos significados (Lohman, 1989; Davidson, 1990; Ruzgis y Grigorenko, 1994). Por ejemplo, si viviera en una remota aldea africana, la forma en que diferenciaría entre las personas más inteligentes y las personas menos inteligentes podría ser muy distinta de la que utilizaría un habitante del centro de la ciudad de Miami para distinguir las diferencias individuales. Para el africano, la inteligencia superior estaría representada por habilidades excepcionales para cazar u otras habilidades de sobrevivencia; mientras que para el habitante de Miami, podría quedar ejemplificada por saber lidiar con un sistema masivo de tránsito, por saber "andar en la calle" o por evitar ser estafado.

Cada una de estas concepciones de la inteligencia es razonable, debido a que una y otra representan un caso en el que las personas más inteligentes tienen mayor capacidad para emplear los recursos de su entorno que los individuos menos inteligentes, distinción que suponemos básica para cualquier definición de inteligencia. También es evidente que estas concepciones representan visiones muy distintas acerca de la inteligencia.

El hecho de que dos conjuntos de comportamientos tan diferentes puedan servir de ejemplo para el mismo concepto psicológico ha representado desde tiempo atrás un reto para los psicólogos. Durante muchos años han tenido dificultades para elaborar una definición general de inteligencia independiente de la cultura específica de una persona, así como de otros factores ambientales. Es interesante destacar que las personas sin conocimiento en esta disciplina tienen concepciones relativamente claras de la inteligencia (Sternberg, 1985b). Por ejemplo, en una encuesta en la que se pidió a un grupo de personas que definieran lo que trataban de expresar cuando hablaban de inteligencia, se manifestaron tres componentes principales (Sternberg *et al.*, 1981). En primer lugar, se habló de la capacidad para resolver problemas: las personas que razonan lógicamente e identifican más soluciones a los problemas fueron vistas como inteligentes. En segundo lugar, se pensó que las habilidades verbales ejemplifican la inteligencia. Por último, la competencia social, la capacidad para mostrar interés por los demás y de interactuar de forma eficiente con ellos, fue vista como un indicador de inteligencia.

La definición de inteligencia que emplean los psicólogos contiene algunos elementos que aparecen en las concepciones de las personas no especializadas. Para los psicólogos, la **inteligencia** es la capacidad para comprender el mundo, pensar en forma racional y emplear los recursos en forma efectiva cuando se enfrentan desafíos (Wechsler, 1975).

Por desgracia, ni la concepción de los legos ni la de los psicólogos sirven de mucho cuando se trata de distinguir, con cierto grado de precisión, cuando una persona es más o menos inteligente que otra. Para superar este problema, los psicólogos que estudian la inteligencia han centrado gran parte de su atención en el desarrollo de baterías de pruebas, a las que se conoce, obviamente, como **pruebas de inteligencia**, y han confiado en ellas para determinar el nivel de inteligencia de una persona. Estas pruebas han brindado muchos beneficios para identificar estudiantes que necesitan atención especial en la escuela, diagnosticar dificultades cognitivas y ayudar a que las personas tomen decisiones educativas y vocacionales óptimas. Al mismo tiempo, su empleo también ha demostrado ser muy controvertido.

Medición de la inteligencia

Las primeras pruebas de inteligencia seguían una sencilla premisa: si el desempeño en determinadas tareas o reactivos de la prueba mejora con la edad, se puede emplear al desempeño para discriminar los diversos grados de inteligencia de los integrantes de un grupo de edad específico. Valiéndose de este principio, Alfred Binet, un psicólogo francés,

Inteligencia: capacidad para entender el mundo, pensar en forma racional y emplear los recursos en forma efectiva cuando se enfrentan desafíos

Pruebas de inteligencia: pruebas diseñadas para identificar el nivel de inteligencia de una persona

PsicoVínculos

diseñó la primera prueba formal de inteligencia, que trataba de identificar a los estudiantes más "torpes" del sistema escolar parisino, con el fin de proporcionarles ayuda.

Binet comenzó presentando tareas a estudiantes de la misma edad a quienes sus maestros habían identificado como "brillantes" o "torpes". Si la tarea podía ser realizada por los estudiantes brillantes, mas no por los torpes, la conservaba como un reactivo adecuado; de otra forma la descartaba. A fin de cuentas generó una prueba que distinguía entre los grupos de alumnos brillantes y torpes y, en otro trabajo, una que distinguía entre niños de diversos grupos de edad (Binet y Simon, 1916).

Con base en la prueba Binet, se asignaba a los niños una calificación que correspondía a su **edad mental**, es decir, el promedio de edad de los niños que, al realizar la prueba, obtenían la misma calificación. Por ejemplo, si un niño de nueve años de edad recibía una calificación de 45 en la prueba, y ésta era la calificación promedio que obtenían los niños de ocho años, se debía considerar que su edad mental era de ocho años. De modo similar, a una joven de 14 años de edad que obtuviera 88 en la prueba, la calificación promedio de los jóvenes de 16 años, se le debía asignar una edad mental de 16 años de edad.

La asignación de una edad mental a los estudiantes indicaba si estaban desempeñándose o no en el mismo nivel que sus compañeros. No obstante, no permitía realizar comparaciones adecuadas entre personas de distinta *edad cronológica* o física. Por ejemplo, si se consideraba solamente la edad mental, podríamos suponer que una persona de 18 años de edad que responde igual que una de 16 años sería igual de brillante que un niño de cinco años que responde al nivel de los niños de tres años, cuando en realidad el niño de cinco años exhibiría mucho mayor grado *relativo* de atraso.

Una solución a este problema se presentó bajo la forma del **coeficiente intelectual (CI)**, una puntuación que toma en consideración la edad mental *y* la edad cronológica de un individuo. Para calcular la puntuación del CI se emplea la siguiente fórmula, en la que EM quiere decir edad mental y EC edad cronológica:

$$\text{Puntuación de CI} = \frac{\text{EM}}{\text{EC}} \times 100$$

Con el empleo de esta fórmula podemos regresar al ejemplo anterior del joven de 18 años de edad que se desempeña con una edad mental de 16 y calcular su puntuación de CI de $(^{16}/_{18}) \times 100 = 88.9$. En contraste, el niño de cinco años que se desempeña con una edad mental de 3 resulta tener una puntuación de CI mucho menor: $(^{3}/_{5}) \times 100 = 60$.

Como concluirá al hacer un poco de ensayo y error con la fórmula, cualquiera que tenga una edad mental igual a su edad cronológica tendrá un CI igual a 100, y las personas con una edad mental mayor a su edad cronológica tendrán CI mayores de 100.

A pesar de que aún se mantienen los principios básicos que subyacen al cálculo de la puntuación de CI, en la actualidad éste se obtiene de modo un poco distinto, y se le conoce como *puntuación de CI de desviación*. En primer lugar, se determina la calificación promedio de todas las personas de la misma edad que realizan la prueba, a la cual se le asigna un CI de 100. Después, con la ayuda de complejas técnicas matemáticas que calculan las diferencias (o "desviaciones") entre cada calificación y el promedio, se asignan los valores de CI a todas las demás calificaciones de la prueba de este mismo grupo de edad.

Como puede verse en la figura 8.1, aproximadamente dos terceras partes de la totalidad de las personas se ubican en los 15 puntos de CI superiores o inferiores al promedio de 100. A medida que aumentan o disminuyen las puntuaciones más allá de ese rango, el porcentaje de personas en cada categoría disminuye notablemente.

Pruebas de CI

¿Cómo es una prueba de CI? Es probable que alguna vez durante su trayectoria académica haya respondido una de estas pruebas; casi todos hemos completado en algún momento una prueba de CI.

Edad mental: edad promedio de los niños que al responder la prueba Binet lograban la misma puntuación

Coeficiente intelectual (CI): puntuación que toma en cuenta las edades mental *y* cronológica de un individuo

FIGURA 8.1 *La puntuación de CI promedio y la más frecuente es 100, y 68.3% de las personas se ubican dentro de un rango de 30 puntos cuyo punto medio es 100. Aproximadamente 95% de la población tiene puntuaciones que están entre 70, y 130 y 99.7% tienen puntuaciones ubicadas entre 55 y 145.*

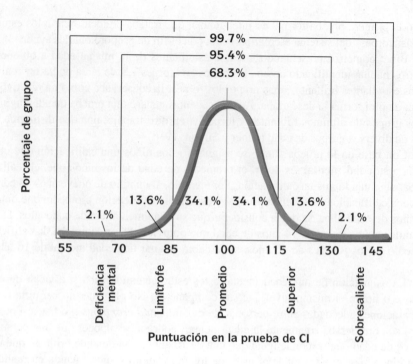

Remanentes de la prueba original siguen entre nosotros, aunque se ha revisado en muchas ocasiones y en su forma actual conserva un parecido mínimo con la versión original. Ahora se le denomina *Prueba Stanford-Binet, Cuarta Edición*; la prueba consiste en una serie de reactivos cuya naturaleza varía según la edad de la persona que vaya a realizar la prueba (Hagan, Sattler y Thorndike, 1985; Thorndike, Hagan y Sattler, 1986). Por ejemplo, se pide a los niños pequeños que copien dibujos o que respondan preguntas acerca de actividades de la vida cotidiana. A las personas mayores se les pide que resuelvan analogías, expliquen proverbios y describan semejanzas que subyacen a diversos conjuntos de palabras.

La prueba se aplica en forma oral. El examinador identifica un nivel de edad mental en el que la persona sea capaz de responder de manera correcta a todas las preguntas y después procede a abordar problemas cada vez más difíciles. Cuando se alcanza un nivel de edad mental en el que no pueda responder a ningún reactivo, el examen termina. Mediante un análisis del patrón de respuestas correctas e incorrectas, el examinador es capaz de calcular una puntuación de CI para la persona que realizó la prueba.

Otra prueba de CI que se utiliza con frecuencia en Estados Unidos fue diseñada por el psicólogo David Wechsler y se conoce como la *Escala Wechsler de Inteligencia para Adultos, Tercera Edición* (*Wechsler Adult Intelligence Scale, WAIS-III*). También existe una versión para niños, la *Escala Wechsler de Inteligencia para Niños, Tercera Edición* (*Wechsler Intelligence Scale for Children, WISC–III*). Ambas pruebas tienen dos partes principales: una escala verbal y una escala de ejecución (o no verbal). Como puede verse en las preguntas de muestra que aparecen en la figura 8.2, ambas escalas incluyen preguntas de diversos tipos. En tanto que las tareas verbales consisten en problemas de tipo más tradicional, como definiciones de vocabulario y la comprensión de distintos conceptos, la parte no verbal consiste en armar objetos pequeños y ordenar imágenes en una secuencia lógica. Aunque las puntuaciones de una persona en la sección verbal y en la de ejecución por lo general son similares, las puntuaciones de una persona con una deficiencia de lenguaje o con antecedentes de una seria deprivación ambiental pueden mostrar una discrepancia relativamente alta entre ambas calificaciones. Al ofrecer puntuaciones separadas, estas escalas proporcionan un panorama más preciso acerca de las capacidades específicas de una persona.

Algunas pruebas de inteligencia incluyen reactivos no verbales que evalúan la capacidad para copiar un patrón determinado usando bloques.

Tipos de reactivos que se encuentran en la Escala Wechsler de Inteligencia para Niños, Tercera Edición (WISC-III)

Nombre	Objetivo del reactivo	Ejemplo
Escala verbal		
Información	Evaluar información general	¿De dónde viene la leche?
Comprensión	Probar la comprensión y evaluación de normas sociales y experiencias anteriores	¿Por qué ponemos la comida en el refrigerador?
Aritmética	Evaluar el razonamiento matemático por medio de problemas verbales	Stacy tenía dos crayones y la maestra le dio dos más. ¿Cuántos tiene en total?
Semejanzas	Examinar la comprensión del modo en que se parecen los objetos o conceptos, explorando el razonamiento abstracto	¿En qué se parecen las vacas y los caballos?
Escala de ejecución		
Claves	Evaluar la velocidad de aprendizaje	Relacionar los símbolos con los números usando la clave 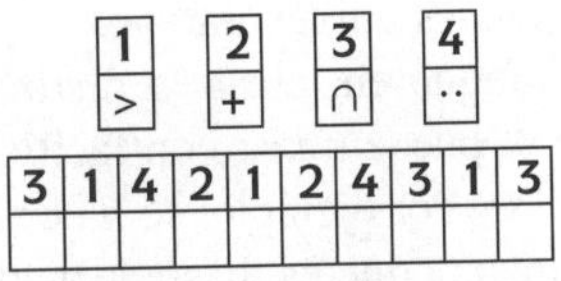
Completar figuras	Identificar las partes faltantes, evaluando la memoria visual y la atención	Identifique lo que falta 
Rompecabezas	Examinar la comprensión de la relación de las partes con un todo	Una las piezas para formar un todo 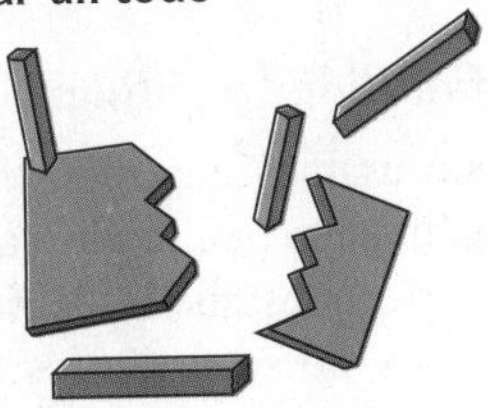

FIGURA 8.2 *Clases de reactivos comunes que se encuentran en las escalas verbal y de ejecución de la Escala Wechsler de Inteligencia para Niños, Tercera Edición (WISC-III).*

Debido a que la prueba Stanford-Binet y las escalas WAIS-III y WISC-III requieren de una aplicación personalizada, es relativamente difícil y consumiría mucho tiempo aplicarlas y calificarlas de modo generalizado. Por tanto, existen en la actualidad diversas pruebas de CI que permiten su aplicación grupal. En lugar de que un examinador le pida a una persona en cada ocasión que resuelva los reactivos de la prueba, las pruebas grupales de CI son evaluaciones realizadas por escrito, en las que quienes las resuelven leen las preguntas y escriben sus respuestas. La ventaja principal de las pruebas grupales radica en la facilidad de su aplicación (Anastasi y Urbina, 1997).

Sin embargo, en las pruebas grupales se deben realizar ciertos sacrificios, los cuales, en algunos casos, superan a sus ventajas. Por ejemplo, las pruebas grupales suelen ofrecer una gama más restringida de preguntas que las pruebas individualizadas. Además, las personas pueden estar más motivadas a actuar en su nivel máximo de capacidad cuando trabajan frente a frente con el examinador que cuando están en un grupo. Por último, en algunos casos es sencillamente imposible utilizar pruebas grupales, en especial con niños pequeños o con personas de CI de bajo nivel (Aiken, 1996).

Pruebas de rendimiento o aprovechamiento y aptitudes

Prueba de rendimiento o aprovechamiento: prueba que pretende comprobar el nivel de conocimiento de una persona en un área determinada

Prueba de aptitudes: prueba diseñada para predecir la capacidad de una persona en un área o línea de trabajo particular

Las pruebas de CI no son las únicas que ha realizado a lo largo de su educación. Otros dos tipos de pruebas relacionadas con la inteligencia pero diseñadas para medir fenómenos algo diferentes son la de rendimiento y la de aptitudes. Una **prueba de rendimiento o aprovechamiento** tiene el propósito de determinar el nivel de conocimientos de una persona en una materia determinada. En lugar de evaluar la capacidad general, como lo hace una prueba de inteligencia, una prueba de rendimiento se concentra en el material específico que ha aprendido la persona.

La **prueba de aptitudes** está diseñada para predecir la capacidad de una persona en un área o tipo de trabajo específicos. A la mayoría de los estadounidenses se les administran las pruebas de aptitudes más conocidas en el proceso de solicitud de admisión a la universidad: la *Prueba de Aprovechamiento Escolar* (*Scholastic Assessment Test: SAT*)* y la *Prueba Universitaria Estadounidense* (*American College Test: ACT*). Estas pruebas tratan de predecir el nivel de desempeño que tendrán las personas en la universidad, y las puntuaciones han demostrado durante años correlacionarse moderadamente bien con las calificaciones universitarias.

Aunque en teoría la distinción entre las pruebas de inteligencia, aptitud y rendimiento se puede trazar con facilidad, en la práctica existe una buena cantidad de traslapes entre ellas. Por ejemplo, se ha criticado en forma continua a la prueba SAT, debido a que se argumenta que es más adecuada para evaluar el rendimiento que las aptitudes. Resulta difícil diseñar pruebas que pronostiquen el desempeño futuro, pero sin que se basen en el rendimiento previo. Quienes elaboraron la SAT reconocieron este problema hace varios años al cambiar el nombre de la prueba del anterior "Scholastic *Aptitude* Test" al actual "Scholastic *Assessment* Test".

La SAT y otras pruebas están experimentando otra modificación, esta vez en la forma en que se administran. En un rompimiento con las pruebas escritas tradicionales, los elaboradores de la SAT emplearán computadoras para presentar una versión personalizada del examen a cada individuo que lo responda. Esta innovación sólo es un elemento de varios que están cambiando la forma en que las personas presentan las pruebas, como lo exponemos en el recuadro *Aplicación de la psicología en el siglo XXI* de este capítulo.

Confiabilidad y validez

Confiabilidad: concepto relativo a que las pruebas miden de manera consistente lo que están tratando de medir

Cuando usamos una regla esperamos encontrar que mida los mismos centímetros de la misma manera que la última vez que la usamos. Cuando nos pesamos en una báscula casera, esperamos que las variaciones que observamos en ella se deban a cambios en nuestro peso y no sean errores de la báscula (¡a menos que el cambio de peso sea en una dirección no deseada!).

De la misma manera, esperamos que las pruebas psicológicas tengan **confiabilidad**, es decir, que midan en forma consistente lo que están tratando de medir. Necesitamos estar seguros de que cada vez que aplicamos la prueba, la persona que la responda obtenga los mismos resultados, suponiendo que no ha cambiado nada relevante en la persona para lo que se está midiendo.

Supongamos, por ejemplo, que cuando presentó por primera vez sus exámenes SAT, obtuvo una calificación de 400 en la sección verbal de la prueba. Después presentó

---

* *N de la R.T.* Ya existe una versión estandarizada en Puerto Rico y se desarrolla una en México.

Aplicación de la psicología en el siglo XXI

Pruebas de CI para casa y el SAT por computadora: transformación del país en una nación de individuos que responden pruebas

En una época en que son rutinarias las pruebas de embarazo caseras, no debería sorprender que pudieran volverse igual de populares las pruebas de CI para responder en casa. Al menos ésa es la esperanza de una compañía de Massachusetts que ha comenzado a ofrecer una prueba de inteligencia para niños en CD-ROM para computadora. La "Prueba de CI y Rendimiento para Niños" (Children's IQ and Achievement Test) está diseñada para proporcionar una puntuación de CI para niños de preescolar a sexto grado de escuela elemental en la comodidad de sus hogares. De acuerdo con sus elaboradores, la prueba de CI casera pretende satisfacer las necesidades de los padres que desean participar más en la educación de sus hijos. Bryan Bryant, presidente de la compañía que produjo la prueba, dijo: "Nadie sabe más sobre un niño que sus padres. Y no obstante muy a menudo en la escuela el padre es un receptor en lugar de un contribuyente de información sobre su hijo. Esto puede proporcionar otra perspectiva" (Kelly, 1997, p. B7).

Sin embargo, muchos psicólogos y educadores están en desacuerdo. Algunos temen que los niños sean clasificados en forma incorrecta debido a imprecisiones potenciales en la prueba. Otros sienten que poner una etiqueta a un niño a una edad tan temprana, aunque sea precisa, puede tener consecuencias desafortunadas, debido a que el tratamiento futuro de los niños se basa en los resultados de la prueba. Además, aun si la prueba es exacta, no está claro para qué propósitos se empleará la información (Kelly, 1997).

Las pruebas de CI para resolver en casa sólo son una de varias innovaciones que están cambiando la naturaleza de la evaluación. Otra es el empleo de computadoras para administrar pruebas estandarizadas. El Educational Testing Service (ETS) de Estados Unidos, la compañía que elabora la SAT, y el Graduate Record

Examination (GRE), que se usan para la admisión a la universidad y a escuelas de posgrado, respectivamente, está cambiando a la administración computarizada de todas las pruebas GRE para principios del siglo XXI, y la administración de la SAT seguirá el mismo camino poco después.

En la nueva versión computarizada, no sólo se verán las preguntas de la prueba y se anotarán las respuestas en una pantalla de computadora, sino que la prueba será individualizada. En lo que se conoce como *prueba adaptativa*, no habrá dos estudiantes que reciban un juego idéntico de preguntas de prueba. En lugar de ello, la computadora presentará primero una pregunta de dificultad moderada seleccionada al azar. Si el estudiante la responde en forma correcta, la computadora presentará luego un reactivo seleccionado al azar con un poco más de dificultad. Si la respuesta es incorrecta, entonces la computadora presentará un reactivo un poco más fácil. Cada pregunta se vuelve un poco más difícil o más fácil que la precedente, dependiendo de si la respuesta a ella fue correcta. Al final, entre mayor sea el número de preguntas difíciles respondidas en forma correcta, será mayor la puntuación obtenida (véase figura 8.3).

Debido a que la prueba es capaz de resaltar el nivel de competencia de quien la responde con bastante rapidez, el tiempo total que se dedica a resolver el examen es menor que cuando se contesta un examen tradicional. No se obliga a quienes responden la prueba a dedicar gran cantidad de tiempo a contestar preguntas ya sea mucho más fáciles o mucho más difíciles de lo que pueden manejar.

La administración computarizada tiene otra característica que puede ser bien –o mal– recibida: la presentación inmediata de la puntuación obtenida en la prueba. Después de completar la prueba, a quienes la tomaron se les da la opción de anular la prueba si piensan que no lo hicieron bien.

Sin embargo, si deciden proseguir, la computadora les proporciona su puntuación, la cual entonces pasa a ser parte de un registro permanente.

Las pruebas adaptativas computarizadas tienen sus críticos. Algunos observadores sugieren que la prueba discrimina a las minorías, cuyos miembros pueden tener un acceso limitado a las computadoras y por tanto tener menos práctica con ellas o sentirse más intimidados por el medio de prueba (Winerip, 1993). No obstante, el ETS pone en duda esta afirmación, aunque algunas de sus propias investigaciones muestran que las mujeres y las personas de mayor edad muestran mayor ansiedad al principio de la prueba. Sin embargo, a pesar de esta ansiedad, a final de cuentas no se ve afectado su desempeño.

Las investigaciones también sugieren que las pruebas adaptativas computarizadas proporcionan puntuaciones equivalentes a las medidas escritas tradicionales para la mayor parte de los tipos de pruebas. (La excepción es para las pruebas "aceleradas", las cuales incluyen muchos reactivos relativamente fáciles que deben ser respondidos en un tiempo relativamente corto.) Para pruebas como la GRE, sin embargo, parece no haber diferencia en las puntuaciones que pueden atribuirse al hecho de que la prueba sea administrada en forma tradicional o mediante computadora.

Ya sea que las pruebas futuras sean administradas con una computadora o por medios más tradicionales, lo claro es que las pruebas ocuparán un lugar cada vez más importante en las vidas de los ciudadanos estadounidenses. Los políticos, desde el presidente hacia abajo, están pidiendo un programa nacional de pruebas, en el que los estudiantes sean examinados en niveles de grado seleccionados para asegurar que cumplan con las normas de competencia mínimas. Es probable que la promulgación de dichas normas haga que la evaluación sea más común.

Con la versión de lápiz y papel del GRE, todos los examinados contestan las mismas preguntas, con un rango de dificultad de fácil a difícil. Sin embargo, la versión computarizada permite ajustar el nivel inicial a la dificultad que el estudiante es capaz de manejar. La computadora selecciona al azar un primer reactivo de dificultad moderada. Si el alumno lo contesta acertadamente, la computadora plantea una pregunta de mayor dificultad. Una vez que el examinado da una respuesta incorrecta, se le administra un reactivo del siguiente nivel inferior de dificultad. Al estudiante se le evalúa con base en el nivel de dificultad que dominó. A continuación se presentan algunos ejemplos de reactivos y respuestas, de diversos niveles de dificultad.

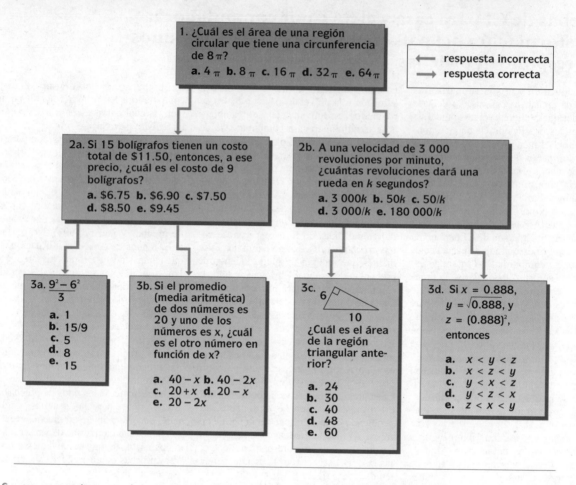

Respuestas: 1 16π, 2a. $6.90, 2b. 50k, 3a. 15, 3b. 40 − x, 3c. 24, 3d. z < x < y

FIGURA 8.3 *En un ejemplo de prueba adaptativa, una computadora elige al azar la pregunta inicial, la cual será de dificultad moderada. Si es respondida en forma correcta, la computadora presenta un reactivo más difícil; si la respuesta es errónea, la computadora plantea un reactivo más fácil. A final de cuentas, entre mayor sea el número de preguntas difíciles contestadas en forma correcta, será mayor la puntuación. Fuente: adaptado de* The New York Times, *1993, p. B9.*

la prueba de nuevo unos meses más tarde, y obtuvo una puntuación de 700. Al recibir su nueva calificación, podría dejar de celebrar por un momento para cuestionar si la prueba es confiable, ya que es improbable que sus capacidades pudieran haber cambiado lo suficiente como para elevar su puntuación 300 puntos.

Ahora suponga que su calificación varió poco y que en ambas ocasiones recibió una puntuación de alrededor de 400. No podría quejarse de una falta de confiabilidad. Sin embargo, si supiera que sus capacidades verbales están por encima del promedio, podría estar preocupado de que la prueba no midiera en forma adecuada lo que se supone que debe medir. En este sentido, el problema sería de validez en lugar de ser de confiabilidad. Una prueba tiene **validez** cuando en verdad mide lo que se supone debe medir.

Validez: concepto relativo a que las pruebas miden en realidad lo que se supone deben medir

Saber que una prueba es confiable no garantiza que también sea válida. Por ejemplo, podríamos diseñar un medio muy confiable para medir la honradez si decidimos que ésta se relaciona con el tamaño del cráneo. Pero aquí no hay garantía de que la prueba sea válida, debido a que se puede suponer de manera razonable que el tamaño del cráneo no tiene relación con la honradez. En este caso, entonces, tenemos confiabilidad sin validez.

Por otra parte, si una prueba no es confiable, no puede ser válida. Suponiendo que todos los demás factores, la motivación de una persona, el conocimiento del material, la salud y cosas por el estilo, son similares, si alguien obtiene una puntuación alta la primera vez que presenta una prueba específica y una baja la segunda vez, la prueba no puede estar midiendo lo que se supone que mide y, por consiguiente, no es confiable ni válida.

La validez y la confiabilidad de una prueba son requisitos para la precisa evaluación de la inteligencia, al igual que para cualquier otra tarea de medición realizada por psicólogos. En consecuencia, las medidas de la personalidad que consideraremos en el capítulo 11, la evaluación de los trastornos psicológicos realizada por los psicólogos clínicos que se expondrá en los capítulos 12 y 13 y las medidas de actitudes conducidas por los psicólogos sociales deben cumplir con las pruebas de validez y confiabilidad a fin de que sus resultados sean significativos.

Suponiendo que una prueba es válida y confiable, es necesario un paso más para interpretar el significado de la puntuación obtenida por una persona en particular: el establecimiento de normas. Las **normas** son estándares de ejecución de la prueba que permiten comparar la puntuación obtenida por una persona en la prueba con las puntuaciones de otros que han resuelto la misma prueba. Por ejemplo, una norma permite, a quienes presentan una prueba, saber que su puntuación se encuentra en el 15% superior de aquellos que han resuelto la prueba.

El esquema básico para elaborar normas es que los diseñadores de pruebas calculen la puntuación promedio para un grupo particular de personas para las que está diseñada la prueba. Así pueden determinar el grado en que la puntuación de cada persona difiere de las de otros que han resuelto la prueba en el pasado. Quienes resuelven la prueba pueden considerar entonces el significado de sus puntuaciones crudas con relación a las de otros que han contestado la misma prueba, dándoles un sentido cualitativo de su desempeño.

Es evidente que las muestras de individuos que participan en el proceso de establecimiento de normas son de vital importancia para el proceso de normalización. Aquellas personas que se incluyen en un estudio para determinar normas deben ser representativas de los individuos a los que está dirigida la prueba.

Normas: estándares de desempeño en las pruebas que permiten la comparación de la puntuación de una persona en una prueba con las puntuaciones de otros que han respondido la misma prueba

Formulaciones alternativas de la inteligencia

A pesar de que el procedimiento de Binet para medir la inteligencia, ejemplificado por las modernas pruebas de inteligencia Stanford-Binet y WAIS-III, es aún uno de los que se emplean con mayor frecuencia, algunos teóricos sostienen que carece de una concepción teórica subyacente de lo que es la inteligencia. Binet y sus seguidores concebían a la inteligencia como un reflejo directo de la calificación que recibiera una persona en su prueba. Ése era un enfoque eminentemente práctico, pero no dependía de la comprensión de la naturaleza de la inteligencia, sino sobre todo de la comparación del desempeño de una persona con el de otras. Por esta razón, las pruebas de inteligencia de Binet y sus sucesores aportan poco para aumentar nuestra comprensión de lo que es la inteligencia, debido a que sólo evalúan el comportamiento que supuestamente la ejemplifica.

Esto no significa que los investigadores y los teóricos hayan ignorado el problema de lo que es en realidad la inteligencia (Carroll, 1992, 1993, 1994, 1996). Una interrogante importante que ellos han planteado es si la inteligencia es un factor simple y unitario o si está formada por múltiples componentes (Sternberg, 1990, 1994; Dennis y Tapsfield, 1996; Gottfredson, 1997). Los primeros psicólogos que se interesaron en la inteligencia suponían que existía un factor general en la capacidad mental, al que denominaron **factor g** (Spearman, 1927). Se creía que este factor determinaba el desempeño de la inteligencia en todos los aspectos y que era el que presumiblemente evaluaban las pruebas de inteligencia.

Factor g: una de las primeras teorías que asumía un factor general para la capacidad mental

Participar en un juego de mesa como Maratón (izquierda) exige principalmente inteligencia fluida, la cual consiste en capacidades de razonamiento, memoria y procesamiento de la información. Pilotear un avión (arriba) requiere inteligencia fluida e inteligencia cristalizada, la cual es producto de la experiencia y se emplea en situaciones de solución de problemas.

Inteligencia fluida: inteligencia que refleja las capacidades de razonamiento, memoria y procesamiento de información

Inteligencia cristalizada: información, habilidades y estrategias que las personas han aprendido a través de la experiencia y que pueden aplicar en situaciones de solución de problemas

Teóricos más contemporáneos han sugerido que en realidad existen dos clases distintas de inteligencia: la inteligencia fluida y la inteligencia cristalizada (Cattell, 1967, 1987). La **inteligencia fluida** refleja las capacidades de razonamiento, memoria y procesamiento de la información. Si se nos pidiera resolver una analogía, agrupar un conjunto de letras de acuerdo con algún criterio o recordar una serie de números, emplearíamos la inteligencia fluida.

Por otro lado, la **inteligencia cristalizada** se refiere a la información, habilidades y estrategias que las personas han aprendido a través de la experiencia y que pueden aplicar en situaciones de solución de problemas. Por ejemplo, es posible confiar en la inteligencia cristalizada si se nos pide participar en una discusión sobre las causas de la indigencia o que deduzcamos la solución de un misterio. Estas tareas permiten basarnos en experiencias del pasado. Las diferencias entre la inteligencia fluida y la cristalizada son muy evidentes en las personas de edad avanzada, las cuales, como lo veremos más a fondo en el capítulo 10, muestran una disminución de la inteligencia fluida, mas no de la cristalizada (Wang y Kaufman, 1993; Schaie, 1993, 1994; Heidrich y Denney, 1994; Boone, 1995).

Otros teóricos consideran que la inteligencia abarca aún más componentes. Por ejemplo, mediante el análisis del talento de personas que muestran capacidades poco comunes en determinadas áreas, el psicólogo Howard Gardner ha sugerido que poseemos inteligencias múltiples, cada una de ellas relativamente independientes de las demás (Gardner, 1983, 1997; Krechevsky y Gardner, 1990; Gardner, Kornhaber y Wake, 1996). En específico, este autor considera que la inteligencia incluye las siete esferas que se ilustran en la figura 8.4.

Aunque Gardner ilustra su concepción de los tipos específicos de inteligencia con descripciones de personas bien conocidas, es importante recordar que cada uno de nosotros teóricamente posee las mismas clases de inteligencia. Es más, aunque se presentan de forma individual, Gardner sugiere que estas siete inteligencias separadas no funcionan en forma aislada. Por lo común, toda actividad implica varias clases de inteligencia que funcionan en conjunto.

El modelo de Gardner ha conducido a varios avances en nuestra comprensión de la naturaleza de la inteligencia. Por ejemplo, una aportación de este modelo es la elaboración de reactivos de prueba en los que más de una respuesta puede ser correcta, lo cual

1. Inteligencia musical (habilidades en tareas musicales). Ejemplo de caso:

Cuando tenía tres años de edad, los padres de Yehudi Menuhin lo metieron a escondidas a un concierto de la Orquesta de San Francisco. El sonido del violín de Louis Persinger fascinó tanto al niño que insistió en que le compraran un violín para su cumpleaños y que Louis Persinger fuera su maestro. Obtuvo ambas cosas. Cuando cumplió 10 años de edad, Menuhin se había convertido en un intérprete de nivel internacional.

2. Inteligencia cinestésica corporal (habilidades en el empleo de todo el cuerpo o de varias partes de éste en la solución de problemas o en la construcción de productos o representaciones, ejemplificado por bailarines, atletas, actores y cirujanos). Ejemplo de caso:

A los 15 años de edad Babe Ruth era tercera base. Durante un juego, el lanzador de su equipo estaba jugando muy mal y Babe lo criticaba a gritos desde la tercera base. El hermano Matías, entrenador del equipo, le gritó: "¡Ruth, si sabes tanto, lanza tú!" Babe se sorprendió y se apenó puesto que nunca antes había sido lanzador, pero el hermano Matías insistió. Ruth dijo más tarde que desde el momento mismo en que subió al montículo, supo que tenía que ser lanzador.

3. Inteligencia lógico-matemática (habilidades en la solución de problemas y en el pensamiento científico). Ejemplo de caso:

Barbara McClintock obtuvo el Premio Nobel de medicina por sus investigaciones en microbiología. Así describe uno de sus hallazgos, el cual se le reveló después de pensar durante media hora acerca de un problema: "De pronto, di un salto y me fui corriendo hacia el sembradío [de maíz]. En la parte más alta del sembradío [los demás aún estaban en la parte más baja] grité: '¡Eureka, lo he encontrado!'"

4. Inteligencia lingüística (habilidades implicadas en la producción y el empleo del lenguaje). Ejemplo de caso:

A la edad de 10 años, T. S. Eliot creó una revista llamada *Fireside* (Hogar), de la cual era el único colaborador. En un lapso de tres días, durante sus vacaciones de invierno, logró crear ocho números completos.

5. Inteligencia espacial (habilidades que implican configuraciones espaciales, como las que emplean los artistas y los arquitectos). Ejemplo de caso:

Los nativos de las islas Carolinas navegan en el mar sin instrumentos. Durante el viaje, el navegante debe imaginar en su mente las islas de referencia mientras pasa por debajo de una estrella determinada y desde allí calcula el número de segmentos que ha completado, la proporción restante del viaje y cualquier corrección necesaria en su rumbo.

6. Inteligencia interpersonal (habilidades para la interacción con los demás, sensibilidad a los estados de ánimo, temperamentos motivaciones e intenciones de los otros). Ejemplo de caso:

Los nativos de las islas Carolinas navegan en el mar sin instrumentos. Durante el viaje, el navegante debe imaginar en su mente las islas de referencia mientras pasa por debajo de una estrella determinada y desde allí calcula el número de segmentos que ha completado, la proporción restante del viaje y cualquier corrección necesaria en su rumbo.

7. Inteligencia interpersonal (habilidades para la interacción con los demás, como sensibilidad a los estados de ánimo, temperamentos, motivaciones e intenciones de los otros). Ejemplo de caso:

En su ensayo "A Sketch of the Past" (Un bosquejo del pasado), Virginia Woolf exhibe en estas líneas un conocimiento profundo de su vida interior, describiendo su reacción ante diversos recuerdos específicos de su niñez que, todavía en la edad madura, la siguen perturbando: "Aunque todavía tengo la peculiaridad de sufrir estas perturbaciones repentinas, ahora siempre son bien recibidas; después de la primera sorpresa, siempre siento al instante que son especialmente valiosas. De modo que luego supongo que esta capacidad de ser perturbada es lo que me hace una escritora."

FIGURA 8.4 *Las siete inteligencias de Gardner. Fuente: adaptado de Walters y Gardner, 1986.*

brinda la posibilidad para que quienes resuelven la prueba demuestren un pensamiento creativo. Por tanto, de acuerdo con este enfoque, distintas clases de inteligencia pueden producir respuestas diferentes, pero igualmente válidas, a la misma pregunta.

¿Es inteligencia el procesamiento de información? Enfoques contemporáneos

La aportación más reciente para comprender la inteligencia procede de la labor de los psicólogos cognitivos. Basándose en las investigaciones y la teoría que expusimos en el ca-

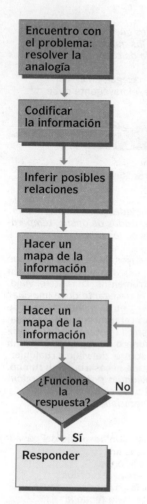

FIGURA 8.5 *Etapas del procesamiento de información en la resolución de analogías. Fuente: Sternberg, 1982.*

Teoría triádica de la inteligencia: teoría de Robert Sternberg que dice que hay tres aspectos importantes de la inteligencia: el componencial, el experiencial y el contextual

pítulo 7, los psicólogos cognitivos emplean el enfoque del procesamiento de información; afirman que el modo en que las personas almacenan el material en la memoria y lo utilizan para resolver tareas intelectuales ofrece la medida más exacta de la inteligencia. En consecuencia, los psicólogos cognitivos no se enfocan en la estructura de la inteligencia o en su contenido o dimensiones subyacentes. En vez de ello, examinan los *procesos* implicados en la producción de comportamiento inteligente (Sternberg, 1990; Fagan, 1992; Deary y Stough, 1996; Embretson, 1996).

Mediante la división de las tareas y los problemas en sus partes componentes, y a través de la identificación de la naturaleza y la velocidad de los procesos de solución de problemas, los investigadores han percibido diferencias claras entre quienes tienen puntuaciones altas en las pruebas tradicionales de CI y quienes tienen puntuaciones bajas. Tomemos como ejemplo a un estudiante universitario a quien se le pide que resuelva el siguiente problema de analogía (Sternberg, 1982):

abogado es a *cliente* lo que *médico* es a:

a) paciente o *b) medicina*

De acuerdo con la teoría de Sternberg, un estudiante al que se le presenta esta analogía tiende a pasar por una serie de etapas en su intento por llegar a una solución (véase figura 8.5). Primero *codificará* la información inicial, lo cual significa proporcionar a cada elemento claves de identificación que ayudan a recuperar información relevante que está guardada en la memoria a largo plazo. Por ejemplo, puede pensar en el abogado en términos de la facultad de Derecho, la Suprema Corte, un programa de televisión llamado *Law and Order* o un juzgado. Cada uno de los demás elementos recibirá una codificación similar. A continuación, *inferirá* cualquier relación posible entre abogado y cliente. Puede inferir que la relación relevante consiste en que un cliente contrata a un abogado o, alternativamente, que un abogado presta servicios a un cliente.

Una vez que ha inferido esta relación, tiene que hacer un *mapa* de la relación de orden superior entre la primera y segunda mitades de la analogía: ambas se relacionan con personas que prestan servicios profesionales a cambio de honorarios. La etapa crucial que sigue es la de *aplicación*, en la que hace pruebas con cada opción de respuesta y la relación que ha inferido. Se supone que decidirá que un médico ofrece servicios profesionales a un paciente, no a la medicina. Al final, el último componente de la solución del problema es responder.

Así, al descomponer los problemas en sus partes componentes, es posible identificar diferencias sistemáticas tanto de aspectos cuantitativos como cualitativos de la solución de problemas, así como demostrar que las personas con mayores niveles de inteligencia no sólo difieren en el número de soluciones correctas que elaboran, sino en su método para resolver problemas. Por ejemplo, quienes tienen calificaciones altas quizá pasen más tiempo en las etapas iniciales de codificación de un problema, identificando sus partes y recuperando información relevante de la memoria a largo plazo. Este énfasis inicial en recordar información relevante da sus frutos al final; quienes invierten relativamente menos tiempo en las etapas iniciales tienden a ser menos capaces de encontrar una solución. Por consiguiente, el empleo de estas estrategias de procesamiento de información puede ser la base de las diferencias en inteligencia.

Al aplicar este enfoque cognitivo al estudio de la inteligencia, el psicólogo Robert Sternberg (1985a; 1991; 1994; 1996) desarrolló la denominada **teoría triádica de la inteligencia**, la cual sostiene que existen tres aspectos principales de la inteligencia: el componencial, el experiencial y el contextual (véase figura 8.6). El aspecto *componencial* se centra en los componentes mentales implicados en el análisis de la información para resolver problemas, en particular en aquellos procesos que operan cuando una persona exhibe un comportamiento racional. En contraste, el aspecto *experiencial* se centra en la forma en que las experiencias previas de una persona afectan su inteligencia, y en la forma en que ellas se aplican a la solución de problemas. Por último, el aspecto *con-*

Teoría triádica de la inteligencia de Sternberg

**Aspecto componencial
de la inteligencia (análisis
de información para solucionar
problemas)**

**Aspecto
contextual
de la inteligencia
(cómo se usa la inteligencia
para enfrentar demandas
ambientales; inteligencia
práctica)**

**Aspecto
experiencial
de la inteligencia
(cómo se usan las
experiencias
anteriores en la
solución de
problemas)**

FIGURA 8.6 *Teoría triádica de la inteligencia de Sternberg. Fuente: basado en Sternberg, 1985a, 1991.*

textual toma en cuenta el éxito que tienen las personas al enfrentar las demandas de su entorno cotidiano.

Recientes enfoques en torno a la inteligencia se han centrado sobre todo en el aspecto *contextual* de la inteligencia propuesto por Sternberg (1996). Nuevas teorías enfatizan la *inteligencia práctica*, es decir, inteligencia relacionada con el éxito general en la vida, en lugar de *concentrarse* en el desempeño intelectual y académico, como se comenta a continuación.

Inteligencia práctica: sentido común

El año que ha pasado en su trabajo en general ha sido favorable. Las evaluaciones de desempeño de su departamento son al menos tan buenas como lo eran antes de que se hiciera cargo, y tal vez hasta un poco mejores. Tiene dos asistentes. Uno de ellos es muy capaz. El otro sólo parece adaptarse y de hecho no es de mucha ayuda. A pesar de que a usted se le quiere bien, cree que hay poco que pudiera distinguirlo a los ojos de sus superiores de los otros nueve gerentes con un nivel comparable en la compañía. Su meta es un rápido ascenso hacia un puesto ejecutivo (basado en Wagner y Sternberg, 1985, p. 447).

¿Qué hará para lograr su meta? El modo en que responda puede tener mucho que ver con su futuro éxito en la carrera de los negocios, al menos eso señala el autor de esta prueba, el psicólogo Robert J. Sternberg. Esta pregunta forma parte de una serie diseñada para ayudar en la construcción de un perfil de su inteligencia. No es la inteligencia tradicional la que busca determinar esta pregunta, sino una inteligencia específica: la inteligencia práctica para los negocios (Wagner y Sternberg, 1991; Sternberg y Wagner, 1986, 1993; Sternberg *et al.*, 1995; Sternberg, 1995, 1996; Wagner, 1997).

La prueba que diseñó Sternberg es una de las recientes evaluaciones de inteligencia que están tomando forma en la actualidad. Cada una de ellas está diseñada para superar una de las limitaciones más evidentes de las pruebas de CI tradicionales: la incapacidad para predecir con precisión cualquier otra cosa que no sea el éxito académico.

Aunque no todos los psicólogos están de acuerdo (Ree y Earles, 1992, entre otros), la mayoría cree que el CI no se relaciona directamente con el éxito *profesional* (McCle-

lland, 1993). Por ejemplo, a pesar de que es evidente que los ejecutivos de empresas exitosos suelen obtener puntuaciones al menos moderadamente buenas en las pruebas de CI, su grado de avance y sus éxitos comerciales se relacionan sólo en mínima parte con sus puntuaciones de CI específicas.

Sternberg argumenta que el éxito profesional requiere de un tipo de inteligencia muy diferente del que está implicado en el éxito académico. Mientras que este último se sustenta en el conocimiento de una base de información particular obtenida a través de la lectura y la atención, la inteligencia práctica se aprende principalmente por medio de la observación y el modelamiento. Las personas que tienen una inteligencia práctica elevada son capaces de aprender normas y principios generales y aplicarlos de manera apropiada (Sternberg *et al.*, 1995; Polk, 1997; véase figura 8.7).

Los negocios no son la única esfera en la que es de vital importancia este tipo de inteligencia práctica, y algunos psicólogos han sugerido que ésta es esencial a lo largo de la vida cotidiana. Por ejemplo, el psicólogo Seymour Epstein ha desarrollado una prueba para lo que él denomina "pensamiento constructivo", que intenta predecir éxito en la vida (Epstein y Meier, 1989; Epstein, 1994).

Epstein argumenta que el pensamiento constructivo subyace al éxito en esferas como la felicidad en las relaciones sociales, el éxito laboral e incluso la salud física y emocional. Las personas que piensan en forma constructiva son capaces de manejar sus emociones de manera efectiva y abordan las situaciones desafiantes en formas que promueven el éxito. Los pensadores constructivos, por ejemplo, emprenden la acción en situaciones desagradables, en lugar de sólo quejarse de ellas. Epstein sostiene que el pen-

Administración

Usted es responsable de seleccionar un contratista para remodelar varios edificios grandes. Ha reducido la elección a dos contratistas basado en sus honorarios y, después de una mayor investigación, está considerando otorgar el contrato a la compañía Ramírez e Hijos. Evalúe la importancia de los siguientes fragmentos de información para tomar su decisión de otorgar el contrato a Ramírez e Hijos.

_____ La compañía ha proporcionado cartas de clientes satisfechos anteriores.

_____ La Procuraduría Federal del Consumidor no informa de quejas importantes contra la compañía.

_____ Ramírez e Hijos ha hecho un buen trabajo para su compañía en el pasado.

_____ Los honorarios de Ramírez e Hijos eran $20 000 menor que los de otros contratistas (el costo total aproximado de la remodelación es $3 250 000).

_____ Clientes anteriores con quienes se ha puesto en contacto recomiendan en forma amplia a Ramírez e Hijos para el trabajo.

Ventas

Usted vende una línea de máquinas fotocopiadoras. Una de sus máquinas tiene relativamente pocos atributos y es barata, con un costo de $7 000, aunque no es el modelo más económico que tiene. La fotocopiadora de $7 000 no se está vendiendo bien y hay un excedente de inventario. Hay escasez de las máquinas más complejas que tiene en su línea, así que se le ha pedido que haga lo que pueda para mejorar las ventas de la máquina de $700. Evalúe las siguientes estrategias para maximizar sus ventas de la máquina fotocopiadora que tiene poco movimiento.

_____ Enfatizar a los clientes potenciales que aunque este modelo carece de algunas características deseables, el precio bajo lo compensa con mucho.

_____ Enfatizar que quedan relativamente pocos modelos con ese precio.

_____ Concertar la mayor cantidad de demostraciones de la máquina que le sea posible.

_____ Enfatizar la simplicidad de su uso, en vista de que la máquina carece de controles confusos que pueden tener otras máquinas.

Psicología académica

Es su segundo año como adjunto de profesor en un prestigiado departamento de psicología. El año anterior publicó dos artículos empíricos sin relación entre sí en revistas especializadas establecidas. Sin embargo, no cree que haya todavía un área de investigación que pueda identificar como propia. Cree que es casi tan productivo como otros. La retroalimentación respecto a su primer año de enseñanza ha sido buena por lo general. Todavía tiene que participar en un comité universitario. Hay un estudiante graduado que ha decidido trabajar con usted. No tiene ni ha solicitado una fuente externa de financiamiento. Sus metas son convertirse en una figura en su campo y obtener un cargo en su departamento. La siguiente es una lista de cosas que está considerando hacer en los siguientes dos meses. Es obvio que no puede realizarlas todas. Evalúe la importancia de cada una según su prioridad como un medio para alcanzar sus objetivos.

_____ Mejorar la calidad de su enseñanza.

_____ Redactar una solicitud de financiamiento.

_____ Comenzar un proyecto de investigación a largo plazo que puede conducir a un artículo teórico importante.

_____ Enfocarse en reclutar más estudiantes.

_____ Comenzar varios proyectos relacionados a corto plazo, cada uno de los cuales puede conducir a un artículo empírico.

_____ Participar en una serie de paneles de discusión que se presentarán en la estación de televisión pública local.

Vida estudiantil universitaria

Usted está inscrito en un amplio curso de conferencias introductorias. Los requisitos consisten en tres exámenes parciales y uno final. Por favor señale qué tan característico de su comportamiento sería dedicar tiempo a hacer cada una de las siguientes actividades si su meta es recibir una calificación de 10 en el curso.

_____ Asistir a clases en forma regular.

_____ Asistir a sesiones de repaso semanales opcionales con los compañeros de enseñanza.

_____ Leer en forma minuciosa los capítulos del texto asignados.

_____ Tomar apuntes comprensivos de la clase.

_____ Hablar con el profesor después de clase y durante las horas de oficina.

FIGURA 8.7 *Ejemplos de reactivos que miden el tipo de inteligencia empleada en diversas situaciones cotidianas, en comparación con tipos de inteligencia más tradicionales. Fuente: Sternberg y Wagner, 1993, p. 5.*

samiento constructivo es un factor que pronostica mucho más el éxito real en la vida que las pruebas de CI tradicionales (Epstein, 1994).

En resumen, es evidente que existen muchos modos de demostrar y de medir la inteligencia (que se resumen en el cuadro 8-1). Un CI alto no garantiza el éxito en la vida, en especial si se acompaña de baja inteligencia práctica (Goleman, 1995).

THE FAR SIDE   Por GARY LARSON

THE FAR SIDE © 1982 THE FARWORKS, INC. Usada con autorización de UNIVERSAL PRESS SYNDICATE. Todos los derechos reservados.

"¡Quietos!... Muy bien, ahora... ¿Quién es el cerebro de esta pandilla?

Cuadro 8-1	Principales enfoques de la inteligencia
Enfoque	**Características**
Pruebas de CI	Medidas generales de inteligencia
Inteligencia fluida y cristalizada	La inteligencia fluida se relaciona con las capacidades de razonamiento, memoria y procesamiento de información; la inteligencia cristalizada se relaciona con la información, las habilidades y las estrategias aprendidas a través de la experiencia
Inteligencias múltiples de Gardner	Siete formas independientes de inteligencia
Enfoques del procesamiento de información	La inteligencia se refleja en la forma en que las personas almacenan y emplean material para solucionar tareas intelectuales
Teoría triádica de la inteligencia	Un enfoque del procesamiento de información que sugiere que la inteligencia tiene tres aspectos: el componencial, el experiencial y el contextual
Inteligencia práctica	Visión acerca de la inteligencia en función del éxito profesional y personal que no es de naturaleza académica

El consumidor de psicología bien informado

¿Se puede lograr un mejor rendimiento en las pruebas estandarizadas?

A pesar de que los psicólogos no están de acuerdo con respecto a la naturaleza de la inteligencia, las pruebas de ésta, así como otros diversos tipos de pruebas, son empleadas en forma amplia en situaciones muy diversas. En la escuela o en el trabajo, casi todos hemos tenido que enfrentarnos a pruebas formales estandarizadas, pruebas que han sido formuladas y verificadas con amplias muestras representativas. Además, la mayoría comprendemos la preocupación de los estudiantes que realizan exámenes de ingreso a la universidad, como la SAT, a quienes les preocupa que el éxito de sus vidas futuras dependa de los resultados de una prueba realizada en una mañana.

Un resultado del uso común de estas pruebas en nuestra sociedad es el desarrollo de numerosos servicios de adiestramiento, los cuales prometen capacitar a las personas para que eleven su calificación mediante la revisión de sus habilidades básicas y la enseñanza de estrategias para responder las pruebas. Pero, ¿acaso funcionan?

El *Educational Testing Service*, ETS, por sus siglas en inglés (Servicio de Pruebas Educativas) de Estados Unidos, creador de la SAT, sugirió en una época que la preparación para el examen era inútil. En la actualidad, sin embargo, reconoce que la práctica puede tener algunas consecuencias benéficas. De hecho, la mayor parte de las investigaciones verifica que la capacitación para los exámenes de la SAT produce efectos pequeños pero confiables, por lo general en un rango de incremento de 15 a 25 puntos en la puntuación verbal y también en la de matemáticas (Kulik, Bangert-Drowns y Kulik, 1984; Bond, 1989; Becker, 1990; Powers, 1993; Holmes y Keffer, 1995).

Por otro lado, la mayor parte de los incrementos en las puntuaciones después de las prácticas pueden derivarse de un aumento en la familiaridad con la prueba o de una maduración natural de las capacidades cognitivas. Algunas investigaciones sugieren que la capacitación requerida para producir incrementos en la puntuación promedio de más de 20 a 30 puntos es tan extensa que equivaldría a asistir a la escuela de tiempo completo (Messick y Jungeblut, 1981).

Se necesita más investigación antes de poder determinar el valor verdadero del entrenamiento. Al mismo tiempo, hay ciertos pasos que pueden seguirse sin considerar los cursos para optimizar su oportunidad de obtener una buena calificación en las pruebas estandarizadas. Por ejemplo, los siguientes cuatro puntos representan buenos consejos para presentar pruebas estandarizadas, al igual que cualquier otra prueba (Crocetti, 1983):

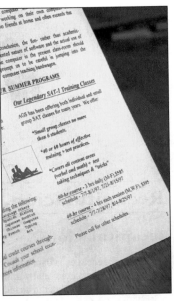

Aunque el entrenamiento para presentar pruebas estandarizadas como la SAT puede producir puntuaciones más altas en forma confiable, gran parte de la ganancia puede provenir de un aumento en la familiaridad con los reactivos de la prueba o con el desarrollo cognitivo que ocurre a través del tiempo.

- *Examine antes cada sección.* Ello no sólo le dará la oportunidad de tomar un respiro y evitar un avance frenético por una sección determinada, sino que también lo ayudará a detectar cualquier cambio inesperado en el formato de la prueba. Esta revisión previa le indicará qué esperar mientras resuelve cada problema.
- *Controle cuidadosamente su tiempo.* La computadora que califica su examen no se interesará en cuán profundamente haya reflexionado usted para responder cada pregunta; lo único que verifica es si respondió de forma correcta o no. Por tanto, es importante no dedicar mucho tiempo a los problemas iniciales a expensas de los posteriores. Si no está seguro de su respuesta, trate de reducir las opciones, después adivine y pase al siguiente problema. La perfección no es su meta, sino maximizar el número de respuestas correctas.
- *Revise cuál es el mecanismo de calificación de la prueba para determinar si es adecuado adivinar o no.* En la SAT, las respuestas erróneas se restan a su calificación, por lo cual adivinar es una mala estrategia. En comparación, el Examen de Registro para Graduados (*Graduate Record Exam*, GRE) y muchas otras pruebas no penalizan las respuestas erróneas. En las pruebas con penalización por las respuestas erróneas, adivine sólo si puede reducir las opciones a dos o tres. Por otra parte, en las pruebas

en las que las respuestas erróneas no disminuyen su calificación, adivinar rinde frutos, incluso si no tiene idea de cuál es la respuesta correcta.

- *Complete en forma precisa las hojas de respuesta.* Es evidente que tiene sentido revisar su hoja de respuestas cuando ha terminado su prueba. Esto puede hacerse con más eficiencia si anotó sus respuestas en el folleto que acompaña a la prueba, al igual que en la hoja de respuestas separada.

Estas sugerencias no le aseguran una calificación alta en la siguiente prueba que responda, pero le ayudarán a maximizar su oportunidad de tener un mejor desempeño. ■

Recapitulación, revisión y reflexión

Recapitulación

- La inteligencia es la capacidad para comprender al mundo, pensar en forma racional y utilizar de manera efectiva los recursos con que se cuenta cuando se enfrentan desafíos.

- La medida de la inteligencia que se emplea en las pruebas es el coeficiente intelectual o CI.

- Las pruebas deben ser confiables, midiendo con consistencia lo que están tratando de medir, y válidas, midiendo lo que se supone que deben medir.

- Existen diversas formulaciones alternativas de la inteligencia.

- La práctica tiene algún impacto en el mejoramiento de la calificación de las pruebas, aunque existe una variabilidad amplia en su efectividad.

Revisión

1. El _____ es una medida de la inteligencia que toma en cuenta tanto la edad cronológica de la persona como su edad mental.

2. Las pruebas de _____ predicen la capacidad de un individuo en un área específica, en tanto que las pruebas de _____ determinan el nivel de conocimientos de una persona en un área determinada.

3. Algunos psicólogos hacen la distinción entre la inteligencia _____, la cual refleja las capacidades de razonamiento, memoria y procesamiento de información y la inteligencia _____, que es la información, habilidades y estrategias que las personas han aprendido a través de la experiencia.

4. Los psicólogos cognitivos emplean un enfoque de _____ _____ para evaluar la inteligencia.

Las respuestas a las preguntas de revisión se encuentran en la página 328.

Reflexión

1. Las entrevistas de trabajo en realidad son una especie de prueba. ¿En qué formas se parece una entrevista de trabajo a una prueba de aptitud? ¿A una prueba de rendimiento? ¿Cree que puede demostrarse que las entrevistas de trabajo tienen validez o confiabilidad?

2. Si existen conceptos como la inteligencia fluida y la inteligencia cristalizada, ¿cómo se podrían evaluar? ¿Qué aplicaciones tendría cada uno de estos tipos de inteligencia?

3. ¿Cómo se relacionan los tres aspectos de la inteligencia identificados en la teoría triádica de la inteligencia de Sternberg (componencial, experiencial y contextual) con la inteligencia fluida y la cristalizada?

VARIACIONES EN LA CAPACIDAD INTELECTUAL

▶ **¿Cómo se pueden diferenciar los extremos de la inteligencia?**

▶ **¿Cómo podemos ayudar a las personas a desarrollar todo su potencial?**

"¡Eh, eh, eh, Fact Track!" El hablante de 11 años de edad escogió uno de sus programas favoritos de la mesa junto a la computadora en el comedor de sus padres. Insertó el disco flexible, encendió el sistema y esperó a que se cargara el programa.

"¿Cuál es tu nombre?", apareció en la pantalla.

"Daniel Skandera", tecleó él. Apareció un menú que enumeraba las posibilidades del programa. Daniel eligió multiplicaciones, nivel 1.

"¿Cuántos problemas deseas hacer?", preguntó la computadora.

"20."

"¿Deseas establecer una meta para ti, Daniel?"

"Sí, 80 segundos."

"¡Prepárate!"...

Estos adolescentes que viven en Mill Valley, California, son hermano y hermana. La niña tiene síndrome de Down, un defecto genético que da como resultado deficiencia mental.

Multiplicaciones generadas al azar aparecían como relámpagos en la pantalla: "4 × 6", "2 × 9", "3 × 3", "7 × 6". Daniel respondía, tecleando con destreza sus respuestas en las teclas numéricas de la computadora...

La computadora registraba los resultados. "Completaste 20 problemas en 66 segundos. Superaste tu meta. Problemas correctos = 20. ¡Felicitaciones, Daniel!" Después de esto, el niño de 11 años se retiraba con rapidez al cuarto de la televisión. Los Lakers y los 76ers estaban a punto de comenzar un juego de campeonato de la NBA y Daniel quería ver la primera mitad antes de irse a dormir (Heward y Orlansky, 1988, p. 100).

Si considera que las personas con deficiencia mental son ineptas y torpes, es tiempo que revise sus creencias. Como en el caso de Daniel, descrito antes, los individuos con deficiencias en sus capacidades intelectuales pueden llevar vidas plenas y, en algunos casos, desarrollarse en forma competente en ciertas tareas académicas.

A más de siete millones de estadounidenses se les ha detectado una inteligencia lo bastante por debajo del promedio como para que se considere que tienen una deficiencia seria. Tanto estos individuos con CI bajos, denominados personas con discapacidad o deficiencia mental, como los que tienen CI inusualmente altos, a quienes se denomina sobresalientes en el área intelectual, requieren de una atención especial para alcanzar todo su potencial.

Deficiencia mental

Aunque en ocasiones se le considera un fenómeno poco común, la deficiencia mental ocurre entre 1 y 3% de la población. Existen amplias variaciones entre las personas a quienes se considera con deficiencia mental, en gran parte por la definición tan incluyente que planteó la American Association of Mental Retardation (AAMR). Esta asociación sugiere que existe **deficiencia mental*** cuando hay "un funcionamiento intelectual significativamente inferior al promedio", el cual ocurre cuando existen limitaciones rela-

Deficiencia mental: funcionamiento intelectual significativamente por debajo del promedio que ocurre con limitaciones relacionadas en dos o más de las áreas de habilidades adaptativas

---

* *N. de la R. T.* Aunque el término *deficiencia mental* es el que aún se utiliza en la mayor parte de las pruebas de inteligencia, tiende a ser sustituido por el de *discapacidad intelectual*. Otros aspectos proponen que se hable de *necesidades intelectuales especiales*, término con el que estamos de acuerdo.

cionadas en dos o más de las áreas de habilidad adaptativa de la comunicación, el cuidado de sí mismos, la vida doméstica, las habilidades sociales, el uso de la comunidad, la dirección de sí mismos, la salud y la seguridad, el área académica funcional, el tiempo libre y el trabajo (AAMR, 1992; Jacobson y Mulick, 1996).

Mientras que el "funcionamiento intelectual inferior al promedio" puede ser medido de una manera relativamente directa con el empleo de pruebas de CI estandarizadas, es más difícil determinar cómo medir las limitaciones en áreas de habilidad adaptativa particulares. A final de cuentas, esta imprecisión conduce a una falta de uniformidad en la manera en que los expertos aplican la denominación de "deficiencia mental". Además, ha dado como resultado una variación significativa en las capacidades de las personas que son clasificadas como con deficiencia mental, las cuales van desde aquellos que pueden ser enseñados a trabajar y funcionar con poca atención especial, hasta quienes casi no pueden ser entrenados y deben recibir tratamiento institucional durante toda su vida (Matson y Mulick, 1991; Durkin y Stein, 1996; Negrin y Capute, 1996).

La mayoría de las personas con deficiencia mental tienen insuficiencias relativamente menores, por lo cual se clasifican con *deficiencia mental leve*. Estos individuos tienen puntuaciones de CI que oscilan desde 55 hasta 69 y constituyen 90% del total de personas con deficiencia mental. A pesar de que su desarrollo por lo general es más lento que el de sus compañeros, pueden manejarse con bastante independencia en la edad adulta y son capaces de trabajar y formar una familia.

En los niveles mayores de deficiencia se encuentran: la *deficiencia mental moderada* (CI entre 40 y 54), *deficiencia mental severa* (CI entre 25 y 39) y *deficiencia mental profunda* (CI menor que 25); en estos casos las dificultades son más pronunciadas. En las personas con deficiencia moderada, los déficits aparecen en forma precoz, y las habilidades lingüísticas y motoras son inferiores a las de sus compañeros de la misma edad. A pesar de que estas personas son capaces de realizar trabajos sencillos, requieren de un grado moderado de supervisión a lo largo de sus vidas. Las personas con deficiencia severa y profunda suelen ser incapaces de manejarse de manera independiente. Por lo regular no poseen habilidades lingüísticas, tienen poco control motor y son incapaces de controlar esfínteres; requieren cuidados durante toda su vida.

¿Cuáles son las causas de la deficiencia mental? En casi una tercera parte de los casos existe una razón biológica identificable. La causa biológica más común del retraso es el síndrome de Down, ejemplificado por Mindie Crutcher en el prólogo de este capítulo. El *síndrome de Down*, al que en alguna ocasión se denominó mongolismo (puesto que se dice que quienes lo padecen tienen una configuración facial asiática), es causado por la presencia de un cromosoma adicional (Coyle *et al.*, 1991; Selikowitz, 1997). En otros casos de deficiencia mental ocurre una anormalidad en la estructura de un cromosoma (Oberle *et al.*, 1991; Yu *et al.*, 1991; Rovescalli *et al.*, 1992; Bodensteiner y Schaefer, 1995; Simonoff, Bolton y Rutter, 1996). Las complicaciones durante el nacimiento, como una falta temporal de oxígeno, también pueden provocar una deficiencia.

La mayor parte de los casos de deficiencia mental se clasifican como *deficiencia mental familiar*, debido a que quienes la padecen no tienen defectos biológicos conocidos, pero sí un antecedente de deficiencia en sus familias. El hecho de que los antecedentes de deficiencia de las familias sean causados por factores ambientales, como una pobreza extrema continua que produce desnutrición o por algún factor genético subyacente, es en general imposible de determinar con precisión. Lo característico de este tipo de deficiencia mental es la presencia de más de una persona con deficiencia mental en la familia inmediata (Simonoff, Bolton y Rutter, 1996).

Independientemente de las causas de la deficiencia mental, durante las últimas dos décadas se han logrado enormes avances en el cuidado y tratamiento de las personas que la padecen (Landesman y Ramey, 1989; Gardner, Graeber y Cole, 1996; Lloyd, Kamee-

---

Respuestas a las preguntas de revisión:

1. CI　2. aptitud; rendimiento o aprovechamiento　3. fluida; cristalizada　4. procesamiento de información

nui y Chard, 1997). En Estados Unidos, por ejemplo, gran parte de este cambio se originó a partir de la Education for All Handicapped Children Act, promulgada en 1975 (Ley Pública 94-142). En esta ley federal, el Congreso determinó que las personas con deficiencia mental tienen derecho a una educación completa y que se les debe educar y capacitar en el *ambiente menos restrictivo posible*. Esta ley logró incrementar las oportunidades educativas para los individuos con deficiencia mental, y facilitó su inclusión en los salones regulares de clase tanto como fuera posible, proceso denominado *integración* (Hocutt, 1996).

La filosofía que sustenta a la integración sugiere que la interacción entre estudiantes con deficiencia mental y aquellos que son regulares en los salones de clases comunes mejora las oportunidades educativas de las personas con deficiencia mental, aumenta su aceptación social y facilita su integración a la sociedad en conjunto. Antiguamente se segregaba a las personas con deficiencia mental en clases de educación especial, en las que podían aprender a su propio ritmo junto a otros estudiantes con necesidades especiales. La integración trata de prevenir el aislamiento inherente a las clases de educación especial y de reducir el estigma social que representa la deficiencia mental al permitirle a este tipo de alumnos interactuar con sus compañeros de la misma edad tanto como sea posible (Mastropieri y Scruggs, 1987; Yell, 1995; Wang, Reynolds y Walberg, 1996; Phillips-Hershey y Ridley, 1996).

Por supuesto que todavía existen las clases de educación especial; algunas personas con deficiencia mental operan a un nivel tan bajo que no podrían beneficiarse si se les colocara en salones regulares. Es más, los niños con deficiencia mental integrados a grupos regulares por lo general asisten a clases especiales por lo menos durante una parte del día. De cualquier forma, la integración ofrece la promesa de aumentar su incorporación a la sociedad y la de permitirles realizar sus propias contribuciones al mundo en general (Fuchs y Fuchs, 1994; Guralnick *et al.*, 1996; Sharpton y West, 1996).

Algunos educadores afirman que, debido a los beneficios de la integración, un enfoque alternativo, llamado inclusión completa, también podría ser efectivo. La *inclusión completa* es la integración de todos los estudiantes, aun de aquellos con las necesidades educativas más severas, en clases regulares. Se asignan asistentes a los maestros para que ayuden al progreso de los niños con necesidades especiales. Las escuelas que cuentan con inclusión completa no tienen clases de educación especial separadas. Sin embargo, la inclusión completa es una práctica controvertida y todavía no se aplica en forma amplia (Kellegrew, 1995; Hocutt, 1996; Siegel, 1996a).

Otra aplicación de la integración y la inclusión completa, en la que incluso personas con formas graves de deficiencia mental son movidas de las instituciones hacia la comunidad, se expone en el recuadro *Los caminos de la psicología* que acompaña a este capítulo.

El sobresaliente en el área intelectual

Otro grupo de personas, los sobresalientes en el área intelectual, difieren en la misma medida de aquellos con inteligencia promedio como los que presentan deficiencia mental, aunque de manera diferente. Los **sobresalientes en el área intelectual**, que comprenden entre 2 y 4% de la población, tienen un CI de más de 130 puntos.

Aunque el estereotipo que se asocia con los sobresalientes sugiere que son raros, tímidos, inadaptados sociales que no son capaces de llevarse bien con sus compañeros, la mayor parte de las investigaciones indican precisamente lo contrario. Como Lenny Ng, descrito en el prólogo de este capítulo, las personas sobresalientes en el área intelectual con mayor frecuencia son emprendedoras, están bien adaptadas y son populares, además de que pueden hacer mejor la mayoría de las cosas que las personas promedio (Subotnik y Arnold, 1993, 1994; Gottfried *et al.*, 1994; Li, 1995; Winner, 1997).

Por ejemplo, en un estudio a largo plazo de Lewis Terman que comenzó a principios de la década de los años 20 y que todavía continúa, se le dio seguimiento a 1 500 niños que poseían CI superiores a 140, y se les examinó periódicamente durante los

Sobresaliente en el área intelectual: dos a cuatro por ciento de la población que tiene puntuaciones de CI mayores que 130

Los caminos de la psicología

Rob Davies, abogado de las personas con deficiencia mental

Nació en: 1948

Educación: B. A., en la Universidad Estatal de Nueva York, New Paltz; MB. A., Universidad Estatal de Nueva York, Albany

Residencia: Albany, Nueva York

Rob Davies siempre ha sido un activista, ya sea que iniciara un programa de estudios ambientales cuando era estudiante universitario o aplicara un enfoque humanista a la psicología para proporcionar una vida mejor a las personas con deficiencia mental en la década de los años 90.

En la actualidad Davies trabaja en el Bureau of Housing and Family Care de la Office of Mental Retardation and Developmental Disabilities de Nueva York. Su objetivo es sacar a las personas con deficiencia mental de las instituciones y colocarlas en ambientes más naturales como hogares colectivos.

Davies ha dedicado la mayor parte de su vida a darle a aquellos que tienen pocas oportunidades la posibilidad de llevar una vida mejor. Después de una carrera universitaria que incluyó cursos de introducción a la psicología y psicología organizacional, obtuvo un empleo para trabajar con delincuentes juveniles y luego dirigió un hogar colectivo para personas con deficiencia mental. Fue mientras establecía un programa recreativo en forma de taller protegido que se percató de que las personas con deficiencia mental tenían el potencial de controlar sus propias vidas. "Establecimos un programa de departamentos para individuos, y en esa época contraté a amas de casa que les enseñarían a hacer un presupuesto, ir de compras y administrar su propio hogar", comenta.

Esta experiencia lo llevó a su puesto actual, desde el que ayuda a seleccionar sitios, dentro de vecindarios establecidos, como hogares colectivos para personas con deficiencia mental. Gran parte de su tiempo lo dedica a disipar los prejuicios

Rob Davies.

de las personas respecto a aquellos que presentan deficiencia mental. Aunque ahora es una práctica normal hacer que los individuos con deficiencia mental participen en la comunidad y evitar la institucionalización siempre que sea posible, todavía puede mejorarse la forma en que son tratados.

"Todavía ponemos límites al potencial humano", señala. "En los 20 años que he estado implicado, nunca he conocido a nadie que prediga el potencial humano. He escuchado a muchos profesionales decir que las personas con deficiencia mental nunca podrían hacer ciertas cosas. Pero a través de los años todas aquellas predicciones han sido evidentemente falsas, si se les da a estas personas una exposición y estimulación apropiadas."

Miembro de un subcomité de vivienda del President´s Committee on Mental Retardation, Davies se dedica en estos días a ayudar a las personas con deficiencia mental a controlar sus vidas. "Las personas con necesidades especiales necesitan control sobre el lugar donde viven, sobre con quién viven y sobre quién trabaja con ellos", afirma. "El concepto completo es que las personas con necesidades especiales deben tener igualdad de oportunidades para la vivienda y el empleo. Básicamente es una cuestión relativa a derechos civiles."

Aunque la vivienda y el dinero son aspectos importantes para ayudar a las personas con deficiencia mental, Davies señala que con frecuencia las actividades más modestas producen algunos de los mejores resultados. "A menudo proponemos soluciones complicadas cuando la solución simple y obvia es el mejor camino", dice. "Por ejemplo, algo como iniciar un círculo de amigos puede ser útil. Éstas son las cosas que le dan calidad a la vida: relaciones a largo plazo con amigos, su casa, su cama, su taza favorita. Si tienen un mal día en el trabajo, las personas sin necesidades especiales pueden llegar a casa y llamar a un amigo íntimo o sentarse y relajarse. Pero si tiene un mal día en un taller para personas con deficiencia mental, su supervisor llamará a su hogar colectivo y entonces ellos se encargarán de su caso. No se tienen las mismas oportunidades", agrega.

Davies recuerda una época anterior en su carrera cuando en una institución se acercó a una mujer con deficiencia severa que estaba acostada en una cama con la mirada fija en el techo. Él se inclinó y tocó su frente y notó un cambio inmediato en su rostro.

"Había un destello en sus ojos en el que casi podías ver su gratitud por ser saludada. Todavía hoy veo la mirada de esa mujer", recuerda. "A veces comprender a las personas con deficiencia mental implica sólo reconocer una determinada sonrisa o un parpadeo del ojo. Ésta es la forma en que nos comunicamos."

"En cierta forma, *todos* tenemos necesidades especiales, en vista de que no tenemos las habilidades para establecer las comunicaciones. Éste es el verdadero reto que tenemos ante nosotros", concluye.

siguientes 60 años (Terman y Oden, 1947; Sears, 1977). Desde el inicio, los miembros de este grupo eran más capaces desde el punto de vista físico, académico y social que sus compañeros no sobresalientes. Solían ser más sanos, más altos, más pesados y más fuertes que las personas promedio, y lo que no era sorprendente, les iba mejor en la escuela. Asimismo exhibían una mejor adaptación social que las personas promedio. Todas estas ventajas rindieron frutos transformándose en éxitos profesionales: como grupo, los sobresalientes en el área intelectual recibieron más premios y distinciones, ganaron mejores salarios e hicieron más contribuciones al arte y a la literatura que los individuos comunes. Por ejemplo, cuando los miembros del grupo tenían 40 años de edad, habían escrito en conjunto más de 90 libros, 375 obras de teatro y cuentos, y 2 000 artículos, e incluso habían registrado más de 200 patentes, y tal vez lo más importante: indicaban estar más satisfechos de la vida que las personas no sobresalientes.

Por otra parte, la historia de estas personas sobresalientes en el área intelectual no era absolutamente positiva (Shurkin, 1992). No todos los miembros del grupo que estudió Terman tuvieron éxito, ya que hubo varios fracasos notables. Es más, otras investigaciones sugieren que una gran inteligencia no es una cualidad homogénea; una persona que tenga un CI global alto no necesariamente será sobresaliente en todas las materias escolares, sino que es posible que destaque sólo en una o dos (Stanley, 1980; Sternberg y Davidson, 1986). En este sentido, un CI alto no garantiza un éxito en todo lo que se emprenda.

A pesar de que abundan los programas especiales que tratan de compensar las deficiencias de las personas con deficiencia mental, no ha sido sino hasta fechas recientes que se han generado procedimientos para apoyar el desarrollo de talentos de las personas sobresalientes en el área intelectual. En parte, esta falta de atención especial se ha debido a una creencia persistente de que las personas sobresalientes deberían ser capaces de "arreglárselas solos"; si no podían hacerlo, entonces no eran sobresalientes. Sin embargo, enfoques más serios reconocen que, sin alguna forma específica de atención especial, las personas sobresalientes pueden hastiarse y frustrarse debido al ritmo insuficiente de sus actividades escolares y nunca desarrollar sus potenciales (Gallagher, 1993; Johnson y Ryser, 1996; Plucker y McIntire, 1996; Winner, 1997).

Un programa especialmente exitoso diseñado para sobresalientes en el área intelectual es el proyecto denominado Estudio de la Juventud Matemáticamente Precoz (*Study of the Mathematically Precocious Youth*: SMPY). En este programa, los niños de primero de secundaria que han mostrado una habilidad matemática sobresaliente reciben cursos de verano en los que se les enseña con rapidez habilidades matemáticas complejas, para culminar con cálculo de nivel universitario. Además, reciben instrucción en otra serie de materias, entre las que se cuentan las ciencias y los idiomas. La meta última del programa, y de otros como éste, es enriquecer a los estudiantes sobresalientes en el área intelectual por medio de un plan de estudios acelerado que permita que se desarrollen sus talentos. Estos programas incrementan la probabilidad de que alcancen su potencial máximo (Stanley, 1980; Stanley, 1990; Southern, Jones y Stanley, 1993).

Recapitulación, revisión y reflexión

Recapitulación

- La deficiencia mental se define por niveles de funcionamiento intelectual general significativamente por debajo del promedio, acompañado de deficiencias en el comportamiento adaptativo.

- Los niveles de deficiencia incluyen la deficiencia leve (CI entre 55 y 69 puntos), la deficiencia moderada (CI entre 40 y 54 puntos), la deficiencia severa (CI entre 25 y 39 puntos) y la deficiencia profunda (CI menor a 25 puntos).

- Las causas más frecuentes de deficiencia mental son el síndrome de Down y los antecedentes familiares.

- Los sobresalientes en el área intelectual poseen CI superiores a los 130 puntos y representan entre 2 y 4% de la población.*

---

* *N. de la R. T.* Considere que la tendencia actual es identificar y valorar a los sobresalientes mediante evaluaciones de corte *cualitativo*, complementados con información cuantitativa procedente de pruebas del CI.

Revisión

1. El término deficiencia mental se aplica de manera específica a las personas que poseen un CI menor de 60 puntos. ¿Verdadero o falso?

2. El _____ _____ _____ es un trastorno provocado por un cromosoma adicional, que es responsable de algunos casos de deficiencia mental.

3. La _____ es el proceso mediante el cual los estudiantes con deficiencia mental son colocados en clases regulares con el fin de facilitar su aprendizaje y reducir su aislamiento.

4. Algunas formas de deficiencia mental pueden tener un origen genético y se pueden transmitir a familias completas. ¿Verdadero o falso?

5. Las personas de gran inteligencia suelen ser tímidas y retraídas. ¿Verdadero o falso?

Las respuestas a las preguntas de revisión se encuentran en la página 334.

Reflexión

1. ¿Qué ventajas y desventajas piensa que representarán los programas de inclusión completa para los estudiantes con deficiencia mental? ¿Para los estudiantes sin deficiencia mental?

2. ¿Por qué cree que persisten los estereotipos negativos sobre los individuos sobresalientes en el área intelectual y de las personas con deficiencia mental, aun cuando las evidencias señalan lo contrario? ¿Cómo pueden cambiarse estos estereotipos?

3. Suponga que el gobierno federal anunció un programa de 10 mil millones de dólares diseñado para financiar escuelas especiales exclusivas para estudiantes sobresalientes en el área intelectual. Las escuelas serán gratuitas para tales estudiantes, y se ha creado un impuesto especial para sufragar este proyecto, bajo el supuesto de que la productividad futura de este tipo de estudiantes compensará de sobra el gasto actual. ¿Qué beneficios podrían obtenerse de un programa así? ¿Qué desventajas podrían producirse?

DIFERENCIAS INDIVIDUALES EN LA INTELIGENCIA: DETERMINANTES HEREDITARIOS Y AMBIENTALES

▶ **¿Tienen sesgos culturales las pruebas de coeficiente intelectual tradicionales?**

▶ **¿Existen diferencias raciales en la inteligencia?**

▶ **¿En qué grado influyen el ambiente y la herencia en la inteligencia?**

Un kwang se lava a menudo con un pleck atado a un:

   a) rundel
   b) flink
   c) pove
   d) quirj

Si encontrara esta clase de reactivo en una prueba de inteligencia, sería probable que se quejara de que la prueba era absurda por completo y que no tenía nada que ver con su inteligencia o la de alguien más. ¿Cómo podría esperarse que alguien respondiera a reactivos presentados en un idioma tan poco familiar?

Pero suponga que encuentra el siguiente reactivo, el cual a primera vista podría parecer igual de extraño:

¿Qué palabra está más fuera de lugar aquí?

   a) splib
   b) sangre
   c) gris
   d) espectro

¿Igual de absurdo? Por el contrario, hay considerablemente más razón para emplear este segundo reactivo en una prueba de inteligencia que el primer ejemplo, el cual está elaborado con palabras carentes de significado. Aunque este segundo reactivo puede parecer tan carente de significado como el primero para la mayor parte de la población blanca de Estados Unidos, para los afroamericanos urbanos la pregunta podría ser una prueba razonable de su conocimiento.

El segundo reactivo fue extraído de una prueba creada por el sociólogo Adrian Dove, quien trató de ilustrar un problema que ha plagado a los elaboradores de pruebas de CI desde el principio. Con el empleo de terminología que sería familiar para los afroamericanos urbanos, pero por lo general desconocida para los blancos (y para los afroamericanos educados dentro de la cultura blanca dominante), dramatizó el hecho de que la experiencia cultural podría desempeñar una función de vital importancia para determinar las puntuaciones en las pruebas de inteligencia. (La respuesta al reactivo presentado an-

Las diferencias obtenidas en las puntuaciones en algunas pruebas estandarizadas entre varios grupos raciales y étnicos ha provocado una controversia acalorada concerniente a la contribución relativa de los factores genéticos y ambientales.

tes, por cierto, es el inciso *c*. Para intentar responder otros reactivos extraídos de la prueba de Dove, véase cuadro 8-2.)

El tema de la elaboración de pruebas de inteligencia que sean justas y que evalúen el conocimiento sin relacionarlo con los antecedentes y experiencias culturales y familiares no sería relevante si no fuera por un hallazgo importante y persistente: los miembros de determinados grupos raciales y culturales obtienen de manera consistente calificaciones inferiores en las pruebas de inteligencia que los miembros de otros grupos (MacKenzie, 1984; Humphreys, 1992). Por ejemplo, como grupo, los afroamericanos tienden a mostrar en promedio un CI de 15 puntos por debajo de los blancos. ¿Refleja esto una diferencia real en la inteligencia o las preguntas tienen un sesgo con relación al tipo de conocimiento que evalúan? Es obvio que si los blancos tienen un mejor desempeño como resultado de su mayor familiaridad con el tipo de información que está presente en la prueba, sus puntuaciones de CI más elevadas no constituyen necesariamente un indicio de que sean más inteligentes que los miembros de otros grupos.

Existen buenas razones para creer que algunas pruebas estandarizadas de CI contienen elementos discriminatorios en contra de los miembros de grupos minoritarios, cuyas experiencias difieren de las de la mayoría blanca. Piense en la pregunta: "¿Qué haría usted si otro niño cogiera su sombrero y corriera con él?" La mayoría de los niños blancos de clase media respondería que se lo dirían a un adulto, respuesta que sería considerada "correcta". Por otra parte, una respuesta razonable podría ser perseguir a la persona y pelear por recuperar el sombrero, respuesta que es elegida por la mayoría de niños afroamericanos que viven en zonas urbanas, pero que se considera incorrecta (Albee, 1978; Miller-Jones, 1989; Aiken, 1996).

Además, las pruebas pueden incluir formas aún más sutiles de sesgo contra los grupos minoritarios. Por ejemplo, la psicóloga Janet Helms (1992) afirma que las evaluaciones de la capacidad cognitiva desarrolladas en Estados Unidos son construidas a veces para favorecer las respuestas que reflejan de manera implícita los valores, costumbres o tradiciones norteamericanas o europeas. Al mismo tiempo, estas pruebas están sesgadas contra los sistemas de valores culturales africanos y de otras partes.

De manera más específica, Helms argumenta que el valor occidental tradicional del "individualismo riguroso" significa que las respuestas correctas a los reactivos de prueba pueden requerir que la persona que resuelve la prueba razone en forma independiente de un contexto social particular. En contraste, el valor cultural africano de la vida en comunidad, en el que lo colectivo es más valorado que lo individual, puede hacer que las personas con esa tradición no puedan responder una pregunta que carezca de información sobre el contexto social (Greenfield, 1997).

La posibilidad de sesgo y de discriminación en contra de los miembros de grupos minoritarios en las pruebas de CI tradicionales ha provocado que algunas jurisdicciones

Cuadro 8-2	Una prueba de inteligencia que *no* está libre de sesgos culturales

Si ha sido educado dentro de la cultura blanca dominante, en particular en un ambiente suburbano o rural, puede tener dificultad para responder las siguientes preguntas, las cuales están diseñadas para ilustrar la importancia de elaborar pruebas de inteligencia libres de sesgos culturales.

1. Bird o Yardbird, fue el mote con el que los amantes del jazz de costa a costa conocían a
   a) Lester Young
   b) Peggy Lee
   c) Benny Goodman
   d) Charlie Parker
   e) Birdman of Alcatraz
2. Lo opuesto de cuadrado es
   a) Redondo
   b) Arriba
   c) Abajo
   d) Cadera
   e) Lisiado
3. Si lanza los dados y sale 7 en la parte superior, ¿qué número hay debajo?
   a) 7
   b) Ojos de serpiente
   c) Furgones
   d) Juanitos
   e) 11
4. El pianista de jazz Ahmad Jamal adoptó un nombre árabe después de volverse famoso. Antes tenía lo que él llamaba su "nombre de esclavo". ¿Cuál era su nombre anterior?
   a) Willie Lee Jackson
   b) LeRoi Jones
   c) Wilbur McDougal
   d) Fritz Jones
   e) Andy Johnson
5. En C.C. Rider, ¿qué significa "C.C."?
   a) Civil Service
   b) Church Council
   c) County Circuit Preacher
   d) Country Club
   e) Cheating Charley (el "Furgón Gunsel")

Respuestas: Es obvio cómo esta prueba ilustra, en una forma inversa exagerada, las dificultades que podría tener un afroamericano que vive en zonas urbanas para responder los reactivos en la prueba de inteligencia tradicional, los cuales reflejan la cultura blanca de clase media y alta dominante. Las respuestas correctas son: 1. *d*; 2. *d*; 3. *a*; 4. *d*; 5. *c* (Dove, 1968).

en Estados Unidos prohíban su aplicación. Por ejemplo, el estado de California no permite que las escuelas públicas apliquen pruebas de CI a los estudiantes afroamericanos para decidir si deben ser colocados en clases de educación especial para los que son llamados "personas educables con deficiencia mental", aunque, en una interpretación legal compleja, permite la evaluación de ciertos tipos de problemas de aprendizaje (Baker, 1987; Turkington, 1992). Resulta irónico que, debido a que la prohibición de medir la inteligencia contempla sólo a los afroamericanos, y no a los blancos, los latinoamericanos y a otros grupos étnicos y raciales, hay quienes han expresado que la prohibición en sí es discriminatoria.

Respuestas a las preguntas de revisión:

1. Falso; este término se emplea para describir una amplia gama de personas con varios grados de deficiencia mental   2. síndrome de Down 3. integración   4. Verdadero   5. Falso; las personas sobresalientes por lo general son más sociables que los individuos con puntuaciones de CI inferiores.

"No sé nada sobre la campana de Gauss, pero afirmo que la herencia lo es todo."

Exploración de la diversidad

La influencia relativa de la herencia y el medio ambiente

En un esfuerzo por elaborar lo que ha sido denominado una **prueba de CI libre de sesgos culturales**, la cual no discrimine a los miembros de ninguno de los grupos minoritarios o culturales, los psicólogos han tratado de proponer reactivos para las pruebas que evalúen experiencias comunes a todas las culturas o que hagan énfasis en las preguntas que no requieran del empleo del lenguaje. No obstante, los diseñadores de pruebas han descubierto que ésta es una labor difícil, y algunas pruebas libres de sesgos culturales han generado discrepancias incluso más grandes entre los grupos mayoritarios y minoritarios que las pruebas tradicionales, las cuales se basan más en las habilidades verbales (Geisinger, 1992; Anastasi, 1996).

Los esfuerzos de los psicólogos en torno a la elaboración de métodos para medir la inteligencia que estén libres de sesgos culturales se relacionan con una amplia controversia concerniente a las diferencias de inteligencia existentes entre los miembros de los grupos mayoritarios y minoritarios. En un intento por identificar si existen o no diferencias entre estos grupos, los psicólogos se han enfrentado a temas más complejos como determinar la contribución relativa de factores genéticos (herencia) y de la experiencia (ambiente) a la inteligencia (Sternberg y Grigorenko, 1996; Scarr, 1996; Petrill *et al.*, 1996; Detterman, 1996; Steen, 1996).

Richard Herrnstein, un psicólogo, y Charles Murray, un sociólogo, avivaron este debate con la publicación de su libro *The Bell Curve* (Herrnstein y Murray, 1994). Estos autores sostienen que un análisis de las diferencias en CI existentes entre blancos y afroamericanos demostraba que, a pesar de que los factores ambientales desempeñaban una función, había asimismo diferencias genéticas básicas entre ambas razas. Su argumento se basa en una serie de hallazgos. Por ejemplo, en promedio, los blancos obtienen 15 puntos más que los afroamericanos en las pruebas tradicionales de CI, incluso cuando se toma en cuenta el nivel socioeconómico. De acuerdo con Herrnstein y Murray, los afroamericanos de clase media y alta obtienen puntuaciones menores que los blancos del mismo estrato social, así como los de clase baja obtienen puntuaciones inferiores a sus contrapartes blancos de igual nivel económico. Las diferencias en inteligencia entre afroamericanos y blancos, concluyeron, no se pueden atribuir únicamente a factores ambientales.

En este mismo sentido, la inteligencia en general muestra un alto grado de **heredabilidad**, esto significa una medida del grado en que determinada característica se relaciona

Prueba de CI libre de sesgos culturales: prueba que no discrimina contra miembros de cualquier grupo minoritario

Heredabilidad: medida del grado en que una característica se relaciona con factores genéticos heredados

FIGURA 8.8 *Resumen de hallazgos sobre el CI y la cercanía de la relación genética. Las barras indican las medianas de las correlaciones encontradas en muchos estudios, mientras que los porcentajes indican el grado de superposición genética dentro de la relación. Observe, por ejemplo, que la mediana de la correlación para personas que no son parientes y que criados por separado es bastante baja, en tanto que la correlación entre gemelos idénticos que crecieron juntos es considerablemente mayor. En general, mientras más parecidos sean los antecedentes genéticos y ambientales de dos personas, será mayor la correlación. Fuente: adaptado de Bouchard y McGue, 1981.*

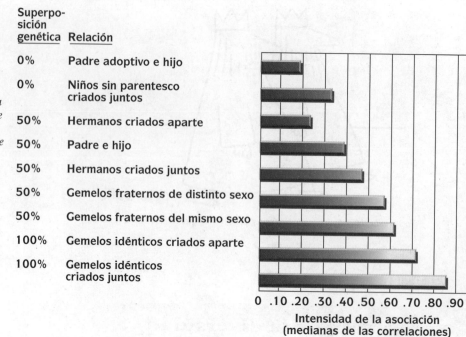

Superposición genética	Relación
0%	Padre adoptivo e hijo
0%	Niños sin parentesco criados juntos
50%	Hermanos criados aparte
50%	Padre e hijo
50%	Hermanos criados juntos
50%	Gemelos fraternos de distinto sexo
50%	Gemelos fraternos del mismo sexo
100%	Gemelos idénticos criados aparte
100%	Gemelos idénticos criados juntos

0 .10 .20 .30 .40 .50 .60 .70 .80 .90 1

Intensidad de la asociación (medianas de las correlaciones)

con factores genéticos heredados (Bouchard *et al.*, 1990; Boomsma, 1993; Li y Watanabe, 1994; Plomin y Petrill, 1997, entre otros). Como se puede apreciar en la figura 8.8, mientras más cercano sea el vínculo genético entre dos personas, mayor es la correspondencia de las puntuaciones de CI. Con el empleo de este tipo de datos, Herrnstein y Murray afirman que las diferencias entre las razas en cuanto a las puntuaciones de CI fueron causadas en gran medida por diferencias con una base genética en la inteligencia.

Sin embargo, muchos psicólogos reaccionaron drásticamente ante los argumentos expuestos en *The Bell Curve*, refutando diversas opiniones contenidas en el libro (Nisbett, 1994; Wahlsten, 1995; Fancher, 1995; Block, 1995; Fraser, 1995; Fischer *et al.*, 1996; Neisser *et al.*, 1996, entre otros). Por una parte, incluso cuando se supone que las condiciones socioeconómicas se mantienen constantes, existen enormes variaciones entre cada uno de los hogares, y nadie puede afirmar en forma convincente que las condiciones de vida de los afroamericanos y los blancos sean idénticas, aun cuando su posición socioeconómica sea similar. En segundo lugar, como expusimos antes, existen razones para creer que las pruebas tradicionales de CI pueden discriminar a los afroamericanos de zonas urbanas de clase baja al pedirles información propia de experiencias que es improbable que hayan tenido.

Además, existen evidencias directas en el sentido de que los afroamericanos que se crían en ambientes enriquecidos no tienen la tendencia, como grupo, a obtener puntuaciones menores de CI que los blancos que crecieron en ambientes similares. Por ejemplo, Sandra Scarr y Richard Weinberg examinaron a niños afroamericanos que fueron adoptados a edad temprana por familias blancas de clase media con una inteligencia superior al promedio (Scarr y Weinberg, 1976). Los CI de los niños alcanzaron un promedio de 106, alrededor de 15 puntos por encima de los CI de niños afroamericanos no adoptados y criados en sus propios hogares, y por encima de las puntuaciones promedio de la población en general. Además, mientras más pequeño era el niño en el momento de la adopción, mayor tendía a ser su CI. Así, la evidencia de que los factores genéticos desempeñan la función más importante en la determinación de las diferencias raciales en el CI no está demostrada, aunque esta cuestión sigue generando gran controversia (Neisser *et al.*, 1996).

También resulta fundamental recordar que las puntuaciones de CI y la inteligencia tienen su mayor importancia en función de individuos, no de grupos. De hecho, la consideración de las diferencias *raciales* de grupo presenta algunas distinciones problemáticas desde el punto de vista conceptual. La *raza* es un concepto biológico, el cual se usa en forma correcta para referirse a clasificaciones basadas en características físicas y estructurales de una especie. Sin embargo, a pesar de sus orígenes biológicos, el término *raza* se ha empleado en diversas formas, para referirse a características que van desde el color de la piel hasta la cultura. Además, la raza es un concepto en extremo impreciso. Dependiendo de la definición que se quiera emplear, hay entre 3 y 300 razas, y ninguna es pura en un sentido biológico (Betancourt y Lopez, 1993; Yee *et al.*, 1993; Beutler *et al.*, 1996).

Hacer comparaciones entre razas diferentes en cualquier dimensión, incluyendo las puntuaciones de CI, es una empresa potencialmente engañosa y a menudo infructuosa. En gran medida, las mayores discrepancias en las puntuaciones de CI ocurren cuando se comparan *individuos* y no cuando se comparan puntuaciones de CI promedio de *grupos* diferentes. Existen afroamericanos que obtienen puntuaciones altas en las pruebas de CI y blancos que presentan puntuaciones bajas, y viceversa. Para que el concepto de inteligencia ayude a mejorar la sociedad debemos examinar cómo se desempeñan los *individuos*, no los grupos a los que pertenecen. Es necesario enfocarnos en el grado en que se puede mejorar la inteligencia de una persona determinada, no en los integrantes de un grupo particular (Angoff, 1988).

Otros aspectos hacen que el debate de la herencia-medio carezca de importancia ante preocupaciones más prácticas. Por ejemplo, como expusimos con anterioridad, existen diversas clases de inteligencia, a las que las puntuaciones tradicionales de CI no representan de manera adecuada. Además, algunos psicólogos sostienen que las puntuaciones de CI se relacionan poco con la inteligencia y con frecuencia predicen en forma inadecuada el éxito académico y ocupacional posteriores.

También parece que la inteligencia no necesariamente es una característica fija, sino que puede ser más flexible y modificable de lo que se había imaginado originalmente. Por ejemplo, a los investigadores les han interesado en gran medida los datos que muestran un incremento a largo plazo en las puntuaciones de CI que ha ocurrido desde principios del siglo xx hasta la actualidad. El incremento en el CI, llamado *efecto Flynn* en honor de su descubridor James Flynn, no es trivial, debido a que el desempeño del individuo promedio de 20 años de edad en la actualidad recibe alrededor de 15 puntos más que el desempeño del individuo promedio de 20 años de edad en la década de los años 40 (Horgan, 1995; Flynn, 1996; véase figura 8.9).

La explicación para el efecto Flynn es poco clara. Puede ser que el aumento de tecnología haya influido en la gente para adquirir ciertas habilidades que son medidas por las pruebas de CI, o puede ser que sean la causa una mejor nutrición, un mejor paternaje o las mejoras en el entorno social general, como la educación. Por ejemplo, la diferencia en el aprovechamiento escolar promedio entre blancos y afroamericanos ha disminuido casi a la mitad durante los pasados 20 años. Cualquiera que sea la causa, el cambio en las puntuaciones de CI a lo largo del siglo xx no se debe a la genética: es un periodo demasiado corto para que la gente haya evolucionado para convertirse en una especie más inteligente (Neisser, 1996; Shea, 1996b). ■

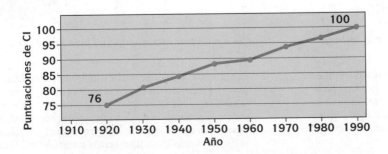

FIGURA 8.9 *Aunque las puntuaciones promedio de CI han aumentado en forma constante durante el siglo xx, fenómeno conocido como efecto Flynn, la razón para este aumento no está del todo clara. Fuente: Horgan, 1995, p. 12.*

Poniendo en perspectiva la controversia herencia-medio ambiente

A final de cuentas, no existe una respuesta absoluta para la pregunta acerca del grado en que la inteligencia se ve influida por la herencia y por el ambiente. Se enfrenta un problema en el que no se pueden diseñar experimentos que no sean ambiguos para determinar causa y efecto. (¡Sólo pensar por un momento cómo podríamos asignar niños a ambientes enriquecidos o empobrecidos nos revelará la imposibilidad de diseñar experimentos que sean éticamente razonables!)

Por tanto, la pregunta más importante que debemos formular no radica en plantear si los factores hereditarios o ambientales son los elementos fundamentales que subyacen a la inteligencia, sino plantear si hay algo que podamos hacer para maximizar el desarrollo intelectual de cada individuo. Si logramos encontrar formas de hacerlo, seremos capaces de efectuar cambios en el entorno, que pueden consistir en ambientes hogareños y escolares enriquecidos, para que cada persona pueda desarrollar su potencial (Angoff, 1988; Gardner *et al*., 1994; Wachs, 1996; Weinberg, 1996).

Recapitulación, revisión y reflexión

Recapitulación

- El asunto relativo a la existencia o no de un sesgo en las pruebas de CI en favor de los grupos dominantes de la sociedad se plantea debido a diferencias persistentes en las puntuaciones obtenidas en pruebas estandarizadas entre estos grupos y algunos grupos minoritarios.

- Se han hecho intentos de elaborar pruebas de CI libres de sesgos culturales para evitar la discriminación contra los grupos minoritarios.

- Quizá el punto más importante en relación con el CI no sea el grado en que pueda estar influido por la herencia o el ambiente, sino qué podemos hacer para fomentar y maximizar el desarrollo intelectual de todos los individuos.

Revisión

1. Las pruebas de inteligencia pueden estar sesgadas en favor de la cultura prevaleciente de modo tal que se pone en desventaja a las minorías cuando contestan estas pruebas. ¿Verdadero o falso?

2. Una prueba _____ _____ _____ _____ trata de emplear sólo preguntas adecuadas para todas las personas que la responden.

3. Las pruebas de CI pueden determinar con precisión la inteligencia de grupos completos de personas. ¿Verdadero o falso?

4. La inteligencia se puede ver como una combinación de factores _____ y _____.

Las respuestas a las preguntas de revisión se encuentran en la página 340.

Reflexión

1. ¿Por qué podría considerarse potencialmente sesgada una prueba que identifica un número desproporcionado de miembros de grupos minoritarios para servicios de educación especial y apoyo remedial? ¿No es el propósito de la prueba ayudar a las personas en riesgo de rezagarse desde el punto de vista académico? ¿Cómo puede estar sesgada una prueba creada para un buen propósito?

2. ¿Cómo explica el efecto Flynn el aumento constante en las puntuaciones de CI durante los pasados 50 años? ¿Cómo sometería a prueba sus ideas?

3. Los psicólogos industriales emplean diversas pruebas, incluyendo pruebas de inteligencia, para tomar decisiones con el fin de contratar y promover empleados. ¿Qué recomendaciones sugeriría para pruebas de este tipo?

UNA MIRADA
retrospectiva

¿Cómo conceptualizan y definen los psicólogos a la inteligencia?

1. Debido a que la inteligencia se muestra en muchas formas, su definición representa un reto para los psicólogos. Una perspectiva aceptada por lo común afirma que la inteligencia es la capacidad de comprender al mundo, de pensar de forma racional y de utilizar de manera efectiva los recursos cuando nos enfrentamos con desafíos.

¿Cuáles son los principales enfoques para medir la inteligencia?

2. Las pruebas de inteligencia se emplean para evaluar la inteligencia. Proporcionan una edad mental, que al dividirse entre la edad cronológica de una persona y multiplicarse por 100, genera la puntuación de CI o coeficiente intelectual. Pruebas específicas de inteligencia incluyen la prueba Stanford-Binet, la Escala Wechsler de Inteligencia para Adultos, Tercera

Edición (WAIS-III) y la Escala Wechsler de Inteligencia para Niños, Tercera Edición (WISC-III). Además de las pruebas de inteligencia, otras pruebas estandarizadas adoptan la forma de pruebas de rendimiento o aprovechamiento (que miden el nivel de conocimientos en un área determinada) y las pruebas de aptitudes (que predicen la capacidad en un área específica).

3. Aunque las pruebas de inteligencia pueden identificar diferencias individuales en la inteligencia, no nos ofrecen una comprensión de su naturaleza subyacente. Uno de los principales problemas en este sentido es el que plantea si hay un solo factor fundamental de la inteligencia, o si está se forma por componentes particulares.

4. Las pruebas de inteligencia deben poseer confiabilidad y validez. La confiabilidad se refiere a la consistencia con la que una prueba mide los factores que trata de medir. Una prueba tiene validez cuando en verdad mide lo que tiene previsto medir.

5. Los primeros psicólogos que se interesaron en el estudio de la inteligencia supusieron la existencia de un factor general para la capacidad mental, al que denominaron factor g. No obstante, psicólogos posteriores rebatieron la teoría de la inteligencia unidimensional.

6. Algunos investigadores sugieren que existen dos clases de inteligencia: la fluida y la cristalizada. La teoría de Gardner acerca de las inteligencias múltiples sostiene que existen siete esferas de inteligencia: musical, corporal cinestésica, lógico-matemática, lingüística, espacial, interpersonal e intrapersonal.

7. Los enfoques del procesamiento de la información sugieren que la inteligencia se debe conceptualizar como la forma en que las personas representan y utilizan el material de manera cognitiva. En lugar de centrarse en la estructura de la inteligencia, este enfoque examina los procesos que subyacen al comportamiento inteligente. Un ejemplo de un enfoque del procesamiento de información es la teoría triádica de la inteligencia de Sternberg, la cual sugiere la existencia de tres aspectos fundamentales de la inteligencia: el componencial, el experiencial y el contextual.

¿Cómo se pueden diferenciar los extremos de la inteligencia?

8. En los dos extremos de la inteligencia se encuentran, por un lado, las personas con deficiencia mental y, por el otro, los sobresalientes en el área intelectual. Los niveles de deficiencia mental incluyen la deficiencia leve (CI de 55 a 69 puntos), la deficiencia moderada (CI de 40 a 54 puntos), la deficiencia severa (CI de 25 a 39 puntos) y la deficiencia profunda (CI menor a 25 puntos). Cerca de una tercera parte de los casos de deficiencia mental tienen una causa biológica conocida; el síndrome de Down es la causa más común. Sin embargo, la mayor parte de los casos se clasifica como deficiencia mental familiar, la cual no tiene una causa biológica conocida.

¿Cómo podemos ayudar a las personas a desarrollar su máximo potencial?

9. Se han producido diversos avances recientes en el tratamiento tanto de personas con deficiencia mental como en el de los sobresalientes en el área intelectual. En Estados Unidos esto se ha reflejado a partir de que la ley federal ordenó que las personas con deficiencia mental fueran educadas en el ambiente menos restrictivo posible. En la integración, las personas con deficiencia mental son incorporadas en la medida de lo posible a los salones de clase regulares. Una extensión de la integración es la inclusión completa, es decir, la incorporación de todos los estudiantes, incluso aquellos con las necesidades educativas más severas, en clases regulares.

¿Tienen sesgos culturales las pruebas de CI tradicionales?

10. Las pruebas de inteligencia tradicionales han sido criticadas con frecuencia por estar sesgadas en favor de la población mayoritaria de blancos de clase media. Esta controversia ha generado intentos de elaborar pruebas libres de cultura; es decir, mediciones de CI que eviten las preguntas cuyas respuestas dependan de antecedentes culturales determinados.

¿Existen diferencias raciales en la inteligencia?

11. Los aspectos referidos a la raza y las influencias ambientales y genéticas sobre la inteligencia han generado grandes controversias.

¿En qué grado influyen el ambiente y la herencia sobre la inteligencia?

12. Es probable que intentar distinguir los factores ambientales de los hereditarios en la inteligencia sea inútil y de seguro poco afortunado. A consecuencia de que las puntuaciones individuales del CI varían mucho más que las grupales, es más importante preguntar qué es lo que podemos hacer para desarrollar al máximo el intelecto de cada persona.

Términos y conceptos clave

inteligencia (p. 310)
pruebas de inteligencia (p. 310)
edad mental (p. 311)
coeficiente intelectual (CI) (p. 311)
prueba de rendimiento o aprovechamiento
   (p. 314)
prueba de aptitudes (p. 314)

confiabilidad (p. 314)
validez (p. 316)
normas (p. 317)
factor g (p. 317)
inteligencia fluida (p. 318)
inteligencia cristalizada
   (p. 318)

teoría triádica de la inteligencia (p. 320)
deficiencia mental (p. 327)
sobresaliente en el área intelectual
   (p. 329)
prueba de CI libre de sesgos culturales
   (p. 335)
heredabilidad (p. 335)

Epílogo

En este capítulo revisamos una de las áreas más controvertidas de la psicología: la inteligencia. Algunas de las discusiones más acaloradas en el área de la psicología se centran en este tema, e involucran a educadores, legisladores, políticos y psicólogos por igual. Las cuestiones incluyen el significado mismo de la inteligencia, su medición, los extremos individuales de la inteligencia y, por último, la controversia entre la herencia y el ambiente. Estudiamos que la búsqueda de dividir la inteligencia en factores hereditarios contra factores ambientales por lo general es insustancial. En el área de la inteligencia, nuestros esfuerzos deberían enfocarse en asegurarnos que cada individuo tiene la oportunidad de desarrollar todo su potencial.

Antes de dejar el tema de la inteligencia, regresemos a las historias de las dos personas con capacidades intelectuales muy diferentes que se comentaron en el prólogo de este capítulo: Mindie Crutcher y Lenny Ng. Considere las siguientes preguntas con base en lo que ha aprendido en torno a la inteligencia en este capítulo.

1. Los médicos que trataron a Mindie Crutcher concluyeron en su infancia que nunca sería capaz de sentarse, comer sola, hablar o reconocer a su madre. ¿Cree que las conclusiones de los médicos reflejan una clase de prueba de aptitudes, prueba de rendimiento o prueba de inteligencia? ¿Por qué?

2. ¿Qué puede decir de la confiabilidad y validez de los métodos de evaluación de los médicos en el caso de Crutcher? ¿De la confiabilidad y validez de las pruebas que identificaron los talentos de Ng?

3. ¿En qué formas habría ayudado o perjudicado las probabilidades de desarrollar todo el potencial de Crutcher el asignarlo a un programa educativo separado?

4. ¿La inclusión completa debería ser el modelo para personas como Mindie? ¿En qué esferas de la actividad humana —educativa, ocupacional, residencial, social, atlética— es probable que la inclusión completa sea más y menos exitosa?

5. ¿En qué formas habría ayudado o perjudicado las probabilidades de desarrollar todo el potencial de Lenny Ng el asignarlo a un programa educativo regular (es decir, no separado)?

Respuestas a las preguntas de revisión:

1. Verdadero   2. libre de sesgos culturales   3. Falso; las pruebas de CI se utilizan para medir la inteligencia individual. Dentro de cualquier grupo existen amplias variaciones en la inteligencia individual   4. hereditarios; ambientales

343

*Kerri Strug después de su lesión
durante los Juegos Olímpicos.*

Prólogo

Salto de fe

Olvide el dolor abrasador que siguió a un aterrizaje difícil al final de su salto: el sonido de su tobillo crujiendo fue suficiente para señalarle a Kerri Strug que se había lesionado de gravedad, y que ordinariamente el siguiente paso sería abandonar la competencia. Pero se requería más que un grave tobillo torcido para detener a la joven Strug de 18 años de edad, una integrante poco conocida del equipo de gimnasia femenil de Estados Unidos en la Olimpiada de 1996. Con el equipo llevando una ligera ventaja sobre los rusos, Strug sabía que la medalla de oro estaba en sus manos o, para ser más precisos, en su tobillo.

Aun sabiendo bastante bien que si continuaba su lesión podría empeorar tanto que su carrera quedaría terminada, Kerri cojeó hasta el principio de la pista. Hizo a un lado el dolor, se lanzó hacia el potro y tuvo una ejecución casi perfecta. Sin embargo, mientras levantaba los brazos en señal de victoria, cayó en la colchoneta en agonía, con los ojos bañados en lágrimas. Tuvieron que sacarla cargando para esperar su calificación, la cual fue un inusitado 9.712. Aunque su lesión impidió su participación individual en otras competencias, su decisión llevó al equipo de gimnasia a conseguir la medalla de oro.

En su opinión, no hay duda de que su acto desinteresado valió la pena. "Sabía que si no lo hacía, no ganaríamos el oro", dijo Strug. "Así que dije una plegaria rápida y le pedí a Dios que me ayudara. No sé cómo salté, pero sabía que tenía que hacerlo" (*People*, 1996, p. 118).

¿Qué motivación subyace al acto de valor de Strug? ¿Se trató de las ganas de obtener la medalla de oro? ¿Las recompensas potenciales que seguirían si tenía éxito? ¿La simple emoción de participar? ¿El temor de defraudar a sus compañeras de equipo? ¿La satisfacción de lograr por fin una meta deseada desde hace mucho tiempo?

En este capítulo abordaremos los tópicos que pueden ayudar a responder estas preguntas, mientras desarrollamos el tema de la motivación y el área relacionada de la emoción. La **motivación** se refiere a los factores que dirigen y activan el comportamiento de los seres humanos y de otros organismos.

Los psicólogos que estudian la motivación buscan descubrir las metas particulares deseadas, es decir, los *motivos* que subyacen al comportamiento. Dichos motivos pueden ejemplificarse con comportamientos tan básicos como beber para satisfacer la sed, o tan triviales como caminar para hacer ejercicio. El psicólogo que se especializa en el estudio de la motivación supone que los motivos subyacentes determinan la elección de actividades que uno realiza.

En este sentido, el estudio de la motivación consiste en determinar por qué las personas buscan hacer determinadas cosas. Los psicólogos que estudian la motivación formulan preguntas similares a las siguientes: "¿Por qué las personas eligen metas específicas que desean lograr?" "¿Qué motivos particulares dirigen el comportamiento?" "¿Qué diferencias individuales en la motivación explican la variabilidad en el comportamiento de las personas?" "¿Cómo podemos motivar a las personas a adquirir formas particulares de comportamiento, como consumir determinados alimentos, dejar de fumar o practicar el sexo seguro?"

En tanto que la motivación está relacionada con las fuerzas que dirigen el comportamiento futuro, la emoción lo está con los sentimientos que experimentamos a lo largo de nuestras vidas. El estudio de las emociones se centra en nuestras experiencias internas en cualquier momento determinado. Casi todos hemos experimentado diversas emociones: felicidad al obtener una buena calificación en un examen difícil, tristeza provocada por la muerte de un ser querido, enojo a consecuencia de que se nos trató con injusticia. Las emociones también están muy ligadas con el estrés, que es la respuesta a acontecimientos amenazadores y desafiantes. Debido a que las emociones no sólo motivan nuestro comportamiento, sino que también pueden reflejar nuestra motivación subyacente, desempeñan una función amplia en nuestras vidas.

En este capítulo examinaremos la motivación, la emoción y el estrés. Comenzaremos por centrarnos en las principales concepciones de la motivación y estudiaremos cómo los diversos motivos y necesidades que experimentamos afectan en conjunto nuestro comportamiento. Consideraremos los motivos que tienen un fundamento biológico y son universales en el reino animal, como el hambre y el sexo, así como los motivos que son específicos de los seres humanos, como la necesidad de logro, afiliación y poder.

Después abordaremos la naturaleza de la experiencia emocional. Tomaremos en cuenta los papeles y las funciones que desempeñan las emociones en la vida de las personas, y comentaremos diversas teorías que tratan de explicar cómo comprenden las personas qué emoción es la que experimentan en un momento determinado.

Por último, al finalizar el capítulo daremos un vistazo al estrés, considerando sus causas y exponiendo las diversas formas en que lo afrontan las personas.

EXPLICACIONES DE LA MOTIVACIÓN

En sólo un instante, la vida de John Thompson cambió. Eso fue todo lo que le tomó a una maquinaria agrícola tipo barrena impulsada por un tractor cortarle ambos brazos cuando resbaló en el hielo y cayó contra la maquinaria rotatoria.

Pero fue en los momentos que siguieron al accidente en los que Thompson demostró un valor increíble. A pesar del dolor y la conmoción, corrió 120 metros hasta su casa. Usando el hueso que colgaba de su hombro izquierdo para abrir la puerta, corrió hacia adentro y marcó el teléfono con un bolígrafo que sostuvo con los dientes para conseguir ayuda. Cuando los equipos de

Motivación: factores que dirigen y activan al comportamiento de los seres humanos y de otros organismos

▶ ¿Cómo dirige y estimula la motivación al comportamiento?

emergencia llegaron, 30 minutos más tarde, les dijo dónde encontrar hielo y bolsas de plástico para que pudieran empacar sus brazos con el fin de una posible reimplantación quirúrgica. Quienes rescataron a Thompson no habían llegado demasiado rápido: para el momento en que podría iniciar la cirugía, él había perdido la mitad de su sangre (Nelson, 1992).

¿Qué explica la enorme motivación de John Thompson para seguir vivo? Al igual que muchas preguntas relacionadas con la motivación, ésta no tiene una respuesta única. Es evidente que funcionaban en ese momento los aspectos biológicos de la motivación: es obvio que experimentaba un impulso poderoso de seguir vivo, antes de perder tanta sangre, lo cual le acortaba la vida. Pero los factores cognitivos y sociales, como su deseo de ver a la familia y a sus amigos, también lo ayudaron a alimentar su impulso de sobrevivir.

La complejidad de la motivación ha conducido a que se elabore una variedad de enfoques conceptuales. A pesar de que varían en el grado en que se enfocan en factores biológicos, cognitivos y sociales, todos buscan explicar la energía que guía al comportamiento de las personas en direcciones específicas.

Enfoques relativos al instinto: nacido para ser motivado

Instintos: patrones innatos de comportamiento que están determinados en forma biológica en lugar de ser aprendidos

Cuando los psicólogos buscaron en un principio explicar la motivación, se valieron de los **instintos**, es decir, patrones innatos de comportamiento que están determinados biológicamente en lugar de ser aprendidos. De acuerdo con los enfoques de la motivación relativos al instinto, los seres humanos y los animales nacemos dotados de diversos conjuntos de conductas preprogramadas, esenciales para la sobrevivencia. Estos instintos proporcionan la energía que canaliza el comportamiento en las direcciones adecuadas. De esta manera, el sexo se podría explicar como una respuesta ante un instinto de reproducción, y podría considerarse que la conducta exploratoria obedece al instinto de examinar el territorio propio.

Semejante concepción presenta, sin embargo, diversas limitaciones. Por una parte, los psicólogos han sido incapaces de llegar a un acuerdo acerca de cuáles son los instintos primarios. Uno de los primeros psicólogos, William McDougall (1908), sugirió que existen 18 instintos, entre los que se incluyen la belicosidad y el gregarismo. Otros psicólogos encontraron aún más, e incluso un sociólogo aseguró que el número exacto de instintos ascendía a 5 759 (Bernard, 1924). Es evidente que una enumeración tan extensa sólo ofrece etiquetas para el comportamiento.

Ninguna de las explicaciones basadas en el concepto de los instintos llega muy lejos al tratar de explicar *por qué* un patrón específico de comportamiento, y no algún otro, ha surgido en una especie determinada. Además, la variedad y la complejidad del comportamiento humano, del cual gran parte claramente es aprendido, son difíciles de explicar si los instintos constituyen la principal fuerza de motivación. Por tanto, las concepciones de la motivación basadas en instintos han sido desplazadas por nuevas explicaciones, aunque la perspectiva de los instintos sigue desempeñando una función en ciertas teorías. Por ejemplo, en capítulos posteriores hablaremos acerca del trabajo de Freud, el cual sugiere que las pulsiones instintivas del sexo y la agresividad motivan el comportamiento. Es más, muchos comportamientos animales tienen de manera evidente un fundamento instintivo. Por último, los psicólogos evolutivos, quienes buscan identificar el comportamiento producido por nuestra estructura genética, sugieren que los instintos realizan una función importante en la dirección de nuestra conducta.

Enfoques de la motivación por reducción de las pulsiones: teoría que sostiene que cuando las personas carecen de algún requerimiento biológico básico como el agua, se produce una pulsión para obtener ese requerimiento (en este caso, la pulsión de la sed)

Enfoques relativos a la reducción de pulsiones: satisfacción de las necesidades

Después de rechazar la teoría de los instintos, los psicólogos propusieron primero teorías sencillas de la motivación basadas en la reducción de las pulsiones (Hull, 1943). El **enfoque de la motivación por reducción de pulsiones** sugiere que cuando las personas no satisfacen alguna necesidad biológica fundamental, como tomar agua, se produce una pulsión para satisfacerla (en este caso, la pulsión de sed).

Para comprender esta perspectiva es preciso comenzar con el concepto de pulsión. Una **pulsión** es una tensión motivacional, o excitación, que activa al comportamiento con el fin de satisfacer alguna necesidad. Muchos tipos de pulsiones básicas, como el hambre, la sed, el sueño y el sexo, se relacionan con necesidades biológicas del cuerpo o de la especie en su conjunto. Éstas se denominan *pulsiones primarias* y contrastan con las *pulsiones secundarias*, mediante las cuales no se satisface ninguna necesidad biológica evidente. En las pulsiones secundarias las necesidades se generan por medio de las experiencias previas y el aprendizaje; como habremos de comentar más adelante, algunas personas tienen grandes necesidades de obtener éxito académico y profesional. En estos casos podemos decir que su necesidad de logro se refleja en una pulsión secundaria que motiva su comportamiento.

> **Pulsión:** tensión o excitación emocional que activa el comportamiento con el fin de satisfacer alguna necesidad

Por lo general tratamos de satisfacer una pulsión primaria mediante la reducción de la necesidad que le subyace. Por ejemplo, nos da hambre después de no haber comido durante varias horas y podemos asaltar el refrigerador, en especial si nuestra próxima comida del día aún tardará mucho en aparecer. Si el clima se torna más frío, nos ponemos ropa más gruesa o subimos la calefacción para conservarnos calientes. Si nuestro cuerpo necesita líquidos para funcionar adecuadamente, sentimos sed y buscamos agua para saciarla.

Homeostasis

La razón de ese comportamiento es la homeostasis, un fenómeno básico de motivación que subyace a las pulsiones primarias. La **homeostasis** es el proceso por el cual un organismo se esfuerza por mantener algún nivel óptimo de funcionamiento biológico interno, por medio de la compensación de las desviaciones de su estado interno usual y equilibrado. Aunque no todos los comportamientos biológicos básicos que se relacionan con la motivación encajan con un modelo homeostático, el comportamiento sexual nos proporciona un ejemplo; la mayoría de las necesidades fundamentales de la vida, como la de alimento, agua, mantenimiento de la temperatura corporal y sueño, se pueden explicar razonablemente por medio de este enfoque.

> **Homeostasis:** proceso por el cual un organismo lucha por mantener algún nivel óptimo de funcionamiento biológico interno compensando las desviaciones de su acostumbrado estado interno en equilibrio

Por desgracia, a pesar de que las teorías de la reducción de pulsiones nos proporcionan una buena explicación de la forma en que las pulsiones primarias motivan al comportamiento, no son adecuadas cuando se trata de explicar conductas cuya meta no consiste en reducir una pulsión, sino en mantener o incluso aumentar un determinado nivel de excitación. Por ejemplo, algunos comportamientos parecen estar motivados sólo por la curiosidad. Cualquiera que se haya apresurado para recoger el correo que acaba de llegar, o que sigue con avidez las columnas de chismes del periódico, o que anhela viajar hacia lugares exóticos, conoce la importancia de la curiosidad para dirigir el comportamiento. Y no sólo los seres humanos exhiben conductas que indican curiosidad: los monos aprenden a apretar una palanca sólo para lograr ver hacia otro cuarto, en especial cuando se puede observar algo interesante (como puede ser un tren de juguete que se mueve sobre las vías). Los monos también gastan mucha energía para solucionar rompecabezas mecánicos simples, a pesar de que su comportamiento no les genera ninguna recompensa evidente (Harlow, Harlow y Meyer, 1950; Mineka y Hendersen, 1985; Loewenstein, 1994).

Del mismo modo, muchos buscamos emociones constantemente realizando actividades como subir a la montaña rusa o navegar en balsa por los rápidos de un río. Estos comportamientos no sugieren que las personas busquen sólo reducir pulsiones, como indicarían los enfoques basados en ello.

Por consiguiente, tanto la curiosidad como la búsqueda de emociones crea cuestionamientos sobre los enfoques de reducción de pulsiones como una explicación completa para la motivación. En ambos casos, en lugar de buscar reducir una pulsión subyacente, las personas y los animales parecen estar motivados para *aumentar* su nivel general de estimulación y actividad. Con el fin de explicar este fenómeno, los psicólogos han planteado una alternativa: el enfoque de la motivación basado en la excitación.

Enfoques relativos a la excitación: más allá de la reducción de pulsiones

Los enfoques basados en la excitación buscan explicar el comportamiento en el que la meta es la conservación o el aumento de la excitación (Berlyne, 1967; Brehm y Self, 1989). De acuerdo con el **enfoque de la motivación relativo a la excitación**, todos tratamos de conservar un determinado nivel de estimulación y de actividad. Como ocurre con el modelo de la reducción de pulsiones, si nuestros niveles de estimulación y de actividad se vuelven demasiado altos, intentamos reducirlos. En contraste con el modelo de la reducción de pulsiones, el modelo de excitación también sugiere que si los niveles de estimulación y actividad son demasiado bajos, trataremos de *aumentarlos* buscando estimulación.

El nivel óptimo de excitación deseado varía mucho de una persona a otra; hay quienes presentan niveles especialmente altos de excitación (Babbitt, Rowland y Franken, 1990; Stacy, Newcomb y Bentler, 1991; Cocco, Sharpe y Blaszczynski, 1995). Por ejemplo, algunos psicólogos han planteado la hipótesis de que individuos como el comediante John Belushi, el investigador del ADN sir Francis Crick, el temerario Evel Knievel y los asaltantes de bancos Bonnie y Clyde exhibían niveles de excitación particularmente altos (Farley, 1986). Estas personas pueden intentar evitar el aburrimiento buscando situaciones desafiantes (Zuckerman, 1991, 1994).

No sólo las personas célebres tratan de conseguir excitación; muchos buscamos en forma característica niveles relativamente altos de estimulación. Usted puede darse una idea de su propio nivel característico de estimulación contestando el cuestionario del cuadro 9-1.

Enfoques relativos a los incentivos: la atracción de la motivación

Cuando traen a la mesa un apetitoso postre después de una abundante cena, lo atractivo que resulte tiene poco o nada que ver con pulsiones internas o con el mantenimiento de la excitación. En lugar de ello, si decidimos comerlo, semejante comportamiento estará motivado por el estímulo externo que representa el postre en sí, el cual actúa como una recompensa anticipada. Ésta, en términos motivacionales, es un *incentivo*.

El **enfoque de la motivación por incentivo** trata de explicar por qué el comportamiento no siempre está motivado por una necesidad interna, como el deseo de reducir las pulsiones o de conservar un nivel óptimo de excitación. En lugar de centrarse en factores internos, la teoría de los incentivos explica la motivación con base en la naturaleza de los estímulos externos, los incentivos que dirigen y activan al comportamiento. Desde esta perspectiva, las propiedades de los estímulos externos explican, en gran medida, la motivación de una persona.

Aunque esta teoría explica por qué accedemos ante un incentivo (como un postre apetitoso) a pesar de que no haya claves internas (como el hambre), no proporciona una explicación completa acerca de la motivación, puesto que los organismos buscan satisfacer necesidades incluso cuando los incentivos no son evidentes. En consecuencia, muchos psicólogos creen que las pulsiones internas, propuestas por la teoría de la reducción de pulsiones, trabajan en conjunto con los incentivos externos de la teoría de los incentivos para "empujar" y "atraer" al comportamiento, respectivamente. En este sentido, al mismo tiempo que buscamos satisfacer nuestras necesidades de hambre subyacentes (el empuje de la teoría de la reducción de pulsiones), somos atraídos por alimentos que parecen apetitosos en particular (la atracción de la teoría de los incentivos); por tanto, en lugar de contradecirse entre sí, las pulsiones y los incentivos funcionan de manera conjunta para motivar al comportamiento (Petri, 1996).

Enfoques de la motivación relativo a la excitación: creencia de que tratamos de mantener cierto nivel de estimulación y actividad, incrementándolo o reduciéndolo según sea necesario

Enfoques de la motivación por incentivos: teoría que explica la motivación con base en estímulos externos

Cuadro 9-1	¿Busca usted sensaciones

¿Qué nivel de estimulación busca recibir en su vida diaria? Se dará una idea de ello después de responder al siguiente cuestionario, que contiene algunos reactivos de una escala diseñada para determinar sus tendencias de búsqueda de sensaciones. Seleccione *A* o *B* en cada par de afirmaciones.

1. *A* Me gustaría un empleo en que se deba viajar mucho.
   B Preferiría un empleo en un solo lugar.
2. *A* Un día frío y con viento me estimula.
   B Me gusta permanecer bajo techo en un día frío.
3. *A* Me aburre ver las mismas caras de siempre.
   B Me agrada la familiaridad reconfortante de los amigos cotidianos.
4. *A* Preferiría vivir en una sociedad ideal en la que todo mundo estuviera seguro, a salvo y feliz.
   B Preferiría haber vivido en los días nómadas de nuestra historia.
5. *A* En ocasiones me agrada hacer cosas que dan un poco de miedo.
   B Una persona sensata evita las situaciones peligrosas.
6. *A* No me gustaría que me hipnotizaran.
   B Me agradaría la experiencia de ser hipnotizado.
7. *A* La meta más importante en la vida es hacer lo más que se pueda y tener el mayor número posible de experiencias.
   B La meta más importante en la vida es encontrar la paz y la felicidad.
8. *A* Me gustaría saltar en paracaídas.
   B Nunca intentaría saltar de un avión, con o sin paracaídas.
9. *A* Entro al agua fría poco a poco, dándome tiempo para acostumbrarme a ella.
   B Me gusta entrar de clavado en el océano o en una alberca con agua fría.
10. *A* Cuando salgo de vacaciones prefiero las comodidades de una buena habitación con una buena cama.
    B Cuando salgo de vacaciones prefiero el cambio que implica acampar a la intemperie.
11. *A* Prefiero a las personas que son emocionalmente expresivas, aun si llegan a ser un tanto inestables.
    B Prefiero a las personas calmadas y equilibradas.
12. *A* Un buen cuadro debe impactar a los sentidos.
    B Un buen cuadro debe ofrecer una sensación de paz y seguridad.
13. *A* Las personas que andan en motocicleta deben tener una especie de necesidad inconsciente de lastimarse a sí mismas.
    B Me gustaría mucho andar en motocicleta.

Calificación Asígnese un punto por cada una de las siguientes respuestas: 1*A*, 2*A*, 3*A*, 4*B*, 5*A*, 6*B*, 7*A*, 8*A*, 9*B*, 10*B*, 11*A*, 12*A*, 13*B*. Obtenga su calificación total sumando el número de puntos y después utilice la siguiente clave de calificación:

0-3 muy baja búsqueda de sensaciones
4-5 baja
6-9 promedio
10-11 alta
12-13 muy alta

Por supuesto que debe tener en cuenta que éste es un cuestionario breve, cuya calificación se basa en los resultados de estudiantes universitarios que lo han llenado, y que ofrece sólo un cálculo aproximado de sus tendencias de búsqueda de sensaciones. Es más, conforme las personas se hacen mayores, sus calificaciones de búsqueda de sensaciones tienden a disminuir. Aun así, este cuestionario por lo menos le dará un indicio de cómo se comparan sus tendencias de búsqueda de sensaciones con las de otros.

(Fuente: Zuckerman, 1978.)

Enfoques cognitivos: los pensamientos que subyacen a la motivación

Los **enfoques cognitivos de la motivación** se centran en el papel que desempeñan los pensamientos, las expectativas y la comprensión del mundo. Por ejemplo, de acuerdo con uno de los enfoques cognitivos, la *teoría de las expectativas y el valor*, dos tipos de cogniciones subyacen al comportamiento. La primera es nuestra expectativa de que cierta

Enfoques cognitivos de la motivación: teorías que se centran en la función de nuestros pensamientos, expectativas y comprensión del mundo para explicar la motivación

conducta nos permitirá alcanzar una meta determinada y la segunda es la comprensión del valor que tiene para nosotros esa meta. Por ejemplo, el grado en que estamos motivados a estudiar para un examen se basará de manera conjunta en nuestras expectativas acerca de la calidad de los frutos que nos dará el estudio (en términos de una buena calificación), y del valor que otorgamos al hecho de obtener una buena nota. Si tanto la expectativa como el valor son altos, estaremos motivados para estudiar con diligencia; pero si cualquiera de esos factores es bajo, nuestra motivación para estudiar será relativamente menor (Tolman, 1959; McInerney *et al*., 1997).

Las teorías cognitivas de la motivación hacen una distinción clave entre la motivación intrínseca y la extrínseca. La **motivación intrínseca** nos impulsa a participar en una actividad para nuestro gozo personal, y no por alguna recompensa tangible que se pueda derivar de ella. En contraste, la **motivación extrínseca** provoca que hagamos algo por una recompensa tangible.

Motivación intrínseca: motivación por la que las personas participan en una actividad para su propio gozo, no por la recompensa que obtendrán

Motivación extrínseca: motivación por la que las personas participan en una actividad por una recompensa tangible

De acuerdo con investigaciones relativas a ambos tipos de motivación, somos más propensos a perseverar, esforzarnos y realizar trabajos de mejor calidad cuando la motivación para una tarea es intrínseca en lugar de extrínseca (Harackiewicz y Elliot, 1993; Ryan y Deci, 1996; Elliot y Harackiewicz, 1996). Algunos psicólogos llegan más lejos al argumentar que ofrecer recompensas para el comportamiento deseado puede provocar una disminución de la motivación intrínseca y un aumento de la extrínseca, aunque está conclusión es controversial (Cameron y Pierce, 1994, 1996; Eisenberger y Cameron, 1996; Kohn, 1996; Lepper, Keavney y Drake, 1996, entre otros). En una demostración de este fenómeno, se le prometió una recompensa a un grupo de alumnos de preescolar si dibujaban con marcadores mágicos (una actividad para la que antes habían mostrado gran motivación). La recompensa sirvió para reducir su entusiasmo ante la tarea, puesto que después mostraron mucho menor interés por dibujar (Lepper y Greene, 1978). Era como si la promesa de la recompensa minara su interés intrínseco en el dibujo, convirtiendo en un trabajo lo que antes había sido un juego.

Ese tipo de investigación sugiere la importancia de promover la motivación intrínseca e indica que proporcionar recompensas externas (e incluso sólo señalarlas) puede minar el esfuerzo y la calidad en el desempeño. Así, los padres de familia quizá piensen dos veces la cuestión de ofrecerles recompensas económicas a los hijos por obtener buenas calificaciones. En su lugar, la investigación en el campo de la motivación intrínseca sugiere que habría mejores resultados si se les recuerda acerca de los placeres que aprender y dominar un campo de conocimiento pueden aportar.

La jerarquía de Maslow: la ordenación de las necesidades motivacionales

¿Qué tienen en común Eleanor Roosevelt, Abraham Lincoln y Albert Einstein? Infinidad de cosas, según un modelo de la motivación desarrollado por el psicólogo Abraham Maslow: cada una de estas personas logró satisfacer los niveles más altos de necesidades motivacionales que subyacen al comportamiento humano.

El modelo de Maslow considera que las diversas necesidades motivacionales están ordenadas en una jerarquía; también sugiere que antes de poder satisfacer necesidades más complejas y de orden superior, es preciso satisfacer determinadas necesidades primarias (Maslow, 1970, 1987). Este modelo se puede conceptualizar como una pirámide (véase figura 9.1) en la que las necesidades primarias se encuentran ubicadas en la base mientras que las de mayor nivel se ubican en la parte superior. Para que una necesidad específica se active, y por tanto dirija el comportamiento de una persona, es preciso haber satisfecho primero las necesidades básicas de la jerarquía.

Las necesidades más básicas son las que anteriormente se describieron como pulsiones primarias: necesidad de agua, alimento, sueño, sexo y cosas por el estilo. Con el fin de ascender jerárquicamente, una persona debe haber satisfecho estas necesidades fisiológicas básicas. En el siguiente escalón jerárquico se encuentran las necesidades de seguridad; Maslow sugiere que las personas necesitan de un entorno seguro para funcionar con efectividad. Las necesidades fisiológicas y de seguridad conforman las necesidades de orden inferior.

Sólo cuando hemos satisfecho las necesidades básicas de orden inferior podemos considerar la satisfacción de necesidades de orden superior, como la de amor y de un sentido de pertenencia, estima y autorrealización. Las necesidades de amor y pertenencia incluyen la necesidad de obtener y dar afecto y de contribuir como miembro en algún grupo o sociedad. Una vez que estas necesidades están cubiertas, buscamos la estimación. De

FIGURA 9.1 *La jerarquía de Maslow muestra cómo progresa nuestra motivación hacia la cima de la pirámide, desde una base con las necesidades biológicas más fundamentales hasta las necesidades de orden superior. Fuente: según Maslow, 1970.*

acuerdo con Maslow, la estimación se refiere a la necesidad de desarrollar un sentido de valía personal al saber que otros están conscientes de nuestra capacidad y valor.

Una vez que estas cuatro categorías de necesidades han sido cubiertas, lo cual no es sencillo, estamos listos para buscar la satisfacción de la necesidad de más alto nivel: la autorrealización. La **autorrealización** es un estado de satisfacción personal en el que desarrollamos el máximo potencial de una manera que nos es propia. Cuando Maslow propuso por vez primera este concepto, lo utilizó para describir a algunos individuos célebres, como Eleanor Roosevelt, Lincoln y Einstein. Pero la autorrealización no se limita a las personas famosas. Un padre con excelentes aptitudes para criar a sus hijos que forma una familia, un maestro que cada año genera un ambiente que eleva al máximo las oportunidades de éxito de sus alumnos y un artista que concreta su potencial creativo pueden estar autorrealizados. Lo importante es que la persona se sienta en paz consigo misma y que esté satisfecha de utilizar al máximo sus talentos. En cierta forma, lograr la autorrealización produce una disminución de la lucha y el anhelo de mayores logros que caracteriza la vida de la mayoría de las personas y en su lugar proporciona un sentido de satisfacción con el estado actual de las cosas (Jones y Crandall, 1991).

Las investigaciones, por desgracia, no han logrado confirmar el orden específico de las etapas de la teoría de Maslow, y ha sido difícil medir de manera objetiva la autorrealización (Haymes, Green y Quinto, 1984; Weiss, 1991; Neher, 1991). No obstante, el modelo de Maslow es importante por dos razones: destaca la complejidad de las necesidades humanas y enfatiza el hecho de que mientras las necesidades básicas no estén satisfechas, las personas muestran una indiferencia relativa ante las necesidades de orden superior. Si tenemos hambre, el primer interés será obtener alimento; no nos preocuparemos por cuestiones como el amor y la autoestima. El modelo ayuda a explicar por qué las víctimas de desastres como la hambruna y la guerra pueden sufrir el rompimiento de lazos familiares normales y no sentir preocupación sino por el bienestar de sí mismas.

Autorrealización: estado de satisfacción propia en el que las personas logran realizar su potencial máximo en su propia forma única

PsicoVínculos

Reconciliación de los diferentes enfoques de la motivación

Ahora que hemos examinado diversos enfoques de la motivación, es razonable preguntar cuál de ellos ofrece la explicación más completa de los fenómenos motivacionales. En realidad, muchos de estos enfoques conceptuales son complementarios, más que contradictorios, y resulta con frecuencia útil emplear varias teorías al mismo tiempo con el fin de comprender un sistema motivacional determinado (Deci, 1992). Así, conforme consideremos motivos específicos, como las necesidades de alimento, sexo, logro, afiliación y poder, nos apoyaremos en diversas teorías con el fin de generar una mejor comprensión de la motivación.

Recapitulación, revisión y reflexión

Recapitulación

- El estudio de la motivación se concentra en los factores que activan y dirigen el comportamiento de las personas.

- Una pulsión es una tensión motivacional que estimula el comportamiento para satisfacer alguna necesidad. Por lo general, las pulsiones primarias funcionan de acuerdo al principio de la homeostasis, según el cual un organismo se esfuerza por compensar cualquier desviación de un estado interno de equilibrio preferido.

- Los enfoques de reducción de pulsiones sostienen que el comportamiento está motivado por pulsiones que buscan reducir las necesidades biológicas. Debido a que no explican

por qué las personas buscan a veces la estimulación, se han elaborado enfoques de la excitación.

- Para explicar por qué el comportamiento no siempre está motivado por la necesidad de reducir pulsiones o de mantener la excitación, se han introducido los enfoques de los incentivos.

- Los enfoques cognitivos de la motivación, ejemplificados por la teoría de las expectativas y del valor, sugieren que los pensamientos, comprensión e interpretación del mundo subyacen a la motivación de las personas.

- Según el modelo de Maslow, las necesidades motivacionales se suceden en una jerarquía que va desde las necesidades primarias hasta las de orden superior.

Revisión

1. Los _____ son fuerzas que dirigen el comportamiento de una persona en una dirección determinada.

2. A los patrones innatos de comportamiento, determinados biológicamente, se les conoce como _____.

3. Su profesor de psicología le dice: "¡Es fácil explicar el comportamiento! Cuando nos hace falta algo nos sentimos motivados para conseguirlo." ¿A qué teoría de la motivación hace referencia el comentario de su profesor?

4. Al beber agua después de un maratón, un corredor trata de conservar su cuerpo en un nivel óptimo de funcionamiento. Este proceso se llama _____.

5. A pesar de que no estoy sediento, me ofrecen un tarro de cerveza y lo acepto. Suponiendo que me gusta mucho la cerveza, ¿qué teoría de la motivación predeciría este comportamiento?

6. Puedo ayudar a un anciano a cruzar la calle puesto que realizar una buena acción me hace sentir bien. ¿Qué tipo de motivación es ésta? ¿Qué tipo de motivación estaría presente si lo ayudara a cambio de 20 dólares?

7. De acuerdo con Maslow, una persona sin trabajo, sin hogar y sin amigos puede autorrealizarse. ¿Verdadero o falso?

Las respuestas a las preguntas de revisión se encuentran en la página 355.

Reflexión

1. ¿Cuáles enfoques de la motivación se cumplen con más frecuencia en el sitio de trabajo? ¿Cómo se podría utilizar cada uno de los enfoques para diseñar políticas laborales que puedan mantener o incrementar la motivación?

2. ¿Cómo se aplica la jerarquía de necesidades de Maslow en situaciones en las que a los trabajadores se les pagan salarios apenas para subsistir? ¿Cómo se aplica en situaciones en las que los trabajadores reciben salarios adecuados?

3. A una escritora que trabaja todo el día redactando textos para una agencia de publicidad se le dificulta mantener la mente en su trabajo y ve continuamente su reloj. Después de trabajar se dedica a una colección de cuentos que está creando y escribe hasta altas horas de la noche, olvidándose por completo del reloj. ¿Qué ideas de su lectura sobre la motivación ayudan a explicar este fenómeno?

LAS NECESIDADES HUMANAS Y LA MOTIVACIÓN: COMER, BEBER Y SER ATREVIDO

Para Gonzalo ser buen estudiante de preparatoria significaba poder ingresar en una buena escuela de derecho, lo cual consideraba que era una piedra angular para un futuro exitoso. En consecuencia, nunca descuidó sus labores académicas y siempre trató de empeñarse al máximo en sus cursos. Pero su constante esfuerzo académico iba mucho más allá de su deseo de ingresar en la escuela de derecho; no sólo trataba de obtener buenas calificaciones, sino *mejores* que las de sus compañeros de clases.

De hecho, Gonzalo siempre trataba de ser el mejor en todo lo que hacía. Podía convertir la actividad más sencilla en una competencia. Ni siquiera era capaz de jugar al póquer sin actuar como si fuese esencial ganar en el juego. Sin embargo, había áreas en las que no competía. Sólo se interesaba en algo si creía tener una posibilidad de ser el mejor con ayuda de su esfuerzo; ignoraba los retos demasiado complicados, así como los que le parecían muy sencillos.

▶ **¿Cuáles son los factores biológicos y sociales que subyacen al hambre?**

▶ **¿Por qué y bajo qué circunstancias nos excitamos sexualmente?**

▶ **¿Cómo se comportan las personas desde el punto de vista sexual?**

▶ **¿Cómo se exhiben las necesidades relacionadas con la motivación para el logro, la afiliación y el poder?**

¿Cuál es la motivación que subyace al constante esfuerzo de Gonzalo por ganar? Es más, ¿por qué acepta algunos tipos de desafíos y evita otros? Para responder estas preguntas debemos considerar algunos de los tipos específicos de necesidades que subyacen al comportamiento. En esta sección examinaremos algunas de las necesidades humanas de mayor importancia. Debido a que los seres humanos somos fundamentalmente criaturas biológicas, en primer lugar abordaremos el hambre, la pulsión primaria que ha recibido la mayor atención de los investigadores. Pero luego examinaremos las pulsiones secundarias, esos anhelos específicamente humanos basados en necesidades aprendidas y en la experiencia, que ayudan a explicar un comportamiento como el de Gonzalo.

La motivación detrás del hambre y de la alimentación

Cerca de una tercera parte de la población de Estados Unidos padece de **obesidad**, que se define como estar 20% por encima del peso promedio de acuerdo a una estatura determi-

Obesidad: estado en el que se tiene más de 20% del peso promedio para una persona de una estatura determinada

En la cultura hawaiana tradicional, las mujeres robustas son consideradas las más atractivas.

nada. La pérdida de peso no deseado es una especie de obsesión estadounidense, en tanto que de 60 a 80 *millones* de mujeres y hombres luchan por lograr lo que perciben como un peso y forma corporal ideales, percepciones que muchas veces son imprecisas (Thompson, 1992; Brody, 1992; Hall, 1995). Es una batalla que se pierde en forma creciente: el porcentaje de individuos estadounidenses clasificados como obesos aumentó en 31% desde 1980 hasta 1991. Además, los resultados de la Encuesta Nacional para el Examen de la Salud y la Nutrición (National Health and Nutrition Examination Survey) muestra que 11% de los jóvenes estadounidenses de entre 6 y 17 años de edad, alrededor de 4.7 millones de personas, tienen un grave exceso de peso, una proporción que representa el doble de la que se encontraba en la década de los años 60 (National Center for Health Statistics, 1994; Troiano, Flegal y Johnson, 1995).

La idea de lo que constituye el peso y forma corporal ideales varía de manera significativa en las diferentes culturas y, dentro de la cultura occidental, de un periodo a otro. Por ejemplo, las opiniones sociales contemporáneas que enfatizan la importancia de la esbeltez en las mujeres son relativamente recientes. En Hawai, en el siglo XIX, las mujeres más atractivas eran aquellas que tenían el mayor exceso de peso. Además, durante la mayor parte del siglo XX, con excepción de la década de los años 20 y las últimas décadas, la figura femenina ideal era relativamente llena. Incluso en la actualidad, las normas de peso difieren entre grupos culturales diferentes. Por ejemplo, los afroamericanos por lo general juzgan a las mujeres obesas en forma más positiva que los blancos (Silverstein *et al.*, 1986; Heatherton, Kiwan y Hebl, 1995; Crandall y Martinez, 1996; Greenberg y LaPorte, 1996).

Es evidente que el comportamiento de comer es complejo e implica una variedad de mecanismos. Nuestra exposición de lo que nos motiva a alimentarnos se iniciará con sus aspectos biológicos.

Factores biológicos en la regulación del hambre

En contraste con los seres humanos, es improbable que los animales se vuelvan obesos. La mayoría de las especies no humanas, cuando se mantienen en un ambiente en el que disponen de comida abundante, hacen una buena labor de regulación de su ingestión de alimentos. Es probable que lo haya visto con una mascota que siempre tiene un plato con alimento disponible. Los gatos, por ejemplo, comen sólo hasta satisfacer su hambre inmediata; dejan el resto del alimento sin tocar y regresan para terminarlo cuando claves internas les indican que deben comer otra vez.

Mecanismos internos parecen regular no sólo la cantidad de ingestión de alimento en los animales, sino también la clase de comida que desean. Las ratas hambrientas a las que se ha privado de ciertos alimentos tienden a buscar alternativas que contengan los nutrientes de los que carece su dieta; experimentos de laboratorio demuestran que los animales a los que se da la opción de elegir entre gran variedad de alimentos seleccionan una dieta bastante bien balanceada (Rozin, 1977; Bouchard y Bray, 1996).

Los mecanismos por los cuales los organismos saben si requieren de alimentos o si deben dejar de comer son muy complejos (Keesey y Powley, 1986; Decastro, 1996). No es sólo cuestión de que un estómago vacío provoque dolores por hambre y que uno lleno la satisfaga. Por ejemplo, las personas a quienes se les ha extirpado el estómago siguen experimentando la sensación de hambre (Inglefinger, 1944). En consecuencia, la regulación de la alimentación va más allá de un estómago lleno.

Algunos investigadores sugieren que los cambios en la composición química de la sangre pueden constituir un factor importante en el control de la ingestión de alimentos (Logue, 1991). Por ejemplo, algunos experimentos muestran que al inyectar glucosa (un tipo de azúcar) en la sangre, el hambre disminuye y los animales se niegan a comer. Por otra parte, cuando se introduce insulina (hormona implicada en la transformación de la glucosa en grasa almacenada) en el torrente sanguíneo, el hambre aumenta (Rodin, 1985; Campfield *et al.*, 1996).

Pero, ¿qué parte del cuerpo supervisa los cambios de la química sanguínea relativos al comportamiento de comer? El *hipotálamo*, una estructura del cerebro que se expuso en el capítulo 2, parece ser el principal responsable de la supervisión de la ingestión de alimentos (Kupfermann, 1991a; Rolls, 1994). Se ha demostrado que lesiones en el hipotálamo generan cambios radicales en el comportamiento de comer, los cuales dependen del lugar en que se produce el daño. Por ejemplo, las ratas a las que se les lesiona el *hipotálamo lateral* literalmente pueden dejar de comer hasta morir de inanición. Rechazan la comida cuando se les ofrece y, si no se les alimenta a la fuerza, finalmente mueren. Las ratas con daño en el *hipotálamo ventromedial* exhiben el problema contrario: una ingestión excesiva de alimentos. Las ratas con este tipo de daño pueden subir de peso hasta en 400%. Fenómenos similares se producen en seres humanos con tumores en el hipotálamo.

Aunque es evidente que el hipotálamo desempeña una función importante en la regulación de la ingestión de alimentos, la forma exacta en la que opera todavía no se conoce con claridad. Algunos investigadores opinan que afecta la percepción del hambre que tiene el organismo; otros plantean la hipótesis de que regula en forma directa las conexiones neuronales que controlan los músculos implicados en el comportamiento de comer (Stricker y Zigmond, 1976; Kupfermann, 1991a; Capaldi, 1996).

Una hipótesis sugiere que las lesiones en el hipotálamo afectan el peso ideal interno por el que se regula la ingestión de alimentos (Nisbett, 1972). De acuerdo con esta hipótesis, el **peso ideal interno** es el nivel específico de peso que el organismo se esfuerza por conservar. Actuando como una especie de termostato interno del peso, el hipotálamo dispone que se ingiera mayor o menor cantidad de alimentos.

Peso ideal interno: nivel de peso particular que el cuerpo se esfuerza por mantener

En la mayoría de los casos, el hipotálamo hace un buen trabajo. Las personas que no supervisan su peso sólo muestran fluctuaciones menores en él, a pesar de considerables variaciones cotidianas en lo que comen y en la cantidad de ejercicio que realizan. Sin embargo, los daños en el hipotálamo aumentan o disminuyen en forma drástica este peso ideal interno, y entonces el organismo lucha por satisfacer su meta interna aumentando o disminuyendo su consumo de alimentos.

El peso ideal interno puede estar determinado, al menos en parte, por factores genéticos. Las personas parecen estar destinadas, por medio de la herencia, a tener un **metabolismo** particular, es decir, el ritmo con que el alimento es convertido en energía y gastado por el cuerpo. Algunas personas, con una tasa metabólica alta, son capaces de comer casi todo lo que deseen sin subir de peso, en tanto que otras, con un metabolismo lento, pueden comer la mitad que las anteriores y, sin embargo, aumentar de peso con mayor facilidad (Roberts *et al.*, 1988; Friedman, 1995; Leibel, Rosenbaum y Hirsch, 1995).

Metabolismo: tasa con la que el alimento es convertido en energía y consumido por el cuerpo

Factores sociales en la ingestión de alimentos

Acaba usted de terminar una comida y se siente completamente satisfecho. De pronto, su anfitrión anuncia con gran bombo que va a servir un postre "especialidad de la casa", pastel de nuez, y que se ha pasado la mayor parte de la tarde preparándolo. A pesar de que se siente lleno, y de que ni siquiera le gustan las nueces, acepta que le sirva una porción de postre y se la come toda.

Es evidente que los factores biológicos internos no proporcionan la explicación completa de nuestro comportamiento de comer. Los factores sociales externos, basados en reglas y convenciones sociales y en lo que hemos aprendido acerca de la conducta adecuada de comer, desempeñan también un papel muy importante. Por ejemplo, piense en el hecho común de que ingerimos el desayuno, la comida y la cena aproximadamente a la misma hora todos los días. Debido a que estamos acostumbrados a comer en esos horarios todos los días, tendemos a sentir hambre cuando se aproxima la hora en que solemos comer, en ocasiones con total independencia de lo que nos dicen nuestras claves internas.

Respuestas a las preguntas de revisión:

1. motivos   2. instintos   3. Reducción de pulsiones   4. homeostasis   5. De los incentivos   6. Intrínseca; extrínseca   7. Falso; es preciso que se satisfagan las necesidades de orden inferior antes de que pueda ocurrir la autorrealización.

De modo similar, tendemos a poner aproximadamente la misma cantidad de comida en nuestros platos todos los días, a pesar del ejercicio que hayamos realizado y, en consecuencia, de que nuestra necesidad de recuperación de energías varíe cada día. También preferimos alimentos específicos en lugar de otros. Las ratas y los perros pueden representar un platillo exquisito en algunas culturas asiáticas, pero pocas personas de las culturas occidentales los encuentran apetitosos, no obstante su valor nutritivo potencialmente alto. En resumen, las influencias culturales y nuestros propios hábitos individuales desempeñan una función importante en la determinación de qué, cuándo y cuánto debemos comer (Boaks, Popplewell y Burton, 1987; Rozin, 1990; Booth, 1994; Capaldi, 1996).

Otros factores sociales se relacionan también con nuestro comportamiento de comer. Algunos nos dirigimos hacia el refrigerador después de un día difícil, buscando consuelo en un litro de nuestro helado favorito. ¿Por qué? Quizá cuando éramos niños nuestros padres nos daban alimentos cuando estábamos preocupados. Con el tiempo, pudimos haber aprendido, por medio de los mecanismos básicos del condicionamiento clásico y operante, a asociar la comida con el alivio y el consuelo. Del mismo modo, pudimos haber aprendido que comer proporciona un escape a los pensamientos desagradables, mientras en su lugar nos enfocamos en los placeres inmediatos de comer. Como consecuencia, podemos comer cuando experimentamos angustia (Heatherton, Herman y Polivy, 1992; Greeno y Wing, 1994; McManus y Waller, 1995).

Las raíces de la obesidad

Debido a que el comportamiento de comer es influido tanto por factores biológicos como sociales, determinar las causas de la obesidad ha demostrado ser un reto, y diversos investigadores han seguido varios caminos.

Algunos psicólogos sugieren que una sensibilidad excesiva a las claves externas para comer basadas en las convenciones sociales, y una insensibilidad paralela a las claves internas del hambre, producen obesidad. Las investigaciones han demostrado, por ejemplo, que las personas obesas que se colocan en un cuarto en el que hay un plato con apetitosas galletas pueden comer mucho más que los individuos que no están obesos, a pesar de haberse llenado ya con un emparedado (Schachter, Goldman y Gordon, 1968). Además, los individuos obesos tienen menos probabilidad de comer si hacerlo implica cualquier clase de trabajo: en un experimento, sujetos obesos tuvieron menos probabilidad de comer nueces que tenían que ser peladas, pero comieron cantidades abundantes de nueces que ya lo estaban. Las personas no obesas, en contraste, comieron la misma cantidad de nueces, sin importar si tuvieran que pelarse o no (Nisbett, 1968; Schachter, 1971). En consecuencia, parece que muchas personas obesas le prestan una atención indebida a las claves externas y son menos conscientes de las claves internas que ayudan a las personas no obesas a regular su comportamiento para la ingestión de alimentos.

Por otra parte, muchos individuos que se basan demasiado en las claves externas nunca se vuelven obesos, y hay unas cuantas personas obesas que relativamente no responden a dichas claves (Rodin, 1981; Herman, 1987). En consecuencia, algunos psicólogos han vuelto a la teoría del peso ideal interno como una explicación válida para la causa de la obesidad.

De manera específica, estos investigadores sugieren que las personas con peso excesivo tienen pesos ideales internos más altos que las personas de peso normal. Debido a que sus pesos ideales internos son inusitadamente elevados, sus intentos por perder peso comiendo menos pueden hacerlos especialmente sensibles a las claves externas relacionadas con el alimento y por consiguiente más propensos a comer, perpetuando su obesidad.

Pero, ¿por qué el peso ideal interno de algunas personas puede ser más alto que el de otras? Un factor puede ser el tamaño y número de las células grasas en el cuerpo, las cuales se incrementan como una función del aumento en el peso. Debido a que el nivel del peso ideal interno parece reflejar el número de células grasas que tiene una persona, cualquier aumento en el peso, el cual produce un incremento en las células grasas, puede elevar el peso ideal interno. Además, cualquier pérdida de peso después de los dos años de edad no disminuye la cantidad de células grasas en el cuerpo, aunque puede causar que reduzcan su tamaño. En resumen, de acuerdo con la hipótesis del peso ideal interno, la presencia de demasiadas células grasas puede dar como resultado que el peso ideal interno quede "atorado" en un nivel más alto de lo deseable. En estas circunstancias, perder peso resulta una propuesta difícil, en vista de que se estará peleado en forma constante con el propio peso ideal interno cuando se sigue una dieta (Knittle, 1975; Leibel, Rosenbaum y Hirsch, 1995; Freedman, 1995).

No todos están de acuerdo con la explicación del peso ideal interno para la obesidad. Señalando el rápido incremento en la obesidad que ha ocurrido durante las últimas décadas en Estados Unidos, algunos investigadores sugieren que no existe un punto ideal fijo que determine el peso que el cuerpo intenta mantener. En lugar de ello, sugieren que hay un *punto de estabilización* determinado por una combinación de nuestra herencia genética y la naturaleza del ambiente en el que vivimos. Si en nuestra vida cotidiana prevalecen los alimentos altos en grasas y si estamos predispuestos genéticamente a la obesidad, entonces nos estabilizamos en un equilibrio que mantiene un peso relativamente alto. Por otra parte, si nuestro ambiente es sano en lo que se refiere a nutrición, las predisposiciones genéticas a la obesidad no se desencadenarán y nos estabilizaremos en un equilibrio en el que nuestro peso es inferior (Gibbs, 1996).

Las explicaciones del peso ideal interno y del punto de estabilización para la obesidad sugieren que los factores genéticos nos predisponen a la obesidad, idea que está recibiendo un apoyo creciente. Como consideraremos en el recuadro *Aplicación de la psicología en el siglo XXI* que acompaña a este capítulo, los investigadores están encontrando cada vez más evidencias de que genes particulares controlan las hormonas del cuerpo vinculadas con el peso.

Trastornos de la alimentación

Un pan de arroz en la tarde, una manzana para la cena. Ésta era la dieta típica de Heather Rhodes durante su primer año en el St. Joseph's College en Rensselaer, Indiana, cuando comenzó a generar un temor (exacerbado, según ella, por la muerte repentina de una amiga) de estar subiendo de peso. Pero cuando Rhodes, ahora de 20 años de edad, regresó a su hogar en Joliet, Illinois, para las vacaciones de verano hace un año y medio, su familia pensó que estaba desapareciendo. "Podía ver el contorno de su pelvis en sus ropas...", dijo la madre de Heather. Así que ella y el resto de la familia enfrentaron a Heather una tarde, colocando una báscula casera en medio de la sala. "Les dije que me estaban atacando y que se fueran al infierno", recuerda Heather, quien no obstante en forma reacia se pesó. Su cuerpo de 1.68 metros pesaba apenas 38.5 kilogramos, casi 10 kilogramos por debajo del peso que tenía en su último año de preparatoria. "Les dije que habían arreglado la báscula", dijo ella. Simplemente no cuadraba con su imagen de sí misma. "Cuando me veía en el espejo", dice ella, "pensaba que mi estómago todavía era enorme y mi cara era gorda" (Sandler, 1994, p. 56).

Heather sufría de un trastorno de la alimentación conocido como anorexia nervosa. La **anorexia nervosa** es un trastorno alimenticio grave en el que las personas se rehúsan a comer, al tiempo que niegan que su comportamiento y su apariencia, que puede ser casi esquelética, sean poco comunes. Entre 15 y 20% de los anoréxicos literalmente mueren de inanición.

La anorexia nervosa afecta sobre todo a mujeres de entre 12 y 40 años de edad, aunque también hombres y mujeres de cualquier edad pueden desarrollar este trastorno. Las personas que padecen de anorexia nervosa suelen provenir de hogares estables, y con frecuencia son individuos de éxito, atractivos, que cuentan con medios económicos relativamente desahogados. Sus vidas se centran alrededor de la comida: a pesar de que comen poco, pueden cocinar para los demás, compran alimentos con frecuencia o coleccionan libros de cocina (Hsu, 1990; Button, 1993; Thiel, Broocks y Schussler, 1995).

A pesar de lucir esqueléticas para los demás, las personas con anorexia nervosa, un trastorno alimentario, se perciben a sí mismas como excedidas de peso.

Anorexia nervosa: trastorno alimentario severo en el que las personas se rehúsan a comer, mientras niegan que su comportamiento y apariencia, la cual puede volverse esquelética, sean inusuales

Aplicación de la psicología en el siglo XXI

Desaparición de los secretos de la obesidad

El comienzo de un nuevo año a menudo está marcado por resoluciones sombrías de perder el peso que se aumentó durante el año anterior. Pero con demasiada frecuencia estas buenas intenciones fallan, a pesar de los 30 mil millones de dólares que gastan las personas en dietas cada año para deshacerse de los kilogramos de más (Gura, 1997).

Aunque las intenciones de año nuevo de perder peso al principio del siglo XXI pueden ser parecidas a las del pasado, esta vez los resultados pueden tener más éxito, debido a una serie de avances en nuestra comprensión acerca de las causas del aumento de peso indeseado.

El hallazgo inicial que aportó una chispa de esperanza de que está en camino una "cura" para la obesidad fue el descubrimiento de la hormona leptina, que disuelve las grasas. Los investigadores encontraron que las células grasas de los ratones secretan leptina en el torrente sanguíneo. El cerebro, a su vez, emplea la cantidad de leptina en la sangre como un calibrador pa-

Bajar de peso es una obsesión para muchas personas, algunas de las cuales recurren a fármacos para deshacerse de los kilogramos indeseados.

ra mantener una cantidad particular de grasa corporal, en la misma forma en que el termostato de un calefactor verifica la temperatura del aire para iniciar un incremento

o una disminución en el calor, según sea necesario. Si hay demasiada grasa, la hormona causa una disminución en el apetito y un aumento en el uso de energía; como resultado se queman niveles superiores de grasa (Campfield *et al.*, 1995; Halaas *et al.*, 1995; Pelleymounter *et al.*, 1995; Rohner-Jeanrenaud y Jeanrenaud, 1996).

Los investigadores razonaron que si podía inyectarse leptina en la sangre, el cerebro supondría que se necesitaban cantidades menores de células grasas, y en consecuencia el organismo perdería peso. Y eso fue justo lo que sucedió: los ratones que eran muy obesos debido a un defecto genético bajaron de peso cuando se les inyectó leptina. Incluso los ratones de peso promedio perdieron peso cuando fueron inoculados con leptina. Debido a que los humanos secretan una hormona bastante similar a la leptina, es posible que también puedan perder peso cuando aumentan los niveles de leptina, aunque esto aún no se ha demostrado (Marco *et al.*, 1996; Gura, 1997).

Bulimia: trastorno en el que una persona ingiere cantidades increíblemente grandes de alimento

Un problema relacionado, la **bulimia**, es un trastorno que provoca que una persona ingiera enormes cantidades de comida en un episodio. Un litro de helado y una tarta entera pueden ser consumidos con facilidad en una sola sentada. Después de una cantidad semejante de alimentos, quienes padecen este trastorno experimentan sentimientos de culpa y depresión y suelen ingerir laxantes o provocarse el vómito para deshacerse de la comida, comportamiento al que se denomina purga (Hinz y Williamson, 1987). Ciclos constantes de ingestión y purga y el empleo de fármacos para inducir el vómito o la diarrea pueden crear un desequilibrio químico que puede producir una falla cardiaca. Sin embargo, por lo general el peso de una persona que padece bulimia permanece normal.

Los trastornos de la alimentación representan un problema creciente: se estima que entre 1 y 4% de las mujeres de bachillerato y universidad sufren de anorexia nervosa o bulimia, ¿cuál es la causa? Algunos investigadores sospechan que existe una causa fisiológica, como puede ser un desequilibrio químico en el hipotálamo o en la glándula pituitaria (Gold *et al.*, 1986; Brewerton, 1995; Licinio, Wong y Gold, 1996; Brewerton y Jimerson, 1996). Otros psicólogos creen que la causa tiene sus raíces en expectativas sociales relativas al valor de ser esbelto y la noción paralela de que ser obeso es indeseable (Crandall y Biernat, 1990; Rothblum, 1990). Ellos argumentan que las personas que padecen anorexia nervosa o bulimia se preocupan por su peso y toman muy en serio la opinión social de que nunca se puede ser demasiado delgado. Es consistente con esta explicación el hecho de que conforme los países se tornan más desarrollados y occidentalizados, y las dietas se vuelven más populares, se incrementan los trastornos de la alimentación. Por último, algunos psicólogos sugieren que estos trastornos ocurren como consecuencia de tener padres excesivamente exigentes u otro tipo de problemas familia-

El descubrimiento de la importancia de la leptina ha sido complementado por hallazgos adicionales respecto a las causas genéticas de la obesidad. Se han identificado cuando menos cinco genes separados que producen obesidad en los ratones. El que ha despertado el mayor interés ha sido nombrado apropiadamente *gene obeso* (*ob*, para abreviar). El *ob* produce leptina, y las mutaciones del gene producen obesidad en los ratones. También se han encontrado otros genes relacionados con el aumento de peso en los ratones, incluyendo *diabetes, graso, rechoncho* y *agutí amarillo*. Sin embargo, es poco probable que cualquier gene aislado, o incluso una combinación de unos cuantos genes, produzca obesidad; la mayoría de los investigadores cree que múltiples genes, en interacción con factores ambientales, producen el aumento de peso (Zhang *et al.*, 1994; Pelleymounter *et al.*, 1995; Winters, Boone y Collins, 1995; Noben-Trauth *et al.*, 1996; Gibbs, 1996).

Los nuevos hallazgos genéticos prometen enfoques innovadores para tratar la obesidad. Desde el punto de vista teórico, al menos, es posible "desactivar" genes específicos que de otra manera producirían obesidad. Sin embargo, estas composturas genéticas aún están muy lejos en el futuro.

Al mismo tiempo que los investigadores logran avances en nuestra comprensión acerca de las causas de la obesidad, se amerita una advertencia sobre la efectividad y seguridad de los nuevos tratamientos. Por ejemplo, en 1996, la Federal Drug Administration de Estados Unidos aprobó el uso de dexfenfluramina ("Redux"), un medicamento que incrementa la circulación de serotonina, un neurotransmisor que reduce el apetito. Algunos estudios mostraron que el fármaco, cuando se usa como parte de un programa general para reducir de peso, que también incluye dieta, ejercicio y consejería, ayudó a las personas a perder peso. Sin embargo, la seguridad del fármaco fue puesta en duda después de que numerosas personas que lo emplearon desarrollaron anormalidades de válvulas cardiacas, y fue retirado del mercado en menos de dos años (Cowley y Springen, 1997).

En resumen, es demasiado pronto para empezar a atiborrarnos de helados, hamburguesas y papas fritas bajo la suposición de que alguna cura milagrosa para la obesidad estará disponible en el futuro cercano para facilitar la pérdida de peso. Por un lado, la mayor parte de los hallazgos actuales se basan en experimentos con ratones, y la mayoría de los fármacos no han sido probados en seres humanos. Por otro lado, aun si las personas pueden deshacerse de los kilogramos excedentes debido a un nuevo medicamento, seguirán siendo susceptibles a riesgos de salud importantes que se asocian en la actualidad con la obesidad si mantienen dietas altas en grasas y no hacen ejercicio.

res (Thiel, Broocks y Schussler, 1995; Schneider, 1996; Wonderlich, Klein y Council, 1996; Horesh *et al.*, 1996).

La explicación completa de la anorexia nervosa o la bulimia aún es evasiva. Es probable que los trastornos se deriven de causas tanto biológicas como sociales y que el tratamiento exitoso abarque varias estrategias, incluyendo terapia y cambios en la dieta (Brownell y Fairburn, 1995; Crisp y McClelland, 1996; Garner y Garfinkel, 1997).

Los hechos de la vida: la motivación sexual humana

Quien haya visto a dos perros aparearse sabe que el comportamiento sexual tiene un fundamento biológico. Éste parece ocurrir en forma espontánea, sin que intervengan los demás. De hecho, diversos factores controlados de forma genética influyen en el comportamiento sexual de los animales. Por ejemplo, el comportamiento animal es afectado por la presencia de determinadas hormonas en la sangre. Es más, las hembras son receptivas al avance sexual sólo en periodos específicos y relativamente limitados durante el año (Short y Balaban, 1992; Crews, 1993, 1994).

En comparación, el comportamiento sexual de los seres humanos es más complejo, aunque la biología subyacente no es muy distinta a la de las especies relacionadas con la nuestra. Considere las funciones de los **genitales** u órganos sexuales de los hombres y de las mujeres. Por ejemplo, en los hombres, los *testículos* secretan **andrógenos**, es decir, hormonas sexuales masculinas, desde la pubertad. Los andrógenos no sólo producen características sexuales secundarias, como el crecimiento del vello corporal y el enronquecimiento de la voz; también aumentan la pulsión sexual. A pesar de que hay cambios a

Genitales: órganos sexuales masculinos y femeninos
Andrógenos: hormonas sexuales masculinas secretadas por los testículos

Las normas de belleza varían de manera considerable entre culturas diferentes.

largo plazo en la cantidad de andrógenos, en los que la mayor producción se da justamente después de la madurez sexual, su producción a corto plazo es bastante constante. Por tanto, los hombres pueden realizar actividades sexuales (y tener interés en ellas) sin relación alguna con ciclos biológicos. Si se producen los estímulos adecuados para generar excitación, puede ocurrir el comportamiento sexual masculino.

Las mujeres muestran un patrón distinto. Cuando llegan a su madurez durante la pubertad, los dos *ovarios*, órganos reproductores de la mujer, comienzan a producir **estrógeno** y **progesterona**, que son las hormonas sexuales femeninas. Sin embargo, estas hormonas no se producen en forma constante; en lugar de ello, su producción sigue un patrón cíclico. La mayor producción hormonal sucede durante la **ovulación**, cuando se desprende un óvulo de los ovarios, lo cual lleva al máximo las probabilidades de que se produzca la fertilización a cargo de los espermatozoides. En tanto que entre los animales el periodo de la ovulación es la única época en la que la hembra es receptiva al sexo, las personas somos distintas. A pesar de que hay variaciones en la pulsión sexual reportada, las mujeres son receptivas al sexo durante todo su ciclo, dependiendo de los estímulos externos que se encuentran en su entorno (Hoon, Bruce y Kinchloe, 1982).

Estrógeno: hormona sexual femenina
Progesterona: hormona sexual femenina

Ovulación: momento en el que se libera un óvulo de los ovarios

Aun cuando los factores biológicos "preparan" a las personas para la actividad sexual, se requiere más que hormonas para motivar y producir el comportamiento sexual (McClintock y Herdt, 1996). Entre los animales es la presencia de una pareja la que proporciona los estímulos excitatorios que inducen a la actividad sexual. Los seres humanos somos considerablemente más versátiles; no se requiere sólo de otras personas, sino que casi cualquier objeto, escena, olor, sonido u otro estímulo puede motivar la excitación sexual. En este sentido, debido a asociaciones previas, las personas pueden excitarse sexualmente al percibir el aroma de algún perfume, al ver un *bikini* o al escuchar una canción favorita susurrada al oído. La reacción ante un estímulo específico, potencialmente excitatorio, como veremos, es un asunto muy individual: lo que excita a una persona puede hacer justo lo opuesto en otra.

Las fantasías sexuales también desempeñan una función importante en la producción de la excitación sexual. Las personas no solamente tienen fantasías de naturaleza sexual durante sus actividades cotidianas, sino que cerca de 60% las tienen durante la relación sexual. Resulta interesante que, con frecuencia, esas fantasías implican tener relaciones sexuales con una persona distinta a la pareja del momento.

Las fantasías de los hombres y las mujeres difieren poco entre sí en cuanto a contenido o cantidad, y los pensamientos de ser irresistible sexualmente y de realizar sexo oral-genital son los más comunes para ambos géneros (Sue, 1979; McCauley y Swann, 1980; Jones y Barlow, 1990). Es importante señalar que las fantasías sólo son eso; en otras palabras, no representan un deseo verdadero de satisfacerlas en el mundo real. Por tanto, no debemos asumir a partir de los datos sobre fantasías de sexo forzado que las mujeres desean ser dominadas sexualmente, ni debemos suponer que en cada hombre se esconde un violador potencial deseoso de forzar a propuestas sexuales a una víctima sometida.

Las variedades de las experiencias sexuales

Durante la mayor parte de la historia registrada, la amplia variedad de prácticas sexuales permaneció envuelta en la ignorancia. Sin embargo, a fines de la década de los años 30, el biólogo Albert Kinsey comenzó una serie de encuestas acerca del comportamiento sexual de los estadounidenses. El resultado fue la primera visión general de las prácticas sexuales, enfatizada por la publicación de sus importantes volúmenes: *Sexual Behavior in the Human Male* (Kinsey, Pomeroy y Martin, 1948) y *Sexual Behavior in the Human Female* (Kinsey *et al.*, 1953).

El trabajo de Kinsey preparó el escenario para encuestas posteriores, aunque se han realizado pocas encuestas nacionales desde que Kinsey efectuó su trabajo inicial hace unos 50 años. La razón de esto se debe a que las investigaciones de las prácticas sexuales siempre son sensibles desde el punto de vista político y en consecuencia las encuestas a gran escala rara vez reciben financiamiento del gobierno (McDonald, 1988; Booth, 1989; Gardner y Wilcox, 1993). Sin embargo, al examinar los resultados comunes a partir de diferentes muestras de sujetos, ahora tenemos un panorama razonablemente completo en torno a las prácticas sexuales contemporáneas, de las cuales hablaremos a continuación.

Masturbación: sexo solitario

Si usted hubiera escuchado a los médicos hace unos 50 años, le habrían dicho que la **masturbación** o autoestimulación sexual, a menudo usando la mano para frotar los genitales, provocaba una serie de trastornos físicos y mentales, que incluían desde vello en las palmas de las manos hasta la demencia. No obstante, si hubieran estado en lo cierto, la mayoría utilizaríamos guantes para ocultar nuestras palmas repletas de vellos, puesto que la masturbación es una de las actividades sexuales más practicadas. Alrededor de 94% de todos los hombres y 63% de todas las mujeres se han masturbado por lo menos una vez en la vida y entre los estudiantes universitarios la frecuencia varía desde "nunca" hasta "varias veces al día" (Hunt, 1974; Houston, 1981; Michael *et al.*, 1994).

Aunque por lo común se considera a la masturbación como una actividad que se realiza cuando no se dispone de otros medios de expresión sexual, esto no refleja la realidad. Cerca de tres cuartas partes de los hombres casados (de entre 20 y 40 años de edad) informan que se masturban en promedio 24 veces al año, mientras que 68% de las mujeres casadas del mismo grupo de edad se masturban en promedio diez veces al año (Hunt, 1974; Michael *et al.*, 1994).

A pesar de la alta frecuencia con la que se practica la masturbación, las actitudes hacia ésta aún reflejan algunas de las visiones negativas de antaño. Por ejemplo, una encuesta reveló que alrededor de 10% de las personas que se masturban experimentan sentimientos de culpa, a la vez que 5% de los hombres y 1% de las mujeres consideraban que su comportamiento era pervertido (Arafat y Cotton, 1974). No obstante estas actitudes negativas, la mayoría de los expertos en sexualidad no sólo consideran que la masturbación es una actividad sexual sana, legítima e inofensiva, sino también que es un medio para aprender acerca de la propia sexualidad.

Heterosexualidad

Las personas creen con frecuencia que la primera vez que se tienen relaciones sexuales se logra uno de los principales hitos en su vida. Sin embargo, la **heterosexualidad**, atracción y comportamiento sexuales dirigidos al sexo opuesto, consiste de mucho más que sólo la relación sexual entre hombre y mujer. Los besos, caricias, frotamientos y otras formas de juego sexual también son componentes del comportamiento heterosexual. Aun

Masturbación: autoestimulación sexual

Heterosexualidad: atracción y comportamiento sexual dirigido al sexo opuesto, que consiste en mucho más que la sola relación sexual entre hombre y mujer

así, el objetivo de la investigación sexual ha sido el acto sexual, en particular en términos de su primera ocurrencia y su frecuencia.

El sexo prematrimonial

Hasta hace muy poco, el sexo prematrimonial, al menos para las mujeres, era considerado uno de los principales tabúes de nuestra sociedad. De manera tradicional, las mujeres han sido advertidas por la sociedad de que "las muchachas decentes no hacen eso"; a los hombres se les ha dicho que aunque está bien el sexo prematrimonial para ellos, deben estar seguros de casarse con una virgen. A la opinión de que el sexo prematrimonial es permisible para los hombres pero no para las mujeres se le llama **doble moral**.

A pesar de que en fecha tan reciente como la década de los años 60 la mayoría de los adultos estadounidenses creía que las relaciones sexuales prematrimoniales eran condenables, desde esa época se ha producido un cambio drástico en la opinión pública. Por ejemplo, en 1969 la mayoría de las personas pensaban que estaba mal que un hombre y una mujer tuvieran relaciones sexuales antes del matrimonio. Sin embargo, para 1991 las cifras se habían invertido; en ese momento, eran más las personas que creían que era admisible, y menos las que lo condenaban.

Los cambios en las actitudes hacia el sexo prematrimonial fueron igualados por los cambios en los índices reales de actividad sexual de ese tipo durante el mismo periodo. Por ejemplo, las cifras más recientes muestran que más de la mitad de las mujeres de entre 15 y 19 años de edad han tenido relaciones sexuales prematrimoniales. Estas cifras casi duplican el porcentaje de mujeres del mismo grupo de edad que, en 1970, informaron haber tenido relaciones sexuales (CDC, 1991b, 1992). Es evidente que la tendencia de las últimas décadas muestra un incremento en el número de mujeres que tienen relaciones sexuales prematrimoniales (Hofferth, Kahn y Baldwin, 1987; Gerard, 1988; CDC, 1991b, 1992; Porter *et al.*, 1996).

También ha aumentado el porcentaje de hombres que tienen relaciones sexuales prematrimoniales, aunque este incremento no ha sido tan drástico como en el caso de las mujeres, probablemente debido a que las proporciones prevalecientes entre los hombres eran mayores desde el principio. Por ejemplo, las primeras encuestas realizadas en la década de los años 40 mostraron que 84% de los hombres de todas las edades las tenían; datos recientes señalan que las cifras están cerca de 95%. Además, el promedio de edad de los hombres en el momento de su primera experiencia sexual ha disminuido de manera constante. Cerca de 60% de los estudiantes de bachillerato ha tenido relaciones sexuales, así como 80% de ellos las habrán experimentado al alcanzar los 20 años de edad (Arena, 1984; CDC, 1992).

El sexo matrimonial

A juzgar por el número de artículos cuyo tema es el sexo en el matrimonio, se pensaría que el comportamiento sexual es el parámetro principal por el que se determina la felicidad conyugal. A menudo, las parejas casadas se preocupan porque tienen poca actividad sexual, demasiada o del tipo incorrecto (Sprecher y McKinney, 1993).

Aun cuando existen múltiples dimensiones para evaluar el sexo en el matrimonio, una de ellas es, en efecto, la frecuencia de las relaciones sexuales. ¿Qué es lo más común? Al igual que con casi la totalidad de las actividades sexuales, no hay una respuesta sencilla a esta pregunta, puesto que hay enormes variaciones en los patrones entre individuos. Sabemos que 43% de las parejas casadas tienen relaciones sexuales unas cuantas veces al mes y que 36% las tienen dos o tres veces por semana (Michaels *et al.*, 1994). Además, existen diferencias según los años que ha convivido una pareja: mientras más duradero sea el matrimonio, menor será la frecuencia de la actividad sexual.

La frecuencia de las relaciones sexuales en el matrimonio también parece ser mayor en nuestra época que en otros periodos de la historia reciente. Diversos factores dan cuenta de este aumento. La mayor disponibilidad de métodos de control natal (incluyendo las píldoras anticonceptivas) y del aborto han logrado que las parejas se preocupen menos por los embarazos no deseados. Es probable que varios cambios sociales hayan influido

Doble moral: opinión de que el sexo prematrimonial es permisible para los hombres pero no para las mujeres

sobre esta cuestión. A medida que han cambiado los papeles de la mujer, y que los medios masivos de comunicación han dado el visto bueno a la sexualidad femenina, ha aumentado la probabilidad de que una esposa inicie la actividad sexual, en lugar de esperar a que el marido tome la iniciativa, como ocurría tradicionalmente. Además, conforme el sexo se vuelve un tema más abierto en las revistas, los libros y hasta en los programas de televisión, muchas parejas casadas han comenzado a creer que la frecuencia de sus relaciones sexuales es un indicador de suma importancia para el éxito de su matrimonio.

Los efectos del aumento de las relaciones sexuales en el matrimonio son difíciles de determinar. Es evidente que el grado de satisfacción sexual se relaciona con el éxito general del matrimonio (Blumstein y Schwartz, 1983; Greeley, 1992). Sin embargo, la *frecuencia* de las relaciones sexuales no parece estar asociada con la felicidad en el matrimonio (Goleman, 1985). En este sentido, el aumento en la frecuencia de las relaciones sexuales no sugiere que se produzca un incremento en la satisfacción matrimonial.

Homosexualidad y bisexualidad

Así como no parece haber razón genética o biológica para que las mujeres heterosexuales encuentren especialmente eróticos los traseros de los hombres, los seres humanos no nacen con una atracción innata hacia las características especiales del sexo opuesto. De esta manera, no debemos sorprendernos de que algunas personas, los **homosexuales**, sientan atracción sexual por los miembros de su sexo, en tanto que otras, los **bisexuales**, se sientan atraídos sexualmente hacia personas de *ambos* sexos (muchos hombres y mujeres homosexuales prefieren el término *gay* y *lesbiana*, respectivamente, en vista de que hay menos estereotipos negativos asociados con estas palabras).

Aun cuando las personas suelen considerar a la homosexualidad y a la heterosexualidad como dos orientaciones sexuales totalmente distintas, la cuestión no es tan sencilla. El precursor de las investigaciones sobre el sexo, Alfred Kinsey, reconoció este hecho cuando consideró la orientación sexual con base en una escala o continuo, con "homosexual exclusivo" en un extremo y "heterosexual exclusivo" en el otro. En medio se encontraban personas que mostraban ambos tipos de comportamiento. El enfoque de Kinsey, actualizado por el sociólogo Martin S. Weinberg y sus colegas (Weinberg, Williams y Pryor, 1991), sugiere que la orientación sexual depende de los sentimientos sexuales, del comportamiento sexual y de los sentimientos románticos de una persona.

Homosexuales: personas que son atraídas sexualmente por miembros de su propio sexo

Bisexuales: personas que son atraídas sexualmente por individuos del mismo sexo y por miembros del sexo opuesto

Fue una primicia para la televisión cuando Ellen DeGeneres (izquierda), quien protagonizaba la comedia "Ellen", anunció en público que era lesbiana.

¿Qué determina la orientación sexual de las personas? Aunque existen diversas teorías, ninguna de ellas ha demostrado ser enteramente satisfactoria. Algunos enfoques, de naturaleza biológica, sugieren que puede existir un factor genético u hormonal que facilita el desarrollo de la homosexualidad (Berenbaum y Snyder, 1995; Meyer-Bahlburg *et al.*, 1995; Pillard, 1996; Bailey *et al.*, 1997). Por ejemplo, algunas evidencias sugieren una diferencia en la estructura del hipotálamo anterior, un área del cerebro que rige el comportamiento sexual, entre hombres heterosexuales y homosexuales (LeVay, 1991, 1993; Swaab y Gofman, 1995). Del mismo modo, otras investigaciones muestran que, en comparación con los hombres o mujeres heterosexuales, los hombres homosexuales tienen una comisura anterior mayor, la cual contiene muchas neuronas que conectan a los hemisferios derecho e izquierdo del cerebro (Allen y Gorski, 1992; Harrison, Everall y Catalan, 1994; Byne, 1996).

Otras teorías en torno a la homosexualidad se centran en los antecedentes infantiles y familiares de los homosexuales (Bailey y Zucker, 1995). Por ejemplo, Freud creía que la homosexualidad se producía como resultado de una identificación inadecuada con el progenitor del sexo opuesto durante el desarrollo (Freud, 1922/1959). De modo similar, otros psicoanalistas sugieren que la naturaleza de la relación entre el progenitor e hijo puede llevar hacia la homosexualidad y que, con frecuencia, los hombres homosexuales tienen madres sobreprotectoras y dominantes, y padres pasivos e ineficaces (Bieber, 1962).

El problema de estas teorías radica en que quizá exista el mismo número de homosexuales sujetos a la influencia de semejante dinámica familiar que homosexuales que no la tuvieran. Las evidencias no apoyan las explicaciones que se basan en las prácticas de crianza o en la naturaleza de la estructura familiar (Bell y Weinberg, 1978; Isay, 1990).

Otra explicación acerca de la homosexualidad se basa en la teoría del aprendizaje (Masters y Johnson, 1979). De acuerdo con esta perspectiva, la orientación sexual se aprende por medio de recompensas y castigos de modo muy similar a la forma en que podríamos aprender a preferir la natación sobre el tenis. Por ejemplo, un adolescente que haya tenido una experiencia heterosexual desagradable podría aprender a establecer asociaciones desagradables con el sexo opuesto. Si esa misma persona tuviera una experiencia homosexual agradable, este comportamiento se podría incorporar a sus fantasías sexuales. Si hace uso de esas fantasías durante actividades sexuales posteriores, como la masturbación, éstas podrían reforzarse positivamente mediante el orgasmo, y la asociación del comportamiento homosexual y el placer sexual podría por último dar como resultado que el individuo eligiera la homosexualidad como forma predilecta de comportamiento sexual.

Aun cuando la explicación de la teoría del aprendizaje es plausible, varias dificultades la descartan como una explicación definitiva. Debido a que nuestra sociedad tiende a dar una baja estima a la homosexualidad, sería de esperar que los castigos implicados en tal comportamiento deberían superar a las recompensas que éste podría producir. Además, los niños que crecen con un padre homosexual estadísticamente tienen pocas probabilidades de convertirse en homosexuales, lo cual contradice la noción de que esta conducta se puede aprender de los demás (Victor y Fish, 1995; Tasker y Golombok, 1995; Golombok y Tasker, 1996).

Tomando en cuenta la dificultad para encontrar una explicación consistente, la mayoría de los investigadores rechaza la hipótesis de que algún factor por sí solo predisponga a una persona hacia la homosexualidad. Gran parte de los expertos sospecha que está en juego una combinación de factores biológicos y ambientales (Money, 1987; McWhirter, Sanders y Reinisch, 1990; Greene y Herek, 1994; Bem, 1996).

A pesar de que hasta ahora no sabemos con exactitud por qué las personas adquieren una orientación sexual específica, una cosa es clara: no existe relación alguna entre la adaptación psicológica y la orientación sexual. Los bisexuales y los homosexuales disfrutan del mismo grado general de salud física y mental que los heterosexuales, y tienen tipos equivalentes de actitudes acerca de sí mismos, independientemente de su orientación sexual. Por estas razones, la American Psychological Association y la mayoría de las demás organizaciones de salud mental han respaldado los esfuerzos para reducir la discriminación contra los gay y las lesbianas, como revocar la prohibición contra el ingreso de homosexuales al ejército estadounidense (Gonsiorek, 1991; Herek, 1993; Patterson, 1994; Jones y Koshes, 1995; Shawver, 1995).

Exploración de la diversidad

Circuncisión femenina: ¿celebración cultural o mutilación genital?

En su sala en Atlanta, Hassan y Yasmin Ibrahim tienen una de sus pláticas nocturnas respecto a sus preocupaciones por sus tres pequeñas hijas. Ambos desean lo mejor para ellas. Pero no logran llegar a un acuerdo en una decisión que afectará a las niñas todos los días del resto de sus jóvenes vidas.

La señora Ibrahim parece una mujer amable. Pero insiste en que a cada niña debe extirpársele el clítoris en su infancia.

En Estados Unidos, dice, no sería tan horrible como en su hogar en Somalia. Argumenta que en ese país puede hacerse en un hospital, con un doctor y anestesia, no en una choza, con una curandera de la aldea, con la niña consciente del cuchillo y gritando.

El señor Ibrahim, un contador público titulado, dice que tiene "una gran interrogante" en su mente. No desea que sus hijas pasen por lo que su madre tuvo que soportar, como la mayoría de las mujeres somalíes.

Pero su esposa dice que sin la cirugía ningún hombre somalí se casaría con ellas. Serían "diferentes", y ella estaría traicionando a su cultura (Rosenthal, 1993, p. 13).

La operación en cuestión, la circuncisión femenina, representa uno de los procedimientos más controvertidos relativos al sexo en todo el mundo. En una operación así, el clítoris es extirpado, lo que da como resultado una incapacidad permanente para experimentar placer sexual.

Unos 80 millones de mujeres, que viven sobre todo en África y Asia, han sido sometidas a la circuncisión femenina. Por ejemplo, más de 90% de las mujeres nigerianas han sido circuncidadas durante la infancia, y más de 90% pretenden circuncidar a sus propias hijas. Además, en algunos casos se realiza una cirugía más extensa, en la que partes adicionales de los genitales femeninos son extirpados o cosidos con *catgut* o espinas (Ebomoy, 1987; Rosenthal, 1993; French, 1997).

Quienes practican la circuncisión femenina dicen mantener una antigua tradición social, que no es diferente a otras costumbres culturales. Su propósito, dicen, es preservar la virginidad antes de ser desposadas, para mantener a las mujeres fieles a sus esposos después del matrimonio y para acentuar la belleza femenina. Además, quienes defienden esta tradición creen que difiere poco de la práctica occidental común de la circuncisión masculina, en la que se extirpa quirúrgicamente el prepucio del pene poco después del nacimiento.

Los críticos, por otra parte, afirman que la circuncisión femenina no es nada menos que la mutilación de las mujeres. La práctica no sólo elimina en forma permanente el placer sexual, sino que puede conducir a un dolor constante e infecciones, lo cual depende de la naturaleza de la cirugía. De hecho, debido a que el procedimiento es llevado a cabo por tradición en forma ritual sin anestesia, usando una navaja de afeitar, un cuchillo con dientes de sierra o vidrio, la circuncisión misma puede ser físicamente traumática (Dugger, 1996).

El procedimiento plantea algunas cuestiones difíciles, las cuales fueron expuestas en casos judiciales recientes. Por ejemplo, una inmigrante nigeriana, que vivía temporalmente en Estados Unidos, acudió al tribunal para argumentar que deberían permitirle quedarse en forma permanente. Su alegato: si ella y sus hijas pequeñas eran enviadas de regreso a Nigeria, sus hijas enfrentarían la circuncisión a su llegada. El tribunal accedió y le permitió quedarse en forma indefinida (Gregory, 1994; Dugger, 1996).

En reacción a la controversia en torno a la circuncisión femenina, el Congreso de Estados Unidos recientemente aprobó leyes que hacen ilegal esta práctica en ese país. Aun así, algunos afirman que la circuncisión es una costumbre cultural valiosa y que nadie, en particular alguien que se base en la perspectiva de otra cultura, debería impedir que las personas realizaran las costumbres que piensan que son importantes. Además, para que no se crea que la circuncisión femenina resulta irrelevante para quienes viven en las culturas occidentales, tenga en cuenta este hecho: hace apenas unas generaciones, algunos médicos en Estados Unidos sugerían que a una mujer que mostraba un interés "excesivo" en el sexo debía extirpársele el clítoris. Este procedimiento, se afirmaba, mantendría bajo control su comportamiento sexual (Hyde, 1994).   ∎

Necesidad de logro: esfuerzo por tener éxito

En tanto que el hambre y el sexo pueden representar dos de las pulsiones primarias más poderosas en nuestra vida cotidiana, también estamos motivados por pulsiones secundarias poderosas que no cuentan con un fundamento biológico claro (McClelland, 1985; Geen, 1984, 1995). Entre las más importantes de estas pulsiones está la necesidad de logro.

Necesidad de logro: característica aprendida estable en la que se obtiene satisfacción al esforzarse por alcanzar y mantener un nivel de excelencia

La **necesidad de logro** es una característica aprendida y estable en la que se obtiene satisfacción cuando se lucha por alcanzar y conservar un nivel de excelencia (McClelland *et al.*, 1953). Las personas con una elevada necesidad de logro buscan encontrar situaciones en las que puedan competir contra algún parámetro, ya se trate de calificaciones, dinero o ganar en un juego, y probarse a sí mismas que son exitosas. Pero no eligen sus retos de manera indiscriminada: como Gonzalo, el estudiante que desea estudiar leyes descrito al principio de esta sección, tienden a evitar las situaciones en las que obtendrían el éxito con demasiada facilidad (lo cual cancelaría el reto) o en las que el éxito parece poco probable. En lugar de ello, las personas que tienen una motivación de logro alta tienden a elegir tareas de dificultad intermedia.

En contraste, las personas con una baja motivación de logro tienden a ser motivadas principalmente por el deseo de evitar el fracaso. Como resultado, buscan tareas sencillas, asegurándose de que no fracasarán, o tareas tan difíciles para las cuales el fracaso no tiene implicaciones negativas, puesto que prácticamente todo el mundo fracasaría en ellas. Las personas que tienen temor al fracaso se alejarán de las tareas de dificultad intermedia, puesto que pueden fracasar en aquello donde otros han triunfado (Atkinson y Feather, 1966; Sorrentino, Hewitt y Raso-Knott, 1992; Elliot y Church, 1997).

Los resultados de una alta necesidad de logro suelen ser positivos, al menos en una sociedad orientada hacia el éxito como la estadounidense (Heckhausen, Schmalt y Schneider, 1985; Spence, 1985). Por ejemplo, las personas motivadas por una gran necesidad de logro tienen más probabilidades de ingresar a la universidad que aquellas cuya necesidad de logro es menor y, una vez que han ingresado, tienden a obtener mejores calificaciones en las clases relacionadas con sus futuras profesiones (Atkinson y Raynor, 1974). Además, una alta motivación de logro se asocia con el futuro éxito económico y profesional (McClelland, 1985).

Evaluación de la motivación de logro

¿Cómo se puede medir la necesidad de logro de una persona? La técnica que se utiliza con mayor frecuencia es la aplicación de una *Prueba de Apercepción Temática* (*Thematic Apperception Test, TAT*) (Spangler, 1992). En esta prueba se muestra a las personas una serie de imágenes ambiguas, como la que se presenta en la figura 9.2. Se les pide que escriban una historia que describa lo que ocurre, quiénes son los personajes, qué produjo esa situación, qué es lo que piensan o desean los personajes y qué es lo que ocurrirá después. Luego se utiliza un sistema estándar de calificación para determinar el nivel de imaginería relativa al logro contenida en las historias de los entrevis-

FIGURA 9.2 *Esta ilustración ambigua es semejante a las utilizadas en la Prueba de Apercepción Temática para determinar la motivación subyacente de las personas. Fuente: reimpreso con autorización del editor, tomado de Henry A. Murray,* Thematic Apperception Test, *Cambridge, Mass.: Harvard University Press, © 1943 por President & Fellows of Harvard College, © 1971 por Henry A. Murray.*

tados. Por ejemplo, alguien que escribe una historia en la que el personaje principal se esfuerza por vencer a un contrincante, o que estudia con el fin de desempeñarse bien en determinada labor, o que se esmera en el trabajo con el fin de obtener un ascenso, muestra señales claras de una orientación hacia el logro. Se supone que la inclusión de esa imaginería relacionada con el logro en sus historias indica un grado inusualmente alto de preocupación por los logros, y por tanto una necesidad relativamente fuerte de ellos.

Se han elaborado otras técnicas para evaluar la motivación de logro a nivel social (Reuman, Alwin y Veroff, 1984). Por ejemplo, un buen indicio del nivel general de motivación de logro en una sociedad específica se puede obtener determinando la imaginería relativa al logro de los cuentos infantiles y las leyendas populares. Los investigadores que han examinado los libros para niños en busca de imaginería de logro en las obras, durante periodos extensos, han descubierto correlaciones entre su nivel en libros y la actividad económica de la sociedad en las décadas posteriores (DeCharms y Moeller, 1962). Por supuesto, el hecho de que las historias que incorporan imaginería de logro de verdad influyan en los niños o sean simplemente el reflejo de las tendencias de crecimiento económico es algo que no puede determinarse. Sin embargo, es evidente que los niños podrían estar aprendiendo más que sólo cómo leer sus libros; pueden estar adquiriendo una comprensión del nivel de motivación de logro que la sociedad espera de ellos.

¿Hay diferencias raciales en la motivación de logro?

Un hecho triste de la sociedad estadounidense es que el logro académico de las minorías raciales por lo regular va detrás del de la mayoría blanca. ¿Estas variaciones en el éxito educativo podrían atribuirse a diferencias en la motivación de logro subyacente?

De acuerdo con una amplia revisión realizada por la psicóloga Sandra Graham (1994), la respuesta es un firme "no". Resumiendo décadas de investigación, esta autora encontró que hay poca evidencia confiable que sugiera que los afroamericanos y los blancos difieren en su necesidad subyacente de logro. Además, su análisis de una amplia gama de investigaciones sugiere que las expectativas de los afroamericanos respecto al éxito futuro en labores académicas son relativamente altas, aún después de experimentar un fracaso académico previo. Por último, las muchachas afroamericanas que van bien en lo académico reciben mayor estima de sus compañeras de clases afroamericanas que aquellas que van mal, aunque los jóvenes afroamericanos tienen una opinión menos positiva de sus compañeros de clase con logros elevados (Graham, 1997).

Los hallazgos generales de Graham contradicen una perspectiva "deficitaria" de la motivación de logro de los afroamericanos, en la que el rendimiento menor se atribuye a deficiencias en la motivación de logro. Sus resultados sugieren que los psicólogos necesitan desarrollar una comprensión más completa de las circunstancias y variables particulares que influyen en los esfuerzos de logro tanto de los integrantes de grupos minoritarios como de los de grupos mayoritarios (Graham, 1992; Betancourt y Lopez, 1993; Banks, McQuater y Sonne, 1995; Dabul y Russo, 1996).

Necesidad de afiliación: esfuerzo por tener amigos

Necesidad de afiliación: interés en establecer y mantener relaciones con otras personas

¿Por qué pocos elegimos vivir como ermitaños? Una razón importante es que la mayoría tenemos una **necesidad de afiliación**, es decir, un interés por establecer y conservar relaciones con otras personas. Las historias escritas en la ya mencionada Prueba de Apercepción Temática por los individuos que tienen una alta necesidad de afiliación hacen hincapié en el deseo de conservar o reanudar amistades, y denotan preocupación acerca de la posibilidad de ser rechazados por los amigos.

Las personas que tienen necesidades de afiliación superiores son especialmente sensibles a las relaciones con los demás. Desean estar con sus amigos la mayor parte del tiempo, y su propensión a estar solas es inferior a la de las personas que tienen menores necesidades de afiliación (O'Connor y Rosenblood, 1996). Al mismo tiempo, la motivación de afiliación puede ser menos importante que el género para determinar cuánto tiempo se pasa en compañía de los amigos. Según los resultados de un estudio, sin importar su orientación afiliativa, las estudiantes pasan mucho más tiempo con sus amistades y menos tiempo solas que los estudiantes (Wong y Csikszentmihalyi, 1991).

Necesidad de poder: esfuerzo por tener impacto en los demás

Necesidad de poder: tendencia a buscar tener un impacto, control o influencia sobre los demás, y ser visto como un individuo poderoso

Si sus fantasías incluyen ser elegido presidente de la nación, o director de General Motors, pueden estar reflejando una alta necesidad de poder. La **necesidad de poder** es una tendencia a buscar tener impacto, control o influencia sobre los demás, y ser visto como un individuo poderoso; lo cual representa otro tipo de motivación (Winter, 1973, 1987).

Como podría esperarse, las personas con gran necesidad de poder tienen más probabilidades de pertenecer a organizaciones y ejercer cargos de elección que quienes tienen poca necesidad de poder. También tienen buenas probabilidades de pertenecer a profesiones en las que puedan satisfacer sus necesidades de poder, como la administración de empresas y, puede que esto le sorprenda, la enseñanza (Jenkins, 1994). Además, estos individuos tratan de exhibir los beneficios del poder. Incluso en la universidad, son más propensos a coleccionar bienes que dan prestigio, como equipos de sonido o automóviles deportivos.

Existen varias diferencias de género importantes en la exhibición de la necesidad de poder. Los hombres que tienen grandes necesidades de poder tienden a mostrar niveles inusitadamente altos de agresividad, a beber en abundancia, a exhibir una posición de superioridad en su comportamiento sexual y a participar con frecuencia en deportes competitivos, comportamientos que colectivamente representan cierta extravagancia (Winter,

Los caminos de la psicología

Thomas Tutko

Psicólogo del deporte
Universidad Estatal de San José, San José, California

Nació en: 1931

Educación: B.A., Universidad Estatal de Pennsylvania; M.S., Ph.D., Universidad de Northwestern

Residencia: San José, California

Un curso de psicología por correspondencia no sólo condujo a Thomas Tutko hacia una carrera en psicología, sino que le preparó el camino para que se convirtiera en uno de los pioneros en el campo de la psicología del deporte.

"Cuando estaba de servicio en la infantería de marina tenía un amigo que se encontraba estudiando un curso de psicología por correspondencia y quedé fascinado", dijo Tutko, de 68 años de edad, originario de Gallitzin, Pennsylvania. "Después de inscribirme también en un curso por correspondencia, asistí a la Universidad Estatal de Pennsylvania. Debo decir que tomar ese curso fue la acción que tuvo más responsabilidad en el cambio en mi vida."

Recién egresado de la Universidad de Pennsylvania en 1958 con un título de psicólogo, Tutko buscó sus grados de maestría y doctorado en la Universidad de Northwestern. Con antecedentes académicos en psicología clínica e investigación, se unió al personal docente de la Universidad Estatal de San José y ha estado ahí desde entonces.

Thomas Tutko.

En San José, Tutko conoció a Bruce Ogilvie, quien ofrecía consejería a atletas con problemas personales. Juntos crearon el campo de la psicología del deporte. "Al hablar con Bruce le sugerí que investigáramos para averiguar lo que hacía exitoso a un atleta", comentó Tutko. "En esa época teníamos allí a algunos atletas de gran calibre, como John Carlos y Lee Evans, con los que podíamos trabajar."

Al desarrollar el campo, Tutko dijo que él y Ogilvie utilizaron varios conceptos ya disponibles en la psicología y los modificaron y adaptaron para aplicarlos en los deportes. Por ejemplo, ayudaban a los atletas a incrementar su seguridad, haciéndolos que se enfocaran en lo que hacían bien en lugar de concentrarse en lo que desempeñaban mal. "Los atletas profesionales son muy serios y mantener su concentración es un asunto importante. Necesitamos hacerlos pensar de manera positiva para reforzar su comportamiento y para ayudarlos utilizamos diversas técnicas de relajación."

Tutko señala además que la motivación es un concepto clave para los psicólogos del deporte. "Es importante el hecho de que un atleta esté en su punto 'máximo' o no para un juego. Hay un punto de excitación máximo en el que el atleta está excitado y emocionado y puede ser lo más eficiente posible. Pero también es posible estar demasiado excitado y esto puede dar como resultado un rendimiento deficiente."

Tutko ha trabajado con diversos equipos, incluyendo el equipo de béisbol de los Piratas de Pittsburg y los equipos de futbol americano Cuarenta y Nueves de San Francisco, Carneros de Los Ángeles y Vaqueros de Dallas. También ha participado en el atletismo juvenil y es autor de cinco libros sobre psicología y deportes. Imparte una cátedra de psicología del deporte, la cual, cuando fue introducida por primera vez, fue una de las primeras en la nación. "La universidad dijo que si no lograba que se inscribieran al menos 15 personas, el curso sería cancelado. El primer día llegaron 150 personas. Eso me demostró que había una necesidad real de una psicología del deporte", comentó.

1973). En contraste, las mujeres demuestran sus necesidades de poder de modo más moderado y congruente con las restricciones sociales tradicionales con relación a la conducta femenina. Las mujeres con grandes necesidades de poder tienen más probabilidades que los hombres de canalizar este comportamiento de un modo más responsable socialmente (como puede ser mostrar preocupación por los demás o mediante un comportamiento altamente protector) (Winter, 1988).

En común con otros tipos de motivación, la necesidad de poder puede expresarse en formas bastante diversas (Spangler y House, 1991). La manera en que se manifiesta una necesidad particular refleja una combinación de las habilidades y los valores de las personas, así como las situaciones específicas en las que se encuentran. (Véase el recuadro *Los caminos de la psicología* que acompaña este capítulo para una exposición de la manera en que un psicólogo aplica en la esfera deportiva algunos de los conceptos motivacionales que hemos visto.)

Recapitulación, revisión y reflexión

Recapitulación

- El hambre es afectada por claves internas que regulan la cantidad y la clase de alimentos que se ingieren. El hipotálamo desempeña una función central en la regulación de la ingestión de alimentos.

- El peso ideal interno de las personas, su sensibilidad a las claves sociales externas, el número de células grasas y factores genéticos son elementos que pueden afectar los patrones alimentarios.

- Aunque los factores biológicos primarios preparan a las personas para el sexo, son necesarios otros estímulos para que ocurra la excitación sexual.

- La masturbación (autoestimulación sexual) es común entre hombres y mujeres, aunque muchas personas aún la consideran como algo negativo.

- La doble moral ha declinado durante las últimas décadas; los actos reales de sexo prematrimonial y la tolerancia hacia éste han aumentado en gran medida.

- Entre las principales pulsiones secundarias se encuentran las necesidades de logro, afiliación y poder.

Revisión

1. Se ha encontrado que los animales de laboratorio, cuando son privados de ciertos nutrientes, seleccionan en forma instintiva alimentos que los contengan. ¿Verdadero o falso?

2. Relacione los siguientes términos con sus definiciones:

    1. Hipotálamo
    2. Lesión en el hipotálamo lateral
    3. Lesión en el hipotálamo ventromedial

    a. Produce un rechazo a la comida y la inanición
    b. Responsable de la supervisión de la ingestión de alimentos
    c. Provoca una excesiva ingestión de alimentos

3. El _____ _____ _____ es el nivel específico de peso que el cuerpo se esfuerza por conservar.

4. El _____ es la tasa a la que el cuerpo produce y gasta energía.

5. La _____ es un trastorno de la alimentación caracterizado por súbitas ingestas excesivas de alimentos,

para después purgar al organismo induciendo el vómito. Una persona que padezca de _____ _____ se rehúsa a comer y niega que su comportamiento y apariencia sean inusuales.

6. Las fantasías sexuales de los hombres y las mujeres en esencia son similares entre sí. ¿Verdadero o falso?

7. El trabajo realizado por _____ en la década de los años 30 fue el primer estudio sistemático acerca del comportamiento sexual que se haya realizado.

8. A pesar de que la incidencia de la masturbación entre los adultos jóvenes es alto, una vez que hombres y mujeres establecen relaciones íntimas con otros suelen dejar de practicarla. ¿Verdadero o falso?

9. Las investigaciones que comparan a los homosexuales y a los heterosexuales demuestran con claridad que no hay ninguna diferencia en el nivel de adaptación o funcionamiento psicológico de ambos grupos. ¿Verdadero o falso?

10. Joaquín es el tipo de persona que siempre trata de alcanzar la excelencia. Siente una enorme satisfacción cuando domina una nueva tarea. Es muy probable que Joaquín tenga una gran necesidad de _____.

Las respuestas a las preguntas de revisión se encuentran en la página 372.

Reflexión

1. ¿De qué manera las expectativas sociales, expresadas en los programas de televisión y los comerciales, contribuyen tanto a la obesidad como a una preocupación excesiva por bajar de peso? ¿Cómo podría contribuir la televisión a tener mejores hábitos alimenticios y actitudes hacia el peso? ¿Debería ser obligatorio?

2. ¿Qué factores sociales han contribuido a una reducción en la doble moral, según la cual se considera que la sexualidad entre hombres y mujeres es diferente? ¿Piensa que la doble moral ha desaparecido por completo?

3. ¿Rasgos como la necesidad de logro, de poder y de afiliación pueden utilizarse para seleccionar trabajadores para un empleo? ¿Qué otros criterios, tanto motivacionales como personales, se deberían tomar en cuenta para llegar a una decisión con respecto a la selección?

COMPRENSIÓN DE LAS EXPERIENCIAS EMOTIVAS

▶ **¿Qué son las emociones y cómo las experimentamos?**

▶ **¿Cuáles son las funciones de las emociones?**

Alex Ades tenía en sus manos el sobre que había estado esperando. Podría ser su boleto hacia el futuro: un aviso de admisión para la universidad de su elección. Pero, ¿qué diría la carta? Sabía que podía favorecerlo o no; sus calificaciones eran buenas y había participado en algunas actividades extracurriculares; pero su calificación en el examen SAT había sido, para decirlo francamente, muy mala. Se sintió tan nervioso que le temblaban las manos mientras trataba de abrir el sobre (se le ocurrió que eso no era una buena señal). Ahí estaba: "Estimado señor Ades", comenzaba la carta. "El presidente y los directores de la universidad se congratulan de admitirlo..." Eso era todo lo que necesitaba ver. Con un grito de emoción, Alex comenzó a saltar de alegría. Una gran emoción se apoderó de él conforme se percataba de que lo habían aceptado. Ya estaba en camino.

En un momento u otro, todos hemos experimentado sentimientos intensos que acompañan tanto a las experiencias más gratas como a las muy negativas. Podría ser la emoción de conseguir un empleo anhelado, el gozo de estar enamorado, la pena por la muerte de alguien o la angustia por haber lastimado a alguna persona sin proponérnoslo. Más aún, experimentamos ese tipo de reacciones en un nivel menos intenso en nuestras vidas cotidianas: el placer que brinda la amistad, la diversión que implica una película o la vergüenza por romper un objeto que nos prestaron.

A pesar de la naturaleza variada de estos sentimientos, todos representan emociones. Aun cuando todos tenemos una idea de lo que es una emoción, definir el concepto de manera formal ha sido una tarea elusiva. Usaremos una definición general: las **emociones** son sentimientos que suelen tener elementos fisiológicos y cognitivos que influyen en el comportamiento.

Emociones: sentimientos que por lo general tienen elementos fisiológicos y cognitivos, y que influyen en el comportamiento

Piense, por ejemplo, cómo es sentirse feliz. En primer lugar, evidentemente experimentamos un sentimiento que puede diferenciarse de otras emociones. Es posible lograr también identificar algunos cambios físicos en nuestro cuerpo: tal vez aumente nuestro ritmo cardiaco o, como en el ejemplo anterior, nos encontremos "brincando de alegría". Por último, es probable que la emoción abarque elementos cognitivos: nuestra comprensión y evaluación del significado de lo que ocurre origina el sentimiento de felicidad.

También es posible experimentar una emoción en ausencia de elementos cognitivos. Por ejemplo, podemos reaccionar con miedo ante una situación poco común o nueva (como entrar en contacto con un individuo errático e impredecible), o podemos sentir placer ante la excitación sexual sin tener conciencia cognitiva ni entender qué elementos de la situación nos excitan.

Algunos psicólogos afirman que sistemas separados por completo gobiernan las respuestas cognitivas y las emocionales. Una controversia actual trata de elucidar si la respuesta emocional tiene predominio sobre la cognitiva o viceversa. Algunos teóricos sugieren que en un principio respondemos a una situación con una respuesta emocional, y que después tratamos de comprenderla (Zajonc, 1985; Zajonc y McIntosh, 1992; Murphy y Zajonc, 1993). Por ejemplo, podemos disfrutar de una compleja sinfonía moderna sin entenderla o sin saber por qué nos gusta.

En contraste, otros teóricos sostienen que, al principio, las personas desarrollamos cogniciones acerca de una situación y después reaccionamos emocionalmente. Esta escuela de pensamiento afirma que primero es necesario pensar acerca de un estímulo o situación y comprenderlo, relacionándolo con lo que sabemos, antes de poder reaccionar de manera emocional (Lazarus, 1991a, 1991b, 1994, 1995).

Ambas partes de este debate citan investigaciones que apoyan sus puntos de vista, por lo que la disputa está lejos de resolverse. Es posible que la balanza varíe de una situación a otra, y que las emociones predominen en algunos casos al tiempo que los procesos cognitivos ocurran antes en otros contextos. En lo que están de acuerdo ambas partes es en que podemos experimentar emociones que implican poco o ningún pensamiento consciente. Puede ser que no sepamos por qué les tenemos miedo a los ratones, comprendiendo de manera objetiva que no representan ningún peligro, y aun así asustarnos cuando los vemos.

Sin importar la secuencia, es claro que nuestras emociones influyen de manera importante en nuestro comportamiento. Por otra parte, no todos parecen experimentar las emociones en forma idéntica. Por ejemplo, parece haber diferencias de género en las experiencias emocionales. Los resultados de una variedad de estudios confirman lo que sugiere la literatura popular: en comparación con los hombres, las mujeres indican de manera consistente que experimentan las emociones con más intensidad y las expresan con mayor facilidad, un fenómeno que inicia desde los años preescolares (Diener, Sandvik y Larsen, 1985; Larsen y Diener, 1987; Karbon *et al.*, 1992; Brody, 1996).

Aun cuando algunos investigadores han sugerido que esta diferencia de género se debe a factores biológicos innatos (Pennebaker y Roberts, 1992, entre otros), un análisis más reciente propone que la variación se puede deber a expectativas sociales diferentes para los hombres y las mujeres. Las psicólogas Michele Grossman y Wendy Wood (1993) proponen que la mayor intensidad emocional de las mujeres se deriva de las funciones sociales diferentes que desempeñan en forma tradicional ambos géneros en la sociedad. Las mujeres, por ejemplo, son más propensas a adoptar funciones de crianza y cuidado en el hogar, como las de madre y esposa. Además, incluso las mujeres que trabajan fuera del hogar, tienen mayor probabilidad de elegir profesiones en las que la atención hacia los demás es un componente importante, como la enseñanza o la enfermería.

Debido a que las funciones de cuidado requieren de preocuparse por las necesidades de los demás, las mujeres pueden ser más susceptibles que los hombres a desarrollar una sensibilidad emocional. Al mismo tiempo, los hombres desempeñan de manera tradicional funciones en las que la expresión emocional es menospreciada e incluso desalentada. En este sentido, las expectativas sociales tradicionales pueden llevar a las mujeres a desarrollar una mayor emotividad y a los hombres a desarrollar estilos emocionales más restringidos.

La implicación fascinante de este análisis es que conforme cambien las opiniones de la sociedad respecto a lo que constituye un comportamiento apropiado para hombres y mujeres, puede declinar también el grado de diferencia de género en la emotividad.

Funciones de las emociones

Imagine cómo serían las cosas si no tuviéramos emociones: sin momentos de desesperación, ni depresiones, ni remordimientos, pero tampoco momentos de felicidad, de gozo o de amor. Es evidente que la vida podría ser mucho menos satisfactoria y hasta aburrida si careciéramos de la capacidad de sentir y expresar emociones.

Pero, ¿sirven para algo las emociones más allá de hacer que la vida sea interesante? Por supuesto que sí. Los psicólogos han identificado diversas funciones importantes que cumplen las emociones en nuestras vidas cotidianas (Scherer, 1984, 1994; Averill, 1994; Oatley y Jenkins, 1996). Entre las más importantes se encuentran las siguientes:

- *Prepararnos para la acción.* Las emociones actúan como nexo entre los sucesos del ambiente externo y las respuestas conductuales que presenta un individuo. Por ejemplo, si viéramos a un perro furioso que corre hacia nosotros, la reacción emocional (el miedo) estaría asociada con una excitación fisiológica del sistema simpático correspondiente al sistema nervioso autónomo (véase capítulo 2). La función desempeñada por el sistema simpático es prepararnos para una acción de emergencia, la cual seguramente nos haría tratar de esquivar con rapidez al perro. Por tanto, las emociones son estímulos que ayudan a producir respuestas efectivas ante diversas situaciones.

- *Dar forma a nuestro comportamiento futuro.* Las emociones sirven para promover el aprendizaje de información que nos ayudará a elaborar respuestas adecuadas en el futuro. Por ejemplo, la respuesta emocional que se produce cuando una persona experimenta algo desagradable, como puede ser la amenaza de ataque de un perro, le enseña a evitar circunstancias similares en el futuro. De igual forma, las

---

Respuestas a las preguntas de revisión:

1. Verdadero   2. 1-b; 2-a; 3-c   3. peso ideal interno   4. metabolismo   5. bulimia; anorexia nervosa   6. Verdadero   7. Kinsey
8. Falso, incluso las personas casadas practican en forma continua la masturbación   9. Verdadero   10. logro

emociones placenteras actúan como reforzamiento para los comportamientos previos y, por consiguiente, son capaces de motivar a un individuo a buscar situaciones similares en el futuro. Así, es probable que el sentimiento de satisfacción que sigue a los actos caritativos reforzará este tipo de comportamiento y facilitará su ocurrencia en el futuro.

- *Ayuda a regular nuestra interacción social.* Como analizaremos con detalle más adelante, las emociones que experimentamos con frecuencia son evidentes para los observadores, debido a que se comunican mediante nuestros comportamientos verbal y no verbal. Éstos pueden funcionar como una señal para los observadores, permitiéndoles comprender de manera más adecuada lo que estamos experimentando y predecir así nuestro comportamiento futuro. Al mismo tiempo, esto promueve una interacción social más eficaz y adecuada. Por ejemplo, una madre que ve el terror reflejado en el rostro de su niño de dos años cuando éste ve una ilustración aterradora en un libro es capaz de calmarlo y consolarlo, con lo cual lo apoya para relacionarse con más efectividad con su entorno en el futuro.

Determinación del rango de las emociones: etiquetación de nuestros sentimientos

Si intentáramos escribir una lista de las palabras en inglés que se han empleado para describir las emociones, terminaríamos con al menos 500 ejemplos diferentes (Averill, 1975). La lista abarcaría desde emociones tan obvias como "felicidad" y "miedo" hasta las menos comunes como "espíritu de aventura" y "aire meditabundo".

Un reto para los psicólogos ha sido tratar de clasificar esta lista para identificar las emociones más importantes y fundamentales. La cuestión de catalogarlas ha sido rebatida en forma acalorada, y diversos teóricos de la emoción han obtenido listas diferentes, dependiendo de la forma en que definen el concepto de emoción. De hecho, algunos rechazan la cuestión por completo, diciendo que no puede señalarse a *ningún* conjunto de emociones como las más básicas, y que ellas se comprenden mejor separándolas en sus partes componentes. Otros investigadores afirman que es mejor considerar a las emociones como una jerarquía, dividiéndolas en categorías positivas y negativas, y luego organizándolas en subcategorías cada vez más reducidas (véase figura 9.3; Fischer, Shaver y Carnochan, 1990; Carroll y Russell, 1997).

La mayoría de los investigadores sugieren que una lista de emociones básicas incluiría, cuando menos, felicidad, ira, temor, tristeza y disgusto. Otras listas son más amplias, e incluyen emociones como sorpresa, desprecio, culpa, alegría (Plutchik, 1980; Ortony y Turner, 1990; Russell, 1991; Ekman, 1994a; Shweder, 1994).

Una dificultad para encontrar un conjunto básico de emociones definitivo es que existen diferencias significativas en las descripciones de las emociones entre diversas culturas. Por ejemplo, los alemanes indican experimentar *schadenfreude*, un sentimiento de placer por las dificultades de otras personas, mientras los japoneses experimentan *hagaii*, un estado de ánimo de pesar vulnerable con un tinte de frustración. En Tahití, las personas experimentan *musu*, un sentimiento de desgana a ceder a las demandas irrazonables de los padres.

Por supuesto, encontrar *schadenfreude*, *hagaii* y *musu* en una cultura particular no significa que los habitantes de otras culturas sean incapaces de experimentar dichas emociones. No obstante, sugiere que la existencia de una categoría lingüística para describir una emoción particular puede facilitar discutir, contemplar y quizá experimentar las emociones (Russell, 1991; Mesquita y Frijda, 1992; Russell y Sato, 1995).

Los miembros de culturas diferentes también experimentan las emociones con distintos grados de intensidad. Por ejemplo, comparados con estudiantes de Japón, los de Estados Unidos indican que sus emociones duran más tiempo y son más intensas. Además, los estudiantes estadounidenses dicen que reaccionan en forma más positiva a la experiencia general de la emoción que los estudiantes japoneses (Matsumoto *et al.*, 1988; Lee *et al.*, 1992; Bond, 1993).

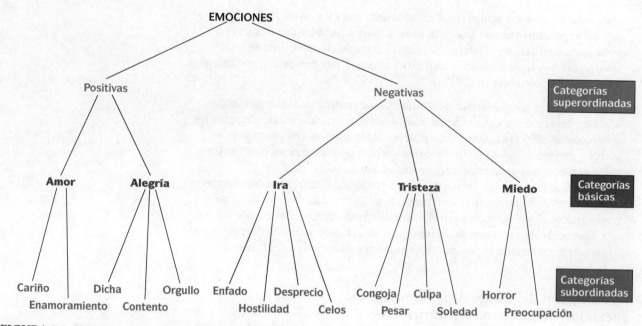

FIGURA 9.3 *Un enfoque para organizar las emociones consiste en usar una jerarquía, en la que se dividen en subcategorías cada vez más reducidas. Fuente: adaptado de Fischer, Shaver y Carnochan, 1990.*

Aunque a final de cuentas puede resultar imposible para los psicólogos producir una lista universal definitiva de las emociones primarias, la mayoría experimentamos gran variedad de emociones a lo largo de nuestras vidas. El proceso por el que llegamos a esta comprensión forma la base de diversas teorías de la emoción, que se expondrán a continuación.

DESCIFRAMIENTO DE NUESTRAS EMOCIONES

Nunca antes he estado tan enojado; siento que me revienta el corazón y tiembla todo mi cuerpo... no sé cómo haré para llevar adelante la representación. Siento mariposas en el estómago... ¡Vaya un error el mío! Mi rostro debe estar completamente sonrojado... Cuando escuché los pasos en la noche sentí tanto miedo que no pude ni respirar.

Si analiza este lenguaje, descubrirá que existen docenas de maneras de describir cómo nos sentimos cuando experimentamos una emoción, y que el lenguaje que empleamos para detallar las emociones se basa, en su mayor parte, en los síntomas físicos relacionados con una experiencia emocional particular (Koveces, 1987).

Considere usted, por ejemplo, la experiencia de miedo. Suponga que es ya tarde en la noche de año nuevo. Usted camina por un callejón oscuro y escucha que se le aproxima por detrás un desconocido. Es obvio que esa persona no está tratando de rebasarlo, sino que camina directamente en dirección suya. Usted piensa en lo que haría si el extraño intenta asaltarlo, o peor aún, lastimarlo de algún modo.

Mientras estos pensamientos discurren en su mente, es casi seguro que algo drástico sucede en su cuerpo. Entre las reacciones fisiológicas que pueden ocurrir con mayor probabilidad, las cuales se asocian con la activación del sistema nervioso autónomo (véase capítulo 2), destacan las que a continuación se señalan:

- Aumentan el ritmo respiratorio y la cantidad de aire captado en cada inhalación.

- Incrementa el ritmo cardiaco y el corazón bombea más sangre a través del sistema circulatorio.

- Las pupilas de los ojos se dilatan, lo cual permite que penetre más luz y que aumente la sensibilidad visual.

- La boca se seca a medida que las glándulas salivales y todo el sistema digestivo dejan de funcionar. No obstante, al mismo tiempo puede aumentar la actividad de las glándulas sudoríparas, puesto que un aumento del sudor ayuda a liberarse del exceso de calor producido por cualquier actividad de emergencia en la que se involucre.

- Al tiempo que se contraen los músculos ubicados inmediatamente bajo la epidermis, los vellos de la piel se erizan.

Claro que todos estos cambios fisiológicos suelen producirse sin que usted se percate de ello. Sin embargo, al mismo tiempo la experiencia emocional que los acompaña le será evidente: es muy probable que diga que siente miedo.

Aunque es una cuestión relativamente simple describir las reacciones físicas generales que acompañan a las emociones, definir la función específica que desempeñan estas respuestas fisiológicas en la experiencia de las emociones ha demostrado ser un gran acertijo para los psicólogos. Como veremos, algunos teóricos sugieren que existen reacciones corporales específicas que *provocan* que experimentemos una emoción determinada; por ejemplo, sentimos miedo *porque* nuestro corazón late con rapidez y respiramos profundamente. En contraste, otros teóricos sugieren que la reacción fisiológica es el *resultado* de experimentar una emoción. Desde esta perspectiva, el miedo que sentimos provoca que nuestro corazón lata con rapidez y que respiraremos aceleradamente.

La teoría de James-Lange: ¿las reacciones viscerales equivalen a las emociones?

Para William James y Carl Lange, quienes se cuentan entre los primeros investigadores que exploraron la naturaleza de las emociones, la experiencia emocional es, sencillamente, una reacción ante sucesos corporales instintivos que ocurren como respuesta a alguna situación o acontecimiento en el entorno. Esta concepción se resume en la aseveración de James: "...sentimos tristeza porque lloramos, enojo porque golpeamos, miedo porque temblamos" (James, 1890).

James y Lange sostuvieron que la respuesta instintiva de llorar ante la pérdida de un ser querido nos produce el sentimiento de tristeza; que golpear a alguien que nos molesta nos lleva a sentir enojo; que temblar ante algo amenazador nos provoca el miedo. Sugirieron que para cada emoción importante existe una reacción fisiológica de los órganos internos que la acompaña, a la que se denomina *experiencia visceral*. Es este patrón específico de respuesta visceral lo que nos lleva a clasificar la experiencia emocional.

En resumen, James y Lange señalaron que experimentamos emociones como resultado de los cambios fisiológicos producidos por sensaciones específicas. Éstas, a su vez, son interpretadas por el cerebro como tipos particulares de experiencias emocionales (véase figura 9.4). Esta perspectiva se conoce con el nombre de **teoría de la emoción de James-Lange** (Laird y Bresler, 1990).

La teoría de James-Lange tiene diversas desventajas. Para que sea válida, los cambios viscerales tendrían que producirse a un ritmo relativamente rápido, puesto que experimentamos algunas emociones, como el miedo al escuchar que un desconocido se aproxima con rapidez en una noche oscura, casi al instante. Sin embargo, las experiencias emocionales con frecuencia se producen incluso antes de que los cambios fisiológicos hayan tenido tiempo de iniciar su proceso. Debido a la lentitud con que se producen ciertos cambios viscerales, es difícil aceptar que sean la fuente de la experiencia emocional inmediata.

La teoría de James-Lange plantea otra limitación: la excitación fisiológica no siempre produce una experiencia emocional. Por ejemplo, cuando una persona corre se produce un aumento de su ritmo cardiaco y respiratorio, así como diversos cambios fisiológicos

Teoría de la emoción de James-Lange: creencia de que la experiencia emocional es una reacción ante sucesos corporales que ocurren como resultado de una situación externa ("Me siento triste porque estoy llorando")

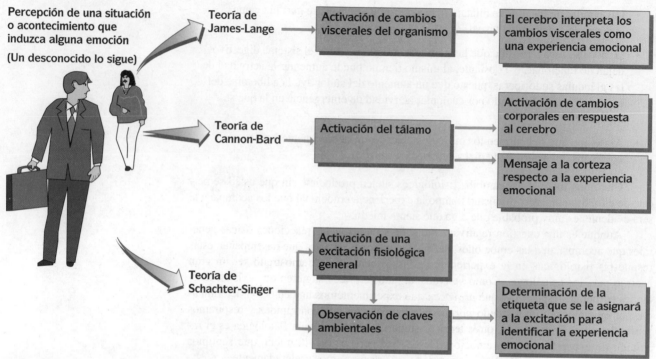

FIGURA 9.4 *Comparación de tres modelos de la emoción.*

relacionados con determinadas emociones. Sin embargo, los corredores no suelen pensar acerca de esos cambios en términos de emociones. Por tanto, no puede haber una correspondencia de uno a uno entre los cambios viscerales y la experiencia emocional. Aquéllos, por sí mismos, pueden no ser suficientes para generar emociones.

Por último, nuestros órganos internos generan una gama relativamente limitada de sensaciones. Aunque algunos tipos de cambios fisiológicos se asocian con experiencias emocionales específicas (Levenson *et al.*, 1992; Levenson, 1992; Davidson *et al.*, 1994), es difícil imaginar cómo toda la variedad de emociones que las personas son capaces de experimentar pudiera ser resultado de cambios viscerales únicos. En realidad, muchas emociones están asociadas con formas relativamente similares de cambios viscerales, hecho que contradice la teoría de James-Lange.

La teoría de Cannon-Bard: reacciones fisiológicas como resultado de las emociones

Teoría de la emoción de Cannon-Bard: creencia de que tanto la excitación fisiológica como la emocional son producidas de manera simultánea por el mismo impulso nervioso

En respuesta a las dificultades inherentes a la teoría de James-Lange, Walter Cannon y posteriormente Philip Bard sugirieron una perspectiva alterna. En lo que ha llegado a conocerse como **teoría de la emoción de Cannon-Bard**, propusieron el modelo ilustrado en la segunda parte de la figura 9.4 (Cannon, 1929). El principal postulado de la teoría es rechazar la idea de que la sola excitación fisiológica conduce a la percepción de emociones. En lugar de ello, la teoría supone que la excitación fisiológica *y* la experiencia emocional son producidas de manera simultánea por el mismo impulso nervioso, el cual, suponen Cannon y Bard, procede del tálamo del cerebro.

De acuerdo con esta teoría, después de que se percibe un estímulo que induce una emoción, el tálamo es el sitio inicial de la respuesta emocional. A su vez, éste envía una señal al sistema nervioso autónomo, produciendo por consiguiente una respuesta visceral. Al mismo tiempo, el tálamo comunica un mensaje a la corteza cerebral con relación a la naturaleza de la emoción que se experimenta. Por tanto, no es preciso que distintas emociones tengan patrones fisiológicos únicos relacionados con ellas, siempre y cuando el mensaje enviado a la corteza cerebral difiera de acuerdo con la emoción específica.

La teoría de Cannon-Bard parece estar en lo correcto al rechazar la idea de que la excitación fisiológica por sí misma puede explicar las emociones. Sin embargo, investigaciones más recientes han conducido a modificaciones importantes de la teoría. Como podrá recordar con base en lo estudiado en el capítulo 2, ahora se sabe que el hipotálamo y el sistema límbico, y no el tálamo, desempeñan una función importante en la experiencia emocional. Además, la simultaneidad de las respuestas fisiológica y emocional, lo cual es un supuesto fundamental de la teoría, todavía tiene que demostrarse en forma concluyente (Pribram, 1984). Esta ambigüedad ha permitido que se elabore otra teoría de las emociones: la de Schachter-Singer.

La teoría de Schachter-Singer: las emociones como etiquetas

Suponga usted que, mientras lo siguen al caminar por una calle oscura la noche de año nuevo, nota que un hombre es seguido por una figura sombría al otro lado de la calle. Ahora suponga que en lugar de reaccionar con miedo, el hombre empieza a reír y a comportarse alegremente. ¿Serían suficientes las reacciones de este otro individuo para eliminar el miedo que siente usted? ¿Podría decidir, de hecho, que no hay nada que temer y contagiarse del espíritu de la noche y comenzar a sentirse feliz y alegre?

Según una explicación que se centra en la función de la cognición, la **teoría de la emoción de Schachter-Singer**, esto bien podría ocurrir. Este enfoque para explicar las emociones hace hincapié en que identificamos la emoción que experimentamos mediante la observación de nuestro entorno y la comparación de nosotros mismos con los demás (Schachter y Singer, 1962).

Un experimento clásico aportó evidencia para esta hipótesis. En dicho estudio se comunicó a los sujetos de estudio que recibirían una inyección de una vitamina denominada suproxina. En realidad, se les dio epinefrina, un fármaco que produce un aumento de la excitación fisiológica, incluyendo aceleramiento del ritmo cardiaco y respiratorio y enrojecimiento del rostro, respuestas que se suelen manifestar durante las reacciones emocionales intensas. A los sujetos se les dividió en dos grupos y luego se les colocó de manera individual en una situación en la que un confederado o cómplice del experimentador actuaba en una de dos maneras posibles. En una condición, se comportaba hostil y enfadado, mientras en la otra condición se comportaba como si estuviera sumamente contento.

El propósito del experimento era determinar cómo reaccionarían los sujetos experimentales en cuanto a sus emociones ante el comportamiento del cómplice. Cuando se les pidió describir su propio estado emocional al final del experimento, los sujetos que tuvieron contacto con el cómplice irritado informaron sentirse enojados, mientras los que estuvieron con el cómplice feliz indicaron haberse sentido alegres. En resumen, los resultados sugieren que los sujetos volvieron hacia el entorno y el comportamiento de los demás para encontrar una explicación de la excitación fisiológica que experimentaban.

En este sentido, los resultados del experimento de Schachter-Singer apoyan la perspectiva cognitiva de las emociones, en la cual éstas se encuentran determinadas en conjunto por un tipo de excitación fisiológica relativamente inespecífico y por la catalogación de la excitación con base en claves obtenidas del entorno (véase la tercera parte de la figura 9.4).

La teoría de la emoción de Schachter-Singer ha generado experimentos psicológicos muy interesantes en diversas áreas de la disciplina, como el estudio de los factores que determinan el apego. En un experimento imaginativo, una atractiva mujer universitaria se paró al final de un puente colgante de 160 metros de largo que cruza sobre un cañón profundo. La mujer realizaba a todas luces una encuesta, y formulaba una serie de preguntas a los hombres que atravesaban el puente. Después les daba su número telefónico, diciéndoles que si les interesaba conocer los resultados del estudio podían llamarle la semana siguiente.

En otra condición, una mujer atractiva les pedía a los hombres que acababan de cruzar un puente firme a tres metros de altura sobre un arroyuelo que completaran el mismo cuestionario. Los resultados mostraron diferencias significativas en la naturaleza de

Teoría de la emoción de Schachter-Singer: creencia de que las emociones son determinadas en forma conjunta por un tipo inespecífico de excitación fisiológica y su interpretación, basada en claves ambientales

Éste es el puente colgante elevado que se empleó para incrementar la excitación fisiológica de sujetos varones.

las respuestas de los hombres, lo cual dependía del puente que habían cruzado. Por ejemplo, aquellos que cruzaron el puente peligroso exhibieron significativamente más imaginería sexual en sus respuestas a la encuesta que quienes habían cruzado el puente menos peligroso. Además, quienes atravesaron el tramo peligroso presentaron mayor tendencia a llamar a la muchacha a la semana siguiente, lo cual sugiere que era mayor la atracción que sentían por ella. Los hombres cuya excitación se vio incrementada por su travesía sobre el puente peligroso parecen haber tratado de explicarse la razón de su excitación fisiológica, para terminar atribuyéndosela a la presencia de la mujer atractiva (Dutton y Aron, 1974). Por tanto, de modo consistente con la teoría de Schachter-Singer, la respuesta emocional de los hombres se basó en una etiquetación de su excitación.

Desafortunadamente, las evidencias que se han reunido para confirmar la teoría de Schachter-Singer no siempre la han apoyado (Reisenzein, 1983; Leventhal y Tomarken, 1986). Por ejemplo, algunas investigaciones sugieren que la excitación fisiológica no siempre es esencial para que ocurra la experiencia emocional y que los factores fisiológicos *por sí mismos* pueden dar cuenta del estado emocional en otros casos (Marshall y Zimbardo, 1979; Chwalisz, Diener y Gallagher, 1988). Por tanto, ciertos fármacos producen depresión de manera invariable como un efecto secundario sin importar cuál sea la naturaleza de la situación o de las claves ambientales presentes.

Aun así, la teoría de la emoción de Schachter-Singer representa un hito significativo en el estudio de las emociones. La teoría preparó el camino para investigaciones recientes que se han enfocado en la función de la valoración y la excitación fisiológica inexplicable. Por ejemplo, algunos estudios sugieren que las emociones se producen principalmente cuando evaluamos una situación como significativa para nuestro bienestar personal (Mauro, Sato y Tucker, 1992; Smith *et al*., 1993; Sinclair *et al*., 1994). En resumen, la teoría de Schachter-Singer es importante puesto que sugiere que, al menos bajo determinadas circunstancias, las experiencias emocionales son una función conjunta de la excitación fisiológica y de la etiquetación de ésta. Cuando la fuente de la excitación fisiológica no es clara, podemos observar los alrededores para determinar qué es lo que experimentamos.

Perspectivas contemporáneas sobre las emociones

Cuando Schachter y Singer llevaron a cabo su experimento fundamental a principios de la década de los años 60, tenían una limitación relativa en la forma en que podían evaluar la fisiología que acompaña a la emoción. Sin embargo, los avances en la medición del sistema nervioso y otras partes del cuerpo han permitido a los investigadores examinar con mayor detenimiento las respuestas biológicas que están implicadas en la emoción. Como resultado, la investigación contemporánea sobre este tema se enfoca a realizar una revisión de las opiniones anteriores respecto a que las respuestas fisiológicas asociadas con las emociones son indiferenciadas. En lugar de ello, hay una evidencia creciente de que patrones específicos de excitación biológica se asocian con emociones individuales (Davidson, 1994; Levenson, 1994).

Por ejemplo, los investigadores han encontrado que emociones específicas producen la activación de porciones muy diferentes del cerebro. En un estudio que empleó tomografías por emisión de positrones del cerebro, se le pidió a un grupo de mujeres participantes que recordaran sucesos que las hubieran hecho sentir tristes, como muertes y funerales, o acontecimientos que fueran felices, como bodas y nacimientos. También vieron fotografías de rostros que estuvieran felices o tristes. Los resultados fueron claros: la felicidad se relacionó con una disminución en la actividad de ciertas áreas de la corteza cerebral, mientras que la tristeza se asoció con incrementos en la actividad en porciones particulares de la corteza (véase figura 9.5). A final de cuentas, es posible que se puedan trazar mapas de emociones particulares en sitios específicos del cerebro (George *et al*., 1995).

Conforme continúan planteándose nuevos enfoques en torno a la emoción, es razonable preguntar por qué hay tantas teorías acerca de este tema y, lo que tal vez tenga mayor importancia, cuál de ellas proporciona la explicación más completa. En la actualidad

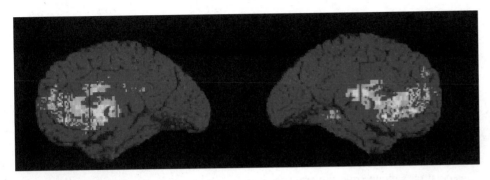

FIGURA 9.5 *Las porciones coloreadas de estas tomografías, que muestran dos vistas del cerebro, indican una actividad cerebral que ocurre al experimentar tristeza, en comparación con situaciones en las que no se experimenta emoción alguna. Fuente: cortesía del doctor Mark George.*

sólo se ha estudiado la superficie. Casi hay tantas teorías que explican las emociones como emociones individuales (Izard, 1991; Lazarus, 1991b; Oatley, 1992; Ekman y Davidson, 1994; Strongman, 1996; Averill, 1997, entre otros).

¿Por qué hay tantas teorías sobre las emociones? La respuesta es que las emociones son fenómenos tan complejos, que abarcan tanto aspectos biológicos como cognitivos, que ninguna teoría aislada ha sido capaz de explicar por completo todas las facetas de la experiencia emocional. Para cada uno de los enfoques hay evidencias contradictorias de algún tipo y, por ello, ninguna teoría ha demostrado ser precisa de manera invariable en sus predicciones.

Por otra parte, esta abundancia de perspectivas acerca de la emoción no es razón para desesperarse, o para ser infeliz, tener miedo o sentir cualquiera otra emoción negativa. Sólo refleja el hecho de que la psicología es una ciencia en evolución. Cuando se hayan reunido más evidencias, las respuestas específicas a las preguntas relativas a la naturaleza de las emociones serán más claras.

Recapitulación, revisión y reflexión

Recapitulación

- Las emociones son sentimientos que suelen tener un componente fisiológico y uno cognitivo.

- Las emociones cumplen diversas funciones, entre las cuales se cuentan la preparación para la acción, el moldeamiento de nuestro comportamiento futuro y la regulación de la interacción social.

- Diversos cambios fisiológicos acompañan a las emociones intensas, incluyendo aceleración del ritmo respiratorio y cardiaco, dilatación de las pupilas, resequedad de la boca, aumento de la sudoración y la sensación de tener "los pelos de punta".

- Los principales enfoques sobre la emoción son las teorías de James-Lange, Cannon-Bard y Schachter-Singer. Las perspectivas más recientes se centran en examinar la naturaleza de la activación biológica que acompaña a las emociones.

Revisión

1. Las emociones se acompañan siempre por una respuesta cognitiva. ¿Verdadero o falso?

2. La teoría de las emociones de _____ _____ sostiene que éstas son respuestas a procesos instintivos del organismo.

3. Toda emoción se ve acompañada por un conjunto único de respuestas fisiológicas, lo cual prueba la veracidad de la teoría de James-Lange. ¿Verdadero o falso?

4. Según la teoría de la emoción de _____ _____, impulsos nerviosos producen tanto una respuesta emocional como una excitación fisiológica de manera simultánea.

5. Un amigo psicólogo le dice: "Anoche estuve en una fiesta. En el transcurso de la velada aumentó mi nivel general de excitación. Supongo que, dado que en la fiesta la gente se divertía, asumí que yo también me sentía feliz." ¿De qué teoría de la emoción es partidario su amigo?

Las respuestas a las preguntas de revisión se encuentran en la página 380.

Reflexión

1. Muchas personas disfrutan más viendo películas, encuentros deportivos y conciertos en teatros y estadios repletos de gente que si los ven estando solos en su casa. ¿Qué teoría de las emociones puede ayudar a explicar esto? ¿Cómo?

2. Si los investigadores encontraran alguna vez la forma de controlar las respuestas emocionales de modo que las emociones y las reacciones fisiológicas elegidas pudieran ser inducidas o disminuidas a voluntad, ¿qué preocupaciones éticas podrían surgir? ¿Habría usos éticos para tal conocimiento?

ESTRÉS Y AFRONTAMIENTO

▶ **¿Qué es el estrés, cómo nos afecta y de qué manera podemos afrontarlo mejor?**

El día de Tara Knox comenzó mal: se quedó dormida a pesar de la alarma de su despertador y tuvo que omitir el desayuno para alcanzar el autobús que la llevaría a la universidad. Luego, cuando fue a la biblioteca a buscar el texto que debía leer para presentar un examen al día siguiente, el artículo que necesitaba no estaba. El bibliotecario le dijo que remplazarlo tomaría 24 horas. Sintiéndose exasperada, se encaminó al laboratorio de cómputo para imprimir el trabajo que había terminado la noche anterior. Sin embargo, no pudo lograr que la computadora leyera su disco. Aunque buscó alguien que le ayudara, no pudo encontrar a alguno que supiera más que ella.

Apenas eran las 9:42 a.m. y en todo lo que podía pensar Tara era en cuánto estrés sentía.

Estrés: reacción ante la amenaza y el desafío

Estrés: respuesta a sucesos que son amenazadores o desafiantes

La mayoría de nosotros necesita pocas presentaciones para el fenómeno del **estrés**, definido formalmente como la respuesta ante los sucesos que amenazan o ponen en conflicto a una persona. Ya sea que se trate de un trabajo que se debe entregar, de la fecha próxima de un examen, de un conflicto familiar o incluso de una serie acumulativa de pequeños acontecimientos como los que enfrenta Tara Knox, la vida está repleta de circunstancias y sucesos, conocidos como *estímulos estresantes*, que representan amenazas a nuestro bienestar. Incluso los sucesos placenteros, como planear una fiesta o el inicio de actividades en un empleo que se buscó con insistencia, pueden producir estrés, aunque los acontecimientos negativos tienen mayores consecuencias perjudiciales que los positivos (Sarason, Johnson y Siegel, 1978; Brown y McGill, 1989).

Todos enfrentamos situaciones de estrés en nuestras vidas. Algunos psicólogos de la salud consideran que la vida cotidiana conlleva una serie de secuencias repetidas en las que percibimos amenazas, consideramos formas de afrontarlas y por último nos adaptamos a ellas, con mayor o menor éxito (Gatchel y Baum, 1983). A pesar de que la adaptación suele ser mínima y se produce sin darnos cuenta, cuando el estrés es más severo o se prolonga por más tiempo, la adaptación requiere de un esfuerzo mayor y es posible que origine respuestas fisiológicas y psicológicas que provoquen problemas de salud.

El alto costo del estrés

El estrés puede causar daño en muchas formas y tiene consecuencias biológicas y psicológicas. Con frecuencia, la reacción inmediata al estrés es biológica. La exposición a estímulos estresantes incrementa la secreción de determinadas hormonas producidas por las glándulas suprarrenales, aumenta la presión arterial y el ritmo cardiaco, y produce cambios en la capacidad de la piel para conducir impulsos eléctricos. A corto plazo, estas respuestas pueden ser adaptativas debido a que producen una "reacción de emergencia" en la que el cuerpo se prepara para defenderse por medio de la activación del sistema nervioso simpático (véase capítulo 2). Estas respuestas pueden permitir un afrontamiento más efectivo de la situación estresante (Selye, 1976; Chrousos *et al.*, 1995; Akil y Morano, 1996).

No obstante, si hay una exposición continua al estrés se produce una disminución en la eficacia del nivel general de funcionamiento biológico del organismo a causa de la secreción constante de las hormonas relacionadas con el estrés. Con el paso del tiempo, las reacciones ante el estrés provocan el deterioro de tejidos corporales como los vasos

---

Respuestas a las preguntas de revisión:

1. Falso, las emociones pueden producirse sin una respuesta cognitiva   2. James-Lange   3. Falso; muchas emociones se relacionan con reacciones corporales similares   4. Cannon-Bard   5. Schachter-Singer

sanguíneos y el corazón. En último término, nos hacemos más susceptibles a las enfermedades, debido a que disminuye nuestra capacidad para combatir las infecciones (Kiecolt-Glaser y Glaser, 1986; Cohen, Tyrrell y Smith, 1991; Sapolsky, 1996; Shapiro, 1996).

Además de provocar estas graves complicaciones a la salud, muchos de los dolores y molestias leves que padecemos pueden ser provocados o empeorados por el estrés. Entre éstos se encuentran las jaquecas, los dolores de espalda, la irritación de la piel, la indigestión, la fatiga y el estreñimiento. El estrés ha sido relacionado incluso con el resfriado común (Brown, 1984; Cohen, Tyrrell y Smith, 1994; Cohen, 1996).

Aunado a esto, todo un conjunto de problemas médicos, conocidos como **trastornos psicosomáticos**, suele ser resultado del estrés. Estos problemas de salud son provocados por una interacción entre dificultades psicológicas, emocionales y físicas. Entre los trastornos psicosomáticos comunes están las jaquecas, los problemas cutáneos y la hipertensión arterial (Shorter, 1991; Andreassi, 1995; Lehrer, 1996). De hecho, la probabilidad de contraer una enfermedad grave parece estar relacionada con la cantidad y el tipo de sucesos estresantes que experimenta una persona (véase cuadro 9-2).

En el estrato psicológico, padecer niveles elevados de estrés impide a las personas afrontar la vida de manera adecuada. Su perspectiva del entorno puede estar empañada (por ejemplo, se exagera la importancia de una crítica insignificante de un amigo). Es más, en los niveles más altos de estrés, las respuestas emocionales pueden ser tan extremas que las personas son incapaces de actuar en absoluto. Los individuos con altos niveles de estrés pierden la capacidad de enfrentar nuevos estímulos estresantes. Por tanto, la capacidad para enfrentar este problema en el futuro disminuye como resultado del estrés anterior.

En resumen, el estrés nos afecta de muchas formas. Puede aumentar el riesgo de que nos enfermemos, puede producir una enfermedad en forma directa, puede disminuir nuestra capacidad de recuperación de una enfermedad y puede reducir nuestra capacidad de afrontar el estrés futuro (Lovallo, 1997).

El modelo del síndrome de adaptación general: el curso del estrés

Los efectos del estrés han sido muy bien ilustrados por un modelo elaborado por Hans Selye, uno de los teóricos pioneros del estrés (Selye, 1976, 1993). Este modelo, el **síndrome de adaptación general (SAG)**, señala que ocurre el mismo conjunto de reacciones fisiológicas ante el estrés sin importar cuál sea su causa.

Como se muestra en la figura 9.6, este modelo tiene tres etapas. La primera, *etapa de alarma y movilización*, sucede cuando las personas se percatan de la presencia de un estímulo estresante. Suponga, por ejemplo, que al finalizar el primer semestre académico se entera de que está condicionado debido a sus bajas calificaciones. Es muy probable que su primera reacción sea alarmarse y sentirse preocupado e inquieto. No obstante, después comenzaría a concentrar sus esfuerzos y haría planes y promesas a sí mismo de estudiar con más ahínco durante el resto del año escolar.

En un nivel fisiológico, el sistema nervioso simpático se activa durante la fase de alarma y movilización. Una activación prolongada de este sistema puede conducir a problemas en el sistema circulatorio o úlceras estomacales, y el cuerpo puede volverse vulnerable a enfermedades.

Si el estímulo estresante persiste, las personas pasan a la siguiente etapa del modelo. En la *etapa de resistencia*, los individuos se preparan para luchar contra el estímulo estresante. Durante esta etapa, las personas emplean diversos medios para afrontar al estímulo estresante, en ocasiones con éxito, pero a costa de cierto grado de bienestar psicológico o fisiológico general. Por ejemplo, en el caso en que haya sido puesto en estado académico condicional, la resistencia puede consistir en dedicarle muchas horas al estudio. Es posible que a fin de cuentas logre éxito en su empeño de obtener mejores calificaciones, pero esto fue a cambio de desvelos y muchas horas de preocupación.

Si la resistencia no es adecuada, se llega a la última etapa del modelo, la *etapa de agotamiento*. En ésta disminuye la capacidad de la persona para adaptarse al estímulo estresante hasta el punto en que aparecen consecuencias negativas: enfermedades físicas,

Trastornos psicosomáticos: problemas de salud causados por una interacción de dificultades psicológicas, emocionales y físicas

Síndrome de adaptación general (SAG): teoría elaborada por Selye, que sugiere que la respuesta de una persona al estrés consta de tres etapas: alarma y movilización, resistencia y agotamiento

Cuadro 9-2	Predicción de la enfermedad del futuro a partir del estrés del pasado

¿En su futuro hay alguna enfermedad relacionada con el estrés? Las investigaciones hechas por medio de encuestas han demostrado que la naturaleza y el número de factores estresantes en la vida de una persona se relacionan con el padecimiento de alguna enfermedad grave (Rahe y Arthur, 1978).

Para averiguar el grado de estrés que hay en su vida, tome el valor del estímulo estresante que se indica al lado de cada suceso que haya experimentado y multiplíquelo por el número de ocasiones en que se produjo durante el año anterior (hasta un máximo de cuatro). Después sume los resultados.

87 Sufrir la muerte del cónyuge
77 Casarse
77 Sufrir la muerte de un familiar cercano
76 Divorciarse
74 Separarse de la pareja
68 Sufrir la muerte de un amigo cercano
68 Experimentar un embarazo o ser futuro padre
65 Haber tenido una enfermedad o herida grave
62 Haber sido despedido del trabajo
60 Cancelar un compromiso matrimonial o terminar una relación estable de pareja
58 Tener dificultades sexuales
58 Experimentar una reconciliación con su cónyuge
57 Presentar un cambio fundamental en la imagen de sí mismo o en la conciencia propia
56 Experimentar un cambio importante en la salud o comportamiento de un miembro de la familia
54 Comprometerse en matrimonio
53 Tener un gran cambio de posición económica
52 Pedir un préstamo o hipoteca de más de 10 000 dólares
52 Modificar en forma considerable el consumo de drogas
50 Tener un gran conflicto o modificación de valores
50 Modificar considerablemente la cantidad de discusiones con su pareja
50 Tener un nuevo miembro en la familia
50 Ingresar a la universidad
50 Cambiarse a otra escuela
50 Cambiar de giro de trabajo
49 Modificar en forma considerable el nivel de independencia y responsabilidad
47 Cambiar considerablemente las responsabilidades en el trabajo
46 Experimentar un gran cambio en el consumo de alcohol
45 Revisar sus hábitos personales
44 Tener problemas con la administración escolar
43 Trabajar y estudiar en forma simultánea
43 Cambiar en forma considerable las actividades sociales
42 Tener problemas con la familia política
42 Modificar de manera importante el horario o las condiciones de trabajo
42 Cambiar de residencia o de condiciones de vida
41 Experimentar que la pareja deje de trabajar o empiece a trabajar fuera de casa
41 Cambiar su elección del área principal de estudio
41 Modificar sus hábitos de citas
40 Obtener un gran logro personal
38 Tener problemas con su jefe
38 Modificar de manera importante la medida en que participa en actividades escolares
37 Cambiar en forma considerable el tipo o cantidad de actividades recreativas
36 Modificar considerablemente las actividades religiosas
34 Cambiar en forma importante los hábitos de sueño
33 Salir de viaje o de vacaciones
30 Cambiar en forma considerable los hábitos alimenticios
26 Modificar de manera importante el número de reuniones familiares
22 Habérsele encontrado culpable de violaciones menores a la ley

Calificación: Si su puntuación total es superior a 1 435, se encuentra en la categoría de estrés elevado, lo cual, de acuerdo con Marx, Garrity y Bowers (1975), lo pone en riesgo de experimentar en el futuro una enfermedad relacionada con el estrés. Por otra parte, no debe asumir que una calificación alta le asegura una enfermedad. Debido a que las investigaciones sobre el estrés y enfermedades son de tipo correlacional, los sucesos estresantes de consideración son percibidos mejor como asociados con la enfermedad, pero pueden no ser su causa. Además, algunas investigaciones señalan que las enfermedades futuras se predicen mejor a partir de las dificultades cotidianas de la vida y no por los sucesos importantes enlistados en el cuestionario (Lazarus *et al.*, 1985). De cualquier forma, un alto nivel de sucesos estresantes en nuestra vida es causa de preocupación y por tanto es importante tomar medidas para reducir el estrés (Marx, Garrity y Bowers, 1975, p. 97; Maddi, Bartone y Puccetti, 1987; Crandall, 1992).

Estímulo estresante

Alarma y movilización
Enfrentarse al
estímulo estresante

Resistencia
Afrontar el estrés
y resistirse al estímulo
estresante

Agotamiento
Ocurren consecuencias
negativas del estrés
(como enfermar)
cuando el afrontamiento
es inadecuado

FIGURA 9.6 *El síndrome de adaptación general señala que hay tres etapas importantes en la respuesta de las personas ante el estrés. Fuente: Selye, 1976.*

síntomas psicológicos que se manifiestan en incapacidad para concentrarse, mayor irritabilidad o, en casos graves, desorientación y pérdida de contacto con la realidad. En cierto sentido, las personas "se acaban". Por ejemplo, si está abrumado por la presión de tener un buen desempeño en sus cursos, puede enfermarse o encontrar imposible seguir estudiando.

Por supuesto que no toda la gente llega a esta última etapa. Si se puede resistir el estímulo estresante durante la segunda etapa, los recursos físicos no se agotan y se pueden recuperar, evitando por consiguiente el agotamiento.

¿Qué hacen las personas para salir de la tercera etapa una vez que ingresaron en ella? En ciertos casos el agotamiento conduce a las personas a evitar el estímulo estresante. Por ejemplo, las personas que enferman por exceso de trabajo pueden faltar a sus labores durante un periodo, lo cual les da un respiro temporal de sus responsabilidades. En este sentido, al menos durante un tiempo, se logra reducir el estrés inmediato.

El modelo SAG es muy valioso para comprender el estrés. Al afirmar que el agotamiento de los recursos en la tercera etapa del modelo produce daño fisiológico, ofrece una explicación específica acerca de la forma en que el estrés puede conducir a enfermedades. Además, el modelo se puede aplicar a personas y a especies no humanas.

Por otra parte, algunos aspectos del modelo SAG han sido cuestionados. Una de las críticas más importantes está dirigida a la supuesta reacción de emergencia del sistema simpático, activada durante la etapa de alarma y movilización. La teoría propone que la reacción es fundamentalmente la misma, sin importar la clase de estímulo estresante al que esté expuesta una persona. Sin embargo, algunos críticos afirman que ciertos estímulos estresantes producen reacciones fisiológicas distintas, como la secreción de hormonas específicas. Por consiguiente, las reacciones ante el estrés pueden ser menos parecidas entre sí de lo que implica el modelo SAG (Mason, 1974; Hobfoll, 1989).

Además, la atención que presta el modelo a los factores fisiológicos deja poco espacio para los aspectos psicológicos, en especial respecto a la forma en que los estímulos estresantes son evaluados en forma diferente por distintas personas (Mikhail, 1981). De cualquier forma, este modelo nos proporciona una base para la comprensión del estrés.

La naturaleza de los estímulos estresantes: mi estrés es tu placer

Como se señaló antes, el modelo del síndrome de adaptación general es útil para explicar las respuestas de las personas ante el estrés, pero no es nada específico en cuanto a dilucidar qué estímulos provocan estrés a determinada persona. Aunque cierto tipo de sucesos, como la muerte de un ser querido o la participación en combate durante una guerra, son estímulos estresantes universales, otras situaciones pueden ser estresantes o no para una persona en particular (Fleming, Baum y Singer, 1984; Pledge, 1992; Affleck *et al.*, 1994; Krohne, 1996).

Considere, por ejemplo, los saltos *bungee* desde grandes alturas. Para algunos de nosotros saltar de gran altura atados sólo a una delgada cuerda de hule puede ser en extremo estresante. Sin embargo, hay personas que lo ven como una actividad desafiante y llena de diversión. Entonces, el que saltar de esta manera sea estresante o no depende en parte de la percepción individual de la actividad.

Para que un suceso sea considerado estresante debe percibirse como una amenaza y se debe carecer de los recursos para enfrentarlo en forma efectiva (Folkman *et al.*, 1986). En consecuencia, el mismo suceso puede ser estresante en ocasiones, pero en otras puede no producir reacción alguna de estrés. Por ejemplo, un joven podría experimentar estrés cuando lo rechazan en una cita, si es que atribuye el rechazo a su falta de atractivo o de valía. Pero si lo atribuye a algún factor que no se relacione con su autoestima, como puede ser un compromiso previo de la mujer a la que invitó a salir, la experiencia de ser rechazado no generará ningún tipo de estrés. Así, factores cognitivos que se relacionan con nuestra interpretación de los sucesos desempeñan una función muy importante para determinar qué es estresante.

Otras variables influyen también en la severidad del estrés. Por ejemplo, el estrés es mayor cuando la importancia y la cantidad de los objetivos que están amenazados son altos, cuando la amenaza es inmediata o cuando la anticipación del acontecimiento amenazador se extiende durante un periodo prolongado (Paterson y Neufeld, 1987).

Categorización de los estímulos estresantes

¿Qué clases de sucesos tendemos a percibir como estímulos estresantes? Estos estímulos se han clasificado en tres categorías generales: los eventos cataclísmicos, los estímulos estresantes personales y los estímulos estresantes de fondo (Lazarus y Cohen, 1977; Gatchel y Baum, 1983).

Los **eventos cataclísmicos** son estímulos estresantes intensos que ocurren de forma inesperada y afectan a muchas personas al mismo tiempo. Desastres como los terremotos o los accidentes de aviación son ejemplos de sucesos cataclísmicos que pueden afectar de manera simultánea a cientos o miles de personas.

Aunque podría parecer que tales eventos producirían un estrés potente y persistente, en muchos casos no es así. De hecho, estos sucesos pueden producir menos estrés a la larga que los acontecimientos que al principio no son tan devastadores. Una razón es que los

Eventos cataclísmicos: estímulos estresantes intensos que ocurren en forma súbita y que afectan a muchas personas a la vez (por ejemplo, desastres naturales)

El huracán Andrew, que devastó el sur de Florida en 1992, fue un evento cataclísmico que causó estrés severo en miles de personas, aunque en la mayor parte de los casos de corta duración.

sucesos cataclísmicos tienen una resolución clara. Una vez que terminan, las personas pueden ver hacia el futuro sabiendo que lo peor ha quedado atrás. Además, el estrés generado por los sucesos cataclísmicos es compartido por otros que también sufren el desastre. Esto les permite a las personas darse apoyo social entre sí y les da una comprensión de primera mano de las dificultades por las que están pasando los demás (Pennebaker y Harber, 1993; Kaniasty y Norris, 1995; Hobfoll *et al.*, 1996).

Por otra parte, algunas víctimas de grandes catástrofes pueden experimentar un **trastorno de estrés postraumático (TEPT)**, en el que los sucesos originales y los sentimientos asociados con ellos se experimentan de nuevo en recuerdos muy vivos o en sueños. Dependiendo de las estadísticas que se empleen, entre 5 y 60% de los veteranos de la guerra de Vietnam sufren de este trastorno. Incluso la guerra del Golfo Pérsico, que duró poco tiempo, produjo esta condición. Además, aquellos que han sufrido abuso o violación en la infancia, el personal de rescate que enfrenta situaciones abrumadoras o las víctimas de cualquier desastre natural o accidente repentino que produzca sentimientos de desamparo y terror pueden sufrir el mismo trastorno (Solomon, 1995; LaGreca *et al.*, 1996; Trappler y Friedman, 1996; Saigh, 1996; Friedman y Marsella, 1996; Ward, 1997).

Los síntomas del trastorno de estrés postraumático incluyen experimentar de nuevo el suceso, aturdimiento emocional, dificultades para dormir, problemas para relacionarse con los demás, abuso de alcohol y drogas y, en algunos casos, suicidio. Por ejemplo, el índice de suicidios entre los veteranos de Vietnam es 25% mayor que el de la población general (Pollock *et al.*, 1990; Peterson, Prout y Schwarz, 1991; Wilson y Keane, 1996).

La segunda categoría en importancia de factores provocadores de estrés es la de los estímulos estresantes personales. Los **estímulos estresantes personales** incluyen sucesos importantes de la vida, como la muerte de los padres o de la pareja, la pérdida del empleo, un fracaso personal significativo o el diagnóstico de una enfermedad que ponga en peligro la vida. Por lo general, un estímulo estresante personal produce una reacción importante inmediata que disminuye pronto. Por ejemplo, el estrés que surge por la muerte de un ser querido tiende a ser mayor justo después del deceso, pero con el paso del tiempo las personas comienzan a sentir menos estrés y adquieren mayor capacidad para afrontar la pérdida.

Sin embargo, en algunos casos los efectos del estrés son prolongados. Las víctimas de violaciones a veces sufren consecuencias mucho tiempo después del suceso y enfrentan grandes dificultades para adaptarse. De modo similar, la falla en la planta nuclear de la isla Tres Millas, Pennsylvania, el 28 de marzo de 1979, que expuso a las personas a la posibilidad de una fusión del reactor nuclear, produjo consecuencias emocionales, conductuales y fisiológicas que duraron más de año y medio (Baum, Gatchel y Schaeffer, 1983; Baum, Cohen y Hall, 1993; Foa y Riggs, 1995; Valentiner *et al.*, 1996).

Formarse en una interminable fila en el banco o quedar atrapado en un embotellamiento de tráfico son ejemplos de la tercera categoría importante de estímulo estresante: los **estímulos estresantes de fondo** o, expresado de forma más coloquial, *vicisitudes cotidianas* (Lazarus y Cohen, 1977). Estos estímulos representan las molestias menores de la vida con las que nos enfrentamos una y otra vez: retrasos, automóviles y camiones ruidosos, aparatos eléctricos descompuestos, el comportamiento irritante de otras personas, etcétera. Otro tipo de estímulo estresante de fondo es un problema crónico a largo plazo como estar insatisfecho con la escuela o el trabajo, tener una relación infeliz o vivir en un espacio hacinado sin privacidad.

Las vicisitudes cotidianas, por sí mismas, no requieren de mucho afrontamiento o incluso de alguna respuesta por parte del individuo, aunque es evidente que producen emociones y estados de ánimo desagradables (Clark y Watson, 1988). Sin embargo, las vicisitudes cotidianas se van sumando y con el tiempo pueden llegar a producir el mismo o mayor daño que un solo incidente de gran carga estresante. De hecho, existe una relación entre el número de vicisitudes cotidianas a las que se enfrentan las personas y la cantidad de síntomas psicológicos que indican tener (Kanner *et al.*, 1981; Zika y Chamberlain, 1987; Chamberlain y Zika, 1990; Roberts, 1995). Incluso problemas de salud (como gripe, garganta irritada, jaquecas y dolores de espalda) se han relacionado con las

Trastorno de estrés postraumático (TEPT): fenómeno en el que las víctimas de grandes catástrofes experimentan de nuevo el suceso estresante y los sentimientos asociados con él en recuerdos vivos o sueños

Estímulos estresantes personales: sucesos importantes de la vida, como la muerte de un familiar, que tienen consecuencias negativas inmediatas que por lo general se desvanecen con el tiempo

Estímulos estresantes de fondo (vicisitudes cotidianas): dificultades de la vida diaria, como quedar atrapado en un embotellamiento de tráfico, que causan irritaciones menores, pero que no tienen efectos dañinos a largo plazo, a menos que continúen o se compliquen con otros sucesos estresantes

FIGURA 9.7 *Las vicisitudes y sucesos agradables cotidianos más comunes. Fuente: vicisitudes: Chamberlain y Zika, 1990; sucesos agradables: Kanner et al., 1981.*

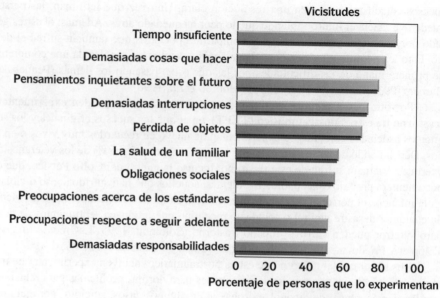

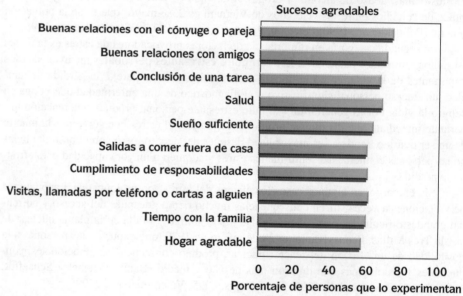

vicisitudes cotidianas (DeLongis, Folkman y Lazarus, 1988; Jones, Brantley y Gilchrist, 1988; Kohn, Lafreniere y Genrevich, 1991; Fernandez y Sheffield, 1995).

Aunque la naturaleza de las vicisitudes cotidianas difiere de un día a otro y de una persona a otra, los estímulos estresantes de fondo poseen ciertas características comunes. Un factor de gran importancia se relaciona con el grado de control que tienen las personas sobre los estímulos aversivos y desagradables del entorno (Burger, 1992). Cuando las personas sienten que pueden controlar una situación y determinar su resultado, las reacciones de estrés se reducen de manera considerable. Por ejemplo, aunque la exposición persistente a niveles elevados de ruido conduce al estrés, las consecuencias son menos severas si las personas tienen algún control sobre su intensidad y duración (Sieber *et al.*, 1992; Evans, Hygge y Bullinger, 1995).

Lo contrario de las vicisitudes son los **sucesos agradables**, es decir, aquellos acontecimientos positivos menores que nos hacen sentir bien, aunque sólo sea de manera temporal. Como se indica en la figura 9.7, los sucesos agradables varían desde relacionarse bien con un compañero hasta encontrar acogedor el ambiente en que se encuentra uno. Lo intrigante en particular acerca de ellos es que se vinculan con la salud fisiológica de las

Sucesos agradables:
acontecimientos positivos menores que nos hacen sentir bien

personas justo del modo opuesto en que se relacionan las vicisitudes: mientras mayor sea el número de sucesos agradables que se experimenten, menores serán los síntomas psicológicos reportados después.

Desamparo aprendido

Es probable que haya escuchado a alguien quejarse de una situación intolerable que parece no tener solución, diciendo que está cansado de "golpearse la cabeza contra la pared" y que se rendiría, aceptando las cosas como son. Este ejemplo ilustra una de las consecuencias posibles de estar en un entorno en el que no es posible controlar la situación, un estado que produce desamparo aprendido. De acuerdo con el psicólogo Martin Seligman, el **desamparo aprendido** ocurre cuando las personas concluyen que los estímulos desagradables o aversivos no pueden ser controlados, una visión del mundo que se arraiga tanto que no se intentan remediar las circunstancias aversivas, aun si en realidad se puede ejercer alguna influencia sobre ellas (Seligman, 1975; Peterson, Maier y Seligman, 1993). Las víctimas del fenómeno del desamparo aprendido han decidido que no hay una relación entre las respuestas que dan y los resultados que ocurren.

Desamparo aprendido: estado en el que las personas concluyen que los estímulos desagradables o aversivos no pueden controlarse, perspectiva del mundo que se arraiga tanto en ellas que dejan de intentar remediar las circunstancias aversivas, aun si en realidad pueden ejercer alguna influencia

Tome como ejemplo lo que sucede a menudo con las personas de edad avanzada cuando son internadas en hogares para la tercera edad u hospitales. Una de las características más notables de su nuevo ambiente es que ya no son independientes: no tienen control sobre las actividades más básicas en sus vidas. Se les dice qué y cuándo comer, y se les indica cuándo pueden ver la televisión o participar en actividades recreativas. Además, sus horarios para dormir son establecidos por otra persona. No es difícil ver cómo esta pérdida de control puede tener efectos negativos sobre las personas colocadas de pronto, a menudo en contra de su voluntad, en una situación así.

Los resultados de esta pérdida de control y el consiguiente estrés se traducen con frecuencia en una salud cada vez más deficiente e incluso la probabilidad de una muerte prematura. Estos resultados fueron confirmados en un experimento realizado en un hogar para personas de la tercera edad, donde los residentes en un grupo fueron animados a hacer más elecciones y a tomar un mayor control de sus actividades cotidianas (Langer y Janis, 1979). Como resultado, los miembros del grupo fueron más activos y estuvieron más felices que un grupo de comparación de residentes que fueron alentados a que el personal de la institución cuidara de ellos. Es más, un análisis de los expedientes médicos de los residentes reveló que seis meses después del experimento, el grupo animado a ser autosuficiente mostraba una mejora en la salud significativamente mayor que el grupo de comparación. Aún más asombroso fue un análisis del índice de mortalidad: 18 meses después de que comenzó el experimento, sólo 15% del grupo "independiente" había muerto, contra 30% del grupo de comparación.

Otras investigaciones confirman que el desamparo aprendido tiene consecuencias negativas, y no sólo para las personas de la tercera edad. Personas de todas las edades indican tener más síntomas físicos y depresión cuando perciben que tienen poco o ningún control que cuando tienen una sensación de control sobre una situación (Rodin, 1986; Joiner y Wagner, 1995; Shnek *et al.*, 1995).

Afrontamiento del estrés

El estrés es una parte normal de la vida. Como lo señaló Hans Selye, para evitar el estrés por completo, es probable que una persona tendría que dejar de vivir. No obstante, como hemos visto, un exceso de estrés puede causar daños tanto a la salud física como a la psicológica. ¿Cómo enfrentan el estrés las personas? ¿Existe algún modo de reducir sus efectos negativos?

Los esfuerzos por controlar, reducir o aprender a tolerar las amenazas que conducen al estrés reciben el nombre de **afrontamiento**. Solemos emplear determinadas respuestas de afrontamiento para ayudarnos a enfrentar el estrés. La mayor parte del tiempo no nos percatamos de estas respuestas, así como tampoco de los estímulos estresantes menores de la vida hasta que llegan a sumarse y alcanzan niveles suficientemente aversivos.

Afrontamiento: esfuerzos por controlar, reducir o aprender a tolerar las amenazas que conducen al estrés

Mecanismos de defensa: estrategias inconscientes que usan las personas para reducir la ansiedad ocultando su fuente de sí mismos y de los demás

Un medio para enfrentar el estrés que ocurre en un nivel inconsciente es el empleo de mecanismos de defensa. Como se expondrá en el capítulo 11, los **mecanismos de defensa** son reacciones que conservan el sentido de control y valía de una persona mediante la distorsión o negación de la naturaleza real de la situación. Por ejemplo, en un estudio se examinó a estudiantes de California que vivían en dormitorios cercanos a una falla geológica. Aquellos que vivían en dormitorios clasificados en el rango de los que no podrían soportar un terremoto tenían una probabilidad significativamente mayor de dudar de las predicciones de los expertos de un terremoto inminente que quienes habitaban en estructuras más seguras (Lehman y Taylor, 1988).

Otro mecanismo de defensa útil para afrontar el estrés es el *aislamiento emocional*, mediante el cual la persona deja de experimentar emociones por completo; así no la afectan ni conmueven las experiencias negativas ni las positivas. El problema que tienen los mecanismos de defensa, por supuesto, es que no enfrentan la realidad, sólo ocultan el problema.

Las personas también emplean otros medios más directos y potencialmente más positivos para afrontar el estrés (Aldwin y Revenson, 1987; Compas, 1987; Miller, Brody y Summerton, 1988). De manera específica, las estrategias de afrontamiento se clasifican en dos categorías: el afrontamiento centrado en las emociones y el centrado en el problema. El *afrontamiento centrado en las emociones* se caracteriza por la regulación consciente de las emociones en la que las personas buscan cambiar la forma en que sienten o perciben el problema. Los ejemplos de este tipo de afrontamiento incluyen estrategias como aceptar la simpatía de los demás o buscar el lado bueno de una situación. En contraste, el *afrontamiento centrado en el problema* intenta cambiar el problema estresante o la fuente del estrés. Las estrategias centradas en el problema conducen a cambios en el comportamiento o a la elaboración de un plan de acción para enfrentar el estrés. Iniciar un grupo de estudio para mejorar el rendimiento deficiente de la clase es un ejemplo de afrontamiento centrado en el problema.

En la mayor parte de los incidentes estresantes las personas emplean *ambos* tipos de estrategias. No obstante, las estrategias centradas en las emociones se emplean con mayor frecuencia cuando se perciben las circunstancias como inmutables; las estrategias centradas en el problema se usan más a menudo cuando las situaciones se perciben como relativamente modificables (Folkman y Lazarus, 1980, 1988; Peacock, Wong y Reker, 1993; Gottlieb, 1997).

Estilo de afrontamiento: la personalidad intrépida

La mayoría de nosotros afrontamos el estrés de un modo característico, mediante el empleo de un "estilo de afrontamiento" que representa nuestra tendencia general para enfrentar el estrés de un modo determinado. Por ejemplo, puede ser que conozca a personas que suelen reaccionar incluso ante un mínimo de estrés de modo histérico, y a otras personas que enfrentan con serenidad y control incluso el mayor estrés. Es evidente que las personas poseen estilos de afrontamiento bastante distintos (Taylor, 1991; Taylor y Aspinwall, 1996).

Intrepidez: característica de la personalidad asociada con un índice menor de enfermedades relacionadas con el estrés, que consta de tres componentes: compromiso, reto y control

Quienes afrontan el estrés con mayor éxito cuentan con un estilo de afrontamiento denominado "intrepidez". La **intrepidez** es una característica de la personalidad que se asocia con una menor frecuencia de enfermedades relacionadas con el estrés. Consta de tres componentes: compromiso, reto y control (Kobasa, 1979; Gentry y Kobasa, 1984).

El compromiso es la tendencia a dedicarse a cualquier cosa que se emprenda con la certeza de que la actividad es importante y significativa. Las personas intrépidas también tienen desarrollado el sentido del reto, que es el segundo componente; creen que el cambio, y no la estabilidad, es la condición natural de la vida. Para ellas, la anticipación del cambio actúa como un incentivo más que como una amenaza para su seguridad. Por último, la intrepidez implica el sentido de control: la percepción de que las personas pueden influir en los acontecimientos de sus vidas.

La intrepidez parece funcionar como un amortiguador contra las enfermedades relacionadas con el estrés. El individuo intrépido se aproxima al estrés de modo optimista y es capaz de ejercer acciones directas para aprender acerca de los estímulos estresantes y enfrentarse a ellos, logrando convertirlos en sucesos menos amenazadores. Como consecuencia, una persona que tenga una personalidad intrépida tiene menos probabilidades de padecer los resultados negativos de los niveles altos de estrés (Wiebe, 1991; Solcova y Tomanek, 1994; Kobasa *et al.*, 1994).

El consumidor de psicología bien informado

Estrategias de afrontamiento efectivas

¿Cómo se puede afrontar con más efectividad el estrés? Los investigadores han propuesto diversas recomendaciones para enfrentar este problema. Es evidente que no existe solución universal, puesto que el afrontamiento más efectivo depende de la naturaleza del estímulo estresante y del grado en que sea posible controlarlo. Aun así, es posible seguir algunos lineamientos generales (Folkman, 1984; Everly, 1989; Holahan y Moos, 1987, 1990; McCain y Smith, 1994; Zeidner y Endler, 1996):

- *Convertir la amenaza en un reto.* Cuando una situación estresante podría ser controlable, la mejor estrategia de afrontamiento consiste en tratarla como un reto, centrándose en los modos de controlar tal situación. Por ejemplo, si experimenta estrés debido a que su automóvil siempre se descompone, puede tomar un curso vespertino de mecánica automotriz para aprender a solucionar directamente los problemas de su automóvil. Incluso si las reparaciones son demasiado difíciles como para que usted las realice, por lo menos estará en una mejor posición para identificar qué anda mal.

- *Disminuir la intensidad de la amenaza de la situación.* Cuando una situación estresante parece incontrolable, es preciso recurrir a otro enfoque. Es posible cambiar la evaluación personal de la situación, verla bajo una luz diferente y modificar nuestras actitudes hacia ella (Smith y Ellsworth, 1987; Taylor y Aspinwall, 1996). El antiguo dicho "ve el lado positivo de la vida" parece recibir apoyo de los resultados de investigaciones que muestran que quienes descubren algo bueno en situaciones negativas exhiben menos angustia y una mayor capacidad de afrontamiento que quienes no proceden así (Silver y Wortman, 1980).

- *Modificar las metas personales.* Cuando una persona enfrenta una situación incontrolable, otra estrategia razonable es adoptar nuevas metas que sean prácticas en vista de la situación específica. Por ejemplo, una bailarina que ha sufrido un accidente automovilístico en el que perdió el uso pleno de sus piernas ya no podrá aspirar a una carrera en la danza, pero podría modificar sus metas y convertirse en una instructora de baile. Del mismo modo, un ejecutivo que ha perdido su empleo puede cambiar su meta de hacerse rico por la de obtener una fuente de ingresos más modesta, pero segura.

- *Emprender acciones físicas.* Otro lineamiento para afrontar el estrés consiste en producir cambios en nuestras reacciones fisiológicas hacia éste. Por ejemplo, la retroalimentación biológica, expuesta en el capítulo 2, puede alterar procesos fisiológicos básicos, ya que permite reducir la presión arterial, el ritmo cardiaco, así como otros efectos de los niveles altos de estrés. Además, el ejercicio físico puede ser eficaz para reducir el estrés en diversas formas. Por una parte, el ejercicio constante reduce el ritmo cardiaco, el ritmo respiratorio y la presión arterial (aunque estas respuestas aumentan en forma temporal durante los periodos de ejercicio). El ejercicio también mejora la salud general e incluso puede reducir el riesgo de padecer ciertas enfermedades, como el cáncer de seno. Aunado a lo anterior, el ejercicio le da a las personas un sentido de control sobre sus cuerpos, al igual que una sensación de logro (Mutrie y Biddle, 1995; Dunn *et al.*, 1996; Dishman, 1997; Barinaga, 1997a).

Por último, un cambio en la dieta es bueno en ocasiones para afrontar el estrés. Por ejemplo, las personas que beben grandes cantidades de cafeína tienen posibilidades de sentirse inquietas y ansiosas; con sólo reducir la cantidad que consumen pueden disminuir la experiencia del estrés. De modo similar, la obesidad puede ser por sí misma un estímulo estresante; la pérdida del peso excesivo puede representar una medida eficaz para reducir el estrés, a menos que hacer una dieta implique generar mayor estrés.

- *Prepararse para el estrés antes de que ocurra.* Una estrategia final para afrontar el estrés es la *inoculación*: prepararse para el estrés antes de que ocurra. Elaborados primero como un medio para prevenir los problemas emocionales posquirúrgicos entre los pacientes de hospitales, los métodos de inoculación preparan a las personas para las experiencias estresantes, sean de naturaleza física o emocional, por medio de la explicación, con el mayor detalle posible, de los eventos difíciles que es probable que encuentren. Como parte del proceso, a las personas se les pide que imaginen cómo se sentirían respecto a las circunstancias y que consideren varias formas de enfrentar sus reacciones, todo antes de que las experiencias ocurran en realidad. Es probable que el elemento más crucial, sin embargo, sea proporcionarles a los individuos estrategias objetivas y claras para manejar las situaciones, en lugar de sólo decirles qué deben esperar (Janis, 1984).

Cuando la inoculación se realiza de manera apropiada, es muy útil. Las personas que han recibido tratamientos de inoculación antes de enfrentar sucesos estresantes afrontan con más efectividad sus situaciones que quienes no los han recibido (Ludwick-Rosenthal y Neufeld, 1988; Register *et al.*, 1991).

Recapitulación, revisión y reflexión

Recapitulación

- El estrés es la respuesta ante sucesos que amenazan la capacidad de un individuo para enfrentar adecuadamente una situación.

- De acuerdo con el modelo de adaptación general de Selye, el estrés consta de tres etapas: alarma y movilización, resistencia y agotamiento.

- La naturaleza específica de los estímulos estresantes varía de una persona a otra; lo que es estresante para una, puede ser estimulante para otra. Sin embargo, hay tres categorías generales de estímulos estresantes: eventos cataclísmicos, estímulos estresantes personales y estímulos estresantes de fondo (o vicisitudes cotidianas).

- Las percepciones de control suelen reducir el estrés. Sin embargo, en algunos casos se produce el desamparo aprendido: las personas perciben que el estímulo aversivo no puede controlarse.

- Las estrategias de afrontamiento pueden tomar la forma de mecanismos de defensa, la transformación de la amenaza en un reto, la reducción de la percepción de la intensidad de la amenaza, la modificación de las metas o la preparación para el estrés por medio de la inoculación.

Revisión

1. Al _____ se le define como una respuesta a sucesos desafiantes o amenazadores.

2. Relacione la parte del SAG con su definición:

   1. Alarma
   2. Agotamiento
   3. Resistencia

   a. Disminuye la capacidad de adaptación al estrés; aparecen síntomas
   b. Se activa el sistema nervioso simpático
   c. Se emplean diversas estrategias para afrontar el estímulo estresante

3. El _____ _____ _____ se produce cuando los sentimientos relacionados con sucesos estresantes se reviven después de que concluyeron los eventos.

4. Los estímulos estresantes que afectan a una sola persona y que producen gran reacción inmediata son los:

   a. Estímulos estresantes personales
   b. Estresantes psíquicos
   c. Eventos cataclísmicos
   d. Estímulos estresantes diarios

5. Los esfuerzos para reducir o eliminar el estrés se conocen como _____.

6. Las personas que demuestran la característica de personalidad de _____ parecen ser más capaces de combatir con éxito el estrés.

Las respuestas a las preguntas de revisión se encuentran en la página 393.

Reflexión

1. ¿Por qué los eventos cataclísmicos producen menos estrés a la larga que otros tipos de estímulos estresantes? ¿La razón se relaciona con el fenómeno de afrontamiento conocido como apoyo social? ¿De qué forma?

2. ¿Cuál enfoque para afrontar el estrés piensa que es más efectivo: los mecanismos de defensa, el afrontamiento centrado en las emociones o el afrontamiento centrado en el problema? ¿Por qué?

3. Con lo que sabe acerca de las estrategias de afrontamiento, ¿cómo haría para entrenar a las personas para evitar el estrés en su vida cotidiana? ¿Cómo utilizaría esta información con un grupo de veteranos de la guerra del Golfo Pérsico que padecen del trastorno de estrés postraumático?

UNA MIRADA

retrospectiva

¿Cómo dirige y estimula la motivación al comportamiento?

1. El tema de la motivación incluye los factores que dirigen y activan el comportamiento. Las pulsiones se refieren a la tensión emocional que estimula el comportamiento con el fin de satisfacer alguna necesidad. Las pulsiones primarias se relacionan con las necesidades biológicas básicas. Las pulsiones secundarias son aquellas que no satisfacen necesidades biológicas evidentes.

2. Las pulsiones motivacionales con frecuencia operan bajo el principio de la homeostasis, por medio de la cual el organismo trata de conservar un nivel óptimo de funcionamiento biológico interno mediante la compensación de cualquier desviación que sufra su estado normal.

3. Diversos enfoques de la motivación van más allá de las explicaciones basadas en instintos. Los enfoques relativos a reducción de pulsiones, aunque son útiles en el campo de las pulsiones primarias, son inadecuados para explicar los comportamientos en los que la meta no consiste en reducir una pulsión, sino en conservar o incluso aumentar la excitación. En contraste, los enfoques relativos a la excitación sugieren que tratamos de conservar un nivel específico de estimulación y actividad.

4. Los enfoques relativos a los incentivos, una explicación alternativa de la motivación, se centra en los aspectos positivos del entorno que dirigen y activan el comportamiento. Por último, los enfoques cognitivos de la motivación enfatizan la función de los pensamientos, las expectativas y la comprensión del mundo. Una teoría cognitiva, la teoría de las expectativas y el valor, sugiere que las expectativas en torno de que un comportamiento logre determinada meta, así como nuestra comprensión del valor de ésta, subyacen a nuestro comportamiento.

5. La jerarquía de necesidades de Maslow sugiere que existen cinco necesidades: fisiológicas, de seguridad, de amor y pertenencia, de estima y de autorrealización. Sólo después de que han sido satisfechas las necesidades básicas, las personas somos capaces de proceder a la satisfacción de necesidades más elevadas.

¿Cuáles son los factores biológicos y sociales que subyacen al hambre?

6. El comportamiento de ingestión de alimentos está sujeto a la homeostasis, debido a que el peso de la mayoría de las personas se mantiene dentro de límites relativamente estables. Los organismos tienden a ser sensibles a los valores nutricionales de los alimentos que ingieren, siendo fundamental el hipotálamo cerebral para la regulación de la ingestión de alimentos.

7. Los factores sociales también desempeñan una función en la regulación de la alimentación. Por ejemplo, las horas de las comidas, las preferencias culturales por determinado alimento y otros hábitos aprendidos determinan cuándo y qué cantidad de alimentos se habrá de ingerir. La obesidad puede estar relacionada con una sensibilidad excesiva a las claves sociales y una insensibilidad a las claves internas. Además, la obesidad puede estar causada por un peso ideal interno (el peso en el que intenta mantener el cuerpo la homeostasis) inusitadamente elevado y por factores genéticos.

8. Los trastornos alimentarios, de los cuales los más frecuentes son la anorexia nerviosa y la bulimia, son un problema creciente, en especial en Estados Unidos. Aunque es posible que se encuentren causas fisiológicas, la fuente más probable de estos trastornos puede encontrarse en expectativas sociales relacionadas con la esbeltez, en especial para las mujeres.

¿Por qué y bajo qué circunstancias nos excitamos sexualmente?

9. A pesar de ser factores biológicos los que nos preparan para la actividad sexual, como la presencia de andrógenos (hormonas sexuales masculinas) y estrógenos y progesterona (hormonas sexuales femeninas), casi cualquier tipo de estímulo es capaz de generar excitación sexual, dependiendo de la experiencia previa del sujeto. Las fantasías, pensamientos e imágenes también son importantes para producir excitación.

¿Cómo se comportan las personas desde el punto de vista sexual?

10. La masturbación es una autoestimulación sexual. Su frecuencia es alta, en especial entre los hombres. A pesar de que las actitudes hacia la masturbación se han vuelto más liberales, siguen siendo un tanto negativas, aunque no se han detectado consecuencias negativas.

11. La heterosexualidad o atracción sexual hacia los miembros del sexo opuesto es la orientación sexual más común. Desde el punto de vista de las relaciones sexuales prematrimoniales, la doble moral, en la que se piensa que el sexo prematrimonial es más permisible para los hombres que para las mujeres, ha disminuido, en particular entre personas jóvenes, pero no ha desaparecido.

12. Los homosexuales son personas que sienten atracción sexual hacia los miembros de su propio sexo; en los bisexuales la atracción es hacia personas de ambos sexos. Alrededor de una cuarta parte de los hombres y 15% de las mujeres han tenido al menos una experiencia homosexual, y entre 5 y 10% de todos los hombres y mujeres son exclusivamente homosexuales durante periodos extensos de sus vidas. No se ha logrado confirmar ninguna de las explicaciones sobre las causas de la homosexualidad; entre las posibilidades se manejan factores genéticos o biológicos, influencias familiares y de la infancia, experiencias de aprendizaje previas y el condicionamiento. Lo evidente es que no existe relación alguna entre la adaptación psicológica y la preferencia sexual.

¿Cómo se exhiben las necesidades relacionadas con la motivación para el logro, la afiliación y el poder?

13. La necesidad de logro se refiere a la característica estable y aprendida por medio de la cual una persona se esfuerza por alcanzar un nivel de excelencia. Las personas con gran necesidad de logro tienden a buscar tareas de dificultad moderada, mientras que los poseedores de escasa necesidad de logro buscan tareas muy sencillas o muy difíciles. La necesidad de logro se suele medir a través de la Prueba de Apercepción Temática (TAT), que consta de una serie de imágenes acerca de las cuales el sujeto elabora una historia.

14. La necesidad de afiliación es una preocupación por el establecimiento y conservación de relaciones con los demás, mientras que la necesidad de poder es una tendencia a buscar ejercer un impacto sobre los demás.

¿Qué son las emociones y cómo las experimentamos?

15. Una definición amplia de las emociones las concibe como sentimientos que pueden afectar al comportamiento y que suelen tener un componente fisiológico y uno cognitivo. Esta definición no aborda la cuestión de la existencia o no de sistemas separados que regulan las respuestas emocionales y las cognitivas, y si unas respuestas tienen primacía sobre las otras.

¿Cuáles son las funciones de las emociones?

16. Algunas de las funciones que cumplen las emociones son prepararnos para la acción, dar forma al comportamiento futuro a través del aprendizaje y ayudar a regular la interacción social. Aunque la gama de las emociones es amplia, de acuerdo con un sistema taxonómico, sólo hay ocho emociones primarias: alegría, aceptación, temor, sorpresa, tristeza, disgusto, ira y anticipación.

17. Entre las respuestas fisiológicas generales a las emociones intensas se pueden mencionar: dilatación de las pupilas, resequedad de la boca y aumento de la sudoración, del ritmo respiratorio y cardiaco, y de la presión arterial. Debido a que estos cambios fisiológicos no constituyen una explicación completa de la experiencia emocional, se han planteado numerosas teorías al respecto.

18. La teoría de James-Lange afirma que la experiencia emocional es una reacción ante los cambios corporales, o viscerales, que se producen en el organismo como respuesta a un evento del entorno. Estas experiencias viscerales se interpretan como respuestas emocionales. En contraste, la teoría de Cannon-Bard sostiene que los movimientos viscerales son demasiado lentos para explicar los cambios emocionales rápidos, además de que las alteraciones viscerales no siempre producen emociones. En lugar de ello, la teoría de Cannon-Bard plantea que la excitación fisiológica y la experiencia emocional se producen simultáneamente por obra del mismo impulso nervioso. Por tanto, la experiencia visceral por sí misma no tendría que ser diferente de una emoción a otra.

19. Una tercera explicación, la teoría de Schachter-Singer, rechaza la perspectiva de la simultaneidad de las respuestas fisiológica y emocional. En lugar de ello, sugiere que las emociones están determinadas conjuntamente por excitaciones fisiológicas inespecíficas y por la subsecuente catalogación de éstas. Este proceso de catalogación emplea claves del entorno para determinar cómo se comportan los demás en la misma situación.

20. Los enfoques más recientes respecto a las emociones se centran en sus aspectos biológicos. Por ejemplo, ahora parece ser que patrones específicos de excitación biológica se asocian con emociones individuales. Además, nuevas técnicas de exploración han identificado las partes específicas del cerebro que se activan durante la experiencia de emociones particulares.

¿Qué es el estrés, cómo nos afecta y de qué manera podemos afrontarlo mejor?

21. El estrés es una respuesta ante condiciones amenazadoras o desafiantes. La vida de las personas está llena de estímulos estresantes, es decir, las circunstancias que producen estrés, de naturaleza tanto positiva como negativa.

22. El estrés produce reacciones fisiológicas inmediatas, incluyendo un aumento en las secreciones hormonales, la elevación de la presión arterial y del ritmo cardiaco, y cambios en la conductividad eléctrica de la piel. A corto plazo estas reacciones pueden ser adaptativas, pero a la larga pueden tener consecuencias negativas, como el desarrollo de trastornos psicosomáticos. Las consecuencias del estrés se pueden explicar en parte con el síndrome de adaptación general (SAG) de Selye, el cual sugiere la existencia de tres etapas en las respuestas ante el estrés: alarma y movilización, resistencia y agotamiento.

23. Los estímulos estresantes no son universales, el modo en que una circunstancia ambiental es interpretada determina si se considera estresante o no. De cualquier forma, existen clases generales de sucesos que tienden a producir estrés: los eventos cataclísmicos, los estímulos estresantes personales y los estímulos estresantes de fondo o vicisitudes cotidianas. El estrés se reduce por la presencia de sucesos agradables, es decir, instancias positivas de poca importancia que hacen sentir bien a las personas, aunque sólo sea de manera temporal.

24. El estrés se puede reducir mediante el desarrollo del sentido de control sobre las circunstancias en que nos encontramos. En algunos casos, sin embargo, las personas desarrollan un estado de desamparo aprendido: una respuesta a una situación incontrolable que produce el sentimiento de que ningún comportamiento será efectivo para cambiar la situación; por consiguiente, nunca se intenta respuesta alguna. El afrontamiento del estrés puede tomar diversas formas, como el empleo inconsciente de mecanismos de defensa y el uso de estrategias de afrontamiento centradas en las emociones o en los problemas.

Términos y conceptos clave

motivación (p. 345)
instintos (p. 346)
enfoques de la motivación por reducción de las pulsiones (p. 346)
pulsión (p. 347)
homeostasis (p. 347)
enfoques de la motivación relativo a la excitación (p. 348)
enfoques de la motivación por incentivos (p. 348)
enfoques cognitivos de la motivación (p. 349)
motivación intrínseca (p. 350)
motivación extrínseca (p. 350)
autorrealización (p. 352)
obesidad (p. 353)
peso ideal interno (p. 355)
metabolismo (p. 355)
anorexia nervosa (p. 357)

bulimia (p. 358)
genitales (p. 359)
andrógenos (p. 359)
estrógeno (p. 360)
progesterona (p. 360)
ovulación (p. 360)
masturbación (p. 361)
heterosexualidad (p. 361)
doble moral (p. 362)
homosexuales (p. 363)
bisexuales (p. 363)
necesidad de logro (p. 366)
necesidad de afiliación (p. 368)
necesidad de poder (p. 368)
emociones (p. 371)
teoría de la emoción de James-Lange (p. 375)
teoría de la emoción de Cannon-Bard (p. 376)

teoría de la emoción de Schachter-Singer (p. 377)
estrés (p. 380)
trastornos psicosomáticos (p. 381)
síndrome de adaptación general (SAG) (p. 381)
eventos cataclísmicos (p. 384)
trastorno de estrés postraumático (TEPT) (p. 385)
estímulos estresantes personales (p. 385)
estímulos estresantes de fondo (vicisitudes cotidianas) (p. 385)
sucesos agradables (p. 386)
desamparo aprendido (p. 387)
afrontamiento (p. 387)
mecanismos de defensa (p. 388)
intrepidez (p. 388)

Epílogo

En este capítulo nos hemos centrado sobre todo en la motivación y las emociones, dos aspectos interrelacionados de la psicología, y en el estrés. El tema de la motivación ha generado gran cantidad de teorías e investigaciones para examinar las pulsiones primarias y secundarias. Luego pasamos a exponer las emociones, comenzando con sus funciones y procediendo a revisar las tres teorías principales que buscan explicar qué son las emociones y cómo surgen, así como sus síntomas fisiológicos asociados, en el individuo. Por último, vimos el estrés y expusimos sus causas y las formas de afrontarlo.

Regresemos al escenario de apertura del capítulo que describe a la gimnasta Kerri Strug y su último salto olímpico. Con la aplicación de su conocimiento acerca de la motivación y la emoción, considere las siguientes preguntas:

1. ¿Qué enfoque o enfoques de la motivación (de los instintos, de la reducción de pulsiones, por excitación, por incentivos o cognitivo) explican de manera más efectiva por qué una atleta como Kerri Strug trabajará excepcionalmente duro durante muchos años para volverse lo bastante buena como para competir en los Juegos Olímpicos?

2. ¿Cómo pudo haber contribuido la necesidad de logro a la decisión de Strug de intentar su salto final? ¿La necesidad de afiliación habrá desempeñado alguna función? ¿Cómo?

3. El último salto de Strug fue ejecutado evidentemente en una atmósfera muy emotiva. ¿Qué función pudieron haber tenido sus emociones antes de que se dirigiera a ejecutar ese salto?

4. ¿Los cambios fisiológicos que acompañan a las emociones intensas ayudan a explicar la capacidad de Strug para realizar el salto final, a pesar del dolor intenso que debió haber padecido?

5. ¿Puede interpretar el comentario de Strug: "No sé cómo salté, pero sabía que tenía que hacerlo", de acuerdo con su comprensión de la motivación y la emoción?

Respuestas a las preguntas de revisión:

1. estrés   2. 1-b; 2-a; 3-c   3. trastorno de estrés postraumático   4. a   5. afrontamiento   6. intrepidez

P r ó l o g o :   Hermanos de sangre

Un vistazo anticipatorio

Herencia-medio: un problema perdurable del desarrollo
   Enfoques del estudio del desarrollo
   El inicio de la vida: la concepción y el desarrollo embrionario y fetal

Aplicación de la psicología en el siglo XXI:
   Terapia génica: remiendos en nuestros cimientos genéticos

Recapitulación, revisión y reflexión

Desarrollo físico y social
   Crecimiento posnatal
   Desarrollo de la percepción: percatarse del mundo
   Desarrollo del comportamiento social: apropiarse del mundo
   Las relaciones sociales con los pares
   Estilos de crianza y desarrollo social
   Teoría de Erikson sobre el desarrollo psicosocial

Desarrollo cognitivo
   Teoría de Piaget sobre el desarrollo cognitivo
   Enfoques basados en el procesamiento de información
   El enfoque de Vygotsky sobre el desarrollo cognitivo: consideración de la cultura

Exploración de la diversidad: Apoyo del logro escolar
   de los niños: historia del éxito asiático

Recapitulación, revisión y reflexión

Adolescencia: transformación en adulto
   Desarrollo físico: el adolescente cambiante
   Desarrollo moral y cognitivo: distinción entre el bien y el mal
   Desarrollo social: el encuentro de uno mismo en un mundo social

Los caminos de la psicología: Ruby Takanishi,
   investigadora del desarrollo de la adolescencia

Adultez temprana y media: los años intermedios de la vida
   Desarrollo físico: la cima de la salud
   Desarrollo social: trabajando para la vida
   Matrimonio, hijos y divorcio: lazos familiares

Los últimos años de la vida: el envejecimiento
   Cambios físicos en la tercera edad: el cuerpo viejo
   Cambios cognitivos: pensar acerca de —y durante— la tercera edad
   El mundo social de las personas de la tercera edad: viejos pero no solos

El consumidor de psicología bien informado:
   Adaptación a la muerte

Recapitulación, revisión y reflexión   *Términos y conceptos clave*
Una mirada retrospectiva   **E p í l o g o**

Theodore Kaczynski, el Unabomber confeso.

Prólogo

Hermanos de sangre

Un oficial de policía las describe como "diatribas antimamá". Comenzó a mediados de la década de los años ochenta . . . Ted Kaczynski escribió a su madre, Wanda, una docena de cartas culpándola por convertirlo en un recluso. Él la hacía responsable por su incapacidad para establecer relaciones, en particular con mujeres. Kaczynski le dijo a su hermano, David, que no quería tener nada que ver con sus padres, luego se despedía de su madre llamándola "perra".

Culpar a la madre es la excusa más antigua y menos original de la historia. En la mitología griega, Edipo vituperó a su madre, junto con las Parcas, después de haber dormido inadvertidamente con ella y asesinado a su padre. Los adolescentes culparán a sus madres casi por cualquier cosa. Puede que no sea justo hacer responsable a Wanda Kaczynski, quien es descrita por sus vecinos como una dulce anciana, de convertir a su hijo en un posible asesino en serie. No obstante, *algo* causó que él, durante 18 años haya preparado explosivos que mataron a tres personas e hirieron a otras 23.

¿Por qué lo hizo? ¿Por qué el brillante y tímido hijo de padres respetables se convirtió en un asesino en serie? ¿Por qué su hermano, con la misma sangre y las mismas raíces, se volvió un amable trabajador social? Cuando ambos abandonaron la sociedad, ¿por qué sólo uno regresó? (Thomas, 1996, p. 28.)

Psicología del desarrollo: rama de la psicología que estudia los patrones de crecimiento y cambio que ocurren a lo largo de la vida

Puede ser que nunca sepamos las respuestas a estas preguntas, y sigue siendo un enigma por qué los caminos de Ted Kaczynski, el Unabomber, y su hermano divergieron en forma tan radical. Su caso plantea una de las interrogantes más fundamentales que enfrentan los psicólogos: ¿cómo interactúan los factores hereditarios y ambientales para producir un individuo único? Esta pregunta entra en el dominio de la psicología del desarrollo.

La **psicología del desarrollo** es la rama de la psicología que estudia los patrones de crecimiento y cambio que ocurren durante la vida. En su mayoría, los psicólogos del desarrollo estudian la interacción entre el desenvolvimiento de los patrones de comportamiento predeterminados biológicamente y un entorno dinámico en constante cambio. Se preguntan cómo es que nuestros antecedentes genéticos afectan nuestro comportamiento durante la vida, si nuestro potencial está limitado por la herencia y en qué forma nuestra programación biológica interna afecta el desarrollo cotidiano. Asimismo, se dedican a estudiar la manera en que el entorno trabaja a favor o en contra de nuestras capacidades genéticas, cómo el mundo en el que vivimos afecta nuestro desarrollo y en qué forma lo podemos favorecer para desarrollar nuestro potencial al máximo.

Más que otros psicólogos, quienes se especializan en el desarrollo consideran los patrones diarios y los cambios de comportamiento que se dan a lo largo de la vida. En este capítulo examinaremos aspectos del desarrollo que ocurren durante la vida, comenzando con la concepción, pasando por el nacimiento, la infancia y la niñez, explorando la adolescencia y la adultez, y terminando con la vejez y la muerte.

Iniciamos nuestra exposición del desarrollo con un análisis de los enfoques empleados para entender y delinear los factores ambientales y genéticos que dirigen el desarrollo de una persona. Luego consideramos el inicio mismo del desarrollo, comenzando con la concepción y los nueve meses de gestación previos al nacimiento. Describimos las influencias genéticas y ambientales en el individuo antes de nacer y explicamos cómo éstas pueden afectar el comportamiento durante el resto de la vida.

Después examinamos los desarrollos físicos y perceptuales que ocurren después del nacimiento, observando el enorme y rápido crecimiento que tiene lugar durante las primeras etapas de la vida. También nos centramos en el mundo social del niño en desarrollo, exponiendo los factores que lo atraen a entablar relaciones con los demás y convertirse en miembro de la sociedad. Por último, exponemos el desarrollo cognitivo durante la infancia y la niñez, rastreando los cambios en la forma de pensar de los niños respecto del mundo.

Posteriormente examinamos el desarrollo desde la adolescencia hasta la adultez temprana, media y la tercera edad. Nuestra exposición de la adolescencia enfatiza algunos de los principales cambios: físicos, emocionales y cognitivos que ocurren durante esta transición de la infancia a la edad adulta. Enseguida, consideramos la adultez temprana y media, etapas en las que los individuos están en la cima de sus capacidades físicas e intelectuales. Analizamos los cambios de desarrollo que experimentan las personas durante estos periodos y su relación con el trabajo, la familia y los patrones de vida. Por último, en nuestro estudio de la tercera edad examinamos las clases de cambios físicos, intelectuales y sociales que ocurren como consecuencia del proceso de envejecimiento y veremos que éste puede ocasionar incrementos y disminuciones en varios tipos de funcionamiento. Terminamos con un análisis de las formas en que las personas se preparan para la muerte.

HERENCIA-MEDIO: UN PROBLEMA PERDURABLE DEL DESARROLLO

¿Cuántos bomberos voluntarios calvos de 1.90 metros de estatura, con 115 kilogramos de peso, de bigote caído, que usen anteojos de aviador y un llavero redondo en el lado derecho del cinturón viven en Nueva Jersey?

La respuesta es: dos. Gerald Levey y Mark Newman son gemelos, que fueron separados al nacer. No sabían de la existencia del otro hasta que fueron reunidos en una estación de bomberos por la intervención de un colega que conocía a Newman y quedó realmente sorprendido al ver a Levey en una convención de bomberos.

Sus vidas, aunque separadas, siguieron rumbos increíblemente similares. Levey estudió en la universidad para guardabosques; Newman pensaba estudiar lo mismo, pero se empleó como podador de árboles. Ambos trabajaron en supermercados. Uno instala sistemas de riego, el otro alarmas contra fuego.

Ninguno se ha casado y buscan el mismo tipo de mujer: "alta, delgada, cabello largo". Tienen los mismos pasatiempos: ir de cacería, de pesca, a la

▶ ¿Cómo estudian los psicólogos el grado en que el desarrollo es una función conjunta de los factores hereditarios y ambientales?

▶ ¿Cuál es la naturaleza del desarrollo antes del nacimiento?

▶ ¿Qué factores afectan al niño durante el embarazo de la madre?

Gerald Levey y Mark Newman.

playa, ver las películas viejas de John Wayne y la lucha profesional. A ambos
les gusta la comida china y beben la misma marca de cerveza. Sus gestos son
muy parecidos; por ejemplo, al reír echan la cabeza hacia atrás. Y, por supuesto,
hay algo más: comparten la pasión por apagar incendios.

    Las similitudes sorprendentes que vemos en los gemelos Gerald Levey y Mark
Newman plantean vivamente una de las preguntas fundamentales que se hacen los psicólogos del desarrollo: ¿cómo podemos distinguir entre las causas *ambientales* del comportamiento (la influencia de padres, hermanos, familia, amigos, educación, nutrición y el
resto de las experiencias a las que se expone al niño) y las causas *hereditarias* (basadas
en la estructura genética de un individuo y que influyen en el crecimiento y desarrollo a
lo largo de la vida)? Esta pregunta que averiguamos antes, al tratar la inteligencia en el
capítulo 8, es conocida como la **controversia herencia-medio**. En este contexto, herencia se refiere a los factores genéticos y medio a las influencias ambientales.

Controversia herencia-medio:
debate sobre el grado en que el ambiente
y la herencia influyen en el
comportamiento

    La controversia herencia-medio tiene raíces filosóficas. En el siglo XVII, el filósofo
inglés John Locke sostenía que un recién nacido era, en efecto, una pizarra en blanco, una
tabula rasa, donde la historia de su experiencia individual podía ser escrita a partir de ce-
ro. Dicho de otra forma, creía que el ambiente actuaba como influencia única sobre el desarrollo. En contraste, el filósofo francés Jean Jacques Rousseau señaló una concepción
muy diferente del desarrollo en el siglo XVIII. Este autor creía que las características "naturales" de las personas (es decir, los factores genéticos) eran más determinantes, aunque
sujetas a lo que él consideraba influencias corruptas del ambiente.

    Aun cuando el debate inicial era herencia *contra* medio, en la actualidad los psicó-
logos del desarrollo están de acuerdo en que *ambos*, tanto la herencia como el medio, interactúan para producir patrones y resultados específicos de desarrollo. El enfoque del
debate ha ido de *cuál* influye más en el comportamiento, a *cómo y en qué grado* el ambiente y la herencia producen sus efectos. Nadie crece libre de las influencias ambientales, como tampoco nadie se desarrolla al margen de su propia *estructura genética*. A
pesar de esto, el debate sobre la influencia relativa de los dos factores continúa con enfoques diferentes y teorías del desarrollo que enfatizan al ambiente o a la herencia en mayor
o menor grado (Scarr, 1996).

Cuadro 10-1	Características con componentes genéticos importantes	
Características físicas	**Características intelectuales**	**Características y trastornos emocionales**
Estatura	Memoria	Timidez
Peso	Capacidad medida por pruebas de inteligencia	Extroversión
Obesidad		Emotividad
Tono de voz	Edad de adquisición del lenguaje	Neurosis
Presión arterial	Problemas de lectura	Esquizofrenia
Propensión a las caries	Deficiencia mental	Ansiedad
Capacidad atlética		Alcoholismo
Firmeza del saludo de manos		
Edad al momento de morir		
Nivel de actividad		

Algunas teorías del desarrollo, por ejemplo, destacan el papel del aprendizaje en los cambios de comportamiento del niño en desarrollo, basándose en los principios básicos del aprendizaje que se estudiaron en el capítulo 5. Esas teorías se centran en la función que desempeña el ambiente sobre el desarrollo. En contraste, otros enfoques señalan la influencia de la estructura fisiológica de la persona y su funcionamiento sobre el desarrollo. Estas teorías subrayan la función de la herencia y la *maduración* —el despliegue de los patrones de comportamiento predeterminados biológicamente— como responsables del cambio relativo al desarrollo. La maduración puede verse, por ejemplo, en el despliegue de las características sexuales (como los senos o el vello corporal) que se dan al inicio de la adolescencia. Además, los psicólogos del desarrollo han sido influidos por el trabajo de los genetistas conductuales, quienes estudian los efectos de la herencia en el comportamiento, y las teorías de los psicólogos evolucionistas, cuya meta es identificar patrones de comportamiento que son el resultado de la herencia genética de nuestros antepasados. Tanto los genetistas conductuales como los psicólogos evolucionistas han resaltado la importancia de la herencia como una influencia en nuestro comportamiento (Bjorklund, 1997).

En algunos puntos, sin embargo, existe consenso entre los psicólogos del desarrollo que tienen diferentes marcos teóricos. Es claro que los factores genéticos no sólo proporcionan el potencial para que surjan ciertos comportamientos o rasgos, sino que también establecen limitaciones para el surgimiento de ellos. Por ejemplo, la herencia define el nivel general de inteligencia, estableciendo un límite máximo que, sin importar la calidad del ambiente, la persona no puede superar. La herencia también fija límites en las capacidades físicas; los humanos simplemente no podemos correr a una velocidad de 100 kilómetros por hora, como tampoco llegamos a medir 5 metros, no importa cuál sea la calidad del entorno (Plomin, 1990; Plomin y McClearn, 1993; Steen, 1996).

Algunas de las características que resultan más afectadas por la herencia se enumeran en el cuadro 10-1. Al considerarlas es importante tener presente que éstas no se encuentran *totalmente* determinadas por la herencia. En lugar de ello, las mejores evidencias sugieren que las variaciones en estos factores se deben en gran medida a la estructura genética del individuo.

En la mayoría de los casos, los factores ambientales desempeñan una función importante que permite a las personas alcanzar las capacidades potenciales que sus antecedentes genéticos hacen posibles. Si Albert Einstein no hubiera recibido estimulación intelectual en la infancia y no hubiera sido enviado a la escuela, es poco probable que alcanzara su potencial intelectual genético. De modo similar, un gran atleta como la estrella del basquetbol Michael Jordan quizá no habría desplegado la mayoría de sus habilidades físicas si no hubiera crecido en un ambiente que nutriera su talento innato y que le diera la oportunidad de poner en práctica y perfeccionar sus capacidades naturales.

Enfoques del estudio del desarrollo

Es claro que la relación entre la herencia y el ambiente está lejos de ser simple. Como consecuencia, los psicólogos del desarrollo adoptan una posición *interaccionista* en la controversia herencia-medio: sugieren que una combinación de ambos factores influyen en el desarrollo. El reto que enfrentan los psicólogos del desarrollo es identificar la fuerza relativa de cada una de estas influencias en el individuo, al igual que identificar los cambios específicos que ocurren en el curso del desarrollo (Plomin y Neiderhiser, 1992; Wozniak y Fischer, 1993; Saudino y Plomin, 1996).

La determinación de la influencia relativa de la herencia y el medio

Los psicólogos del desarrollo emplean diversos enfoques para determinar la influencia relativa de los factores genéticos y del medio sobre el comportamiento. Por ejemplo, los investigadores pueden controlar en forma experimental la estructura genética de animales de laboratorio, criándolos cuidadosamente para que tengan determinados rasgos. De la misma manera que los criadores de pavos de doble pechuga han aprendido a criar una variedad que crece con rapidez (para poder llevarlos al mercado con menores costos), los psicólogos son capaces de criar variedades de animales de laboratorio que cuentan con estructura genética similar. La observación de animales con bases genéticas similares en ambientes distintos permite a los investigadores determinar los efectos de ciertos tipos de estimulación ambiental. A final de cuentas, por supuesto, la generalización de los descubrimientos logrados con la investigación en animales hacia la población humana sigue siendo problemática. Sin embargo, estos hallazgos ofrecen información fundamental que no se podría obtener con seres humanos como sujetos de estudio, debido a razones éticas.

Gemelos idénticos: gemelos que son genéticamente idénticos

Los gemelos humanos también sirven como una fuente de información importante respecto de los efectos relativos de los factores genéticos y ambientales. Si los **gemelos idénticos** (aquellos que son idénticos genéticamente) exhiben patrones distintos de desarrollo, debemos atribuir esas diferencias a las variaciones en el ambiente en el que se criaron. Los datos más útiles proceden de gemelos idénticos (como Gerald Levey y Mark Newman), que al nacer fueron adoptados por distintas parejas de padres y que son criados separados y en ambientes diferentes. Los estudios de hermanos que no son gemelos, y que han sido criados en ambientes totalmente diferentes, también arrojan alguna luz sobre este asunto. Debido a que comparten información genética muy similar, los hermanos que exhiben semejanzas al llegar a la edad adulta proporcionan una fuerte evidencia de la importancia de la herencia (Lykken *et al.*, 1993; Gottesman, 1997; McClearn *et al.*, 1997).

También es posible tomar el camino opuesto. En vez de concentrarnos en personas con información genética similar criadas en ambientes distintos, podemos estudiar a individuos criados en ambientes parecidos pero con información genética diferente por completo. Por ejemplo, si encontramos que dos niños adoptados, que tienen información genética diferente pero han sido criados en una misma familia, se desarrollan de modo similar, tendremos evidencias de la importancia de la influencia ambiental en el desarrollo. Es más, podemos realizar investigaciones con animales cuya información genética sea distinta; al modificar en forma experimental el ambiente en el que se les cría, podemos determinar la influencia de los factores ambientales (independientemente de la herencia) en el desarrollo (Segal, 1993; Vernon *et al.*, 1997).

Investigación transversal: método de investigación en el que se comparan personas de distintas edades en el mismo momento del desarrollo

Estrategias específicas de investigación

La mayoría de los estudios del desarrollo emplean una de las dos principales estrategias de investigación: transversal o longitudinal (Cohen y Reese, 1994). En la **investigación**

transversal se comparan personas de distintas edades en un mismo momento del desarrollo. Los estudios transversales proporcionan información sobre las diferencias en el desarrollo entre grupos de edades diferentes.

Supongamos por ejemplo, que estamos interesados en el desarrollo de la capacidad intelectual en la edad adulta. Para realizar un estudio transversal tendríamos que comparar una muestra de personas de 25, 45 y 65 años de edad en una prueba de CI. Sólo entonces podemos determinar si las puntuaciones promedio de la prueba difieren en cada grupo de edad.

La investigación transversal, sin embargo, tiene sus limitaciones. Por ejemplo, no podemos estar seguros de que cualquier diferencia que encontremos en las puntuaciones de CI en nuestro ejemplo se deban solamente a diferencias de edad. Más bien, pueden reflejar diferencias en oportunidades educativas entre los tres cohortes de edad. (*Cohorte* se refiere a un grupo de personas que crecieron simultáneamente en el mismo lugar.) De manera específica, cualquier diferencia de edad que encontremos en nuestro estudio transversal puede reflejar diferencias educativas entre cohortes: las personas en el grupo de mayor edad pueden pertenecer a un cohorte que tiene menos probabilidad de haber asistido a la universidad que aquellas en los grupos más jóvenes.

Una forma de evitar este problema es emplear la segunda más importante estrategia de investigación usada por los psicólogos del desarrollo: un estudio longitudinal. En la **investigación longitudinal**, el comportamiento de uno o más sujetos es seguido o rastreado conforme los sujetos crecen o se hacen mayores. Los estudios longitudinales evalúan el *cambio* en la capacidad intelectual a través del tiempo, a diferencia de los estudios transversales, que evalúan *diferencias* entre grupos de personas.

Investigación longitudinal: método de investigación que estudia el comportamiento mientras los sujetos se desarrollan

Por ejemplo, considere cómo podríamos investigar el desarrollo intelectual durante la edad adulta usando una estrategia de investigación longitudinal. Primero, podríamos aplicar pruebas de CI a un grupo de personas de 25 años de edad. Luego volveríamos con ellos 20 años después y los examinaríamos de nuevo a la edad de 45 años. Por último, regresaríamos con ellos una vez más cuando tuvieran 65 años de edad y les aplicaríamos la prueba de nuevo.

Al examinar los cambios en diversos momentos de la vida, podemos ver con claridad cómo se desarrollan los individuos. Por desgracia, también la investigación longitudinal presenta desventajas: necesita del transcurso de un largo periodo (mientras el investigador espera que se desarrollen los sujetos de estudio), y los sujetos que participan en las primeras etapas de la investigación pueden retirarse, cambiar de residencia o incluso morir mientras el estudio continúa en marcha. Además, los sujetos que realizan la misma prueba en distintos momentos durante algún tiempo pueden volverse "expertos en la prueba" y desempeñarse mejor cada vez que la realizan, habiéndose familiarizado con ella.

Para compensar las limitaciones de las investigaciones transversales y longitudinales, los investigadores idearon una estrategia alternativa. Se le conoce como **investigación multisecuencial** y combina los enfoques transversal y longitudinal al tomar poblaciones en diversos grupos de edades y examinarlos en diversos momentos del desarrollo. Por ejemplo, los investigadores pueden trabajar sobre un grupo de niños de 3, 5 y 7 años de edad, examinándolos cada seis meses durante varios años. Esta técnica permite a los psicólogos del desarrollo discriminar los efectos específicos producidos por los cambios de edad de otros probables factores de influencia.

Investigación multisecuencial: método de investigación que combina las investigaciones transversal y longitudinal al tomar varios grupos de diferente edad y examinarlos en distintos momentos del desarrollo

El inicio de la vida: la concepción y el desarrollo embrionario y fetal

Nuestro conocimiento acerca del inicio biológico de la vida señala que cuando una célula sexual masculina (espermatozoide) penetra en una célula sexual femenina (óvulo), sucede el momento de la *concepción*, un hecho no por conocido menos milagroso. En ese preciso instante se establece el fundamento o estructura genética de un individuo para toda su vida.

Porción de la secuencia de ADN humano, identificada como parte del Proyecto Genoma Humano, el cual busca hacer un mapa de la ubicación específica y secuencia de cada gene.

Los fundamentos de la genética

Cromosomas: estructuras con forma de bastón que contienen la información hereditaria básica

Genes: partes del cromosoma por medio de los cuales se transmite la información genética

La entidad unicelular que se establece en la concepción contiene 23 pares de **cromoso-mas**, estructuras con forma de bastón que contienen la información hereditaria básica. Un miembro de cada par procede de la madre y el otro del padre.

Cada cromosoma contiene miles de **genes**, unidades más pequeñas por medio de las cuales se transmite la información genética. Ya sea individualmente o combinados, los genes producen las características particulares de cada persona. Compuestos por secuen-cias de moléculas de *ADN* (*ácido desoxirribonucleico*), los genes son el equivalente bio-lógico de los "programas de cómputo" que proyectan el desarrollo futuro de todas las partes del cuerpo. Los humanos tenemos alrededor de 100 000 genes.

Mientras que algunos genes son responsables del desarrollo de sistemas comunes a todos los miembros de la especie humana, como el corazón, el sistema circulatorio, el ce-rebro, los pulmones, etc., otros controlan las características que hacen único a cada ser humano, como la configuración facial, la estatura y el color de los ojos, entre otras. Tam-bién se determina el sexo del individuo por obra de una combinación particular de genes. Específicamente, un individuo hereda un cromosoma X de su madre y un cromosoma X o uno Y de su padre. Una combinación XX da origen a una niña; una combinación XY da origen a un niño. El desarrollo de los hombres es desencadenado por un solo gene del cromosoma Y, y sin la presencia de ese gene específico, el individuo se desarrollará co-mo mujer.

Tal y como indican los descubrimientos crecientes de los genetistas conductuales, los genes también son responsables, al menos en forma parcial, de una amplia variedad de características personales, que abarcan capacidades cognitivas, rasgos de personalidad, orientación sexual y trastornos psicológicos. Por supuesto que pocas de estas caracterís-ti-cas son determinadas por un solo gene; más bien, la mayor parte de ellas son el resultado de una combinación de múltiples genes, los cuales operan intercomunicados con las in-fluencias ambientales (Gilger, 1996; Pillard, 1996; Rieder, Kaufmann y Knowles, 1996; Funder, 1997).

Con el fin de entender mejor la forma en que los genes influyen en las característi-cas y comportamiento de los humanos, los científicos han buscado trazar un mapa de la localización y secuencia específica de *cada uno* de los genes que se encuentran en los hu-manos. El Proyecto Genoma Humano es una investigación que lleva 15 años realizándose y que se espera completar para el año 2005, patrocinada por el gobierno de Estados Uni-dos con un costo de tres mil millones de dólares (Marx, 1995; Beardsley, 1996).

La idea que hay detrás del Proyecto Genoma Humano es que, una vez que se identi-fique la localización de genes específicos, los investigadores estarán en posición de iden-tificar y ayudar a las personas que con probabilidad sufrirán de diversos trastornos

Psico **V**ínculos

producidos genéticamente. Como veremos en el recuadro *Aplicación de la psicología en el siglo xxi*, dicha identificación bien podría cambiar el sistema operativo de la atención de la salud en este nuevo siglo.

Las primeras etapas del desarrollo

Cuando el óvulo es fertilizado por un espermatozoide, el resultado es una entidad unicelular llamada **cigoto,** que comienza a desarrollarse de inmediato. El cigoto empieza siendo un puntito microscópico. Sin embargo, tres días después de la fertilización, el cigoto consta de alrededor de 32 células y, en una semana, ha crecido a más de 100 o 150 células. Estas primeras dos semanas se conocen como *periodo germinal.*

Cigoto: la nueva célula formada como producto de la fertilización

Dos semanas después de la concepción, el individuo que se está desarrollando entra al *periodo embrionario*, el cual dura de la segunda semana hasta la octava, y a ese sujeto niño o niña se le denomina **embrión**. Conforme éste se desarrolla a través de un complejo proceso preprogramado de división celular, aumenta 10 000 veces de tamaño para cuando tiene cuatro semanas de edad, hasta medir cerca de cinco milímetros de largo. Para entonces se ha desarrollado un corazón rudimentario (que ya late), un cerebro, un tracto intestinal y otros órganos. A pesar de que todos estos órganos están en una etapa primitiva de desarrollo, son fácilmente reconocibles. Después, cuando se cumple la octava semana, el embrión mide cerca de 2.5 centímetros de largo y tiene brazos, piernas y un rostro que se pueden discernir.

Embrión: cigoto desarrollado en el que ya se diferencian el corazón, el cerebro y otros órganos

Después de la octava semana el embrión se enfrenta a lo que se ha denominado **periodo crítico**, la primera de varias etapas en el desarrollo prenatal en las que deben ocurrir tipos específicos de crecimiento para que el individuo se desarrolle en forma normal. Por ejemplo, si los ojos y los oídos no se desarrollan en esta etapa, nunca más se formarán y si se llegaran a formar anormalmente, quedarán dañados de modo permanente. Durante estos periodos críticos, los organismos son particularmente sensibles a las influencias ambientales, como a la presencia de determinados tipos de fármacos, los cuales, como se verá más adelante, pueden tener un efecto devastador en el desarrollo subsecuente (Bornstein y Bruner, 1989; Eisen, Field y Larson, 1991; Shatz, 1992).

Periodo crítico: una de varias etapas en el desarrollo en las que deben ocurrir tipos específicos de crecimiento para que el individuo se desarrolle en forma normal

Desde la octava semana hasta el nacimiento, el individuo que se está desarrollando entra en el *periodo fetal,* por lo que se le denomina **feto**. Al inicio de este periodo comienza a responder al tacto y aprieta los dedos cuando se le toca la mano. Entre las semanas 16 y 18, sus movimientos son lo suficientemente fuertes como para que la madre pueda sentirlo. Al mismo tiempo, puede comenzar a crecerle cabello en la cabeza y las características faciales comienzan a parecerse a las que exhibirá el bebé al nacer. Empiezan a funcionar los órganos principales, aunque no se le podría mantener con vida fuera de la madre. Además, se han producido las neuronas que acompañarán al individuo durante toda su vida, aunque no está claro si el cerebro en realidad es capaz de pensar en esta etapa tan temprana del desarrollo.

Feto: bebé en desarrollo, desde ocho semanas después de la concepción hasta el nacimiento

En la semana 24, el feto tiene ya muchas de las características que habrá de mostrar como recién nacido. De hecho, cuando un bebé nace prematuramente durante esta etapa, es capaz de abrir y cerrar los ojos, de succionar, de llorar, de ver hacia arriba, hacia abajo y a los lados, e incluso de coger objetos que se colocan en sus manos, aunque todavía no es capaz de sobrevivir por sí mismo.

El feto continúa su desarrollo previo al nacimiento. Comienza a acumular depósitos grasos debajo de la piel y sube de peso. El feto alcanza la **edad de viabilidad**, el momento en el que puede sobrevivir si nace prematuramente, alrededor de la semana 28, aunque gracias a los avances de la tecnología médica este límite de edad es cada vez más temprano. A las 28 semanas, el feto pesa cerca de 1.2 kilogramos y mide aproximadamente 40 centímetros. Es capaz de aprender: un estudio descubrió que los hijos de madres que habían leído repetidamente en voz alta el cuento *El gato en el sombrero* (*The Cat in the Hat*) antes de que éstos nacieran, preferían el sonido de ese cuento en particular que el de otros después de nacer (Spence y DeCasper, 1982).

Edad de viabilidad: momento a partir del cual puede sobrevivir el feto en caso de que nazca en forma prematura

En las últimas semanas del embarazo, el feto continúa aumentando de peso y talla, a la vez que adquiere mayor capacidad de sobrevivencia. Al término de las 38 semanas

Aplicación de la psicología en el siglo XXI

Terapia génica: remiendos en nuestros cimientos genéticos

Mientras charla con la joven madre, el doctor frota un hisopo en la boca de su bebé, recolectando una pequeña muestra de mucosa del interior de la mejilla. En un cuarto adjunto a su consultorio, introduce la muestra en una máquina, la cual extrae ADN de las células mucosas y las compara con el material genético en un procesador del tamaño de una moneda de cinco centavos. Minutos después, una impresora comienza a expulsar una lista de los genes del bebé. Por suerte, todos los genes, excepto unos cuantos, son clasificados como "normales". Son estos pocos los que el doctor discute cuando explica los resultados a la madre. "La herencia genética de su hijo es buena en general", dice, "pero está un poco predispuesto a sufrir lesiones de la piel. Así que de inmediato hay que comenzar a protegerlo contra la exposición excesiva a los rayos solares." Y el doctor advierte: "Podría ser susceptible a enfermedades cardiovasculares cuando sea mayor. Para disminuir el riesgo, después de los dos años de edad deberá comenzar una dieta baja en grasas y rica en fibra de por vida" (Jaroff, 1996, p. 24).

Aunque este escenario es el material de la fantasía, sólo es fantasía por el momento. En el siglo XXI dicha escena, para bien o para mal, puede volverse bastante real. Nuestra creciente comprensión de la genética no sólo está conduciendo a la identificación de los factores de riesgo en los niños, sino también al desarrollo de nuevos tratamientos para todo, desde enfermedades físicas graves, como el cáncer, hasta trastornos psicológicos como la esquizofrenia y la depresión.

Ya están ocurriendo avances a un ritmo impresionante. Por ejemplo, ya es posible identificar si ciertas mujeres portan un defecto en un gen que se ha asociado con cáncer de mama (*BRCA1* y *BRCA2*). Aquellas que portan el defecto pueden tener una probabilidad de hasta 85% de desarrollar cáncer de mama. Las mujeres con la predisposición al cáncer de mama saben entonces que deben vigilar con cuidado especial la presencia de síntomas de la enfermedad (Runowicz, 1996).

Es aún más emocionante la posibilidad de la *terapia génica*, en la que se introducen genes en células existentes con el fin de prevenir o curar un trastorno. Por ejemplo, los tumores cerebrales son producidos por células cancerosas que se desquician, dividiéndose con mucha rapidez debido a defectos en ciertos genes localizados en el sitio del tumor. Es posible que otros genes, los cuales podrían destruir las células tumorales defectuosas, pudieran introducirse hasta el sitio del tumor, desactivando por consiguiente las células cancerosas. Del mismo modo, es posible que las personas que sufren de ciertos tipos de esquizofrenia podrían beneficiarse un día de un proceso análogo, en el que fueran insertados genes que desactivaran áreas defectuosas del cerebro, lo que conduciría a final de cuentas a un funcionamiento psicológico más normal.

Por otra parte, la identificación temprana de predisposiciones genéticas puede ser una especie de bendición dudosa, planteando problemas psicológicos significativos. Considere, por ejemplo, a las personas que se enteran que tienen un gen que produce la *enfermedad de Huntington*, un trastorno muscular hereditario que produce de manera invariable la muerte, pero cuyos síntomas no aparecen sino hasta después de los 40 años de edad. Debido a que ahora se dispone de la prueba genética que puede informar sin ambigüedad a las personas que tendrán o no tendrán la enfermedad, pueden saber desde el principio de la vida que con toda seguridad tendrán una enfermedad crónica y difícil, así como una muerte prematura. Según Nancy Wexler, psicóloga clínica de la Universidad de Columbia, alrededor de 50 000 personas saben ahora que portan el gene que produce la enfermedad. Algunas de ellas han sido hospitalizadas, no debido a la enfermedad, sino a la depresión. De hecho, 10% de aquellos que se enteran que tienen el gene que produce la enfermedad de Huntington reportan no haberse recuperado nunca emocionalmente por completo (Nowak, 1994c; Jaroff, 1996).

En otros casos, la ambigüedad de saber que uno es susceptible a una enfermedad y *podría* contraerla puede ser tan debilitante como la certeza de que uno está seguro de tener una enfermedad. Por ejemplo, no todas las mujeres que portan el gene defectuoso que produce algunas formas de cáncer de mama en realidad contraerán cáncer, y en cualquier caso saber con anticipación que uno tiene el defecto no puede prevenir la ocurrencia del cáncer. En muchos casos, entonces, saber que se tiene una susceptibilidad mayor al cáncer de mama sólo aumenta la incertidumbre de las mujeres (Anderson, 1995; Runowicz, 1996).

No sabemos cómo acabarán estas cuestiones psicológicas. Lo que está claro es que nuestra comprensión acerca del fundamento genético de un número creciente de trastornos está aumentando a una velocidad asombrosa. De hecho, algunos investigadores predicen que dentro de unas cuantas décadas, casi todas las enfermedades incluirán a la terapia génica como tratamiento (Jaroff, 1996).

normales de embarazo, el feto pesa alrededor de tres kilogramos y mide cerca de 50 centímetros de largo.

Influencias genéticas en el feto

El proceso de crecimiento fetal que acabamos de describir refleja el desarrollo normal, que tiene lugar entre 95 y 98% del total de embarazos. Algunas personas no tienen la misma suerte, ya que en los restantes 2 a 5% de los casos nacen niños con graves defectos congénitos. Una causa importante de tales defectos son genes o cromosomas defectuosos. Aquí se indican algunos de los problemas genéticos y cromosómicos más comunes:

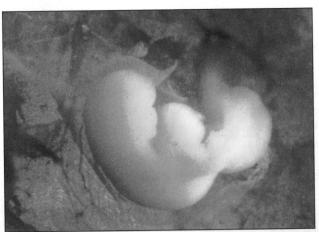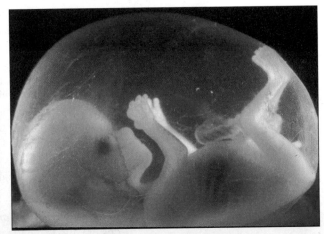

Estas fotografías asombrosas de fetos vivos muestran el grado de desarrollo físico a las cuatro y 15 semanas.

- *Fenilcetonuria (PKU).* Un niño que nace con la enfermedad congénita llamada fenilcetonuria es incapaz de producir una enzima necesaria para el desarrollo normal.
  Esto da por resultado una acumulación de sustancias venenosas que finalmente producen una deficiencia mental profunda. Sin embargo, esta enfermedad es tratable si
  se detecta suficientemente a tiempo. En la actualidad, a la mayoría de los bebés se
  les aplica en forma rutinaria la prueba de la fenilcetonuria y a los niños que la padecen se les puede dar una dieta especial que les permite crecer de manera normal.

- *Anemia de células falciformes.* Cerca de 10% de la población de afroamericanos
  tiene la probabilidad de transmitir la anemia de células falciformes, enfermedad que
  toma su nombre de la forma anormal que presentan los glóbulos rojos en la sangre
  de los enfermos. Los niños que la padecen por lo general tienen mal apetito, estómago hinchado y ojos amarillentos; con frecuencia mueren durante la infancia.

- *Enfermedad de Tay-Sachs.* Los niños que nacen con la enfermedad de Tay-Sachs,
  trastorno que suele encontrarse más a menudo entre la población judía con antepasados de Europa Oriental, suelen morir al cumplir entre tres y cuatro años de edad a
  consecuencia de la incapacidad de su organismo para descomponer las grasas. Si
  ambos padres llevan consigo el defecto genético que produce esta enfermedad fatal,
  el hijo tiene una posibilidad entre cuatro de nacer con la enfermedad (Navon y
  Proia, 1989).

- *Síndrome de Down.* En el capítulo 8 hablamos acerca del síndrome de Down como
  una de las causas de la deficiencia mental. Este trastorno no es provocado por una
  característica congénita transmitida por los padres, sino por una disfunción a través
  de la cual el cigoto recibe un cromosoma adicional en el momento de la concepción, provocando deficiencia mental así como una apariencia física inusual (la que
  determinó el nombre inicial de este síndrome: mongolismo). El síndrome de Down
  se relaciona con la edad de las madres; en especial, las madres mayores de 35 años
  de edad tienen un riesgo mayor que las mujeres más jóvenes de dar a luz un bebé
  con este problema.

Influencias ambientales prenatales

Los factores genéticos no son la única causa de dificultades en el desarrollo fetal; diversos factores ambientales también afectan su desarrollo. Entre las principales influencias
ambientales prenatales se encuentran las siguientes:

- *Nutrición y estado emocional de la madre.* La dieta de la madre durante el embarazo puede tener importantes implicaciones para la salud de su bebé. Las madres se-

riamente desnutridas no pueden proporcionar una nutrición adecuada al bebé en crecimiento y quizá darán a luz bebés de bajo peso. Los bebés desnutridos también son más vulnerables a contraer enfermedades, y una deficiente nutrición puede tener un impacto adverso en el desarrollo mental (Adams y Parker, 1990; Ricciuti, 1993; Sigman, 1995).

También existen evidencias de que el estado emocional de la madre afecta al bebé. Las madres que muestran ansiedad y tensión durante los últimos meses del embarazo tienen más probabilidades de dar a luz bebés irritables y con problemas para comer y dormir. ¿Cuál es la razón?, una hipótesis sostiene que el sistema nervioso autónomo del feto se vuelve particularmente sensible como resultado de los cambios químicos producidos por el estado emocional de la madre (Kagan, Kearsley y Zelazo, 1978).

- *Enfermedad de la madre*. La epidemia de *rubéola* de 1964 y 1965 en Estados Unidos produjo la muerte prenatal o el nacimiento con malformaciones de cerca de 50 000 niños. Aunque tiene efectos relativamente menores en la madre, es una de las enfermedades que puede tener consecuencias devastadoras para el feto en desarrollo si se contrae durante las primeras etapas del embarazo. Otras enfermedades maternas que pueden producir alteraciones permanentes en el feto son la sífilis, la diabetes y la hipertensión arterial.

  El síndrome de inmunodeficiencia adquirida (SIDA) puede pasar de la madre al hijo antes del nacimiento. Por desgracia, en muchos casos las madres incluso pueden desconocer que son portadoras de la enfermedad y la transmiten a sus hijos sin percatarse de ello. El virus del SIDA también puede ser transmitido a través de la leche materna después del nacimiento (Heyward y Curran, 1988).

- *Consumo de fármacos por parte de la madre*. Los fármacos consumidos por una mujer embarazada pueden tener un efecto trágico en el niño por nacer. Es probable que el ejemplo más dramático haya sido el de la talidomida, un tranquilizante que fue recetado en forma extensa durante la década de los años sesenta, hasta que se descubrió que causaba defectos congénitos graves como la ausencia de extremidades. Otro ejemplo es la hormona dietilestilbestrol (DES), recetada hasta la década de los años cincuenta para prevenir abortos. En la actualidad se sabe que las hijas de madres que tomaron DES durante el embarazo están en riesgo de presentar anormalidades en el cuello de la matriz y la vagina y de desarrollar cáncer uterino. Los hijos cuyas madres tomaron DES tienen mayores probabilidades de infertilidad y problemas reproductivos.

  El alcohol y la nicotina también son peligrosos para el desarrollo fetal. Por ejemplo, el *síndrome de alcoholismo fetal*, una condición que produce deficiencia mental y retardo en el crecimiento, se ha detectado en los hijos de madres que consumieron grandes cantidades, y en ocasiones incluso moderadas, de alcohol durante el embarazo. Además, las madres que consumen drogas que producen adicción física, como la cocaína, corren el riesgo de dar a luz bebés con la misma adicción. Los recién nacidos sufren dolorosos síntomas de abstinencia después del nacimiento, y en ocasiones muestran también daño físico y mental permanente (Hunt *et al.*, 1995; Larroque *et al.*, 1995; Short y Hess, 1995; Chandler y Lane, 1996; Karmel y Gardner, 1996).

- *Complicaciones al nacer*. Aunque la mayoría de los nacimientos son rutinarios, el proceso a veces resulta mal, provocando lesiones al bebé. Por ejemplo, el cordón umbilical que conecta al bebé con la madre puede comprimirse, restando oxígeno a aquél. Si esto ocurre durante mucho tiempo, el niño puede sufrir daño cerebral permanente.

Fumar durante el embarazo es peligroso para el niño que está por nacer.

Algunos otros factores ambientales que afectan al bebé antes y durante el nacimiento se concentran en el cuadro 10-2; sin embargo, es importante tener presente que el desa-

| Cuadro 10-2 | Factores ambientales que afectan el desarrollo prenatal |

Factor	Efecto posible
Rubéola	Ceguera, sordera, anormalidades cardíacas, parto de mortinato
Sífilis	Deficiencia mental, deformidades físicas, aborto materno
Drogadicción	Peso bajo al nacer, adicción del bebé a la droga, con posible muerte, después del nacimiento, por la abstinencia
Tabaquismo	Nacimiento prematuro, peso y estatura bajos al nacer
Alcoholismo	Deficiencia mental, peso por debajo del promedio al nacer, cabeza pequeña, deformidades de los miembros
Radiación por rayos X	Deformidades físicas, deficiencia mental
Dieta inadecuada	Reducción en el crecimiento del cerebro, peso y estatura menor que el promedio al nacer
Edad de la madre: menor de 18 años al nacer el hijo	Nacimiento prematuro, aumento en la frecuencia de síndrome de Down
Edad de la madre: mayor de 35 años al nacer el hijo	Aumento en la frecuencia de síndrome de Down
DES (dietilestilbestrol)	Dificultades para la reproducción y aumento en la frecuencia de cáncer genital en hijos de madres a las que se les administró DES durante el embarazo para prevenir el aborto
SIDA	Posible contagio del virus del SIDA al bebé; deformidades faciales; fallas en el crecimiento

rrollo representa la interacción entre influencias genéticas y ambientales. A pesar de que hemos expuesto ambos tipos de influencia en forma separada, ninguno de estos factores trabaja de manera aislada. Además, aunque hemos enfatizado algunas de las maneras en que el desarrollo puede desviarse de lo normal, la mayoría de los nacimientos ocurre sin dificultades y en la mayor parte de los casos el desarrollo subsiguiente también sigue patrones normales, como se expondrá después.

Recapitulación, revisión y reflexión

Recapitulación

* Un tema fundamental de la psicología del desarrollo es la controversia herencia-medio, que busca determinar la influencia relativa de los factores ambientales y genéticos en el desarrollo.

* Los investigadores del desarrollo por lo general emplean métodos de investigación transversal, longitudinal y multisecuencial para responder interrogantes sobre el desarrollo.

* Durante el desarrollo prenatal, el cigoto unicelular se convierte en un embrión y después en un feto. El nacimiento ocurre normalmente 38 semanas después de la concepción.

* Los investigadores de la genética están incrementando nuestro conocimiento acerca de las influencias genéticas en el desarrollo normal y anormal, al igual que en una variedad de características personales.

* Los principales padecimientos provocados por factores genéticos son la anemia de células falciformes, la fenilcetonuria (PKU), la enfermedad de Tay-Sachs y el síndrome de Down. Entre las principales influencias ambientales sobre el desarrollo prenatal y la salud del recién nacido se cuentan la nutrición, el estado de salud y el consumo de fármacos de la madre y la naturaleza del parto.

Revisión

1. Los psicólogos del desarrollo están interesados en los efectos que tienen la _____ y el _____ en el desarrollo.

2. El ambiente y la herencia influyen en el desarrollo, pero los potenciales genéticos por lo general le ponen límites a las influencias ambientales. ¿Verdadero o falso?

3. Al observar animales genéticamente similares en ambientes distintos podemos incrementar nuestra comprensión de las influencias de los factores hereditarios y ambientales en los seres humanos. ¿Verdadero o falso?

4. Las investigaciones _____ estudian a los mismos individuos durante un periodo determinado, mientras que las

investigaciones _____ estudian a personas de diversas edades al mismo tiempo.

5. Relacione cada uno de los siguientes términos con su definición:

   1. cigoto
   2. gene
   3. cromosoma

   a. unidad mínima mediante la cual se transmite la información genética
   b. óvulo fertilizado
   c. estructura en forma de bastón que contiene la información genética

6. Durante el periodo _____ se deben producir tipos específicos de crecimiento para que el embrión se desarrolle de modo normal.

Las respuestas a las preguntas de revisión se encuentran en la página 410.

Reflexión

1. Plantee una hipótesis relacionada con la controversia herencia-medio que pudiera estudiarse mediante la observación de gemelos idénticos separados al nacer. Haga lo mismo para un estudio que implique a hermanos adoptados que no tengan relación genética. ¿Cuáles son las ventajas y limitaciones de ambos estudios?

2. ¿Qué clase de política podría establecer para la notificación a personas que tienen trastornos de origen genético que pueden identificarse con exámenes genéticos? ¿Su política trataría a los trastornos potencialmente fatales de manera diferente que a los menos graves? ¿Haría una distinción entre los trastornos tratables y los que no se pueden tratar?

3. Debido a los posibles efectos del ambiente en el niño en desarrollo, ¿considera usted que las mujeres embarazadas deberían responder ante la ley por su consumo de alcohol y de otras drogas que puedan dañar seriamente a sus hijos en gestación? Defienda su postura.

DESARROLLO FÍSICO Y SOCIAL

▶ **¿Cuáles son los acontecimientos principales del desarrollo físico, perceptivo y social después del nacimiento?**

Su cabeza tenía una forma parecida a la de un gran melón puntiagudo. . . Estaba cubierto con un material blanco y grasoso conocido como "vérnix", el cual lo hacía resbaloso al sostenerlo y que le permitió deslizarse fácilmente a través del canal de nacimiento. Además de una mata de cabello negro en su cabeza, su cuerpo estaba cubierto por un fino vello oscuro conocido como "lanugo". Sus oídos, su espalda, sus hombros y hasta sus mejillas estaban cubiertos de vello... Su piel estaba arrugada y suelta, a punto de despellejarse en algunos sitios como los pies y las manos . . . Sus orejas estaban prensadas contra la cabeza en posiciones inusuales, una oreja estaba enrollada firmemente hacia su mejilla. Su nariz estaba aplanada y aplastada hacia un lado por la contracción al pasar a través de la pelvis (Brazelton, 1969, p. 3).

¿Qué clase de criatura es ésta? Aun cuando la descripción difícilmente concuerda con la de los bebés adorables que aparecen en los comerciales, estamos hablando de un niño normal y desarrollado por completo justo después del momento de su nacimiento. El recién nacido, llamado **neonato**, se presenta ante el mundo en una forma que difícilmente cumple con las normas típicas de belleza con las cuales evaluamos a los bebés. Aun así, pregunten a cualquier padre: nada es más hermoso o emocionante que ver por primera vez a su bebé recién nacido.

Neonato: un bebé recién nacido

Esta apariencia llena de imperfecciones del neonato se debe a varios factores. El paso a través del canal de nacimiento de la madre pudo comprimir los huesos aún no formados por completo del cráneo y aplastar su nariz contra el rostro. Está cubierto de *vérnix*, un material blanco y grasoso que es secretado para proteger su piel antes del nacimiento y puede que tenga *lanugo*, un vello suave que cubre todo su cuerpo. Sus párpados tal vez estén algo hinchados debido a la acumulación de fluidos como consecuencia de haber estado de cabeza durante el nacimiento.

Todas estas características cambian durante las dos primeras semanas de vida, en las que el neonato adquiere una apariencia más familiar. Son aun más impresionantes las capacidades que comienza a exhibir el neonato desde el momento en que nace, capacidades que aumentan a una velocidad sorprendente en los meses y años siguientes.

Reflejos: respuestas involuntarias no aprendidas que ocurren de manera automática en presencia de ciertos estímulos

El neonato nace con diversos **reflejos**, respuestas no aprendidas e involuntarias que se producen automáticamente en presencia de determinados estímulos. Muchos de estos reflejos son vitales y se desarrollan de manera natural como parte del proceso de maduración del neonato. Por ejemplo, el *reflejo de búsqueda* permite que los recién nacidos giren su cabeza

hacia las cosas que rozan sus mejillas, como el pezón del pecho de la madre o una botella. De modo similar, el *reflejo de succión* hace que el bebé chupe las cosas que tocan sus labios. Entre otros, está el *reflejo para limpiar las flemas* (para limpiar su garganta), el *reflejo de moro* (un conjunto de movimientos en los que el bebé extiende sus brazos, estira los dedos y arquea la espalda en respuesta a un ruido repentino) y el *reflejo de Babinski* (los dedos de los pies del bebé se extienden cuando se acaricia la parte externa de la planta de su pie).

Estos reflejos primitivos se pierden pasados los primeros meses de vida y son reemplazados por comportamientos más complejos y organizados. Aun cuando al nacer el neonato sólo puede realizar movimientos voluntarios limitados y poco precisos, durante el primer año de vida su capacidad para moverse de manera independiente aumenta en gran medida. El bebé común es capaz de girar sobre sí mismo a la edad de tres meses, puede sentarse sin apoyo a los seis meses, pararse solo a los 11 meses y medio, y caminar cuando tiene poco más de un año de edad. No sólo mejora su capacidad para realizar movimientos a gran escala durante este periodo, sino que sus movimientos musculares finos también adquieren mayor complejidad (como se observa en la figura 10-1).

FIGURA 10.2 *Conforme avanza el desarrollo disminuye el tamaño relativo de la cabeza, en relación con el resto del cuerpo, hasta llegar a la edad adulta. Fuente: adaptado de Robbins, 1929.*

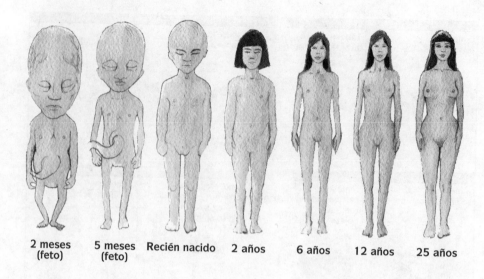

| 2 meses (feto) | 5 meses (feto) | Recién nacido | 2 años | 6 años | 12 años | 25 años |

Crecimiento posnatal

Tal vez el signo más evidente del desarrollo sea el crecimiento físico del niño. Durante el primer año de vida, los niños llegan a triplicar el peso que tenían al nacer y su estatura la aumentan casi a la mitad. Este crecimiento rápido disminuye a medida que el niño se desarrolla; piense cuán gigantescos serían los adultos si el ritmo de crecimiento fuera constante. Por ello, el ritmo promedio de crecimiento desde los tres años hasta el principio de la adolescencia, a los 13 años más o menos, es de alrededor de 2.3 kilogramos y 7.5 centímetros por año.

Los cambios físicos que se producen conforme se desarrollan los niños no son solamente una cuestión de aumento de tamaño; la relación entre las tallas de las distintas partes del cuerpo cambia de forma drástica según aumenta la edad de los niños. Como se observa en la figura 10.2, la cabeza del feto (y del recién nacido) es desproporcionadamente grande. Sin embargo, muy pronto la cabeza adquirirá un tamaño más proporcional al del resto del cuerpo, debido a que el crecimiento se produce básicamente en el tronco y las piernas.

Desarrollo de la percepción: percatarse del mundo

Cuando los orgullosos padres cargan a su recién nacido y miran sus ojos, ¿el bebé les devuelve la mirada? Aun cuando se pensó durante algún tiempo que los neonatos solamente estaban en posibilidad de ver imágenes borrosas, la mayor parte de los hallazgos recientes indican que sus capacidades son mucho más impresionantes (Horowitz y Colombo, 1990; Slater y Morison, 1991). Aunque sus ojos tienen una capacidad limitada para modificar la forma del cristalino, no logran enfocar objetos que estén más allá de los 17 o 20 centímetros de distancia de su rostro, son capaces de seguir objetos en movimiento dentro de su campo visual. También muestran los rudimentos de la percepción de la profundidad, debido a que reaccionan moviendo sus manos cuando un objeto aparenta moverse rápido hacia su rostro (Colombo y Mitchell, 1990; Gelman y Au, 1996).

Se podría pensar que es difícil determinar la agudeza visual de los recién nacidos, puesto que su carencia de lenguaje y de capacidad de lectura no les permite decir en qué

Respuestas a las preguntas de revisión:

1. herencia (o naturaleza); ambiente (o crianza)   2. Verdadero   3. Verdadero   4. longitudinales; multisecuenciales   5. 1-b; 2-a; 3-c
6. crítico

dirección está ubicada la "E" de un cartel para evaluar la visión. Sin embargo, se han ideado métodos ingeniosos para evaluar las habilidades perceptivas de los neonatos basados en las respuestas biológicas y los reflejos innatos del recién nacido (Koop, 1994; Atkinson, 1995).

Por ejemplo, bebés a los que se les muestra un estímulo novedoso suelen prestarle a éste mucha atención y como consecuencia aumentan su ritmo cardiaco. Pero si ese estímulo se les muestra repetidamente, su atención hacia él disminuye, como lo indica el regreso a un ritmo cardiaco más lento. Este fenómeno se conoce como **habituación**, es decir, la disminución en la respuesta al estímulo que se presenta en repetidas ocasiones. Al estudiar la habituación, los psicólogos del desarrollo pueden determinar cuándo un niño demasiado pequeño para hablar puede detectar y discriminar un estímulo (Bornstein y Lamb, 1992; Peterzell, 1993).

Habituación: disminución en la respuesta ante un estímulo que ocurre después de presentaciones repetidas

Los investigadores han desarrollado algunos otros métodos para medir la percepción del neonato y del bebé. Una técnica, por ejemplo, se relaciona con niños que chupan una mamila conectada a una computadora. Un cambio del ritmo y vigor de la succión permite inferir que ellos pueden percibir variaciones en los estímulos. Otros enfoques examinan los movimientos oculares de los bebés y el registro de la dirección en que mueven sus cabezas cuando se les presenta un estímulo visual (Bronson, 1990; Hood y Atkinson, 1993; Teller y Palmer, 1996; Spence y Freeman, 1996; Sansavini, Bertoncini y Giovanelli, 1997).

Gracias al empleo de estas técnicas de investigación hoy sabemos que la percepción visual de los recién nacidos es sumamente compleja desde el principio de su vida. Al nacer, los bebés prefieren patrones que muestren contornos y bordes sobre los menos distinguibles, lo cual indica su capacidad de responder a la configuración de los estímulos. Incluso los recién nacidos tienen conciencia de la constancia de tamaño, pues en apariencia son sensibles al fenómeno de que los objetos conservan el mismo tamaño a pesar de que su imagen en la retina pueda cambiar al variar la distancia entre el objeto y la retina (Slater, Mattock y Brown, 1990; Slater, 1996).

De hecho, los neonatos tienen la capacidad de distinguir las expresiones faciales e incluso imitarlas (Field, 1982; Meltzoff y Moore, 1993; Meltzoff, 1996). Como se puede apreciar en la figura 10.3, los recién nacidos expuestos a un adulto con una expresión facial feliz, triste o de sorpresa, son capaces de hacer una buena imitación de la expresión del adulto. En este sentido, incluso los bebés muy pequeños pueden responder a las emociones y estados de ánimo que revelan las expresiones faciales de quienes los cuidan. Esta capacidad es el precursor de las habilidades para la interacción social de los niños (Phillips *et al.*, 1990; Mumme, Fernald y Herrera, 1996).

Otras capacidades visuales aumentan con rapidez después del nacimiento. Hacia el término del primer mes, los bebés pueden distinguir algunos colores y después de los cuatro meses enfocar adecuadamente los objetos cercanos o lejanos. Cuando tienen cuatro o cinco meses pueden reconocer objetos de dos y tres dimensiones y son capaces de utilizar los patrones gestálticos que ya analizamos con relación a la percepción de los adultos en el capítulo 3. Además, mejoran con rapidez sus capacidades perceptuales: la sensibilidad ante los estímulos visuales, por ejemplo, es tres o cuatro veces mayor al cumplir un año de edad de lo que era en el momento de nacer (Slater, 1996; Vital-Durand, Atkinson y Braddick, 1996).

Además de la visión, las otras capacidades sensoriales de los bebés son sumamente impresionantes. Los recién nacidos son capaces de distinguir diversos sonidos hasta el punto de poder reconocer la voz de su madre tres días después de haber nacido (DeCasper y Fifer, 1980; Hepper, Scott y Shahidullah, 1993). También tienen la capacidad de discriminar sutilezas lingüísticas que subyacen a las capacidades de este tipo estudiadas en el capítulo 7. Dos días después del nacimiento, los bebés son capaces de distinguir entre su lengua materna e idiomas extranjeros y a los cuatro días de edad pueden distinguir entre sonidos tan parecidos como *ba* y *pa* (Moon, Cooper y Fifer, 1993; Jusczyk, 1995). A los seis meses de edad, son capaces de distinguir casi cualquier diferencia en los sonidos pertinentes para la producción del lenguaje (Aslin, 1987). Además, pueden discernir

FIGURA 10.3 *Este recién nacido claramente está imitando las expresiones del modelo adulto en estas increíbles fotografías. Fuente: tomado de A.N. Meltzoff y M.K. Moore, "Imitations of Facial and Manual Gestures by Human Neonates", en Science, 1997, 1998, pp. 75-78.*

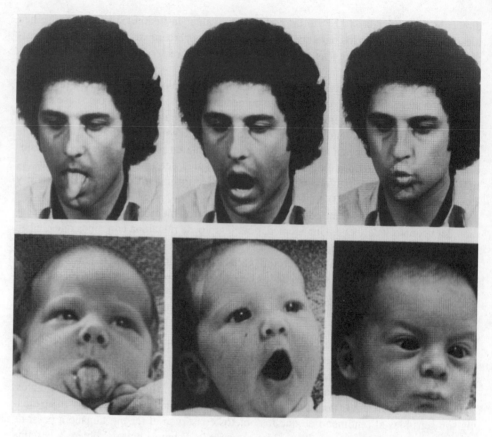

olores y sabores a muy temprana edad (Steiner, 1979; Mennella y Beauchamp, 1996). Incluso parece existir en ellos una especie de gusto especial innato: prefieren los líquidos endulzados con azúcar a sus equivalentes no endulzados.

Desarrollo del comportamiento social: apropiarse del mundo

Cualquier persona que haya visto sonreír a un bebé al ver a su madre sabrá que al mismo tiempo que éstos crecen en el aspecto físico y afinan sus capacidades perceptuales también se desarrollan socialmente. La naturaleza del desarrollo social temprano de un niño cimienta las relaciones sociales que perdurarán toda la vida (Schaffer, 1996).

Apego: el vínculo emocional positivo que se genera entre un niño y un individuo en particular

El **apego** es el vínculo emocional positivo que se genera entre un niño y un individuo en particular y es la forma más importante de desarrollo social que se produce en la infancia (Greeberg, Cicchetti y Cummings, 1990). Uno de los primeros investigadores en demostrar la importancia y la naturaleza del apego fue el psicólogo Harry Harlow. En un estudio clásico, él les daba a monos bebés la posibilidad de elegir entre un "mono" de alambre que proporcionaba alimento y un "mono" suave de tela afelpada que proporcionaba calidez, pero no alimento. La elección era clara: los monos pasaban más tiempo colgados del de tela cálida aunque realizaban escapadas ocasionales hacia el mono de alambre para obtener alimento (Harlow y Zimmerman, 1959). Era obvio que el mono de tela brindaba mayor comodidad para los bebés; el alimento por sí solo era insuficiente para generar apego (véase figura 10.4).

A partir de este trabajo inicial otros investigadores han señalado que el apego crece a través de la sensibilidad comprensiva que dedican las personas encargadas de cuidar al bebé a las señales proporcionadas por el niño, como los llantos, las sonrisas, los estiramientos y el asirse y agarrarse. Mientras mayor sea la capacidad de respuesta sensible de estas personas hacia las señales de necesidad del niño, más probabilidades habrá de que éste genere un apego seguro. El apego intenso o pleno se genera con el tiempo, como resultado de una serie compleja de interacciones entre la persona que realiza el maternaje y

FIGURA 10.4 *Aunque la "madre" de alambre provee de leche al hambriento bebé mono, la suave "madre" de felpa es la preferida. Fuente: Harry Harlow Primate Laboratory/University of Wisconsin.*

el niño conocida como el *sistema conductual de apego* (Bell y Ainsworth, 1972). Es importante señalar que el niño desempeña una función tan crítica y activa en la formación de un vínculo como la del adulto que se hace cargo de él. Los bebés que responden en forma positiva al adulto que los cuida promueven un comportamiento aún más positivo por parte de éste, lo que produce un reforzamiento del apego en el niño.

Medición del apego

Los psicólogos del desarrollo diseñaron una forma rápida y directa de medir el apego. Elaborada por Mary Ainsworth, la *situación extraña de Ainsworth* consiste en una secuencia de sucesos que implican al niño y (típicamente) a su madre. Al inicio, la madre y el bebé entran en una habitación desconocida y ella permite que el bebé la explore mientras permanece sentada. Un adulto extraño entra entonces a la habitación, después de esto la madre sale. Luego ella regresa y el extraño se va. La madre se va una vez más dejando al bebé solo y el extraño regresa. Por último, éste se va y la madre regresa (Ainsworth *et al.*, 1978).

Las reacciones de los bebés ante la situación extraña varía de manera drástica, dependiendo, según Ainsworth, del grado de apego a la madre. Los niños de un año de edad que son clasificados en "apego seguro" emplean a la madre como una especie de base, explorando en forma independiente pero regresando a ella de manera ocasional; cuando ella se va, muestran angustia y van hacia ella cuando regresa. Los niños denominados "evitativos" no lloran cuando se va la madre pero parecen evitarla cuando regresa, al parecer enojados con ella. Por último, los niños "ambivalentes" muestran ansiedad antes de ser separados y están intranquilos cuando la madre se va, pero pueden mostrar reacciones ambivalentes a su regreso, como buscar un contacto íntimo pero al mismo tiempo golpeándola y pateándola.

La naturaleza del apego entre los niños y sus madres tiene consecuencias de largo alcance para el desarrollo posterior. Por ejemplo, un estudio encontró que los niños que tenían un apego seguro al año de edad mostraban menos dificultades psicológicas en edades posteriores que los evitativos o los ambivalentes (Lewis *et al.*, 1984). Además, los niños que poseen un apego seguro hacia sus madres tienden a ser social y emocionalmente más competentes y se les considera más cooperadores, capaces y juguetones que otros niños poseedores de un apego menos seguro (Ainsworth y Bowlby, 1991; Kerns y Barth, 1995; Coble, Gantt y Mallinckrodt, 1996; Greenberg, 1997).

Por otra parte, es necesario señalar que los niños que carecen de un apego seguro hacia sus madres no siempre tienen dificultades más adelante en la vida, y tener un apego seguro a temprana edad no garantiza una buena adaptación posterior. Además, algunas culturas fomentan niveles más altos de apego seguro que otras. En resumen, el apego se relaciona con el ambiente social que encuentran los niños conforme crecen (Nakagawa, Lamb y Miyaki, 1992; Fox, 1995).

El papel del padre

Durante muchos años se ubicaba al padre en las sombras detrás de la madre, al menos en lo referente a la investigación sobre el desarrollo. Debido a que tradicionalmente se pensaba que el vínculo madre-hijo era lo más importante en la vida del niño, los investigadores de décadas anteriores se centraban en el estudio de esta relación. No obstante, en los últimos diez años ha aumentado el número de estudios que resaltan la función de los padres en la crianza (Phares, 1992; Parke, 1996).

Al mismo tiempo, ha crecido el número de padres que se hacen cargo en forma primaria de sus hijos. En 20% de las familias con hijos, el padre es el progenitor que se queda en el hogar cuidando a los preescolares (U.S. Census Bureau, 1993).

Por otra parte, en general los padres todavía pasan menos tiempo que las madres cuidando y jugando con sus hijos y muchos padres ven las actividades de cuidado de los hijos como una elección voluntaria más que como una necesidad o un deber. Sin embargo, la intensidad del apego entre padres e hijos puede ser igual que la existente entre madres e hijos. A pesar de que los niños pueden sentir apego al padre y a la madre al mismo tiempo, la naturaleza del apego entre los niños y sus madres no siempre es idéntica a la de los niños con sus padres. Por ejemplo, los bebés tienden a preferir que los consuelen sus madres, aunque los padres sean igual de aptos para consolarlos y confortarlos (Lamb, 1982; Larson, Richards y Perry-Jenkins, 1994).

La razón de las diferencias en el apego hacia las madres y los padres puede obedecer a que las primeras pasan mayor parte de su tiempo alimentándolos y criándolos directamente, en tanto que los padres pasan más tiempo, en proporción, jugando con ellos. Además, la calidad del juego de los padres a menudo es diferente a la de las madres. Aquéllos realizan actividades físicas más bruscas, en tanto que las madres realizan juegos de mayor contenido verbal y más tradicionales, como jugar a esconderse. Estas diferencias en los estilos de juego suelen ser muy pronunciadas y ocurren incluso en la escasa minoría de familias en las que la madre trabaja para sostener a la familia y el padre se queda en casa con los niños (Parke, 1981; Power y Parke, 1982; Labrell, 1996).

A pesar de las diferencias entre los comportamientos de padres y madres, cada uno de ellos representa una figura de apego importante y desempeña una función relevante en el desarrollo social del niño. Además, el tiempo total que pasa un adulto con un niño por lo regular tiene menos importancia que la calidad de éste (Hetherington y Parke, 1993).

Las relaciones sociales con los pares

Cualquiera que observe a un niño en edad preescolar correr a reunirse con un amigo del vecindario para jugar se da cuenta del gusto que tiene el niño al estar con sus semejantes. Este tipo de amistades es de suma importancia para su desarrollo social (Lewis y Feinman, 1991; Laursen, Hartup y Koplas, 1996; Bukowski, Newcomb y Hartup, 1996). Según el psicólogo del desarrollo Willard Hartup, es necesario tener experiencia en relaciones "verticales" (con personas de mayor conocimiento y poder social, como son los padres) y en relaciones "horizontales" (con individuos con el mismo grado de conocimiento y poder social) para que los niños desarrollen competencia social (Hartup, 1996).

Alrededor de los dos años de edad, los niños comienzan a independizarse de sus padres, prefieren jugar con amigos, aun cuando a esa edad es más probable que jueguen uno al lado del otro que juntos.

A partir de los dos años de edad, los niños se vuelven más independientes de los padres y más autosuficientes, por lo que prefieren jugar cada vez más con sus amigos. Al principio el juego es relativamente independiente: aunque puedan estar sentados uno al lado del otro, los niños de dos años ponen más atención a los juguetes que a sus compañeros cuando están jugando. Sin embargo, después los niños interactúan activamente, modificando su comportamiento entre sí e intercambiando papeles durante el juego.

Cuando los niños alcanzan la edad escolar, sus interacciones sociales se formalizan cada vez más, al igual que se hacen más frecuentes. Pueden participar en juegos elaborados que implican escenarios complejos. El juego también se vuelve más estructurado e involucra equipos y juegos con reglas rígidas (Mueller y Lucas, 1975; Stambak y Sinclair, 1993).

Es importante resaltar que el juego de los niños sirve a otros propósitos y no es únicamente diversión (Asher y Parker, 1991; Cohen, 1993). Permite a los niños adquirir mayor competencia en su interacción social con los demás. Por medio del juego aprenden a ver las cosas desde la perspectiva de otras personas, así como a inferir los sentimientos y pensamientos de los demás, aun cuando éstos no sean expresados en forma directa. En resumen, la interacción social ayuda a los niños a interpretar el significado del comportamiento de los demás y a desarrollar la capacidad para responder de manera apropiada (Crick y Dodge, 1994; Pellegrini, 1995).

También los niños adquieren autocontrol físico y emocional a través del juego: aprenden a evitar golpear al adversario que los supera, a ser corteses y a controlar sus demostraciones emocionales y expresiones faciales (por ejemplo, a sonreír aun cuando reciban un regalo que no les agrada). En este sentido, las situaciones que proporcionan a los niños oportunidades de interacción social motivan y mejoran su desarrollo social (Selman *et al.*, 1983; Feldman, 1982, 1993; Fox, 1994; Pulkkinen, 1994).

Los beneficios de los centros de desarrollo infantil

Las investigaciones sobre la importancia de la interacción social se corroboran con los trabajos que analizan los beneficios de los centros de desarrollo infantil, los cuales son una parte importante en la vida de un número creciente de niños. Por ejemplo, casi una cuarta parte de los niños en edad preescolar cuyas madres trabajan fuera del hogar pasan sus días en centros de desarrollo infantil.

¿Estos arreglos para cuidar a los niños fuera del hogar son benéficos para su desarrollo? La mayoría de las investigaciones señalan que la respuesta es sí. Por ejemplo, puede ser que los niños que asisten a centros de desarrollo infantil de gran calidad no sólo se desarrollen tan bien como los que permanecen en casa con sus padres, sino que en algunos aspectos pueden desarrollarse mejor (Clarke-Stewart, Gruber y Fitzgerald, 1994; Hagekull y Bohlin, 1995; Lamb, 1996; Burchinal *et al.*, 1996). Los infantes que asisten a

Cuando las mujeres comenzaron a integrarse a la fuerza laboral en cantidades nunca antes vistas en la década de los años setenta, surgió la preocupación de que los centros de desarrollo infantil particulares interferirían con el apego de los niños hacia sus padres. Las investigaciones han mostrado que ese temor en gran medida era infundado.

centros de desarrollo infantil por lo general son más considerados y sociables que otros niños e interactúan de manera más positiva con los maestros (Phillips, McCartney y Scarr, 1987, entre otros). También pueden ser más obedientes y regular su propio comportamiento con mayor eficacia (Volling y Feagans, 1995).

Además, en especial para niños de hogares pobres o con desventajas, el cuidado de ellos en ambientes enriquecidos con muchos juguetes, libros, diversidad de niños y personal de gran calidad, a menudo demuestra ser más estimulante desde el punto de vista intelectual que el ambiente del hogar. El cuidado en centros de desarrollo infantil motiva un incremento en el rendimiento intelectual, que se demuestra por puntuaciones de CI más altas y un mejor desarrollo del lenguaje (Lee *et al.*, 1990). De hecho, algunas investigaciones señalan que los niños que asisten a centros de desarrollo infantil obtienen puntuaciones más altas en pruebas de capacidades cognitivas que los que son atendidos por sus madres, por niñeras o por personas que dan atención en el hogar (Clark-Stewart, 1991; Feagans, Fendt y Farran, 1995; Broberg *et al.*, 1997).

Por otra parte, han surgido dudas respecto a la calidad de la relación que se da entre los padres y los hijos cuando éstos pasan un tiempo considerable al cuidado de otros. De manera específica, ¿los niños que asisten a centros de desarrollo infantil están menos apegados a sus padres que los niños que son atendidos por sus padres en el hogar? Los resultados de las investigaciones sobre el tema son inconsistentes. Alguna evidencia sugiere que los bebés que reciben cuidado externo por más de 20 horas a la semana durante el primer año de vida muestran menos apego a sus madres que los que no han estado en centros de desarrollo infantil (Belsky y Rovine, 1988; Morgan, 1996). En contraste, la mayor parte de las demás investigaciones encuentran poca o ninguna diferencia en la intensidad del apego de los padres de bebés y niños que han estado en centros de desarrollo infantil en comparación con los que han sido criados sólo por sus padres, sin importar cuánto tiempo hayan estado en el centro de desarrollo infantil. Además, no hay evidencia de que los niños que asisten a estos centros tengan más apego a los trabajadores de su centro de desarrollo que a sus padres; de hecho, los niños casi siempre parecen estar más apegados a sus padres (Ragozin, 1980; Rutter, 1982). En resumen, la mayor parte de los estudios señalan que los niños que asisten a centros de desarrollo infantil no están menos apegados a sus padres que los que no acuden a ellos (NICHD, Early Child Care Research Network, 1997).

Cuadro 10-3	Patrones de crianza de los hijos	
Estilo de crianza de los padres	**Comportamiento de los padres**	**Comportamiento de los hijos**
Autoritario	Rígido, punitivo; normas estrictas	Antisocial, hostil, retraído
Permisivo	Relajado, inconsistente, poco exigente	Inmaduro, berrinchudo, dependiente, poco autocontrol
Con autoridad	Firme, establece límites y objetivos, usa el razonamiento, fomenta la independencia	Buenas habilidades sociales; agradable, seguro de sí mismo, independiente

En general, puede haber beneficios significativos por la interacción social y la estimulación intelectual proporcionadas por los centros de desarrollo infantil de gran calidad. Sin embargo, la clave es la *gran calidad* del centro de desarrollo infantil (la cual puede no ser fácil de encontrar). En contraste, los centros de desarrollo infantil de baja calidad proporcionan pocas ventajas o ninguna. Además, todavía no sabemos si los beneficios de estos centros duren hasta la edad adulta. Aun así, es claro que la asistencia a dichos centros de desarrollo infantil proporciona a los niños oportunidades para la interacción y la estimulación social que pueden resultar benéficas (Zaslow, 1991; Zigler y Lang, 1991; Ziegler y Styfco, 1993; Clarke-Stewart, Gruber y Fitzgerald, 1994).

Estilos de crianza y desarrollo social

Aunque muchos avances en el desarrollo social son producidos por la interacción con los pares, los patrones de crianza de los padres también moldean la competencia social de sus hijos. La psicóloga Diana Baumrind (1971, 1980) encontró que los estilos de crianza se dividen en tres categorías principales. Los **padres autoritarios** son rígidos y punitivos y valoran la obediencia incondicional de sus hijos; tienen normas estrictas y desalientan las expresiones de desacuerdo. Los **padres permisivos** dan a sus hijos una dirección relajada o inconsistente y, aunque son afectuosos, les exigen poco. Por último, los **padres con autoridad** son firmes y establecen límites para sus hijos; conforme ellos crecen, estos padres tratan de razonar y explicarles las cosas. También establecen objetivos claros y fomentan la independencia de sus hijos (véase cuadro 10-3).

Como se podría esperar, las tres clases de estilos de crianza de los hijos se asocian con tipos muy diferentes de comportamiento en los niños (aunque hay, por supuesto, muchas excepciones). Los hijos de padres autoritarios tienden a ser antisociales, poco amistosos y relativamente retraídos. En contraste, los hijos de padres permisivos son inmaduros, berrinchudos y dependientes y tienen poco autocontrol. A los hijos de padres con autoridad les va mejor ya que sus habilidades sociales son altas: son agradables, seguros de sí mismos, independientes y cooperativos.

Antes de apresurarnos a felicitar a los padres con autoridad y a condenar a los padres autoritarios y a los permisivos, es importante señalar que en muchos casos los padres autoritarios y los permisivos tienen hijos que están perfectamente bien adaptados. Además, cada niño nace con un **temperamento** particular: una disposición innata básica. Algunos niños son afectuosos y cariñosos en forma natural, mientras que otros son irritables y quisquillosos. La clase de temperamento con la que nace un bebé puede producir particulares estilos de crianza por parte de los padres (Goldsmith *et al.*, 1987; Goldsmith y Harman, 1994; Kendler, 1996).

En adición a esto, los hallazgos respecto a los estilos de crianza de los hijos son aplicables sobre todo a la sociedad estadounidense, en la que un valor dominante es que los niños deben aprender a ser independientes y no depender demasiado de sus padres. En

Padres autoritarios: padres que son rígidos y punitivos y que valoran la obediencia incondicional de sus hijos

Padres permisivos: padres que dan a sus hijos una dirección relajada o inconsistente y que, aunque son cariñosos, no les exigen a sus hijos

Padres con autoridad: padres que son firmes, establecen límites claros, razonan con sus hijos y les dan explicaciones

Temperamento: disposición innata básica

*"Por favor, Juan. ¿No quieres crecer para ser
una persona autónoma?"*

contraste, los padres japoneses fomentan la dependencia para promover los valores de cooperación y vida comunitaria. Estas diferencias en los valores culturales dan como resultado filosofías muy diferentes en la crianza de los hijos. Por ejemplo, las madres japonesas creen que es un castigo hacer que un niño pequeño duerma solo, así que muchos niños duermen junto a sus madres durante toda su infancia (Kagan, Kearsley y Zelazo, 1978; Miyake, Chen y Campos, 1985; Kawasaki *et al.*, 1994).

En resumen, la educación de un niño es consecuencia de la filosofía de crianza que tengan los padres, de las prácticas específicas que empleen y de la naturaleza de su propia personalidad y la de sus hijos. En este sentido, como en el caso de otros aspectos del desarrollo, el comportamiento es una función de la interacción compleja de factores ambientales y genéticos (Maccoby, 1992; Ge *et al.*, 1996; Gottlieb, 1996; Kagan, 1997).

Teoría de Erikson sobre el desarrollo psicosocial

Al tratar de estudiar el curso del desarrollo social, algunos teóricos han considerado la manera en que la sociedad y la cultura presentan retos que cambian a medida que madura el individuo. Siguiendo este esquema, el psicoanalista Erik Erikson propuso una de las teorías más completas sobre el desarrollo social. De acuerdo con Erikson (1963), los cambios del desarrollo que se dan durante nuestra vida corresponden a una serie de ocho etapas de desarrollo psicosocial. El **desarrollo psicosocial** abarca desde los cambios en nuestras interacciones y comprensión de los demás hasta el conocimiento y comprensión de nosotros mismos como miembros de la sociedad.

Erikson sostiene que el proceso a través de cada una de estas etapas implica la resolución de una crisis o conflicto. De acuerdo con esto, cada una de las ocho etapas de Erikson representa el aspecto más positivo y el más negativo de la crisis de ese periodo. Si bien esas crisis nunca se resuelven por completo, ya que la vida se vuelve cada vez más compleja conforme crecemos, deben resolverse en medida suficiente para que estemos preparados para encarar las demandas de la siguiente etapa del desarrollo.

En la primera etapa de desarrollo psicosocial, la **etapa de confianza frente a desconfianza** (desde el nacimiento hasta un año y medio de edad), los niños desarrollan sentimientos de confianza si sus demandas físicas y necesidades psicológicas de apego son satisfechas en forma consistente y si sus interacciones con el mundo son positivas por lo general. En contraste, un cuidado inconsistente junto a interacciones desagradables con

Desarrollo psicosocial: desarrollo de las interacciones de los individuos, de la comprensión que tienen de los demás, así como del conocimiento y comprensión que tienen de sí mismos como miembros de la sociedad

Etapa de confianza frente a desconfianza: según Erikson, primera etapa del desarrollo psicosocial, que ocurre desde el nacimiento hasta los 18 meses de edad, durante el cual los bebés desarrollan sentimientos de confianza o desconfianza

los demás pueden desarrollar desconfianza en el niño y menguar su capacidad para enfrentarse a las situaciones planteadas por la siguiente etapa del desarrollo.

En la segunda etapa, la **de autonomía frente a vergüenza y duda** (desde un año y medio hasta tres), los niños desarrollan independencia y autonomía si se fomenta su exploración y su libertad; o experimentan vergüenza, indecisión e infelicidad si se les reprime o sobreprotege demasiado. De acuerdo con Erikson, la clave para el desarrollo de la autonomía durante este periodo radica en que las personas que tengan a su cuidado al niño ejerzan sobre él un grado apropiado de control. Si los padres lo controlan demasiado, los hijos no podrían autoafirmarse o desarrollar su propio sentido de control sobre su entorno; si los padres ejercen un control deficiente, los hijos serán demasiado demandantes y controladores.

La siguiente crisis que encaran los niños es la **etapa de iniciativa frente a culpa** (de tres a seis años de edad). En esta etapa, el gran conflicto del niño está entre su deseo de emprender actividades en forma independiente y la culpabilidad que surge de las consecuencias indeseables e inesperadas de tales actividades. Si los padres reaccionan positivamente ante los intentos de independencia del niño, lo ayudarán a resolver de manera positiva la crisis de la iniciativa frente a la culpa.

La cuarta y última etapa de la infancia es la **etapa de laboriosidad frente a inferioridad** (de seis a 12 años de edad). Durante este periodo, el desarrollo psicosocial exitoso se caracteriza por un aumento de la competitividad en todas las áreas, sean interacciones sociales o habilidades académicas. En contraste, las dificultades en esta etapa provocan sentimientos de fracaso e inadecuación.

La teoría de Erikson sostiene que el desarrollo psicosocial de las personas continúa durante toda la vida y propone que aún existen cuatro crisis más posteriores a la infancia. Aun cuando su teoría ha sido criticada en varios aspectos, como utilizar conceptos poco precisos y hacer mayor énfasis en el desarrollo masculino que en el femenino, aún mantiene su influencia y es una de las pocas teorías del desarrollo social que abarca el ciclo completo de la vida.

Etapa de autonomía frente a vergüenza y duda: según Erikson, periodo durante el cual los niños (de 18 meses a tres años de edad) desarrollan independencia y autonomía si se fomenta en ellos la exploración y la libertad, o vergüenza y duda de sí mismos si se les restringe y sobreprotege

Etapa de iniciativa frente a culpa: según Erikson, periodo durante el cual los niños de tres a seis años de edad experimentan conflicto entre la independencia de la acción y sus resultados, en ocasiones negativos

Etapa de laboriosidad frente a inferioridad: según Erikson, la última etapa de la infancia durante la cual los niños de seis a 12 años de edad pueden desarrollar interacciones sociales positivas con los demás o pueden sentirse inadaptados y volverse menos sociables

DESARROLLO COGNITIVO

Suponga que tiene dos vasos con formas diferentes: uno corto y ancho y el otro largo y estrecho. Ahora imagine que llena el primero de ellos hasta la mitad con refresco y después vierte el líquido en el segundo. El contenido parece llenar cerca de tres cuartas partes del segundo vaso. Si alguien le preguntara si hay más refresco en el segundo vaso que en el primero, ¿qué contestaría usted?

Quizá piense que una pregunta tan sencilla difícilmente merece una respuesta; por supuesto que la cantidad de refresco es la misma en los dos vasos. Sin embargo, la mayoría de los niños de cuatro años tienden a decir que hay más refresco en el segundo vaso. Si usted vierte el líquido nuevamente en el vaso corto, dirán que hay menos refresco del que había en el vaso largo.

¿Por qué los niños pequeños se confunden ante este problema? La razón no es tan obvia. Cualquier persona que observe a niños en edad preescolar quedará impresionada de lo mucho que han progresado desde las primeras etapas de desarrollo. Hablan con facilidad, conocen el alfabeto, saben contar, participan en juegos complejos, usan la grabadora, cuentan cuentos y se comunican con gran habilidad.

Aun así, a pesar de esta gran complejidad, existen grandes abismos en cuanto a su comprensión del mundo. Algunos teóricos han sugerido que los niños son incapaces de comprender ciertas ideas y conceptos hasta que alcanzan una etapa específica del **desarrollo cognitivo**; es decir, el proceso por medio del cual cambia la comprensión del mundo que tiene el niño en función de su edad y experiencia. En contraste con las teorías del desarrollo físico y social analizadas con anterioridad (como la de Erikson), las teorías del desarrollo cognitivo intentan explicar los avances intelectuales cuantitativos y cualitativos que se dan durante el desarrollo.

▶ **¿Cuál es la mejor forma de describir el desarrollo cognitivo?**

Desarrollo cognitivo: proceso por el cual la comprensión del mundo que tiene un niño cambia como resultado de la edad y la experiencia

Cuadro 10-4	Resumen de las etapas del desarrollo cognitivo según Piaget	
Etapa	**Rango aproximado de edad**	**Características principales**
Sensoriomotora	Nacimiento a dos años	Desarrollo de la permanencia del objeto, desarrollo de habilidades motoras, poca o ninguna capacidad para la representación simbólica
Preoperacional	dos a siete años	Desarrollo del lenguaje y del pensamiento simbólico, pensamiento egocéntrico
De las operaciones concretas	siete a 12 años	Desarrollo de la conservación, dominio del concepto de reversibilidad
De las operaciones formales	12 años a edad adulta	Desarrollo del pensamiento lógico y abstracto

Teoría de Piaget sobre el desarrollo cognitivo

Ninguna teoría del desarrollo cognitivo ha tenido más impacto que la del psicólogo suizo Jean Piaget. Piaget (1970) argumentó que los niños de todo el mundo pasan por una serie de cuatro etapas en un orden fijo. Sostiene que éstas no sólo difieren en cuanto a la *cantidad* de información adquirida, sino también en relación a la *calidad* del conocimiento y la comprensión. Desde un punto de vista interaccionista, Piaget sugiere que el pasaje de una etapa a la siguiente ocurre cuando el niño alcanza un nivel apropiado de maduración *y* cuando se le ha expuesto a tipos relevantes de experiencias. Sin éstas, se asume que los niños son incapaces de alcanzar su nivel máximo de desarrollo cognitivo.

Las cuatro etapas de Piaget son conocidas como la etapa sensoriomotora, la preoperacional, la de las operaciones concretas y la de las operaciones formales (véase cuadro 10-4). Examinemos cada una de ellas y las edades aproximadas que abarcan.

Etapa sensoriomotora: desde el nacimiento hasta los dos años

Etapa sensoriomotora: según Piaget: etapa del nacimiento a los dos años de edad, durante la cual un niño tiene poca competencia para representar el ambiente usando imágenes, lenguaje u otros símbolos

Permanencia del objeto: percatarse de que los objetos, y las personas, continúan existiendo aunque no estén a su vista

Durante la primera parte de la **etapa sensoriomotora** el niño posee relativamente poca capacidad para representar el entorno utilizando imágenes, lenguaje u otros tipos de símbolos. En consecuencia, el infante no tiene conciencia de los objetos o las personas que no estén inmediatamente presentes en un momento determinado, por lo cual carece de lo que Piaget llama la **permanencia del objeto**, que se refiere a la conciencia de que los objetos —y las personas— continúan existiendo aun cuando no estén al alcance de la vista.

¿Cómo es posible saber que los niños carecen de permanencia del objeto? Aun cuando no es posible preguntar a los infantes, podemos observar sus reacciones cuando un juguete o cosa con el que juegan es escondido bajo el cobertor. Aproximadamente hasta la edad de nueve meses, los niños no hacen ningún intento por encontrar el juguete. Sin embargo, a partir de esa edad empiezan a buscar de forma activa el objeto escondido, lo cual indica que ya elaboraron una representación mental de éste. La permanencia del objeto, en este sentido, es un desarrollo crítico durante la etapa sensoriomotora.

Etapa preoperacional: desde los dos hasta los siete años

Etapa preoperacional: según Piaget, periodo desde los dos hasta los siete años de edad que se caracteriza por el desarrollo del lenguaje

El desarrollo más importante durante la **etapa preoperacional** consiste en el uso del lenguaje, que se describe con más detalle en el capítulo 7. Los niños desarrollan sistemas internos de representación que les permiten describir a las personas, situaciones y sentimientos. Incluso utilizan símbolos en sus juegos, pretendiendo, por ejemplo, que un libro que arrastran por el suelo es un auto.

Aunque el pensamiento de los niños es más avanzado en esta etapa que en la etapa sensoriomotora, todavía es cualitativamente inferior al de los adultos. Se aprecia esto al observar al niño en la etapa preoperacional absorto en su **pensamiento egocéntrico**, es decir, una forma de pensar en la que el niño ve el mundo totalmente desde su propia perspectiva. Los niños en la etapa preoperacional piensan que todos comparten su mismo enfoque y su saber. Por tanto, las historias de los niños y sus explicaciones a los adultos pueden ser enloquecedoramente carentes de información, ya que son descritas sin contexto alguno. Por ejemplo, un niño preoperacional bien puede iniciar una historia con "Él no me dejaba ir", sin mencionar quién es "él", o adónde quería ir el que relata la historia. En la etapa preoperacional el pensamiento egocéntrico también se manifiesta cuando los niños juegan a las escondidas. Por ejemplo, con frecuencia los niños de tres años esconden sus rostros contra la pared cubriéndose los ojos, aunque ellos sigan estando a la vista; les parece que si *ellos* no pueden ver, nadie será capaz de verlos, ya que suponen que los demás comparten su perspectiva.

Otra deficiencia del niño preoperacional se demuestra por su incapacidad para comprender el **principio de conservación**, el cual se refiere al conocimiento de que la cantidad no se relaciona ni con la distribución ni con la apariencia física de los objetos. Los niños que aún no dominan este concepto no saben que la cantidad, el volumen o el tamaño de un objeto no se modifican al cambiar su configuración o forma. El asunto de los dos vasos, uno corto y ancho y el otro alto y delgado, con el que iniciamos nuestra exposición sobre el desarrollo cognitivo, ilustra con claridad este asunto. Los niños que no entienden el principio de conservación por lo general dicen que la cantidad de líquido cambia al pasarlo de un vaso al otro. No logran comprender que una transformación de la apariencia no implica un cambio en la cantidad. Por el contrario, para el niño resulta tan razonable que haya un cambio en la cantidad como para el adulto que no lo haya.

Existen otras maneras, algunas de ellas bastante sorprendentes, en las que la falta de comprensión del principio de conservación afecta las respuestas de los niños. Diversas investigaciones demuestran que algunos principios que son obvios e incuestionables para los adultos pueden ser mal interpretados por los niños durante el periodo preoperacional, y es hasta la siguiente etapa del desarrollo cognitivo que entienden el concepto de conservación (en la figura 10.5 se muestran varios ejemplos de conservación).

Etapa de las operaciones concretas: desde los siete a los 12 años

El inicio de la **etapa de las operaciones concretas** se caracteriza por el dominio del principio de conservación. Sin embargo, aún en este periodo algunos aspectos de la conservación, como el del peso y el del volumen, no serán comprendidos por completo.

Durante la etapa de las operaciones concretas los niños desarrollan su capacidad de pensar de una manera más lógica y empiezan a superar algo del egocentrismo característico del periodo preoperacional. Uno de los principios más importantes que los niños logran captar durante esta etapa es el de reversibilidad, la idea de que algunos cambios se pueden anular al invertirse la acción previa. Por ejemplo, pueden comprender que cuando una bola de barro o plastilina se enrolla en forma de salchicha, es posible regresarla a su forma original al revertir la acción. Incluso pueden conceptualizar o imaginar este principio sin tener que llevar a cabo la acción.

Aun cuando los niños logren avances importantes en sus capacidades lógicas durante la etapa de las operaciones concretas, su pensamiento aún presenta una importante limitación: están ligados en gran medida a la realidad física, concreta del mundo. La mayoría presenta dificultad para comprender asuntos de naturaleza abstracta o hipotética.

Etapa de las operaciones formales: desde los 12 años hasta la adultez

La **etapa de las operaciones formales** produce un nuevo tipo de pensamiento: abstracto, formal y lógico. El pensamiento ya no está ligado a los eventos que pueden observarse en el entorno, sino que ahora utiliza técnicas lógicas para la resolución de problemas.

La aparición del pensamiento operacional formal se ilustra por la manera en que los niños enfocan el "problema del péndulo", ideado por Piaget (Piaget e Inhelder, 1958). A la persona que resolverá el problema se le pide pensar qué determina la velocidad a la que

Pensamiento egocéntrico: forma de pensamiento en la que el niño ve al mundo desde su propia perspectiva

Principio de conservación: conocimiento de que la cantidad no se relaciona con el orden y apariencia física de los objetos

Etapa de las operaciones concretas: según Piaget, periodo de los 7 a los 12 años de edad que se caracteriza por el pensamiento lógico y una disminución del egocentrismo

Etapa de las operaciones formales: de acuerdo con Piaget, periodo de los 12 años hasta la edad adulta que se caracteriza por el pensamiento abstracto

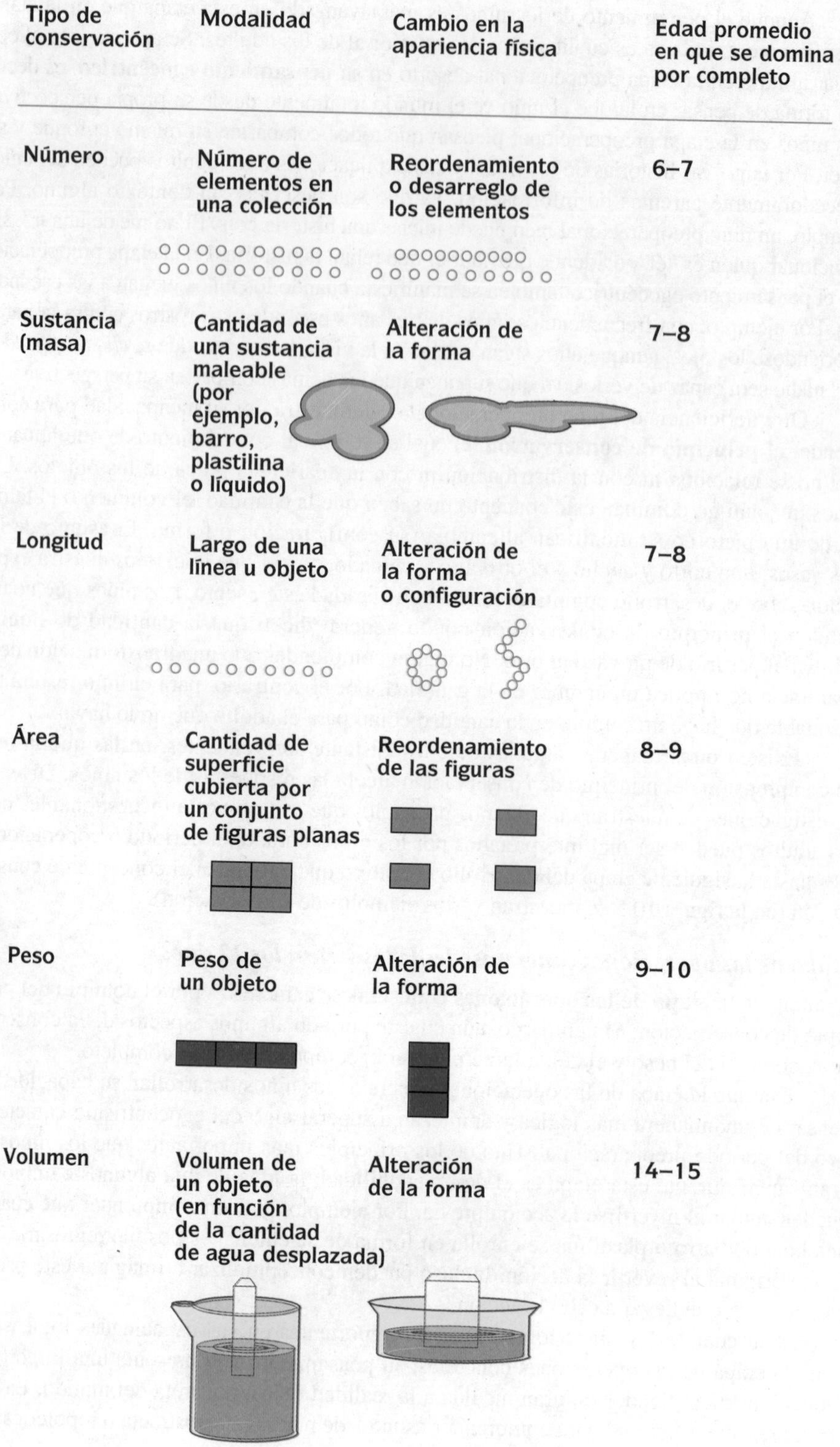

FIGURA 10.5 *Estas pruebas están entre las utilizadas con mayor frecuencia para evaluar si los niños han aprendido el principio de conservación en una variedad de dimensiones.*

Tipo de conservación	Modalidad	Cambio en la apariencia física	Edad promedio en que se domina por completo
Número	Número de elementos en una colección	Reordenamiento o desarreglo de los elementos	6–7
Sustancia (masa)	Cantidad de una sustancia maleable (por ejemplo, barro, plastilina o líquido)	Alteración de la forma	7–8
Longitud	Largo de una línea u objeto	Alteración de la forma o configuración	7–8
Área	Cantidad de superficie cubierta por un conjunto de figuras planas	Reordenamiento de las figuras	8–9
Peso	Peso de un objeto	Alteración de la forma	9–10
Volumen	Volumen de un objeto (en función de la cantidad de agua desplazada)	Alteración de la forma	14–15

se mueve el péndulo. ¿Es el largo de la cuerda, es el peso del péndulo o es la fuerza con que se le impulsa? (Dicho sea de paso, la respuesta es el largo de la cuerda.)

En la etapa de las operaciones concretas, los niños abordan el problema en forma azarosa, sin un plan de acción lógico o racional. Por ejemplo, pueden cambiar al mismo tiempo el largo de la cuerda *y* su peso *y* la fuerza con la que empujan el péndulo. Al variar todos los factores a la vez, no pueden saber cuál es el factor decisivo. Por el contrario, durante la etapa de las operaciones formales abordan el problema de modo sistemático. Actúan como si fueran científicos que realizan un experimento, analizan los efectos de los cambios en una sola variable a la vez. Esta capacidad de descartar posibilidades que compiten es característica del pensamiento operacional formal.

Si bien este pensamiento surge durante la adolescencia, es utilizado con poca frecuencia en algunos casos (Burbules y Linn, 1988). Además, parece que muchos individuos nunca alcanzan esta etapa; la mayoría de los estudios realizados muestran que sólo entre 40 y 60% de los estudiantes universitarios y otros adultos lo alcanzan plenamente. Algunas estimaciones hacen descender este porcentaje hasta 25% en la población general (Keating y Clark, 1980). En ciertas culturas, en particular aquellas con tecnología menos compleja que las de sociedades occidentales, casi nadie alcanza la etapa operacional formal (Chandler, 1976; Super, 1980).

Etapas frente a desarrollo continuo: ¿tiene razón Piaget?

Ningún otro teórico nos ha proporcionado una teoría del desarrollo cognitivo tan completa como Piaget. No obstante, muchos teóricos contemporáneos sostienen que es posible aportar una mejor descripción de la forma en que se desarrollan cognitivamente los niños mediante teorías que no emplean ningún enfoque de etapas. Por ejemplo, los niños no siempre son consistentes al desempeñar tareas que, de ser correcta la teoría de Piaget, deben ejecutar igualmente bien en una determinada etapa (Siegler, 1994).

Algunos psicólogos del desarrollo aseguran que el desarrollo cognitivo sucede en una manera más continua que la que implica la teoría de las etapas de Piaget. En lugar de esto, ellos proponen que el desarrollo cognitivo es principalmente de naturaleza cuantitativa, más que cualitativa. Afirman que si bien existen diferencias en cuanto a cómo, cuándo y hasta qué grado un niño tiene la capacidad de utilizar determinadas habilidades cognitivas y con ello reflejar los cambios cuantitativos, los procesos cognitivos subyacentes cambian relativamente poco con la edad (Gelman y Baillargeon, 1983; Case, 1991; Case et al., 1993; Case y Okamoto, 1996).

Otra crítica hecha a Piaget es que en algunos aspectos subestimó la edad en que los bebés y los niños son capaces de entender conceptos y principios específicos. De hecho, parecen ser más complejos en sus capacidades cognitivas de lo que Piaget creía (Tomlinson-Keasey et al., 1979; Bornstein y Sigman, 1986). Por ejemplo, evidencias recientes sostienen que niños de apenas cinco meses de edad tienen habilidades matemáticas rudimentarias y pueden calcular el resultado de problemas de adición y sustracción simples (Wynn, 1992, 1993, 1995).

A pesar de estas críticas, la mayoría de los psicólogos del desarrollo coinciden en que, aun cuando los procesos subyacentes en los cambios de las capacidades cognitivas puedan no desarrollarse en la forma propuesta por su teoría, en términos generales Piaget proporcionó un registro minucioso de los cambios en el desarrollo cognitivo relacionados con la edad. Además, la influencia de su teoría ha sido enorme (Ginsburg y Opper, 1988; Beilin y Pufall, 1992; Demetriou, Shayer y Efklides, 1993; Siegler y Ellis, 1996). Por ejemplo, Piaget señala que no se puede lograr un avance en el desempeño cognitivo a menos que estén presentes una disposición cognitiva resultante de la maduración y una estimulación ambiental apropiada. Este enfoque es de tal importancia que ha determinado la naturaleza y la estructura de los planes de estudio educativos y la forma de enseñanza para los niños. Asimismo, la teoría y métodos de Piaget se han utilizado para investigar cuestiones acerca de la cognición de los animales, como el hecho de si los primates muestran permanencia del objeto o no (Gagnon y Dore, 1994; Funk, 1996; Ha, Kimpo y Sackett, 1997, señalan que en apariencia sí).

Enfoques basados en el procesamiento de información

Si el desarrollo cognitivo no ocurre como la serie de etapas propuestas por Piaget, ¿qué hay detrás del enorme aumento en las capacidades cognitivas de los niños, notorio hasta

**Procesamiento de la
información:** modo en que las
personas reciben, usan y almacenan
información

para el menos observador? Para muchos psicólogos del desarrollo, los cambios producidos en el **procesamiento de la información**, es decir, el modo en que las personas reciben, utilizan y almacenan la información, explican el desarrollo cognitivo (Siegler, 1991; Berndt, 1997).

De acuerdo con este enfoque, se dan cambios cuantitativos en las capacidades de los niños para organizar y manipular la información. Desde esta perspectiva, los niños se vuelven paulatinamente más expertos en el procesamiento de la información, del mismo modo en que un programa de computación adquiere mayor complejidad cuando lo modifica un programador con base en la experiencia. Los enfoques basados en el procesamiento de la información consideran los tipos de "programas mentales" a los que acuden los niños al abordar problemas (Siegler, 1989; Mehler y Dupoux, 1994).

Se producen varios cambios significativos en la capacidad de procesar información de los niños. Por un lado, la velocidad de procesamiento aumenta con la edad conforme algunas habilidades se vuelven más automáticas. La velocidad a la que los estímulos pueden ser explorados, reconocidos y comparados con otros también se incrementa con la edad. Al crecer, los niños pueden prestar atención a los estímulos durante más tiempo, discriminar entre diferentes estímulos con mayor facilidad y aumentar su capacidad de atención (Jensen y Neff, 1993; Mayr, Kliegl y Krampe, 1996; Miller y Vernon, 1997).

La memoria también mejora bastante con la edad. En el capítulo 6 se dijo que los adultos pueden retener siete paquetes de información, dos más o dos menos, en la memoria a corto plazo. En contraste, los preescolares pueden retener sólo dos o tres paquetes; los niños de cinco años, cuatro; y los de siete, cinco. El tamaño de los paquetes también crece con la edad, al igual que la complejidad y la organización del conocimiento almacenado en la memoria (Bjorklund, 1985; Ornstein y Naus, 1988). Aun así, las capacidades de memoria son impresionantes a tan corta edad: de acuerdo con investigaciones recientes, aun antes de que puedan hablar, los bebés son capaces de recordar durante meses acontecimientos en los que fueron participantes activos (Rovee-Collier, 1993; Myers, Perris y Speaker, 1994; Bauer, 1996).

Por último, el mejoramiento en el procesamiento de la información está relacionado con los avances en la **metacognición**; es decir, la conciencia y comprensión de los procesos cognitivos propios. La metacognición implica la planeación, supervisión y revisión de las estrategias cognitivas. Los niños más pequeños, que carecen de conciencia de sus propios procesos cognitivos, con frecuencia ignoran sus incapacidades. En este sentido, cuando no comprenden a los demás, puede ser que no reconozcan sus propios errores. Es hasta más tarde, cuando las capacidades cognitivas se vuelven más complejas, que los niños son capaces de saber cuando *no* entienden. Esta complejidad creciente refleja un cambio en la *teoría de la mente* del niño: su conocimiento y creencias respecto a la forma en que opera la mente (Flavell, 1993; Bartsch y Estes, 1996; Chandler y Lalonde, 1996; Taylor, 1996).

Metacognición: conciencia y
comprensión de los procesos cognitivos
propios

El enfoque de Vygotsky sobre el desarrollo cognitivo: consideración de la cultura

De acuerdo con el psicólogo del desarrollo ruso Lev Vygotsky, la cultura en la que somos educados tiene una influencia importante en nuestro desarrollo cognitivo. Desde una perspectiva que cada vez tiene mayor influencia, Vygotsky argumenta que el énfasis que se pone en el desempeño individual (que se encuentra tanto en el enfoque piagetiano como en el del procesamiento de información) es impropio. En lugar de ello, él sostiene que no podemos comprender el desarrollo cognitivo sin tomar en cuenta los aspectos sociales del aprendizaje (Vygotsky, 1979, 1926/1997; Wertsch y Tulviste, 1992; Beilin, 1996; Daniels, 1996).

Vygotsky afirma que el desarrollo cognitivo ocurre como consecuencia de las interacciones sociales en las que los niños trabajan con otros para resolver problemas de manera conjunta. Mediante dichas interacciones se incrementan las habilidades cognitivas de los niños y obtienen la capacidad de funcionar intelectualmente por sí mismos. De ma-

nera más específica, Vygotsky sostiene que las capacidades cognitivas de los niños se incrementan cuando son expuestos a información que cae dentro de su zona de desarrollo próximo. La **zona de desarrollo próximo** es el nivel en el que un niño puede, aunque no por completo, comprender o ejecutar una tarea por sí mismo. Cuando los niños encuentran información que cae dentro de la zona de desarrollo próximo, son capaces de incrementar su comprensión o dominar una tarea nueva. Por otra parte, si la información se encuentra fuera de la zona de desarrollo próximo del niño, éste no será capaz de dominarla (Belmont, 1995).

> **Zona de desarrollo próximo:** de acuerdo con Vygotsky, nivel en el que un niño casi puede comprender o ejecutar una tarea por sí mismo, pero no puede hacerlo por completo

En resumen, el desarrollo cognitivo ocurre cuando los padres, maestros o semejantes hábiles apoyan al niño presentándole información que es nueva y al mismo tiempo está dentro de su zona de desarrollo próximo (Rogoff, 1990; Steward, 1995). Este tipo de asistencia se llama *andamiaje*, es decir, el apoyo para el aprendizaje y la solución de problemas que fomenta la independencia y el crecimiento (Bruner, 1983). Vygotsky afirma que el andamiaje no sólo promueve la solución de problemas específicos, también ayuda al desarrollo de capacidades cognitivas generales.

Más que otros enfoques acerca del desarrollo cognitivo, la teoría de Vygotsky considera la forma en que el contexto cultural y social específico de la sociedad influye en el crecimiento intelectual. La forma en que los niños entienden el mundo se reconoce como el resultado de las interacciones con padres, pares y otros miembros de una cultura determinada. Además, como veremos a continuación, las influencias culturales en el desarrollo cognitivo también dan como resultado diferencias significativas en el éxito académico.

Exploración de la diversidad

Apoyo del logro escolar de los niños: historia del éxito asiático

Para cuando terminan su educación en escuelas públicas en sus respectivas regiones, los estudiantes promedio de Japón alcanzan un nivel superior que el de sus pares estadounidenses. No empieza de esta manera: en primer grado sólo existen diferencias menores en el rendimiento de los estudiantes japoneses y estadounidenses. Sin embargo, para cuando llegan a quinto grado, el estudiante japonés promedio ha destacado respecto a su contraparte estadounidense y permanece adelante durante el bachillerato (Stevenson y Lee, 1990).

El rendimiento escolar de los estudiantes estadounidenses de ascendencia asiática, como grupo, también refleja un rendimiento superior. Por ejemplo, en el área de San Diego estos estudiantes tienen calificaciones superiores que otros, y por lo regular toman cursos más avanzados que sus compañeros de clase (Brand, 1987).

¿Qué explica el éxito excepcional de los estudiantes asiáticos? Un factor es que estos niños enfrentan mayor presión cultural para sobresalir en la escuela. Por ejemplo, los padres japoneses y coreanos dedican mucho tiempo en ayudar a sus hijos con sus tareas escolares y enfatizan que el éxito académico es la tarea más importante de sus hijos. Las madres asiáticas también tienen normas superiores para el rendimiento escolar de sus hijos que las madres estadounidenses.

Otra razón del rendimiento superior de los asiáticos reside en la forma que los padres atribuyen el éxito escolar de sus hijos. Basándose en los escritos del gran filósofo chino Confucio, los padres asiáticos enfatizan la importancia del esfuerzo, del trabajo duro y de la perseverancia en la escuela. Al mismo tiempo, minimizan los efectos de las capacidades individuales. Para el padre asiático, todos los niños tienen el mismo nivel de capacidad subyacente; lo que determina el éxito en la escuela es lo duro que trabajen los niños. Los padres estadounidenses adoptan una perspectiva diferente: enfatizan la importancia de la capacidad innata, creyendo que las capacidades de los niños varían en forma considerable y que éstas desempeñan una función primordial en el rendimiento escolar. Al mismo tiempo, los padres estadounidenses desdeñan la función del esfuerzo en la producción del éxito escolar.

Muchos estudiantes estadounidenses de origen asiático se desempeñan excepcionalmente bien en la escuela, en parte debido a que las culturas asiáticas enfatizan el éxito académico y la perseverancia en los deberes escolares.

El impacto de este contraste filosófico es considerable. Cuando los estudiantes no se desempeñan bien en la escuela, los padres estadounidenses pueden concluir que sus hijos simplemente no tienen suficiente capacidad. Como resultado, no presionan a sus hijos para que trabajen más duro. En contraste, los niños asiáticos que se están desempeñando mal por lo regular son alentados para que trabajen más duro, debido a que un esfuerzo mayor es considerado un medio para vencer sus dificultades académicas (Stevenson, 1992; Stevenson, Chen y Lee, 1992; Chen y Stevenson, 1995; Tuss, Zimmer y Ho, 1995).

En resumen, el rendimiento académico aparentemente superior de los niños asiáticos parece descansar, en gran medida, en diferencias culturales: en la forma en que los padres perciben las causas del rendimiento escolar, en las actitudes respecto a la importancia de la educación y en las formas en que los niños son alentados a tener éxito. Si cambian estas normas y valores culturales, también cambiará el rendimiento académico de los estudiantes.

Recapitulación, revisión y reflexión

Recapitulación

- El neonato nace con varios reflejos: el de búsqueda, el de succión, el de moro y el de Babinski.

- El crecimiento físico es rápido al principio: durante el primer año los niños casi siempre triplican el peso que tuvieron al nacer y su estatura aumenta 50%. El ritmo de crecimiento disminuye después del tercer año de edad, aumentando en promedio 2.3 kilogramos y 7.5 centímetros anuales hasta llegar a la adolescencia.

- Las capacidades perceptivas de los infantes evolucionan con rapidez, aunque son muy complejas desde el nacimiento.

- El desarrollo social se demuestra con el incremento de la capacidad de apego, el vínculo emocional positivo que se desarrolla entre el niño y un individuo en particular. Conforme crece el niño, las relaciones con sus amigos adquieren cada vez mayor importancia.

- Los padres por lo general emplean uno de tres estilos de crianza principales: autoritario, permisivo y con autoridad. En la cultura estadounidense, el estilo con autoridad parece ser el más efectivo y producir el mejor comportamiento en los niños.

- La teoría de Erikson sostiene la existencia de cuatro etapas en el desarrollo psicosocial durante la infancia, además de otras cuatro, que abarcan el resto de la vida.

- La principal teoría del desarrollo cognitivo, la forma en que la comprensión del mundo de los niños varía en función de su edad y experiencia, es la teoría de Piaget, que propone cuatro etapas fundamentales: sensoriomotora, preoperacional, de operaciones concretas y de operaciones formales.

- Aunque la descripción de Piaget sobre lo que sucede en las distintas etapas del desarrollo cognitivo ha sido apoyada en gran medida, algunos teóricos sostienen que el desarrollo es más gradual y continuo, debido más a cambios cognitivos de carácter cuantitativo que cualitativo.

- Los enfoques del desarrollo cognitivo basados en el procesamiento de información destacan los cambios cuantitativos que se dan en la manera en que las personas reciben, utilizan y almacenan información. Con la edad se producen cambios importantes en relación con la velocidad de procesamiento, el incremento en el lapso de atención, la memoria y las habilidades metacognitivas.

- El enfoque de Vygotsky sostiene que el desarrollo cognitivo ocurre por medio de interacciones sociales en las que los niños y otros plantean y solucionan en forma conjunta problemas que están dentro de la zona de desarrollo próximo del niño.

Revisión

1. Los investigadores que estudian a los recién nacidos utilizan la _____, o un decremento que ocurre en la respuesta ante un estímulo que se presenta después de repetidas ocasiones, como un indicador del interés del bebé.

2. El vínculo emocional que se desarrolla entre un niño y la persona que lo atiende se llama _____.

3. Los niños desarrollan apego únicamente hacia sus madres; la función que desempeñan los padres es importante, pero los niños no desarrollan apego hacia ellos. ¿Verdadero o falso?

4. Relacione el estilo de crianza con su definición:

   1. permisivo
   2. con autoridad
   3. autoritario

   a. rígido; muy punitivo; demanda obediencia
   b. da poca dirección; laxo en la obediencia
   c. firme pero justo; trata de explicar las decisiones

5. Se han documentado estilos de crianza de los hijos similares en todo el mundo. ¿Verdadero o falso?

6. La teoría del desarrollo _____ de Erikson implica una serie de etapas, cada una de las cuales debe ser resuelta para que una persona se desarrolle en forma óptima.

7. _____ planteó la existencia de cuatro etapas del desarrollo cognitivo, cada una de las cuales depende de factores ambientales y del grado de madurez.

8. Relacione la etapa de desarrollo que corresponda al estilo de pensamiento característico de esa etapa:

   1. pensamiento egocéntrico
   2. permanencia del objeto
   3. razonamiento abstracto
   4. conservación; reversibilidad

   a. sensoriomotora
   b. de las operaciones formales
   c. preoperacional
   d. de las operaciones concretas

9. Investigaciones recientes señalan que el desarrollo del niño se realiza de manera continua y no por etapas como sostiene Piaget. ¿Verdadero o falso?

10. Las teorías del desarrollo basadas en el _____ _____ _____ _____ afirman que la manera en que el niño maneja la información es clave para su desarrollo.

11. De acuerdo con Vygotsky, la información que está dentro de la _____ _____ _____ _____ de un niño tiene mayor probabilidad de dar como resultado el desarrollo cognitivo.

Las respuestas a las preguntas de revisión se encuentran en la página 428.

Reflexión

1. ¿De qué maneras podrían haber tenido valor para la sobrevivencia los principales reflejos del bebé (de búsqueda, de succión, de moro y de Babinski) desde una perspectiva evolutiva? ¿La capacidad del bebé para imitar las expresiones faciales de los adultos tiene un valor similar?

2. ¿Piensa usted que la creciente tendencia de mayor participación de los padres en la crianza tendrá efectos en los estilos de crianza a los que están expuestos los niños? ¿Afectará al apego? ¿Al desarrollo psicosocial? Explique su respuesta.

3. Según la teoría de Piaget, un niño debe alcanzar un nivel determinado de madurez antes de que pueda aprender cierto tipo de información. ¿Piensa que podría haber alguna ventaja al exponer a un niño a información más compleja a una edad más temprana? ¿Qué tendría que decir al respecto la teoría del procesamiento de información?

4. Se ha afirmado en este capítulo que "aun antes de que puedan hablar, los bebés son capaces de recordar durante meses acontecimientos en los que fueron participantes activos". Con los conocimientos que tiene acerca de los estudios con bebés, ¿cómo podrían haber estudiado los investigadores esta cuestión?

ADOLESCENCIA: TRANSFORMACIÓN EN ADULTO

Cumplir 13 años fue un periodo importante de mi vida. Fue el momento en que comencé a madurar físicamente. También fue cuando más muchachas comenzaron a fijarse en mí. Mi personalidad cambió mucho: de ser un matado aburrido a ser un chico vigoroso, divertido y atlético.

Cuando llegó mi decimotercer aniversario, como si las cosas no pudieran ser mejores, ¡sorpresivamente lo fueron! Mi vida de niño había llegado a su fin. Ahora era un adolescente. Esto sólo quiere demostrar que cumplir 13 significa convertirse en una persona nueva.

Patrick Backer (1993, p. 2)

▶ ¿Cuáles son las principales transiciones físicas, sociales y cognitivas que caracterizan a la adolescencia?

Conforme avanzas en la escuela las cosas se ponen más difíciles. De alguna manera te percatas de que estás creciendo. Los adultos te tratan como un adulto y no te dan las concesiones que te daban cuando eras un niño.

A los 13 años sólo has recorrido la mitad del camino hacia el mundo *real*. Luego notas que vas hacia el bachillerato y piensas en los siguientes cuatro años y luego en la universidad. A continuación votas, tienes una casa, trabajo e hijos. Parece que tu vida pasa justo enfrente de tus ojos.

Mieko Ozeki (1993, p. 2)

Cuando cumplí 13 años fue como empezar una nueva vida. Era el año en el que por fin se me permitiría hacer más cosas. Por ejemplo, podía llegar más tarde. Ya no era un niño. Lo sabía y mis padres lo sabían también.

En verdad no puedo pensar en un cumpleaños más importante aparte de tu primer aniversario.

Dmitri Ponomarev (1993, p. 2)

Como lo indican estas citas, el decimotercer cumpleaños tiene una significación que se extiende más allá de sólo marcar el paso de otro año. En lugar de ello, para muchas personas, es un momento que significa la transición a la adolescencia.

Adolescencia: etapa del desarrollo entre la infancia y la edad adulta

La **adolescencia** es la etapa de desarrollo que ocurre entre la infancia y la edad adulta, por lo que es un periodo crítico. Es un tiempo de cambios profundos y, de manera ocasional, confusión. Ocurren cambios biológicos de importancia conforme los adolescentes alcanzan la madurez sexual y física. Al mismo tiempo, estos cambios fisiológicos compiten con importantes cambios sociales, emocionales y cognitivos que ocurren mientras los adolescentes buscan independencia y avanzan hacia la etapa adulta.

Debido a tantos años de escuela que preceden a la integración de muchas personas a la fuerza de trabajo en la sociedad occidental, la etapa de la adolescencia es bastante extensa, se inicia justo antes de los 13 años de edad y finaliza después de los 19. Sin ser niños, y sin ser considerados aún como adultos por la sociedad, los adolescentes enfrentan un periodo de cambios físicos, cognitivos y sociales rápidos que los influye el resto de sus vidas.

El desarrollo de los adolescentes también se ve afectado por las transformaciones dramáticas en la sociedad. Más de la mitad de todos los niños en Estados Unidos pasarán parte de su infancia o adolescencia en familias con un solo progenitor y para los 16 años de edad casi la mitad de todos los adolescentes atestiguarán el divorcio o las segundas nupcias de sus padres. Además, los adolescentes pasan menos tiempo que hace algunas décadas con sus padres y más con sus pares. Por último, la diversidad étnica y cultural de los adolescentes cada vez es mayor. Un tercio de todos los adolescentes estadounidenses en la actualidad son de ascendencia no europea y para el año 2050 el número de adolescentes de origen hispano, afroamericano, indio o asiático crecerá de manera significativa. Es seguro que estos cambios sociales tendrán un impacto en la transición de la infancia a la edad adulta de maneras significativas (Carnegie Council on Adolescent Development, 1995; Dreman, 1997).

Desarrollo físico: el adolescente cambiante

Si usted recuerda el inicio de su adolescencia, es muy probable que los cambios más drásticos que recuerde sean de naturaleza física. Un estirón en la estatura, el crecimiento del busto en las chicas, el enronquecimiento de la voz en los muchachos, el crecimiento de vello en el cuerpo y sentimientos sexuales intensos son fuente de curiosidad, interés y, en algunas ocasiones, sentimientos de vergüenza para quienes inician su adolescencia.

Los cambios físicos que ocurren al inicio de la adolescencia son en gran medida el resultado de la secreción de diversas hormonas (véase el capítulo 2), que afectan casi to-

---

Respuestas a las preguntas de revisión:

1. habituación   2. apego   3. Falso; el apego al padre puede ser tan intenso como el apego a la madre   4. 1-b; 2-c; 3-a   5. Falso; los estilos de crianza son específicos de la cultura   6. psicosocial   7. Piaget   8. 1-c; 2-a; 3-b; 4-d   9. Verdadero   10. procesamiento de la información   11. zona de desarrollo próximo

dos los aspectos de la vida del adolescente. El desarrollo no había sido tan drástico desde la infancia. El peso y la estatura aumentan rápidamente debido a un crecimiento repentino que se inicia alrededor de los 10 años en las mujeres y de los 12 en los varones. Los adolescentes pueden crecer hasta casi 13 centímetros en un año.

La **pubertad** es la etapa en que ocurre la maduración de los órganos sexuales, empieza alrededor de los 11 o 12 años en las mujeres y a los 13 o 14 en los hombres. Hay sin embargo grandes variaciones, por lo que no es poco común que una jovencita empiece con su periodo menstrual, el primer indicio de la madurez sexual en las mujeres, con tan sólo ocho o nueve años de edad o que lo inicie a más tardar a los 16. Tanto en los niños como en las niñas, la *atracción* sexual hacia otros comienza aun antes de la maduración de los órganos sexuales, más o menos a los 10 años de edad (Eveleth y Tanner, 1976; Tanner, 1990; McClintock y Herdt, 1996).

Existen variaciones culturales y situacionales significativas en cuanto a la edad de la primera menstruación. Por ejemplo, la edad promedio en que comienzan a menstruar las jóvenes lumi de Nueva Guinea es de 18 años. En las culturas occidentales, la edad promedio en la que los adolescentes llegan a la madurez sexual ha disminuido de manera constante en el último siglo, tal vez como consecuencia de una mejor alimentación y cuidados médicos (Dreyer, 1982). De hecho, en todas las regiones del mundo, las mujeres que viven en hogares opulentos comienzan a menstruar a una edad más temprana que las que tienen hogares con desventajas económicas. La edad en que empieza la pubertad, entonces, proporciona un buen ejemplo de la forma en que los cambios en el entorno interactúan con la herencia para afectar el desarrollo.

La edad en la que comienza la pubertad tiene implicaciones importantes con respecto a cómo se sienten consigo mismos los adolescentes así como con el trato que les otorgan los demás. Los muchachos que maduran en forma precoz tienen una clara ventaja sobre los de maduración tardía. Se desempeñan mejor en actividades atléticas, por lo general son más populares entre sus compañeros y tienen un concepto de autoestima más positivo (Peterson, 1985). Por otra parte, son más propensos a tener dificultades en la escuela, a cometer actos menores de delincuencia y a abusar del alcohol. Una razón de este comportamiento parece ser que los muchachos con maduración precoz tienden a hacer amistad con jóvenes mayores y, por consiguiente, con mayor influencia sobre ellos, pudiendo involucrarlos en actos poco apropiados para su edad. No obstante, si hacemos un balance, los resultados de una maduración precoz en los muchachos son básicamente positivos; por lo general, los adolescentes que maduran pronto en comparación con los que tardan en madurar se convierten más adelante en personas algo más responsables y cooperativas (Duncan *et al.*, 1985; Anderson y Magnusson, 1990).

La situación es diferente en lo que se refiere a las mujeres. Aunque las muchachas con maduración sexual precoz son más buscadas por los varones para salir y tienen mejor autoestima que las jovencitas con maduración sexual tardía, algunas de las consecuencias de la maduración física precoz pueden ser menos positivas. Por ejemplo, el desarrollo de características tan obvias como los senos puede separarlas de sus compañeras y ser motivo de burlas (Simmons y Blyth, 1987; Ge, Conger y Elder, 1996).

Las reacciones específicas a las que están sometidas las muchachas como resultado de una maduración temprana se relacionan, en parte, con las normas y estándares culturales. En Estados Unidos, donde la idea de la sexualidad femenina es considerada con cierta ambivalencia, las consecuencias de la maduración precoz pueden ser principalmente negativas. En contraste, en países en que las actitudes hacia la sexualidad son más abiertas, los resultados de la maduración temprana tienden a ser más positivos. Por ejemplo, en Alemania, las jovencitas con maduración precoz tienen mayor autoestima que las estadounidenses. E incluso en este país, las reacciones ante la maduración precoz pueden diferir dependiendo de la comunidad y el grupo de amistades del que forma parte la muchacha (Silbereisen *et al.*, 1989; Richards *et al.*, 1990).

La maduración tardía también produce ciertas dificultades psicológicas. Los muchachos más pequeños y con menos coordinación que sus compañeros más maduros tienden a ser ridiculizados y son considerados menos atractivos. Con el tiempo, pueden llegar

Pubertad: periodo en que ocurre la maduración de los órganos sexuales y que comienza más o menos entre los 11 y 12 años de edad para las niñas y entre los 13 y 14 para los varones a tener esa percepción de sí mismos. Para los varones, las consecuencias de una madura-ción tardía pueden extenderse hasta los 30 años de edad (Mussen y Jones, 1957). De la misma forma, las jóvenes con maduración tardía están en desventaja durante la educación media y media superior. Se les ubica en posiciones sociales relativamente inferiores y tal vez no las inviten a pasear o a participar en otras actividades de muchachos y muchachas (Apter *et al*., 1981; Clarke-Stewart y Friedman, 1987).

Es evidente que el ritmo con que ocurren los cambios físicos durante la adolescen-cia puede tener efectos significativos en la forma en que los jóvenes son vistos por los de-más e incluso en la manera en que se perciben a sí mismos. No obstante, son igual de importantes tanto los cambios físicos como los psicológicos y sociales que se producen durante la adolescencia.

Desarrollo moral y cognitivo: distinción entre el bien y el mal

En Europa, una mujer está al borde de la muerte porque padece un tipo específico de cáncer. El fármaco que los médicos creen que puede salvarla es una forma del elemento radio que un farmacéutico del mismo poblado ha descubierto recientemente. Resulta caro hacer dicho medicamento y el farmacéutico cobra diez veces su costo, es decir 2 000 dólares por cada pequeña dosis. El esposo de la enferma, Heinz, recurre a todos sus conocidos con la esperanza de reunir el dinero pidiéndolo prestado, pero sólo logra reunir la mitad del costo. Le dice al farmacéutico que su esposa está muriéndose y le pide que le venda el medicamento más barato o que le deje pagar la diferencia después. El farmacéutico dice: "No, yo descubrí la medicina y voy a hacer dinero con ella." Heinz está desesperado, por lo que piensa entrar a la tienda y robar el medicamento para su esposa.

¿Qué le aconsejaría al señor Heinz?

Teoría sobre el desarrollo moral de Kohlberg

Aunque el desarrollo moral por lo general avanza durante la adolescencia, hay diferencias significativas entre los adolescentes en la etapa de razonamiento y comportamiento moral que han logrado.

En opinión del psicólogo Lawrence Kohlberg, el consejo que usted le diese reflejaría su nivel de desarrollo moral. Según este autor, las personas pasan por una serie de etapas en la evolución de su sentido de justicia, así como en el tipo de razonamiento que emplean para hacer juicios morales (Kohlberg, 1984). Debido pues a las diversas deficiencias cog-nitivas descritas por Piaget, los preadolescentes tienden a pensar en función de reglas concretas e invariables: "En ningún caso es válido robar" o "Me castigarán si robo" o en función de las reglas sociales: "La gente buena no roba" o "¿Qué sucedería si todas las personas robaran?"

Los adolescentes, sin embargo, son capaces de razonar en un plano superior, ya que por lo general han alcanzado la etapa de las operaciones formales del desarrollo cognitivo descrito por Piaget. Debido a su capacidad para entender principios morales más amplios, pueden comprender que la moral no siempre es blanca o negra y que puede haber conflic-tos entre dos tipos de normas socialmente aceptables.

Kohlberg (1984) sostiene que los cambios que ocurren en el razonamiento moral pueden explicarse mejor como una secuencia de tres niveles, donde cada nivel se divide a su vez en dos etapas. En el cuadro 10-5 se describen estos tres niveles y sus seis etapas, junto con muestras del razonamiento de individuos. Observe en qué medida los argumen-tos a favor o en contra de robar la medicina pueden ser clasificados como pertenecientes a la misma etapa del razonamiento moral. Es la naturaleza y complejidad del argumento lo que determina la categoría en la que se clasifica.

La teoría de Kohlberg señala que las personas avanzan por las seis etapas en un or-den preestablecido y que no alcanzan la etapa máxima sino hasta cerca de los 13 años de edad, sobre todo debido a deficiencias en el desarrollo cognitivo que no son superadas si-no hasta dicha edad. No obstante, muchas personas nunca llegan al nivel más alto del ra-zonamiento moral. De hecho, Kohlberg sugiere que sólo alrededor de 25% de todos los adultos supera la etapa 4 de su modelo (Kohlberg y Ryncarz, 1990).

Cuadro 10-5	Niveles de razonamiento moral según Kohlberg

<table>
<tr><th></th><th></th><th colspan="2">Muestras del razonamiento moral de los sujetos</th></tr>
<tr><th>Nivel</th><th>Etapa</th><th>A favor del robo</th><th>En contra de robar</th></tr>
<tr>
<td>Nivel 1 Moral preconvencional: en este nivel los intereses específicos del individuo están planteados en función de premios y castigos.</td>
<td>Etapa 1 Orientación hacia la obediencia y el castigo: en esta etapa las personas se apegan a las reglas para evitar el castigo, por tanto la obediencia se da por conveniencia propia.</td>
<td>"Si dejas morir a tu esposa estarás en problemas. Te culparán por no gastar el dinero para salvarla y te investigarán a ti y al farmacéutico por la muerte de ella."</td>
<td>"No debes robar la medicina porque te atraparán y te meterán en la cárcel. Si logras salvarte, te remorderá la conciencia; pensarás que la policía te atrapará en cualquier momento."</td>
</tr>
<tr>
<td></td>
<td>Etapa 2 Orientación hacia la recompensa: en esta etapa las reglas son acatadas sólo por beneficio propio. La obediencia se da porque genera una recompensa.</td>
<td>"Si llegasen a atraparte, devuelves la medicina y así no te darán una sentencia muy drástica. No te importaría demasiado ir a la cárcel por un tiempo, si tienes a tu esposa cuando estés de regreso."</td>
<td>"Tal vez no te den muchos años de cárcel si robas la medicina, aunque quizá tu esposa muera antes de que salgas de la cárcel, así que no servirá de nada. Si tu esposa muere, no debes culparte; no es tu culpa que tenga cáncer."</td>
</tr>
<tr>
<td>Nivel 2 Moral convencional: en este nivel las personas enfocan los problemas morales como miembros de la sociedad. Están interesados en complacer a los demás actuando como elementos positivos de la sociedad.</td>
<td>Etapa 3 Moralidad del "buen chico": en esta etapa los muchachos muestran interés por mantener el respeto de los demás haciendo lo que se espera de ellos.</td>
<td>"Nadie creerá que eres una mala persona por robar la medicina; sin embargo, tu familia pensará que eres un esposo inhumano si no la consigues. Si dejas morir a tu esposa nunca podrás mirar de frente a nadie."</td>
<td>"No es únicamente el farmacéutico el que creerá que eres un delincuente; todos lo harán. Te sentirás muy mal después de haber robado la medicina; te sentirás mal al pensar que has deshonrado a tu familia y tu persona; ya nunca podrás ver a la cara a nadie."</td>
</tr>
<tr>
<td></td>
<td>Etapa 4 Moralidad que mantiene la autoridad y el orden social establecidos: en esta etapa las personas se someten a las reglas de la sociedad y consideran que es "correcto" lo que ésta define como aceptable.</td>
<td>"Si tienes sentido del honor, no dejarás que tu esposa muera sólo porque tienes miedo de hacer lo único que puede salvarla. Siempre te sentirás culpable de la causa de su muerte si no haces lo que debes por ella."</td>
<td>"Estás desesperado y quizá no te des cuenta que es un error robar la medicina. Sin embargo, te percatarás cuando te metan a la cárcel. Siempre te sentirás culpable por tu deshonestidad y por haber violado la ley."</td>
</tr>
<tr>
<td>Nivel 3 Moral posconvencional: en este nivel las personas emplean principios morales que son considerados más amplios que los de cualquier sociedad en particular.</td>
<td>Etapa 5 Moralidad de contrato, garantías individuales y leyes democráticamente aceptadas: en esta etapa las personas hacen lo que piensan que es correcto debido a un sentimiento de obligación con las leyes que ha aceptado la sociedad. Perciben que las leyes pueden ser alteradas como parte de los cambios de un contrato social implícito.</td>
<td>"Perderás el respeto de los demás, en lugar de ganarlo, si no robas la medicina. Además, si dejas morir a tu esposa será por cobardía, no por razonamiento. Así que perderás el respeto propio y tal vez también el de los demás."</td>
<td>"Perderás tu imagen y respeto ante la sociedad y habrás violado la ley. Perderás el respeto por tu persona si te dejas llevar por los impulsos y dejas de pensar con la cabeza."</td>
</tr>
<tr>
<td></td>
<td>Etapa 6 Moralidad de principios y conciencia individuales: en esta última etapa la persona aplica las leyes porque están basadas en premisas éticas universales. Las leyes que violan estos principios son desobedecidas.</td>
<td>"Si no robas la medicina y dejas morir a tu esposa, siempre te culparás. No te acusarán y habrás vivido conforme a la ley, pero no de acuerdo con tus propias normas de conciencia."</td>
<td>"Si robas la medicina nadie te culpará, pero te culparás por no haber vivido de acuerdo con tu propia conciencia y tus normas de honestidad."</td>
</tr>
</table>

Muchas investigaciones han mostrado que las etapas identificadas por Kohlberg generalmente proporcionan una válida representación del desarrollo moral. Sin embargo, la investigación plantea también varios cuestionamientos metodológicos. Uno de los problemas fundamentales es que el procedimiento de Kohlberg mide *juicios* morales y no *comportamientos*. Si bien, en términos generales, la teoría de Kohlberg parece ser una explicación precisa de la manera en que se desarrolla el razonamiento moral, algunas investigaciones encuentran que dicho razonamiento no siempre está relacionado con el comportamiento moral (Snarey, 1985; Malinowski y Smith, 1985; Damon, 1988; Straughan, 1994). Al mismo tiempo, otros investigadores señalan que sí existe una relación entre los juicios morales y el comportamiento moral. Por ejemplo, los estudiantes que tienen mayor probabilidad de realizar actos de desobediencia civil son aquellos cuyos juicios morales están en los niveles más altos (Candee y Kohlberg, 1987). De cualquier forma, la evidencia al respecto es ambigua; saber distinguir entre el bien y el mal no quiere decir que actuemos siempre de acuerdo con nuestros juicios (Darley y Shultz, 1990; Thoma, Rest y Davison, 1991; Killen y Hart, 1995; Coles, 1997).

El desarrollo moral en las mujeres

La psicóloga Carol Gilligan (1982, 1987, 1993) identificó un descuido importante en la investigación original de Kohlberg: se realizó utilizando sólo sujetos varones, por lo que sus resultados son más aplicables a ellos que a las mujeres. Además, sostiene convincentemente que debido a las distintas experiencias de socialización, existe una diferencia fundamental de género en el modo en que se percibe el comportamiento moral. Según Gilligan, los hombres ven la moral sobre todo en función de principios generales como la justicia y la equidad. En contraste, las mujeres la ven en función de responsabilidad hacia los individuos y voluntad de hacer sacrificios para ayudar a determinada persona dentro del contexto de una relación particular. La compasión hacia los demás es un factor más importante en el comportamiento moral de las mujeres que en el de los hombres (Gilligan, Ward y Taylor, 1988; Gilligan, Lyons y Hanmer, 1990).

En consecuencia, debido a que el modelo de Kohlberg concibe al comportamiento moral en función de principios abstractos como la justicia y la equidad, es inadecuado para describir el desarrollo moral de las mujeres. Este factor explica el intrigante hallazgo de que las mujeres por lo general obtienen puntuaciones menores que los hombres en las pruebas sobre juicio moral basadas en la secuencia de las etapas de Kohlberg. Según Gilligan, la moralidad de las mujeres se centra en el bienestar individual y en las relaciones sociales más que en abstracciones morales. Por esta razón, sostiene que los niveles superiores de moralidad están representados por una preocupación compasiva por el bienestar de los demás.

De acuerdo con la investigación de Gilligan, la cual se centró en dilemas morales como tomar la decisión de someterse a un aborto, el desarrollo moral de las mujeres pasa por tres etapas (véase cuadro 10-6). En la primera etapa, llamada "orientación hacia la sobrevivencia individual", una mujer se concentra en lo que es mejor y más práctico para ella. En esta etapa hay una transición del egoísmo a la responsabilidad, en donde la mujer piensa en lo que sería mejor para los demás.

En la segunda etapa de desarrollo moral, llamada "la bondad como autosacrificio", las mujeres comienzan a pensar que deben sacrificar sus propios deseos por los de los demás. Por último, la mujer hace la transición de la "bondad" hacia la "verdad", momento en el que toma en cuenta tanto sus propias necesidades como las de su prójimo. En la tercera etapa, "la moralidad de la no violencia", la mujer comprende que hacer sufrir a cualquiera es inmoral, lo que incluye el daño a sí misma. Esta comprensión establece una igualdad moral entre ella y los demás y representa, según Gilligan, el nivel más complejo del razonamiento moral.

Como se puede ver, la secuencia de las etapas de Gilligan es muy diferente a la de Kohlberg y algunos psicólogos sostienen que su rechazo al trabajo de este último es demasiado radical (Colby y Damon, 1987). Sin embargo, es evidente que el género desempeña una función muy importante en la determinación de lo que se percibe como moral. Además, las ideas diferentes que tienen los hombres y las mujeres sobre lo que constituye el comportamiento moral puede conducirlos a considerar la moralidad de un comportamiento particular en formas potencialmente contradictorias. A final de cuentas, estas perspectivas divergentes pueden llevar al desacuerdo, como en el caso en que un padre y

Cuadro 10-6	Etapas del desarrollo moral según Gilligan	

Etapa	Características principales	Muestras del razonamiento usado por las mujeres que están considerando abortar
Etapa 1 Orientación hacia la supervivencia individual	Centrarse en lo práctico y mejor para uno mismo; preocupación por la sobrevivencia	Tener un bebé le impediría "hacer otras cosas", pero sería "la oportunidad perfecta para salirse de su casa".
Etapa 2 La bondad como autosacrificio	Sacrificio de los deseos propios para ayudar a los demás	"Creo que lo que me confunde es la elección entre hacerme daño o herir a otras personas que me rodean. ¿Qué es más importante?"
Etapa 3 La moralidad de la no violencia	Herir a cualquiera, incluyendo a uno mismo, es inmoral	"La decisión debe ser, antes que nada, algo con lo que la mujer pueda vivir después. . . y debe basarse en lo que ella es y en lo que son otras personas significativas en su vida."

una madre llegan a conclusiones diferentes respecto a la necesidad de disciplinar a un hijo (McGraw y Bloomfield, 1987; Handler, Franz y Guerra, 1992; Wark y Krebs, 1996).

Desarrollo social: el encuentro de uno mismo en un mundo social

"¿Quién soy?" "¿Cómo encajo en el mundo?" "¿De qué se trata la vida?"

Preguntas como éstas tienen un significado particular durante la adolescencia, cuando los jóvenes buscan encontrar su lugar en un mundo social más amplio. Como veremos, esta búsqueda los lleva por diversos caminos.

Teoría de Erikson sobre el desarrollo psicosocial: la búsqueda de la identidad

La teoría de Erikson sobre el desarrollo psicosocial enfatiza la búsqueda de identidad en los años de la adolescencia. Como ya se dijo, el desarrollo psicosocial comprende las diferentes formas en que las personas se entienden a sí mismas, a otros y al mundo que les rodea, durante su desarrollo (Erikson, 1963).

La quinta etapa de esta teoría (sintetizada, con las otras etapas, en el cuadro 10-7) se denomina **etapa de identidad frente a confusión de papeles** y abarca la adolescencia. Esta etapa representa un periodo de prueba importante ya que los individuos intentan determinar lo que es único y especial respecto a su persona. Tratan de descubrir quiénes son, cuáles son sus fortalezas y qué tipo de papeles podrían desempeñar mejor el resto de su vida, en resumen, su **identidad**. La confusión al elegir el papel más apropiado en la vida puede provocar una falta de identidad estable, la adquisición de un papel socialmente inaceptable como en el caso del infractor o la dificultad para mantener, más adelante, relaciones personales íntimas (Kahn *et al.*, 1985; Archer y Waterman, 1994; Kidwell *et al.*, 1995).

En el periodo de identidad frente a confusión de papeles, es notoria una gran presión por identificar lo que deseamos hacer con nuestra vida. Debido a que estas presiones surgen en una etapa de importantes cambios físicos al igual que de cambios fundamentales en lo que la sociedad espera de ellos, los adolescentes pueden encontrar este periodo particularmente difícil. La etapa de identidad frente a confusión de papeles tiene otra característica importante: una disminución en la confiabilidad de los adultos como fuentes de información y un viraje hacia el grupo de pares como fuente de juicios sociales. El grupo de pares se vuelve cada vez más importante, lo que les permite entablar relaciones íntimas, parecidas a las de los adultos, y les ayuda a clarificar sus identidades personales.

Etapa de identidad frente a confusión de papeles: de acuerdo con Erikson, momento de prueba en la adolescencia que permite determinar las cualidades distintivas propias

Identidad: carácter distintivo del individuo: lo que somos cada uno, nuestros roles y de lo que somos capaces

Cuadro 10-7	Resumen de las etapas propuestas por Erikson		
Etapa	**Edad aproximada**	**Resultados positivos**	**Resultados negativos**
1. Confianza frente a desconfianza	Nacimiento a un año y medio	Sentimiento de confianza debido al apoyo del entorno	Miedo y preocupación en relación a los demás
2. Autonomía frente a vergüenza y duda	Un año y medio a tres años	Autosuficiencia si se promueve la exploración	Dudas acerca de la propia persona, carencia de independencia
3. Iniciativa frente a culpa	tres a seis años	Descubrimiento de formas de iniciar las acciones	Culpa en cuanto a acciones y pensamientos
4. Laboriosidad frente a inferioridad	seis a 12 años	Desarrollo de un sentimiento de competencia	Sentimientos de inferioridad, carencia de sentido de competencia
5. Identidad frente a confusión de papeles	Adolescencia	Conciencia de ser único, conocimiento del papel a seguir	Falta de capacidad para identificar papeles adecuados en la vida
6. Intimidad frente a aislamiento	Edad adulta temprana	Desarrollo de relaciones sexuales amorosas y de amistades íntimas	Miedo de relacionarse con los demás
7. Generatividad frente a estancamiento	Edad adulta intermedia	Sentimiento de contribuir a la continuidad de la vida	Subestimación de las actividades propias
8. Integración del yo frente a desesperación	Edad adulta tardía	Sentimiento de unidad con los logros de la vida	Pesar respecto a las oportunidades perdidas en la vida

Según Erikson, la etapa de identidad frente a confusión de papeles marca un punto esencial en el desarrollo psicosocial, preparando el terreno para la maduración continua y el desarrollo futuro de relaciones personales. Por ejemplo, durante los años universitarios, las personas entran a la etapa de **intimidad frente a aislamiento** (que abarca el periodo de la adultez temprana, aproximadamente de los 18 a los 30 años de edad), en donde lo fundamental es desarrollar relaciones íntimas con los demás. Las dificultades en esta etapa producen sentimientos de soledad y miedo ante esas relaciones, mientras que la resolución exitosa de la crisis de esta etapa abre la posibilidad de establecer relaciones íntimas tanto en el ámbito físico como intelectual y emocional.

Etapa de intimidad frente a aislamiento: según Erikson, periodo durante la edad adulta temprana que se centra en el desarrollo de relaciones íntimas

Las actitudes de un grupo de muchachas pueden influir en su reacción ante la maduración precoz.

Los caminos de la psicología

Ruby Takanishi, investigadora del desarrollo de la adolescencia

Educación: *B.A., M.A. Ph.D., Universidad Stanford, Palo Alto, California*

Residencia: *Washington, D.C.*

Ruby Takanishi reconoce que el periodo de la adolescencia es difícil para muchas personas. Su trabajo es hacer un poco más fácil esta etapa.

Takanishi es directora ejecutiva del Carnegie Council on Adolescent Development. Su objetivo es poner a la adolescencia en un ámbito destacado, aumentar el financiamiento para la investigación e influir en los legisladores para desarrollar programas que ayudarán a los jóvenes a afrontar los desafíos de dicha etapa.

La carrera de psicología de Takanishi comenzó en Hawai, donde creció. Asistió a la Universidad de Stanford, California, donde comenzó a estudiar psicología.

"Mientras crecía siempre estuve interesada en la ciencia", dice. "Luego, cuando llegué a Stanford como estudiante de pregrado, me di cuenta de que podía aplicarse un enfoque científico al estudio del comportamiento y desarrollo humanos. Estaba muy emocionada por ese descubrimiento y mi interés en las personas, en especial en los niños, me encauzó a especializarme en psicología."

Su interés en los niños también fue estimulado por el inicio del programa preescolar

Ruby Takanishi

colar Head Start, el cual comenzó cuando ella estaba en su primer año.

"Había un enorme interés en aplicar la nueva especialidad de la psicología del desarrollo a la educación preescolar de niños pobres", señala. "Sentí que podría integrar el interés en el estudio de los niños con algunos de los movimientos sociales de la época, como la guerra a la pobreza y la lucha por los derechos civiles."

Obtuvo un doctorado en psicología educativa y del desarrollo, más tarde impartió enseñanza en varias universidades.

También fue asistente legislativa del senador de Hawai, Daniel K. Inouye. Después de un empleo en la American Psichological Association, ocupó su cargo actual en el Carnegie Council on Adolescent Development, donde ha permanecido durante la mayor parte de la última década. El Carnegie Council ha influido en la conformación de la agenda política de Estados Unidos.

"Habían surgido muchos conceptos erróneos y estereotipos sobre los adolescentes debido a que las investigaciones anteriores se enfocaron principalmente en las experiencias de jóvenes que tenían trastornos mentales o que estaban en problemas de algún otro tipo", comenta. "Fomentamos la investigación en una gama más amplia de experiencias adolescentes."

"Un paso en esa dirección lo constituye un estudio global que realizó por solicitud nuestra la Office of Technology Assessment del Congreso", agregó. "Logró que el Congreso autorizara una oficina federal de salud para los adolescentes y que la administración del presidente Clinton solicitara fondos para llevarla a la práctica. Nuestros esfuerzos han estimulado también varios libros y reportes sobre las tres instituciones esenciales en las vidas de los adolescentes: escuelas, instituciones de salud y organismos comunitarios." (Fuente: *Participant*, 1994, pp. 10-11.)

El desarrollo continúa durante la fase intermedia de la edad adulta conforme las personas entran en la **etapa de generatividad frente a estancamiento**. La generatividad se refiere a la contribución que una persona hace a su familia, comunidad, trabajo y sociedad en conjunto. El éxito en esta etapa se expresa por medio de sentimientos positivos en torno a la continuidad de la vida, mientras que las dificultades conducen a subestimar las actividades personales y a un sentimiento de estancamiento o de no haber hecho cosa alguna para las generaciones venideras. De hecho, si una persona no ha resuelto con éxito la crisis de identidad de la adolescencia, puede tener serios problemas para elegir una ocupación adecuada.

El último periodo del desarrollo psicosocial, la **etapa de integración del yo frente a desesperación**, abarca la última fase de la vida adulta y prosigue hasta la muerte. El éxito en la resolución de las dificultades que presenta esta etapa de la vida crea un sentimiento de logro; las dificultades generan remordimientos sobre lo que pudo haberse logrado y no se alcanzó.

Etapa de generatividad frente a estancamiento: de acuerdo con Erikson, periodo de la adultez intermedia durante el cual evaluamos nuestras contribuciones a la familia y a la sociedad

Etapa de integración del yo frente a desesperación: según Erikson, periodo que abarca desde la tercera edad hasta la muerte, durante el cual revisamos los logros y fracasos que tuvimos en la vida

Uno de los puntos más importantes de la teoría de Erikson es su sugerencia acerca de que el desarrollo no termina en la adolescencia sino que continúa durante la vida adulta, una opinión que ha sido confirmada por una cantidad considerable de investigaciones (Peterson y Stewart, 1993; Hetherington y Weinberger, 1993; Mansfield y McAdams, 1996; McAdams *et al.*, 1997). Por ejemplo, un estudio de la psicóloga Susan Whitbourne que duró 22 años, encontró un apoyo considerable para los fundamentos de la teoría de Erikson, determinando que el desarrollo psicosocial continúa a lo largo de la adolescencia y de la edad adulta (Whitbourne *et al.*, 1992). En resumen, la adolescencia no es un punto final sino una estación de transición en la ruta del desarrollo psicosocial.

Adolescencia tormentosa: ¿mito o realidad?

¿La pubertad anuncia siempre un periodo tormentoso y rebelde en la adolescencia? En un tiempo se pensó que al entrar a esta etapa la mayoría de los niños comenzaban un periodo cargado de estrés e infelicidad, pero los psicólogos han encontrado que esa caracterización es en gran medida un mito. La mayoría de los jóvenes, al parecer, pasan por la adolescencia sin grandes disturbios en sus vidas (Petersen, 1988; Steinberg, 1993; Crockett y Crouter, 1995; Petersen, Silbereisen y Soreson, 1996).

Esto no quiere decir que la adolescencia esté exenta de problemas (Laursen y Collins, 1994; Eccles, Lord y Roeser, 1996). Hay un aumento evidente de las discrepancias y altercados en la mayor parte de las familias. Los jóvenes, en búsqueda de su identidad, tienden a experimentar cierto grado de estrés en sus intentos por independizarse de sus padres y su dependencia real de ellos. Los jóvenes pueden experimentar gran variedad de comportamientos e intentan algunas actividades que sus padres, al igual que la sociedad en general, encuentran objetables. Sin embargo, en la mayoría de las familias estas tensiones tienden a estabilizarse a la mitad de la adolescencia, alrededor de los 15 o 16 años de edad, y por último disminuyen alrededor de los 18 años (Montemayor, 1983; Galambos, 1992; Montemayor, Adams y Gullotta, 1994).

Una razón del incremento del desacuerdo durante la adolescencia parece ser el periodo prolongado en que los niños permanecen en casa con los padres. En periodos históricos anteriores, y en algunas culturas no occidentales actuales, los niños dejan el hogar inmediatamente después de la pubertad y son considerados adultos. Sin embargo, en las sociedades occidentales, en la actualidad los adolescentes maduros sexualmente pueden pasar hasta siete u ocho años más con sus padres (Steinberg, 1989). Las estadísticas recientes predicen que el conflicto de la adolescencia se ampliará más allá de los 19 años de edad en un gran número de personas. Se estima que un tercio del total de hombres solteros y una quinta parte de las mujeres solteras entre los 25 y los 34 años de edad continúan viviendo con sus padres (Gross, 1991).

La adolescencia también introduce una variedad de tensiones fuera del hogar. Generalmente, los adolescentes cambian de escuela por lo menos dos veces (de primaria a educación media y después a media superior) y las relaciones con sus amigos y compañeros son en particular volátiles (Berndt, 1992; Berndt y Keefe, 1995; Graber, Brooks-Gunn y Petersen, 1996; Cotterell, 1996; Keefe y Berndt, 1996). Muchos adolescentes tienen trabajos de medio tiempo, lo cual aumenta las exigencias de la escuela, del trabajo y las actividades sociales sobre su propio tiempo. Estos nuevos estímulos estresantes pueden causar tensiones en el hogar (Steinberg y Dornbusch, 1991). (Para una exposición de alguien cuyo trabajo está relacionado de forma directa con el periodo de la adolescencia, véase el recuadro *Los caminos de la psicología* de este capítulo.)

ADULTEZ TEMPRANA Y MEDIA: LOS AÑOS INTERMEDIOS DE LA VIDA

▶ ¿Cuáles son los principales cambios físicos, sociales e intelectuales que ocurren en la adultez temprana y media, y cuáles son sus causas?

Con frecuencia los psicólogos consideran que la primera etapa de la vida adulta inicia alrededor de los 20 años de edad y finaliza entre los 40 o 45 años y que la etapa media abarca a partir de los 40 o 45 hasta casi los 65 años. A pesar de la gran importancia de estas etapas en cuanto a los logros que ocurren en ellas y su duración (juntas abarcan alrededor de 45 años), los psicólogos del desarrollo las han estudiado menos que a cualquier otra. Una de las razones es que los cambios físicos durante estos periodos son menos palpables y ocurren de manera más gradual que en otras fases de la vida. Además, los cambios sociales que tienen lugar durante este periodo son tan variados que imposibilitan una clasificación simple. No obstante, está surgiendo un creciente interés por la edad adulta entre los psicólogos del desarrollo, con una especial atención en los efectos de los cambios sociales que se dan en la familia, el matrimonio, el divorcio y las carreras profesionales de las mujeres.

Desarrollo físico: la cima de la salud

Para la mayoría de la gente, la primera etapa de la vida adulta marca la cima de la salud física. Experimentan su mayor fuerza física de los 18 a los 25 años de edad, sus reflejos son más rápidos que nunca y sus posibilidades de morir por una enfermedad son mínimas. Más aún, sus capacidades reproductivas están en su apogeo.

Los cambios que se inician a los 25 años de edad son en gran parte de naturaleza cuantitativa más que cualitativa. El organismo funciona de manera un poco menos eficiente y adquiere mayor propensión a las enfermedades. Por lo general, sin embargo, la mala salud continúa siendo una excepción; la mayoría de las personas se mantienen bastante saludables. (¿Conoce usted alguna otra máquina, aparte del cuerpo humano, que trabaje sin parar durante un periodo tan prolongado?)

El principal cambio biológico que ocurre en la fase media de la vida se relaciona con la capacidad reproductiva. En promedio, las mujeres entran en la **menopausia** alrededor de los 50 años de edad, momento en el que dejan de menstruar y pierden su fertilidad. Dado que la menopausia está acompañada de una reducción significativa en la producción de estrógeno, una hormona femenina, algunas mujeres experimentan en ocasiones síntomas como bochornos, es decir, oleadas repentinas de calor. Sin embargo, la mayor parte de los síntomas de la menopausia pueden tratarse con éxito administrando estrógeno artificial, si los síntomas son lo bastante graves como para ameritar la intervención del médico.

Menopausia: momento en el que las mujeres dejan de menstruar y ya no son fértiles

Algún día se consideró que la menopausia era la causante de diversos síntomas psicológicos, entre ellos la depresión y la pérdida de la memoria. Sin embargo, la mayor parte de las investigaciones recientes sugieren que dichos problemas, cuando se presentan, son originados más por la reacción de las mujeres ante el hecho de "envejecer" en una sociedad que valora demasiado la juventud que por la propia menopausia.

De hecho, los investigadores han encontrado que las reacciones de las mujeres ante la menopausia varían de manera significativa según las culturas. De acuerdo con la antropóloga Yewoubdar Beyene, entre más valora la vejez una sociedad, menos dificultades tienen sus mujeres durante la menopausia. En su estudio de mujeres en aldeas mayas, esta autora encontró que las mujeres esperaban con ansia la menopausia, debido a que dejan de tener hijos. Además, ni siquiera experimentan algunos de los síntomas clásicos de esta etapa; por ejemplo, nunca habían escuchado sobre los bochornos. En este sentido, son las actitudes de una sociedad, más que los cambios fisiológicos de la menopausia, las que pueden causar dificultades psicológicas (Ballinger, 1981; Beyene, 1989; Beck, 1992; Figueiras y Marteau, 1995).

Para los varones, el proceso de envejecimiento durante la etapa intermedia de la vida es un poco más sutil. No aparecen indicios fisiológicos del incremento en la edad equivalentes al término de la menstruación como en las mujeres, de modo que no existe una menopausia masculina. De hecho, los hombres mantienen su fertilidad y son capaces de fecundar hasta una edad muy avanzada. Por otra parte, sí ocurre alguna disminución física gradual: la producción de esperma disminuye y la frecuencia de los orgasmos tiende a disminuir. Sin embargo, una vez más, cualesquiera de las dificultades psicológicas que puedan experimentar los hombres asociadas con estos cambios por lo general son causa-

LAS CUATRO EDADES DEL HOMBRE

INFANCIA   NIÑEZ   JUVENTUD   MADUREZ

das no tanto por el deterioro físico como por la incapacidad del individuo que envejece para satisfacer los estándares exagerados de juventud que nuestra sociedad tiene en tan alta estima.

Desarrollo social: trabajando para la vida

Si bien los cambios físicos en la fase adulta manifiestan un desarrollo de tipo cuantitativo, las transiciones en el desarrollo social son más profundas. Por lo general, en este lapso las personas inician sus carreras, se casan y forman una familia.

De acuerdo al psicólogo Daniel Levinson (1986, 1990, 1996), las personas pasan por varias etapas desde que entran a la adultez temprana hasta que llegan al final de la adultez intermedia. Durante la adultez temprana, las etapas se relacionan con la separación de la familia y el acceso al mundo adulto. El adulto proyecta lo que Levinson llama "el sueño": una visión general sobre las metas que desea lograr en la vida, ya sea escribir una gran novela o llegar a ser médico. Se elige la carrera a seguir, la cual tal vez se descarte, durante la primera fase de la vida adulta, hasta que se tomen finalmente decisiones de largo plazo. Esto lleva a un periodo de arraigo hacia finales de los 30 años de edad, periodo en el cual las personas se establecen en una serie de papeles específicos y empiezan a desarrollarse y a trabajar hacia la visión de su propio futuro.

Transición de la mitad de la vida: periodo que empieza alrededor de los 40 años de edad durante el cual nos percatamos de que la vida es finita

Alrededor del inicio de los 40 años de edad, en ocasiones los individuos empiezan a cuestionar sus vidas, en un periodo llamado **transición de la mitad de la vida**, en el cual la idea del fin de la vida tiene un lugar primordial en su pensamiento. En lugar de centrar su visión de la vida en el futuro, comienzan a formularse preguntas relacionadas con sus logros pasados, califican lo que han hecho y lo enriquecedor que ha sido para ellos lograrlo (Gould, 1978). Se dan cuenta de que no lograrán hacer todo lo que querían antes de que terminen sus vidas.

Crisis de la mitad de la vida (o crisis de los cuarenta): comprobación de que no hemos logrado todo lo que esperábamos en la vida, lo que conduce a sentimientos negativos

En algunas ocasiones el resultado de la evaluación que las personas hacen de su vida es negativo, por lo que suelen caer en lo que se ha denominado popularmente la **crisis de la mitad de la vida (o crisis de los cuarenta)**. A la vez que enfrentan muestras de deterioro físico, se dan cuenta de que sus carreras ya no progresarán en forma considerable en el futuro. Aun cuando hayan escalado a la altura que aspiraban, ser presidente de la empresa o un respetable líder comunitario, se dan cuenta de que la satisfacción extraída de sus logros no es tanta como habían pensado. Al voltear hacia atrás, también pueden sentirse motivados para tratar de definir lo que hicieron mal y la forma en que pueden solucionar esa insatisfacción.

No obstante, en la mayor parte de los casos, el cambio a la adultez intermedia es relativamente agradable y algunos psicólogos del desarrollo dudan que la mayoría de las personas tengan una crisis de la mitad de la vida (Whitbourne, 1986; Kruger, 1994). Casi todas las personas de 40 años ven su vida y éxitos bastante positivos como para que su transición ocurra en forma tranquila, a la vez que la fase de los 40 hasta los 50 es un periodo particularmente satisfactorio en la vida. En lugar de ver hacia el futuro, en esta etapa las personas se concentran en el presente, y la relación con su familia, los amigos y otros grupos sociales toman una nueva importancia. El crecimiento esencial en cuanto al desarrollo en este periodo de la vida es aprender a aceptar que la suerte está echada y que uno debe hacer las paces con sus propias circunstancias.

Por último, durante las últimas etapas de la fase intermedia, desde los 50 hasta los 60 años de edad, las personas por lo general se tornan más admisibles de los demás y de sus vidas interesándose menos en asuntos o problemas que antes les preocupaban. En vez de salir en busca de logros como cuando tenían 30 años, empiezan a aceptar la idea de que la muerte es inevitable y tratan de entender sus logros relacionándolos con un sentido más amplio de la vida (Gould, 1978). Aunque las personas pueden comenzar, por primera vez, a definirse como "viejas", muchas desarrollan un sentido de sabiduría y se sienten más libres para gozar de la vida (Karp, 1988, 1991).

Aunque el modelo de Levinson del desarrollo adulto ha influido, tiene una limitación seria: la naturaleza de los sujetos originales en su investigación. Sólo estudió a 40 hombres, todos los cuales eran blancos de clase media. Además, nunca realizó ningún experimento controlado de manera científica para validar sus hallazgos. Por último, la falta de atención a los ciclos vitales de las mujeres, al igual que a los de las minorías, limita la generalización del trabajo de Levinson.

Debido a que la mayoría de las investigaciones sobre las etapas del desarrollo social en la adultez se basan en el estudio de la vida de varones, es importante preguntarse si la vida de las mujeres sigue los mismos patrones. Podríamos esperar diferencias de género significativas en varias áreas. Por una parte, las mujeres a menudo desempeñan funciones diferentes que los hombres en la sociedad ya sea por iniciativa propia o por las exigencias sociales. Además, las funciones de las mujeres han sufrido un cambio social rápido en la última década, como expondremos más adelante, lo que hace difícil generalizar en lo que se refiere al desarrollo de las mujeres durante la adultez temprana e intermedia (Gilligan, 1982; Mercer, Nichols y Doyle, 1989; Gilligan, Lyons y Hanmer, 1990; Garbarino *et al.*, 1995; Clausen, 1995; Roberts y Helson, 1997).

Por estas razones, aún no existe una respuesta clara a la pregunta acerca de la forma en que el desarrollo social de las mujeres difiere del de los hombres, en vista de que los investigadores apenas comienzan a acumular un cuerpo de datos bastante grande que se enfoque directamente en las mujeres. Sin embargo, algunas investigaciones recientes sugieren que hay semejanzas y diferencias entre hombres y mujeres. Levinson, por ejemplo, afirma que las mujeres por lo general pasan por las mismas etapas en las mismas edades que los hombres, aunque existen disparidades en los detalles específicos de algunas de las etapas. Por ejemplo, aparecen diferencias importantes durante "el sueño", la etapa en que las personas desarrollan una visión de lo que llevarán a cabo en su vida futura. Con frecuencia las mujeres tienen mayor dificultad que los hombres para elaborar un sueño claro, ya que pueden experimentar conflictos entre los objetivos de trabajo y la formación de una familia. Para los hombres, este conflicto tiende a ser menos importante, en vista de que un hombre que desea casarse y tener una familia suele ver el empleo como el medio para cuidar de ella (Levinson y Levinson, 1996).

Matrimonio, hijos y divorcio: lazos familiares

En muchos cuentos de hadas, el final típico presenta a un apuesto joven y a una hermosa mujer que se casan, tienen hijos y viven felices por siempre. Por desgracia, esta historia es más común en los cuentos de hadas que en la vida real. En la mayor parte de los casos no concuerda con las realidades del amor y el matrimonio en la década de los años noventa. En la actualidad, es igualmente probable que el hombre y la mujer primero vivan juntos, luego se casen y tengan hijos, pero a final de cuentas terminen divorciándose (Gottfried y Gottfried, 1994).

El alto índice de divorcios ha significado que cantidades crecientes de niños sean criados fundamentalmente por uno de sus progenitores, por lo general la madre, pero cada vez más a menudo por el padre.

Según las cifras del censo, en Estados Unidos, el porcentaje de parejas que viven juntas sin estar casadas se ha incrementado en forma dramática durante las últimas dos décadas y la edad promedio en la que tiene lugar el matrimonio es mayor que en cualquier otra época desde principios del siglo xx. Cuando las personas se casan, la probabilidad de divorcio es alta, en especial para las parejas más jóvenes. Aun cuando los índices de divorcio parecen estar disminuyendo desde que alcanzaron su punto máximo en 1981, 60% de todos los matrimonios que ocurren por primera vez todavía terminan en divorcio. Dos quintas partes de los niños experimentarán el rompimiento del matrimonio de sus padres antes de cumplir 18 años de edad. Además, el aumento de los divorcios no es un fenómeno exclusivo de Estados Unidos: el índice de divorcios se ha acelerado durante las últimas décadas en la mayoría de los países industrializados, con excepción de Japón e Italia (Cherlin *et al.*, 1991; Cherlin, 1993; Goode, 1993; Ahrons, 1995).

Debido a estas tendencias en los matrimonios y en los divorcios, el número de hogares con un solo padre en la sociedad estadounidense se ha duplicado más que durante las últimas dos décadas. En 1990, alrededor de 28% de todos los hogares tenían una sola figura paterna, en comparación con apenas 13% en 1970. Algunos grupos étnicos y raciales han sido afectados en forma particular por el fenómeno: más de la mitad de todos los niños afroamericanos y casi un tercio de los niños hispanos vivían en hogares con un solo padre en 1990. Además, en la mayor parte de los hogares con un solo padre, los niños residen con la madre, en lugar del padre, un fenómeno que es consistente entre los grupos raciales y étnicos en todo el mundo industrializado (U.S. Census Bureau, 1991; Burns y Scott, 1994).

El divorcio y la subsecuente vida en un hogar con un solo padre pueden conducir a varias clases de dificultades psicológicas, tanto para los padres como para los hijos (Gottman, 1993; Guttman, 1993; Kurtz, 1994; Weiss, 1994, Simons, 1996). Al principio los niños pueden ser expuestos a niveles altos de conflicto entre los padres, lo que conduce a un incremento de la ansiedad y del comportamiento agresivo. La separación posterior de uno u otro de los padres es una experiencia dolorosa y puede dar como resultado la formación de obstáculos para establecer relaciones estrechas durante la vida. Los niños pueden culparse a sí mismos por el rompimiento o pueden sentirse presionados a tomar partido por alguien. En muchos casos, es difícil encontrar buena atención para los hijos, lo que produce estrés psicológico y en ocasiones sentimientos de culpa en los padres que trabajan debido a los acuerdos a los que deben llegar por razones económicas. El tiempo siempre es muy difícil de conseguir en las familias con un solo padre (Whitehead, 1993).

Por otra parte, poca evidencia consistente sugiere que los hijos de familias con un solo padre estén menos adaptados que aquellos de familias con dos padres (Barber y Eccles, 1992). También es evidente que los niños logran desarrollarse mejor en una familia relativamente tranquila con un solo padre que en una con dos padres en donde éstos se encuentran en conflicto continuo entre sí. De hecho, los problemas emocionales y conductuales mostrados por algunos hijos de padres divorciados pueden derivarse más de los problemas familiares que existieron antes del divorcio que del propio evento (Cherlin, 1993; Gelles, 1994; Gottfried y Gottfried, 1994; Harold *et al.*, 1997).

¿Las estadísticas de divorcio actuales sugieren que el matrimonio es tan obsoleto como el caballo y la calesa? Al principio podría parecerlo, pero un examen más detenido revela que éste no es el caso. Por una parte, datos recopilados en encuestas muestran que la mayoría de las personas desean casarse en algún momento de sus vidas y cerca de 95% lo hacen con el tiempo. Incluso las personas que se divorcian tienen mayor probabilidad de volverse a casar que de no hacerlo; algunas hasta por tres veces o más, un fenómeno conocido como matrimonio en serie. Por último, los individuos que se casan reportan ser más felices que sus contrapartes (DeWitt, 1992; Hallberg, 1992; Bird y Melville, 1994; Tepperman y Curtis, 1995; Nock, 1995; Rosewicz, 1996).

El rostro cambiante del matrimonio

El matrimonio aún es una institución importante en las culturas occidentales e identificar a una pareja para el matrimonio es un asunto crítico para la mayoría de las personas durante la vida adulta. Por otra parte, la naturaleza del matrimonio ha cambiado durante las últimas décadas, conforme han evolucionado los roles desempeñados por los hombres y las mujeres. Más mujeres que nunca antes, ya sea porque así lo desean o porque se ven obligadas por su situación económica, actúan en forma simultánea como esposas, madres y trabajadoras, en contraste con las mujeres en los matrimonios tradicionales, donde el esposo es el único sostén económico y la esposa asume principalmente la responsabilidad de cuidar el hogar y los niños.

Cerca de tres cuartas partes de todas las mujeres casadas con hijos en edad escolar trabajan fuera de su hogar y 56% de las madres con niños menores de seis años están empleadas. A mediados de la década de los años sesenta, sólo 17% de las madres de niños de un año de edad trabajaban tiempo completo; en la actualidad, más de la mitad están en la fuerza laboral (Darnton, 1990; Carnegie Task Force, 1994; Bureau of Labor Statistics, 1997).

Aunque las mujeres casadas tienen mayor probabilidad que nunca de salir a trabajar fuera de su hogar, no se han liberado de las responsabilidades domésticas. Incluso en matrimonios en donde las esposas tienen empleos de posición similar y requieren de un horario parecido, la distribución de las tareas domésticas entre marido y mujer no ha cambiado mucho. Las esposas que trabajan todavía tienen mayor probabilidad de considerarse como responsables principales de quehaceres domésticos como cocinar y limpiar. En contraste, los esposos de mujeres que trabajan se siguen concibiendo a sí mismos como responsables ante todo de tareas como la reparación de aparatos descompuestos, colocar persianas en el verano y hacer la limpieza del patio (Schellhardt, 1990; Biernat y Wortman, 1991; Perry-Jenkins, 1993).

Por otra parte, no todas las parejas dividen las responsabilidades según las líneas tradicionales. Por ejemplo, los esposos que se adhieren en forma intensa a los ideales feministas tienen mayor probabilidad de pasar tiempo cuidando a sus hijos. Además, las parejas de homosexuales tienden a compartir los quehaceres domésticos de manera equitativa, dividiendo las tareas de modo que cada uno realiza un número igual de actividades diferentes (Deutsch, Lussier y Servis, 1993; Kurdek, 1993; Gilbert, 1993).

De manera adicional, la forma en que pasan el tiempo los hombres y las mujeres casados durante la semana promedio es bastante diferente. Aunque el cuidado de los hijos representa la mayor inversión de tiempo tanto para los esposos como para las esposas cuando están en el hogar, ellos dedican significativamente menos tiempo a cuidar a sus hijos (19%) que las esposas (32%) (Robinson y Godbey, 1997).

En general, las mujeres que trabajan dedican mucho más tiempo que los hombres que trabajan a las demandas combinadas del empleo y la familia. De hecho, el número de horas dedicadas por las mujeres que trabajan puede ser asombrosa. Por ejemplo, una encuesta encontró que las madres trabajadoras con hijos menores de tres años de edad ¡laboraban un promedio de 90 horas a la semana! La socióloga Arlie Hochschild se refiere al trabajo adicional experimentado por las mujeres como la "doble jornada". De acuerdo con su análisis de las estadísticas en Estados Unidos, las mujeres que trabajan y son madres laboran un mes adicional de días de 24 horas en el transcurso de un año (Hochschild, 1990, 1997; Hochschild, Machung y Pringle, 1995). Además, se ven patrones parecidos en muchas sociedades en desarrollo de todo el mundo, donde las mujeres trabajan tiempo completo además de asumir las responsabilidades primarias del cuidado de los niños (Googans y Burden, 1987; Mednick, 1993).

En resumen, muchas familias en donde ambos padres trabajan todavía tienden a ver a la madre como la principal responsable de la crianza de los hijos. En consecuencia, en lugar de que las carreras sean un sustituto de los quehaceres de las mujeres en el hogar, por lo regular existen en adición al papel de ama de casa. No es sorprendente que algunas esposas sientan resentimiento hacia sus maridos que pasan menos tiempo atendiendo a los niños y haciendo quehaceres domésticos de lo que ellas habían esperado antes del nacimiento de sus hijos (Williams y McCullers, 1983; Ruble *et al.*, 1988; DeMeis y Perkins, 1996).

Por otra parte, muchas esposas reportan sentirse relativamente de acuerdo con esta distribución desigual. Una razón es que las normas sociales tradicionales todavía proporcionan un apoyo fuerte para las mujeres que desempeñan un papel dominante en la crianza de los hijos y en las tareas domésticas (Major, 1993). Además, para muchas mujeres los beneficios del trabajo pueden superar las desventajas de tener responsabilidades importantes en múltiples papeles. Por ejemplo, las mujeres que trabajan, en especial aquellas con ocupaciones de gran prestigio, reportan sentir mayor superioridad, orgullo y competencia que las mujeres que se quedan en su casa. El valor del trabajo, en este sentido, va más allá de simplemente ganar un salario. El trabajo proporciona satisfacción personal al igual que una sensación de contribuir a la sociedad. De hecho, algunos críticos sostienen que el trabajo es valorado porque proporciona un escape de los rigores del hogar y del cuidado de los niños. Para algunas personas, el trabajo actúa como un escape de una vida hogareña frenética llena de estrés (Crosby, 1991; Barnett, Marshall y Singer, 1992; Schwartzberg y Dytell, 1996; Steil y Hay, 1997; Hochschild, 1997).

Es evidente que el éxito en el trabajo tiene consecuencias psicológicas importantes tanto para los hombres como para las mujeres. Las personas reportan que se sienten más felices y que tienen un mayor control sobre sus vidas, una mayor autoestima e incluso que sienten que tienen mejores matrimonios cuando tienen éxito en su trabajo. Por el contrario, los fracasos laborales, como al ser despedidos, pueden conducir a la ansiedad, a la depresión y a muchos otros síntomas psicológicos. En resumen, para los hombres y mujeres en la adultez intermedia, los logros relacionados con el trabajo representan un aspecto importante de la maduración y desarrollo continuos (Price, 1992; Barnett *et al.*, 1993).

LOS ÚLTIMOS AÑOS DE LA VIDA: EL ENVEJECIMIENTO

▶ **¿Cómo difiere la realidad de la tercera edad de los estereotipos acerca de esta etapa?**

▶ **¿De qué manera podemos adaptarnos a la muerte?**

Siempre me ha gustado hacer algo en las montañas, excursionar o, últimamente, trepar en las rocas. Al escalar una ruta de cualquier dificultad, es necesario concentrarse totalmente en lo que se está haciendo. Es indispensable buscar una grieta en donde puedas introducir la mano. Debes pensar si el punto de apoyo del pie te podrá mantener o no en equilibrio. De lo contrario estarás atrapado en una situación difícil. Y si no recuerdas dónde pusiste la mano o el pie unos minutos antes, el descenso será muy difícil.

Mientras más dura sea la escalada, el nivel de concentración debe ser mayor. Las escaladas que mayor trabajo me costaron son las que más recuerdo. Tal vez algún punto específico que haya precisado dos o tres intentos antes de encontrar la combinación adecuada de movimientos que me permitiera subir con rapidez y, de preferencia, de modo elegante. Es un placer infinito el que siento al llegar a la cima y sentarme, y tal vez desayunar mientras admiro el paisaje y me siento agradecido de que todavía me sea posible hacer este tipo de actividades (Lyman Spitzer, citado en Kotre y Hall, 1990, pp. 358-359).

Lyman Spitzer. Edad: 74 años.

Si no puede imaginarse a una persona de 74 años de edad escalando rocas, tendría que repasar su concepto de la tercera edad. A pesar del estereotipo social que hay de la vejez como una época inactiva y de desgaste físico y mental, los *gerontólogos*, especialistas que estudian el proceso de envejecimiento, han empezado a pintar un retrato muy distinto de las personas de este grupo de edad.

Al concentrarse en el periodo de la vida que inicia alrededor de los 65 años de edad, los gerontólogos hacen contribuciones importantes para precisar las capacidades de las personas de la tercera edad. Su trabajo es demostrar que incluso durante esta etapa continúan procesos significativos del desarrollo. Conforme se incrementa la esperanza de vida, el número de personas que alcanzan esta edad continuará creciendo en forma considerable. En consecuencia, se ha vuelto una prioridad crítica para los psicólogos mejorar la comprensión de las personas de la tercera edad (Cavanaugh y Park, 1993; Birren, 1996; Binstock *et al.*, 1996).

Cambios físicos en la tercera edad: el cuerpo viejo

Dormir la siesta, comer, caminar y conversar. Quizá no le sorprenda que estas actividades poco vigorosas representen los pasatiempos preferidos de las personas de la tercera edad. Lo que sí es sorprendente de esta lista de actividades es que sean iguales a las reportadas en un muestreo de estudiantes universitarios, como las que realizan comúnmente en su tiempo libre. Aunque los muchachos mencionaron actividades más vigorosas, como navegar y jugar basquetbol, como sus actividades favoritas, en realidad practicaban estos deportes pocas veces, debido a que pasaban la mayor parte de su tiempo libre durmiendo, comiendo, caminando y conversando (Harper, 1978).

Aun cuando las actividades de tiempo libre que realizan las personas de la tercera edad no difieren mucho de las realizadas por los jóvenes, muchos de los cambios físicos se deben, por supuesto, al proceso de envejecimiento. Los más notorios son en cuanto a la apariencia, adelgazamiento y encanecimiento del cabello, piel arrugada y fláccida y en algunas ocasiones una ligera pérdida de estatura, ya que decrece el tamaño de los discos de la espina dorsal que están entre las vértebras, pero también hay cambios más sutiles en el funcionamiento biológico del organismo (DiGiovanna, 1994).

Disminuye la precisión sensorial como consecuencia del envejecimiento; la vista y el oído pierden agudeza, el gusto y el olfato, sensibilidad. El tiempo de reacción se hace más lento. Hay cambios en el vigor físico, debido a que la inhalación de oxígeno y la capacidad del corazón para bombear son menores, el cuerpo es incapaz de surtir los nutrientes con la rapidez de antes, por lo que la recuperación de la actividad física es más lenta (Shock, 1962; Perlmutter y Hall, 1992). Por supuesto que ninguno de estos cambios se da de forma repentina a los 65 años. El deterioro gradual en algunos funcionamientos empieza antes. Es en la tercera edad, sin embargo, cuando estos cambios se vuelven más evidentes (Perlmutter, 1994; Schneider y Rowe, 1996).

¿Cuáles son las causas de esta decadencia física? Hay dos explicaciones importantes: las teorías de la preprogramación genética y las teorías del desgaste. Las **teorías de la preprogramación genética del envejecimiento** sugieren que hay un límite de tiempo predeterminado para la reproducción de las células humanas y que después de una cierta edad ya no pueden dividirse (Hayflick, 1974, 1994). Una variante de esta idea es que al-

Teorías de la preprogramación genética del envejecimiento: teorías que sugieren que existe un límite de tiempo establecido para la reproducción de las células humanas y que después de cierto tiempo ya no pueden dividirse

Muchas personas permanecen activas y vigorosas durante la tercera edad, como lo ejemplifica esta participante en las Olimpiadas de la Tercera Edad.

Teorías del envejecimiento por desgaste: teorías que sugieren que las funciones mecánicas del cuerpo simplemente dejan de funcionar con eficiencia

gunas células están preprogramadas genéticamente para volverse dañinas para el organismo después de algún tiempo, con lo cual la biología del organismo se transforma en "autodestructiva" (Finch, 1990; Ricklefs y Finch, 1995; Finch y Tanzi, 1997).

El segundo enfoque para comprender el envejecimiento por deterioro físico se basa en los mismos factores que obligan a las personas a comprar un auto nuevo con frecuencia: las piezas mecánicas se desgastan. De acuerdo con las **teorías del envejecimiento por desgaste**, las funciones mecánicas del cuerpo simplemente dejan de trabajar de manera eficiente. Además, los desperdicios de la producción de energía finalmente se acumulan y ocurren errores en el proceso de reproducción celular. Con el tiempo, el cuerpo, en efecto, se desgasta.

No sabemos en realidad cuál de estas teorías proporciona la mejor explicación sobre el proceso de envejecimiento físico; puede ser que las dos contribuyan (Rusting, 1992; Austad, 1997; Kitcher, 1997). No obstante, es importante darse cuenta que el envejecimiento físico no es una enfermedad, sino un proceso biológico natural. Muchas de las funciones físicas no disminuyen con la edad. Por ejemplo, el sexo conserva su carácter placentero hasta una edad muy avanzada (aunque la frecuencia de la actividad sexual es menor), e incluso algunas personas de edad avanzada dicen que aumenta el placer que les proporciona el sexo (Rowe y Kahn, 1987; Olshansky, Carnes y Cassel, 1990).

Por otro lado, ni las teorías de la preprogramación genética ni las del desgaste explican con éxito un hecho que es muy claro para quien analiza el envejecimiento: las mujeres viven más años que los hombres. En el mundo industrializado, las mujeres viven entre cuatro y diez años más que los hombres. La ventaja de las mujeres empieza inmediatamente después de la concepción. Aunque se conciben más hombres que mujeres, aquéllos tienen un índice más elevado de mortandad en los periodos prenatal e infantil, equilibrándose la proporción de ambos sexos para la edad de 30 años. A la edad de 65 años llegan 84% de las mujeres y 70% de los hombres. Aunque algunos observadores han sugerido que la brecha de género es resultado de la superioridad de los hábitos de salud de las mujeres, ésta no es una explicación completa; de hecho, todavía está por encontrarse una explicación plena de por qué las mujeres viven más que los hombres (Edmondson, 1997).

Cambios cognitivos: pensar acerca de —y durante— la tercera edad

Tres mujeres platican acerca de las molestias del envejecimiento.

—En ocasiones —decía una de ellas—, cuando me dirijo al refrigerador, no recuerdo si estoy metiendo o sacando algo de él.

—Oh, eso no es nada —dijo la segunda señora—. Hay ocasiones en que estoy al pie de la escalera sin saber si voy a subir o si acabo de bajar.

—¡Dios mío! —exclamó la tercera—. Qué bien me siento al no tener ninguno de esos problemas —y tocó madera—. Oh —dijo, al tiempo que se levantaba de la silla—, alguien llama a la puerta (Dent, 1984, p. 38).

Hace algún tiempo, muchos gerontólogos habrían coincidido con el punto de vista, sugerido en la narración anterior, de que las personas mayores son olvidadizas y confusas. Sin embargo, en la actualidad la mayoría de los estudios expresan que esto se halla muy lejos de ser una evaluación acertada de las capacidades de las personas de la tercera edad.

Una de las razones que explican este cambio de percepción es la disponibilidad de técnicas de investigación más complejas para estudiar los cambios cognitivos que ocurren en esta población. Por ejemplo, si aplicáramos una prueba de cociente intelectual (CI) a un grupo de estas personas, quizá nos daríamos cuenta de que la puntuación promedio es menor que la de un grupo de personas más jóvenes. Podríamos concluir que se debe a un deterioro de la inteligencia. Pero si observamos con mayor detenimiento la prueba aplicada, podríamos descubrir que tal conclusión no es del todo correcta. Por ejemplo, muchas pruebas de CI tienen secciones que se basan en el desempeño físico (como acomodar un grupo de bloques) o en la velocidad. En este caso, el bajo desempeño en la prueba puede deberse a una disminución en el tiempo de reacción, una declinación física que acompaña a la vejez, y por tanto tener poco o nada que ver con las capacidades intelectuales de las personas mayores (Schaie, 1991).

Otras circunstancias dificultan la investigación del funcionamiento cognitivo de las personas de la tercera edad; por ejemplo, los adultos mayores son más propensos que los jóvenes a contraer enfermedades físicas. En el pasado, algunos estudios sobre el CI compararon inadvertidamente a un grupo de gente joven físicamente sana con un grupo de personas mayores, por lo general menos saludables, quienes alcanzaban puntuaciones significativamente menores. No obstante, cuando se observa sólo a ancianos *saludables*, la declinación intelectual es marcadamente menos evidente (Riegel y Riegel, 1972; Avorn, 1983; Kausler, 1994). Además, es injusto comparar los resultados alcanzados por un grupo de personas de la tercera edad con los de un grupo de personas más jóvenes cuando el nivel medio de educación de los primeros tal vez es inferior (por razones históricas) al de los últimos.

De igual manera, las puntuaciones bajas en la prueba de CI de las personas mayores es posible que se deban a que su motivación en cuanto al desempeño en las pruebas es menor que la de los jóvenes. Para finalizar, la prueba tradicional de CI puede no ser la más adecuada para medir la inteligencia de las personas de la tercera edad. Por ejemplo, como se comenta en el capítulo 8, algunos investigadores sostienen la existencia de varios tipos de inteligencia y otros han comprobado que este grupo de edad se desempeña mejor en pruebas sobre problemas cotidianos y competencia social que las personas más jóvenes (Cornelius y Caspi, 1987; Willis y Schaie, 1994).

FIGURA 10.6 *Los cambios en las habilidades intelectuales relacionados con la edad varían de acuerdo con la capacidad cognitiva específica en cuestión. Fuente: Schaie, 1994.*

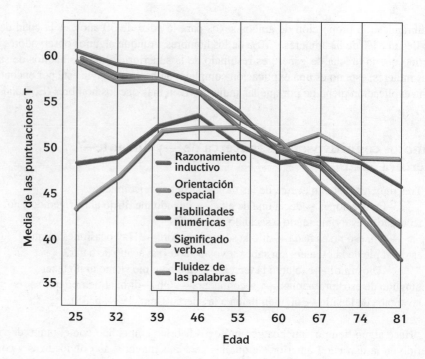

Por otra parte, las investigaciones han encontrado cierta disminución en el funcionamiento intelectual de estas personas, aun cuando se han utilizado métodos de investigación mejorados. Sin embargo, como se puede ver en la figura 10.6, el patrón de diferencias de edad no es uniforme para distintos tipos de capacidades cognitivas. Además, las diferencias no son idénticas para los hombres y para las mujeres (Schaie, 1993, 1994; Powell y Whitla, 1994a).

En general, los cambios en las capacidades cognitivas relacionados con la edad pueden resumirse en función de las diferencias en la inteligencia fluida y cristalizada. Recordará del capítulo 8 que la *inteligencia fluida* se refiere a las capacidades de razonamiento, memoria y procesamiento de la información, mientras que la *inteligencia cristalizada* se basa en la información, habilidades y estrategias que las personas han aprendido a través de la experiencia y que pueden aplicarse en situaciones de solución de problemas.

Aunque la inteligencia fluida muestra una disminución en la vejez, la inteligencia cristalizada permanece estable y en algunos casos incluso mejora. Por ejemplo, una mujer de la tercera edad a quien se le pide resolver un problema geométrico (que toca la inteligencia fluida) puede tener mayores dificultades que antes, pero puede resolver mejor los problemas verbales que requieren conclusiones reflexivas (Baltes y Schaie, 1974; Schaie, 1993; Salthouse, 1996).

Una razón para los cambios que se dan en el desarrollo respecto al funcionamiento intelectual es que ciertos tipos de capacidades pueden ser más sensibles a los cambios en el sistema nervioso que otros. Otro factor puede ser el nivel en el que los dos tipos de inteligencia son empleados durante la vida de una persona. Cualquiera que sea la razón, las personas compensan las disminuciones. Todavía pueden aprender lo que deseen; tal vez sólo les tome más tiempo. Además, enseñarles estrategias para enfrentar problemas nuevos puede impedir disminuciones en el desempeño (Storandt *et al.*, 1984; Willis y Nesselroade, 1990; Grasel, 1994; Powell y Whitla, 1994b; Raykov, 1995).

Cambios en la memoria durante la vejez: ¿son olvidadizas las personas de la tercera edad?

Una de las características que se les atribuye con más frecuencia a los ancianos es la de ser olvidadizos. ¿Qué tan cierta es esta suposición?

La mayor parte de la evidencia sugiere que las alteraciones en la memoria *no* son parte inevitable del proceso de envejecimiento. Por ejemplo, las investigaciones muestran que los ancianos en culturas en las que son muy apreciados, como en China continental, tienen menos probabilidad de mostrar pérdida de memoria que aquellos que viven en culturas en donde la expectativa es que son probables las pérdidas de memoria. Del mismo modo, cuando a las personas mayores en las sociedades occidentales se les recuerdan las ventajas de la edad ("la edad trae sabiduría"), tienden a desempeñarse mejor en pruebas de memoria (Levy y Langer, 1994; Levy, 1996).

Aun cuando los ancianos muestran disminuciones en la memoria, sus deficiencias tienden a limitarse a ciertos tipos de memoria. Por ejemplo, las pérdidas de memoria se limitan por lo general a recuerdos episódicos, relacionados con experiencias específicas acerca de nuestras vidas. Otros tipos de recuerdos, como los semánticos (los que se refieren al conocimiento o hechos generales) y los implícitos (recuerdos de los que no estamos conscientes), en gran medida no son afectados por la edad (Graf, 1990; Russo y Parkin, 1993).

La declinación de los recuerdos episódicos a menudo puede ser deducida por los cambios en las vidas de estas personas. Por ejemplo, no es sorprendente que una persona retirada o jubilada, que podría ya no enfrentar el mismo tipo de desafíos intelectuales que consistentemente encontraba en el trabajo, podría tener menos práctica en el empleo de la memoria o incluso estar menos motivado para recordar cosas, lo que conduce a una aparente disminución en la memoria. Incluso en casos en los que disminuye la memoria a largo plazo, la persona de la tercera edad por lo general puede beneficiarse con esfuerzos compensatorios. Entrenarlos a usar los tipos de estrategias mnemotécnicas descritas en el capítulo 6 no sólo puede impedir que se deteriore su memoria a largo plazo, sino que en realidad puede mejorarla (Perlmutter y Mitchell, 1986; Brody, 1987; Ratner *et al.*, 1987; Kotler-Cope y Camp, 1990; Verhaeghen, Marcoen y Goossens, 1992; West, 1995).

En el pasado, las personas de la tercera edad con casos graves de pérdida de la memoria, acompañada por otras dificultades cognitivas, eran considerados como seniles. *Senilidad* es un término amplio e impreciso que se aplica por lo regular a las personas de este grupo de edad que experimentan un deterioro progresivo de sus capacidades mentales, incluyendo pérdida de la memoria, desorientación en el tiempo y el espacio y confusión general. Antes considerada un estado inevitable que acompañaba al envejecimiento, la senilidad es vista en la actualidad por la mayoría de los gerontólogos como una denominación que ha sobrevivido a su utilidad. En lugar de que la senilidad sea la causa de ciertos síntomas, se considera que éstos son causados por algún otro factor.

Sin embargo, algunos casos de pérdida de la memoria son producidos por una enfermedad real. Por ejemplo, la *enfermedad de Alzheimer*, abordada en el capítulo 6, es un trastorno cerebral progresivo que conduce a una pérdida gradual e irreversible de las capacidades mentales. En otros casos, las disminuciones son causadas por ansiedad y depresión temporales, las cuales pueden ser tratadas con éxito, o incluso pueden deberse a una medicación excesiva. El peligro es que las personas que sufren de estos síntomas pueden ser diagnosticadas como seniles y dejarse sin tratamiento, continuando por consiguiente su declinación, aun cuando el tratamiento hubiera sido benéfico (Selkoe, 1997).

En resumen, el deterioro del funcionamiento cognitivo en la vejez no es, en su mayoría, inevitable. La clave para mantener las habilidades cognitivas puede encontrarse en proporcionar algún grado de estimulación intelectual. Como el resto de nosotros, las personas de la tercera edad necesitan un ambiente estimulante con el propósito de afinar y conservar sus habilidades.

El mundo social de las personas de la tercera edad: viejos pero no solos

Así como se ha comprobado que es falsa la opinión de que la senilidad es resultado inevitable de la edad, también es errónea la concepción de que la vejez forzosamente implica soledad. Las personas de este grupo de edad por lo general se perciben como miembros activos de la sociedad. Una encuesta representativa mostró que sólo 12% de las personas

de 65 años o más ven la soledad como un problema serio (Harris Poll, 1975; Binstock y George, 1996).

No obstante, los patrones y comportamientos sociales de estas personas son diferentes en ciertos ámbitos a los de personas más jóvenes. Se han propuesto dos enfoques importantes para explicar el ambiente social de los adultos mayores: la teoría del retiro y la teoría de la actividad.

La **teoría del retiro** tiene una visión del envejecimiento como un aislamiento gradual del mundo en los niveles físico, psicológico y social (Cummings y Henry, 1961). Físicamente los niveles bajos de energía producen menos actividad; desde el punto de vista psicológico, el interés se traslada de los demás hacia uno mismo; y en el ámbito social, hay menos interacción con los demás y una reducción en el nivel de participación en la sociedad en general. Pero en lugar de evaluar sólo los aspectos negativos del retiro, algunos teóricos sostienen que deben verse las facetas positivas de éste. El retiro proporciona la oportunidad de reflexionar más disminuyendo la inversión emocional en los demás en una época de la vida en la que las relaciones sociales inevitablemente terminarán con la muerte.

La teoría del retiro ha sido criticada por sugerir que el envejecimiento es un proceso automático, que implica un rompimiento abrupto con los patrones previos de comportamiento. Más importante aún es la evidencia de que las personas de la tercera edad que aseguran ser muy felices son aquellas que se mantienen más activas (Havighurst, 1973). Tales críticas y hallazgos condujeron al desarrollo de un enfoque alternativo que describe la adaptación social hacia el envejecimiento. La **teoría de la actividad** sostiene que quienes envejecen más satisfactoriamente son los que mantienen los intereses y actividades que los motivaron durante la adultez intermedia y que se niegan a disminuir el grado y el tipo de interacción social que tienen (Blau, 1973). De acuerdo con la teoría de la actividad, la tercera edad debe reflejar una continuidad, hasta donde sea posible, de las actividades en que participaban las personas durante la época anterior, así como desarrollar actividades que reemplacen las que se abandonaron a causa de cambios como la jubilación.

La teoría de la actividad no está exenta de críticas. Por ejemplo, la sola actividad no garantiza la felicidad; más bien, es probable que sea más importante la *naturaleza* de dichas actividades (Gubrium, 1973). Además, no todas las personas de la tercera edad necesitan una vida llena de actividades e interacción social para ser felices; como en todas las etapas de la vida, existen algunas personas que se sienten muy satisfechas de llevar una existencia relativamente inactiva y solitaria (Hansson y Carpenter, 1994; Harlow y Cantor, 1996).

Es imposible decir si la teoría del retiro o la de la actividad ofrecen una visión más precisa de las personas de la tercera edad, tal vez porque hay muchas diferencias individuales en las formas en que las personas enfrentan el proceso de envejecimiento. No obstante, es muy claro que estas personas no están esperando solamente a que llegue la muerte. Por el contrario, la tercera edad es una época de maduración y desarrollo continuos, tan importante como cualquier otro periodo de la vida.

Teoría del retiro: teoría que señala que el envejecimiento es un aislamiento gradual del mundo en los niveles físico, psicológico y social

Teoría de la actividad: teoría que señala que las personas que envejecen con más éxito son aquellas que mantienen los intereses y las actividades que tenían durante su edad adulta intermedia

El consumidor de psicología bien informado

Adaptación a la muerte

En algún momento de la vida todos enfrentamos la muerte, tanto la propia como la de amigos, seres queridos e incluso extraños. Aunque no existe algo más inevitable en la vida, siempre es un tema que provoca miedo y genera emociones agobiantes. No hay nada más estresante que la muerte de una persona querida o la contemplación inminente de la propia muerte y es probable que la preparación para ésta represente una de nuestras tareas de desarrollo más importantes.

No hace mucho tiempo, hablar de la muerte era tabú. Nunca se mencionaba el tema a los moribundos y los gerontólogos tenían poco que decir al respecto. Sin embargo, esa postura ha cambiado, sobre todo gracias al trabajo pionero de Elisabeth Kübler-Ross

(1969), quien abordó el tema abiertamente con su observación de que las personas que enfrentan la muerte tienden a pasar por cinco etapas principales.

- *Negación.* En esta primera etapa, las personas se resisten a la idea de que están muriendo. Aun cuando se les diga que sus posibilidades de sobrevivir son casi nulas, rechazan la idea de estar frente a la muerte.

- *Enojo.* Después de superar la etapa de negación, los moribundos se enfadan con las personas sanas que les rodean, con los médicos, por ser tan incompetentes, e incluso con Dios. Se preguntan "¿por qué yo?" y son incapaces de responder sin sentir ira.

- *Negociación.* El enojo da paso a la negociación, en la que los moribundos tratan de encontrar maneras de posponer la muerte. Tal vez decidan dedicar su vida a la religión si Dios los salva; pueden decir: "Si tan sólo pudiera vivir para ver a mi hijo casado, aceptaría la muerte entonces." Tales negociaciones casi no se conservan, generalmente porque la enfermedad de los moribundos sigue su avance e invalida cualquier "acuerdo".

- *Depresión.* Cuando los moribundos sienten que la negociación es inútil, pasan a la siguiente etapa: la depresión. Entienden que ya no hay nada que hacer, que están perdiendo a sus seres queridos y que su vida está por terminar. Experimentan lo que Kübler-Ross llama el "duelo preparatorio" de su propia muerte.

- *Aceptación.* En esta última etapa, las personas ya superaron el duelo por la pérdida de su propia vida y aceptan la muerte inminente. Por lo general decrece su nivel emocional y de comunicación; como si ya hubiesen hecho la paz consigo mismos y estuviesen esperando la muerte sin rencor.

Es importante considerar que no todos experimentan cada una de estas fases de la misma manera. De hecho, las etapas propuestas por Kübler-Ross sólo se aplican a personas que están consciente en forma plena de que van a morir y tienen tiempo para evaluar su muerte inminente. Además, ocurren vastas diferencias en la manera en que ciertos individuos reaccionan ante la muerte inminente. La causa específica y la duración de la agonía, así como el género, edad, personalidad y el tipo de apoyo que reciba por parte de la familia y los amigos, tienen un impacto en la forma en que las personas responden ante la muerte (Zautra, Reich y Guarnaccia, 1990; Stroebe, Stroebe y Hansson, 1993).

Pocos disfrutamos la contemplación de la muerte. Pero percatarnos de sus aspectos y consecuencias psicológicos puede hacer que su llegada inevitable produzca menos ansiedad y quizá la haga más comprensible. ∎

Recapitulación, revisión y reflexión

Recapitulación

- Durante la pubertad ocurren varios cambios físicos críticos. Por lo general la maduración temprana es socialmente benéfica, mientras que la maduración tardía generalmente crea desventajas.

- De acuerdo con Kohlberg, el desarrollo moral pasa por una serie de etapas, cada una de las cuales representa un nivel cada vez más complejo. Según la contrastante visión del desarrollo moral de Gilligan, las mujeres, más que los hombres, se centran en principios relacionados con la compasión hacia el individuo y no en principios abstractos de justicia y equidad.

- Erikson señala que las personas entran, durante la adolescencia, en la etapa crucial de identidad frente a confusión de papeles, la cual puede incluir una crisis de identidad. Ésta es seguida más adelante en la vida por las últimas tres etapas de Erikson: intimidad frente a

aislamiento, generatividad frente a estancamiento e integración del yo frente a desesperación.

- Si bien antes se veía a la adolescencia como un periodo tormentoso de rebeldía, los psicólogos de hoy piensan que esa visión refleja más un mito que una realidad.

- Según el modelo desarrollado por Levinson, el desarrollo social durante la adultez temprana e intermedia se sucede a través de una serie de etapas, incluyendo de manera notable una transición de la mitad de la vida, la cual puede producir una crisis de la mitad de la vida (o crisis de los cuarenta).

- Están teniendo lugar cambios importantes en el matrimonio y en la vida familiar debido a tendencias de la sociedad como un incremento en los divorcios, una mayor frecuencia de familias con un solo padre y el surgimiento de madres trabajadoras y hogares con ingresos por parte de los dos cónyuges.

- Los deterioros físicos de las personas de la tercera edad son explicados por dos clases de teorías: las teorías de la preprogramación genética y las teorías del desgaste.

- La inteligencia fluida y la memoria son afectadas por el envejecimiento, pero la inteligencia cristalizada permanece intacta en gran medida y las declinaciones cognitivas generales entre los adultos mayores han sido exageradas mucho y a menudo pueden evitarse.

- Kübler-Ross identificó cinco etapas por las que pasan las personas cuando enfrentan la muerte: negación, enojo, negociación, depresión y aceptación.

Revisión

1. La maduración tardía típicamente proporciona una ventaja social tanto a los hombres como a las mujeres. ¿Verdadero o falso?

2. _____ propuso un conjunto de seis etapas del desarrollo moral, que van desde el razonamiento basado en premios y castigos, hasta el pensamiento abstracto que implica conceptos de justicia.

3. Relacione cada una de las etapas de desarrollo moral de las mujeres propuestas por Gilligan con su definición:

   1. Moralidad de la no violencia
   2. Orientación hacia la sobrevivencia individual
   3. La bondad como autosacrificio

   a. Centrada en lo que es mejor para la mujer en particular.
   b. La mujer debe sacrificar lo que quiere para agradar a los demás.
   c. Es inmoral lastimar a alguien, incluyendo a una misma.

4. Los cambios emocionales y psicológicos que en ocasiones acompañan a la menopausia tal vez nada tienen que ver con ésta. ¿Verdadero o falso?

5. Roberto, de 40 años, recientemente evaluó sus metas y logros actuales. Aunque ha logrado mucho, comprende que no podrá alcanzar varias de sus metas en la vida. A esta etapa de la vida Levinson la llamaría _____.

6. En hogares donde ambos cónyuges tienen empleos similares, la división del trabajo para los quehaceres domésticos por lo general es la misma que en los hogares "tradicionales" donde el esposo trabaja y la esposa se queda en la casa. ¿Verdadero o falso?

7. Las puntuaciones inferiores en pruebas de CI durante la tercera edad no necesariamente significan que la inteligencia ha disminuido. ¿Verdadero o falso?

8. Durante la tercera edad, la inteligencia _____ de una persona continúa en aumento, mientras que la inteligencia _____ puede disminuir.

9. Lavinia siente que, durante su vejez, han disminuido en forma gradual sus contactos sociales y se ha vuelto más orientada hacia sí misma. Un defensor de la teoría de la _____ interpreta esta situación como un resultado de que Lavinia ya no mantiene sus intereses pasados. Un partidario de la teoría _____ ve su comportamiento de una manera más positiva, sugiriendo que es un proceso natural acompañado por un aumento en la reflexión y una declinación en la inversión emocional.

10. En la etapa de _____ propuesta por Kübler-Ross, las personas se resisten a la idea de la muerte. En la etapa de _____ tratan de llegar a acuerdos para evadir la muerte, en tanto que en la etapa de _____ la esperan pasivamente.

Las respuestas a las preguntas de revisión se encuentran en la página 452.

Reflexión

1. ¿En qué formas ayudan o perjudican las culturas escolares a los estudiantes que están pasando por la adolescencia? ¿Qué políticas escolares podrían beneficiar a las niñas que maduran pronto y a los niños que tardan en madurar? ¿Ayudarían en algo las escuelas para estudiantes de un solo género, como han afirmado algunos?

2. Debido al índice actual de divorcios y al número de hogares en que ambos padres trabajan, ¿considera que es razonable pensar en hogares "tradicionales" en los que el padre es quien brinda el sustento mientras que la esposa es el ama de casa? ¿Qué problemas podría causar esta definición a los niños cuyos hogares no concuerdan con ella?

3. En la actualidad mucha gente tiene conceptos equivocados respecto a las personas de la tercera edad, considerándolas seniles, lentas, solitarias y cosas por el estilo. ¿Cómo podría probar que estos estereotipos están equivocados? ¿Qué ventajas traería un cambio en nuestros conceptos erróneos desde el punto de vista de los recursos valiosos que pueden proporcionar estas personas?

UNA MIRADA

retrospectiva

¿Cómo estudian los psicólogos el grado en que el desarrollo es una función conjunta de los factores hereditarios y ambientales?

1. La psicología del desarrollo es la rama de la psicología que estudia el crecimiento y los cambios que se dan a través de la vida. Uno de los asuntos fundamentales es en qué medida los cambios del desarrollo se deben a la herencia: factores genéticos, o a la crianza: factores ambientales. La mayoría de

los psicólogos del desarrollo creen que la herencia define los límites superiores de nuestro crecimiento y cambios, mientras que el ambiente afecta el grado en que se alcanzan los límites superiores.

2. La investigación transversal compara entre sí a personas de diferente edad en un momento determinado. En contraste, la investigación longitudinal le da seguimiento al comportamiento de uno o más sujetos durante su proceso de

desarrollo. Por último, la investigación multisecuencial combina los dos métodos: considera diferentes grupos de edad y los analiza en momentos diferentes.

¿Cuál es la naturaleza del desarrollo antes del nacimiento?

3. En el momento de la concepción, una célula del esperma masculino se une al óvulo femenino, contribuyendo ambos a la estructura genética del nuevo individuo. La unión del espermatozoide y el óvulo produce una nueva célula, llamada cigoto, la cual contiene 23 pares de cromosomas, donde un miembro de cada par proviene del padre y el otro de la madre. Cada cromosoma contiene miles de genes por medio de los cuales se transmite la información genética. Los genes, que se componen de secuencias de ADN, son los que programan el desarrollo futuro del organismo.

4. Después de que se forma el cigoto comienza a crecer de inmediato. A las dos semanas es un embrión y después de cuatro semanas mide aproximadamente medio centímetro. Hacia la octava semana el embrión se llama feto, es sensible al tacto y a otros estímulos. Más o menos a las 24 semanas alcanza la edad de la viabilidad, lo que significa que puede sobrevivir si nace en forma prematura. Por lo común, un feto nace después de treinta y ocho semanas de embarazo, momento en el que pesa alrededor de tres kilogramos y mide cerca de 50 centímetros.

5. Los investigadores, como los genetistas conductuales, están comenzando a revelar los misterios de los genes humanos, al descubrir que los genes no sólo determinan los atributos físicos sino también una amplia gama de características personales, como las capacidades cognitivas, los rasgos de personalidad, la orientación sexual y los trastornos psicológicos. El Proyecto Genoma Humano es un estudio prolongado diseñado para trazar un mapa de la ubicación y secuencia de cada gene humano, lo cual ayudará a los investigadores a entender el origen de trastornos producidos genéticamente y también para apoyar a la terapia génica, el tratamiento genético de las enfermedades.

¿Qué factores afectan al niño durante el embarazo de la madre?

6. Las anormalidades genéticas producen defectos congénitos como la fenilcetonuria (PKU), la anemia de células falciformes, la enfermedad de Tay-Sachs y el síndrome de Down. Entre las influencias ambientales durante el periodo prenatal que afectan el crecimiento fetal se hallan el estado nutricional de la madre, las enfermedades y la ingestión de drogas.

¿Cuáles son los acontecimientos principales en el desarrollo físico, perceptual y social después del nacimiento?

7. El recién nacido o neonato posee muchas capacidades: el reflejo de búsqueda, el reflejo de moro y el reflejo de Babinski. Después del nacimiento, el crecimiento físico es rápido; los niños por lo general triplican en un año el peso que presentan al nacer. Las habilidades perceptuales también aumentan en forma rápida; después de un mes los infantes pueden distinguir el color y la profundidad. Otras capacidades sensoriales son igual de impresionantes al nacer, como distinguir sonidos, sabores y olores. Sin embargo, el desarrollo de habilidades perceptuales más complejas depende del aumento de sus capacidades cognitivas.

8. El desarrollo social en la infancia es manifestado por el fenómeno del apego, que es un vínculo emocional positivo entre el niño y una persona en particular. El apego se mide en el laboratorio usando la situación extraña de Ainsworth y se relaciona con la adaptación social y emocional posterior.

9. Al crecer, cambia la naturaleza de las interacciones sociales de los niños con sus pares. En principio, el juego ocurre de manera relativamente independiente, pero luego adquiere un sentido cooperativo. El juego promueve el desempeño social y el autocontrol.

10. Estilos diferentes de crianza de los niños producen resultados distintos. Los padres autoritarios son rígidos, punitivos y estrictos. Sus hijos tienden a ser antisociales y retraídos. Los padres permisivos, aunque afectuosos, proporcionan una disciplina vaga o inconsistente. Sus hijos tienden a ser inmaduros, taciturnos, dependientes y con poco autocontrol. Por último, los padres con autoridad son firmes, establecen límites, pero usan el razonamiento y dan explicaciones. Sus hijos tienden a ser agradables, seguros de sí mismos, independientes y con muchas habilidades sociales. Por supuesto, hay muchas excepciones, dependiendo en parte del temperamento de los niños y de la cultura en la que son educados.

11. De acuerdo con Erikson, son ocho las etapas del desarrollo psicosocial que abarcan las cambiantes interacciones de las personas así como la comprensión de uno mismo y de los demás. En la infancia hay cuatro etapas, cada una de las cuales se refiere a una crisis que requiere solución. Estas etapas se denominan confianza frente a desconfianza (desde el nacimiento hasta los 18 meses); autonomía frente a vergüenza y duda (desde 18 meses hasta tres años); iniciativa frente a culpa (desde tres hasta seis años) y laboriosidad frente a inferioridad (desde seis hasta 12 años).

¿Cuál es la mejor forma de describir el desarrollo cognitivo?

12. La teoría de Piaget sugiere que el desarrollo cognitivo abarca cuatro etapas en donde hay cambios cualitativos del pensamiento. En la etapa sensoriomotora (desde el nacimiento hasta los dos años), los niños desarrollan la permanencia del objeto; es decir, se dan cuenta de que los objetos y las personas continúan existiendo aun cuando estén fuera de su vista. En la etapa preoperacional (desde dos hasta siete años), los niños muestran un pensamiento egocéntrico, y para el final de la etapa, comienzan a entender el principio de conservación: el conocimiento de que la cantidad no está relacionada con el orden o apariencia física de un objeto. El principio de conservación no se comprende por completo hasta la etapa de las operaciones concretas (desde siete hasta 12 años), en donde los niños comienzan a pensar con más lógica y a comprender el concepto de reversibilidad. En la etapa final, el periodo de las operaciones formales (desde los 12 años hasta la edad adulta), el pensamiento se vuelve abstracto, formal y completamente lógico.

13. Aun cuando la teoría de Piaget ha tenido gran influencia, algunos teóricos sugieren que la noción de las etapas de desarrollo es imprecisa. Aseguran que el desarrollo es más continuo y que los cambios ocurridos en las etapas y entre éstas son reflejo de los avances cuantitativos del desarrollo cognitivo y no de cambios cualitativos en el pensamiento.

14. Los enfoques del procesamiento de la información señalan que ocurren cambios cuantitativos en la capacidad de los niños para organizar y manipular la información acerca del mundo, como el incremento significativo en la velocidad de procesamiento, la duración de la atención y la memoria. Además, existen avances en la metacognición, que es la

conciencia y la comprensión de los procesos cognitivos propios.

15. De acuerdo con el psicólogo del desarrollo ruso Lev Vygotsky, el aprendizaje y el desarrollo en esencia son de naturaleza social. El desarrollo cognitivo de los niños ocurre como consecuencia de las interacciones sociales en las que los niños y otros trabajan juntos para resolver problemas. Cuando la información que los niños necesitan y usan para solucionar problemas con otros está dentro de la zona de desarrollo próximo de los niños, el desarrollo cognitivo es apoyado con mayor eficacia.

¿Cuáles son las principales transiciones físicas, sociales y cognitivas que caracterizan a la adolescencia?

16. La adolescencia, la fase de desarrollo entre la infancia y la edad adulta, está marcada por el inicio de la pubertad, punto en el que ocurre la madurez sexual. La edad en la que inicia la pubertad influye en la manera en que las personas se ven a sí mismas y son vistas por los demás.

17. Los juicios morales adquieren mayor complejidad durante la adolescencia, según el modelo de tres niveles y seis etapas propuesto por Kohlberg. Si bien las etapas de Kohlberg constituyen una descripción adecuada de los juicios morales de los varones, parecen no ser tan aplicables para describir los juicios de las mujeres. Gilligan argumenta que las mujeres vinculan la moral con su preocupación por los individuos, no con los principios generales de justicia o equidad. En su opinión, el desarrollo moral en las mujeres sucede en tres etapas algo diferentes a las identificadas por Kohlberg.

18. Según el modelo de desarrollo psicosocial propuesto por Erikson, la adolescencia puede estar acompañada por una crisis de identidad, aunque ello de ninguna manera es universal. La adolescencia es seguida de tres fases de desarrollo psicosocial, las cuales abarcan el periodo de vida restante.

¿Cuáles son los principales cambios físicos, sociales e intelectuales que ocurren en la adultez temprana e intermedia, y cuáles son sus causas?

19. La primera etapa de la edad adulta marca la cima de la salud física. Ocurren cambios físicos de manera relativamente gradual en ambos sexos durante la adultez, aunque al final de la segunda etapa adulta de las mujeres ocurre un cambio importante: inicia la menopausia, que trae consigo la esterilidad. El proceso de envejecimiento de los hombres es más sutil, debido a que siguen siendo fértiles.

20. El modelo de desarrollo de los adultos propuesto por Levinson comienza con la entrada a la primera fase de la vida adulta, alrededor de los 20 años de edad, y termina a los 60 o 65. Una de las transiciones más importantes, al menos para los hombres, ocurre a mitad de la vida (entre los 40 y los 45 años), cuando por lo general cobra gran importancia la noción de que la vida no es eterna. En algunos casos ello puede conducir a una crisis de la mitad de la vida (crisis de los cuarenta); sin embargo, por lo general el paso hacia la edad intermedia es relativamente tranquilo. Aunque Levinson sostiene que la vida de las mujeres sigue básicamente el mismo patrón que el de los hombres, es probable que existan varias diferencias entre los géneros.

21. A medida que el envejecimiento continúa durante la edad adulta, los individuos de alrededor de 50 años someten a juicio su vida y sus logros para determinar si los han establecido en forma adecuada, tratando de aceptarlos.

22. Entre los hitos más importantes del desarrollo durante la edad adulta se encuentran el matrimonio, los cambios familiares y el divorcio. Aunque el divorcio es más frecuente que nunca antes, la mayoría de las personas todavía consideran al matrimonio como algo importante y deseable. Otro determinante importante del desarrollo adulto es el trabajo. En las últimas décadas, las mujeres se han sumado a la fuerza laboral en cantidades cada vez mayores.

¿Cómo difiere la realidad de la tercera edad de los estereotipos acerca de esta etapa?

23. La tercera edad puede traer consigo deterioros físicos. Aunque las actividades de las personas en esta etapa no sean tan diferentes de las que realizan los jóvenes, las personas de edad avanzada experimentan una disminución en su tiempo de reacción, al igual que deterioro sensorial y disminución del vigor físico. El deterioro podría ser causado por una preprogramación genética, la cual establece un límite de tiempo para la reproducción de las células humanas, o simplemente puede deberse a un desgaste de las partes mecánicas del cuerpo.

24. Si bien hace tiempo se pensaba que el deterioro intelectual era una parte inevitable del envejecimiento, la mayor parte de las investigaciones sugieren que esto no es necesariamente cierto. La inteligencia fluida se deteriora con la edad, al igual que pueden hacerlo las capacidades de la memoria a largo plazo. En contraste, la inteligencia cristalizada muestra una ligera mejoría y la memoria a corto plazo se mantiene más o menos al mismo nivel.

25. La teoría del retiro ve el envejecimiento exitoso como un proceso acompañado de un aislamiento paulatino del mundo físico, psicológico y social. En contraste, la teoría de la actividad sostiene que mantener los intereses y las actividades anteriores permite un envejecimiento exitoso. Debido a la existencia de profundas diferencias individuales, resulta difícil saber cuál de las dos teorías es más precisa.

¿De qué manera podemos adaptarnos a la muerte?

26. Según Kübler-Ross, las personas al borde de la muerte pasan por cinco etapas al enfrentar la muerte: negación, enojo, negociación, depresión y aceptación. Sin embargo, las reacciones de las personas ante la muerte varían de manera significativa.

Respuestas a las preguntas de revisión:

1. Falso; tanto los hombres como las mujeres adolescentes pueden sufrir por la demora en la maduración.   2. Kohlberg   3. 1-c; 2-a; 3-b
4. Verdadero   5. transición de la mitad de la vida   6. Verdadero   7. Verdadero   8. cristalizada; fluida   9. actividad; retiro
10. negación; negociación; aceptación

Términos y conceptos clave

psicología del desarrollo (p. 396)
controversia herencia-medio (p. 398)
gemelos idénticos (p. 400)
investigación transversal (p. 400)
investigación longitudinal (p. 401)
investigación multisecuencial (p. 401)
cromosomas (p. 402)
genes (p.402)
cigoto (p. 403)
embrión (p. 403)
periodo crítico (p. 403)
feto (p. 403)
edad de viabilidad (p. 403)
neonato (p. 408)
reflejos (p. 408)
habituación (p. 411)
apego (p. 412)
padres autoritarios (p. 417)
padres permisivos (p. 417)
padres con autoridad (p. 417)
temperamento (p. 417)

desarrollo psicosocial (p. 418)
etapa de confianza frente a desconfianza (p. 418)
etapa de autonomía frente a vergüenza y duda (p. 419)
etapa de iniciativa frente a culpa (p. 419)
etapa de laboriosidad frente a inferioridad (p. 419)
desarrollo cognitivo (p. 419)
etapa sensoriomotora (p. 420)
permanencia del objeto (p. 420)
etapa preoperacional (p. 420)
pensamiento egocéntrico (p. 421)
principio de conservación (p. 421)
etapa de las operaciones concretas (p. 421)
etapa de las operaciones formales (p. 421)
procesamiento de la información (p. 424)
metacognición (p. 424)
zona de desarrollo próximo (p. 425)
adolescencia (p. 428)
pubertad (p. 429)

etapa de identidad frente a confusión de papeles (p. 433)
identidad (p. 433)
etapa de intimidad frente a aislamiento (p. 434)
etapa de generatividad frente a estancamiento (p. 435)
etapa de integración del yo frente a desesperación (p. 435)
menopausia (p. 437)
transición de la mitad de la vida (p. 438)
crisis de la mitad de la vida (o crisis de los cuarenta) (p. 438)
teorías de la preprogramación genética del envejecimiento (p. 443)
teorías del envejecimiento por desgaste (p. 444)
teoría del retiro (p. 448)
teoría de la actividad (p. 448)

Epílogo

Hemos seguido los acontecimientos importantes en el desarrollo humano a lo largo de toda la vida, incluyendo los cambios en las capacidades físicas, sociales y cognitivas. Primero señalamos que los niños avanzan con rapidez después del nacimiento en todas estas áreas, desarrollando capacidades sobre las que construirán nuevas organizaciones en la adolescencia y en la vida posterior. Observamos que el desarrollo continúa durante toda la vida, incluso en la tercera edad.

Mientras explorábamos cada área del desarrollo, encontramos de nuevo la controversia herencia-medio, concluyendo en cada caso significativo que tanto la naturaleza como la crianza contribuyen al desarrollo de habilidades, personalidad e interacciones de las personas. De manera específica, nuestra herencia genética, es decir, la naturaleza, establece límites generales dentro de los cuales podemos avanzar y crecer, y nuestro ambiente ayuda a determinar el grado en que le sacamos ventaja a nuestro potencial.

Nuestro análisis del desarrollo incluyó una revisión de las principales teorías del desarrollo, en especial la teoría de Erikson sobre el desarrollo psicosocial, la teoría sobre el desarrollo intelectual propuesta por Jean Piaget, la teoría de Lev Vygotsky sobre el desarrollo cognitivo, la teoría de Kohlberg sobre el desarrollo moral, así como la teoría correspondiente de Gilligan sobre las mujeres.

Antes de pasar al siguiente capítulo, regresemos una vez más al prólogo con el que comenzó éste, sobre el sospechoso de ser el Unabomber, Ted Kaczynski. Use su conocimiento del desarrollo infantil y considere las siguientes preguntas:

1. ¿Cómo se relaciona la afirmación de Ted Kaczynski de que su educación le causó dificultades para establecer relaciones con la cuestión del apego? ¿Qué clase de estilo de apego esperaría que hubiera exhibido cuando niño? ¿Por qué?

2. ¿Cómo podría una persona con dificultades en su conducta de apego y con una desconfianza y aborrecimiento severos hacia su madre haber llevado a buen término los conflictos descritos por la teoría de Erikson sobre el desarrollo psicosocial? ¿Qué clases de problemas podría haber encontrado una persona así?

3. ¿Qué clase de estilo de vida esperaría que llevara una persona con severas dificultades de apego y menoscabos psicosociales, respecto a los arreglos de la vida, la ocupación, el estado civil y las relaciones con otras personas? Si Ted Kaczynski exhibiera un estilo de vida así, ¿sería justo afirmar en el tribunal que esto indica que él es el Unabomber?

4. ¿Cómo desentrañaría los diferentes efectos que pudieron haber tenido la naturaleza y la crianza en una persona como Kaczynski? ¿Qué preguntas le haría a su hermano y a su madre?

5. ¿Por qué Kaczynski y su hermano pudieron tomar caminos tan diferentes, en cuanto a relaciones interpersonales y estilo de vida, cuando se supone que ambos tuvieron una educación similar?

Lori Helene Berenson a la edad de 15 años. ¿Después fue una persona bien intencionada o una terrorista?

Prólogo

Del patio escolar al de la cárcel. La odisea de Lori Helene Berenson

Para sus padres, Lori Helene Berenson era una persona dulce y cariñosa, siempre atenta con los oprimidos. Incluso cuando era niña, defendía a sus compañeros de clase que habían sido tratados en forma injusta en las escuelas públicas a las que asistía. Cuando se hizo mayor, trabajaba en las cocinas populares y en los bancos de sangre de la ciudad de Nueva York, siempre ayudando a la gente necesitada. Era una estudiante excelente que cursó la carrera de antropología en una universidad de prestigio. Cuando decidió estudiar en América del Sur, y más adelante abandonó la universidad para vivir y trabajar en Perú, no parecía que fuera algo poco característico de ella. Sus padres lo vieron como una continuación de su interés en ayudar a los desamparados.

Para el gobierno de Perú, sin embargo, Berenson era una terrorista violenta, miembro del grupo rebelde Túpac Amaru. Fue arrestada por reunir información para el grupo y llevada a juicio, donde los fiscales mostraron evidencias de que ella había proporcionado a los rebeldes un plano del Congreso peruano. Se dijo que había indicaciones de su puño y letra de las ubicaciones específicas donde se sentaban los legisladores y donde se encontraban los guardias de seguridad. También se le acusó de proporcionar dinero para comprar un vehículo que transportaba armas y de haber adoctrinado a los rebeldes.

Antes de sentenciarla, Berenson gritó en tono desafiante: "He sido condenada por mi preocupación por el hambre y la miseria que existe aquí." Para sus padres, esto tenía sentido. Para el juez, sólo era un indicio de que era una revolucionaria violenta, implicada en una red de terrorismo. La sentenció a cadena perpetua (Belluck y Sims, 1996).

Personalidad: características relativamente perdurables que diferencian a las personas; aquellos comportamientos que hacen único a cada individuo

¿Lori Berenson era sólo una persona bien intencionada e inocente, que actuaba legalmente para ayudar a los necesitados, o era, como insistía el gobierno peruano, miembro de un grupo terrorista?

Muchas personas, al igual que Berenson, tienen diversas facetas en su personalidad, por lo cual muestran determinada apariencia en ciertas situaciones y una muy distinta en otras. Al mismo tiempo, es probable que conozca personas cuyo comportamiento es tan consistente que se puede predecir con facilidad cómo se habrán de comportar en determinadas circunstancias.

Los psicólogos especializados en la **personalidad** buscan comprender las características del comportamiento de las personas. La personalidad abarca los rasgos relativamente permanentes que diferencian a las personas, aquellos comportamientos que hacen único a cada uno de nosotros. También es la personalidad la que nos lleva a actuar de modo consistente y predecible en situaciones diversas así como a lo largo de periodos prolongados.

En este capítulo consideraremos varios enfoques de la personalidad. Comenzaremos con la teoría más amplia y general: la teoría psicoanalítica de Freud. Enseguida expondremos teorías de la personalidad más recientes. Presentaremos enfoques centrados en la identificación de los rasgos de personalidad más fundamentales; teorías que enfocan a la personalidad como un conjunto de comportamientos aprendidos; perspectivas biológicas y evolutivas sobre la personalidad y enfoques, conocidos como teorías humanistas, que destacan los aspectos humanos únicos de la personalidad. El capítulo termina con una exposición de los modos de evaluar la personalidad y las formas de emplear las pruebas de personalidad.

ENFOQUES PSICOANALÍTICOS DE LA PERSONALIDAD

Óscar Madison: poco pulcro, distraído, inquieto.

Félix Unger: limpio, preciso, controlado

Cualquiera que haya visto la obra de teatro o la antigua serie de televisión *La pareja dispareja* puede asegurar que Óscar y Félix son dos individuos que difícilmente podrían tener personalidades más distintas. Sin embargo, desde la perspectiva de ciertos teóricos de la personalidad, los *psicoanalistas*, ambos pueden ser muy parecidos, por lo menos en cuanto a la parte subyacente de la personalidad que motiva su comportamiento. Los psicoanalistas señalan que el comportamiento humano es impulsado en gran medida por fuerzas poderosas del interior de la personalidad, de las que no somos conscientes. Estas fuerzas ocultas, moldeadas por las experiencias de la infancia, desempeñan una función importante para activar y darle dirección a nuestro comportamiento cotidiano.

Sigmund Freud es el teórico de mayor importancia que sostuvo esta concepción; de hecho, es uno de los autores más conocidos de la psicología. Médico austriaco, fue el fundador de la **teoría psicoanalítica** a principios del siglo xx.

▶ **¿Cómo definen y emplean los psicólogos el concepto de personalidad?**

▶ **¿Cuál es la estructura y el desarrollo de la personalidad, según Freud y sus sucesores?**

Teoría psicoanalítica: teoría propuesta por Freud que afirma que las fuerzas inconscientes actúan como determinantes de la personalidad

La teoría psicoanalítica de Freud

Cierto estudiante universitario tenía la intención de quedar bien, de causar una buena primera impresión, a una atractiva mujer a quien había visto en un salón muy concurrido durante una fiesta. A medida que caminaba hacia ella, murmuraba una frase que había escuchado en una vieja película la noche anterior: "creo que aún no hemos sido presentados adecuadamente". Para su sorpresa y espanto, lo que dijo a la mujer, cuando llegó, fue algo distinto. Después de atravesar la habitación repleta, al llegar al lado de la mujer dijo: "creo que aún no hemos sido seducidos adecuadamente".

A pesar de que esta declaración puede parecer sólo un embarazoso error al hablar, de acuerdo con la teoría psicoanalítica dicha expresión, llamada *lapsus linguae,* en ningún modo es un error (Motley, 1987). Más bien, se trata de una expresión de emociones y pensamientos sentidos en forma muy profunda, ubicados en el **inconsciente**, que es una parte de la personalidad de la cual el sujeto no tiene conciencia. El inconsciente contiene *pulsiones instintivas*: anhelos infantiles, deseos, demandas y necesidades que están ocultos a la conciencia debido a los conflictos y dolor que causarían si fueran parte de nuestras vidas cotidianas. Muchas de las experiencias de la vida son dolorosas y el inconsciente nos ofrece un refugio "seguro" para las reminiscencias de tales sucesos. Los recuerdos desagradables pueden permanecer en nuestro inconsciente sin molestarnos de manera constante.

Para Freud, la experiencia consciente sólo es la punta del *iceberg* psicológico. Como la masa que no se ve de aquellos cuerpos de hielo, el material que se encuentra en el inconsciente sobrepasa con mucho la información de la que tenemos conciencia. Se considera que gran parte del comportamiento cotidiano de las personas es motivado por fuerzas inconscientes. Por ejemplo, la preocupación de una niña que no puede complacer a sus estrictos y exigentes padres puede provocarle una escasa autoestima en la edad adulta, aun cuando pudiese ser muy exitosa; es decir, en un nivel consciente, puede recordar su niñez con mucho placer; pero en su inconsciente se conservan los recuerdos dolorosos, los que provocan la baja autoevaluación.

Para comprender en forma cabal la personalidad, de acuerdo con Freud, es preciso esclarecer y exponer lo que existe en el inconsciente. Pero, como éste disfraza el significado del material que conserva, no puede observarse de modo directo. Por tanto, es preciso interpretar sus claves, como los *lapsus linguae*, las fantasías y los sueños, con el fin de comprender los procesos inconscientes que dirigen el comportamiento. Un *lapsus linguae,* como el expuesto con anterioridad, podría interpretarse como una revelación de los deseos sexuales inconscientes del sujeto que habla.

Inconsciente: parte de la personalidad de la que no se percata la persona y que es un determinante potencial del comportamiento

PsicoVínculos

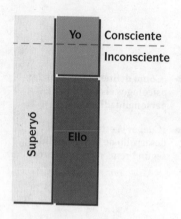

FIGURA 11.1 *En el modelo de la personalidad de Freud, hay tres componentes principales: el ello, el yo y el superyó. Como lo muestra el esquema, sólo una pequeña porción de la personalidad es consciente. Este diagrama no debe considerarse como una estructura física real, sino más bien como un modelo de las interrelaciones entre las partes de la personalidad.*

Ello: parte primitiva, desorganizada e innata de la personalidad, cuyo único propósito es reducir la tensión creada por pulsiones primitivas relacionadas con el hambre, lo sexual, la agresión y los impulsos irracionales

Libido: según Freud, la "energía psíquica" que alimenta a las pulsiones primarias de hambre, sexualidad, agresión e impulsos irracionales

Yo: parte de la personalidad que proporciona un amortiguador entre el ello y el mundo exterior

Superyó: de acuerdo con Freud, la estructura de la personalidad que es la última en desarrollarse y que representa lo que la sociedad considera bueno y malo tal como lo transmiten los padres, maestros y otras figuras importantes para la persona

Si en la actualidad la noción del inconsciente no parece una exageración, es porque la teoría freudiana ha ejercido gran influencia en la cultura occidental en áreas que van desde la literatura hasta la religión. Cuando Freud expuso que el inconsciente albergaba materiales dolorosos de los cuales las personas se protegen, tal tesis resultó muy revolucionaria. Las mentes más destacadas de esa época rechazaron sus ideas en forma sumaria considerándolas carentes de fundamento, encontraron esta noción ridícula. Que el concepto del inconsciente en la actualidad se acepte con tanta facilidad es un tributo a la influencia de la teoría de Freud (Moore y Fine, 1990; Westen, 1990; Mitchell y Black, 1996).

La estructuración de la personalidad: ello, yo y superyó

Para describir la estructura de la personalidad Freud desarrolló una vasta teoría; ésta sostiene que la personalidad está integrada por tres componentes distintos que interactúan entre sí: el ello (*id*), el yo (*ego*) y el superyó (*superego*). Freud sugirió una representación diagramática de las tres estructuras, con el fin de mostrar cómo se relacionan con el consciente y el inconsciente (véase figura 11.1).

A pesar de que Freud describió los tres componentes de la personalidad en términos muy precisos, es importante decir que no se trata de estructuras físicas ubicadas en alguna parte del cerebro. Por el contrario, representan concepciones abstractas de un *modelo* general de la personalidad que describe la interacción de diversos procesos y fuerzas internas de la personalidad del individuo, las que motivan su comportamiento.

Si la personalidad sólo consistiera en deseos y anhelos primitivos e instintivos, tendría exclusivamente un componente: el **ello**, la parte de la personalidad más primitiva, no organizada e innata. Presente desde el momento del nacimiento, el único propósito del ello es la reducción de la tensión generada por pulsiones primitivas relacionadas con el hambre, la sexualidad, la agresividad y los impulsos irracionales. Éstas son pulsiones alimentadas por la "energía psíquica" o **libido**, como la llamó Freud. El ello funciona siguiendo el *principio del placer*, que tiene como meta la reducción inmediata de la tensión y busca la maximización de la satisfacción.

Por desgracia para el ello, pero por fortuna para las personas y la sociedad, la realidad evita que se satisfagan en la mayoría de los casos las exigencias del principio del placer. En lugar de esto, el mundo produce restricciones: no siempre podemos comer cuando tenemos hambre y sólo es posible descargar nuestra pulsión sexual cuando lo permiten el tiempo, el lugar y la pareja. Para conceptualizar este hecho de la vida, Freud postuló un segundo componente de la personalidad, al que llamó yo.

El **yo** amortigua las relaciones entre el ello y las realidades objetivas del mundo exterior. A diferencia de la naturaleza del ello, buscadora de placer, el yo actúa en función del *principio de realidad*, que restringe la energía instintiva con el fin de conservar la seguridad del individuo y ayudarlo a integrarse a la sociedad. Por tanto, en cierta forma, el yo es el "ejecutivo" de la personalidad: toma decisiones, controla las acciones y permite el pensamiento y la solución de problemas de orden superior a las que puede lograr el ello. Al mismo tiempo, el yo es la sede de las capacidades cognitivas superiores, como la inteligencia, la reflexión, el razonamiento y el aprendizaje.

El **superyó** es la estructura de la personalidad que se desarrolla en último término, representa lo que se debe y lo que no se debe hacer en sociedad tal como lo transmiten los padres, los maestros y otras figuras importantes. Se integra a la personalidad durante la infancia, cuando se aprende a distinguir el bien del mal, y continúa desarrollándose conforme las personas incorporan a sus propios patrones los principios morales amplios de la sociedad en la que viven.

El superyó tiene dos componentes: la *conciencia* y el *yo ideal*. La conciencia nos impide realizar acciones que infringen la moral; el yo ideal nos motiva a realizar lo que es moralmente correcto. El superyó ayuda a controlar los impulsos provenientes del ello y hace que nuestro comportamiento sea menos egoísta y más virtuoso.

A pesar de que en apariencia el superyó es contrario al ello, ambos elementos de la personalidad comparten una característica importante: los dos son poco realistas en tanto que no toman en cuenta las realidades prácticas impuestas por la sociedad. En este senti-do, el superyó incita a la persona hacia una mayor virtud: si no se le vigilara de cerca, ge-neraría seres perfeccionistas, incapaces de asumir los compromisos que implica la vida. De modo similar, un ello sin restricciones generaría a un individuo primitivo y desconsi-derado que sólo tendiese a la búsqueda del placer, a la satisfacción, sin demora alguna, de todos sus deseos. Por tanto, el yo debe equilibrar, mediante concesiones, las exigencias del superyó y las del ello, permitiéndole a la persona, por consiguiente, resistirse a la ob-tención de parte de la gratificación perseguida por el ello, al mismo tiempo que vigila al moralista superyó para que no impida que la persona obtenga alguna gratificación.

La personalidad en desarrollo: un enfoque por etapas

Freud también ofreció una perspectiva acerca de cómo se desarrolla la personalidad, a lo largo de una serie de etapas que ocurren en la infancia. La importancia de la secuencia que propuso radica en su explicación acerca de cómo las experiencias y dificultades acae-cidas durante una etapa específica de la infancia pueden predecir la particular idiosincra-sia en la personalidad del adulto. Esta teoría también es única porque relaciona cada una de las etapas del desarrollo psicosexual con una función biológica, la cual Freud asumía como el centro del placer en cada periodo determinado.

Al primer periodo del desarrollo se le denomina **etapa oral**; se refiere a que la boca del bebé es el centro del placer (véase cuadro 11-1, que contiene un resumen de las dis-tintas etapas). En el lapso que va de los primeros 12 a 18 meses de vida, los niños llevan a su boca, para chupar o morder, cualquier cosa que les quede cerca. De acuerdo con Freud, este comportamiento indica que la boca es el sitio de localización principal de un tipo de placer sexual. Si los bebés son tratados con complacencia excesiva (como puede ser el caso de proporcionarles alimento cada vez que lloran) o si se les frustra en su bús-queda de gratificación oral, puede llegar a existir una fijación en esta etapa. Cuando un adulto revela una **fijación**, significa que éste exhibe rasgos de personalidad característi-cos de una etapa previa del desarrollo, debido a un conflicto no resuelto de ese periodo anterior. Por ejemplo, la fijación en la etapa oral podría generar un adulto que se interesa-ra excesivamente en actividades típicamente orales como comer, hablar y fumar; o que exhibiera intereses orales simbólicos: ser "mordazmente" sarcástico, o muy crédulo (que se "traga" cualquier cosa).

Se estima que entre los 12 y 18 meses y hasta los tres años de edad (en la cultura occidental es el periodo en el cual se pone énfasis en el adiestramiento para ir al baño), el

De acuerdo con la teoría psicoanalítica, el entrenamiento para el control de esfínteres es un acontecimiento crucial en la formación de la personalidad de un individuo.

Etapa oral: según Freud, etapa desde el nacimiento hasta los 12 a 18 meses de edad, en la que el centro del placer para un bebé reside en la boca

Fijación: rasgos de personalidad característicos de una etapa anterior del desarrollo, debidos a un conflicto sin resolver, originado en el periodo anterior

Cuadro 11-1	Etapas del desarrollo de la personalidad según Freud	
Etapa	**Edad**	**Características principales**
Oral	Del nacimiento a los 12-18 meses	Interés en la gratificación oral al chupar, comer y morder
Anal	Desde los 12-18 meses hasta los tres años	Gratificación al expeler y retener las heces fecales; aceptación de las exigencias sociales relativas al control de esfínteres
Fálica	De los tres a los cinco-seis años	Interés en los genitales; solución del complejo de Edipo, que conduce a la identificación con el progenitor del mismo sexo
De latencia	De los cinco-seis años a la adolescencia	Preocupaciones sexuales casi sin importancia
Genital	Desde la adolescencia hasta la edad adulta	Resurgimiento de los intereses sexuales y establecimiento de relaciones sexuales maduras

Etapa anal: de acuerdo con Freud, etapa que va desde los 12 o 18 meses hasta los tres años de edad, en la que el placer del niño se centra en el ano

Etapa fálica: según Freud, periodo que comienza alrededor de los tres años de edad, durante el cual el interés del niño se centra en los genitales

Complejo de Edipo: interés sexual de un niño por su progenitor del sexo opuesto, que se resuelve por lo general por medio de la identificación con el progenitor del mismo sexo

Periodo de latencia: según Freud, periodo entre la etapa fálica y la pubertad, durante el cual las preocupaciones sexuales de los niños son dejadas de lado en forma temporal

Etapa genital: de acuerdo con Freud, periodo desde la pubertad hasta la muerte, marcado por un comportamiento sexual maduro (es decir, de relaciones sexuales)

Mecanismos de defensa: estrategias inconscientes que emplean las personas para reducir la ansiedad, al encubrir su origen a sí mismos y a los demás

niño pasa por la **etapa anal.** En esta fase la principal fuente de placer se desplaza de la boca hacia la región anal, por lo cual los niños obtienen un gran placer tanto de la retención como de la expulsión de las heces. Si el adiestramiento para controlar esfínteres es muy exigente, se puede producir una fijación. Al respecto Freud sugirió que cuando esto ocurre los adultos llegan a exhibir un orden exagerado, mucha rigidez y puntualidad, o un extremo desorden y desorganización, como en los ejemplos anteriores de Óscar y Félix.

Alrededor de los tres años comienza la **etapa fálica,** momento en el que hay otro cambio importante en la fuente primaria de placer del niño. Esta vez el interés se centra en los genitales y los placeres derivados de su manipulación. En esta etapa, de acuerdo con la teoría freudiana, surge uno de los elementos más importantes en el desarrollo de la personalidad: el **complejo de Edipo.** Al tiempo que los niños centran su atención en los genitales, las diferencias existentes entre la anatomía femenina y la masculina adquieren mayor preponderancia. Además, Freud creía que en este periodo el niño comienza a desarrollar interés sexual por su madre, el cual lo lleva a percibir a su padre como un rival, por lo que siente deseos de matarlo, como lo hizo Edipo en la antigua tragedia griega. Sin embargo, la poderosa imagen paterna visualizada por el niño lo obliga a reprimir sus fantasías, por lo que desarrolla un miedo de venganza caracterizado en una "ansiedad de castración". Dicho temor aumenta de intensidad hasta que el niño finalmente reprime los deseos que siente por su madre y en lugar de ello elige la *identificación* con su padre, de modo que trata de parecérsele lo más posible.

El proceso es distinto en el caso de las niñas. Freud propuso que ellas comienzan a experimentar atracción sexual hacia sus padres y a sentir *envidia del pene.* Este planteamiento después generó serias acusaciones, en el sentido de que Freud concebía a las mujeres como seres inferiores a los hombres. En esta etapa las niñas desean tener la parte anatómica que claramente parece "faltarles"; por lo menos, así lo pensaba Freud. Cuando las niñas culpan a sus madres por su carencia de pene, llegan a creer que sus madres son las responsables de su "castración". Sin embargo, al igual que ocurre con los niños, comprenden que para resolver sentimientos tan poco aceptables deben identificarse con el progenitor del mismo sexo, comportarse como sus madres y adoptar sus actitudes y valores. De este modo se concreta la identificación de una niña con su madre.

Cuando los pequeños logran esta identificación, el complejo de Edipo se ha resuelto y se asume, desde la perspectiva de la teoría freudiana, que tanto los niños como las niñas continúan a la siguiente etapa del desarrollo. Si esto no sucede así y surgen dificultades durante este periodo, se piensa que se produce todo tipo de problemas que incluyen comportamiento inadecuado en cuanto al papel sexual y fallas en el desarrollo de la conciencia.

Después de solucionar el complejo de Edipo, que suele ocurrir entre los cinco y seis años, los niños ingresan al **periodo de latencia,** que abarca hasta la pubertad. De acuerdo con Freud, durante este periodo suceden pocas cosas importantes. Los intereses sexuales disminuyen, incluso en el inconsciente. Después, durante la adolescencia, resurgen los deseos sexuales, lo cual señala el inicio del periodo final, la **etapa genital,** que dura hasta la muerte. El centro del placer durante la etapa genital se ubica en la sexualidad madura y adulta, la cual Freud definió como la de las relaciones sexuales.

Mecanismos de defensa

Los esfuerzos de Freud por describir y elaborar una teoría acerca de la dinámica subyacente a la personalidad y su desarrollo fueron motivados por problemas de orden práctico que aquejaban a sus pacientes, quienes debían enfrentar la *ansiedad*: una intensa y negativa experiencia emocional. Freud identificó la ansiedad como una señal de peligro para el yo. Aunque ésta puede producirse por temores realistas, como ver una serpiente venenosa que está a punto de atacar, también puede ocurrir en forma de *ansiedad neurótica*, en la cual impulsos irracionales provenientes del ello amenazan con desbordarse y se vuelven incontrolables.

Debido a que la ansiedad es molesta por naturaleza, Freud creía que las personas desarrollaban una serie de mecanismos de defensa para enfrentarla. Los **mecanismos de**

Cuadro 11-2	Mecanismos de defensa propuestos por Freud	

Mecanismo de defensa	Explicación	Ejemplo
Represión	Los impulsos inaceptables o desagradables son confinados en el inconsciente	Una mujer es incapaz de recordar que fue violada
Regresión	Las personas se comportan como si estuvieran en una etapa anterior del desarrollo	Un jefe hace un berrinche cuando un empleado comete un error
Desplazamiento	La expresión de un sentimiento o pensamiento indeseable hacia una persona poderosa y amenazadora es dirigido a una más débil	Un estudiante le grita a su hermana menor después de que su profesor le puso una calificación baja
Racionalización	Una distorsión de la realidad en la que una persona justifica lo que sucede	Una persona que no obtiene un premio dice que en realidad ni lo quería
Negación	Rehúsa aceptar o reconocer experiencias que producen ansiedad	Un estudiante rehúsa creer que reprobó un curso
Proyección	Atribuir impulsos y sentimientos indeseables a otra persona	Un hombre que está enojado con su padre actúa en forma cariñosa con éste pero se queja de que su padre se encuentra enojado con él
Sublimación	Desviación de los impulsos indeseables hacia pensamientos, sentimientos o comportamientos aprobados por la sociedad	Una persona con sentimientos intensos de agresión se vuelve soldado

defensa son estrategias inconscientes, utilizadas para reducir la ansiedad al ocultar ante el propio individuo y ante los demás el origen de ésta. Freud, y más adelante su hija Anna Freud (quien llegó a ser una psicoanalista reconocida por derecho propio), formuló una lista extensa de mecanismos de defensa potenciales; los principales se resumen en el cuadro 11-2 (Cooper, 1989; Conte y Plutchik, 1995; Basch, 1996).

El más importante de los mecanismos de defensa es la *represión*; mediante ella los impulsos inaceptables o desagradables provenientes del ello son devueltos al inconsciente. La represión es el método más directo para tratar con la ansiedad; en lugar de manejar un impulso productor de ansiedad en el nivel consciente, lo que se hace, sencillamente, es ignorarlo. Por ejemplo, un estudiante universitario que experimenta odio hacia su madre podría reprimir estos sentimientos inaceptables desde el punto de vista personal y social. Por tanto, quedarían alojados en el interior del ello, puesto que reconocerlos le produciría ansiedad. Sin embargo, esto no significa que esos sentimientos carezcan de efectos: los verdaderos sentimientos pueden revelarse mediante sueños, lapsus al hablar o, de modo simbólico, en alguna otra forma. Por ejemplo, el estudiante podría tener dificultades al relacionarse con aquellos que representen autoridad como los maestros, y tener un mal desempeño escolar; o podría enrolarse en el ejército, donde podría impartir órdenes severas a los demás sin que éstos pudieran cuestionarle su actitud.

Si la represión no es eficaz para controlar la ansiedad, pueden entrar en juego otros mecanismos de defensa. Por ejemplo, se podría utilizar la *regresión*, con la cual las personas se comportan como si se encontraran en una etapa previa del desarrollo. Al actuar como si se fuera menor, quejarse con amargura y hacer berrinches, podrían lograr tener menos exigencias. Por ejemplo, un estudiante abrumado por los exámenes podría actuar de manera inmadura e infantil para escapar de sus responsabilidades.

Quien se ha enfurecido en alguna ocasión por ser víctima de la injusticia de un maestro y después le ha gritado a un compañero suyo sabe en qué consiste el desplazamiento. Mediante el *desplazamiento*, la expresión de un sentimiento o pensamiento indeseable se dirige de una persona amenazadora y poderosa a una persona más débil. Ejemplo clásico de este comportamiento es el jefe que da gritos a su secretaria después de que lo ha regañado el gerente.

Otro mecanismo de defensa es la *racionalización*; ésta ocurre cuando deformamos la realidad al justificar lo que nos sucede. Elaboramos explicaciones que permiten proteger nuestra autoestima. Si alguna vez escuchó a alguien expresar su despreocupación respecto a ser plantado en una cita argumentando que en realidad debía estudiar mucho en esa ocasión, es muy probable que haya presenciado un acto de racionalización.

Mediante la *negación* la persona simplemente se rehúsa de inmediato a reconocer o aceptar la información que le produce ansiedad. Por ejemplo, cuando se notifica a un hombre que su esposa ha muerto en un accidente automovilístico, al principio puede tratar de negar la tragedia, asegurando que debe tratarse de un error. Pero más tarde, cuando la realidad se imponga, aceptará gradualmente de manera consciente que su esposa ha muerto. Existen casos extremos en que la negación perdura; el hombre podría seguir esperando que su esposa regrese a casa.

Mediante la *proyección* el individuo busca defenderse atribuyéndoles a otros sus impulsos y sentimientos desagradables. Por ejemplo, un hombre con un sentimiento de insatisfacción respecto a su desempeño sexual puede acusar a su mujer de ser *ella* quien tiene problemas sexuales.

Por último, la sublimación es un mecanismo de defensa que fue considerado por Freud como saludable y aceptable en sentido social. Mediante la *sublimación* las personas desvían impulsos no deseables hacia pensamientos, sentimientos o comportamientos que cuentan con la aprobación de la sociedad. Por ejemplo, una persona con fuertes tendencias agresivas puede convertirse en jugador de futbol americano o instructor de karate. La sublimación no sólo le permite a las personas aliviar la tensión psíquica, sino que también les da la oportunidad de hacerlo de un modo socialmente aceptado.

De acuerdo con la teoría freudiana todos utilizamos, en distinto grado, mecanismos de defensa que pueden servir para un propósito útil al protegernos de la experiencia consciente desagradable. Pero algunas personas los emplean en tal medida, que deben usar un alto grado de energía psíquica para ocultar y canalizar sus impulsos no aceptables. Cuando ocurre esto la vida cotidiana se dificulta. En estos casos el resultado es lo que Freud llamó "neurosis": un trastorno mental producido por la ansiedad.

Evaluación de la teoría freudiana

Más que cualquier otro enfoque psicológico, la teoría de la personalidad propuesta por Freud nos presenta un conjunto elaborado y complejo de propuestas, algunas de ellas tan alejadas de las explicaciones cotidianas del comportamiento que resultan difíciles de aceptar (Crews, 1993; Webster, 1995). Pero las personas sin conocimientos de psicología no son las únicas preocupadas por la validez de la teoría de Freud; los psicólogos de la personalidad también critican sus postulados.

Entre las objeciones más importantes destaca la ausencia de datos científicos que apoyen la teoría. A pesar de la existencia de muchas afirmaciones de personas específicas que *parecen* apoyar la teoría, aún no es clara la evidencia definitiva que nos muestre que la personalidad se encuentra estructurada y opera según las hipótesis freudianas. Esto se debe, en parte, a que su concepción respecto a la personalidad se basa en conceptos abstractos que no son observables. Además, aunque es posible emplear la teoría freudiana para realizar explicaciones *ex post facto,* es bastante difícil predecir la forma en que se manifestarán en la edad adulta determinadas dificultades del desarrollo. Por ejemplo, si una persona tiene una fijación durante la etapa anal, podría ser desordenada en exceso o demasiado ordenada. La teoría de Freud no ofrece manera alguna de predecir cuáles manifestaciones de la dificultad ocurrirán. Por tanto, genera una historia excelente, mas no una ciencia sólida (Macmillan, 1991; Crews, 1996).

Por último, Freud realizó sus observaciones, que por cierto son muy perspicaces, y elaboró su teoría a partir del estudio de una población limitada. Su teoría se basa casi por completo en mujeres austriacas de clase alta, que vivieron durante la época estricta y puritana de principios del siglo xx. La medida en que se puede generalizar más allá de esta población es un asunto muy controvertido. Por ejemplo, en algunas sociedades de las islas del Pacífico el papel de autoridad lo desempeña el hermano mayor de la madre, no el padre. En dicha cultura no tendría sentido afirmar que el complejo de Edipo progresaría en la misma forma que en la sociedad austriaca, donde de manera típica el padre era la principal autoridad y disciplina, perspectiva apoyada por estudios realizados en esa sociedad. En resumen, la investigación transcultural plantea interrogantes sobre la universalidad de la visión de Freud sobre el desarrollo de la personalidad (Doi, 1990; Brislin, 1993; Altman, 1996).

A pesar de estas críticas, que no se pueden ignorar, la teoría de Freud ha tenido enorme influencia en el campo de la psicología, de hecho en gran parte del pensamiento occidental. Su visión acerca del inconsciente, la ansiedad, los mecanismos de defensa y los problemas infantiles que causan las dificultades psicológicas de los adultos ha sido incorporada a las concepciones generales que tienen las personas en torno al comportamiento humano, incluyendo su comprensión de las causas de la propia conducta (Baumeister, 1997).

Además, el énfasis que puso Freud en el inconsciente ha sido apoyado en parte por algunos de los hallazgos de las investigaciones actuales de los psicólogos cognitivos. Los trabajos de éstos han revelado que los procesos mentales que pasan inadvertidos para la gente tienen una influencia importante en el pensamiento y las acciones. Además, las técnicas experimentales derivadas de procedimientos empleados para estudiar la memoria implícita (capítulo 6) permiten estudiar al inconsciente de un modo más elaborado en el sentido científico. Las técnicas ayudan a no depender de los enfoques freudianos tradicionales sobre los estudios de caso de un solo sujeto y de las interpretaciones teóricas de los sueños y de los lapsus verbales, que no son susceptibles de confirmación (Kihlstrom, 1987; Westen, 1990; Jacoby y Kelley, 1992).

La importancia de la teoría psicoanalítica queda demostrada por el hecho de haber dado origen a un método significativo y duradero para el tratamiento de los trastornos psicológicos, como se expondrá con mayor detalle en el capítulo 13. Por tanto, debido a diversas razones, la teoría psicoanalítica elaborada por Freud aún es una contribución importante para nuestra comprensión acerca de la personalidad.

Los psicoanalistas neofreudianos

Una consecuencia de singular importancia de la labor teórica de Freud fue el trabajo realizado por varios de sus discípulos, capacitados en la teoría freudiana tradicional, quienes más tarde rechazaron algunos de sus postulados de mayor relevancia. A estos teóricos se les conoce como **psicoanalistas neofreudianos**.

Los neofreudianos, a diferencia de Freud, dieron mayor relevancia a las funciones del yo, al sugerir que tenía más control que el ello sobre las actividades cotidianas. También pusieron mayor atención a los factores sociales y a los efectos de la sociedad y de la cultura sobre el desarrollo de la personalidad. Por ejemplo, Carl Jung, quien al principio apoyó de manera decidida el pensamiento de Freud, más tarde rechazó la importancia fundamental atribuida a los impulsos sexuales inconscientes: concepto clave en la teoría de Freud. En lugar de ello concebía en forma más positiva los impulsos primitivos del inconsciente y sugería la existencia de un **inconsciente colectivo**, constituido por un conjunto de influencias heredadas de nuestros antepasados específicos, de la totalidad de la raza humana e incluso de nuestros antepasados animales de épocas remotas. El inconsciente colectivo es compartido por todos y se manifiesta mediante conductas que son comunes en diversas culturas, como el amor hacia la madre, la creencia en un ser supremo e incluso un comportamiento tan específico como el temor a las serpientes.

Psicoanalistas neofreudianos: psicoanalistas que fueron capacitados en la teoría freudiana tradicional, pero que después rechazaron algunos de sus puntos principales

Inconsciente colectivo: conjunto de influencias que heredamos de nuestros propios antepasados, de la raza humana en conjunto e incluso de animales prehistóricos del pasado distante

En términos jungianos, Batman y El Guasón son arquetipos, o símbolos reconocibles en forma universal, del bien y el mal.

Jung propuso que el inconsciente colectivo contiene *arquetipos*; es decir, representaciones simbólicas universales de una persona, objeto o experiencia específicos. Por ejemplo, el arquetipo de la madre, que contiene reflexiones acerca de las relaciones de nuestros antepasados con las figuras maternas, está sugerido por la preeminencia de las madres en el arte, la religión, la literatura y la mitología (piense tan sólo en la Virgen María, en la Madre Tierra, en las malvadas madrastras de los cuentos de hadas, en el día de las madres y en otras tantas cosas semejantes).

Para Jung estos arquetipos desempeñan un papel importante en la determinación de nuestras reacciones, actitudes y valores cotidianos. Por ejemplo, él podría explicar la popularidad de una película como *Batman* debido al empleo que se hace en ella de arquetipos amplios del bien (Batman), del mal (El Guasón) y de la inocencia (Vicki Vale).

Otro destacado psicoanalista neofreudiano fue Alfred Adler, quien también pensaba que la importancia atribuida por Freud a las necesidades sexuales era desproporcionada. Por esta razón, Adler propuso que la principal motivación humana era el deseo de superioridad, no en el sentido de ubicarse por encima de los demás, sino como una forma de lograr un desarrollo y perfección personales. Este autor empleó el concepto de **complejo de inferioridad** para describir los casos en donde los adultos no han podido sobreponerse a los sentimientos de inferioridad desarrollados durante la infancia, cuando eran pequeños y su conocimiento del mundo era limitado. Las relaciones sociales tempranas con los padres tienen un efecto relevante sobre la capacidad de los niños para superar los sentimientos de inferioridad y lograr orientarse hacia propósitos útiles para la sociedad, como el mejoramiento de ésta.

Otros neofreudianos, como Erik Erikson (cuya teoría comentamos en el capítulo 10) y Karen Horney (1937), se centraron menos que Freud en los impulsos sexuales y agresivos innatos y más en los factores sociales y culturales subyacentes a la personalidad. Horney fue una de las primeras psicólogas que defendió los aspectos femeninos; señaló que la personalidad se desarrolla en función de las relaciones sociales y que depende en especial de la relación existente entre los progenitores y el niño y de la medida en que fueron satisfechas las necesidades de éste. Rechazó la propuesta freudiana de que las mujeres sienten envidia del pene y sostuvo que lo que más envidian las mujeres de los hombres no es su anatomía, sino la independencia, éxito y libertad que suelen negarse a las mujeres.

Complejo de inferioridad: Adler lo define como una situación en la que los adultos no han sido capaces de superar los sentimientos de inferioridad que desarrollaron cuando eran niños, época en la que eran pequeños y tenían un conocimiento limitado del mundo

Recapitulación, revisión y reflexión

Recapitulación

- La teoría psicoanalítica de Freud sostiene que la personalidad consta de tres componentes: el ello, el yo y el superyó.

- De acuerdo con la teoría psicoanalítica, la personalidad se desarrolla a través de una serie de etapas en las cuales el centro del placer se localiza en una parte específica del cuerpo.

- Los mecanismos de defensa son estrategias inconscientes utilizadas para reducir la ansiedad al encubrir su fuente. Entre los más importantes están la represión, la regresión, el desplazamiento, la racionalización, la negación, la proyección y la sublimación.

- Entre los psicoanalistas neofreudianos que construyeron y modificaron la teoría psicoanalítica se encuentran Jung, Adler y Horney.

Revisión

1. La teoría _____ estipula que el comportamiento está motivado principalmente por fuerzas inconscientes.

2. Relacione cada componente de la personalidad (de acuerdo con Freud) con su descripción:
   1. yo
   2. ello
   3. superyó

   a. Determina lo correcto y lo incorrecto con base en las normas culturales
   b. Opera conforme al "principio de realidad"; la energía se redirige para integrar al individuo a la sociedad
   c. Busca reducir la tensión generada por impulsos primitivos.

3. En el interior del superyó, el _____ _____ nos motiva a hacer el bien, en tanto que la _____ evita que realicemos acciones inaceptables.

4. ¿Cuál de las siguientes opciones representa el orden pertinente del desarrollo de la personalidad de acuerdo con Freud?
   a. Oral, fálica, de latencia, anal, genital
   b. Anal, oral, fálica, genital, de latencia
   c. Oral, anal, fálica, de latencia, genital
   d. De latencia, fálica, anal, genital, oral

5. En la resolución del complejo de _____, Freud creía que los niños aprenden a reprimir el deseo que sienten por su madre y se identifican con su padre.

6. _____ _____ _____ es la expresión que Freud empleó para describir las estrategias inconscientes dedicadas a reducir la ansiedad.

Las respuestas a las preguntas de revisión se encuentran en la página 467.

Reflexión

1. Enumere algunas de las formas en las que se utilizan los conceptos de Freud sobre las motivaciones inconscientes en la cultura popular. ¿Con cuánta precisión considera usted que dichos usos populares de la teoría freudiana reflejan las ideas de este autor?

2. Un amigo le comenta que cuando se encuentra muy enojado siempre va al gimnasio y se ejercita vigorosamente hasta sentirse mejor. ¿Cuál de los mecanismos de defensa de Freud podría representar este comportamiento?

3. Dé algunos ejemplos de arquetipos además de los que se mencionaron en este capítulo. ¿En qué se parecen y difieren los arquetipos de los estereotipos?

OTROS ENFOQUES IMPORTANTES DE LA PERSONALIDAD: EN BUSCA DE LA UNICIDAD HUMANA

"Platícame de Leonardo", exclamó Silvia.

"Oh, es estupendo. Es el tipo más amigable que he conocido, se esmera por ser amable con todos. Casi nunca se enoja. Siempre está sereno, sin importar qué ocurra. Y también es muy listo. Lo único que no me gusta es que siempre tiene mucha prisa para hacer sus cosas; parece tener energía sin límites, mucha más de la que yo tengo."

"Me parece magnífico, especialmente si se le compara con Ricardo", contestó Silvia. "Es tan egocéntrico y arrogante que me vuelve loca. A veces me pregunto por qué comencé a salir con él."

Amigable, sereno, listo, enérgico, egocéntrico, arrogante.

El diálogo anterior está formado de una serie de caracterizaciones de rasgos de los novios de los que se habla. De hecho, la mayor parte de nuestra comprensión de las razones subyacentes al comportamiento de los demás se basa en la premisa de que las personas poseen determinados rasgos que se suponen consistentes en situaciones diversas.

▶ ¿Cuáles son los principales aspectos de los enfoques de la personalidad de los rasgos, del aprendizaje, del biológico y evolutivo y del humanista?

La madre Teresa ejemplifica el enfoque humanista de la personalidad, el cual enfatiza la bondad básica de las personas.

Algunas teorías convencionales de la personalidad utilizan variantes de este enfoque. A continuación procederemos a comentar éstas y otras teorías de la personalidad que nos ofrecen alternativas al enfoque psicoanalítico, el cual se centra en los procesos inconscientes que determinan el comportamiento.

Enfoques de los rasgos: etiquetación de la personalidad

Si alguien le pidiera hacer una caracterización de otra persona, es probable que, al igual que las dos personas del diálogo anterior, hiciese un listado de las cualidades personales de ese individuo, como usted las percibe. Pero, ¿cómo sabría cuáles de estas cualidades son más importantes para comprender el comportamiento de esa persona?

Los psicólogos de la personalidad se han planteado preguntas similares. En un intento por darles respuesta desarrollaron un modelo de la personalidad al que denominan **teoría de los rasgos**. Los **rasgos** son dimensiones constantes de las características de personalidad que diferencian a las personas.

Los teóricos de los rasgos no suponen que ciertas personas poseen un rasgo y otras no; más bien, proponen que todos los individuos tenemos ciertos rasgos, pero que la medida en la cual un determinado rasgo se aplica a una persona en particular es variable y se puede cuantificar. Por ejemplo, usted puede ser relativamente amistoso, en tanto que yo puedo ser relativamente poco amistoso. Pero los dos tenemos un rasgo "amistoso", aunque su grado de "amistad" sería mayor que el mío. El mayor reto planteado a los teóricos del enfoque de los rasgos ha sido identificar los rasgos primarios específicos necesarios para describir la personalidad. Como veremos, diferentes teóricos han elaborado conjuntos sorprendentemente distintos de rasgos (Wiggins, 1997).

Teoría de los rasgos de Allport: la identificación de lo fundamental

Cuando Gordon Allport, psicólogo de la personalidad, terminó de revisar de manera sistemática todas las hojas de un voluminoso diccionario, obtuvo un listado de 18 000 términos que se podían emplear para describir la personalidad. A pesar de haber reducido esa lista a sólo 4 500 términos después de eliminar los sinónimos, era evidente que aún tenía entre manos un problema de suma importancia para todos los enfoques de los rasgos: ¿cuáles de ellos eran los más básicos?

Allport respondió esta interrogante al señalar que hay tres categorías básicas de rasgos: los cardinales, los centrales y los secundarios (Allport, 1961, 1966). Un *rasgo cardi-*

Teoría de los rasgos: modelo de la personalidad que busca identificar los rasgos básicos necesarios para describir la personalidad

Rasgos: dimensiones perdurables de características de la personalidad en las que se diferencian las personas

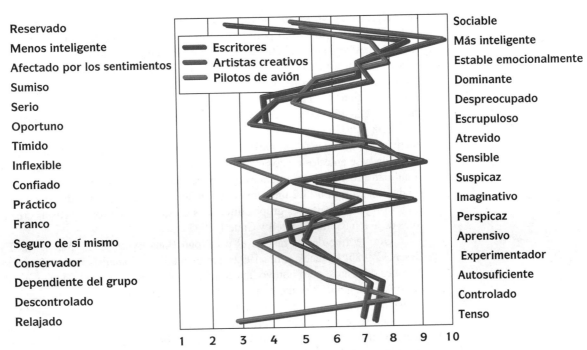

Reservado										Sociable
Menos inteligente										Más inteligente
Afectado por los sentimientos										Estable emocionalmente
Sumiso										Dominante
Serio										Despreocupado
Oportuno										Escrupuloso
Tímido										Atrevido
Inflexible										Sensible
Confiado										Suspicaz
Práctico										Imaginativo
Franco										Perspicaz
Seguro de sí mismo										Aprensivo
Conservador										Experimentador
Dependiente del grupo										Autosuficiente
Descontrolado										Controlado
Relajado										Tenso

Escritores
Artistas creativos
Pilotos de avión

1 2 3 4 5 6 7 8 9 10

FIGURA 11.2 *Perfiles de personalidad para rasgos originales elaborados por Cattell para tres grupos de sujetos: escritores, artistas creativos y pilotos de avión. La puntuación promedio para la población general está entre 4.5 y 6.5 en cada escala.*

nal es una característica única que dirige la mayor parte de las actividades de una persona. Por ejemplo, una mujer enteramente desprendida de sí misma podría concentrar toda su energía en actividades altruistas; otra persona con una intensa inclinación hacia el poder podría estar impulsada por una necesidad obsesiva de control.

La mayoría de las personas, sin embargo, no desarrolla rasgos cardinales globales; en lugar de ello, poseen varios rasgos centrales que constituyen el núcleo de su personalidad. Los *rasgos centrales*, como la honestidad y la sociabilidad, son las principales características de un individuo; por lo general se cuentan entre cinco y diez en cualquier persona. Por último, los *rasgos secundarios* son características que afectan al comportamiento en pocas situaciones y tienen menos influencia que los rasgos cardinales o los centrales. Por ejemplo, la preferencia por un helado o sentir desagrado ante el arte moderno se considerarían rasgos secundarios.

Teorías de Cattell y Eysenck: análisis factorial de la personalidad

Los intentos más recientes para identificar los rasgos primarios de la personalidad se han centrado en una técnica estadística denominada *análisis factorial*; es un método que permite resumir las relaciones existentes entre una gran cantidad de variables, dentro de un número menor de patrones con un carácter más general. Por ejemplo, un investigador de la personalidad le podría administrar un cuestionario a muchos sujetos de estudio, pidiéndoles que se describan según una larga lista de rasgos. Mediante la estadística se combinan las respuestas y se calcula cuáles son los rasgos relacionados entre sí en una misma persona; esto le permite al investigador identificar los patrones o combinaciones de rasgos más fundamentales, que se denominan factores, subyacentes en las respuestas de los sujetos de estudio.

A partir de la aplicación del análisis factorial, el psicólogo de la personalidad Raymond Cattell (1965) señaló que las características observables en una situación determi-

---

Respuestas a las preguntas de revisión:

1. psicoanalítica   2. 1-b; 2-c; 3-a   3. yo ideal; conciencia   4. c   5. Edipo   6. Mecanismos de defensa

nada representan 46 *rasgos superficiales*, o conglomerados de comportamientos relacionados. Por ejemplo, usted podría encontrarse con un bibliotecario amistoso y gregario que se esmera en serle útil; de acuerdo a esa interacción le asigna el rasgo de sociabilidad que, conforme a la terminología de Cattell, es un rasgo superficial.

Estos rasgos superficiales, sin embargo, se basan en las percepciones y representaciones que tienen las personas acerca de la personalidad; no ofrecen necesariamente la mejor descripción de las dimensiones subyacentes de la personalidad que se encuentran en la raíz de todo comportamiento. Al aplicar el análisis factorial, Cattell descubrió que 16 *rasgos originales* (o primarios) representan las dimensiones básicas de la personalidad. Con base en estos rasgos elaboró el Cuestionario de los Dieciséis Factores de la Personalidad (16 FP), herramienta que ofrece puntuaciones para cada uno de los rasgos originales. La figura 11.2 muestra el patrón de puntuaciones promedio en cada uno de los rasgos originales para tres grupos diferentes de sujetos: escritores, artistas creativos y pilotos de avión (Cattell, Cattell y Cattell, 1993).

Otro teórico de los rasgos, el psicólogo Hans Eysenck (1975a, 1994a; Eysenck y Eysenck, 1985; Eysenck *et al.*, 1992), también utilizó el análisis factorial para identificar patrones de rasgos, pero obtuvo una conclusión muy distinta acerca de la naturaleza de la personalidad. Concluyó que la mejor forma de describirla consistía en reducirla a tres dimensiones importantes: *extroversión, neuroticismo* y *psicoticismo*. La dimensión de extroversión se relaciona con el grado de sociabilidad, mientras que el neuroticismo abarca la estabilidad emocional. Por último, el psicoticismo se refiere al grado en que se distorsiona la realidad. Al evaluar a las personas según estas tres dimensiones, Eysenck ha podido predecir con precisión el comportamiento en una variedad de situaciones diversas. La figura 11.3 ilustra rasgos específicos asociados con cada una de las dimensiones.

Los teóricos de los rasgos más contemporáneos afirman que son cinco los factores de rasgos amplios que constituyen el núcleo de la personalidad. Los cinco factores, que han llegado a ser conocidos como los "Cinco Grandes", son la *extroversión*, la *agradabilidad*, la *escrupulosidad*, el *neuroticismo* (estabilidad emocional) y *la apertura a la experiencia* (Digman, 1990; Funder, 1991; Costa y McCrae, 1995; Paunonen *et al.*, 1996;

FIGURA 11.3 *De acuerdo con Eysenck, la personalidad podría describirse mejor en función de sólo tres dimensiones principales: extroversión, neuroticismo y psicoticismo. Este autor ha sido capaz de predecir con precisión el comportamiento en una variedad de tipos de situaciones evaluando a las personas mediante estas tres dimensiones.*

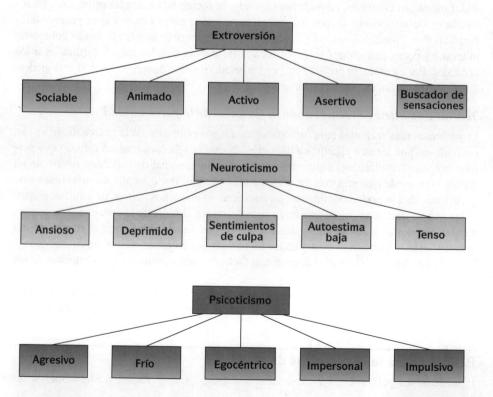

Cuadro 11-3	Los Cinco Grandes factores de la personalidad y muestra de rasgos

Extroversión

callado	parlanchín
reservado	asertivo
tímido	activo
tranquilo	vigoroso

Agradabilidad

criticón	simpático
frío	amable
hostil	atento
pendenciero	afectuoso

Escrupulosidad

descuidado	organizado
desordenado	minucioso
frívolo	planificador
irresponsable	eficiente

Neuroticismo

tenso	estable
ansioso	calmado
nervioso	contento
malhumorado	impasible

Apertura a la experiencia

vulgar	intereses amplios
intereses reducidos	imaginativo
simple	inteligente
superficial	original

Fuente: adaptado de Pervin, capítulo 3.

Wiggins, 1996; véase cuadro 11-3). Los estudios realizados en diversos países como Canadá, Finlandia, Polonia y Filipinas han ayudado a producir un consenso creciente de que estos cinco factores representan la mejor descripción de la personalidad. Aún así las evidencias no son concluyentes, de manera que el número específico y los tipos de rasgos considerados fundamentales siguen siendo origen de debates (y de investigaciones) entre los teóricos de los rasgos (Block, 1995; Jackson, Ashton y Tomes, 1996; Jackson *et al.*, 1996; McCrae y Costa, 1997; Wiggins y Trapnell, 1997).

Evaluación de los enfoques de los rasgos de la personalidad

Los enfoques de los rasgos tienen varias virtudes. Nos proporcionan una explicación clara y directa de las consistencias en el comportamiento de las personas. Además, los rasgos nos permiten comparar con facilidad a una persona con otra. Debido a estas ventajas, las concepciones de la personalidad en función de los rasgos han tenido una importante influencia práctica en la elaboración de diversas medidas de la personalidad, de las que hablaremos más adelante en este capítulo (Buss, 1989; Funder, 1991; Wiggins, 1997).

Por otra parte, los enfoques de los rasgos tienen algunas desventajas. Por ejemplo, hemos visto que diversas teorías de los rasgos que describen a la personalidad llegan a conclusiones muy diferentes acerca de cuáles son los rasgos más importantes y descriptivos. La dificultad para determinar cuál de las teorías es más precisa ha originado que algunos psicólogos de la personalidad cuestionen la validez general de las concepciones de la personalidad con base en los rasgos.

De hecho, en la actualidad existe una dificultad aún mayor con respecto a los enfoques de los rasgos. Incluso si podemos identificar una serie de rasgos fundamentales, esto sólo indica que estamos en posesión de una mera etiqueta o descripción de la personalidad, en lugar de obtener una explicación del comportamiento. Si decimos que alguien dona dinero para causas caritativas debido a que esa persona presenta el rasgo de la generosidad todavía no sabemos, en primer lugar, *por qué* ese individuo es generoso o cuáles son las razones para que muestre su generosidad en una situación determinada. Por tanto, según la opinión de algunos críticos, los rasgos no ofrecen explicaciones para el comportamiento; lo único que hacen es describirlo.

Enfoques del aprendizaje: somos lo que aprendemos

Los enfoques psicoanalíticos y los de rasgos de la personalidad se centran en la parte "interior" de las personas: la tormentosa furia de un ello inobservable pero poderoso o un conjunto hipotético de rasgos que revisten suma importancia. En contraste, los enfoques del aprendizaje de la personalidad se centran en la parte "exterior" de las personas. Para un teórico ortodoxo del aprendizaje la personalidad es el resultado de la suma de las respuestas aprendidas en el ambiente externo. No toma en cuenta los sucesos internos como pensamientos, sentimientos y motivaciones. Aunque no niegan su existencia, los teóricos del aprendizaje sostienen que se logra comprender mejor la personalidad al observar las características del ambiente de una persona.

De acuerdo con el más sobresaliente de los teóricos del aprendizaje, B. F. Skinner (de quien hablamos con relación al condicionamiento operante en el capítulo 5), la personalidad es un conjunto de patrones de comportamiento aprendidos (Skinner, 1975). Las semejanzas de las respuestas dadas en diversas situaciones son provocadas por patrones similares de reforzamiento que se han recibido en el pasado ante esas distintas situaciones. Si mi actitud es sociable tanto en las reuniones de trabajo como en las fiestas, se debe a que con anterioridad he sido reforzado al mostrar comportamientos sociables y no porque esté satisfaciendo algún deseo inconsciente de mis experiencias de la niñez, o a causa de poseer un rasgo interno de sociabilidad.

Sin embargo, los teóricos del aprendizaje estrictos, como Skinner, se interesan menos en las consistencias del comportamiento en situaciones diversas que en las formas que posibilitan modificar la conducta. Asumen que los humanos son infinitamente modificables. Si es posible controlar y modificar los patrones de reforzamiento de una situación determinada, el comportamiento que para otros teóricos sería estable e inquebrantable es susceptible de cambio y mejoramiento. Los teóricos del aprendizaje son optimistas respecto al potencial para resolver problemas personales y sociales por medio de estrategias de tratamiento basadas en la teoría del aprendizaje, métodos de los que hablaremos en el capítulo 13.

Enfoques sociales cognitivos de la personalidad

No todas las teorías del aprendizaje de la personalidad asumen una perspectiva tan estricta, ni rechazan la importancia de lo que existe "en el interior" de la persona para estudiar sólo lo que se encuentra "fuera" de ella. A diferencia de otros enfoques de la personalidad centrados en el aprendizaje, los **enfoques sociales cognitivos** subrayan la importancia de la cognición de las personas, sus pensamientos, sentimientos, expectativas y valores para determinar su personalidad. De acuerdo con Albert Bandura, uno de los principales exponentes de esta perspectiva, las personas son capaces de prever los posibles resultados de determinados comportamientos en un escenario específico, sin tener que llevarlos a efecto. Esto se produce principalmente debido al mecanismo denominado *aprendizaje observacional*: ver las acciones de los demás y observar las consecuencias que éstas producen (Bandura, 1977, 1986).

Por ejemplo, como se planteó en el capítulo 5, cuando los niños ven un modelo que actúa de modo agresivo tienden a imitar su comportamiento si las consecuencias de su

Enfoques sociales cognitivos de la personalidad: teoría que enfatiza la influencia de las cogniciones de una persona, pensamientos, sentimientos, expectativas y valores, en la determinación de la personalidad

conducta son positivas para el observador. Por otra parte, si el comportamiento agresivo del modelo no tiene consecuencia alguna, o ésta es negativa, los niños tienen menos probabilidades de comportarse con agresividad. De acuerdo con los enfoques sociales cognitivos, la personalidad se desarrolla, por tanto, mediante la observación repetida del comportamiento de los demás.

Bandura asigna especial importancia a la función que desempeña la *autoeficacia*: las expectativas aprendidas respecto a que uno es capaz de realizar un comportamiento o producir un resultado deseado. La autoeficacia subyace a la fe de las personas en su capacidad para comportarse de manera particular. Cuanto mayor sea el sentido de autoeficacia de una persona, más persistente será y habrá más probabilidades de que este individuo tenga éxito. Por ejemplo, los estudiantes con un alto sentido de autoeficacia con relación a los logros académicos tendrán más probabilidades de alcanzar éxitos en ese campo (Scheier y Carver, 1992; Pajares, 1996; Zimmerman, 1995, 1996).

La autoeficacia también determina las clases de metas que establecen las personas para sí mismas y el esfuerzo que pondrán en tratar de cumplirlas. La autoeficacia elevada conduce a aspiraciones superiores y a prever el éxito futuro (Bandura, 1997).

Si se comparan con otras teorías del aprendizaje de la personalidad, los enfoques sociales cognitivos se distinguen por su énfasis en la reciprocidad que existe entre los individuos y su ambiente. No sólo asumen que el entorno afecta la personalidad, sino que suponen que los comportamientos y las personalidades de la gente "retroalimentan" y modifican su ambiente, lo cual a su vez afecta la conducta en una red de reciprocidades.

Bandura sostiene que el determinismo recíproco es la clave para comprender el comportamiento. Con *determinismo recíproco* se refiere a la forma en que la interacción existente entre el ambiente, el comportamiento y el individuo, a fin de cuentas, provoca que las personas se comporten del modo en que lo hacen (Bandura, 1981, 1986). Por ejemplo, un hombre con tendencias agresivas puede involucrarse en una pelea durante un partido de futbol. Puede ser que posteriormente busque los partidos de futbol en parte para poder satisfacer su gozo por pelear. Al mismo tiempo, su impulso agresivo puede aumentar como consecuencia de sus peleas. En resumen, el ambiente de un partido de futbol, el comportamiento de pelea y las características del sujeto interactúan en forma recíproca.

Evaluación de los enfoques del aprendizaje para el estudio de la personalidad

Debido a que no toman en cuenta los procesos internos que son exclusivos de los seres humanos, a los teóricos tradicionales del aprendizaje, como Skinner, se les acusa de simplificar en exceso la personalidad, a tal grado que el concepto mismo pierde sentido. Reducir el comportamiento a una serie de estímulos y de respuestas que excluye los pensamientos y los sentimientos propios de la personalidad lleva a los conductistas a practicar un tipo de ciencia irreal e inadecuada, según la opinión de sus críticos.

Claro que algunas de estas críticas son acalladas por los enfoques sociales cognitivos, los cuales consideran de manera explícita la función que desempeñan los procesos cognitivos en la personalidad. De cualquier forma, los enfoques del aprendizaje tienden a compartir una perspectiva sumamente *determinista* del comportamiento humano, debido a su afirmación de que la conducta está conformada primordialmente por fuerzas que están fuera de control del individuo. Según algunos críticos, el determinismo no toma en cuenta la capacidad que tienen las personas para elegir su propio camino en la vida.

Por otra parte, los enfoques del aprendizaje han tenido un impacto importante en diversas formas. Propiciaron que el estudio de la personalidad sea una actividad científica y objetiva al centrarse en el comportamiento y el entorno observables. Además, los enfoques del aprendizaje produjeron medios importantes y de éxito para el tratamiento de trastornos de la personalidad. El grado de efectividad que han tenido estos tratamientos da testimonio de los méritos de los enfoques de la teoría del aprendizaje.

Enfoques biológicos y evolutivos: ¿nacemos con personalidad?

Enfoques biológicos y evolutivos de la personalidad: teoría que sostiene que importantes componentes de la personalidad son heredados

¿Se hereda la personalidad? Ésta es la pregunta planteada por los **enfoques biológicos y evolutivos de la personalidad**, los cuales sugieren que importantes componentes de la personalidad son heredados. Considerando el trabajo de los genetistas conductuales (que se presentaron primero en el capítulo 2), los investigadores que emplean enfoques biológicos y evolutivos afirman que la personalidad está determinada, al menos en parte, por combinaciones particulares de genes, así como nuestra estatura, que es determinada en parte por contribuciones genéticas de nuestros antepasados (Kupfermann, 1991d; Plomin y McClearn, 1993; Jang, Livesley y Vernon, 1996a, 1996b; Cipriani, 1996; Buss, 1997).

La importancia de los factores genéticos en la personalidad ha sido ilustrada por estudios con gemelos. Por ejemplo, el psicólogo de la personalidad Auke Tellegen y sus colegas, en la Universidad de Minnesota, examinaron los rasgos de personalidad de pares de gemelos que eran genéticamente idénticos pero que habían sido criados de manera separada (Tellegen *et al.*, 1988). En el estudio, a cada uno de los gemelos se le aplicó una batería de pruebas de personalidad, incluyendo una que medía once rasgos esenciales de ésta.

Los resultados de las pruebas de personalidad indicaron que en los aspectos importantes los gemelos eran bastante similares en cuanto a personalidad, a pesar de haber sido criados aparte desde una edad temprana. Además, ciertos rasgos fueron más influidos por la herencia que otros. Por ejemplo, la potencia social (el grado en que una persona asume funciones de dominio y liderazgo en situaciones sociales) y el tradicionalismo (la tendencia a seguir a la autoridad) tuvieron componentes genéticos fuertes en particular, mientras que el logro y la intimidad social tuvieron componentes genéticos relativamente débiles (véase figura 11.4).

Temperamento: disposición innata básica que surge al inicio de la vida

Además, cada vez es más claro que las raíces de la personalidad adulta surgen en los primeros periodos de la vida. Los bebés nacen con un **temperamento** particular, con una disposición innata básica. El temperamento abarca varias dimensiones, como el nivel de actividad general y el estado de ánimo. Por ejemplo, algunos individuos son bastante activos, mientras que otros son relativamente tranquilos. Del mismo modo, algunos son relativamente tolerantes, mientras que otros son irritables, se molestan con facilidad y

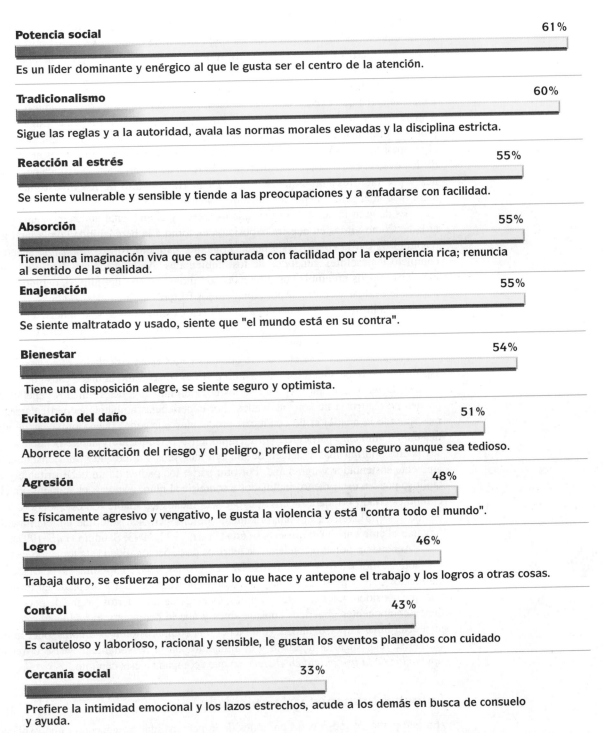

Potencia social 61%

Es un líder dominante y enérgico al que le gusta ser el centro de la atención.

Tradicionalismo 60%

Sigue las reglas y a la autoridad, avala las normas morales elevadas y la disciplina estricta.

Reacción al estrés 55%

Se siente vulnerable y sensible y tiende a las preocupaciones y a enfadarse con facilidad.

Absorción 55%

Tienen una imaginación viva que es capturada con facilidad por la experiencia rica; renuncia al sentido de la realidad.

Enajenación 55%

Se siente maltratado y usado, siente que "el mundo está en su contra".

Bienestar 54%

Tiene una disposición alegre, se siente seguro y optimista.

Evitación del daño 51%

Aborrece la excitación del riesgo y el peligro, prefiere el camino seguro aunque sea tedioso.

Agresión 48%

Es físicamente agresivo y vengativo, le gusta la violencia y está "contra todo el mundo".

Logro 46%

Trabaja duro, se esfuerza por dominar lo que hace y antepone el trabajo y los logros a otras cosas.

Control 43%

Es cauteloso y laborioso, racional y sensible, le gustan los eventos planeados con cuidado

Cercanía social 33%

Prefiere la intimidad emocional y los lazos estrechos, acude a los demás en busca de consuelo y ayuda.

FIGURA 11.4 *Las raíces de la personalidad. Los porcentajes indican el grado en que 11 de las principales características de la personalidad reflejan la influencia de la herencia. Fuente: Tellegen et al., 1988.*

son difíciles de calmar. El temperamento es bastante consistente, con una estabilidad significativa desde la infancia hasta bien entrada la adolescencia (Riese, 1990; Pedlow *et al.*, 1993; Guerin y Gottfried, 1994; Sanson *et al.*, 1994; Caspi *et al.*, 1995; Gunnar *et al.*, 1995; Hart *et al.*, 1997).

Las investigaciones actuales están buscando identificar si genes específicos se relacionan con la personalidad, y se están logrando progresos significativos siguiendo estas líneas. Por ejemplo, estudios recientes han encontrado que las personas con una variedad más larga de un gene receptor de dopamina-4 tienen mayor probabilidad de ser buscadores de emociones fuertes que aquellos que carecen de dicho gene. Estos buscadores de emociones fuertes tienden a ser extrovertidos, impulsivos, irascibles y siempre en búsqueda de emoción y situaciones novedosas (Benjamin *et al.*, 1996).

¿La identificación de genes específicos vinculados con la personalidad, junto a los temperamentos que existen desde el momento de nacer, significa que estamos destinados a tener ciertos tipos de personalidades? La respuesta es difícil. En primer lugar, es poco probable que cualquier gene aislado esté vinculado con un rasgo específico. Por ejemplo, el receptor de dopamina-4 sólo explica alrededor de 10% de las variaciones en la búsqueda de novedad entre individuos diferentes. El resto de la variación se explica por otros genes y por factores ambientales, según Dean Hamer, uno de los investigadores que identificaron el gene receptor de dopamina-4 (Angier, 1996).

Es de gran importancia saber que los genes y el ambiente nunca trabajan en forma aislada. Como vimos en nuestra exposición en torno a la heredabilidad de la inteligencia (capítulo 8) y a la controversia herencia-medio (capítulo 10), es imposible separar por completo los factores genéticos de los ambientales. Aunque los estudios con gemelos idénticos criados en ambientes diferentes son útiles, no son definitivos, debido a que es imposible evaluar y controlar por completo los factores ambientales. Además, las estimaciones de la influencia de la genética son sólo eso: estimaciones, y se aplican a grupos, no a individuos. En consecuencia, los hallazgos como los que se muestran en la figura 11.4 deben ser considerados como aproximaciones.

Por último, aun si se encontrara que más genes están vinculados con características específicas de la personalidad, aún así no podrían verse como la única causa de la personalidad. Debido, por una parte, a que los comportamientos determinados genéticamente pueden no ocurrir si no son "activados" por experiencias ambientales particulares. Además, porque la aparición de conductas producidas por genes puede provocar de alguna manera un ambiente particular. Por ejemplo, un bebé sonriente y alegre puede hacer que sus padres sonrían más y actúen de manera más sensible, creando por consiguiente un ambiente sustentador y agradable. Por otra parte, los padres de un bebé irritable y quisquilloso pueden estar menos inclinados a sonreírle al niño; a su vez, el ambiente en el que el niño es criado brindará menos apoyo y será menos agradable. En este sentido, los genes no sólo influyen en el comportamiento de una persona, sino que también ayudan a producir el ambiente en el que ésta se cría (Scarr, 1992, 1993; Saudino *et al.*, 1997).

Aunque un número creciente de teóricos de la personalidad está tomando en cuenta los factores biológicos y evolutivos (DeKay y Buss, 1992; Cipriani, 1996; Buss, 1997, entre otros), en el presente no hay una teoría unificada, global y aceptada en forma amplia que considere tales factores. Aun así, es evidente que ciertos rasgos de personalidad tienen componentes genéticos considerables y que la herencia y el ambiente interactúan para determinar la personalidad. (Para tener una comprensión más amplia sobre la forma en que se relacionan la herencia y el ambiente con la personalidad, véase el recuadro *Aplicación de la psicología en el siglo xxi* que acompaña a este capítulo.)

P<small>sico</small> V<small>ínculos</small>

Enfoques humanistas: la unicidad

¿En qué punto de todos estos enfoques de la personalidad se encuentra una explicación para la santidad de la Madre Teresa, la creatividad de Miguel Ángel o la brillantez y la perseverancia de Einstein? La teoría humanista nos permite comprender la personalidad de individuos tan especiales, así como la de personas más cercanas a lo normal, las cuales comparten algunas de sus cualidades.

De acuerdo con la perspectiva humanista, todos los enfoques de la personalidad a los que hicimos referencia tienen en común un error fundamental en sus concepciones sobre la naturaleza humana. En lugar de considerar que las personas son controladas por fuerzas inconscientes e inobservables (como es el caso de los enfoques psicoanalíticos), por un conjunto de rasgos estables (enfoques de los rasgos), por reforzadores y castigos situacionales (teoría del aprendizaje) o por factores heredados (enfoques biológicos y

PSICÓLOGO DE PANDILLAS

MANKOFF

"De modo que, aunque la extorsión, el chantaje y el asesinato pueden ser actos malos, no lo convierten en una mala persona."

evolutivos), los **enfoques humanistas de la personalidad** destacan la bondad básica de los seres humanos, así como su tendencia a crecer para lograr niveles más altos de funcionamiento. Es esta capacidad consciente y automotivada para cambiar y mejorar, junto a los impulsos creativos únicos de la persona, lo que constituye el núcleo de la personalidad.

El principal exponente del enfoque humanista es Carl Rogers (1971). Este autor sugiere que las personas tienen una necesidad de aprecio positivo, reflejada en la necesidad universal de ser amadas y respetadas. Debido a que son los demás quienes brindan este aprecio positivo, generamos dependencia hacia ellos. Comenzamos a vernos y juzgarnos a través de los ojos de los demás y a confiar en sus valores.

De acuerdo con Rogers, una consecuencia de importancia determinante sobre las opiniones de los demás es la posible existencia de un conflicto entre las experiencias reales de una persona y la impresión que tenga de sí misma o su *autoconcepto*. Si las discrepancias son menores, también lo serán las consecuencias; pero si son grandes, generarán perturbaciones psicológicas en el desempeño cotidiano, como experimentar ansiedad en forma frecuente.

Rogers argumenta que una forma de superar la discrepancia entre la experiencia y el autoconcepto es la obtención de aprecio positivo incondicional por parte de otra persona: un amigo, la pareja o un terapeuta. Como expondremos más adelante, en el capítulo 13, el *aprecio positivo incondicional* se refiere a la actitud de aceptación y respeto de un observador, independientemente de lo que haga o diga una persona. Desde el punto de vista de Rogers, esta aceptación le brinda a las personas la oportunidad de evolucionar y crecer en lo cognitivo así como en lo emocional y desarrollar autoconceptos más apegados a la realidad.

Para Rogers y otros teóricos humanistas de la personalidad como Abraham Maslow (cuya teoría de la motivación fue comentada en el capítulo 9), una meta final del crecimiento de la personalidad es la autorrealización. La **autorrealización** es un estado de satisfacción individual que permite a las personas alcanzar su máximo potencial. De acuerdo con Rogers, dicho estado se alcanza cuando existe una correspondencia estrecha entre su experiencia cotidiana y su autoconcepto. Las personas autorrealizadas se aceptan tal como son en realidad, lo cual les permite alcanzar la felicidad y la satisfacción (Ford, 1991).

Evaluación de los enfoques humanistas

Aunque las teorías humanistas resaltan el valor de otorgar aprecio positivo incondicional a los demás, muchos de los teóricos de la personalidad no se lo han brindado a esta teoría. Las críticas se centran en la dificultad que implica verificar los supuestos básicos del enfoque, así como el asunto relativo a si en realidad el aprecio positivo incondicional conduce a una mejor adaptación de la personalidad.

Enfoques humanistas de la personalidad: teorías que enfatizan la bondad básica de las personas y su tendencia a lograr niveles superiores de funcionamiento

Autorrealización: de acuerdo con Rogers, estado de realización de uno mismo en el que las personas cumplen su máximo potencial

plicación de la psicología en el siglo XXI

¿Nacido para ser apocado? Determinación de las raíces de la timidez y búsqueda de formas para modificarla

Si algún niño parecía destinado a crecer temiendo a su propia sombra y casi a cualquier cosa que se moviera, era Marjorie, a los dos años de edad. Era tan terriblemente tímida que no hablaba ni volteaba a ver a un extraño. Incluso tenía miedo a los gatos y perros amistosos. Cuando Jerome Kagan, un profesor de Harvard que descubrió que la timidez tiene un fuerte componente genético, envió a un payaso para que jugara con Marjorie, ella corrió con su madre. "Era como si una cobra hubiera entrado en esa habitación", dijo Kagan. Su diagnóstico: Marjorie mostraba todos los signos de timidez heredada, una condición en la que el cerebro de alguna manera envía mensajes para evitar experiencias nuevas. Pero conforme Kagan continuó examinándola durante varios años, el temperamento de Marjorie cambió. Cuando empezó a ir a la escuela, obtuvo seguridad con las clases de ballet y con sus buenas calificaciones y comenzó a hacer amigos. Sus padres incluso la persuadieron para que tomara lecciones de equitación. Marjorie puede haber nacido tímida, pero se ha convertido en una alumna de segundo grado chispeante (Peyser y Underwood, 1997, p. 60).

Para Marjorie, la biología no fue destino. Tímida de nacimiento, fue capaz de volverse más sociable, como algunos otros niños que exhiben una timidez temprana similar. Por otra parte, algunos individuos nunca superan su timidez inicial, y ésta sigue siendo una parte dominante de su personalidad durante toda su vida.

Determinar por qué algunos niños permanecen tímidos y qué los hace así en primer lugar es la interrogante que se planteó el psicólogo Jerome Kagan, quien ha estu-

diado el rasgo en forma extensa. Kagan y otros investigadores han encontrado que aun algunos fetos muestran signos que indican una timidez posterior. Por ejemplo, sus corazones laten alrededor de 140 veces por minuto, significativamente más rápido que lo normal. Además, reaccionan más a la estimulación física, aun en el útero (DiPietro *et al.*, 1996).

Estos mismos niños comienzan a mostrar signos manifiestos de timidez desde los dos meses de nacidos. Fruncen el ceño en forma espontánea, incluso mientras descansan tranquilos, una rareza en bebés pequeños. Más adelante, se muestran temerosos de manera inusual ante la vista de un adulto desconocido, y se irritan cuando son confrontados con objetos desconocidos o escenarios nuevos. Para cuando tienen tres o cuatro años de edad, sus padres y maestros los etiquetan como "tímidos".

Para Kagan, este comportamiento es característico de los niños inhibidos. Los *niños inhibidos*, que posiblemente representan hasta 10% de todos los niños, son tímidos en forma consistente y se reprimen emocionalmente en situaciones desconocidas. Cuando están en un ambiente nuevo o cuando conocen personas por primera vez, se vuelven notoriamente tranquilos. Cuando, en experimentos, un adulto desconocido les hace preguntas de dificultad moderada, se ponen ansiosos, lo cual tiene el efecto de obstaculizar su desempeño. Tienen mayor probabilidad que otros niños de mostrar temores inusuales, como temor de irse a la cama ellos solos por la noche o de hablar en voz alta en la clase. En contraste, los niños desinhibidos muestran poco temor a los extraños o a situaciones nuevas por lo que actúan de ma-

nera sociable y relajada cuando encuentran situaciones nuevas (Kagan, 1989a, 1997).

Los niños inhibidos difieren de los desinhibidos en un nivel biológico. Los primeros muestran mayor tensión muscular a los cinco años de edad, en particular en las cuerdas vocales y en la laringe; tienden a tener latidos cardiacos más rápidos estando en reposo y sus latidos se incrementan más cuando se enfrentan a una situación nueva. Los niños inhibidos y desinhibidos también muestran diferencias hormonales y variaciones en la excitabilidad del sistema límbico en el cerebro (Kagan y Snidman, 1991; Kagan, 1994; Arcus, 1994).

Con base en esta evidencia, Kagan ha señalado que las diferencias entre los niños inhibidos y desinhibidos puede explicarse por la mayor reactividad psicológica de los niños inhibidos, una característica innata. De acuerdo con esta hipótesis, algunos bebés, debido a su dotación genética, son más reactivos que otros a los estímulos nuevos. Aun la tensión más leve eleva su ritmo cardiaco, incrementa la tensión muscular y causa cambios en los niveles hormonales. Es esta reactividad característica la que a final de cuentas conduce a la mayoría de los bebés que muestran este patrón, a exhibir timidez más adelante en situaciones sociales (Kagan, 1997; Newman *et al.*, 1997).

Por otra parte, no todos los bebés que nacen con sistemas nerviosos que se excitan con facilidad se vuelven tímidos más tarde: alrededor de una cuarta parte supera su predisposición biológica y no exhibe timidez en años posteriores. El resultado es determinado por el ambiente propor-

También se les ha criticado por suponer que las personas son básicamente "buenas": noción imposible de verificar y por lo que, igual de importante, implica utilizar valores no científicos para construir teorías supuestamente científicas. De cualquier forma, las teorías humanistas adquieren relevancia debido a su labor de rescate de la unicidad y originalidad de los seres humanos, y a que han orientado el desarrollo de un tipo de terapia muy importante diseñado para aliviar dificultades psicológicas.

La timidez puede derivarse de factores genéticos. Sin embargo, esta predisposición genética puede superarse si los niños son expuestos a situaciones que los alienten a comportarse de un modo más sociable.

cionado por los padres y otros adultos. Los individuos cuyos padres los alientan a ser sociables, arreglando oportunidades para que interactúen con otros y para que participen en actividades nuevas, a menudo superan su timidez. En contraste, los niños criados en ambientes llenos de tensión, como hogares en los que hay pleitos conyugales o enfermedades crónicas, son más propensos a permanecer tímidos durante la infancia y potencialmente más adelante (Kagan, Arcus y Snidman, 1993; Pedlow *et al.*, 1993; Rothbart, Ahodi y Hershey, 1994; Rubin, Stewart y Coplan, 1995).

Debido a que la investigación sobre la superación de las predisposiciones genéticas hacia la timidez es relativamente reciente, no sabemos si las estrategias para hacer menos tímidos a los niños son efectivas para modificar la personalidad durante la edad adulta. Sin embargo, el trabajo con animales señala que estos esfuerzos en efecto pueden durar toda la vida. Por ejemplo, el psicólogo Stephen Suomi del National Institute of Child Health and Human Development ha encontrado que ciertos monos *rhesus* poseen una predisposición genética a comportarse con timidez. Pero su timidez puede superarse si son adoptados por madres "expertas", quienes de alguna manera les transmiten las capacidades necesarias para ser hábiles en sociedad en el mundo de los monos. Estos monos adoptados pueden convertirse en líderes y más adelante ser padres eficaces. De hecho, aun cuando pasan a sus propios hijos los genes que predisponen a comportarse con timidez, son capaces de transmitir a su descendencia las conductas que previenen la aparición de la timidez (Higley, Suomi y Linnoila, 1990; Boyce *et al.*, 1995).

En resumen, es importante tener en cuenta que los genes por sí solos no representan nuestro destino. Aun si factores heredados nos predisponen a actuar en ciertas formas, estas predisposiciones pueden superarse. Como lo plantea Jerome Kagan: "A veces el comportamiento humano es el resultado de la deliberación y se impondrá sobre las fuerzas invisibles de la biología y la historia personal" (Kagan, 1990, p. 5).

Comparación de los enfoques de la personalidad

Debido a la existencia de diversos enfoques de la personalidad, puede ser que se pregunte cuál de las teorías es la que ofrece el abordaje más preciso de la personalidad. Es una pregunta que no se puede responder con exactitud. Cada una de las teorías argumenta distintas premisas y observa aspectos un poco diferentes de la personalidad. Además, en muchos casos se puede entender mejor la personalidad si se aborda desde distintas pers-

Cuadro 11-4	Comparación de los enfoques de la personalidad

Enfoque teórico	Determinantes de la personalidad conscientes contra inconscientes	Herencia (factores genéticos) contra medio (factores ambientales)	Libertad contra determinismo	Estabilidad contra modificalidad
Psicoanalítico	Enfatiza el inconsciente	Resalta la estructura heredada innata de la personalidad	Destaca el determinismo: la perspectiva de que el comportamiento es dirigido y causado por factores fuera de nuestro control	Enfatiza la estabilidad de las características durante la vida de una persona
Rasgos	No hace caso del consciente ni del inconsciente	Los enfoques varían	Destaca el determinismo: la perspectiva de que el comportamiento es dirigido y causado por factores fuera de nuestro control	Enfatiza la estabilidad de las características a lo largo de la vida de una persona
Aprendizaje	No hace caso del consciente ni del inconsciente	Se centra en el ambiente	Destaca el determinismo: la perspectiva de que el comportamiento es dirigido y causado por factores fuera de nuestro control	Enfatiza que la personalidad permanece flexible y maleable durante la vida de una persona
Biológico y evolutivo	No hace caso del consciente ni del inconsciente	Resalta la estructura heredada innata de la personalidad	Destaca el determinismo: la perspectiva de que el comportamiento es dirigido y causado por factores fuera de nuestro control	Enfatiza la estabilidad de las características a lo largo de la vida de una persona
Humanista	Destaca el consciente	Enfatiza la interacción entre la herencia y el medio	Destaca la libertad de los individuos para tomar sus propias decisiones	Enfatiza que la personalidad permanece flexible y maleable durante la vida de una persona

pectivas de manera simultánea. Claro que existe la posibilidad de que algún día se genere una teoría unificada de la personalidad, pero aún no se llega a ese momento y es poco probable que ocurra en un futuro próximo.

Mientras tanto, las diversas teorías destacan aspectos diferentes de la personalidad. El cuadro 11-4 las compara en varias dimensiones fundamentales.

Recapitulación, revisión y reflexión

Recapitulación

- Los rasgos son dimensiones relativamente constantes que diferencian las personalidades. Los teóricos de este enfoque han tratado de identificar los principales rasgos característicos de la personalidad.

- Las teorías del aprendizaje para el estudio de la personalidad se centran en el efecto que producen los factores ambientales sobre ésta. La teoría del reforzamiento de Skinner se encuentra entre los enfoques de mayor importancia, así como los enfoques sociales cognitivos.

- Los enfoques biológicos y evolutivos se centran en el grado en que son heredadas las características de la personalidad.

- Las teorías humanistas conciben al núcleo de la personalidad como la capacidad de cambiar, mejorar y ser creativo de modo distintivamente humano.

- Las dimensiones fundamentales en las cuales difieren las teorías de la personalidad incluyen: el papel que desempeña el inconsciente frente a la conciencia, el de la herencia (factores genéticos) frente al medio (factores ambientales), el de la libertad frente al determinismo, y el de la estabilidad frente a la modificabilidad de las características de la personalidad.

Revisión

1. La determinación que posee Mateo para lograr el éxito es la fuerza dominante en todas sus relaciones y actividades. De acuerdo con la teoría de Gordon Allport, éste es un ejemplo de un rasgo _____. En contraste, la preferencia que tiene Cecilia por las películas de vaqueros es un ejemplo de un rasgo _____.

2. ¿Qué teórico utilizó los rasgos superficiales y los originales para explicar el comportamiento sobre la base de 16 dimensiones de la personalidad?
   a. Hans Eysenck
   b. Walter Mischel
   e. Gordon Allport
   d. Raymond Cattell

3. ¿En qué rasgo podría describir Eysenck a una persona que disfruta de actividades como asistir a fiestas y volar en planeadores?

4. ¿Cuál es el enfoque de la personalidad cuyos defensores tendrían mayor probabilidad de estar de acuerdo con la afirmación: "La personalidad puede entenderse como respuestas aprendidas ante el entorno de una persona"?
   a. Enfoques humanistas
   b. Enfoques biológicos y evolutivos
   c. Enfoques del aprendizaje
   d. Enfoques de los rasgos

5. Una persona que afirmara: "sé que no puedo hacerlo", tendría, según Bandura, una puntuación baja en _____.

6. ¿Qué enfoque de la personalidad destaca la bondad innata de la gente y su deseo de crecer?
   a. humanista
   b. psicoanalítico
   c. del aprendizaje
   d. biológico y evolutivo

Las respuestas a las preguntas de revisión se encuentran en la página 481.

Reflexión

1. Si los rasgos de personalidad sólo son descriptivos y no explicativos, ¿de qué sirven?, ¿puede ser perjudicial asignar un rasgo a una persona?, ¿el mundo sería un mejor lugar sin etiquetas convenientes para los rasgos de personalidad? Explique sus respuestas.

2. ¿En qué se parecen los 16 rasgos originales de Cattell, las tres dimensiones de Eysenck y los "Cinco Grandes" factores, y en qué se diferencian? ¿Qué rasgos similares aparecen en los tres esquemas (bajo un nombre u otro) y cuáles son únicos de un esquema? ¿Esto es significativo?

3. ¿Cuál de las teorías de la personalidad le llama más la atención? ¿Cuál de ellas parece tener más sentido? Si se le pidiera escribir un ensayo que proporcionara la "definición concluyente de la personalidad", ¿de qué modo emplearía la información que acabamos de exponer en torno a la personalidad?

EVALUACIÓN DE LA PERSONALIDAD: DETERMINACIÓN DE LO QUE NOS HACE ESPECIALES

► **¿Cómo podemos evaluar con precisión la personalidad?**

► **¿Cuáles son los principales tipos de medidas de la personalidad?**

Usted desea que las demás personas lo quieran y lo admiren.

Tiende a ser crítico consigo mismo.

Tiene gran potencial que aún no aplica en su provecho.

A pesar de ciertas debilidades que tiene su personalidad, suele ser capaz de compensarlas.

Relacionarse con miembros del sexo opuesto le plantea problemas.

Aunque parece ser disciplinado y controlado con los demás, en su interior tiende a ser ansioso e inseguro.

A veces tiene dudas serias con respecto a si ha tomado la decisión adecuada o si ha hecho lo correcto.

Prefiere un nivel determinado de cambio y variedad y no está satisfecho cuando las restricciones y las limitaciones lo agobian.

No acepta las afirmaciones de los demás sin contar con pruebas satisfactorias.

Se ha percatado de que no es inteligente ser demasiado franco al revelar su personalidad a los demás. Si le sorprende que estas descripciones ofrezcan una imagen precisa de su personalidad, no piense que es la única persona en sentirse así: la mayoría de los estudiantes universitarios piensan que la descripción está hecha a partir de sus características. De hecho, están diseñadas con la intención de ser tan vagas que se puedan aplicar prácticamente a cualquier persona (Forer, 1949; Russo, 1981).

La facilidad con la que podemos identificarnos con aseveraciones tan generales destaca la dificultad que implica realizar evaluaciones significativas y precisas de la per-

Pruebas psicológicas: medidas estándares diseñadas para evaluar el comportamiento en forma objetiva, empleadas por los psicólogos para ayudar a las personas a tomar decisiones respecto a sus vidas y a comprenderse más a sí mismas

sonalidad de la gente (Johnson *et al.*, 1985; Prince y Guastello, 1990). Al igual que los teóricos de los rasgos se enfrentaron al problema de determinar los rasgos más críticos e importantes, los psicólogos interesados en la evaluación de la personalidad deben ser capaces de definir los modos más significativos de diferenciación entre las personalidades de unos y otros sujetos. Para lograrlo, se utilizan las **pruebas psicológicas**, que son medidas estandarizadas diseñadas para evaluar el comportamiento de modo objetivo. Estas pruebas las emplean los psicólogos para ayudar a las personas a tomar decisiones acerca de sus vidas y para que se comprendan mejor. También son utilizadas por los investigadores interesados en las causas y las consecuencias de la personalidad (Groth-Marnat, 1990, 1996; Matarazzo, 1992; Kaplan y Saccuzzo, 1997; Aiken, 1997).

Igual que las mediciones de la inteligencia comentadas en el capítulo 8, todas las pruebas psicológicas deben tener confiabilidad y validez. La *confiabilidad*, como recordará, se refiere a la consistencia en las mediciones de una prueba. Si una prueba es confiable produce el mismo resultado cada vez que es administrada a una persona o grupo determinados. En contraste, las pruebas no confiables dan resultados diferentes cada vez que se aplican.

Las pruebas también deben ser válidas para obtener conclusiones significativas. Tienen *validez* cuando en verdad miden aquello para lo que fueron diseñadas. Si una prueba es elaborada para medir sociabilidad, por ejemplo, es preciso saber que en realidad mide sociabilidad y no algún otro rasgo.

Por último, las pruebas psicológicas se basan en *normas*, que son los estándares de rendimiento que permiten la comparación de la puntuación obtenida en la prueba por una persona con las puntuaciones de otros que hayan respondido la misma. Por ejemplo, una norma permite que los evaluados sepan que su puntuación estuvo 10% arriba de los que han respondido la prueba.

De manera básica, las normas se establecen administrando una prueba particular a un gran número de personas y determinando las puntuaciones típicas. Entonces es posible comparar la puntuación de una sola persona con las del grupo, obteniendo una medida comparativa del desempeño en la prueba contra otros que también la han respondido.

El establecimiento de normas apropiadas no es una empresa simple. Por ejemplo, el grupo específico que se emplea para determinar las normas para una prueba tiene un efecto profundo sobre la forma en que se evalúa el desempeño de un individuo. De hecho, como se comenta a continuación, el proceso de establecimiento de normas puede incluir insinuaciones políticas.

Exploración de la diversidad

¿Debería tomarse en cuenta la raza para establecer normas?

Las pasiones de la política pueden confrontar la objetividad de la ciencia cuando se establecen normas para las pruebas, por lo menos en el ámbito de las pruebas que buscan determinar el desempeño futuro en el trabajo. De hecho, en Estados Unidos se ha desarrollado una controversia a escala nacional alrededor de si deben establecerse normas diferentes para miembros de diversos grupos raciales y étnicos (Kilborn, 1991; Brown, 1994).

Está sobre la mesa de discusiones la eficacia de la Batería de Pruebas de Aptitudes Generales (General Aptitude Test Battery), del gobierno de Estados Unidos, que tiene cincuenta años de antigüedad y mide una amplia gama de habilidades que van desde la coordinación entre el ojo y la mano hasta la capacidad de lectura. El problema que suscitó esta controversia surgió de la tendencia en afroamericanos e hispanoamericanos a conseguir puntuaciones menores en esta prueba, en promedio, que los miembros de otros grupos. Por lo regular, las puntuaciones más bajas se deben a una carencia de experiencias relevantes y oportunidades de trabajo previas, resultado del prejuicio y la discriminación.

Para promover el empleo de los grupos raciales minoritarios, el gobierno estadounidense elaboró un conjunto distinto de normas para los afroamericanos y los hispanoame-

Estas capturistas de datos de la Census Bureau de Estados Unidos obtuvieron sus empleos aprobando la Batería de Pruebas de Aptitudes Generales, la cual hasta hace poco era calificada usando un sistema controvertido de tipificación racial.

ricanos. En lugar de emplear la reserva de todas las personas que realizan el examen, se compararon los resultados de los candidatos de ambos grupos sólo con las puntuaciones de otros afroamericanos e hispanoamericanos. En consecuencia, un hispanoamericano cuyos resultados estuvieron arriba 20% de los hispanoamericanos evaluados sería considerado equivalente al de un aspirante blanco ubicado entre 20% de los miembros evaluados de su grupo que tuvieron las mejores puntuaciones, aun cuando la puntuación absoluta del hispanoamericano pudiera ser más baja que la del caucásico.

Las críticas a la modificación del sistema de normas sostienen que semejante procedimiento está saturado de problemas. Según ellos, este sistema no sólo es injusto para los blancos que solicitan empleo, sino que aviva las llamas de la intolerancia racial. La práctica fue impugnada legalmente y, tras la aprobación del Acta de los Derechos Civiles en 1991, las normas basadas en la raza de la Batería de Pruebas de Aptitudes Generales fueron descontinuadas.

Sin embargo, los defensores de las normas basadas en la raza continúan afirmando que los procedimientos de tipificación que toman en cuenta la raza son una herramienta de acción propositiva que simplemente permite a las personas de grupos minoritarios que están en busca de empleo tener las mismas oportunidades que sus contrapartes caucásicos. Además, un grupo de especialistas de la National Academy of Sciences estuvo de acuerdo con la práctica de ajustar las normas. Sugirió que las normas de prueba que no son ajustadas no resultan de mucha utilidad para predecir el desempeño laboral y que tienden a dejar fuera a elementos capaces pertenecientes a los grupos minoritarios.

Las pruebas para selección de personal no son la única área en la que surgen discusiones acerca de la eficacia de las normas y el significado de los resultados de las pruebas. Como pudimos ver en el capítulo 8, cuando comentamos acerca de las diferencias raciales en los puntajes de CI, la forma de abordar las diferencias raciales en las puntuaciones de las pruebas es un asunto controvertido, que provoca divisiones. Es evidente que las normas basadas en la raza despiertan sentimientos profundos e intensos, que pueden entrar en conflicto con la objetividad científica, por lo que la controversia está lejos de terminarse (American Psychological Association, 1993; Gottfredson, 1994; Sackett y Wilk, 1994; Greenlaw y Jensen, 1996).

El problema del establecimiento de normas para las pruebas se complica todavía más por la existencia de una amplia gama de medidas de la personalidad y de enfoques para su evaluación. A continuación consideraremos algunas de estas medidas, las cuales tienen una variedad de características y propósitos. (Véase también el recuadro *Los caminos de la psicología* que acompaña a este capítulo.) ■

Respuestas a las preguntas de revisión:

1. cardinal; secundario   2. d   3. extroversión   4. c   5. autoeficacia   6. a

Los caminos de la psicología

Patricia Dyer

Especialista en selección de personal

Nació en: 1940

Educación: B.A. en inglés, Universidad Estatal de Pennsylvania; Ph.D. en psicología de personal, Universidad Columbia

Residencia: Manhattan, Nueva York

Cuando recibes dos millones de solicitudes de empleo al año y contratas a menos de 0.5% de los aspirantes, ¿cómo determinas quién es más adecuado para ser contratado por tu empresa?

Aquí es donde entra en juego la experiencia de la doctora Patricia Dyer, psicóloga especialista en selección de personal en IBM. Como encargada de los Servicios de Prueba y Evaluación, es responsable de elaborar pruebas que seleccionen a los empleados para la gigantesca compañía de computadoras.

Dyer y sus colegas elaboran una nueva generación de pruebas empleando la tecnología de computación más reciente. "Ahora estamos trabajando con formas diferentes de acercarnos a las habilidades y capacidades, usando tecnología multimedia computarizada", comentó. A los solicitantes se les pide que solucionen una variedad de problemas que enfrentan los

Patricia Dyer

trabajadores en una planta manufacturera hipotética. Éstos varían desde problemas con el control de calidad hasta clases específicas de problemas laborales.

Según Dyer, quien posee un título en inglés y una especialización en psicología de personal, el formato de la prueba tiene varias ventajas sobre las pruebas escritas tradicionales. "Por ejemplo, un segmento de entrenamiento en el trabajo permite a

los candidatos basarse en lo que han aprendido. Esto sería extraordinariamente difícil con una prueba escrita", dijo (De-Angelis, 1994, p. 14).

Aunque los métodos para administrar la prueba por medio de computadora pueden ser nuevos, los procedimientos básicos implicados en la elaboración de las pruebas se han utilizado durante décadas. La mayor parte se enseña en casi cualquier curso básico de evaluación para estudiantes de posgrado, según Dyer. "La evaluación tiene una larga historia y se remonta a principios del siglo xx cuando Binet comenzó a estudiar a niños en edad escolar", dijo. "La idea de medir las capacidades no es nueva."

"Dos de las decisiones más importantes que debe tomar el empleador son: a quiénes deberá contratar y cuáles son los modos más efectivos para conformar una fuerza de trabajo eficiente", comentó la doctora Dyer. "Para que la economía estadounidense tenga éxito en el mercado mundial, necesitamos una fuerza laboral con muchas habilidades y muy capacitada para que sea competitiva. La psicología puede contribuir mucho en el proceso de identificación de las personas más adecuadas y en lo referente a su capacitación y desarrollo una vez que se les ha contratado."

Medición de la personalidad con base en informes personales

Si alguien deseara evaluar su personalidad, un enfoque posible sería realizar una entrevista prolongada para determinar los sucesos más importantes de su infancia, sus relaciones sociales, así como sus éxitos y fracasos. Sin embargo, es evidente que semejante técnica sería demasiado costosa en cuanto a tiempo y esfuerzo.

También es innecesaria; así como los médicos sólo extraen una muestra pequeña de sangre para hacerle pruebas, los psicólogos pueden utilizar **informes personales** en los que se investiga una muestra relativamente pequeña de comportamiento. Esta muestra de información, proporcionada por la persona, se utiliza para inferir la presencia de determinadas características de la personalidad (Conoley e Impara, 1997).

Entre los mejores ejemplos de una medida con base en informes personales, además de ser la prueba de personalidad utilizada con mayor frecuencia, está el **Inventario Multifásico de la Personalidad de Minnesota-2 (MMPI-2)**. Aunque el propósito original de esta prueba era distinguir personas con dificultades psicológicas particulares, se ha encontrado que permite predecir gran cantidad de comportamientos adicionales. Por ejemplo, las puntuaciones del MMPI-2 han mostrado ser eficaces para predecir si los es-

Medición con base en informes personales: método de investigación en el que se obtienen datos acerca de las personas, mediante preguntas que ellos mismos responden respecto de una muestra de su comportamiento

Inventario Multifásico de la Personalidad de Minnesota-2 (MMPI-2): prueba empleada para identificar gente con dificultades psicológicas, así como para la predicción de diversas conductas

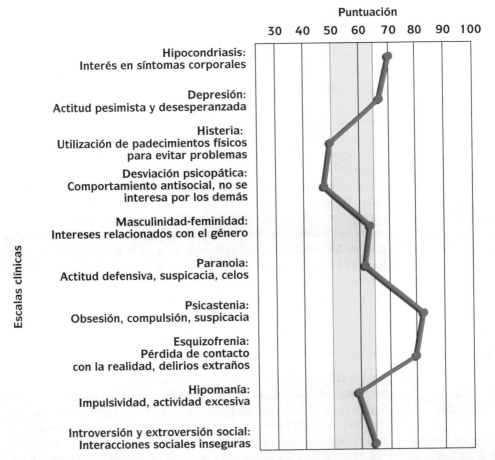

FIGURA 11.5 *Perfil de muestra del MMPI-2 de una persona que sufre de ansiedad obsesiva, aislamiento social y pensamiento delirante. Fuente: basado en datos de Halgin y Whitbourne, 1994, p. 72; y Minnesota Multiphasic Personality Inventory-2. Derechos reservados © por Regents of the University of Minnesota, 1942, 1943 (renovados en 1970, 1989).*

tudiantes universitarios se casarán dentro de los siguientes diez años después de la prueba y si obtendrán un posgrado. Los departamentos de policía aplican esta prueba para medir la propensión de los oficiales a utilizar sus armas. Los psicólogos de la ex Unión Soviética llegaron incluso a aplicar una versión modificada del MMPI-2 a sus cosmonautas y atletas olímpicos (Dworkin y Widom, 1977; Holden, 1986; Hathaway y McKinley, 1989; Greene, 1991; Butcher, 1995; Duckworth y Anderson, 1995).

La prueba consiste en una serie de 567 reactivos, a los que se pueda responder: "cierto", "falso" o "no puedo contestar". Las preguntas incluyen diversos temas: desde el estado de ánimo: "en ocasiones siento que no sirvo para nada", hasta las opiniones: "la gente debería tratar de comprender sus sueños", y la salud física y psicológica: "tengo molestias estomacales varias veces a la semana" y "tengo pensamientos extraños y peculiares".

Por supuesto que no hay respuestas correctas o erróneas. En lugar de ello, la interpretación de los resultados obedece al patrón de las respuestas. Esta prueba produce puntuaciones en diez escalas distintas, así como en otras tres diseñadas para medir la validez de las respuestas proporcionadas. Por ejemplo, existe una "escala de mentira" que indica cuándo las personas falsean sus respuestas, con el objetivo de ofrecer una imagen más favorable de sí mismas (a partir de reactivos como "no recuerdo haber pasado nunca una noche sin dormir") (Butcher *et al.*, 1990; Graham, 1990; Bagby, Buis y Nicholson, 1995).

¿Cómo determinan los autores del MMPI-2 cuál es el significado de los patrones específicos de respuestas? El procedimiento del que se valen es característico en la cons-

Estandarización de pruebas: técnica empleada para validar las preguntas en las pruebas de personalidad, por medio del estudio de las respuestas de personas con diagnósticos conocidos

trucción de pruebas de personalidad, proceso que se conoce como **estandarización de pruebas**. Para diseñar la prueba se pidió a varios grupos de pacientes psiquiátricos con un diagnóstico específico, como depresión o esquizofrenia, que respondieran a una larga serie de reactivos. Después, los autores de la prueba determinaron qué reactivos de ésta diferenciaban mejor a los miembros de estos grupos de otros pertenecientes a un grupo de comparación compuesto por sujetos normales, e incluyeron estos reactivos específicos en la versión final de la prueba. Mediante la realización sistemática de este procedimiento en grupos con distintos diagnósticos, los autores de la prueba lograron desarrollar diversas subescalas que identifican distintos tipos de comportamiento anormal (véase figura 11.5).

Cuando el MMPI-2 se utiliza para el objetivo que fue diseñado: la identificación de trastornos de la personalidad, se obtienen resultados razonablemente buenos. Sin embargo, al igual que en otras pruebas de personalidad, es posible cometer abusos en su empleo. Por ejemplo, las empresas que lo utilizan como herramienta de selección de personal pueden interpretar inadecuadamente los resultados: pueden basarse demasiado en las calificaciones de las escalas individuales en lugar de considerar los patrones generales de los resultados, los cuales requieren de la interpretación de un experto. Además, los críticos expresan que las escalas individuales se superponen, por lo que dificultan su interpretación. En resumen, aunque el MMPI-2 aún es la prueba de personalidad más usada, y se traduce a más de 100 idiomas diferentes, debe emplearse con precaución (Graham, 1990; Helmes y Reddon, 1993; Greene y Clopton, 1994).

Métodos proyectivos

Si se le mostrara la forma que aparece en la figura 11.6 y se le preguntara qué representa para usted, podría pensar que sus impresiones en este sentido no significan gran cosa. Pero para un teórico del psicoanálisis sus respuestas frente a una figura tan ambigua ofrecerían claves reveladoras de la condición de su inconsciente y, en último término, de las características generales de su personalidad.

La forma que aparece en la figura es un ejemplo de las manchas de tinta usadas en las **pruebas proyectivas de la personalidad**, en las cuales se le muestra a una persona un estímulo ambiguo para que lo describa o relate una historia acerca de él. Se considera que las respuestas otorgadas son "proyecciones" del modo de ser de la persona.

La más conocida de las pruebas proyectivas es la **prueba de Rorschach**. Esta prueba, ideada por el psiquiatra suizo Hermann Rorschach (1924), consiste en presentarle a las personas una serie de estímulos simétricos, parecidos al que aparece en la figura 11.6, y preguntarles qué significado tienen para ellas. Se registran sus respuestas y, con base en un complejo conjunto de juicios clínicos que realiza el examinador, se clasifica a las personas en distintos tipos de personalidad. Por ejemplo, se concluye que quienes dicen ver un oso en una mancha de tinta tienen un alto grado de control sobre sus emociones, según las reglas desarrolladas por Rorschach (Weiner, 1994; Hurt, Reznikoff y Clarkin, 1995; Meloy *et al.*, 1997; Misra *et al.*, 1997).

La **Prueba de Apercepción Temática (TAT)** es otro instrumento proyectivo bastante conocido. Como se mencionó cuando expusimos la motivación de logro en el capítulo 9, esta prueba consta de una serie de ilustraciones a partir de las cuales se pide al sujeto que elabore una historia. Después, estas historias se utilizan para extraer inferencias relativas a las características de la personalidad del individuo (Bellak, 1993; Cramer, 1996).

Las pruebas con estímulos tan ambiguos como la de Rorschach y la de TAT precisan de una habilidad y un cuidado especiales para su interpretación; demasiadas, según estiman muchos críticos. La prueba de Rorschach, en particular, ha sido criticada por requerir demasiadas inferencias del examinador, y los intentos por estandarizar la calificación han fallado con frecuencia. Además, muchos críticos se quejan de que la Rorschach no proporciona mucha información válida acerca de los rasgos de personalidad subyacentes. De hecho, algunos investigadores sostienen que la prueba es más útil para permitirle a un psicólogo clínico conocer a quien responde la prueba en el contexto de la terapia,

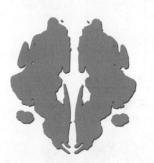

FIGURA 11.6 *Esta mancha de tinta es parecida al tipo usado en la prueba de personalidad de Rorschach. ¿Qué ve usted en ella?*

Prueba proyectiva de la personalidad: prueba en que se muestra a una persona un estímulo ambiguo y se le pide que lo describa o que relate una historia acerca de él
Prueba de Rorschach: prueba elaborada por el psiquiatra suizo Hermann Rorschach, que consiste en mostrar una serie de estímulos simétricos a las personas y luego preguntarles qué representan éstos para ellas

Prueba de Apercepción Temática (TAT): prueba que consiste en mostrar una serie de ilustraciones sobre las cuales se le pide a la persona que escriba una historia

que para recopilar mucha información confiable acerca de la personalidad del individuo. A pesar de estos problemas, tanto la Rorschach como la TAT se emplean en forma amplia, en particular en escenarios clínicos; quienes las aplican expresan que su confiabilidad y validez son lo suficientemente altas como para proporcionar inferencias útiles acerca de la personalidad (Piotrowski y Keller, 1989; Dawes, 1994; Wood, Nezworski y Stejskal, 1996; Weiner, 1996; Bornstein, 1996).

Evaluación conductual

Si usted fuera un psicólogo que apoyara el enfoque de la personalidad con base en las teorías del aprendizaje, es probable que planteara objeciones a la naturaleza indirecta de las pruebas proyectivas. En vez de estas pruebas aplicaría la **evaluación conductual**, es decir, mediciones directas del comportamiento de un sujeto tomadas para describir características reveladoras de la personalidad. Como ocurre con la aplicación de la investigación observacional (abordada en el capítulo 1), es posible realizar la evaluación conductual de forma natural con la observación de las personas en sus propios ambientes; por ejemplo en el trabajo, en la casa o en la escuela. En otros casos, la evaluación conductual tiene lugar en el laboratorio, bajo condiciones controladas en las que un psicólogo provoca una situación específica y observa el comportamiento de un individuo.

Evaluación conductual: medición directa del comportamiento de un individuo empleada para describir características indicativas de su personalidad

En cualquiera de estos ambientes en donde se observe el comportamiento, debe hacerse un esfuerzo que asegure la objetividad de la evaluación, cuantificándolo en la mayor medida posible. Por ejemplo, un observador puede registrar el número de contactos sociales que inicie una persona, de preguntas que formule o de actos agresivos en los cuales se implique. Otro método consiste en la medición de la duración de los sucesos: el berrinche de un niño, una conversación, el tiempo que se dedica al trabajo o el empleado en comportamientos cooperativos.

La evaluación conductual es adecuada en especial para observar, y finalmente remediar, problemas específicos del comportamiento, como la necesidad de aumentar la socialización en niños tímidos. Ofrece un medio para evaluar la naturaleza específica y la frecuencia de un problema y además ayuda a los psicólogos a determinar si las técnicas de intervención han tenido éxito o no.

Las técnicas de evaluación conductual de la personalidad con base en las teorías del aprendizaje también han hecho contribuciones importantes para el tratamiento de ciertos tipos de dificultades psicológicas. En efecto, el conocimiento de la personalidad normal que han proporcionado las teorías comentadas a lo largo de este capítulo ha impulsado avances significativos en la manera en que comprendemos y tratamos los trastornos físicos y psicológicos.

El consumidor de psicología bien informado

Valoración de las evaluaciones de la personalidad

Se buscan: personas con "energía cinética", "madurez emocional" y con la capacidad para "tratar con un gran número de personas en situaciones caóticas".

Aunque esta descripción de puesto parece más adecuada para el trabajo de conductor de un programa de concursos por televisión, en realidad es parte de un anuncio para contratar gerentes para las salas de American Multicinema (Dentzer, 1986). Para encontrar personas con esas cualidades, la empresa ha elaborado una batería de evaluaciones de la personalidad para aplicarlas a los candidatos al puesto. Al elaborar sus propias pruebas, esta compañía se unió a muchas otras, que van desde General Motors hasta J.C. Penney, las cuales utilizan pruebas de personalidad para determinar a quién se contratará (Hogan, Hogan y Roberts, 1996).

Los individuos también confían en las pruebas de personalidad. Existen muchas organizaciones que por una tarifa específica aplican una batería de pruebas de personalidad que pretenden dirigir a las personas hacia carreras para las que su personalidad es apropiada en especial. Pero antes de confiar sin reservas en los resultados de estas pruebas de personalidad, ya sea como empleado potencial, patrón o consumidor de servicios externos de evaluación, es preciso tener presentes diversos aspectos de importancia:

- Conozca con claridad qué intenta medir la prueba. Las pruebas de personalidad estandarizadas proporcionan información acerca de la forma en que se elaboró el examen, a quién se le puede aplicar con mayor eficacia y cómo se deben interpretar sus resultados. De ser posible, debe leer la literatura que acompaña a la prueba; así podrá comprender el significado de los resultados.

- Los resultados de una prueba no son suficientes para justificar una decisión. Éstos se deben interpretar en el contexto que proporciona otro tipo de información: registros académicos, intereses sociales y actividades familiares y comunitarias. Sin estos datos, las puntuaciones individuales resultan poco informativas e incluso pueden llegar a ser perjudiciales.

- Las pruebas no son infalibles. Los resultados pueden estar equivocados; la prueba puede carecer de confiabilidad o de validez. Es posible que, por ejemplo, haya tenido un "mal día" cuando le aplicaron la prueba, o que la persona encargada de calificarla e interpretarla haya cometido un error. No debe depositar grandes expectativas en los resultados de una sola aplicación de cualquier prueba.

En resumen, es importante tener presente la complejidad del comportamiento humano, en especial el propio. Ninguna prueba puede proporcionar una comprensión de las particularidades de la personalidad de un individuo sin tomar en cuenta mucha más información de la que se puede reunir en una sola sesión de evaluación. ∎

Recapitulación, revisión y reflexión

Recapitulación

- Las pruebas psicológicas son medidas estandarizadas útiles para evaluar de manera objetiva el comportamiento. Deben ser confiables, medir en forma consistente lo que intentan medir y ser válidas, midiendo aquello para lo que fueron creadas.

- Las mediciones de la personalidad con base en informes personales formulan una serie de preguntas a los individuos relativas a una muestra de su comportamiento. Los resultados se emplean para inferir las características de su personalidad.

- Las pruebas proyectivas de la personalidad presentan estímulos ambiguos a las personas, a quienes se les pide describirlos o elaborar una historia acerca de ellos. Estas respuestas se emplean como un indicio sobre la personalidad del individuo.

- La evaluación conductual realiza mediciones directas del comportamiento de una persona para describir características que revelen su personalidad.

Revisión

1. La _____ es la consistencia de una prueba de personalidad, en tanto que la _____ es la capacidad de una prueba para medir en verdad aquello para lo que fue creada.

2. Las _____ son parámetros empleados para comparar las puntuaciones de distintas personas que realizan la misma prueba.

3. Pruebas como el MMPI-2, con las que se evalúa una pequeña muestra de comportamiento para determinar tendencias más amplias, son ejemplos de:

a. pruebas multisecuenciales
b. pruebas proyectivas
c. pruebas de desempeño
d. pruebas con base en informes personales

4. Cuando a una persona se le muestra una imagen y se le pide inventar una historia acerca de ella se le está aplicando una prueba _____ de personalidad.

Las respuestas a las preguntas de revisión se encuentran en la página 488.

Reflexión

1. ¿Cuáles cree que son algunos de los problemas que deben enfrentar los elaboradores e intérpretes de pruebas de personalidad con base en informes personales, en su esfuerzo por proporcionar información válida y confiable acerca de los individuos que responden la prueba? ¿Por qué se incluye una "escala de mentira" en dichas pruebas?

2. ¿Cómo evaluaría la confiabilidad de una prueba proyectiva, como la prueba de Rorschach o la Prueba de Apercepción Temática? ¿Cuál sería un estándar aceptable de confiabilidad?

3. ¿Se deben utilizar pruebas de personalidad para tomar decisiones acerca del personal? ¿Se deberían emplear para otros propósitos sociales, como la identificación de individuos en riesgo de padecer ciertos tipos de trastornos de la personalidad? ¿Qué clase de políticas diseñaría para asegurar que dichas pruebas fueran usadas en forma ética?

UNA MIRADA
retrospectiva

¿Cómo definen y emplean los psicólogos el concepto de personalidad?

1. En este capítulo hemos examinado las características y comportamientos que distinguen a las personas entre sí; aquellas conductas que según los psicólogos se encuentran en la raíz de la personalidad. Esta última se refiere a las características relativamente constantes que diferencian a una persona de otra y que las lleva a actuar de una manera consistente y predecible, tanto en situaciones diversas como durante periodos extensos.

¿Cuál es la estructura y el desarrollo de la personalidad, según las teorías de Freud y sus sucesores?

2. De acuerdo con la interpretación de los psicoanalistas, gran parte del comportamiento es motivado por aspectos de la personalidad que se encuentran en el inconsciente y de los cuales no nos percatamos. La teoría de Freud sostiene que la personalidad se compone del ello, el yo y el superyó. El ello es la parte innata y desorganizada de la personalidad cuyo propósito es reducir de inmediato las tensiones generadas por el hambre, lo sexual, la agresividad y otros impulsos primitivos. El yo restringe la energía instintiva con el fin de conservar la seguridad del individuo y ayudar a que la persona se convierta en miembro de la sociedad. El superyó representa el bien y el mal de la sociedad y está compuesto por la conciencia y el yo ideal.

3. La teoría psicoanalítica de Freud señala que la personalidad se desarrolla a través de diversas etapas, cada una relacionada con una función biológica fundamental. La etapa oral es el primer periodo y tiene lugar durante el primer año de vida. Le sigue la etapa anal, que transcurre desde el año de edad hasta los tres años. Después sigue la etapa fálica, caracterizada por el interés en los genitales. A la edad de cinco o seis años, cerca del fin de la etapa fálica, los niños experimentan el complejo de Edipo, proceso que les permite aprender a identificarse con el progenitor de su mismo sexo, por lo que tratan de parecérsele en la mayor medida posible. Después viene un periodo de latencia que dura hasta la pubertad, para más tarde ingresar en la etapa genital, un periodo de sexualidad madura.

4. Los mecanismos de defensa proporcionan estrategias inconscientes cuya finalidad es reducir la ansiedad producida por los impulsos del ello. Los mecanismos de defensa más comunes son la represión, la regresión, el desplazamiento, la racionalización, la negación, la proyección y la sublimación.

5. La teoría psicoanalítica de Freud ha sido objeto de múltiples críticas. Éstas incluyen: una carencia de evidencias científicas que la apoyen, lo inadecuado de la teoría para hacer predicciones y el hecho de haber sido elaborada con base en una población muy limitada. De cualquier forma, la teoría freudiana aún es de gran influencia. Por ejemplo, los teóricos psicoanalistas neofreudianos desarrollaron sus trabajos a partir de las investigaciones de Freud, aunque asignan mayor importancia a la función desempeñada por el yo y a los factores sociales en la determinación del comportamiento.

¿Cuáles son los principales aspectos de los enfoques de los rasgos, del aprendizaje, del biológico y evolutivo y del humanista de la personalidad?

6. Los enfoques de los rasgos buscan identificar las dimensiones básicas y relativamente permanentes —dimensiones denominadas rasgos— que diferencian a las personas. Por ejemplo, Allport propuso tres clases de rasgos: cardinales, centrales y secundarios. Posteriormente, otros teóricos utilizaron un método estadístico conocido como análisis factorial para identificar los rasgos de mayor importancia. Al aplicar este método, Cattell identificó 16 rasgos básicos; Eysenck, por su parte, descubrió tres dimensiones de importancia: extroversión, neuroticismo y psicoticismo.

7. Los enfoques del aprendizaje para el estudio de la personalidad se centran en el comportamiento observable. Para el teórico ortodoxo del aprendizaje, la personalidad es la suma de las respuestas aprendidas ante los estímulos del ambiente exterior. En contraste, los enfoques sociales cognitivos se centran en el papel de las cogniciones en la determinación de la personalidad. Los enfoques sociales cognitivos dedican especial atención a la autoeficacia y al determinismo recíproco en la configuración del comportamiento.

8. Los enfoques biológicos y evolutivos de la personalidad se centran en la forma en que se heredan las características de la personalidad. Por ejemplo, el estudio del temperamento de los niños señala la existencia de una distinción entre niños inhibidos y desinhibidos que se refleja en diferencias en la reactividad biológica y en la timidez.

9. Los enfoques humanistas de la personalidad destacan la bondad básica de las personas. Consideran como núcleo de la personalidad la capacidad de un individuo para cambiar y mejorar. El concepto de Rogers en torno a la necesidad de aprecio positivo señala que subyace en la personalidad una necesidad universal de ser amado y respetado.

10. Los enfoques de la personalidad más relevantes difieren en una serie de dimensiones fundamentales que incluyen la función que desempeña el inconsciente frente a la conciencia, la herencia en oposición al medio, la libertad en contra del determinismo y la estabilidad ante la modificabilidad de las características de la personalidad.

¿Cómo podemos evaluar con precisión la personalidad?

11. Las pruebas psicológicas son herramientas estandarizadas de evaluación diseñadas para medir el comportamiento de modo objetivo. Deben ser confiables: medir en forma consistente lo que tratan de medir, así como válidas: es decir, medir aquello para lo que fueron creadas.

¿Cuáles son los principales tipos de medidas de la personalidad?

12. En las mediciones sustentadas en informes personales se pregunta a los individuos acerca de una muestra de su propio comportamiento. Esta información permite inferir la presen-

cia de características particulares de la personalidad. En este tipo de pruebas, la utilizada con mayor frecuencia es el Inventario Multifásico de la Personalidad de Minnesota-2 (MMPI-2), el cual se diseñó para diferenciar a las personas con tipos específicos de dificultades psicológicas de los individuos normales.

13. En las pruebas proyectivas de personalidad se presenta al sujeto un estímulo ambiguo; de las respuestas del observador se infieren características relativas a su personalidad. Las dos pruebas proyectivas de empleo más frecuente son la prueba de Rorschach, en la que se utilizan las reacciones ante diversas manchas de tinta para clasificar los tipos de personalidad, y la Prueba de Apercepción Temática (TAT), en la cual las historias creadas a partir de ilustraciones ambiguas se emplean para inferir información acerca de la personalidad del evaluado.

14. La evaluación conductual parte de los principios de la teoría del aprendizaje. Realiza mediciones directas del comportamiento de un individuo para determinar características relacionadas con su personalidad.

Términos y conceptos clave

personalidad (p. 456)
teoría psicoanalítica (p. 457)
inconsciente (p. 457)
ello (p. 458)
libido (p. 458)
yo (p. 458)
superyó (p. 458)
etapa oral (p. 459)
fijación (p. 459)
etapa anal (p. 460)
etapa fálica (p. 460)
complejo de Edipo (p. 460)
periodo de latencia (p. 460)
etapa genital (p. 460)

mecanismos de defensa (p. 460)
psicoanalistas neofreudianos
    (p. 463)
inconsciente colectivo (p. 463)
complejo de inferioridad (p. 464)
teoría de los rasgos (p. 466)
rasgos (p. 466)
enfoques sociales cognitivos de la
    personalidad (p. 470)
enfoques biológicos y evolutivos de la
    personalidad (p. 472)
temperamento (p. 472)
enfoques humanistas de la personalidad
    (p. 475)

autorrealización (p. 475)
pruebas psicológicas (p. 480)
medición con base en informes personales
    (p. 482)
Inventario Multifásico de la Personalidad
    de Minnesota-2 (MMPI-2)
    (p. 482)
estandarización de pruebas (p. 484)
prueba proyectiva de la personalidad
    (p. 484)
prueba de Rorschach (p. 484)
Prueba de Apercepción Temática (TAT)
    (p. 484)
evaluación conductual (p. 485)

Epílogo

En este capítulo hemos comentado las diferentes formas en que los psicólogos han interpretado el desarrollo y la estructura de la personalidad. Las perspectivas que hemos examinado van desde el análisis de la personalidad planteado por Freud, que se basa sobre todo en factores internos inconscientes, hasta el punto de vista de la personalidad con una base externa, como un conjunto de rasgos y acciones aprendidos, propuesto por los teóricos del aprendizaje. También hemos señalado que existen muchas maneras de interpretar la personalidad y que de ningún modo existe un consenso sobre cuáles son los rasgos esenciales centrales para la personalidad.

Antes de proceder al siguiente capítulo, regresemos al prólogo y consideremos la personalidad de Lori Helene Berenson. Use su comprensión acerca de la personalidad para considerar las siguientes preguntas.

1. ¿Cómo aplicaría el análisis freudiano las nociones del ello, el yo y el superyó a las acciones y motivaciones subconscientes de Berenson? ¿En qué medida el superyó, con su origen moral, está dirigido por factores culturales?

2. Con el uso de los 16 rasgos originales propuestos por Cattell, ¿qué clase de perfil piensa que habría exhibido Berenson si hubiera sido examinada cuando era estudiante universitaria? ¿En cuál de las dimensiones principales de la personalidad de Eysenck habría entrado?

3. ¿Un perfil de la personalidad de Berenson elaborado cuando era niña habría cambiado o habría permanecido igual cuando llegó a la edad adulta y supuestamente realizaba trabajos para los tupamaros en Perú? ¿Por qué?

4. ¿Cómo interpretaría y explicaría un defensor del enfoque social cognitivo el desarrollo de la personalidad de Berenson y sus comportamientos asociados? ¿Cómo podrían aplicarse los conceptos de aprendizaje por observación, autoeficacia y determinismo recíproco a un caso como el de Berenson?

Respuestas a las preguntas de revisión:

1. confiabilidad, validez   2. normas   3. d   4. proyectiva

12 Trastornos psicológicos

Prólogo

Lori Schiller

Lori Schiller piensa que todo comenzó una noche en el campamento de verano cuando tenía 15 años de edad.

De pronto escuché voces: "¡Debes morir! ¡Morir! ¡Morir!", le gritaban. Las voces la hicieron salir de su litera e internarse en la oscuridad, donde pensó que podría escapar. El personal de seguridad del campamento la encontró saltando y gritando en forma frenética en un trampolín. "Pensé que estaba poseída", dice la señorita Schiller, ahora de 33 años. Aterrada, no le contó a nadie sobre las voces cuando las escuchó por primera vez. Del campamento la enviaron a su casa por enfermedad. Su madre, Nancy Schiller, dice: "Pensamos que estaba resfriada."

Después de que Lori llegó a casa "enferma" del campamento de verano, su familia no consideró importantes los cambios sutiles en su personalidad. Cuando rehusaba llamar por teléfono lo atribuían a la adolescencia. Cuando yacía en el sofá de cara a la pared mientras el resto de la familia veía la televisión, se imaginaban que simplemente no estaba interesada en el programa. Seguían sin considerarlo como una señal grave de retraimiento. . .

En realidad, dice ahora ella, estaba asustada. Las voces comenzaron a deslizarse por el cable telefónico; la asaltaban desde la pantalla del televisor. "Las personas que aparecían en televisión me decían que era mi responsabilidad salvar al mundo y que si no lo hacía me matarían", comenta ella. . .

Mantener su secreto no era difícil al principio. Podía eludir las voces aún poco frecuentes dando un paseo o refugiándose en el sueño. Pero las voces eran muy reales. "Estaba segura de que todos los demás podían escucharlas y me avergonzaban porque decían cosas muy malas sobre mí", recuerda.

Su comportamiento se volvió errático y desordenado. En una ocasión, en un arrebato de capricho subió a su automóvil y condujo cuatro horas hasta su casa en Scarsdale, después cambió de opinión y condujo de regreso. Conducía a gran velocidad. Fue detenida por la policía por exceso de velocidad. Tenía ataques de risa histérica. . .

Conforme pasó el tiempo, Lori presentaba cada vez más problemas para concentrarse y más dificultad para controlar sus impulsos, uno de los cuales era suicidarse. "Solía sentarme en la biblioteca, arriba de todas esas escaleras, y pensaba en saltar", recuerda ella. Finalmente, en su último año de la universidad le dijo a sus padres que "tenía problemas", por lo que solicitó la ayuda de un consejero (Bennett, 1992, pp. A1, A10).

Aunque ella de alguna manera se las había arreglado para ocultarle a todos su trastorno, Lori Schiller perdía de forma progresiva su contacto con la realidad. Menos de un año después de graduarse de la universidad, sus padres la convencieron de acudir a un hospital psiquiátrico privado. La siguiente década la pasó entrando y saliendo de instituciones, sufriendo de esquizofrenia, uno de los trastornos psicológicos más graves.

El caso de Schiller plantea varias interrogantes. ¿Qué causó su trastorno? ¿Hubo factores genéticos implicados o fueron los factores ambientales de estrés los principales responsables de su trastorno? ¿Hubo señales que otros debieron notar antes? ¿Pudo haberse prevenido su esquizofrenia? ¿Cuáles eran los síntomas específicos de su comportamiento anormal? Y, de manera más general, ¿de qué forma puede distinguirse el comportamiento normal del anormal y cómo puede clasificarse y catalogarse la conducta de Lori, determinando con precisión la naturaleza específica de su problema?

Abordaremos los problemas planteados en el caso de Lori Schiller en este capítulo y el siguiente. Comenzaremos por exponer las distinciones sutiles entre comportamiento normal y anormal. Examinaremos los diversos enfoques que se han empleado para explicar los trastornos psicológicos: desde las explicaciones con base en la superstición hasta aquellas basadas en enfoques científicos contemporáneos.

El aspecto central del capítulo lo constituye una descripción de los distintos tipos de trastornos psicológicos. Mediante el empleo de un sistema de clasificación utilizado por quienes laboran en el campo de la salud mental, analizaremos los trastornos más significativos. Este capítulo también incluye una exposición en torno a la evaluación del propio comportamiento para determinar si debe buscarse la ayuda de un profesional de la salud mental.

LO NORMAL FRENTE A LO ANORMAL: ESTABLECIMIENTO DE LA DISTINCIÓN

De manera universal se estima el acumen de aquella persona poco perceptiva referente a cualquier asunto considerado como más provechoso de estudiar por mortales dotados de sapiencia si ignora eso que es lo más alto en doctrina erudita y ciertamente por razón de ese elevado ornamento de la mente en ellos merecedor de veneración de manera constante cuando por consentimiento general afirman que en igualdad de las demás circunstancias por ningún esplendor exterior se asevera más eficazmente la prosperidad de una nación que por la medida de hasta qué punto haya progresado el tributo de su solicitud hacia esa proliferante continuación que de los males es el original si está ausente y si por fortuna presente constituye el signo seguro de la incorrupta benefacción de la omnipotente naturaleza.

Parece fácil concluir que estas palabras son los desvaríos de un loco. Al menos en un primer acercamiento este texto no tiene sentido alguno. Pero los profesores de literatura estarían en desacuerdo con dicha opinión. En realidad, este pasaje fue extraído de la novela clásica de James Joyce, *Ulises,* obra que ha sido celebrada como una de las creaciones literarias más importantes del siglo xx* (Joyce, 1934, p. 377).

Como lo ilustra este ejemplo, analizar cómo escribe una persona no es suficiente para determinar su grado de "normalidad". Pero incluso cuando consideramos muestras más amplias de la conducta de una persona, encontramos que puede haber sólo una línea muy fina entre el comportamiento que se considera normal y el que se considera anormal.

Definición de anormalidad

La dificultad que implica distinguir entre lo normal y lo anormal ha inspirado enfoques diversos que buscan lograr una definición precisa y científica del "comportamiento anormal". A través de los años, estos enfoques se modificaron en forma considerable. Por ejemplo, consideremos las siguientes definiciones:

- *La anormalidad como una desviación del promedio.* Este enfoque estadístico ve a la anormalidad como una desviación del comportamiento promedio. Para determinar la anormalidad sólo debemos observar las conductas extrañas o poco frecuentes en una sociedad o cultura determinada y catalogar estas desviaciones de la norma como "anormales".

  Aunque esta definición pueda ser adecuada en algunos casos, su desventaja radica en que algunos comportamientos considerados raros en términos estadísticos no pueden clasificarse como anormales. Si la mayoría de las personas prefiere tomar jugo de naranja en el desayuno, pero usted prefiere el jugo de manzana, eso muy difícilmente implicará que su comportamiento sea anormal. De modo similar, semejante concepción consideraría anormal a una persona con un CI muy alto, por la simple razón de tratarse de una condición estadísticamente rara. Por tanto, una definición de la anormalidad con base en la desviación del promedio es insuficiente por sí misma.

▶ ¿Cómo podemos distinguir el comportamiento normal del anormal?

▶ ¿Cuáles son los principales modelos de comportamiento anormal empleados por los especialistas en salud mental?

▶ ¿Qué sistema de clasificación se utiliza para catalogar el comportamiento humano anormal?

---

* Artemisa, México, 1985. Col. Literatura Contemporánea, Seix Barral, núm. 24. Traducción de José María Valverde.

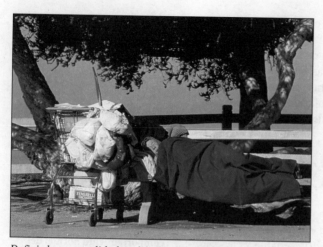 

Definir la anormalidad es difícil, y las definiciones psicológicas y legales a veces chocan. Una persona que es incapaz de desempeñarse en forma efectiva en la vida cotidiana puede ser considerada como anormal desde el punto de vista psicológico; pero Jeffrey Dahmer, quien confesó una serie de asesinatos espantosos, fue considerado sano y merecedor de castigo legal por los tribunales.

- *La anormalidad como una desviación del ideal.* Un enfoque alternativo considera la anormalidad en relación con la norma que pretende lograr la mayoría de las personas: el ideal. Esta clase de definición considera anormal un comportamiento si se desvía lo suficiente de algún tipo de ideal o norma cultural. Por desgracia, esta definición ofrece aún más dificultades que la basada en la desviación del promedio, puesto que la sociedad cuenta con pocas normas aceptadas por todos. Además, las normas que surgen tienden a cambiar con el tiempo, lo cual hace que resulte inadecuado este enfoque de la anormalidad.

- *La anormalidad como una forma de malestar subjetivo.* Debido a las desventajas implícitas en las definiciones de la anormalidad con base en la desviación del promedio y del ideal, es preciso buscar enfoques más subjetivos. Una de las definiciones más útiles acerca del comportamiento anormal se centra en las consecuencias psicológicas que tiene la conducta para el propio individuo. En este enfoque, el comportamiento se considera anormal si genera un sentimiento de malestar, ansiedad o culpabilidad en el individuo, o si de alguna manera es perjudicial para los demás.

  Incluso esta definición sustentada en el malestar subjetivo tiene sus desventajas, puesto que en algunas formas sumamente severas de perturbación mental, los sujetos manifiestan sentir euforia y estar en la cima del mundo, aunque sus comportamientos les parezcan extraños a los demás. En este caso, entonces, hay un estado de bienestar subjetivo, aunque el comportamiento esté dentro de la esfera de lo que la mayoría de las personas consideraría anormal. Esta discrepancia señala que una definición de la anormalidad que no considere la capacidad de las personas para desempeñarse en forma efectiva es inadecuada. Por tanto, los psicólogos han elaborado un enfoque final para distinguir entre el comportamiento normal y el anormal.

- *La anormalidad como incapacidad para desempeñarse de manera efectiva.* La mayoría de las personas son capaces de alimentarse, conservar un empleo, convivir con los demás y, en términos generales, vivir como miembros productivos de la sociedad. Sin embargo, existen algunos individuos que son incapaces de adaptarse a las exigencias de la sociedad o que no logran funcionar en forma efectiva.

  De acuerdo con esta perspectiva de la anormalidad, se considera anormales a quienes son incapaces de desempeñarse en forma efectiva y no logran adaptarse a las exigencias de la sociedad. Por ejemplo, una mujer sin trabajo y que vive en la calle puede ser calificada como alguien que no se desempeña con efectividad. Por

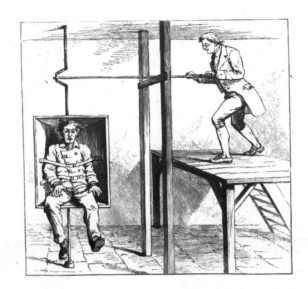

Esta silla giratoria, inventada por el renombrado médico estadounidense Benjamin Rush, fue usada en forma amplia en el siglo XVIII como un tratamiento para los trastornos psicológicos. Su empleo se basaba en la premisa de que las personas con trastornos psicológicos estaban poseídas por el diablo o por alguna clase de demonio, y que el tratamiento debería sacar la fuente del problema.

tanto, se puede considerar que su comportamiento es anormal, incluso si ella hubiese elegido vivir de ese modo. De acuerdo con este enfoque, su incapacidad para adaptarse a las exigencias sociales es lo que la hace "anormal".

- *La anormalidad como un concepto legal.* De acuerdo con el jurado que escuchó su caso, Jeffery Dahmer, el asesino de una innumerable cantidad de personas, gozaba de una perfecta salud mental cuando mató a sus víctimas.

Aunque usted podría cuestionar esta opinión, es un reflejo de la forma en que la ley define el comportamiento anormal. De acuerdo con la ley, la distinción entre comportamiento normal y anormal depende de la definición de "locura", que es un término legal, no psicológico. La definición varía de una jurisdicción a otra. En algunas entidades de Estados Unidos la locura implica simplemente que el acusado no pueda entender la diferencia entre el bien y el mal en el momento en que comete un acto criminal. En otros estados de ese país, una persona acusada de ciertos crímenes puede ser declarada "culpable, pero mentalmente trastornada", en lugar de la norma más rigurosa de "inocente por razones de locura". Otros estados fundamentalmente consideran el hecho de si los acusados son incapaces de entender la criminalidad de su comportamiento o si son incapaces de controlarse por sí mismos. En algunas jurisdicciones no se permiten en absoluto los alegatos de locura. Es evidente que no hay una definición legal de locura que sea aceptada en general, lo que crea una situación judicial confusa (Steadman *et al.*, 1993; Weiner y Wettstein, 1993).

Gradaciones del comportamiento normal y anormal: el trazo de la línea divisoria

Es evidente que ninguna de las definiciones anteriores es lo suficientemente amplia para abarcar todas las formas de comportamiento anormal. En consecuencia, la distinción entre comportamiento normal y anormal sigue siendo ambigua incluso para los expertos. Además, la clasificación de "comportamiento anormal" es influida en gran medida por las expectativas culturales de lo que se considera como conducta "normal" en una sociedad.

Es posible que la mejor forma de lidiar con estas imprecisiones sea ver al comportamiento normal y al anormal como los dos extremos de un continuo en lugar de verlos como estados absolutos. Por lo cual, el comportamiento deberá ser evaluado en función de gradaciones, que varían desde un funcionamiento por completo normal hasta un comportamiento anormal extremo. Sin lugar a dudas, cualquier comportamiento se ubicará en algún punto entre estos dos extremos.

Modelos de anormalidad: de la superstición a la ciencia

Durante mucho tiempo, el comportamiento anormal fue vinculado a la superstición y la brujería. Las personas que manifestaban una conducta anormal eran acusadas de estar poseídas por el demonio o por alguna especie de dios maligno. Las autoridades justificaban su método de "tratar" al comportamiento anormal con la argumentación de que intentaban expulsar la causa del problema. Esta operación solía implicar latigazos, inmersiones en agua caliente, ayunos y otras formas de tortura, en las cuales a menudo el remedio era peor que el padecimiento (Howells y Osborn, 1984; Berrios, 1996).

Los enfoques contemporáneos adoptan una postura mucho más racional y predominan seis principales modelos del comportamiento anormal: el médico, el psicoanalítico, el conductual, el cognitivo, el humanista y el sociocultural. Estos modelos no sólo sugieren distintas causas del comportamiento anormal sino también, como expondremos en el siguiente capítulo, diversos enfoques terapéuticos. (El cuadro 12-1 resume los modelos y la forma en que pueden aplicarse al caso de Lori Schiller descrito en el prólogo.)

Modelo médico

Modelo médico de la anormalidad: modelo que sostiene que cuando un individuo exhibe síntomas de comportamiento anormal, la causa que los origina se encontrará en un examen físico del individuo, el cual puede revelar un desequilibrio hormonal, una deficiencia química o una lesión cerebral

Cuando un individuo presenta los síntomas de la tuberculosis, lo más común es que se pueda localizar la bacteria en su tejido corporal. De modo similar, el **modelo médico de la anormalidad** sostiene que si un individuo muestra síntomas de comportamiento anormal, la causa debe encontrarse si se realiza un examen físico del individuo, el cual puede revelar un desequilibrio hormonal, una deficiencia química o una lesión cerebral. De he-

---

Cuadro 12-1	Modelos del trastorno psicológico

Al considerar el caso de Lori Schiller, expuesto al comienzo del capítulo, podemos emplear cada uno de los diferentes modelos de comportamiento anormal. Se notará, sin embargo, que debido a la naturaleza de su trastorno psicológico, algunos de los modelos son considerablemente más aplicables que otros.

Modelo	Descripción	Posible aplicación del modelo al caso de Schiller
Modelo médico	Señala que causas fisiológicas son el origen del comportamiento anormal	Examinar a Schiller en busca de problemas médicos, como un tumor cerebral, desequilibrio químico en el cerebro o enfermedad
Modelo psicoanalítico	El comportamiento anormal se deriva de conflictos infantiles	Buscar información sobre el pasado de Schiller, considerando los posibles conflictos infantiles
Modelo conductual	El comportamiento anormal es una respuesta aprendida	Concentrarse en las recompensas y castigos para el comportamiento de Schiller e identificar estímulos ambientales que refuercen su comportamiento
Modelo cognitivo	Asume que las cogniciones(pensamientos y creencias de las personas) son centrales en el comportamiento anormal	Enfocarse en las percepciones de Schiller sobre sí misma y su entorno
Modelo humanista	Enfatiza el control y la responsabilidad de las personas sobre su propio comportamiento	Considerar el comportamiento de Schiller en función de las opciones que ha elegido en forma libre
Modelo sociocultural	Asume que el comportamiento es moldeado por la familia, la sociedad y la cultura	Enfocarse en la forma en que las demandas sociales contribuyeron al trastorno de Schiller

cho, cuando hablamos de "enfermedad" mental, de los "síntomas" del comportamiento anormal y de los "hospitales" psiquiátricos, estamos utilizando una terminología asociada con el modelo médico.

Debido a que muchas formas de comportamientos anormales han sido vinculadas con causas biológicas, el modelo médico es un enfoque razonable. Sin embargo, se han planteado serias críticas en su contra. Por una parte, existen muchas formas de conducta anormal en las que no se ha logrado identificar ninguna causa biológica. Además, algunos críticos sostienen que el empleo de la palabra "enfermedad" implica que las personas con comportamientos anormales no son responsables de sus acciones (Szasz, 1982, 1994).

Aun así, avances recientes en nuestra comprensión acerca de las bases biológicas del comportamiento han apoyado la importancia de considerar los factores fisiológicos en la conducta anormal. Por ejemplo, veremos más adelante en el capítulo que algunas de las formas más severas de perturbación psicológica son resultado de factores genéticos o disfunción en la conducción de los neurotransmisores (Resnick, 1992; Brunner *et al.*, 1993; Crow, 1995; Petronis y Kennedy, 1995).

Modelo psicoanalítico

En tanto que el modelo médico afirma que las causas biológicas son la raíz del comportamiento anormal, el **modelo psicoanalítico de la anormalidad** sostiene que la conducta anormal es provocada por conflictos de la infancia surgidos de los deseos contrapuestos a lo sexual y a la agresividad. Como se estudió en el capítulo 11, Freud creía que los niños atraviesan por una serie de etapas en donde los impulsos sexuales y agresivos asumen distintas formas y estimulan conflictos que precisan de solución. Si estos conflictos de la infancia no son resueltos con éxito, permanecen sin resolverse en el inconsciente ocasionando, eventualmente, en la edad adulta comportamiento anormal.

Modelo psicoanalítico de la anormalidad: modelo que señala que el comportamiento anormal se deriva de conflictos infantiles sobre deseos opuestos respecto al desarrollo sexual y a la agresión

Para comprender las raíces del comportamiento trastornado de una persona, el modelo psicoanalítico estudia con detalle los episodios de los primeros años de vida de dicho individuo. Sin embargo, puesto que no hay un modo concluyente de relacionar las experiencias infantiles de las personas con el comportamiento anormal que exhiben en su edad adulta, nunca podremos estar seguros de que los mecanismos que propone la teoría psicoanalítica sean exactos. Además, esta teoría sostiene que las personas tienen un control muy escaso sobre su comportamiento en virtud de que está guiado por impulsos inconscientes.

Por otra parte, las contribuciones de la teoría psicoanalítica han sido muy significativas. Más que cualquier otro enfoque del comportamiento anormal, este modelo hace hincapié en que las personas pueden tener una vida interior rica y profunda y que las experiencias previas pueden tener un efecto profundo en el funcionamiento psicológico posterior (Horgan, 1996).

Modelo conductual

Tanto el modelo médico como el psicoanalítico conciben los comportamientos anormales como *síntomas* de algún problema subyacente. En contraste, el **modelo conductual de la anormalidad** concibe al comportamiento mismo como el problema. Mediante la aplicación de los principios del aprendizaje que revisamos en el capítulo 5, los teóricos conductuales ven al comportamiento normal y anormal como respuestas a un conjunto de estímulos; respuestas que han sido aprendidas en experiencias anteriores y que en el presente son guiadas por estímulos que se encuentran en el entorno del individuo. Para explicar por qué ocurre el comportamiento anormal se debe analizar cómo se aprendió y observar las circunstancias en las que se manifiesta.

Modelo conductual de la anormalidad: modelo que ve al comportamiento mismo como el problema

La importancia otorgada al comportamiento observable representa la mayor ventaja así como la desventaja más seria del enfoque conductual del comportamiento anormal. Debido a su énfasis en el presente, este enfoque es el más preciso y objetivo para examinar las manifestaciones del comportamiento anormal. En lugar de plantear hipótesis acerca de complejos mecanismos subyacentes e inobservables para explicar el comportamiento anormal, los teóricos conductuales se centran en el comportamiento inmediato. Sin embargo, los críticos señalan que este enfoque ignora el amplio mundo interior de pensamientos, actitudes y emociones que pueden contribuir al comportamiento anormal.

Modelo cognitivo

Los modelos médico, psicoanalítico y conductual asumen que el comportamiento de las personas se debe a causas que en gran medida están más allá de su control. Para muchos críticos, sin embargo, no se deben ignorar los pensamientos de las personas.

Como respuesta a esta preocupación, algunos psicólogos emplean el **modelo cognitivo de la anormalidad**. En lugar de considerar sólo el comportamiento externo, como lo hacen los enfoques tradicionales, el modelo *cognitivo* sostiene que las cogniciones (las creencias y los pensamientos) son centrales para el comportamiento anormal de una persona. Uno de los principales propósitos del tratamiento que usa el modelo cognitivo es enseñar de manera explícita nuevas formas de pensar más adaptativas.

Por ejemplo, un estudiante que dice, como resultado de una cognición o creencia errónea: "este examen es vital para mi futuro", siempre que presente un examen podría ser conducido, a través de la terapia, a tener un pensamiento más realista: "mi futuro entero no depende de este examen particular". Al cambiar de esta manera las cogniciones, los psicólogos que trabajan dentro de un marco cognitivo buscan proporcionarle a las personas los medios para autoliberarse de pensamientos y comportamientos desadaptativos.

Modelo humanista

Los psicólogos que se apoyan en el **modelo humanista de la anormalidad** destacan el control y la responsabilidad que tienen las personas sobre su propio comportamiento, incluso cuando éste es anormal. Este modelo se centra en lo que es específicamente humano; concibe a las personas como fundamentalmente racionales, orientadas hacia un mundo social y motivadas para relacionarse bien con los demás (Rogers, 1980).

Los enfoques humanistas se centran en la relación del individuo con la sociedad, considerando la forma en que las personas se ven a sí mismas en relación con los demás, así como su propio lugar en el mundo. Las personas se perciben como poseedoras de una conciencia de la vida y de sí mismas que las conduce a buscar un sentido y valía personal. En lugar de suponer la necesidad de una "cura", el modelo humanista sostiene que los individuos pueden fijar sus propios límites acerca de lo que debe constituir el comportamiento adecuado. Siempre y cuando no provoquen daño a los demás, ni sientan angustia personal, los individuos deben tener libertad para elegir el comportamiento que mejor les satisfaga.

Aunque el modelo humanista ha sido criticado porque se basa en información que no es verificable ni científica por sus formulaciones vagas y casi filosóficas, ofrece una perspectiva distintiva del comportamiento anormal. El modelo humanista enfatiza los aspectos únicos del ser humano y propone diversas sugerencias de importancia para ayudar a quienes padecen de dificultades psicológicas.

Modelo sociocultural

El **modelo sociocultural de la anormalidad** asume que el comportamiento de las personas, normal y anormal, está moldeado por el tipo de grupo familiar, sociedad y cultura en los que viven. De acuerdo con esta perspectiva, la naturaleza de las relaciones que se entablan con los demás puede favorecer comportamientos anormales e incluso provocar su aparición. En consecuencia, la diversidad de tensiones y conflictos que experimentan las personas en su entorno como parte de sus interacciones diarias con los demás puede propiciar la aparición y el mantenimiento del comportamiento anormal.

El apoyo estadístico para la hipótesis de que los factores socioculturales moldean al comportamiento anormal puede encontrarse en el hecho de que algunos tipos de este comportamiento son mucho más frecuentes en determinadas clases sociales que en otras. Por ejemplo, los diagnósticos de esquizofrenia tienden a ser más frecuentes entre los miembros de las clases socioeconómicas bajas que entre los miembros de clases sociales

Modelo cognitivo de la anormalidad: modelo que afirma que los pensamientos y creencias de la persona son un componente central del comportamiento anormal

Modelo humanista de la anormalidad: modelo que enfatiza el control y responsabilidad que tienen las personas sobre su propio comportamiento, aun cuando dicho comportamiento sea anormal

Modelo sociocultural de la anormalidad: que hace la suposición de que el comportamiento de las personas, tanto normal como anormal, es moldeado por la clase de grupo familiar, sociedad y cultura en la que viven

más privilegiadas. Más individuos afroamericanos son hospitalizados por medio de la fuerza como consecuencia de trastornos psicológicos, en proporción a los de raza blanca (Hollingshead y Redich, 1958; Keith, Regier y Rae, 1991; Keith *et al.*, 1992).

Las épocas de crisis económica tienden a estar relacionadas con desviaciones generales del funcionamiento psicológico, y problemas sociales como la carencia de hogar han sido asociados con trastornos psicológicos (Pines, 1981; Schweitzer y Hier, 1993; Bhugra, 1996). (Véase el recuadro *Los caminos de la psicología* de este capítulo.)

Como las otras teorías, el modelo sociocultural no cuenta con un apoyo total. Abundan las explicaciones alternativas acerca de la relación entre comportamiento anormal y factores sociales. Por ejemplo, las personas pertenecientes a las clases bajas pueden tener menos propensión que los miembros de las clases privilegiadas a buscar ayuda antes de que sus síntomas alcancen cierta severidad y justifiquen un diagnóstico más grave (Gove, 1982). Además, las explicaciones socioculturales ofrecen poca ayuda en lo concerniente al tratamiento directo de las personas que muestran signos de perturbaciones mentales, puesto que centran su atención en factores sociales más generales.

Clasificación del comportamiento anormal: el ABC del *DSM*

Orate. Loco de remate. Zafado. Enfermo mental. Neurótico. Psicópata. Extraño. Demente. Raro. Poseído. Chiflado.

La sociedad siempre ha puesto etiquetas a quienes muestran un comportamiento anormal. Por desgracia, la mayoría de las veces tales denominaciones han reflejado intolerancia y han sido empleadas sin reflexionar acerca de lo que significan.

Para los psicólogos, proporcionar nombres y clasificaciones adecuados y específicos para el comportamiento anormal ha representado un gran reto; no es difícil comprender por qué, debido a las dificultades que comentamos al diferenciar entre el comportamiento normal y el anormal. No obstante, son necesarias las clasificaciones para lograr describir y, en última instancia, diagnosticar el comportamiento anormal.

DSM-IV: determinación de distinciones diagnósticas

Con el paso de los años se han usado gran cantidad de sistemas de clasificación, los cuales han variado con respecto a su utilidad y a su aceptación general por parte de los especialistas en salud mental. Sin embargo, en la actualidad ha surgido un sistema estandarizado que elaboró la American Psychiatric Association, el cual es empleado por la mayoría de los especialistas para diagnosticar y clasificar el comportamiento anormal. Este sistema se conoce como *Manual diagnóstico y estadístico de los trastornos mentales (cuarta edición) (DSM-IV, Diagnostic and Statistical Manual of Mental Disorders).*

Manual diagnóstico y estadístico de los trastornos mentales (cuarta edición) (DSM-IV): sistema diseñado por la American Psychiatric Association usado por la mayoría de los profesionales para diagnosticar y clasificar el comportamiento anormal

Publicado en 1994, el *DSM-IV* presenta definiciones generales y relativamente precisas para más de 200 diferentes categorías diagnósticas. Al apegarse a los criterios que presenta este sistema, los encargados de la valoración pueden describir con claridad el problema específico que experimenta una persona. (El cuadro 12-2 ofrece una breve muestra de las principales categorías diagnósticas.)

El *DSM-IV* evalúa el comportamiento con base en cinco dimensiones diferenciadas o *ejes*. Los tres primeros ejes valoran el trastorno primario: la naturaleza de cualquier problema de personalidad que haya perdurado por un largo periodo en los adultos, o cualquier problema del desarrollo en niños o adolescentes que pueda ser pertinente para el tratamiento y cualquier otra enfermedad o trastornos físicos que también pudieran estar presentes. Los otros dos ejes toman en cuenta consideraciones más amplias. Se centran en la gravedad de los factores estresantes existentes y en el nivel general de funcionamiento de la persona durante el año anterior en sus relaciones sociales, su trabajo y el uso que hace de su tiempo libre.

Una característica notable del *DSM-IV* es que su diseño es principalmente descriptivo y no intenta sugerir nada con respecto a las causas subyacentes del comportamiento y los problemas de un individuo (Millon, 1991). Por tanto, el término "neurótico", utilizado con mucha frecuencia por las personas para describir el comportamiento anormal, no apa-

Los caminos de la psicología

Meryl Langbort

Defensora de las personas sin hogar

Educación: *B.S. en negocios, Universidad de Miami; estudios de artes liberales en psicología, Programa de Extensión para Graduados de la Universidad de Harvard*

Residencia: *Boston*

Meryl Langbort

Para Meryl Langbort la dirección hacia la psicología desde una educación en el área de administración surgió en gran medida por un deseo de estar más implicada en los problemas sociales. En la actualidad es directora asociada de la Massachusetts Coalition for the Homeless, donde trabaja principalmente como defensora de los que carecen de hogar y realiza labores de educación pública y actividades de concientización del público, así como recaudación de fondos. El puesto le permite utilizar no sólo sus conocimientos en negocios (obtuvo su pregrado en administración), sino también su educación en el área de psicología.

"Gran parte de nuestra labor de defensoría pretende ayudar a que aquellos que tienen vivienda la conserven. Es una especie de prevención en cuanto a la carencia de hogar", comentó. "Si las personas carecen de hogar, trabajamos para conseguir que regresen a una vivienda tan pronto como sea posible y ayudarlas a poner en orden sus vidas."

"Apoyo la necesidad de albergues, pero un albergue no es un hogar. Tienes que ver los problemas subyacentes a la carencia de hogar y a la falta de viviendas costeables", dice Langbort, quien comenzó como voluntaria hace más de diez años mientras trabajaba en su tesis en Harvard.

Para Langbort, la carencia de hogar tiene vínculos claros con los trastornos psicológicos. "Creo que es muy importante para las personas estar arraigadas y tener ciertos límites. Un hogar proporciona un refugio. Cuando no tienes hogar, no se te permite permanecer en un lugar mucho tiempo y corres el riesgo de ser asaltado. Hay muchos lugares donde ni siquiera puedes ir al baño. No pasaría mucho tiempo antes de que la mayoría de las personas se desintegraran un poco", concluyó.

rece en las categorías del *DSM-IV*. La razón por la que se omite es que el vocablo "neurótico" proviene en forma directa de la teoría freudiana de la personalidad. Debido a que se refiere a problemas asociados con una causa y un enfoque teórico específicos, la neurosis ya no aparece como una de las categorías del manual.

El *DSM-IV* tiene la ventaja de proporcionar un sistema descriptivo que no especifica la causa o razón que hay detrás del problema. En lugar de ello, se limita a trazar una imagen del comportamiento que está manifestándose. ¿Por qué es importante que sea así? Por una parte, facilita la comunicación entre los especialistas en salud mental con distintos antecedentes y enfoques. Además, la clasificación precisa permite a los investigadores avanzar en la exploración de las causas de un problema. Si las manifestaciones de un comportamiento anormal no se pueden describir en forma confiable, los investigadores se verían apremiados a descubrir métodos de estudio para el trastorno. Por último, el *DSM-IV* ofrece una especie de código conceptual mediante el cual los especialistas pueden describir los comportamientos que tienden a ocurrir en forma conjunta en un individuo (Widiger *et al.*, 1990; DeAngelis, 1991; Frances, First y Pincus, 1995; Halling y Goldfarb, 1996).

Preocupaciones por la clasificación

Como cualquier sistema de clasificación, el *DSM-IV* tiene sus desventajas. Por ejemplo, los críticos lo cuestionan por basarse demasiado en el modelo médico de los trastornos psicológicos. Debido a que lo elaboraron psiquiatras, que son médicos, algunos lo condenan por concebir al comportamiento anormal fundamentalmente como síntomas de algún

Cuadro 12-2	**Principales categorías diagnósticas del *DSM-IV***

El siguiente listado de trastornos representa las principales categorías del *DSM-IV*. Sólo se trata de un listado parcial de los más de 200 trastornos que se describen en el *DSM-IV*.

Trastornos de ansiedad (problemas en los que la ansiedad imposibilita el desempeño cotidiano)
   Subcategorías: trastorno de ansiedad generalizada, trastorno de pánico, trastorno fóbico, trastorno obsesivo-compulsivo, trastorno de estrés postraumático

Trastornos somatoformes (dificultades psicológicas que se manifiestan a través de problemas físicos)
   Subcategorías: hipocondriasis, trastorno de conversión.

Trastornos disociativos (división de partes importantes de la personalidad que suelen estar integradas)
   Subcategorías: trastorno disociativo de la identidad (personalidad múltiple), amnesia disociativa, fuga disociativa

Trastornos del estado de ánimo (sentimientos de euforia o depresión que son lo bastante fuertes como para afectar la vida cotidiana)
   Subcategorías: depresión mayor, trastorno bipolar

Esquizofrenia (problemas de desempeño, perturbaciones del lenguaje y el pensamiento, trastornos de percepción, perturbaciones emocionales y aislamiento de los demás)
   Subcategorías: desorganizada, paranoica, catatónica, indiferenciada, residual

Trastornos de la personalidad (problemas que generan poco malestar personal, pero que conducen a una incapacidad para desempeñarse como miembros normales de la sociedad)
   Subcategorías: trastorno de la personalidad antisocial (sociopatía), trastorno narcisista de la personalidad

Trastornos sexuales (problemas relacionados con la excitación sexual a partir de objetos extraños o problemas vinculados con el desempeño sexual)
   Subcategorías: parafilias, disfunción sexual

Trastornos relacionados con el uso de sustancias (problemas relacionados con el abuso y dependencia de las drogas)
   Subcategorías: alcohol, cocaína, alucinógenos, mariguana

Delirio, demencia, amnesia y otros trastornos cognitivos

trastorno fisiológico subyacente. Es más, otros críticos señalan que el *DSM-IV* encasilla a las personas en categorías inflexibles y que sería más razonable utilizar un sistema que las clasificara con base en gradaciones.

Otras preocupaciones suscitadas por el *DSM-IV* son más sutiles, pero revisten igual importancia. Por ejemplo, algunos críticos afirman que clasificar a un individuo como anormal genera un estigma que perdura por toda su vida y que es deshumanizante. Además, después de que se realiza un diagnóstico inicial, es posible que los especialistas en salud mental no consideren otras posibilidades diagnósticas, sino que se concentren por completo en la categoría del diagnóstico inicial (Szasz, 1961, 1994; Kirk, 1992).

Un experimento realizado a principios de la década de los años setenta, que se ha convertido en un clásico, ilustró la noción de que las categorías diagnósticas ofrecen clasificaciones muy rígidas (Rosenhan, 1973). En el estudio, Rosenhan y siete de sus colegas se presentaron a las puertas de distintos hospitales psiquiátricos de Estados Unidos y solicitaron su ingreso. La razón que dio cada uno de ellos fue que oían voces: "voces poco claras" que decían: "vacío", "hueco" y "sordo". Excepto los cambios en sus nombres y ocupaciones, *todo* lo demás que hacían y decían era representativo de su comportamiento verdadero, incluyendo las respuestas que dieron durante las largas entrevistas de admisión y en las baterías de pruebas que se les pidió realizar. De hecho, en cuanto los admitieron, dijeron que ya no oían voces y, por añadidura, cada uno de los seudopacientes se comportaba de modo "normal".

Podría suponerse que Rosenhan y sus colaboradores fueron descubiertos rápidamente como impostores, pero no fue así. En vez de ello, a cada uno se le formuló un diagnóstico de anormalidad severa con base en el comportamiento observado. A la mayoría se le diagnosticó esquizofrenia y se le mantuvo en el hospital entre tres y 52 días, con una estancia promedio en el hospital de 19 días. En la mayoría de los casos, no se les permitió salir sin la ayuda de personas ajenas al hospital. Incluso cuando se les dio de alta, a casi todos se les dejó una leyenda en su expediente que decía "esquizofrenia en remisión", indicando que el comportamiento anormal sólo había cedido en forma temporal y que en cualquier momento podía volver a producirse. Lo que resulta más preocupante es que ninguno de los seudopacientes fue identificado como impostor por el personal de los hospitales. En conclusión, clasificar a las personas influye poderosamente en la forma en que son percibidas e interpretadas sus acciones.

Aun así, a pesar de las desventajas inherentes en cualquier sistema de clasificación, el *DSM-IV* ha tenido una influencia muy importante en la forma en que los especialistas de la salud mental abordan los trastornos psicológicos. Ha aumentado tanto la confiabilidad como la validez de la clasificación diagnóstica. Además, proporciona un método lógico para organizar nuestro examen de los más importantes trastornos mentales, que veremos a continuación.

Recapitulación, revisión y reflexión

Recapitulación

* Las definiciones de anormalidad incluyen las que se basan en la desviación del promedio, en la desviación del ideal, en las consecuencias psicológicas del comportamiento para el individuo en cuestión, en la capacidad del individuo para desempeñarse en forma efectiva y adaptarse como miembro de la sociedad y de las normas legales.

* El comportamiento normal y el anormal se pueden concebir mejor como gradaciones, que van desde el funcionamiento normal por completo hasta el comportamiento anormal extremo.

* Las teorías actuales consideran la anormalidad según seis modelos principales: el médico, el psicoanalítico, el conductual, el cognitivo, el humanista y el sociocultural.

* El *Manual diagnóstico y estadístico de los trastornos mentales (cuarta edición) (DSM-IV)* proporciona una descripción de más de 200 categorías diagnósticas distintas de los trastornos psicológicos.

Revisión

1. Es un problema que se presenta para definir el comportamiento anormal:
   a. El comportamiento anormal en términos estadísticos bien puede no ser anormal.
   b. No todas las anormalidades están acompañadas por sensaciones de malestar.
   c. Las normas culturales son demasiado generales como para servir de herramientas de medición.
   d. Todos los anteriores.

2. De acuerdo con la definición de anormalidad como una experiencia de malestar subjetivo o motivo de daño para los demás, ¿cuál de las siguientes personas es la que con mayor probabilidad requiere tratamiento?

   a. Un ejecutivo que tiene miedo de aceptar un ascenso que implicaría cambiarse de su oficina en la planta baja hasta el último piso de un edificio muy alto.

   b. Una mujer que renuncia a su trabajo y decide vivir en la calle.
   c. Un hombre que cree que un extraterrestre amistoso visita su casa todos los martes.
   d. Un fotógrafo que vive con 19 gatos en un departamento pequeño.

3. La madre de Virginia cree que el comportamiento de ésta es a todas luces anormal, puesto que a pesar de que le ofrecieron admitirla en la escuela de medicina, ella decidió ser mesera. ¿Qué enfoque está utilizando la madre de Virginia para definir el comportamiento anormal?

4. ¿Cuál de los siguientes argumentos representa una seria objeción al modelo médico?
   a. Las anormalidades fisiológicas casi siempre son imposibles de identificar en la práctica.
   b. No existe una forma concluyente con la que se pueda articular la experiencia pasada y el comportamiento actual.
   c. El modelo médico se apoya demasiado en los efectos de la nutrición.
   d. Asignar determinado comportamiento a un problema físico exime al sujeto de responsabilidad.

5. Gabriela es excesivamente tímida. Según el modelo conductual, la mejor forma para tratar su comportamiento "anormal" consiste en:
   a. Tratar el problema físico subyacente.
   b. Emplear los principios de la teoría del aprendizaje para modificar su tímido comportamiento.
   c. Expresarle mucho afecto.
   d. Descubrir sus experiencias negativas del pasado por medio de la hipnosis.

6. El *DSM-IV* pretende en igual forma describir los trastornos psicológicos y sugerir sus causas subyacentes. ¿Verdadero o falso?

Las respuestas a las preguntas de revisión se encuentran en la página 504.

Reflexión

1. Imagine que un conocido suyo fue arrestado hace poco por hurtar una corbata de 150 pesos. ¿Qué clase de explicación para este comportamiento proporcionarían los defensores de *cada* modelo sobre la anormalidad; considere el modelo médico, el psicoanalítico, el conductual, el cognitivo, el humanista y el sociocultural?

2. ¿En qué formas cree que el *DSM-IV* ha incrementado la confiabilidad y la validez de la clasificación diagnóstica? ¿Considera que las ventajas del sistema superan la preocupación de que las categorías de diagnóstico puedan volverse demasiado rígidas?

3. ¿Está usted de acuerdo o en desacuerdo en que el *DSM-IV* sea actualizado cada cierto número de años? ¿Qué hace tan variable al comportamiento anormal? ¿Por qué no puede haber una definición del comportamiento anormal que sea definitiva?

LOS PRINCIPALES TRASTORNOS

Sally experimentó en forma súbita su primer ataque de pánico tres semanas después de terminar su último año en la universidad. Acababa de terminar una entrevista de trabajo y se había reunido con algunas amigas para cenar. En el restaurante comenzó a sentirse mareada. En unos cuantos segundos su corazón estaba latiendo con fuerza y sentía que le faltaba la respiración, como si se fuera a desmayar. Sus amigas notaron que no se veía bien y le propusieron llevarla a su casa. Sally sugirió que mejor se dirigieran a la sala de urgencias del hospital. Aunque mejoró en el trayecto al hospital y los análisis no indicaron algo malo, Sally experimentó un episodio parecido una semana más tarde mientras estaba en el cine. . .

▶ ¿Cuáles son los principales trastornos psicológicos?

Sus ataques se volvieron cada vez más frecuentes. Al poco tiempo experimentó varios por semana. Además, en forma constante se preocupaba por la posibilidad de más ataques. Comenzó a evitar el ejercicio y otras actividades que producían sensaciones físicas. Notó también que los ataques eran peores cuando estaba sola. Comenzó a evitar conducir, comprar en tiendas grandes y comer en los restaurantes. Por semanas evitaba salir de su casa por completo. Sally dejó de buscar trabajo; temía ser incapaz de permanecer en su trabajo en caso de un ataque de pánico (Antony, Brown y Barlow, 1992, p. 79).

A Sally se le diagnosticó con una de las formas más importantes de perturbación psicológica, conocida como trastorno de ansiedad.

Los trastornos de ansiedad representan sólo una de las varias formas importantes del comportamiento anormal que consideraremos más adelante. Debe tenerse presente que nos centraremos en aquellos trastornos que son más comunes, graves o perjudiciales para el funcionamiento cotidiano, a pesar de que se han identificado muchos otros tipos de trastornos. También es importante decir que, aunque se expondrán estas perturbaciones de una manera desapasionada, cada una representa un conjunto muy humano de dificultades que influyen, y en algunos casos causan estragos considerables, en las vidas de las personas.

Trastornos de ansiedad

Cada uno de nosotros, en un momento u otro, ha experimentado *ansiedad*, un sentimiento de aprensión o de tensión, ante situaciones de estrés. Esta forma de ansiedad no representa nada "malo"; en alguna medida, todo el mundo la experimenta y por lo general es una reacción ante el estrés que ayuda, más que perjudica, a nuestro funcionamiento diario. Sin ansiedad la mayoría de nosotros careceríamos de la motivación necesaria para estudiar con determinación, para practicarnos exámenes físicos o para pasar largas horas en nuestros empleos.

Sin embargo, algunas personas experimentan ansiedad en situaciones en las que no existe ninguna razón o causa externa. Cuando se produce ansiedad sin justificación externa y comienza a entorpecer el desempeño cotidiano de las personas, se considera que hay

Trastorno de ansiedad: experiencia de ansiedad sin causa externa obvia que interrumpe el funcionamiento diario

un problema psicológico que se denomina **trastorno de ansiedad**. Existen cuatro clases principales de trastornos de ansiedad: el fóbico, el de pánico, el de ansiedad generalizada y el obsesivo-compulsivo.

Trastorno fóbico

Trastornos fóbicos: temores irracionales intensos por objetos o situaciones específicos

Claustrofobia. Acrofobia. Xenofobia. Estos términos parecen ser los nombres de personajes de una tragedia griega, pero son denominaciones de una clase de trastornos psicológicos conocidos como fobias. Los **trastornos fóbicos** son miedos intensos e irracionales hacia objetos o situaciones específicos. Por ejemplo, la claustrofobia es el miedo a los sitios cerrados, la acrofobia es el miedo a los lugares altos y la xenofobia es el miedo a la gente extraña. Aunque el peligro objetivo que plantea un estímulo generador de ansiedad (que puede ser prácticamente cualquier cosa, como se muestra en la lista que aparece en el cuadro 12-3) suele ser menor o inexistente, para el que sufre de la fobia representa un peligro grave y es posible que inmediatamente después de la exposición al estímulo se produzca un ataque de pánico completo. Los trastornos fóbicos difieren de los trastornos de ansiedad generalizada y de los trastornos de pánico en que en las fobias hay un estímulo específico e identificable que produce la reacción de ansiedad.

Las fobias pueden tener un efecto mínimo en la vida de quienes las padecen si logran evitar los estímulos que las producen. Por ejemplo, sólo si uno es bombero o equilibrista, el miedo a la altura puede tener un efecto mínimo en nuestra vida cotidiana. Por otra parte, el miedo a los extraños plantea un problema más grave. En un caso extremo, una ama de casa de Washington salió de su hogar solamente tres veces en un periodo de 30 años: una vez para visitar a su familia, otra para someterse a una operación y la última para comprar helado para un compañero moribundo (Adler, 1984).

Trastorno de pánico

Trastorno de pánico: ansiedad que se manifiesta en forma de ataques de pánico que duran desde unos cuantos segundos hasta varias horas

En otra forma de trastorno de ansiedad, el **trastorno de pánico**, se caracteriza por *ataques de pánico* que pueden durar desde unos cuantos segundos hasta varias horas. A diferencia de las fobias, las cuales son producidas por objetos o situaciones específicos, los

Cuadro 12-3	El nombre correcto de los miedos		
Fobia	**Estímulo**	**Fobia**	**Estímulo**
Acrofobia	Alturas	Herpetofobia	Reptiles
Aerofobia	Volar	Hidrofobia	Agua
Agorafobia	Espacios abiertos	Microfobia	Gérmenes
Ailurifobia	Gatos	Murofobia	Ratones
Amaxofobia	Vehículos, conducir	Misofobia	Mugre o gérmenes
Antofobia	Flores	Numerofobia	Números
Antrofobia	Gente	Nictofobia	Oscuridad
Acuafobia	Agua	Oclofobia	Multitudes
Aracnofobia	Arañas	Ofidiofobia	Serpientes
Astrafobia	Relámpagos	Ornitofobia	Aves
Brontofobia	Truenos	Fonofobia	Hablar en voz alta
Claustrofobia	Espacios cerrados	Pirofobia	Fuego
Cinofobia	Perros	Tanatofobia	Muerte
Dementofobia	Locura	Tricofobia	Cabellos
Gefirofobia	Puentes	Xenofobia	Extraños

Respuestas a las preguntas de revisión:
1. d   2. a   3. desviación del ideal   4. d   5. b   6. Falso; el *DSM-IV* sólo pretende ser descriptivo

trastornos de pánico no son provocados por ningún estímulo identificable. En lugar de ello, durante un ataque, como los que experimentaba Sally en el caso descrito antes, la ansiedad se eleva al máximo en forma súbita y sin advertencia, por lo que el individuo tiene la sensación de que le sucederá un mal inminente e inevitable. Aunque los síntomas difieren de una persona a otra, son comunes las palpitaciones cardiacas, la falta de aliento, la sudoración excesiva, los desmayos y mareos, un deseo intenso de orinar, sensaciones gástricas y, en los casos extremos, una sensación de muerte inminente. Después de uno de estos ataques no es sorprendente el hecho de que las personas se sientan exhaustas (Antony, Brown y Barlow, 1992; McNally, 1994; Asnis y Van Praag, 1995; Rachman y deSilva, 1996).

Trastorno de ansiedad generalizada

Como su nombre lo indica, las personas con **trastorno de ansiedad generalizada** experimentan una ansiedad constante y a largo plazo, sin saber su causa. Estas personas tienen miedo o se preocupan por *algo*, pero son incapaces de explicar de qué se trata. Debido a su ansiedad no pueden desempeñarse en forma normal. No logran concentrarse, no pueden apartar sus temores y sus vidas empiezan a girar en torno a la ansiedad. Esta forma de ansiedad puede, al final, producir problemas fisiológicos debido a la gran tensión muscular y excesiva excitación; las personas que padecen del trastorno de ansiedad generalizada pueden comenzar a sufrir dolores de cabeza, mareos, palpitaciones cardiacas o insomnio. Los síntomas más frecuentes pueden verse en la figura 12.1.

Trastorno de ansiedad generalizada: experiencia de ansiedad a largo plazo sin explicación

Trastorno obsesivo-compulsivo

Los individuos que padecen el **trastorno obsesivo-compulsivo** son asaltados por pensamientos no deseados, denominados obsesiones, o sienten que deben realizar ciertas acciones en contra de su voluntad, denominadas compulsiones.

Una **obsesión** es un pensamiento o idea de carácter recurrente en la mente del sujeto. Por ejemplo, un estudiante puede ser incapaz de apartar de su mente la idea de que no escribió su nombre en un examen y es probable que piense en ello en forma constante durante las dos semanas que transcurren antes de que le sea devuelto. Un hombre que ha salido de viaje puede preguntarse todo el tiempo si dejó su casa cerrada con llave. Una mujer escucha en su mente una y otra vez la misma melodía. Cada uno de estos casos muestra un pensamiento o idea que es indeseable y difícil de apartar de la mente. Es obvio que muchos de nosotros, en ciertas ocasiones, padecemos de obsesiones leves, que persisten sólo por periodos breves. Sin embargo, en las personas con obsesiones graves los pensamientos persisten durante días o meses, y sus contenidos pueden ser imágenes extrañas y perturbadoras. En un caso clásico de obsesión, la paciente se quejaba de tener pensamientos "terribles":

Trastorno obsesivo-compulsivo: trastorno caracterizado por obsesiones o compulsiones

Obsesión: pensamiento o idea recurrente

> Cuando recordaba a su novio, deseaba que muriera; cuando su madre bajaba las escaleras, "deseaba que cayera y se rompiera el cuello"; cuando su hermana le hablaba acerca de ir a la playa con su bebita, la paciente "esperaba que ambas se ahogaran". Estos pensamientos "me vuelven histérica. A ellos los amo; ¿por qué habría de desear que les sucedieran cosas tan terribles? Me encoleriza, hace que me sienta loca y que no pertenezco a la sociedad" (Kraines, 1948, p. 199).

Como parte del trastorno obsesivo-compulsivo las personas pueden experimentar **compulsiones**, es decir, tienen la necesidad de realizar repetidas veces un acto que parece extraño e irracional, incluso para ellas. Sin importar cuál sea el comportamiento compulsivo, las personas experimentan una ansiedad enorme si no pueden realizarlo, incluso si se trata de una práctica que desean abandonar. Los actos implicados pueden ser triviales, como revisar la estufa repetidas veces para asegurarse de que las hornillas están apagadas; o tal vez más extraños, como una necesidad constante de lavarse (Rachman y Hodgson, 1980; Carter, Pauls y Leckman, 1995). Por ejemplo, considere el siguiente informe del caso de una mujer de 27 años de edad que presentaba un ritual de limpieza:

Compulsión: impulso de realizar en forma repetida algún acto que parece extraño e irracional, aun si el que lo padece se da cuenta de que es irracional

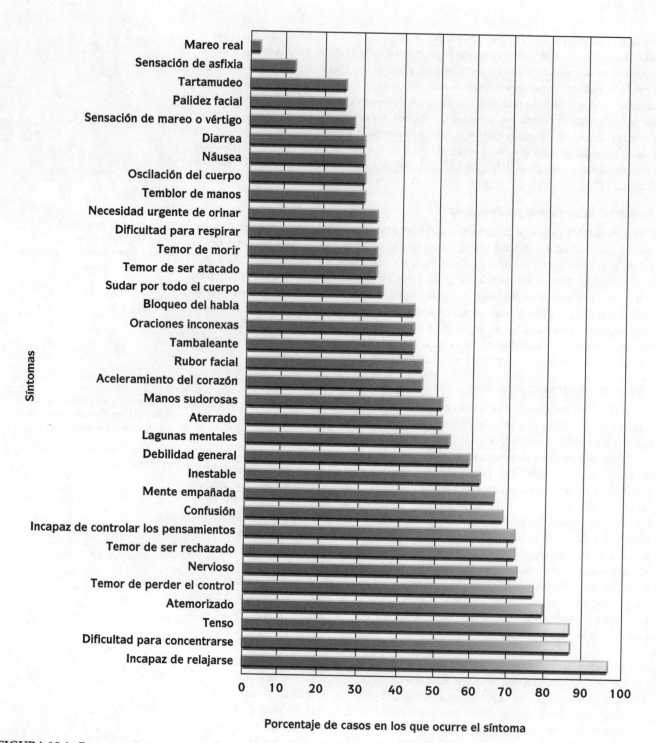

FIGURA 12.1 *Frecuencia de los síntomas en casos de trastorno de ansiedad generalizada. Fuente: adaptado de Beck y Emery, 1985, pp. 87-88.*

Con la ejecución de una secuencia preestablecida, Bess primero se desvestía. Colocaba cada una de sus prendas en lugares específicos de la cama y examinaba cada una de ellas para encontrar cualquier indicio de "contaminación". Después tallaba íntegramente su cuerpo; empezaba por los pies y avanzaba en forma meticulosa hasta la parte superior de la cabeza, empleando determinados estropajos para ciertas áreas de su cuerpo. Cualquier prenda de vestir que tuviera la apariencia de haber sido "contaminada" era depositada en el cuarto de lavado.

Colocaba ropa limpia en los lugares vacíos. Después se vestía en orden inverso al que había seguido para quitarse la ropa. Si se producía cualquier desviación en este orden o si Bess comenzaba a preocuparse pensando que había pasado por alto alguna prenda contaminada, repetía una vez más toda la secuencia. No era extraño que algunas noches hiciera esto unas cuatro o cinco veces seguidas (Meyer y Osborne, 1987, p. 156).

Por mala fortuna para los que experimentan el trastorno obsesivo-compulsivo, la realización de su ritual compulsivo produce poca o ninguna reducción de la ansiedad. Son personas que tienden a tener vidas repletas de una tensión incesante.

Causas de los trastornos de ansiedad

Ningún mecanismo por sí solo explica la totalidad de los casos de los trastornos de ansiedad; cada uno de los modelos de comportamiento anormal expuesto con anterioridad tiene algo que decir acerca de sus causas. Sin embargo, los modelos médico, conductual y cognitivo han logrado una influencia especial en el pensamiento de los psicólogos.

Los enfoques biológicos, derivados del modelo médico, han demostrado que los factores genéticos tienen alguna influencia en los trastornos de ansiedad. Por ejemplo, si en un par de gemelos idénticos uno de ellos padece de un trastorno de pánico, existe una posibilidad de 30% de que el otro también lo padezca. Además, investigaciones recientes muestran que el nivel característico de ansiedad de una persona se relaciona con un gene específico que está implicado en la producción del neurotransmisor denominado serotonina. Este trabajo es consistente con los hallazgos que indican que ciertas deficiencias químicas en el cerebro parecen producir algunas clases de trastornos de ansiedad (Hoehn-Saric, 1993; Lesch *et al.*, 1996; Rieder, Kaufmann y Knowles, 1996).

Los psicólogos que aplican el modelo conductual tienen otro enfoque ya que enfatizan los factores ambientales. Consideran la ansiedad como una respuesta aprendida ante el estrés. Por ejemplo, suponga que un perro muerde a una niña pequeña, la siguiente vez que ella vea un perro, se asustará y correrá, comportamiento que aliviará su ansiedad y, por tanto, reforzará el comportamiento de evitación. Después de varios encuentros con perros en los cuales su comportamiento de evitación recibe reforzamiento, es probable que desarrolle una verdadera fobia hacia los perros.

Por último, el modelo cognitivo sostiene que los trastornos de ansiedad se derivan de cogniciones imprecisas e inadecuadas acerca de las circunstancias del mundo de la persona afectada. Por ejemplo, las personas que sufren de trastornos de ansiedad creen ver en un cachorrito a un feroz y salvaje mastín; o creen que pueden anticipar un desastre aéreo cada vez que se encuentren cerca de un aeroplano. De acuerdo con la perspectiva cognitiva, la raíz de un trastorno de ansiedad está en el pensamiento erróneo de las personas acerca del mundo.

Trastornos somatoformes

La mayoría conocemos a personas que no dejan pasar mucho tiempo sin describirnos sus problemas físicos más recientes; hasta un inocente "¿cómo estás?" trae como respuesta una larga lista de quejas. Las personas que siempre informan de sus problemas físicos, que se preocupan en forma exagerada por su salud y que tienen miedos poco realistas sobre enfermedades, quizá padezcan un problema que se denomina hipocondriasis. En la *hipocondriasis* se presenta un temor constante a la enfermedad y las sensaciones físicas se interpretan en forma equívoca como señales de enfermedades. No es que se simulen los "síntomas"; los hipocondríacos experimentan en verdad los dolores y sufrimientos que toda persona con una vida activa puede presentar. Lo que los caracteriza es la interpretación errónea de estas sensaciones como si fueran síntomas de alguna enfermedad temida, a menudo ante una clara evidencia médica en contrario (Barsky *et al.*, 1992; Noyes *et al.*, 1993; Cantor y Fallon, 1996).

Trastornos somatoformes:
dificultades psicológicas que adoptan
una forma física (somática) de una clase
u otra

La hipocondriasis sólo es un ejemplo de una clase de trastornos denominados **trastornos somatoformes**: dificultades psicológicas que asumen alguna forma física (somática). Una persona que padece de un trastorno somatoforme es capaz de describir una sintomatología física, aunque no exista ningún problema físico subyacente o, si llegase a existir, el sujeto exagera en forma desmedida lo que cabría esperar del problema médico en sí. Sólo después de que un examen médico descarta la posibilidad de dificultades fisiológicas es posible realizar el diagnóstico del trastorno somatoforme.

Trastorno de conversión:
trastorno somatoforme importante que
implica una perturbación física real,
como la incapacidad para usar un órgano
sensorial o la incapacidad completa o
parcial para mover un brazo o pierna

Otro importante trastorno somatoforme además de la hipocondriasis es el **trastorno de conversión**. A diferencia de aquélla, en la que no existe ningún problema físico, los trastornos de conversión implican una perturbación física real, como la incapacidad para utilizar algún órgano de los sentidos o la imposibilidad total o parcial para mover un brazo o una pierna. La *causa* de semejante perturbación física es psicológica por completo; no existe una causa biológica que genere el problema. Algunos de los casos clásicos de Freud incluyen trastornos de conversión; por ejemplo, cierta paciente de Freud de pronto no pudo utilizar uno de sus brazos, sin alguna causa fisiológica evidente. Más tarde y de forma por igual repentina recuperó su capacidad de movilidad.

Los trastornos de conversión se caracterizan con frecuencia por su aparición súbita. El paciente despierta una mañana ciego o sordo, o experimenta un entumecimiento sólo en determinada parte del cuerpo. La mano, por ejemplo, puede entumecerse por completo, mientras que un área localizada sobre la muñeca, que es controlada por los mismos nervios, conserva su sensibilidad al tacto en forma inexplicable. A esta anomalía se le denomina "anestesia de guante", debido a que el área entumecida corresponde a la que cubre un guante y no a la región en donde se conectan las vías nerviosas (véase figura 12.2).

Una de las características más sorprendentes encontrada con frecuencia en personas que experimentan trastornos de conversión es la falta de preocupación por síntomas que para la mayoría de las personas representarían grandes niveles de ansiedad (Ford y Folks, 1985). Por ejemplo, una persona con buena salud que despierta ciega puede tomarlo con tranquilidad, como si nada hubiese sucedido. Si se piensa en cómo reaccionaría la mayo-

FIGURA 12.2 *Las áreas sombreadas del cuerpo indican lugares donde podría ocurrir entumecimiento como resultado de un trastorno psicológico en lugar de por un daño nervioso real.*

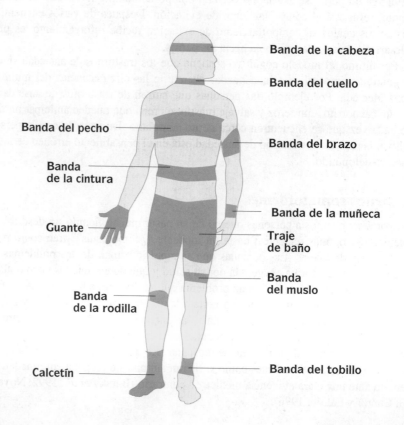

ría de nosotros al despertar y encontrar que estamos ciegos, esa reacción carente de emoción (llamada *"la belle indifference"*, una frase en francés que significa "una gran indiferencia") difícilmente parece apropiada.

En ocasiones, los trastornos de conversión se producen en forma masiva. En cierta ocasión, una quinta parte de los estudiantes de aviación del Naval Aerospace Medical Institute (Instituto Médico Naval Aeroespacial) de Estados Unidos comenzó a tener síntomas de visión borrosa, visión doble y puntos ciegos, así como problemas para enfocar la visión (Mucha y Reinhardt, 1970). Sin embargo, no fue posible identificar algún problema físico subyacente. Las investigaciones revelaron que los estudiantes sentían que renunciar al instituto era una respuesta inaceptable ante el estrés que experimentaban; en lugar de renunciar desarrollaron respuestas físicas que les permitían evitar las exigencias del programa. Por tanto, su estrés fue descargado por medio de un padecimiento físico que les permitía salvar el honor.

Los trastornos de conversión ocurren por lo general cuando el sujeto está bajo alguna especie de tensión emocional que se puede reducir mediante un síntoma físico. La anomalía física le permite a la persona escapar o reducir la fuente de estrés. De modo que un problema emocional se convierte en un padecimiento físico que sirve para aliviar la fuente del problema emocional original.

Trastornos disociativos

Los casos más célebres y dramáticos de problemas psicológicos (aunque de hecho son poco comunes) son los **trastornos disociativos**. La película *Las tres caras de Eva*, la novela *Sybil* (acerca de una joven con 16 personalidades) y los casos de personas que se encuentran deambulando por las calles sin tener idea de quiénes son o de dónde vienen son ejemplos claros de este tipo de trastornos. El factor clave en este tipo de problemas es la división (o disociación) de partes muy importantes de la personalidad que suelen estar integradas funcionando en conjunto. Esta falta de integración permite que ciertas partes de la personalidad eviten el estrés: de esta manera se puede enfrentar el estrés por otra parte de la personalidad. Mediante la disociación de partes importantes de su personalidad, quienes padecen este trastorno logran eliminar la ansiedad (Ross *et al.*, 1990; Putnam, 1995a; Spiegela, 1996).

Se ha logrado diferenciar tres tipos principales de trastornos disociativos: trastorno disociativo de identidad, amnesia disociativa y fuga disociativa. Una persona que padezca un **trastorno disociativo de identidad** (o personalidad múltiple), muestra características de dos o más personalidades distintas; cada una de ellas posee un conjunto original de preferencias y aversiones, así como reacciones propias ante situaciones diversas. Algunas personas con personalidades múltiples incluso llevan consigo distintos pares de anteojos debido a que su visión cambia según su personalidad. También es posible que cada personalidad individual puede estar bien adaptada cuando se le considera por sí misma (Ross, 1996; Kluft, 1996).

Por supuesto, el problema radica en que sólo se dispone de un cuerpo para las distintas personalidades, lo cual las obliga a tomar turnos. Debido a que pueden producirse grandes variaciones en la personalidad, el comportamiento de la persona, considerado en su conjunto, puede parecer muy inconsistente. Por ejemplo, en el célebre caso ilustrado en *Las tres caras de Eva*, la dócil y sutil Eva Blanca representaba un gran contraste ante la dominante y despreocupada Eva Negra (Sizemore, 1989).

Los reportes de personalidad múltiple han aumentado en forma dramática durante las últimas décadas; más casos fueron reportados en un periodo de cinco años en la década de los años ochenta que en los 200 años anteriores (Putnam *et al.*, 1986). Aunque una explicación para este incremento es que las técnicas de diagnóstico se han vuelto más precisas, algunos psicólogos afirman que es el resultado de una profecía que se cumple por sí sola. Desde esta perspectiva, la publicidad que acompaña a los casos muy conocidos ha llevado a las personas a interpretar sus propios síntomas psicológicos como signos de personalidad múltiple. Más adelante, pueden describir sus síntomas a los terapeutas de

Trastornos disociativos: disfunciones psicológicas caracterizadas por la división de facetas críticas de la personalidad que por lo normal están integradas, lo que permite evitar el estrés por medio del escape

Trastorno disociativo de identidad: trastorno en el que la persona exhibe características de dos o más personalidades distintas

una manera que predispone a éstos a verlos como signos de trastorno de personalidad múltiple. En resumen, de acuerdo con esta explicación, son las expectativas de las personas respecto a lo que están experimentando lo que ha conducido a una aparente mayor frecuencia del trastorno. A final de cuentas, sin embargo, el reciente aumento en la frecuencia de personalidades múltiples sigue sin tener una explicación (McHugh, 1993; Spanos, 1994, 1996; Cote, 1994).

Amnesia disociativa: falla o incapacidad para recordar experiencias pasadas

La **amnesia disociativa**, otro tipo disociativo, consiste en la incapacidad para recordar las experiencias del pasado. Esta anomalía difiere de la simple amnesia, la que, como dijimos en el capítulo 6, implica una pérdida real de información de la memoria, que generalmente resulta de una causa fisiológica. Por el contrario, en los casos de amnesia disociativa el material "olvidado" permanece en la memoria, sólo que no se le puede recordar.

En los casos más graves, las personas no pueden recordar sus nombres, reconocer a sus padres o a otros parientes y no conocen su dirección. Sin embargo, parecen normales en relación a otros recuerdos. Además de su incapacidad para recordar determinados datos acerca de su persona, los individuos que sufren de este padecimiento pueden recordar las capacidades y habilidades que desarrollaron en el pasado. Por ejemplo, a pesar de que un cocinero sea incapaz de recordar dónde creció y aprendió su oficio, es posible que aún pueda preparar exquisitos platillos.

En ciertos casos de amnesia disociativa, la pérdida de la memoria puede ser muy profunda. Por ejemplo, una mujer, a la que el personal de rescate llamó Jane Doe, fue encontrada por un guardabosques del estado de Florida a principios de la década de los años ochenta. La mujer, delgada, de lenguaje incoherente y sólo vestida en forma parcial, no podía recordar su nombre ni su pasado; incluso había olvidado cómo leer y escribir. Tomando como referencia su acento, las autoridades sospecharon que la mujer provenía de Illinois; entrevistas que le fueron realizadas mientras se le aplicaban tranquilizantes revelaron que había tenido una educación católica. Sin embargo, los recuerdos de su infancia eran tan generales que no era posible determinar sus antecedentes con mayor precisión. En un esfuerzo desesperado por redescubrir su identidad esta mujer apareció ante las cámaras de televisión, en el programa *Good Morning America*; finalmente apareció una pareja de Roselle, Illinois, cuya hija se había mudado a Florida; ellos afirmaron ser sus padres. No obstante, Jane Doe nunca recuperó su memoria (Carson, Butcher y Coleman, 1992).

Fuga disociativa: condición amnésica en la que las personas hacen viajes impulsivos repentinos, en ocasiones asumiendo una nueva identidad

Una forma menos común de amnesia es un estado que se denomina **fuga disociativa**. En dicho estado, las personas realizan un viaje súbito e impulsivo, a menudo adoptando una nueva identidad. Después de cierto tiempo, que puede abarcar días, meses y en ocasiones años enteros, el individuo se da cuenta en forma repentina de que se encuentra en un sitio extraño y olvida por completo el tiempo que vivió extraviado. Los últimos recuerdos de la persona son los inmediatamente anteriores al inicio de su estado de fuga.

El factor común de los trastornos disociativos es que permiten escapar de algunas situaciones generadoras de ansiedad: o el individuo produce una nueva personalidad para enfrentar el estrés, o bien la situación que provocó el estrés se olvida o se hace a un lado al tiempo que la persona se transporta hacia un ambiente nuevo. Tal vez con menor contenido de ansiedad (Spiegel y Cardena, 1991; Putnam, 1995b).

Recapitulación, revisión y reflexión

Recapitulación

- Los trastornos de ansiedad ocurren cuando ésta llega al grado de entorpecer el funcionamiento cotidiano de las personas.

- Los trastornos somatoformes son problemas psicológicos que toman una forma física.

- Los trastornos disociativos ocurren cuando se produce una división (disociación) de las partes que normalmente integran la personalidad.

Revisión

1. A Catalina la aterran los elevadores. Es posible que padezca de:
   a. Trastorno obsesivo-compulsivo
   b. Trastorno fóbico
   c. Trastorno de pánico
   d. Trastorno de ansiedad generalizada

2. Carmen describió un incidente en el que su ansiedad llegó al máximo en forma repentina y tuvo la sensación de que le ocurriría un mal inevitable. Lo que experimentó fue un _____.

3. A los pensamientos indeseables que persisten durante días o meses se les denomina:
   a. obsesiones
   b. compulsiones
   c. rituales
   d. ataques de pánico

4. Un impulso abrumador por realizar un ritual extraño se denomina _____.

5. ¿En qué sentido fundamental difieren el trastorno de conversión y la hipocondriasis?

6. La desintegración de la personalidad que ofrece un escape ante las situaciones de estrés es el factor clave en los trastornos _____.

Las respuestas a las preguntas de revisión se encuentran en la página 512.

Reflexión

1. Se ha encontrado que factores genéticos están implicados en forma relevante en los trastornos de ansiedad. ¿Qué otros factores pueden contribuir y cómo pueden ser usados los modelos conductual y cognitivo como la base para el tratamiento de los trastornos de ansiedad?

2. ¿Cuál modelo cree que proporciona el medio más efectivo para tratar los trastornos somatoformes? ¿Por qué?

3. ¿Piensa que el modelo conductual sería efectivo para tratar los trastornos disociativos? Explique su respuesta. ¿Cuál modelo piensa que sería más prometedor para este tipo de trastorno?

Trastornos del estado de ánimo

Me sentía muy aislado. Me sentía completamente solo. El problema para dormir estaba desde la semana anterior y había mucha ansiedad. . . No estaba comiendo nada. Tenía un montón de cosas juntas (Harnisch, 1997).

▶ **¿Cuáles son las formas más severas de los trastornos psicológicos?**

¿Alguna vez solicitó un empleo que deseara con fervor y para obtenerlo sostuvo una entrevista muy buena, sólo para enterarse después de que no fue aceptado? Aunque quizá su reacción emocional no fuera tan intensa, como la descrita en la cita anterior del lanzador de béisbol de los Mets de Nueva York Pete Harnisch, es probable que experimentara un sentimiento de depresión: una reacción emocional de tristeza y melancolía. Sin embargo, a diferencia de Harnisch, quien padecía de sentimientos depresivos durante periodos prolongados, es más que probable que usted haya recuperado con cierta rapidez una actitud mental más positiva.

Todos experimentamos cambios de ánimo. En ocasiones estamos felices, tal vez hasta eufóricos; en otras nos sentimos molestos, tristes o deprimidos. Estos cambios de ánimo son parte de la vida cotidiana normal. No obstante, en algunas personas tales cambios de ánimo son tan pronunciados y duraderos que interfieren con su capacidad de desempeño efectivo. En los casos extremos, ciertos estados de ánimo pueden poner en riesgo la vida; en otros, pueden provocar que la persona pierda contacto con la realidad. Situaciones como éstas representan los **trastornos del estado de ánimo**: perturbaciones de los estados emocionales lo suficientemente fuertes como para alterar la vida cotidiana.

Trastornos del estado de ánimo: perturbaciones afectivas lo bastante severas como para interferir con la vida normal

Depresión mayor

Moisés. Rousseau. Dostoyevsky. La reina Victoria. Lincoln. Tchaikovsky. Freud.

¿Existe un vínculo entre todas estas personas? Se cree que cada una de ellas sufrió ataques periódicos de **depresión mayor**, una de las formas más comunes del trastorno del estado de ánimo. Entre 14 y 15 millones de personas en Estados Unidos sufren de depresión mayor y, en algún momento, entre 6 y 10% de la población estadounidense estará clínicamente deprimida. Casi una de cada cinco personas en Estados Unidos experimenta depresión mayor en algún momento de su vida. El costo que trae consigo la depresión para la sociedad se aproxima a los cincuenta *mil millones* de dólares al año (McGrath *et al.*, 1990; Greenberg *et al.*, 1993a, 1993b; Cronkite, 1994: Rich, 1997).

Depresión mayor: forma severa de depresión que interfiere con la concentración, la toma de decisiones y la sociabilidad

En una maraña de dolor estomacal crónico, abuso de drogas y depresión persistente, Kurt Cobain, integrante del grupo de rock Nirvana, se suicidó a la edad de 27 años.

Las mujeres tienen el doble de probabilidades de sufrir depresión mayor en comparación con los hombres, y una cuarta parte de ellas tiene la posibilidad de experimentar una depresión mayor en algún momento de sus vidas. Además, aunque nadie está bastante seguro de la causa, el índice de depresión está en aumento en todo el mundo. Los resultados de entrevistas profundas realizadas en Estados Unidos, Puerto Rico, Taiwán, Líbano, Canadá, Italia, Alemania y Francia indican que la frecuencia de la depresión ha aumentado de manera significativa sobre las cifras previas en todas las regiones. De hecho, en algunos países, la probabilidad de que los individuos sufrirán de depresión mayor en algún momento de sus vidas es tres veces más que en las generaciones anteriores. Además, la gente está presentando depresión mayor en edades cada vez más tempranas (Weissman *et al.*, 1992; Compas, Ey y Grant, 1993; Weissman y Olfson, 1995; Beckham y Leber, 1997; Culbertson, 1997).

Cuando los psicólogos hablan de depresión mayor, no describen la tristeza que proviene de las decepciones de la vida. Es normal padecer cierto tipo de depresión después del término de una relación que ha durado algún tiempo, de la muerte de un ser amado o de la pérdida del empleo. Incluso es normal cuando la producen problemas de menor seriedad: tener mal desempeño en la escuela o no poder ingresar en la universidad que se quiere.

Las personas que sufren de depresión mayor experimentan sentimientos similares, pero la diferencia es que su severidad es mucho mayor. Pueden sentirse inútiles, sin valor y solas, así como perder las esperanzas ante el futuro. Más aún, tales sentimientos pueden continuar durante meses o incluso años. Las personas con depresión grave pueden sufrir irrupciones incontrolables de llanto y perturbaciones del sueño. La profundidad de este comportamiento y el lapso que dura son las características distintivas de la depresión mayor. (El cuadro 12-4 proporciona una evaluación rápida de la gravedad de la depresión.)

Manía y trastornos bipolares

Mientras algunos individuos con depresión grave se hunden en las profundidades de la desesperación, hay otro tipo de trastorno psicológico que provoca que las personas se ele-

---

Respuestas a las preguntas de revisión:

1. b   2. ataque de pánico   3. a   4. compulsión   5. En el trastorno de conversión está presente una perturbación física real
6. disociativos

Cuadro 12-4 | Una prueba para la depresión

Esta prueba fue distribuida por instituciones de salud mental durante el National Depression Screening Day a principios de la década de los años noventa, un suceso que buscó identificar a las personas que sufrían de depresión lo bastante grave como para justificar la intervención psicológica. Ese día las instituciones recibieron alrededor de 30 000 formularios (Hill, 1992).

Para completar el formulario cuente el número de afirmaciones con las que está de acuerdo:

1. Me siento descorazonado, melancólico y triste.
2. No disfruto de las cosas que solía disfrutar.
3. Siento que los demás estarían mejor si yo estuviera muerto.
4. Tengo la sensación de que no soy útil o necesario.
5. He notado que estoy perdiendo peso.
6. Tengo problemas para dormir por la noche.
7. Estoy intranquilo y no puedo quedarme quieto.
8. Mi mente no está tan lúcida como solía estarlo.
9. Me canso sin razón alguna.
10. Me siento desesperanzado respecto al futuro.

Calificación Si estuvo de acuerdo al menos con cinco de las afirmaciones, incluidos los reactivos 1 o 2, y si ha tenido estos síntomas por lo menos durante dos semanas, se recomienda con firmeza obtener la ayuda de un profesional. Si respondió sí al número 3, debe obtener ayuda de inmediato.

---

ven emocionalmente a las alturas, experimentando lo que se conoce como manía. La **manía** es un estado intenso de euforia y júbilo prolongados; las personas que la experimentan sienten felicidad, poder, invulnerabilidad y energía intensos. Es probable que se involucren en proyectos descabellados, creyendo que lograrán éxito en cualquier empresa que se propongan. Existen muchos casos de personas que han dilapidado todo su dinero durante un estado de manía. Piense, por ejemplo, en el siguiente relato de un individuo que experimentó un episodio de manía:

> El señor O'Reilly, un servidor público, pidió permiso para ausentarse de su trabajo. Compró gran cantidad de relojes cucú y un automóvil de lujo para utilizarlo como salón de exhibiciones de su mercancía. Tenía la certeza de que ganaría mucho dinero. Se dedicó a "rondar por la ciudad"; comprando y vendiendo relojes y otras mercancías, y cuando no estaba en la calle se encontraba en el teléfono "cerrando tratos". Casi no dormía y, sin fallar, se pasaba las noches en los bares del vecindario bebiendo en exceso y, según él, "haciendo tratos". . . Debía ya 3 000 dólares y había llevado a su familia a los límites del agotamiento con sus planes y locuacidad. No obstante lo anterior, dijo sentirse "en la cima del mundo" (Spitzer *et al.*, 1983, p. 115).

Con frecuencia un mismo individuo puede experimentar ataques de manía y depresión en forma secuencial. A esta aparición alternada de manía y depresión se la denomina **trastorno bipolar** (anteriormente se le conocía como trastorno maniaco-depresivo). La alternancia entre altas y bajas puede producirse con tanta proximidad como unos cuantos días o durante un periodo de varios años. Además, en la mayoría de las personas que sufren el trastorno, los periodos depresivos tienden a ser más prolongados que los de manía, aunque en algunos casos este patrón se invierte.

De manera irónica, algunos de los individuos más creativos de la sociedad pueden sufrir variaciones de trastorno bipolar. La imaginación, impulso, excitación y energía que manifiestan durante sus estados de manía les permite hacer enormes contribuciones creativas. Por ejemplo, el análisis histórico de la música del compositor Robert Schumann muestra que era más prolífico durante los periodos de manía que sufría de manera periódica. En contraste, su producción disminuía en forma drástica durante sus estados depre-

Manía: estado extendido de euforia y júbilo intensos

Trastorno bipolar: trastorno en el que una persona alterna entre sentimientos eufóricos de manía y ataques de depresión

PsicoVínculos

FIGURA 12.3 *El número de piezas escritas por el compositor Robert Schumann en un año determinado se asocia con sus ataques de depresión y manía. Fuente: Slater y Meyer, 1959; reimpreso en Jameson, 1993.*

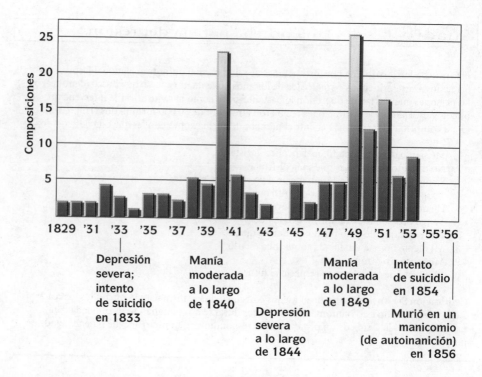

sivos (véase figura 12.3). Por otra parte, la gran producción asociada con la manía no necesariamente conduce a una mayor calidad: algunas de las obras más grandes de Schumann fueron creadas fuera de sus periodos de manía (Jamison, 1993, 1995; Weisberg, 1994; Week y James, 1995; Ludwig, 1996).

A pesar de los destellos creativos que puede provocar la manía, las personas que experimentan este trastorno con frecuencia muestran una temeridad que les produce lesiones emocionales y en ocasiones físicas. Pueden ahuyentar a los demás con su locuacidad, autoestima crecida e indiferencia hacia las necesidades de los otros.

Causas de los trastornos del estado de ánimo

Puesto que representan un grave problema de salud mental, los trastornos del estado de ánimo, y la depresión en particular, han sido motivo de estudios amplios. Se han empleado diversos enfoques para explicarlos. Por ejemplo, los enfoques psicoanalíticos conciben la depresión como el resultado de sentimientos de pérdida (real o potencial) o de ira dirigida hacia uno mismo. En algún enfoque psicoanalítico se considera que la depresión es producida por la pérdida o amenaza de pérdida de un progenitor en la vida temprana. En otras perspectivas psicoanalíticas se piensa que las personas se sienten responsables de cosas malas que les han pasado y dirigen su ira hacia su interior.

Por otra parte, se han encontrado evidencias convincentes de que el trastorno bipolar y la depresión mayor pueden tener raíces genéticas y bioquímicas. Por ejemplo, la herencia participa en el trastorno bipolar, ya que es común en algunas familias (Gershon *et al.*, 1990; Morell, 1996b; Berrettini y Pekkarinen, 1996; De-bruyn *et al.*, 1996). Además, parece que varios neurotransmisores tienen que ver en la depresión. Por ejemplo, las alteraciones en el funcionamiento de la serotonina y la norepinefrina en el cerebro se relacionan con el trastorno (Cooper, Bloom y Roth, 1991; Horton y Katona, 1991; Jacobs, 1994).

Algunas explicaciones de los trastornos del estado de ánimo destacan los factores cognitivos (Gotlib, 1992; Costello, 1993). El psicólogo Martin Seligman sostiene que la depresión es en gran medida una respuesta al **desamparo aprendido**, un estado en el que las personas perciben y al final aprenden que no hay escapatoria del estrés ni posibilidad de afrontarlo. Como consecuencia abandonan la batalla contra el estrés y se rinden ante él, lo que produce la depresión (Seligman, 1975, 1988; Peterson, Maier y Seligman, 1993). A partir de las tesis de Seligman, otros psicólogos argumentan que la depresión

Desamparo aprendido: estado en el que las personas concluyen que los estímulos desagradables o aversivos no pueden controlarse, una perspectiva del mundo que se arraiga tanto en ellos que dejan de tratar de remediar las circunstancias aversivas, aun cuando en realidad puedan hacer algo para solucionarlas puede ser resultado de la desesperanza: una combinación de desamparo aprendido y del convencimiento de que en la propia vida los resultados negativos son inevitables (Abramson, Metalsky y Alloy, 1989; Nunn, 1996).

El psicólogo clínico Aaron Beck ha propuesto que las cogniciones equívocas de las personas subyacen a sus sentimientos depresivos. De manera específica, su teoría cognitiva de la depresión sostiene que los individuos que la padecen suelen concebirse a sí mismos como perdedores culpándose siempre de lo que sale mal. Al ponerse en el lado negativo de las situaciones se sienten ineptos e incapaces de actuar en forma constructiva para modificar su ambiente. En suma, sus cogniciones negativas los llevan a padecer sentimientos depresivos (Sacco y Beck, 1995; Wright y Beck, 1996).

Las distintas teorías que explican la depresión no han podido ofrecer una respuesta completa a una pregunta evasiva que confunde a los investigadores: ¿por qué la frecuencia de los casos de depresión en las mujeres duplica la de los hombres? Una explicación señala que el estrés que experimentan las mujeres en determinados momentos de sus vidas puede ser mayor que el experimentado por los hombres: por ejemplo, cuando las mujeres tienen que ganarse la vida y ser la fuente principal de atención de sus hijos al mismo tiempo. Además, las mujeres están expuestas a mayores riesgos de abusos físicos y sexuales; por lo general tienen salarios inferiores a los de los hombres y afirman sentirse más insatisfechas en sus matrimonios que los hombres (McGrath *et al.*, 1990; Strickland, 1992; Nolen-Hoeksema y Girgus, 1994; Brems, 1995; Nolen-Hoeksema, 1995).

Los factores biológicos también pueden explicar la depresión de algunas mujeres. Por ejemplo, entre 25 y 50% de las mujeres que consumen anticonceptivos orales informan tener síntomas de depresión, y la depresión que se produce después del nacimiento de un bebé está ligada a cambios hormonales (Strickland, 1992).

Lo que resulta evidente es que los investigadores no han descubierto soluciones definitivas para el problema de la depresión, por lo que existen múltiples explicaciones alternativas. Lo más probable es que los trastornos del estado de ánimo son provocados por una compleja interacción de diversos factores (Ingram, 1990; Wolman y Stricker, 1990; Jarrett, 1991).

Esquizofrenia

Soy doctora, sabe. . . No tengo un diploma, pero soy doctora. Me alegra ser una enferma mental, porque me ha enseñado cómo ser humilde. Uso maquillaje cremoso natural Cover Girl. Oral Roberts ha venido a visitarme. . . Este lugar es donde se publica la revista *Mad*. Los Nixon hacen el pulidor de metales Noxon. Cuando era pequeña solía sentarme y contarme historias a mí misma. Cuando era mayor le bajaba el volumen al televisor y hacia el diálogo de los personajes que aparecían en ella. . . Tengo una semana de embarazo. Tengo esquizofrenia: cáncer de los nervios. Mi cuerpo está atestado de nervios. Esto me hará ganar el Premio Nobel de medicina. Ya no me considero esquizofrénica. No existe la esquizofrenia, sólo la telepatía mental. Una vez tuve una amiga llamada Camilla Costello; era la hija de Abbott y Costello. . . Estoy en la iglesia de Pentecostés, pero pienso cambiar mi religión. Tengo un perro en casa. Adoro las hojuelas de avena instantáneas. Cuando tienes a Jesús no necesitas una dieta. Mick Jagger quiere casarse conmigo. Quiero salir de la puerta giratoria. Con Jesucristo todo es posible. Solía pegarle a mi madre. Era la hiperactividad por todas las galletas que comía. Soy la personificación de Gasparín, el Fantasma Amistoso. Cuando era pequeña solía salir y pedir a los otros niños que fueran mis amigos. California es el estado más bello de la nación. Estuve una vez ahí, por televisión. Mi nombre es Jack Warden y soy actriz. (Citado en Sheehan, 1982, pp. 72-73).

Este fragmento representa los esfuerzos de una mujer con esquizofrenia, una de las formas más graves de los trastornos mentales, por sostener una conversación. Las personas con esquizofrenia representan por mucho el porcentaje más alto de quienes están hos-

Cuadro 12-5	Principales tipos de esquizofrenia

Tipo	Síntomas
Esquizofrenia desorganizada (hebefrénica)	Risa sin algún motivo, actitud ridícula, discurso incoherente, comportamiento infantil, raro y en ocasiones obsceno
Esquizofrenia paranoica	Delirios de persecución o de grandeza y alucinaciones, pérdida del juicio, comportamiento errático e impredecible
Esquizofrenia catatónica	Severas perturbaciones del movimiento; en algunas fases hay pérdida total del movimiento y el paciente queda inmóvil en una misma postura, y permanece así durante horas y hasta días enteros; en otras fases, hiperactividad y movimientos vigorosos y hasta violentos
Esquizofrenia indiferenciada	Combinación variable de síntomas graves de la esquizofrenia; esta clasificación se emplea en pacientes a los que no se puede aplicar ninguna de las categorías específicas
Esquizofrenia residual	Signos menores de esquizofrenia que ocurren después de un episodio más grave

Esquizofrenia: clase de trastornos en los que ocurre una distorsión severa de la realidad

pitalizados por trastornos mentales. También son en muchos sentidos los que tienen menores probabilidades de recuperarse de sus dificultades psicológicas.

Esquizofrenia se refiere a un conjunto de trastornos que producen una grave distorsión de la realidad. El pensamiento, la percepción y la emoción pueden deteriorarse; la interacción social se abandona pudiéndose presentar comportamientos extraños y bizarros. A pesar de que se han observado diversas formas de esquizofrenia (véase cuadro 12-5), sus características distintivas no siempre son claras (Fenton y McGlashan, 1991a; Bentall, 1992). Además, los síntomas que exhiben las personas con esquizofrenia pueden variar en forma considerable a lo largo del tiempo, mostrando diferencias significativas en el patrón de éstos, incluso cuando se les clasifica en la misma categoría diagnóstica. Sin embargo, varias características distinguen en forma confiable a la esquizofrenia de otros trastornos. Éstas incluyen:

- *El deterioro de un nivel previo de funcionamiento.* El individuo ya no puede llevar a cabo actividades que en alguna época sí podía realizar.

- *Perturbaciones del pensamiento y del lenguaje.* Los esquizofrénicos emplean la lógica y el lenguaje de modo peculiar; sus pensamientos no tienen sentido y con frecuencia falla su procesamiento de la información. Tampoco siguen las reglas lingüísticas convencionales (Penn *et al.*, 1997). Considere, por ejemplo, la siguiente respuesta a la pregunta: "¿Por qué piensa que la gente cree en Dios?"

  Ahh, vamos, no sé por qué, déjame ver, viaje en globo. Él lo sostiene en lo alto para ti, el globo. No permite que te caigas, con tus piernitas colgando entre las nubes. Baja hacia la nube de humo, mirando a través del humo y tratando de hacer que el globo se llene de gas, ¿entiendes? El modo en que vuelan por encima de ese camino, con las piernas colgando. No sé, el ver hacia el suelo, vaya, eso te daría tanto mareo que sólo estarías de pie y dormirías, ¿entiendes?, detenerse y dormir allá arriba. Yo acostumbraba dormir afuera, ¿entiendes?, dormir afuera en lugar de ir a casa (Chapman y Chapman, 1973, p. 3).

  Como lo ilustra el párrafo anterior, aunque la estructura gramatical básica puede estar intacta, el contenido del pensamiento que es característico de la esquizofrenia resulta ilógico, mutilado y carente de significado (véase figura 12.4).

- *Delirios.* Las personas con esquizofrenia con frecuencia tienen *delirios*: creencias fijas e inamovibles sin fundamento alguno en la realidad. Entre los delirios más comunes experimentados por los esquizofrénicos están las creencias de que son con-

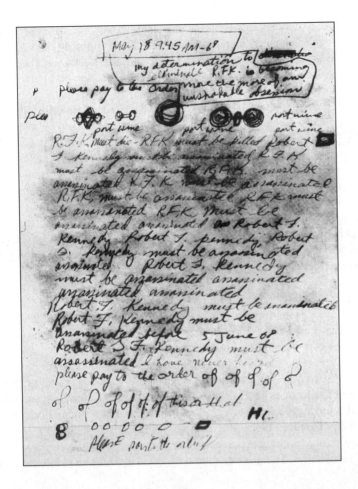

FIGURA 12.4 *Este extracto del diario de Sirhan Sirhan, el asesino de Robert F. Kennedy, muestra las perturbaciones de pensamiento y lenguaje característicos de la esquizofrenia. Fuente: World Wide Photos.*

trolados por alguien, que otros los persiguen y que sus pensamientos son transmitidos, de modo que creen que otros se enteran de lo que están pensando.

- *Trastornos perceptivos.* Las personas con esquizofrenia no perciben el mundo como la mayoría de la gente. Pueden ver, oír u oler cosas en forma distinta a los demás (véase figura 12.5), e incluso perciben de forma diferente su esquema corporal. Algunos informes señalan que tienen dificultades para establecer hasta dónde llega su propio cuerpo y dónde comienza el resto del mundo (Ritzler y Rosenbaum, 1974). Pueden sufrir también *alucinaciones*; es decir, percibir cosas que no existen en realidad (McGuire, Shah y Murray, 1993; Ruppin, Reggia y Horn, 1996; Reichman y Rabins, 1996).

- *Perturbaciones emocionales.* En ocasiones, las personas que padecen esquizofrenia manifiestan una carencia de emociones en la que incluso los sucesos más dramáticos sólo les provocan una respuesta emocional mínima o ninguna. Por el contrario, pueden exhibir una emoción que es inapropiada ante una situación. Por ejemplo, un esquizofrénico puede reírse a carcajadas en un funeral o reaccionar con ira cuando recibe algún tipo de ayuda.

- *Retraimiento.* Las personas con esquizofrenia tienden a tener poco interés en los demás. Tienden a no socializarse o evitan sostener conversaciones reales con los demás, aunque pueden hablar ante una persona. En los casos más extremos ni siquiera parecen darse cuenta de la presencia de otras personas; al parecer viven en su propio mundo en total aislamiento.

FIGURA 12.5 *Esta obra de arte obsesionante fue creada por un individuo que sufría de esquizofrenia.*

Los síntomas de la esquizofrenia siguen dos cursos principales. En la *esquizofrenia de proceso*, los síntomas se desarrollan en las primeras etapas de la vida, lenta y sutilmente. Quienes la sufren suelen alejarse en forma gradual del mundo, tienen ensoñaciones diurnas excesivas y un aplanamiento emocional, hasta que con el tiempo el trastorno es tan evidente que los demás no pueden ignorarlo. En la forma de *esquizofrenia reactiva*, la aparición de los síntomas es repentina y evidente. Las terapias para tratar la esquizofrenia reactiva ofrecen cierto éxito, lo cual no sucede con las terapias para la esquizofrenia de proceso, que es mucho más difícil de tratar.

Un agregado reciente a las clasificaciones de este trastorno distingue a la *esquizofrenia de síntomas positivos* de la *esquizofrenia de síntomas negativos* (Fenton y McGlashan, 1994; Tandon, 1995; Hafner y Maurer, 1995). La esquizofrenia de síntomas positivos se manifiesta por la presencia de comportamientos desordenados, como alucinaciones, delirios y emociones extremas. Por el contrario, la esquizofrenia de síntomas negativos implica ausencia o pérdida del funcionamiento normal, como puede ser el aislamiento social o el aplanamiento emocional. Esta distinción cada vez cobra mayor importancia porque señala la existencia de dos procesos subyacentes distintos que pueden explicar las raíces de la esquizofrenia, la cual aún es uno de los grandes misterios que enfrentan los psicólogos que investigan el comportamiento anormal (Fenton y McGlashan, 1991b; Heinrichs, 1993).

La solución del enigma de la esquizofrenia: causas biológicas

Aunque resulta evidente que el comportamiento esquizofrénico se aleja en forma radical del normal, sus causas son menos claras. No obstante, parece que la esquizofrenia tiene en sus orígenes componentes biológicos y ambientales.

Consideremos primero la evidencia que apunta hacia una causa biológica de la esquizofrenia. Puesto que este trastorno es más común en algunas familias que en otras, es probable que haya factores genéticos implicados en la producción de cuando menos la susceptibilidad o predisposición a desarrollar el trastorno (Gottesman, 1991; Verdoux *et al.*, 1996; Tsuang y Faraone, 1996). Por ejemplo, las investigaciones han mostrado que entre más cercano es el vínculo genético entre una persona con esquizofrenia y otro individuo, es mayor la probabilidad de que este último padecerá el trastorno (véase figura 12.6).

FIGURA 12.6 *Entre más cercanos son los vínculos genéticos entre dos personas, es mayor la probabilidad de que si una sufre de esquizofrenia también la padecerá la otra. Fuente: Gottesman, 1991.*

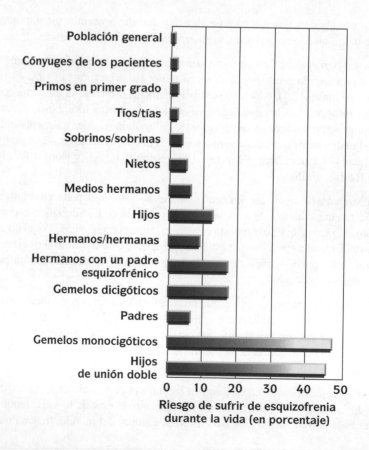

Por otra parte, si sólo la genética fuera responsable, entonces si un gemelo idéntico sufre esquizofrenia, la probabilidad de que el otro gemelo padeciera el trastorno sería de 100% en lugar de estar sólo por debajo de 50%, ya que los gemelos idénticos comparten la misma estructura genética. Además, las investigaciones que han buscado un nexo entre la esquizofrenia y un gene en particular han tenido éxito sólo en forma parcial (Crowe *et al.*, 1991; Wang *et al.*, 1993; Chen *et al.*, 1996, entre otros). Al parecer la esquizofrenia es producida por algo más que sólo los factores genéticos (Iacono y Grove, 1993; Kendler *et al.*, 1996; Ingraham y Chan, 1996; Franzek y Beckmann, 1996).

Entre las hipótesis biológicas más interesantes que buscan explicar las causas de la esquizofrenia, está la que sostiene que el cerebro de quienes la padecen tiene un desequilibrio bioquímico o una anomalía estructural. Por ejemplo, la *hipótesis de la dopamina* afirma que la esquizofrenia aparece cuando se produce una actividad excesiva en las áreas del cerebro que utilizan esta sustancia como neurotransmisor (Wong *et al.*, 1988; Seeman, 1993). Esta hipótesis se elaboró tras descubrir que los fármacos que bloquean la acción de la dopamina en las vías cerebrales son muy eficaces para reducir los síntomas de la esquizofrenia.

Por desgracia, la hipótesis de la dopamina no da cuenta de la totalidad del fenómeno. Los fármacos que bloquean la acción de la dopamina producen una reacción biológica unas cuantas horas después de que han sido administrados, pero los síntomas de la esquizofrenia no ceden durante semanas enteras. Si la hipótesis fuera correcta por completo, se esperaría una mejoría inmediata y duradera de los síntomas del trastorno. Además, estos fármacos son eficaces no sólo para reducir los síntomas esquizofrénicos, sino también los de otros pacientes con problemas psicológicos, como la manía y la depresión. Esta evidencia ha llevado a algunos investigadores a plantear la hipótesis de que la dopamina no es la explicación completa, sino que opera con otros neurotransmisores como la serotonina (Lieberman y Koreen, 1993; Kahn *et al.*, 1993; Hsiao *et al.*, 1993; Kapur y Remington, 1996; Abi-Dargham *et al.*, 1997).

Otras explicaciones biológicas de la esquizofrenia proponen la existencia de anomalías estructurales en el cerebro de las personas que presentan el trastorno, quizá debido a un desarrollo prenatal anormal (Wyatt, Apud y Potkin, 1996; Brown *et al.*, 1996). Por ejemplo, algunas investigaciones sostienen que el hipocampo y los ventrículos del cerebro de los esquizofrénicos difieren en tamaño de los que poseen las personas que no sufren el trastorno (Lim *et al.*, 1996; Fukuzako *et al.*, 1996). Cada vez hay más evidencia que muestra que son anormales los circuitos nerviosos de la corteza y del sistema límbico de los individuos con esquizofrenia (Benes, 1996). Es coherente con estas investigaciones el hecho de que las personas con esquizofrenia y aquellos que no padecen el trastorno muestran un funcionamiento cerebral diferente (Andreasen *et al.*, 1992; Bogerts, 1993; Andreasen *et al.*, 1994; Frazier *et al.*, 1996; Pearlson *et al.*, 1996; O'Leary *et al.*, 1996). Las tomografías cerebrales que se muestran en las figuras 12.7 y 12.8 ilustran algunas de estas diferencias.

Perspectivas ambientales de la esquizofrenia

Aunque los factores biológicos proporcionan algunas piezas del rompecabezas de la esquizofrenia, aún es necesario valorar las experiencias pasadas y actuales en el ambiente de las personas que desarrollan este trastorno. Por ejemplo, los enfoques psicoanalíticos sostienen que la esquizofrenia es una forma de regresión a experiencias y etapas previas de la vida. Freud creía, por ejemplo, que las personas que sufren este trastorno carecen de un yo con la fuerza suficiente para afrontar sus pulsiones inaceptables, por lo cual sufren una regresión a la etapa oral: una época en la que el ello y el yo todavía no se han separado. Por tanto, los individuos esquizofrénicos carecen en esencia de un yo, y actúan sus pulsiones sin que la realidad los preocupe.

Si bien este razonamiento es convincente desde el punto de vista teórico, existen pocas evidencias que apoyen las explicaciones psicoanalíticas. Sólo son un poco más convincentes las teorías que se centran en los patrones emocionales y de comunicación de las familias de las personas con esquizofrenia. Por ejemplo, algunos investigadores sostienen que la esquizofrenia es el resultado de niveles elevados de expresión emocional.

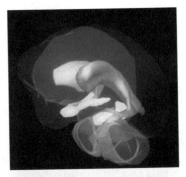

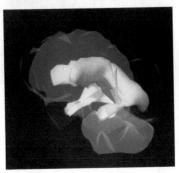

FIGURA 12.7 *Se han encontrado cambios estructurales en el cerebro de personas con esquizofrenia. En la reconstrucción superior de la IRM del cerebro de un paciente con esquizofrenia, el hipocampo está reducido y los ventrículos están alargados y llenos de líquido. En contraste, el cerebro de una persona sin el trastorno (abajo) aparece diferente desde el punto de vista estructural. Fuente: N.C. Andreasen, University of Iowa.*

FIGURA 12.8 *Compare estas tomografías por emisión de positrones, las cuales muestran diferencias en el funcionamiento entre dos personas, una de las cuales ha sido diagnosticada con esquizofrenia. Ambas están realizando una tarea que implica a la visión. En la persona sin esquizofrenia, la tarea incrementa el metabolismo de la corteza prefrontal (derecha). Sin embargo, para la persona con esquizofrenia no ocurre esto (izquierda). Fuente: M.S. Buchsbaum, University of California-Irvine.*

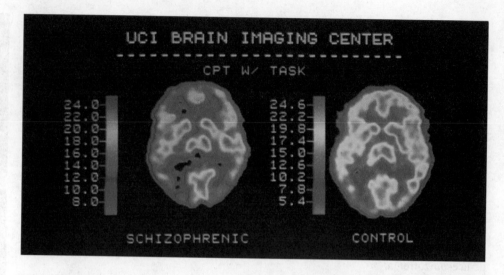

La *emoción expresada* es un estilo de interacción que se caracteriza por críticas, hostilidad e intromisión por parte de los miembros de la familia. Otros investigadores señalan que los patrones de comunicación fallidos son el núcleo de la esquizofrenia (Weisman *et al.*, 1993; Mueser *et al.*, 1993; Bayer, 1996; Linszen *et al.*, 1997).

Los psicólogos que adoptan una perspectiva cognitiva de la esquizofrenia argumentan que los problemas en el pensamiento experimentados por las personas con el trastorno indican una causa cognitiva. Algunos afirman que la esquizofrenia es el resultado de un *exceso de atención* a los estímulos que hay en el ambiente. En lugar de ser capaces de descartar estímulos carentes de importancia o intrascendentes y enfocarse en las cosas más importantes del entorno, las personas con esquizofrenia son receptivas en exceso a los datos; como consecuencia, sus capacidades de procesamiento de la información se sobrecargan y terminan por derrumbarse. Por otra parte, otros expertos en la teoría cognitiva afirman que la esquizofrenia es el resultado de la *poca atención* que se pone a ciertos estímulos. Según esta explicación, las personas con esquizofrenia no pueden centrarse lo suficiente en estímulos importantes, y ponen atención a información trivial que las rodea (Braff, 1993).

Aunque es plausible que el exceso y la falta de atención se relacionen con diferentes formas de esquizofrenia, estos fenómenos no explican los orígenes de tales trastornos en el procesamiento de la información. En consecuencia, los enfoques cognitivos, al igual que otras explicaciones ambientales, no proporcionan una explicación completa del trastorno.

Causas múltiples de la esquizofrenia

Hemos visto que diversos factores biológicos y ambientales se relacionan con la esquizofrenia. En este sentido, es posible que no sólo una sino varias causas en conjunto expliquen el problema. En la actualidad el enfoque predominante es el *modelo de predisposición a la esquizofrenia*, que toma en cuenta diversos factores en forma simultánea (Cornblatt y Erlenmeyer-Kimling, 1985; Fowles, 1992; Breier, 1995). Este modelo sostiene que los individuos pueden heredar una predisposición o una sensibilidad innata para la esquizofrenia que los hace particularmente vulnerables a factores de estrés presentes en el ambiente. Dichos factores, como rechazo social o comunicación familiar disfuncional, pueden variar, pero si su fuerza es suficiente y existe una predisposición genética, el resultado será la aparición de la esquizofrenia. Asimismo, si la predisposición genética tiene la fuerza suficiente, el trastorno se puede producir incluso si los factores ambientales de estrés son relativamente débiles.

En conclusión, la esquizofrenia está asociada con diversos factores biológicos y ambientales. Por tanto, cada vez es más evidente que no es producida por un solo factor, sino por una combinación de variables interrelacionadas (Fowles, 1992; Hirsch, Cramer y Bowen, 1992; Straube y Oades, 1992; Kety, 1996).

Trastornos de la personalidad

Siempre quise muchas cosas; recuerdo que de niño deseaba una bala que un amigo mío llevó para mostrarla en clase. Yo la tomé y la guardé en mi mochila y cuando mi amigo se dio cuenta de que ya no la tenía consigo, yo fui el único que se quedó con él después de clases para buscarla en el salón; también fui el único que se sentó con él y maldijo a los demás niños, diciendo que uno de ellos se había quedado con la bala. Incluso lo acompañé a su casa para ayudarlo a darle la noticia a su tío, que había llevado esa bala de la guerra a casa para obsequiársela.

Pero eso no se compara con las intrigas que hice más tarde. Yo deseaba en forma desesperada un doctorado, pero no quería trabajar muy duro, sólo lo suficiente para irla pasando. Nunca realicé los experimentos sobre los que redacté informes; vaya, era lo suficientemente listo como para inventar los resultados. Sabía lo suficiente de estadística como para hacer creíble cualquier cosa. Logré obtener mi maestría sin haber pasado por lo menos una hora en el laboratorio. Y es que los profesores creían cualquier cosa. Me pasaba fuera toda la noche bebiendo con mis amigos, y al día siguiente regresaba y les decía que había estado en el laboratorio toda la noche. Hasta me tenían lástima. Mi proyecto doctoral lo hice del mismo modo, con la excepción de que lo publicaron y se produjo cierto interés acerca de mis descubrimientos. Esa investigación me ayudó a obtener mi primer trabajo como profesor universitario. Allí mi meta era obtener una plaza.

Las reglas de mi universidad eran prácticamente las mismas de cualquiera otra. Era preciso publicar y ser un maestro eficaz. La "recopilación" de datos y su publicación nunca representó un problema para mí, de modo que eso era fácil. Pero la enseñanza era evaluada con base en formularios que los estudiantes llenaban al término de cada semestre. Soy un maestro entre regular y bueno, pero tenía que estar seguro de que mi expediente señalara que yo era excelente. Era una labor sencilla. Cada semestre yo recogía las formas de evaluación, quitaba todas las que me calificaban de regular y malo y las sustituía con otras que me calificaban de estupendo. Hacerlo me llevaba toda una noche, pero yo me sentaba con una serie de bolígrafos de distintos colores y lápices de diversos tipos y llenaba hasta 300 formas distintas. No hace falta decir que obtuve la plaza (Duke y Nowicki, 1979, pp. 309-310).

Es preciso mencionar, antes de suponer que los profesores universitarios son iguales al del caso anterior, que esta persona representa un claro ejemplo de trastorno de la personalidad. Los **trastornos de la personalidad** difieren de otros problemas que hemos tratado en este capítulo en que a menudo hay muy poca angustia personal del que sufre el trastorno asociada con el desajuste psicológico. De hecho, es frecuente que las personas con trastornos de la personalidad lleven vidas que parecen normales. Sin embargo, justo debajo de la apariencia hay una serie de rasgos de personalidad inflexibles y desadaptada que no le permite a estos individuos desempeñarse en forma adecuada como miembros de la sociedad (Derksen, 1995; Clarkin y Lenzenweger, 1996; Millon y Davis, 1995, 1996; Millon, 1997).

La forma más conocida de este padecimiento es el **trastorno de la personalidad antisocial o sociopatía.** Los individuos que lo padecen tienden a manifestar una ausencia de preocupación por las reglas éticas y morales de la sociedad, así como por los derechos de los demás. Aunque en un principio dan la apariencia de ser inteligentes y agradables, se les puede descubrir como manipuladores y falsos si se les examina con más detenimiento. Además, carecen de conciencia, culpabilidad o ansiedad por su mal comportamiento. Cuando alguien que padece un trastorno antisocial de la personalidad se comporta de tal manera que hace daño a otra persona, comprende intelectualmente que ha causado el daño, pero no siente remordimiento alguno (Lykken, 1995).

Las personas con personalidad antisocial por lo regular son impulsivas y carecen de la capacidad para resistir la frustración. Por último, pueden ser manipuladoras en extremo; pueden tener habilidades sociales excelentes y son encantadoras, simpáticas y capa-

Trastorno de la personalidad: trastorno mental caracterizado por un conjunto de rasgos de personalidad desadaptados e inflexibles que impiden que una persona funcione en forma apropiada en la sociedad

Trastorno de la personalidad antisocial o sociopatía: trastorno en el que los individuos tienden a exhibir una falta de consideración por las reglas morales y éticas de la sociedad o por los derechos de los demás

ces de convencer a los demás para que hagan lo que ellas desean. Algunos de los estafadores más hábiles tienen personalidad antisocial.

¿Qué provoca semejante constelación de problemas? Se han sugerido una variedad de factores, que van desde una incapacidad inducida biológicamente para experimentar emociones en forma apropiada hasta problemas en las relaciones familiares (Gillstrom y Hare, 1988; Nigg y Goldsmith, 1994; Rosenstein y Horowitz, 1996, entre otros). Por ejemplo, en muchos casos de comportamiento antisocial, el individuo procede de un hogar en el que uno de los padres ha muerto o ha abandonado el hogar; o de uno en el que hubo falta de afecto o de consistencia en la disciplina; o bien de uno en el que hay un franco rechazo. Otras explicaciones se centran en los factores socioculturales, puesto que una proporción bastante alta de gente con personalidad antisocial procede de grupos de bajo nivel socioeconómico. Algunos investigadores sostienen que el quebrantamiento de las reglas, normas y costumbres sociales que se encuentra en ambientes con grandes privaciones económicas puede favorecer el desarrollo de una personalidad antisocial (Melges y Bowlby, 1969). De cualquier forma, hasta ahora nadie ha podido señalar las causas específicas de la personalidad antisocial, pero lo más probable es que se trate de alguna combinación de factores (Hare, Hart y Harpur, 1991).

Las personas con **trastorno de personalidad limítrofe**, otra perturbación de la personalidad, tienen dificultad para desarrollar un sentido seguro de quiénes son. Como consecuencia, tienden a depender de las relaciones con los demás para definir su identidad. El problema con esta estrategia es que los rechazos son devastadores. Aunado a esto, las personas con este trastorno desconfían de los demás y tienen dificultades para controlar su enojo. Su volatilidad emocional conduce a un comportamiento impulsivo y autodestructivo. El personaje interpretado por Glenn Close en la película *Atracción fatal* tipifica el comportamiento característico del trastorno de personalidad limítrofe (Horwitz *et al.*, 1996).

Los individuos con trastorno de personalidad limítrofe con frecuencia se sienten vacíos y solos. Pueden formar relaciones unilaterales intensas en forma repentina, demandando la atención de otra persona y luego se sienten enfurecidos cuando no la reciben. De hecho, a menudo parecen estar muy enojados con los demás.

Otro ejemplo de perturbación es el **trastorno narcisista de la personalidad**, que se caracteriza por un desmedido sentido de importancia personal. Los que padecen este trastorno esperan un trato especial de los demás y al mismo tiempo no toman en consideración los sentimientos ajenos. De hecho, en cierto sentido, el atributo principal de la personalidad narcisista es la incapacidad para experimentar empatía hacia las demás personas.

Existen muchas categorías de trastornos de la personalidad, que varían en gravedad desde los individuos que son calificados sencillamente como excéntricos, molestos o difíciles, hasta personas que actúan de modo criminal y peligroso para los demás. A pesar de que no pierden contacto con la realidad como los esquizofrénicos, las personas con trastornos de la personalidad viven su existencia en los límites de lo aceptable fijado por la sociedad.

Trastorno de la personalidad limítrofe: trastorno en el que los individuos tienen dificultad para desarrollar un sentido seguro de quiénes son

Trastorno narcisista de la personalidad: perturbación de la personalidad que se caracteriza por una sensación exagerada de importancia de sí mismo

---

Recapitulación, revisión y reflexión

Recapitulación

- Los trastornos del estado de ánimo se caracterizan por perturbaciones en el afecto que son tan significativas que obstaculizan la vida cotidiana.

- La esquizofrenia representa el diagnóstico más común entre los que han sido hospitalizados a causa de una perturbación mental.

- Las personas que padecen algún trastorno de la personalidad no sienten la angustia personal que es propia de otros trastornos, pero tienen rasgos desadaptativos que no les permiten desempeñarse en forma apropiada como miembros promedio de la sociedad.

Revisión

1. Los sentimientos de desesperación, soledad y falta de valía de Enrique han durado ya varios meses. Sus síntomas son indicios de:

   a. reacción de ajuste
   b. depresión normal
   c. depresión mayor
   d. depresión afectiva

2. Los estados de euforia y energía extremas a los que sigue una depresión aguda son característicos del trastorno _____.

3. La creencia que tiene Arturo de que sus pensamientos son controlados por seres de otro planeta es un ejemplo de _____.

4. La esquizofrenia _____ se manifiesta mediante síntomas súbitos y de aparición fácilmente identificable, en tanto que la esquizofrenia _____ se desarrolla gradualmente a lo largo de la vida de una persona.

5. La _____ _____ sostiene que la esquizofrenia puede ser causada por un exceso en determinados neurotransmisores en el cerebro.

6. ¿Cuál de las siguientes teorías sostiene que la esquizofrenia es provocada por la combinación de una predisposición genética con factores estresantes ambientales?
   a. teoría de la desatención aprendida
   b. el modelo de la predisposición
   c. la hipótesis de la dopamina
   d. la teoría del desamparo aprendido

7. El trastorno de la personalidad _____ se caracteriza por no hacer caso a las reglas sociales y los derechos de los demás.

Las respuestas a las preguntas de revisión se encuentran en la página 525.

Reflexión

1. Debido a la asociación entre el talento y el trastorno bipolar, ¿piensa que algunas personas con talento pueden ser alentadas a tolerar o incluso fomentar los cambios de estado de ánimo?

2. ¿Cualquiera de las explicaciones de la esquizofrenia ofrece la promesa de un tratamiento o cura para el trastorno? ¿Cualquiera de las explicaciones nos permite predecir quién será afectado por el trastorno? ¿En qué difiere la explicación del tratamiento y la predicción?

3. Los trastornos de la personalidad a menudo no son evidentes para los demás y muchas personas que los sufren parecen llevar vidas normales y no representan una amenaza para los demás. Puesto que dichos individuos pueden desempeñarse adecuadamente en la sociedad, ¿por qué se les debe considerar "enfermos"?

MÁS ALLÁ DE LOS PRINCIPALES TRASTORNOS: EL COMPORTAMIENTO ANORMAL EN PERSPECTIVA

Las distintas formas de comportamiento anormal descritas en el *DSM-IV* abarcan un ámbito mucho más amplio del que hemos expuesto en este capítulo. Algunas de las formas de comportamiento anormal se han considerado en capítulos anteriores del libro, como el *trastorno por uso de sustancias psicoactivas*, en el que se generan problemas debido al consumo de drogas (capítulo 4), los *trastornos de la alimentación* (capítulo 9) y los *trastornos sexuales* caracterizados por insatisfacción de la propia actividad sexual. Otra clase importante de trastornos que hemos mencionado antes son los *trastornos mentales orgánicos*: problemas que tienen una base puramente biológica. Existen otros trastornos que no hemos mencionado y cada una de las formas presentadas pueden dividirse en diversas subcategorías.

▶ ¿Qué indicadores señalan la necesidad de ayuda de un especialista en salud mental?

Debe tenerse en cuenta que la naturaleza específica de los trastornos incluidos en el *DSM-IV* es un reflejo de las culturas occidentales de fines del siglo xx. El sistema de clasificación es un reflejo de la forma en que sus autores veían los trastornos mentales cuando fue publicado en 1994. De hecho, la elaboración de la versión más reciente del *DSM* fue una fuente de gran controversia que refleja en parte cuestiones que dividen a la sociedad.

Por ejemplo, dos trastornos en particular causaron controversia durante el proceso de revisión. Uno, conocido como "trastorno autoderrotista de la personalidad", fue una categoría que recientemente se eliminó del apéndice donde había aparecido en la revisión anterior. Se pretendía aplicar el término "trastorno autoderrotista de la personalidad" a casos en los que una persona continúa con relaciones en las que recibe un trato desagradable y humillante sin abandonarlas o emprender alguna otra acción; por lo regular era usado para describir a personas que permanecían en relaciones de abuso.

Aunque algunos psicólogos clínicos afirmaron que era una categoría válida, observada en su práctica clínica, al parecer carecía de evidencia derivada de la investigación que apoyara su existencia. Además, algunos críticos argumentaron que el uso de la clasificación terminaba por condenar a las víctimas de abuso por su situación: un fenómeno de culpar a la víctima; como resultado la categoría fue eliminada del manual.

En muchas culturas, la capacidad para escuchar las voces de los espíritus de los muertos es considerada un don divino. Sin embargo, en las modernas sociedades industrializadas escuchar voces es visto como un signo de perturbación psicológica.

Una segunda categoría aún más controvertida fue el "trastorno disfórico premenstrual", el cual se caracterizaba por cambios incapacitantes graves en el estado de ánimo o depresión que se relacionan con el ciclo menstrual femenino. Algunos críticos afirman que incluir una clasificación de este tipo simplemente etiqueta el comportamiento femenino normal como un trastorno. La ex secretaria de salud de Estados Unidos, Antonia Novello, señaló que lo que "en las mujeres es llamado SPM (síndrome premenstrual, una clasificación similar), en los hombres es considerado agresión e iniciativa saludables" (Cotton, 1993, p. 270). Sin embargo, prevalecieron los defensores de la inclusión del trastorno y el de tipo disfórico premenstrual aparece en el apéndice del *DSM-IV*.

Estas controversias enfatizan que nuestra comprensión acerca del comportamiento anormal es un reflejo de la sociedad y la cultura en la que vivimos. Las revisiones futuras del *DSM* pueden incluir un catálogo distinto de trastornos. Aun ahora, otras culturas bien podrían incluir una lista de trastornos muy diferente de la que aparece en el *DSM* actual, como comentaremos a continuación.

Exploración de la diversidad

El *DSM* y la cultura, y la cultura del *DSM*

La mayoría de las personas piensan que es posible que quien escucha voces de personas que murieron recientemente sea víctima de alguna perturbación psicológica. Sin embargo, los miembros de la tribu indígena Plain continuamente escuchan las voces de los muertos que los llaman desde más allá del plano terrenal.

Éste es sólo un ejemplo del papel que desempeña la cultura en la denominación de comportamientos anormales. De hecho, de la totalidad de las perturbaciones más importantes en adultos que aparecen en la clasificación del *DSM*, sólo cuatro encajan en todas las culturas del mundo: la esquizofrenia, el trastorno bipolar, la depresión mayor y los trastornos de ansiedad (Kleinman, 1991; Lewis-Fernandez y Kleinman, 1995; Kleinman, 1996). *Todos* los demás son propios de América del Norte y de Europa Occidental.

Por ejemplo, piense en la anorexia nervosa, que estudiamos en el capítulo 9. En este trastorno las personas, en especial las mujeres jóvenes, desarrollan una visión inadecuada acerca de la apariencia de su cuerpo, se obsesionan con su peso corporal y se niegan a ingerir alimentos hasta el grado, en ocasiones, de morir por inanición durante ese proceso. Este trastorno se produce sólo en culturas que poseen el patrón social referente a que los cuerpos femeninos más deseables son los delgados. Puesto que este patrón no existe en la mayor parte del mundo, no es común la anorexia nerviosa. Resulta interesante observar que en el continente asiático no existen casos de este trastorno, con dos excepciones: las clases alta y media alta de Japón y de Hong Kong, en donde parece ser muy amplia la influencia occidental. También resulta notable el hecho de que la anorexia nerviosa es un trastorno bastante reciente incluso en las culturas occidentales. En los siglos XVII y XVIII no ocurría debido a que el ideal del cuerpo femenino en la sociedad occidental de esa época era más voluminoso.

De modo similar, el trastorno disociativo de la identidad (personalidad múltiple) sólo se considera un problema en sociedades en que el sentido de identidad es relativamente concreto. En lugares como India, ese sentido se basa en factores externos que son, en cierto grado, independientes de la persona. Allí, si un individuo manifiesta síntomas que en las sociedades occidentales se catalogarían como trastorno disociativo de la identidad, se supondría que la persona está poseída ya sea por demonios (lo cual se interpreta como una enfermedad) o por dioses (lo cual no requiere tratamiento).

Además, aunque trastornos como la esquizofrenia son reportados en todo el mundo, los síntomas particulares del trastorno son influidos por factores culturales. De esta manera, la esquizofrenia catatónica, que se manifiesta por la inmovilidad de los pacientes, quienes parecen estar congelados en la misma posición durante días enteros, es poco frecuente en América del Norte y en Europa. En India, por el contrario, 80% de quienes padecen esquizofrenia son catatónicos.

Otras culturas reportan trastornos que no se presentan en Occidente. En Malasia, por ejemplo, algunos individuos presentan un comportamiento al que se denomina "amok", caracterizado por una explosión temperamental en la que el individuo, que acostumbra ser callado y reservado, mata o hiere de gravedad a otro. Además, un comportamiento llamado "koro", presente entre los hombres de Asia sudoriental, consiste en un pánico intenso a que su pene desaparezca en el interior de su abdomen. Por último, un trastorno que en ocasiones es reportado en las zonas rurales de Japón es el "kitsunetsuki"; en éste, los afectados creen que han sido poseídos por zorros y adoptan expresiones faciales características de ese animal (Durst y Rosca-Rebaudengo, 1991; Stix, 1996).

En conclusión, no debemos suponer que el *DSM* representa la última palabra en cuanto a los trastornos psicológicos. Los trastornos que incluye son en gran medida una creación y una función de la cultura occidental en un momento específico del tiempo, por lo cual sus categorías no deben verse como universalmente aplicables. ■

La prevalencia de los trastornos psicológicos: el estado mental en Estados Unidos

¿Qué tan comunes son los tipos de trastornos psicológicos que se han expuesto? Aquí hay una respuesta: en Estados Unidos, una de cada dos personas tiene probabilidades de sufrir, en algún momento de su vida, un trastorno psicológico.

Al menos ésa es la conclusión de la investigación más reciente en ese país acerca de la prevalencia de los trastornos psicológicos. En un estudio masivo, los investigadores realizaron entrevistas personales con más de 8 000 hombres y mujeres cuyas edades fluctuaban entre los 15 y los 54 años. La muestra fue diseñada para ser representativa de la población de Estados Unidos. De acuerdo con los resultados del estudio, 48% de los entrevistados experimentaron un trastorno en algún momento de sus vidas. Además, 30% experimentó un trastorno en cualquier año determinado (Kessler *et al.*, 1994).

El trastorno más común fue la depresión, con 17% de los entrevistados reportando un episodio importante al menos una vez en su vida (véase figura 12.9); 10% de los encuestados había sufrido depresión durante el año en curso. El trastorno con el segundo lu-

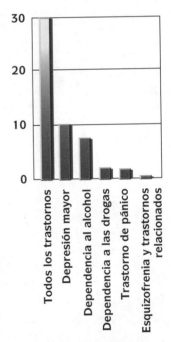

FIGURA 12.9 *Porcentaje de personas en Estados Unidos que reportaron un trastorno psicológico en el año anterior. Fuente: Kessler el al., 1994.*

Respuestas a las preguntas de revisión:

1. c   2. bipolar   3. delirio   4. reactiva; de proceso   5. hipótesis de la dopamina   6. b   7. antisocial o sociópata

gar en frecuencia fue la dependencia al alcohol, la cual tuvo con un índice de ocurrencia durante la vida de 14%. Además, 7% de los entrevistados había experimentado dependencia al alcohol durante el año anterior. Otros trastornos psicológicos frecuentes son la dependencia a los fármacos, los trastornos que implican el pánico (como el temor abrumador de hablar con extraños o terror a las alturas) y trastorno de estrés postraumático.

El estudio también encontró algunas diferencias de género inesperadas. Por ejemplo, 12% de las mujeres experimentaron trastorno de estrés postraumático: un índice del doble en relación al de los hombres. Los investigadores concluyeron que el trastorno de estrés postraumático, el cual ocurre después de una grave conmoción psicológica repentina, representa un riesgo psicológico importante para las mujeres.

Los resultados del estudio resaltan qué tanto se requieren los servicios de salud mental. Por ejemplo, alrededor de 14% de los entrevistados reportaron haber tenido tres trastornos psicológicos o más en algún momento de sus vidas. Desde el punto de vista estadístico, las personas que integran este grupo, el cual es el segmento de la población que más necesita los servicios psicológicos, tienden a ser mujeres blancas residentes en la ciudad, de bajos ingresos y con escasa educación, con edades de entre los 20 y los 30 años.

A pesar de la frecuencia relativamente alta de trastornos psicológicos, los hallazgos no señalan que Estados Unidos esté al borde de un colapso colectivo. Aunque los resultados indican que más personas de las esperadas experimentan los síntomas de un trastorno psicológico, no indican qué efecto han tenido en la familia, escuela o situaciones laborales de las personas. Además, el hallazgo del estudio de que sólo 25% había buscado alguna vez ayuda profesional para sus problemas sugiere que muchas personas se recuperan por sí solas.

Por último, es importante tener en cuenta que los hallazgos son representativos sólo en personas que viven en Estados Unidos. Por ejemplo, las encuestas transculturales muestran que la frecuencia de depresión mayor varía de manera significativa de una cultura a otra. La probabilidad de sufrir al menos un episodio de depresión sólo es de 1.5% en Taiwán y de 2.9% en Corea, en comparación con 11.6% en Nueva Zelanda y 16.4% en Francia. Estas diferencias notables subrayan la importancia de considerar el contexto cultural de los trastornos psicológicos (Weissman *et al.*, 1996).

Las cifras de prevalencia para Estados Unidos muestran que los trastornos psicológicos están lejos de ser raros, y no obstante, son significativos los prejuicios y discriminación hacia las personas con trastornos psicológicos. El estigma (una etiqueta que una vez aplicada hace que las personas sean vistas como diferentes y por tanto anormales), contra las personas que experimentan un trastorno psicológico sigue siendo real. Sin embargo, como se expone en el recuadro *Aplicación de la psicología en el siglo xxi* de este capítulo, este estigma se está reduciendo en forma gradual.

El consumidor de psicología bien informado

La decisión de cuándo se necesita ayuda

Después de considerar la amplitud y variedad de las perturbaciones psicológicas que afectan al ser humano, no sería sorprendente que comenzara a sentir los síntomas de uno (o más) de los trastornos que se han abordado. De hecho, hay un nombre para esta situación: *enfermedad del estudiante de medicina*. Aunque en el presente caso podría haberse denominado de manera más apropiada "enfermedad del estudiante de psicología", los síntomas básicos son los mismos: sentir que sufre la misma clase de problemas que están estudiando.

Con la mayor frecuencia, por supuesto, sus preocupaciones serán infundadas. Como se ha expuesto, las diferencias entre el comportamiento normal y el anormal por lo regular son tan ambiguas que es fácil llegar a la conclusión de que se tienen los mismos síntomas que están implicados en formas graves de perturbación mental.

plicación de la psicología en el siglo XXI

Cómo borrar el estigma de los trastornos psicológicos

En su sala en Martha's Vineyard, en el verano de 1985, el locutor de CBS Mike Wallace se sentó y escuchó a su amigo, el autor William Styron, hablar sobre lo deprimido que estaba. Estaba muy desanimado, recuerda Wallace: "Me preocupaba que se fuera a quitar la vida." Pero Wallace, quien había ingresado en un hospital de Nueva York por depresión apenas unos meses antes, no dijo una palabra sobre sus angustias privadas. "Aún estaba en el armario", dice, "incluso con mis amigos". Este febrero, Wallace estaba en Capitol Hill, atestiguando sobre su enfermedad mental con lo que ahora es su aplomo acostumbrado. "Tomaré Zoloft todos los días por el resto de mi vida", comentó en una entrevista la semana pasada. "Y estoy bastante contento de hacerlo" (Solomon, 1996, p. 20).

Mike Wallace y William son sólo dos de los muchos individuos conocidos que están comenzando a admitir en público que sufren de un trastorno psicológico serio, y quienes, en el proceso, están ayudando a borrar el estigma respecto al comportamiento anormal. Por ejemplo, el ganador del Oscar Rod Steiger ha dado conferencias sobre sus ocho años de depresión, los cuales describe que le han producido un dolor tan abrasador que "te despelleja vivo". La cantante Naomi Judd, la estrella de *Guardianes de la Bahía* Vince Van Patten y el ganador del trofeo Eisman Earl Campbell han comentado en público los trastornos de pánico que causaron que evitaran dejar sus hogares durante periodos prolongados. Ted Turner, quien fundó CNN y Turner Broadcasting, ha comentado que sufre de trastorno bipolar.

Tales admisiones públicas están abriendo camino en forma considerable hacia la reducción de la visión social negativa de los trastornos psicológicos que ha sido la norma durante siglos. En lugar de ser vistos como una falla moral o como un desliz que quien lo padece podría haber evitado de alguna manera si fuera una mejor persona, un trastorno psicológico está llegando a ser visto, en forma bastante ra-

La cantante Naomi Judd sufrió de ataques de pánico que le dificultaban abandonar su casa.

zonable, como algo poco diferente a un caso de apendicitis. Como lo planteó el general Colin Powell cuando le preguntaron en una conferencia de prensa sobre los rumores de la depresión de su esposa: "Mi esposa tiene depresión. No es un secreto de familia. Se controla muy fácil con medicamentos apropiados, igual que mi presión arterial."

La nueva apertura respecto a los trastornos psicológicos ha dado como resultado algún apoyo político significativo para el tratamiento. En una propuesta decisiva de reforma a la ley de atención a la salud aprobada en 1996, el Congreso de Estados Unidos decidió que las aseguradoras deben proporcionar una cobertura para enfermedades mentales que sea tan amplia como la cobertura para problemas físicos como cáncer o ataques cardiacos.

En una extensión del concepto de que los trastornos físicos y mentales deben ser tratados en forma similar, la Equal Employment Opportunity Commission, en una interpretación de la Americans with Disabilities Act, declaró que los patrones no pueden discriminar a personas con trastornos psicológicos que por lo demás estén calificadas. De hecho, fue más allá: no sólo deben evitar los propietarios de empresas preguntar a los solicitantes de empleo si han padecido alguna vez de un trastorno psicológico, también deben tener adaptaciones "razonables" para empleados que en la actualidad tienen trastornos emocionales o psicológicos. Por ejemplo, una persona con trastorno de ansiedad podría solicitar un horario más flexible, o una persona con esquizofrenia podría solicitar un espacio de trabajo aislado (Stolberg, 1997).

La decisión de la Equal Employment Opportunity Commission respecto a los derechos de individuos con trastornos psicológicos ha producido reacciones ambiguas. Aunque los defensores de los derechos de las personas con trastornos psicológicos han aplaudido la interpretación, los patrones han sido menos positivos. Por ejemplo, algunos empresarios temen que las adaptaciones puedan darse a expensas de la productividad del lugar de trabajo.

Por otra parte, los nuevos lineamientos pueden ayudar a continuar la reducción en el prejuicio contra aquellos que tienen trastornos mentales, una tendencia que beneficiará a uno de cada dos ciudadanos estadounidenses que sufre de alguna forma de trastorno mental durante su vida. Como dice Arthur Caplan, director del Centro de Bioética de la Universidad de Pennsylvania: "Hay pocas personas que están sanas mentalmente por completo o enfermas mentales por completo. Creo que vamos a percatarnos por medio de esta clase de política que nuestra fuerza laboral está mucho más cerca de Woody Allen que de Marcus Welby" (Stolberg, 1997, p. 5).

Sin embargo, antes de llegar a esta conclusión, es importante tener en cuenta que de vez en cuando todos experimentamos una amplia gama de emociones y experiencias subjetivas y no es inusual sentirse profundamente infeliz, fantasear acerca de situaciones extrañas o sentir ansiedad por las circunstancias de la vida. Es la persistencia, profundidad y consistencia de este comportamiento lo que separa a las reacciones normales de las anormales. Si antes no tuvo dudas serias sobre la normalidad de su comportamiento es improbable que leer sobre los trastornos psicológicos de otros lo incitara a revalorar su conclusión anterior.

Por otra parte, muchas personas tienen problemas que justifican la preocupación y en tales casos es importante considerar la posibilidad de que se requiera ayuda profesional. La siguiente lista de síntomas puede servirle como lineamiento para ayudarle a determinar si podría serle útil una intervención externa (Engler y Goleman, 1992):

- Presencia durante cierto tiempo de sentimientos de malestar que interfieran con la sensación de bienestar, competencia y capacidad para desempeñarse en forma adecuada en las actividades cotidianas.

- Momentos en que se experimenta un nivel abrumador de estrés acompañado por sentimientos de incapacidad para afrontar la situación.

- Depresión prolongada o sentimientos de desamparo, en especial cuando no se derivan de una causa evidente (como la muerte de una persona querida).

- Aislamiento de los demás.

- Un problema físico crónico para el que no se puede determinar ninguna causa física.

- Un temor o fobia que impide la realización de actividades cotidianas.

- Sensación de que otras personas desean atraparlo o de que hablan acerca de usted y se confabulan en su contra.

- Incapacidad para interactuar en forma adecuada con los demás, que le impide el desarrollo de amistades o de relaciones amorosas.

Esta lista ofrece un conjunto general de criterios para determinar cuándo los problemas normales de la vida cotidiana van más allá del punto en que es capaz de enfrentarlos sin ayuda. En estas situaciones, lo menos indicado será que usted repase todos los trastornos que hemos comentado buscando acomodarse dentro de una de estas categorías. Una estrategia más razonable consiste en considerar buscar ayuda de un especialista, una posibilidad sobre la que hablaremos en el siguiente capítulo.

Recapitulación, revisión y reflexión

Recapitulación

- Los trastornos sexuales, los trastornos debidos a uso de sustancias psicoactivas y los trastornos mentales orgánicos son otras formas frecuentes de comportamiento anormal.
- Lo que es considerado como comportamiento anormal varía de una cultura a otra.
- Casi la mitad de todos los habitantes de Estados Unidos han experimentado un trastorno psicológico en algún momento de sus vidas.
- Pueden usarse varios lineamientos para determinar cuándo se justifica la ayuda profesional para un trastorno psicológico.

Revisión

1. La versión más reciente del *DSM* es considerada el lineamiento definitivo para la clasificación de los trastornos mentales. ¿Verdadero o falso?

2. El _____ _____ _____, que se caracteriza por cambios incapacitantes graves en el estado de ánimo o depresión, relacionados con el ciclo menstrual de la mujer, fue agregado finalmente al apéndice del *DSM-IV* a pesar de la controversia que rodeó su inclusión.

3. Relacione el trastorno con la cultura en la que es más común:

1. Amok
2. Anorexia nervosa
3. Kitsunetsuki
4. Esquizofrenia catatónica

a. India
b. Malasia
c. Estados Unidos
d. Japón

4. Investigaciones recientes sobre la frecuencia de los trastornos psicológicos han encontrado que el más común es _____, con 17% de los entrevistados que reportaron un episodio importante al menos una vez en su vida.

Las respuestas a las preguntas de revisión se encuentran en la página 530.

Reflexión

1. ¿Por qué es tan controvertida y se volvió un asunto de política la inclusión en el *DSM-IV* de trastornos "limítrofes" como el trastorno autoderrotista de personalidad y el trastorno disfórico premenstrual? ¿Qué desventajas tiene la inclusión? ¿La inclusión brinda algún beneficio?

2. La sociedad y la cultura pueden tener un fuerte impacto en la determinación de lo que se considera comportamiento normal y anormal. ¿Cómo "revisaría" usted el *DSM-IV* para reflejar con mayor precisión las diferencias culturales en la determinación de los trastornos psicológicos?

3. ¿Qué cambios sociales tendrían que ocurrir para que los trastornos psicológicos fueran considerados el equivalente de una apendicitis u otro trastorno físico tratable? ¿Piensa que una persona que ha sido tratada por un trastorno psicológico podría convertirse en presidente de Estados Unidos? ¿Debería ser presidente una persona así?

UNA MIRADA

retrospectiva

¿Cómo podemos distinguir el comportamiento normal del anormal?

1. La definición más satisfactoria del comportamiento anormal se basa en las consecuencias psicológicas de éste, las cuales se consideran anormales si producen una sensación de molestia, ansiedad o culpa, o si perjudican a otras personas. Otra definición útil considera anormales a las personas que no se pueden adaptar a la sociedad y que son incapaces de desempeñarse con efectividad. También hay definiciones legales que ponderan si una persona está "loca", término que es legal, no psicológico.

2. No hay una definición que sea adecuada por completo. Por tanto, es razonable considerar el comportamiento normal y el anormal en función de gradaciones, que varían desde el funcionamiento enteramente normal hasta el comportamiento anormal en extremo. Es evidente que el comportamiento encaja en forma típica en algún lugar entre estos dos extremos.

¿Cuáles son los principales modelos de comportamiento anormal empleados por los especialistas en la salud?

3. El modelo médico explica el comportamiento anormal como el síntoma de una enfermedad subyacente que precisa de una cura. El modelo psicoanalítico sostiene que el comportamiento anormal es causado por conflictos inconscientes que se generan por experiencias del pasado. Para resolver sus problemas psicológicos, las personas deben solucionar los conflictos inconscientes.

4. En contraste con los modelos médico y psicoanalítico, los enfoques conductuales conciben al comportamiento anormal no como un síntoma de algún problema subyacente, sino como el problema mismo. Para resolver el problema es preciso modificar el comportamiento.

5. La perspectiva cognitiva, a la que a menudo se denomina enfoque cognitivo conductual, argumenta que el comportamiento anormal es el resultado de cogniciones erróneas. Desde este punto de vista, es posible corregir el comportamiento anormal mediante la modificación de las cogniciones (pensamientos y creencias).

6. Los enfoques humanistas conciben a las personas como seres racionales que están motivados para llevarse bien con los demás; el comportamiento anormal se interpreta como una dificultad para satisfacer las necesidades personales. Se considera que las personas tienen control sobre sus vidas y que son capaces de resolver sus propios problemas.

7. Para los enfoques socioculturales el comportamiento anormal se deriva de dificultades familiares y de otro tipo de relaciones sociales. El modelo sociocultural se centra en factores como el nivel socioeconómico y las reglas que crea la sociedad para definir a los comportamientos normal y anormal.

¿Qué sistema de clasificación se utiliza para catalogar el comportamiento anormal?

8. En la actualidad el sistema que más se utiliza para clasificar el comportamiento anormal es el *DSM-IV* (*Manual diagnóstico y estadístico de los trastornos mentales* [*cuarta edición*]).

¿Cuáles son los principales trastornos psicológicos?

9. Los trastornos de ansiedad se presentan cuando una persona experimenta la ansiedad de manera que entorpece su desempeño cotidiano. Formas específicas de trastornos de ansiedad incluyen el trastorno fóbico, el trastorno de pánico, el trastorno de ansiedad generalizada y el trastorno obsesivo-compulsivo. Los trastornos fóbicos se caracterizan por miedos intensos e irracionales acerca de situaciones y objetos específicos, mientras que los trastornos de pánico implican ataques de miedo, los cuales son sentimientos súbitos e intensos de ansiedad. El trastorno de ansiedad generalizada se produce cuando una persona experimenta una ansiedad duradera sin razón evidente. Las personas que sufren el trastorno obsesivo-compulsivo manifiestan obsesiones (pensamientos o ideas recurrentes) o compulsiones (comportamientos repetitivos indeseables).

10. Los trastornos somatoformes son dificultades psicológicas que se manifiestan a través de padecimientos físicos. Un ejemplo de ellos es la hipocondriasis, en la que se produce un miedo continuo a enfermarse, así como una preocupación por las enfermedades en general. Otro trastorno somatoforme es el trastorno de conversión, en el que se produce un problema físico real sin que exista una causa fisiológica que lo produzca.

11. Los trastornos disociativos se caracterizan por la división o disociación de partes fundamentales de la personalidad que suelen estar integradas. Existen tres formas principales de estos trastornos: el trastorno disociativo de la identidad (personalidad múltiple), la amnesia disociativa y la fuga disociativa.

¿Cuáles son las formas más graves de trastornos psicológicos?

12. Los trastornos del estado de ánimo se caracterizan por estados emocionales de depresión o euforia con fuerza suficiente para afectar la vida cotidiana. Durante los ataques de depresión mayor las personas experimentan una tristeza tan profunda que puede provocarles comportamientos suicidas. En el trastorno bipolar los individuos afectados oscilan desde un estado de manía, en el que se experimenta una sensación de júbilo y poder, hasta estados de depresión.

13. La esquizofrenia es una de las formas más graves de enfermedad mental. Sus manifestaciones incluyen disminución en el funcionamiento, perturbaciones del lenguaje y del pensamiento, trastornos perceptivos, desórdenes emocionales y aislamiento de los demás. Existen evidencias claras que vinculan la esquizofrenia con factores genéticos, bioquímicos y ambientales. De acuerdo con el modelo de la predisposición, una interacción entre diversos factores produce el trastorno.

14. Las personas que sufren de trastornos de la personalidad experimentan poca o ninguna angustia personal, pero no pueden desempeñarse como miembros normales de la sociedad. El tipo más conocido de trastorno de la personalidad es el trastorno de la personalidad antisocial o sociopatía, en el que se ignoran las normas éticas y morales de la sociedad. Las personas con trastorno de la personalidad limítrofe tienen dificultades con la identidad, son desconfiadas y se enojan a menudo y forman relaciones súbitas intensas. La personalidad narcisista se caracteriza por un sentido exagerado de importancia personal.

15. Existen muchas otras categorías de perturbaciones que incluyen los trastornos sexuales, los trastornos por uso de sustancias psicoactivas y los trastornos mentales orgánicos.

16. Los estudiantes de psicología son susceptibles al mismo tipo de "enfermedad" que afecta a los de medicina: la percepción de que padecen alguna de las enfermedades que están estudiando. Sin embargo, a menos que las dificultades psicológicas sean persistentes, profundas y consistentes, es poco probable que sus preocupaciones sean válidas.

¿Qué indicadores señalan la necesidad de ayuda de un especialista en salud mental?

17. Algunas señales específicas indican la necesidad de buscar ayuda profesional. Entre éstas puede hallarse un malestar psicológico duradero, sensación de incapacidad para afrontar el estrés, aislamiento de los demás, sentimientos prolongados de desamparo, problemas físicos crónicos sin causa aparente, fobias y compulsiones, paranoia y una incapacidad para las relaciones interpersonales.

Términos y conceptos clave

modelo médico de la anormalidad (p. 496)
modelo psicoanalítico de la anormalidad (p. 497)
modelo conductual de la anormalidad (p. 497)
modelo cognitivo de la anormalidad (p. 498)
modelo humanista de la anormalidad (p. 498)
modelo sociocultural de la anormalidad (p. 498)
Manual diagnóstico y estadístico de los trastornos mentales (cuarta edición) (DSM-IV) (p. 499)

trastorno de ansiedad (p. 504)
trastornos fóbicos (p. 504)
trastorno de pánico (p. 504)
trastorno de ansiedad generalizada (p. 505)
trastorno obsesivo-compulsivo (p. 505)
obsesión (p. 504)
compulsión (p. 505)
trastornos somatoformes (p. 508)
trastornos de conversión (p. 508)
trastornos disociativos (p. 509)
trastorno disociativo de identidad (p. 509)
amnesia disociativa (p. 510)
fuga disociativa (p. 510)

trastornos del estado de ánimo (p. 511)
depresión mayor (p. 511)
manía (p. 513)
trastorno bipolar (p. 513)
desamparo aprendido (p. 514)
esquizofrenia (p. 516)
trastorno de la personalidad (p. 521)
trastorno de la personalidad antisocial o sociopatía (p. 521)
trastorno de la personalidad limítrofe (p. 522)
trastorno narcisista de la personalidad (p. 522)

Respuestas a las preguntas de revisión:

1. Falso; la elaboración de la versión más reciente del *DSM* fue fuente de gran controversia que refleja en parte los problemas que dividen a la sociedad   2. trastorno disfórico premenstrual   3. 1-b, 2-c, 3-d, 4-a   4. depresión

Epílogo

En este capítulo comentamos unos cuantos de los muchos tipos de trastornos psicológicos a los que están expuestas las personas, señalando la dificultad que tienen los psicólogos y los médicos para diferenciar con claridad el comportamiento normal del anormal y ver algunos de los enfoques que se han adoptado para explicar y tratar los trastornos psicológicos. Tomamos nota del esquema de clasificación que se emplea más en la actualidad, catalogado en el *DSM-IV*, y examinamos algunas de las formas más frecuentes de los trastornos psicológicos. A fin de obtener una perspectiva sobre el tema de los trastornos psicológicos, expusimos la frecuencia sorprendentemente amplia de trastornos psicológicos en la sociedad estadounidense y la naturaleza cultural de tales trastornos.

Antes de proceder a centrarnos en el tratamiento de dichos trastornos, regresemos al prólogo, en el que se describió el caso de Lori Schiller. Usando el conocimiento que obtuvo en este capítulo, considere las siguientes preguntas.

1. ¿Cuáles definiciones de anormalidad (es decir, desviación del promedio, desviación del ideal, malestar subjetivo, incapacidad para funcionar con efectividad y definiciones legales) parecen adecuarse al caso de Lori Schiller? Si una persona en la condición de Schiller comete un crimen serio en respuesta a voces internas, ¿sería apropiado un alegato de "inocente por razones de locura"?

2. ¿Cuál modelo de anormalidad (es decir, médico, psicoanalítico, conductual, cognitivo, humanista o sociocultural) piensa que tendría mayor probabilidad de producir resultados positivos en el caso de Schiller? ¿Sería aconsejable intentar diferentes enfoques en sucesión? ¿Podrían emplearse juntos dos o más enfoques?

3. A Schiller se le diagnosticó que sufría de esquizofrenia. ¿Qué elementos de su comportamiento parecen corresponder a la descripción de esquizofrenia proporcionada por el *DSM-IV* (y resumida en el cuadro 12-2)?

4. ¿Qué tipo de esquizofrenia (es decir, desorganizada, paranoide, catatónica, indiferenciada o residual; véase el cuadro 12.5) piensa que es probable que sufra Schiller? ¿Por qué?

5. ¿Había signos del trastorno psicológico en las acciones de Schiller durante la adolescencia? ¿Por qué piensa que la familia de Schiller no notó que necesitaba ayuda? ¿Por qué cree que tomó tanto tiempo para que Schiller le dijera a sus padres que tenía problemas?

13 Tratamiento de los trastornos psicológicos

Brandon Fitch, una persona diagnosticada con esquizofrenia que ha sido tratada con éxito con clozapina, al fin es capaz de disfrutar el baile de graduación que su enfermedad le hizo perder unos 15 años antes.

Prólogo

Conquista de la esquizofrenia

Durante semanas habían ensayado pasos de baile, habían comprado trajes de etiqueta, se habían preocupado por sus peinados y por lo que le dirían a sus parejas. Ahora la Big City Band estaba subiendo el volumen y el salón de baile entero empezaba a sacudirse. Brandon Fitch, que vestía un traje a rayas con una sonrisa de oreja a oreja bailaba con Daphne Moss, una rubia que traía puestas zapatillas de tacón alto, un vestido floreado y un ramillete blanco que había deleitado a su padre porque él lo había cortado. Kevin Buchberger, que por lo general es callado, saltó a la pista de baile y se animó a bailar un *boogie* por primera vez en su vida, mientras Kevin Namkoong tomó una guitarra eléctrica e improvisó con la banda. El baile de gala en Case Western Reserve University había llegado a su clímax.

Éste era un baile de graduación como casi nunca se ha visto. La mayoría de los 175 asistentes tenía más de 30 años de edad; habían perdido los bailes de gala de su juventud y otros ritos de iniciación de la adolescencia. No pregunten dónde estaban a los 18 o 21. Los recuerdos son demasiado fríos, demasiado fragmentados para ser transmitidos. Habían organizado este baile de gala "más vale tarde que nunca" para celebrar su notable "despertar" a la realidad después de muchos años de haber estado perdidos en la oscuridad de la esquizofrenia. Los juerguistas eran, en cierto sentido, las personificaciones sonrientes y bailadoras de una nueva forma de terapia farmacológica que está revolucionando la manera en que los doctores están tratando con la esquizofrenia: la más terrible de las enfermedades mentales...

Moss, Buchberger, Fitch y sus compañeros de baile fueron despertados de su larga pesadilla de locura por un fármaco notable llamado clozapina (nombre comercial: Clozaril). La cena-baile, organizada con ayuda de los psiquiatras y consejeros de los hospitales universitarios afiliados a la Case Western Reserve, en Cleveland, sirvió como una celebración agridulce de pérdida compartida y esperanza recuperada. "Aquellos de nosotros que estamos enfermos viajamos por una senda diferente", dijo el líder del baile, Fitch, en un discurso muy oportuno dirigido a sus compañeros refugiados de la locura. "Nos hubiera gustado asistir a nuestros bailes de graduación, pero el destino no nos dio esa oportunidad" (Wallis y Willwerth, 1992, p. 53).

El fármaco que ha brindado nueva vida a personas como Daphne Moss, Kevin Buchberger y Brandon Fitch es sólo uno de muchos que, junto con otros enfoques terapéuticos nuevos, han revolucionado el tratamiento de los trastornos psicológicos en las últimas décadas. Aunque literalmente hay cientos de enfoques de tratamiento diferentes, que van desde consultas de orientación informales de una sola sesión hasta terapia farmacológica a largo plazo, todos persiguen una meta común: el alivio de los trastornos psicológicos, con la pretensión final de hacer posible que las personas posean vidas más significativas, fructíferas y satisfactorias.

En este capítulo exploraremos diversos temas básicos relacionados con el tratamiento del comportamiento anormal: ¿cómo se atiende a quienes padecen de trastornos psicológicos?, ¿quién es la persona más apropiada para proporcionar el tratamiento?, ¿qué deben esperar para el futuro las personas con perturbaciones graves?, ¿cuál es el enfoque terapéutico más razonable?, ¿existe alguna terapia mejor que las demás?, ¿es efectiva *realmente* alguna de las terapias?, ¿cómo se elige el tipo "adecuado" de terapia y de terapeuta para cada caso?

En la mayor parte de este capítulo examinamos los enfoques que se emplean para el tratamiento de las perturbaciones psicológicas. A pesar de su diversidad, estos puntos de vista se pueden clasificar en dos categorías principales: la terapia con base biológica y la terapia con base psicológica. La terapia que se basa en la psicología se conoce como **psicoterapia**: es un proceso a través del cual el paciente (al que también se le suele llamar cliente) y un especialista intentan remediar las dificultades psicológicas. En la psicoterapia el énfasis está en el cambio como resultado de las conversaciones e interacciones que se realizan entre el terapeuta y el cliente. En contraste, la **terapia biomédica** se

Psicoterapia: proceso en el que un paciente (también llamado cliente) y un profesional intentan remediar dificultades psicológicas

Terapia biomédica: terapia que se basa en fármacos y otros procedimientos médicos para mejorar el funcionamiento psicológico

---

Cuadro 13-1 | Obtener ayuda de la persona adecuada

Psicólogo clínico

Profesional en psicología que se especializa en la evaluación y tratamiento de problemas psicológicos.

Psicólogo consejero

Psicólogo que suele tratar problemas de adaptación a la vida cotidiana en un escenario de asesoría, como puede ser una clínica universitaria de salud mental.

Psiquiatra

Médico con preparación a nivel de posgrado sobre comportamiento anormal que puede recetar medicamentos como parte del tratamiento.

Psicoanalista

Médico o psicólogo que se especializa en psicoanálisis, técnica de tratamiento desarrollada originalmente por Freud.

Trabajador social psiquiátrico

Profesional con grado universitario y con capacitación especializada para tratar personas en el hogar y la comunidad.

Cada uno de estos especialistas capacitados puede otorgar asesoría y guía útiles, aunque la naturaleza del problema que experimenta la persona puede hacer que uno u otro de ellos sea más conveniente. Por ejemplo, una persona que padece de una grave perturbación y ha perdido contacto con la realidad por lo regular requiere alguna clase de terapia farmacológica con base biológica; en ese caso, un psiquiatra, que es un médico, será la mejor elección. Por otra parte, quienes sufren de trastornos menores, como dificultades para adaptarse tras la muerte de un miembro de la familia, tienen una posibilidad de elección más amplia que puede incluir a cualquiera de los especialistas que se enumeran en el cuadro. La decisión se puede facilitar por medio de consultas iniciales con especialistas en instituciones de salud mental en las comunidades, universidades y organismos de salud, las cuales suelen ofrecer ayuda para la elección del terapeuta adecuado.

apoya en fármacos y otros procedimientos médicos para mejorar el funcionamiento psicológico.

Al describir los distintos enfoques de la terapia, es importante tener presente que aun cuando las diferencias parezcan muy claras, existe un alto grado de superposición en las clasificaciones y procedimientos que se emplean, así como en la preparación y los títulos que obtienen los distintos terapeutas (véase cuadro 13-1). De hecho, muchos terapeutas aplican varios métodos al mismo paciente; a esto se le llama *enfoque ecléctico de la terapia*. Si asumimos que con frecuencia el comportamiento anormal se produce a partir de procesos psicológicos y biológicos, es posible que los terapeutas eclécticos utilicen en forma simultánea diversas perspectivas, en un intento por abordar los aspectos psicológicos y biológicos de los problemas de una persona (Stricker y Gold, 1993; Beutler, Consoli y Williams, 1995; Goldfried y Norcross, 1995; Racey, 1996; Wachtel y Messer, 1997).

LA PSICOTERAPIA: ENFOQUES PSICOLÓGICOS DE TRATAMIENTO

▶ **¿Cuáles son los objetivos de los tratamientos con base psicológica y de los que tienen base biológica?**

▶ **¿Cuáles son los tipos fundamentales de psicoterapia?**

PsicoVínculos

Alicia:	Estaba pensando en ese asunto de las normas. De alguna manera desarrollé una especie de facilidad, yo supongo, o más bien hábito para hacer que la gente se sintiera más cómoda conmigo o que las cosas continuaran en forma armoniosa...
Terapeuta:	En otras palabras, todo lo que hizo siempre fue con la intención de que las cosas se desarrollaran con armonía, para hacer que las demás personas se sintieran mejor y para suavizar la situación.
Alicia:	Sí, creo que así es. Pienso que quizá la razón por la cual lo hice no fue porque yo haya sido la buena samaritana que iba de un lado a otro para hacer feliz a la gente, sino porque tal vez sentía que era el rol más fácil de jugar; lo he desempeñado en casa desde hace mucho. Fue sólo que no me mantenía en mis propias convicciones, hasta que ya no supe si tenía alguna convicción por la cual actuar.
Terapeuta:	Usted siente que desde hace mucho tiempo tiene la consigna de suavizar los conflictos o diferencias entre...
Alicia:	Ajá...
Terapeuta:	Esto sucedía en lugar de sostener cualquier opinión o reacción sobre su propia situación. ¿No es así? (Rogers, 1951, pp. 152-153).

***

Martha:	El problema básico es que me preocupa mi familia. Me preocupa el dinero. Y me parece que nunca logro relajarme.
Terapeuta:	¿Por qué le preocupa su familia? Analicemos eso antes que nada. En su opinión, ¿qué es lo que debe preocuparle? Su familia tiene ciertas exigencias a las que no desea adherirse.
Martha:	Me educaron de manera que debo pensar en no ser egoísta.
Terapeuta:	¡Vaya, tendremos que sacarle eso de la cabeza!
Martha:	Mi madre siente que no debí haberme ido de la casa, que mi lugar está con ellos. Tengo dudas continuas acerca de lo que debería...
Terapeuta:	¿Por qué tiene dudas? ¿Por qué *debería*?
Martha:	Creo que es un sentimiento con el que me educaron respecto a que siempre tienes que ver por los demás. Si piensas en ti mismo estás mal.
Terapeuta:	Ésa es una *creencia*. ¿Por qué tiene que seguir creyendo eso, a *su* edad? Usted creía un montón de supersticiones cuando era pequeña. ¿Por qué tiene que conservarlas? Sus padres la adoctrinaron con estas tonterías, porque éstas son *sus* creencias. Pero, ¿por qué tiene que creer todavía que uno

no debería interesarse en uno mismo; que uno tiene que sacrificarse a sí mismo? ¿Quién necesita esa filosofía? Todo lo que le ha producido a usted, hasta ahora, es culpa. Y eso es lo que *siempre* le producirá (Ellis, 1974, pp. 223-286).

***

Sandy:	Mi padre... nunca se interesó por ninguno de nosotros. (Comienza a llorar.) Fue mi madre, que en paz descanse, la que nos amó, no mi padre. La obligó a trabajar hasta matarla. ¡Dios, cuánto la extraño! (Llora desconsolada.) Debe sonar a que estoy enojada con mi padre. ¿No cree que tengo derecho a estar enojada?
Terapeuta:	¿Cree usted tener derecho a estar enojada?
Sandy:	¡Claro que sí! ¿Por qué lo pregunta? Usted no me cree, ¿verdad?
Terapeuta:	Usted quiere que le crea.
Sandy:	No me importa si me cree o no. Para mí usted sólo es una pared a la que le estoy hablando; no sé por qué pagué por esta estúpida consulta. ¿No piensa, ni tiene sentimientos en absoluto? Sé muy bien lo que piensa; cree que estoy loca; de seguro se ríe de mí. ¡Quizá yo sea uno de los casos de su nuevo libro! Sólo está allí sentado, con una sonrisa estúpida, haciéndome sentir que soy una mala persona, pensando que es un error que me sienta enojada, que no tengo ningún derecho a estar enojada.
Terapeuta:	Igual que su padre.
Sandy:	Sí, usted es como mi padre. ¡Ay, Dios! En este momento yo... yo... sentí que estaba hablándole a él (Sue, Sue y Sue, 1990, pp. 514-515).

Como lo ilustran estos fragmentos de sesiones terapéuticas reales, el tratamiento para los trastornos psicológicos está lejos de ser un proceso uniforme. En el primer caso, el terapeuta refleja cuidadosamente lo que dice Alicia, devolviéndole sus propias observaciones. En contraste, el terapeuta del segundo fragmento es mucho más activo, instiga y anima a la paciente. Por último, el tercer caso presenta a un terapeuta que habla muy poco; las respuestas a las declaraciones de Sandy son fundamentalmente reservadas.

Aun cuando difieren en muchos aspectos, todos los enfoques psicológicos visualizan el tratamiento como un modo de resolver los problemas psicológicos al propiciar el cambio de comportamiento de las personas; ayudándolas a comprenderse mejor a sí mismas en su pasado, presente y futuro. Examinaremos cuatro de las principales clases de psicoterapia: la psicodinámica, la conductual, la cognitiva y la humanista, las cuales se basan en los distintos modelos del comportamiento anormal que se comentaron en el capítulo 12.

El tratamiento psicodinámico: penetrando en el inconsciente

La **terapia psicodinámica** se sustenta en la premisa, sugerida por primera vez por Freud, del enfoque psicoanalítico de la personalidad, de que las fuentes originarias del comportamiento anormal son conflictos no resueltos del pasado, así como la posibilidad de que inaceptables pulsiones inconscientes invadan la conciencia. Para hacer frente a esta posibilidad productora de ansiedad, las personas emplean *mecanismos de defensa*, estrategias psicológicas que los protegen de estas pulsiones inconscientes (véase capítulo 11).

El mecanismo de defensa más común es la represión, por la que los conflictos y pulsiones amenazadores son rechazados hacia el inconsciente. Sin embargo, en vista de que los conflictos y pulsiones inaceptables nunca se pueden olvidar por completo, parte de la ansiedad asociada con ellos puede provocar un comportamiento anormal que asumirá la forma de lo que Freud llamó *síntomas neuróticos*.

¿Cómo puede eliminarse la ansiedad producida por las pulsiones inconscientes no deseadas? Para Freud la respuesta radicó en confrontar los conflictos y las pulsiones, lle-

Terapia psicodinámica: sugerida por primera vez por Freud, es la terapia que se basa en la premisa de que las fuentes principales del comportamiento anormal son conflictos pasados sin resolver, así como la posibilidad de que pulsiones inconscientes inaceptables entren en la conciencia

vándolos de la parte inconsciente de la mente hacia la parte consciente. Freud supuso que este método reduciría en gran medida la ansiedad derivada de los conflictos pasados, con lo cual el paciente podría participar con mayor efectividad en su vida cotidiana.

En este sentido, el terapeuta psicodinámico se enfrenta al reto de poder habilitar al paciente para que explore y comprenda su propio inconsciente. La técnica desarrollada cuenta con distintos componentes, pero básicamente consiste en conducir a los pacientes a reflexionar y considerar, con sumo detalle, sus experiencias del pasado, desde la época de sus primeros recuerdos. Se asume que este proceso conducirá a los pacientes a enfrentarse con crisis, traumas y conflictos ocultos durante largo tiempo que están produciendo ansiedad en su vida adulta. A partir de ese momento los pacientes serán capaces de "abrirse paso", entre sus dificultades, comprendiéndolas y rectificándolas.

Psicoanálisis: la terapia de Freud

Psicoanálisis: terapia psicodinámica que implica sesiones frecuentes y por lo regular dura muchos años

La terapia psicodinámica freudiana clásica, también llamada **psicoanálisis**, tiende a ser un proceso largo y caro. Regularmente los pacientes se reúnen con el terapeuta una hora al día, de cuatro a seis veces a la semana, durante varios años. En dichas sesiones los terapeutas suelen utilizar una técnica que desarrolló Freud llamada *asociación libre*. Se le pide al paciente que diga en voz alta lo primero que le venga a la mente, sin importar que en apariencia sea irrelevante o carezca de sentido. De hecho, se le pide que *no* trate de encontrar sentido a las cosas y que evite imponer una lógica a lo que relata, puesto que se supone que sus divagaciones durante la asociación libre son claves importantes del inconsciente, el cual posee su propia lógica. Reconocer y catalogar las conexiones entre lo que el paciente dice y su inconsciente es labor del analista (Auld e Hyman, 1991, Weinshel y Renik, 1996; Galatzer-Levy y Cohler, 1997).

Otra herramienta importante para el terapeuta es la *interpretación de los sueños*. Como se dijo en el capítulo 4, éste es un análisis de los sueños para encontrar claves que revelen los conflictos del inconsciente y los problemas que experimenta el paciente. Según Freud, los sueños ofrecen la posibilidad de observar de cerca al inconsciente, puesto que las defensas de las personas tienden a disminuir cuando duermen. Pero también en los sueños se censuran los pensamientos; en ellos los sucesos y las personas suelen estar representados por símbolos. Debido a este fenómeno, es preciso ir más allá de la descripción superficial del sueño (llamada *contenido manifiesto* de los sueños), para considerar su sentido subyacente (el *contenido latente* de los sueños), el cual revela el verdadero mensaje del sueño.

Los procesos de la asociación libre y de la interpretación de los sueños no siempre permiten avanzar con rapidez. Las mismas fuerzas inconscientes que al principio produjeron la represión pueden operar para dejar fuera de la conciencia las dificultades del pasado, por lo que generan resistencia. La *resistencia* es la incapacidad o falta de disposición para descubrir o discutir recuerdos, pensamientos o motivaciones particulares. Ésta se puede expresar en diversos modos. Por ejemplo, los pacientes pueden estar hablando acerca de un recuerdo de la infancia y olvidar de repente lo que decían, o cambiar el tema por completo. Es tarea del terapeuta detectar los casos de resistencia e interpretar su sentido, así como asegurarse de que los pacientes retomen el tema, el cual es probable que encierre recuerdos difíciles o dolorosos para ellos.

Como consecuencia de la interacción estrecha, casi íntima, que se establece entre el paciente y el psicoanalista, la relación entre ambos suele tener una carga emocional, la cual llega a adquirir cierta complejidad que la hace diferente a los demás tipos de relaciones. Los pacientes pueden llegar a considerar al analista como si fuera un símbolo de otras personas o situaciones del pasado, tal vez de un progenitor o de una pareja, y asignar algunos de los sentimientos que tenía hacia esa persona al analista. Este fenómeno se denomina *transferencia* (Mann, 1997).

El terapeuta puede emplear la transferencia para ayudar al paciente a recrear relaciones del pasado que fueron psicológicamente difíciles. Por ejemplo, si un paciente que experimenta la transferencia encuentra simbolizado en el terapeuta a su padre, con quien tuvo una relación difícil, el paciente y el terapeuta pueden "recrear" una interacción anterior e incluir esta vez aspectos más positivos. Por medio de este proceso es posible resolver los conflictos con el padre verdadero. (Los psicoanalistas verían un ejemplo de la transferencia en el comentario de Sandy, en la cita de su terapia que se presentó al principio de este capítulo, cuando le dice al terapeuta "usted es como mi padre").

Alternativas contemporáneas al psicoanálisis

Tiempo y dinero son comodidades que necesitan mucho los pacientes que se someten al psicoanálisis. Es fácil imaginar que son pocas las personas que tienen el tiempo, el dinero o la paciencia que requiere participar durante años en el psicoanálisis tradicional. Además, no existen evidencias concluyentes de que el psicoanálisis, como lo concibió originalmente Freud, sea mejor que otras versiones más contemporáneas de terapia psicodinámica. En la actualidad, por ejemplo, la terapia psicodinámica tiende a ser más corta y por lo general no dura más de tres meses o veinte sesiones. Con este método el terapeuta tiene un papel más activo que el planteado por Freud, debido a que controla el curso de la terapia asesorando y dirigiendo al paciente en forma más directa. Por último, ha disminuido la relevancia que se le asignaba a la historia previa e infantil del paciente. En lugar de ello, el terapeuta se sitúa más en el aquí y el ahora, con lo cual se concentra en las relaciones actuales del paciente y en sus quejas específicas (MacKenzie, 1990; Ursano, Sonnenberg y Lazar, 1991; HMHL, 1994b).

Aun con sus modificaciones actuales, la terapia psicodinámica tiene críticos. Sigue siendo costosa y larga, en especial cuando se le compara con otras formas de psicoterapia de las que hablaremos más adelante. Además, sólo algunos pacientes son buenos candidatos para este método, en especial los que sufren de trastornos de ansiedad y aquellos que son muy articulados. Estas características han sido designadas como un estereotipo del paciente perfecto conocido como JAVIE: un paciente que es joven, atractivo, verbal, inteligente y exitoso (Schofield, 1964).

A final de cuentas la principal preocupación acerca del tratamiento psicodinámico es si en verdad funciona, y para esto no encontramos una respuesta adecuada. Las técnicas de tratamiento psicodinámico son controvertidas desde que Freud las presentó; parte del problema está en la dificultad para determinar si los pacientes mejoraron o no después de la intervención. Sólo se puede depender de informes elaborados por los terapeutas o por los mismos pacientes y es evidente que dichos informes son susceptibles de prejuicios e interpretaciones subjetivas.

Sus críticos han cuestionado por completo las bases de la teoría psicodinámica sosteniendo que no hay pruebas de la existencia de constructos como el inconsciente. No obstante las numerosas críticas, el tratamiento psicodinámico aún es una técnica viable. Desde la perspectiva de quienes la utilizan, no sólo ofrece el tratamiento efectivo en mchos casos de perturbaciones psicológicas, sino que permite el desarrollo en un nivel poco común de *insight* acerca de la propia vida interna (Fonagy y Moran, 1990; Crits-Cristoph, 1992; Shapiro y Emde, 1994; Barber y Lane, 1995).

Enfoques conductuales para el tratamiento

Es posible que cuando usted era niño sus padres lo recompensaban con un helado cuando se portaba muy bien... o lo recluían en su cuarto si se portaba mal. Como vimos en el capítulo 5, los principios que subyacen a estas prácticas de crianza son válidos: el comportamiento correcto se mantiene por medio del reforzamiento, mientras que el comportamiento indeseable puede eliminarse mediante el castigo.

Estos principios son las bases de los **enfoques conductuales de tratamiento**. Elaborados sobre la base de los procesos fundamentales del aprendizaje expresados por el condicionamiento clásico y el operante, los enfoques conductuales de tratamiento se apoyan en un supuesto fundamental: tanto el comportamiento normal como el anormal *son aprendidos*. Las personas que exhiben un comportamiento anormal no han aprendido las habilidades necesarias para enfrentar los problemas de la vida cotidiana, o bien han adquirido habilidades y patrones erróneos que son mantenidos por algún tipo de reforza-

Enfoques conductuales de tratamiento: enfoques que se basan en procesos básicos de aprendizaje incluidos en el condicionamiento clásico y operante

Los enfoques conductuales para el tratamiento buscarían modificar el comportamiento de esta pareja, en lugar de enfocarse en las causas subyacentes del comportamiento.

miento. Por tanto, para modificar el comportamiento anormal, los enfoques conductuales proponen que las personas deben aprender comportamientos nuevos, para remplazar las habilidades equívocas que adquirieron y, así, desaprender sus patrones de comportamiento desadaptativos (Bellack, Hersen y Kazdin, 1990; Bergin y Garfield, 1994; Hayes, Folette y Follette, 1995; Agras y Berkowitz, 1996).

Para los psicólogos conductuales no es necesario buscar en el pasado de las personas o en su psique. En lugar de concebir el comportamiento como síntoma de algún problema subyacente, lo consideran, en sí mismo, como el problema que necesita modificarse. Cambiar el comportamiento de las personas con el fin de permitirles desempeñarse de modo más efectivo, resuelve el problema, sin que haya que preocuparse por la causa subyacente. Por tanto, desde esta perspectiva, se resuelve el problema si se modifica el comportamiento anormal.

Enfoques del condicionamiento clásico

Si usted le diera una mordida a su chocolate preferido y luego se diera cuenta de que está infestado de hormigas y que se tragó varias, de inmediato le daría asco y vomitaría. ¿Cuál sería su reacción a largo plazo? Nunca volvería a comer ese tipo de chocolate y pueden transcurrir meses antes de que vuelva a probar cualquier otro tipo de dulce.

Este ejemplo sencillo le dará una pista acerca de cómo podría usarse el condicionamiento clásico para modificar el comportamiento. Trate de recordar la exposición del capítulo 5; en ésta se dijo que cuando un estímulo que produce una respuesta negativa de modo natural (como puede ser un sabor desagradable o un chorro de aire en la cara) se aparea con un estímulo previamente neutro (como puede ser el sonido de una campana), el estímulo neutro por sí mismo puede producir la reacción negativa similar. Con el empleo de este procedimiento, inicialmente desarrollado por Iván Pavlov, es posible crear reacciones desagradables ante estímulos que antes fueron agradables, quizá en exceso, para un individuo. Esta técnica, a la que también se llama *condicionamiento aversivo*, se ha empleado en casos de alcoholismo, consumo de drogas y tabaquismo.

El procedimiento básico del condicionamiento aversivo es relativamente simple. Por ejemplo, a una persona que tenga un problema de alcoholismo se le administra la bebida alcohólica junto con un fármaco que produce náuseas y vómito. Después de haber suministrado juntos la bebida y el fármaco varias veces, el alcohol por sí mismo se asociará con el vómito y perderá su atractivo. De hecho, lo que suele ocurrir es que ante la vista u olor del alcohol se desencadena la reacción aversiva.

Aun cuando la terapia aversiva funciona de manera aceptable para inhibir los problemas relacionados con el abuso en el consumo de determinadas sustancias, como en el alcoholismo, así como en algunos tipos de desórdenes sexuales, su efectividad a largo plazo es cuestionable. Además, se plantean serios cuestionamientos de índole ética con respecto a las técnicas de aversión que utilizan estímulos tan potentes como las descargas eléctricas (*electroshock*), las cuales se emplean sólo en los casos más extremos, como la automutilación, en lugar de fármacos que sólo producen malestar gástrico (Yuskauskas, 1992). Es evidente que la terapia de aversión es un procedimiento importante para eliminar durante algún periodo respuestas desadaptativas, un respiro que ofrece, aunque sea sólo en forma temporal, la oportunidad de fortalecer patrones de comportamiento más adaptativos (Harris y Handleman, 1990).

El tratamiento con más éxito basado en el condicionamiento clásico es conocido como **desensibilización sistemática**. Mediante este procedimiento se enseña al paciente a relajarse y después se le expone de manera gradual a estímulos generadores de ansiedad con el fin de extinguir la respuesta de ansiedad (Wolpe, 1990; Smith, 1990; Morris, 1991; St. Onge, 1995b).

Suponga, por ejemplo, que usted experimenta un intenso miedo a viajar en avión. La sola idea de estar en un avión hace que comience a sudar y a temblar, y nunca ha tenido el valor de acercarse lo suficiente a un aeropuerto como para saber cómo reaccionaría si en realidad tuviera que volar en avión. Para tratar este problema mediante la desensibilización sistemática, el terapeuta conductual primero le enseñaría algunas técnicas de relajación (véase cuadro 13-2), para que aprenda a relajar su cuerpo por completo, lo cual provoca un estado sumamente placentero, como podrá imaginar.

El siguiente paso consiste en la determinación de *una jerarquía de miedos*, una lista en orden de severidad ascendente de las cosas que se asocian con sus miedos. Por ejemplo, su jerarquía podría parecerse a la siguiente:

1. Ver volar un avión.

2. Visitar un aeropuerto.

3. Comprar un boleto de avión.

Desensibilización sistemática: forma de tratamiento en el que una persona aprende a relajarse y luego es expuesta en forma gradual a un estímulo productor de ansiedad con el fin de extinguir la respuesta de ansiedad

Estos participantes en un programa de desensibilización sistemática han trabajado para vencer su temor de viajar en avión y están a punto de "graduarse" realizando un vuelo corto.

Cuadro 13-2	Cómo producir la respuesta de relajación

Paso 1. Escoja una palabra o frase corta central que esté arraigada con firmeza en su sistema personal de creencias. Por ejemplo, un individuo que no es religioso podría elegir una palabra neutra como *uno*, *paz* o *amor*. Una persona cristiana que desee usar una oración podría escoger las palabras iniciales del salmo 23, *El Señor es mi pastor*; un judío podría elegir *Shalom*.

Paso 2. Siéntese en silencio en una posición cómoda.

Paso 3. Cierre los ojos.

Paso 4. Relaje sus músculos.

Paso 5. Respire despacio y en forma natural, y repita su palabra o frase central en silencio mientras exhala.

Paso 6. Asuma una actitud pasiva durante todo el tiempo. No se preocupe si lo está haciendo bien o no. Cuando otros pensamientos lleguen a su mente, simplemente dígase a sí mismo "vaya" y con suavidad regrese a la repetición.

Paso 7. Continúe durante 10 o 20 minutos. Puede abrir los ojos para verificar el tiempo, pero no use una alarma. Cuando termine, siéntese en silencio por un minuto más o menos, al principio con los ojos cerrados y después con los ojos abiertos. No se ponga de pie durante uno o dos minutos.

Paso 8. Practique la técnica una o dos veces al día.

4. Entrar en el avión.

5. Ver que se cierra la puerta del avión.

6. Sentir cómo avanza el avión sobre la pista.

7. Despegar.

8. Estar en el aire.

Una vez que elaboró esta jerarquía de miedos y que aprendió las técnicas de relajación, ambos conjuntos de respuestas deben asociarse entre sí. Para esto, el terapeuta quizá le pida que se relaje y que se sitúe en forma imaginaria en el primer punto de la jerarquía. Después de que pueda representarse en esa circunstancia y conserve el estado de relajación, podrá pasar a la siguiente situación y recorrer paso a paso toda la jerarquía, hasta que pueda imaginar que está en el aire sin experimentar ansiedad. En algunos casos este proceso se realiza en el consultorio del psicólogo; en otros se coloca al cliente en una situación real que genere miedo. Por tanto, no sería sorprendente que por último, lo condujeran a un avión para poner en práctica las técnicas de relajamiento.

La desensibilización sistemática ha demostrado que es un tratamiento efectivo para una serie de problemas como fobias, trastornos de ansiedad e incluso la impotencia y el miedo al contacto sexual (Bellack, Hersen y Kazdin, 1990; Mendez y Garcia, 1996). Además, los terapeutas están aprovechando nuevas tecnologías para ampliar la efectividad del procedimiento, como se considera en el recuadro *Aplicación de la psicología en el siglo XXI* de este capítulo.

Aprendizaje observacional y modelamiento

Si tuviera que atropellarnos un automóvil para que aprendamos la importancia de mirar hacia ambos lados de la calle antes de cruzarla, el mundo tendría un problema serio de falta de población. Por fortuna esto no es necesario, puesto que aprendemos muchas cosas por medio del **aprendizaje observacional**; esto es, al imitar el comportamiento de otras personas.

Los terapeutas conductuales emplean el *modelamiento* para enseñar de manera sistemática nuevas habilidades a las personas, así como técnicas para enfrentar sus miedos y ansiedades. Por ejemplo, existen personas que nunca aprendieron habilidades sociales

Psico Vínculos

Aprendizaje observacional:
aprendizaje que tiene lugar al ver el comportamiento de los demás y las consecuencias de dicho comportamiento

Aplicación de la psicología en el siglo XXI

Terapia virtual: enfrentar las imágenes del miedo

Los terapeutas están desarrollando algo nuevo para lograr que sus pacientes enfrenten la realidad, aun si la realidad que enfrentan es una realidad virtual.

En un nuevo enfoque de la desensibilización sistemática para personas con fobias, la psicóloga Barbara Rothbaum de la Universidad Emory y sus colegas del Tecnológico de Georgia emplean una computadora que crea una representación virtual de la realidad. La computadora proyecta una imagen de una situación productora de ansiedad en el interior de un casco con visor y la imagen se mueve de acuerdo con los movimientos de la cabeza o las manos.

Para probar el sistema, diez estudiantes con miedo a las alturas experimentaron la sensación de estar al borde de un abismo, atravesar un puente muy arriba de un río o viajar en un elevador de cristal. Al principio, incluso las escenas de alturas relativamente bajas producían reacciones de ansiedad clásicas: sudoración, aumento del ritmo cardiaco y otros síntomas de tensión severa. Sin embargo, en el transcurso de siete sesiones semanales, conforme los estudiantes fueron expuestos en forma gradual a alturas mayores, su miedo disminuyó. Al mismo tiempo, un grupo control de personas con el mismo grado de miedo a las alturas que se mantuvo sin tratamiento no mostró reducción en la ansiedad (Rothbaum *et al.*, 1995).

Lo siguiente en la agenda de Rothbaum es trabajar con veteranos de Vietnam que sufren de trastorno de estrés postraumático. Al exponer a los veteranos a combates virtuales en helicópteros del ejército, espera recrear situaciones que conduzcan al trauma inicial de los veteranos y desensibilizarlos de manera gradual. De acuerdo con el científico de computación Larry Hodges del Tecnológico de Georgia, la vista y los sonidos de los helicópteros es uno de los principales desencadenadores del trastorno de estrés postraumático. "Cualquier experiencia que tenían", agregó, "comenzaba y terminaba con un viaje en helicóptero" (*Science*, 1995, p. 209).

El procedimiento de realidad virtual es útil en especial para pacientes que tienen dificultad para crear imágenes intensas durante los procedimientos de desensibilización sistemática. Pero puede no ser tan útil para pacientes cuyos miedos y ansiedades giran en torno a situaciones interpersonales más complejas y no implican situaciones físicas concretas. Aun así, el uso de la realidad virtual representa un enfoque prometedor al menos para algunas clases de terapia.

En contraste, otras innovaciones terapéuticas que emplean tecnología de computación plantean cuestiones prácticas y éticas. En particular, se han establecido varios sitios en la world wide web que ofrecen servicios a las personas que experimentan todas las formas de malestares y trastornos psicológicos. Tales sitios deben considerarse con precaución extrema, pues debido a que cualquiera puede establecer un sitio web, no hay control sobre los consejos que se dan en ella y no hay procedimientos para la acreditación de los individuos que proporcionan los consejos. Además, la mayoría de los terapeutas creen que las charlas en línea con un proveedor de servicios no sustituyen a la interacción personal entre un cliente y un terapeuta. En resumen, hasta que se cuente con mecanismos de protección apropiados, los servicios de terapia en línea deben verse con escepticismo y cautela (Sleek, 1995; Grohol, 1997).

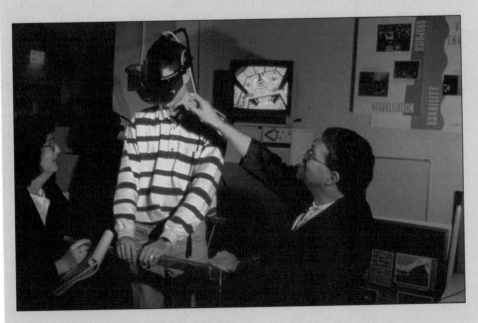

Con el empleo de tecnología de realidad virtual, una persona que sufre de temor a las alturas ve representaciones muy realistas de elevaciones cada vez mayores. En muchos casos esta exposición gradual conduce a la desensibilización.

fundamentales como la de sostener el contacto visual con quienes hablan. Un terapeuta puede modelar el comportamiento más adecuado y enseñárselo a alguien que demuestra deficiencia en esa habilidad. Los niños que sufren de fobia a los perros también pueden vencer el miedo por medio de la observación de otro niño, al que se denomina "compañero sin miedo", que se dirige varias veces hacia un perro, lo toca, lo acaricia y por último juega con él. En este sentido, es posible que el modelamiento desempeñe una función efectiva para resolver algunos tipos de dificultades del comportamiento, en especial si el modelo recibe una recompensa por su conducta (Bandura, Grusec y Menlove, 1967; Rosenthal y Steffek, 1991; St. Onge, 1995a).

Enfoques del condicionamiento operante

Piense en la calificación de 10 que se obtiene por una tarea; el aumento de sueldo por el buen desempeño en el trabajo; el agradecimiento por ayudar a una persona mayor a atravesar la calle. Este tipo de recompensas a nuestro comportamiento aumenta la probabilidad de que éste se repita en el futuro. De manera similar, los enfoques conductuales que emplean las técnicas del condicionamiento operante (que demuestran los efectos de la recompensa y el castigo sobre el comportamiento futuro) tienen su base en la noción de que se debe recompensar a las personas por tener un comportamiento deseable y que se debe extinguir el comportamiento no deseado ignorándolo o castigándolo (Kazdin, 1989, 1994).

Es probable que el mejor ejemplo de la aplicación sistemática de los principios del condicionamiento operante sea la *economía de fichas*, en la cual se recompensa a la persona con una ficha, como las que se usan en los juegos de naipes, o dinero de juguete cuando realiza un comportamiento deseable. Esta conducta puede variar desde cosas sencillas, como tener limpia la recámara o mantenerse aseado hasta interactuar con otras personas. Las fichas que se obtienen por el comportamiento deseado se intercambian después por cierto objeto o actividad de interés, como golosinas, ropa nueva o, en casos extremos, permiso para dormir en la cama propia, en lugar de hacerlo en el piso.

Aun cuando se emplea en instituciones y con mayor frecuencia en el caso de individuos con problemas relativamente graves, este sistema no es distinto a lo que hacen los padres de familia cuando le dan dinero a los niños que se portan bien, dinero que podrán cambiar por algo que deseen. Es un hecho que el *contrato conductual* (o *de contingencias*), una variante de la economía de fichas, ha demostrado ser muy efectivo para modificar el comportamiento. Este contrato es un convenio escrito entre el terapeuta y el cliente (o maestro y estudiante, o padre e hijo). El contrato especifica una serie de objetivos conductuales que el cliente desea lograr. También estipula las consecuencias positivas para el cliente si logra llegar al objetivo; por lo general son alguna recompensa explícita como dinero o privilegios adicionales. Los contratos por lo regular consignan también consecuencias negativas si no se logra lo deseado.

Suponga, por ejemplo, que una persona tiene dificultad para dejar de fumar. La persona y su terapeuta pueden elaborar un contrato en el que se convenga que por cada día en que el cliente no fume recibirá una recompensa. Por otra parte, el contrato también puede incluir castigos para cuando el cliente no respete el acuerdo. Si el paciente fuma cierto día, el terapeuta puede enviar un cheque, que el paciente hubiera firmado con anterioridad y entregado al terapeuta, a una institución a la que el paciente no tuviera interés en apoyar (por ejemplo, a la National Rifle Association, si el cliente apoya firmemente el control de las armas).

¿Cómo se aplica la terapia conductual?

Ésta es más efectiva para ciertos tipos de problemas. Por ejemplo, la terapia conductual es efectiva para tratar fobias y compulsiones, para controlar los impulsos y para aprender habilidades sociales complejas que reemplacen comportamientos desadaptativos. Más que cualquiera de las otras técnicas terapéuticas, esta terapia ha generado algunos métodos que pueden emplear quienes no son especialistas para modificar aspectos de su propio comportamiento. Además, tiende a economizar tiempo, debido a que su objetivo

En la terapia familiar, se trata al sistema familiar como una unidad, y no sólo se identifica a un miembro de la familia como el "problema".

principal es solucionar problemas que han sido definidos con cuidado (Wilson *et al.,* 1987; Wilson y Agras, 1992).

Por otra parte, la terapia conductual no siempre es efectiva. Por ejemplo, no es eficaz en particular para tratar la depresión profunda o los trastornos de personalidad (Brody, 1990). También ha sido criticada porque atribuye mucha importancia al comportamiento externo y, por consiguiente, no considera los pensamientos y expectativas internos. Por último, la eficacia a largo plazo de la terapia conductual a veces es menos impresionante que su efectividad a corto plazo; debido a ello, algunos psicólogos han cambiado a los enfoques cognitivos.

Enfoques cognitivos de terapia

Si supone que cogniciones equívocas y desadaptativas se encuentran en la raíz del comportamiento anormal, ¿no sería la vía de tratamiento más directa enseñar a las personas nuevas formas de pensar más adaptativas? La respuesta es sí, de acuerdo con los psicólogos que siguen un enfoque cognitivo de tratamiento.

Los enfoques cognitivos de terapia tienen como objetivo la modificación de las cogniciones equívocas que presentan las personas con relación al mundo y a sí mismas. La diferencia que hay con los terapeutas conductuales tradicionales, los cuales se concentran en la modificación del comportamiento externo, es que los terapeutas cognitivos también tratan de cambiar el modo en que piensan las personas. Debido a que con frecuencia emplean los principios del aprendizaje, los métodos que utilizan se denominan **enfoque cognitivo conductual** (Beck, 1991; Basco y Rush, 1996; Dobson y Craig, 1996; Jacobson *et al.,* 1996).

Un buen ejemplo de este tipo de tratamiento es la **terapia racional emotiva**, la cual trata de reestructurar el sistema de creencias de una persona en un conjunto de perspectivas más realistas, lógicas y racionales. De acuerdo con el psicólogo Albert Ellis (1987, 1995, 1996a), es frecuente que las personas tengan vidas infelices y hasta psicológicamente desordenadas porque poseen ideas irracionales e irreales como las siguientes:

- Es necesario que recibamos el amor o la aprobación de casi todas las personas que son significativas para nosotros por todo lo que hacemos.

Enfoque cognitivo conductual: proceso por el que se cambian las cogniciones equívocas de las personas sobre sí mismas y el mundo por otras más precisas

Terapia racional emotiva: forma de terapia que intenta reestructurar el sistema de creencias de una persona con un conjunto de opiniones más realistas, racionales y lógicas

*"Hasta la fecha, puedo escuchar la voz de mi madre, áspera, acusadora.
'¿Perdiste tus guantes? ¡Gatito travieso! ¡Ahora no habrá pastel para ti!'"*

- Debemos ser totalmente competentes, capaces y exitosos en todos los aspectos posibles si queremos considerarnos valiosos.

- Es horrible cuando los planes no resultan como lo deseábamos.

Con el propósito de que los clientes erradiquen cogniciones tan desadaptativas y que adopten un pensamiento más efectivo, los terapeutas que se apoyan en este enfoque asumen un papel más activo y directivo durante la terapia, por lo que confrontan de manera abierta los patrones de pensamiento que al parecer son disfuncionales (el fragmento de la conversación de terapia en el caso de Martha presentado al inicio de este capítulo es un buen ejemplo de este enfoque). Por ejemplo, según este enfoque, el terapeuta puede contradecir de manera franca la lógica que emplea una persona en tratamiento, diciendo: "¿por qué el hecho de que su novia lo dejó indica que *usted* es una persona mala?" o "¿cómo es que reprobar un examen significa que usted *no* posee buenas cualidades?" Al señalar los errores en la lógica de los clientes, los terapeutas que emplean este tipo de tratamiento sostienen que las personas podrán tener perspectivas más realistas acerca de sí mismas y de sus circunstancias (Dryden y DiGiuseppe, 1990; Bernard y DiGiuseppe, 1993; Dryden, 1995; Ellis, 1996b; Ellis y Dryden, 1997).

Aaron Beck propuso otra forma de terapia que se apoya en la perspectiva cognitiva (Beck, 1991, 1995). Al igual que la terapia racional emotiva, el objetivo fundamental de la **terapia cognitiva** de Beck es cambiar los pensamientos ilógicos de un individuo referentes a su persona y al mundo. No obstante, la terapia cognitiva utiliza menos el desafío y la confrontación que la terapia racional emotiva. En lugar de discutir de manera activa con los clientes acerca de sus cogniciones erróneas, el terapeuta cognitivo se inclina más por el papel de maestro. De manera que induce a los clientes a conseguir información por su propia cuenta, la cual los llevará a desechar su pensamiento equivocado. A lo largo del tratamiento los clientes son ayudados a descubrir formas más adecuadas de pensar acerca de sí mismos y de los demás (Castonguay *et al.*, 1996; Wright y Beck, 1996; Alford y Beck, 1997).

Los enfoques cognitivos de terapia han sido eficaces para resolver gran variedad de trastornos. Su capacidad para incorporar enfoques de tratamiento adicionales (por ejemplo, la combinación de técnicas cognitivas y conductuales en la terapia cognitiva conductual) ha convertido a la terapia cognitiva en una forma de tratamiento particularmente efectiva (Whisman, 1993; Shapiro *et al.*, 1995; Dobson y Craig, 1996; Hayes, Castonguay y Goldfried, 1996).

Terapia cognitiva: psicoterapia propuesta por Beck, tiene el objetivo de cambiar los pensamientos ilógicos de las personas respecto a sí mismas y al mundo

Recapitulación, revisión y reflexión

Recapitulación

- La psicoterapia es un tratamiento basado en la psicología que enfatiza la producción de cambios a través de la discusión e interacción entre el cliente y el terapeuta. La terapia con fundamento biológico emplea fármacos y otros procedimientos médicos.

- La terapia psicodinámica se enfoca en la idea freudiana de que los trastornos psicológicos son producidos por ansiedad y conflictos inconscientes.

- Los enfoques conductuales de terapia señalan que las personas manifiestan comportamientos anormales porque no han adquirido las habilidades adecuadas o porque han aprendido habilidades defectuosas o desadaptativas.

- Los enfoques cognitivos de la terapia buscan cambiar las concepciones erróneas que tienen las personas sobre el mundo y sobre sí mismas.

Revisión

1. Un tratamiento para un trastorno psicológico que se basa en el diálogo y la interacción entre el terapeuta y el cliente es la _____.

2. Relacione a cada uno de los siguientes especialistas en salud mental con la descripción apropiada:

   1. Psiquiatra
   2. Psicólogo clínico
   3. Psicólogo con especialidad de consejería
   4. Psicoanalista

   a. Especialista en el tratamiento de trastornos psicológicos
   b. Profesional que se especializa en las técnicas de terapia freudianas

c. Médico especializado en el comportamiento anormal
d. Psicólogo que se especializa en la adaptación de los problemas cotidianos

3. De acuerdo con Freud, las personas usan los _____ _____ como un medio para evitar que las pulsiones no deseadas interfieran con el pensamiento consciente.

4. Para interpretar los sueños es necesario que el psicoanalista aprenda a distinguir entre el contenido _____ de un sueño, el cual es el contenido superficial, y el contenido _____, que es su significado subyacente.

5. ¿Cuál de los siguientes procedimientos trata las fobias mediante la exposición gradual al objeto o circunstancia que produce el miedo?

   a. Desensibilización sistemática
   b. Reforzamiento parcial
   c. Autodirección conductual
   d. Terapia aversiva

Las respuestas a las preguntas de revisión se encuentran en la página 549.

Reflexión

1. Compare y señale las diferencias entre el psicoanálisis y la terapia cognitiva.

2. ¿En qué situaciones podría ser más útil la terapia conductual? ¿En qué casos será más adecuada una técnica terapéutica que trate los pensamientos en lugar de las acciones?

3. ¿Cómo diseñaría un experimento para demostrar la efectividad de las técnicas psicoanalíticas? ¿Y, para los enfoques conductuales y cognitivos? ¿Cómo podría examinar la confiabilidad de la interpretación de los sueños?

Enfoques humanistas de terapia

Como debe saber por experiencia propia, es casi imposible tener dominio sobre el material que se abarca en un curso si no se trabaja con empeño, independientemente de lo bueno que pueda ser el maestro o el libro de texto. *Usted* debe darse tiempo para estudiar, para memorizar el vocabulario y para aprender los conceptos. Nadie más puede realizar esta tarea por usted. Si decide esforzarse, tendrá éxito; si no, fracasará. La responsabilidad es suya de manera fundamental.

La **terapia humanista** se basa en esta perspectiva filosófica de la responsabilidad personal para desarrollar sus propias técnicas de tratamiento. Aunque son muchas las formas de terapia que se incluyen en esta categoría, las ideas subyacentes son las mismas: poseemos el control sobre nuestro comportamiento; somos capaces de elegir el tipo de vida que deseamos; de nosotros depende resolver las dificultades con que nos tropezamos en la vida cotidiana.

En lugar de ser las figuras directrices que se adoptan en algunos enfoques psicodinámicos y conductuales, los terapeutas humanistas se ven a sí mismos como guías o facilitadores. Los terapeutas que emplean técnicas humanistas buscan conducir a las personas a conclusiones respecto de sí mismas, además de ayudarlas a encontrar formas de aproximarse al ideal que tienen de su persona. Desde esta perspectiva, los trastornos psicológi-

▶ ¿Cuáles son los enfoques humanistas para el tratamiento?

▶ ¿En qué difiere la terapia de grupo de los tipos de terapia individuales?

▶ ¿Qué tan efectiva es la terapia y qué tipo de terapia funciona mejor en circunstancias específicas?

Terapia humanista: terapia en que la suposición subyacente es que las personas tienen el control de su comportamiento, pueden hacer elecciones sobre sus vidas y en esencia son responsables de solucionar sus propios problemas

cos son el resultado de la incapacidad de las personas para encontrarle sentido a la vida, y de sus sentimientos de soledad y de aislamiento.

Los enfoques humanistas han dado origen a varias técnicas terapéuticas. Entre las más importantes están la terapia centrada en el cliente, la terapia existencial y la terapia gestalt.

Terapia centrada en el cliente

Si revisa el caso de Alicia, descrito antes en este capítulo, podrá percatarse de que los comentarios del terapeuta no son interpretaciones ni respuestas a preguntas que haya hecho la cliente. En lugar de ello, tienden a aclarar o a reflejar lo que la cliente ha dicho (por ejemplo: "En otras palabras, todo lo que hizo...", "Usted siente que" o "¿No es así?"). A esta técnica terapéutica se le denomina *consejería no directiva*, representa el núcleo de la terapia centrada en el cliente. El primero en aplicar la terapia centrada en el cliente fue Carl Rogers, y hasta ahora es la terapia humanista más conocida y de uso más frecuente (Rogers, 1951, 1980; Raskin y Rogers, 1989).

Terapia centrada en el cliente: terapia en la que la meta es alcanzar el potencial personal de autorrealización

El objetivo de la **terapia centrada en el cliente** es hacer posible que las personas alcancen su potencial para la *autorrealización*. Al proporcionar un ambiente cálido y de aceptación, los terapeutas pretenden motivar a sus clientes para que comenten sus problemas y sus sentimientos, lo cual también les permitirá tomar decisiones realistas y constructivas respecto a ciertos aspectos molestos de su vida presente. Por tanto, en lugar de dirigir las decisiones que toman los clientes, el terapeuta ofrece lo que Rogers denomina *aprecio positivo incondicional*, que es la expresión de aceptación y comprensión, independientemente de los sentimientos y actitudes que exprese el cliente. Con esto, el terapeuta intenta crear una atmósfera en que los clientes logren tomar decisiones que mejoren sus vidas (Farber, Brink y Raskin, 1996).

Proveer de aprecio positivo incondicional no significa que el terapeuta debe aprobar todo lo que diga o haga el cliente. En vez de esto, significa que el terapeuta debe comunicar que percibe los pensamientos y comportamiento del cliente como reflejos verdaderos de los sentimientos de este último (Lietaer, 1984; Mearns, 1994).

En la actualidad es relativamente inusual que la terapia centrada en el cliente se emplee en su modalidad más pura. Los enfoques contemporáneos tienden a ser un poco más directivos; los terapeutas conducen a los clientes hacia el *insight* en lugar de conformarse con reflejar sus afirmaciones. No obstante, aún se considera que el *insight* del cliente tiene una importancia crucial para el proceso terapéutico.

Terapia existencial

¿Cuál es el sentido que tiene la vida? Aunque es probable que todos nos hayamos hecho esta pregunta, para algunas personas representa un tema crucial en su existencia cotidiana. Para las personas que padecen problemas psicológicos como consecuencia de la dificultad para encontrar una respuesta satisfactoria, la terapia existencial es una opción apropiada en particular.

Terapia existencial: enfoque humanista que aborda el significado de la vida y la libertad humana

En contraste con otros enfoques humanistas que conciben la libertad y la potencialidad propias de los seres humanos como una fuerza positiva, la **terapia existencial** se basa en la premisa de que la incapacidad para manejar dicha libertad puede producir angustia, miedo y preocupaciones (May, 1969, 1990). El objetivo de la terapia existencial es permitirle a los individuos asumir la libertad que gozan y ayudarlos a entender cómo encajan con el resto del mundo. Los terapeutas existenciales tratan de que sus pacientes se den cuenta conscientemente de la importancia que tiene el libre albedrío y el hecho de que son ellos mismos quienes tienen la responsabilidad última de tomar decisiones acerca de sus vidas.

Los terapeutas que proporcionan terapia existencial son muy directivos, por lo que examinan y critican las concepciones de sus clientes respecto del mundo; además, intentan establecer una relación profunda y cercana con sus clientes. Su objetivo es permitir que los clientes vean que comparten las dificultades y experiencias que surgen al tratar de asumir la libertad que es parte de ser humanos (Bugental y Bracke, 1992; Schneider y May, 1995).

Terapia gestalt

¿Algún día ha recordado cierto hecho de la infancia en el que lo trataron injustamente y sintió de nuevo la ira que experimentó en esa ocasión? Para los terapeutas que siguen la perspectiva de la gestalt, representar esa ira es lo más sano que puede hacer desde el punto de vista psicológico: ya sea golpear un cojín, patear una silla o gritar por la frustración. Este tipo de actividades es una parte importante de lo que se realiza en las sesiones de terapia gestalt, en las que se incita al cliente a representar las dificultades y conflictos del pasado.

El fundamento de este enfoque de tratamiento propone que es necesario que las personas integren sus pensamientos, sentimientos y comportamientos en una *gestalt*, vocablo alemán que significa "totalidad" (como ya se dijo con respecto a la percepción en el capítulo 3). De acuerdo con Fritz Perls (1967, 1970), quien desarrolló la **terapia gestalt**, esto se logra cuando las personas hacen un examen de sus experiencias pasadas y terminan cualquier "asunto pendiente" que aún afecta, con lo cual podrá matizar sus relaciones actuales. En particular, Perls afirma que las personas deben recrear durante la terapia los conflictos específicos que experimentaron en el pasado. Por ejemplo, un cliente puede representar primero el papel de su padre cuando se enojaba y luego representarse a sí mismo cuando su padre le gritaba. Los terapeutas gestalt afirman que, al ampliar su visión ante una situación determinada, los clientes tendrán más capacidad para comprender el origen de sus trastornos psicológicos. En el fondo, el objetivo es experimentar la vida de manera más unificada e íntegra (Perls, Hefferline y Goodman, 1994; Yontef, 1995).

Terapia gestalt: enfoque terapéutico que intenta integrar en una totalidad los pensamientos, sentimientos y comportamiento de un cliente

Los enfoques humanistas en perspectiva

La idea de que los trastornos psicológicos son consecuencia de una restricción en el potencial de crecimiento es atractiva para muchas personas desde el punto de vista filosófico. Además, el reconocimiento de los terapeutas humanistas de que la libertad que poseemos puede conducir a dificultades psicológicas proporciona un ambiente inusitado de apoyo para la terapia. A su vez, esta atmósfera puede ayudar a los clientes a encontrar soluciones a problemas psicológicos difíciles.

Por otra parte, la carencia de especificidad en los tratamientos humanistas es un problema que también ha preocupado a quienes los critican. Los enfoques humanistas no son muy precisos y probablemente son el tipo de tratamiento con el menor desarrollo científico y teórico que existe. De hecho, esta forma de tratamiento es la más indicada para el mismo tipo de cliente sumamente verbal que se beneficia más con el tratamiento psicoanalítico. Aun así, los enfoques humanistas de tratamiento han tenido mucha influencia.

Terapia de grupo

Aun cuando la mayoría de los tratamientos se realiza entre un solo individuo y el terapeuta, algunas formas de terapia se caracterizan por ser grupales. En la **terapia de grupo** distintas personas que no se conocen previamente se reúnen con un terapeuta para analizar diversos aspectos de su funcionamiento psicológico.

Terapia de grupo: terapia en la que las personas discuten sus problemas con un grupo

Por lo general las personas exponen sus problemas en la sesión de grupo, la cual con frecuencia gira en torno a una dificultad común, como puede ser el alcoholismo o una carencia de habilidades sociales. Los demás integrantes del grupo ofrecen apoyo emocio-

---

Respuestas a las preguntas de revisión:

1. psicoterapia   2. 1-c; 2-a; 3-d; 4-b   3. mecanismos de defensa   4. manifiesto; latente   5. a

En la terapia de grupo, personas con dificultades psicológicas se reúnen con un terapeuta para discutir sus problemas.

nal y consejos acerca de la manera en que ellos enfrentaron con efectividad problemas similares (Kaplan y Sadock, 1993; Yalom, 1995, 1997; Vinogradov y Yalom, 1996).

Los grupos varían mucho en función del modelo específico que se emplea; existen grupos psicoanalíticos, grupos humanistas y grupos que corresponden a otros enfoques terapéuticos. Además, los grupos también difieren en el grado de dirección que proporciona el terapeuta. En algunos grupos, éste es muy directivo; en otros, los integrantes del grupo determinan sus planes y la forma en que procederán como grupo (Flowers y Booraem, 1990; Spira, 1997).

Como se da terapia simultánea a varias personas, esto resulta mucho más económico que la psicoterapia individual. Por otro lado, los críticos basan sus cuestionamientos en que los escenarios grupales no pueden ofrecer la atención que es propia de la terapia individual, y que las personas que son tímidas y retraídas en exceso quizá no reciban la atención que necesitan en un tratamiento de grupo.

Terapia familiar

Terapia familiar: enfoque que se centra en la familia como una unidad integral a la que contribuye cada miembro

Una forma especializada de terapia de grupo es la **terapia familiar**. Como su nombre lo indica, incluye a dos o más miembros de una misma familia, de la cual uno (o más) de sus integrantes expone los problemas que los llevaron al tratamiento. Más que centrarse en los miembros de la familia que describen el problema inicial, los terapeutas familiares consideran a la familia como una unidad a la cual contribuye cada uno de sus miembros. Los terapeutas familiares tratan de visualizar un patrón del modo en que interactúan entre sí los miembros de la familia mediante sesiones con toda ella (Nichols y Schwartz, 1995; Piercy *et al.*, 1996; Rolland y Walsh, 1996).

Los terapeutas familiares conciben a la familia como un "sistema", por lo que sostienen que los individuos en forma aislada no pueden mejorar si no comprenden los conflictos propios de la interacción familiar. De esa manera, se espera que cada uno de los miembros colabore para solucionar el problema que se está tratando.

Muchos terapeutas familiares señalan que algunos miembros de la familia asumen papeles rígidos o patrones establecidos de comportamiento, en los que uno de ellos funciona como víctima, otro como agresor, etcétera. Desde esta perspectiva, las perturbaciones familiares se perpetúan como consecuencia de este sistema de funciones.

Por tanto, uno de los objetivos en este tipo de terapia consiste en lograr que los integrantes de la familia asuman papeles y patrones de comportamiento nuevos y más constructivos (Minuchin, 1974; Kaslow, 1991; Minuchin y Nichols, 1992; Sprenkle y Moon, 1996).

Evaluación de la psicoterapia: ¿funciona la terapia?

Su mejor amigo de la escuela, Benjamín, se le acerca porque, para ser sinceros, en los últimos días no se ha sentido muy bien. Está preocupado porque ha tenido conflictos con su novia, pero sus dificultades no terminan allí. Le es difícil concentrarse en sus estudios, le cuesta trabajo dormirse y, esto es lo que más le molesta, comienza a sospechar que toda la gente está en su contra y que habla de él a sus espaldas. Según él nadie lo quiere ni lo comprende, tampoco se interesan por él ni por las razones de su preocupación.

Benjamín está consciente de que debe conseguir *algún* tipo de ayuda, pero aún no sabe a quién acudir. Es muy escéptico acerca de la ayuda que ofrecen los psicólogos, piensa que gran parte de lo que dicen son tonterías, pero está dispuesto a hacer a un lado sus dudas y hacer cualquier cosa para mejorar su estado. También tiene el antecedente de que existen muchos tipos de terapia, pero desconoce cuál será la más indicada para él. Acude a usted para que lo aconseje, puesto que él sabe que está tomando un curso de psicología. Y le pregunta: "¿Qué tipo de terapia es la que funciona mejor?"

¿Es efectiva la terapia?

Semejante pregunta precisa de una respuesta compleja, debido a que no hay ningún modo sencillo de responderla. En realidad, contestar qué tipo de tratamiento es el más adecuado es una tarea llena de controversia, para la cual los psicólogos que se especializan en el comportamiento anormal aún no tienen una solución. Por ejemplo, incluso antes de considerar si alguna forma de terapia funciona mejor que las demás, es necesario determinar si *cualquier* forma de terapia es eficaz para aliviar las perturbaciones psicológicas.

Hasta la década de los años cincuenta, la mayoría de las personas suponía que la terapia era una estrategia eficaz para resolver los problemas de tipo psicológico. Pero en 1952 el psicólogo Hans Eysenck publicó un artículo de gran influencia en el que analizaba la literatura publicada acerca del tema y criticaba este supuesto tan difundido. Sostenía que las personas que reciben un tratamiento psicodinámico, así como las terapias que se relacionan con él, no presentan una mejor evolución al término del tratamiento que los individuos que eran anotados en una lista de espera para recibirlo, pero que nunca recibieron el tratamiento. Según su análisis, casi dos terceras partes de las personas que informaron que sufrían síntomas "neuróticos" pensaban que esos síntomas habían desaparecido después de dos años y esto era independiente de que hubiesen recibido terapia o no. Eysenck concluyó que las personas con padecimiento de síntomas neuróticos experimentarían una **remisión espontánea**, o recuperación sin tratamiento, si sencillamente se les dejaba en paz, lo cual de manera evidente es un proceso más sencillo y barato.

Remisión espontánea: recuperación sin tratamiento

Como puede imaginar, desde el mismo inicio se creó controversia en torno a la revisión de Eysenck y de inmediato fueron criticadas sus conclusiones. Sus críticos señalaban lo inadecuado de los datos que revisó y sostenían que él basaba sus conclusiones en estudios que tenían diversos defectos.

No obstante, la revisión de Eysenck sirvió como estímulo para toda una corriente de estudios con mejor control y cuidado acerca de la eficacia de la psicoterapia; en la actualidad la mayoría de los psicólogos están de acuerdo: la terapia sí funciona. Algunos estudios recientes de gran amplitud indican que la terapia produce mayor mejoría que la ausencia de tratamiento y que el índice de remisión espontánea (recuperación sin tratamiento) es relativamente bajo. Por tanto, en la mayoría de los casos, los síntomas del comportamiento anormal no desaparecen por sí solos si no son tratados; aunque este tema sigue despertando gran controversia (Kazdin, 1993; Bergin y Garfield, 1994; M. E. P. Seligman, 1995, 1996; Scott, 1996; Sohn, 1996).

FIGURA 13.1 *Estimaciones de la efectividad de los distintos tipos de tratamiento, en comparación con grupos control de personas que no recibieron tratamiento. La puntuación percentil muestra en qué grado es más efectivo un tipo particular de tratamiento para el paciente promedio que la ausencia de tratamiento. Por ejemplo, las personas que recibieron tratamiento psicodinámico tienen puntuaciones más positivas, en promedio, en las medidas de los resultados que cerca de tres cuartas partes de las personas que no recibieron tratamiento. Fuente: Adaptado de Smith, Glass y Miller, 1980.*

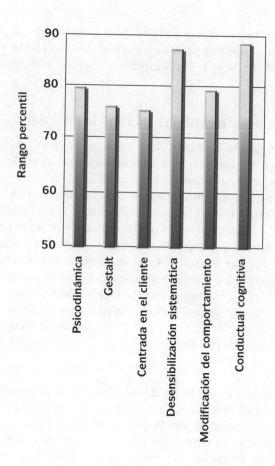

¿Qué tipo de terapia funciona mejor?

Aun cuando la mayoría de los psicólogos confía en que el tratamiento psicoterapéutico *en general* es mejor que la ausencia de éste, la pregunta sobre si alguna forma específica de tratamiento es superior a cualquier otra aún no tiene una respuesta definitiva (Garfield, 1990; Jacobson y Truax, 1991; Barber y Lane, 1995; Pratt y Moreland, 1996).

Por ejemplo, un estudio clásico que comparó la efectividad de varios enfoques encontró que, aunque hay variaciones entre los índices de éxito en los distintos tipos de tratamiento, la mayor parte de ellos está muy cerca entre sí. Como lo indica la figura 13.1, los índices de eficacia oscilan de 70 a 85% más para los individuos que recibieron tratamiento que para quienes no lo recibieron (Smith, Glass y Miller, 1980). Existe una tendencia ligera que favorece a los enfoques conductuales y cognitivos, aunque ello puede deberse a diferencias en la gravedad de los casos tratados (Orwin y Condray, 1984).*

Otras investigaciones basadas en procedimientos *metanalíticos*, en los que se combinan por medios estadísticos los datos de una gran cantidad de estudios, llegan a conclusiones similares. Además, una encuesta a gran escala de 186 000 individuos encontró que quienes respondieron la encuesta sintieron que habían sido beneficiados de manera considerable por la psicoterapia (véase figura 13.2), pero hubo poca diferencia en la "satisfacción del consumidor" basada en el tipo específico de tratamiento que habían recibido (Strupp y Binder, 1992; Giles, 1993; Weisz *et al.*, 1995; CR, 1995; Seligman, 1995; Kotkin, Daviet y Gurin, 1996; Strupp, 1996).

---

*N. del R.T. Sin embargo, este tipo de metodología transgrede parámetros éticos: si se identifica a un grupo que requiere tratamiento, no es posible, por ética, dejarlo sin intervención con objeto de realizar una investigación.

¿Cuánto puede ayudar una terapia?

Casi todos obtienen algo de alivio de los problemas
que los llevan con un terapeuta, sin importar
lo mal que se sientan al principio.

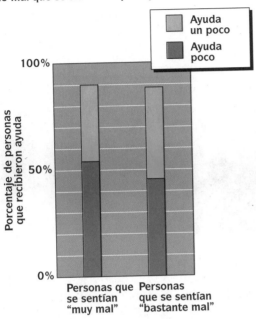

FIGURA 13.2 *Una encuesta a
gran escala de 186 000 individuos
encontró que aun cuando los que
respondieron que se habían
beneficiado en forma considerable
con la psicoterapia, había una
pequeña diferencia en la
"satisfacción del consumidor"
basada en el tipo específico de
tratamiento que habían recibido.*

En resumen, la evidencia convergente nos permite sacar varias conclusiones acerca
de la efectividad de la psicoterapia (Strupp y Binder, 1992; Seligman, 1996):

• Para la mayoría de las personas tratadas, la psicoterapia es efectiva. Esta conclusión
se sostiene tanto con tratamientos de diferentes duraciones como con clases
específicas de trastornos psicológicos y con tipos diversos de terapia, por lo cual, la
pregunta: "¿funciona la psicoterapia?" parece haber sido respondida en forma
convincente: sí funciona (Lipsey y Wilson, 1993; Seligman, 1996).

• Por otra parte, la psicoterapia no funciona para todos. Casi 10% de las personas no
mostraron mejoría o en realidad empeoraron (Lambert, Shapiro y Bergin, 1986;
Luborsky, 1988).

• Ciertos tratamientos de tipos específicos son mejores, aunque no de manera
invariable, para problemas específicos. Por ejemplo, la terapia cognitiva funciona
bien en particular para trastornos de pánico, y la desensibilización sistemática alivia
fobias específicas en forma bastante efectiva (Seligman, 1995). Sin embargo, hay
muchas excepciones y por lo regular las diferencias en los índices de éxito de los
diversos tipos de tratamiento no son considerables.

• Ninguna forma particular de terapia funciona mejor en todos los problemas. En
consecuencia, no hay una respuesta definitiva a la pregunta: "¿cuál terapia funciona
mejor?", ni podrá encontrarse pronto debido a las dificultades para clasificar los
diversos factores que intervienen en el éxito de la terapia.

Debido a que ningún tipo de psicoterapia es efectivo en forma invariable, se están
volviendo cada vez más populares los enfoques eclécticos de tratamiento. En un **enfoque
ecléctico de terapia**, el terapeuta emplea diversas técnicas integradas de varias perspectivas para tratar los problemas de una persona. Al usar procedimientos eclécticos, el terapeuta puede elegir la combinación apropiada de acuerdo con las necesidades específicas

Enfoque ecléctico de terapia:
enfoque de la terapia que emplea
técnicas tomadas de diversos métodos
de tratamiento, en lugar de basarse
sólo en uno

Debido a que factores culturales y ambientales pueden relacionarse con las dificultades psicológicas de una persona, muchos psicoterapeutas creen que es importante tomar en consideración la raza y etnia de quienes tratan.

del individuo (Prochaska, 1995; Goldfried, 1995; Beutler, Consoli y Williams, 1995; Racey, 1996).

Es evidente que no todos los trastornos psicológicos se resolverán con la misma efectividad con cada tipo de terapia. Además, los terapeutas con determinadas características personales pueden desempeñarse mejor con individuos y tipos de tratamiento particulares, así como cierto tipo de personas puede responder mejor a una forma de terapia que a otra. Por ejemplo, es posible que un enfoque conductual resulte más adecuado para las personas que tienen dificultades para expresarse en forma verbal, o que carecen de la paciencia o la capacidad para comprometerse en sostener un proceso introspectivo, cualidades que son necesarias para un enfoque psicodinámico (Crits-Christoph y Mintz, 1991; Roth y Fonagy, 1996). Del mismo modo, los factores raciales y étnicos pueden relacionarse con el éxito del tratamiento, como se expone a continuación.

Exploración de la diversidad

Factores raciales y étnicos en el tratamiento: ¿los terapeutas deberían ser ciegos al color?

Reflexione sobre la siguiente descripción de un consejero escolar acerca de un estudiante:

> Jimmy Jones es un estudiante negro de 12 años de edad que fue reportado por el señor Peterson debido a su apatía, indiferencia y falta de atención en las actividades del salón de clases. Otros maestros informaron que Jimmy no pone atención, se distrae con frecuencia y a menudo se duerme durante la clase. Es muy posible que Jimmy reprima sentimientos de ira que deben ventilarse y abordarse. Su incapacidad para manifestar de manera directa su ira lo ha hecho adoptar una agresividad pasiva como forma de expresar hostilidad (es decir, con conductas como poner poca atención, tener ensoñaciones diurnas y dormirse en clase). Se recomienda consejería intensiva a Jimmy con el fin de descubrir el origen de su ira (Sue y Sue, 1990, p. 44).

Sin embargo, el consejero se equivocó. Después de seis meses de terapia, el verdadero origen de los problemas de Jimmy salió a la luz: el ambiente pobre y desorganizado de su casa. A consecuencia del hacinamiento en su hogar, con frecuencia no lograba dormir, por lo que tenía sueño al día siguiente; a menudo también tenía hambre. Por tanto, sus problemas se debían en gran medida al estrés resultante de su ambiente empobrecido y no a algún problema psicológico profundo.

Este incidente destaca la importancia de tomar en cuenta los antecedentes ambientales y culturales de las personas durante la intervención terapéutica de los trastornos psicológicos. Los miembros de grupos minoritarios, en especial quienes pertenecen a la clase pobre, han adoptado comportamientos que les ayudan a enfrentar una sociedad que los discrimina por sus antecedentes étnicos o raciales. Por ejemplo, algunos comportamientos que pueden ser indicio de trastornos psicológicos en personas de raza blanca pertenecientes a las clases alta y media, entre personas de diferente raza y posición socioeconómica, puede tratarse simplemente de comportamientos adaptativos. Es posible que la suspicacia y desconfianza de un afroamericano sean una estrategia de sobrevivencia para protegerse de daños psicológicos y físicos (Sue y Sue, 1990; Carter, 1995).

De hecho, algunos de los supuestos básicos de gran parte de la psicoterapia deben cuestionarse cuando se trabaja con miembros de un grupo racial, étnico o cultural minoritario. Por ejemplo, comparadas con la cultura dominante, las culturas de origen asiático y latinoamericano por lo regular otorgan mayor importancia al grupo, a la familia y a la sociedad. Cuando se deben tomar decisiones muy importantes, la familia entera participa para tomarlas, lo que sugiere que los miembros de la familia deben participar en el tratamiento psicológico. De modo semejante, en la cultura tradicional china, cuando los hombres y las mujeres sienten ansiedad o depresión, reciben de otros miembros de su cultura el consejo para dejar de pensar en aquello que los mortifica. Reflexione cómo contrasta este consejo con la perspectiva de los enfoques de tratamiento que se centran en el valor del *insight* (Chin *et al.*, 1993; Okun, 1996; Kleinman y Cohen, 1997).

En consecuencia, los terapeutas *no deben* ser "ciegos al color". En lugar de ello, deben tomar en cuenta los antecedentes raciales, étnicos, culturales y de clase social de sus clientes cuando determinan la naturaleza de un trastorno psicológico y el curso del tratamiento a seguir (Arredondo *et al.*, 1996; Montague, 1996; Pedersen *et al.*, 1996; Sue, Ivey y Pedersen, 1996).

Recapitulación, revisión y reflexión

Recapitulación

- Los enfoques humanistas consideran a la terapia como un método para ayudar a las personas a que resuelvan por sí mismas sus problemas.

- En la terapia de grupo se reúnen con un terapeuta varias personas que no tienen relación inicial entre sí para discutir algún aspecto de su funcionamiento psicológico.

- Un tema controvertido desde hace mucho es si la psicoterapia es en realidad eficaz y, de ser así, cuál de sus formas es la mejor de todas.

- Deben tomarse en cuenta los factores raciales, étnicos y culturales durante el tratamiento de los trastornos psicológicos.

Revisión

1. Relacione las siguientes estrategias de tratamiento con lo que se esperaría escuchar de los terapeutas en cada caso.

    1. Terapia gestalt
    2. Terapia de grupo
    3. Aprecio positivo incondicional
    4. Terapia conductual
    5. Consejería no directiva

    a. "En otras palabras, usted no se lleva bien con su madre porque ella no quiere a su novia, ¿no es así?"
    b. "Quiero que todos hablen en su turno sobre las razones que los hicieron venir, así como de lo que esperan obtener de la terapia."
    c. "Ya comprendí por qué deseaba chocar el automóvil de su amiga después de que ella hirió sus sentimientos. Pero cuénteme más acerca del accidente."
    d. "Ése no es un comportamiento adecuado. Trataremos de remplazarlo con otro."
    e. "Recuerde el enojo que sintió y grite todo cuanto desee hasta que se sienta mejor."

2. Las terapias _____ sostienen que las personas son responsables de sus propias vidas y de las decisiones que toman.

3. La terapia _____ le da mayor importancia a la integración de los pensamientos, sentimientos y comportamientos.

4. Uno de los principales cuestionamientos hecho a las terapias humanistas consiste en que:

    a. son excesivamente imprecisas y poco estructuradas.
    b. tratan sólo el síntoma del problema.
    c. el terapeuta ejerce dominio sobre la interacción entre paciente y él.
    d. funcionan bien sólo con personas de las clases bajas.

5. En un estudio controvertido, Eysenck descubrió que algunas personas experimentaban una _____ _____, o recuperación sin tratamiento, si sólo se les deja en paz en lugar de someterlas a terapia.

6. Los tratamientos que combinan técnicas que provienen de diversos enfoques teóricos reciben el nombre de procedimientos _____.

Las respuestas a las preguntas de revisión se encuentran en la página 558.

Reflexión

1. Se han creado programas de computación para simular las respuestas de un terapeuta. ¿Cuál de los enfoques terapéuticos que ha estudiado se presta con más facilidad para la simulación computarizada? ¿Por qué?

2. ¿Cómo se puede tratar con eficacia a las personas en las terapias de grupo cuando los individuos que tienen el "mismo" problema difieren tanto? ¿Qué ventajas ofrece la terapia de grupo sobre la terapia individual?

3. Enumere algunos ejemplos de comportamiento que podrían considerarse anormales entre los miembros de un grupo cultural o económico, y normales por los integrantes de un grupo cultural o económico diferente. Suponga que la mayoría de las terapias han sido desarrolladas por psicólogos de grupos culturales minoritarios y de posición socioeconómica baja; ¿en qué podrían diferir de las terapias actuales?

TERAPIA BIOMÉDICA: ENFOQUES BIOLÓGICOS DE TRATAMIENTO

▶ **¿Cómo se emplean en la actualidad las técnicas farmacológica, electroconvulsiva y psicoquirúrgica para el tratamiento de los trastornos psicológicos?**

Si sufre una infección renal se le administrará un antibiótico y, con suerte, en una semana su riñón estará tan bien como siempre. Si el apéndice se le inflama, un cirujano lo extirpa y su cuerpo funcionará en forma normal otra vez. ¿Es posible asumir un enfoque semejante, basado en la fisiología corporal, para ser utilizado contra los padecimientos psicológicos?

De acuerdo con las perspectivas biológicas de tratamiento, la respuesta es sí. Las terapias biomédicas se emplean en forma rutinaria para tratar determinados tipos de problemas. El modelo básico señala que en vez de dirigir la atención a los conflictos psicológicos, traumas pasados o variables ambientales del paciente que pueden mantener el comportamiento anormal, en algunos casos es más adecuado tratar en forma directa la química cerebral y otro tipo de factores neurológicos, para lo cual se emplean fármacos, descargas eléctricas o cirugía.

Terapia farmacológica

Terapia farmacológica: control de los problemas psicológicos con fármacos

¿Estamos cerca del momento en que tomaremos por las mañanas una píldora para conservar nuestra salud mental, al igual que ahora tomamos una pastilla de vitaminas para conservar nuestra salud física? Aunque ese día aún no llega, hay muchas formas nuevas de **terapia farmacológica** que alivian con éxito los síntomas de diversas perturbaciones psicológicas.

Las terapias farmacológicas alteran la operación de los neurotransmisores y las neuronas en el cerebro. Algunos fármacos operan inhibiendo neurotransmisores o neuronas receptoras, reduciendo por tanto la actividad en sinapsis particulares, es decir, los sitios en el cerebro donde los impulsos nerviosos viajan de una neurona a otra. Otros medicamentos hacen lo opuesto: incrementan la actividad de ciertos neurotransmisores o neuronas, lo que permite que neuronas particulares transmitan impulsos con mayor frecuencia.

Fármacos antipsicóticos

Fármacos antipsicóticos: fármacos que alivian de manera temporal síntomas psicóticos como la agitación y el exceso de actividad

Es posible que en los hospitales psiquiátricos no se haya producido un cambio mayor que la exitosa introducción, a mediados de la década de los años cincuenta, de los **fármacos antipsicóticos**, medicamentos que se utilizan para aliviar síntomas graves de perturbación, como la pérdida de contacto con la realidad, agitación y actividad excesiva. Antes, los hospitales mentales tenían mucha similitud con los estereotipos del manicomio lleno de pacientes que exhibían comportamientos sumamente anormales, que gritaban, se quejaban o arañaban a quienes tenían cerca. Sin embargo, en poco tiempo los pasillos de los hospitales se hicieron más tranquilos y los especialistas estuvieron posibilitados para intentar algo más que tratar que los pacientes terminaran el día sin dañar a los demás o a sí mismos.

Este cambio tan dramático ocurrió por la introducción de un fármaco llamado *clorpromacina*. Este fármaco y otros similares pronto se convirtieron en el tratamiento más exitoso y popular para la esquizofrenia. En la actualidad, la terapia farmacológica es el tratamiento preferido para la mayoría de los casos de comportamiento anormal muy grave y, por tanto, se emplea en la mayoría de los pacientes hospitalizados con trastornos psicológicos. Por ejemplo, los fármacos antipsicóticos *clozapina* y *haloperidol* representan a la generación actual de antipsicóticos. La clozapina fue el fármaco usado con tanto éxito para tratar a los asistentes al baile de graduación descrito en el prólogo de este capítulo (Wallis y Willwerth, 1992; Meltzer, 1993; Rosenheck *et al.*, 1997).

¿Cómo funcionan los fármacos antipsicóticos? La mayoría bloquea a los receptores de dopamina en las sinapsis cerebrales. Por otra parte, algunos fármacos más recientes como la clozapina intensifican la liberación de dopamina en ciertas partes del cerebro, como aquellas que se relacionan con la planeación y la actividad dirigida hacia una meta (Barreira, 1996; Green y Patel, 1996; Mrzljak *et al.*, 1996).

A pesar de la efectividad de los fármacos antipsicóticos no producen una "cura" en la misma forma en que, digamos, la penicilina cura una infección. Tan pronto como se retira el fármaco, los síntomas originales tienden a reaparecer. Además, este tipo de fármacos puede producir efectos secundarios a largo plazo, como resequedad en la boca y la garganta, mareos y a veces temblor y pérdida del control muscular que pueden perdurar incluso después de que se ha suspendido el tratamiento, una condición permanente llamada *disquinesia tardía* (Kane, 1992; Shriqui y Annable, 1995).

Quizá más terribles que estos efectos físicos secundarios, sean los efectos entumecedores que producen sobre las respuestas emocionales de algunos pacientes. Por ejemplo, Mark Vonnegut (hijo del escritor Kurt Vonnegut) describió sus reacciones por el empleo de toracina, un fármaco antipsicótico, cuando lo hospitalizaron porque padecía esquizofrenia:

> Lo que se supone que debe hacer el fármaco es terminar con las alucinaciones. Lo que yo pienso que hace es llenar la mente con una especie de niebla, en tal medida que uno ya no puede darse cuenta de las alucinaciones ni de otras cosas... Con la toracina todo es aburrimiento. No literalmente. El aburrimiento implica impaciencia. Puedes leer historietas... puedes tolerar la conversación con imbéciles para siempre... El clima es soso, las flores son sosas, nada es muy impresionante (Vonnegut, 1975, pp. 196-197).

Fármacos antidepresivos

Como se puede suponer por el nombre, los **fármacos antidepresivos** son medicamentos que se emplean en los casos de depresión severa, para mejorar el ánimo de los pacientes. Fueron descubiertos por un mero accidente: se encontró que los pacientes que padecían tuberculosis y a los que se les administró el fármaco iproniazida, en forma súbita se volvían más alegres y optimistas. Cuando se probó ese mismo medicamento con personas que padecían de depresión, se obtuvo un resultado semejante, por lo cual los fármacos fueron aceptados como un tratamiento contra la depresión (Glick, 1995; Shuchter, Downs y Zisook, 1996).

La mayoría de los fármacos antidepresivos funciona por medio del aumento en la concentración de neurotransmisores particulares en el cerebro. Por ejemplo, los fármacos tricíclicos modifican el nivel de norepinefrina y serotonina en las sinapsis de las neuronas

Fármacos antidepresivos: medicamentos que mejoran el estado de ánimo y los sentimientos de bienestar de un paciente deprimido

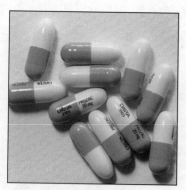

El prozac es un antidepresivo que se receta en forma amplia y que es muy controvertido.

cerebrales. Otros, como el bupropión, funcionan sobre el neurotransmisor conocido como dopamina (Zito, 1993; Berman, Krystal y Charney, 1996).

Aunque los fármacos antidepresivos pueden producir efectos secundarios, como somnolencia y desmayos, su margen general de eficacia es bastante bueno. A diferencia de los fármacos antipsicóticos, los antidepresivos pueden producir recuperaciones más duraderas. En muchos casos, incluso después de dejar de tomar los medicamentos, la depresión no regresa (Spiegel, 1989; Zito, 1993; Julien, 1995).

Los fármacos antidepresivos están entre los medicamentos que se recetan con mayor frecuencia. En 1996, se gastaron alrededor de seis mil millones de dólares en antidepresivos a nivel mundial, y las ventas están aumentando a una velocidad de más de 20% al año. En particular, el antidepresivo *fluxetina*, que se vende con el nombre comercial de *Prozac*, ha adornado la portada de revistas como *Newsweek* y ha sido el tema de libros de gran circulación (Kramer, 1993).

¿El Prozac es tan revolucionario como aseguran quienes lo apoyan? En algunos aspectos, el fármaco sí merece los elogios que se le han atribuido. A pesar de que es muy caro, debido a que cada dosis diaria cuesta cerca de dos dólares, ha mejorado en forma significativa las vidas de miles de individuos deprimidos.

El Prozac (y sus parientes Zoloft y Paxil) funciona por medio del bloqueo de la reabsorción del neurotransmisor serotonina. En comparación con otros antidepresivos, el Prozac tiene relativamente pocos efectos secundarios. Además, muchas personas que no responden a otros tipos de antidepresivos han tenido buenos resultados con Prozac.

Por otra parte, este medicamento aún no se ha empleado durante un periodo lo bastante amplio como para conocer todos sus efectos secundarios potenciales, y algunos informes señalan que el Prozac puede tener su lado oscuro. Por ejemplo, entre 20 y 30% de los usuarios reportan efectos secundarios de náusea y diarrea y una cifra menor reporta disfunciones sexuales (Barondes, 1994).

Además, la reputación de Prozac como un elevador del ánimo para todo propósito plantea cuestiones problemáticas. La ola de publicidad acerca del fármaco incrementa la probabilidad de que pacientes con formas más leves de depresión, o incluso con diferentes trastornos, soslayen otros tipos de tratamiento alternativo más adecuado, como la psicoterapia, y en su lugar, pueden buscar de manera activa que les receten Prozac.

Muchos profesionales de la salud están más que dispuestos a complacer las solicitudes de medicamento. Prozac es recetado más de un millón de veces al mes, con mayor frecuencia por profesionales que no se especializan en trastornos psicológicos (Cowley, 1994). En un caso extremo, un psicólogo clínico en el estado de Washington recetó el uso de Prozac a más de 600 personas en una ciudad con una población total de 21 000, una práctica que terminó con una acción legal en su contra por parte del Washington State Board of Psychology (*New York Times*, 1996).

El uso generalizado de Prozac y otros antidepresivos, al igual que los elogios que han obtenido, plantean una interrogante más difícil y a final de cuentas filosófica: ¿los cambios positivos en el estado de ánimo, actitudes y puntos de vista sobre la vida producidos supuestamente por Prozac son deseables por completo? Aunque los defensores del fármaco afirman que permite que surja la "verdadera persona", algunos observadores afirman que la personalidad que se exhibe bajo la influencia de Prozac está lejos de ser genuina. Sostienen que puede ser que las personas no estén mejor, después de todo, al escapar de los sentimientos desagradables. Los críticos de este fármaco afirman que las personas que toman medicamentos como Prozac pueden carecer de motivación para procurar las reflexiones y experiencias que conllevarán a una vida en verdad significativa y valiosa.

Respuestas a las preguntas de revisión:

1. 1-e; 2-b; 3-c; 4-d; 5-a   2. humanistas   3. gestalt   4. a   5. remisión espontánea   6. eclécticos

En resumen, aunque Prozac y otros antidepresivos proporcionan beneficios importantes, no son medicamentos milagrosos. Hasta que se conozcan por completo sus efectos biológicos y psicológicos a largo plazo, su empleo requiere cautela.

Aun cuando parezca irónico, no obstante el uso extendido de los antidepresivos, una reciente evaluación realizada por expertos en depresión encontró que ésta en realidad es poco tratada. De acuerdo con sus estadísticas, la mitad de las personas que han sufrido depresión grave por 20 años o más nunca han tomado un antidepresivo. Incluso, la mayoría de aquellos que toman medicina por lo regular no toman una dosis suficiente por un periodo lo bastante largo como para aliviar sus síntomas (Gilbert, 1997).

Litio

Un fármaco que se ha empleado con éxito en casos de trastorno bipolar es el **litio**, una forma de sales minerales simples. Aunque nadie sabe con seguridad por qué funciona, es eficaz para reducir los episodios de manía un 70% del tiempo. Por otro lado, no es tan impresionante su efectividad para solucionar la depresión. Funciona sólo en determinados casos y, al igual que los demás fármacos antidepresivos, es posible que produzca diversos efectos secundarios (Coppen, Metcalfe y Wood, 1982).

Litio: una forma de sales minerales simples que se ha empleado con mucho éxito en casos de trastornos bipolares

El litio posee una cualidad que lo distingue de los demás tratamientos con fármacos; representa un tratamiento *preventivo* en mayor medida que cualquier otro fármaco, anticipándose a los episodios de depresión maniaca. Por lo regular a las personas que exhibieron episodios bipolares en el pasado se les puede administrar una dosis diaria de litio, la cual evita que estos síntomas vuelvan a presentarse. En contraste, la mayoría de los otros fármacos sólo son útiles después de que ocurren los síntomas de perturbación psicológica.

Fármacos contra la ansiedad (ansiolíticos)

Si los nombres Valium y Xanax le suenan familiares, no es al único; éstos son de los fármacos que con más frecuencia recetan los médicos. Ambos están dentro de un grupo de fármacos al que se denomina **fármacos ansiolíticos** y que son recetados, por lo general por el médico familiar, para disminuir el estrés y la ansiedad que sienten los pacientes durante periodos especialmente difíciles de sus vidas. De hecho, más de la mitad de los estadounidenses tienen un pariente que ha tomado estos medicamentos en alguna época de su vida.

Fármacos ansiolíticos (contra la ansiedad): fármacos que disminuyen el nivel de ansiedad que experimenta una persona, al reducir en esencia la excitabilidad y en parte al incrementar la somnolencia

Como lo indica su nombre, los fármacos ansiolíticos disminuyen el grado de ansiedad que se experimenta, y lo hacen básicamente mediante la reducción de la excitabilidad, así como con un aumento en la somnolencia. Se les emplea no sólo para reducir la tensión general de personas que experimentan dificultades durante un periodo, sino también como auxiliar en el tratamiento de trastornos de ansiedad más graves (Zito, 1993).

Aunque la popularidad de los ansiolíticos señala que tienen pocos riesgos, pueden provocar algunos efectos secundarios potencialmente graves. Por ejemplo, pueden producir fatiga y su empleo a largo plazo puede generar dependencia. Además, cuando se consumen con alcohol, algunos pueden ser letales. Pero una preocupación más importante se refiere a su uso con la finalidad de suprimir la ansiedad. Casi todos los enfoques teóricos de las perturbaciones psicológicas consideran la ansiedad continua como una señal de algún otro problema. Por tanto, los fármacos que enmascaran la ansiedad pueden simplemente ocultar las dificultades. En consecuencia, en lugar de enfrentar sus problemas subyacentes, las personas pueden ocultarse de ellos mediante el uso de los ansiolíticos.

Terapia electroconvulsiva (TEC)

Martha Manning había contemplado toda clase de suicidios, con píldoras, ahorcándose, incluso con armas de fuego. Su depresión era tan profunda que vivía cada minuto "temiendo [no] llegar a la siguiente hora". Pero más se resistió cuando su terapeuta le recomendó la terapia electroconvulsiva, conocida

comúnmente como "tratamiento con choques". A pesar de su capacitación y práctica como psicóloga clínica, Manning de inmediato se imaginó escenas de *Atrapado sin salida* "con McMurphy y el Jefe sacudidos con electrochoques, sus cuerpos agitándose con cada sacudida" (Guttman, 1995, p. 16).

La realidad resultó ser bastante diferente. Aunque produjo algo de pérdida de la memoria y jaquecas temporales, el procedimiento salvó a Manning del borde del suicidio.

Terapia electroconvulsiva (TEC): procedimiento en el que se administra en forma breve una descarga eléctrica de 70 a 150 voltios en la cabeza de un paciente, causando pérdida de conciencia y a menudo convulsiones

Introducida por primera vez en la década de los años treinta, la **terapia electroconvulsiva (TEC)** es un procedimiento en el que se aplica brevemente una descarga eléctrica, de 70 a 150 voltios, a la cabeza de un paciente, lo que causa pérdida de la conciencia y a veces convulsiones. Por lo general el paciente es sedado y recibe relajantes musculares antes de la administración de la descarga, lo cual ayuda a prevenir contracciones musculares violentas. Por lo regular el paciente en tratamiento recibe alrededor de diez aplicaciones en el transcurso de un mes; algunos otros pacientes continúan con tratamientos de mantenimiento por meses (Fink, 1994, 1997; Calev, Shapira y Pass, 1995; Nierenberg, 1998).

La TEC es una técnica controvertida. Aparte del rechazo evidente a un tratamiento que recuerda imágenes de los electrocutados por la pena capital, con frecuencia existen efectos secundarios. Por ejemplo, después de la aplicación del tratamiento los pacientes suelen experimentar desorientación, confusión y, en ocasiones, pérdida de la memoria que incluso puede durar meses. Además, muchos pacientes temen a la TEC a pesar de que están bajo anestesia durante el tratamiento y por tanto no experimentan ningún dolor. Por último, todavía no se sabe cómo o por qué funciona la TEC y algunos críticos señalan que el tratamiento puede producir daño permanente al cerebro (Fisher, 1985; Valente, 1991).

Debido a estas desventajas de la TEC, ¿por qué se emplea todavía? La razón fundamental es que en muchos casos parece ser un tratamiento efectivo, para casos graves de depresión. Por ejemplo, puede prevenir que individuos deprimidos con ideas suicidas logren tal objetivo; puede actuar con mayor rapidez que los medicamentos antidepresivos, los cuales requieren más tiempo para hacer efecto. En realidad el uso de la TEC ha aumentado durante la última década: más de 110 000 personas son sometidas a la TEC cada año. Aun así, la TEC tiende a ser empleada sólo cuando otros tratamientos no han sido efectivos (Thienhaus, Margletta y Bennett, 1990; APA Task Force, 1990; Coffey, 1993; Foderaro, 1993; Sackeim *et al.*, 1996).

Psicocirugía

Psicocirugía: cirugía cerebral empleada alguna vez para aliviar síntomas de trastornos mentales pero usada rara vez en la actualidad

Si la TEC le parece un procedimiento cuestionable, es seguro que el empleo de la **psicocirugía**, es decir, cirugía cerebral que se realiza con el objetivo de aliviar los síntomas de trastornos mentales, le parecerá aún más controvertida. La psicocirugía, método que es usado rara vez en la actualidad, se introdujo por primera vez como tratamiento de "último recurso" en la década de los años treinta.

La forma inicial del procedimiento, que se conoce como *lobotomía prefrontal*, consiste en destruir o extirpar de manera quirúrgica determinadas partes de los lóbulos frontales del cerebro del paciente, las que se creía controlaban las emociones. En las décadas de los años treinta y cuarenta se realizó el procedimiento en miles de pacientes, a menudo con poca precisión. Por ejemplo, en una técnica común, un cirujano pincharía con un punzón debajo del globo ocular del paciente y lo haría girar de un lado a otro (Miller, 1994).

Esta psicocirugía sí mejoraba el comportamiento de los pacientes, pero con efectos secundarios drásticos, ya que junto a la desaparición de los síntomas del trastorno mental, los pacientes en ocasiones también exhibían modificaciones de personalidad: se volvían apáticos, ausentes y carentes de emociones. En otros casos, los pacientes se volvían agresivos y eran incapaces de controlar sus impulsos. En los casos más graves, los pacientes morían como consecuencia del tratamiento.

Con la llegada de tratamientos farmacológicos efectivos, y el cuestionamiento ético obvio respecto a lo apropiado de alterar para siempre la personalidad de una persona, la psicocirugía casi se volvió obsoleta. Sin embargo, se emplea todavía en casos muy raros en los que todos los demás procedimientos han fracasado y el comportamiento del paciente constituye un alto riesgo para sí mismo y para los demás. En la actualidad, en ocasiones se emplea una forma más precisa de psicocirugía llamada *cingulotomía,* en casos raros de trastorno obsesivo-compulsivo (Chiocca y Martuza, 1990; Baer *et al.*, 1995). También se usa ocasionalmente en pacientes en fase terminal que padecen de dolor severo e incontrolable. De cualquier forma, incluso en estos casos surgen serias reflexiones éticas, por lo cual la psicocirugía aún es un tratamiento muy controvertido (Rappaport, 1992; Miller, 1994).

Las terapias biomédicas en perspectiva: ¿puede curarse el comportamiento anormal?

En algunos aspectos aún no se ha producido una revolución más significativa en el campo de la salud mental que la de los enfoques biológicos del tratamiento. Los hospitales psiquiátricos se han aplicado más en ayudar en verdad a los pacientes que en las funciones de custodia, debido a que los pacientes que tendían a ser violentos e incontrolables se tranquilizan por medio de los fármacos. De modo semejante, los pacientes cuyas vidas estaban afectadas por la depresión o por episodios bipolares han logrado funcionar en forma normal, así como otras formas de terapia farmacológica también han mostrado resultados notables.

Por otra parte, las terapias biomédicas no carecen de críticos. Éstos afirman que en muchos casos dichas terapias sólo ofrecen un alivio de los *síntomas* del trastorno mental; pero tan pronto se retiran los medicamentos, los síntomas retornan. Aunque se considera como un paso importante en la dirección correcta, puede ser que el tratamiento biomédico no logre resolver los problemas subyacentes que llevaron al individuo a buscar terapia en primer lugar. Además, las terapias biomédicas producen efectos secundarios que van desde reacciones físicas hasta el desarrollo de *nuevos* síntomas de comportamiento anormal (Elkin, 1986). Por estas razones, es entonces que los tratamientos con base biológica no representan la panacea para todos los trastornos psicológicos.

Psicología comunitaria: énfasis en la prevención

Cada uno de los tratamientos que hemos comentado en este capítulo tiene un elemento común: todos son tratamientos de tipo "restaurador", su finalidad es el alivio de los problemas psicológicos que ya existen. No obstante, un movimiento que surgió recientemente, al que se le denomina **psicología comunitaria**, persigue un objetivo distinto: evitar o disminuir al mínimo la frecuencia de los trastornos psicológicos.

Psicología comunitaria: movimiento dirigido hacia la prevención o reducción al mínimo de los trastornos psicológicos en la comunidad

La psicología comunitaria surgió en la década de los años sesenta, cuando se planeó establecer una red nacional de centros comunitarios de salud mental en Estados Unidos. La función de estos centros era ofrecer servicios de salud mental a bajo costo, incluyendo terapias a corto plazo y programas educativos comunitarios. Además, en los últimos 30 años la población de los hospitales psiquiátricos ha disminuido de manera notable, debido a que los tratamientos farmacológicos han hecho innecesaria la restricción física de los pacientes. La afluencia de los antiguos pacientes mentales hacia la comunidad, proceso que se conoce como **desinstitucionalización**, dio nuevos bríos al movimiento de la psicología comunitaria, ya que se preocupaba de que quienes salieran de las instituciones no sólo recibieran un tratamiento adecuado sino que también se respetaran sus derechos civiles (Melton y Garrison, 1987).

Desinstitucionalización: transferencia de antiguos pacientes mentales de los hospitales psiquiátricos a la comunidad

Por desgracia, los objetivos originales de la psicología comunitaria no se han alcanzado; de hecho, la frecuencia de trastornos mentales no ha disminuido. Muchas de las personas que necesitan un tratamiento no lo reciben y, en algunos casos, la atención que

Los caminos de la psicología

Richard M. Greer

Consejero universitario

Nació en: 1941

Educación: B.A. en biología, Universidad Estatal de los Apalaches, Boone, Carolina del Norte; M.A. en orientación psicológica, Universidad Estatal de los Apalaches; doctorado en orientación psicológica, Universidad de Missouri, Columbia, Missouri

Residencia: Bowling Green, Kentucky

Debido a que la demografía de las universidades de hoy ha cambiado en forma tan dramática durante los últimos 25 años, las universidades han tenido que adaptarse para satisfacer las necesidades de los estudiantes. Un servicio universitario que ha pasado por transiciones notables en particular es la orientación.

"Debido a que hemos abierto las puertas de la universidad a todos, el campus ahora es mucho más representativo de la sociedad en general", dice Richard M. Greer, director del University Counseling Services Center de la Western Kentucky University. "Como resultado, los orientadores necesitan un conjunto diferente y una gama más amplia de habilidades de intervención para realizar su trabajo con eficacia."

Un cambio considerable se ha dado en la edad del estudiante universitario típico. Alrededor de 35% de los 15 000 estudiantes de la Western Kentucky University tienen 25 años de edad o más, y más o menos un 20 a 22% es mayor de 30 años de edad, según Greer, quien ha dirigido los servicios de orientación durante los pasados 11 años.

"Debido a las diferentes edades, estamos hablando de problemas que pueden

Richard M. Greer

afectar a dos grupos distintos: estudiantes tradicionales y no tradicionales. Podemos aplicarles categorías diagnósticas similares", señala, "pero los enfoques para el tratamiento tienden a ser un poco diferentes".

"Con los estudiantes tradicionales, la orientación trata más con problemas de adaptación y desarrollo, identidad sexual y relaciones, al igual que la planificación de la vida en un número significativo de casos. Con el estudiante no tradicional, nos encontramos realizando más orientación matrimonial y familiar, con énfasis en el trabajo familiar. En este tipo de caso vemos a la familia entera, padres e hijos, estudiantes y no estudiantes, siempre que uno de los miembros sea estudiante", explica.

Los servicios ya no se limitan a la población estudiantil de la universidad. Se dan gran cantidad de consultas al personal

docente y administrativo, quienes constituyen otro grupo de clientes no tradicional, señala Greer. Un resultado es que el Counseling Services Center es un lugar muy ocupado: desde el otoño de 1995 hasta el verano de 1996, se realizaron 1 400 sesiones, que incluyeron a 346 individuos. Otro resultado es que el personal de orientación enfrenta una variedad más amplia de problemas.

Entre los problemas que han surgido al enfrentar a clientes no tradicionales, según Greer, están los problemas de desadaptación crónica, los trastornos de personalidad limítrofe y el abuso del alcohol. También señala que diversos problemas más nuevos, como el abuso sexual y físico pasado y los problemas de familias disfuncionales, afectan tanto a los clientes tradicionales como a los no tradicionales.

"Cuando recluto personal busco habilidades de orientación y también clínicas. Las personas que contrato necesitan tener experiencia en problemas del desarrollo, pero también una buena comprensión de la psicopatología y la psicología anormal", comenta. "Cuando estaba reclutando personal hace muchos años buscaba gente que hubiera trabajado en residencias. Ahora buscamos experiencia en salud mental comunitaria."

"Hay un incremento en la patología de los estudiantes universitarios", continúa. "Ahora tenemos estudiantes que han recibido atención psiquiátrica por varios años. Esto era inusitado hace veinte años. La población estudiantil ha cambiado y puede cambiar aún más; con el cambio en la demografía viene una evolución en el estado de la salud mental de la población. Y tenemos que mantenernos al día o ya no seremos un servicio universitario efectivo."

se brinda a dichas personas sólo ha variado de un sitio de atención a otro (Kiesler y Simpkins, 1991, 1993; Torrey, 1996, 1997).

Sin embargo, este movimiento ha producido diversos resultados colaterales alentadores. Uno de ellos ha sido la elaboración de una agenda nacional de investigación, apoyada por el Instituto Nacional de Salud Mental (National Institute of Mental Health, NIMH), para prevenir y reducir el riesgo de los trastornos psicológicos. Al apoyar la investigación que busca identificar los factores de riesgo de los trastornos, al igual que investigar qué atributos psicológicos permiten que algunos individuos eviten los trastornos, el NIMH está ayudando a identificar las intervenciones comunitarias eficaces, que reducirán la frecuencia de los problemas psicológicos (Reiss y Price, 1996).

En un nivel más inmediato, la psicología comunitaria ha llevado a la instalación de "líneas telefónicas de urgencia" en algunas ciudades de Estados Unidos. Con ellas es posible que las personas que experimentan un estrés agudo llamen a un número telefónico, a cualquier hora del día o de la noche, y hablen con personal capacitado y amable que les ofrece tratamiento inmediato, aunque obviamente limitado (Tolan *et al.*, 1990; Boehm *et al.*, 1995).

El centro universitario de crisis es otra innovación que resultó del movimiento de psicología comunitaria. Con una estructura semejante a la de los centros telefónicos de urgencia para la prevención de suicidios (lugares a los que podían llamar las víctimas de suicidio en potencia, para hablar acerca de sus problemas), el centro universitario de crisis ofrece a quien llama la oportunidad de platicar acerca de las crisis de su vida con alguien que le escucha amablemente, que por lo regular es un estudiante voluntario.

Aunque no son profesionistas, los voluntarios reciben una capacitación detallada para ofrecer consejería telefónica. Realizan ejercicios de actuación de papeles acerca de problemas específicos y se les explica cómo pueden responder a las dificultades que pueden estar enfrentando los que llaman. Los voluntarios también se reúnen en grupos para comentar el tipo de problemas que encuentran y para compartir experiencias relativas a las estrategias más efectivas.

Debido a que no son profesionales, los integrantes de los centros universitarios de crisis no tienen la capacidad para ofrecer una terapia a largo plazo. No obstante, pueden ofrecer respuestas positivas y constructivas cuando más se necesitan. También es posible que remitan a quienes les llaman por teléfono a las instituciones adecuadas, dentro y fuera de la universidad, para obtener la ayuda a largo plazo que necesitan.

Además de proporcionar centros de crisis, la mayoría de las universidades ofrece a sus estudiantes la oportunidad de recibir tratamiento en centros de consejería o de salud mental. La misión de esos centros es tomar medidas preventivas y tratar a estudiantes que sufren de malestar psicológico. (Para abundar más sobre este tema véase el recuadro *Los caminos de la psicología* de este capítulo.)

El consumidor de psicología bien informado

La elección del terapeuta adecuado

Si toma la decisión de buscar terapia enfrentará una tarea desalentadora. Elegir un terapeuta no es una labor fácil. Sin embargo, hay varios lineamientos que pueden ayudarle a determinar si ha hecho la elección correcta (Engler y Goleman, 1992):

- La relación entre cliente y terapeuta debe ser agradable. El terapeuta no debe intimidarlo o causarle temor; usted debe tenerle confianza y sentirse libre de comentar con él incluso los temas más personales sin temor a provocar una reacción negativa. En resumen, la "química personal" deberá ser buena.

- El terapeuta y el cliente deben estar de acuerdo en los objetivos del tratamiento. Éstos deberán ser claros, específicos y alcanzables.

- El terapeuta debe tener la capacitación adecuada y títulos relativos al tipo de terapia que ofrece y deberá contar también con la cédula profesional expedida por las dependencias gubernamentales correspondientes que lo acredite para ejercer. Deberá verificar si el terapeuta es miembro de asociaciones profesionales nacionales y estatales. Además, el terapeuta deberá ser interrogado respecto al

Dibujo de Gahan Wilson © 1994 The New Yorker Magazine, Inc.

"*¡Se ve bien!*"

costo de la terapia, las prácticas de facturación y otros asuntos comerciales. No es una falta de cortesía tratar estos asuntos durante una consulta inicial.

• Los clientes deben sentir que realizan progresos en la solución de sus problemas después de que inició la terapia, a pesar de que se produzcan recaídas ocasionales. Aunque no existe un patrón fijo, los cambios más evidentes tienden a manifestarse relativamente pronto en el curso del tratamiento. Por ejemplo, la mitad de los pacientes en psicoterapia mejoran hacia la octava sesión y tres cuartas partes para la vigésima sexta sesión (véase figura 13.3; Howard *et al.*, 1986; Howard y Zola, 1988; HMHL, 1994b).

Si el cliente no experimenta mejoría después de varias visitas, debe discutirlo de manera franca con su terapeuta, con la perspectiva de la posibilidad de hacer un cambio. En la actualidad, la mayoría de las terapias tienen una duración bastante breve, en especial aquellas que se administran a estudiantes universitarios en Estados Unidos, las cuales tienen un promedio de sólo cinco sesiones (Crits-Cristoph, 1992; Messer y Warren, 1995; Quick, 1996; Bloom, 1997; Lazarus, 1997).

FIGURA 13.3 *Para la mayoría de los pacientes, la mejoría en el funcionamiento psicológico ocurre relativamente poco después de que ha comenzado la terapia. Fuente: Howard et al., 1986.*

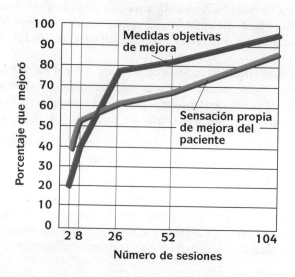

Los clientes deben percatarse de que deberán dedicar mucho esfuerzo a su terapia. Aunque en nuestra cultura se prometen curas rápidas para cualquier problema, como debe saber toda persona que haya revisado los anaqueles de libros de autoayuda en las librerías, en la realidad la solución de problemas complicados no es fácil. Las personas deben establecer un compromiso con la terapia; además, deben saber que son ellas, y no el terapeuta, las que harán la mayor parte del trabajo para lograr la solución de los problemas. Deberá estar presente el potencial para que el esfuerzo que se realice se recompense en forma plena, de manera que las personas comienzan a llevar vidas más positivas, satisfactorias y significativas. ■

Recapitulación, revisión y reflexión

Recapitulación

- Los enfoques biomédicos de tratamiento incluyen la terapia farmacológica, la terapia electroconvulsiva y la psicocirugía.

- La terapia farmacológica ha generado una reducción importante en la frecuencia del comportamiento psicótico. Entre los medicamentos que se emplean se pueden mencionar los fármacos antidepresivos, los antipsicóticos y los ansiolíticos.

- La terapia electroconvulsiva (TEC) consiste en aplicar una descarga eléctrica en el cerebro de pacientes que padecen perturbaciones psicológicas muy graves, en especial esquizofrenia y depresión.

- La forma extrema de terapia biomédica es la psicocirugía, que implica una cirugía en el cerebro del paciente. Aunque se emplea muy poco en la época actual, en el pasado la lobotomía prefrontal fue una forma común de tratamiento.

- La psicología comunitaria tiene el objetivo de prevenir o reducir al mínimo los trastornos psicológicos.

Revisión

1. Los fármacos antipsicóticos han demostrado que son una cura a largo plazo, efectiva y total para la esquizofrenia. ¿Verdadero o falso?

2. Uno de los tratamientos biomédicos con mayor efectividad para los trastornos psicológicos, que se emplea principalmente para prevenir y detener los episodios maniaco-depresivos, es:

   a. Clorpromacina   c. Librium
   b. Litio   d. Valium

3. Un tratamiento utilizado en forma inicial para la esquizofrenia, la _____ _____, implica la aplicación de descargas eléctricas al cerebro del paciente.

4. La psicocirugía cada vez es más popular como método de tratamiento gracias al aumento de la precisión de las técnicas quirúrgicas. ¿Verdadero o falso?

5. La tendencia consistente en dejar salir a un mayor número de pacientes de los hospitales psiquiátricos hacia la comunidad se conoce como _____.

Las respuestas a las preguntas de revisión se encuentran en la página 566.

Reflexión

1. Una de las críticas principales a las terapias biomédicas es que tratan los síntomas del trastorno mental sin descubrir e intervenir los problemas subyacentes que padecen las personas. ¿Está usted de acuerdo con esta crítica o no? ¿Por qué?

2. ¿El hecho de que nadie comprenda por qué es efectiva la TEC significa que debe evitarse su uso? En general, ¿deben emplearse los tratamientos que parecen ser efectivos, aunque se desconozcan las razones de su funcionamiento?

3. Si una persona violenta y peligrosa pudiera "curarse" de la violencia por medio de una nueva técnica quirúrgica, ¿aprobaría el uso de esta técnica? Suponga que la persona estuvo de acuerdo o solicitó la técnica. ¿Qué clase de política aplicaría para el empleo de la psicocirugía?

¿Cuáles son los objetivos de los tratamientos con base psicológica y de los que tienen base biológica?

1. Aunque los tipos específicos de tratamiento son muy distintos, la psicoterapia (terapia con base psicológica) y la terapia biomédica (terapia con base biológica) tienen en común el objetivo de resolver problemas psicológicos por medio de la modificación de los pensamientos, sentimientos, expectativas, evaluaciones y, en última instancia, el comportamiento de las personas.

¿Cuáles son los tipos fundamentales de psicoterapia?

2. El tratamiento psicoanalítico se sustenta en la teoría psicodinámica de Freud; consiste en traer del inconsciente a la conciencia conflictos no resueltos del pasado y pulsiones que no son aceptables, con el fin de retomar los problemas con mayor efectividad. Para lograr esto, los pacientes se reúnen con frecuencia con su terapeuta y emplean técnicas como la asociación libre y la interpretación de los sueños. Es posible que este proceso sea difícil debido a la resistencia del paciente y a la transferencia, además de que no existen evidencias concluyentes respecto a que el proceso sea efectivo.

3. Los enfoques terapéuticos conductuales consideran el comportamiento anormal en sí como el problema, en lugar de concebirlo como un síntoma de alguna otra causa subyacente. Este enfoque sostiene que, con el fin de lograr una "cura", es necesario cambiar el comportamiento externo. Por medio del condicionamiento aversivo, estímulos desagradables se asocian con un comportamiento que es agradable para el paciente, pero que desea eliminar. La desensibilización sistemática emplea el procedimiento opuesto; la relajación es unida en forma repetida con un estímulo que produce ansiedad con el fin de reducir a esta última. El aprendizaje observacional es otro tipo de tratamiento conductual que se emplea para enseñar comportamientos nuevos y más adecuados; también son usadas otras técnicas, como la economía de fichas.

4. Las perspectivas terapéuticas cognitivas, a las que se suele denominar terapia conductual cognitiva, sostienen que el objetivo de la terapia debería ser la reestructuración del sistema de creencias de una persona, en una visión del mundo más realista, racional y lógica. Dos ejemplos de tratamientos cognitivos son la terapia racional emotiva de Ellis y la terapia cognitiva de Beck.

¿Cuáles son los enfoques de la terapia humanista para el tratamiento?

5. La terapia humanista está sustentada en la premisa de que las personas controlan su comportamiento, son capaces de hacer elecciones con relación a sus vidas y que depende de ellas la resolución de sus problemas. Los terapeutas humanistas asumen un papel no directivo; actúan más como guías que facilitan la búsqueda de respuestas de parte de los clientes. Un ejemplo de terapia humanista es la centrada en el cliente, que desarrolló Carl Rogers, en donde el propósito es permitirle a las personas alcanzar el bien potencial que se supone es característico de todos los seres humanos. La terapia existencial ayuda a las personas a afrontar la libertad y otros potenciales exclusivos de la existencia humana; la terapia gestalt ayuda a las personas para que integren sus pensamientos, sentimientos y comportamiento.

¿En qué difiere la terapia de grupo de los tipos de terapia individual?

6. En la terapia de grupo, varias personas que no tenían relación previa se reúnen con un terapeuta para discutir algún aspecto de su funcionamiento psicológico, centrándose a menudo en un problema común como el alcoholismo o en la dificultad para relacionarse con los demás. Los grupos varían mucho en el enfoque terapéutico que se emplee.

¿Qué tan efectiva es la terapia y qué tipo de terapia funciona mejor en circunstancias específicas?

7. La mayoría de las investigaciones sugiere que, en general, la terapia es más efectiva que la ausencia de ella, aunque no se sabe en qué grado lo sea. La respuesta a la pregunta más difícil sobre qué terapia es la más eficiente es aún menos clara, en parte debido a que las terapias son muy diferentes desde el punto de vista cualitativo y en parte porque la definición de "cura" es muy vaga. Sin embargo, es indiscutible que ciertas terapias son más indicadas para determinados problemas que para otros.

¿Cómo se emplean en la actualidad las técnicas farmacológica, electroconvulsiva y psicoquirúrgica para el tratamiento de los trastornos psicológicos?

8. Los enfoques biológicos del tratamiento sostienen que la terapia se debería centrar en las causas fisiológicas del comportamiento anormal, en lugar de considerar los factores psicológicos. La terapia farmacológica, el mejor ejemplo de los tratamientos biomédicos, ha logrado una disminución dramática en la aparición de síntomas severos de perturbaciones mentales.

9. Los fármacos antipsicóticos como la clorpromacina son muy efectivos para reducir los síntomas psicóticos, aunque es posible que provoquen efectos secundarios graves. Los fármacos antidepresivos, como el Prozac, reducen la depresión en forma tan exitosa que se usan ampliamente. Los fármacos ansiolíticos o tranquilizantes menores se

---

Respuestas a las preguntas de revisión:

1. Falso; la esquizofrenia se puede controlar con medicamentos, pero no curarse   2. b   3. terapia electroconvulsiva (TEC)   4. Falso; la psicocirugía se emplea en la actualidad sólo como tratamiento de último recurso   5. desinstitucionalización

encuentran entre los medicamentos generales que son recetados con mayor frecuencia; su función es reducir la ansiedad.

10. La terapia electroconvulsiva (TEC) consiste en la aplicación de una descarga eléctrica de entre 70 y 150 voltios en la cabeza del paciente, lo cual provoca pérdida de la conciencia y fuertes convulsiones. Este procedimiento es un tratamiento efectivo para los casos graves de esquizofrenia y depresión. Otro tratamiento biomédico es la psicocirugía; el procedimiento típico consiste en destruir mediante cirugía determinadas partes del cerebro de un paciente en una operación conocida como lobotomía prefrontal. Debido a los serios problemas éticos y los posibles efectos secundarios adversos, el procedimiento rara vez se usa en la actualidad.

11. La psicología comunitaria intenta prevenir o reducir al mínimo los trastornos psicológicos. Este movimiento fue favorecido en parte por la desinstitucionalización, la cual permite que pacientes hospitalizados en instituciones psiquiátricas regresen a la comunidad. Un resultado significativo de este movimiento ha sido la instalación de líneas telefónicas de urgencia y de centros universitarios para crisis en Estados Unidos y otros países.

Términos y conceptos clave

psicoterapia (p. 535)
terapia biomédica (p. 535)
terapia psicodinámica (p. 537)
psicoanálisis (p. 538)
enfoques conductuales de tratamiento (p. 539)
desensibilización sistemática (p. 541)
aprendizaje observacional (p. 542)
enfoque cognitivo conductual (p. 545)
terapia racional emotiva (p. 545)

terapia cognitiva (p. 546)
terapia humanista (p. 547)
terapia centrada en el cliente (p. 548)
terapia existencial (p. 548)
terapia gestalt (p. 549)
terapia de grupo (p. 549)
terapia familiar (p. 550)
remisión espontánea (p. 551)
enfoque ecléctico de terapia (p. 553)
terapia farmacológica (p. 556)

fármacos antipsicóticos (p. 556)
fármacos antidepresivos (p. 557)
litio (p. 559)
fármacos ansiolíticos (contra la ansiedad) (p. 559)
terapia electroconvulsiva (TEC) (p. 560)
psicocirugía (p. 560)
psicología comunitaria (p. 561)
desinstitucionalización (p. 561)

Epílogo

En este capítulo hemos examinado la forma en que los psicólogos profesionales tratan a las personas con trastornos psicológicos. Consideramos una variedad de enfoques, incluyendo tanto terapias con base psicológica como terapias con base biológica. Es claro que se han hecho progresos considerables en años recientes, tanto en el tratamiento de los síntomas de los trastornos mentales como en la comprensión de sus causas subyacentes.

Antes de dejar el tema de los trastornos psicológicos, regresemos al prólogo, en el que varias personas que habían sufrido de esquizofrenia tuvieron un baile de graduación tardío para celebrar su liberación de ese trastorno. Con base en su comprensión del tratamiento de los trastornos psicológicos, considere las siguientes preguntas.

1. Los asistentes al baile fueron tratados usando terapia farmacológica. ¿Cómo habría procedido su tratamiento si hubieran sido sometidos a un psicoanálisis freudiano? ¿Qué clase de cuestiones podría haber examinado un psicoanalista?

2. ¿Piensa que cualquiera de las terapias conductuales habría sido útil para tratar la esquizofrenia de los asistentes al baile? ¿Las terapias conductuales podrían haberles ayudado a controlar la manifestación externa de sus síntomas?

3. ¿Los enfoques cognitivos o humanistas habrían tenido algún efecto en la esquizofrenia? ¿En qué formas podrían no haber correspondido a las expectativas dichos enfoques?

4. ¿Piensa que las personas que se recuperan de la esquizofrenia pueden reingresar a la sociedad rápida y tranquilamente para reanudar sus vidas como si no les hubiera pasado nada? ¿Qué clase de adaptaciones podrían requerir quienes la han padecido durante toda su vida y ahora tienen más de treinta años de edad?

5. Los fármacos antipsicóticos en ocasiones tienen el efecto secundario de adormecer las respuestas emocionales. Si pudiera saberse con anticipación que quienes fueron al baile experimentarán a la larga este efecto secundario, ¿cree que todavía sería aconsejable la terapia farmacológica? Explique su respuesta.

La muerte de la princesa Diana unió a millones de personas de todo el mundo en una efusión de aflicción.

Prólogo

La muerte de una princesa

Los dolientes permanecían a un costado del camino, decenas de miles de ellos, mostrando un pesar agudo por la muerte de una mujer a la que nunca habían conocido en realidad. Para la mayoría de los afligidos, ella era alguien cuya vida resultaba tan profundamente diferente a la suya que sólo podían imaginar cómo había sido. Pero su pena era inequívoca y bastante sincera.

La muerte de la princesa Diana en un accidente automovilístico en París produjo una efusión de pesar, sin precedentes, de personas de todo el mundo. Llevó al primer ministro británico, Tony Blair, a comentar: "Es algo más profundo que cualquier cosa que pueda recordar en toda mi vida." Muchas personas estuvieron de acuerdo.

Hogares, oficinas, programas de televisión y radio, y chats del ciberespacio se llenaron con las discusiones sobre las consecuencias de la muerte de Diana, no sólo para sus hijos o para la monarquía británica, sino en términos muy personales. Era como si hubiera fallecido una amiga muy querida y cercana, y el mundo estaba de luto colectivamente.

La extrema efusión de pesar por la muerte de la princesa Diana plantea muchas interrogantes. ¿Por qué las personas sentían una conexión tan íntima con Diana? ¿Por qué su muerte fue tan fascinante para personas de todo el mundo? ¿Por qué Diana, cuya existencia cotidiana era tan diferente de aquella de la mayoría de los dolientes, afectó tantas vidas?

Cada una de estas preguntas sólo puede responderse mediante el estudio del campo de la psicología social, la rama de la psicología que se interesa en aquellos aspectos del comportamiento humano que nos unen y nos separan a unos de otros. La **psicología social** es el estudio de la forma en que los pensamientos, sentimientos y acciones de las personas son afectados por los demás. Los psicólogos sociales consideran la naturaleza y las causas del comportamiento individual en situaciones sociales.

El amplio alcance de la psicología social queda delimitado por el tipo de preguntas que formulan los psicólogos: ¿cómo podemos convencer a las personas de cambiar sus actitudes o de adoptar nuevas ideas y valores? ¿De qué modo logramos comprender cómo son los otros? ¿Cómo influye en nosotros lo que hacen y piensan los demás? ¿Por qué la gente muestra tal agresividad, violencia y crueldad hacia los demás, al grado de que en todo el mundo algunos viven con el temor de ser aniquilados? Y, por otra parte, ¿por qué algunas personas ponen en riesgo su vida para ayudar a otros?

En este capítulo analizaremos los enfoques de la psicología social sobre éstos y otros temas. Exploraremos los procesos que subyacen al comportamiento social y expondremos las estrategias para enfrentar y solucionar diversos problemas y cuestiones que enfrentamos todos, desde la manera de comprender mejor las tácticas de persuasión hasta la formación de impresiones más precisas acerca de los demás.

Al principio daremos un vistazo en torno a las actitudes, nuestras evaluaciones de las personas y de otros estímulos. Examinaremos la forma en que la gente elabora juicios acerca de los demás y las causas de su comportamiento. A continuación analizaremos la influencia social, el proceso por el que las acciones de un individuo (o un grupo) afectan el comportamiento de otros.

El capítulo continúa con un examen de los estereotipos, el prejuicio y la discriminación, enfocándonos en sus raíces y las formas en que pueden reducirse. Por último, consideraremos ejemplos de comportamiento social positivo y negativo. Después estudiaremos el conocimiento de los psicólogos sociales acerca de cómo las personas se atraen entre sí, establecen relaciones y se enamoran; el capítulo finaliza con un vistazo a los factores que subyacen a la agresividad y a la conducta de ayuda.

ACTITUDES Y COGNICIÓN SOCIAL

¿Qué tienen en común Bill Cosby, Rosie O'Donnell y Tiger Woods? Cada uno de ellos ha aparecido en un comercial de televisión, invitándonos a comprar un producto de cierta marca.

Estos comerciales sólo son unos cuantos de los miles que aparecen en la pantalla del televisor, diseñados para persuadirnos de que compremos productos específicos. Estos intentos ilustran principios básicos que han sido articulados por los psicólogos sociales que estudian las **actitudes**, es decir, predisposiciones aprendidas para responder en forma favorable o desfavorable ante una persona, comportamiento, creencia u objeto particular (Eagly y Chaiken, 1993, 1995).

Nuestras actitudes, desde luego, no se restringen a los productos de consumo; también desarrollamos actitudes hacia individuos específicos y situaciones más abstractas. Por ejemplo, cuando piensa acerca de las distintas personas vinculadas a su vida, es indudable que tiene actitudes diversas hacia cada una, dependiendo de la naturaleza de sus interacciones con ellas. Estas actitudes van desde las sumamente positivas, como en el caso de su pareja, hasta las más negativas, como un rival al que desprecia. Las actitudes también varían en importancia. En tanto que nuestras actitudes hacia los amigos, la familia y los compañeros suelen ser vitales en nuestras interacciones en el mundo social,

UN VISTAZO
◄ anticipatorio

Psicología social: estudio de la forma en que los pensamientos, sentimientos y acciones de las personas son afectados por los demás

▶ ¿Qué son las actitudes y cómo se forman, mantienen y cambian?

▶ ¿De qué modo formamos impresiones acerca de cómo son los demás y las causas de su comportamiento?

▶ ¿Cuáles son los prejuicios o sesgo que influyen en nuestra manera de ver el comportamiento de los demás?

Actitudes: predisposiciones aprendidas a responder en una manera favorable o desfavorable ante una persona, comportamiento, creencia u objeto particulares

Modelo ABC de las actitudes:
modelo que sugiere que una actitud tiene tres componentes: afecto, comportamiento y cognición

nuestras actitudes hacia los locutores de televisión, por ejemplo, pueden ser insignificantes.

La mayoría de los psicólogos sociales consideran que las actitudes siguen al **modelo ABC de las actitudes**, el cual sugiere que una actitud posee tres componentes: afecto, comportamiento y cognición* (Rajecki, 1989). El *componente afectivo* comprende nuestras emociones positivas o negativas acerca de algo; es decir, lo que sentimos acerca de ello. El *componente conductual* consiste en una predisposición o intención para actuar en forma específica que sea relevante a nuestra actitud. Por último, el *componente cognitivo* se refiere a las creencias y los pensamientos que tenemos acerca del objeto de nuestra actitud. Por ejemplo, la actitud de alguien hacia Mariah Carey puede consistir en una emoción positiva (componente afectivo), en la intención de comprar su disco más reciente (componente conductual) y en creer que es una buena cantante (componente cognitivo). (Véase figura 14.1.)

Todas las actitudes obedecen a la interrelación de estos componentes, aunque varían en cuanto al elemento predominante y a la naturaleza de sus relaciones. Todas las actitudes se forman, mantienen y cambian de acuerdo con principios generales que han descubierto los psicólogos sociales, principios que analizaremos a continuación.

Formación y mantenimiento de actitudes

Aunque los individuos no llegan al mundo con actitudes perfectamente definidas acerca de alguna persona u objeto en particular, cualquiera que haya visto cómo un bebé le sonríe a sus padres sabe que al menos algunas actitudes se desarrollan con gran rapidez. Resulta interesante saber que algunos de los principios que gobiernan el modo en que los bebés adquieren y desarrollan las actitudes operan a lo largo de toda la vida.

El condicionamiento clásico y las actitudes

Uno de los procesos básicos que determinan la formación y desarrollo de actitudes puede explicarse con base en los principios del aprendizaje (McGuire, 1985; Cacioppo *et al.*, 1992). Los mismos procesos de condicionamiento clásico que hicieron salivar a los perros de Pavlov ante el sonido de una campana pueden explicar cómo se adquieren las actitudes. Como se apuntó en el capítulo 5, las personas desarrollamos asociaciones entre diversos objetos y las reacciones emocionales que los acompañan. Por ejemplo, muchos de los soldados estadounidenses que acamparon en las playas iraquíes durante la guerra del Golfo Pérsico manifestaron después que no deseaban volver a sentarse en las arenas de una playa. En otras palabras, los soldados generaron una asociación entre sus experiencias de guerra y la arena, y en consecuencia su actitud hacia la arena se volvió negativa. De modo similar, es posible desarrollar asociaciones positivas mediante el condicionamiento clásico. Podemos tener una actitud positiva hacia un determinado perfume debido a que nuestra tía favorita lo usa.

Los publicistas aplican los principios del condicionamiento clásico con relación a las actitudes cuando tratan de vincular un producto, que desean sea adquirido por los consumidores, con un sentimiento o suceso positivo (Alsop, 1988; Kim, Allen y Kardes, 1996). Por ejemplo, muchos anuncios presentan a hombres y mujeres jóvenes, sanos y atractivos, que utilizan determinado producto, aunque se trate de algo tan irrelevante como una pasta dental. La idea que sustenta a esos anuncios es la de crear una respuesta de condicionamiento clásico hacia el producto, de modo que el simple acto de ver un tubo de pasta dental de cierta marca produzca un sentimiento positivo.

Enfoques del condicionamiento operante sobre la adquisición de actitudes

Otro proceso básico de aprendizaje, el condicionamiento operante, también determina la adquisición de actitudes. Las actitudes que se refuerzan, ya sea de manera verbal o no

---

* N. de la R. T.: En inglés, *affect*, *behavior* y *cognition*, de ahí el nombre del modelo.

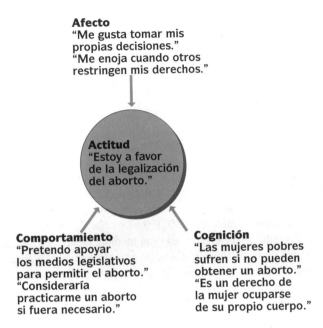

Afecto
"Me gusta tomar mis propias decisiones."
"Me enoja cuando otros restringen mis derechos."

Actitud
"Estoy a favor de la legalización del aborto."

Comportamiento
"Pretendo apoyar los medios legislativos para permitir el aborto."
"Consideraría practicarme un aborto si fuera necesario."

Cognición
"Las mujeres pobres sufren si no pueden obtener un aborto."
"Es un derecho de la mujer ocuparse de su propio cuerpo."

FIGURA 14.1 *Como todas las actitudes, ésta sobre el aborto está compuesta por un componente afectivo, un componente conductual y un componente cognitivo.*

verbal, tienden a conservarse. Por el contrario, cuando la actitud de una persona provoca la ridiculización de los demás, la persona puede modificar o abandonar esa actitud. Pero no es sólo el reforzamiento o el castigo directo lo que influye sobre las actitudes. El *aprendizaje vicario*, en el que una persona aprende algo mediante la observación de los demás, también puede explicar el desarrollo de actitudes, en especial cuando el sujeto no posee una actitud formada por la experiencia directa con el objeto. Mediante los procesos de aprendizaje vicario los niños asimilan los prejuicios de sus padres. Por ejemplo, incluso si nunca han conocido a un invidente, los niños cuyos padres dicen que "los ciegos son incompetentes" pueden adoptar esas actitudes (Guerin, 1994).

Este aprendizaje también lo adquirimos por medio de la televisión, las películas y otros medios de comunicación. Por ejemplo, las películas que glorifican la violencia re-

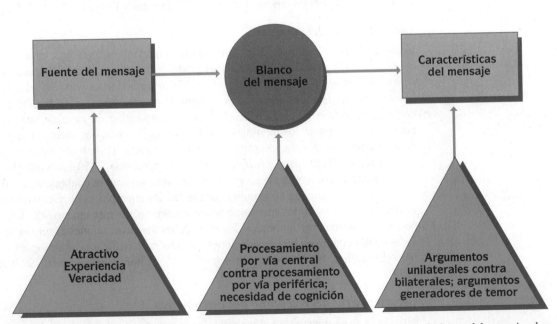

Fuente del mensaje

Blanco del mensaje

Características del mensaje

Atractivo
Experiencia
Veracidad

Procesamiento por vía central contra procesamiento por vía periférica; necesidad de cognición

Argumentos unilaterales contra bilaterales; argumentos generadores de temor

FIGURA 14.2 *En este modelo de los factores críticos que afectan a la persuasión, se muestra que la fuente del mensaje y las características del mismo influyen en el receptor o blanco de un mensaje persuasivo.*

Las estrellas del deporte como Shaquille O'Neal, al igual que otras celebridades, son usadas por los publicistas para persuadir a los consumidores para que compren ciertas marcas.

fuerzan actitudes positivas hacia la agresividad (como se expondrá más adelante en el capítulo), así como las representaciones de mujeres en calidad de subordinadas a los hombres moldean y promueven actitudes sexistas.

Persuasión: la modificación de actitudes

¿Por qué los fabricantes de Reebok concluyen que la figura de Shaquille O'Neal es un aval que llevará a las personas a usar más su producto?

De acuerdo con los especialistas que trabajan en el campo de la publicidad, cada anuncio en que aparecen personajes célebres implica una cuidadosa selección para que haya una correspondencia entre el producto y la persona elegida para representarlo. No sólo se trata de encontrar a una celebridad; la persona también debe ser digna de crédito, confiable y reflejar las cualidades que los publicistas desean que proyecte su producto hacia los consumidores (Misra y Beatty, 1990; Kamins y Gupta, 1994).

La labor de los publicistas se basa, en gran medida, en descubrimientos de la psicología social en el área de la persuasión. Estas investigaciones han detectado diversos factores (véase figura 14.2) que promueven la persuasión efectiva; podrá reconocer estos elementos si piensa por un momento en alguno de los anuncios que le son más familiares (Tesser y Shaffer, 1990; Johnson, 1991).

Fuente del mensaje

El individuo que emite un mensaje persuasivo, al cual se le conoce como el comunicador de actitud, tiene mucho impacto sobre la efectividad del mensaje. Los comunicadores atractivos, tanto física como socialmente, parecen producir mayor modificación en las actitudes (Chaiken, 1979). Además, la calidad de experto y la confiabilidad de un comunicador se relacionan con el impacto del mensaje, excepto en las situaciones en las que el comunicador parezca tener un motivo adicional. Si un comunicador prestigiado parece obtener un beneficio al persuadir a los demás, es posible que el mensaje pierda credibilidad (Hovland, Janis y Kelly, 1953; Eagly, Wood y Chaiken, 1978). Por ejemplo, un prestigiado científico que afirma que un medicamento es seguro por lo general será una fuente con buena influencia, a menos que se divulgue que el científico tiene intereses financieros en el laboratorio farmacéutico que fabrica el medicamento y que, por tanto, se beneficiará económicamente a consecuencia de su consumo extenso (Wu y Shaffer, 1987; Roskos y Fazio, 1992; DeBono y Klein, 1993; Priester y Petty, 1995).

Características del mensaje

Como es de esperarse, no se trata sólo de *quién* transmite el mensaje, sino también de su *contenido*; ambos factores influyen en el grado de modificación del comportamiento y las actitudes. Los argumentos unilaterales, que sólo presentan la versión del comunicador, probablemente sean más efectivos si el mensaje del comunicador se percibe en un inicio en forma favorable por el público. Pero si la gente recibe un mensaje que presenta una opinión poco popular, los mensajes con dos puntos de vista, que incluyen la posición del comunicador y la postura contraria, resultan más efectivos, tal vez debido a que se les percibe como más precisos y razonados (Karlins y Abelson, 1979). Además, los mensajes que infunden miedo ("si no tiene prácticas sexuales seguras se contagiará de SIDA") suelen ser efectivos, aunque no siempre sucede así. Por ejemplo, si el miedo que se provoca es demasiado intenso, los mensajes ponen en acción los mecanismos de defensa de las personas, y pueden ser ignorados. En estos casos, las invocaciones al miedo son más eficaces cuando incluyen recomendaciones precisas para realizar acciones que eviten el peligro (Leventhal, 1970; Boster y Mongeau, 1985; Sutton, 1992; Perloff, 1993; Rosenthal, 1997).

Características del receptor o público objetivo

Cuando ya se ha transmitido el mensaje, las características del *receptor* determinan si éste será aceptado o no. Por ejemplo, parece razonable suponer que la inteligencia del público receptor estará relacionada con su susceptibilidad a la persuasión; y así es, aunque la relación entre ambos factores es muy compleja. De manera específica, una alta inteligencia puede ayudar a la persuasión, pero también entorpecerla. Puesto que una inteligencia alta le permite a las personas comprender mejor un mensaje y recordarlo con mayor facilidad, es más probable que se logre la persuasión. Por otra parte, una inteligencia superior se relaciona con un mayor conocimiento acerca de un tema específico, así como con mayor confianza en las opiniones propias, de modo que los mensajes que transmitan puntos de vista contrarios tienen mayor probabilidad de ser rechazados.

¿Cómo reconcilian los psicólogos sociales estas predicciones conflictivas? Aunque la cuestión no se ha resuelto por completo, la mayor parte de las investigaciones sostiene que las personas con más inteligencia son más resistentes a la persuasión que las personas menos inteligentes (Rhodes y Wood, 1992; Wood y Stagner, 1994).

Parece que también existen algunas diferencias de género con respecto a la susceptibilidad a la persuasión. Por ejemplo, la psicóloga social Alice Eagly (1989) descubrió que a las mujeres se les persuade con algo más de facilidad que a los hombres, en especial cuando tienen menos conocimientos sobre el tema del mensaje. No obstante, la magnitud de las diferencias entre hombres y mujeres no es considerable.

Un factor que sirve de base en forma evidente al hecho de que un individuo sea receptivo al mensaje persuasivo está relacionado con el tipo de procesamiento de información que realiza. Los psicólogos sociales han descubierto dos rutas principales para el procesamiento de información en la persuasión: la del procesamiento por vía central y la del procesamiento por vía periférica (Eagly, 1983; Cialdini, 1984; Petty y Cacioppo, 1986; Petty, 1994). El **procesamiento por vía central** se produce cuando el público reflexiona con cuidado los temas y los argumentos que se le presentan en el intento de persuadirlo. El **procesamiento por vía periférica**, por el contrario, tiene lugar cuando las personas son persuadidas con base en factores que no se relacionan con la naturaleza o calidad del contenido de un mensaje persuasivo; en lugar de ello, son influidos por factores que son irrelevantes o ajenos al tema o asunto, como quién está transmitiendo el mensaje o qué tan largos son los argumentos (Petty y Cacioppo, 1986; Mackie, 1987; Petty *et al.*, 1994).

Procesamiento por vía central: interpretación del mensaje caracterizada por una consideración cuidadosa de las cuestiones y argumentos usados para persuadir
Procesamiento por vía periférica: interpretación del mensaje caracterizada por una consideración de la fuente y de la información general en lugar de considerar el mensaje en sí

En general, el procesamiento por vía central genera un cambio de actitudes más duradero. No obstante, si no es posible emplear el procesamiento por vía central (por ejemplo, si el receptor no presta atención, está aburrido o distraído), la naturaleza del mensaje pierde importancia y los factores periféricos aumentan su preponderancia (Petty y Cacioppo, 1984; Heppner *et al.*, 1995).

En este sentido, la publicidad que emplea a personajes célebres para vender un producto busca producir un cambio de actitudes por la vía periférica. En realidad, es posible que los mensajes bien razonados y diseñados con cuidado sean *menos* efectivos cuando los transmite una celebridad que cuando son transmitidos por una fuente anónima, ya que el público pone mayor atención a la celebridad (lo cual produce un procesamiento por vía periférica) que al mensaje (que habría producido un procesamiento por vía central). Por otra parte, puesto que los receptores de los mensajes publicitarios se encuentran por lo común en un estado de atención mínima, es probable que el empleo de celebridades sea una estrategia excelente.

¿Algunas personas tienen mayor probabilidad que otras de emplear el procesamiento por vía central en lugar del procesamiento por vía periférica? La respuesta es sí. Las personas que tienen una alta *necesidad de cognición*, que es el nivel habitual de reflexión y actividad cognitiva de una persona, tienen mayor probabilidad de emplear el procesamiento por vía central. Considere las afirmaciones que se muestran en el cuadro 14-1. Las personas que están de acuerdo con las primeras dos afirmaciones, y no concuerdan con el resto, tienen una necesidad de cognición relativamente alta (Cacioppo, Berntson y Crites, 1996).

Las personas que tienen una alta necesidad de cognición disfrutan de pensar, filosofar y meditar en torno al mundo. Como consecuencia, tienden a reflexionar más sobre los mensajes persuasivos usando el procesamiento por vía central, y es probable que sean

Cuadro 14-1	La necesidad de cognición

¿Cuál de las siguientes afirmaciones se aplica a usted?

1. En verdad disfruto una tarea que implica encontrar soluciones nuevas a los problemas.
2. Preferiría una tarea que sea intelectual, difícil e importante a una que es poco relevante pero que no requiere de mucha reflexión.
3. Aprender nuevas formas de pensar no me emociona mucho.
4. La idea de depender del razonamiento para abrirme paso hasta la cima no me atrae.
5. Sólo pienso lo necesario.
6. Me gustan las tareas que requieren poca reflexión una vez que las he aprendido.
7. Prefiero pensar sobre proyectos diarios pequeños que sobre los grandes.
8. Más bien haría algo que requiere poco razonamiento que algo que es seguro que desafiaría mis capacidades de pensamiento.
9. Encuentro poca satisfacción en deliberar intensamente durante muchas horas.
10. No me gusta ser responsable de una situación que requiere de mucha reflexión.

Calificación: Entre más de acuerdo esté con las afirmaciones 1 y 2, y en desacuerdo con el resto, mayor será la probabilidad de que tenga una necesidad alta de cognición. (Fuente: Adaptado de Cacioppo *et al.*, 1996).

persuadidos por mensajes complejos, lógicos y detallados. En contraste, aquellos que tienen una baja necesidad de cognición se impacientan cuando son obligados a dedicar mucho tiempo a pensar sobre un asunto. En consecuencia, son más propensos a utilizar el procesamiento por vía periférica y a ser persuadidos más por factores distintos a la calidad y detalle de los mensajes (Haugtvedt, Petty y Cacioppo, 1992).

Los publicistas también toman en consideración características básicas del receptor como la edad, raza, etnia, religión, ingresos y estado civil en su publicidad; para esto emplean datos psicográficos. La *psicografía* es una técnica para clasificar a las personas según perfiles de estilo de vida que se relacionan con patrones de compra. Por ejemplo, los fabricantes de la mantequilla de cacahuate Peter Pan saben, mediante la psicografía, que los grandes consumidores en el área de Nueva York tienden a vivir en hogares del área suburbana y rural, con cabezas de familia de entre 18 y 54 años de edad, que tienen hijos, rentan con frecuencia videos domésticos, asisten a parques públicos, son televidentes por debajo del promedio y escuchan la radio con índices por encima del promedio (McCarthy, 1991; Shim y Bickle, 1994; Gilbert y Warren, 1995; Heath, 1996). (Véase también el recuadro *Los caminos de la psicología* de este capítulo.)

Nexo entre actitudes y comportamiento

No es sorprendente que las actitudes influyan en el comportamiento. Si a usted le agradan las hamburguesas (el componente afectivo), está predispuesto a comer en algún establecimiento donde se expenda ese tipo de alimento (el componente conductual) y cree que las hamburguesas son una buena fuente de proteínas (el componente cognitivo), es muy probable que las coma con mucha frecuencia. Por supuesto que la fuerza del nexo existente entre actitudes y comportamientos específicos varía, pero por lo general las personas tienden a buscar consistencia entre sus actitudes y su comportamiento. Además, procuran ser congruentes en las diferentes actitudes que muestran. Es muy probable que usted no tendría una actitud positiva hacia las hamburguesas si creyera que comer carne es inmoral (Kraus, 1995).

Es interesante que la consistencia por la cual las actitudes influyen en el comportamiento en ocasiones opera de manera inversa, puesto que en algunos casos nuestro comportamiento es el que da forma a nuestras actitudes. Considere, por ejemplo, el siguiente incidente:

Los caminos de la psicología

Ann Altman

Ejecutiva de publicidad

Nació en: 1949

Educación: B.A. en psicología y filosofía, Universidad de Florida en Gainesville; M.A. en psicología clínica, Universidad de Florida en Gainesville; trabajo posterior para lograr una M.B.A en administración en la Universidad Estatal de Florida

Residencia: Palm Harbor, Florida

No es sorprendente que a través de los años el campo de la publicidad haya considerado a la psicología como una fuente importante de ideas para afinar su enfoque con el fin de promover productos y servicios, y para comunicarse con los clientes potenciales. Tampoco es sorprendente encontrar personas con estudios en psicología que se interesan y siguen carreras en publicidad, como es el caso de Ann Altman.

Al principio Altman buscaba un doctorado, pasaba tiempo en Holanda investigando el desarrollo del lenguaje en niños con epilepsia. Con el tiempo se cambió a la publicidad como una forma práctica de extender su interés en la comunicación y vincularla con sus antecedentes en psicología. Aunque pasó del lado más filosófico de la psicología académica a las demandas pragmáticas de los negocios internacionales, nunca se olvidó de su formación en psicología. Su extensa preparación académica y de investigación han demostrado ser muy útiles en los 15 años que ha pasado como ejecutiva de publicidad.

"Aplico la psicología a todo lo que hago", dice Altman, quien fundó la empresa Altman Meder Lawrence Hill Advertising en 1982 y se desempeña como su presidenta. "La publicidad es un campo de la comunicación que sirve de intermediario para una interacción esencial entre una

Ann Altman

compañía y el público al que trata de alcanzar. Es muy interesante que mi educación en psicología me ha dado la capacidad de retroceder y analizar lo que está diciendo en verdad el cliente, y de comprender lo que él necesita."

Altman cita como un ejemplo una compañía farmacéutica de Alemania Occidental que se acercó a su empresa en busca de ayuda para promover una pasta dental natural en Estados Unidos. La compañía había intentado varias veces colocar el producto en el mercado estadounidense y había fallado, según Altman.

"Comenzamos a establecer grupos focales alrededor del producto, que incluían odontólogos, usuarios y otros grupos que consideramos serían nuestro público meta. Empezamos a ver ciertos patrones", señala. "Encontramos que el público de mayor interés era femenino, entre 35 y 40 años de edad, y de cierto nivel educativo. Con base en este hallazgo, establecimos promociones dirigidas en televisión, periódicos y por correo directo."

"En la primera investigación que hicimos, nueve de cada diez personas que probaron el producto dijeron que nunca lo tocarían de nuevo porque no era espumoso o dulce, pero pudimos darle la vuelta a esto al averiguar más sobre las expectativas y reacciones de nuestros participantes", dijo Altman. "Ya sabes, todo lo que hacemos en publicidad tiene que medirse. Tenemos que ser responsables ante nuestros clientes al establecer una comunicación efectiva entre ellos y sus clientes potenciales. La investigación, práctica y dirigida, pero psicológica a pesar de todo, desempeña una función enorme. Es importante que sepamos lo que están pensando y esperando nuestros compradores típicos. Luego tenemos que prepararlos para lo que les vamos a ofrecer."

Al final el producto se hizo popular en el mercado de prueba e incluso atrajo la atención de una compañía estadounidense que deseaba trabajar con la empresa alemana. Por desgracia, según Altman, la compañía alemana decidió no seguir tratando de vender el producto en Estados Unidos.

Otras técnicas de investigación empleadas en psicología también se aplican a la publicidad, señala Altman. Por ejemplo, un tipo de observación naturalista, la observación de consumidores en lugares públicos sin que se den cuenta, es usada con frecuencia por aquellos que preparan campañas publicitarias para promover un producto.

"Vigilar a los clientes es bastante importante. Simplemente tenemos que averiguar cuáles son las actividades de compra del consumidor en un área de productos determinada", explicó Altman. "Observamos factores como cuánto tiempo pasa el comprador en un determinado mostrador y la clase de cosas que llevaron al comprador a esa vitrina. En definitiva la observación es parte del proceso."

Ha terminado la hora que usted considera que fue la más aburrida de toda su vida, y durante la cual sólo hizo girar unas clavijas para un experimento psicológico. Apenas terminó y está a punto de irse, cuando el investigador le pide un favor. Le dice que necesita un ayudante para introducir a sujetos en futuras sesiones experimentales en la tarea de girar clavijas. Su trabajo específico sería decirles que girar clavijas es una experiencia encantadora e interesante. Cada vez que le cuente esta historia a otro sujeto se le pagará un dólar.

Disonancia cognitiva: conflicto que ocurre cuando una persona sostiene dos actitudes o pensamientos (a los que se hace referencia como *cogniciones*) que se contradicen entre sí

Si usted acepta ayudar al experimentador, puede generar las condiciones para un estado de tensión psicológica que se denomina disonancia cognitiva. De acuerdo con uno de los principales psicólogos sociales, Leon Festinger (1957), la **disonancia cognitiva** se manifiesta cuando una persona tiene dos actitudes o pensamientos (denominados *cogniciones*) que se contradicen entre sí.

Un participante en la situación que se acaba de describir se encuentra frente a dos pensamientos contradictorios: 1) creo que la tarea es aburrida, pero 2) dije que era interesante con poca justificación (un dólar). De acuerdo con la teoría, surgirá la disonancia. Pero, ¿cómo puede reducirla? No se puede negar que el decir que la labor es interesante se aleja demasiado de la realidad; sin embargo, en términos relativos, es fácil cambiar la actitud hacia la tarea, y de esta forma la teoría predice que se reducirá la disonancia al adoptar actitudes más positivas con relación a la tarea (Johnson, Kelly y LeBlanc, 1995).

Esta predicción quedó confirmada en un experimento clásico (Festinger y Carlsmith, 1959). El experimento siguió en lo básico el mismo procedimiento que señalamos con anterioridad, en el que se ofreció un dólar a un sujeto para que calificara una labor aburrida como interesante. Además, como medida de control, se incluyó la condición de ofrecer 20 dólares a otros sujetos por decir que la labor había sido interesante. El razonamiento detrás de esta condición era el siguiente: 20 dólares representaban tanto dinero que los sujetos involucrados en esta situación tendrían una buena razón para transmitir información incorrecta; la disonancia *no* se produciría, por lo cual se esperaría un cambio *menor* de actitud. Los resultados obtenidos apoyaron esta suposición. Las personas que recibieron un dólar cambiaron más sus actitudes (volviéndose más positivos en cuanto a la labor que les había desagradado en un principio) que las personas que recibieron 20 dólares.

Ahora sabemos que la disonancia explica sucesos diversos de la vida cotidiana relacionados con las actitudes y el comportamiento. Por ejemplo, un fumador que sabe que fumar puede producir cáncer pulmonar tiene cogniciones contradictorias: 1) yo fumo, y 2) fumar conduce a tener cáncer pulmonar. La teoría predice que estos dos pensamientos conducirán a un estado de disonancia cognitiva; lo que es más importante, predice que el individuo estará motivado a reducir dicha disonancia con uno de los siguientes métodos: 1) con la modificación de una de las cogniciones o de ambas, 2) con el cambio de la importancia percibida de una cognición, 3) agregando cogniciones o 4) al negar que las dos cogniciones se relacionen entre sí. Por consiguiente, el fumador podría decidir que en realidad no fuma demasiado (modificación de la cognición), que la evidencia que vincula el tabaquismo con el cáncer es débil (cambio de la importancia de una cognición), que la cantidad de ejercicio que hace compensa lo que fuma (agregar cogniciones) o que no hay evidencia que vincule el tabaquismo con el cáncer (negación). Cualquiera que sea la técnica empleada, el resultado es una reducción en la disonancia (véase figura 14.3).

Cognición social: la comprensión de los demás

Sin importar que hubiesen estado de acuerdo o no con sus políticas y su ideología, a pesar de considerar que distorsionaba los hechos en las conferencias de prensa, y no obstante los escándalos en que se implicaban sus subordinados, a la mayoría de los estadounidenses *sí les agradaba* el ahora ex presidente Ronald Reagan. Todos estos problemas que deberían incidir en lo personal en forma negativa, no parecían afectar la popularidad de

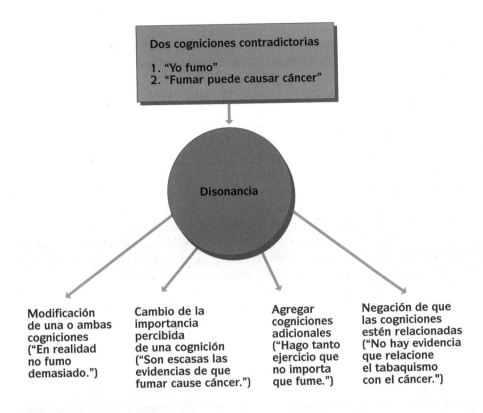

Reagan, y la prensa lo apodó "el presidente de teflón". Se le percibía como "una buena persona", y resultó ser uno de los mandatarios más populares de Estados Unidos en este siglo durante sus dos periodos presidenciales.

Estas situaciones ilustran el poder que tienen nuestras impresiones y también dan testimonio de lo relevante que es determinar cómo desarrollan las personas su comprensión de los demás. Una de las principales áreas de estudio de la psicología social se ha centrado en los últimos años en investigar en qué forma comprendemos el modo de ser de los demás y cómo explicamos las razones que subyacen a su comportamiento (Fiske y Taylor, 1991; Devine, Hamilton y Ostrom, 1994; Augoustinos y Walker, 1995).

Comprensión de cómo son los demás

Piense por un instante en la enorme cantidad de información acerca de otras personas a las que estamos expuestos. ¿Cómo podemos decidir lo que es importante de lo que no lo es, y cómo podemos emitir juicios acerca de las características de los demás? Los psicólogos sociales que se interesan en estas preguntas se dedican al estudio de la **cognición social**, que se refiere a los procesos que subyacen a nuestra comprensión del mundo social. Estos especialistas sostienen que las personas cuentan con **esquemas** sumamente desarrollados; es decir, conjuntos de cogniciones acerca de las personas y las experiencias sociales. Estos esquemas organizan la información almacenada en memoria, representan en nuestra mente el modo en que opera el mundo social y nos proveen de un marco de referencia para catalogar, almacenar, recordar e interpretar información que se relaciona con los estímulos sociales (Fiske y Taylor, 1991; Cowan, 1992; Fiske, 1992).

Por lo general tenemos esquemas para determinados tipos de personas en nuestros entornos. Nuestro esquema de "maestro", por ejemplo, con frecuencia consiste en toda una serie de características: conocimiento de la materia que enseña, deseo de impartir ese conocimiento y conciencia de la necesidad que tiene el estudiante de comprender lo que está siendo expuesto. También podemos tener un esquema de "madre" que incluya las características de calidez, crianza y cuidado. Sin importar su precisión y, como habremos de ver, con frecuencia independientemente de su imprecisión, los esquemas son muy impor-

Cognición social: procesos que subyacen a nuestra comprensión del mundo social

Esquemas: conjuntos de cogniciones acerca de personas y experiencias sociales

tantes debido a que organizan el modo en que recordamos, reconocemos y catalogamos la información acerca de los demás. También nos permiten hacer predicciones sobre cómo son los demás con base en relativamente poca información, puesto que tenemos la tendencia a encasillar a las personas en esquemas, incluso cuando no se cuenta con evidencias concretas para ello (Snyder y Cantor, 1979; Smith, 1984; Baldwin, 1995; Bargh *et al.*, 1995).

Formación de impresiones

¿Cómo decidimos que Gaby es una coqueta, que Alberto es un tonto y que Juan es muy buena persona? Las primeras investigaciones sobre cognición social se diseñaron para analizar la *formación de impresiones*, proceso mediante el cual el individuo organiza la información acerca de otra persona para obtener una impresión general de ella. En un estudio clásico, por ejemplo, se dijo a los estudiantes que escucharían a un catedrático invitado (Kelley, 1950). A un grupo de ellos se le dijo que el catedrático era "una persona cálida, trabajadora, crítica, práctica y determinada", en tanto que a un segundo grupo se le dijo que era "una persona fría, trabajadora, crítica, práctica y determinada".

La simple sustitución de "fría" por "cálida" generó diferencias notables en la percepción que tuvieron los estudiantes de cada grupo respecto al catedrático, a pesar de que dio la misma conferencia y con el mismo estilo ante cada grupo de estudiantes. Los que recibieron la información de que era "cálido" lo calificaron mucho más positivamente que aquellos a los que se les dijo que era "frío".

Los resultados de este trabajo condujeron a la realización de otras investigaciones acerca de la formación de impresiones, centradas en cómo las personas prestan una atención especial a determinados rasgos importantes, a los que se denomina **rasgos centrales**, para ayudarse a concebir una impresión general de los demás. De acuerdo con estas investigaciones, la presencia de un rasgo central altera el significado de otros rasgos (Asch, 1946; Widmeyer y Loy, 1988). Por ello la descripción del catedrático como "trabajador" posiblemente significó algo distinto si se le asociaba con el calificativo de "cálido" que si era relacionado con el de "frío".

Rasgos centrales: rasgos importantes que se consideran al formar impresiones de los demás

Otros estudios sobre la formación de impresiones utilizan enfoques derivados del procesamiento de la información (véase capítulo 6) para desarrollar modelos con orientación matemática acerca de la forma en que los rasgos individuales de la personalidad se combinan para generar una impresión general (Anderson, 1974, 1996). En general, los resultados de estas investigaciones sugieren que al formarnos un juicio global respecto a una persona estamos haciendo uso de un "promedio" psicológico de los rasgos individuales que percibimos, de forma similar al que se emplea para encontrar un promedio matemático de un conjunto de números (Kaplan, 1975; Anderson, 1991).

Por supuesto que conforme conocemos más a las personas y las vemos comportarse en diversas situaciones, nuestras impresiones de ellas adquieren mayor complejidad (Anderson y Klatzky, 1987; Casselden y Hampson, 1990; Sherman y Klein, 1994). Sin embargo, debido a que suelen existir lagunas en nuestro conocimiento de los demás, tendemos a ajustarlos en esquemas de personalidad que representan "tipos" específicos de personas. Por ejemplo, podemos tener un esquema de "persona gregaria", formado por los rasgos de amistad, agresividad y apertura. La sola presencia de uno o dos de estos rasgos puede ser suficiente para que asignemos a una persona en un esquema específico.

Por desgracia, los esquemas que empleamos son susceptibles a diversidad de factores que afectan la precisión de nuestros juicios. Por ejemplo, nuestro estado de ánimo afecta nuestra percepción de los demás. Las personas que están contentas se forman impresiones más favorables y emiten juicios más positivos que las personas con mal humor (Erber, 1991; Kenny, 1991, 1994; Abele y Petzold, 1994; Bernieri *et al.*, 1994).

Aunque los esquemas no son precisos por completo, desempeñan una función importante: permiten elaborar expectativas de la forma en que se comportarán los demás, lo cual nos faculta para planear con más facilidad nuestras interacciones con ellos, y de esta forma simplificar un mundo social complejo.

Procesos de atribución: comprensión de las causas del comportamiento

Cuando Bárbara Cárdenas, una nueva empleada de la Compañía de Computadoras Staditron, concluyó con dos semanas de anticipación un gran proyecto, Yolanda, su jefa, estuvo muy complacida. En la siguiente reunión de su equipo de trabajo Yolanda les dijo lo contenta que estaba con Bárbara y les explicó que *ése* era un ejemplo del tipo de desempeño que deseaba encontrar en todos los miembros del equipo. Los demás miraban a Bárbara con resentimiento e intentaban encontrar la razón por la que había trabajado día y noche para terminar el proyecto, no sólo a tiempo, sino con dos semanas de anticipación. Ellos concluyeron que con toda seguridad se trata de una persona muy compulsiva.

A la mayoría de nosotros, en un momento u otro, nos intrigan las razones detrás de determinado comportamiento. Quizá haya sido en una situación parecida a la que se expresa en el párrafo anterior, o puede haber ocurrido en circunstancias más formales, como habernos integrado a un jurado de estudiantes en un caso de fraude académico. En contraste con el enfoque de la cognición social, que describe cómo las personas se forman una impresión general acerca de los rasgos de personalidad de otros individuos, la **teoría de la atribución** trata de explicar por qué decidimos, con base en muestras del comportamiento de una persona, cuáles son las causas específicas de su comportamiento (Weiner, 1985a, 1985b; Jones, 1990; White, 1992).

El proceso general que empleamos para determinar las causas del comportamiento y otras ocurrencias sociales procede a través de varios pasos, como lo ilustra la figura 14.4. Después de notar que ha ocurrido un suceso conductual, debemos interpretar su significado. Esto conduce a la formulación de una explicación inicial. Dependiendo del tiempo disponible, los recursos cognitivos con que contamos (como la atención que puede darse al asunto) y la motivación de quien lo percibió (determinada en parte por lo importante que sea el suceso), podemos decidir aceptar nuestra explicación inicial o buscar

Teoría de la atribución: teoría de la personalidad que busca explicar cómo decidimos, con base en las muestras del comportamiento de un individuo, cuáles son las causas específicas de su comportamiento

FIGURA 14.4 *El proceso general que usamos para determinar las causas del comportamiento y otras ocurrencias sociales sigue varios pasos. Fuente: Adaptado de Krull y Anderson, 1997.*

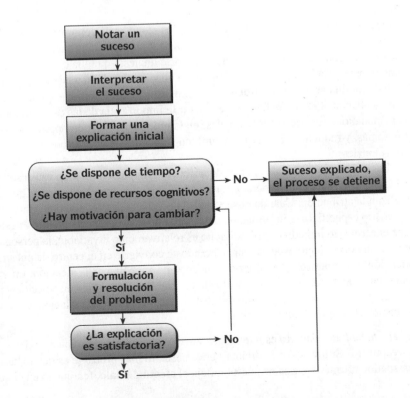

modificarla. Si tenemos el tiempo, los recursos cognitivos y la motivación, entonces el suceso se convierte en el desencadenador para una solución de problemas deliberada mientras buscamos una explicación más completa. Durante la etapa de formulación y resolución del problema, podemos probar varias posibilidades antes de determinar que se ha encontrado una solución (Krull y Anderson, 1997).

Cuando se intenta comprender las causas que impulsan un comportamiento específico, una pregunta central consiste en determinar si son situacionales o disposicionales (Heider, 1958). Una **causa situacional** es producida por algo que forma parte del ambiente. Por ejemplo, si alguien tira una botella de leche y luego limpia es probable que lo haga no porque sea una persona sumamente aseada, sino porque la *situación* se lo exige. Por el contrario, una persona que pasa horas dando brillo al piso de la cocina es probable que lo haga porque *es* una persona muy limpia; en este caso, su comportamiento tiene una **causa disposicional**, impulsado por su disposición personal (sus rasgos internos o características de personalidad).

En el ejemplo de Bárbara, sus colegas atribuyeron su comportamiento a su disposición más que a la situación. Pero, desde una perspectiva lógica, también es posible la existencia de algún factor situacional que provocara su comportamiento. Si se le preguntara, Bárbara podría atribuir su logro a factores situacionales; explicaría que tenía tanto trabajo adicional que terminó pronto ese proyecto para deshacerse de él o que, como no era tan complejo, era fácil concluirlo antes de tiempo. En este sentido, para ella, la razón de su comportamiento podría no ser disposicional en absoluto; podría ser situacional.

Sesgos en la atribución: errar es humano

Si siempre procesáramos la información de la manera racional que sugiere la teoría de la atribución, el mundo podría ser mucho mejor. Por desgracia, aunque la teoría de la atribución por lo general hace predicciones precisas, las personas no siempre procesan la información acerca de los demás de un modo tan lógico como parece sugerir la teoría (Gilbert, Jones y Pelham, 1987; Piattelli-Palmarini, 1994; Heath *et al.*, 1994). De hecho, diversas investigaciones revelan prejuicios consistentes en la manera en que las personas hacen atribuciones. Entre los más comunes se encuentran los siguientes:

- *El error de atribución fundamental.* Uno de los sesgos más comunes en las atribuciones de las personas es la tendencia a atribuir en forma exagerada el comportamiento de los demás a causas disposicionales, y la falla correspondiente para reconocer la importancia de las causas situacionales. Esta tendencia, a la que se le denomina **error de atribución fundamental**, es muy común (Ross, 1977; Ross y Nisbett, 1991). Tendemos a exagerar la importancia de las características de la personalidad (causas disposicionales) en la producción del comportamiento de los demás, y reducimos al mínimo la influencia del ambiente (factores situacionales).

  ¿Por qué es tan frecuente el error de atribución fundamental? Una causa se relaciona con la naturaleza de la información disponible para las personas que realizan la atribución. Cuando observamos la conducta de otra persona en un escenario específico, la información más evidente es su comportamiento. Puesto que el escenario inmediato del individuo es relativamente invariable, la persona cuyo comportamiento estamos considerando se convierte en el centro de nuestra atención. En contraste, el escenario de la persona atrae menos la atención. En consecuencia, tendemos a hacer atribuciones basadas en factores disposicionales personales y tenemos menos probabilidad de hacer atribuciones relacionadas con la situación (Gilbert y Malone, 1995).

- *El efecto de halo.* Alberto es inteligente, amable y cariñoso. ¿También será escrupuloso? Si tuviera que adivinar la respuesta, lo más probable es que lo haría en sentido afirmativo. Esa respuesta refleja el **efecto de halo**, fenómeno en el que la

Causas situacionales (del comportamiento): una causa del comportamiento que se basa en factores ambientales

Causas disposicionales (del comportamiento): una causa del comportamiento que se basa en rasgos internos o factores de personalidad

Error de atribución fundamental: tendencia a atribuir el comportamiento de los demás a causas disposicionales y la tendencia a minimizar la importancia de las causas situacionales

Efecto de halo: fenómeno en el que una comprensión inicial de que una persona tiene rasgos positivos se usa para inferir otras características igualmente positivas

comprensión inicial de que una persona posee rasgos positivos se utiliza para inferir otras características también positivas (Petzold, 1992). Lo contrario también es cierto. Saber que Alberto es poco sociable y que discute mucho lo más probable es que nos lleve a concluir que también es haragán.

La razón para el efecto de halo radica en que todos tenemos *teorías implícitas de la personalidad* que reflejan nuestra impresión sobre una combinación de rasgos que se encuentran en individuos particulares. Estas teorías se basan en la experiencia y la lógica. Sin embargo, nuestra percepción del mundo puede ser errónea, puesto que la aplicación de nuestra teoría podría ser inadecuada para un individuo en particular o simplemente porque esa teoría puede no ser correcta. La mayoría de las personas no tiene ni rasgos positivos ni rasgos negativos de manera uniforme, sino que posee una combinación de ambos.

- *Sesgo de similitud supuesta.* ¿En qué medida se parecen a usted, en cuanto a actitudes, opiniones, gustos y preferencias, sus amigos y conocidos? La mayoría de las personas cree que sus amigos y conocidos se parecen mucho a ellas. Pero este sentimiento va más allá de las personas conocidas; existe una tendencia general, a la que se denomina **sesgo de similitud supuesta**, a pensar que las personas se parecen a uno mismo, aun cuando apenas se les conoce (Ross, Greene y House, 1977; Hoch, 1987; Marks y Miller, 1987).

    Si las demás personas en realidad son distintas a uno, el sesgo de similitud supuesta disminuye la precisión de los juicios que se emitan. Además, sugiere una posibilidad interesante: puede ser que un juicio acerca de otro individuo defina mejor las propias características que las de la persona a la que se está analizando. Por tanto, en algunos casos, la imagen que nos formamos sobre otra persona, en especial la de un individuo del cual tenemos poca información, puede ser en realidad un bosquejo del modo en que nos vemos a nosotros mismos.

Sesgo de similitud supuesta: tendencia a pensar que las personas son similares a nosotros, aun cuando las conocemos por primera vez

Exploración de la diversidad

Las atribuciones en un contexto cultural: ¿qué tan esencial es el error de atribución fundamental?

No todos somos susceptibles a los sesgos de atribución en la misma forma. La clase de cultura en la que somos educados desempeña un papel evidente en la manera en que atribuimos el comportamiento de los demás.

Tomemos, por ejemplo, el error de atribución fundamental, la tendencia a sobreestimar la importancia de los factores disposicionales personales y a subatribuir las causas situacionales cuando se determinan las causas del comportamiento de los demás. Aunque el error ha penetrado bastante en las culturas occidentales, parece operar en una forma diferente en las sociedades asiáticas.

De manera específica, la psicóloga social Joan Miller (1984) encontró que sujetos adultos en India tenían mayor probabilidad de emplear atribuciones situacionales que disposicionales para explicar los acontecimientos. Estos hallazgos son lo opuesto a los que se basan en sujetos estadounidenses y contradicen el error de atribución fundamental.

Miller sugirió que podemos descubrir la razón de estos resultados si examinamos las normas y valores de la sociedad hindú, la cual enfatiza la responsabilidad y las obligaciones sociales en una mayor medida que las sociedades occidentales. Además, sostiene que el idioma particular que se habla en una cultura puede conducir a diferentes clases de atribuciones. Por ejemplo, una persona que llega tarde y que habla el inglés podría decir: "I am late" (en sentido literal, "yo estoy retrasado"), lo que sugiere una causa disposicional personal ("soy una persona que llega tarde"). En contraste, sus contrapartes que hablan español dicen: "Se me hizo tarde." Es evidente que la frase en español implica que la causa es situacional (Zebrowitz-McArthur, 1988).

En resumen, las personas de culturas diferentes explican el comportamiento en formas distintas (Miller y Bersoff, 1992; Morris y Peng, 1994; Si, Rethorst y Willimczik, 1995; Crittendon, 1996; Dabul y Russo, 1996; Lee, Hallahan y Herzog, 1996). Estas diferencias en las atribuciones pueden tener implicaciones profundas. Recuerde, por ejemplo, la exposición en el capítulo 10 en torno a las diferencias en la forma en que las personas de culturas asiáticas y occidentales hacen atribuciones sobre el éxito escolar. Los padres asiáticos tienden a enfatizar la importancia del esfuerzo y el trabajo duro (factores situacionales) para producir un buen rendimiento académico. En contraste, los padres occidentales le restan importancia al papel del esfuerzo; en su lugar, atribuyen el éxito escolar a una capacidad innata (un factor disposicional). Estas discrepancias en los estilos de atribución parecen causar que los estudiantes asiáticos estén más impulsados a sobresalir y al final rindan más en la escuela que los estudiantes estadounidenses (Stevenson, 1992; Stevenson, Chen y Lee, 1992, 1993).

Recapitulación, revisión y reflexión

Recapitulación

- Las actitudes son predisposiciones aprendidas para responder de modo favorable o desfavorable ante un objeto específico. Poseen tres componentes: el afectivo, el conductual y el cognitivo.

- Los factores principales para lograr la persuasión se relacionan con la fuente del mensaje y las características de éste y las del receptor.

- Las personas se esfuerzan para que sus actitudes y comportamiento sean coherentes entre sí en un marco lógico, y tratan de superar cualquier inconsistencia que perciben entre ambos.

- La cognición social se relaciona con los procesos que subyacen a nuestra comprensión del mundo social.

- La teoría de la atribución explica los procesos que subyacen al modo en que atribuimos causas al comportamiento de los demás, en especial en términos de causas situacionales y disposicionales.

Revisión

1. A la predisposición aprendida para responder en forma favorable o desfavorable ante una situación u objeto específico se le denomina _____.

2. Relacione cada componente del modelo ABC de las actitudes con su definición:

   1. afecto
   2. comportamiento
   3. cognición

   a. pensamientos y creencias
   b. emociones positivas o negativas
   c. predisposición a actuar de modo específico

3. Una marca de mantequilla de cacahuate promueve su producto haciendo énfasis en el sabor y valor nutritivo. Intenta persuadir a los consumidores por medio de un procesamiento por vía _____. En los anuncios de una marca de la competencia se ve a un actor célebre comer contento la mantequilla de cacahuate; sin embargo, el producto no es descrito. Este enfoque espera persuadir a los consumidores mediante el procesamiento por vía _____.

4. La teoría de la disonancia cognitiva sostiene que solemos cambiar nuestro comportamiento para hacerlo consistente con nuestras actitudes. ¿Verdadero o falso?

5. Un _____ nos brinda un marco de referencia mental para organizar e interpretar la información relativa al mundo social.

6. Mónica le prestó con agrado un libro a un compañero que parecía ser inteligente y amigable; pero se llevó una sorpresa cuando su compañero no se lo devolvió. Su suposición de que el estudiante inteligente y amigable también tendría que ser responsable refleja el efecto de _____.

Las respuestas a las preguntas de revisión se encuentran en la página 586.

Reflexión

1. Suponga que se le encarga realizar una campaña de publicidad para un producto, misma que debe incluir anuncios de televisión, de radio y material impreso. ¿Cómo dirigiría su estrategia para ajustarla a los distintos medios de comunicación con las teorías que se expusieron en esta sección?

2. ¿Cómo contribuyen los accesorios utilizados en los comerciales de televisión al procesamiento por vía periférica o al procesamiento por vía central?

3. Inés ve a Ana, una nueva compañera de trabajo, actuar de una manera que parece abrupta y lacónica. Inés concluye que Ana es poco amable y sociable. Al día siguiente Inés ve a Ana actuar en forma amable con otro empleado. ¿Es probable que Inés cambie su impresión de Ana? Explique su respuesta. Por último, Inés ve a varios amigos de ella riendo y bromeando con Ana, tratándola de un modo muy amigable. ¿Es probable que Inés cambie su impresión de Ana? Explique su respuesta.

INFLUENCIA SOCIAL

Usted se acaba de cambiar de universidad y asiste a su primera clase. Cuando llega el profesor, ve que sus compañeros se ponen de pie, hacen una reverencia y luego se quedan parados en silencio, con las manos en la espalda. Usted no había visto nunca ese comportamiento y no logra comprenderlo. ¿Es más probable que 1) se ponga de pie para seguir al resto de la clase o 2) permanezca sentado?

Con base en el conocimiento que las investigaciones nos presentan acerca de la **influencia social**, proceso por el que las acciones de un individuo o grupo afectan el comportamiento de los demás, lo más probable es que la respuesta a esta pregunta será la primera de las opciones. Como de seguro sabe por experiencia propia, son tan fuertes las presiones para hacer lo que los demás hacen, que incluso pueden producir cambios de comportamiento que, cuando son considerados en perspectiva, no habrían ocurrido por ninguna otra razón.

> ► ¿Cuáles son las fuentes y las tácticas principales de influencia social?

Influencia social: proceso por el que las acciones de un individuo o grupo afectan el comportamiento de los demás

Conformidad: hacer lo mismo que los demás

La **conformidad** es el cambio de comportamiento o actitudes provocado por un deseo de seguir las creencias o normas de otras personas. La demostración clásica de la presión para conformarse al grupo se deriva de una serie de estudios que realizó Solomon Asch en la década de los años cincuenta (Asch, 1951). En esos estudios, los sujetos experimentales creían que participaban en una prueba de habilidades de percepción junto a otros seis sujetos. Se les mostraba una tarjeta en la que aparecían tres líneas de longitud variable, y una segunda tarjeta en la que había una cuarta línea del mismo tamaño que una línea de la primera tarjeta (véase figura 14.5). La tarea parecía muy sencilla: los sujetos debían decir en voz alta cuál de las primeras tres líneas tenía la misma longitud que la línea "patrón". Debido a que la respuesta correcta siempre era evidente, la tarea les parecía muy sencilla a los participantes.

En efecto, puesto que todos los sujetos concordaron en los primeros intentos, el procedimiento parecía ser muy sencillo. Pero fue entonces cuando ocurrió algo extraño. Desde la perspectiva del sujeto del grupo que respondía al final, todas las respuestas de los seis sujetos anteriores parecían estar equivocadas; de hecho, parecían incorrectas en forma unánime. Este patrón persistía. Una y otra vez, los primeros seis sujetos daban respuestas que contradecían lo que el último de los sujetos creía que era la respuesta correcta. El dilema que esta situación planteaba para el último sujeto era el de seguir sus propias percepciones, o seguir al grupo y repetir la respuesta que todos los demás habían dado.

Como se habrá dado cuenta, la situación del experimento era más complicada de lo que parecía en un principio. Los primeros seis sujetos eran confederados o colaboradores del experimentador a quienes se les había indicado dar respuestas unánimes e incorrectas en muchos de los ensayos. Y el estudio nada tenía que ver con las habilidades de percepción. El tema de investigación era la conformidad.

Lo que Asch descubrió fue que, en cerca de la tercera parte de los ensayos, los sujetos se conformaban a la respuesta unánime aunque errónea dada por el grupo y 75% de los sujetos adoptó una vez al menos la respuesta del grupo. No obstante, hubo grandes diferencias individuales. Algunos sujetos se ajustaban a las respuestas del grupo en casi todas las ocasiones, en tanto que otros no lo hicieron nunca.

A partir de esta investigación inicial de Asch, literalmente cientos de estudios han intentado examinar los factores que afectan la conformidad, y en la actualidad sabemos mucho acerca de este fenómeno (Tanford y Penrod, 1984; Moscovici, 1985; Wood et al., 1994). Entre las variables más importantes que producen conformidad están las siguientes:

- *Las características del grupo.* Cuanto más atractivo es el grupo para sus miembros, mayor es su capacidad para generar conformidad (Hogg y Hardie, 1992). Además,

Conformidad: cambio en el comportamiento o actitudes provocado por el deseo de seguir las creencias o normas de otras personas

Línea patrón

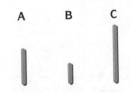

Líneas de comparación

FIGURA 14.5 *A los sujetos del experimento de Asch sobre conformidad se les mostró primero una línea "patrón" y luego se les pidió que identificaran cuál de las tres líneas de comparación tenía la misma longitud. Como lo ilustra este ejemplo, siempre había una respuesta correcta.*

Posición social: rango social que se tiene dentro de un grupo

la **posición social** relativa de una persona, es decir, el rango social que tiene dentro de un grupo, es importante: entre menor sea la posición social de una persona en el grupo será mayor el poder del grupo sobre el comportamiento de esa persona.

- *La naturaleza de la respuesta del individuo.* La conformidad es mucho mayor cuando las personas deben responder en público que cuando pueden hacerlo en privado, como bien lo sabían quienes autorizaron el voto secreto.

- *El tipo de tarea.* Las personas que trabajan con tareas o preguntas ambiguas (sin respuesta clara) son más susceptibles a la presión del grupo. Si se le pide a alguien dar una opinión, como, por ejemplo, decir qué tipo de ropa está de moda, es más probable que ceda a las presiones para que se conforme que si se le pide responder una pregunta sobre un hecho. Además, las tareas para las cuales una persona es menos competente en relación al grupo crean condiciones más favorables para la conformidad.

- *Unanimidad del grupo.* Las presiones que se relacionan con la conformidad son más pronunciadas en grupos en que el apoyo a una posición es unánime. Pero, ¿qué ocurre cuando las personas con puntos de vista contrarios tienen un aliado en el grupo, conocido como **proveedor de apoyo social**, quien está de acuerdo con ellas? Contar con una sola persona que comparta el punto de vista impopular es suficiente para reducir las presiones de conformidad (Allen, 1975; Levine, 1989).

Proveedor de apoyo social: persona que comparte una opinión o actitud impopular de otro miembro del grupo, y con ello alienta la falta de conformidad

Pensamiento grupal: *hundirse en la conformidad*

Aunque por lo general pensamos en la conformidad en función de efectos interpersonales, en algunos casos las presiones para la conformidad pueden conducir a efectos desastrosos con consecuencias a largo plazo. Por ejemplo, considere la decisión de la NASA de lanzar el transbordador espacial *Challenger* en una mañana tras una noche de temperaturas por debajo del punto de congelación. A pesar de una recomendación de los ingenieros que participaron en la fabricación del transbordador en el sentido de que las temperaturas extremas podían hacer que una serie de juntas de hule se volvieran tan quebradizas que podrían deteriorarse, conduciendo a un desastre potencial, se formó un consenso para proseguir con el lanzamiento. De hecho, los funcionarios de la NASA estaban tan ansiosos de que despegara el transbordador que ordenaron a los ingenieros que reconsideraran su recomendación. En última instancia, el individuo que tomó la decisión final ni siquiera fue informado de las preocupaciones de los ingenieros; los subordinados del equipo de lanzamiento buscaban "protegerlo" de información disidente. Ahora sabemos que los ingenieros estaban en lo correcto: las juntas de hule fallaron, lo que provocó la desastrosa explosión del cohete que mató a los siete astronautas que iban a bordo.

Con la claridad de la percepción retrospectiva, es evidente que la decisión de la NASA fue errónea. ¿Cómo pudo tomarse una decisión tan mala?

Un fenómeno conocido como pensamiento grupal proporciona una explicación. El *pensamiento grupal* es un tipo de razonamiento en el que los miembros de un grupo comparten una motivación tan fuerte para lograr el consenso que pierden la capacidad para evaluar en forma crítica puntos de vista alternativos. Es más probable que ocurra el pensamiento grupal cuando hay un líder popular o poderoso que está rodeado por personas de posición inferior, lo cual es obvio que sucede con el presidente de cualquier país y sus asesores, pero también ocurre en otras organizaciones diversas (Janis, 1972, 1989; 'T Hart, 1990; Manz y Sims, 1992; Neck y Moorhead, 1995).

Respuestas a las preguntas de revisión:

1. actitud   2. 1-b; 2-c; 3-a   3. central; periférica   4. Falso; solemos modificar nuestras actitudes, no nuestro comportamiento, a fin de reducir la disonancia cognitiva.   5. esquema   6. halo

El fenómeno del pensamiento grupal tiende a ocurrir en varios tipos de situaciones (McCauley, 1989):

- Existe una ilusión de que el grupo es invulnerable y que no puede cometer errores de juicio importantes.

- La información que es contradictoria al punto de vista del grupo dominante tiende a ser ignorada, desechada o minimizada.

- Se presiona a los miembros del grupo para que se conformen con la opinión de la mayoría, aunque las presiones pueden ser relativamente sutiles.

- La presión para conformarse desalienta el que se expongan los puntos de vista de la minoría ante el grupo. En consecuencia, *parece* haber unanimidad en el grupo, aunque en realidad no sea así.

- Hay una ilusión de moralidad. Debido a que el grupo se ve a sí mismo como representante de algo justo y moral, los integrantes suponen que cualquier juicio que emita el grupo será también justo y moral.

Las consecuencias del pensamiento grupal son numerosas, y casi siempre negativas. Los grupos tienden a limitar su lista de soluciones posibles a unas cuantas, y dedican relativamente poco tiempo a considerar cualquier alternativa una vez que el líder parece inclinarse hacia una solución particular. De hecho, pueden ignorar por completo la información que contradiga a un consenso en gestación. Debido a que las investigaciones muestran que más de unos cuantos episodios históricos reflejan los efectos del pensamiento grupal, es importante que los miembros de cualquier grupo estén en guardia (Tetlock *et al.*, 1992, 1993; Cline, 1994; Schafer y Crichlow, 1996).

El pensamiento grupal no es el único impedimento para solucionar con éxito los problemas. Otras situaciones que incluyen a grupos también pueden conducir a una mala toma de decisiones, en ocasiones con resultados devastadores, como se expone en el recuadro *Aplicación de la psicología en el siglo XXI* de este capítulo.

Acatamiento: ceder a la presión social directa

Cuando tratamos la conformidad nos referimos al fenómeno en que la presión social es sutil o indirecta. Pero en algunas situaciones la presión social es más evidente, y existe una presión directa y explícita para que esgrimamos un punto de vista particular o nos comportemos de un modo específico. Los psicólogos sociales denominan a este comportamiento, que es producto de la respuesta a la presión social directa, **acatamiento**.

Varias tácticas específicas de ventas representan intentos para conseguir el acatamiento. Entre las empleadas con mayor frecuencia se encuentran:

- *Técnica del pie en la puerta.* Un agente de ventas toca a su puerta y le pide que acepte una muestra gratuita. Usted accede; piensa que no tiene nada que perder. Un poco más tarde le hace una petición más comprometedora, la cual, debido a que usted ya ha accedido a la primera, le cuesta trabajo rechazar.

En este caso, el agente de ventas aplica una estrategia muy empleada que los psicólogos sociales denominan *técnica del pie en la puerta*; esta técnica incluye las siguientes fases: primero se le pide a una persona que acceda a una petición mínima y después que lo haga a una solicitud de mayor importancia. La probabilidad de aceptar la última petición aumenta considerablemente cuando la persona accede, al principio, a la petición menor.

La estrategia del pie en la puerta se puso de manifiesto por primera vez en un estudio en el que diversos investigadores recorrieron puerta tras puerta para pedir a los residentes que firmaran un documento en favor de la seguridad al conducir automóviles (Freedman y Fraser, 1966). Casi todos los residentes accedieron a esta

PsicoVínculos

Acatamiento: comportamiento que ocurre en respuesta a la presión social directa

Aplicación de la psicología en el siglo XXI

Producción de buenas decisiones en el aire: apoyo para el trabajo efectivo en equipo

Mientras el DC-8, que transportaba 189 pasajeros, comenzaba su descenso inicial en el aeropuerto de Portland, Oregon, el piloto notó que una señal luminosa no se había encendido. La ausencia de la luz sugería que alguna de las ruedas del avión podría alabearse cuando aterrizara, lo que provocaría un incendio o daños en el fuselaje.

En lugar de continuar con el descenso, el piloto comenzó a volar en círculos sobre el aeropuerto, mientras buscaba determinar la naturaleza del problema. Sin embargo, conforme pasaba el tiempo, el combustible comenzó a terminarse. Aun cuando el ingeniero de vuelo advertía de manera repetida sobre el problema con el combustible, el piloto se centró en el problema con el tren de aterrizaje. Por último, el avión quedó con tan poco combustible que el piloto no pudo alcanzar la pista, y el avión cayó en un área arbolada cercana al aeropuerto. Diez personas murieron (Helmreich, 1997).

El desastre pudo haberse evitado si los miembros de la tripulación hubieran trabajado juntos en forma más efectiva. En lugar de ello, el piloto casi ignoró al ingeniero de vuelo, y el ingeniero, superado en rango por el piloto, planteó el problema en forma tan tentativa que no pudo captar la atención del piloto.

Difícilmente éste es el único incidente en el que los cálculos erróneos del piloto han conducido a accidentes fatales. De hecho, más de dos terceras partes de los accidentes implican al menos cierto grado de error humano. Además, la mayor parte de estos errores son el resultado de malas decisiones en la cabina que se derivan de una falta de trabajo en equipo, errores de comunicación y fallas de interacción humana. En resumen, los accidentes de aviación a menudo son el resultado de la falla del personal de cabina para trabajar en forma efectiva en grupos.

En un esfuerzo por elevar el nivel de desempeño del grupo de cabina, el psicólogo social Robert Helmreich y sus colegas de la Universidad de Texas en Austin están elaborando un nuevo enfoque de ins-

Los psicólogos sociales que estudian los procesos de grupo entre los miembros de las tripulaciones de aviones buscan incrementar la seguridad aérea.

solicitud mínima y benigna. No obstante, unas cuantas semanas más tarde, otros experimentadores acudieron de nuevo ante los residentes y les hicieron una solicitud mucho más importante: que pusieran enfrente de sus casas un letrero enorme que dijera: "Maneje con precaución." Los resultados fueron claros: 55% de quienes firmaron el documento accedieron a la segunda solicitud, en tanto que sólo

trucción conocido como administración de recursos de tripulación (ART) (Helmreich y Foushee, 1993; Helmreich, Wiener y Kanki, 1993). Una meta importante es reducir los errores en cabina enseñando a las tripulaciones de vuelo a colaborar en forma más estrecha. Durante seminarios de capacitación, se les presentan a las tripulaciones estudios de caso reales que ilustran principios importantes. Por ejemplo, el caso de un avión de Air Florida que se estrelló en el río Potomac en Washington, D.C., en enero de 1982 se usa para ilustrar los efectos de errores de comunicación. Considere, por ejemplo, el siguiente extracto de la grabadora de vuelo, en la que el primer oficial parece entender que hay un problema con la velocidad del avión, pero es incapaz de articular sus preocupaciones de manera efectiva al capitán:

Primer oficial:	Ah, esto no está bien.
Capitán:	Sí lo está, es de 80 [refiriéndose a la velocidad en tierra].
Primer oficial:	No, no creo que sea correcta. Ah, tal vez sí.
Capitán:	120.
Primer oficial:	No lo sé.

Si el primer oficial hubiera sido más enérgico, tal vez se hubiera evitado el accidente.

Otras técnicas para fortalecer las comunicaciones entre la tripulación implican el empleo de simuladores de vuelo, los cuales replican la cabina de un jet. Un instructor que ha recibido capacitación especial en comportamiento de grupo acompaña a una tripulación en un vuelo simulado, comenzando con los preparativos antes del despegue y terminando con el aterrizaje. Varios problemas y catástrofes totales se programan en la computadora, y la mi-

sión de la tripulación es practicar comunicarse en la forma más efectiva posible. Durante sesiones de información "posteriores al vuelo", la tripulación revisa cintas de video de su desempeño, y el instructor sugiere formas en que puede mejorarse la comunicación.

La ART también es útil para mejorar la interacción armoniosa entre los miembros de la tripulación y las computadoras de vuelo. A pesar de su complejidad, o quizá debido a ella, las computadoras que se emplean en los aviones modernos ocasionan su propia serie de problemas de seguridad. Por ejemplo, cuando algún miembro de la tripulación altera las coordenadas de vuelo y otros fragmentos de información introduciendo datos directo en la computadora, puede ser que otros miembros de la tripulación no observen lo que ha hecho y no estén enterados del cambio. En contraste, los cambios hechos por un miembro de la tripulación en aviones antiguos por lo general eran muy obvios y los tableros de instrumentos reflejaban las modificaciones en una forma que era evidente para la tripulación entera. A menos que los pilotos comenten en voz alta sus entradas a la computadora, se pierde un medio importante de verificación. Del mismo modo, la misma necesidad de ingresar datos en la computadora puede ser motivo de distracción, ya que los pilotos deben apartar la vista del exterior del avión o del tablero de instrumentos y mirar en su lugar el teclado de la computadora.

Por último, las normas que siguen los pilotos también afectan a la seguridad. Por ejemplo, las normas tradicionales de los pilotos se centran en una especie de individualismo desigual en el que el piloto tiene una autoridad y poder enormes. Dichas

normas pueden hacer que los pilotos no estén dispuestos a admitir que están fatigados o que sean susceptibles a la tensión psicológica. Además, hay factores culturales que tienen un impacto en cuestiones de seguridad. Por ejemplo, las encuestas muestran que sólo un tercio de los pilotos de un país asiático pensaban que otros miembros (subordinados) de la tripulación deberían expresar sus preocupaciones de seguridad durante un vuelo, mientras que la mayoría de los pilotos en Estados Unidos sentían que las preocupaciones deberían expresarse (Johnston, 1993; Merritt y Helmreich, 1996).

Por último, Helmreich afirma que la tripulación de cabina ideal tendría varias características:

- Adoptar una fuerte orientación hacia el trabajo en equipo.
- Usar un estilo de liderazgo que fomente los puntos de vista divergentes.
- Apoyar normas que fomenten que los miembros subordinados de la tripulación sugieran cursos de acción alternativos.
- Adherirse a las prácticas de seguridad estándares, pero no de forma tan rígida que no hagan excepciones a las reglas.

Estas técnicas no sólo son efectivas para las cabinas de los aviones, sino para cualquier situación en la que personas muy capacitadas de diferentes posiciones trabajen juntas usando tecnologías complejas. Por ejemplo, los mismos principios generales sugeridos por la ART son efectivos para reducir los errores en los quirófanos de los hospitales (Helmreich y Schaefer, 1994; Belkin, 1997).

lo hizo 17% de las personas que formaban parte de un grupo control al que no se le había pedido que firmara dicho documento.

Estudios posteriores han confirmado la efectividad de la técnica del pie en la puerta (Beaman *et al.*, 1983; Dillard, 1991; Bell *et al.*, 1994; Dolin y Booth-Butterfield, 1995; Gorassini y Olson, 1995). ¿Por qué funciona esta técnica? Una de las razones es que estar implicado en la solicitud menor genera interés en el tema, y realizar alguna acción, cualquiera que sea, compromete más al individuo con la situación, incrementándose así la probabilidad de acatamiento en el futuro. Otra explicación se centra en la percepción que tienen las personas de sí mismas. Al acceder ante la petición inicial, los individuos pueden llegar a verse a sí mismos como el tipo de persona que presta ayuda cuando se le pide. Así, cuando se enfrentan con la petición mayor, acceden con el fin de conservar la consistencia entre actitudes y comportamiento de la que hemos hablado en este capítulo. A pesar de que no sabemos con seguridad cuál de estas dos explicaciones sea la más exacta, es evidente que la técnica del pie en la puerta es muy efectiva (Dillard, 1991; Gorassini y Olson, 1995).

- *La técnica de la puerta en las narices*. Un recaudador de fondos se acerca a su puerta y le pide una contribución de 500 dólares. Usted se niega entre risas a su solicitud y dice que esa cantidad está muy por encima de sus posibilidades. Ante su respuesta, le pide una contribución de diez dólares. ¿Qué hace usted? Si actúa como la mayoría de las personas, quizá sea más complaciente que si no hubiera existido en un principio esa primera petición. La explicación se encuentra en la *técnica de la puerta en las narices*, en la cual una gran petición, que se espera será rechazada, es seguida por una petición de menor importancia. Esta estrategia, que es opuesta a la del pie en la puerta, también ha demostrado ser muy efectiva (Dillard, 1991; Reeves *et al.*, 1991; Abrahams y Bell, 1994).

    La eficacia de esta técnica se demostró en un experimento de campo en el que se detenía en la calle a estudiantes universitarios y se les pedía que accedieran a hacer un enorme favor: desempeñarse como consejeros de delincuentes juveniles dos horas a la semana durante dos años sin ninguna remuneración económica (Cialdini *et al.*, 1975). No es sorprendente saber que ninguno aceptó un compromiso tan grande. Pero, más tarde, cuando se les pidió el favor, mucho menos considerable, de llevar a un grupo de delincuentes a una visita de dos horas al zoológico, la mitad de los estudiantes accedieron. En comparación, sólo 17% de las personas que integraban un grupo control a quienes no se les hizo la primera petición aceptaron.

    Esta técnica se aplica mucho en la vida cotidiana. Puede ser que usted mismo la haya empleado en alguna ocasión, tal vez al pedirle a sus padres un aumento considerable de la cantidad de dinero que le otorgan, para después acordar una cantidad menor. De manera similar, los guionistas de televisión saturan en ocasiones sus guiones con groserías que saben serán censuradas por los representantes de las cadenas, con la esperanza de que otros diálogos queden intactos (Cialdini, 1988).

- *La técnica de eso no es todo*. En dicha técnica se le ofrece un trato a un precio inflado, pero inmediatamente después de la oferta inicial el vendedor ofrece un incentivo, descuento o beneficio para asegurar el trato.

    Aunque suena transparente, esta práctica puede ser bastante efectiva. En un estudio los investigadores colocaron un puesto donde venderían panecillos a 75 centavos cada uno. En una condición se les dijo a los compradores en forma directa que el precio era de 75 centavos; en otra, se les dijo que el precio era de un dólar, pero que había sido rebajado a 75 centavos. Como predice la técnica de eso no es todo, se vendieron más panecillos al precio "rebajado", aun cuando era idéntico al precio en la otra condición experimental (Burger, 1986).

- *La muestra no tan gratuita*. Si alguna vez le dan una muestra gratuita tenga en cuenta que va acompañada de un costo psicológico. Aunque puede no estar expresado en estos términos, el vendedor que proporciona muestras a clientes potenciales lo hace con el propósito de instigar la *norma de la reciprocidad*, la cual es el estándar social bien aceptado que dicta que debemos tratar a otras personas como nos tratan a nosotros. Recibir una *muestra no tan gratuita*, entonces, sugiere la necesidad de corresponder a través de una compra, por supuesto (Cialdini, 1988).

Obediencia: seguimiento de órdenes directas

Las técnicas de acatamiento son un recurso para llevar en forma delicada a las personas hacia la aceptación de una solicitud. Sin embargo, en algunos casos, las solicitudes se hacen en tal forma que buscan lograr **obediencia**, es decir, un cambio en el comportamiento debido a las órdenes que emite otra persona. Aunque la obediencia es menos común que la conformidad y el acatamiento, se presenta en diversas clases de relaciones específicas. Por ejemplo, podemos obedecer a nuestro jefe, maestro o padre sólo porque tienen el poder de recompensarnos o castigarnos.

Obediencia: cambio en el comportamiento debido a las órdenes de otros

Para comprender la obediencia, piense por un momento cómo respondería si un desconocido le dice lo siguiente:

He ideado un método nuevo para mejorar la memoria. Todo lo que necesito es que usted le enseñe a la gente una lista de palabras y que después les haga una prueba. El procedimiento de la prueba sólo requiere que se aplique una descarga eléctrica a los individuos cada vez que cometan un error. Para aplicar las descargas empleará un "generador de descargas" que da choques eléctricos que van desde los 30 hasta los 450 voltios. Usted puede ver que los interruptores tienen etiquetas que señalan desde "descarga ligera" hasta "peligro: descarga severa" en el nivel más alto, donde están marcadas tres letras X rojas. Pero no se preocupe; aunque las descargas pueden ser dolorosas, no causan daño permanente.

Si se le presenta esta situación, lo más probable es que pensaría que ni usted ni nadie accederían ante la extraña solicitud del desconocido. Es evidente que rebasa los límites de lo que consideramos el sentido común.

¿De verdad? Suponga que el desconocido es un psicólogo que necesita ayuda para realizar un experimento. O suponga que es su maestro, su jefe o su superior militar: todas son personas con autoridad y con alguna razón que parece legítima para formular la solicitud.

Si todavía cree que es poco probable que acceda a la solicitud, puede volver a pensarlo, debido a que la situación que se presenta en las líneas anteriores describe un experimento que ahora es clásico, el cual fue realizado por el psicólogo social Stanley Milgram en la década de los años sesenta (Milgram, 1974). Durante la investigación se le pidió a los sujetos de estudio que aplicaran descargas cada vez más fuertes a otra persona como parte de un experimento sobre el aprendizaje (véase figura 14.6). En realidad, el experimento nada tenía que ver con el aprendizaje; el verdadero tema que se investigaba era hasta qué grado los sujetos de estudio acceden a realizar las peticiones del experimentador. De hecho, la persona que supuestamente recibía las descargas era un confederado que nunca recibió castigo alguno.

La mayoría de las personas que escuchan la descripción del experimento piensan que es poco probable que *alguien* aplique el máximo nivel de descarga o, para el caso, ninguna descarga en absoluto. Incluso un grupo de psiquiatras a los que se les describió la situación predijo que menos de 2% de los sujetos accederían por completo y administrarían las descargas más severas.

Sin embargo, los resultados del experimento contradijeron las predicciones tanto de los especialistas como de quienes no lo eran. Alrededor de 65% de los sujetos de estudio emplearon en algún momento el máximo voltaje del generador de descargas, 450 voltios, para "sacudir" a la persona que estaba aprendiendo. Esta obediencia ocurrió aun cuando el aprendiz, quien había mencionado al principio del experimento que tenía una enfermedad cardiaca, demandaba ser liberado, gritando: "¡Déjenme salir de aquí! ¡Déjenme salir

 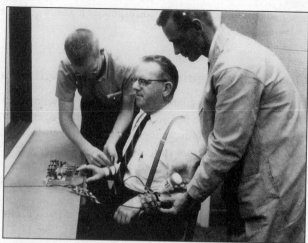

FIGURA 14.6 *Este "generador de choques eléctricos" de apariencia impresionante se empleó para hacer creer a los participantes que estaban administrando descargas eléctricas a otra persona, quien estaba conectada al generador por medio de electrodos que se habían fijado en su piel. Fuente: Derechos reservados 1965 por Stanley Milgram. Tomado de la película* Obedience, *distribuida por la New York University Film Library y la Pennsylvania State University, PCR.*

de aquí! Mi corazón me preocupa. ¡Déjenme salir de aquí!" Aun así, a pesar de las súplicas del aprendiz, la mayoría de los sujetos continuó administrando las descargas.

¿Por qué tantas personas acataron por completo la solicitud del investigador? Largas entrevistas realizadas con los sujetos de estudio después del experimento demostraron que obedecieron debido principalmente a que creían que el investigador sería responsable de cualquier daño potencial que pudiera ocurrirle al aprendiz. Por tanto, se aceptaron las órdenes porque los sujetos de estudio pensaron que ellos no serían responsables de sus acciones, siempre podían culpar al investigador (Darley, 1995; Blass, 1996).

No obstante que el experimento de Milgram se ha criticado por cuestiones éticas, por crear un conjunto de circunstancias excesivamente molestas para los sujetos, así como por cuestiones de índole metodológica (Orne y Holland, 1968; A. G. Miller, 1986; Miller, Collins y Brief, 1995), sigue siendo una de las demostraciones de laboratorio más contundentes acerca de la obediencia (Blass, 1991; Blass y Krackow, 1991). Sólo tenemos que pensar en circunstancias reales de obediencia a la autoridad para ser testigos de algunos casos paralelos de la vida real que provocan terror. Por ejemplo, uno de los principales argumentos en la defensa de los oficiales nazis después de la Segunda Guerra Mundial para justificar su participación en atrocidades durante la guerra fue afirmar que "sólo seguían órdenes". El experimento de Milgram, el cual fue motivado en parte por su deseo de explicar el comportamiento de los alemanes comunes durante la Segunda Guerra Mundial, nos obliga a plantearnos la siguiente pregunta: ¿seríamos capaces de resistir el poder intenso de la autoridad?

Recapitulación, revisión y reflexión

Recapitulación

• La influencia social abarca situaciones en que las acciones de un individuo o grupo afectan el comportamiento de otro.

• La conformidad es un cambio de actitud o de comportamiento que se genera por el deseo de seguir las creencias o normas de los demás.

• El pensamiento grupal es un tipo de conformidad en el que el deseo de los miembros del grupo de alcanzar un consenso supera a su capacidad para evaluar puntos de vista alternativos en forma crítica.

• El acatamiento es un cambio de comportamiento en respuesta a una presión social más explícita. En contraste, la obediencia es un cambio de comportamiento que se produce como consecuencia de una orden directa.

Revisión

1. Un _____ _____ _____ _____, o persona que está de acuerdo con el punto de vista disidente, es probable que reduzca la conformidad.

2. ¿Quién fue el iniciador del estudio de la conformidad?

   a. Skinner
   b. Asch
   c. Milgram
   d. Fiala

3. ¿Cuál de las siguientes técnicas implica pedir a una persona que acepte una mínima solicitud inicial para aumentar la probabilidad de que ese individuo accederá más tarde a una petición mayor?

   a. la técnica de la puerta en las narices
   b. la técnica del pie en la puerta
   c. la técnica de eso no es todo
   d. la técnica de la muestra no tan gratuita

4. La técnica de _____ _____ _____ _____ _____ comienza con una solicitud exagerada, la cual permite que una solicitud menor parezca razonable.

5. La _____ es un cambio de comportamiento que se debe a las órdenes que da otra persona.

Las respuestas a las preguntas de revisión se encuentran en la página 595.

Reflexión

1. ¿Piensa que la conformidad es un problema mayor en ciertos periodos o que es una fuerza que debe enfrentarse durante toda la vida?

2. Puesto que las técnicas de persuasión descritas en esta sección son tan poderosas, ¿deberían existir leyes que prohibieran su uso? ¿Se debería enseñar estrategias de defensa en contra de este tipo de técnicas? ¿Se puede hacer una defensa moral y ética del empleo de estas técnicas?

3. ¿Por qué cree que el experimento de Milgram es tan controvertido? ¿Qué clase de efectos podría haber tenido el experimento en los participantes? ¿Piensa que el experimento habría tenido resultados similares si no hubiera sido realizado en un laboratorio, sino entre miembros de un grupo social (como una fraternidad o club femenino) con fuertes presiones para la conformidad?

PREJUICIO Y DISCRIMINACIÓN

¿Qué piensa usted cuando alguien dice "él es afroamericano" o "ella es china" o "mujer conductora"?

Si es como la mayoría de las personas es probable que de manera automática piense en alguna clase de impresión que ya tenga de la forma en que puede ser ese individuo. Estas opiniones representan **estereotipos**, los cuales son creencias y expectativas generalizadas que se tienen sobre los grupos sociales y sus miembros. Los estereotipos, que pueden ser positivos o negativos, son el resultado de nuestra tendencia a clasificar y organizar la gran cantidad de información que encontramos en nuestra vida diaria. Todos los estereotipos comparten la característica común de simplificar en exceso el mundo: no vemos a las personas según sus características individuales, sino en relación a su pertenencia a un grupo particular (Mackie y Hamilton, 1993; Jussim *et al.*, 1996; Macrae, Stangor y Hewstone, 1996; Sherman, 1996).

Los estereotipos pueden conducir a **prejuicios**, es decir, las evaluaciones negativas (o positivas) respecto a los integrantes de un grupo. Por ejemplo, el prejuicio racial ocurre cuando un miembro de un grupo racial es evaluado en función de la raza y no por sus características o capacidades individuales.

Los estereotipos y formas de prejuicio más comunes tienen que ver con las clasificaciones raciales, religiosas y étnicas. A lo largo de los años diversos grupos han sido llamados "perezosos", "astutos" o "crueles" con diferentes grados de regularidad por personas ajenas al grupo. Aun hoy, a pesar del progreso importante hacia la reducción de las manifestaciones de prejuicio aprobadas legalmente, como la segregación en las escuelas, los estereotipos permanecen (Katz y Braly, 1933; Weber y Crocker, 1983; Devine y Elliot, 1995; Johnston, 1996).

Aunque por lo general están respaldados por poca o ninguna evidencia, los estereotipos a menudo tienen consecuencias perjudiciales. Cuando se actúa de acuerdo con estereotipos negativos resulta la **discriminación**, que es un comportamiento negativo hacia miembros de un grupo particular. La discriminación puede conducir a la exclusión de trabajos, vecindarios u oportunidades educativas, y puede dar como resultado que los miembros de grupos particulares reciban salarios y beneficios inferiores.

► **¿Cuál es la diferencia entre estereotipos, prejuicio y discriminación?**

► **¿Cómo podemos reducir el prejuicio y la discriminación?**

Estereotipos: creencias y expectativas generalizadas acerca de grupos sociales y sus miembros

Prejuicios: evaluaciones negativas (o positivas) acerca de grupos y sus miembros

Discriminación: comportamiento negativo hacia miembros de un grupo particular

Los estereotipos no sólo conducen a la discriminación abierta; incluso pueden *causar* que los integrantes de los grupos estereotipados se comporten en formas que reflejan el estereotipo por medio de un fenómeno conocido como *profecía de autocumplimiento*. Las profecías de autocumplimiento son expectativas acerca de la ocurrencia de un suceso o comportamiento futuro que actúan para incrementar la probabilidad de que *ocurra* dicho suceso o comportamiento. Por ejemplo, si las personas piensan que los miembros de un grupo particular carecen de ambición, pueden tratarlos de una forma que en realidad provoque su falta de ambición. Del mismo modo, las personas que tienen un estereotipo pueden estar "preparadas" para interpretar el comportamiento del grupo estereotipado como representativo del estereotipo, aun cuando el comportamiento describa algo diferente por completo (Slusher y Anderson, 1987; Harris-Kern y Perkins, 1995; Jussim y Eccles, 1995; Madon, Jussim y Eccles, 1997).

Los fundamentos del prejuicio

Nadie nace con desagrado hacia un grupo racial, religioso o étnico particular. Las personas aprenden a odiar de la misma forma en que aprenden el alfabeto.

De acuerdo con los *enfoques del aprendizaje social* sobre el estereotipamiento y el prejuicio, los sentimientos de las personas respecto a los miembros de diversos grupos son moldeados por el comportamiento de los padres, otros adultos y sus pares (Kryzanowski y Stewin, 1985; Fagot, Leinbach y O'Boyle, 1992; Yenerall, 1995). Por ejemplo, los padres intolerantes pueden alabar a sus hijos por expresar actitudes a favor del prejuicio. Del mismo modo, los niños pequeños aprenden el prejuicio mediante la imitación del comportamiento de modelos adultos. Este aprendizaje comienza a una edad muy temprana, en vista de que niños de apenas tres años de edad comienzan a mostrar preferencias por miembros de su propia raza (Katz, 1976).

Tiger Woods, quien se denomina a sí mismo "caneinasiático", una frase que acuñó para referirse a su herencia racial de caucásico, negro, indio y asiático, rompió la barrera del color en el golf profesional.

Los medios de comunicación masiva también proporcionan una fuente importante de información sobre los estereotipos, no sólo para los niños, sino también para los adultos. Incluso en la actualidad, algunos programas de televisión y películas describen a los italianos como mafiosos, a los judíos como banqueros avaros y a los afroamericanos como individuos con ojos saltones, promiscuos, flojos y que hablan jerga. Cuando descripciones tan poco adecuadas son la fuente de información primaria acerca de los grupos minoritarios, estos perfiles pueden conducir al desarrollo y mantenimiento de estereotipos desfavorables (Hammer, 1992; Evans, 1993; Bryant y Zillman, 1994; Campbell, 1995; Herrett-Skjellum y Allen, 1996).

Otras explicaciones acerca del prejuicio y la discriminación se centran en la forma en que ser miembro de un grupo particular ayuda a aumentar nuestro sentido de autoestima. De acuerdo con la *teoría de la identidad social*, usamos la pertenencia a un grupo como una fuente de orgullo y de valor propio (Tajfel, 1982; Turner, 1987). Lemas como "orgullo gay" y "negro es hermoso" ejemplifican el argumento de que los grupos a los que pertenecemos nos proporcionan un sentido de respeto por nosotros mismos.

Sin embargo, existe un resultado desafortunado por el uso de la pertenencia al grupo para proporcionar respeto social. En un esfuerzo para maximizar nuestro sentido de autoestima, podemos llegar a pensar que nuestro grupo es *mejor* que otros. En consecuencia, exageramos los aspectos positivos de nuestro grupo y, al mismo tiempo, devaluamos a los grupos a los que no pertenecemos. Por último, llegamos a ver a los demás grupos como inferiores al nuestro (Turner *et al.*, 1992). El resultado final es prejuicio hacia los miembros de los grupos de los que no formamos parte.

Ni el enfoque del aprendizaje social ni el de la identidad social proporcionan un panorama completo del estereotipamiento y el prejuicio. Por ejemplo, algunos psicólogos afirman que el prejuicio surge cuando hay competencia por recursos sociales escasos. Por tanto, cuando existe competencia por empleo o vivienda, los miembros de los grupos mayoritarios pueden percibir (sin importar que sea en forma injusta) a los miembros de los grupos minoritarios como un obstáculo en sus esfuerzos por conseguir sus objetivos, lo que conduce al prejuicio (Simpson y Yinger, 1985). Además, otras explicaciones para el

De tal palo, tal astilla: los enfoques del aprendizaje social sobre el estereotipamiento y el prejuicio sostienen que las actitudes y comportamientos hacia miembros de grupos minoritarios son aprendidos por medio de la observación de los padres y de otros individuos.

prejuicio enfatizan las limitaciones cognitivas humanas que nos llevan a catalogar a las personas con base en las características físicas manifiestas visualmente, como la raza, el género y el grupo étnico. Esta catalogación puede conducir al desarrollo de estereotipos y, por último, a un comportamiento discriminatorio (Mackie y Hamilton, 1993; Brewer y Harasty, 1996; Fiske y Morling, 1996; Fiske *et al.*, 1998).

Trabajo para abolir el prejuicio y la discriminación

¿Cómo podemos disminuir los efectos del prejuicio y la discriminación? Los psicólogos han elaborado varias estrategias que han demostrado ser efectivas. Entre éstas se encuentran las siguientes:

- *Aumentar el contacto entre el objetivo del estereotipamiento y el poseedor del estereotipo.* Las investigaciones han mostrado que el incremento en el nivel de interacción entre las personas puede reducir el estereotipamiento negativo. Pero sólo ciertas clases de contacto tienen probabilidad de reducirlo. Las situaciones en las que el contacto es relativamente íntimo, donde los individuos tienen una posición social igual, o donde los participantes deben cooperar entre sí o dependen uno de otro, tienen mayor probabilidad de reducir el estereotipamiento. Estas formas de contacto parecen ser efectivas en particular en vista de que la comprensión de las personas respecto a los grupos estereotipados se vuelve más detallada, individualizada y precisa conforme aumenta la cantidad de interacción. Este hallazgo proporciona parte de la base para prácticas sociales como las leyes de integración escolar y vivienda justa (Desforges *et al.*, 1991; Hawley y Jackson, 1995; Gaertner *et al.*, 1996; Pettigrew, 1997).

Respuestas a las preguntas de revisión:

1. proveedor de apoyo social   2. b   3. b   4. la puerta en las narices   5. obediencia

- *Destacar los valores positivos y las normas contra el prejuicio.* No siempre es necesario basarse en el contacto para reducir el prejuicio y la discriminación. Un enfoque adicional es demostrar a las personas las inconsistencias entre los valores que tienen respecto a la igualdad y el trato justo para los demás y el estereotipamiento negativo. Por ejemplo, las personas a las que se les hace comprender que sus valores respecto a la igualdad y la justicia son inconsistentes con sus percepciones negativas de los miembros de grupos minoritarios tienen mayor probabilidad de trabajar en forma activa en el futuro contra el prejuicio (Rokeach, 1971). Del mismo modo, las personas que escuchan a otros que hacen declaraciones antirracistas vehementes tienen mayor probabilidad en lo subsiguiente de condenar con firmeza el racismo. ¿La razón? Las denuncias públicas del racismo hacen más prominentes los estándares públicos, o normas, contra el racismo. En este sentido, unos cuantos individuos francos pueden crear una atmósfera en la que el prejuicio sea visto en forma considerablemente más negativa que en una situación en la que los demás no adoptan una postura o sólo esgrimen una posición débil (Blanchard, Lilly y Vaughn, 1991).

- *Proporcionar información sobre los objetos del estereotipamiento.* Es probable que el medio más directo para cambiar las actitudes estereotipadas y discriminatorias sea mediante la educación: enseñar a las personas a ser más conscientes de las características positivas de los objetos de estereotipamiento. Por ejemplo, cuando el significado del comportamiento extraño se explica a las personas que han formado estereotipos, éstas pueden llegar a apreciar su verdadera significación, aun cuando todavía pueda parecer ajena y quizás incluso amenazadora. Además, el entrenamiento en razonamiento estadístico, el cual ilustra varias falacias lógicas, puede inhibir la formación de ciertos estereotipos (Landis *et al.*, 1976; Langer, Bashner y Chanowitz, 1985; Schaller *et al.*, 1996).

- *Reducción de la vulnerabilidad al estereotipo.* El psicólogo social Claude Steele sostiene que los afroamericanos sufren de *vulnerabilidad al estereotipo*, obstáculos para el desempeño que surgen al percatarse de los estereotipos de la sociedad respecto a los miembros de grupos minoritarios. Este autor argumenta que los estudiantes afroamericanos, quienes reciben instrucción de maestros que pueden dudar de las capacidades de sus estudiantes y que establecen programas remediales especiales para ayudarlos, pueden llegar a aceptar los estereotipos sociales y creer que son propensos al fracaso (Steele, 1992, 1997).

  Estas creencias pueden tener efectos devastadores. Cuando se enfrentan con una tarea académica, los estudiantes afroamericanos pueden temer que su desempeño simplemente confirmará los estereotipos negativos de la sociedad. La consecuencia inmediata de este temor es una ansiedad que obstaculiza el desempeño, pero las consecuencias a largo plazo pueden ser aún peores: enfrentados por dudas acerca de su capacidad para desempeñarse con éxito en ambientes académicos, los afroamericanos pueden decidir que los riesgos del fracaso son tan grandes que no vale la pena el esfuerzo de intentar hacerlo bien. A final de cuentas, pueden "desidentificarse" con el éxito académico al minimizar la importancia de los esfuerzos en este campo (Osborne, 1995; Steele y Aronson, 1995; Steele, 1997).

  Sin embargo, el análisis de Steele sugiere que puede ser posible superar el predicamento en el que pueden hallarse los afroamericanos. De manera específica, pueden diseñarse programas de intervención para capacitar a los miembros de grupos minoritarios acerca de la vulnerabilidad a los estereotipos e ilustrar que los estereotipos son imprecisos. Los miembros de grupos minoritarios, convencidos de que tienen el potencial para tener éxito académico, pueden volverse inmunes a las consecuencias potencialmente engañosas de los estereotipos negativos.

Recapitulación, revisión y reflexión

Recapitulación

- Los estereotipos son creencias y expectativas generalizadas sobre los miembros de un grupo, y están formados simplemente con base en su pertenencia a ese grupo.

- El prejuicio es la evaluación negativa (o positiva) de los miembros de un grupo con base en la pertenencia de esas personas al grupo en lugar de en el comportamiento individual.

- La discriminación es un comportamiento negativo hacia los miembros de un grupo particular.

- Entre las formas para reducir el estereotipamiento y el prejuicio están incrementar el contacto, destacar los valores positivos y las normas contra el prejuicio, proporcionar información sobre los objetos del estereotipamiento, y reducir la vulnerabilidad al estereotipo.

Revisión

1. Cualquier expectativa, positiva o negativa, acerca de un individuo con base sólo en la pertenencia de esa persona a un grupo puede ser un estereotipo. ¿Verdadero o falso?

2. Las evaluaciones negativas (o positivas) de los grupos y sus miembros se conocen como:

   a. Estereotipamiento
   b. Prejuicio

c. Profecía de autocumplimiento
d. Discriminación

3. Pablo es gerente de una tienda que espera que las mujeres no triunfen en los negocios. Por consiguiente, sólo ofrece responsabilidades de importancia a hombres. Si las empleadas fallan en ascender en la compañía, éste podría ser un ejemplo de una profecía _____.

Las respuestas a las preguntas de revisión se encuentran en la página 599.

Reflexión

1. ¿Cómo se relacionan los estereotipos, el prejuicio y la discriminación? En una sociedad comprometida con la igualdad, ¿cuál de los tres debería cambiarse primero? ¿Por qué?

2. Una cantidad creciente de figuras populares de los deportes y el entretenimiento son miembros de grupos minoritarios. ¿Es probable que esta tendencia cambie los estereotipos sobre los miembros de grupos minoritarios? Explique su respuesta. ¿Qué clase de funciones públicas desempeñadas por los miembros de grupos minoritarios es probable que tengan el mayor efecto positivo sobre las actitudes estereotipadas?

3. ¿Piensa que las mujeres pueden ser víctimas de vulnerabilidad al estereotipo? ¿Puede explicar cómo podría suceder esto? ¿Los hombres pueden ser víctimas de vulnerabilidad al estereotipo?

COMPORTAMIENTO SOCIAL POSITIVO Y NEGATIVO

¿Las personas son básicamente buenas o malas? Como los filósofos y los teólogos, los psicólogos sociales han reflexionado en torno a la naturaleza básica de la humanidad. ¿Está representada por la violencia y la crueldad que vemos en todo el mundo o hay algo especial en la naturaleza humana que permite el comportamiento amoroso, considerado, desinteresado e incluso noble?

Recorreremos dos rutas que los psicólogos sociales han seguido en busca de respuestas a estas preguntas. Primero consideraremos lo que han aprendido sobre las fuentes de nuestra atracción hacia los demás y terminaremos el capítulo con una mirada a las dos caras de la moneda del comportamiento humano: la agresión y la ayuda.

▶ **¿Por qué sentimos atracción por determinadas personas y cuál es el camino que siguen las relaciones sociales?**

▶ **¿Qué factores subyacen a la agresividad y al comportamiento prosocial?**

Querer y amar: atracción interpersonal y el desarrollo de relaciones

Cuando Elizabeth Barrett Browning, poeta decimonónica, escribió: "¿Cómo te amo? Permíteme enumerar las formas", expresaba sentimientos acerca de un tema central en la vida de la mayoría de las personas, y que se ha convertido en un tema de investigación importantísimo para los psicólogos sociales: el amor y el afecto. Este tema, conocido en terminología formal como el estudio de la **atracción interpersonal** o de las relaciones cercanas, abarca los factores que generan sentimientos positivos hacia los demás.

Atracción interpersonal:
sentimientos positivos hacia otros; afecto y amor

¿Cómo te quiero? Permíteme enumerar las formas

La mayor parte de las investigaciones tienen como punto de interés al afecto, tal vez porque siempre ha sido más sencillo para los investigadores que realizan experimentos de corta duración producir estos sentimientos en desconocidos con los que se tiene contacto por primera vez, que promover y observar relaciones amorosas durante periodos prolongados. Así, los estudios tradicionales han proporcionado gran cantidad de conocimientos acerca de los factores que atraen inicialmente a dos personas (Berscheid, 1985; Simpson y Harris, 1994). Entre los factores más importantes que toman en cuenta los psicólogos sociales se encuentran los siguientes:

- *Proximidad*. Si usted vive en un dormitorio o en un departamento, piense en los amigos que hizo cuando se mudó a ese sitio. Lo más probable es que quienes vivían más cerca sean sus mejores amigos. De hecho, éste es uno de los hallazgos más firmes en la literatura sobre atracción interpersonal: la *proximidad* lleva al afecto (Festinger, Schachter y Back, 1950; Nahome y Lawton, 1976).

- *Simple exposición*. La exposición repetida a una persona suele ser suficiente para generar atracción. Es interesante saber que la exposición repetida a *cualquier* estímulo, ya sea una persona, un cuadro, un disco compacto o lo que quiera, casi siempre hace que éste nos agrade más. El proceso de familiarización con un estímulo puede provocar sentimientos positivos; estos sentimientos que genera la familiaridad se transfieren después al estímulo mismo. Sin embargo, hay excepciones que se dan cuando las interacciones iniciales son negativas en extremo; en este caso la exposición repetida no tiene grandes posibilidades de lograr que nos agrade más una persona; por el contrario, mientras más estemos expuestos a esa persona, más nos puede desagradar (Zajonc, 1968; Bornstein y D'Agostino, 1992, 1994; Moreland y Beach, 1992; Kruglanski, Freund y Bar Tal, 1996).

- *Similitud*. La sabiduría popular habla de dos personas que están hechas "tal para cual". Desgraciadamente, también nos dice que los opuestos se atraen. Los psicólogos sociales han llegado a un veredicto claro acerca de cuál de estas dos afirmaciones es correcta: tendemos a querer a quienes se parecen a nosotros. Hallar que las actitudes, valores o rasgos de los demás tienen similitud con los nuestros favorece el surgimiento del afecto. Además, mientras más similares a nosotros son, más atractivos nos parecen (Byrne, 1969; Lancaster, Royal y Whiteside, 1995; McCaul *et al.*, 1995; Glaman, Jones y Rozelle, 1996).

  Una de las razones por la que la similitud aumenta la probabilidad de atracción interpersonal es que suponemos que las personas con actitudes similares a las nuestras nos evaluarán de modo positivo (Condon y Crano, 1988). Debido a que existe un fuerte **efecto de reciprocidad del afecto** (tendencia a querer a los que nos quieren), saber que alguien nos evalúa en forma positiva favorecerá que prestemos más atención a esa persona. Además, suponemos que cuando queremos a alguien, esa persona también nos quiere (Tagiuri, 1958; Metee y Aronson, 1974).

- *Necesidad de complementariedad*. Todos conocemos excepciones a la regla general de que la similitud se relaciona con la atracción. Existen parejas que parecen tener divergencias totales en cuanto a personalidad, intereses y actitudes, pero están enteramente cautivados entre sí. Los psicólogos sociales han explicado que hay casos en que las personas nos sentimos atraídas por individuos distintos, con base en las necesidades que éstos nos satisfacen. De acuerdo con este razonamiento, podemos estar atraídos por personas que satisfacen el mayor número de nuestras necesidades. Así, una persona dominante puede buscar a alguien sumiso, al mismo tiempo que el individuo sumiso puede buscar a alguien dominante. Aunque sus diferencias a menudo llevan a pensar en la incompatibilidad de esa pareja, al

Efecto de reciprocidad del afecto: tendencia a querer a quienes nos quieren

PsicoVínculos

establecer una relación son satisfechas las necesidades complementarias de uno y otro.

La hipótesis de que las personas sienten atracción por aquellos que satisfacen sus necesidades, denominada **hipótesis de la necesidad de complementariedad**, se planteó por primera vez a finales de la década de los años cincuenta en un estudio ya clásico que descubrió que una muestra de parejas casadas parecía tener necesidades complementarias (Winch, 1958). Aun cuando los estudios realizados desde entonces para apoyar esta hipótesis han sido muy inconsistentes, en apariencia la hipótesis puede sostenerse en diversos ámbitos. Por ejemplo, las personas con capacidades complementarias pueden atraerse entre sí. En un estudio se descubrió que niños en edad escolar desarrollaron amistades con otros cuyas habilidades académicas no coincidían con las áreas en las que ellos eran especialmente competentes, lo cual les permitía destacarse en materias diferentes a aquellas en las que destacaban sus amigos. Por tanto, un buen estudiante de matemáticas podría entablar amistad con alguien con un talento especial para la literatura (Tesser, 1988).

Sin embargo, en general, la mayor parte de las evidencias sostiene que la atracción se relaciona más con la similitud que con la complementariedad (Meyer y Pepper, 1977, entre otros). En consecuencia, ya sea que se trate del área de actitudes, de valores o de rasgos de personalidad, la similitud sigue siendo uno de los mejores factores para predecir la posibilidad de atracción entre dos personas.

- *Atractivo físico.* Para la mayoría de las personas la ecuación *belleza = bueno* es algo indiscutible. Como resultado, las personas que poseen atractivo físico son más populares que aquellas que no lo tienen si todos los demás factores son iguales. Este descubrimiento, que contradice los valores que la mayoría de las personas dice poseer, parece ser cierto incluso durante la infancia, debido a que los niños que asisten a las guarderías determinan la popularidad con base en el atractivo físico (Dion y Berscheid, 1974), criterio que se conserva hasta la vida adulta. De hecho, el atractivo físico puede ser el elemento individual de mayor importancia para generar el afecto inicial durante las citas entre universitarios, aunque su influencia disminuye finalmente cuando las personas se conocen mejor (Hatfield y Sprecher, 1986; Agnew y Thompson, 1994; Kowner y Ogawa, 1995; Zuckerman, Miyake y Elkin, 1995; Keller y Young, 1996).

Los elementos comentados no son, por supuesto, los únicos que generan el afecto. Por ejemplo, investigaciones basadas en encuestas han intentado detectar los factores fundamentales de las relaciones amistosas. En un cuestionario que se aplicó a cerca de 40 000 individuos, las cualidades que más se valoraban en un amigo resultaron ser la capacidad de guardar para sí las confidencias, la lealtad, y la calidez y el afecto, seguidas muy de cerca por el apoyo, la franqueza y el sentido del humor (Parlee, 1979). Los resultados aparecen resumidos en la figura 14.7.

¿Cómo te amo? Permíteme enumerar las formas

Mientras que nuestros conocimientos acerca de los fundamentos del afecto son extensos, nuestra comprensión acerca del amor tiene un alcance más limitado, y constituye un objeto de estudio relativamente más reciente. Durante algún tiempo, muchos psicólogos sociales creían que el amor representaba un fenómeno demasiado difícil de observar y estudiar de forma controlada y científica. No obstante, el amor es un asunto con tal importancia en la vida de la mayoría de las personas que, con el transcurso del tiempo, los

Hipótesis de la necesidad de complementariedad: creencia de que las personas son atraídas por otros que satisfacen sus necesidades

Respuestas a las preguntas de revisión:

1. Verdadero   2. b   3. autocumplidora

FIGURA 14.7 *Éstas son las principales cualidades que se busca en un amigo, de acuerdo con cerca de 40 000 personas que respondieron a un cuestionario.*

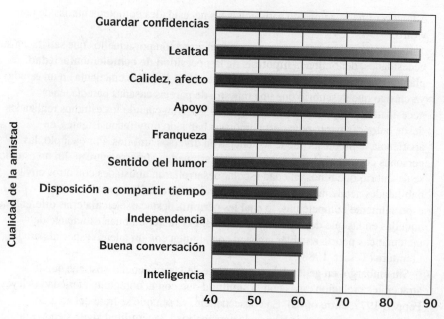

psicólogos sociales no pudieron resistirse a su estudio y quedaron deslumbrados por el tema (Aron *et al.*, 1997).

Como primer paso los investigadores intentaron identificar las características que diferencian al simple afecto del amor total (Sternberg, 1987). Con el empleo de este enfoque descubrieron que el amor no sólo es un afecto mayor en cantidad, sino un estado psicológico cualitativamente diferente (Walster y Walster, 1978). Por ejemplo, cuando menos en sus etapas iniciales, el amor incluye una excitación fisiológica relativamente intensa, un interés total en el otro individuo, fantasías acerca de la otra persona y cambios de emoción relativamente rápidos. Asimismo, el amor, a diferencia del afecto, incluye elementos de pasión, cercanía, encanto, exclusividad, deseo sexual e interés intenso. La pareja es idealizada: exageramos sus buenas cualidades y minimizamos sus imperfecciones (Davis, 1985; Hendrick y Hendrick, 1989; Murray, Holmes y Griffin, 1996; Murray y Holmes, 1997).

Varios psicólogos sociales han tratado de captar la naturaleza elusiva del amor con el empleo de medidas escritas. Por ejemplo, Zick Rubin (1970, 1973) intentó diferenciar entre el amor y el afecto usando una escala por escrito. Tenga en mente a un individuo particular mientras responde a estas preguntas de su escala:

Siento que puedo confiar en _____ para casi todo.
Haría casi cualquier cosa por _____.
Me siento responsable por el bienestar de _____.

Una respuesta positiva a cada pregunta proporciona un indicio de amor por el individuo que tiene en mente. Ahora responda estas preguntas, también extraídas de la escala de Rubin:

Creo que _____ es inusitadamente bien adaptado.
Creo que _____ es una de esas personas que se ganan el respeto con rapidez.
_____ es una de las personas más agradables que conozco.

Estas tres preguntas están diseñadas para medir el afecto, en oposición al amor. Los investigadores han encontrado que las parejas que obtienen calificaciones altas en la escala de amor difieren en forma considerable de aquellas con puntuaciones bajas. Se contemplan más entre sí y es más probable que sus relaciones estén intactas seis meses más adelante que las relaciones de aquellos que obtienen puntuaciones bajas en la escala.

Otros experimentos han encontrado evidencia que sostiene que la excitación fisiológica elevada, de la cual se ha planteado la hipótesis de ser característica del amor, en efecto está presente cuando una persona indica estar enamorada. Sin embargo, resulta interesante que puede no tratarse exclusivamente de una excitación física de naturaleza sexual. Berscheid y Walster (1974) sugieren que cuando estamos expuestos a *cualquier* estímulo que aumente la excitación fisiológica, como puede ser el peligro, el miedo o la ira, podemos identificar nuestros sentimientos como amor hacia otra persona que esté presente en el momento de la excitación. Esto es muy probable si existen claves situacionales que sugieran que "amor" es un nombre adecuado para los sentimientos que se experimentan. En resumen, percibimos que estamos enamorados cuando instancias de excitación fisiológica general están acompañadas por el pensamiento de que muy probablemente la causa de la excitación sea el amor.

Esta teoría explica por qué una persona rechazada o lastimada por otra puede todavía sentirse "enamorada" de ese individuo. Si el rechazo genera excitación fisiológica, y se sigue atribuyendo dicha excitación al amor, y no al rechazo, entonces esa persona seguirá sintiéndose "enamorada".

Otros investigadores han elaborado teorías que sostienen la existencia de diversos tipos de amor (Soble, 1990; Fehr y Russell, 1991; Hendrick y Hendrick, 1992). Hay quienes distinguen entre dos tipos principales de amor: amor pasional y amor de compañía. El **amor pasional (o romántico)** representa un estado de intensa absorción hacia otra persona. Incluye una excitación fisiológica intensa, interés psicológico y atención ante las necesidades de la pareja. En contraste, el **amor de compañía** es el gran afecto que sentimos por las personas con las que nuestras vidas están muy vinculadas. El amor que sentimos por nuestros padres, por otros miembros de la familia e incluso por algunos amigos cercanos se ubica en la categoría del amor de compañía (Hendrick y Hendrick, 1992; Hatfield y Rapson, 1993; Singelis, Choo y Hatfield, 1995).

De acuerdo con el psicólogo Robert Sternberg (1986, 1988b), es preciso realizar una diferenciación todavía más sutil entre los distintos tipos de amor. Él argumenta que el amor está integrado por tres elementos: el *componente de intimidad*, que abarca los sentimientos de cercanía y unión; el *componente pasional*, constituido por las pulsiones motivacionales relacionadas con el sexo, la cercanía física y el romance, y el *componente de decisión y compromiso*, que abarca la cognición inicial de que se ama a alguien y los sentimientos de compromiso de más largo plazo para conservar el amor.

Rastrear el curso de las relaciones: *el principio y el fin del afecto y del amor*

Debido a que más de uno de cada dos matrimonios en Estados Unidos termina en divorcio, y de que el fin de las relaciones amorosas es un fenómeno común, no debe sorprendernos que los psicólogos sociales realicen esfuerzos cada día mayores por comprender cómo se desarrollan y se conservan, y en algunos casos se disuelven, las relaciones (Tzeng, 1992; Duck, 1994b; Adelmann, Chadwick y Baerger, 1996; Bui, Peplau y Hill, 1996).

El comportamiento de las parejas en desarrollo cambia de acuerdo con patrones muy predecibles (Huston y Vangelisti, 1991; Carstensen, Gottman y Levenson, 1995). Los patrones más frecuentes siguen este camino:

- Las personas interactúan con más frecuencia, durante periodos largos y en una variedad más amplia de lugares.

- Buscan la compañía del otro.

- Se "abren" cada vez más con la otra persona; le confían secretos y comparten intimidades físicas. Las personas están más dispuestas a compartir sentimientos positivos y negativos, así como a prodigar elogios y críticas.

Amor pasional (o romántico): estado de absorción intensa por otra persona, que incluye excitación fisiológica intensa, interés psicológico y atención de las necesidades del otro

Amor de compañía: gran afecto que tenemos por aquellos con quienes nuestra vida está muy vinculada

La ruptura de los patrones de comunicación puede ser tanto una causa como un efecto de la declinación de una relación.

- Empiezan a comprender el punto de vista de la otra persona y la manera en que ésta concibe el mundo.

- Sus metas y comportamientos cada vez son más armónicos, y comienzan a compartir en mayor grado actitudes y valores.

- Aumenta su inversión en la relación: en tiempo, energía y compromiso.

- Empiezan a sentir que su bienestar psicológico está ligado al de la relación. Ven la relación como algo único e irremplazable.

- Comienzan a comportarse como una pareja, y no sólo como dos individuos separados.

Aunque esta secuencia de transiciones es muy común, es difícil predecir el momento exacto en que habrán de suceder. Una razón importante de esto es que al tiempo que evoluciona la relación, ambas personas pueden experimentar un proceso de crecimiento y cambio personales. Además, las personas involucradas en la relación pueden tener metas diversas: uno de los miembros puede tener intereses matrimoniales, en tanto que el otro puede estar buscando sólo una relación de corto plazo.

Por último, incluso si ambos miembros poseen la intención subyacente de encontrar una pareja matrimonial, el tipo de compañero que busque cada uno de ellos puede ser distinto del que busque el otro (Sprecher, Sullivan y Hatfield, 1994; Hatfield y Sprecher, 1995; Goode, 1996). Por ejemplo, una encuesta a cerca de 10 000 personas en diferentes países del mundo reveló que la gente tiene preferencias muy diversas en cuanto a las cualidades de una pareja, lo cual depende, en gran medida, de la cultura a la que pertenecen y de su género. Por ejemplo, para los estadounidenses, la atracción mutua y el amor resultaron ser las características más importantes. Los chinos, por el contrario, señalaron como la característica más relevante la buena salud; las mujeres chinas estimaron a la estabilidad emocional y a la madurez como las características más importantes. En Sudáfrica, los varones zulúes identificaron como principal característica la estabilidad emocional, mientras que las mujeres creían que era más importante un temperamento confiable (Buss *et al.*, 1990; véase cuadro 14-2).

Una vez que la relación ha evolucionado, ¿cómo es posible distinguir las relaciones logradas de las que fracasarán posteriormente? Un enfoque consiste en examinar el ritmo con el que se desarrollan los distintos componentes del amor. De acuerdo con la teoría del amor propuesta por Sternberg, los tres componentes individuales del amor, intimidad, pasión y decisión y compromiso, varían en cuanto a su influencia a lo largo del tiempo, a la vez que siguen distintos caminos. Por ejemplo, en las relaciones con mucho amor el nivel de compromiso se eleva en forma considerable y luego permanece estable, en tanto que la intimidad sigue creciendo con el transcurso de la relación (véase figura 14.8). Por otra parte, la pasión tiene un marcado descenso con el paso del tiempo, y se estabiliza en la primera etapa de la relación. Aun así, sigue siendo un componente importante de las relaciones amorosas.

El ocaso de una relación

¿Qué provoca que algunas relaciones fracasen? El psicólogo social George Levinger (1983) elaboró algunas hipótesis sobre las razones que subyacen al deterioro de las relaciones. Al parecer, un factor importante es un cambio en los juicios acerca del significado del comportamiento del compañero. La conducta que antes se percibía como "un olvido encantador" empieza a verse como "grosera indiferencia", lo cual hace que la pareja vaya perdiendo su valor. Además, es posible que se dañe la comunicación. En lugar de escuchar lo que dice la contraparte, cada uno de los miembros de la pareja se dedica a justificarse a sí mismo, y se deteriora la comunicación. Al final, uno de los miembros puede impulsar a terceras personas a que hagan críticas acerca de su propia pareja y a que estén de acuerdo con él, así como a buscar a otras personas para satisfacer los requerimientos básicos que anteriormente eran satisfechos por su pareja.

| Cuadro 14-2 | Orden jerárquico de las características deseables en la pareja |

	China		Sudáfrica Zulú		Estados Unidos	
	Hombres	Mujeres	Hombres	Mujeres	Hombres	Mujeres
Atracción mutua: amor	4	8	10	5	1	1
Estabilidad y madurez emocional	5	1	1	2	2	2
Carácter confiable	6	7	3	1	3	3
Disposición agradable	13	16	4	3	4	4
Educación e inteligencia	8	4	6	6	5	5
Buena salud	1	3	5	4	6	9
Buena apariencia	11	15	14	16	7	13
Sociabilidad	12	9	11	8	8	8
Deseo de hogar y descendencia	2	2	9	9	9	7
Refinamiento, pulcritud	7	10	7	10	10	12
Ambición y laboriosidad	10	5	8	7	11	6
Educación similar	15	12	12	12	12	10
Buena habilidad para cocinar y cuidar la casa	9	11	2	15	13	16
Posición o condición social favorable	14	13	17	14	14	14
Antecedentes religiosos similares	18	18	16	11	15	15
Buen prospecto económico	16	14	18	13	16	11
Castidad (que no haya tenido relaciones sexuales)	3	6	13	18	17	18
Antecedentes políticos similares	17	17	15	17	18	17

Igual que las relaciones en desarrollo siguen un patrón común, las relaciones en decadencia también se ajustan a un patrón de etapas (Duck, 1988; véase figura 14.9). La primera fase ocurre cuando una persona decide que ya no tolera encontrarse en una relación de pareja. Durante esta etapa se hace énfasis en el comportamiento de la otra persona, así como en una evaluación del grado en que este comportamiento proporciona elementos para disolver la relación.

En la etapa siguiente la persona se decide a enfrentar a su pareja y determina si debe tratar de arreglar la relación, redefinirla o terminarla. Por ejemplo, una redefinición podría dar lugar a un cambio cualitativo en el nivel de la relación ("Aún podemos ser amigos" podría remplazar a "Te amaré por siempre").

Si se decide disolver la relación, la persona entra en un periodo durante el cual se produce un reconocimiento público de que la relación está en proceso de disolución, y se

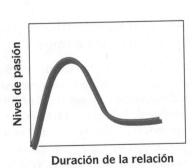

FIGURA 14.8 *Los ingredientes cambiantes del amor. Los tres componentes del amor varían en intensidad a lo largo de una relación. Fuente: Sternberg, 1986.*

FIGURA 14.9 *Terminaciones: las etapas de la disolución de la relación. Fuente: Basado en Duck, 1984, p. 16.*

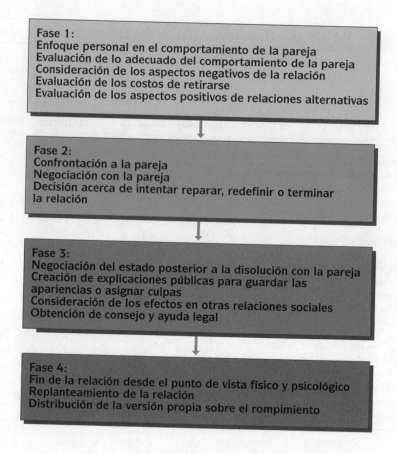

Fase 1:
Enfoque personal en el comportamiento de la pareja
Evaluación de lo adecuado del comportamiento de la pareja
Consideración de los aspectos negativos de la relación
Evaluación de los costos de retirarse
Evaluación de los aspectos positivos de relaciones alternativas

Fase 2:
Confrontación a la pareja
Negociación con la pareja
Decisión acerca de intentar reparar, redefinir o terminar la relación

Fase 3:
Negociación del estado posterior a la disolución con la pareja
Creación de explicaciones públicas para guardar las apariencias o asignar culpas
Consideración de los efectos en otras relaciones sociales
Obtención de consejo y ayuda legal

Fase 4:
Fin de la relación desde el punto de vista físico y psicológico
Replanteamiento de la relación
Distribución de la versión propia sobre el rompimiento

informa a otras personas sobre los sucesos que provocaron la terminación. La última etapa es una fase de "entierro", cuya principal actividad consiste en terminar física y psicológicamente la relación. Una de las mayores preocupaciones de este periodo es la de reexaminar toda la relación, para que lo ocurrido parezca razonable y acorde con las percepciones que se tienen acerca de uno mismo.

¿Cuánto pesar experimentan las personas cuando se termina una relación? El grado de angustia depende de la calidad de la relación existente antes de su terminación. En el caso de parejas de novios universitarios, las que expresan el mayor pesar son las que estuvieron integradas por personas cercanas entre sí durante un amplio periodo y que pasaron gran parte de ese tiempo acompañándose en forma casi exclusiva; además, participaron en muchas actividades conjuntas e informaron haber sido influidas en gran medida por sus compañeros. Por último, el grado de pesar se relaciona con la expectativa de las dificultades que implica encontrar una nueva pareja. Si no existen alternativas, las personas ven con mayor anhelo aquello que poseyeron en otro tiempo (Simpson, 1987).

Agresividad y comportamiento prosocial: lastimar y ayudar a los demás

Tiroteos desde automóviles, vandalismo y secuestros son sólo algunos de los ejemplos de violencia que parecen demasiado comunes en la actualidad. Pero también encontramos ejemplos de comportamiento generoso, desinteresado y atento que proporcionan una visión más optimista de la humanidad. Considere, por ejemplo, a las personas que atienden a los desamparados o a individuos como Oscar Schindler, quien ayudó a muchos judíos a escapar de los campos de exterminio nazis durante la Segunda Guerra Mundial. Asimismo piense en las sencillas bondades de la vida: prestar un disco compacto muy apreciado, detenerse para ayudar a una niña que se ha caído de su bicicleta o simplemente compartir un chocolate con un amigo. Estos ejemplos de ayuda no son menos característicos del comportamiento humano que los ejemplos desagradables de agresión. En esta última parte del capítulo analizaremos la manera en que los psicólogos sociales han buscado explicar los casos de comportamiento agresivo y de ayuda.

Lastimar a los demás: la agresividad

No necesitamos más que ver nuestro periódico o el noticiero televisivo de la noche para quedar bombardeados con ejemplos de agresividad, tanto en el ámbito social (guerras, invasiones, asesinatos) como en el individual (crimen, abuso de niños y otras numerosas crueldades que los seres humanos son capaces de infligirse entre sí). ¿Este tipo de agresividad es parte inevitable de la condición humana? ¿O, primordialmente, la agresividad es un producto de circunstancias específicas, las cuales podrían reducirla si se modifican?

La dificultad para dar respuesta a preguntas tan complicadas se pone en evidencia tan pronto como pensamos en el mejor modo de definir "agresividad". Según cómo la definamos, infinidad de ejemplos de dolor o daño que se provoca a los demás pueden o no ser considerados como agresividad (véase cuadro 14-3). Aunque resulta obvio, por ejemplo, que un violador se comporte de forma agresiva con su víctima, es menos evidente que se considere agresivo a un médico que realiza un procedimiento quirúrgico de emergencia sin emplear anestesia, con lo cual le provoca enorme dolor al paciente.

La mayoría de los psicólogos sociales define la agresividad con base en la intención y el propósito que hay detrás del comportamiento. La **agresión** es un daño o perjuicio intencional hacia otra persona (Berkowitz, 1993). Según esta definición, es evidente que el violador en nuestro ejemplo se comporta agresivamente, calificativo que no se puede atribuir al médico que provoca dolor mientras realiza un procedimiento.

Agresión: daño o perjuicio intencional hacia otra persona

Cuadro 14-3	¿Esto es agresión?

Para que pueda ver por sí mismo las dificultades para definir la agresión, piense en cada uno de los siguientes actos y determine si representan o no un comportamiento agresivo según su propia definición.

1. Una araña come una mosca.
2. Dos lobos luchan por el liderazgo de la manada.
3. Un soldado dispara a un enemigo en el frente de batalla.
4. El alcalde de una prisión ejecuta a un criminal sentenciado.
5. Un hombre patea vilmente a un gato.
6. Un hombre que limpia una ventana tira una maceta que hiere a un peatón.
7. El señor X, conocido por ser chismoso, habla muy mal de personas a las que conoce.
8. Un hombre repasa en su mente el asesinato que está a punto de cometer.
9. Un hijo molesto deja de escribirle a su madre a propósito, quien espera su carta y sufrirá si no la recibe.
10. Un niño iracundo trata con todas sus fuerzas de hacer daño a su rival, que es más grande, pero no logra hacerlo. Sus esfuerzos sólo divierten al niño mayor.
11. Una senadora no protesta ante el aumento de los bombardeos, contra los que se opone moralmente.
12. Un granjero le corta la cabeza a un pollo y lo prepara para la cena.
13. Un cazador mata a un animal y lo coloca en casa como trofeo.
14. Un médico le inyecta una vacuna a un niño que llora.
15. Un boxeador provoca una hemorragia en la nariz de su oponente.
16. Una niña exploradora intenta ayudar a una anciana, pero provoca que ésta tropiece accidentalmente.
17. A un ladrón de bancos se le dispara por la espalda cuando trata de escapar.
18. Una jugadora de tenis golpea su raqueta después de fallar una volea.
19. Una persona se suicida.
20. Un gato mata a un ratón, lo examina y luego lo deja a un lado.

(Fuente: Adaptado de Benjamin, 1985, p. 41.)

Ahora examinaremos varios enfoques del comportamiento agresivo elaborados por psicólogos sociales (Berkowitz, 1993; Huesmann, 1994).

Enfoques relativos al instinto: la agresividad como descarga

Si alguna vez le propinó un golpe en la nariz a un adversario, es posible que haya experimentado cierta satisfacción, no obstante su sentido de lo bueno y lo malo. Los teóricos del instinto, que señalan la preponderancia de la agresividad no sólo en los seres humanos sino también en los animales, proponen que la agresividad es en esencia el resultado de impulsos innatos.

El principal teórico del enfoque relativo al instinto es Konrad Lorenz, un etólogo (científico que se dedica al estudio del comportamiento animal), quien argumentó que los seres humanos, al igual que los miembros de otras especies, poseen un instinto de lucha que en otra época aseguraba la protección de las fuentes de alimento y eliminaba a los elementos más débiles de cada especie (Lorenz, 1966, 1974). La controvertida noción que se deriva de la tesis de Lorenz es que la energía agresiva se acumula constantemente dentro del individuo hasta que en un punto es descargada en un proceso al que se denomina **catarsis**. De acuerdo con Lorenz, mientras más tiempo se haya acumulado la energía, mayor será la magnitud de la agresión cuando se descargue.

Catarsis: proceso de descarga de la energía agresiva acumulada

Quizás la idea más controvertida que emana de las teorías sobre la agresividad basadas en el instinto sea la propuesta de Lorenz en el sentido de que la sociedad debería ofrecer medios adecuados para hacer catarsis mediante, por ejemplo, la participación en deportes y juegos, de manera que se evite su descarga de modos socialmente menos deseables. A pesar de que esta hipótesis tiene sentido, no ha sido posible idear ningún experimento adecuado para demostrarla. Existe relativamente poco apoyo para las teorías del instinto en general, debido a la dificultad para encontrar evidencias de la existencia de esa especie de depósito de la agresividad (Geen y Donnerstein, 1983; Berkowitz, 1993). La mayoría de los psicólogos sociales sugiere que debemos buscar otros enfoques para explicar la agresividad.

Enfoques de frustración y agresividad: la agresión como una reacción ante la frustración

Suponga que ha estado trabajando en una monografía que debe entregar a la mañana siguiente en su primera clase y que el cartucho de tinta de su impresora se ha terminado justo antes de que pueda imprimir su trabajo. Se apresura hacia la tienda para comprar otro cartucho, pero se encuentra con que el empleado ya está poniendo el candado para cerrar. A pesar de que el empleado ve que gesticula y literalmente le ruega para que abra la puerta, se niega a hacerlo, encoge los hombros y señala con el dedo un letrero que indica a qué hora se abrirá la tienda al día siguiente. En ese momento, es probable que los sentimientos que experimenta hacia el empleado lo ubiquen en los límites de la agresión y sin duda en su interior estará hirviendo de ira.

Las teorías de la frustración y la agresividad tratan de explicar esta última con base en sucesos como el anterior. Cuando se expuso por vez primera, la teoría simplemente afirmaba que la frustración *siempre* lleva a algún tipo de agresividad, y que ésta *siempre* es resultado de algún tipo de frustración; la **frustración** se define como el bloqueo de algún comportamiento dirigido a alcanzar una meta (Dollard *et al.*, 1939). No obstante, formulaciones más recientes que han modificado la teoría original argumentan que la frustración produce ira, la cual genera una *predisposición* a comportarse en forma ofensiva. Que se produzca o no una agresión real depende de la presencia de *claves de agresividad*, estímulos que en el pasado han sido asociados con una agresión o violencia reales y que desencadenarán nuevamente la agresividad (Berkowitz, 1984). Además, se asume que la frustración produce agresión sólo en la medida en que aquélla produce sentimientos negativos (Berkowitz, 1989, 1990).

Frustración: la desilusión o bloqueo de algún comportamiento dirigido hacia la consecución de una meta

¿Qué tipos de estímulos funcionan como claves de agresividad? Pueden variar desde los más explícitos, como la presencia de armas, hasta los más sutiles, como la mención del nombre de una persona que se haya comportado de modo violento en el pasado. Por ejemplo, en un experimento, sujetos iracundos se comportaron en forma mucho más agresiva cuando estaban presentes un rifle y un revólver que en una situación similar sin armas (Berkowitz y LePage, 1967). De modo similar, en otro experimento, individuos frustrados que vieron una película violenta fueron más agresivos físicamente con un confederado que tenía el mismo nombre del principal protagonista de la película, que con otro con un nombre distinto (Berkowitz y Geen, 1966). En este sentido, parece ser que la frustración sí conduce a la agresividad, por lo menos cuando están presentes claves de agresividad (Carlson, Marcus-Newhall y Miller, 1990).

Enfoques del aprendizaje observacional: aprender a lastimar a los demás

¿Aprendemos a ser agresivos? El enfoque de la teoría del aprendizaje observacional (a la que en ocasiones se le denomina aprendizaje social) responde en sentido afirmativo. Desde una perspectiva opuesta por completo a las teorías de los instintos, que se centran en los aspectos innatos de la agresividad, la teoría del aprendizaje observacional (véase capítulo 5) señala que las condiciones sociales y ambientales pueden enseñar a los individuos a ser agresivos. No se considera a la agresividad como inevitable, sino como una respuesta aprendida que puede ser explicada en términos de recompensas y castigos (Bandura, 1973, 1983; Fry, 1992; MacEwen, 1993).

Por ejemplo, suponga que una niña golpea a su hermano menor cuando éste rompe uno de los juguetes nuevos de ella. Mientras que la teoría del instinto señala que la agresividad se había acumulado y que ahora es descargada, y la teoría de la frustración y la agresividad apuntaría a la frustración de la niña al no poder usar más su juguete nuevo, la teoría del aprendizaje observacional buscaría un reforzamiento previo que hubiese recibido la niña por ser agresiva. Tal vez haya aprendido que la agresividad provocaba que sus padres le prestaran atención, o tal vez en el pasado su hermano le dio una disculpa después de golpearlo. En cualquiera de estos casos, la teoría del aprendizaje observacional concibe a la agresión como un resultado de las recompensas que haya obtenido la niña en el pasado ante semejante comportamiento.

La teoría del aprendizaje observacional pone especial énfasis no sólo en las recompensas y los castigos directos que reciben los individuos mismos, sino también en las recompensas y los castigos que reciben los modelos, es decir, individuos que representan una guía de comportamiento, por su proceder agresivo. De acuerdo con la teoría del aprendizaje observacional, las personas observan el comportamiento de los modelos, así como las consecuencias de éste. Si los resultados son positivos, es probable que el observador imite el comportamiento cuando se encuentre en una situación parecida.

La formulación básica de la teoría del aprendizaje observacional cuenta con amplio apoyo de las investigaciones. Por ejemplo, niños que asisten a guarderías y que han visto a un adulto comportarse agresivamente, muestran esa misma conducta si se les molesta (Bandura, Ross y Ross, 1963a, 1963b). Sin embargo, parece ser que la exposición a modelos por lo general sólo conduce a la agresividad espontánea si el observador ha sido molestado, insultado o frustrado después de la exposición (Bandura, 1973, 1983).

Ayudar a los demás: el lado más amable de la naturaleza humana

Dejemos atrás la agresividad y abordemos el lado opuesto, y más amable, de la naturaleza humana: el comportamiento de ayuda. El comportamiento de ayuda o **comportamiento prosocial**, como se denomina en términos formales, ha sido investigado bajo condiciones muy diversas (McGuire, 1994). Sin embargo, el factor que los psicólogos han analizado más de cerca está relacionado con la intervención de testigos durante situaciones de emergencia. ¿Cuáles son los factores que hacen que alguien ofrezca ayuda a una persona necesitada?

Como señalamos en el capítulo 1, un factor de gran importancia es el número de personas que estén presentes. Cuando más de una persona está presente en una situación de emergencia, puede producirse entre los testigos un sentimiento de difusión de la responsabilidad. La **difusión de la responsabilidad** es la tendencia de las personas a sentir que la responsabilidad de actuar se comparte o difunde entre quienes están presentes. Por

Comportamiento prosocial:
comportamiento de ayuda

Difusión de la responsabilidad:
tendencia de las personas a sentir que la responsabilidad para actuar se comparte o difunde entre quienes están presentes

Por lo regular el altruismo es el único lado brillante de un desastre natural. En respuesta a la inundación masiva que asoló el medio oeste de Estados Unidos, miles de voluntarios acudieron de otras áreas del país para apilar sacos de arena, distribuir alimentos donados y brindar ayuda en general.

tanto, mientras más personas sean testigos de una emergencia, menor responsabilidad individual sentirá cada una de ellas, y en consecuencia ofrecerá menos ayuda (Latané y Nida, 1981; Kalafat, Elias y Gara, 1993; Bickman, 1994).

Aunque la mayor parte de las investigaciones acerca del comportamiento de ayuda apoya la hipótesis de la difusión de la responsabilidad, es evidente que existen otros factores implicados en el comportamiento de ayuda. De acuerdo con un modelo desarrollado por Latané y Darley (1970), el proceso de ayuda incluye cuatro pasos fundamentales:

- *Percatarse de la existencia de una persona, suceso o situación que puede requerir ayuda.*

- *Interpretar que el suceso requiere de ayuda.* Incluso si se tiene conciencia de un evento, éste puede ser lo suficientemente ambiguo como para que se le interprete como una situación que no implica emergencia alguna (Shotland, 1985; Harrison y Wells, 1991). Es en este momento cuando la presencia de los demás afecta por vez primera el comportamiento de ayuda. La presencia de otras personas inactivas le puede indicar al observador que la situación no requiere de un comportamiento de ayuda, juicio que no necesariamente emitiría el observador si se encontrara solo.

- *Asumir la responsabilidad de actuar.* Es en este momento cuando es probable que ocurra la difusión de la responsabilidad si hay otras personas presentes. Además, la experiencia particular de un testigo puede desempeñar una función importante para determinar si se da la ayuda. Por ejemplo, si se encuentran presentes personas que han recibido capacitación en técnicas médicas o de primeros auxilios, los testigos que carezcan de ese entrenamiento tienen menos probabilidades de intervenir debido a que sienten que poseen menor preparación. Este hecho está bien ilustrado en un trabajo de Jane e Irving Piliavin (1972), quienes realizaron un experimento de campo en el que al parecer una persona se desmayaba en un vagón del metro y a quien le salía sangre de la boca. Los resultados del experimento indicaron que los testigos tenían menos probabilidades de asumir un comportamiento de ayuda cuando una persona (que en realidad era un confederado) que parecía ser un médico residente se encontraba presente que cuando no lo estaba.

- *Decidir y realizar el tipo de ayuda.* Después de que un sujeto asume la responsabilidad de ayudar, se debe decidir cómo se dará el apoyo que puede variar desde formas muy indirectas de intervención, como llamar a la policía, hasta maneras más directas, como aplicar primeros auxilios o transportar a la víctima a un hospital. La mayoría de los psicólogos sociales aplica un *enfoque de recompensas y costos* para ayudar a predecir el tipo de ayuda que proporcionará el testigo. La idea general es que las recompensas del comportamiento de ayuda, como las percibe el testigo, deben superar los costos, si es que se ha de producir el comportamiento de ayuda, y la mayor parte de las investigaciones tiende a apoyar esta postura (Bell *et al.*, 1995).

Después de determinar la naturaleza de la asistencia, aún falta un paso: la realización del acto de ayuda. El análisis de recompensas y costos afirma que la forma de aplicación menos costosa es la que tiene mayores probabilidades de realizarse. No obstante, esto no siempre es así: en algunas situaciones las personas se comportan de modo altruista. El **altruismo** es un comportamiento de ayuda que produce beneficios para los demás, pero que precisa de un sacrificio de quien ofrece el apoyo. Por ejemplo, el caso de una persona que entra en una casa en llamas para rescatar al hijo de un desconocido se puede considerar un gesto altruista, en especial cuando se le compara con la sencilla alternativa de llamar a los bomberos (Batson, 1990, 1991; Dovidio, Allen y Schroeder, 1990; Shapiro y Gabbard, 1994). (La figura 14.10 resume los pasos básicos del comportamiento de ayuda.)

Algunas investigaciones sugieren que las personas que intervienen en situaciones de emergencia tienden a poseer determinadas características personales que las distinguen

Altruismo: comportamiento de ayuda que es benéfico para los demás pero que claramente requiere de un sacrificio de quien presta la ayuda

de quienes no suelen prestar ayuda. Por ejemplo, aquellos que prestan ayuda suelen ser más seguros de sí mismos. Otras investigaciones han descubierto que las personas que tienen gran cantidad de simpatía, *empatía* (un rasgo de personalidad en el que alguien que observa a otra persona experimenta las emociones de esta última) y comprensión emocional tienen más probabilidades de responder a las necesidades de los demás (Cialdini *et al.*, 1987; Eisenberg y Fabes, 1991; Knight *et al.*, 1994; Shaw, Batson y Todd, 1994; Batson *et al.*, 1995; Sibicky, Schroeder y Dovidio, 1995).

De cualquier forma, la mayoría de los psicólogos sociales están de acuerdo en que no hay un solo conjunto de características que distinga a las personas que prestan ayuda de quienes no lo hacen. Son los factores temporales y situacionales los que determinan en gran medida si una persona intervendrá en una situación que precisa de ayuda (Carlson, Charlin y Miller, 1988; Carlo *et al.*, 1991; Knight *et al.*, 1994).

Por ejemplo, nuestros estado de ánimo ayuda a determinar qué tan dispuestos a ayudar podemos estar. No debe sorprendernos que el buen humor favorezca el comportamiento de ayuda. Lo que no parece tener sentido, al menos en primera instancia, es el descubrimiento de que también el mal humor parece favorecerlo; sin embargo, existen algunas explicaciones razonables de estos descubrimientos. Por una parte, puede ser que pensemos que ayudar a alguien permita que nos veamos a nosotros mismos de modo más positivo, con lo cual nos animaremos de nuevo y cambiaremos de humor. De modo similar, si el mal humor hace que nos concentremos en nosotros mismos, puede ser que los valores que profesamos acerca del comportamiento de ayuda se hagan más evidentes, lo cual nos llevará a prestar ayuda cuando se necesite (Cialdini y Fultz, 1990; Eisenberg, 1991; Salovey, Charlin y Miller, 1991; Wegener y Petty, 1994; Carlson, Charlin y Miller, 1994).

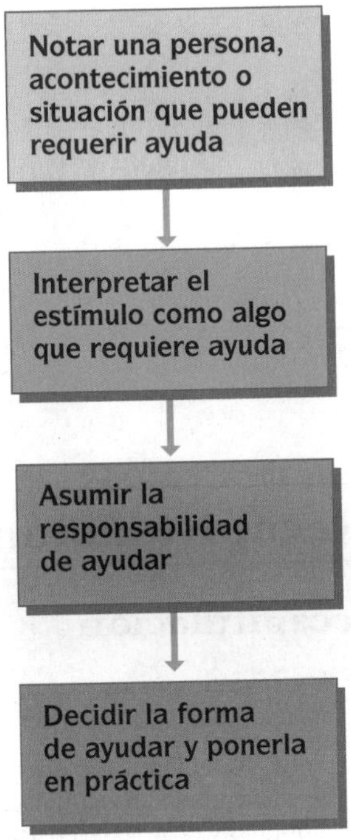

Notar una persona, acontecimiento o situación que pueden requerir ayuda

Interpretar el estímulo como algo que requiere ayuda

Asumir la responsabilidad de ayudar

Decidir la forma de ayudar y ponerla en práctica

FIGURA 14.10 *Los pasos básicos de la ayuda. Fuente: Basado en Latané y Darley, 1970.*

El consumidor de psicología bien informado

Manejo efectivo de la ira

En un momento u otro, casi todos hemos sentido enojo. Éste puede ser resultado de una situación frustrante o puede deberse al comportamiento de otro individuo. La forma en que manejemos esa cólera puede determinar la diferencia entre un ascenso y perder el empleo, o entre el rompimiento de una relación y una que se arregla por sí sola.

Los psicólogos sociales que han estudiado el tema sostienen que hay varias formas positivas para enfrentar la ira, las cuales maximizan el potencial para obtener consecuencias positivas (Deffenbacher, 1988, 1996; Pennebaker, 1990; Redmond y Redmond, 1994; Nay, 1995; Bass, 1996). Entre las estrategias más útiles se encuentran las siguientes:

- Ver la situación que está produciendo enojo desde la perspectiva de otros. Al adoptar el punto de vista de otros, puede comprender mejor la situación y con una comprensión mayor puede volverse más tolerante a los defectos aparentes de los demás.

- Reducir la importancia de la situación. ¿En realidad es importante que alguien esté conduciendo con demasiada lentitud y que como resultado usted vaya a llegar tarde a su cita? Reinterprete la situación en una forma que sea menos molesta.

- Fantasee acerca de desquitarse, pero no lo realice. La fantasía proporciona una válvula de escape. En sus fantasías puede gritarle a ese profesor injusto todo lo que quiera sin sufrir consecuencias. Sin embargo, no dedique mucho tiempo a darle vueltas al problema: fantasee, pero luego avance.

- Relájese. Aprender el tipo de técnicas de relajación que se emplean en la desensibilización sistemática (véase cuadro 13.2 en el capítulo anterior) puede ayudar a reducir sus reacciones ante el enojo, con lo que, a su vez, la cólera puede disiparse.

No importa cuál de estas estrategias intente, por encima de todo no ignore el enojo. Las personas que siempre luchan por suprimir su ira pueden experimentar una variedad de consecuencias, como condenarse a sí mismas e incluso presentar alguna enfermedad física (Pennebaker, 1990; Eysenck, 1994b; Engebretson y Stoney, 1995; Sharma, Ghosh y Spielberger, 1995).

Recapitulación, revisión y reflexión

Recapitulación

- Las investigaciones acerca de la atracción interpersonal y las relaciones íntimas consideran el afecto y el amor.

- Entre los factores más importantes que influyen en el afecto se encuentran la proximidad, la simple exposición, la similitud y el atractivo físico.

- Se propone que el amor es distinto del afecto de modo cualitativo y cuantitativo. Además, es posible distinguir distintos tipos de amor.

- La agresión se refiere a la herida o daño intencional que se inflige a otra persona.

- El comportamiento de ayuda durante las emergencias implica cuatro pasos.

Revisión

1. Tendemos a sentir atracción por las personas similares a nosotros. ¿Verdadero o falso?

2. La _____ _____ _____ predice que nos sentiremos atraídos por personas cuyas necesidades sean distintas a las nuestras.

3. De acuerdo con Berscheid, una persona puede seguir sintiéndose enamorada de otra, incluso cuando es rechazada constantemente, si está presente la _____ y se le confunde con "amor".

4. ¿Cuáles son los tres componentes del amor que propuso Sternberg?

   a. pasión, cercanía, sexualidad
   b. atracción, deseo, complementariedad
   c. pasión, intimidad, compromiso
   d. compromiso, interés, sexualidad

5. Según investigaciones basadas en encuestas, las personas tienen preferencias similares en lo tocante a su pareja, con relativa independencia de cuáles sean sus propios antecedentes culturales o su género. ¿Verdadero o falso?

6. ¿Qué hipótesis sostiene que la frustración produce ira, la que a su vez produce una predisposición para comportarse agresivamente?

   a. frustración y agresividad
   b. aprendizaje observacional

c. catarsis
d. agresividad instintiva

7. Con base en la evidencia de las investigaciones, ¿cuál de las siguientes estrategias podría ser la mejor forma para reducir la cantidad de peleas en que se involucra un niño?

   a. llevarlo al gimnasio y dejarlo entrenar con equipo de boxeo.
   b. llevarlo a ver *Terminator 2* varias veces con la esperanza de que ello le proporcionará una catarsis.
   c. recompensarlo si no pelea durante algún tiempo.
   d. ignorar el hecho y dejar que desaparezca por sí mismo.

8. Si una persona entre una multitud no presta ayuda en una situación de emergencia obvia debido a que hay muchas personas presentes, sabemos que esa persona es víctima del fenómeno de _____ _____ _____

   _____.

Las respuestas a las preguntas de revisión se encuentran en la página 612.

Reflexión

1. ¿Se puede estudiar adecuadamente el amor? ¿Existe una cualidad "intangible" en el amor que lo haga cuando menos parcialmente incognoscible? ¿Cómo definiría el acto de "enamorarse"? ¿Cómo lo estudiaría?

2. ¿Por qué las personas sienten la necesidad de crear una explicación pública para guardar las apariencias o culpar a alguien de la disolución de una relación y por qué tienen que replantear la relación a fin de hacer que el rompimiento parezca razonable? ¿Esto tiene algo que ver con el fenómeno de disonancia cognitiva?

3. ¿Cómo podría interpretarse la agresividad de alguien como Timothy McVeigh, acusado de hacer volar un edificio federal en la ciudad de Oklahoma, según los tres enfoques principales para el estudio de la agresión: enfoques con base en los instintos, enfoques de la frustración y la agresividad, y enfoques del aprendizaje observacional? ¿Piensa que alguno de estos enfoques encaja en el caso de McVeigh de manera más estrecha que los otros?

UNA MIRADA
retrospectiva

¿Qué son las actitudes y cómo se forman, conservan y cambian?

1. En este capítulo expusimos la psicología social, que es el estudio de las formas en que los pensamientos, sentimientos y acciones de las personas son afectados por los demás, así como la naturaleza y las causas del comportamiento individual en situaciones sociales.

2. Las actitudes, un tema central del estudio de la psicología social, son predisposiciones aprendidas para responder en forma favorable o adversa ante un objeto determinado. El modelo ABC de las actitudes sostiene que éstas poseen tres componentes: el afectivo, el conductual y el cognitivo. Las actitudes pueden ser adquiridas mediante diversos procesos. Éstos incluyen: el condicionamiento clásico, en el que un objeto previamente neutro comienza a provocar las actitudes asociadas con otro objeto a consecuencia de apariciones conjuntas repetidas; y el condicionamiento operante, en el que el reforzamiento actúa para mantener una actitud.

3. Diversas teorías señalan que las personas procuran conservar consistencia en sus actitudes. La disonancia cognitiva se produce cuando dos cogniciones, ya sea actitudes o pensamientos, se contradicen entre sí y una persona las sostiene de manera simultánea. Para resolver esta contradicción, la persona puede modificar la cognición, cambiar su importancia, agregar cogniciones o negar la contradicción, con lo cual logra reducir la disonancia. Sin embargo, se han propuesto explicaciones alternativas basadas en la teoría de la percepción que tienen las personas de sí mismas para interpretar los fenómenos de la disonancia.

¿De qué modo formamos impresiones acerca de cómo son los demás y de las causas de su comportamiento?

4. Las impresiones acerca de los demás se forman mediante cogniciones sociales, los procesos que subyacen a nuestra comprensión del mundo social. Las personas desarrollan esquemas, los cuales organizan en la memoria la información acerca de las personas y las experiencias sociales. Estos esquemas representan nuestra vida social y nos permiten interpretar y catalogar la información acerca de los demás.

5. Una de las maneras en que las personas se forman impresiones acerca de los demás es por medio del empleo de rasgos centrales, características de personalidad a las que se les atribuye suma importancia cuando se forma una impresión. Los enfoques del procesamiento de información han demostrado que tendemos a promediar conjuntos de rasgos para formar una impresión general.

6. La teoría de la atribución trata de explicar la forma en que comprendemos las causas del comportamiento, en especial con relación a factores situacionales y disposicionales.

¿Cuáles son los prejuicios o sesgos que influyen en nuestra manera de ver el comportamiento de los demás?

7. Aun cuando están implicados procesos lógicos, la atribución todavía es propensa al error. Por ejemplo, el error de atribución fundamental es la tendencia a relacionar en forma excesiva el comportamiento de los demás a causas disposicionales y la correspondiente falla para reconocer la importancia de las causas situacionales. Otros prejuicios incluyen: el efecto de halo, en el que la comprensión inicial de que una persona tiene rasgos positivos se emplea para inferir otras características positivas, y el sesgo de similitud supuesta, la tendencia a pensar que las personas son parecidas a uno mismo.

¿Cuáles son las principales fuentes y tácticas de influencia social?

8. La influencia social es el área de la psicología social que se ocupa de situaciones en que las acciones de un individuo o grupo afectan el comportamiento de los demás.

9. La conformidad se refiere a los cambios de comportamiento o de actitudes que se producen como resultado del deseo de seguir las creencias o las normas de los demás. Entre los factores que afectan la conformidad se encuentran la naturaleza del grupo, la naturaleza de la respuesta requerida, el tipo de tarea y la unanimidad del grupo. Una manifestación de la conformidad es el pensamiento grupal, el deseo de lograr un consenso aun a expensas del análisis crítico de otras perspectivas.

10. El acatamiento es un comportamiento que se produce como resultado de una presión social directa. Dos medios importantes para evocar el acatamiento son: la técnica del pie en la puerta, en donde al principio se hace una solicitud pequeña para después pedir que se acate una solicitud mayor, y el procedimiento de la puerta en las narices, en el que una solicitud muy considerable, ideada para ser rechazada, es seguida por una solicitud menor. Otros procedimientos son la técnica de eso no es todo y la técnica de la muestra no tan gratuita. En contraste con el acatamiento, la obediencia es un cambio de comportamiento en respuesta a las órdenes de otros.

¿Cuál es la diferencia entre estereotipos, prejuicio y discriminación?

11. Los estereotipos son evaluaciones negativas (o positivas) de grupos y sus miembros. Aunque por lo regular se aplican a grupos raciales y étnicos, los estereotipos también se encuentran en las clasificaciones de grupos de género y de edad. El prejuicio es la evaluación negativa (o positiva) de los grupos y sus integrantes.

12. El estereotipamiento y el prejuicio pueden conducir a la discriminación, comportamiento negativo hacia los miembros de un grupo particular. También puede conducir a las profecías autocumplidoras, que son expectativas sobre la ocurrencia de sucesos o comportamientos futuros que actúan para incrementar la probabilidad de que los sucesos o comportamientos ocurran en realidad.

13. De acuerdo con los enfoques del aprendizaje social, las personas aprenden el estereotipamiento y el prejuicio al observar el comportamiento de sus padres, de otros adultos y de sus pares. Además, la teoría de la identidad social sostiene que la pertenencia al grupo se usa como una fuente de

orgullo y valor propio, lo cual puede conducir a las personas a pensar que su grupo es mejor que otros.

¿Cómo podemos reducir el prejuicio y la discriminación?

14. Entre las formas de reducir el prejuicio y la discriminación se encuentran: incrementar el contacto, dar relevancia a los valores positivos contra el prejuicio y proporcionar información sobre los blancos de la atribución o el estereotipo.

15. La vulnerabilidad al estereotipo, que son obstáculos para el desempeño que se derivan de la conciencia de los estereotipos de la sociedad respecto a miembros de grupos minoritarios, puede combatirse con programas de capacitación específicos que abordan la vulnerabilidad de los miembros de grupos minoritarios a los estereotipos e ilustran que los estereotipos son inexactos.

¿Por qué sentimos atracción por determinadas personas y cuál es el camino que siguen las relaciones sociales?

16. El estudio de la atracción interpersonal o relaciones íntimas trata acerca del afecto y el amor. Entre los principales determinantes del afecto se encuentran la proximidad, la simple exposición, la similitud y el atractivo físico.

17. El amor se distingue del afecto por la presencia de una excitación fisiológica intensa, interés total en la otra persona, fantasías respecto a ella, cambios rápidos de emoción, fascinación, deseo sexual, exclusividad y fuertes sentimientos de protección. De acuerdo con un enfoque, se puede catalogar el amor en dos tipos: el amor pasional y el amor de compañía.

18. Investigaciones recientes han examinado el desarrollo, la conservación y el deterioro de las relaciones. Las relaciones tienden a pasar por etapas, y los distintos componentes del amor: intimidad, pasión y decisión y compromiso, varían en su influencia a lo largo del tiempo.

¿Qué factores subyacen a la agresividad y al comportamiento prosocial?

19. La agresión es un perjuicio o daño intencional que se inflige a otra persona. Los enfoques con base en los instintos sugieren que los seres humanos tienen una pulsión innata que los hace comportarse de manera agresiva, y que si no hay descarga de esos impulsos en formas socialmente aceptables, se descargará de alguna otra forma, una hipótesis para la que existe poco apoyo en la investigación. La teoría de la frustración y la agresividad sostiene que la frustración genera una predisposición para comportarse agresivamente, si es que se encuentran presentes claves de agresividad. Por último, la teoría del aprendizaje observacional plantea la hipótesis de que la agresividad se aprende por medio del reforzamiento, en especial por el reforzamiento proporcionado a modelos.

20. El comportamiento de ayuda durante situaciones de emergencia está determinado en parte por el fenómeno de la difusión de responsabilidad, el cual reduce la probabilidad de que se produzca el comportamiento de ayuda cuando se encuentra presente un mayor número de personas. La decisión de prestar ayuda es el resultado de un proceso de cuatro fases que consiste en: percatarse de la posible necesidad de ayuda, interpretar que la situación precisa de ayuda, asumir la responsabilidad de actuar y decidir en qué consistirá el comportamiento de ayuda y llevarlo a cabo.

Términos y conceptos clave

psicología social (p. 571)
actitudes (p. 571)
modelo ABC de las actitudes (p. 572)
procesamiento por vía central (p. 575)
procesamiento por vía periférica (p. 575)
disonancia cognitiva (p. 578)
cognición social (p. 579)
esquemas (p. 579)
rasgos centrales (p. 580)
teoría de la atribución (p. 581)
causas situacionales (del comportamiento) (p. 582)
causas disposicionales (del comportamiento) (p. 582)

error de atribución fundamental (p. 582)
efecto de halo (p. 582)
sesgo de similitud supuesta (p. 583)
influencia social (p. 585)
conformidad (p. 585)
posición social (p. 586)
proveedor de apoyo social (p. 586)
acatamiento (p. 587)
obediencia (p. 591)
estereotipos (p. 593)
prejuicios (p. 593)
discriminación (p. 593)
atracción interpersonal (p. 597)
efecto de reciprocidad del afecto (p. 598)

hipótesis de la necesidad de complementariedad (p. 599)
amor pasional (o romántico) (p. 601)
amor de compañía (p. 601)
agresión (p. 605)
catarsis (p. 606)
frustración (p. 606)
comportamiento prosocial (p. 607)
difusión de la responsabilidad (p. 607)
altruismo (p. 608)

Respuestas a las preguntas de revisión:

1. Verdadero   2. necesidad de complementariedad   3. excitación   4. c   5. Falso; poseen patrones de preferencias distintos   6. a
7. c   8. difusión de la responsabilidad

Epílogo

En este capítulo hemos tocado algunas de las principales ideas, temas de investigación y hallazgos experimentales de la psicología social. Hemos examinado la manera en que las personas forman, mantienen y cambian las actitudes; y la manera en que se forman impresiones de los demás y les asignan atribuciones. También hemos visto cómo los grupos, por medio de la conformidad y las tácticas de acatamiento, pueden influir en las acciones y actitudes de los individuos. Asimismo expusimos las relaciones interpersonales, incluyendo el afecto y el amor, y vimos las dos caras de la moneda que representan los extremos del comportamiento social: la agresividad y el comportamiento prosocial.

Regresemos al prólogo, en donde se describían las reacciones ante la muerte de la princesa Diana. Use su comprensión de la psicología social para considerar las siguientes preguntas.

1. ¿Cómo se aplica el modelo ABC de las actitudes, el cual abarca el afecto, el comportamiento y la cognición, a las actitudes de muchas personas hacia la princesa Diana? ¿Cuál componente considera que era el más fuerte en las actitudes de la mayoría de las personas hacia ella?

2. La princesa Diana era una defensora activa de la prohibición del uso de minas terrestres. ¿Puede comentar, en función de los hallazgos respecto a la persuasión, la atención renovada que recibió la cuestión de las minas terrestres después de la muerte de Diana?

3. ¿Qué clase de impresión parece haberse formado la mayoría de las personas respecto a la princesa Diana? ¿Cómo pudieron formarse esa impresión? ¿Las personas desarrollaron la misma impresión de otros miembros de la familia real británica?

4. Tanto la princesa Diana como el príncipe Carlos confesaron indiscreciones fuera de su matrimonio. ¿Piensa que las atribuciones que se formaron las personas de las acciones de ambos fueron iguales o diferentes? En cada caso, ¿se asumieron causas situacionales o disposicionales?

5. ¿A cuáles prejuicios o sesgos, si es que hubo alguno, cree que pudieron haber estado sujetas las actitudes de las personas hacia la princesa Diana?

6. ¿Cómo pudieron haber afectado las presiones para la conformidad y el pensamiento grupal a los juicios de las personas sobre la prensa sensacionalista y la familia real en la semana posterior a la muerte de la princesa Diana?

Aplicaciones en
PAÍSES DE HABLA HISPANA

Un enlace entre la biología y la psicología: La psicología evolutiva

Cynthia Klingler, Ph.D.
Universidad de Las Américas
México

El objetivo de este trabajo es hablar de las recientes investigaciones sobre la estructura de la mente tomando en cuenta la visión de las ciencias cognitivas. Hablaremos en particular de la psicología evolutiva y sus contribuciones a nuestro conocimiento acerca del funcionamiento de la mente. Examinaremos, en especial, los trabajos de Jerry Fodor, Howard Gardner, Steven Mithen y Steven Pinker.

La mente humana es una abstracción que aun después de siglos de estudio por filósofos y psicólogos, sigue siendo un enigma. ¿Cómo podemos, como seres humanos, crear arte y música? ¿Qué es la inteligencia? La ciencia cognitiva tiene muchas respuestas tentativas a estas preguntas y han surgido nuevas teorías sobre cómo se relacionan los estímulos exteriores con la estructura biológica de los seres humanos. Sabemos de la estructura fisiológica de la mente por los biólogos, por su parte, los psicólogos han intentado darnos una idea del cómo y el porqué de nuestra conducta; los psicólogos estudian la función patológica del cerebro y el desarrollo de los niños; la ciencia cognitiva y la biología evolutiva nos proporcionan respuestas a preguntas del tipo: ¿cómo creamos la realidad?

Los antropólogos Cosmides y Tooby (1992 citados en Mithen, 1996) proponen dos teorías de la mente. El modelo tradicional de las ciencias sociales postula, junto con una mentalidad generalizada, un mecanismo libre de contenido que se ocupa de todo el aprendizaje. Según este modelo, al nacer el ser humano, su mente es una tábula rasa o pizarrón vacío, es decir, todo el conocimiento y nuestra manera de pensar son impuestos por el mundo exterior mediante la cultura. Esta propuesta da poco valor a la biología en la naturaleza de nuestras mentes.

La nueva ciencia que examina estas ideas se llama psicología evolutiva, una unión de la revolución cognitiva de las décadas de los cincuenta y sesenta y de la revolución en la biología también de la década de los sesenta del siglo pasado. La revolución cognitiva pretende explicar el mecanismo de pensamiento y emoción en cuanto a la información y la computación. La revolución en la biología pretende explicar el diseño duplicador complejo, dada la capacidad de adaptar al entorno objetos vivos en términos de selección entre los duplicadores que les benefician.

Por lo tanto, el modelo de la psicología evolutiva, con sus distintos conceptos de la mente, propone un razonamiento especializado y módulos múltiples, ricos en contenido y propios de unos dominios. Los psicólogos evolutivos argumentan que nuestra composición biológica está involucrada en nuestros procesos de pensar y afirman que la mente está compuesta por una serie de procesos cognitivos especializados, cada uno de los cuales determina a una conducta particular.

Por otro lado, estos modelos provocan más preguntas. Por ejemplo, Steven Mithen (1996), arqueólogo, quien apoya estos nuevos conceptos de módulos de la mente, cuestiona: ¿cómo es posible, si la mente tiene cajones dedicados a funciones especiales, que el ser humano tenga una capacidad para crear casi sin límites? Mithen también argumenta dos teorías populares que no tienen validez. Una concibe la mente como una esponja. La mente, como una esponja, absorbe las ideas y espera que se le llene de conocimiento. Sin embargo, dice Mithen, las esponjas no pueden resolver problemas. ¿Cómo tiene la mente la habilidad de comparar y combinar piezas de información? Una esponja no puede hacer esto pero una computadora sí; ésta es la otra teoría. La de la computadora propone que este instrumento tiene un programa que se llama *aprendizaje*, los datos que entran posibilitan al programa generar información. Es lamentable que ambas analogías tengan límites. La mente de los niños no absorbe ni expulsa simplemente el conocimiento y la computadora sólo puede responder mediante la información que alguien inserta en su caja negra. Ni un modelo ni el otro es capaz de crear nueva información.

Piaget, quien desarrolló la teoría que pretende explicar el desarrollo de las funciones cognitivas en el niño, utilizó la analogía de la computadora en un sentido al proponer que la mente opera con un programa generalizado que controla la entrada de nueva información. Este programa es capaz de reestructurar la mente y dar lugar a las etapas de desarrollo propuestas por Piaget. El modelo homólogo propone que hay un sistema subyacente a la cognición que controla ambos, el desarrollo cognitivo y el desarrollo de lenguaje, que puede ser análogo al programa computacional. En la etapa formal y operacional, el niño es capaz de mentalizar los objetos con los que está trabajando (Rice y Kemper, 1984).

Mithen afirma que muchos psicólogos cognitivos no están de acuerdo con Piaget. Durante los últimos 10 años estos científicos han cuestionado las dos analogías: les parece más lógica y sensata la teoría de los módulos. Tal vez no son fáciles de entender. Unos dicen "módulos", otros dicen "dominios" y otros hablan de inteligencias (Pinker, 1997; Gardner, 1983; Fodor, 1983, 1994), pero todos hablan de la mente como una estructura.

Según Steven Pinker (1997), biólogo evolutivo, la mente es "un sistema de órganos de la computación, diseñada, mediante la selección natural, para resolver los mismos tipos de problemas como los que enfrentaron nuestros ancestros cuando tuvieron que cazar y buscar comida, en particular el entendimiento y la manipulación de objetos, animales, plantas y otras personas" (p. 21).

Pinker es partidario de la teoría de módulos: "la mente está organizada en módulos u órganos mentales, cada uno de un diseño especial que lo hace experto en un dominio de interacción con el mundo. Nuestro programa genético especifica la lógica básica del programa. Las operaciones fueron desarrolladas por la selección natural para las necesidades de la vida de nuestros ancestros en la historia evolutiva. Los problemas de los ancestros generaron problemas para sus genes que tenían que pasar hasta las generaciones posteriores" (p. 21).

Pinker nos recuerda que la manera de examinar la estructura de nuestro organismo y la utilidad de sus funciones realmente se debe a Darwin, quien dijo que éste es resultado de la evolución de replicadores de unas generaciones a otras. Al replicarse, surgen errores y éstos, que aumentan la cantidad de reproducción y la supervivencia, tienden a acumularse generación tras generación. Las plantas y los animales son replicadores y sus mecanismos biológicos han sido diseñados para permitir su supervivencia y su reproducción.

Mithen (1996) propone tres etapas (de la arquitectura) de la evolución de la mente.

- Etapa 1. La mente dominada por la inteligencia general-aprendizaje general y asimilación de las reglas.

- Etapa 2. La inteligencia general reemplazada por unas inteligencias múltiples y especializadas que trabajan de manera independiente y cada una se ocupa de un dominio distinto.

- Etapa 3. Inteligencias especializadas que parecen estar trabajando en conjunto con una integración de ideas entre dominios de conducta.

Mithen ve la mente como una catedral con muchas capillas. La mente en la etapa uno posee una sola capilla donde se llevan a cabo todos los procesos de pensamiento, a esta capilla llega la información mediante una serie de módulos de ingreso. Según Mithen, esta capilla, considerada como inteligencia general, no está presente en la mente moderna. Quizá este tipo de inteligencia existe en los niños pequeños y seguramente, para Piaget, consista en su estructura de la inteligencia general.

Mientras tanto, en las otras capillas, las inteligencias se transforman y se hacen más complejas y especializadas. Cada inteligencia se compone de paquetes de módulos mentales relacionados con un dominio específico de conducta. El aprendizaje se hace más rápido y se adquieren patrones de conducta más complejos. En la etapa dos, hay por lo menos tres inteligencias especializadas, una es la capilla de la inteligencia social, útil para la interacción y para "leer" las mentes de otras personas. Cabe mencionar que quedan huellas de la inteligencia de la historia natural y la capacidad de hacer herramientas. Aunque no se combina el conocimiento de un dominio a otro cuando se requiere de un pensamiento único, que hará uso del conocimiento de más de una capilla, como ideas sobre qué tipo de herramienta se puede utilizar para cazar un animal específico, la mente debe depender de la inteligencia general. En este caso, puede existir algún intercambio.

En la etapa tres, la más desarrollada hablando en términos de la evolución, tenemos un intercambio de información, es decir, hay flujo de conocimiento. Existe influencia de una capilla a otra y hay acceso directo al conocimiento. Se presenta lo que Fodor (1983) describe como el sistema central y lo que para Stich y Nichols (2000) permite que la información pase a manera de flujo por "ventanas" y "puertas" de una capilla a otra lo que aumenta la complejidad del sistema.

Los psicólogos evolutivos han retomado estas etapas y han transformado y refinado algunas de estas ideas de Mithen.

Fodor (1983 citado en Mithen, 1996) propone dos tipos de sistemas: la percepción o los sistemas de entrada y la cognición o sistema central. Los sistemas de entrada son módulos discretos, como la vista, el oído y el tacto. En este sistema viven la inteligencia, la resolución de problemas y la imaginación. Fodor argumenta que cada sistema tiene su base en un proceso cerebral independiente y está conectado a partes específicas del cerebro. Fodor caracteriza a la percepción como el sistema "estúpido" y el sistema central como el sistema inteligente e insiste en que cada sistema de entrada está encapsulado, y por eso no tiene acceso a información de otros sistemas y también afirma que los sistemas de entrada no pueden recibir mucha información del sistema central. Fodor es nativista, cree en estructuras universales, esto quiere decir que no da mucha importancia a la influencia de la cultura en estos sistemas, sino que éstos se encuentran presentes al nacer el niño.

Los sistemas centrales no son propios de un dominio y no son encapsulados. Los sistemas centrales son holísticos, creativos, y trabajan con analogías; trabajan lentamente y su objetivo es integrar toda la información recibida en procesos que no son relacionados con partes específicas del cerebro.

Gardner (1983) en *Teoría de la mente: La teoría de inteligencias múltiples* propone una teoría de inteligencias múltiples, tomando sus ideas no sólo de la neuropsicología sino de la lingüística, la educación y la antropología social. Gardner no acepta la idea de una inteligencia centralizada sino la existencia de siete inteligencias (últimamente han aumentado) ubicadas en diferentes partes del cerebro. Las siete inteligencias son: lingüística, lógico-matemático, musical, espacial, kinestética, e inter e intrapersonal, es decir, la mente se compone de un grupo de inteligencias autónomas.

Los científicos cognitivos pretenden entender lo que está pasando en el mundo; así como los psicólogos evolutivos, los arqueólogos y los antropólogos, en su trabajo interdisciplinario, han ampliado el entendimiento de cómo trabajamos y pensamos. Quizá, en este siglo, podamos abrir el camino al entendimiento total del enigma que es nuestra maravillosa mente.

REFERENCIAS

Fodor, J. (1994), *Concepts: A potboiler*, Cognición, 50, pp. 95-113.

Gardner, H. (1983), *Frames of mind: The theory of multiple intelligences*, Nueva York, Basic Books.

Mithen, S. (1996), *The prehistory of the mind*, London, Thames & Hudson, Ltd.

Nichols, S. y Stich, S. (2000), *A cognitive theory of pretense*, Cognition, 74, 114-147.

Pinker, S. (1997), *How the mind works*, Nueva York, W.W. Norton & Company.

Rice, M. & Kemper, S. (1984), *Child language and cognition*, Baltimore, University Park Press.

Actitudes de académicos universitarios en el uso de computadoras, correo electrónico y páginas web

Dr. Miguel Ángel López Carrasco
Universidad Iberoamericana
Puebla, México

> La revolución de la información está aquí: la manera en la que las escuelas se adapten a ella influirá en su efectividad.
>
> CHARLES OLESON

INTRODUCCIÓN

Los avances tecnológicos asociados al desarrollo de la computación y la internet han permitido cambios radicales dentro de la estructura de los cursos universitarios, lo cual ha empezado a modificar el rostro de la educación superior alrededor del mundo a una velocidad jamás imaginada, incrementando el número de alumnos que ya toman cursos apoyados en las llamadas nuevas tecnologías de la información y la comunicación (NTIC), dentro y fuera de la universidad. De esta manera, en la actualidad no sólo los jóvenes sino también los adultos reciben los beneficios de este nuevo paradigma en la escuela, el trabajo y el tiempo libre (Ewing-Taylor, 1999).

En los últimos años las instituciones de educación superior han dado prioridad a la integración de la tecnología dentro del currículum, tanto en licenciatura como en posgrado. Con la presencia de la llamada *world wide web* (*www*), la definición y la forma de aprender han ido cambiando. Ahora el proceso de aprendizaje en las universidades es muy diferente: el salón de clases tradicional ha dejado de ser un espacio pasivo, para transformarse en un centro ilimitado de recursos pedagógicos y tecnológicos. Dentro del aula, el proceso enseñanza-aprendizaje se ha enfocado en una postura centrada en los recursos de los alumnos, más que en las habilidades docentes de los profesores. Esta nueva conceptualización del salón de clases promueve el desarrollo de conocimientos que van más allá de la adquisición de información o la memorización de una serie de eventos. Las sesiones escolares están cada vez más centradas en actividades apoyadas en un modelo de aprendizaje cooperativo que en la sola explicación del profesor. La aparición y perfeccionamiento de la computadora como herramienta dentro del salón de clases, ha revolucionado la forma de desarrollar la docencia en los diversos ámbitos universitarios.

Con la introducción de la *www* en la educación superior, se han favorecido tres valores muy significativos en el proceso enseñanza-aprendizaje: independencia, creatividad y flexibilidad en el aprendizaje. En el contexto educativo, la presencia y uso de la *www* como una nueva alternativa de enseñanza, ha planteado una visión diferente de lo que hoy significa enseñar y aprender (Lé & Lé, 1999). Incluso ha llevado a replantear el viejo esquema de universidad que se manejó en el mundo durante el siglo XX.

En este sentido, con la aparición de los cursos en línea o basados en páginas web el estudiante se ha enfrentado a un nuevo esquema de aprendizaje y el profesor a uno nuevo de enseñanza. Ahora se busca que los estudiantes pasen menos horas en el salón de clases, aprovechando la interacción con compañeros a través del llamado aprendizaje cooperativo o colaborativo. El desarrollo de actividades en casa va en aumento, ya que la misma biblioteca se ha trasladado de lugar gracias a la digitalización de documentos (Ewing-Taylor, 1999).

En lo general, algunos estudios señalan que los estudiantes, en especial de licenciatura, han mostrado una actitud favorable hacia la implementación de cursos basados en páginas web dentro de la universidad (Ewing-Taylor, 1999). Habrá que recordar que una actitud es una predisposición aprendida para dar respuesta de manera consistente, favorable o desfavorable hacia hechos diversos (Hernández, Fernández y Baptista, 1998). El análisis de las actitudes es considerado como un tema de relevancia dentro del campo de la psicología social. Por lo general, las actitudes son predictoras de conducta (Morahan-Martin & Schumacher, 2000); de ahí que los estudiantes universitarios hayan visto a la web como un poderoso recurso que promueve la motivación, la responsabilidad y la independencia en el aprendizaje, y en consecuencia ellos muestran una actitud favorable hacia el uso de estas herramientas como parte complementaria dentro de un nuevo proceso de adquisición y desarrollo de conocimientos (Lé & Lé, 1999).

Por su parte, la actitud de los profesores universitarios hacia el uso de computadoras, correo electrónico y páginas web es un tanto diversa. Según lo señala un estudio de Quesada (1997), en el que la mayoría de los profesores universitarios mostraron una actitud favorable hacia el uso de internet en sus clases como una herramienta de apoyo. A su vez, los profesores han empezado a explorar la *world wide web* y han descubierto su alto potencial en beneficio de los alumnos. Sin embargo, tal y como lo reporta Mitra y cols. (1999), no todos los miembros de la academia utilizan estos recursos con sus estudiantes a pesar de contar con los medios para hacerlo, aspecto que se vincula con una actitud negativa de los profesores universitarios respecto al uso de la tecnología en el salón de clases, reflejándose en un uso limitado de herramientas, como el correo electrónico o la consulta de páginas web.

Por otro lado, la actitud hacia el uso de las nuevas tecnologías de la información y la comunicación puede estar asociado no sólo a la edad, sino también al género al que se pertenece. De acuerdo a Palmqvist (2000), hombres y mujeres difieren en cuanto a la preferencia de sitios que consultan en internet. En un estudio de Morahan-Martin & Schumacher (2000) se encontró que los hombres suelen usar más internet que las mujeres, ya que los primeros suelen impresionarse más con las nuevas tecnologías. Sin embargo, en otro trabajo llevado a cabo por Mitra y cols. (1999), no encontraron diferencias por género ni por área profesional en cuanto al uso de correo electrónico por parte de profesores universitarios; las diferencias se dieron entre aquellos miembros de la academia considerados como veteranos en contraposición a los docentes más jóvenes, cuya actitud fue más favorable que la de los primeros.

En el presente estudio se analizó la actitud de profesores de una universidad privada mexicana, en relación al uso de computadoras, correo electrónico y páginas web. Se buscaron diferencias en relación a la edad y al género al que pertenecían estos académicos; además, se analizaron datos generales sobre el uso de estas herramientas en la muestra analizada. A continuación se presenta la metodología y los resultados obtenidos.

METODOLOGÍA

Escenario

El presente trabajo se llevó a cabo en una universidad privada, en la ciudad de Puebla, México. Esta institución de educación superior cuenta con aproximadamente 5 mil estudiantes, con una planta docente de alrededor de 102 académicos de tiempo completo y 700 profesores de asignatura u hora/clase. Ofrece cursos de licenciatura, así como de posgrado. Hasta el momento del estudio, la incorporación de las nuevas tecnologías en la práctica docente de la institución había sido lenta pero consistente, lo cual motivó a conocer la actitud de parte del personal académico más influyente en la vida de esta universidad respecto al uso de estas herramientas. Se consideró que el personal que labora de tiempo completo podría reflejar mejor su actitud respecto al uso de la computadora, internet y páginas web.

Sujetos

De un total de 102 académicos universitarios de tiempo completo de esta institución, se tomó una muestra de 54: 31 hombres y 22 mujeres (una persona no contestó). Se eliminó de la muestra a cinco académicos de tiempo responsables del área de cómputo académico para evitar un sesgo dentro de la misma. Respecto a su escolaridad, 31.5% contaba con estudios terminados de licenciatura, 1.9% de especialidad, 48.1% de maestría, y 18.5% de doctorado. El promedio de años de experiencia docente fue de 13.77 años; en cuanto al tiempo promedio laborando en esta institución fue de 6.89 años. La edad promedio de los participantes fue de 42.46 años. 61.11% de los encuestados pertenecía al área de Ciencias Sociales y Humanidades, 12.96% al área de Ingenierías, 11.11% al área Económico-Administrativa, y 9.26% al área de Arte y Diseño.

El total de encuestados indicó usar la computadora y el correo electrónico en su trabajo, por lo que se dio por hecho que todos ellos contaban con esta herramienta en su oficina. Del total, 96.3% indicó consultar páginas web en su actividad laboral. Por otro lado, el 87% dijo tener una computadora en casa que emplea 83.3% de los encuestados. Sólo 55.6% señaló usar el correo electrónico en su domicilio, y 51.9% consultar páginas web en este mismo lugar.

El 37% de la muestra tuvo su primer contacto con una computadora en su trabajo, 13% al ingresar a estudios de posgrado, y 31.5% al estudiar su licenciatura. 28.5% tuvo sus primeras experiencias con una computadora al cursar el bachillerato o la secundaria. 50% dijo tener nueve o más años usando una, y únicamente 5.6% señaló menos de dos años en contacto con este tipo de herramienta.

Instrumentos

En el presente estudio se aplicaron tres instrumentos: Hoja de datos personales, Encuesta sobre el uso y actitudes relativas al empleo de la computadora e internet (Morahan-Martin & Schumacher, 2000), y la Escala de actitudes respecto al uso de correo electrónico y páginas web en profesores (Quesada, 1997).

La Hoja de datos personales contenía 10 reactivos, en donde resaltaba el cargo que ocupaba el académico, edad, género, último grado académico concluido, fecha de obtención del mismo, años de actividad docente a nivel superior, año de ingreso a la institución, una autoevaluación general sobre su competencia en relación al manejo de una computadora, así como el lugar en donde se dio el primer contacto con este tipo de herramientas.

La Encuesta sobre el uso y actitudes relativas al empleo de la computadora e internet, que fue desarrollada por Morahan-Martin & Schumacher (2000), está dividida en tres partes. En la primera, se hace referencia al uso de la computadora, internet y páginas web, en la escuela, el trabajo y la casa. La segunda evalúa la habilidad y la experiencia en aplicaciones propias de paquetes computacionales. La tercera parte evalúa el nivel de competencia y confort en relación al uso de la computadora e internet, así como su postura respecto al uso de nuevas tecnologías.

La Escala de actitudes respecto al uso de correo electrónico y páginas web en profesores, elaborada por Quesada (1997), es un instrumento conformado por 20 reactivos, con una escala de respuesta tipo Likert. Se compone de cinco partes: la percepción de los profesores al usar los recursos de internet en sus materias, la actitud de los mismos respecto al uso de actividades basadas en internet como complemento de su práctica docente, su nivel de estusiasmo para aprender a usar internet en las clases, la forma en que los profesores evalúan sus habilidades en el uso de la computadora e internet, y lo que piensan acerca del apoyo de la administración en la implementación de actividades basadas en internet.

Dos jueces expertos participaron en la adaptación y revisión del contenido de los instrumentos, manifestando la representatividad o suficiencia de los mismos, así se buscó mantener la validez de contenido de las escalas. La confiabilidad utilizada fue de división por mitades o mitad pares mitad nones, obteniéndose puntajes mayores a .50 en ambas escalas (Cohen & Swerdlik, 2001).

Procedimiento

La aplicación de los instrumentos se llevó a cabo mediante un método de muestreo no aleatorio por accidente (Levin, 1979). Cada uno de los académicos universitarios recibió una invitación para participar en el estudio junto con los tres instrumentos. Se contó con la colaboración de cuatro asistentes administrativos para su entrega y recolección individual. Como se mencionó, de un total de 102 académicos de tiempo, 54 decidieron participar, quienes fueron clasificados en cuatro rangos de edad: 21 a 30 años, 31 a 40, 41 a 50 y 51 o más años.

RESULTADOS

En una escala del 1 al 10, los participantes autoevaluaron su habilidad promedio respecto al uso de una computadora, obteniéndose una media de 7.40 de calificación. También informaron que el promedio semanal de uso de una computadora fue de 19.40 horas, al mismo tiempo que 5.56 horas de uso promedio del correo electrónico y 5.24 horas de consulta a la semana para páginas web.

68.5% de la muestra informó que su habilidad en el manejo de una computadora era pobre o nulo, así como 77.8% afirmó lo mismo sobre la elaboración de páginas web. Además, 79.5% dijo tener pobre o nula experiencia en el manejo de programas contables, y 68.5% en el empleo de *chats*.

Respecto a la habilidad en el manejo de procesadores de texto, 83.4% dijo ser bueno o experto, pero sólo 40.7% se consideró bueno en el uso de internet y 16.7% experto; así como 48.1% dijo ser bueno en enviar y recibir correo electrónico.

Por otro lado, 96.3% señaló una actitud favorable en cuanto al uso de una computadora, como 94.4% respecto al uso del correo electrónico. En referencia a su nivel de competencia al usar una computadora y correo electrónico, su actitud fue a favor en 77.8 y 77.7%, respectivamente. 74% mostró una actitud favorable al navegar en internet, mientras que 70.4% estuvo de acuerdo en sentirse competente al efectuar búsquedas en páginas web. 72.2% del total dijo estar fascinado por el uso de las nuevas tecnologías, aunque 75.9% presentó un desacuerdo sobre las mínimas ganancias que por lo general reciben quienes aprenden a usar las nuevas tecnologías.

El total de la escala de actitud de Morahan-Martin & Schumacher (2000) fue de 31.80 puntos, equivalente a 79.5% a favor de su nivel de competencia y confort en referencia al uso de computadoras e internet, así como hacia el uso de nuevas tecnologías. La diferencia entre hombres y mujeres en esta misma escala arrojó una t = −2.754 (p < .05), lo que muestra diferencias de género en esta parte, siendo las mujeres quienes mostraron una postura más favorable que los hombres, contrario a lo que algunos otros estudios han mostrado.

Para contrastar las diferencias entre el resultado total de la escala de actitud de Morahan-Martin & Schumacher y el rango de edad de los participantes (21 a 30 años, 31 a 40, 41 a 50 y 51 o más años), se obtuvo una F = 1.369 (p > .05), mas no se encontraron diferencias significativas.

En lo concerniente a la Escala de actitudes respecto al uso de correo electrónico y páginas web en profesores (Quesada, 1997), el resultado de la muestra fue de 76 puntos de 100. Respecto a la percepción de los profesores al usar los recursos de internet en sus cursos se obtuvo un porcentaje global a favor del 80% (subescala uno). Para la actitud de los profesores respecto al uso de actividades basadas en internet como complemento de su práctica docente, el resultado fue del 64.2% (subescala dos). El nivel de estusiasmo de los profesores para aprender a usar internet en sus cursos fue del 58.6% (subescala tres). La forma en que los profesores evaluaron sus habilidades en el uso de la computadora e internet fue de 50.8% (subescala cuatro). Finalmente, lo que ellos pensaban en relación al apoyo que recibían de la administración de la institución en la implementación de actividades basadas en internet, fue de 64.8% a favor (subescala cinco).

La diferencia de género para cada una de estas cinco subescalas sólo se dio para la actitud de los profesores respecto al uso de actividades basadas en internet como complemento de su práctica docente (subescala dos). Se obtuvo una t = −2.12 (p < .05), siendo las mujeres quienes obtuvieron una media mayor que los hombres.

El análisis de la varianza entre los rangos de edad y las cinco subescalas fue significativo para la subescala uno (F = 4.606, p < .01), la subescala dos (F = 4.05, p < .05) y la subescala cinco (F = 3.556, p < .05). El rango de edad con el que se mostraron estas diferencias después de aplicar la Prueba HSD de Tukey fue el de 51 o más años.

En relación al resultado total de la escala de Quesada, se efectuó un análisis de varianza contrastándolo con el rango de edad del que resultó F = 2.774 (p < .05) entre 51 o más años y que arrojó diferencias significativas de acuerdo con la Prueba HSD de Tukey aplicada.

CONCLUSIONES

En general, la planta docente de tiempo completo de esta universidad mostró una postura bastante favorable respecto al uso de la computadora, el correo electrónico y las páginas web, todo esto a pesar de que la edad promedio de los profesores es madura. No obstante, la institución se ha encargado de favorecer una cultura de trabajo apoyada en el uso de la computadora, todos los encuestados cuentan con esta herramienta en su oficina, proporcionada por la propia universidad, y una mayoría abrumadora cuenta con ella en casa. El correo electrónico es parte de un sistema de comunicación que ha sido adoptado como parte de las actividades académico-administrativas ya que todos lo usan por igual, al parecer la consulta de páginas web no se da en un 100 por ciento, pero su uso también es bastante alto. Tal vez las diferencias en cuanto al uso de estas herramientas disminuye en casa, aunque su empleo pudiera estar reforzado por los integrantes de su familia.

Conforme la edad de los encuestados disminuyó, el primer contacto con una computadora se dio en sus estudios de secundaria, bachillerato o licenciatura; así se observó cómo la escuela se ha encargado de ir habilitando a sus egresados en el uso de una computadora. Sólo los de mayor edad no tuvieron esa experiencia, de este modo no formó parte de su desarrollo profesional o escolar; por lo tanto, no sorprende cierto tipo de resistencia a incorporar el uso de nuevas tecnologías en su práctica docente.

Si bien no se puede decir que el grupo en su totalidad sea considerado como experto en el manejo de una computadora, correo electrónico o páginas web, la mayoría mostró una autoevaluación bastante buena en cuanto a experiencia y habilidad en su manejo.

No obstante lo anterior, de la muestra total sobresalen 35.8% de profesores que no están del todo convencidos de que estas herramientas puedan ser incorporadas en su práctica docente. De la misma manera, 41.4% no se mostró muy entusiasmado para recibir capacitación sobre el uso de la computadora y su incorporación en el salón de clases; en este sentido resalta la oposición de los profesores de mayor edad, frente a la postura a favor de los más jóvenes. Esto último se apoya en las diferencias de rangos de edad encontradas en la escala de Morahan-Martin & Schumacher (2000), al igual que en la escala de Quesada (1997), donde el grupo que marcó las diferencias fue el de 51 años o más.

Por último, respecto al género de los participantes, en ambas escalas las diferencias favorecieron a las mujeres, quienes mostraron una actitud más favorable respecto al uso de computadoras, correo electrónico y páginas web, en contraposición a la de los hombres. Esto puede deberse a que el grupo de profesores mayores de 51 años eran hombres en su mayoría.

No cabe duda que en este tema aún queda una serie de interrogantes que aclarar, por lo tanto, los investigadores, en especial los latinoamericanos, cuentan con un campo que requiere su atención, sobre todo en una región donde la brecha entre los que cuentan o no con estas herramientras se va haciendo cada vez más grande. Habrá que buscar alternativas, no sólo para ofrecer una educación de calidad, sino para hacerla llegar a todos los que la necesitan. Las nuevas herramientas de la información y la comunicación pueden ayudar en parte a este proceso y la actitud que todos asumamos respecto a las mismas va a ser definitiva.

REFERENCIAS

Cohen, J.L., & Swerdlik, M.E. (2001), *Pruebas y evaluación psicológicas. Introducción a las pruebas y a la medición*, México, McGraw-Hill.

Ewing-Taylor, J. (1999), *Student attitude toward web-based courses.* Bajado de la *world wide web* el 17 de agosto de 2000. http://unr.edu/homepage/jacque/research/student_attitudes.html

Hernández, R. Fernández, C., y Baptista, P., (1998), *Metodología de la investigación* (2a. ed.), México, McGraw-Hill.

Lé, T. & Lé, Q. (1999), *A web-based study of students' attitudes towards the web.* Bajado de la world wide web el 17 de agosto de 2000, http://www.cssjournal.com/le.html

Levin, Jack (1979), *Fundamentos de estadística en la investigación social*, México, Harla.

Mitra A., Hazen, M., LaFrance, B. y Rogan, R. (1999), *Faculty use and non-use of electronic mail: attitudes, expectations and profiles.* Bajado de la world wide web el 14 de septiembre de 2000, http://www.ascusc.org/jcmc/vol4/issue

Morahan-Martin, J. y Schumacher, P. (2000), *New Technology, Gender and Computer and Internet competences and experiences*, documento presentado en el XXVIII International Congress of Psychology, Stockholm, Sweden, julio 23-28.

Palmqvist, R. (2000), *Internet in lives of adolescent boys and girls in modern society*, documento presentado en el XXVIII International Congress of Psychology, Stockholm, Sweden, julio 23-28.

Quesada, Allen (1997), *ESL teacher attitudes toward the use of e-mail and the web*, Universidad de Costa Rica, documento no publicado.

Metáforas, paradojas y bebés. Comprensión temprana del lenguaje

Jaime Parra Rodríguez
Doctor en Educación por la Universidad de Costa Rica.
Docente de la Maestría en Educación en la Universidad
Javeriana, Colombia

Acaríciame con una metáfora

El lenguaje está lleno de improperios, murmullos, bostezos, silencios, tics nerviosos, ironías en espinas, besos en la oreja, gritos incomprensibles de genialidad o sollozos en el aire cuando estamos tristes. Las palabras, aunque busquen la perfección lingüística, son esquivas cuando transitan en la piel de la existencia. La sintaxis es clara como el cielo del cielo, pero la pragmática juguetona como el diablo: se dice más allá de lo que se dice, se escucha más allá del sonido, se esconde un fonema o un gesto para el momento propicio. Las palabras además de decir, también *hacen*: *Te deseo*, es más que vocablos, fonemas, sonidos, trazos en un papel o reglas de ordenamiento: es sistema nervioso, es felicidad o peligro según a quién pertenezca la cuerda vocal o el cuerpo.

No hace mucho tiempo, en una escuela con amplia experiencia en la rehabilitación de sordos, se conoció el método verbo tonal que aseveraba que las personas podían hablar aun cuando no pudieran escuchar ya que sus sistemas de articulación fonética no estaban deteriorados. En aras del progreso, en esa escuela les amarraron las manos a los niños para que no utilizaran el gesto en la comunicación; creían que la palabra con sonido es el verdadero lenguaje y la palabra en el gesto no. Los niños se llenaron de llagas en las muñecas, regurgitaron sonidos y odiaron a sus profesores. Su problema fundamental fue el sonido y no la comunicación. Una pequeña amnesia psicolingüística-educativa lastimó a los niños: se olvidaron de que las palabras son más que palabras, son acción, son lenguaje en movimiento social.

Un niño pasa corriendo, sin limpiarse los pies, por una cocina resplandeciente de limpia. Su madre, con entonación de sepulcro, le dice "¡qué bonito!". Él sabe que no es precisamente un piropo, más bien percibe un reproche, punzada o dardo educativo. El niño tiene la habilidad social de percibir en el lenguaje una ironía. ¿De dónde surge esa habilidad de ir más allá de lo que las palabras enuncian?

Los niños no nacen con palabras, nacen entre palabras; los niños no nacen haciendo alarde de su capacidad discursiva, no son políticos ni vendedores, pero sí son socialmente activos. ¿Cómo se las arregla un bebé para comunicar, para decir sin decir? Tal vez venimos al mundo equipados con una gramática, asunto discutible, pero posible. No obstante, sí hay algo seguro: no traemos al mundo los hechos de la vida. De pronto traemos una sintaxis, pero no una pragmática.

Desde el primer momento de vida, por un acto de magia lingüística los bebés se convierten en príncipes, en pequeños osos juguetones, las mamás cambian la entonación, arrugan la frente y en actos de bella arte amorosa les dicen a los niños lo que no son. No les dicen que son feos, débiles, llorones y de esfínteres irresponsables; más bien, con la complicidad del lenguaje los convierten en los reyes del universo. En aras de la cercanía emocional, las mamás y algunos papás, se revelan con la formalidad (literalidad y consistencia) del lenguaje y prefieren la supuesta incorrección del lenguaje en la metáfora.

Es sorprendente cómo un pequeño niño da significado a la ironía, al silencio, al gesto, a la música de las palabras, a la entonación, al murmullo, a la sonrisa y aun a la mentira. Es admirable cómo el infante logra atribuir significado a lo que no se dice y logra escuchar más allá de lo que se dice, y es maravilloso cómo el niño lleva el lenguaje hasta el acto y cómo allí, en la experiencia humana, construye su significado. ¿Cómo se logra ese acto de prestidigitación semántica? Es un misterio, pero entender cómo surge la metáfora es una buena pista para comprender por qué la palabra es acto y no sólo palabra.

LA METÁFORA ES CONTEXTO

¿Es suficiente una explicación semántica de la metáfora? Desde el punto de vista semántico, la indagación del significado de la metáfora lleva a preguntas sobre su relación con los objetos del mundo (la referencia) y con las otras palabras o enunciados del lenguaje (consistencia). Al considerar la metáfora como un fenómeno semántico se parte del hecho de que los enunciados se reconocen como metáforas sin necesidad de tener que recurrir a algún contexto o situación particular. En cambio, la metáfora, desde el punto de vista de la pragmática, debe centrar la búsqueda del significado en el uso, en el ser humano que la manifiesta o la disfruta, tal significado puede coincidir o no con el significado lingüístico del enunciado. La pragmática debe explicar la relación que existe entre el significado lingüístico de la metáfora y el significado que se construye en su uso.

Para las teorías semánticas, la metáfora se constituye en un desafío. El principio de composicionalidad del significado de la semántica moderna, que establece que al significado total de una expresión lingüística en una función del significado de sus componentes, es violado por las metáforas. "...Los intentos actuales de formalizar la estructura semántica de los sistemas lingüísticos y de generar todas y sólo las interpretaciones posibles de las oraciones se basan en el supuesto de que no sólo el número de los lexemas, sino también el número de sentidos asociados con cada lexema, es finito y enumerable. La metáfora constituye un problema teórico muy serio para cualquier teoría semántica que se base en ese supuesto" (Lyons citado por Bustos, p. 102).

El principal problema que parecen plantear las metáforas a la teoría semántica es el de la impredictibilidad. Dado un enunciado, puede suceder que éste sea interpretado metafóricamente en un contexto y literalmente en otro; por ejemplo, cuando se enuncia "Francisco es un cerdo" puede significar que Francisco realmente sea un cerdito que fue bautizado así por un niño, o que Francisco es alguien de malas mañas amorosas, o que Francisco es un profesor que maltrata existencialmente a los alumnos o que Francisco es... El enunciado puede ser empleado literalmente en un contexto o metafóricamente en otro. Casos así han hecho pensar que la explicación de la metáfora debe comprometer a la pragmática.

La noción central de la pragmática es la de *significado del hablante*, el significado que el hablante confiere a sus expresiones lingüísticas concretas en circunstancias particulares de uso. Searle estimó que el problema planteado por las metáforas es un caso particular de "explicar cómo el significado del hablante y el significado léxico u oracional se separan. Es un caso especial de cómo es posible decir una cosa y significar algo más" (Searle en Ortony, 1995). Según Searle, los principios que permiten inferir la interpretación metafórica son *exteriores e independientes* del sistema léxico de la lengua.

Una de las inquietudes que siempre rondan en las teorías sobre la metáfora es si sus significados dependen de la enunciación en sí misma, del conjunto de enunciaciones en donde está situada, o del contexto cultural o social de los hablantes. Así como en el ejemplo anterior, el enunciado "Juan es un payaso" en un contexto de circo es literal, pero en otro se puede referir a alguien que es de buen humor, burlón o poco serio. En un contexto extraño un enunciado puede ser una metáfora novedosa, mientras que en otro puede ser una expresión literal. Esto sucede cuando alguien intenta el aprendizaje de una nueva lengua. Aquella metáfora que para los hablantes naturales ha dejado de ser sorprendente en su estética, para un aprendiz es novedosa y debe aprenderla con el uso: el significado de las metáforas no está en el diccionario.

LA METÁFORA ES PARADOJA Y NO LÓGICA

"Los cementerios están llenos de gente indispensable", dice el escritor alemán de la posguerra Heinrich Böll en una de sus novelas, y el lector es afectado por el mundo triste que dibuja el enunciado. No es sencillo para el lector explicar el efecto, pero sucede algo que prueba la comunicación entre el escritor y él.

El enunciado no sería comprendido y los efectos comunicativos serían nulos si el significado se persiguiera sólo dentro de un proceso de coherencia lógica o de correspondencia con los objetos únicamente referidos. Pero la gran sabiduría humana demuestra que el enunciado es comprendido, aun por algunas mentes estrictamente lógico-formales.

En la tradición occidental, el pensamiento se estructura lógicamente, y se representa en un lenguaje de proposiciones y de relación lógica entre ellas. En general, se cree que si en el discurso se enlazan coherentemente los enunciados siguiendo ciertas reglas lógicas se puede *demostrar* o llegar a *la verdad*.

Por ejemplo, un silogismo bien conocido dice:

> Todos los hombres son mortales
> Sócrates es un hombre
entonces Sócrates es mortal

El razonamiento lógico silogístico es la forma cognitiva perfecta para realizar deducciones, o, en otras palabras, para ligar enunciados generales con enunciados particulares. Sólo hay que buscar una gran verdad (todos los hombres son mortales) para que de ella se deriven otras verdades más pequeñas (Sócrates es hombre). Si p, entonces q (p => q), es el esquema base de relación lógica entre proposiciones para razonar formalmente. Si a este esquema silogístico se le adicionan los datos que proporciona la realidad —hechos— tendremos un maravilloso modelo de *razonamiento causal* para demostrar la verdad del mundo.

Gregory Bateson cuenta cómo en occidente nuestra lengua se nos presenta con una visión del mundo causal de tipo lineal. La lengua "en occidente enfatiza continuamente mediante la sintaxis de sujeto y predicado que las cosas *tienen*, de algún modo, cualidades y atributos" (citado por Segal, 1994, p. 59). Existen diferentes casos dentro del ejercicio de los lenguajes naturales que muestran la adopción de reglas de los modelos formalistas. Por ejemplo, la sustantivación o la organización silogística de las enunciaciones.

La *sustantivación* expresa el proceso lingüístico que convierte verbos en sustantivos, es decir, convierte procesos en cosas. Por ejemplo, podemos decir que "la mujer camina", pero el lenguaje también nos permite decir que "la mujer tiene un bonito caminado". Con la sustantivación los estudiosos del comportamiento han llegado a creer que éste es una cosa. Pueden decir que un paciente psiquiátrico *tiene* esquizofrenia de manera parecida a como se dice que alguien tiene mucho dinero. Von Foerster cuenta (p. 62) cómo algunos médicos se aferraron tanto a las sustantivaciones que llegaron a creer que la enfermedad mental era una enfermedad tangible, y que podía ser extirpada mediante la cirugía.

Los *silogismos lógicos* son, en general, sistemas de razonamiento para realizar inferencias. "El razonamiento silogístico impregna el pensamiento cotidiano", dice Segal (1994, p. 47). El autor pone un ejemplo de la vida cotidiana: Uno de los miembros de un matrimonio se encara con el otro por su inaceptable comportamiento durante el coctel que dio su vecino. El acusado responde <"<discúlpame, debí de beber demasiado>">. Cuando el enunciado del acusado se desarrolla en toda su forma silogística, se expresa:

Premisa mayor:	Las personas que se emborrachan no piensan lo que dicen
Premisa menor:	Yo estaba borracho
Conclusión:	Por lo tanto, ¡no sabía lo que decía!

El razonamiento silogístico, la sustantivación y en especial las formas de correspondencia de los enunciados con los objetos se van metiendo en nuestras maneras de enunciación hasta promover formas de pensar y de ser en el mundo. Sin embargo, existen otras formas de razonar, otras formas de enunciar que están más cercanas a los hechos cotidianos de la existencia; así, si bien el razonamiento lógico formal impregna cierto tipo de lenguaje, la metáfora es el alma de la comunicación.

La palabra paradoja tiene dos raíces griegas, *para*, que significa "fuera" y *doxein*, que significa "hacer notar, señalar, mostrar, enseñar". Así, paradoja significa "fuera de lo que se enseña". La paradoja implica rebeldía contra la ortodoxia, que significa "rectamente —ortho—, sinceramente o dentro de las enseñanzas". Cuando la Iglesia cristiana promovió y defendió con todos los medios "la doctrina", todo lo que se enseñara fuera de ésta se calificaba de paradójico, y a aquellos que la rechazaban se les denominaba paradójicos. Tiempo después, los que expresaban sus ideas libremente al margen de la doctrina recibieron un nuevo nombre: herejes, que significa elección, los heréticos eran los que mantenían su libertad de elección.

Una paradoja es un enunciado que es falso cuando es verdadero, y verdadero cuando es falso. La paradoja se puede construir cuando los enunciados son autorreferenciales. Por ejemplo: 1) este enunciado es falso, 2) soy un mentiroso, 3) por favor haga caso omiso de este mensaje, 4) está prohibido prohibir. Cada enunciación hace referencia a sí misma. Los enunciados paradójicos hacen indeterminado el valor de verdad, y no se consideran parte de un discurso que intenta demostrar mediante la sustantivación o el uso silogístico del lenguaje.

En la paradoja, así como en la metáfora, los enunciados no son verdaderos ni falsos. La metáfora se juega en un mecanismo paradójico en el que se acepta temporalmente la existencia de una verdad que se sabe falsa. Así, por ejemplo, podemos decir: "el profesor es un cerdo", y temporalmente aceptamos que el profesor es un cerdo y que no encontramos otras palabras para expresar eso que queremos decir. Pero en el fondo de nosotros sabemos que no es un cerdo; es decir, "el profesor es un cerdo" quiere decir que es un cerdo y que no es un cerdo, lo cual caracteriza paradójicamente la metáfora. Cuando se enunció la metáfora: "el profesor es un cerdo" es necesario generar un mecanismo cognitivo paradójico para romper la identidad. Se necesita saber que las cosas son y no son. Así, por ejemplo, la metáfora: "ningún hombre es una isla", es una verdad patente sin valor metafórico hasta que generamos el mecanismo cognitivo paradójico: "ningún hombre es una isla" y "algún hombre es una isla". Se tiene p <=> no-p, lo cual contradice los fundamentos de la identidad y del tercero exclusivo de la lógica formal.

Ahora supongamos que unos niños con sus profesores están montando una obra de teatro sobre los animales y en la repartición de papeles a un profesor le toca ser el cerdo, en este contexto la metáfora: "el profesor es un cerdo", ni siquiera sería una metáfora. Un enunciado puede ser metáfora en un contexto y no serlo en otro, y definirlo depende de la información que proporcionan los contextos de uso. Supongamos que un profesor, que odia la carne de cerdo y los cerdos, llega a un sitio donde un niño está diciendo que el "profesor es un cerdo" en la repartición de los papeles en la obra de teatro, pero él no sabe que esto está sucediendo. Leería el enunciado como una metáfora ofensiva mientras los niños estarían simplemente haciendo una declaración verdadera sobre un hecho. Es claro que el profesor está descontextualizado. La metáfora, "ningún hombre es una isla" desde el punto de vista de los procesos de razonamiento formal es una verdad patente; pero en un contexto poético el enunciado dice mucho más. Para reconocer una metáfora se necesita: Una información que proporciona el contexto de uso y un mecanismo cognitivo de naturaleza paradójica.

LA METÁFORA ES *INCOMPLETITUD* Y SUGERENCIA

"Los cementerios están llenos de gente indispensable" es un enunciado no demostrable por lo menos si alguien nos solicita correspondencia con los hechos (referencia) o coherencia en relación con una organización lógica formal (consistencia). El enunciado no expresa la totalidad si no hay cierta *sugerencia* para su significación. Seguramente se necesita conocer al escritor Heinrich Böll, el contexto de Alemania en la posguerra, a Hans Schnier y a Katerine Bloom, personajes de su ficción literaria, para acercarnos con significaciones creadoras a las palabras. Además, se requiere de un cierto toque personal poético o, en otras palabras, de cierta comprensión estética muy ligada a la sensibilidad.

Un sistema de enunciaciones siempre es incompleto, es imposible decir todo lo que se tiene que decir; el lenguaje formal no alcanza para dar cuentas de la complejidad de la experiencia humana. A veces tenemos que gritar: ¡Ahhhh! ¡ahhhh!, o reírnos: Jo jo jo jo, o llorar o vomitar porque las palabras no alcanzan a decir lo que tenemos que decir. Las palabras en nuestro intento comunicativo se quedan cortas y nos valemos del gesto, de las manos o los ojos, de los pies o los besos para decir algo que va más allá. La experiencia humana es tan compleja que exige al ser en totalidad "para decir", lo solicita desde la punta de los pies hasta las puntas de los cabellos, pasando obviamente por el corazón y el cerebro. Esa totalidad es imposible de presentar al mundo mediante un fragmento de lo humano, como es el lenguaje formalizado, lineal, y con sonido definido.

En el campo del lenguaje se puede decir que "todo sistema de enunciaciones en el discurso incluye enunciados que no están", o en otras palabras, cuando hablamos, también hay cosas que no hablamos. Por más intentos lingüísticos que realicemos es imposible decir todo por completo; siempre hay algo más que decir, siempre hay algo más que aprender a decir, siempre hay algo que permanece en el silencio y que lucha infructuosamente por convertirse en palabra. Lo más trágico es que siempre hay algo que no quisimos decir.

Las palabras son formas incompletas de decir, las lágrimas son tenues mensajes de la mirada, la caricia en un muslo es un gesto sugerente, todo lo escrito aquí está lleno de enunciaciones invisibles, gracias a Dios... por lo menos al Dios de los poetas. Siempre hay algo más que decir, y siempre hay otra forma de decirlo. ¿Cuántas palabras hay en el mundo?

En la concepción positivista del lenguaje se espera que éste obedezca ciertas reglas, y que las palabras sean fieles a la realidad. Hay enunciados lícitos, como: "ayer llovió sobre la ciudad", que está correctamente estructurado y que podría ser discutido en términos de verdad o mentira. Si decimos: "en nuestro mundo no puede llover por siempre, exorcicemos el agua de la tempestad con la saliva del beso", nos movemos en lo lícito del lenguaje, pero la verdad o falsedad del enunciado es discutible: ¿qué es exorcizar el agua de la tempestad con la saliva del beso? Si miramos en el diccionario palabra por palabra y las cambiamos para parafrasear la frase y saber qué significa, simplemente cambiamos lo estético de la frase y empleamos la razón. Estamos realizando el mismo acto vano de consolar las lágrimas de un niño en el cine haciéndole repetir: "esto es una película", "esto es una película", cuando tal vez la única respuesta posible es un abrazo.

La imperfección del lenguaje nos lleva a emplear los artificios y las metáforas para "decir algo más". Y es un acto de banalidad humana rebajar la metáfora a lo formal de las palabras a lo literal ... para terminar diciendo algo menos.

Los enunciados metafóricos no son falsos ni verdaderos, son de naturaleza paradójica. Cuando se dice: "mi esposa es una bruja", el enunciado dice, las palabras dicen, y ya. Lo cierto es que no podemos buscar el valor de verdad en los hechos o en su coherencia lógica porque éste pertenece al enunciado y al mundo donde surge. Los enunciados metafóricos no son verdaderos ni falsos. Lo cierto es que *sugieren* cosas reales con significación verificable en los efectos sensibles, emocionales o cognitivos en el ser dueño de las metáforas.

LA METÁFORA ES TRANSGRESIÓN

Los seguidores de la lógica formal, como ya lo habíamos señalado, gustan de convertir a Sócrates en cadáver cada vez que aparece el problema de la mortalidad humana:

> Todos los hombres son mortales
> Sócrates es un hombre
> Luego   Sócrates es mortal

La estructura silogística de estos enunciados se basa en la estructuración por niveles y clases que permiten la clasificación. El predicado: "es mortal", se atribuye a Sócrates al identificarlo como un individuo perteneciente a una clase cuyos miembros comparten este predicado. La lógica clásica llama a este esquema "silogismo categorial", tipo de silogismo, entre otros, que permite demostrar verdades al postular una cadena lógica de razonamiento. En el silogismo no se requieren más premisas de las planteadas. El esquema es *completo*, ni sobra, ni falta algo por decir. Si pudiéramos traducir todas nuestras experiencias a estos tipos de silogismos tendríamos una vida simple, llana, clara, escueta y demostrablemente verdadera, todo sería completo.

Von Domarus, psiquiatra de la primera mitad de este siglo, en *Language and Thought in Schizophrenia* (citado por Batenson, 1993, p. 312) señaló que, por lo general, los esquizofrénicos hablan y obran utilizando otra clase de silogismos denominados "silogismos de la hierba", a los que Bateson también llama silogismos de la metáfora.

Un silogismo de la hierba toma esta forma:

> La hierba perece;
> Los hombres perecen;
> Los hombres son hierba.

Este último silogismo, visto desde un sistema de causalidad lineal, es una desproporción lógica ya que no conduce a nada, y no sirve para demostrar. Von Domarus condena este tipo de silogismo, que pertenece a la enfermedad, y que se escapa de los parámetros de lo normal. Sin embargo, lo que debemos advertir es que gran parte del lenguaje cotidiano se construye con un tipo de pensamiento más parecido al "silogismo de la hierba" que al "silogismo categorial". La poesía, el arte, los sueños, el humor, la religión y la esquizofrenia se la juegan en los silogismos de la hierba. Bateson dice que los silogismos de la hierba o la lógica de las metáforas, o ambos, están contenidos en cualquier comunicación verbal, además de ser la lógica con que se construyó el mundo biológico y la estructura mental.

El silogismo de la hierba rompe con los esquemas de ordenamiento, clases o categorías. Cuando se dice: "los hombres son hierba", se unen dos contextos muy diferentes de significación: el grupo de los hombres y el grupo de la hierba. Cuando en la celebración religiosa se dice: "ésta es mi sangre, éste es mi cuerpo" todos sabemos que no estamos en un acto de antropofagia, sino en el mundo de las metáforas donde Dios y el hombre se unen en un rito no explicable por la lógica de los silogismos categoriales. Hay algo allí que escapa de las simples palabras, que está unido a un estado emocional y que tal vez llamamos fe. En un acto verbal se hace comunión entre el hombre y Dios, lo sublime de lo sagrado se representa en la cena, en el cuerpo poseído por el cuerpo, se altera la lógica de ordenación del mundo y del cielo, en la palabra y en el acto.

El silogismo categorial organiza el mundo y define los límites de relación del concepto con otro concepto. Lo que hace la metáfora es todo lo contrario, la metáfora transgrede categorialmente; la metáfora mezcla niveles para producir efectos emocionales o cognitivos, o ambos, novedosos, sorprendentes u originales; desbarata los ordenamientos lógicos lingüísticos (categorías) para crear ordenamientos conceptuales. Nuevos órdenes se levantan sobre las ruinas de los anteriores por obra de la metáfora.

El juego paradójico de la metáfora, el enunciado verdadero que se convierte en falso, desborda la asociación habitual de "significado" con "verdad". La naturaleza paradójica de la metáfora y su carácter autorreferencial hacen de ella un enunciado abierto, o sugerente a las significaciones que se obtienen, no en un simple acto semántico, sino en un acto de uso del enunciado. El silogismo categorial está cerrado en sí y protegido por su lógica interna, especialmente deductiva; en cambio, en el silogismo de la hierba, tal como lo ha bautizado Bateson, el vínculo entre las premisas, que se realiza casi por un acto de voluntad subjetiva, genera una metáfora que no tiene que cargar con un valor de verdad gracias a su naturaleza paradójica. La lógica del silogismo de la hierba se destruiría si cada una de sus premisas y, en especial, la conclusión estuvieran guiadas por valores de verdad o falsedad; el silogismo de la hierba sería simplemente una incorrección lógica, tal vez, producida por un esquizofrénico.

LA METÁFORA ES ESTÉTICA

La metáfora se libra de la significación como reflejo de propiedades de objetos (referencia) y se une a un sujeto creador de significaciones. La metáfora no enuncia las propiedades de las cosas, crea propiedades a las cosas. Cuando un niño dice: "los jacuzzi son un alka-seltzer grande", las palabras no comunican lo que el niño quiere decir. El referente alka-seltzer ya no es el alka-seltzer con características médicas, sino que ha tomado otras propiedades por virtud del enunciador.

En el lado imperceptible del discurso, la metáfora *sugiere* mensajes que para ser comprendidos exigen de un entendimiento que va más allá del evento mental lógico formal. La creación de la metáfora surge de la imposibilidad discursiva formal para decir lo que queremos decir. Cuando enuncio: "tu cabello en el viento de la noche, el día de la despedida, es infinito en mi tiempo", no hablo de capilaridad o de una propiedad matemática del cabello, sino disfrazo un recuerdo y un estado emocional. A diferencia de una cadena deductiva de enunciaciones o de un silogismo categorial que requiere de una interpretación lógica formal sin afectos, la metáfora produce una especial emoción que guía la apreciación estética y la creación. Hay metáforas hermosas, agradables, apasionadas, alegres, feas o aburridas, pero nunca demostrables.

La metáfora sugiere, insinúa, abre la mente a la creación de significados. Davidson (1995) dice:

> Aristóteles dice que la metáfora lleva a una "percepción de semejanzas". Black, siguiendo a Richards, dice que una metáfora "evoca" una cierta respuesta: "un oyente apto se verá guiado por una metáfora a construir un... sistema". Este punto de vista se resume nítidamente en lo que Heráclito dijo del oráculo de Delfos: "No dice ni oculta, insinúa (p. 20).

La metáfora, en ese juego paradójico y como trasgresión categorial, se escapa de los parámetros lógico formales, y abre el espacio de significación a la sugerencia, pero no sólo a la sugerencia cognitiva que se realiza en una situación de uso, sino también a una sugerencia guiada por una dimensión estética o emocional. Davidson (1995) dice:

> Toda comunicación por medio del habla supone la interacción de construcción inventiva y comprensión inventiva. La metáfora agrega a lo ordinario un resultado notable que no usa otros recursos semánticos más allá de los cuales depende el lenguaje ordinario. No hay instrucciones para inventar metáforas; no hay manual para determinar lo que una metáfora "significa" o "dice"; no hay un test de la metáfora que no requiera el concurso del gusto. Una metáfora un tipo y grado de éxito artístico; no hay metáforas que no sean exitosas, tal como no hay bromas que no sean cómicas. Hay metáforas insulsas, pero que igualmente son giros que han sumado algún aporte, aunque no valiera la pena hacerlo o hubiera podido hacerse mejor (p. 245).

Lo que entendemos por elemento de novedad o de sorpresa en una metáfora es una característica estética incorporada que podemos experimentar una y otra vez, como la sorpresa al escuchar la Sinfonía Nº 4 de Hayden o una engañosa cadencia familiar (p. 252).

La metáfora incluye estados emocionales que no pertenecen a lo explícito de las palabras. Un particular sentimiento guía su creación y lo formal del discurso se sacrifica muchas veces en aras de la búsqueda de lo hermoso estético emocional. Los enunciados metafóricos son formas de poner en contacto al ser emocional subjetivo con el mundo externo, y en este sentido permite construir un conocimiento del mundo que va más allá de la interpretación lógica.

La creación o comprensión metafórica se sustenta en una estética comunicativa que es parte vital del desarrollo del sujeto. Cuando enuncio: "recorreré palmo a palmo tu cuerpo y me sumergiré en tu vida", en las palabras hay significados emocionales que exigen de una especial comprensión que sobrepasa lo cognitivo. El rubor y la alegría de una joven ante el piropo es la respuesta emocional que nos dice que ha existido comprensión comunicativa del mensaje. Estos juegos de palabras representan formas del *emocionar en la metáfora*, en las que el sujeto encuentra las bases sentimentales para la construcción del conocimiento.

LA METÁFORA SURGE DEL AFECTO, EL JUEGO Y LA FICCIÓN

En las teorías del desarrollo de Piaget y Vigotsky no aparece la inquietud sobre cuándo y cómo surge la metáfora en el infante, pero se encuentran indicios conceptuales en Piaget cuando se refiere al juego simbólico, al realismo y animismo, y en Vigotsky cuando se refiere a la imaginación creadora y a la psicología del arte. Sin embargo, no es fácil extraer de ellos una teoría del origen de la metáfora.

A partir de los principios de la teoría de Vigotsky podemos encontrar pistas para explicar el origen psicogenético de la metáfora. De esta manera, Davidov (1988) plantea como primeras etapas del desarrollo del niño "la comunicación emocional directa" y "la actividad objetal manipulatoria".

- La *comunicación emocional directa* con los adultos es propia del bebé desde las primeras semanas de vida y hasta el año. Gracias a tal comunicación el pequeño se hace parte de una comunidad psíquica emocional.

- La *actividad objetal-manipulatoria* es característica del niño desde un año hasta los tres años. Realizando esta actividad (primero en colaboración con los adultos) el niño reproduce procedimientos de acción elaborados socialmente; surge en él el lenguaje, la designación con sentido de las cosas, la percepción categorial generalizada del mundo objetal y el pensamiento concreto en acciones.

En la primera etapa se puede decir que el niño ingresa a diferentes "contextos de uso" en donde se da una interacción adulto-bebé. Lo que caracteriza el lenguaje del adulto hacia el bebé es su fuerza emotiva expresada en la entonación y en el tipo de palabras. Las palabras, en general, tienen un carácter metafórico; por ejemplo, los adultos utilizan motes o apodos (mi príncipe, mi rey, mi oso, etcétera) dirigidos al niño. En el segundo periodo la relación con los objetos se vuelve fundamental y las metáforas dirigidas al bebé se transforman en metáforas sobre los objetos (el juguete). Los objetos ligados a las categorías perceptivas del mundo, poco a poco se convierten en objetos no presentes (imaginación), que le dan mayor libertad de representación mental al niño. Las metáforas forman parte de contextos de uso no presentes perceptivamente sino creados por las palabras, como en el caso de los cuentos infantiles. En estos primeros periodos las metáforas están asociadas a estados afectivos ya que los niños asocian las metáforas a estados emocionales más que a una significación de carácter semántico.

No se puede decir que se generan mecanismos cognitivos de carácter paradójico en los primeros estadios, pero posteriormente con el surgimiento de algunas nociones sobre las cosas (sencillas categorías perceptivas) los niños empiezan a aceptar la existencia simultánea de "ser un príncipe" y "no ser un príncipe", "de ser un osito" y de "no ser un osito", etcétera. Parecería que disculpan la ambigüedad en el mensaje o la falta de correspondencia con los referentes en aras del estado afectivo que acompaña la metáfora.

Antes de que surja la atribución paradójica o las transgresiones categoriales, en la primera etapa está presente la dimensión emocional que logra potenciar la comunicación. La entonación y el gesto que acompañan al enunciado metafórico potencian la comunidad psíquica emocional del bebé. La atribución paradójica se observa en forma más clara cuando las metáforas no se dirigen directamente al bebé sino cuando involucran objetos del medio, y se dan en "contextos de uso" relacionados con el empleo de esos objetos. Los niños en "contextos de uso" fundamentalmente relacionados con el juego, logran realizar atribuciones paradójicas en los momentos en que la enunciación metafórica se desplaza de ser asignada al niño a ser asignada a un objeto (un juguete es un avión, pero a la vez no lo es). En la misma medida en que se desarrolla *la actividad objetal-manipulatoria*, se desarrolla la atribución paradójica por obra de los "contextos de uso" relacionados con la emoción y el juego. Así, mientras se desarrolla la apropiación conceptual del objeto que dice lo que éste es (instrumentos), también se desarrolla la negación del objeto (juguete) que rompe los límites cerrados de la categoría. Se empieza a desarrollar lo que es el objeto, pero también lo que el objeto no es, lo que podría deberse a la metáfora.

Al final de la segunda etapa el niño logra la atribución paradójica en relación con los objetos y es capaz de transitar en el "es" y en el "no es" de una manera tan solvente cognitivamente que puede jugar con las propiedades de los objetos (transgresiones categoriales).

El mecanismo cognitivo de carácter paradójico en el proceso de metaforización surge en un "contexto de uso" relacionado con el juego y está vinculado con las posibilidades de movilización entre lo ficticio y lo real. Parecería que el niño en la primera etapa, por obra de la intensidad del mensaje afectivo metafórico, se convierte en un personaje ficticio: "mi tesoro", "mi rey", "príncipe" etcétera, antes de ser un sujeto real. Lo cierto es que en el habla dirigida al niño desde el principio, están presentes metáforas sencillas que en su mayor parte se refieren a una transgresión con la identidad nominal del niño. El niño aprende que esa metáfora no es exactamente lo que él es, pero encuentra en ella una dimensión emocional que potencia la comunicación o el acercamiento con el adulto. Más tarde en el niño, casi en correspondencia con la asignación de propiedades a sí mismo o a los objetos que lo rodean en especial con el juguete, surge la posibilidad de la atribución paradójica. La aceptación de que algo es y que de manera simultánea puede no ser: "Sebastián es un príncipe" si y sólo si "Sebastián no es un príncipe". El niño acepta la atribución paradójica, sin embargo, a pesar de generar una nueva relación conceptual con los objetos, los significados de la metáfora están cargados de una dimensión emocional. Se podría decir que semánticamente aparece la atribución paradójica, pero que en el contexto de uso, en la dimensión pragmática, predomina el sentido emocional. La falta de satisfacción en un valor de verdad se satisface con una razón afectiva.

Resumiendo, se puede decir que el proceso sigue tres etapas: Primero se dan "contextos de uso" emocionales donde no hay una atribución paradójica sino una designación afectiva del mensaje; segundo, se dan "contextos de uso" relacionados con el juego, aparece la atribución paradójica; y tercero, se dan "contextos de uso" ficticios en que el niño genera atribuciones paradójicas que le permiten entrar y salir de "contextos de uso" ficticios y reales.

Contextos de uso	Mecanismo cognitivo	Objetos y categorías
Emocional	Hay una predominancia de la designación emocional (entonación y gesto) de la metáfora.	Predominan las percepciones y contactos sensoriales con el mundo.
Lúdico	Aparece la atribución paradójica y se conserva la designación emocional.	Se instituye el objeto, se le asignan propiedades y se le niegan esas mismas propiedades (transgresión categorial) dando paso a nuevas virtudes del objeto por presencia de la metáfora.
Ficticio	La atribución paradójica se fortalece, se conserva la designación emocional y se instituyen espacios de entrada y salida de la ficción y la realidad.	Pueden surgir nuevos conceptos por virtud de la metáfora. Alejamiento de los referentes y búsqueda de nuevos referentes en otras metáforas (transgresión categorial).

BIBLIOGRAFÍA

Apperly, I.A., y col. (1998), *La representación mental de las relaciones referenciales en los niños*, en Cognition, Vol. 67 (3).

Bateson, G. (1991), *Pasos hacia una ecología de la mente*, Buenos Aires, Planeta.

Bateson, G. (1993), *Una unidad sagrada*, Barcelona, Gedisa.

Bateson, G. (1989), *Espíritu y naturaleza*, Buenos Aires, Amorrortu, Madrid, Alianza Universidad.

Black, M. (1966), *Modelos y metáforas*, Madrid, Tecnos.

Bruner, J. (1993), *Actos de significado*, Madrid, Alianza Editorial.

_____ (1996), *Realidad mental y mundos posibles*, Barcelona, Gedisa.

_____ (1984), *Acción, pensamiento y lenguaje*, Madrid, Alianza Editorial.

_____ (1990), *La elaboración del sentido*, Barcelona, Paidós.

_____ (1995), *El habla del niño*, Barcelona, Paidós.

_____ (1997), *La educación, puerta de la cultura*, Madrid, Visor.

Davidson, D. (1995), *De la verdad y la interpretación*, Barcelona, Gedisa.

Davidov, V. (1988), *La enseñanza escolar y el desarrollo psíquico*, Moscú, Editorial Progreso.

Donaldson, M. (1979), *La mente de los niños*, Madrid, Ediciones Morata.

Goodman, N. (1974), *Los lenguajes del arte*, Barcelona, Seix Barral.

_____ (1995), *De la mente y otras materias*, Madrid, Visor.

_____ (1990), *Maneras de hacer mundos*, Madrid, Visor.

Keil, F.C. (1986), *Conceptual domains and the adquisition of metaphor*, en Cognitive Development núm. 1, PP. 73- 96.

Kelly, M.H. y Keil, F.C. (1987), *Methaphor comprehension and knowledge of semantics domain*, en Metaphor and simbolic activity, Vol. 2, núm. 1, pp. 33-51.

Kittay, E.F. (1987), *Metaphor. Its cognitive force and linguistic estructure*, Oxford, Clarendon Press.

Mooij, J.A. (1976), *A study of metaphor. On the nature of metaphorical expressions with particular reference to their reference*, Amsterdam, North- Holland Publishing Co.

Nelson, K. (1985), *El descubrimiento del sentido*, Madrid, Alianza Editorial.

Ortony, A. (1995), *Metaphor and thought*, Illinois, Cambridge University Press.

Parra, J. (1996), *Inspiración*, Bogotá, Cooperativa Editorial del Magisterio.

_____ (1987), *La creatividad, un hecho humano*, Bogotá, P.U.J.

_____ (1998), *Palabra, incompletitud y emoción*, en Revista Avanzada, Medellín, Universidad de Medellín.

Ricoeur, P. (1980), *La metáfora viva*, Madrid, Ediciones Europa.

_____ (1991), *The rule of Metaphor: Multidisciplinary studies of the creation of meaning in language*, Toronto, University of Toronto Press.

Segal, L. (1994), *Soñar la realidad*, Barcelona, Paidós.

Smith, S., Ward, T. y Finke, R. (1995), *The creative cognition approach*, Cambridge, The MIT Press.

Vygotski, L. (1993), *Obras escogidas I, II, III, IV, V*, Madrid, Visor.

_____ (1989), El desarrollo de los procesos psicológicos superiores, Barcelona, Crítica, Grijalbo.

_____ (1988), *Pensamiento y lenguaje*, Buenos Aires, La Pleyade.

_____ (1982), *La imaginación y el arte en la infancia*, Madrid, Akal.

_____ (1972), *Psicología del arte*, Barcelona, Barral Editores.

Von Foerster, H. (1991), *Las semillas de la cibernética*, Barcelona, Gedisa.

Ward, T., Smith, S. y Vaid, J. (1997), *Creative thought*, Washington, D.C., American Psychological Association.

Way, E. C. (1991), *Knowledge representation and metaphor*, Dordrech, Kluwer Academic Publischers.

El metacurrículum

Dra. Guadalupe Vadillo
Universidad de las Américas
México

PERSPECTIVA

Durante mucho tiempo el aprendizaje de contenidos, según el grado escolar, fue el tema a investigar por el educador y el especialista respecto al bajo rendimiento escolar. Así, los niños de cuarto grado debían manejar sumas y restas de fracciones, mientras que los de primero, en el segundo semestre, debían leer oraciones completas y pequeños párrafos. Padres, maestros y profesores de regularización concentraban todos sus esfuerzos en que los chicos dominaran esos contenidos, descritos en guías de estudio que partían de un escalonamiento de conceptos.

A medida que el conocimiento aumentó y los niños demostraron habilidad para manejar más información, algunas escuelas incluyeron más y más material en su currículum. Esto llevó a diferencias en lo que la sociedad llamó "nivel académico" de las instituciones. Era frecuente que las comidas familiares o las fiestas fueran escenario de concursos de conocimiento donde los niños de la misma edad que asistían a distintas escuelas competían en pruebas de conocimiento sobre detalles del descubrimiento de América, fórmulas químicas y ríos de Europa. Por fortuna, el conocimiento se ha multiplicado en tal medida que ya no se sabe qué tanto debe conocer cada alumno, lo que ha llevado a los educadores y padres de familia a acercarse a los hallazgos de las ciencias cognitivas.

Esta lenta pero benéfica inclusión de conocimiento que proviene tanto de estudios de laboratorio como de investigaciones cualitativas en el aula, ha generado una nueva necesidad: que los niños desarrollen habilidades para procesar la información de maneras eficientes, que tengan un pensamiento productivo y que desarrollen sus capacidades comunicativas y su potencial creativo. Por ello, poco a poco, se ha generado un cambio en las instituciones escolares: una vuelta hacia el metacurrículum que se define como el principio unificador que da estructura y un sentido integrador a todos los esfuerzos, actividades, materiales didácticos y acciones de la escuela, y que, como señalan Bloomington (1994) y Perkins (1998), tiene como objetivo desarrollar habilidades de orden superior, críticas y creativas, es decir, la capacidad para usar la mente en forma provechosa. Zimmermann (1997) agrega que el metacurrículum implica la incorporación de cómo enseñar y aprender los contenidos, al igual que valoraciones y posturas sobre la asignatura.

Diferentes autores han señalado rumbos distintos para establecer un metacurrículum. En este sentido, existe la tendencia a incluir materias aisladas que promueven habilidades metacognitivas. Aunque tiene sus promotores (por ejemplo, Perkins, 1998) en general, este modelo resulta cuestionable debido a que la transferencia hacia las demás materias —y más importante, hacia la vida diaria— suele ser pobre. Los alumnos en esos sistemas aprenden a resolver todo tipo de ejercicios, como los que ilustra Sternberg en sus libros relativos a inteligencia práctica (por ejemplo, 1986), pero no aplican esos principios a la clase que tienen en la siguiente hora.

Otros modelos incluyen la incorporación de diversos elementos anidados en los contenidos tradicionales de clase, en lo que se conoce como *infusión* (Perkins, 1998). El docente debe planear su lección tomando en consideración, por ejemplo, el tema de matemáticas, una habilidad metacognitiva, y el uso de un organizador gráfico. Existen otros criterios, por ejemplo, el uso del arte como eje educativo, que pueden llevar a buenos resultados en la formación integral del estudiante (Bloomington, 1994).

TRABAJO DE CAMPO

El objetivo de este artículo es presentar el modelo metacurricular de trabajo que estamos aplicando en un colegio privado de la Ciudad de México. El modelo empleado corresponde a una combinación del *currículum anidado* (donde en una misma área de contenido el instructor busca el desarrollo de diversas habilidades) y el *hilvanado* (en donde se hilan habilidades del pensamiento, inteligencias múltiples y técnicas de estudio mediante las distintas disciplinas) (Bauer, 1998). Se definió que los ejes de formación relevantes y congruentes con la misión del Colegio y de la sección de educación elemental eran: *contenido, habilidad cognitiva, habilidad metacognitiva* y *valores*. En una primera etapa se trabajó con los tres primeros ejes y en el segundo semestre se incorporó, con las maestras que ya habían dominado el sistema, el cuarto eje de formación.

La primera fase implicó la capacitación del cuerpo docente. Se trabajó con base en un sistema de desarrollo-supervisión-desarrollo. Se expuso el contenido general del modelo, con énfasis en habilidades cognitivas y metacognitivas, en reuniones semanales con el grupo de maestras de español. Durante varias semanas se trabajó en subgrupos con las maestras de cada grado escolar para mediar en la construcción del currículum integrado, ya que "el desarrollo de nuevas operaciones cognitivas y metacognitivas requiere de nuevas estrategias instruccionales y de nuevos materiales de aprendizaje que difieren de la adquisición de contenidos de las disciplinas" (Huot, 1998, p. 6). Al final, se retomó la discusión grupal de las experiencias y se redondeó el concepto general de esta propuesta metacurricular.

Para ejemplificar el modelo empleado, presentamos una lección que se desarrolló para los grupos de tercer grado. Los contenidos que debían ser revisados en ese periodo incluían: en matemáticas, el área de figuras geométricas; en español, la entrevista; en ciencias sociales, los pueblos mesoamericanos, y en ciencias naturales, el movimiento y el aparato locomotor.

Con un plan basado en paquetes de aprendizaje (es decir, actividades autocontenidas que los alumnos desarrollan en forma individual o en equipos, y que permiten el aprendizaje de los contenidos previstos), y dado que una delegación del Ejército Zapatista de Liberación Nacional (EZLN) estaba por iniciar su marcha por varios estados de México, se generaron las siguientes propuestas:

1. *Paquete de aprendizaje 1* (para 6 alumnos). En la primera plana de un periódico local se pegó una serie de notas relacionadas con los derechos indígenas, con las demandas del EZLN y con las posturas oficiales del gobierno. En el interior del periódico se pegó un anuncio elaborado en computadora, donde el colegio en cuestión solicitaba un "equipo de reporteros" para "su nuevo canal de televisión". Les solicitaba un video con entrevistas a una familia tzotzil, acerca de sus condiciones de vida y de su participación y relaciones con el EZLN.

2. *Paquete de aprendizaje 2* (para 8 alumnos). En un sobre se le solicitó a este grupo de estudiantes que indagara sobre la cultura tzotzil y sobre el EZLN, para que pudieran simular ser una familia de esa etnia y colaboraran con la realización del video del otro equipo.

3. *Paquete de aprendizaje 3* (para 12 alumnos). En un sobre se les pidió que indagaran acerca de la vida en las comunidades tzotziles y sobre las leyes relativas a los ejidos. También se les solicitó que eligieran a un compañero que se desempeñaría como comisario ejidal, y que leería ante todos la carta que la maestra elaboró en la que se les indica que las tierras donde viven serán expropiadas y que se les pagará cierta cantidad por metro cuadrado. Un primer problema a enfrentar es que no saben cuál es la extensión del terreno. La maestra, previamente, pone unas marcas en el patio de juegos formando una gran figura irregular. La primera acción de los alumnos será construir un plano del terreno que ocupan, midiendo la superficie por medio de pasos. Después, habrán de calcular el área de la figura a través de la suma de la superficie de figuras conocidas (cuadrados, rectángulos y triángulos) que integran la figura irregular. Con ello, trabajan la parte de matemáticas que les corresponde, y al mismo tiempo incluyen el concepto a los otros ejes de contenido.

Cada equipo recibió instrucciones específicas para que llevaran a cabo un *análisis* de la información con la que trabajaron (habilidad cognitiva), así como una *planeación del proceso de pensamiento* que debían seguir (habilidad metacognitiva) y trabajar con base en la idea de la *tolerancia a las diferencias* (como valor central de la lección).

Este tipo de actividades puede prolongarse por varias sesiones, y requerir la intervención y asesoría de diversos maestros e incluso del director del plantel. Al término de la experiencia se hace una puesta en común en la que todos los alumnos participan de lo sucedido, viendo el video y presenciando la asamblea ejidal.

Si bien es necesario contar con una evaluación precisa de los impactos de este modelo curricular, los primeros resultados han sido prometedores. Por ejemplo, en algunas aulas es común que los propios alumnos señalen la necesidad de llevar a cabo una planeación antes de iniciar una actividad de aprendizaje o de solución de problemas, con lo que se puede observar la formación de ese hábito en tan sólo unas semanas de trabajo.

REFERENCIAS

Bauer, C. (1998), "Toward an Integrated Curriculum. Ten Views for Integrating the Curricula: Design Options", tomado de R. Fogarty (1991), *How to Integrate the Curricula*. Disponible en http://web.usf.edu

Bloomington, R. (1994), *What do we want the schools to do?*, Phi Delta Kappan, 75(6), 446, disponible en ProQuest.

Hout, J. (1998), *Understanding thought processes for improved teaching of thinking*, The Learning Resource, disponible en http://fox.nstn.ca

Perkins, D.N. (1998), "Mindware and the Metacurriculum", en D. Dickinson, *Creating the Future. Perspectives on Educational Change*, disponible en www.newhorizons.org/crfut_perkins.html

Perkins, D. (2001), *Teaching for understanding*, Conferencia presentada dentro del programa, Visiting Scholar de American School Foundation, A.C., febrero 13, México.

Sternberg, R.J. (1986), *Intelligence Applied. Understanding and Increasing your Intellectual Skills*, San Diego, CA, Harcourt Brace Jovanovich.

Zimmermann, L. (1997), *La comunicación en el aula. El metacurrículum. Lo que no se dice pero se entiende*, III Jornadas Nacionales de Investigadores en Comunicación, Argentina, disponible en www.ate.org.ar

Posibilidades de integración de las metodologías cuantitativa y cualitativa en la investigación psicológica

Yolanda Cañoto Rodríguez
Magister de la Universidad Simón Bolívar, Caracas
Profesora en la Universidad Católica Andrés Bello,
Caracas

Señala Atlan: "Existen diversas racionalidades y diferentes formas de tener razón, legítimas, aunque diferentes, para interpretar los datos de nuestros sentidos" (1991, p. 11). Apoyado en Russell, afirma que no hay más verdad que la científica y que de lo particular a lo general, la búsqueda de esta verdad está limitada por las condiciones de aplicación de los métodos rigurosos a los objetos que le son adaptados y, por ende, cuidadosamente circunscritos y definidos.

Aparece entonces cierta decepción con respecto a la esperanza decimonónica de una ciencia que tendría explicación para todo, que además fundamentaría a la ética, ayudaría a vivir, no sólo gracias al bienestar debido a sus descubrimientos tecnológicos, sino iluminando a la vez la verdad y el bien. Aquí se esconde una nostalgia: sustituir la verdad del dogma religioso por la del dogma científico.

Ante esta decepción descrita por Atlan, Montero (1997) reflexiona:

> Al objetivismo y la neutralidad, al elementalismo y cuantitativismo con lo que se llegó a identificar casi con exclusividad al positivismo en las formas más extremas de aplicación de este paradigma, ha comenzado a ser opuesto de manera tajante, la aproximación humanista, holista, construccionista y cualitativista, generando una escisión en el campo metodológico (p. 67).

A estas diferencias se les ha llamado en Latinoamérica "guerra entre las ciencias", y se han llevado incluso al terreno político, tal como acotan Sokal y Bricmont (1999), considerándolas un conflicto entre progresistas y conservadores. Los científicos de las ciencias sociales se han identificado con los progresistas y se han apartado de la herencia de la Ilustración. Impulsados por ideas como la deconstrucción y la epistemología feminista, con fuerte influencia europea, se han adherido a una forma de relativismo epistémico, como posible resultado del descontento con la vieja ortodoxia de izquierda y su incapacidad para resolver problemas sociales.

Algunos autores, como Montero, en el citado artículo, consideran que es reduccionista y simplificador considerar sólo una de las formas de obtener conocimiento, como lo plantea la ciencia tradicional. Incluso muchos de los partidarios de los métodos cualitativos consideran necesario y beneficioso hacer uso tanto de métodos cualitativos como cuantitativos, en el estudio de un objeto tan complejo, como el que se plantean las ciencias sociales en general y la psicología en particular.

Tashakkori y Teddlie (1998) consideran que paradigmas competitivos pueden existir simultáneamente, especialmente en las ciencias inmaduras, como en ocasiones se ha considerado a la psicología. El paradigma positivista, se supone, prevalece en los métodos cuantitativos, y el constructivismo en los métodos cualitativos. La tesis de compatibilidad basada en diferentes paradigmas, se denomina pragmatismo y tiende a un relativismo o uso de cualquier aproximación metodológica que funcione para el problema de investigación particular. Estos teóricos pragmáticamente orientados, dicen utilizar una metodología mixta. Aunque el uso de múltiples métodos se lleva a cabo desde hace por lo menos 30 o 40 años, debido a la introducción de una gran variedad de nuevos procedimientos, el desarrollo rápido de apoyos tecnológicos y el incremento de las comunicaciones entre las ciencias sociales y las conductuales.

El pragmatismo considera que el problema de investigación es más importante que la visión del mundo que se supone está por detrás del método, y la visión del mundo que subyace al método difícilmente afecta el proceso de investigación. El método debe seguir a la pregunta, tal como enunció Campbell (1959, citado por Tashakkori y Teddlie, 1998), cuando promovió el concepto de triangulación; cada método tiene sus limitaciones por lo que usualmente es necesario usar múltiples métodos. El pragmatismo se propone como la tercera fuerza que rechaza la pugna entre positivismo y constructivismo. Aunque considera que en el pospositivismo también se utilizan métodos cuantitativos y cualitativos, pero típicamente suele preferir diseños experimentales, o sus variantes cuasiexperimentales, ex-pos-facto o causal comparativos.

Por su parte, Newman y Benz (1998) aseveran que el método científico hoy en día es tanto inductivo como deductivo, objetivo y subjetivo; los diseños son más válidos en la medida que los investigadores estén más abiertos a ambos paradigmas. El mejor paradigma —afirman— es el que da la mejor respuesta a nuestra pregunta de investigación. El método de investigación puede ser separado de la visión del mundo que tenga el investigador. Asimismo, plantean que no hay un método que sea superior a otro. La decisión de qué datos recoger y qué hacer con ellos luego que son recogidos, se toma a partir de la pregunta de investigación. Es, según estos autores, muy enriquecedor combinar la perspectiva tecnológica de los métodos cuantitativos con la perspectiva cultural de los cualitativos.

Ante estas consideraciones, y no sin provocar debates acalorados, se podría considerar al pragmatismo metodológico como una reedición del positivismo. También Newman y Benz (1998) aceptan que el paradigma pragmático que ellos proponen puede ser una forma blanda de pospositivismo, y Tashakkori y Teddlie (1998), en su prefacio, hacen un recuento del uso de los métodos combinados, que empieza con lo que ellos llaman la "Biblia" del pospositivismo, el libro de Cook y Campbel de 1979.

Llegado este punto, es importante plantear la pregunta de si esta combinación de métodos es realmente un paradigma, diferente tanto del positivismo como del constructivismo, y si propone una solución viable, o es sólo una visión del tipo neopospositivista.

Denzin y Lincoln (1994) establecen que existen diferencias en cuanto a estilos de investigación, epistemología y formas de representación. La investigación cualitativa usa prosa etnográfica, narrativa histórica y descripciones en primera persona. Para Guba y Lincoln (1990, citado por Denzin y Lincoln, 1994), el término constructivismo denota un paradigma alternativo que se mueve del realismo ontológico a un relativismo ontológico. Se establece así un continuo ontológico y no metodológico, como proponen los pragmáticos. Este continuo va de un realismo ingenuo, donde existe una realidad externa y objetiva sobre la que la investigación puede ponerse de acuerdo, hasta el otro extremo del relativismo, para el que existen múltiples realidades sociales, que son producto de intelectos humanos, que cambian en la medida que cambian los intelectos que las construyeron.

La diferencia trascendental está en considerar la existencia de una realidad externa y objetiva. La posición pragmática afirma que hay una realidad externa independiente de nuestras mentes, y que entre las muchas alternativas existentes, unas explicaciones son mejores que otras para entender esa realidad. Asimismo, plantea que puede haber relaciones causales, pero que tal vez nunca lleguemos a entender completamente algunas de ellas. Mientras que el constructivismo cree que todas las entidades se configuran simultáneamente y es imposible distinguir entre las causas y los efectos, el pragmatismo es cautelosamente optimista acerca de la posibilidad de entender las relaciones causa-efecto. A partir de esto parece apropiada la conclusión anterior: el pragmatismo es más cercano al positivismo que al constructivismo.

El paradigma pragmático parece hacer referencia a los niveles operativos, en los que, desde el surgimiento del pospositivismo, se ha considerado necesario el uso de los métodos que el investigador juzgue necesarios, sin detenerse a separarlos en cuantitativos o cualitativos. Pero cuando se trata de conciliar las visiones del continuo propuesto por Lincoln y Guba (1985), las aproximaciones ontológicas y epistemológicas, no parecen reconciliables.

Este debate parece de vital importancia, ya que las tendencias filosóficas que se enfrentan al positivismo y proponen algún tipo de relativismo, parecen encajar en lo que se denomina posmodernidad. El término posmoderno abarca aspectos tan dispares como la arquitectura y el arte, las ciencias sociales y la filosofía. A pesar de esto y siguiendo a Ibáñez (1986), se pueden enunciar algunas características resaltantes comunes como: el relativismo epistémico, el interés excesivo por las creencias subjetivas, independientemente de su veracidad o falsedad, énfasis en el discurso y el lenguaje, en oposición a los hechos a los que alude y, en los casos más extremos, rechazo a la idea misma de que existen unos hechos a los cuales referirse. Esta postura filosófica tiene gran influencia en Latinoamérica a partir de la década de los ochenta.

Sokal y Bricmont (1999) señalan que muchas ideas posmodernas podrían hacer la corrección necesaria a un modernismo ingenuo, que cree en el progreso indefinido y continuado, en el cientificismo, el eurocentrismo cultural, etcétera. Pero si se quiere contribuir a la ciencia en cualquier rama, es preciso abandonar las dudas radicales concernientes a la viabilidad de la lógica o la posibilidad de conocer el mundo mediante la observación y el experimento. Siempre se puede dudar de una teoría concreta, pero los argumentos escépticos generales pueden ser perjudiciales. Necesitamos justificar de un modo u otro nuestras teorías relativas al mundo físico y social. Si descartamos el apriorismo, los argumentos de autoridad y la referencia a textos sagrados, poco más nos queda que no sea la confrontación sistemática de las teorías con las observaciones. Toda teoría necesita apoyo, siquiera directo, de argumentos empíricos, para ser tomada en serio.

Las confirmaciones experimentales de las teorías científicas más probadas, tomadas en conjunto, dan fe de que realmente hemos adquirido un conocimiento objetivo, aunque incompleto y aproximado de la naturaleza. La experiencia científica acumulada durante tres siglos de práctica científica nos ha proporcionado toda una serie de principios metodológicos, más o menos generales, que se pueden justificar con argumentos racionales. No existe ningún medio *a priori* que permita decidir, independientemente de las circunstancias, lo que distingue una buena de una mala investigación, pero es difícil dudar que en las buenas investigaciones, el resultado obtenido se corresponde con la realidad. La falta de criterios de racionalidad absolutos, independientes de toda circunstancia, no implica que las inducciones son equivocadas, simplemente algunas inducciones están más justificadas que otras. Nunca se podrá demostrar literalmente ninguna afirmación sobre un hecho real, pero podemos plantear hipótesis razonables.

Según Ribes (1999), las ciencias humanas tienen sus propios problemas y sus propios métodos, no precisan seguir cada cambio de paradigma, real o imaginario, de la física o la biología y éste es un argumento interesante en contra de Kuhn. El establecimiento de vínculos entre los diferentes niveles de análisis no es necesariamente una tarea prioritaria. Como señalan Sokal y Bricmont (1999), los científicos no necesitan apoyarse en la mecánica cuántica para sostener que el observador influye sobre lo observado y también es perfectamente lícito, como señala Atlan (1991), recurrir a otras formas, como la literatura, para obtener algún tipo de comprensión, no científica, de los aspectos de la experiencia humana que escapan, al menos por el momento, a un conocimiento más riguroso.

Como ejemplo de lo anterior, Ribes (1999) señala que en la psicología coexisten ontologías distintas respecto de lo psicológico, en la medida en que las diferentes aproximaciones teóricas conciben objetos de conocimiento distintos e inconmensurables, la conducta como movimiento, la mente como representación, lo psíquico como energía, la mente como procesadora de información. Comparten, sin embargo, una preocupación por las formas de construir un conocimiento causal de lo psicológico y esto no quiere decir que sea necesario desdisciplinar a la disciplina como propone Ibáñez (1996).

Ribes (1999) acepta la proposición de que la comunidad científica a la que se pertenece, indudablemente preforma las creencias, rutinas, formulación de problemas y modos de resolverlos, y a través del ejemplo de otros, se pueden asumir problemas y supuestos cuyo origen y alcance no siempre son evidentes para el científico. Indudablemente que la ciencia como institución social está vinculada al poder político, económico y militar. La ciencia como conjunto de conocimientos es siempre falible, y a veces los errores de los científicos se deben a todo tipo de prejuicios sociales, políticos, filosóficos y religiosos, pero para enfrentar la consideración de estos aspectos, Atlan (1991) nos recomienda seguir la siguiente secuencia: demostrar mediante argumentos científicos que la investigación criticada es defectuosa, con arreglo a los cánones de la buena ciencia, entonces y sólo entonces, se puede determinar cómo los prejuicios sociales de los investigadores condujeron a la violación de esos cánones. Cuando se ataca la racionalidad *per se*, se encuentran innumerables aliados, como la superstición, las tradiciones sociales, el integrismo religioso y, el *new age*, entre otros, pero estos aliados no brindan apoyos sustanciales.

La confrontación con el paradigma constructivista tal vez sirva para reflexionar y tomar una actitud científica entendida en un sentido más amplio, como el respeto por la claridad y coherencia lógica de las teorías, la confrontación de las mismas con los datos empíricos, aclarando que esto es tan pertinente para las ciencias naturales como para las sociales.

Sokal y Bricmont (1999) aceptan que hacen declaración de un sueño cuando afirman que es necesaria la aparición de una cultura intelectual racionalista pero no dogmática, con mentalidad científica pero no cientificista, amplia de miras pero no frívola, políticamente progresista pero no sectaria. Un escepticismo informado, que pueda evaluar los datos y la lógica y llegar a formular juicios razonados basados en esos mismos datos y en esa lógica. Si las ciencias humanas desean beneficiarse de los éxitos de las ciencias naturales, no lo lograrán extrapolando directamente sus conceptos técnicos, pero sí se pueden beneficiar de lo positivo que hay en sus principios metodológicos, medir la validez de una proposición en función de los hechos y los razonamientos que la apoyan, no en las cualidades personales o estatus social de sus defensores o detractores.

La aplicación de los métodos que se califican como cualitativos en contextos clásicamente cuantitativos, no nos permite afirmar la posibilidad de lograr un paradigma unificado, ya que no es posible sostener al mismo tiempo una epistemología y ontología positivista y constructivista. Ubicarse en un extremo, desconociendo al otro y negando sus aportes tampoco parece razonable. Las ciencias humanas se benefician de las advertencias del constructivismo, dado lo complejo de su objeto de estudio, pero el relativismo no favorece la construcción de una disciplina sólida que haga aportes sustanciales. Lo que parece más razonable en este punto es seguir el sueño de Sokal y Bricmont, y continuar con la empresa de fortalecer poco a poco a las ciencias sociales, aprovechando los conocimientos acumulados hasta ahora y los métodos que han demostrado ser efectivos para producir conocimientos.

REFERENCIAS

Atlan, H. (1991), *Con razón o sin ella*, Tusquets, Barcelona.

Denzin, N.K. y Lincoln, Y.S. (eds.) (1994), *Handbook of Qualitative Research*, Sage, Tousand Oaks.

Ibáñez, T. (1996), *En torno a la postmodernidad y la psicología*, CEP/FHU, Caracas.

Lincoln, Y.S. y Guba. E.G. (1985), *Naturalistic inquiry*, Sage, Beverly Hill.

Montero, M. (1985), "El sentido y la medida". *Comportamiento*, vol. 4, núm. 1, pp. 65-81.

Newman I. y Benz, C. (1998), *Qualitative-Quantitative Research Methodology*, Southern Illinois University Press, Champaing.

Ribes, E. (1999), *Teoría del condicionamiento y lenguaje*, Taurus, Guadalajara.

Sokal, A. y Bricmont, J. (1999), *Imposturas intelectuales*, Paidós, Barcelona.

Tashakkori, A. y Teddlie, Ch. (1998), *Mixed Methodology*, Sage, Tousand Oaks.

Glosario

A

Acatamiento: comportamiento que ocurre en respuesta a la presión social directa (cap. 14)

Acomodo mental: tendencia a persistir que poseen los antiguos patrones de solución de problemas (cap. 7)

Actitudes: predisposiciones aprendidas a responder en una manera favorable o desfavorable ante una persona, comportamiento, creencia u objeto particulares (cap. 14)

Adaptación: ajuste en la capacidad sensorial después de una exposición prolongada a los estímulos (cap. 3)

Adaptación a la oscuridad: aumento de la sensibilidad a la luz derivado de haber estado expuesto a una luz de baja intensidad (cap. 3)

Adolescencia: etapa del desarrollo entre la infancia y la edad adulta (cap. 10)

Afrontamiento: esfuerzos por controlar, reducir o aprender a tolerar las amenazas que conducen al estrés (cap. 9)

Agresión: daño o perjuicio intencional hacia otra persona (cap. 14)

Algoritmo: regla que, si se sigue, garantiza una solución para un problema (cap. 7)

Altruismo: comportamiento de ayuda que es benéfico para los demás pero que claramente requiere de un sacrificio de quien presta la ayuda (cap. 14)

Alucinógenos: drogas que son capaces de producir alucinaciones o cambios en el proceso de la percepción (cap. 4)

Amnesia disociativa: falla o incapacidad para recordar experiencias pasadas (cap. 12)

Amor de compañía: gran afecto que tenemos por aquellos con quienes nuestra vida está muy vinculada (cap. 14)

Amor pasional (o romántico): estado de absorción intensa por otra persona, que incluye excitación fisiológica intensa, interés psicológico y atención de las necesidades del otro (cap. 14)

Análisis de atributos: un enfoque de la percepción que considera cómo percibimos una forma, patrón, objeto o escena reaccionando primero a los elementos individuales que lo conforman (cap. 3)

Análisis de medios y fines: pruebas repetidas para determinar las diferencias entre el resultado deseado y lo que existe en la actualidad (cap. 7)

Andrógenos: hormonas sexuales masculinas secretadas por los testículos (cap. 9)

Anorexia nervosa: trastorno alimentario severo en el que las personas se rehúsan a comer, mientras niegan que su comportamiento y apariencia, la cual puede volverse esquelética, sean inusuales (cap. 9)

Apego: el vínculo emocional positivo que se genera entre un niño y un individuo en particular (cap. 10)

Aprendizaje: un cambio de comportamiento relativamente permanente producido por la experiencia (cap. 5)

Aprendizaje latente: aprendizaje en el que se adquiere un comportamiento nuevo pero no se demuestra hasta que se proporciona un reforzamiento (cap. 5)

Aprendizaje observacional: aprendizaje que tiene lugar al ver el comportamiento de los demás y las consecuencias de dicho comportamiento (cap. 13)

Aprendizaje por observación: aprendizaje a través de la observación del comportamiento de otra persona a la que se denomina *modelo* (cap. 5)

Área motora: parte de la corteza que es responsable en gran medida del movimiento voluntario de zonas específicas del cuerpo (cap. 2)

Área sensorial: sitio en el cerebro que contiene tejido que corresponde a cada uno de los sentidos, cuyo grado de sensibilidad está relacionado con la cantidad de tejido (cap. 2)

Áreas asociativas: una de las áreas importantes del cerebro, el sitio de los procesos mentales superiores como el pensamiento, el lenguaje, la memoria y el habla (cap. 2)

Asignación aleatoria a la condición: un procedimiento en el que los sujetos de estudio son asignados a diferentes grupos o "condiciones" experimentales con base exclusivamente en el azar (cap. 1)

Atracción interpersonal: sentimientos positivos hacia otros; afecto y amor (cap. 14)

Autorrealización: de acuerdo con Rogers, estado de realización de uno mismo en el que las personas cumplen su máximo potencial (cap. 11)

Autorrealización: estado de satisfacción propia en el que las personas logran realizar su potencial máximo en su propia forma única (cap. 9)

Axón: la parte de la neurona que lleva mensajes destinados a otras células (cap. 2)

B

Balbuceo: sonidos parecidos a los del habla, pero carentes de significado, emitidos por los niños desde alrededor de los tres meses de edad hasta un año (cap. 7)

Bastones: receptores sensibles a la luz, de forma larga y cilíndrica, que se localizan en la retina y funcionan correctamente en presencia de poca luz, pero son insensibles en gran medida al color y a los detalles pequeños (cap. 3)

Biopsicólogos: psicólogos especializados en considerar las formas en que las estructuras biológicas y las funciones del cuerpo afectan al comportamiento (cap. 2)

Bisexuales: personas que son atraídas sexualmente por individuos del mismo sexo y por miembros del sexo opuesto (cap. 9)

Botones terminales: pequeñas protuberancias ubicadas en el extremo de los axones de las que parten los mensajes hacia otras células (cap. 2)

Bulimia: trastorno en el que una persona ingiere cantidades increíblemente grandes de alimento (cap. 9)

C

Calmantes: drogas que desaceleran al sistema nervioso (cap. 4)

Canales semicirculares: estructuras del oído interno que consisten en tres tubos que contienen fluido que se mueve con el movimiento de la cabeza, señalándole al cerebro el movimiento rotatorio o angular (cap. 3)

Caracol o cóclea: tubo en espiral relleno de fluido que recibe el sonido a través de la ventana oval o por conducción ósea (cap. 3)

Castigo: estímulos desagradables o dolorosos que disminuyen la probabilidad de que un comportamiento precedente ocurrirá de nuevo (cap. 5)

Catarsis: proceso de descarga de la energía agresiva acumulada (cap. 14)

Causas disposicionales (del comportamiento): una causa del comportamiento que se basa en rasgos internos o factores de personalidad (cap. 14)

Causas situacionales (del comportamiento): una causa del comportamiento que se basa en factores ambientales (cap. 14)

Células ciliares: pequeñas células que cubren la membrana basilar, las cuales, cuando se doblan a consecuencia de las vibraciones que penetran en el caracol, transmiten mensajes neuronales al cerebro (cap. 3)

Cerebelo: parte del cerebro que controla el equilibrio corporal (cap. 2)

Cigoto: la nueva célula formada como producto de la fertilización (cap. 10)

Claves monoculares: señales que nos permiten percibir la distancia y la profundidad con un solo ojo (cap. 3)

Coeficiente intelectual (CI): puntuación que toma en cuenta las edades mental y cronológica de un individuo (cap. 8)

Cognición: procesos mentales superiores de los seres humanos, que incluyen la forma en que las personas conocen y comprenden el mundo, procesan la información, hacen juicios y toman decisiones, y describen su conocimiento y comprensión a los demás (cap. 7)

Cognición social: procesos que subyacen a nuestra comprensión del mundo social (cap. 14)

Complejo de Edipo: interés sexual de un niño por su progenitor del sexo opuesto, que se resuelve por lo general por medio de la identificación con el progenitor del mismo sexo (cap. 11)

Complejo de inferioridad: Adler lo define como una situación en la que los adultos no han sido capaces de superar los sentimientos de inferioridad que desarrollaron cuando eran niños, época en la que eran pequeños y tenían un conocimiento limitado del mundo (cap. 11)

Comportamiento prosocial: comportamiento de ayuda (cap. 14)

Compulsión: impulso de realizar en forma repetida algún acto que parece extraño e irracional, aun si el que lo padece se da cuenta de que es irracional (cap. 12)

Conceptos: categorizaciones de objetos, sucesos o personas que comparten propiedades comunes (cap. 7)

Conciencia: el hecho de percatarse de las sensaciones, pensamientos y sentimientos que se experimentan en un momento determinado (cap. 4)

Condicionamiento clásico: tipo de aprendizaje en el cual un organismo responde ante un estímulo neutro que por lo común no produce esa respuesta (cap. 5)

Condicionamiento operante: aprendizaje en el que se fortalece o debilita una respuesta voluntaria, dependiendo de sus consecuencias positivas o negativas (cap. 5)

Confiabilidad: concepto relativo a que las pruebas miden de manera consistente lo que están tratando de medir (cap. 8)

Conformidad: cambio en el comportamiento o actitudes provocado por el deseo de seguir las creencias o normas de otras personas (cap. 14)

Conos: células receptoras sensibles a la luz, de forma cónica, localizadas en la retina, que son responsables de enfocar con precisión y de la percepción del color, en especial en presencia de luz intensa (cap. 3)

Consentimiento informado: un documento firmado por los sujetos de estudio en el que declaran que se les ha informado la naturaleza básica del estudio y que se percatan qué implicará su participación (cap. 1)

Contenido latente de los sueños: según Freud, los significados "disfrazados" de los sueños, ocultos por temas más obvios (cap. 4)

Contenido manifiesto de los sueños: de acuerdo con Freud, el guión explícito de los sueños (cap. 4)

Controversia herencia-medio: debate sobre el grado en que el ambiente y la herencia influyen en el comportamiento (cap. 10)

Corteza cerebral: el "cerebro nuevo", responsable del procesamiento de información más complejo en el cerebro; contiene los lóbulos (cap. 2)

Creatividad: combinación de respuestas o ideas en formas nuevas (cap. 7)

Crisis de la mitad de la vida (o crisis de los cuarenta): comprobación de que no hemos logrado todo lo que esperábamos en la vida, lo que conduce a sentimientos negativos (cap. 10)

Cromosomas: estructuras con forma de bastón que contienen la información hereditaria básica (cap. 10)

D

Decaimiento: pérdida de información como resultado de la falta de uso (cap. 6)

Deficiencia mental: funcionamiento intelectual significativamente por debajo del promedio que ocurre con limitaciones relacionadas en dos o más de las áreas de habilidades adaptativas (cap. 8)

Dendritas: conjunto de fibras en uno de los extremos de la neurona que recibe mensajes provenientes de otras neuronas (cap. 2)

Depresión mayor: forma severa de depresión que interfiere con la concentración, la toma de decisiones y la sociabilidad (cap. 12)

Desamparo aprendido: estado en el que las personas concluyen que los estímulos desagradables o aversivos no pueden controlarse, perspectiva del mundo que se arraiga tanto en ellas que dejan de intentar

remediar las circunstancias aversivas, aun si en realidad pueden ejercer alguna influencia (cap. 9)

Desamparo aprendido: estado en el que las personas concluyen que los estímulos desagradables o aversivos no pueden controlarse, una perspectiva del mundo que se arraiga tanto en ellos que dejan de tratar de remediar las circunstancias aversivas, aun cuando en realidad puedan hacer algo para solucionarlas (cap. 12)

Desarrollo cognitivo: proceso por el cual la comprensión del mundo que tiene un niño cambia como resultado de la edad y la experiencia (cap. 10)

Desarrollo psicosocial: desarrollo de las interacciones de los individuos, de la comprensión que tienen de los demás, así como del conocimiento y comprensión que tienen de sí mismos como miembros de la sociedad (cap. 10)

Desensibilización sistemática: forma de tratamiento en el que una persona aprende a relajarse y luego es expuesta en forma gradual a un estímulo productor de ansiedad con el fin de extinguir la respuesta de ansiedad (cap. 13)

Desinstitucionalización: transferencia de antiguos pacientes mentales de los hospitales psiquiátricos a la comunidad (cap. 13)

Detección de atributos: activación de neuronas en la corteza debida a estímulos visuales de formas o patrones específicos (cap. 3)

Difusión de la responsabilidad: tendencia de las personas a sentir que la responsabilidad para actuar se comparte o difunde entre quienes están presentes (cap. 14)

Discriminación: comportamiento negativo hacia miembros de un grupo particular (cap. 14)

Discriminación de estímulos: proceso por el cual un organismo aprende a diferenciar entre estímulos, restringiendo la respuesta a uno en particular (cap. 5)

Disonancia cognitiva: conflicto que ocurre cuando una persona sostiene dos actitudes o pensamientos (a los que se hace referencia como *cogniciones*) que se contradicen entre sí (cap. 14)

Doble moral: opinión de que el sexo prematrimonial es permisible para los hombres pero no para las mujeres (cap. 9)

Drogas adictivas: drogas que producen una dependencia biológica o psicológica en el usuario, y en las que la abstinencia conduce a un anhelo por la droga que, en algunos casos, puede ser casi irresistible (cap. 4)

Drogas psicoactivas: drogas que influyen en las emociones, percepciones y comportamiento de una persona (cap. 4)

E

Edad de viabilidad: momento a partir del cual puede sobrevivir el feto en caso de que nazca en forma prematura (cap. 10)

Edad mental: edad promedio de los niños que al responder la prueba Binet lograban la misma puntuación (cap. 8)

Efecto de halo: fenómeno en el que una comprensión inicial de que una persona tiene rasgos positivos se usa para inferir otras características igualmente positivas (cap. 14)

Efecto de reciprocidad del afecto: tendencia a querer a quienes nos quieren (cap. 14)

Ello: parte primitiva, desorganizada e innata de la personalidad, cuyo único propósito es reducir la tensión creada por pulsiones primitivas relacionadas con el hambre, lo sexual, la agresión y los impulsos irracionales (cap. 11)

Embrión: cigoto desarrollado en el que ya se diferencian el corazón, el cerebro y otros órganos (cap. 10)

Emociones: sentimientos que por lo general tienen elementos fisiológicos y cognitivos, y que influyen en el comportamiento (cap. 9)

Enfoque cognitivo conductual: proceso por el que se cambian las cogniciones equívocas de las personas sobre sí mismas y el mundo por otras más precisas (cap. 13)

Enfoque de la teoría del aprendizaje: teoría que sugiere que la adquisición del lenguaje sigue los principios del reforzamiento y el condicionamiento (cap. 7)

Enfoque ecléctico de terapia: enfoque de la terapia que emplea técnicas tomadas de diversos métodos de tratamiento, en lugar de basarse sólo en uno (cap. 13)

Enfoques biológicos y evolutivos de la personalidad: teoría que sostiene que importantes componentes de la personalidad son heredados (cap. 11)

Enfoques cognitivos de la motivación: teorías que se centran en la función de nuestros pensamientos, expectativas y comprensión del mundo para explicar la motivación (cap. 9)

Enfoques conductuales de tratamiento: enfoques que se basan en procesos básicos de aprendizaje incluidos en el condicionamiento clásico y operante (cap. 13)

Enfoques de la motivación por incentivos: teoría que explica la motivación con base en estímulos externos (cap. 9)

Enfoques de la motivación por reducción de las pulsiones: teoría que sostiene que cuando las personas carecen de algún requerimiento biológico básico como el agua, se produce una pulsión para obtener ese requerimiento (en este caso, la pulsión de la sed) (cap. 9)

Enfoques de la motivación relativo a la excitación: creencia de que tratamos de mantener cierto nivel de estimulación y actividad, incrementándolo o reduciéndolo según sea necesario (cap. 9)

Enfoques humanistas de la personalidad: teorías que enfatizan la bondad básica de las personas y su tendencia a lograr niveles superiores de funcionamiento (cap. 11)

Enfoques sociales cognitivos de la personalidad: teoría que enfatiza la influencia de las cogniciones de una persona, pensamientos, sentimientos, expectativas y valores, en la determinación de la personalidad (cap. 11)

Ensayo: repetición de información que ha entrado en la memoria a corto plazo (cap. 6)

Ensoñaciones diurnas: fantasías que las personas construyen en estado de vigilia (cap. 4)

Error de atribución fundamental: tendencia a atribuir el comportamiento de los demás a causas disposicionales y la tendencia a minimizar la importancia de las causas situacionales (cap. 14)

Esquemas: temas generales que contienen relativamente pocos detalles específicos (cap. 6)

Esquemas: conjuntos de cogniciones acerca de personas y experiencias sociales (cap. 14)

Esquizofrenia: clase de trastornos en los que ocurre una distorsión severa de la realidad (cap. 12)

Estado de reposo: el estado en que hay una carga eléctrica negativa de alrededor de –70 milivoltios dentro de la neurona (cap. 2)

Estandarización de pruebas: técnica empleada para validar las preguntas en las pruebas de personalidad, por medio del estudio de las respuestas de personas con diagnósticos conocidos (cap. 11)

Estereotipos: creencias y expectativas generalizadas acerca de grupos sociales y sus miembros (cap. 14)

Estimulantes: drogas que afectan el sistema nervioso central al provocar un aumento en el ritmo cardiaco, de la presión arterial y de la tensión muscular (cap. 4)

Estímulo: energía que produce una respuesta en un órgano sensorial (cap. 3)

Estímulo condicionado (EC): estímulo antes neutro que se ha asociado con un estímulo incondicionado para producir una respuesta que antes sólo era generada por el estímulo incondicionado (cap. 5)

Estímulo incondicionado (EI): estímulo que provoca una respuesta sin que se haya aprendido (cap. 5)

Estímulo neutro: estímulo que, antes del condicionamiento, no tiene efecto sobre la respuesta deseada (cap. 5)

Estímulos estresantes de fondo (vicisitudes cotidianas): dificultades de la vida diaria, como quedar atrapado en un embotellamiento de tráfico, que causan irritaciones menores, pero que no tienen efectos dañinos a largo plazo, a menos que continúen o se compliquen con otros sucesos estresantes (cap. 9)

Estímulos estresantes personales: sucesos importantes de la vida, como la muerte de un familiar, que tienen consecuencias negativas inmediatas que por lo general se desvanecen con el tiempo (cap. 9)

Estrés: respuesta a sucesos que son amenazadores o desafiantes (cap. 9)

Estrógeno: hormona sexual femenina (cap. 9)

Estructuralismo: modelo de Wundt que se centra en los elementos fundamentales que forman la base del pensamiento, la conciencia, las emociones y otras clases de estados y actividades mentales (cap. 1)

Estudio de caso: investigación intensiva y a fondo de un individuo o un pequeño grupo de personas (cap. 1)

Etapa anal: de acuerdo con Freud, etapa que va desde los 12 o 18 meses hasta los tres años de edad, en la que el placer del niño se centra en el ano (cap. 11)

Etapa de autonomía frente a vergüenza y duda: según Erikson, periodo durante el cual los niños (de 18 meses a tres años de edad) desarrollan independencia y autonomía si se fomenta en ellos la exploración y la libertad, o vergüenza y duda de sí mismos si si se les restringe y sobreprotege (cap. 10)

Etapa de confianza frente a desconfianza: según Erikson, primera etapa del desarrollo psicosocial, que ocurre desde el nacimiento hasta los 18 meses de edad, durante el cual los bebés desarrollan sentimientos de confianza o desconfianza (cap. 10)

Etapa de generatividad frente a estancamiento: de acuerdo con Erikson, periodo de la adultez intermedia durante el cual evaluamos nuestras contribuciones a la familia y a la sociedad (cap. 10)

Etapa de identidad frente a confusión de papeles: de acuerdo con Erikson, momento de prueba en la adolescencia que permite determinar las cualidades distintivas propias (cap. 10)

Etapa de iniciativa frente a culpa: según Erikson, periodo durante el cual los niños de tres a seis años de edad experimentan conflicto entre la independencia de la acción y sus resultados, en ocasiones negativos (cap. 10)

Etapa de integración del yo frente a desesperación: según Erikson, periodo que abarca desde la tercera edad hasta la muerte, durante el cual revisamos los logros y fracasos que tuvimos en la vida (cap. 10)

Etapa de intimidad frente a aislamiento: según Erikson, periodo durante la edad adulta temprana que se centra en el desarrollo de relaciones íntimas (cap. 10)

Etapa de laboriosidad frente a inferioridad: según Erikson, la última etapa de la infancia durante la cual los niños de seis a 12 años de edad pueden desarrollar interacciones sociales positivas con los demás o pueden sentirse inadaptados y volverse menos sociables (cap. 10)

Etapa de las operaciones concretas: según Piaget, periodo de los 7 a los 12 años de edad que se caracteriza por el pensamiento lógico y una disminución del egocentrismo (cap. 10)

Etapa de las operaciones formales: de acuerdo con Piaget, periodo de los 12 años hasta la edad adulta que se caracteriza por el pensamiento abstracto (cap. 10)

Etapa fálica: según Freud, periodo que comienza alrededor de los tres años de edad, durante el cual el interés del niño se centra en los genitales (cap. 11)

Etapa genital: de acuerdo con Freud, periodo desde la pubertad hasta la muerte, marcado por un comportamiento sexual maduro (es decir, de relaciones sexuales) (cap. 11)

Etapa oral: según Freud, etapa desde el nacimiento hasta los 12 a 18 meses de edad, en la que el centro del placer para un bebé reside en la boca (cap. 11)

Etapa preoperacional: según Piaget, periodo desde los dos hasta los siete años de edad que se caracteriza por el desarrollo del lenguaje (cap. 10)

Etapa sensoriomotora: según Piaget: etapa del nacimiento a los dos años de edad, durante la cual un niño tiene poca competencia para representar el ambiente usando imágenes, lenguaje u otros símbolos (cap. 10)

Evaluación conductual: medición directa del comportamiento de un individuo empleada para describir características indicativas de su personalidad (cap. 11)

Eventos cataclísmicos: estímulos estresantes intensos que ocurren en forma súbita y que afectan a muchas personas a la vez (por ejemplo, desastres naturales) (cap. 9)

Experimento: investigación de la relación entre dos (o más) factores por medio de la producción intencional de un cambio en un factor en una situación y la observación de los efectos de ese cambio en otros aspectos de la misma (cap. 1)

Extinción: uno de los fenómenos básicos del aprendizaje que ocurre cuando una respuesta previamente condicionada disminuye su frecuencia y al final desaparece (cap. 5)

F

Factor g: una de las primeras teorías que asumía un factor general para la capacidad mental (cap. 8)

Fármacos ansiolíticos (contra la ansiedad): fármacos que disminuyen el nivel de ansiedad que experimenta una persona, al reducir en esencia la excitabilidad y en parte al incrementar la somnolencia (cap. 13)

Fármacos antidepresivos: medicamentos que mejoran el estado de ánimo y los sentimientos de bienestar de un paciente deprimido (cap. 13)

Fármacos antipsicóticos: fármacos que alivian de manera temporal síntomas psicóticos como la agitación y el exceso de actividad (cap. 13)

Fase 1 del sueño: estado de transición entre la vigilia y el sueño, caracterizado por ondas cerebrales relativamente rápidas y de bajo voltaje (cap. 4)

Fase 2 del sueño: sueño más profundo que el de la fase 1, caracterizado por un patrón de onda más lento y regular, con interrupciones momentáneas de "husos del sueño" (cap. 4)

Fase 3 del sueño: sueño caracterizado por ondas cerebrales lentas, con crestas y valles más amplios en el patrón de ondas (cap. 4)

Fase 4 del sueño: etapa más profunda del sueño, durante la cual somos menos sensibles a la estimulación externa (cap. 4)

Fenómeno de "en la punta de la lengua": incapacidad de recordar información que se está seguro de conocer, resultado de la dificultad para recuperar información de la memoria a largo plazo (cap. 6)

Feto: bebé en desarrollo, desde ocho semanas después de la concepción hasta el nacimiento (cap. 10)

Fijación: rasgos de personalidad característicos de una etapa anterior del desarrollo, debidos a un conflicto sin resolver, originado en el periodo anterior (cap. 11)

Fijación funcional: tendencia a pensar en un objeto sólo en función de su uso típico (cap. 7)

Fonemas: unidades mínimas de sonido (cap. 7)

Fonología: estudio de las unidades mínimas de sonido, llamadas fonemas (cap. 7)

Formación reticular: parte del cerebro que va del bulbo raquídeo al puente; se forma por un grupo de células nerviosas que puede activar de inmediato otras partes del cerebro para producir una excitación corporal general (cap. 2)

Frustración: la desilusión o bloqueo de algún comportamiento dirigido hacia la consecución de una meta (cap. 14)

Fuga disociativa: condición amnésica en la que las personas hacen viajes impulsivos repentinos, en ocasiones asumiendo una nueva identidad (cap. 12)

Funcionalismo: uno de los primeros enfoques de la psicología que se centraba en lo que hace la mente, es decir las funciones de la actividad mental, y en la función del comportamiento en la adaptación de la gente a su entorno (cap. 1)

G

Gemelos idénticos: gemelos que son genéticamente idénticos (cap. 10)

Generalización de estímulos: respuesta a un estímulo que es similar pero diferente de un estímulo condicionado; entre más se parezcan los dos estímulos, es más probable que ocurra la generalización (cap. 5)

Genes: partes del cromosoma por medio de los cuales se transmite la información genética (cap. 10)

Genética conductual: estudio de los efectos de la herencia en el comportamiento (cap. 2)

Genitales: órganos sexuales masculinos y femeninos (cap. 9)

Glándula pituitaria: la "glándula maestra", el componente principal del sistema endocrino, que secreta hormonas que controlan el crecimiento (cap. 2)

Gramática: sistema de reglas que determina cómo pueden expresarse nuestros pensamientos (cap. 7)

Gramática universal: teoría de Noam Chomsky de que todos los idiomas del mundo comparten una estructura subyacente similar (cap. 7)

Grupo control: un grupo que no recibe tratamiento (cap. 1)

Grupo experimental: cualquier grupo que recibe un tratamiento (cap. 1)

H

Habituación: disminución en la respuesta ante un estímulo que ocurre después de presentaciones repetidas (cap. 10)

Habla telegráfica: enunciados que suenan como si fueran parte de un telegrama, en el que se omiten las palabras que carecen de importancia para el mensaje (cap. 7)

Hemisferios: dos mitades simétricas izquierda y derecha del cerebro que controlan el lado del cuerpo opuesto a su ubicación (cap. 2)

Heredabilidad: medida del grado en que una característica se relaciona con factores genéticos heredados (cap. 8)

Heterosexualidad: atracción y comportamiento sexual dirigido al sexo opuesto, que consiste en mucho más que la sola relación sexual entre hombre y mujer (cap. 9)

Heurística: regla empírica o atajo mental que puede conducir a una solución (cap. 7)

Hipnosis: estado de mayor susceptibilidad a las sugestiones de otros (cap. 4)

Hipotálamo: parte diminuta del cerebro, localizada debajo del tálamo, que mantiene la homeostasis, y produce y regula el comportamiento básico vital como comer, beber y la conducta sexual (cap. 2)

Hipótesis: una predicción, derivada de una teoría, planteada de modo que pueda verificarse (cap. 1)

Hipótesis de la necesidad de complementariedad: creencia de que las personas son atraídas por otros que satisfacen sus necesidades (cap. 14)

Hipótesis del relativismo lingüístico: teoría según la cual el lenguaje moldea y, de hecho, puede determinar la forma en que las personas de una cultura particular perciben y comprenden el mundo (cap. 7)**Homeostasis:** proceso por el cual un organismo lucha por mantener algún nivel óptimo de funcionamiento biológico interno compensando las desviaciones de su acostumbrado estado interno en equilibrio (cap. 9)

Homosexuales: personas que son atraídas sexualmente por miembros de su propio sexo (cap. 9)

Hormonas: sustancias químicas que circulan en la sangre y afectan el funcionamiento o crecimiento de otras partes del cuerpo (cap. 2)

Huella mnémica o engrama: cambio físico real en el cerebro que ocurre cuando se aprende material nuevo (cap. 6)

I

Identidad: carácter distintivo del individuo: lo que somos cada uno, nuestros roles y de lo que somos capaces (cap. 10)

Ilusiones ópticas: estímulos físicos que de manera consistente producen errores en la percepción (cap. 3)

Imágenes mentales: representaciones en la mente que se asemejan al objeto o evento que se está representando (cap. 7)

Imprimación: técnica para recordar información mediante la exposición previa a material relacionado (cap. 6)

Inconsciente: parte de la personalidad de la que no se percata la persona y que es un determinante potencial del comportamiento (cap. 11)

Inconsciente colectivo: conjunto de influencias que heredamos de nuestros propios antepasados, de la raza humana en conjunto e incluso de animales prehistóricos del pasado distante (cap. 11)

Influencia social: proceso por el que las acciones de un individuo o grupo afectan el comportamiento de los demás (cap. 14)

Instintos: patrones innatos de comportamiento que están determinados en forma biológica en lugar de ser aprendidos (cap. 9)

Inteligencia: capacidad para entender el mundo, pensar en forma racional y emplear los recursos en forma efectiva cuando se enfrentan desafíos (cap. 8)

Inteligencia cristalizada: información, habilidades y estrategias que las personas han aprendido a través de la experiencia y que pueden aplicar en situaciones de solución de problemas (cap. 8)

Inteligencia fluida: inteligencia que refleja las capacidades de razonamiento, memoria y procesamiento de información (cap. 8)

Inteligencia súbita: conciencia repentina de las relaciones entre diversos elementos que con anterioridad parecían ser independientes entre sí (cap. 7)

Interferencia: fenómeno por el que la información en la memoria desplaza o bloquea otra información, impidiendo su recuerdo (cap. 6)

Interneuronas: neuronas que conectan a las neuronas sensoriales y motoras, llevando mensajes entre ambas (cap. 2)

Intrepidez: característica de la personalidad asociada con un índice menor de enfermedades relacionadas con el estrés, que consta de tres componentes: compromiso, reto y control (cap. 9)

Introspección: procedimiento empleado para estudiar la estructura de la mente, en el que se pide a los sujetos que describan con detalle lo que experimentan cuando se les expone a un estímulo (cap. 1)

Inventario Multifásico de la Personalidad de Minnesota-2 (MMPI-2): prueba empleada para identificar gente con dificultades psicológicas, así como para la predicción de diversas conductas (cap. 11)

Investigación correlacional: examina la relación entre dos conjuntos de factores para determinar si están asociados o "correlacionados" (cap. 1)

Investigación documental: investigación en la que se examinan registros existentes, como datos censales, certificados de nacimiento o artículos de periódico, para confirmar una hipótesis (cap. 1)

Investigación longitudinal: método de investigación que estudia el comportamiento mientras los sujetos se desarrollan (cap. 10)

Investigación multisecuencial: método de investigación que combina las investigaciones transversal y longitudinal al tomar varios grupos de diferente edad y examinarlos en distintos momentos del desarrollo (cap. 10)

Investigación por encuesta: investigación en la que a algunas personas elegidas para representar a alguna población mayor se les hace una serie de preguntas respecto a su comportamiento, pensamientos o actitudes (cap. 1)

Investigación transversal: método de investigación en el que se comparan personas de distintas edades en el mismo momento del desarrollo (cap. 10)

L

Lateralización: predominio de un hemisferio del cerebro en funciones específicas (cap. 2)

Lenguaje: arreglo sistemático y significativo de símbolos (cap. 7)

Ley de todo o nada: regla que establece que las neuronas están o activas o en reposo (cap. 2)

Ley de Weber: una de las leyes básicas de la psicofísica que establece que una diferencia apenas perceptible es una proporción constante de la intensidad de un estímulo inicial (cap. 3)

Leyes gestálticas de la organización: conjunto de principios que describen cómo organizamos fragmentos de información en unidades significativas (cap. 3)

Libido: según Freud, la "energía psíquica" que alimenta a las pulsiones primarias de hambre, sexualidad, agresión e impulsos irracionales (cap. 11)

Libre albedrío: la capacidad humana para tomar decisiones acerca de la propia vida (cap. 1)

Litio: una forma de sales minerales simples que se ha empleado con mucho éxito en casos de trastornos bipolares (cap. 13)

Lóbulos: las cuatro secciones principales de la corteza cerebral: frontal, parietal, temporal y occipital (cap. 2)

M

Manía: estado extendido de euforia y júbilo intensos (cap. 12)

Manipulación experimental: el cambio que un experimentador produce de manera deliberada en una situación (cap. 1)

Manual diagnóstico y estadístico de los trastornos mentales (cuarta edición) (DSM-IV): sistema diseñado por la American Psychiatric Association usado por la mayoría de los profesionales para diagnosticar y clasificar el comportamiento anormal (cap. 12)

Mapa cognitivo: representación mental de ubicaciones y direcciones espaciales (cap. 5)

Masturbación: autoestimulación sexual (cap. 9)

Mecanismo de adquisición del lenguaje: sistema neurológico del cerebro que hipotéticamente permite la comprensión del lenguaje (cap. 7)

Mecanismos de defensa: estrategias inconscientes que emplean las personas para reducir la ansiedad, al encubrir su origen a sí mismos y a los demás (cap. 11)

Mecanismos de defensa: estrategias inconscientes que usan las personas para reducir la ansiedad ocultando su fuente de sí mismos y de los demás (cap. 9)

Medición con base en informes personales: método de investigación en el que se obtienen datos acerca de las personas, mediante preguntas que ellos mismos responden respecto de una muestra de su comportamiento (cap. 11)

Meditación: técnica aprendida para reenfocar la atención que produce un estado alterado de conciencia (cap. 4)

Médula espinal: conjunto de nervios que salen del cerebro y corren a lo largo de la espalda; es el medio principal para transmitir mensajes entre el cerebro y el cuerpo (cap. 2)

Membrana basilar: estructura que pasa por el centro del caracol, dividiéndolo en una cámara superior y una inferior (cap. 3)

Memoria: proceso por medio del cual codificamos, almacenamos y recuperamos información (cap. 6)

Memoria a corto plazo: memoria que retiene información durante 15 a 25 segundos (cap. 6)

Memoria a largo plazo: memoria que almacena la información en forma relativamente permanente, aunque puede ser difícil de recuperar (cap. 6)

Memoria autobiográfica: recuerdos de circunstancias y episodios de nuestras propias vidas (cap. 6)

Memoria de trabajo: teoría de Baddeley según la cual la memoria a corto plazo comprende tres componentes: el ejecutivo central, el cuaderno visoespacial y la espiral fonológica (cap. 6)

Memoria declarativa: memoria para información sobre hechos: nombres, rostros, fechas y cosas por el estilo (cap. 6)

Memoria ecoica: memoria que almacena información que proviene de los oídos (cap. 6)

Memoria episódica: memoria para los detalles biográficos de nuestras vidas individuales (cap. 6)

Memoria explícita: recuerdo intencional o consciente de información (cap. 6)

Memoria icónica: memoria que refleja información de nuestro sistema visual (cap. 6)

Memoria implícita: recuerdos de los cuales las personas no tienen conciencia, pero que pueden afectar el comportamiento y desempeño posteriores (cap. 6)

Memoria procedimental: memoria para las habilidades y hábitos, como montar en bicicleta o batear una pelota de béisbol; en ocasiones se denomina "memoria no declarativa" (cap. 6)

Memoria semántica: memoria para el conocimiento y hechos generales acerca del mundo, al igual que para las reglas de lógica que se emplean para deducir otros hechos (cap. 6)

Memoria sensorial: almacenamiento inicial momentáneo de información que dura sólo un instante (cap. 6)

Menopausia: momento en el que las mujeres dejan de menstruar y ya no son fértiles (cap. 10)

Mensaje excitatorio: secreción química que hace más probable que una neurona receptora se active y que un potencial de acción viaje a través de su axón (cap. 2)

Mensaje inhibitorio: secreción química que evita que una neurona receptora se active (cap. 2)

Metabolismo: tasa con la que el alimento es convertido en energía y consumido por el cuerpo (cap. 9)

Metacognición: conciencia y comprensión de los procesos cognitivos propios (cap. 10)

Método científico: enfoque empleado por los psicólogos para adquirir en forma sistemática conocimiento y comprensión del comportamiento y otros fenómenos de interés (cap. 1)

Modelo ABC de las actitudes: modelo que sugiere que una actitud tiene tres componentes: afecto, comportamiento y cognición (cap. 14)

Modelo cognitivo de la anormalidad: modelo que afirma que los pensamientos y creencias de la persona son un componente central del comportamiento anormal (cap. 12)

Modelo conductual de la anormalidad: modelo que ve al comportamiento mismo como el problema (cap. 12)

Modelo humanista de la anormalidad: modelo que enfatiza el control y responsabilidad que tienen las personas sobre su propio comportamiento, aun cuando dicho comportamiento sea anormal (cap. 12)

Modelo médico de la anormalidad: modelo que sostiene que cuando un individuo exhibe síntomas de comportamiento anormal, la causa que los origina se encontrará en un examen físico del individuo, el cual puede revelar un desequilibrio hormonal, una deficiencia química o una lesión cerebral (cap. 12)

Modelo psicoanalítico de la anormalidad: modelo que señala que el comportamiento anormal se deriva de conflictos infantiles sobre deseos opuestos respecto al desarrollo sexual y a la agresión (cap. 12)

Modelo sociocultural de la anormalidad: que hace la suposición de que el comportamiento de las personas, tanto normal como anormal, es moldeado por la clase de grupo familiar, sociedad y cultura en la que viven (cap. 12)

Modelos asociativos: técnica para recordar información pensando en material relacionado (cap. 6)

Modificación de la conducta: técnica formalizada para incrementar la frecuencia de comportamientos deseables y disminuir la frecuencia de los indeseables (cap. 5)

Moldeamiento: proceso de enseñanza de un comportamiento complejo por medio de recompensas ante aproximaciones sucesivas del comportamiento deseado (cap. 5)

Motivación: factores que dirigen y activan al comportamiento de los seres humanos y de otros organismos (cap. 9)

Motivación extrínseca: motivación por la que las personas participan en una actividad por una recompensa tangible (cap. 9)

Motivación intrínseca: motivación por la que las personas participan en una actividad para su propio gozo, no por la recompensa que obtendrán (cap. 9)

N

Narcóticos: drogas que aumentan el relajamiento y alivian el dolor y la ansiedad (cap. 4)

Necesidad de afiliación: interés en establecer y mantener relaciones con otras personas (cap. 9)

Necesidad de logro: característica aprendida estable en la que se obtiene satisfacción al esforzarse por alcanzar y mantener un nivel de excelencia (cap. 9)

Necesidad de poder: tendencia a buscar tener un impacto, control o influencia sobre los demás, y ser visto como un individuo poderoso (cap. 9)

Neonato: un bebé recién nacido (cap. 10)

Nervio óptico: grupo de axones ganglionares encargado de llevar la información visual (cap. 3)

Neuronas: células especializadas que constituyen los elementos básicos del sistema nervioso (cap. 2)

Neuronas motoras (eferentes): neuronas que comunican información del sistema nervioso a los músculos y glándulas del cuerpo (cap. 2)

Neuronas sensoriales (aferentes): neuronas que transmiten información del perímetro del cuerpo al sistema nervioso central (cap. 2)

Neurotransmisores: sustancias químicas que llevan mensajes a través de la sinapsis a la dendrita (y a veces al cuerpo celular) de una neurona receptora (cap. 2)

Normas: estándares de desempeño en las pruebas que permiten la comparación de la puntuación de una persona en una prueba con las puntuaciones de otros que han respondido la misma prueba (cap. 8)

Núcleo central: el "cerebro viejo" que controla funciones básicas como comer y dormir, y es común a todos los vertebrados (cap. 2)

O

Obediencia: cambio en el comportamiento debido a las órdenes de otros (cap. 14)

Obesidad: estado en el que se tiene más de 20% del peso promedio para una persona de una estatura determinada (cap. 9)

Observación naturalista: estudio en el que un investigador sólo observa algún comportamiento que ocurre de manera natural y no interviene en la situación (cap. 1)

Obsesión: pensamiento o idea recurrente (cap. 12)

Operacionalización: proceso de traducir una hipótesis en procedimientos verificables específicos que pueden ser medidos y observados (cap. 1)

Otolitos: cristales diminutos sensibles al movimiento dentro de los canales semicirculares que sienten la aceleración del cuerpo (cap. 3)

Ovulación: momento en el que se libera un óvulo de los ovarios (cap. 9)

P

Paciente con el cerebro escindido: persona que sufre de un funcionamiento independiente de las dos mitades del cerebro; como resultado de ello los lados del cuerpo trabajan en discordancia (cap. 2)

Padres autoritarios: padres que son rígidos y punitivos y que valoran la obediencia incondicional de sus hijos (cap. 10)

Padres con autoridad: padres que son firmes, establecen límites claros, razonan con sus hijos y les dan explicaciones (cap. 10)

Padres permisivos: padres que dan a sus hijos una dirección relajada o inconsistente y que, aunque son cariñosos, no les exigen a sus hijos (cap. 10)

Paquete: agrupamiento significativo de estímulos que pueden ser almacenados como una unidad en la memoria a corto plazo (cap. 6)

Pensamiento: manipulación de representaciones mentales de la información (cap. 7)

Pensamiento convergente: capacidad de producir respuestas que se basan sobre todo en el conocimiento y la lógica (cap. 7)

Pensamiento divergente: capacidad para generar respuestas inusuales, pero apropiadas, ante problemas o preguntas (cap. 7)

Pensamiento egocéntrico: forma de pensamiento en la que el niño ve al mundo desde su propia perspectiva (cap. 10)

Percepción: organización, interpretación, análisis e integración de estímulos que implican a nuestros órganos sensoriales y al cerebro (cap. 3)

Percepción subliminal: la percepción de mensajes de los que no se da cuenta la persona (cap. 3)

Periodo crítico: una de varias etapas en el desarrollo en las que deben ocurrir tipos específicos de crecimiento para que el individuo se desarrolle en forma normal (cap. 10)

Periodo de latencia: según Freud, periodo entre la etapa fálica y la pubertad, durante el cual las preocupaciones sexuales de los niños son dejadas de lado en forma temporal (cap. 11)

Permanencia del objeto: percatarse de que los objetos, y las personas, continúan existiendo aunque no estén a su vista (cap. 10)

Personalidad: características relativamente perdurables que diferencian a las personas; aquellos comportamientos que hacen único a cada individuo (cap. 11)

Perspectiva biológica: modelo psicológico que concibe el comportamiento desde la perspectiva del funcionamiento biológico (cap. 1)

Perspectiva cognitiva: modelo psicológico que se concentra en la forma en que las personas conocen, comprenden y piensan acerca del mundo (cap. 1)

Perspectiva conductual: modelo psicológico que sugiere que el comportamiento observable debe ser el centro de estudio (cap. 1)

Perspectiva humanista: modelo psicológico que sugiere que las personas tienen control sobre sus vidas (cap. 1)

Perspectiva psicodinámica: modelo psicológico basado en la creencia de que el comportamiento está motivado por fuerzas internas sobre las que el individuo ejerce poco control (cap. 1)

Peso ideal interno: nivel de peso particular que el cuerpo se esfuerza por mantener (cap. 9)

Placebo: tratamiento simulado, como una píldora, un "fármaco" u otra sustancia sin ninguna propiedad química significativa o ingrediente activo (cap. 1)

Posición social: rango social que se tiene dentro de un grupo (cap. 14)

Potencial de acción: impulso nervioso eléctrico que viaja por toda una neurona cuando es activada por un "disparador", cambiando la carga de la célula de negativa a positiva (cap. 2)

Prejuicios: evaluaciones negativas (o positivas) acerca de grupos y sus miembros (cap. 14)

Principio de conservación: conocimiento de que la cantidad no se relaciona con el orden y apariencia física de los objetos (cap. 10)

Procesamiento ascendente: percepción que consiste en el reconocimiento y procesamiento de información acerca de los componentes individuales de los estímulos (cap. 3)

Procesamiento de la información: modo en que las personas reciben, usan y almacenan información (cap. 10)

Procesamiento descendente: percepción guiada por el conocimiento, la experiencia, las expectativas y las motivaciones de nivel superior (cap. 3)

Procesamiento por vía central: interpretación del mensaje caracterizada por una consideración cuidadosa de las cuestiones y argumentos usados para persuadir (cap. 14)

Procesamiento por vía periférica: interpretación del mensaje caracterizada por una consideración de la fuente y de la información general en lugar de considerar el mensaje en sí (cap. 14)

Procesos constructivos: procesos en los que los recuerdos son influidos por el significado que damos a los acontecimientos (cap. 6)

Progesterona: hormona sexual femenina (cap. 9)

Programa de intervalo fijo: programa que proporciona reforzamiento para una respuesta sólo si ha transcurrido un periodo fijo, lo que hace que las tasas generales de respuesta sean relativamente bajas (cap. 5)

Programa de intervalo variable: programa en el que el tiempo entre reforzamientos varía alrededor de algún promedio en lugar de ser fijo (cap. 5)

Programa de razón fija: programa en el que el reforzamiento se da sólo después de la ejecución de determinado número de respuestas (cap. 5)

Programa de razón variable: programa en el que el reforzamiento ocurre después de un número variable de respuestas, en lugar de un número fijo (cap. 5)

Programa de reforzamiento continuo: comportamiento que es reforzado cada vez que ocurre (cap. 5)

Programa de reforzamiento parcial: comportamiento que es reforzado algunas veces pero no todas (cap. 5)

Programas de reforzamiento: la frecuencia y oportunidad del reforzamiento que sigue al comportamiento deseado (cap. 5)

Prototipos: ejemplos típicos muy representativos de un concepto (cap. 7)

Proveedor de apoyo social: persona que comparte una opinión o actitud impopular de otro miembro del grupo, y con ello alienta la falta de conformidad (cap. 14)

Prueba de Apercepción Temática (TAT): prueba que consiste en mostrar una serie de ilustraciones sobre las cuales se le pide a la persona que escriba una historia (cap. 11)

Prueba de aptitudes: prueba diseñada para predecir la capacidad de una persona en un área o línea de trabajo particular (cap. 8)

Prueba de CI libre de sesgos culturales: prueba que no discrimina contra miembros de cualquier grupo minoritario (cap. 8)

Prueba de rendimiento o aprovechamiento: prueba que pretende comprobar el nivel de conocimiento de una persona en un área determinada (cap. 8)

Prueba de Rorschach: prueba elaborada por el psiquiatra suizo Hermann Rorschach, que consiste en mostrar una serie de estímulos simétricos a las personas y luego preguntarles qué representan éstos para ellas (cap. 11)

Prueba proyectiva de la personalidad: prueba en que se muestra a una persona un estímulo ambiguo y se le pide que lo describa o que relate una historia acerca de él (cap. 11)

Pruebas de inteligencia: pruebas diseñadas para identificar el nivel de inteligencia de una persona (cap. 8)

Pruebas psicológicas: medidas estándares diseñadas para evaluar el comportamiento en forma objetiva, empleadas por los psicólogos para ayudar a las personas a tomar decisiones respecto a sus vidas y a comprenderse más a sí mismas (cap. 11)

Psicoanálisis: terapia psicodinámica que implica sesiones frecuentes y por lo regular dura muchos años (cap. 13)

Psicoanalistas neofreudianos: psicoanalistas que fueron capacitados en la teoría freudiana tradicional, pero que después rechazaron algunos de sus puntos principales (cap. 11)

Psicocirugía: cirugía cerebral empleada alguna vez para aliviar síntomas de trastornos mentales pero usada rara vez en la actualidad (cap. 13)

Psicofísica: estudio de la relación entre la naturaleza física de los estímulos y las respuestas sensoriales que evoca (cap. 3)

Psicología: estudio científico del comportamiento y de los procesos mentales (cap. 1)

Psicología cognitiva: rama de la psicología que se enfoca en el estudio de la cognición (cap. 7)

Psicología comunitaria: movimiento dirigido hacia la prevención o reducción al mínimo de los trastornos psicológicos en la comunidad (cap. 13)

Psicología de la Gestalt: enfoque de la psicología centrado en la organización de la percepción y el pensamiento respecto a un "todo", en lugar de hacerlo con base en los elementos individuales de la percepción (cap. 1)

Psicología del desarrollo: rama de la psicología que estudia los patrones de crecimiento y cambio que ocurren a lo largo de la vida (cap. 10)

Psicología evolutiva: rama de la psicología que busca identificar patrones de comportamiento que son resultado de la herencia genética de nuestros antepasados (cap. 2)

Psicología social: estudio de la forma en que los pensamientos, sentimientos y acciones de las personas son afectados por los demás (cap. 14)

Psicoterapia: proceso en el que un paciente (también llamado cliente) y un profesional intentan remediar dificultades psicológicas (cap. 13)

Pubertad: periodo en que ocurre la maduración de los órganos sexuales y que comienza más o menos entre los 11 y 12 años de edad para las niñas y entre los 13 y 14 para los varones (cap. 10)

Pulsión: tensión o excitación emocional que activa el comportamiento con el fin de satisfacer alguna necesidad (cap. 9)

R

Rasgos: dimensiones perdurables de características de la personalidad en las que se diferencian las personas (cap. 11)

Rasgos centrales: rasgos importantes que se consideran al formar impresiones de los demás (cap. 14)

Razonamiento deductivo: forma de razonamiento en la que una persona extrae inferencias e implicaciones de un conjunto de supuestos y los aplica a casos específicos (cap. 7)

Razonamiento inductivo: proceso de razonamiento por medio del cual se infiere una regla general a partir de casos específicos, usando la observación, el conocimiento, la experiencia y las creencias (cap. 7)

Reabsorción: recuperación de los neurotransmisores por un botón terminal (cap. 2)

Recuerdos fotográficos: recuerdos centrados alrededor de un evento específico, importante o sorpresivo que son tan vivos que parecen ser una fotografía del suceso (cap. 6)

Recuperación espontánea: reaparición de una respuesta previamente extinguida después de que ha pasado un tiempo sin exposición al estímulo condicionado (cap. 5)

Reflejo: respuesta automática e involuntaria a un estímulo que llega (cap. 2)

Reflejos: respuestas involuntarias no aprendidas que ocurren de manera automática en presencia de ciertos estímulos (cap. 10)

Reforzador: cualquier estímulo que incremente la probabilidad de que ocurrirá de nuevo un comportamiento precedente (cap. 5)

Reforzador negativo: remoción en el ambiente de un estímulo desagradable, la cual conduce a un incremento en la probabilidad de que una respuesta

precedente ocurrirá de nuevo en el futuro (cap. 5)

Reforzador positivo: estímulo que se agrega al ambiente y que produce un incremento de una respuesta precedente (cap. 5)

Reforzamiento: proceso por el que un estímulo incrementa la probabilidad de que se repetirá un comportamiento precedente (cap. 5)

Remisión espontánea: recuperación sin tratamiento (cap. 13)

Réplica: la repetición de los hallazgos usando otros procedimientos en otros escenarios, con otros grupos de sujetos, antes de que pueda tenerse plena confianza en la validez de cualquier experimento aislado (cap. 1)

Respuesta condicionada (RC): respuesta que, después del condicionamiento, sigue a la presentación de un estímulo antes neutro (por ejemplo, salivación ante el sonido de un diapasón) (cap. 5)

Respuesta incondicionada (RI): una respuesta que es natural y que no necesita de entrenamiento (por ejemplo, la salivación ante el olor de alimentos) (cap. 5)

Retina: parte del ojo que convierte la energía electromagnética de la luz en información útil para el cerebro (cap. 3)

Retroalimentación biológica: procedimiento en el que una persona aprende a controlar, mediante el pensamiento consciente, procesos fisiológicos internos como la presión sanguínea, el ritmo cardiaco y respiratorio, la temperatura de la piel, la transpiración y la contracción de músculos específicos (cap. 2)

Ritmos circadianos: procesos biológicos que se repiten en un ciclo de aproximadamente 24 horas (cap. 4)

S

Semántica: reglas que rigen el significado de las palabras y los enunciados (cap. 7)

Sensación: la estimulación de los órganos sensoriales (cap. 3)

Sentidos de la piel: sentidos que incluyen el tacto, la presión, la temperatura y el dolor (cap. 3)

Sesgo de similitud supuesta: tendencia a pensar que las personas son similares a nosotros, aun cuando las conocemos por primera vez (cap. 14)

Sesgos experimentales: factores que distorsionan la comprensión de un experimentador de la forma en que afectó la variable independiente a la variable dependiente (cap. 1)

Sinapsis: espacio entre dos neuronas, en el que se tienden puentes por medio de conexiones químicas (cap. 2)

Síndrome de adaptación general (SAG): teoría elaborada por Selye, que sugiere que la respuesta de una persona al estrés consta de tres etapas: alarma y movilización, resistencia y agotamiento (cap. 9)

Sintaxis: reglas que indican cómo pueden combinarse las palabras y las frases para formar enunciados (cap. 7)

Sistema autónomo: parte del sistema nervioso que controla el movimiento involuntario (las acciones del corazón, las glándulas, los pulmones y otros órganos) (cap. 2)

Sistema endocrino: red de comunicación química que envía mensajes a lo largo del sistema nervioso por medio del torrente sanguíneo (cap. 2)

Sistema límbico: parte del cerebro localizada fuera del "cerebro nuevo" que controla la alimentación, la agresión y la reproducción (cap. 2)

Sistema nervioso central (SNC): sistema que incluye al cerebro y la médula espinal (cap. 2)

Sistema nervioso periférico: sistema formado por axones largos y dendritas, que se ramifica desde la médula espinal y el cerebro y llega a todas las extremidades del cuerpo (cap. 2)

Sistema parasimpático: parte del sistema autónomo del sistema nervioso que actúa para calmar al cuerpo después de que se resuelve la situación de emergencia (cap. 2)

Sistema simpático: parte del sistema autónomo del sistema nervioso que prepara al cuerpo en situaciones de emergencia y de mucha tensión, coordinando todos los recursos del organismo para responder a una amenaza (cap. 2)

Sistema somático: parte del sistema nervioso que se especializa en el control de los movimientos voluntarios y de la comunicación de información desde y hacia los órganos sensoriales (cap. 2)

Sobregeneralización: fenómeno por el que los niños aplican las reglas aun cuando la aplicación da como resultado un error (cap. 7)

Sobresaliente en el área intelectual: dos a cuatro por ciento de la población que tiene puntuaciones de CI mayores que 130 (cap. 8)

Sonido: movimiento de moléculas de aire producido por la vibración de un objeto (cap. 3)

Sucesos agradables: acontecimientos positivos menores que nos hacen sentir bien (cap. 9)

Sueño con movimientos oculares rápidos (sueño MOR): fase que abarca alrededor de 20% del tiempo de sueño de los adultos, caracterizado por aumento del ritmo cardiaco, de la presión arterial y del ritmo respiratorio; erecciones en los hombres; movimientos oculares y la experiencia de soñar (cap. 4)

Superyó: de acuerdo con Freud, la estructura de la personalidad que es la última en desarrollarse y que representa lo que la sociedad considera bueno y malo tal como lo transmiten los padres, maestros y otras figuras importantes para la persona (cap. 11)

T

Tálamo: parte del cerebro localizada en medio del núcleo central que actúa sobre todo como una estación de relevo atareada, de manera principal para pasar información concerniente a los sentidos (cap. 2)

Temperamento: disposición innata básica (cap. 10)

Temperamento: disposición innata básica que surge al inicio de la vida (cap. 11)

Teoría cognitivo-social del aprendizaje: estudio de los procesos de pensamiento que subyacen al aprendizaje (cap. 5)

Teoría de la activación y la síntesis: teoría de Hobson que asegura que el cerebro produce energía eléctrica aleatoria durante el sueño MOR que estimula los recuerdos almacenados en diversas partes del cerebro (cap. 4)

Teoría de la actividad: teoría que señala que las personas que envejecen con más éxito son aquellas que mantienen los intereses y las actividades que tenían durante su edad adulta intermedia (cap. 10)

Teoría de la atribución: teoría de la personalidad que busca explicar cómo decidimos, con base en las muestras del comportamiento de un individuo, cuáles son las causas específicas de su comportamiento (cap. 14)

Teoría de la detección de señales: teoría que busca explicar la función de los factores psicológicos en el juicio de si un estímulo está presente o ausente (cap. 3)

Teoría de la emoción de Cannon-Bard: creencia de que tanto la excitación fisiológica como la emocional son producidas de manera simultánea por el mismo impulso nervioso (cap. 9)

Teoría de la emoción de James-Lange: creencia de que la experiencia emocional es una reacción ante sucesos corporales que ocurren como resultado de una situación externa ("Me siento triste porque estoy llorando") (cap. 9)

Teoría de la emoción de Schachter-Singer: creencia de que las emociones son determinadas en forma conjunta por un tipo inespecífico de excitación fisiológica y su interpretación, basada en claves ambientales (cap. 9)

Teoría de la frecuencia de la audición: teoría que sugiere que la totalidad de la membrana basilar actúa como un micrófono, vibrando como un todo en respuesta a un sonido (cap. 3)

Teoría de la satisfacción de los deseos inconscientes: teoría de Sigmund Freud en la que propone que los sueños representan deseos inconscientes que quien sueña desea satisfacer (cap. 4)

Teoría de la visión de colores por procesos opuestos: teoría que sugiere que las células receptoras están ligadas en pares y que funcionan unas en oposición a otras (cap. 3)

Teoría de los niveles de procesamiento: teoría que enfatiza el grado en que el material nuevo se analiza mentalmente (cap. 6)

Teoría de los rasgos: modelo de la personalidad que busca identificar los rasgos básicos necesarios para describir la personalidad (cap. 11)

Teoría de soñar para sobrevivir: teoría que sugiere que los sueños permiten reconsiderar y reprocesar información vital para nuestra sobrevivencia cotidiana (cap. 4)

Teoría del desaprendizaje: teoría que propone que los sueños no tienen significado alguno, sino que funcionan para librarnos de información innecesaria que hemos acumulado durante el día (cap. 4)

Teoría del dolor basada en el control de puertas: teoría que sugiere que receptores nerviosos particulares conducen a áreas específicas del cerebro relacionadas con el dolor (cap. 3)

Teoría del lugar de la audición: teoría que sugiere que distintas áreas de la membrana basilar responden ante frecuencias diferentes (cap. 3)

Teoría del retiro: teoría que señala que el envejecimiento es un aislamiento gradual del mundo en los niveles físico, psicológico y social (cap. 10)

Teoría psicoanalítica: teoría propuesta por Freud que afirma que las fuerzas inconscientes actúan como determinantes de la personalidad (cap. 11)

Teoría triádica de la inteligencia: teoría de Robert Sternberg que dice que hay tres aspectos importantes de la inteligencia: el componencial, el experiencial y el contextual (cap. 8)

Teoría tricromática del color: teoría que sugiere que hay tres clases de conos en la retina, cada una de las cuales responde de manera principal a una gama específica de longitudes de onda (cap. 3)

Teorías: explicaciones y predicciones amplias relativas a fenómenos de interés (cap. 1)

Teorías de la preprogramación genética del envejecimiento: teorías que sugieren que existe un límite de tiempo establecido para la reproducción de las células humanas y que después de cierto tiempo ya no pueden dividirse (cap. 10)

Teorías del envejecimiento por desgaste: teorías que sugieren que las funciones mecánicas del cuerpo simplemente dejan de funcionar con eficiencia (cap. 10)

Terapia biomédica: terapia que se basa en fármacos y otros procedimientos médicos para mejorar el funcionamiento psicológico (cap. 13)

Terapia centrada en el cliente: terapia en la que la meta es alcanzar el potencial personal de autorrealización (cap. 13)

Terapia cognitiva: psicoterapia propuesta por Beck, tiene el objetivo de cambiar los pensamientos ilógicos de las personas respecto a sí mismas y al mundo (cap. 13)

Terapia de grupo: terapia en la que las personas discuten sus problemas con un grupo (cap. 13)

Terapia electroconvulsiva (TEC): procedimiento en el que se administra en forma breve una descarga eléctrica de 70 a 150 voltios en la cabeza de un paciente, causando pérdida de conciencia y a menudo convulsiones (cap. 13)

Terapia existencial: enfoque humanista que aborda el significado de la vida y la libertad humana (cap. 13)

Terapia familiar: enfoque que se centra en la familia como una unidad integral a la que contribuye cada miembro (cap. 13)

Terapia farmacológica: control de los problemas psicológicos con fármacos (cap. 13)

Terapia gestalt: enfoque terapéutico que intenta integrar en una totalidad los pensamientos, sentimientos y comportamiento de un cliente (cap. 13)

Terapia humanista: terapia en que la suposición subyacente es que las personas tienen el control de su comportamiento, pueden hacer elecciones sobre sus vidas y en esencia son responsables de solucionar sus propios problemas (cap. 13)

Terapia psicodinámica: sugerida por primera vez por Freud, es la terapia que se basa en la premisa de que las fuentes principales del comportamiento anormal son conflictos pasados sin resolver, así como la posibilidad de que pulsiones inconscientes inaceptables entren en la conciencia (cap. 13)

Terapia racional emotiva: forma de terapia que intenta reestructurar el sistema de creencias de una persona con un conjunto de opiniones más realistas, racionales y lógicas (cap. 13)

Tímpano: parte del oído que vibra cuando es golpeada por las ondas sonoras (cap. 3)

Transición de la mitad de la vida: periodo que empieza alrededor de los 40 años de edad durante el cual nos percatamos de que la vida es finita (cap. 10)

Trastorno bipolar: trastorno en el que una persona alterna entre sentimientos eufóricos de manía y ataques de depresión (cap. 12)

Trastorno de ansiedad: experiencia de ansiedad sin causa externa obvia que interrumpe el funcionamiento diario (cap. 12)

Trastorno de ansiedad generalizada: experiencia de ansiedad a largo plazo sin explicación (cap. 12)

Trastorno de conversión: trastorno somatoforme importante que implica una perturbación física real, como la incapacidad para usar un órgano sensorial o la incapacidad completa o parcial para mover un brazo o pierna (cap. 12)

Trastorno de estrés postraumático (TEPT): fenómeno en el que las víctimas de grandes catástrofes experimentan de nuevo el suceso estresante y los sentimientos asociados con él en recuerdos vivos o sueños (cap. 9)

Trastorno de la personalidad: trastorno mental caracterizado por un conjunto de rasgos de personalidad desadaptados e inflexibles que impiden que una persona funcione en forma apropiada en la sociedad (cap. 12)

Trastorno de la personalidad antisocial o sociopatía: trastorno en el que los individuos tienden a exhibir una falta de consideración por las reglas morales y éticas de la sociedad o por los derechos de los demás (cap. 12)

Trastorno de la personalidad limítrofe: trastorno en el que los individuos tienen dificultad para desarrollar un sentido seguro de quiénes son (cap. 12)

Trastorno de pánico: ansiedad que se manifiesta en forma de ataques de pánico que duran desde unos cuantos segundos hasta varias horas (cap. 12)

Trastorno narcisista de la personalidad: perturbación de la personalidad que se caracteriza por una sensación exagerada de importancia de sí mismo (cap. 12)

Trastorno obsesivo-compulsivo: trastorno caracterizado por obsesiones o compulsiones (cap. 12)

Trastornos del estado de ánimo: perturbaciones afectivas lo bastante severas como para interferir con la vida normal (cap. 12)

Trastornos disociativos de identidad: trastorno en el que la persona exhibe características de dos o más personalidades distintas (cap. 12)

Trastornos disociativos: disfunciones psicológicas caracterizadas por la división de facetas críticas de la personalidad que por lo normal están integradas, lo que permite evitar el estrés por medio del escape (cap. 12)

Trastornos fóbicos: temores irracionales intensos por objetos o situaciones específicos (cap. 12)

Trastornos psicosomáticos: problemas de salud causados por una interacción de dificultades psicológicas, emocionales y físicas (cap. 9)

Trastornos somatoformes: dificultades psicológicas que adoptan una forma física (somática) de una clase u otra (cap. 12)

Tratamiento: la manipulación realizada por el experimentador (cap. 1)

U

Umbral absoluto: intensidad mínima de un estímulo que debe estar presente para que éste sea detectado (cap. 3)

Umbral diferencial o diferencia apenas perceptible: diferencia mínima detectable entre dos estímulos (cap. 3)

V

Vaina de mielina: serie de células especializadas de grasa y proteína que envuelven al axón y le proporcionan un recubrimiento protector (cap. 2)

Validez: concepto relativo a que las pruebas miden en realidad lo que se supone deben medir (cap. 8)

Variable dependiente: la variable que se mide y que se espera que cambie como resultado de las variaciones causadas por la manipulación del experimentador (cap. 1)

Variable independiente: la variable que es manipulada por un experimentador (cap. 1)

Variables: comportamientos, sucesos u otras características que pueden cambiar o variar de alguna manera (cap. 1)

Y

Yo: parte de la personalidad que proporciona un amortiguador entre el ello y el mundo exterior (cap. 11)

Z

Zona de desarrollo próximo: de acuerdo con Vygotsky, nivel en el que un niño casi puede comprender o ejecutar una tarea por sí mismo, pero no puede hacerlo por completo (cap. 10)

Aamodt, M. G. (1996). *Applied industrial/ organizational psychology* (2a. ed.). Pacific Grove, CA: Brooks/Cole.

AAMR (American Association on Mental Redardation). (1992). Mental retardation: Definition, classification, and systems of support. Washington, DC: American Association on Mental Retardation.

AAUW (American Association of University Women). (1992). How schools shortchange women: The A.A.U.W. Report. Whashington, DC: American Association of University Women Educational Foundation.

AAUW (American Association of University Women). (1993). *Hostile hallways.* Washington, DC: American Association of University Women Educational Foundation.

Abbot, L.F., Varela, J.A., Sen K. y Nelson, S.B.(1997, 10 de enero). Synaptic depression and cortical gain control. *Science, 275,* 220-224.

Abel, T., Alberini, C., Ghiradi, M., Huang, Y.Y., Nguyen, P. Kandel, E.R. (1995). Steps toward a molecular definition of memory consolidation. En D.L. Schacter (ed.), *Memory distortions: How minds, brains, and societies reconstruct the past.* Cambridge, MA: Harvard University Press.

Abele, A. y Petzold, P. (1994). How does mood operate in an impression formation task? An information integration approach. Special Issue: Affect in social judgments and cognition. *European Journal of Social Psychology, 24,* 173-187.

Abi-Dargham, A., Laruelle, M., Aghajanian, G.K., Charney, D. et al. (1997). The role of serotonin in the pathophysiology and treatment of schizophrenia. *Journal of Neuropsychiatry and Clinical Neurosciences, 9,* 1-17.

Abrahams, M.F. y Bell, R.A. (1994). Encouraging charitable contributions: An examination of three models of door-in-the-face compliance. *Comunication Research, 21,* 131-153.

Abramson, L.Y., Metalsky, G.I. y Alloy, L.B. (1989). Hopelessness depression: A theory-based subtype. *Psychological Review, 96,* 358-372.

Adams, B. y Parker, J.D. (1990). Maternal weight gain in women with good pregnancy outcome. *Obstetrics and Gynecology, 76,* 1-7.

Adelmann, P.K., Chadwick, K. y Baerger, D.R. (1996). Marital quality of Black and White adults over the life course. *Journal of Social and Personal Relationships, 13,* 361-384.

Adler, J. (1984, 23 de abril). The fight to conquer fear. *Newsweek,* pp. 66-72.

Adler, P.A. y Adler, P. (1994). Observational techniques. En N.K. Denzin y Y.S. Lincoln (eds.), *Handbook of qualitative research.* Thousand Oaks, CA: Sage.

Adler, T. (1991, junio). Primate rules focus on mental well-being. *APA Monitor, 6.*

Affleck, G., Tennen, H., Urrows, S. y Higgins, P. (1994). Person and contextual features of daily stress reactivity: Individual differences in relations of undesirable daily events with mood disturbance and chronic pain intensity. *Journal of Personality and Social Psychology, 66,* 329-340.

Aggleton, P., O'Reilly, K., Slutkin, G. y Davies, P. (1994, 15 de julio). Risking everything? Risk behavior, behavior change, and AIDS. *Science, 265,* 341-345.

Aghajanian, G.K. (1994). Serotonin and the action of LSD in the brain. *Psychiatric Annals, 24,* 137-141.

Agnew, C.R. y Thompson, V.D. (1994). Causal inferences and responsability attributions concerning an HIV-positive target: The double-edged sword of physical attractiveness. *Journal of Social Behavior & Personality, 9,* 181-190.

Agras, W.S. y Berkowitz, R.I. (1996). Behavior therapy. En R. E. Hales y S.C. Yudofsky (eds.), *The American Psychiatric Press synopsis of psychiatry.* Washington, DC: American Psychiatric Press.

Ahissar, M., Ahissar, E., Bergman, H. y Vaadia, E. (1992). Encoding of sound-source location and movement: Activity of single neurons and interactions between adjacent neurons in the monkey auditory cortex. *Journal of Neurophysiology, 67,* 203-215.

Ahrons, C. (1995). *The good divorce: Keeping your family together when your marriage comes apart.* Nueva York: HarperPerennial.

Aiken, L.R. (1996). *Assessment of intellectual functioning* (2a. ed.). Nueva York: Plenum.

Aiken, L.R. (1997). *Psychological testing and assessment* (9a. ed.). Boston: Allyn & Bacon.

Ainsworth, M.D.S. (1989). Attachments beyond infancy. *American Psychologist, 44,* 709-716.

Ainsworth, M.D.S., Blehar, M.C., Waters, E. y Wall, S. (1978). *Patterns of attachment: A psychological study of the strange situation.* Mahwah, NJ: Erlbaum.

Ainsworth, M.D.S. y Bowlby, J. (1991). An ethological approach to personality development. *American Psychologist, 46,* 333-341.

Akbarian, S., Kim., J.J., Potkin, S.G., Hetrick, W.P. et al. (1996). Maldistribution of interstitial neurons in prefrontal white matter of the brains of schizophrenic patients. *Archives of General Psychiatry, 53,* 425-436.

Akil, H. y Morano, M.I. (1996). The biology of stress: From periphery to brain. En S.J. Watson (ed.), *Biology of schizophrenia and affective disease.* Washington, DC: American Psychiatric Press.

Akmajian, A., Demers, R.A. y Harnish, R.M. (1984). *Linguistics.* Cambridge, MA: MIT Press.

Akutsu, P.D., Sue, S., Zane, N.W.S. y Nakamura, C.Y. (1989). Ethnic differences in alcohol consumption among Asians and Caucasians in the United States: An investigation of cultural and physiological factors. *Journal of Studies on Alcohol, 50,* 261-267.

Alan Guttmacher Institute. (1993a). Report on viral sexual diseases. Chicago: Alan Guttmacher Institute.

Alan Guttmacher Institute. (1993b). Survey of male sexuality. Chicago: Alan Guttmacher Institute.

Albee, G.W. (1978, 12 de febrero), I.Q. tests on trial, *New York Times,* p. E-13.

Albert, R.S. (ed.). (1992). *The social psychology of creativity and exceptional achievement* (2a ed.). Nueva York: Pergamon.

Aldrich, M.S. (1992). Narcolepsy. *Neurology, 42,* 34-43.

Aldwin, C.M. y Revenson, T.A. (1987). Does coping help? A reexamination of the relation between coping and mental health. *Journal of Personality and Social Psychology, 53,* 337-348.

Alexander, C.N., Langer, E.J., Newman, R.I., Chandler, H.M. y Davies, J.L. (1989). Transcendental meditation, mindfulness, and longevity: An experimental study with the elderly. *Journal of Personality and Social Psychology, 57,* 950-964.

Alford, B.A. y Beck, A.T. (1997). *The integrative power of cognitive therapy.* Nueva York: Guilford Press.

Alkon, D.L. (1987). *Memory traces in the brain.* Nueva York: Cambridge University Press.

Allen, L.S. y Gorski, R.A. (1992). Sexual orientation and the size of the anterior commissure in the human brain.

Proceedings of the National Academy of Sciences, 87, 7199.

Allen, L.S., Hines, M., Shryne, J.E. y Gorski, R.A. (1989). Two sexually dimorphic cell groups in the human brain. *Journal of Neuroscience, 9,* 497-506.

Allen, V.L. (1965). Situational factors in conformity. En L. Berkowitz (ed.), *Advances in experimental social psychology* (Vol. 1). Nueva York: Academic Press.

Allen, V.L. (1975). Social support for nonconformity. En L. Berkowitz (ed.), *Advances in experimental and social psychology* (Vol. 8). Nueva York: Academic Press.

Alliger, G.M., Lilienfeld, S.O. y Mitchell, K.E. (1996). The susceptibility of overt and covert integrity tests to coaching and faking. *Psychological Science, 7,* 32-39.

Allison, J.A. y Wrightsman, L.S. (1993). *Rape: The misunderstood crime.* Newbury Park, CA: Sage.

Allison, K.W., Crawford, I., Echemendia, R., Robinson, L. y Knepp, D. (1994). Human diversity and professional competence: Training in clinical and counseling psychology revisited. *American Psychologist, 49,* 792-796.

Allport, G.W. (1961). *Pattern and growth in personality.* Nueva York: Holt, Rinehart and Winston.

Allport, G.W. (1996). Traits revisited. *American Psychologist, 21,* 1-10.

Allport, G.W. y Postman, L.J. (1958). The basic psychology of rumor. En E.D. Maccoby, T.M. Newcomb y E.L. Hartley (eds.), *Readings in social psychology* (3a. ed.). Nueva York: Holt, Rinehart and Winston.

Alonso, A. y Swiller, H.I. (eds.). (1993). *Group therapy in clinical practice.* Washington, DC: American Psychiatric Press.

Alper, J. (1993, 16 de april). The pipeline is leaking women all the way along. *Science, 260,* 409-411.

Alsop, R. (1988, 13 de mayo). Advertisers put consumers on the couch. *Wall Street Journal,* p. 21.

Altman, N. (1996). The accommodation of diversity in psychoanalysis. En R.P. Foster, M. Moskowitz y R.A. Javier (eds.), *Reaching across boundaries of culture and class: Widening the scope of psychotherapy.* Northvale, NJ: Jason Aronson, Inc.

Alvarez, L. (1997, 25 de marzo). It's the talk of Nueva York: The hybrid called Spanglish. *New York Times,* A1, A24.

Alwitt, L. y Mitchell, A.A. (1985). *Psychological processes and advertising effects: Theory, research, and applications.* Mahwah, NJ: Erlbaum.

American College Health Association. (1989). *Guidelines on acquaintance rape.* Washington, DC: American College Health Association.

American Psychological Association. (1992). Ethical principles of psychologists and code

of conduct. *American Psychological Association.* Washington, DC: American Psychological Association.

American Psychological Association. (1993, enero/febrero). Subgroup norming and the Civil Rights Act. *Psychological Science Agenda, 5,* 6.

American Psychologist: A Public Interest Directorate. (1993, 10 de agosto). *Violence and youth: Psychology's response.* Washington, DC: American Psychological Association.

Amir, Y. (1976). The role of intergroup contact in change of prejudice and ethnic relations. En P. Katz (ed.), *Towards the elimination of racism.* Nueva York: Pergamon.

Amsel, A. (1988). *Behaviorism, neobehaviorism, and cognitivism in learning theory.* Mahwah, NJ: Erlbaum.

Anastasi, A. (1988). *Psychological testing* (6a. ed.). Nueva York: Macmillan.

Anastasi, A. (1996). *Psychological testing* (7a. ed.). Nueva York: Macmillan.

Anastasi, A. y Urbina, S. (1997). *Psychological testing* (7a. ed.). Englewood Cliffs, NJ: Prentice Hall.

Andersen, B.L., Kiecolt-Glaser, J.K. y Glaser, R. (1994). A biobehavioral model of cancer stress and disease course. *American Psychologist, 49,* 389-404.

Anderson, B.F. (1980). *The complete thinker: A handbook of techniques for creative and critical problem solving.* Englewood Cliffs, NJ: Prentice-Hall.

Anderson, C.A. y Anderson, K.B. (1996). Violent crime rate studies in philosophical context: A destructive testing approach to heat and southern culture of violence effects. *Journal of Personality and Social Psychology, 70,* 740-756.

Anderson, J. (1988). Cognitive styles and multicultural populations. *Journal of Teacher Education, 39,* 2-9.

Anderson, J.A. y Adams, M. (1992). Acknowledging the learning styles of diverse student populations: Implications for instructional design. *New Directions for Teaching and Learning, 49,* 19-33.

Anderson, J.R. (1981). Interference: The relationship between response latency and response accuracy. *Journal of Experimental Psychology: Human Learning and Memory, 7,* 311-325.

Anderson, J.R. (1993). Problem solving and learning. *American Psychologist, 48,* 35-44.

Anderson, J.R. y Bower, G.H. (1972). Recognition and retrieval processes in free recall. *Psychological Review, 79,* 97-123.

Anderson, K.B., Cooper, H. y Okamura, L. (1997). Individual differences and attitudes toward rape: A meta-analytic review. *Personality and Social Psychology Bulletin, 23,* 295-315.

Anderson, N.H. (1974). Cognitive algebra integration theory applied to social attribution. En L. Berkowitz (ed.), *Advances in experimental social*

psychology (Vol.7, pp. 1-101). Nueva York: Academic Press.

Anderson, N.H. (1996). *A functional theory of cognition.* Mahwah, NJ: Erlbaum.

Anderson, N.H. (ed.). (1991). *Contributions to information integration theory: Vol. 2. Social.* Mahwah, NJ: Erlbaum.

Anderson, S.M. y Klatzky, R.L. (1987). Traits and social stereotypes: Levels of categorization in person perception. *Journal of Personality and Social Psychology, 53,* 235-246.

Anderson, T. y Magnusson, D. (1990). Biological maturation in adolescence and the development of drinking habits and alcohol abuse among young males: A prospective longitudinal study. *Journal of Youth and Adolescence, 19,* 33-42.

Anderson, W.F. (1995, septiembre). Gene Therapy, *Scientific American,* 123-128.

Andreasen, N.C. (1985). Positive vs. negative schizophrenia: A critical evaluation. *Schizophrenia, 11,* 380-389.

Andreasen, N.C. (1997, 14 de marzo). Linking mind and brain in the study of mental illnesses: A project for a scientific psychopathology. *Science, 275,* 1586-1593.

Andreasen, N.C., Arndt, S., Swayze, V.W., II, Cizadlo, T., Flaum, M., O'Leary, D., Ehrhardt, J.C. y Yuh, W.T.C. (1994, 14 de octubre). Thalamic abnormalities in schizophrenia visualized through magnetic resonance image averaging. *Science, 266,* 294-298.

Andreasen, N.C., Rezai, K., Alliger, R., Swayze, V.W., II, Flaum, M., Kirchner, P., Cohen, G. y O'Leary, D.S. (1992). Hypofrontality in neuroleptic-naïve patients and in patients with chronic schizophrenia: Assessment with Xenon 133 single-photon emission computed tomography and the Tower of London. *Archives of General Psychiatry, 49,* 943-958.

Andreasen, N.C. (1989). Neural mechanisms of negative symptoms. *British Journal of Psychiatry, 155,* 93-98.

Andreassi, J.L. (1995). *Psychophysiology: Human behavior and physiological response* (3a. ed.). Mahwah, NJ: Erlbaum.

Angier, N. (1990, 15 de mayo). Cheating on sleep: Modern life turns America into the land of the drowsy. *New York Times,* pp. C1, C8.

Angier, N. (1991, 22 de enero). A potent peptide prompts an urge to cuddle. *New York Times,* p. C1.

Angier, N. (1996, 1 de noviembre). Maybe gene isn't to blame for thrill-seeking manner. *The New York Times,* p. A12.

Angoff, W.H. (1988). The nature-nurture debate, aptitudes, and group differences. *American Psychologist, 43,* 713-720.

Anstey, K., Stankov, L. y Lord, S. (1993). Primary aging, secondary aging, and intelligence. *Psychology and Aging, 8,* 562-570.

Antony, M.M., Brown, T.A. y Barlow, D.H. (1992). Current perspectives on panic and panic disorder. *Current Directions in Psychological Science, 1,* 79-82.

APA (American Psychiatric Association) Task Force on Electroconvulsive Therapy. (1990). *The practice of electroconvulsive therapy: Recommendations for treatment, training, and privileging.* Washington, DC: American Psychiatric Association.

APA (American Psychological Association). (1986, marzo). Council resolution on polygraph tests. *APA Monitor.*

APA (American Psychological Association). (1988). *Behavioral research with animals.* Washington, DC: American Psychological Association.

APA (American Psychological Association). (1993). *Employment survey.* Washington, DC: American Psychological Association.

APA (American Psychological Association). (1994). *Careers in psychology.* Washington, DC: American Psychological Association.

APA (American Psychological Association). (1996). *Psychology careers for the twenty-first century.* Washington, DC: American Psychological Association.

APA Public Interest Directorate. (1993, 10 de agosto). *Violence and youth: Psychology's response.* Washington, DC: American Psychological Association.

Aponte, J.F., Rivers, R.Y. y Wohl, J. (eds.). (1995). *Psychological interventions and cultural diversity.* Nueva York: Longwood.

Applebome, P. (1997, 1 de marzo). Dispute over ebonics reflects volatile mix that roils urban education. *The New York Times,* p. 8.

Apter, A., Galatzer, A., Beth-Halachmi, N. y Laron, Z. (1981). Self-image in adolescents with delayed puberty and growth retardation. *Journal of Youth and Adolescence, 10,* 501-505.

Apter, A. y Tyano, S. (1996). *Adolescent suicide and attempted suicide.* En F.L. Mak y C.C. Nadelson (eds.), *International review of psychiatry* (Vol. 2). Washington, DC: American Psychiatric Press.

Arafat, I. y Cotton, W.L. (1974). Masturbation practices of males and females. *Journal of Sex Research, 10,* 293-307.

Archambault, D.L. (1992). Adolescence: A physiological, cultural, and psychological no man's land. En G.W. Lawson y A.W. Lawson (eds.), *Adolescent substance abuse: Etiology, treatment, and prevention.* Gaithersburg, MD: Aspen.

Archer, D. y McDaniel, P. (1995). Violence and gender: Differences and similarities across societies. En R.B. Ruback y N.A. Weiner (eds.), *Interpersonal violent behaviors: Social and cultural aspects.* Nueva York: Springer.

Archer, D., Pettigrew, T.F. y Aronson, E. (1992). Making research apply. *American Psychologist, 47,* 1233-1236.

Archer, J. (1996). Sex differences in social behavior: Are the social role and evolutionary explanations compatible? *American Psychologist, 51,* 909-917.

Archer, S.L. y Waterman, A.S. (1994). Adolescent identity development: Contextual perspectives. En C.B. Fisher y R.M. Lerner (eds.), *Applied developmental psychology.* Nueva York: McGraw-Hill.

Archibald, W.P. (1974). Alternative explanations for the self-fulfilling prophecy. *Psychological Bulletin, 81,* 74-84.

Arcus, D. (1994). Biological mechanisms and personality: Evidence from shy children. *Advances, 10,* 40-50.

Arena, J.G. y Blanchard, E.B. (1996). Biofeedback and relaxation therapy for chronic pain disorders. En R.J. Gatchel y D.C. Turk (eds.), *Psychological approaches to pain management: A practitioner's handbook.* Nueva York: Guilford Press.

Arena, J.M. (1984, abril). A look at the opposite sex. *Newsweek on Campus,* p. 21.

Arlin, P.K. (1989). The problem of the problem. En J.D. Sinnott (ed.), *Everyday problem solving: Theory and applications.* Nueva York: Praeger.

Armstrong, R.A., Slaven, A. y Harding, G.F. (1991). Visual evoked magnetic fields to flash and pattern in 100 normal subjects. *Vision Research, 31,* 1859-1864.

Arneric, S.P., Sullivan, J.P., Decker, M.W., Brioni, J.D. et al. (1995). Potential treatment of Alzheimer disease using cholinergic channel activators (ChCAs) with cognitive enhancement, anxiolytic-like, and cytoprotective properties. Special Issue: Cholinergic signaling in Alzheimer disease: Therapeutic strategies. *Alzheimer Disease and Associated Disorders, 9* (Suppl. 2), 50-61.

Aron, A., Melinat, E., Aronon, E.N., Vallone, R.D. y Bator, R.J. (1997). The experimental generation of interpersonal closeness: A procedure and some preliminary findings. *Personality and Social Psychology Bulletin, 23,* 363-377.

Aronow, E., Reznikoff, M. y Moreland, K. (1994). *The Rorschach technique: Perceptual basics, content interpretation, and applications.* Boston: Longwood.

Aronson, E. (1988). *The social animal* (3a. ed.). San Francisco: Freeman.

Aronson, E., Ellsworth, P.C., Carlsmith, J.M. y Gonzales, M.H. (1990). *Methods of resarch in social psychology* (2a. ed.). Nueva York: McGraw-Hill.

Arrendondo, P., Toporek, R., Brown, S.P., Jones, J. et al. (1996). Operationalization of the multicultural counseling competencies. *Journal of Multicultural Counseling and Development, 24,* 42-78.

Asch, S.E. (1946). Forming impressions of personality. *Journal of Abnormal and Social Psychology, 41,* 258-290.

Asch, S.E. (1951). Effects of group pressure upon the modification and distortion of judgments. En H. Guetzkow (ed.), *Groups, leadership, and men.* Pittsburgh: Carnegie Press.

Asher, S.R. y Parker, J.G. (1991). Significance of peer relationship problems in childhood. En B.H. Schneider, G. Attili, J. Nadel y R.P. Weissberg (eds.), *Social competence in developmental perspective.* Amsterdam: Kluwer Academic.

Aslin, R.N. (1987). Visual and auditory development in infancy. En J. Osofsky (ed.), *Handbook of infant development* (2a. ed.). Nueva York: Wiley.

Aslin, R.N. y Smith, L.B. (1988). Perceptual development. *Annual Review of Psychology, 39,* 435-473.

Asnis, G.M. y Van Praag, H.M. (eds.). (1995). *Panic disorder: Clinical, biological, and treatment aspects.* Nueva York: Wiley.

Atkinson, H. (ed.). (1997, 21 de enero). Understanding your diagnosis. *HealthNews,* p. 3.

Atkinson, J. (1995). Through the eyes of an infant. En R.L. Gregory, J. Harris, P. Heard y D. Rose (eds.), *The artful eye.* Oxford, Inglaterra: Oxford University Press.

Atkinson, J. y Braddick, O. (1989). Development of basic visual functions. En A.M. Slater, y J.G. Bremner (eds.), *Infant development.* Mahwah, NJ: Erlbaum.

Atkinson, J.W. y Feather, N.T. (1966). *Theory of achievement motivation.* Nueva York: Krieger.

Atkinson, J.W. y Raynor, J.O. (eds.). (1974). *Motivation and achievement.* Washington, DC: Winston.

Atkinson, J.W. y Shiffrin, R.M. (1971, agosto). The control of short-term memory. *Scientific American,* pp. 82-90.

Atkinson, R.C. y Shiffrin, R.M. (1968). Human memory: A proposed system and its control processes. En K.W. Spence y J.T. Spence (eds.), *The psychology of learning and motivation: Advances in research and theory* (Vol. 2, pp. 80-195). Nueva York: Academic Press.

Augoustinos, M. y Walker, I. (1995). *Social cognition: An integrated introduction.* Londres: Sage.

Auld, F. y Hyman, M. (1991. *Resolution of inner conflict: An introduction to psychoanalytic therapy.* Washington, DC: American Psychological Association.

Austad, S.N. (1997). *Why we age. What science is discovering about the body's journey through life.* Nueva York: Wiley.

Averill, J.R. (1975). A semantic atlas of emotional concepts. *Catalog of Selected Documents in Psychology, 5,* 330.

Averill, J.R. (1994). Emotions are many splendored things. En P. Ekman y R.J. Davidson (eds.), *The nature of emotion: Fundamental questions.* Nueva York: Oxford, University Press.

Averill, J.R. (1997). The emotions: An integrative approach. En R. Hogan, J. Johnson y S. Briggs (eds.), *Handbook of personality psychology.* Orlando, FL: Academic Press.

Avison, W.R. y Gotlib, I.H. (eds.). (1994). *Stress and mental health.* Nueva York: Plenum.

Avorn, J. (1983). Biomedical and social determinants of cognitive impairment in the elderly. *Journal of the American Geriatric Society, 31,* 137-143.

Ayoub, D.M., Greenough, W.T. y Juraska, J.M. (1983). Sex differences in dendritic structure in the preoptic area of the juvenile macaque monkey brain. *Science, 219,* 197-198.

Azar, B. (1996a, diciembre). Behavioral interventions are proven to reduce pain. *APA Monitor,* Washington, DC: American Psychological Association.

Azar, B. (1996b, diciembre). Psychosocial factors provide clues to pain. *APA Monitor,* p. 20.

Azar, B. (1997, abril). Psychologists are watching debate over 2000 census. *APA Monitor,* p. 28.

Azrin, N.H. y Holdt, N.C. (1966). Punishment. En W.A. Honig (ed.), *Operant behavior: Areas of research and application* (pp. 380-447). Nueva York: Appleton.

B.B.S.T.F. (Basic Behavioral Science Task Force). (1996). Basic behavioral science research for mental health: Thought and communication. *American Psychologist, 51,* 181-189.

Baba, T.W., Trichel, A.M., An, L., Liska, V., Martin, L.N., Murphey-Corb, M. y Ruprecht, R.M. (1996, 7 de junio). Infection and AIDS in adult macaques after nontraumatic oral exposure to cell-free HIV. *Science, 272,* 1486-1489.

Babbitt, T., Rowland, G. y Franken, R. (1990). Sensation seeking and participation in aerobic exercise classes. *Personality and Individual Differences, 11,* 181-184.

Bach y Rita, P. (1993). Nonsynaptic diffusion neurotransmission (NDN) in the brain. *Neurochemistry International, 23,* 297-318.

Backer, P. (1993, 28 de febrero). On turning 13: Reports from the front lines. *New York Times,* sec 4, p. 2.

Backlar, P. (1996). Genes and behavior: Will genetic information change the way we see ourselves? *Community Mental Health Journal, 32,* 205-209.

Baddeley, A. (1982). *Your memory: A user's guide.* Nueva York: Macmillan.

Baddeley, A. (1992, 31de enero). Working memory. *Science, 255,* 556-559.

Baddeley, A. (1993). Working memory and conscious awareness. En A.F. Collins, S.E. Gathercole, M.A. Conway y P.E. Morris (eds.), *Theories of memory.* Mahwah, NJ: Erlbaum.

Baddeley, A.D. (1978). The trouble with levels: A reexamination of Craik and Lockhart's framework for memory research. *Psychological Review, 85,* 139-152.

Baddeley, A.D. (1995a). The psychology of memory. En A.D. Baddeley, B.A. Wilson y F.N. Watts (eds.), *Handbook of memory disorders.* Chichester, Inglaterra: Wiley.

Baddeley, A.D. (1995b). Working memory. En M.S. Gazzaniga (ed.), *The cognitive neurosciences.* Cambridge, MA: MIT Press.

Baddeley, A.D. (1996). Exploring the central executive. *Quarterly Journal of Experimental Psychology, Human Experimental Psychology, 49A,* 5-28.

Baddeley, A.D. y Hitch, G.J. (1994). Developments in the concept of working memory. Special Section: Working memory. *Neuropsychology, 8,* 485-493.

Baddeley, A.D. y Wilson, B. (1985). Phonological coding and short-term memory in patients without speech. *Journal of Memory and Language, 24,* 490-502.

Baddeley, A., Wilson, B. y Watts, F. (eds.). (1995). *Handbook of memory disorders.* Nueva York: Wiley.

Baer, J. (1993). *Creativity and divergent thinking: A task-specific approach.* Mahwah, NJ: Erlbaum.

Baer, J. (1997). *Creative teachers, creative students.* Boston, MA: Allyn & Bacon.

Baer, L., Rauch, S.L., Ballantine, H.T., Jr., Martuza, R., Cosgrove, R., Cassem, E., Giriunas, L., Manzo, P.A., Dimino, C. y Jenike, M.A. (1995). Cingulotomy for intractable obsessive-compulsive disorder. Prospective long-term follow-up of 18 patients. *Archives of General Psychiatry, 52,* 384-392.

Bagby, R.M., Buis, T. y Nicholson, R.A. (1995). Relative effectiveness of the standard validity scales in detecting fake-bad and fake-good responding: Replication and extension. *Psychological Assesment, 7,* 84-92.

Bahill, T.A. y Laritz, T. (1984). Why can't batters keep their eyes on the ball? *American Scientist, 72,* 249-253.

Bahrick, H.P., Hall, L.K. y Berger, S.A. (1996). Accuracy and distortion in memory for high school grades. *Psychological Science, 7,* 265-269.

Bailey, J.M. (1995). Biological perspectives on sexual orientation. En A.R. D'Augelli y C.J. Patteson (eds.), *Lesbian, gay, and bisexual identities over the lifespan: Psychological perspectives.* Nueva York: Oxford University Press.

Bailey, J.M. y Pillard, R.C. (1991). A genetic study of male sexual orientation. *Archives of General Psychiatry, 48,* 1089-1096.

Bailey, J.M., Pillard, R.C., Kitzinger, C. y Wilkinson, S. (1997). Sexual orientation: Is it determined by biology? En M.R. Walsh (ed.), *Women, men, & gender: Ongoing debates.* New Haven, CT: Yale University Press.

Bailey, J.M., Pillard, R.C., Neale, M.C. y Agyei, Y. (1993). Heritable factors influence sexual orientation in women. *Archives of General Psychiatry, 50,* 217-223.

Bailey, J.M. y Zucker, K.J. (1995). Childhood sex-typed behavior and sexual orientation: A conceptual analysis and quantitative review. *Developmental Psychology, 31,* 43-55.

Bailey, J.M. y Pillard, R.C. (1994, enero). The innateness of homosexuality. *Harvard Mental Health Letter, 10,* 4-6.

Baird, J.C. (1997). *Sensation and judgment: Complementarity theory of psychophysics.* Mahwah, NJ: Erlbaum.

Baird, J.C., Wagner, M. y Fuld, K. (1990). A simple but powerful theory of the moon illusion. *Journal of Experimental Psychology Human Perception and Performance, 16,* 675-677.

Baker, A.G. y Mercier, P. (1989). Attention, retrospective processing and evolution of a structured connectionist model of Pavlovian conditioning (AESOP). En S.B. Klein y R.R. Mowrer (eds.), *Contemporary learning theories: Vol. I. Pavlovian conditioning and the status of traditional learning theory.* Mahwah, NJ: Erlbaum.

Baker, J.N. (1987, 27 de julio). Battling the IQ-test ban. *Newsweek,* p. 53.

Baker, R. (ed.). (1989). *Panic disorder: Theory, research and therapy.* Nueva York: Wiley.

Baker, S.L. y Kirsch, I. (1991). Cognitive mediators of pain perception and tolerance. *Journal of Personality and Social Psychology, 61,* 504-510.

Baker, S.P., Lamb, M.W., Li, G. y Dodd, R.S. (1993). Human factors in crashes of commuter airplanes. *Aviation, Space, and Environmental Medicine, 64,* 63-68.

Baldwin, M.W. (1995). Relational schemas and cognition in close relationships. Special Section: Study of relationships. *Journal of Social and Personal Relationships, 12,* 547-552.

Bales, J. (1988, abril). Polygraph screening banned in Senate bill. *APA Monitor, 10.*

Ball, E.M., Simon, R.D., Tall, A.A., Banks, M.B., Nino-Murcia, G. y Dement, W.C. (1997, 24 de febrero). Diagnosis and treatment of sleep apnea within the community. *Archive of Internal Medicine, 157,* 419-424.

Ballinger, B. y Yalom, I. (1994). Group therapy in practice. En B. Bongar y L.E. Beutler (eds.), *Comprehensive textbook of psychotherapy: Theory and practice.* Nueva York: Oxford University Press.

Ballinger, C.B. (1981). The menopause and its syndromes. En J.G. Howells (ed.), *Modern perspectives in the psychiatry of middle age* (pp. 279-303). Nueva York: Brunner/Mazel.

Balter, M. (1996, 16 de febrero). New clues to brain dopamine control, cocaine addiction. *Science, 271,* 909.

Baltes, P.B. y Schaie, K.W. (1974, marzo). The myth of the twilight years. *Psychology Today,* pp. 35-38ff.

Bandura, A. (1973). *Aggression: A social learning analysis.* Englewood Cliffs, NJ: Prentice-Hall.

Bandura, A. (1977). *Social learning theory.* Englewood Cliffs, NJ: Prentice-Hall.

Bandura, A. (1981). In search of pure unidirectional determinants. *Behavior Therapy, 12,* 30-40.

Bandura, A. (1983). Psychological mechanisms of aggression. En R.G. Geen y E.I. Donnerstein (eds.), *Aggression: Theoretical and empirical reviews, Vol. I: Theoretical and methodological issues.* Nueva York: Academic Press.

Bandura, A. (1986). *Social foundations of thought and action: A social cognitive theory.* Englewood. Cliffs, NJ: Prentice-Hall.

Bandura, A. (1994). Social cognitive theory of mass communication. En J. Bryant y D. Zillmann (eds.) *Media effects: Advances in theory and research. LEA's communication series.* Mahwah, NJ: Erlbaum.

Bandura, A. (ed.). (1995). *Self-efficacy in changing societies.* Nueva York: Cambridge University Press.

Bandura, A. (1997). *Self-Efficacy: The exercise of control.* Nueva York: Freeman.

Bandura, A., Grusec. J.E. y Menlove, F.L. (1967). Vicarious extintion of avoidance behavior. *Journal of Personality and Social Psychology, 5,* 16-23.

Bandura, A., O'Leary, A., Taylor, C.B., Gauthier, J. y Gossard, D. (1987). Perceived self-efficacy and pain control: Opioid and non–opioid mechanism. *Journal of Personality and Social Psychology, 53,* 563-571.

Bandura, A., Ross, D. y Ross, S. (1963a). Imitation of film-mediated aggresive models. *Journal of Abnormal and Social Psychology, 66,* 3-11.

Bandura, A., Ross, D. y Ross, S. (1963b). Vicarious reinforcement and imitative learning. *Journal of Abnormal and Social Psychology, 67,* 601-607.

Banks, T. y Dabbs, J.M., Jr. (1996). Salivary testosterone and cortisol in delinquent and violent urban subculture. *Journal of Social Psychology, 136,* 49-56.

Banks, W.C., McQuater, G.V. y Sonne, J.L. (1995). A deconstructive look at the myth of race and motivation. *Journal of Negro Education, 64,* 307-325.

Barbaro, N.M. (1988). Studies of PAG/PVG stimulation for pain relief in humans. *Progress in Brain Research, 77,* 165-173.

Barber, B.L. y Eccles, J.S. (1992). Long-term influence of divorce and single parenting on adolescent family-and work-related values, behaviors, and aspirations. *Psychological Bulletin, 111,* 108-126.

Barber, J. (ed.). (1996). *Hypnosis and suggestion in the treatment of pain: A clinical guide.* Nueva York: Norton.

Barber, S. y Lane, R.C. (1995). Efficacy research in psychodynamics therapy: A critical review of the literature. *Psychotherapy in Private Practice, 14,* 43-69.

Barber, T.X. (1975). Responding to "hypnotic" suggestions: An introspective report. *American Journal of Clinical Hypnosis, 18,* 6-22.

Barefoot, J.C. y Schroll, M. (1996). Symptoms of depression, acute myocardial infarction, and total mortality in a community sample. *Circulation, 93,* 1976-1980.

Bargh, J. y Pietromonaco, P. (1982). Automatic information processing and social perception: the influence of trait information presented outside of conscious awareness on impression formation. *Journal of Personality and Social Psychology, 43,* 437-449.

Bargh, J.A. y Raymond, P. (1995). The naive misuse of power: Nonconscious sources of sexual harassment. Special Issue: Gender stereotyping, sexual harassment, and the law. *Journal of Social Issues, 51,* 85-96.

Bargh, J.A. y Raymond, P., Pryor, J.B. y Strack, F. (1995). Attractiveness of the underling: An automatic power sex association and its consequences for sexual harassment and aggression. *Journal of Personality and Social Psychology, 68,* 768-781.

Barinaga, M. (1991, 14 de junio). Sexism charged by Stanford physician. *Science, 252,* 1484.

Barinaga, M. (1994, 2 de diciembre). Watching the brain remake itself. *Science, 266,* 1475-1476.

Barinaga, M. (1995, 14 de abril). Dendrites shed their dull image. *Science, 268,* 200-201.

Barinaga, M. (1996, 26 de abril). The cerebellum: Movement coordinator or much more? *Science, 272,* 482-483.

Barinaga, M. (1997a. 30 de mayo). How much pain for cardiac gain? *Science, 276,* 1324-1327.

Barinaga, M. (1997b, 27 de junio). New imaging methods provide a better view into the brain. *Science, 276,* 1974-1976.

Barland, G.H. y Raskin, D.C. (1975). An evaluation of field techniques in detection of deception. *Psychophysiology, 12,* 321-330.

Barnard, N.D. y Kaufman, S.R. (1997, febrero). Animal research is wasteful and misleading. *Scientific American, 276,* 80-82.

Barnett, R.C., Marshall, N.L., Raudenbush, S.W. y Brennan, R.T. (1993). Gender and the relationship between job experiences and psychological distress: A study of dual-earner couples. *Journal of Personality and Social Psychology, 64,* 794-806.

Barnett, R.C., Marshall, N.L. y Singer, J.D. (1992). Job experiences over time, multiple roles, and women's mental health: A longitudinal study. *Journal of Personality and Social Psychology, 67,* 634-644.

Barnett, W.S. (1993). Benefit-cost analysis of preschool education: Findings from a 25-year follow-up. *Journal of Orthopsychiatry, 63,* 500-508.

Baron, D. (1997, 24 de enero). Ebonics is not a panacea for students at risk. *The Chronicle of Higher Education,* B4-B5.

Baron, J. (1993). Why teach thinking? -An essay. *Applied Psychology: An International Review, 42,* 191-237.

Baron, J.B. y Sternberg, R.J. (1986). *Teaching thinking skills.* Nueva York: Freeman.

Baron, R.A. y Bronfen, M.I. (1994). A whiff of reality: Empirical evidence concerning the effects of pleasant fragrances on work-related behavior. *Journal of Applied Social Psychology, 24,* 1179-1203.

Baron, R.A. y Byrne, D. (1988). *Social psychology: Understanding human interaction* (5a. ed.). Boston: Allyn & Bacon.

Barondes, S.H. (1994, 25 de febrero). Thinking about Prozac. *Science, 263,* 1102-1103.

Barreira, P.T. (1996). New medications: Major antipsychotic psychopharmacologic advances. En S.M. Soreff (ed.), *Handbook for the treatment of the seriously mentally ill.* Seattle, WA: Hogrefe & Huber.

Barringer, F. (1989, 9 de junio). Doubt on "trial marriage" raised by divorce rates. *New York Times,* pp. 1, 28.

Barringer, F. (1993a, 1 de abril). Viral sexual diseases are found in 1 of 5 in U.S. *New York Times,* pp. A1, B9.

Barringer, F. (1993b, 16 de mayo). Pride in a soundless world: Deaf oppose a hearing aid. *New York Times,* pp. 1, 22.

Barron, F. (1990). *Creativity and psychological health: Origins of personal vitality and creative freedom.* Buffalo, NY: Creative Education Foundation.

Barron, F. y Harrington, D.M. (1981). Creativity, intelligence, and personality. *Annual Review of Psychology, 32,* 439-476.

Barry, H., III, Josephson, L., Lauer, E. y Marshall, C. (1976). Traits inculcated in childhood: V. Cross-cultural codes. *Ethnology, 15,* 83-114.

Barsalou, L.W. (1992). *Cognitive psychology: An overview for cognitive scientists.* Mahwah, NJ: Erlbaum.

Barsky, A.J., Cleary, P.D., Wyshak, G., Spitzer, R.L., Williams, J.B.W. y Klerman, G.L. (1992). A structure diagnostic interview for hypochondriasis: A proposed criterion standard. *Journal of Nervous and Mental Disease, 180,* 20-27.

Bartecchi, C.E., MacKenzie, T.D. y Schrier, R.W. (1995, mayo). The global tobacco epidemic. *Scientific American,* pp. 44-51.

Bartlett, F. (1932). *Remembering: A study in experimental and social psychology.* Cambridge, Inglaterra: Cambridge University Press.

Bartlett, J.A., Demetrikopoulos, M.K., Schleifer, S.J. y Keller, S.J. (1996). Stress, depression, mood, and immunity. En C.R. Pfeffer (ed.), *Severe stress and mental disturbance in children.* Washington, DC: American Psychiatric Press.

Bartoshuk., L. y Drewnowski, A. (1997, febrero). Simposio presentado en la reunión anual de The American Association for the Advancement of Science, Seattle.

Bartoshuk, L.y Lucchina, L. (1997, 13 de enero). Are you a supertaster? *U.S. News & World Report,* pp. 58, 59.

Bartoshuk, L.M. (1971). The chemical senses: I. Taste. En J.N. Kling y L.A. Riggs (eds.), *Experimental psychology* (3a. ed.) Nueva York: Holt, Rinehart and Winston.

Bartoshuk, L.M. y Beauchamp, G.K. (1994). Chemical senses. *Annual Review of Psychology, 45,* 419-449.

Bartoshuk, L.M., Duffy, V.B., Reed, D. y Williams, A. (1996). Supertasting, earaches and head injury: Genetics and pathology alter our taste worlds. *Neuroscience and Biobehavioral Review, 20,* 79-87.

Bartsch, K. y Estes, D. (1996). Individual differences in children's developing theory of mind and implications for metacognition. *Learning and Individual Differences, 8,* 281-304.

Basch, M.F. (1996). Affect and defense. En D.L. Nathanson (ed.), *Knowing feeling: Affect, script, and psychotherapy.* Nueva York: Norton.

Basco, M.R. y Rush, A.J. (1996). *Cognitive-behavioral therapy for bipolar disorder.* Nueva York: Guilford Press.

Bashore, T.R. y Rapp, P.E. (1993). Are there alternatives to traditional polygraph procedures? *Psychological Bulletin, 113,* 3-22.

Basic Behavioral Science Task Force. (1996). Basic behavioral science research for mental health: Perception,attention, learning, and memory. *American Psychologist, 51,* 133-142.

Bass, A. (1996, 21 de abril). Is anger good for you? *Boston Globe Magazine,* pp. 20-41.

Bass, B.M. (1990). *Bass & Stogdill's handbook of leadership: Theory, research, & managerial applications* (3a. ed.). Nueva York: Free Press.

Batson, C.D. (1990). How social an animal? The human capacity for caring. *American Psychologist, 45,* 336-346.

Batson, C.D. (1991). *The altruism question: Toward a social-psychological answer.* Mahwah, NJ: Erlbaum.

Batson, C.D., Batson, J.G., Slingsby, J.K., Harrell, K.L., Peekna, H.M. y Todd, R.M. (1991). Empathic joy and the empathy-altruism hypothesis. *Journal of Personality and Social Psychology, 61,* 413-426.

Baston, C.D., Batson, J.G., Todd, R.M. y Brummett, B.H. (1995). Empathy and the collective good: Caring for one of the others in a social dilemma. *Journal of Personality & Social Psychology, 68,* 619-631.

Bauer, P.J. (1996). What do infants recall of their lives? Memory for specific events by one-to two-year-olds. 102 nd Annual Convention of the American Psychological Association. (1994, Los Ángeles, California, US), *American Psychologist, 51,* 29-41.

Baum, A., Cohen, L. y Hall, M. (1993). Control and intrusive memories as possible determinants of chronic stress. *Psychosomatic Medicine, 55,* 274-286.

Baum, A., Gatchel, R.J. y Schaeffer, M.A. (1983). Emotional, behavioral, and physiological effects of chronic stress at

Three Mile Island. *Journal of Consulting and Clinical Psychology, 51,* 565-572.

Baumeister, R. (1997). Was Freud right? Psychoanalytic theories in modern social-personality research. Ponencia presentada en APA Annual Convention Symposium, Washington, DC.

Baumrind, D. (1971). Current patterns of parental authority. *Developmental Psychology Monographs, 4* (1, pt. 2).

Baumrind, D. (1980). New directions in socialization research. *Psychological Bulletin, 35,* 639-652.

Bayer, D.L. (1996). Interaction in families with young adults with a psychiatric diagnosis. *American Journal of Family Therapy, 24,* 21-30.

Beal, C.R., Schmitt, K.L. y Dekle, D.J. (1995). Eyewitness identification of children: Effects of absolute judgments, nonverbal response options, and event encoding. *Law and Human Behavior, 19,* 197-216.

Beall, A.E. y Sternberg, R.J. (ed.). (1993). *The psychology of gender.* Nueva York: Guilford.

Beaman, A.L., Cole, C.M., Preston, M., Klentz, B. y Steblay, N.M. (1983). Fifteen years of foot-in-the door research: A meta-analysis. *Personality and Social Psychology Bulletin, 9,* 181-196.

Bear, M.F., Cooper, L.N. y Ebner, F.F. (1987). A physiological basis for a theory of synapse modification. *Science, 237,* 42-48.

Beardsley, T. (1996, marzo). Vital data. *Scientific American,* pp. 100-105.

Beardsley, T. (1997, marzo). Memories are made of... *Scientific American,* pp. 32-33.

Beck, A.T. (1976). *Cognitive therapy and emotional disorders.* Nueva York: International Universities Press.

Beck, A.T. (1982). Cognitive theory of depression: New Perspectives. En P. Clayton y J. Barrett (eds.), *Treatment of depression: Old controversies and new approaches.* Nueva York: Raven.

Beck, A.T. (1991). Cognitive therapy: A 30-year perspective. *American Psychologist, 46,* 368-375.

Beck, A.T. (1995). Cognitive therapy: Past, present, and future. En M.J. Mahoney (ed.), *Cognitive and constructive psychotherapies: Theory, research, and practice,* Nueva York: Springer.

Beck, A.T. y Emery, G. (con Greenberg, R.L.). (1995). *Anxiety disorders and phobias: A cognitive perspective.* Nueva York: Basic Books.

Beck, A.T. y Haaga, D.A.F. (1992). The future of cognitive therapy. *Psychotherapy, 29,* 34-38.

Beck, M. (1992, 25 de mayo). Menopause. *Newsweek,* pp. 71-79.

Beck, M. y Wingert, P. (1993, 23 de junio). The young and the gifted. *Newsweek,* pp. 52-53.

Becker, B.J. (1990). Coaching for the Scholastic Aptitude Test: Further synthesis

and appraisal. *Review of Educational Research, 60,* 373-417.

Beckham, E.E. y Leber, W.R. (eds.). (1997). *Handbook of Depression* (2a. ed.). Nueva York: Guilford Press.

Beckman, H.B. y Frankel, R.M. (1984). The effect of physician behavior on the collection of data. *Annals of Internal Medicine, 101,* 692-696.

Beckman, J.C., Keefe, F.J., Caldwell, D.S. y Brown, C.J. (1991). Biofeedback as a means to alter electromyographic activity in a total knee replacement patient. *Biofeedback and Self Regulation, 16,* 23-35.

Bedard, J. y Chi, M.T.H. (1992). Expertise. *Current Directions in Psychological Science, 1,* 135-139.

Bedard, W.W. y Parsinger, M.A. (1995). Prednisolone blocks extreme intermale social aggression in seizure-induced, brain-damaged rats: Implications for the amygdaloid central nucleus, corticotrophin-releasing factor, and electrical seizures. *Psychological Reports, 77,* 3-9.

Begley, S. (1993, 20 de diciembre). "We slam-dunked it": NASA's shuttle mission fixes Hubble Telescope. *Newsweek,* pp. 100-102.

Begley, S. (1996, 1 de julio). To stand and raise a glass. *Newsweek,* pp. 52-55.

Behrmann, M., Winocur, G. y Moscovitch, M. (1992). Dissociation between mental imagery and object recognition in a brain-damaged patient. *Nature, 359,* 636-637.

Beilin, H. (1996). Mind and meaning: Piaget and Vygotsky on causal explanation. *Human Development, 39,* 277-286.

Beilin, H. y Pufall, P. (eds.). (1992). *Piaget's theory: Prospects and possibilities.* Mahwah, NJ: Erlbaum.

Benjamin, L.T., Jr. (ed.). (1997). *A history of psychology: Original sources and contemporary research* (2a. ed.). Nueva York: McGraw-Hill.

Belkin, L. (1997, 15 de junio). How can we save the next victim? *New York Times Magazine,* pp. 28-33, 44, 50, 63, 66, 70.

Bell, A. y Weinberg, M.S. (1978). *Homosexuality: A study of diversities among men and women.* Nueva York: Simon & Schuster.

Bell, J., Grekul, J., Lamba, N. y Minas, C. (1995). The impact of cost on student helping behavior. *Journal of Social Psychology, 135,* 49-56.

Bell, R.A., Cholerton, M., Fraczek, K.E. y Rohlfs, G.S. (1994). Encouraging donations to charity: A field study of competing and complementary factors in tactic sequencing. *Western Journal of Communication, 58,* 98-115.

Bell, S.M. y Ainsworth, M.D.S. (1972). Infant crying and maternal responsiveness. *Child Development, 43,* 1171-1190.

Bellack, A.S. Hersen, M. y Kazdin, A.E. (1990).*International handbook of behavior modification and therapy.* Nueva York: Plenum.

Bellak, L. (1993). *The T.A.T., C.A.T., and S.A.T. in clinical use (5a.ed.).* Boston: Longwood.

Beller, M. y Gafni, N. (1996). 1991 International assessment of educational progress in mathematics and sciences: The gender differences perspective. *Journal of Educational Psychology, 88,* 365-377.

Bellezza, F.S., Six, L.S. y Phillips, D.S. (1992). A mnemonic for remembering long strings of digits. *Bulletin of the Psychonomic Society, 30,* 271-274.

Belluck, P. y Alvarez, L. (1996, 18 de febrero). Danger rode on New Jersey transit engineer's coveted shift. *New York Times,* pp. 37, 40.

Belluck, P. y Sims, C. (1996, 22 de enero). A puzzling path: From P.S. 40 to prison in Peru. *New York Times,* pp. A1, A7.

Belmont, J.M. (1995). Discussion: A view from the empiricist's window. Special Issue: Lev S. Vygotsky and contemporary educational psychology. *Educational Psychologist, 30,* 99-102.

Belsky, J. y Rovine, M. (1988). Nonmaternal care in the first year of life and infant-parent attachment security. *Child Development, 59,* 157-167.

Bem, D.J. (1996). Exotic becomes erotic: A developmental theory of sexual orientation. *Psychological Review, 103,* 320-335.

Bem, D.J. y Honorton, C. (1994). Does psi exist? Replicable evidence for an anomalous process of information transfer. *Psychological Bulletin, 115,* 4-18.

Bem, S. (1987). Gender schema theory and its implications for child development: Raising gender-aschematic children in a gender-schematic society. En M.R. Walsh (ed.). *The psychology of women: Ongoing debates.* New Haven, CT: Yale University Press.

Bem, S.L. (1993). *Lenses of gender.* New Haven, CT: Yale University Press.

Benbow, C.P., Lubinski, D. y Hyde, J.S. (1997). Mathemathics: Is biology the cause of gender difference in performance? En M. R. Walsh (ed.), *Women, men, & gender: Ongoing debates.* New Haven, CT: Yale University Press.

Benes, F.M. (1996, noviembre). Altered neural circuits in schizophrenia. *The Harvard Mental Health Letter,* pp. 5-7.

Benjafield, J.G. (1996). *A history of psychology.* Boston: Allyn & Bacon.

Benjamin, J. et al. (1996). Population and familial association between the D4 dopamine receptor gene and measures of novelty seeking. *Nature and Genetics, 12,* 81-84.

Benjamin, L.T., Jr. (1985, febrero). Defining aggression: An exercise for classroom discussion: *Teaching of Psychology, 12*(1), 40-42.

Benjamin, L.T., Jr. (1997). The psychology of history and the history of psychology: A historiographical introduction. En L.T. Benjamin (ed.), *A history of psychology:*

Original sources and contemporary research (2a. ed). Nueva York: McGraw-Hill.

Benjamin, L.T., Jr. y Shields, S.A. (1990). Foreword. En H. Hollingworth, *Leta Stetter Hollingworth: A biography.* Boston, MA: Anker Publishing.

Bennett, A. (1992, 14 de octubre). Lori Schiller emerges from the torments of schizophrenia. *Wall Street Journal,* pp. A1, A10.

Bennett, P. (1994). Type a behaviour: A suitable case for treatment? Special Issue: Heart disease: The psychological challenge. *Irish Journal of Psychology, 15,* 43-53.

Bennett, W. y Gurin, J. (1982). *The dieter's dilemma: Eating less and weighing more.* Nueva York: Basic Books.

Ben-Sira, Z. (1976). The function of the professional's affective behavior in client satisfaction: A revised approach to social interaction theory. *Journal of Health and Social Behavior, 17,* 3-11.

Benson, D.J. y Thomson, G.E. (1982). Sexual harassment on a university campus: The confluence of authority relations, sexual interest and gender stratification. *Social Problems, 29,* 236-251.

Benson, H. (1993). The relaxation response. En D. Goleman y J. Guerin (eds.). *Mind-body medicine: How to use your mind for better health.* Yonkers, NY: Consumer Reports Publications.

Benson, H. y Friedman, R. (1985). A rebuttal to the conclusions of Davis S. Holmes's article, "Meditation and somatic arousal reduction". *American Psychologist, 40,* 725-726.

Benson, H., Kornhaber, A., Kornhaber, C., LeChanu, M.N. et al. (1994). Increases in positive psychological characteristics with a new relaxation-response curriculum in high school students. *Journal of Research and Development in Education, 27,* 226-231.

Bentall, R.P. (1992). The classification of schizophrenia. En D.J. Kavanagh (ed.), *Schizophrenia: An overview and practical handbook.* Londres: Chapman & Hall.

Boehm, K.E., Schondel, C.K., Marlowe, A.L. y Rose, J.S. (1995). Adolescents calling a peer-listening phone service: Variations in calls by gender, age, and season of year. *Adolescence, 30,* 863-871.

Berenbaum, S.A. y Hines, M. (1992). Early androgens are related to childhood sex-typed toy preference. *Psychological Science, 3,* 203-206.

Berenbaum, S.A. y Snyder, E. (1995). Early hormonal influences on childhood sex-typed activity and playmate preferences: Implications for the development of sexual orientation. *Developmental Psychology, 31,* 31-42.

Berg, L., Danzinger, W.L., Storandt, M., Coben, L.A., Gado, M., Hughes, C.P., Knesevich, J.W. y Botwinick, J. (1984). Predictive features in mild senile dementia of the Alzheimer type. *Neurology, 34,* 563-569.

Bergen, D.J. y Williams, J.E. (1991). Sex stereotypes in United States revisited: 1972-1988. *Sex Roles, 24,* 413-423.

Bergener, M., Ermini, M. y Stahelin, H.B. (eds.). (1985, febrero). *Thresholds in aging.* The 1984 Sandoz Lectures in Gerontology, Basilea, Suiza.

Berger, J. (1993, 30 de mayo). The long days and short life of a medical student. *New York Times,* p. B4.

Bergin, A.E. y Garfield, S.L. (eds.). (1994). *Handbook of psychotherapy and behavior change.* Nueva York: Wiley.

Berkowitz, L. (1974). Some determinants of impulsive aggression: The role of mediated associations with reinforcements for aggression. *Psychological Review, 81,* 165-176.

Berkowitz, L. (1984). Aversive conditioning as stimuli to aggression.. En R.J. Blanchard y C. Blanchard (eds.), *Advances in the study of aggression* (Vol. 1). Nueva York: Academic Press.

Berkowitz, L. (1987). Mood, self-awareness, and willingness to help. *Journal of Personality and Social Psychology, 52,* 721-729.

Berkowitz, L. (1989). Frustration-aggression hypothesis. *Psychological Bulletin, 106,* 59-73.

Berkowitz, L. (1990). On the formation and regulation of anger and aggression: A cognitive-neoassociationistic analysis. *American Psychologist, 45,* 494-503.

Berkowitz, L. (1993). *Aggression: Its causes, consequences, and control.* Nueva York: McGraw-Hill.

Berkowitz, L. y Geen, R.G. (1966). Film violence and the cue properties of available targets. *Journal of Personality and Social Psychology, 3,* 525-530.

Berkowitz, L. y LePage, A. (1967). Weapons as aggression-eliciting stimuli. *Journal of Personality and Social Psychology, 7,* 202-207.

Berlyne, D. (1967). Arousal and reinforcement. En D. Levine (ed.), *Nebraska symposium on motivation.* Lincoln: University of Nebraska Press.

Berman, A.L. y Jobes, D.A. (1991). *Adolescent suicide: Assessment and intervention.* Washington, DC: American Psychological Association.

Berman, A.L. y Jobes, D.A. (1995). Suicide prevention in adolescents (age 12-18). En M.M. Silverman y R.W. Maris (eds.), *Suicide prevention: Toward the year 2000.* Nueva York: Guilford Press.

Berman, R.M., Krystal, J.H. y Charney, D.S. (1996). Mechanism of action of antidepressants: Monoamine hypotheses and beyond. En S.J. Watson (ed.), *Biology of schizophrenia and affective disease.* Washington, DC: American Psychiatric Press.

Berman, S.L., Kurtines, W.M., Silverman, W.K. y Serafini, L.T. (1996). The impact of exposure to crime and violence on urban youth. *American Journal of Orthopsychiatry, 66,* 329-336.

Bernard, J. (1982).*The future of marriage* (2a.ed.). Nueva York: Bantam.

Bernard, L.L. (1924). *Instinct: a study in social psychology*. Nueva York: Holt.

Bernard, M.E. y DiGiuseppe, R. (eds.). (1993). *Rational-emotive consultation in applied settings*. Mahwah, NJ: Erlbaum.

Berndt, T.J. (1992). Friendship and friends. influence in adolescence. *Current Directions in Psychological Science, 1*, 156-159.

Berndt, T.J. (1997). *Child development* (2a. ed). Madison, WI: Brown & Benchmark.

Berndt, T.J. y Keefe, K. (1995). Friends' influence on adolescents' adjustment to school. *Child Development, 66*, 1312-1329.

Bernieri, F.J., Zuckerman, M., Koestner, R. y Rosenthal, R. (1994). Measuring person perception accuracy: Another look at self-other agreement. *Personality and Social Psychology Bulletin, 20*, 367-378.

Berquier, A. y Ashton, R. (1992). Characteristics of the frequent nightmare sufferer. *Journal of Abnormal Psychology, 101*, 246-250.

Berrettini, W.H. y Pekkarinen, P.H. (1996). Molecular genetics of bipolar disorder. *Annals of Medicine, 28*, 191-194.

Berrios, G.E. (1996). *The history of mental symptoms: Descriptive psychopathology since the nineteenth century*. Cambridge, Inglaterra: Cambridge University Press.

Berscheid, E. (1985). Interpersonal attraction. En G. Lindzey y E. Aronson (eds.), *Handbook of social psychology* (3a. ed.). Nueva York: Random House.

Berscheid, E. y Walster, E. (1974). Physical attractiveness. En L. Berkowitz (ed.), *Advances in experimental social psychology* (vol. 7, pp. 157-215). Nueva York: Academic Press.

Bersoff, D.N. (1995). *Ethical conflicts in psychology*. Washington, DC: American Psychological Association.

Bersoff, D.N. y Ogden, D.W. (1991). APA Amicus Curiae briefs: Furthering lesbian and gay male civil rights. *American Psychologist, 46*, 950-956.

Betancourt, H. y Lopez, S.R. (1993). The study of culture, ethnicity, and race in American psychology. *American Psychologist, 48*, 1586-1596.

Beutler, L.E., Brown, M.T., Crothers, L., Booker, K. *et al.* (1996). The dilemma of factitious demographic distinctions in psychological research. *Journal of Consulting and Clinical Psychology, 64*, 892-902.

Beutler, L.E., Consoli, A.J. y Williams, R.E. (1995). Integrative and eclectict therapies in practice. En B.M. Bongar, y L.E. Beutler (eds.), *Comprehensive textbook of psychotherapy: Theory and practice*. Oxford textbooks in clinical psychology, Vol. 1. Nueva York: Oxford University Press.

Beyene, Y. (1989). *From menarche to menopause: Reproductive lives of peasant women in two cultures*. Albany: State University of New York Press.

Beyer, S. (1990). Gender differences in the accuracy of self-evaluations of performance. *Journal of Personality of Social Psychology, 59*, 960-970.

Bhugra, D. (ed.). (1996). *Homelessness and mental health*. Cambridge, Inglaterra: Cambridge University Press.

Bickman, L. (1994). Social influence and diffusion of responsability in an emergency. En B. Puka (ed.), *Reaching out: Caring, altruism, and prosocial behavior. Moral development: A compendium*, Vol. 7. Nueva York: Garland.

Bieber, I. (1992). *Homosexuality: A psychoanalytic study*. Nueva York. Basic Books.

Biederman, I. (1981). On the semantics of a glance at a scene. En M. Kubovy y J.R. Pomerantz (eds.), *Perceptual organization*. Mahwah, NJ: Erlbaum.

Biederman, I. (1987). Recognition-by-components: A theory of human image understanding. *Psychological Review, 94*, 115-147.

Biederman, I. (1990). Higher-level vision. En D.N. Osherson, S. Kosslyn y J. Hollerbach (eds.), *An invitation to cognitive science: Visual cognition and action*. Cambridge, MA: MIT Press.

Biernat, M. y Wortman, C.B. (1991). Sharing of home responsibilities between professionally employed women and their husbands. *Journal of Personality and Social Psychology, 60*, 844-860.

Bigler, E.D. (ed.). (1996). *Neuroimaging*. Nueva York: Plenum.

Binet, A. y Simon, T. (1916). *The development of intelligence in children (The Binet-Simon Scale)*. Baltimore: Williams & Wilkins.

Bini, L. (1938). Experimental research on epileptic attacks induced by the electric current. *American Journal of Psychiatry (Suppl. 94)*, 172-183.

Binstock, R.H., George, L.K., Marshall, V.W., Myers, G.C. y Schulz, J.H. (eds.). (1996). *Handbook of aging and the social sciences* (4a. ed.). San Diego, CA: Academic Press.

Birch, H.G. (1945). The role of motivation factors in insightful problema solving. *Journal of Comparative Psychology, 38*, 295-317.

Birchwood, M., Hallett, L. y Preston, R. (1989). En M. Birchwood *et al.*, *Schizophrenia: An integrated approach to research and treatment*. Nueva York: New York University Press.

Bird, G. y Melville, K. (1994). *Families and intimate relationships*. Nueva York: McGraw-Hill.

Birke, L. y Michael, M. (1995). Raising the profile of welfare: Scientists and their use of animals. *Anthrozoos, 8*, 90-99.

Birren, J.E. (ed.). (1996). *Encyclopedia of gerontology: Age, aging and the aged*. San Diego, CA: Academic Press.

Bisanz, J., Bisanz, G.L. y Korpan, C.A. (1994). Inductive reasoning. En R.J.

Sternberg (ed.), *Thinking and problem-solving*. San Diego, CA: Academic Press.

Bishop, J.E. (1993, 30 de septiembre). The knowing eye: One man's accident is shedding new light on human perception. *Wall Street Journal*, pp. A1, A8.

Bjork, D.W. (1993). *B.F. Skinner: A life*. Nueva York: Basic Books.

Bjork, D.W. (1997). *William James: The center of his vision*. Washington, DC: American Psychological Association.

Bjork, E.L. y Bjork, R.A. (eds.). (1996). *Memory*. Nueva York: Academic Press.

Bjork, R.A. y Richardson-Klarehn, A. (1989). On the puzzling relationship between environmental context and human memory. En C. Izawa (ed.), *Current issues in cognitive processes: The Tulane-Floweree symposium on cognition*. Mahwah, NJ: Erlbaum.

Bjorklund, D.F. (1985). The role of conceptual knowledge in the development of organization in children's memory. En C.J. Brainerd y M. Pressley (eds.), *Basic process in memory development*. Nueva York: Springer-Verlag.

Bjorklund, D.F. (1997). In search of a metatheory for cognitive development (or, Piaget is dead and I don't feel so good myself). *Child Development, 68*, 144-148.

Blaskeslee, S. (1984, 14 de agosto). Scientists find key biological causes of alcoholism. *New York Times*, p. C-1.

Blakeslee, S. (1992a, 11 de agosto). Finding a new messenger for the brain's signals to the body. *New York Times*, p. C3.

Blakeslee, S. (1992b, 10 de noviembre). Missing limbs, still atingle, are clues to changes in the brain. *New York Times*, pp. C1, C12.

Blanchard, F.A., Lilly, R. y Vaughn, L.A. (1991). Reducing the expression of racial prejudice. *Psychological Science, 2*, 101-105.

Blanck, P.D. (ed.). (1993). *Interpersonal expectations: Theory, research and applications*. Cambridge, Inglaterra: Cambridge University Press.

Blascovich, J., Wyer, N.A., Swart, L.A. y Kibler, J.L. (1997). Racism and racial categorization. *Journal of Personality and Social Psychology, 72*, 1364-1372.

Blascovich, J.J. y Katkin, E.S. (eds.). (1993). *Cardiovascular reactivity to psychological stress and disease*. Washington, DC: American Psychological Association.

Blass, T. (1991). Understanding behavior in the Milgram obedience experiment: The role of personality, situations, and their interactions. *Journal of Personality and Social Psychology, 60*, 398-413.

Blass, T. (1996). Attribution of responsability and trust in the Milgram obedience experiment. *Journal of Applied Social Psychology, 26*, 1529-1535.

Blass, T. y Krackow, A. (1991, junio). *The Milgram obedience experiments: Students' views vs. scholarly perspectives and actual findings.* Ponencia presentada en la reunión anual de la American Psychological Society, Washington, DC.

Blau, Z.S. (1973). *Old age in a changing society.* Nueva York: New Viewpoints.

Block, J. (1995). A contrarian view of the five-factor approach topersonality description. *Psychological Bulletin, 117,* 187-215.

Block, N. (1995). How heritability misleads about race. *Cognition, 56,* 99-128.

Block, N., Flanagan, O. y Güzeldere, G. (eds.). (1997). *The nature of consciousness: Philosophical debates.* Cambridge, MA: MIT Press.

Bloom, B.L. (1997). *Planned short-term psychotherapy: A clinical handbook* (2a. ed.). Boston: Allyn & Bacon.

Blum, K., Noble, E.P., Sheridan, P.J., Montgomery, A., Ritchie, T., Jagadeeswaran, P., Nogami, H., Briggs, A.H. y Cohn, J.B. (1990, 18 de abril). Allelic association of human dopamine D2 receptor gene in alcoholism. *Journal of the American Medical Association, 263,* 2055-2059.

Blumenfield, M., Levy, N.B. y Kaplan, D. (1979). The wish to be informed of a fatal illness. *Omega, 9,* 323-326.

Blumstein, P.W. y Schwartz, P. (1983). *American couples.* Nueva York: Morrow.

Boakes, R.A., Popplewell, D.A. y Burton, M.J. (eds.). (1987). *Eating habits: Food, physiology, and learned behaviour.* Nueva York: Wiley.

Bochner, S. (1996). The learning strategies of bilingual versus monolingual students. *British Journal of Educational Psychology, 66,* 263-268.

Boden, M.A. (ed.). (1994). *Dimensions of creativity.* Cambridge, MA: MIT Press.

Boden, M.A. (1996). Creativity. En M.A. Boden (ed.), *Artificial intelligence. Handbook of perception and cognition* (2a. ed.). San Diego, CA: Academic Press.

Bodensteiner, J.B. y Schaefer, G.B. (1995). Evaluation of the patient with idiopathic mental retardation. *Journal of Neuropsychiatry and Clinical Neurosciences, 7,* 361-370.

Boehm, K.E. y Campbell, N.B. (1995). Suicide: A review of calls to an adolescent peer listening phone service. *Child Psychiatry and Human Development, 26,* 61-66.

Bogerts, B. (1993). Recent advances in the neuropathology of schizophrenia. *Schizophrenia Bulletin, 19,* 431-445.

Bohan, J.S. (1992). *Re-placing women in psychology: Readings toward a more inclusive history.* Dubuque, IA: Kendall/Hunt.

Bolger, N. y Eckenrode, J. (1991). Social relationships, personality, and anxiety during a major stressful event. *Journal of Personality and Social Psychology, 61,* 440-449.

Bolles, R.C. y Fanselow, M.S. (1982). Endorphins and behavior. *Annual Review of Psychology, 33,* 87-101.

Bolos, A.M., Dean, M. y Rausburg, M. (1990, 26 de diciembre). Population and pedigree studies reveal a lack of association between the dopamine D2 receptor gene and alcoholism. *Journal of the American Medical Association, 264,* 3156.

Bond, L. (1989). The effects of special preparation on measures of scholastic ability. En R.L. Linn (ed.), *Educational measurement* (3a. ed.). The American Council on Education/Macmillan series on higher education. Nueva York: Macmillan.

Bond, M.H. (1993). Emotions and their expression in Chinese culture. *Journal of Nonverbal Behavior, 17,* 245-263.

Boneau, C.A. (1992). Observations of psychology's past and future. *American Psychologist, 47,* 1586-1596.

Bonta, B.D. (1997). Cooperation and competition in peaceful societies. *Psychological Bulletin, 121,* 299-320.

Boone, D.E. (1995). A cross-sectional analysis of WAIS-R aging patterns with psychiatric inpatients: Support for Horn's hypothesis that fluid cognitive abilities decline. *Perceptual and Motor Skills, 81,* 371-379.

Boosma, D.I. (1993). Current status and future prospects in twin studies of the development of cognitive abilities: Infancy to old age. En T.J. Bouchard, Jr., y P. Propping (eds.), *Twins as a tool of behavioral genetics. Life sciences research report, 53.* Chichester, Inglaterra: Wiley.

Boosma, D.I. y Koopmans, J.R. (1994). Genetic and social influences on starting to smoke: A study of Dutch adolescent twins and their parents. *Addiction, 89,* 219-226.

Booth, A. (ed.). (1992). *Child care in the 1990s: Trends and consequences.* Mahwah, NJ: Erlbaum.

Booth, D.A. (1994). *Psychology of nutrition.* Londres: Taylor & Francis.

Booth, W. (1989). Asking America about its sex life. *Science, 243,* 304.

Bootzin, R.R., Manber, R., Perlis, M.L., Salvio, M.A. y Wyatt, J.K. (1993). Sleep disorders. En P.B. Sutker y H.E. Adams (eds.), *Comprehensive handbook of psychopathology* (2a. ed.). Nueva York: Plenum Press.

Bootzin, R.R. y Perlis, M.L. (1992). Nonpharmacologic treatments of insomnia. Masa redonda: Low-dose benzodiazepine therapy in the treatment of insomnia (1991, Chicago, Illinois). *Journal of Clinical Psychiatry, 53* (Suppl), 37-41.

Borland, J.H. (1989). *Planning and implementing programs for the gifted.* Nueva York: Teachers College Press.

Bornstein, M.H. (1989). Sensitive periods in development: Structural characteristics and causal interpretations. *Psychological Bulletin, 105,* 179-197.

Bornstein, M.H. (ed.). (1995). *Handbook of parenting. Vol. 4: Applied and practical parenting.* Mahwah, NJ: Erlbaum.

Bornstein, M.H. y Bruner, J.S. (eds.). (1989). *Interaction on human development: Crosscurrents in contemporary psychology services.* Mahwah, NJ: Erlbaum.

Bornstein, M.H. y Krasnegor, N.A. (eds.). (1989). *Stability and continuity in mental development: Behavioral and biological perspectives.* Mahwah, NJ: Erlbaum.

Bornstein, M.H. y Lamb, M.E. (1992). *Development in infancy* (3a. ed.). Nueva York: McGraw-Hill.

Bornstein, M.H. y Sigman, M.D. (1986). Continuity in mental development from infancy. *Child Development, 57,* 251-274.

Bornstein, R.F. (1996). Construct validity of the Rorschach Oral Dependency Scale: 1967-1995. *Psychological Assessment, 8,* 200-205.

Bornstein, R.F. y D'Agostino, P.R. (1992). Stimulus recognition and the mere exposure effect. *Journal of Personality and Social Psychology, 63,* 545-552.

Bornstein, R.F., y D'Agostino, P.R. (1994). The attribution and discounting of perceptual fluency: Preliminary tests of a perceptual fluency/attributional model of the mere exposure effect. *Social Cognition, 12,* 103-128.

Boster, F.J. y Mongeau, P. (1985). Fear-arousing persuasive messages. En R.N. Bostrom (ed.), *Communication yearbook* (Vol. 8). Beverly Hills, CA: Sage.

Botting, J.H. y Morrison, A.R. (1997, febrero). Animal research is vital to medicine. *Scientific American, 276,* 83-86.

Botvin, G.J. y Botvin, E.M. (1992). Adolescent tobacco, alcohol, and drug abuse: Prevention strategies, empirical findings, and assessment issues. *Journal of Developmental and Behavioral Pediatrics, 13,* 290-301.

Botvin, G.J., Schinke, S.P., Epstein, J.A. y Diaz, T. (1994). Effectiveness of culturally focused and generic skills training approaches to alcohol and drug abuse prevention among minority youths. *Psychology of Addictive Behaviors, 8,* 116-127.

Botvin, G.J., Schinke, S.P., Epstein, J.A. y Diaz, T. *et al.* (1995). Effectiveness of culturally focused and generic skills training approaches to alcohol and drug abuse prevention among minority adolescents: Two-year follow-up results. *Psychology of Addictive Behaviors, 9,* 183-194.

Bouchard, C. y Bray, G.A. (eds.). (1996). *Regulation of body weight: Biological and behavioral mechanisms.* Nueva York: Wiley.

Bouchard, C., Tremblay, A., Despres, J.P., Nadeau, A. *et al.* (1990, 24 de mayo). The response to long-term overfeeding in identical twins. *New England Journal of Medicine, 322,* 1477-1482.

Bouchard, T.J., Jr. (1994, 17 de junio). Genes, environment, and personality. *Science, 264,* 1700-1701.

Bouchard, T.J. y McGue, M. (1981). Familial studies of intelligence: A review. *Science, 212,* 1055-1059.

Bourne, L.E., Dominowski, R.L., Loftus, E.F. y Healy, A.F. (1986). *Cognitive processes* (2a. ed.). Englewood Cliffs, NJ: Prentice-Hall.

Bowd, A.D. y Shapiro, K.J. (1993). The case against laboratory animal research in psychology. *Journal of Social Issues, 49,* 133-142.

Bowen, D.J., Kahl, K., Mann, S.L. y Peterson, A.V. (1991). Descriptions of early triers. *Addictive Behaviors, 16,* 95-101.

Bower, G. y Cohen, P.R. (1982). Emotional influences in memory and thinking: Data and theory. En M.S. Clark y S.T. Fiske (eds.), *Affect and cognition.* Mahwah, NJ: Erlbaum.

Bower, G.H. (1993). The fragmentation of psychology? *American Psychologist, 48,* 905-907.

Bower, G.H., Thompson, S. y Tulving, E. (1994). Reducing retroactive interference: An interference analysis. *Journal of Experimental Psychology Learning, Memory, and Cognition, 20* 51-66.

Bower, T. (1989). The perceptual world of the newborn child. En A M. Slater y J.G. Bremner (eds.), *Infant development.* Mahwah, NJ: Erlbaum.

Boyatzis, C.J., Matillo, G.M. y Nesbitt, K.M. (1995). Effects of the "Mighty Morphin Power Rangers" on children's aggression with peers. *Child Study Journal, 25,* 45-55.

Boyce, W.T., Champoux, M., Suomi, S.J. y Gunnar, M.R. (1995). Salivary cortisol in nursery-reared rhesus monkeys: Reactivity to peer interactions and altered circadian activity. *Developmental Psychobiology, 28,* 257-267.

Bradshaw, J.L. y Rogers, L.J. (1993). *The evolution of lateral asymmetries, language, tool use, and intellect.* San Diego, CA: Academic Press.

Braff, D.L. (1993). Information processing and attention dysfunctions in schizophrenia. *Schizophrenia Bulletin, 19,* 233-259.

Brainard, D.H., Wandell, B.A. y Chichilnisky, E. (1993). Color constancy: From physics to appearance. *Current Directions in Psychological Science, 2,* 165-170.

Brainerd, C.J., Reyna, V.F. y Brandse, E. (1995). Are children's false memories more persistent than their true memories? *Psychological Science, 6,* 359-364.

Brand, D. (1987, 31 agosto). The new whiz kids. *Time,* pp. 42-51.

Brandimonte, M.A., Hitch, G.J. y Bishop, D.V. (1992). Manipulation of visual mental images in children and adults. *Journal of Experimental Child Psychology, 53,* 300-312.

Brandon, R. y Davies, C. (1973). *Wrongful imprisonment: Mistaken convictions and their consequences.* Hamden, CT: Archon Books.

Brandon, T.H. (1994). Negative affect as motivation to smoke. *Current Directions in Psychological Science, 3,* 33-37.

Bransford, J.D. y Johnson, M.K. (1972). Contextual prerequisites for understanding: Some investigation of comprehension and recall. *Journal of Verbal Learning and Verbal Behavior, 11,* 717-721.

Braun, B. (1985, 21 de mayo). Interview by D. Goleman: New focus on multiple personality. *New York Times,* p. C-1.

Brazelton, T.B. (1969). *Infants and mothers: Differences in development.* Nueva York: Dell.

Breakwell, G.M., Hammond, S. y Fife-Schaw, C. (eds.). (1995). *Research methods in psychology.* Newbury Park, CA: Sage.

Brehm, J.W. y Self, E.A. (1989). The intensity of motivation. *Annual Review of Psychology, 40,* 109-131.

Brehm, S.S. y Brehm, J.W. (1981). *Psychological reactance.* Nueva York: Academic Press.

Breier, A. (1995). Stress, dopamine, and schizophrenia: Evidence for a stress-diathesis model. En C.M. Mazure (ed.), *Does stress cause psychiatric illness? Progress in psychiatry, No. 46.* Washington, DC: American Psychiatric Press.

Breland, K. y Breland, M. (1961). Misbehavior of organisms. *American Psychologist, 16,* 681-684.

Brems, C. (1995). Women and depression: A comprehensive analysis. En E.E. Beckham y W.R. Leber (eds.), *Handbook of depression* (2a. ed.) Nueva York: Guilford Press.

Breu, G. (1992, 23 de noviembre), A heart stopper. *People Weekly,* pp. 87-88.

Brewer, M.B. (1988). A dual process model of impression formation. En T.K. Srull y R.S. Wyer, Jr. (eds.), *Advances in social cognition* (vol. 1, pp. 1-36). Mahwah, NJ: Erlbaum.

Brewer, M.B. y Harasty, A.S. (1996). Seeing groups as entities: The role of perceiver motivation. En R.M. Sorrentino y E.T. Higgins (eds.), *Handbook of motivation and cognition, Vol. 3: The interpersonal context. Handbook of motivation and cognition.* Nueva York: Guilford Press.

Brewer, M.B. y Lui, L.L. (1989). The primacy of age and sex in the structure of person categories. *Social Cognition, 7,* 262-274.

Brewerton, T.D. (1995). Toward a unified theory of serotonin dysregulation in eating and related disorders. *Psychoneuroendocrinology, 20, 561-590.*

Brewerton, T.D. y Jimerson, D.C. (1996). Studies of serotonin function in anorexia nervosa. *Psychiatry Research, 62,* 31-42.

Brewin, C.R., MacCarthy, B., Duda, K. y Vaughn, C.E. (1991). Attribution and expressed emotion in the relatives of patients with schizophrenia. *Journal of Abnormal Psychology, 100,* 546-554.

Brezina, V., Orekhova, I.V. y Weiss, K.R. (1996, 9 de agosto). Functional uncoupling of linked neurotransmitter effects by combinatorial convergence. *Science, 272,* 806-810.

Bridges, J.S. (1988). Sex differences in occupational performance expectations. *Psychology of Women Quarterly, 12,* 75-90.

Brislin, R. (1993). *Understanding culture's influence on behavior.* Fort Worth, TX: Harcourt Brace Jovanovich.

Broberg, A.G., Wessels, H., Lamb, M.E. y Hwang, C.P. (1997). Effects of day care on the development of cognitive abilities in 8-year-olds: A longitudinal study. *Developmental Psychology, 33,* 62-69.

Brody, G.H., Neubaum, E. y Forehand, R. (1988). Serial marriage: A heuristic analysis of an emerging family form. *Journal of Personality and Social Psychology, 103,* 211-222.

Brody, J. (1982). *New York Times guide to personal health.* Nueva York: Times Books.

Brody, J. (1996, 16 de enero). When can killers claim sleepwalking as a legal defense? *New York Times,* pp. C1, C5.

Brody, J.E. (1987, 19 de noviembre). Encouraging news for the absent-minded: Memory can be improved, with practice. *New York Times,* p. C1.

Brody, J.E. (1992, 23 de noviembre). For most trying to lose weight, dieting only makes things worse. *New York Times,* pp. A1, A8.

Brody, L.R. (1996). Gender, emotional expression, and parent-child boundaries. En R.D. Kavanaugh, B. Zimmerberg y S. Fein (eds.), *Emotion: Interdisciplinary perspectives.* Mahwah, NJ: Erlbaum.

Brody, N. (1990). Behavior therapy versus placebo: Comment on Bowers and Clum's meta-analysis. *Psychological Bulletin, 107,* 106-109.

Bromm, B. y Desmedt, J.E. (eds.). (1995). *Pain and the brain: From nociception to cognition.* Nueva York: Raven Press.

Bronson, G.W. (1990). The accurate calibration in infants' scanning records. *Journal of Experimental Child Psychology, 49,* 79-100.

Brookhiser, R. (1997, 13 de enero). Lost in the weed. *U.S. News & World Report,* p. 9.

Broota, K.D. (1990). *Experimental design in behavioral research.* Nueva York: Wiley.

Brossard, M.A. y Morris, R. (1996, 15 de septiembre). American voters focus on worries close to home. (encuesta de opinión pública del *Washington Post*). *The Washington Post,* p. A1.

Brown, A.S. (1991). A review of the tip-of-the-tongue experience. *Psychological Bulletin, 109,* 204-223.

Brown, A.S., Susser, E.S., Butler, P.D., Andrews, R.R. et al. (1996). Neurobiological plausibility of prenatal nutritional deprivation as a risk factor for schizophrenia. *Journal of Nervous and Mental Disease, 184,* 71-85.

Brown, B. (1984). *Between health and illness.* Boston: Houghton Mifflin.

Brown, D.C. (1994). Subgroup norming: Legitimate testing practice or reverse discrimination? *American Psychologist, 49,* 927-928.

Brown, J.D. (1991). Staying fit and staying well: Physical fitness as a moderator of life stress. *Journal of Personality and Social Psychology, 60,* 555-561.

Brown, J.D. y McGill, K.L. (1989). The cost of good fortune: When positive life events produce negative health consequences. *Journal of Personality and Social Psychology, 57,* 1103-1110.

Brown, L.S. y Pope, K.S. (1996). *Recovered memories of abuse: Assessment, therapy, forensics.* Washington, DC: American Psychological Association.

Brown, P. (1986). Simbu aggression and the drive to win. *Anthropolitical Quarterly, 59,* 165-170.

Brown, P.K. y Wald, G. (1964). Visual pigments in single rod and cones of the human retina. *Science, 114,* 45-52.

Brown, R. (1958). How shall a thing be called? *Psychological Review, 65,* 14-21.

Brown, R. (1986). *Social psychology* (2a. ed.). Nueva York: Macmillan.

Brown, R. y Kulik, J. (1977). Flashbulb memories. *Cognition, 5,* 73-99.

Brown, R.J. y Williams, J. (1984). Group identification: The same thing to all people? *Human Relations, 37,* 547-564.

Brown, S.I. y Walter, M.I. (eds.). (1990). *The art of problem posing* (2a. ed.). Mahwah, NJ: Erlbaum.

Brown, S.I. y Walter, M.I. (eds.). (1993). *Problem posing: Reflections and applications.* Mahwah, NJ: Erlbaum.

Brown, W.A. (1998, enero). The placebo effect. *Scientific American,* pp. 90-95.

Browne, A. y Finkelhor, D. (1986). Impact of child sexual abuse: A review of the research. *Psychological Bulletin, 99,* 66-77.

Brownell, K.D. (1989, junio). When and how to diet. *Psychology Today,* pp. 40-89.

Brownell, K.D. y Fairburn, C.G. (eds.). (1995). *Eating disorders and obesity: A comprehensive handbook.* Nueva York: Guilford Press.

Brownell, K.D. y Rodin, J. (1994). The dieting maelstrom: Is it possible and advisable to lose weight? *American Psychologist, 49,* 781-791.

Brownlee, S. y Watson, T. (1997, 13 de enero) The senses. *U.S. News & World Report,* pp. 51-59.

Bruce, B. y Wilfley, D. (1996, enero). Binge eating among the overweight population: A serious and prevalent problem. *Journal of the American Dietetic Association, 96,* 58-61.

Bruce, V. y Green, P.R. (1990). *Visual perception: Physiology, psychology, and ecology* (2a. ed.). Mahwah, NJ: Erlbaum.

Bruce, V., Green, P.R. y Georgeson, M. (1997). *Visual perception: Physiology, psychology, and ecology* (3a. ed.). Mahwah, NJ: Erlbaum.

Bruner, J. (1983). *Child's talk: Learning to use language.* Oxford: Oxford University Press.

Brunner, H.G., Nelen, M., Breakefield, X.O., Ropers, H.H. y Van Oost, B.A. (1993, 22 de octubre). Abnormal behavior associated with a point mutation in the structural gene for monoamine oxidase A. *Science, 262,* 578-580.

Bryant, F.B. y Yarnold, P.R. (1990). The impact of Type A behavior on subjective life quality: Bad for the heart, good for the soul? *Journal of Social Behavior and Personality, 5,* 369-404.

Bryant, J. y Zillman, D. (eds.). (1994). *Media effects: Advances in theory and research.* Mahwah, NJ: Erlbaum.

Bryant, R.A. y McConkey, K.M. (1990). Hypnotic blindness and the relevance of cognitive style. *Journal of Personality and Social Psychology, 59,* 756-761.

Buck, L. y Axel, R. (1991, 5 de abril). A novel multigene family may encode odorant receptors: A molecular basis for odor recognition. *Cell, 65,* 167-175.

Buckhout, R. (1975). Eyewitness testimony. *Scientific American,* pp. 23-31.

Buckhout, R. (1976). Eyewitness testimony. En R. Held y W. Richards (eds.), *Recent progress in perception.* San Francisco: Freeman.

Bugental, J.F.T. y Bracke, P.E. (1992). The future of existential-humanistic psychotherapy. *Psychotherapy, 29,* 28-33.

Bugental, J.F.T. y McBeath, B. (1994). Depth existential therapy: Evolution since World War II. En B. Bongar y L.E. Beutler (eds.), *Comprehensive textbook of psychotherapy: Theory and practice.* Nueva York: Oxford University Press.

Bui, K.-V.T., Peplau, L.A. y Hill, C.T. (1996, diciembre). Testing the Rusbult Model of Relationship Commitment and Stability in a 15-year study of heterosexual couples. *Personality and Social Psychology Bulletin, 22,* 1244-1257.

Bukowski, W.M., Newcomb, A.F. y Hartup, W.W. (eds.). (1996). *The company they keep: Friendship in childhood and adolescence.* Nueva York: Cambridge. University Press.

Burbules, N.C. y Linn, M.C. (1988). Response to contradiction: Scientific reasoning during adolescence, *Journal of Educational Psychology, 80,* 67-75.

Burchinal, M.R., Roberts, J.E., Nabors, L.A. y Bryant, D.M. (1996). Quality of center child care and infant cognitive and language development. *Child Development, 67,* 606-620.

Bureau of Justice Statistics (1995). National crime victimization survey. Washington, DC: Department of Justice.

Bureau of Labor Statistics (1997). Household demographics. Washington, DC: Bureau of Labor Statistics.

Burger, J.M. (1986). Increasing compliance by improving the deal: The that's-not-all technique. *Journal of Personality and Social Psychology, 51,* 277-283.

Burger, J.M. (1992). *Desire for control: Personality, social and clinical perspectives.* Nueva York: Plenum Press.

Burgess, D. y Borgida, E. (1997). Sexual harassment: An experimental test of sex-role spillover theory. *Personality and Social Psychology Bulletin, 23,* 63-75.

Burgess, R.L. y Huston, T.L. (eds.). (1979). *Social exchanges in developing relationships.* Nueva York: Academic Press.

Burgoon, J.K. y Dillman, L. (1995). Gender, immediacy, and nonverbal communication. En P.J. Kalbfleisch y M.J. Cody (eds.), *Gender, power, and communication in human relationships. LEA's communication series.* Mahwah, NJ: Erlbaum.

Burman, S. y Allen-Meares, P. (1994). Neglected victims of murder: Children's witness to parental homicide. *Social Work, 39,* 28-34.

Burnette, E. (1997, abril). "Father of Ebonics" continues his crusade. *APA Monitor,* p. 12.

Burnham, D.K. (1983). Apparent relative size in the judgment of apparent distance. *Perception, 12,* 683-700.

Burns, A. y Scott, C. (1994). *Mother-headed families and why they have increased.* Mahwah, NJ: Erlbaum.

Buser, P., Imbert, M. y Kay, R.H. (Trans.). (1992). *Vision.* Cambridge, MA: MIT Press.

Bush, P.J. y Osterweis, M. (1978). Pathways to medicine use. *Journal of Health and Social Behavior, 19,* 179-189.

Bushman, B.J. (1993). Human aggression while under the influence of alcohol and other drugs: An integrative research review. *Current Directions in Psychological Science, 2,* 148-152.

Bushman, B.J. (1995). Moderating role of trait aggressiveness in the effects of violent media on aggression. *Journal of Personality and Social Psychology, 69,* 950-960.

Bushman, B.J. y Geen, R.G. (1990). Role of cognitive-emotional mediators and individual differences in the effects of media violence on aggression. *Journal of Personality and Social Psychology, 58,* 156-163.

Buss, A.H. (1989). Personality as traits. *American Psychologist, 44,* 1378-1388.

Buss, D.M. (1997). Evolutionary foundations of personality. En R. Hogan, J. Johnson y S. Briggs. (eds.). *Handbook of personality psychology.* Orlando, FL: Academic Press.

Buss, D.M. *et al.* (1990). International preferences in selecting mates: A study of 37 cultures. *Journal of Cross-Cultural Psychology, 21* 5-47.

Buss, D.M., Larsen, R.J., Westen, D. y Semmelroth, J. (1992). Sex differences in jealousy: Evolution, physiology, and psychology. *Psychological Science, 3,* 251-255.

Butcher, J.N. (1990). *The MMPI-2 in psychological treatment.* Nueva York: Oxford University Press.

Butcher, J.N. (1995). Interpretation of the MMPI-2. En L.E. Beutler y M.R. Berren (eds.), *Integrative assessment of adult personality.* Nueva York: Guilford Press.

Butcher, J.N., Graham, J.R., Dahlstrom, W.G. y Bowman, E. (1990). The MMPI-2 with college students. *Journal of Personality Assessment, 54,* 1-15.

Butler, R.A. (1954). Incentive conditions which influence visual exploration. *Journal of Experimental Psychology, 48,* 19-23.

Butler, R.A. (1987). An analysis of the monaural displacement of sound in space. *Perception & Psychophysics, 41,* 1-7.

Button, E. (1993). *Eating disorders: Personal construct theory and change.* Nueva York: Wiley.

Buunk, B.P., Angleitner, A., Oubaid, V. y Buss, D.M. (1996). Sex differences in jealousy in evolutionary and cultural perspective: Tests from the Netherlands, Germany, and the United States. *Psychological Science, 7,* 359-363.

Buysse, D.J., Morin, C.M. y Reynolds, C.F., III. (1995). Sleep disorders. En G.O. Gabbard (ed.), *Treatments of psychiatric disorders* (2a. ed.). Vols. 1 y 2. Washington, DC: American Psychiatric Press, Inc.

Bylinsky, G. (1993, 22 de marzo). New gains in the fight against pain. *Fortune,* pp. 107-118.

Byne, W. (1996). Biology and homosexuality: Implications of neuroendocrinological and neuroanatomical studies. En R.P. Cabaj y T.S. Stein (eds.), *Textbook of homosexuality and mental health.* Washington, DC: American Psychiatric Press, Inc.

Byne, W. y Parsons, B. (1994, febrero). Biology and human sexual orientation. *Harvard Mental Health Letter, 10,* 5-7.

Byrne, D. (1969). Attitudes and attraction. En L. Berkowitz (ed.), *Advances in experimental social psychology* (Vol. 4, pp. 35-89). Nueva York: Academic Press.

Cacioppo, J.T., Berntson, G.G. y Crites, S.L., Jr. (1996). Social neuroscience: Principles of psychophysiological arousal and response. En E.T. Higgins y A.W. Kruglanski (eds.), *Social psychology: Handbook of basic principles.* Nueva York: Guilford Press.

Cacioppo, J.T., Marshall-Goodell, B.S., Tassinary, L.G. y Petty, R.E. (1992). Rudimentary determinants of attitudes: Classical conditioning is more effective when prior knowledge about the attitude stimulus is low than high. *Journal of Experimental Social Psychology, 28,* 207-233.

Cacioppo, J.T. y Tassinary, L.G. (1990). Inferring psychological significance from physiological signals. *American Psychologist, 45,* 16-28.

Cairns, H.S. y Cairns, C.E. (1976). *Psycholinguistics: A cognitive view of language.* Nueva York: Holt, Rinehart & Winston.

Calev, A., Shapira, B. y Pass, H.L. (1995). Recent advances in the treatment of depression with electroconvulsive therapy (ECT). En G. Ben-Shakhar y A. Lieblich (eds.), *Studies in psychology in honor of Solomon Kugelmass.* Publications of the Hebrew University of Jerusalem, Vol. 36. Jerusalem: Magnes Press.

Calkins, B.J. (1993). *Advancing the science: A psychologist's guide to advocacy.* Washington, DC: American Psychological Association.

Camara, W.J. y Schneider, D.L. (1994). Integrity tests: Facts and unresolved issues. *American Psychologist, 49,* 112-119.

Cameron, J. y Pierce, W.D. (1994). Reinforcement, reward, and intrinsic motivation: A meta-analysis. *Review of Educational Research, 64,* 363-423.

Cameron, J. y Pierce, W.D. (1996). The debate about rewards and intrinsic motivation: Protests and accusations do not alter the results. *Review of Educational Research, 66,* 39-51.

Campbell, C.P. (1995). *Race, myth, and the news.* Thousand Oaks, CA: Sage.

Campfield, L.A., Smith, F.J., Guisez, Y., Devos, R. y Burn, P. (1995, 28 de julio). Recombinant mouse OB protein: Evidence for a peripheral signal linking adiposity and central neural networks. *Science, 269,* 546-550.

Campfield, L.A., Smith, F.J., Rosenbaum, M. y Hirsch, J. (1996). Human eating: Evidence for a physiological basis using a modified paradigm. Special Issue: Society for the Study of Ingestive Behavior, Second Independent Meeting. *Neuroscience and Biobehavioral Reviews, 20,* 133-137.

Camras, L.A., Holland, E.A. y Patterson, M.J. (1993). Facial expression. En M. Lewis y J.M. Haviland (eds.), *Handbook of emotions.* Nueva York: Guilford Press.

Candee, D. y Kohlberg, L. (1987). Moral judgment and moral action: A reanalysis of Haan, Smith, and Block's (1968) free-speech data. *Journal of Personality and Social Psychology, 52,* 554-564.

Cannon, W.B. (1929). Organization for physiological homeostatics. *Physiological Review, 9,* 280-289.

Canter, M.B., Bennett, B.E., Jones, S.E. y Nagy, T.F. (1994). *Ethics for psychologists: A commentary on the APA ethics code.* Washington, DC: American Psychological Association.

Cantor, C. y Fallon, B.A. (1996). *Phantom illness: Shattering the myth of hypochondria.* Boston: Houghton Mifflin.

Capaldi, E.D. (ed.). (1996). *Why we eat what we eat: The psychology of eating.* Washington, DC: American Psychological Association.

Caplan, G.A. y Brigham, B.A. (1990). Marijuana smoking and carcinoma of the tongue: Is there an association? *Cancer, 66,* 1005-1006.

Cappella, J.N. (1993). The facial feedback hypothesis in human interaction: Review and speculation. Special Issue: Emotional communication, culture, and power. *Journal of Language and Social Psychology, 12,* 13-29.

Caramazza, A. y Hillis, A.E. (1991, 28 de febrero). Lexical organization of nouns and verbs in the brain. *Nature, 349,* 788-790.

Carlesimo, G.A., Fadda, L., Lorussa, S., Caltagirone, C. (1994). Verbal and spatial memory spans in Alzheimer's and multi-infarct dementia. *Acta Neurologica Scandinavica, 89,* 132-138.

Carli, L.L. (1990). Gender, language, and influence. *Journal of Personality and Social Psychology, 59,* 941-951.

Carli, L.L., Ganley, R. y Pierce-Otay, A. (1991). Similarity and satisfaction in roommate relationships. *Personality and Social Psychology Bulletin, 17,* 419-426.

Carlo, G., Eisenberg, N., Troyer, D., Switzer, G. y Speer, A.L. (1991). The altruistic personality: In what contexts is it apparent? *Journal of Personality and Social Psychology, 61,* 450-458.

Carlson, M., Charlin, V. y Miller, N. (1988). Positive mood and helping behavior. A test of six hypotheses. *Psychological Bulletin, 55,* 211-229.

Carlson, M., Charlin, V. y Miller, N. (1994). Positive mood and helping behavior: A test of six hypotheses. En B. Puka (ed.), *Reaching out: Caring, altruism, and prosocial behavior. Moral development: A compendium, Vol. 7.* Nueva York: Garland.

Carlson, M., Marcus-Newhall, A. y Miller, N. (1989). Evidence for a general construct of aggression. *Personality and Social Psychology Bulletin, 15,* 377-389.

Carlson, M., Marcus-Newhall, A. y Miller, N. (1990). Effects of situational aggression cues: A quantitative review. *Journal of Personality and Social Psychology, 58,* 622-633.

Carlsson, P., Hakansson, B. y Ringdahl, A. (1995). Force threshold for hearing by direct bone conduction. *Journal of the Acoustical Society of America, 97,* 1124-1129.

Carmelli, D., Swan. G.E., Robinette, D. y Fabsitz, R. (1992, 17 de septiembre). Genetic influences on smoking: a study of male twins. *New England Journal of Medicine, 327,* 829-933.

Carmody, D. (1990, 7 de marzo). College drinking: Changes in attitude and habit. *New York Times.*

Carnegie Council on Adolescent Development. (1995). *Great transitions: Preparing adolescents for a new century.* Nueva York: Carnegie Corporation of New York.

Carnegie Task Force on Meeting the Needs of Young Children. (1994). *Starting points: Meeting the needs of our youngest children.* Nueva York: Carnegie Corporation.

Carroll, J.B. (1992). Cognitive abilities: The state of the art. *Psychological Science, 3,* 266-270.

Carroll, J.B. (1993). *Human cognitive abilities: A survey of factor-analytic studies.* Cambridge, Inglaterra: Cambridge University Press.

Carroll, J.B. (1994). An alternative, Thurstonian view of intelligence. *Psychological Inquiry, 5,* 195-197.

Carroll, J.B. (1996). A three-stratum theory of intelligence: Spearman's contribution. En I. Dennis y P. Tapsfield (eds.), *Human abilities: Their nature and measurement.* Mahwah, NJ: Erlbaum.

Carroll, J.M. y Russell, J.A. (1997). Facial expressions in Hollywood's portrayal of emotion. *Journal of Personality and Social Psychology, 72,* 164-176.

Carson, R.C., Butcher, J.N. y Coleman, J.C. (1992). *Abnormal psychology and modern life* (9a. ed.). Nueva York: HarperCollins.

Carstensen, L.L., Gottman, J.M. y Levenson, R.W. (1995). Emotional behavior in long-term marriage. *Psychology & Aging, 10,* 140-149.

Carter, A.S., Pauls, D.L. y Leckman, J.F. (1995). The development of obsessionality: Continuities and discontinuities. En D. Cicchetti y D.J. Cohen (eds.), *Developmental psychopathology, Vol. 2: Risk, disorder, and adaptation.* Wiley series on personality processes. Nueva York: Wiley.

Carter, B. (1991, 1 mayo). Children's TV, where boys are king. *Nueva York Times,* pp. A1, C18.

Carter, R.T. (1995). *The influence of race and racial identity in psychotherapy: Toward a racially inclusive model.* Somerset, NJ: Wiley.

Caruso, D.A., Horm-Wingerd, D.M. y Dickinson, L. (1996). Head Start teaching center: Describing the initiation of a new approach to Head Start staff development. *Child and Youth Care Forum, 25,* 89-99.

Carver, C. (1990). *Optimism and coping with cancer.* Ponencia presentada en la conferencia sobre "Hostility, coping and health", Lake Arrowhead, CA.

Carver, C.S., Pozo, C., Harris, S.D., Noriega, V., Scheier, M.F., Robinson, D.S., Ketchan, A.S., Moffat, F.L., Jr. y Clark, K.C. (1993). How coping mediates the effect of optimism on distress: A study of women with early stage breast cancer. *Journal of Personality and Social Psychology, 65,* 372-390.

Casas, J.M. (1994). Counseling and psychotherapy with racial/ethnic minority groups in theory and practice. En B. Bongar y L.E. Beutler (eds.), *Comprehensive textbook of psychotherapy: Theory and practice.* Nueva York: Oxford University Press.

Cascio, W.F. (1995). Whiter industrial and organization psychology in a changing world of work? *American Psychologist, 50,* 928-939.

Case, R. (ed.) (1991). *The mind's staircase: Exploring the conceptual underpinnings of children's thought and knowledge.* Mahwah, NJ: Erlbaum.

Case, R. y Okamoto, Y. (1996). The role of central conceptual structures in the development of children's thought. *Monographs of the Society for Research in Child Development, 61,* v-265.

Case, R., Okamoto, Y., Henderson, B. y McKeough, A. (1993). Individual variability and consistency in cognitive development: New evidence for the existence of central conceptual structures. En R. Case y W. Edelstein (eds.), *The new structuralism in cognitive development: Theory and research on individual pathways. Contributions to human development, Vol. 23.* Basilea, Suiza: S. Karger, AG.

Caspi, A., Henry, B., McGee, R.O., Moffitt, T.E. y Silva, P.A. (1995). Temperamental origins of child and adolescent behavior problems: from age three to age fifteen. *Child Development, 66,* 55-68.

Cassel, W.S. y Bjorklund, D.F. (1995). Developmental patterns of eyewitness memory and suggestibility: An ecologically based short-term longitudinal study. *Law and Human Behavior, 19,* 507-532.

Cassel, W.S., Roebers, C.E.M. y Bjorklund, D.F. (1996). Developmental patterns of eyewitness responses to repeated and increasingly suggestive questions. *Journal of Experimental Child Psychology, 61,* 116-133.

Casselden, P.A. y Hampson, S.E. (1990). Forming impressions from incongruent traits. *Journal of Personality and Social Psychology, 59,* 353-362.

Castonguay, L.G., Goldfried, M.R., Wiser, S. et al. (1996). Predicting the effect of cognitive therapy for depression: A study of unique and common factors. *Journal of Consulting and Clinical Psychology, 64,* 497-504.

Catalano, E.M. y Johnson, K. (eds.). (1987). *A patient's guide to the management of chronic pain.* Oakland, CA: New Harbinger.

Catania' J.A., Coates, T.J., Stall, R., Turner, H., Peterson, J., Hearst, N., Dolcini, M.M., Hudes, E., Gagnon, J., Wiley., J. y Groves, R. (1992). Prevalence of AIDS-related risk factors and condom use in the United States. *Science, 258,* 1101-1106.

Cattell, R.B. (1965). *The scientific analysis of personality.* Chicago: Aldine.

Cattell, R.B. (1967). *The scientific analysis of personality.* Baltimore: Penguin.

Cattell, R.B. (1987). *Intelligence: Its structure, growth, and action.* Amsterdam: North-Holland.

Cattell, R.B., Cattell, A.K. y Cattell, H.E.P. (1993). *Sixteen personality factor questionnaire* (5a. ed.). San Antonio, TX: Harcourt Brace.

Caudill, M.A. (1995). *Managing pain before it manages you.* Nueva York: Guilford Press.

Cavanaugh, J.C. y Park, D.C. (1993, diciembre). The graying of America: An aging revolution in need of a national research agenda. *American Psychologist Observer,* p. 3.

CBS News. (1997, 30 de enero-1 de febrero). Public survey. Nueva York: CBS News.

CDC (Centers for Disease Control). (1991a). *1988 smoking survey.* Atlanta, GA: Centers for Disease Control.

CDC (Centers for Disease Control). (1991b). *Incidence of sexually transmitted disease.* Atlanta, GA: Centers for Disease Control.

CDC (Centers for Disease Control). (1992). *Most students sexually active: Survey of sexual activity.* Atlanta, GA: Centers for Disease Control.

CDC (Centers for Disease Control and Prevention). (1994). Cigarette smoking among adults—United States, 1993. *Morbidity and Mortality Weekly Report, 43,* 925-930.

Ceci, S.J. y Bruck, M. (1995). *Jeopardy in the courtroom: A scientific analysis of children's testimony.* Washington, DC: American Psychological Association.

Cemini-Spada, E. (1994). Animal mind-human mind: The continuity of mental experience with or without language. *International Journal of Comparative Psychology, 7,* 159-193.

Center on Addiction and Substance Abuse. (1994). *Report on college drinking.* Nueva York: Columbia University.

Center on Addiction and Substance Abuse. (1996). Gender and drug and alcohol abuse. Nueva York: Center on Addiction and Substance Abuse.

Cermak, L.S. y Craik, F.I.M. (eds.). (1979). *Levels of processing in human memory.* Mahwah, NJ: Erlbaum.

Chaiken, S.N. (1979). Communicator physical attractiveness and persuasion. *Journal of Personality and Social Psychology, 37,* 1387-1397.

Chalmers, D. (1996). *The conscious mind.* Nueva York: Oxford University Press.

Chamberlain, K. y Zika, S. (1990). The minor events approach to stress: Support for the use of daily hassles. *British Journal of Psychology, 81,* 469-481.

Chandler, L.S. y Lane, S.J. (eds.). (1996). *Children with prenatal drug exposure.* Nueva York: Haworth Press.

Chandler, M. y Lalonde, C. (1996). Shifting to an interpretive theory of mind: 5- to 7- year-olds' changing conceptions of mental life. En A.J. Sameroff y M. M. Haith (eds.), *The five to seven year shift: The age of reason and responsibility. The John D. And Catherine T. MacArthur Foundation Series on Mental Health and Development.* Chicago: University of Chicago Press.

Chandler, M.J. (1976). Social cognition and life-span approaches to the study of child development. En H.W. Reese y L.P. Lipsitt (eds.), *Advances in child development and behavior* (Vol. 11), Nueva York: Academic Press.

Chang, Y. (1994, 27 de julio). Tip sheet for scriptwriters: Fight less, talk more. *Wall Street Journal*, pp. B1, B8.

Chapman, L.J. y Chapman, J.P. (1973). *Disordered thought in schizophrenia.* Nueva York: Appleton-Century-Crofts.

Chase, M. (1993, 13 de octubre). Inner music: Imagination may play role in how the brain learns muscle control. *Wall Street Journal*, pp. A1, A6.

Chater, N. (1996). Reconciling simplicity and likelihood principles in perceptual organization. *Psychological Review, 103,* 566-581.

Chen, A.C.H., Kalsi, G., Brynjolfsson, J. y Sigmundsson, T. (1996). Lack of evidence for close linkage of the glutamate GluR6 receptor gene with schizophrenia. *American Journal of Psychiatry, 153,* 1634-1636.

Chen, C. y Stevenson, H.W. (1995). Motivation and mathematics archievement: A comparative study of Asian-American, Caucasian-American, and East Asian high school students. *Child Development, 66,* 1215-1234.

Cheney, C.D. (1996). Medical nonadherence: A behavior analysis. En J.R. Cautela y W. Ishaq (eds.), *Contemporary issues in behavior therapy: Improving the human condition. Applied clinical psychology.* Nueva York: Plenum Press.

Cheney, D.L. y Seyfath, R.M. (1990). *How monkeys see the world: Inside the mind of another species.* Chicago: University of Chicago Press.

Cheng, H., Cao, Y. y Olson, L. (1996, 26 de julio). Spinal cord repair in adult paraplegic rats: Partial restoration of hind limb function. *Science, 273,* 510-513.

Cherlin, A. (1993). *Marriage, divorce, remarriage.* Cambridge, MA: Harvard University Press.

Cherlin, A.J., Furstenberg, F.F., Jr., Chase-Lansdale, P.L., Kiernan, K.E., Robins, P.K., Morrison, D.R. y Teitler, J.O. (1991, 7 de junio). Longitudinal studies of effects of divorce on children in Great Britain and the United States. *Science, 252,* 1386-1389.

Cherry, B.J., Buckwalter, J.G. y Henderson, V.W. (1996). Memory span procedures in Alzheimer's disease. *Neuropsychology, 10,* 286-293.

Chi-Ching, Y. y Noi, L.S. (1994). Learning styles and their implications for cross-cultural management in Singapore. *Journal of Social Psychology, 134,* 593-600.

Chin, J.L., De la Cancela, V. y Jenkins, Y.M. (1993). *Diversity in psychotherapy: The politics of race, ethnicity, and gender.* Nueva York: Praeger.

Chin, J.L., Liem, J.H., Ham, M.D. y Hong, G.K. (1993). *Transference and empathy in Asian American psychotherapy.* Nueva York: Praeger.

Chin, S.B. y Pisoni, D.B. (1997). *Alcohol and speech.* Nueva York: Academic Press.

Chiocca, E.A. y Martuza, R.L. (1990). Neurosurgical therapy of the patient with obsessive-compulsive disorder. En M.A. Jenike, L. Baer y W.E. Minichiello (eds.), *Obsessive compulsive disorders: Theory and management* (2a. ed.). Chicago: Yearbook Medical Publishers.

Chodorow, N. (1978). *The reproduction of mothering.* Berkeley: University of California Press.

Chomsky, N. (1968). *Language and mind.* Nueva York: Harcourt Brace Jovanovich.

Chomsky, N. (1969). *The acquisition of syntax in children from five to ten.* Cambridge, MA: MIT Press.

Chomsky, N. (1978). On the biological basis of language capacities. En G.A. Miller y E. Lennerberg (eds.), *Psychology and biology of language and thought* (pp. 199-220). Nueva York: Academic Press.

Chomsky, N. (1991). Linguistics and cognitive science: Problems and mysteries. En A. Kasher (ed.), *The Chomskyan turn.* Cambridge, MA: Blackwell.

Chrisler, J.C., Golden, C. y Rozee, P.D. (eds.). (1996). *Lectures on the psychology of women.* Nueva York: McGraw-Hill.

Chrousos, G.P., McCarty, R., Pacak, K., Cizza, G. y Sternberg, E. (eds.). (1995). *Stress: Basic mechanisms and clinical implications.* Nueva York: New York Academy of Sciences.

Church, A.T. y Burke, P.J. (1994). Exploratory and confirmatory tests of the big five and Tellegen's three- and four-dimensional models. *Journal of Personality and Social Psychology, 66,* 93-114.

Churchland, P.S. y Ramachandran, V.S. (1995). Filling in: Why Dennett is wrong. En B. Dahlbom (ed.), *Dennett and his critics: Demystifying mind. Philosophers and their critics.* Oxford, Inglaterra: Blackwell.

Churchland, P.S. y Sejnowski, T.J. (1992). *The computational brain.* Cambridge. MA: Bradford.

Chwalisz, K., Diener, E. y Gallagher, D. (1988). Autonomic arousal feedback and emotional experience: Evidence from the spinal-cord injured. *Journal of Personality and Social Psychology, 54,* 820-828.

Cialdini, R. (1993). *Influence: Science and practice* (3a. ed.). Nueva York: HarperCollins.

Cialdini, R. Y Fultz, J. (1990). Interpreting the negative mood-helping literature via "Mega"–analysis: A contrary view. *Psychological Bulletin, 107,* 210.

Cialdini, R.B. (1984). *Social influence.* Nueva York: William Morrow.

Cialdini, R.B. (1988). *Influence: Science and practice* (2a. ed.). Glenview, IL: Scott, Foresman.

Cialdini, R.B. (1997). Professionally responsible communication with the public:

Giving psychology a way. *Personality and Social Psychological Bulletin, 23,* 675-683.

Cialdini, R.B., Schaller, M. Houlihan, D., Arps, K., Fultz, J. y Beaman, A.L. (1975). Reciprocal concessions procedure for inducing compliance: The door-in-the-face technique. *Journal of Personality and Social Psychology, 31,* 206-215.

Cialdini, R.B., Schaller, M. Houlihan, D., Arps, K., Fultz, J. y Beaman, A.L. (1987). Empathy-based helping: Is it selflessly or selfishly motivated? *Journal of Personality and Social Psychology, 52,* 749-758.

Cicchetti, D. y Beeghly, M. (eds.). (1990). *Children with Down syndrome.* Cambridge, Inglaterra: Cambridge University Press.

Cicchetti, D. y Cohen, D.J. (eds.). (1995). *Developmental psychopathology, Vol. 2: Risk, disorder, and adaptation.* Wiley series on personality processes. Nueva York: Wiley & Sons.

Cimbolic, P. y Jobes, D.A. (eds.). (1990). *Youth suicide: Issues, assessment, and intervention.* Springfield, IL: Thomas.

Cioffi, D. y Holloway, J. (1993). Delayed costs of suppressed pain. *Journal of Personality and Social Psychology, 64,* 274-282.

Cipriani, D.C. (1996). Stability and change in personality across the life span: Behavioral-genetic versus evolutionary approaches. *Genetic, Social, and General Psychology Monographs, 122,* 55-74.

CIRE (Cooperative Institutional Research Program of the American Council on Education). (1990). *The American freshman: National norms for fall 1990.* Los Ángeles: American Council on Education.

Clare, A. (1993). Communication in medicine. Jansson Memorial Lecture (1992, Dublín, Irlanda). *European Journal of Disorders of Communication, 28,* 1-12.

Clark, L.A. y Watson, D. (1988). Mood and the mundane: Relations between daily life events and self-reported mood. *Journal of Personality and Social Psychology, 54,* 296-308.

Clark, M. (1987, 9 de noviembre). Sweet music for the deaf. *Newsweek,* p. 73.

Clark, M.S. y Reis, H.T. (1988). Interpersonal processes in close relationships. *Annual Review of Psychology, 39,* 609-672.

Clarke, A.H., Teiwes, W. y Scherer, H. (1993). Evaluation of the torsional VOR in weightlessness. Special Issue: Space and the Vestibular System. *Journal of Vestibular Research Equilibrium and Orientation, 3,* 207-218.

Clarke-Stewart, K.A. (1991). A home is not a school: The effects of child care on children's development. *Journal of Social Issues, 47,* 105-123.

Clarke-Stewart, K.A. y Friedman, S. (1987). *Child development: Infancy through adolescence.* Nueva York: Wiley.

Clarke-Stewart, K.A., Gruber, C.P. y Fitzgerald, L.M. (1994). *Children at home and in day care.* Mahwah, NJ: Erlbaum.

Clarkin, J.F. y Lenzenweger, M.F. (ed.). (1996). *Major theories of personality disorder*. Nueva York: Guilford Press.

Clausen, J.A. (1995). Gender, contexts, and turning points in adults' lives. En P. Moen, G.H. Elder, Jr. y K. Luscher (eds.), *Examining lives in context: Perspectives on the ecology of human development*. Washington, DC: American Psychological Association.

Clayton, R.R., Cattarello, A.M. y Johnstone, B.M. (1996). The effectiveness of Drug Abuse Resistance Education (project DARE): 5-year follow-up results. *Preventative Medicine, 25*, 307-318.

Clayton, R.R., Leukefeld, C.G., Harrington, N.G. y Cattarello, A. (1996). DARE (Drug Abuse Resistance Education): Very popular but not very effective. En C.B. McCoy, L.R. Metsch y J.A. Inciardi (eds.), *Intervening with drug-involved youth*. Thousand Oaks, CA: Sage.

Cline, R.J.W. (1994). Groupthink and the Watergate cover-up: The illusion of unanimity. En L.R. Frey (ed.), *Group communication in context: Studies of natural groups*. LEA's communication series. Mahwah, NJ: Erlbaum.

Cloninger, C.R., Adolfsson, R. y Svrakic, N.M. (1996). Mapping genes for human personality. *Nature Genetics, 12*, 3-4.

Coats, E.J. y Feldman, R.S. (1996). Gender differences in nonverbal correlates of social status. *Personality and Social Psychology Bulletin, 22*, 1014-1022.

Coble, H.M., Gantt, D.L. y Mallinckrodt, B. (1996). Attachment, social competency, and the capacity to use social support. En G.R. Pierce, B.R. Sarason e I.G. Sarason (eds.), *Handbook of social support and the family. Plenum series on stress and coping*. Nueva York: Plenum Press.

Cocco, N., Sharpe, L. y Blaszczynski, A.P. (1995). Differences in preferred level of arousal in two sub-groups of problem gamblers: A preliminary report. *Journal of Gambling Studies, 11*, 221-229.

Coffey, C.E. (1993). *The clinical science of electroconvulsive therapy*. Washington, DC: American Psychiatric Press.

Cohen, D. (1993). *The development of play* (2a. ed.) Londres: Routledge.

Cohen, D. (1996). Law, social policy, and violence: The impact of regional cultures. *Journal of Personality and Social Psychology, 70*, 961-978.

Cohen, D. y Nisbett, R.E. (1994). Self-protection and the culture of honor: Explaining Southern violence. Special Issue: The self and the collective. *Personality & Social Psychology Bulletin, 20*, 551-567.

Cohen, D.B. (1979). *Sleep and dreaming: Origins, nature, and functioning*. Nueva York: Pergamon.

Cohen, G. (1989). *Memory in the real world*. Mahwah, NJ: Erlbaum.

Cohen, S. (1996, junio). Psychological stress, immunity, and upper respiratory infections.

Current Directions in Psychological Science, 5, 86-90.

Cohen, S., Tyrrell, D.A. y Smith, A.P. (1993). Negative life events, perceived stress, negative affect, and susceptibility of the common cold. *Journal of Personality and Social Psychology, 64*, 131-140.

Cohen, S., Tyrrell, D.A. y Smith, A.P. (1991). Psychological stress and susceptibility to the common cold. *New England Journal of Medicine, 325*, 606-612.

Cohen, S., Tyrrell, D.A. y Smith, A.P. (1994). Psychological stress and susceptibility to the common cold. En A. Steptoe y J. Wardle (eds.), *Psychosocial processes and health: A reader*. Cambridge, Inglaterra: Cambridge, University Press.

Cohen, S. y Williamson, G.M. (1991). Stress and infectious disease in humans. *Psychological Bulletin, 109*, 5-24.

Cohen, S.H. y Reese, H.W. (eds.). (1991). *Life-span developmental psychology: Methodological innovations*. Mahwah, NJ: Erlbaum.

Cohen, S.H. y Reese, H.W. (eds.). (1994). *Life-span developmental psychology: Methodological contributions*. Mahwah, NJ: Erlbaum.

Cohen, T.E. y Lasley, D.J. (1986). Visual sensitivity. En M.R. Rosenzweig y L. Porter (eds.), *Annual Review of Psychology, 37*.

Cohen, Y., Spirito, A. y Brown, L.K. (1996). Suicide and suicidal behavior. En R.J. DiClemente, W.B. Hansen y L.E. Ponton (eds.), *Handbook of adolescent health risk behavior. Issues in clinical child psychology*. Nueva York: Plenum Press.

Coie, J.D., Watt, N.F., West, S.G., Hawkins, J.D., Asarnow, J.R., Markman, H.J., Ramey, S.L., Shure, M.B. y Long, B. (1993). The science of prevention: A conceptual framework and some directions for a national research program. *American Psychologist, 48*, 1013-1022.

Colby, A. y Damon, W. (1987). Listening to a different voice: A review of Gilligan's *In a different voice*. En M.R. Walsh (ed.), *The psychology of women*. New Haven, CT: Yale University Press.

Cole, M. y Gay, J. (1972). Culture and memory. *American-Anthropologist, 74*, 1066-1084.

Coles, R. (1997). *The moral intelligence of children*. Nueva York: Random House.

Coles, R. y Stokes, G. (1985). *Sex and the American teenager*. Nueva York: Harper & Row.

Collaer, M.L. y Hines, M. (1995). Human behavioral sex differences: A role for gonadal hormones during early development? *Psychological Bulletin, 118*, 55-107.

Collin, C.A, DiSano, F. y Malik, R. (1994). Effects of confederate and subject gender on conformity in a color classification task. *Social Behavior & Personality, 22*, 355-364.

Collins, A.F., Gathercole, S.E., Conway, M.A. y Morris, P.E. (eds.). (1993). *Theories of memory*. Mahwah, NJ: Erlbaum.

Collins, A.F., Gathercole, S.E., Conway, M.A. y Nirrusm, P.E. (eds.). (1993). *Theories of memory*. Hove, Inglaterra: Erlbaum.

Collins, A.M. y Loftus, E.F. (1975). A spreading-activation theory of semantic processing. *Psychological Review, 82*, 407-428.

Collins, A.M. y Quillian, M.R. (1969). Retrieval times from semantic memory. *Journal of Verbal Learning and Verbal Behavior, 8*, 240-247.

Colombo, J. y Mitchell, D.W. (1990). Individual differences in early visual attention. En J. Colombo y J.W. Fagen (eds.), *Individual differences in infancy: Reliability, stability, and prediction*. Mahwah, NJ: Erlbaum.

Commons, M.L., Nevin, J.A. y Davison, M.C. (eds.). (1991). *Signal detection: Mechanism, models, and applications*. Mahwah, NJ: Erlbaum.

Compas, B.E. (1987).Coping with stress during childhood and adolescence. *Psychological Bulletin, 101*, 393-403.

Compas, B.E., Ey, S. y Grant, K.E. (1993). Taxonomy, assessment, and diagnosis of depression during adolescence. *Psychologial Bulletin, 114*, 323-344.

Comstock, G. y Strasburger, V.C. (1990). Deceptive appearances: Television violence and aggressive behavior. Conference: Teens and television (1988, Los Ángeles, California). *Journal of Adolescent Health Care, 11*, 31-44.

Condon, J.W. y Crano, W.D. (1988). Inferred evaluation and the relation between attitude similarity and interpersonal attraction. *Journal of Personality and Social Psychology, 54*, 789-797.

Connolly, J.B., Roberts, I.J.H., Armstrong, J.D., Kaiser, K., Forte, M., Tully, T. y O'Kane, C.J. (1996, 20 de diciembre). Associative learning disrupted by impaired Gs signaling in drosophila mushroom bodies. *Science, 274*, 2104.

Conoley, J.C. e Impara, J.C. (eds.). (1997). *The 12th mental measurements yearbook*. Lincoln, NE: Buros Institute.

Conte, H.R. y Plutchik, R. (eds.). (1995). *Ego defenses: Theory and measurement*. Nueva York: Wiley.

Conti, R., Amabile, T.M. y Pollak, S. (1995). The positive impact of creative activity: Effects of creative task engagement and motivational focus on college students' learning. *Personality and Social Psychology Bulletin, 21*, 1107-1116.

Conway, M. y Rubin, D. (1993). The structure of autobiographical memory. En A.F. Collins, S.E. Gathercole, M.A. Conway y P.E. Morris (eds.), *Theories of memory*. Mahwah, NJ: Erlbaum.

Conway, M.A. (1995). *Flashbulb memories*. Mahwah, NJ: Erlbaum.

Conway, M.A. (ed.). (1997). *Cognitive models of memory*. Cambridge, MA: MIT Press.

Cook, C.A.L., Caplan, R.D. y Wolowitz, H. (1990). Nonwaking responses to waking stressors: Dreams and nightmares. *Journal of Applied Social Psychology, 20*, 199-226.

Cook, T.D. y Shadish, W.R. (1994). Social experiments: Some developments over the past fifteen years. *Annual Review of Psychology, 45*, 545-580.

Cooper, H. y Hedges, L.F. (eds.). (1994). *The handbook of research synthesis*. Nueva York: Russell Sage Foundation.

Cooper, I.S. (1981). *Living with chronic neurological disease*. Nueva York: Norton.

Cooper, J.R., Bloom, F.E. y Roth, R.H. (1991). *The biochemical basis of neuropharmacology*. Nueva York: Oxford University Press.

Cooper, L.A. y Shepard, R.N. (1984, diciembre). Turning something over in the mind. *Scientific American*, pp. 106-114.

Cooper, S.H. (1989). Recent contributions to the theory of defense mechanism: A comparative view. *Journal of the American Psychoanalytic Association, 37*, 865-892.

Coppen, A., Metcalfe, M. y Wood, K. (1982). Lithium. En E.S. Paykel (ed.), *Handbook of affective disorders*. Nueva York: Guilford Press.

Corbetta, M., Miezin, F.M., Shulman, G.L. y Petersen, S.E. (1993, marzo). A PET study of visuospatial attention. *Journal of Neuroscience, 13*, 1202-1226.

Coren, S. (1989). The many moon illusions: An integration through analysis. En M. Hershenson (ed.), *The moon illusion*. Mahwah, NJ: Erlbaum.

Coren, S. (1992a). *The left-handed syndrome*. Nueva York: The Free Press.

Coren, S. (1992b). The moon illusion: A different view through the legs. *Perceptual and Motor Skills, 75*, 827-831.

Coren, S. (1996). *Sleep thieves: An eye-opening exploration into the science and mysteries of sleep*. Nueva York: Free Press.

Coren, S. y Aks, D.J. (1990). Moon illusion in pictures: A multimechanism approach. *Journal of Experimental Psychology: Human Perception and Performance, 16*, 365-380.

Coren, S., Porac, C. y Ward, L.M. (1979). *Sensation and perception*. Nueva York: Academic Press.

Coren, S., Porac, C. y Ward, L.M. (1984). *Sensation and perception*. (2a. ed.). Nueva York: Academic Press.

Coren, S. y Ward, L.M. (1989). *Sensation and perception*. (3a. ed.). San Diego, CA: Harcourt Brace Jovanovich.

Corina, D.P., Vaid, J. y Bellugi, U. (1992). The linguistic basis of left hemisphere specialization, *Science. 255*, 1258.

Cornblatt, B. y Erlenmeyer-Kimling, L.E. (1985). Global attentional deviance in children at risk for schizophrenia: Specificity and predictive validity. *Journal of Abnormal Psychology, 94*, 470-486.

Cornelius, S. W. y Caspi, A. (1987). Everyday problem solving in adulthood and old age. *Psychology and Aging, 2*, 144-153.

Cornell, T.L., Fromkin, V.A. y Mauner, G. (1993). A linguistic approach to language processing in Broca's aphasia: A paradox resolved. *Current Directions in Psychological Science, 2*, 47-52.

Corrigan, P.W. (1996). Models of "normal" cognitive functioning. En P.W. Corrigan y S.C. Yudofsky (eds.), *Cognitive rehabilitation for neuropsychiatric disorders*. Washington, DC: American Psychiatric Press.

Costa, P.T., Jr. y McCrae, R.R. (1985). Hypochondriasis, neuroticism, and aging. *American Psychologist, 40*, 19-28.

Costa, P.T., Jr. y McCrae, R.R. (1997). Longitudinal stability of adult personality. En R. Hogan, J. Johnson y S. Briggs (eds.), *Handbook of personality psychology*. Orlando, FL: Academic Press.

Costa, P.T., Jr. y McCrae, R.R. (1995). Solid ground in the wetlands of personality: A reply to Block. *Psychological Bulletin, 117*, 216-220.

Costello, C.G. (1993). Cognitive causes of psychopathology. En C.G. Costello (ed.), *Basic issues in psychopathology*. Nueva York: Guilford Press.

Cote, I. (1994). Current perspectives on multiple personality disorder. *Hospital and Community Psychiatry, 45*, 827-829.

Cotman, C.W. y Lynch, G.S. (1989). The neurobiology of learning and memory. *Cognition, 33*, 201-241.

Cotterell, J. (1996). *Social networks and social influences in adolescence*. Londres: Routledge.

Cotton, P. (1993, 7 de julio). Psychiatrists set to approve DSM-IV *Journal of the American Medical Association, 270*, 13-15.

Council of Scientific Affairs (1985, 5 de abril). Scientific status of refreshing recollection by the use of hypnosis. *Journal of the American Medical Association, 253*, 1130-1134.

Cowan, N. (1988). Evolving conceptions of memory storage, selective attention, and their mutual constraints within the human information-processing system. *Psychological Bulletin, 104*, 163-191.

Cowey, A. y Heywood, C.A. (1995). There's more to colour than meets the eye. 25th Annual Meeting of the European Brain and Behaviour Society. *Behavioural Brain Research, 71*, 89-100.

Cowley, G. (1994, 7 febrero). The culture of Prozac. *Newsweek*, pp. 41-42.

Cowley, G. y Springen K. (1997, 29 de septiembre). After Fen-Phen. *Newsweek*, 46-48.

Coyle, J.T., Oster-Granite, M.L., Reeves, R., Hohmann, C., Corsi, P. y Gearhart, J. (1991). Down syndrome and trisomy 16 mouse: Impact of gene imbalance on brain development and aging. En P.R. McHuagh y V.A. McKusick (eds.), *Genes, brain, and behavior. Research publications: Association for Research in Nervous and Mental Disease,* Vol. 69. Nueva York: Raven.

CR (Consumer Reports). (1993, junio). Dieting and weight loss. *Consumer Reports*, p. 347.

CR (Consumer Reports). (1995, noviembre). Mental health: Does therapy help? *Consumer Reports*, pp. 734-739.

CR (Consumer Reports). (1997, mayo). Marijuana as medicine: How strong is the science? *Consumer Reports*, pp. 62-63.

Crabb, P.B. y Pristash, D. (1992, junio). Gender-typing of material culture in children's books, 1937-1989. Ponencia presentada en la reunión anual de la American Psychological Society. San Diego, CA.

Craik, F.I. y Lockhart, R.S. (1972). Levels of processing: A framework for memory research. *Journal of Verbal Behavior, 11*, 671-684.

Craik, F.I.M. (1990). Levels of processing. En M.E. Eysenck (ed.), *The Blackwell dictionary of cognitive psychology*. Londres: Blackwell.

Cramer, J.A. (1995). Optimizing long-term patient compliance. *Neurology, 45*, s25-s28.

Cramer, P. (1987). The development of defense mechanisms. *Journal of Personality, 55*, 597-614.

Cramer, P. (1996). *Storytelling, narrative, and the Thematic Apperception Test*. Nueva York: Guilford Press.

Crandall, C. y Biernat, M. (1990). The ideology of anti-fat attitudes. *Journal of Applied Social Psychology, 20*, 227-243.

Crandall, C.S. (1988). Social contagion of binge eating. *Journal of Personality and Social Psychology, 55*, 588-598.

Crandall, C.S. (1992). Psychophysical scaling of stressful life events. *Psychological Science, 3*, 256-258.

Crandall, C.S. y Martinez, R. (1996). Culture, ideology, and antifat attitudes. *Personality and Social Psychology Bulletin, 22*, 1165-1176.

Crapo, L. (1985). *Hormones, the messengers of life*. Nueva York: Freeman.

Crawford, C. y Krebs, D. (eds.). (1997). *Handbook of evolutionary psychology: Ideas, issues and applications*. Mahwah, NJ: Erlbaum.

Crawford, H.J. (1982). Hypnotizability, daydreaming styles, imagery vividness, and absorption: A multidimensional study. *Journal of Personality and Social Psychology, 42*, 915-926.

Crawford, M. (1995). *Talking difference: On gender and language*. Thousand Oaks, CA: Sage.

Crease, R.P. (1993, 30 de julio). Biomedicine in the age of imaging. *Science, 261*, 554-561.

Crenshaw, T.L. y Goldberg, J.P. (1996). *Sexual pharmacology: Drugs that affect sexual functioning.* Nueva York: Norton.

Creswell, J.W. (1994). *Research design.* Newbury Park, CA: Sage.

Crews, D. (1993). The organizational concept and vertebrates without sex chromosomes. *Brain, Behavior, and Evolution, 42,* 202-214.

Crews, D. (1994, enero). Animal sexuality. *Science, 263,* 108-114.

Crews, F. (1993, 18 de noviembre). The unknown Freud. *New York Review,* pp. 55-66.

Crews, F. (1996). The verdict on Freud. *Psychological Science, 7,* 63-68.

CRHL. (1990, febrero). How to lose weight and keep it off. *Consumer Reports Health Letter, 2,* 9-11.

Crick, F. y Mitchison, G. (1983). The function of dream sleep. *Nature, 304,* 111-114.

Crick, F. y Mitchison, G. (1995). REM sleep and neural nets. Special Issue: The function of sleep. *Behavioural Brain, 69,* 147-155.

Crick, N.R. y Dodge, K.A. (1994). A review and reformulation of social information-processing mechanisms in children's social adjustment. *Psychological Bulletin, 115,* 74-101.

Crisp, A.H. y McClelland, L. (1996). *Anorexia nervosa: Guidelines for assessment and treatment in primary and secondary care* (2a. ed.). Mahwah, NJ: Erlbaum.

Crits-Christoph, P. (1992). The efficacy of brief dynamic psychotherapy: A meta-analysis. *American Journal of Psychiatry, 149,* 151-158.

Crits-Christoph, P. y Mintz, J. (1991). Implications of therapist effects for the design and analysis of comparative studies of psychotherapies. *Journal of Consulting and Clinical Psychology, 59,* 20-26.

Crittendon, K.S. (1996). Causal attribution processes among the Chinese. En M.H. Bond (ed.), *The handbook of Chinese psychology.* Hong Kong: Oxford University Press.

Crocetti, G. (1983). *GRE: Graduate record examination general aptitude test.* Nueva York: Arco.

Crockett, L.J. y Crouter, A.C. (eds.). (1995). *Pathways through adolescence: Individual development in relation to social contexts.* Mahwah, NJ: Erlbaum.

Cromwell, R.L. y Snyder, C.R. (1993). *Schizophrenia: Origins, processes, treatment, and outcome.* Nueva York: Oxford University Press.

Cronkite, K. (1994). *On the edge of darkness: Conversations about depression.* Nueva York: Doubleday.

Crosby, F.J. (1991). *Juggling: The unexpected advantages of balancing career and home for women, their families, and society.* Nueva York: Free Press.

Cross, S.E. y Markus, H.R. (1993). Gender in thought, belief, and action. En A.E. Beall y R.J. Sternberg (eds.), *The psychology of gender.* Nueva York: Guilford.

Crow, T.J. (1990). The continuum of psychosis and its genetic origins: The sixty-fifth Maudsley lecture. *British Journal of Psychiatry, 156,* 788-797.

Crow, T.J. (1995). A theory of the evolutionary origins of psychosis. *European Neuropsychopharmacology, 5,* 59-63.

Crowe, R.R., Black, D.W., Wesner, R., Andreasen, N.C., Cookman, A. y Roby, J. (1991). Lack of linkage to chromosome 5q 11-q13 in six schizophrenia pedigrees. *Archives of General Psychiatry, 48,* 357-361.

Croyle, R.T. y Hunt, J.R. (1991). Coping with health threat: Social influence processes in reactions to medical test results. *Journal of Personality and Social Psychology, 60,* 382-389.

Csikszentmihalyi, M. (1997). *Creativity: Flow and the psychology of discovery and invention.* Nueva York: BasicBooks/Mastermind Series.

Culbertson, F.M. (1997, enero). Depression and gender: An international review. *American Psychologist, 52,* 25-31.

Culotta, E. y Koshland, D.E., Jr. (1992, 18 de diciembre). No news is good news. *Science, 258,* 1862-1865.

Cummings, E. y Henry, W.E. (1961). *Growing old.* Nueva York: Basic Books.

Cummings, J. (1987, 6 de octubre). An earthquake aftershock: Calls to mental health triple. *New York Times,* p. A1.

Cushner, K. y Brislin, R.W. (1996). *Intercultural interactions: A practical guide* (2a. ed.). Thousand Oaks, CA: Sage.

Cutler, B.L. y Penrod, S.D. (1995). *Mistaken identification: The eyewitness, psychology, and the law.* Nueva York: Cambridge University Press.

Czeisler, C.A., Johnson, M.P. y Duffy, J.F. (1990, 3 de mayo). Exposure to bright light and darkness to treat physiological maladaption to night work. *New England Journal of Medicine, 322,* 1253.

Czeisler, C.A., Kronauer, R.E., Allan, J.S., Duffy, J.F., Jewett, M.E., Brown, E.N. y Ronda, J.M. (1989, 16 de junio). Bright light induction of strong (Type O) resetting of the human circadian pacemaker. *Science, 244,* 1328-1333.

Dabbs, J.M., Jr. (1993). Salivary testosterone measurements in behavioral studies. En D. Malamud y L.A. Tabak (eds.), *Saliva as a diagnostic fluid. Annals of the New York Academy of Sciences, Vol. 694.* Nueva York: New York Academy of Sciences.

Dabbs, J.M., Carr, T.S., Frady, R.L. y Riad, J.K. (1995). Testosterone, crime, and misbehavior among 692 male prison inmates. *Personality and Individual Differences, 18,* 627-633.

Dabbs, J.M., Jr., Hargrove, M.F. y Heusel, C. (1996). Testosterone differences among college fraternities: Well-behaved vs. rambunctious. *Personality and Individual Differences, 20,* 157-161.

Dabbs, J.M., Jr. y Morris, R. (1990). Testosterone, social class, and antisocial behavior in a sample of 4,462 men. *Psychological Science, 1,* 209-211.

Dabiri, L., Pasta, D., Darby, J.K. y Mosbacher, D. (1994). Vitamin E in tardive dyskinesia. *American Journal of Psychiatry, 151,* 925-926.

Damasio, H., Grabowski, T., Frank, R., Galaburda, A.M. y Damasio, A.R. (1994, 20 de mayo). The return of Phineas Gage: Clues about the brain from the skull of a famous patient. *Science, 264,* 1102-1105.

Damon, W. (1988). *The Moral Child.* Nueva York: Free Press.

Dana, R.H. (1993). *Multicultural assessment perspectives for professional psychology.* Boston: Allyn & Bacon.

Daniels, H. (ed.). (1996). *An introduction to Vygotsky.* Londres: Routledge.

Dantz, B., Edgar, D.M. y Dement, W.C. (1994). Circadian rhythms in narcolepsy: Studies on a 90 minute day. *Electroencephalography and Clinical Neurophysiology, 90,* 24-35.

Darley, J.M. (1995). Constructive and destructive obedience: A taxonomy of principal-agent relationships. *Journal of Social Issues, 51,* 125-154.

Darley, J.M. y Latané, B. (1968). Bystanders intervention in emergencies: Diffusion of responsibility. *Journal of Personality and Social Psychology, 8,* 377-383.

Darley, J.M. y Shultz, T.R. (1990). Moral rules: Their content and acquisition. *Annual Review of Psychology, 41,* 525-556.

Darling, N. y Steinberg, L. (1993). Parenting style as context: An integrative model. *Psychological Bulletin, 113,* 487-496.

Darnton, N. (1990, 4 de junio). Mommy vs. Mommy. *Newsweek,* pp. 64-67.

Darnton, N. (1991, 7 de octubre). The pain of the last taboo. *Newsweek,* pp. 70-72.

Darwin, C. (1859). *On the origin of species.* Nueva York: New York University Press, 1988.

Darwin, C.J., Turvey, M.T. y Crowder, R.G. (1972). An auditory analogue of the Sperling partial-report procedure: Evidence for brief auditory storage. *Cognitive Psychology, 3,* 255-267.

Davidson, J.E. (1990). Intelligence recreated. *Educational Psychologist, 25,* 337-354.

Davidson, J.E., Deuser, R. y Sternberg, R.J. (1994). The role of metacognition in problem solving. En J. Metcalfe y A.P. Shimamura (eds.), *Metacognition: Knowing about knowing.* Cambridge, MA: MIT Press.

Davidson, R.J. (1994). Complexities in the search for emotion-specific physiology. En P. Ekman y R.J. Davidson (eds.), *The nature of emotion: Fundamental questions.* Nueva York: Oxford University Press.

Davidson, R.J., Gray, J.A., LeDoux, J.E., Levenson, R.W., Pankseep, J. y Ekman, P. (1994). Is there emotion-specific physiology? En P. Ekman y R. J. Davidson (eds.), *The nature of emotions: Fundamental questions*. Nueva York: Oxford University Press.

Davidson, R.J. y Hugdahl, K. (eds.). (1995). *Brain asymmetry*. Cambridge, MA: MIT Press.

Davies, G., Lloyd-Bostock, S., McMurran, M. y Wilson, C. (eds.). (1995). *Psychology, law, and criminal justice: International developments in research and practice*. Berlín, Alemania: Walter de Gruyter.

Davies, G.M. (1993). Children's memory for other people: An integrative review. En C.A. Nelson (ed.), *Memory and affect in development. The Minnesota Symposia on Child Psychology, Vol. 26*. Mahwah, NJ: Erlbaum.

Davies, J.M. (1996). Dissociation, repression and reality testing in the countertransference: The controversy over memory and false memory in the psychoanalytic treatment of adult survivors of childhood sexual abuse. *Psychoanalytic Dialogues, 6*, 189-218.

Davies, J.M. y Frawley, M.G. (1994). *Treating the adult survivor of childhood sexual abuse: A psychoanalytic perspective*. Nueva York: Basic Books.

Davis, J.A. y Smith, T. (1991). *General social surveys, 1972-1991*. Storrs, CT: University of Connecticut, Roper Center for Public Opinion Research.

Davis, J.M. y Sandoval, J. (1991). *Suicidal youth*. San Francisco: Jossey-Bass.

Davis, R. (1986). Assessing the eating disorders. *The Clinical Psychologist, 39*, 33-36.

Dawes, R.M. (1994*). House of cards: Psychology and psychotherapy built on myth*. Nueva York: Free Press.

DeAngelis, G.C., Ohzawa. I. y Freeman, R.D. (1995). Neuronal mechanisms underlying stereopsis: How do simple cells in the visual cortex encode binocular disparity? *Perception, 24*, 3-31.

DeAngelis, T. (1991, junio). DSM being revised, but problems remain. *APA Monitor*, p. 7.

DeAngelis, T. (1994, junio). New test allows takers to tackle real-life problems. *APA Monitor*, p. 14.

Deary, I.J. (1996). Intelligence and inspection time: Achievements, prospects, and problems. *American Psychologist, 51*, 599-608.

Deary, I. J. y Stough, C. (1996). Intelligence and inspection time: Achievements, prospects, and problems. *American Psychologist, 51*, 599-608.

Deaux, K. (1995). How basic can you be? The evolution of research on gender stereotypes. *Journal of Social Issues, 51*, 11-20.

deBono, E. (1967). *The five day course in thinking*. Nueva York: Basic Books.

DeBono, K.G. y Klein, C. (1993). Source expertise and persuasion: The moderating role of recipient dogmatism. *Personality & Social Psychology Bulletin, 19*, 167-173.

DeBoysson-Bardies, B. y Halle, P.A. (1994). Speech development: Contributions of cross-linguistic studies. En A. Vyt, H. Bloch y M.H. Bornstein (eds.), *Early child development in the French tradition: Contributions from current research*. Mahwah, NJ: Erlbaum.

De-bruyn, A., Souery, D., Mendelbaum, K., Mendlewicz, J. *et al*. (1996). Linkage analysis of families with bipolar illness and chromosome 18 markers. *Biological Psychiatry, 39*, 679-688.

Debul, A.J. y Russo, N.F. (1996). Rethinking psychological theory to encompass issues of gender and ethnicity: Focus on achievement. En K.F. Wyche y F.J. Crosby (eds.), *Women's ethnicities: Journeys through psychology*. Boulder, CO: Westview Press.

DeCasper, A.J. y Fifer, W.D. (1980). Of human bonding: Newborns prefer their mothers' voices. *Science, 208*, 1174-1176.

DeCastro, J.M. (1996). How can eating behavior be regulated in the complex environments of free-living humans? Society for the Study of Ingestive Behavior (1994, Hamilton, Canadá). *Neuroscience and Biobehavioral Reviews, 20*, 119-131.

DeCharms, R. y Moeller, G.H. (1962). Values expressed in American children's readers, 1800-1950. *Journal of Abnormal and Social Psychology, 64*, 136-142.

Deci, E.L. (1992). On the nature and functions of motivation theories. *Psychological Science, 3*, 167-176.

Deci, E.L. y Ryan, R.M. (1985). *Intrinsic motivation and self-determination in human behavior*. Nueva York: Plenum Press.

Deffenbacher, J.L. (1988). Cognitive relaxation and social skills treatments of anger: A year later. *Journal of Consulting Psychology, 35*, 309-315.

Deffenbacher, J.L. (1996). Cognitive-behavioral approaches to anger reduction. En K.S. Dobson y K.D. Craig (eds.), *Advances in cognitive-behavioral therapy, Vol. 2*. Banff international behavioral science series. Thousand Oaks, CA: Sage.

DeGaston, J.F., Week, S. y Jensen, L. (1996). Understanding gender differences in adolescent sexuality. *Adolescence, 31*, 217-231.

deGroot, A.D. (1966). Perception and memory versus thought: Some old ideas and recent findings. En B. Kleinmuntz (ed.), *Problem solving: Research, method, and theory*. Nueva York: Wiley.

DeKay, W.T. y Buss, D.M. (1992). Human nature, individual differences, and the importance of context: Perspectives from evolutionary psychology. *Current Directions in Psychological Science, 1*. 184-189.

De la Cancela, V. y Sotomayer, G.M. (1993). Rainbow warriors: Reducing institutional racism in mental health. *Journal of Mental Health Counseling, 15*, 55-71.

Delaney, C.H. (1995). Rites of passage in adolescence. *Adolescence, 30*, 891-897.

Delaney, S.L. y Heart, A.H. (1997). *On my own at 107: Reflections on life without Bessie*. Nueva York: HarperSan Francisco.

Della Sala, S., Baddeley, A.D., Papagno, C. y Spinnler, H. (1995). Dual-task paradigm: A means to examine the central executive. En J. Grafman, K.J. Holyoak y F. Boller (eds.), *Structure and functions of the human prefrontal cortex*. Annals of the New York Academy of Sciences, Vol. 769. Nueva York: New York Academy of Sciences.

DeLongis, A., Folkman, S. y Lazarus, R.S. (1988). The impact of daily stress on health and mood: Psychological social resources as mediators. *Journal of Personality and Social Psychology, 54*, 486-495.

Delprato, D.J. y Midgley, B.D. (1992). Some fundamentals of B.F. Skinner's behaviorism. *American Psychologist, 47*, 1507-1520.

DeMeis, D.K. y Perkins, H.W. (1996). "Supermoms" of the nineties: Homemaker and employed mothers: performance and perceptions of the motherhood role. *Journal of Family Issues, 17*, 777-792.

Dement, W. (1989). *Sleep and alertness: Chrono-biological, behavioral, and medical aspects of napping*. Nueva York: Raven Press.

Dement, W.C. (1976). *Some must watch while some must sleep*. Nueva York: Norton.

Dement, W.C. (1979). Two kinds of sleep. En D. Goleman y R.J. Davidson (eds.), *Consciousness: Brain, states of awareness, and mysticism* (pp. 72-75). Nueva York: Harper & Row.

Dement, W.C. y Wolpert, E.A. (1958). The relation of eye movements, body mobility, and external stimuli to dream content. *Journal of Experimental Psychology, 55*, 543-553.

Demetriou, A., Shayer, M. y Efklides, A. (1993). *Neo-Piagetian theories of cognitive development*. Londres: Routledge.

Denis, M. y Greenbaum, C. (Trans.). (1991). *Image and cognition*. Londres, Inglaterra: Harverster Wheatsheaf.

Denmark, F.L. (1994). Engendering psychology. *American Psychologist, 49*, 329-334.

Denmark, G.L. y Fernandez, L.C. (1993). Historical development of the psychology of women. En F.L. Denmark y M.A. Paludi (eds.), *A handbook of issues and theories*. Westport, CT: Greenwood Press.

Dennett, D.C. (1991). *Consciousness explained*. Boston: Little, Brown.

Dennis, D.L., Buckner, J.C., Lipton, F.R. y Levine, I.S. (1991). A decade of research and services for homeless mentally ill persons: Where do we stand? *American Psychologist, 46*, 1129-1138.

Dennis, I. y Tapsfield, P. (eds.). (1996). *Human abilities: Their nature and measurement.* Mahwah, NJ: Erlbaum.

Dent, J. (1984, marzo). *Reader's Digest, 124,* 38.

Denton, K. y Krebs, D. (1990). From the scene of the crime: The effect of alcohol and social context on moral judgment. *Journal of Personality and Social Psychology, 59,* 242-248.

Dentzer, S. (1986, 5 de mayo). Can you pass the job test? *Newsweek,* pp. 46-53.

Deregowski, J.B. (1973). Illusion and culture. En R.L. Gregory y G.H. Combrich (eds.), *Illusion in nature and art* (pp. 161-192). Nueva York: Scribner.

Derksen, J.J.L. (1995). *Personality disorders: Clinical and social perspectives.* Somerset, NJ: Wiley.

Desforges, D.M., Lord, C.G., Ramsey, S.L., Mason, J.A. VanLeeuwen M.D., West, S.C. y Lepper, M.R. (1991). Effects of structured cooperative contact on changing negative attitudes toward stigmatized social groups. *Journal of Personality and Social Psychology, 60,* 531-544.

Desimone, R. (1992, 9 de octubre). The physiology of memory: Recordings of things past. *Science, 258,* 245-255.

DeSteno, D.A. y Salovey, P. (1996). Evolutionary origins of sex differences in jealousy? Questioning the "fitness" of the model. *Psychological Science, 7,* 367-372.

Detterman, D.K. (ed.). (1996). *The environment.* Norwood, NJ: Ablex.

Deutsch, F.M., Lussier, J.B. y Servis, L.J. (1993). Husbands at home: Predictors of paternal participation in childcare and housework. *Journal of Personality and Social Psychology, 65,* 1154-1166.

Deutsch, M. (1993). Educating for a peaceful world. *American Psychologist, 48,* 510-517.

Deutsch, M. (1994). Constructive conflict resolution: Principles, training, and research. *Journal of Social Issues, 50,* 13-32.

De Valois, R.L. y De Valois, K.K. (1993). A multi-stage color model. *Vision Research, 33,* 1053-1065.

Devenport, L.D. y Devenport, J.A. (1990). The laboratory animal dilemma: A solution in our backyards. *Psychological Science, 1,* 215-216.

Devine, P.G. y Baker, S.M. (1991). Measurement of racial stereotype subtyping. *Personality and Social Psychology Bulletin, 17,* 44-50.

Devine, P.G. y Elliot, A.J. (1995, noviembre). Are racial stereotypes *really* fading? The Princeton trilogy revisited. *Personality and Social Psychology Bulletin, 21,* 1139-1150.

Devine, P.G., Hamilton, D.L. y Ostrom, T.M. (eds.). (1994). *Social cognition: Impact on social psychology.* San Diego, CA: Academic Press.

DeWitt, P.M. (1992). The second time around. *American Demographics, 14,* 60-63.

Diaz-Guerrero, R. (1979). Culture and personality revisited. *Annals of the New York Academy of Sciences, 285,* 119-130.

Dickinson, A. (1991). Helpless to save her sister from Alzheimer's, an anguished actress provides what comfort she can. *People Weekly,* 75-78.

DiClemente, C.C. (1993). Changing addictive behaviors: A process perspective. *Current Directions in Psychological Science, 2*(4), 101-106.

Diefenbach, M.A. y Leventhal, H. (1996). The common sense model of illness representation: Theoretical and practical considerations. *Journal of Social Distress & the Homeless, 5,* 11-38.

Diener, E., Sandvik, E. y Larsen, R.J. (1985). Age and sex effects for emotional intensity. *Developmental Psychology, 21,* 542-546.

DiGiovanna, A.G. (1994). *Human aging: Biological perspectives.* Nueva York: McGraw-Hill.

Digman, J.M. (1990). Personality structure: Emergence of the five-factor model. *Annual Review of Psychology, 41,* 417-440.

Dillard, J.P. (1991). The current status of research on sequential-request compliance techniques. Special issue: Meta-analysis in personality and social psychology. *Personality and Social Psychology Bulletin, 17,* 283-288.

DiMatteo, M.R. (1997). Health behaviors and care decisions: An overview of professional-patient communications. En D.S. Gochman (ed.), *Handbook of health behavior research.* Nueva York: Plenum Press.

DiMatteo, M.R. y DiNicola, D.D. (1982). *Achieving patient compliance: The psychology of the medical practitioner's role.* Nueva York: Pergamon.

Dinges, D.F., Pack, F., Williams, K., Gillen, K.A., Powell, J.W., Ott, G.E., Aptowicz, C. y Pack, A.I. (1997). Cumulative sleepiness, mood disturbance, and psychomotor vigilance performance decrements during a week of sleep restricted to 4-5 hours per night. *Sleep, 20,* 267-273.

Dion, K.K. y Berscheid, E. (1974). Physical attractiveness and peer perception among children. *Sociometry, 37,* 1-12.

DiPietro, J.A., Hodgson, D.M., Costigan, K.A. y Johnson, T.R.B. (1996). Fetal antecedents of infant temperament. *Child Development, 67,* 2568-2583.

Dishman, R.K. (1997, enero). Brain monoamines, exercise, and behavioral stress: Animal models. *Medical Science Exercise, 29,* 63-74.

Dobson, K.S. y Craig, K.D. (eds.). (1996). *Advances in cognitive-behavioral therapy, Vol.2.* Thousand Oaks, CA: Sage.

Dobson, K.S. y Shaw, B.F. (1994). Cognitive therapies in practice. En B. Bongar y L.E. Beutler (eds.), *Comprehensive textbook of psychotherapy: Theory and practice.* Nueva York: Oxford University Press.

Dodge, K.A., Bates, J.E. y Petit, G.S. (1990, 20 de diciembre). Mechanisms in the cycle of violence. *Science, 250,* 1678-1683.

Doi, T. (1990). The cultural assumptions of psychoanalysis. En J. W. Stigler, R.A. Shweder y G. Herdt (eds.), *Cultural psychology: Essays on comparative human development.* Nueva York: Cambridge University Press.

Dolce, J.J. y Raczynski, J.M. (1985). Neuromuscular activity and electromyography in painful backs: Psychological and bio-mechanical models in assessment and treatment. *Psychological Bulletin, 97,* 502-520.

Dolin, D.J. y Booth-Butterfield, S. (1995). Foot-in-the-door and cancer prevention. *Health Communication, 7,* 55-66.

Dollard, J., Doob, L., Miller, N., Mower, O.H. y Sears, R.R. (1939). *Frustration and aggression.* New Haven, CT: Yale University Press.

Domhoff, G.W. (1996). *Finding meaning in dreams: A quantitative approach.* Nueva York: Plenum Press.

Dominowski, R.L. y Bourne, L.E., Jr. (1994). History of research on thinking and problem-solving. En R.J. Sternberg (ed), *Thinking and problem-solving.* San Diego, CA: Academic Press.

Domjan, M. y Purdy, J.E. (1995). Animal research in psychology: More than meets the eye of the general psychology student. *American Psychologist, 50,* 496-503.

Donoghue, J.P. y Sanes, J.N. (1994). Motor areas of the cerebral cortex. *Journal of Clinical Neurophysiology, 11,* 382-396.

Dore, F.Y. y Dumas, C. (1987). Psychology of animal cognition: Piagetian studies. *Psychological Bulletin, 102,* 219-233.

Dorris, J. (ed.). (1991). *The suggestibility of children's recollections: Implications for eyewitness testimony.* Hyattsville, MD: American Psychological Association.

Dortch, S. (1996, octubre). Our aching heads. *American Demographics,* pp. 4-8.

Doty, R.L., Green, P.A., Ram, C. y Yankell, S.L. (1982). Communication of gender from human breath odors: Relationship to perceived intensity and pleasantness. *Hormones and Behavior, 16,* 13-22.

Dove, A. (1968, 15 de julio). Taking the chitling test. *Newsweek,* p. 32.

Dovidio, J.F., Allen, J.L. y Schroeder, D.A. (1990). Specificity of empathy-induced helping: Evidence for altruistic motivation. *Journal of Personality and Social Psychology, 59,* 249-260.

Dovidio, J.F., Ellyson, S.L., Keating, C.F., Heltman, K. y Brown, C.E. (1988). The relationship of social power to visual displays of dominance between men and women. *Journal of Personality and Social Psychology, 54,* 233-242.

Dreman, S. (1997). *The family on the threshold of the 21st century.* Mahwah, NJ: Erlbaum.

Dressler, W.A. y Ohts, K.S. (1997). Cultural determinants of health behavior. En D.S. Gochman (ed.), *Handbook of Health Behavior Research.* Nueva York: Plenum Press.

Dreyer, P.H. (1982). Sexuality during adolescence. En B.B. Wolman (ed.), *Handbook of developmental psychology*. Englewood Cliffs, NJ: Prentice-Hall.

Driesen, N.R. y Raz, N. (1995). The influence of sex, age, and handedness on corpus callosum morphology: A meta-analysis. *Psychobiology, 23*, 240-247.

Druckman, D. y Bjork, R.A. (1991). *In the mind's eye: Enhancing human performance*. Washington, DC: National Academy Press.

Druckman, D. y Bjork, R.A. (eds.). (1994). *Learning, remembering, believing: Enhancing human performance*. Washington, DC: National Academy Press.

Drum, D.J. (1990). Group therapy review. *Counseling Psychologist, 18*, 131-138.

Drummond, D.C., Tiffany, S.T., Glautier, S. y Remington, B. (eds.). (1995). *Addictive behaviour: Cue exposure theory and practice*. Chichester, Inglaterra: Wiley.

Dryden, W. (ed.). (1995). *Rational emotive behavior therapy*. Newbury Park, CA: Sage.

Dryden, W. DiGiuseppe, R. (1990). *A primer on rational-emotive therapy*. Champaign, IL: Research Press.

Duck, S. (ed.). (1984). *Personal relationships*. Nueva York: Academic Press.

Duck, S. (1988). *Relating to others*. Chicago: Dorsey.

Duck, S. (1994a). Attaching meaning to attachment. *Psychological Inquiry, 5*, 34-38.

Duck, S. (1994b). *Dynamics of relationships*. Newbury Park, CA: Sage.

Duck, S.W. (1982). A topography of relationship disengagement and dissolution. En S.W. Duck (ed.), *Personal relationships: Vol. 4. Dissolving personal relationships*. Nueva York: Academic Press.

Duckitt, J. (1992). Psychology and prejudice: A historical analysis and integrative framework. *American Psychologist, 47*, 1182-1193.

Duckworth, J.C. y Anderson, W.P. (1995). *MMPI & MMPI-2: Interpretation manual for counselors and clinicians* (4a. ed.) Bristol, PA: Accelerated Development, Inc.

Dugger, C.W. (1996, 28 de diciembre). Tug of taboos: African genital rite vs. U.S. law. *New York Times*, pp. 1, 9.

Duke, M. y Nowicki, S., Jr. (1979). *Abnormal psychology: Perspectives on being different*. Monterey, CA: Brooks/Cole.

Dulac, C. y Axel, R. (1995, 20 de octubre). A novel family of genes encoding putative pheromone receptors in mammals. *Cell, 83*, 195-206.

Duncan, P.D. *et al.* (1985). The effects of pubertal timing on body image, school behavior, and deviance. Special Issue: Time of maturation and psychosocial functioning in adolescence: I. *Journal of Youth and Adolescence, 14*, 227-235.

Duncker, K. (1945). On problem solving. *Psychological Monographs, 58* (5, todo el no. 270).

Dunham, R.M., Kidwell, J.S. y Wilson, S.M. (1986). Rites of passage at adolescence: A ritual process paradigm. *Journal of Adolescent Research, 1*, 139-153.

Dunn, A.L., Reigle, T.G., Youngstedt, S.D., Armstrong, R.B. y Dishman, R.K. (1996, febrero). Brain norepinephrine and metabolites after treadmill training and wheel running in rats. *Medical Science Exercise, 28*, 204-209.

Dunne, E.J., McIntosh, J.L. y Dunne-Maxim, K. (eds.). (1987). *Suicide and its aftermath: Understanding and counseling the survivors*. Nueva York: Norton.

Dupre, D., Miller, N., Gold, M. y Rospenda, K. (1995). Initiation and progression of alcohol, marijuana, and cocaine use among adolescent abusers. *American Journal of Addictions, 4*, 43-48.

Durgin, F. H., Tripathy, S.P. y Levi, D.M. (1995). On the filling in of the visual blind spot: Some rules of thumb. *Perception, 24*, 827-840.

Durkin, M.S. y Stein, Z.A. (1996). Classification of mental retardation. En J.W. Jacobson y J.A. Mulick (eds.). *Manual of diagnosis and professional practice in mental retardation*. Washington, DC: American Psychological Association.

Durst, R. y Rosca-Rebandengo, P. (1991). The disorder named Koro. *Behavioral Neurology, 4*, 1-13.

Dusenbury, L. y Botvin, G.J. (1992). Substance abuse prevention: Competence enhancement and the development of positive life options. *Journal of Addictive Diseases, 11*, 29-45.

Dutton, D.G. y Aron, A.P. (1974). Some evidence for heightened sexual attraction under conditions of high anxiety. *Journal of Personality and Social Psychology, 30*, 510-517.

Dworkin, R.H. y Widom, C.S. (1977). Undergraduate MMPI profiles and the longitudinal prediction of adult social outcome. *Journal of Consulting and Clinical Psychology, 45*, 620-625.

Dywan, J. y Bowers, K. (1983). The use of hypnosis to enhance recall. *Science, 222*, 184-185.

Eagly, A. (1978). Sex differences in influenceability. *Psychological Bulletin, 85*, 86-116.

Eagly, A. (1989, mayo). Meta-analysis of sex differences. Annual conference on adversity. University of Massachusetts, Amherst.

Eagly, A. y Chaiken, S. (1993). *The psychology of attitudes*. Fort Worth, TX: Harcourt Brace Jovanovich.

Eagly, A.H. (1983). Gender and social influence: A social psychological analysis. *American Psychologist, 38*, 971-981.

Eagly, A.H. y Carle, L.L. (1981). Sex of researchers and sex-typed communications as determinants of sex differences in influenceability: A meta-analysis of social influence studies. *Psychological Bulletin, 90*, 1-20.

Eagly, A.H. y Chaiken, S. (1995). Attitude strength, attitude structure, and resistance to change. En R.E. Petty y J.A. Krosnick (eds.), *Attitude strength: Antecedents and consequences*. Ohio State University series on attitudes and persuasion, Vol. 4. Mahwa, NJ: Erlbaum.

Eagly, A.H. y Steffen, V.J. (1986). Gender and aggressive behavior. A meta-analytic review of the social psychological literature. *Psychological Bulletin, 100*, 309-330.

Eagly, A.H., Wood, W. y Chaiken, S. (1978). Causal inferences about communicators and their effect on opinion change. *Journal of Personality and Social Psychology, 36*, 424-435.

Ebbinghaus, H. (1885/1913). *Memory: A contribution to experimental psychology*. (H.A. Roger y C.E. Bussenius, Trans.). Nueva York: Columbia University Press.

Ebomoyi, E. (1987). Prevalence of female circumcision in two Nigerian communities. *Sex Roles, 17*, 13-152.

Ebstein, R.P., Novick, O., Umansky, R., Priel, B., Osher, Y., Blaine, D., Bennett, E.R., Nemanov, L., Katz, M. y Belmaker, R.H. (1996). Dopamine D4 receptor (DSDR) exon III polymorphism associated with the human personality trait of novelty seeking. *Nature and Genetics, 12*, 78-80.

Eccles, J.S. (1987). Gender roles and women's achievement-related decisions. *Psychology of Women Quarterly, 11*, 135-171.

Eccles, J.S., Jacobs, J.E. y Harold, R.D. (1990). Gender role stereotypes, expectancy effects, and parents' socialization of gender differences. *Journal of Social Issues, 46*, 183-201.

Eccles, J.S., Lord, S.E. y Roeser, R.W. (1996). En D. Cicchetti y S.L. Toth (eds.), *Adolescence: Opportunities and challenges. Rochester symposium on developmental psychopathology*, Vol. 7. Rochester, NY: University of Rochester Press.

Ecenbarger, W. (1993, 1 de abril). America's new merchants of death. *The Reader's Digest*, p. 50.

Eckenrode, J. (1984). Impact of chronic and acute stressors on daily reports of mood. *Journal of Personality and Social Psychology, 46*, 907-918.

Eckes, T. (1994). Features of men, features of women: Assessing stereotypic beliefs about gender subtypes. *British Journal of Social Psychology, 33*, 107-123.

Eckholm, E. (1988, 17 de abril). Exploring the forces of sleep. *New York Times Magazine*, pp. 26-34.

Edgette, J.H. y Edgette, J.S. (1995). *The handbook of hypnotic phenomena in psychotherapy*. Nueva York: Brunner/Mazel.

Edmondson, B. (1996, octubre). The minority majority in 2001. *American Demographics*, 16-17, 39-41.

Edmondson, B. (1997, febrero). Two words and a number. *American Demographics,* pp. 10-15.

Edmondson, B. (1997, abril). The facts of death. *American Demographics, 47-53.*

Edwards, F.A., Gibb, A.J. y Colquhoun, D. (1992, 10 de septiembre). ATP receptor-mediated synaptic currents in the central nervous system. *Nature, 359,* 144-147.

Egan, T. (1994, 30 de enero). A Washington city full of Prozac. *New York Times,* p. A16.

Egeland, J.A., Gerhard, D.S., Pauls, D.L., Sussex, J.N., Kidd, K.K., Allen, C.R., Hostetter, A.M. y Housman, D.E. (1987). Bipolar effective disorders linked to DNA markers on chromosome 11. *Nature, 325,* 783-787.

Egeth, H. (1995). Expert psychological testimony about eyewitnesses: An update. En F. Kessel (ed.), *Psychology, science, and human affairs: Essays in honor of William Bevan.* Boulder, CO: Westview Press.

Egeth, H.E. y Yantis, S. (1997). Visual attention: Control, representation, and time course. *Annual Review of Psychology, 48,* 269-297.

Ehrenreich, B. (1997). *Blood rites: Origins and history of the passion of war.* Nueva York: Henry Holt.

Ehrman, R.N., Robbins, S.J., Childress, A.R. y O'Brien, C.P. (1992). Conditioned responses to cocaine-related stimuli in cocaine abuse patients. *Psychopharmacology, 107,* 523-529.

Eich, E. (1995). Searching for mood dependent memory. *Psychological Science, 6,* 67-75.

Eichenbaum, H. (1993, 20 de agosto). Thinking about brain cell assemblies. *Science, 261,* 993-994.

Eichenbaum, H. (1997). Declarative memory: Insights from cognitive neurobiology. *Annual Review of Psychology, 48,* 547-572.

Eimas, P.D. (1996). The perception and representation of speech by infants. En J.L. Morgan y K. Demuth (eds.), *Signal to syntax: Bootstrapping from speech to grammar in early acquisition.* Mahwah, NJ: Erlbaum.

Eisen, L., Field, T.M. y Larson, S.K. (1991). Environmental effects on the fetus: The examples of alcohol, cocaine, and exercise. En L. Diamant (ed.). *Mind-body maturity: Psychological approaches to sports, exercise, and fitness.* Nueva York: Hemisphere.

Eisenberg, N. (1991). Meta-analytic contributions to the literature on prosocial behavior. *Personality and Social Psychology Bulletin, 17,* 273-282.

Eisenberg, N. (1994). *Social development.* Newbury Park, CA: Sage.

Eisenberg, N. y Fabes, R.A. (1991). Prosocial behavior and empathy: A multimethod developmental perspective. En M.S. Clark (ed.), *Prosocial behavior.* Newbury Park, CA: Sage.

Eisenberg, R. y Cameron, J. (1996). Detrimental effects of reward. *American Psychologist, 51,* 1153-1166.

Ekman, P. (1972). Universals and cultural differences in facial expressions of emotion. En J. Cole (ed.), *Darwin and facial expression: A century of research in review* (pp. 169-222). Nueva York: Academic Press.

Ekman, P. (1993). Facial expression and emotion. *American Psychologist, 48,* 384-392.

Ekman, P. (1994). All emotions are basic. En P. Ekman y R.J. Davidson (eds.), *The nature of emotion: Fundamental questions.* Nueva York: Oxford University Press.

Ekman, P. (1994b). Strong evidence for universals in facial expressions: A reply to Russell's mistaken critique. *Psychological Bulletin, 115,* 268-287.

Ekman, P. y Davidson, R.J. (1994). *The nature of emotion: Fundamental questions.* Nueva York: Oxford University Press.

Ekman, P., Davidson, R.J. y Friesen, W.V. (1990). Emotional expression and brain physiology II: The Duchenne smile. *Journal of Personality and Social Psychology, 58,* 342-353.

Ekman, P., Levenson, R.W. y Friesen, W.V. (1983, 16 de septiembre). Autonomic nervous system activity distinguishes among emotions. *Science, 223,* 1208-1210.

Ekman, P. y O'Sullivan, M. (1991). Facial expression: Methods, means, and moues. En R.S. Feldman y B. Rimé (eds.). *Fundamentals of nonverbal behavior.* Cambridge, Inglaterra: Cambridge University Press.

Elhelou, M-W.A. (1994). Arab children's use of the keyword method to learn English vocabulary words. *Educational Research, 36,* 295-302.

Elkin, I. (1986, mayo). *NIMH treatment of depression: Collaborative research program.* Ponencia presentada en la reunión anual de la American Psychiatric Association. Washington, DC.

Elkind, D. (1981). *The hurried child.* Reading, MA: Addison-Wesley.

Elkind, D. (1988). *Miseducation.* Nueva York: Knopf.

Elkins, I.J., McGue, M. e Iacono, W.G. (1997). Genetic and environmental influences on parent-son relationships: Evidence for increasing genetic influence during adolescence. *Developmental Psychology, 33,* 351-363.

Elliot, A.J. y Church, M.A. (1997). A hierarchical model of approach and avoidance achievement motivation. *Journal of Personality and Social Psychology, 72,* 218-232.

Elliot, A.J. y Harackiewicz, J.M. (1996). Approach and avoidance achievement goals and intrinsic motivation: A mediational analysis. *Journal of Personality and Social Psychology, 70,* 461-475.

Elliott, S. (1997, 21 de junio). Industry still has many weapons available. *New York Times,* p. 10.

Ellis, A. (1974). *Growth through reason.* Hollywood, CA: Wilshire Books.

Ellis, A. (1987). The impossibility of achieving consistently good mental health. *American Psychologist, 42,* 364-375.

Ellis, A. (1995). Thinking processes involved in irrational beliefs and their disturbed consequences. *Journal of Cognitive Psychotherapy, 9,* 105-116.

Ellis, A. (1996a). *Better, deeper, and more enduring brief therapy: The rational emotive behavior therapy approach.* Nueva York: Brunner/Mazel.

Ellis, A. (1996b). How I learned to help clients feel better and get better. *Psychotherapy, 33,* 149-151.

Ellis, A. y Dryden, W. (1987). *The practice of rational-emotive therapy (RET).* Nueva York: Springer.

Ellis, A. y Dryden, W. (1997). *The practice of rational emotive behavior therapy* (2a. ed.). Nueva York: Springer.

Ellis, H.C. (1992). Graduate education in psychology: Past, present, and future. *American Psychologist, 47,* 570-576.

Ellyson, S.L. y Dovidio, J.F. (eds.). (1985). *Power, dominance, and nonverbal behavior.* Nueva York: Springer-Verlag.

Ellyson, S.L., Dovidio, J.F. y Brown, C.E., (1992, abril). Visual dominance of behavior in mixed-sex interaction: A meta-analysis. Ponencia presentadaen la reunión anual de la Eastern Psychological Association, Boston.

Embretson, S.E. (1996). Multidimensional latent trait models in measuring fundamental aspects of intelligence. En I. Dennis y P. Tapsfield (eds.), *Human abilities: Their nature and measurement.* Mahwah, NJ: Erlbaum.

Eng, R.C. (ed.). (1990). *Women: Alcohol and other drugs.* Dubuque, IA: Kendall/Hunt.

Engebretson, T.O. y Stoney, C.M. (1995). Anger expression and lipid concentrations. *International Journal of Behavioral Medicine, 2,* 281-298.

Engen, T. (1982). *Perception of odors.* Nueva York: Academic Press.

Engen, T. (1987, septiembre-octubre). Remembering odors and their names. *American Scientist, 75,* 497-503.

Engle-Friedman, M., Baker, A. y Bootzin, R.R. (1985). Reports of wakefulness during EEG identified stages of sleep. *Sleep Research, 14,* 152.

Engler, J. y Goleman, D. (1992). *The consumer's guide to psychotherapy.* Nueva York: Simon & Schuster.

Ennett, S.T. y Bauman, K.E. (1994). The contribution of influence and selection to adolescent peer group homogeneity: The case of adolescent cigarette smoking. *Journal of Personality and Social Psychology, 67,* 653-663.

Enqvist, B., Von Konow, L. y Bystedt, H. (1995). Stress reduction, preoperative hypnosis, and perioperative suggestion in maxillofacial surgery: Somatic responses and recovery. *Stress Medicine, 11*, 229-233.

Epperson, S.E. (1988, 16 de septiembre). Studies link subtle sex bias in schools with women's behavior in the workplace. *Wall Street Journal*, p. 19.

Epstein, L.H., Grunberg, N.E., Lichtenstein, E. y Evans, R.I. (1989). Smoking research: Basic research, intervention, prevention, and new trends. *Health Psychology, 8*, 705-721.

Epstein, R. (1987). The spontaneous interconnection of four repertoires of behavior in a pigeon. *Journal of Comparative Psychology, 101*, 197-201.

Epstein, R. (1996). *Cognition, creativity, and behavior: Selected essays*. Westport, CT: Praeger Publishers/Greenwood Publishing Group.

Epstein, R., Kirshnit, C.E., Lanza, R.P. y Rubin, L.C. (1984). Insight in the pigeon: Antecedents and determinants of intelligent performance. *Nature, 308*, 61-62.

Epstein, S. (1994). An integration of the cognitive and the psychodynamic unconscious. *American Psychologist, 49*, 709-724.

Epstein, S. y Meier, P. (1989). Constructive thinking: A broad coping variable with specific components. *Journal of Personality and Social Psychology, 57*, 332-350.

Epstein, S. y O'Brien, E.J. (1985). The person-situation debate in historical and current perspective. *Psychological Bulletin, 98*, 513-537.

Epstein, S.L. (1992). The role of memory and concepts in learning. *Minds and Machines, 2*, 239-265.

Epstein, S.L. (1995). Learning in the right places. *Journal of the Learning Sciences, 4*, 281-319.

Erber, R. (1991). Affective and semantic priming: Effects of mood on category accesibility and inference. *Journal of Experimental Social Psychology, 27*, 480.

Erickson, M.H., Hershman, S. y Secter, I.I. (1990). *The practical application of medical and dental hypnosis*. Nueva York: Brunner/Mazel.

Erikson, E.H. (1963). *Childhood and society* (2a. ed.). Nueva York: Norton.

Erlandson, D.A., Harris, E.L., Skipper, B.L. y Allen, S.D. (1993). *Doing naturalistic inquiry: A guide to methods*. Newbury Park, CA: Sage.

Eron, L.D. (1982). Parent-child interaction, television violence, and aggression of children. *American Psychologist, 37*, 197-211.

Eron, L.D. (1992). Gender differences in violence: Biology and/or socialization? En K. Bjorkqvist y P. Niemela (eds.), *Of mice and women: Aspects of female aggression*. San Diego, CA: Academic Press.

Eron, L.D. y Huesmann, L.R. (1985). The control of aggressive behavior by changes in attitude, values, and the conditions of learning. En R.J. Blanchard y C. Blanchard (eds.), *Advances in the study of aggression*. Nueva York: Academic Press.

Eron, L.D., Huesmann, L.R., Lefkowitz, M.M. y Walden, L.O. (1972). Does television cause aggression? *American Psychologist, 27*, 253-263.

Esasky, N. (1991, marzo). His career threatened by dizzying attacks of vertigo: A ballplayer struggles to regain his field of dreams. *People Weekly*, pp. 61-64.

Esser, J.K. y Lindoerfer, J.S. (1989). Groupthink and the space shuttle Challenger accident: Toward a quantitative case analysis. *Journal of Behavioral Decision Making, 2*, 167-177.

Estes, W.K. (1991). Cognitive architectures from the standpoint of an experimental psychologist. *Annual Review of Psychology, 42*, 1-28.

Estes, W.K. (1997). Significance testing in psychological research: Some persisting issues. *Psychological Science, 8*, 18-19.

Evans, D.L. (1993, 1 de marzo). The wrong examples. *Newsweek*, p. 10.

Evans, G.W., Hygge' S. y Bullinger, M. (1995). Chronic noise and psychological stress. *Psychological Science, 6*, 333-338.

Evans, J.S.B.T., Newstead, S.E. y Byrne, R.M.E. (1994). *Human reasoning: The psychology of deduction*. Mahwah, NJ: Erlbaum.

Evans, P.D. (1990). Type A behavior and coronary heart disease: When will the jury return? *British Journal of Psychology, 81*, 147-157.

Evans, R.J., Derkach, V. y Surprenant, A. (1992, 11 de junio). ATP (adenosine triphosphate) mediates fast synaptic transmission in mammalian neurons. *Nature, 357*, 503-505.

Eveleth, P. y Tanner, J. (1976). *World-wide variation in humman growth*. Nueva York: Cambridge University Press.

Everly, G.S., Jr. (1989). *A clinical guide to the treatment of the human stress response*. Nueva York: Plenum.

Evinger, S. (1996, mayo). How to record race. *American Demographics*, 36-41.

Ewbank, J.J., Barnes, T.M., Lakowski, B., Lussier, M., Bussey, H. y Hekimi, S. (1997, 14 de febrero). Structural and functional conservation of the caenorhabditis elegans timing gene clk-1. *Science, 275*, 980.

Exner, J.E., Jr. (1993). *The Rorschach: A comprehensive system*. Nueva York: Wiley.

Eysenck, H.J. (1975). *Eysenck on extroversion*. Nueva York: Wiley.

Eysenck, H.J. (1975). The structure of social attitudes. *British Journal of Social and Clinical Psychology, 14*, 323-331.

Eysenck, H.J. (1985). Race, social class, and individual differences in IQ. *Personality and Individual Differences, 6*, 287.

Eysenck, H.J. (1994a.) The big five or giant three: Criteria for a paradigm. En C.F. Halverson, Jr., G.A. Kohnstamm y R.P. Martin (eds.), *The developing structure of temperament and personality from infancy to adulthood*. Mahwah, NJ: Erlbaum.

Eysenck, H.J. (1994b). Cancer, personality, and stress: Prediction and prevention. *Advances in Behaviour Research and Therapy, 16*, 167-215.

Eysenck, H.J., Barrett, P., Wilson, G. y Jackson, C. (1992). Primary trait measurement of the 21 components of the P-E-N system. *European Journal of Psychological Assessment, 8*, 109-117.

Eysenck, H.J. y Eysenck, M.W. (1985). *Personality and individual differences: A natural science approach*. Nueva York: Plenum.

Fagan, J.F., III. (1992). Intelligence: A theoretical viewpoint. *Current Directions in Psychological Science, 1*, 82-86.

Fagot, B.I., Leinbach, M.D. y O'Boyle, C. (1992). Gender labeling, gender stereotyping, and parenting behaviors. *Developmental Psychology, 28*, 225-230.

Fairburns, C.C., Jones, R., Peveler, R.C. et al. (1993). Psychotherapy and bulimia nervosa. *Archives of General Psychiatry, 50*, 419-428.

Fajardo, D.M. (1985). Author race, essay quality, and reverse discrimination. *Journal of Applied Social Psychology, 15*, 255-268.

Fancher, R.E. (1995). The Bell Curve on separated twins. Special Issue: Canadian perspectives on *The Bell Curve. Alberta Journal of Educational Research, 41*, 265-270.

Fanelli, R.J., Burright, R.G. y Donovick, P.J. (1983). A multivariate approach to the analysis of genetic and septal lesion effects on maze performance in mice. *Behavioral Neuroscience, 97*, 354-369.

Farber, B.A., Brink, D.C. y Raskin, P.M. (eds.). (1996). *The psychotherapy of Carl Rogers: Cases and commentary*. Nueva York: Guilford Press.

Farley, C.F. (1993, 19 de abril). CNN/Time national poll. *Time*, p. 15.

Farley, F. (1986, mayo). The big T in personality. *Psychology Today*, pp. 44-52.

Farwell, L.A. y Donchin, E. (1988). Talking off the top of your head: Toward a mental prosthesis utilizing event-related brain potentials. *Electroencephalography and Clinical Neurophysiology, 70*, 510-523.

Farwell, L.A. y Donchin, E. (1991). The truth will out: Interrogative polygraphy ("lie detection") with event-related brain potentials. *Psychophysiology, 28*, 531-547.

Fawzy, F.I. (1994). The benefits of a short-term group intervention for cancer patients. *Advances, 10*, 17-19.

Fay, R.E., Turner, C.F., Klassen, A.D. y Gagnon, J.H. (1989). Prevalence and patterns of same-gender sexual contact among men. *Science, 243*, 338-348.

Feagans, L.V., Fendt, K. y Farran, D.C. (1995). The effects of day care intervention on teacher's ratings of the elementary school discourse skills in disadvantaged children. *International Journal of Behavioral Developmen, 18,* 243-261.

Fehr, B. y Russell, J.A. (1991). The concept of love viewed from a prototype perspective. *Journal of Personality and Social Psychology, 60,* 425-438.

Feifel, H. (1963). En N. L. Farberow (ed.), *Taboo topics* (pp. 8-12). Nueva York: Atherton.

Feingold, A. (1992). Good-looking people are not what we think. *Psychological Bulletin, 111,* 304-341.

Feingold, A. (1994). Gender differences in personality: A meta-analysis. *Psychological Bulletin, 116,* 429-456.

Feldman, E.J. (1996). The recognition and investigation of X-linked learning disability syndromes. *Journal of Intellectual Disability Research, 40,* 400-411.

Feldman, L.B. (ed.). (1995). *Morphological aspects of language processing.* Mahwah, NJ: Erlbaum.

Feldman, R.S. (ed.). (1995). *Development of nonverbal behavior in children.* Nueva York: Springer-Verlag.

Feldman, R.S. (ed.). (1993). *Applications of nonverbal behavioral theories and research.* Mahwah, NJ: Erlbaum.

Feldman, R.S., Coats, E.J. y Schwartzberg, S. (1994). *Case studies and critical thinking about psychology.* Nueva York: McGraw-Hill.

Feldman, R.S., Philippot, P. y Custrini, R.J. (1991). Social competence and nonverbal behavior. En. R.S. Feldman y B. Rimé (eds.), *Fundamentals of nonverbal behavior.* Cambridge, Inglaterra: Cambridge University Press.

Felson, R.B. y Tedeschi, J.T. (eds.). (1993). *Aggression and violence: Social interactionist perspectives.* Washington, DC: American Psychological Association.

Fenton, W.S. y McGlashan, T.H. (1991a). Natural history of schizophrenia subtypes: I. Longitudinal study of paranoid, hebephrenic, and undifferentiated schizophrenia: *Archives of General Psychiatry, 48,* 969-977.

Fenton, W.S. y McGlashan, T.H. (1991b). Natural history of schizophrenia subtypes: II. Positive and negative symptoms and long-term course. *Archives of General Psychiatry, 48,* 978-986.

Fenton, W.S. y McGlashan, T.H. (1994). Antecedents, symptom progression, and long-term outcome of the deficit syndrome in schizophrenia. *American Journal of Psychiatry, 151,* 351-356.

Ferguson, T. (1993). Working with your doctor. En D. Goleman y J. Gurin (eds.), *Mind-body medicine.* Yonkers, NY: Consumer Reports Books.

Fernandez, E. y Sheffield, J. (1995). Psychosocial stressors predicting headache occurrence: The major role of minor hassles. *Headache Quarterly, 6,* 215-220.

Fernandez, E. y Turk, D.C. (1992). Sensory and affective components of pain: Separation and synthesis. *Psychological Bulletin, 112,* 205-217.

Ferster, D. y Spruston, N. (1995, 3 de noviembre). Cracking the neuronal code. *Science, 270,* 756-757.

Feshbach, S. (1990). Psychology, human violence, and the search for peace: Issues in science and social values. *Journal of Social Issues, 46,* 183-198.

Festinger, L. (1957). *A theory of cognitive dissonance.* Stanford, CA: Stanford University Press.

Festinger, L. y Carlsmith, J.M. (1959). Cognitive consequences of forced compliance. *Journal of Abnormal and Social Psychology, 58,* 203-210.

Festinger, L., Schachter, S. y Back, K.W. (1950). *Social pressure in informal groups.* Nueva York: Harper.

Fichter, M.M. (ed.). (1990). *Bulimia nervosa: Basic research, diagnosis and therapy.* Nueva York: Wiley.

Fiedler, F.E., Mitchell, R. y Triandis, H.C. (1971). The culture assimilator: An approach to cross-cultural training. *Journal of Applied Psychology, 55,* 95-102.

Field, T. (1982). Individual differences in the expressivity of neonates and young infants. En R.S. Feldman (ed.), *Development of nonverbal behavior in children.* Nueva York: Springer-Verlag.

Field, T.M. (1978). Interaction of primary versus secondary caretaker fathers. *Developmental Psychology, 14,* 1 83-184.

Fields-Meyer, T. y Haederle, M. (1996, 24 de junio). Married to a stranger. *People,* pp. 48-51.

Figueiras, M.J. y Marteau, T.M. (1995). Experiences of the menopause: A comparison between Portugal and the United Kingdom. *Analise Psicologica, 13,* 163-171.

Filler, A.G., Howe, F.A., Hayes, C.E., Kliot, M., Winn, H.R., Bell, B.A., Griffiths, J.R. y Tsuruda, J.S. (1993, 13 de marzo). Magnetic resonance neurography. *The Lancet, 341,* 659-661.

Finch, C.E. (1990). *Longevity, senescence, and the genome.* Chicago: University of Chicago Press.

Finch, C.E. y Tanzi, R.E. (1997, octubre). Genetics of aging. *Science, 278,* 407-410.

Fine, L. (1994). Comunicación personal.

Fingerhut, L., Ingram, D. y Feldman, J. (1992). Firearm and nonfirearm homicide among persons 15 through 19 years of age. *Journal of the American Medical Association, 267,* 3048-3053.

Fingerhut, L.A. y Kleinman, J.C. (1990). International and interstate comparisons of homicide among young males. *Journal of the American Medical Association, 263,* 3292-3295.

Fink, A. (1993). *Evaluation fundamentals.* Newbury Park, CA: Sage.

Fink, M. (1990, abril). Continuation of ECT. *Harvard Medical School Mental Health Letter, 6,* 8.

Fink, M. (1994, mayo). Can ECT be an effective treatment for adolescents? *Harvard Mental Health Letter, 10,* 8.

Fink, M. (1997, junio). What is the role of ECT in the treatment of mania? *The Harvard Mental Health Letter, 8.*

Finke, R.A. (1995). Creative insight and preinventive forms. En R.J. Sternberg y J.E. Davidson (eds.), *The nature of insight.* Cambridge, MA: MIT Press.

Finkelhor, D. (1984). *Child sexual abuse: New theory and research.* Nueva York: Free Press.

Fiore, M.C. (1992). Trends in cigarette smoking in the United States: The epidemiology of tobacco use. *Medical Clinics of North America, 76,* 289-303.

Firestein, B.A. (ed.). (1996). *Bisexuality: The psychology and politics of an invisible minority.* Thousand Oaks, CA: Sage.

Fischer, C.S., Hout, M., Jankowski, M.S., Lucas, S.R., Swidler, A. y Voss, K. (1996). *Inequality by design: Cracking The Bell Curve Myth.* Princeton, NJ: Princeton University Press.

Fischer, K.W., Shaver, P.R. y Carnochan, P. (1990). How emotions develop and how they organize development. *Cognition and Emotion, 4,* 81-127.

Fischman, J. (1987). Type A on trial. *Psychology Today,* pp. 42-50.

Fischoff, B. (1977). Perceived informativeness of facts. *Journal of Experimental Psychology: Human Perception and Performance, 3,* 349-358.

Fisher, C.B. y Fyrberg, D. (1994). Participant partners: College students weigh the costs and benefits of deceptive research. *American Psychologist, 49,* 417-427.

Fisher, J.D. y Fisher, W.A. (1992). Changing AIDS-risk behavior. *Psychological Bulletin, 111,* 455-474.

Fisher, K. (1985, marzo), ECT: New studies on how, why, who. *APA Monitor,* pp. 18-19.

Fiske, A. (1991). *Structures of social life.* Nueva York: Free Press.

Fiske, A.P., Kitayama, S., Markus, H.R. y Nisbett, R.E. (1998). The cultural matrix of social psychology. En D. Gilbert, S. Fiske y G. Lindzey (eds.), *Handbook of Social Psychology.* Nueva York: McGraw-Hill.

Fiske, S.T. (1987) People's reaction to nuclear war: Implications for psychologist. *American Psychologist, 42,* 207-217.

Fiske, S.T. (1992). Thinking is for doing: Portraits of social cognition from daguerreotype to laserphoto. *Journal of Personality and Social Psychology, 63,* 877-889.

Fiske, S.T. (1997). Stereotyping, prejudice, and discrimination. En D.T. Gilbert, S.T. Fiske y G. Lindzey (eds.), *The handbook of social psychology* (4a. ed). Nueva York: McGraw-Hill.

Fiske, S.T. y Glick, P. (1995). Ambivalence and stereotypes cause sexual harassment: A theory with implications for organizational change. *Journal of Social Issues, 51*, 97-115.

Fiske, S.T. y Morling, B. (1996). Stereotyping as a function of personal control motives and capacity constraints: The odd couple of power and anxiety. En R.M. Sorrentino y E.T. Higgins (eds.), *Handbook of motivation and cognition, Vol. 3: The interpersonal context. Handbook of motivation and cognition.* Nueva York: Guilford Press.

Fiske, S.T., Pratto, F. y Pavelchak, M.A. (1983). Social science and the politics of the arms race. *Journal of Social Issues, 39*, 161-180.

Fiske, S.T. y Taylor, S.E. (1991). *Social cognition* (2a. ed.). Nueva York: McGraw-Hill.

Fitzgerald, J.M. (1988). Vivid memories and the reminiscence phenomenon: The role of a self narrative. *Human Development, 31*, 261-273.

Fitzgerald, L.F. (1993). Sexual harassment: Violence against women in the workplace. *American Psychologist, 48*, 1070-1076.

Flam, F. (1991, 14 de junio). Queasy riders. *Science, 252*, 1488.

Flavell, J.H. (1993). Young children's understanding of thinking and consciousness. *Current Directions in Psychological Science, 2*, 40-43.

Flavell, J.H., Green, F.L. y Flavell, E.R. (1990). Developmental changes in young children's knowledge about the mind. *Cognitive Development, 5*, 1-27.

Fleming, R., Baum, A. y Singer, J.E. (1984). Toward an integrative approach to the study of stress. *Journal of Personality and Social Psychology, 46*, 939-949.

Flippen, A.R., Hornstein, H.A., Siegal, W.E. y Weitzman, E.A. (1996). A comparison of similarity and interdependence as triggers for in-group formation. *Personality and Social Psychology Bulletin, 22*, 882-893.

Flowers, J.V. y Booraem, C.D. (1990). The effects of different types of interventions on outcome in group therapy. *Group, 14*, 81-88.

Flynn, J.R. (1987). Massive IQ gains in 14 nations: What IQ tests really measure. *Psychological Bulletin, 101*, 171-191.

Flynn, J.R. (1996). What environmental factors affect intelligence: The relevance of IQ gains over time. En D.K. Detterman (ed.), *Current topics in human intelligence, Volume 5, The Environment.* Norwood, NJ: Ablex.

Foa, E.B. y Riggs, D.S. (1995). Posttraumatic stress disorder following assault: Theoretical considerations and empirical findings. *Current Directions in Psychological Science, 4*, 61-65.

Foderaro, L.W. (1993, 19 de julio). With reforms in treatment, shock therapy loses shock. *New York Times*, pp. A1, B2.

Folkman, S. (1984). Personal control and stress and coping processes: A theoretical analysis. *Journal of Personality and Social Psychology, 46*, 839-852.

Folkman, S. (1995, otoño). Coping with caregiving and bereavement. *Psychology & Aids Exchange.* Washington, DC: American Psychological Association.

Folkman, S. y Lazarus, R.S. (1980). An analysis of coping in a middle-aged community sample. *Journal of Health and Social Behavior, 21*, 219-239.

Folkman, S. y Lazarus, R.S. (1988). Coping as a mediator of emotion. *Journal of Personality and Social Psychology, 54*, 466-475.

Folkman, S., Lazarus, R.S., Dunkel-Schetter, C., DeLongis, A. y Green, R.J. (1986). Dynamics of a stressful encounter: Cognitive appraisal, coping, and encounter outcome. *Journal of Personality and Social Psychology, 50*, 992-1003.

Fonagy, P. y Moran, G.S. (1990). Studies of the efficacy of child psychoanalysis. *Journal of Consulting and Clinical Psychology, 58*, 684-695.

Ford, C.S. y Beach, F.A. (1951). *Patterns of sexual behavior.* Nueva York: Harper.

Ford, C.V. y Folks, D.G. (1985). Conversion disorders: An overview. *Psychosomatics, 26*, 371-383.

Ford, J.G. (1991). Rogers's theory of personality: Review and perspectives. En A. Jones y R. Crandall (eds.), Handbook of self-actualization [Special issue]. *Journal of Social Behavior and Personality, 6*, 19-44.

Forer, B. (1949). The fallacy of personal validation: A classroom demonstration of gullibility. *Journal of Abnormal and Social Psychology, 44*, 118-123.

Foreyt, J.P. y Goodrick, G.K. (1994). *Living without dieting.* Nueva York: Warner.

Forgas, J.P. y Bower, G.H. (1987). Mood effects on person-perception judgments. *Journal of Personality and Social Psychology, 53*, 53-60.

Forrester, M.A. (1996). *Psychology of language: A critical introduction.* Thousand Oaks, CA: Sage.

Forss. N., Jousmaki, V. y Hari, R. (1995). Interaction between afferent input from fingers in human somatosensory cortex. *Brain Research, 685*, 68-76.

Forss, N., Makela, J.P., McEvoy, L. y Hari, R. (1993). Temporal integration and oscillatory responses of the human auditory cortex revealed by evoked magnetic fields to click trains. *Hearing Research, 68*, 89-96.

Fowers, B.J. y Richardson, F.C. (1996). Why is multiculturalism good? *American Psychologist, 51*, 609-621.

Fowler, F.J., Jr., (1995). *Improving survey questions: Design and evaluation.* Newbury Park, CA: Sage.

Fowler, R.D. (1993). New stats add weight to member director. *APA Monitor*, p. 2.

Fowles, D.C. (1992). Schizophrenia: Diathesis-stress revisited. *Annual Review of Psychology, 43*, 303-336.

Fox, N. (ed.). (1994). The development of emotion regulation: Biological and behavioral consideration. *Monographs of the SRCD, 12*, 88-95.

Fox, N.A. (1995). Of the way we were: Adult memories about attachment experiences and their role in determining infant-parent relationships: A commentary on Van IJzendoorn (1995). *Psychological Bulletin, 117*, 404-410.

Fox, R.E. (1994). Training professional psychologists for the twenty-first century. *American Psychologist, 49*, 200-206.

Frances, A., First, M.B. y Pincus, H.A. (1995). *DSM-IV guidebook.* Washington, DC: American Psychiatric Press.

Frank, S.J., Jacobson, S. y Tuer, M. (1990). Psychological predictors of young adults' drinking behaviors. *Journal of Personality and Social Psychology, 59*, 770-780.

Frankel, F.H. (1993). Adult reconstruction of childhood events in the multiple personality literature. *American Journal of Psychiatry, 150*, 954-958.

Frankel, R.M. (1995). Emotion and the physician-patient relationship. *Motivation and Emotion, 19*, 163-173.

Frankenburg, W.K. y Dodds, J.B. (1967). The Denver developmental screening test. *Journal of Pediatrics, 71*, 181-191.

Franzek, E. y Beckmann, H. (1996). Gene-environment interaction in schizophrenia: Season-of-birth effect reveals etiologically different subgroups. *Psychopathology, 29*, 14-26.

Fraser, S. (ed.). (1995). *The bell curve wars: Race, intelligence, and the future of America.* Nueva York: Basic Books, Inc.

Frazier, J.A., Guide, J.M., Hamburger, S.D. *et al.* (1996, julio). Brain anatomic magnetic resonance imaging in childhood-onset schizophrenia. *Archives of General Psychiatry, 53*, 617-624.

Frederick, C.J. (1993). Terrorism and hostage taking. En A.A. Leenaars, A.L. Berman, P. Cantor, R.E. Litman, y R.W. Maris (eds.), *Suicidology: Essays in honor of Edwin S. Shneidman.* Northvale, NJ: Jason Aronson.

Frederickson, R. (1992). *Repressed memories: A journey to recovery from sexual abuse.* Fireside Books.

Freedheim, D.K. (ed.). (1992). *History of psychotherapy: A century of change.* Washington, DC: American Psychological Association.

Freedman, D., Pisani, R., Purves, R. y Adhikari, A. (1991). *Statistics* (2a. ed.). Nueva York: Norton.

Freedman, D.S. (1995). The importance of body fat distribution in early life. *American Journal of the Medical Sciences, 310*, S72-S76.

Freedman, J. (1996, mayo). Violence in the mass media and violence in society: The link in unproven. *Harvard Mental Health Letter*, pp. 4-6.

Freedman, J.L. (1984). Effects of television violence on aggressiveness. *Psychological Bulletin, 96*, 227-246.

Freedman, J.L. y Fraser, S.C. (1966). Compliance without pressure: The foot-in-the-door technique. *Journal of Personality and Social Psychology, 4*, 195-202.

Freeman, P. (1990, 17 de diciembre). Silent no more. *People Weekly,* pp. 94-104.

Freeman, W. (1959). Psychosurgery. En *American handbook of psychiatry* (Vol. 2, pp. 1521-1540). Nueva York: Basic Books.

Freiberg, P. (1995, marzo). Psychologist wary of AIDS home test. *APA Monitor,* p. 34.

French, H.W. (1997, 2 de febrero). Africa's culture war: Old customs, new values. *New York Times,* pp. 1E, 4E.

Freud, S. (1900). *The interpretation of dreams.* Nueva York: Basic Books.

Freud, S. (1922/1959). *Group psychology and the analysis of the ego.* Londres: Hogarth.

Freund, H. (1996, 21 de junio). Remapping the brain. *Science, 272,* 1754.

Friedman, H.S., Hawley, P.H. y Tucker, J.S. (1994). Personality, health, and longevity. *Current Directions in Psychological Science, 3,* 37-41.

Friedman, H.S., Tucker, J.S., Tomlinson-Keasey, C., Schwartz, J. *et al.* (1993). Does childhood personality predict longevity? *Journal of Personality and Social Psychology, 65,* 176-185.

Friedman, L. (1989). Mathematics and the gender gap: A meta-analysis of recent studies on sex differences in mathematical tasks. *Review of Educational Research, 59,* 185-213.

Friedman, M., Thoresen, C.E., Gill, J.J., Powell, L.H., Ulmer, D., Thompson, L., Price, V.A., Rabin, D.D., Breall, W.S., Dixon, T., Levy, R. y Bourg, E. (1984). Alteration of Type A behavior and reduction in cardiac recurrences in postmyocardial infarction patients. *American Heart Journal, 108* (2), 237-248.

Friedman, M.I. (1995). Control of energy intake by energy metabolism. *American Journal of Clinical Nutrition, 62,* 1096S-1100S.

Friedman, M.J. y Marsella, A.J. (1996). Post-traumatic stress disorder: An overview of the concept. En A.J. Marsella, M.J. Friedman, E.T. Gerrity y R.M. Scurfield (eds.), *Ethnocultural aspects of post-traumatic stress disorder: Issues, research, and clinical applications.* Washington, DC: American Psychological Association.

Friedman, W.J. (1993). Memory for the time of past events. *Psychological Bulletin, 113,* 44-66.

Friend, T. (1994, marzo). River, with love and anger, *Esquire,* pp. 108-117.

Frijda, N.H. (1988). The laws of emotion. *American Psychologist, 43,* 349-358.

Frijda, N.H., Kuipers, P. y terSchure, E. (1989). Relations among emotion, appraisal, and emotional action readiness. *Journal of Personality and Social Psychology, 57,* 212-228.

Frishman, R. (1996). Don't be a wimp in the doctor's office. *The Harvard Health Letter, 21,* 1-2.

Fromholt, P. y Larsen, S.F. (1991). Autobiographical memory in normal, aging,

and primary degenerative dementia (dementia of Alzheimer type). *Journal of Gerontology, 46,* 85-91.

Fromm, E. y Nash, M. (eds.). (1992). *Contemporary hypnosis research.* Nueva York: Guilford Press.

Fry, D.P. (1992). "Respect for the rights of others is peace": Learning aggression versus nonaggression among the Zapotec. *American Anthropologist, 94,* 621-639.

Fuchs, D. y Fuchs, L.S. (1994). Inclusive schools movement and the radicalization of special education reform. *Exceptional Children, 60,* 294-309.

Fuchs, D., Fuchs, L.S., Mathes, P.G. y Simmons, D.C. (1997). Peer-assisted learning strategies: Making classrooms more responsive to diversity. *American Educational Research Journal, 34,* 174-206.

Fukuzako, H., Fukuzako, T., Hashiguchi, T., Hokazono, Y. *et al.* (1996). Reduction in hippocampal formation volume is caused mainly by its shortening in chronic schizophrenia: Assessment by MRI. *Biological Psychiatry, 39,* 938-945.

Fulle, H.J., Vassar, R., Foster, D.C., Yang, R.B., Axel, R. y Garbers, D.L. (1995, 11 de abril). A receptor guanylyl cyclase expressed specifically in olfactory sensory neurons. *Proceedings of the National Academy of Sciences, 92,* 3571-3575.

Funder, D.C. (1991). Global traits: A neo-Allportian approach to personality. *Psychological Science, 2,* 31-39.

Funder, D.C. (1997). *The personality puzzle.* Nueva York: Norton.

Funder, D.C.F. (1987). Errors and mistakes: Evaluating the accuracy of social judgment. *Psychological Bulletin, 101,* 75-90.

Funk, M.S. (1996). Development of object permanence in the New Zealand parakeet *(Cyanoramphus auriceps). Animal Learning and Behavior, 24,* 375-383.

Furnham, A. (1994). The psychology of common sense. En J. Siegfried (ed.), *The status of common sense in psychology.* Norwood, NJ: Ablex.

Furnham, A. (1995). The relationship of personality and intelligence to cognitive learning style and achievement. En D.H. Saklofske y M. Zeidner (eds.), *International handbook of personality and intelligence. Perspectives on individual differences.* Nueva York: Plenum Press.

Furst, P.T. (1977). "High states" in culture-historical perspective. En N.E. Zinberg (ed.), *Alternate states of consciousness.* Nueva York: Free Press.

Gabriel M.T., Critelli, J.W. y Ee, J.S. (1994). Narcissistic illusion in self-evaluations of intelligence and attractiveness. *Journal of Personality, 62,* 143-155.

Gaertner, S.L., Mann, J.A., Dovidio, J.F., Murrell, A.J. y Pomare, M. (1990). How does cooperation reduce intergroup bias? *Journal of Personality and Social Psychology, 59,* 692-704.

Gaertner, S.L., Rust, M.C., Dovidio, J.F., Bachman, B.A. *et al.* (1996). The contact hypothesis: The role of a common ingroup identity on reducing intergroup bias among majority and minority group members. En J.L. Nye y A.M. Brower (eds.), *What's social about social cognition? Research on socially shared cognition in small groups.* Thousand Oaks, CA: Sage.

Gage, N.L. (1991, enero-febrero). The obviousness of social and educational research results. *Educational Researcher,* pp. 10-16.

Gagnon, G.H. (1977). *Human sexualities.* Glenview, IL: Scott, Foresman.

Gagnon, S. y Dore, F.X. (1994). Cross-sectional study of object permanence in domestic puppies *(Canis familiaris). Journal of Comparative Psychology, 108,* 220-232.

Gakkagher, D.J. (1996). Personality, coping, and objective outcomes: Extraversion, neuroticism, coping styles, and academic performance. *Personality and Individual Differences, 21,* 421-429.

Galambos, N.L. (1992). Parent-adolescent relations. *Current Directions in Psychological Science, 1,* 146-149.

Galanter, E. (1962). Contemporary psychophysics. En R. Brown, E. Galanter, E. Hess y G. Maroler (eds.), *New directions in psychology* (pp. 87-157). Nueva York: Holt.

Galanter, M. (ed.). (1995). *Recent developments in alcoholism, Vol. 12: Alcoholism and women.* Nueva York: Plenum Press.

Galatzer-Levy, R.M. y Cohler, B.J. (1997). *Essential psychoanalysis: A contemporary introduction:* Nueva York: Basic Books.

Galavotti, C., Saltzman, L.E., Sauter, S.L. y Sumartojo, E. (1997, febrero). Behavioral science activities at the Centers for Disease Control and Prevention: A selected overview of exemplary programs. *American Psychologist, 52,* 154-166.

Gale, N., Golledge, R.G., Pellegrino, J.W. y Doherty, S. (1990). The acquisition and integration of route knowledge in an unfamiliar neighborhood. *Journal of Environmental Psychology, 10,* 3-25.

Gallagher, J.J. (1993). Current status of gifted education in the United States. En K.A. Heller, F.J. Monks y A.H. Passow (eds.), *International handbook of research and development of giftedness and talent.* Oxford, Inglaterra: Pergamon.

Gallagher, J.J. (1994). Teaching and learning: New models. *Annual Review of Psychology, 45,* 171-195.

Gallagher, M. y Rapp, R.R. (1997). The use of animal models to study the effects of aging on cognition. *Annual Review of Psychology, 48,* 339-370.

Gallant, J.L., Braun, J. y VanEssen, D.C. (1993, 1 de enero). Selectivity for polar, hyperbolic, and cartesian gratings in macaque visual cortex. *Science, 259,* 100-103.

Gannon, L., Luchetta, T., Rhodes, K., Pardie, L. y Segrist, D. (1992). Sex bias in psychological research. *American Psychologist, 47,* 389-396.

Ganrud, C. (ed.). (1993). *Visual perception and cognition in infancy.* Mahwah, NJ: Erlbaum.

Gao, J., Parsons, L.M., Bower, J.M., Xiong, J., Li, J. y Fox, P.T. (1996, 26 de abril). Cerebellum implicated in sensory acquisition and discrimination rather than motor control. *Science, 272,* 545-547.

Garbarino, J., Gaa, J.P., Swank, P., McPherson, R. *et al.* (1995). The relation of individuation and psychosocial development. *Journal of Family Psychology, 9,* 311-318.

Garber, H.L. (1988). *The Milwaukee Project: Preventing mental retardation in children at risk.* Washington, DC: American Association on Mental Retardation.

Garcia, J. (1990). Learning without memory. *Journal of Cognitive Neuroscience, 2,* 287-305.

Garcia, J., Brett, L. y Rusiniak, K. (1989). Limits of Darwinian conditioning. En S.B. Klein y R.R. Mowrer (eds.), *Contemporary learning theories* (Vol. 2). Mahwah, NJ: Erlbaum.

Garcia, J., Hankins, W.G. y Rusiniak, K.W. (1974). Behavioral regulation of the milieu intern in man and rat. *Science, 185,* 824-831.

Garcia-Andrade, C., Wall, T.L. y Ehlers, C.L. (1997). The firewater myth and response to alcohol in Mission Indians. *Journal of Psychiatry, 154,* 983-988.

Gardner, H. (1975). *The shattered mind: The person after brain damage.* Nueva York: Knopf.

Gardner, H. (1983). *Frames of mind: The theory of multiple intelligences.* Nueva York: Basic Books.

Gardner, H. (1993). *Multiple intelligences.* Nueva York: Basic Books.

Gardner, H. (1997). *Extraordinary minds.* Nueva York: Basic Books.

Gardner, H., Kornhaber, M.L. y Wake, W.K. (1996). *Intelligence: Multiple perspectives.* Fort Worth, TX: Harcourt.

Gardner, H., Krechevsky, M., Sternberg, R.J. y Okagaki, L. (1994). Intelligence in context: Enhancing students' practical intelligence for school. En K. McGilly, (ed.), *Classroom lessons: Integrating cognitive theory and classroom practice.* Cambridge, MA: MIT Press.

Gardner, W. y Wilcox, B.L. (1993). Political intervention in scientific peer review. *American Psychologist, 48,* 972-983.

Gardner, W.I., Graeber, J.L. y Cole, C.L. (1996). Behavior therapies: A multimodal diagnostic and intervention model. En J.W. Jacobson y J.A. Mulick (eds.), *Manual of diagnosis and professional practice in mental retardation.* Washington, DC: American Psychological Association.

Garfield, S.L. (1990). Issues and methods in psychotherapy process research. *Journal of Consulting and Clinical Psychology, 58,* 273-280.

Garland, A.F. y Zigler, E. (1993). Adolescent suicide prevention: Current research and social policy implications. *American Psychologist, 48,* 169-182.

Garling, T. (1989). The role of cognitive maps in spatial decisions. *Journal of Environmental Psychology, 9,* 269-278.

Garner, D.M. y Garfinkel, P.E. (1997). *Handbook of treatment for eating disorders.* Nueva York: Guilford Press.

Garnett, L.R. (1996). Taking emotions to heart. *Harvard Health Letter, 21,* 1-3.

Garrison, D.W. y Foreman, R.D. (1994). Decreased activity of spontaneous and noxiously evoked dorsal horn cells during transcutaneous electrical nerve stimulation (TENS). *Pain, 58,* 309-315.

Gartell, N.N. (1982). Hormones and homosexuality. En W. Paul *et al.* (eds.), *Homosexuality: Social, psychological, and biological issues.* Beverly Hills, CA: Sage.

Gatchel, R.J. y Baum, A. (1983). *An introduction to health psychology.* Reading, MA: Addison-Wesley.

Gatchel, R.J. y Turk, D.C. (eds.). (1996). *Psychological approaches to pain management: A practioner's handbook.* Nueva York: Guilford Press.

Gathercole, S.E. y Baddeley, A.D. (1993). *Working memory and language processing.* Mahwah, NJ: Erlbaum.

Gawin, F.H. (1991, 29 de marzo). Cocaine addiction: Psychology and neurophysiology. *Science, 251,* 1580-1586.

Gawin, F.H. y Ellinwood, E.H. (1988). *New England Journal of Medicine, 318,* 1173.

Gazzaniga, M.S. (1970). *The bisected brain.* Nueva York: Plenum Press.

Gazzaniga, M.S. (1983). Right-hemisphere language following brain bisection: A twenty-year perspective. *American Psychologist, 38,* 525-537.

Gazzaniga, M.S. (1989, 1 de septiembre). Organization of the human brain. *Science, 245,* 947-952.

Gazzaniga, M.S. (1992). Brain modules and belief formation. En F.S. Kessel, P.M. Cole y D.L. Johnson (eds.), *Self and consciousness: Multiple perspectives.* Mahwah, NJ: Erlbaum.

Gazzaniga, M.S. (ed.). (1994). *The cognitive neurosciences.* Cambridge, MA: MIT Press.

Ge, X., Conger, R.D., Cadoret, R.J., Neiderhiser, J.M. *et al.* (1996). The developmental interface between nature and nurture: A mutual influence model of child antisocial behavior and parent behaviors. *Developmental Psychology, 32,* 574-589.

Ge, X., Conger, R.D. y Elder, G.H., Jr. (1996). Coming of age too early: Pubertal influences on girls' vulnerability to psychological distress. *Child Development, 67,* 3386-3400.

Geary, D.C., Bow-Thomas, C.C., Fan, L. y Siegler, R.S. (1993). Even before formal instruction, Chinese children outperform American children in mental addition. *Cognitive Development, 8,* 517-529.

Geary, D.C., Fan, L. y Thomas, C.C. (1992). Numerical cognition: Loci of ability differences comparing children from China and the United States. *Psychological Science, 3,* 180-185.

Geen, R.G. (1984). Human motivation: New perspectives on old problems. En A. M. Rogers y C.J. Scheirer (eds.), *The G. Stanley Hall Lecture Series* (Vol. 4). Washington, DC: American Psychological Association.

Geen, R.G. (1995). *Human motivation: A social psychological approach.* Pacific Grove, CA: Brooks/Cole.

Geen, R.G. y Donnerstein, E. (1983). *Aggression: Theoretical and empirical reviews.* Nueva York: Academic Press.

Geis, F.L. (1993). Self-fulfilling prophecies. En A.E. Beall y R.J. Sternberg (eds.), *The psychology of gender.* Nueva York: Guilford Press.

Geiselman, R.E., Fisher, R.P., MacKinnon, D.P. y Holland, H.L. (1985). Eyewitness memory enhancement in the police interview: Cognitive retrieval mnemonics versus hypnosis. *Journal of Applied Psychology, 70,* 401-412.

Geisinger, K.F. (ed.). (1992). *Psychological testing of Hispanics.* Washington, DC: American Psychological Association.

Geissler, H., Link, S.W. y Townsend, J.T. (1992). *Cognition, information processing, and psychophysics.* Mahwah, NJ: Erlbaum.

Gelles, R.J. (1994). *Contemporary families.* Newbury Park, CA: Sage.

Gelman, D. (1989, 20 de febrero). Roots of addiction. *Newsweek,* pp. 52-57.

Gelman, D. (1994, 18 de abril). The mystery of suicide. *Newsweek,* pp. 44-49.

Gelman, R. y Baillargeon, R. (1983). A review of some Piagetian concepts. En J.H. Flavell y E.M. Markman (eds.), *Handbook of child psychology: Vol. 3. Cognitive development* (4a. ed.). Nueva York: Wiley.

Gelman, R. y Kit-Fong Au, T. (eds.). (1996). *Perceptual and cognitive development.* Nueva York: Academic Press.

Gentry, W.D. y Kobasa, S.C.O. (1984). Social and psychological resources mediating stress-illness relationships in humans. En W.D. Gentry (ed.), *Handbook of behavioral medicine.* Nueva York: Guilford Press.

Genuis, M.L. (1995). The use of hypnosis in helping cancer patients control anxiety, pain, and emesis: A review of recent empirical studies. *American Journal of Clinical Hypnosis, 37,* 316-325.

George, M.S., Wassermann, E.M., Williams, W.A., Callahan, A. *et al.* (1995). Daily repetitive transcranial magnetic stimulation (rTMS) improves mood in depression. *Neuroreport: An International Journal for the Rapid Communication of Research in Neuroscience, 6,* 1853-1856.

Gerbner, G., Gross, L., Jackson-Beeck, M., Jeffries-Fox, S. y Signorielli, N. (1978). Cultural indicators: Violence profile No. 9. *Journal of Communication, 28,* 176-207.

Gerbner, G., Morgan, M. y Signorielli, N. (1993). Television violence. Estudio sin publicar, University of Pennsylvania, Filadelfia.

Gergen, K.J., Gulerce, A., Lock, A. y Misra, G. (1996). Psychological science in cultural context. *American Psychologist, 51,* 496-503.

Gerrard, M. (1988). Sex, sex guilt, and contraceptive use revisited: The 1980s. *Journal of Personality and Social Psychology, 57,* 973-980.

Gerrard, M., Gibbons, F.X. y Bushman, B.J. (1996). Relation between perceived vulnerability to HIV and precautionary sexual behavior. *Psychological Bulletin, 119,* 390-409.

Gerrig, R.J. y Banaji, M.R. (1994). Language and thought. En R. J. Sternberg (ed.), *Thinking and problem-solving.* San Diego, CA: Academic Press.

Gerritsen, W., Heijnen, C.J., Weigant, V.M., Bermond, B. *et al.* (1996). Experimental social fear: Immunological, hormonal, and autonomic concomitants. *Psychosomatic Medicine, 58,* 273-296.

Gershon, E.S., Martinez, M., Goldin, L.R. y Gejman, P.V. (1990). Genetic mapping of common disease: The challenges of manic-depressive illness and schizophrenia. *Trends in Genetics, 6,* 282-287.

Gescheider, G.A. (1997). *Psychophysics: The fundamentals* (3a. ed.). Mahwah, NJ: Erlbaum.

Geschwind, N. y Galaburda, A.M. (1987). *Cerebral lateralization: Biological mechanism, associations, and pathology.* Cambridge, MA: MIT Press.

Getchell, T.V., Chen, Y., Strotmann, J., Breer, H. y Getchell, M.L. (1993). Expression of a mucociliary-specific epitome in human olfactory epithelium. *Neuroreport, 4,* 623-626.

Getner, D. y Holyoak, K.J. (1997, enero). Reasoning and learning by analogy. *American Psychologist, 52,* 32-34.

Getty, D.J., Pickett, R. M., D'Orsi, C.J. y Swets, J.A. (1988). Enhanced interpretation of diagnostic images. *Investigative Radiology, 23,* 240-252.

Gfeller, J.D., Lynn, S.J. y Pribble, W.E. (1987). Enhancing hypnotic susceptibility: Interpersonal and rappport factors. *Journal of Personality and Social Psychology, 52,* 586-595.

Ghez, C. (1991). The cerebellum. En E.R. Kandel, J.H. Schwartz y T.M. Jessell (eds.), *Principles of neural science* (3a. ed.). Nueva York: Elsevier.

Gibb, C.A. (1969). Leadership. En G. Lindzey y E. Aronson (eds.), *Handbook of social psychology* (2a. ed.). Reading, MA: Addison-Wesley.

Gibbons, A. (1990, 13 de julio). New maps of the human brain. *Science, 249,* 122-123.

Gibbons, A. (1991, 29 de marzo). Deja vu all over again: Chimp-language wars. *Science, 251,* 1561-1562.

Gibbs, M.E. y Ng., K.T. (1977). Psychobiology of memory: Towards a model of memory formation. *Behavioral Reviews, 1,* 113-136.

Gibbs, M.E., O'Dowd, B.S., Hertz, L., Robinson, S.R. *et al.* (1996). Inhibition of glutamine synthetase activity prevents memory consolidation. *Cognitive Brain Research, 4,* 57-64.

Gibbs, N. (1989, 9 de enero). For goodness' sake. *Time,* pp. 20-24.

Gibbs, W.W. (1996, agosto). Gaining on fat. *Scientific American,* pp. 88-94.

Gibson, B. (1997). Smoker-nonsmoker conflict: Using a social psychological framework to understand a current social controversy. *Journal of Social Issues, 53,* 97-112.

Gibson, E.J. (1994). Has psychology a future? *Psychological Science, 5,* 69-76.

Gibson, H.B. (1995). A further case of the misuse of hypnosis in a police investigation. *Contemporary Hypnosis, 12,* 81-86.

Gidron, Y. y Davidson, K. (1996). Development and preliminary testing of a brief intervention for modifying CHD-predictive hostility components. *Journal of Behavioral Medicine, 19,* 203-220.

Gilbert, B. (1996). New ideas in the air at the National Zoo. *Smithsonian,* pp. 32-43.

Gilbert, D.G. (1995). *Smoking: Individual differences, psychopathology, and emotion.* Filadelfia: Taylor & Francis.

Gilbert, D.T., Jones, E.E. y Pelham, B.W. (1987). Influence and inference: What the active perceiver overloocks. *Journal of Personality and Social Psychology, 52,* 861-870.

Gilbert, D.T. y Malone, P.S. (1995). The correspondence bias. *Psychologiccal Bulletin, 117,* 21-38.

Gilbert, F.W. y Warren, W.E. (1995). Psychographic constructs and demographic segments. *Psychology & Marketing, 12,* 223-237.

Gilbert, L.A. (1993). *Two careers/one family: The promise of gender equality.* Newbury Park, CA: Sage.

Gilbert, S. (1997, 22 de enero). Lag seen in aid for depression; antidepressants are safe, effective and underused, a panel concludes. *The New York Times,* p. B11.

Giles, T.R. (ed.) (1993). *Handbook of effective psychotherapy.* Nueva York: Plenum Press.

Gilger, J.W. (1996). How can behavioral genetic research help us understand language development and disorders? En M.L. Rice (ed.), *Toward a genetics of language.* Mahwah, NJ: Erlbaum.

Gill, T.J., Jr., Smith, G.J., Wissler, R.W. y Kunz, H.W. (1989, 29 de julio). The rat as an experimental animal. *Science, 245,* 269-276.

Gilligan, C. (1982). *In a different voice: Psychological theory and women's development.* Cambridge, MA: Harvard University Press.

Gilligan, C. (1987). Adolescent development reconsidered. *New Directions for Child Development, 37,* 63-92.

Gilligan, C. (1993). Woman's place in man's life cycle. En A. Dobrin (ed.), *Being good and doing right: Readings in moral development.* Lanham, MD: University Press of America.

Gilligan, C., Lyons, N.P. y Hanmer, T.J. (eds.) (1990). *Making connections.* Cambridge, MA: Harvard University Press.

Gilligan, C., Ward, J.V. y Taylor, J.M. (eds.). (1988). *Mapping the moral domain: A contribution of women's thinking to psychological theory and education.* Cambridge, MA: Harvard University Press.

Gillstrom, B.J. y Hare, R.D. (1988). Language-related hand gestures in psychopaths. *Journal of Personality Disorders, 1,* 21-27.

Gillyatt, P. (1997, febrero). When the nose doesn't know. *Harvard Health Letter,* pp. 6-7.

Ginsburg, H.P. y Opper, S. (1988). *Piaget's theory of intellectual development* (3a. ed.). Englewood Cliffs, NJ: Prentice-Hall.

Gladue, B. (1984). Hormone markers for homosexuality. *Science, 225,* 198.

Gladue, B.A. (1995). The biopsychology of sexual orientation. *Current Directions in Psychological Science, 3,* 150-154.

Gladue, B.A., Boechler, M. y McCaul, K.D. (1989). Hormonal response to competition in human males. *Aggressive Behavior, 15,* 409-422.

Gladwin, T. (1964). Culture and logical process. En N. Goodenough (ed.), *Explorations in cultural anthropology: Essays in honor of George Peter Murdoch.* Nueva York: McGraw-Hill.

Glaman, J.M., Jones, A.P. y Rozelle, R.M. (1996). The effects of co-worker similarity on the emergence of affect in work teams. *Group and Organization Management, 21,* 192-215.

Glantz, M. y Pickens, R. (eds.). (1991). *Vulnerability to drug abuse.* Washington, DC: American Psychological Association.

Glaser, R. (1990). The reemergence of learning theory within instructional research. *American Psychologist, 45,* 29-39.

Glaser, R. y Kiecolt-Glaser, J. (eds.). (1994). *Handbook of human stress and immunity.* San Diego, CA: Academic Press.

Glaser, R., Rice, J., Speicher, C.E., Stout, J.C. y Kiecolt-Glaser, J.K. (1986). Stress depresses interferon production by leukocytes concomitant with a decrease in natural killer cell activity. *Behavioral Neuroscience, 100,* 675-678.

Glass, D.C. y Singer, J.E. (1972). *Urban stress.* Nueva York: Academic Press.

Glass, S. (1997, 3 de marzo). Don't you D.A.R.E. *New Republic*, pp. 18-28.

Glassman, A.H. y Koob, G.F. (1996, 22 de febrero). Neuropharmacology. Psychoactive smoke. *Nature, 379,* 677-678.

Glautier, S. (1994). Classical conditioning, drug cues, and drug addiction. En C.R. Legg y D.A. Booth (eds.), *Appetite: Neural and behavioural bases. European Brain & Behaviour Society Publications Series, I.* Oxford, Inglaterra: Oxford University Press.

Glenn, N.D. (1987, octubre). Marriage on the rocks. *Psychology Today*, pp. 20-21.

Glick, I. (ed.). (1995). *Treating depression.* Nueva York; Jossey-Bass.

Glick, P. y Fiske, S.T. (1996). The ambivalent sexism inventory: Differentiating hostile and benevolent sexism. *Journal of Personality and Social Psychology, 70,* 491-512.

Glick, P., Zion, C. y Nelson, C. (1988). What mediates sex discrimination in hiring decisions? *Journal of Personality and Social Psychology, 55,* 178-186.

Glover, J.A., Ronning, R.R. y Reynolds, C.R. (eds.). (1989). *Handbook of creativity.* Nueva York: Plenum Press.

Gluck, M. y Rosenthal, E. (1996). *OTA report: The effectiveness of AIDS prevention efforts.* Washington, DC: American Psychological Association Office on AIDS.

Gluck, M.A. y Myers, C.E. (1997). Psychobiological models of hippocampal function in learning and memory. *Annual Review of Psychology, 48,* 481-514.

Gobet, F. y Simon, H.A. (1996). Recall of random and distorted chess positions: Implications for the theory of expertise. *Memory and Cognition, 24,* 493-503.

Gochman, D.S. (ed.). (1997). *Handbook of health behavior research.* Nueva York: Plenum Press.

Goelman, D. (1995). *Emotional intelligence: Why it can matter more than IQ.* Nueva York: Bantam.

Gold, P.W., Gwirtsman, H., Avgerinos, P.C., Nieman, L.K., Gallucci, W.T., Kaye, W., Jimerson, D., Ebert, M., Rittmaster, R., Loriaux, L. y Chrousos, G.P. (1986). Abnormal hypothalamic-pituitary-adrenal function in anorexia nervosa. *New England Journal of Medicine, 314,* 1335-1342.

Goldberg, B. (1995). Slowing down the aging process through the use of altered states of consciousness: A review of the medical literature. *Psychology: A Journal of Human Behavior, 32,* 19-21.

Goldberg, L.R. (1990). An alternative "Description of Personality": The big-five factor structure. *Journal of Personality and Social Psychology, 59,* 1216-1229.

Goldberger, N.R. y Veroff, J.B. (eds.). (1995). *The culture and psychology reader.* Nueva York: New York University Press.

Golden, W.L., Gersh, W.D. y Robbins, D.M. (1992). *Psychological treatment of cancer patients: A cognitive behavioral approach.* Boston: Allyn & Bacon.

Goldfried, M. y Davison G. (1976). *Clinical behavior therapy.* Nueva York: Holt, Rinehart and Winston.

Goldfried, M.R. (1995). *From cognitive-behavior therapy to psychotherapy integration: An evolving view:* Nueva York: Springer.

Goldfried, M.R. y Castonguay, L.G. (1992). The future of psychotherapy integration. *Psychotherapy, 29,* 4-10.

Goldfried, M.R. y Norcross, J.C. (1995). Integrative and eclectic therapies in historical perspective. En B.M. Bongar y L.E. Beutler (eds.), *Comprehensive textbook of psychotherapy: Theory and practice.* Oxford textbooks in clinical psychology, Vol. 1. Nueva York: Oxford University Press.

Goldman-Rakic, P.S. (1988). *Neurobiology of neocortex.* Nueva York: Wiley.

Goldsmith, H.H., Buss, A.H., Plomin, R., Rothbart, M.K., Thomas, A., Chess, S., Hinde, R.A. y McCall, R.B. (1987). Roundtable: What is temperament? Four approaches. *Child Development, 58,* 505-529.

Goldsmith, H.H. y Harman, C. (1994). Temperament and attachment; individuals and relationships. *Current Directions in Psychological Science, 3,* 53-56.

Goldstein, A.P. (1994). *The ecology of aggression.* Nueva York: Plenum Press.

Goldstein, G., Beers, S.R., Longmore, S. y McCue, M. (1996). Efficacy of memory training: A technological extension and replication. *Clinical Neuropsychologist, 10,* 66-72.

Goleman, D. (1985, 5 de febrero). Mourning: New studies affirm its benefits. *New York Times*, pp. C1-C2.

Goleman, D. (1988, 21 de enero). Physicians may bungle key part of treatment: The medical interview. *New York Times*, p. B16.

Goleman, D. (1989, 29 de agosto). When the rapist is not a stranger: Studies seek new understanding. *New York Times*, pp. C1, C6.

Goleman, D. (1991, 22 de octubre). Sexual harassment: It's about power, not sex. *New York Times*, pp. C1, C12.

Goleman, D. (1993a, 21 de julio). "Expert" babies found to teach others. *New York Times*, pp. C10.

Goleman, D. (1993b, 7 de septiembre). Pollsters enlist psychologists in quest for unbiased results. *New York Times*, pp. C1, C11.

Goleman, D. (1995, 4 de octubre). Eating disorder rates surprise experts. *The New York Times*, p. C11.

Golombok, S. y Tasker, F. (1996). Do parents influence the sexual orientation of their children? Findings from a longitudinal study of lesbian families. *Developmental Psychology, 32,* 3-11.

Gonsiorek, J.C. (1991). The empirical basis for the demise of the illness model of homosexuality. En J. Gonsiorek y J. Weinrich (eds.), *Homosexuality: Research*

implications for public policy. Newbury Park, CA: Sage.

Gonzalez, R.G. (1996). Molecular and functional magnetic resonance neuroimaging for the study of dementia. En R.J. Wurtman, S. Corkin, J.H. Growdon y R.M. Nitsch (eds.), *The neurobiology of Alzheimer's disease. Annals of the New York Academy of Sciences, Vol. 777.* Nueva York: New York Academy of Sciences.

Goodchilds, J.D. (ed.). (1991). *Psychological perspectives on human diversity in America.* Washington, DC: American Psychological Association.

Good, E. (1996). Gender and courtship entitlement: Responses to personal ads. *Sex Roles, 34,* 141-169.

Goode, W.J. (1993). *World changes in divorce patterns.* New Haven, CT: Yale University Press.

Goodglass, H. (1993). *Understanding aphasia.* San Diego: Academic Press.

Goodwin, F.K. y Jamison, K.R. (1990). *Manic-depressive illness.* Nueva York: Oxford University Press.

Googans, B. y Burden, D. (1987). Vulnerability of working parents: Balancing work and home roles. *Social Work, 32,* 295-300.

Gorassini, D.R. y Olson, J.M. (1995). Does self-perception change explain the foot-in-the-door effect? *Journal of Personality and Social Psychology, 69,* 91-105.

Gorman, C. (1996, otoño). *Time Special Issue,* p. 31-35.

Gorman, J.M., Liebowitz, M.R., Fyer, A. J. y Stein, J. (1989). A neuroanatomical hypothesis for panic disorder. *American Journal of Psychiatry, 146,* 148-161.

Gorski, R.A. (1990). Structural sexual dimorphisms in the brain. En N.A. Krasnegor y R.S. Bridges (eds.), *Mammalian parenting: Biochemical, neurobiological, and behavioral determinants.* Nueva York: Oxford University Press.

Gorski, R.A. (1996, marzo). Ponencia presentada en la reunión anual de la American Association for the Advancement of Science, Baltimore, Maryland.

Gotlib, I.H. (1992). Interpersonal and cognitive aspects of depression. *Current Directions in Psychological Science, I,* 149-154.

Gottesman, I.I. (1991). *Schizophrenia genesis: The origins of madness.* Nueva York: Freeman.

Gottesman, I.I. (1997, 6 de junio). Twin: En route to QTLs for cognition. *Science, 276,* 1522-1523.

Gottfredson, L.S. (1994). The science of politics and race-norming. *American Psychology, 49,* 955-963.

Gottfredson, L.S. (1997). Why g matters: The complexity of everyday life. *Intelligence, 24,* 79-132.

Gottfried, A.E. y Gottfried, A.W. (eds.). (1988). *Maternal employment and* *children's development*. Nueva York: Plenum Press.

Gottfried, A.E., & Gottfried, A. W. (eds.). (1994). *Redefining families*. Nueva York: Plenum Press.

Gottfried, A.W. y Gottfried, A.E., Bathurst, K. y Guerin, D.W. (1994). *Gifted IQ: Early developmental aspects—The Fullerton Longitudinal Study*. Nueva York: Plenum Press.

Gottlieb, B.H. (ed.). (1997). *Coping with chronic stress*. Nueva York: Plenum.

Gottlieb, G. (1996). Developmental psychobiological theory. En R.B. Cairns, G.H. Elder, Jr. y E.J. Costello (eds.), *Developmental science. Cambridge studies in social and emotional development*. Nueva York: Cambridge University Press.

Gottman, J.M. (1993). *What predicts divorce? The relationship between marital processes and marital outcomes*. Mahwah, NJ: Erlbaum.

Gould, A. (1992). *A history of hypnotism*. Cambridge, Inglaterra: Cambridge University Press.

Gould, R.L. (1978). *Transformations*. Nueva York: Simon and Schuster.

Gouras, P. (1991). Color vision. En E.R. Kandel, J.H. Schwartz y T.M. Jessell (eds.), *Principles of neural science* (3a. ed.). Nueva York: Elsevier.

Gove, W.R. (1982). Labeling theory's explanation of mental illness: An update of recent evidence. *Deviant Behavior, 3*, 307-327.

Graber, J.A., Brooks-Gunn, J. y Petersen, A.C. (eds.). (1996). *Transitions through adolescence: Interpersonal domains and contex*. Mahwah, NJ: Erlbaum.

Graf, P. (1990, primavera). Artículo sobre memoria episódica en *Psychonomic Science*.

Graf, P. (1994). Explicit and implicit memory: A decade of research. En C. Umilta y M. Moscovitch (eds.), *Attention and performance 15: Conscious and nonconscious information processing. Attention and performance series*. Cambridge, MA: MIT Press.

Graf, P. y Masson, M.E.J. (eds.). (1993). *Implicit memory: New directions in cognition, development, and neuropsychology*. Mahwah, NJ: Erlbaum.

Graff, M.R. (1997). AADE legislative advocacy: Perspectives on prevention. *Diabetes Education, 23*, 241.

Graffin, N.F., Ray, W.J. y Lundy, R. (1995). EEG concomitants of hypnosis and hypnotic susceptibility. *Journal of Abnormal Psychology, 104*, 123-131.

Graham, J.R. (1990). *MMPI-2: Assessing personality and psychopathology*. Nueva York: Oxford University Press.

Graham, J.W., Marks, G. y Hansen, W.B. (1991). Social influence processes affecting adolescent substance use. *Journal of Applied Psychology, 76*, 291-298.

Graham, S. (1992). "Most of the subjects were white and middle class": Trends in published research on African Americans in selected APA journals, 1970-1989. *American Psychologist, 47*, 629-639.

Graham, S. (1994). Motivation in African Americans. *Review of Educational Research, 64*, 55-117.

Graham, S. (1997). Using attribution theory to understand social and academic motivation in African American youth. *Educational Psychologist, 32*, 21-34.

Graham, S. y Hudley, C. (1992). An attributional approach to aggression in African-American children. En D. Schunk y J. Meece (eds.), *Student perceptions in the classroom*. Mahwah, NJ: Erlbaum.

Grammar, K. (1996, junio). Sex and olfaction. Ponencia presentada en la reunión anual de la Human Behavior and Evolution Society. Evanston, Illinois.

Grasel, E. (1994). Non-pharmacological intervention strategies on aging processes: Empirical data on mental training in "normal" older people and patients with mental impairment. Vth Congress of the International Association of Biomedical Gerontology (1993, Budapest, Hungría). *Archives of Gerontology and Geratrics, Suppl 4*, 91-98.

Graziano, A.M. y Raulin, M.L. (1997). *Research methods: A process of inquiry* (3a. ed.). Reading, MA: Addison-Wesley.

Greeberg, M.T., Cicchetti, D. y Cummings, E.M. (eds.). (1990). *Attachment in the preschool years: Theory, research, and intervention*. Chicago: University of Chicago Press.

Greeley, A.M. (1992, 4 de octubre). Happiest couples in study have sex after 60. *New York Times*, p. 13.

Green, A.I. y Patel, J.K. (1996, diciembre). The new pharmacology of schizophrenia. *The Harvard Mental Health Letter*, pp. 5-7.

Green, D.M. y Swets, J.A. (1966). *Signal detection theory and psychophysics*. Los Altos, CA: Peninsula Publishing.

Green, D.M. y Swets, J.A. (1989). *A signal detection theory and psychophysics*. Los Altos, CA: Peninsula.

Green, R. (1978). Sexual identity of 37 children raised by homosexual or transsexual parents. *American Journal of Psychiatry, 135*, 687-692.

Greenberg, D.R. y LaPorte, D.J. (1996). Racial differences in body type preferences of men for women. *International Journal of Eating Disorders, 19*, 275-278.

Greenberg, P., Stiglin, L.E., Finkelstein, S.N. y Berndt, E.R. (1993a). The economic burden of depression in 1990. *Journal of Clinical Psychiatry, 54*, 405-418.

Greenberg, P., Stiglin, L.E., Finkelstein, S.N. y Berndt, E.R. (1993b). Depression: A neglected major illness. *Journal of Clinical Psychiatry, 54*, 419-424.

Greenberg, S.H. (1997, primavera/verano). The loving ties that bond. *Newsweek*, pp. 68-72.

Greene, B. y Herek, G. (1993). *Lesbian and gay psychology: Theory, research, and clinical applications*. Newbury Park, CA: Sage.

Greene, R.L. (1991). *The MMPI-2/MMPI: An interpretive manual*. Boston: Longwood.

Greene, R.L. y Clopton, J.R. (1994). Minnesota Multiphasic Personality Inventory-2. En M.E. Maruisch (ed.), *The use of psychological tests for treatment planning and outcome assessment*. Mahwah, NJ: Erlbaum.

Greenfield, P.M. (1997). You can't take it with you. Why ability assessments don't cross cultures. *American Psychologist, 52*, 1115-1124.

Greenfield, S.F., Swartz, M.S., Landerman, L.R. y George, L.K. (1993). Long-term psychosocial effects of childhood exposure to parental problem drinking. *American Journal of Psychiatry, 150*, 608-613.

Greenhouse, L. (1997, 11 de abril). Justices grapple with merits of polygraphs at trials. *The New York Times*, p. A19.

Greenlaw, P.S. y Jensen, S.S. (1996). Race-norming and the Civil Rights Act of 1991. *Public Personnel Management, 25*, 13-24.

Greeno, C.G. y Wing, R.R. (1994). Stress-induced eating. *Psychological Bulletin, 115*, 444-464.

Greeno, J.G. (1978). Natures of problem-solving abilities. En W. K. Estes (ed.), *Handbook of learning and cognitive processes*. Mahwah, NJ: Erlbaum.

Greenwald, A.G., Draine, S.C.y Abrams, R.L. (1996, 20 de septiembre). Three cognitive markers of unconscious semantic activation. *Science, 272*, 1699-1702.

Greenwald, A.G., Spangenberg, E.R., Pratkanis, A.R. y Eskenzai, J. (1991). Double-blind tests of subliminal self-help audiotapes. *Psychological Science, 2*, 119-122.

Greenwood, C.R., Carta, J.J., Hart, B., Kamps, D., Terry, B., Arreaga-Mayer, C., Atwater, J., Walker, D., Risley, T. y Delquadri, J.C. (1992). Out of the laboratory and into the community: 26 years of applied behavior analysis at the Juniper Gardens children's project. *American Psychologist, 47*, 1464-1474.

Gregory, R.L. (1978). *The psychology of seeing* (3a. ed.). Nueva York: McGraw-Hill.

Gregory, S. (1856). *Facts for young women*. Boston.

Gregory, S.S. (1994, 21 de marzo). At risk of mutilation. *Time*, pp. 45-46.

Greig, G.L. (1990). On the shape of energy-detection ROC curves. *Perception & Psychophysics, 48*, 77-81.

Greist-Bousquet, S. y Schiffman, H.R. (1986). The basis of the Poggendorff effect: An additional clue for Day and Kasperczyk. *Perception and Psychophysics, 39*, 447-448.

Griffith, R.M., Miyago, O. y Tago, A. (1958). The universality of typical dreams: Japanese vs. Americans. *American Anthropologist, 60,* 1173-1179.

Grillner, S. (1996, enero). Neural networks for vertebrate locomotion. *Scientific American,* 64-69.

Grimsley, D.L. y Karriker, M.W. (1996). Bilateral skin temperature, handedness, and the biofeedback control of skin temperature. *Journal of Behavioral Medicine, 19,* 87-94.

Grohol, J.M. (1997). *The insider's guide to health resources online.* Nueva York: Guilford Press.

Gross, J. (1991, 16 de junio). More young single men hang onto apron strings. *New York Times,* pp. 1, 18.

Grossberg, S. (1995). The attentive brain. *American Scientist, 83,* 438-449.

Grossi, G., Semenza, C., Corazza, S. y Volterra, V. (1996). Hemispheric specialization for sign language. *Neuropsychologia, 34,* 737-740.

Grossman, M. y Wood, W. (1993). Sex differences in intensity of emotional experience: A social role interpretation. *Journal of Personality and Social Psychology, 65,* 1010-1022.

Groth-Marnat, G. (1990). *Handbook of psychological assessment* (2a. ed.). Nueva York: Wiley.

Groth-Marnat, G. (1996). *Handbook of psychological assessment* (3a. ed.). Somerset, NJ: Wiley.

Grube, J.W., Rokeach, M. y Getzlaf, S.B. (1990). Adolescents' value images of smokers, ex-smokers, and nonsmokers. *Addictive Behaviors, 15,* 81-88.

Gruneberg, M.M. y Pascoe, K. (1996). The effectiveness of the keyword method for receptive and productive foreign vocabulary learning in the elderly. *Contemporary Educational Psychology, 21,* 102-109.

Guarino, M., Fridrich, P. y Sitton, S. (1994). Male and female conformity in eating behavior. *Psychological Reports, 75,* 603-609.

Gubrium, J.G. (1973). *The myth of the golden years: A socioenvironmental theory of aging.* Springfield, IL: Thomas.

Gudjonsson, G.H. (1996). (Psychology and the law. En C.R. Hollin (ed.), *Working with offenders: Psychological practice in offender rehabilitation.* Chichester, Inglaterra: Wiley.

Guerin, B. (1994). Attitudes and beliefs as verbal behavior. Special Section: Attitudes and behavior in social psychology. *Behavior Analyst, 17,* 155-163.

Guerin, D.W. y Gottfried, A.W. (1994). Developmental stability and change in parent reports of temperament: A ten—year longitudinal investigation from infancy through preadolescence. *Merrill Palmer Quarterly, 40,* 334-355.

Guetzkow, H. (1968). Differentiation of roles in task-oriented groups. En D. Cartwright y A. Zander (eds.), *Group dynamics: Research and theory* (3a. ed.). Nueva York: Harper & Row.

Gunnar, M.R., Porter, F.L., Wolf, C.M., Rigatuso, J. et al. (1995). Neonatal stress reactivity: Predictions to later emotional temperament. *Child Development, 66,* 1-13.

Gur, R.C. (1996, marzo). Ponencia presentada en la reunión anual de la American Association for the Advancement of Science, Baltimore, Maryland.

Gur, R.C., Gur, R.E., Obrist, W.D., Hungerbuhler, J.P., Younkin, D., Rosen, A.D., Skilnick, B.E. y Reivich, M. (1982). Sex and handedness differences in cerebral blood flow during rest and cognitive activity. *Science, 217,* 659-661.

Gur, R.C., Mozley, L.H., Mozley, P.D., Resnick, S.M., Karp, J.S., Alavi, A., Arnold, S.E. y Gur, R.E. (1995, 27 de enero). Sex differences in regional cerebral glucose metabolism during a resting state. *Science, 267,* 528-531.

Gura, T. (1997, 7 de febrero). Obesity sheds its secrets. *Science, 275,* 751-753.

Guralnick, M.J., Connor, R.T., Hammond, M., Gottman, J.M. et al. (1996). Immediate effects of mainstreamed settings on the social interactions and social integration of preschool children. *American Journal on Mental Retardation, 100,* 359-377.

Gurin, J. (1989, julio). Leaner, not lighter. *Psychology Today,* pp. 32-36.

Gurman, E.B. (1994). Debriefing for all concerned: Ethical treatment of human subjects. *Psychological Science, 5,* 139.

Gustavson, C.R., Garcia, J., Hankins, W.G. y Rusniak, K.W. (1974). Coyote predation control by aversive conditioning. *Science, 184,* 581-583.

Gutek, B. (1985). *Sex and the workplace.* San Francisco: Jossey-Bass.

Gutek, B. (1993). Responses to sexual harassment. En S. Oskamp y M. Costanzo (eds.) *Advances in applied social psychology.* Newbury Park, CA: Sage.

Gutek, B.A, Cohen, A.G. y Tsui, A. (1996). Reactions to perceived sex discrimination. *Human Relations, 49,* 791-813.

Gutek, B.A. y O'Connor, M.O. (1995). The empirical basis for the reasonable woman standard. *Journal of Social Issues, 51,* 151-166.

Guthrie, G.y Lonner, W. (1986). Assessment of personality and psychopathology. En W. Lonner y J. Berry (eds.), *Field methods in cross-cultural research.* Newbury Park, CA: Sage.

Guttman, J. (1993). *Divorce in psychosocial perspective: Theory and research.* Mahwah, NJ: Guttmann.

Guttman, M. (1995, 3-5 de marzo). She had electroshock therapy. *USA Weekend,* p. 16.

Gwynn, M.I. y Spanos, N.P. (1996). Hypnotic responsiveness, nonhypnotic suggestibility, and responsiveness to social influence. En R.G. Kunzendorf, N. P. Spanos y B. Wallace (eds.), *Hypnosis and imagination. Imagery and human development series.* Amityville, NY: Baywood.

Ha, J.C., Kimpo, C.L. y Sackett, G.P. (1997). Multiple-spell, discrete-time survival analysis of developmental data: Object concept in pigtailed macaques. *Developmental Psychology, 33,* 1054-1059.

Haber, R.N. (1983). Stimulus information processing mechanisms in visual space perception. En J. Beck, B. Hope y A. Rosenfeld (eds.), *Human and machine vision.* Nueva York: Academic Press.

Hadjistavropoulos, T. Y Genest, M. (1994). The underestimation of the role of physical attractiveness in dating preferences: Ignorance or taboo? *Canadian Journal of Behavioural Science, 26,* 298-318.

Hafen, B.Q., Karren, K.J., Frandsen, K. J. y Smith, N.L. (1996). *Mind/body health: The effects of attitudes, emotions, and relationships.* Boston: Allyn & Bacon.

Hafner, H. y Maurer, K. (1995). Epidemiology of positive and negative symptoms in schizophrenia. En C.L. Shriqui y H.A. Nasrallah (eds.), *Contemporary issues in the treatment of schizophrenia.* Washington, DC: American Psychiatric Press.

Hagekull, B. y Bohelin, G. (1995). Day care quality, family and child characteristics, and socioemotional development. *Early Childhood Research Quarterly, 10,* 505-526.

Hagen, E., Sattler, J.M. y Thorndike, R.L. (1985). *Stanford-Binet test.* Chicago: Riverside.

Haimov, I. y Lavie, P. (1996). Melatonin: A soporific hormone. *Current Directions in Psychological Science, 5,* 106-111.

Hakuta, K.U. y Garcia, E.E. (1989). Bilingualism and education. *American Psychologist, 44,* 374-379.

Halaas, J.L., Gajiwala, K.S., Maffei, M., Cohen, S.L., Chait, B.T., Rabinowitz, D., Lallone, R.L., Burley, S.K. y Friedman, J.M. (1995, 28 de julio). Weight-reducing effects of the plasma protein encoded by the obese gene. *Science, 269,* 543-546.

Halberstadt, A.G. (1991). Toward an ecology of expressiveness: Family socialization in particular and a model in general. En R.S. Feldman y B. Rimé (eds.), *Fundamentals of nonverbal behavior.* Cambridge, Inglaterra: Cambridge University Press.

Haley, W.E., Clair, J.M. y Saulsberry, K. (1992). Family caregiver satisfaction with medical care of their demented relatives. *Gerontologist, 32,* 219-226.

Halgin, R.P. y Vivona, J.M. (1996). Adult survivors of childhood sexual abuse: Diagnostic and treatment challenges. En R.S. Feldman (ed.), *The psychology of adversity.* Amherst, MA: University of Massachusetts Press.

Halgin, R.P. y Whitbourne, S.K. (1994). *Abnormal psychology.* Fort Worth, TX: Harcourt Brace.

Hall, C.C.I. (1995). Asian eyes: Body image and eating disorders of Asian and Asian American women. *Eating Disorders. The Journal of Treatment and Prevention, 3*, 8-19.

Hall, G.C.N. (1996). *Theory-based assessment, treatment, and prevention of sexual aggression.* Nueva York: Oxford University Press.

Hall, G.C.N. y Barongan, C. (1997). Prevention of sexual aggression: Sociocultural risk and protective factors. *American Psychologist, 52*, 5-14.

Hall, J.A. (1978). Gender effects in decoding nonverbal cues. *Psychological Bulletin, 85*, 845-857.

Hall, J.A., Roter, D.L. y Katz, N.R. (1988). Task versus socioemotional behaviors in physicians. *Medical Care, 25*, 399-412.

Hall, P. (ed.). (1997). *Race, ethnicity, and multiculturalism.* Hamden, CT: Garland.

Hall, S.S. (1992). *Mapping the next millennium.* Nueva York: Random House.

Hall, S.S. (1998, 15 de febrero). Our memories, our selves. *New York Times Magazine*, pp. 26-57.

Hallberg, H. (1992). Life after divorce: A five-year follow-up study of divorced middle-aged men in Sweden. *Family Practice, 9*, 49-56.

Halle, M. (1990). Phonology. En D.N. Osherson y H. Lasnik (eds.), *Language.* Cambridge, MA: MIT Press.

Halling, S. y Goldfarb, M. (1996). The new generation of diagnostic manuals (DSM-III, DSM-III-R, and DSM-IV): An overview and a phenomenologically based critique. *Journal of Phenomenological Psychology, 27*, 49-71.

Halpern, D.F. (1991). *Sex differences in cognitive abilities.* (2a. ed.). Mahwah, NJ: Erlbaum.

Halpern, D.F. (1995). *Thought & knowledge: An introduction to critical thinking.* (3a. ed.). Mahwah, NJ: Erlbaum.

Ham, L.P. y Packard, R.C. (1996). A retrospective, follow-up study of biofeedback-assisted relaxation therapy in patients with post-traumatic headache. *Biofeedback and Self Regulation, 21*, 93-104.

Hamer, D.H., Hu, S., Magnuson, V.L., Hu, N. y Pattatucci, A.M.L. (1993, 16 de julio). A linkage between DNA markers on the X chromosome and male sexual orientation. *Science, 261*, 321-327.

Hamilton, D.L., Stroessner, S.J. y Mackie, D.M. (1993). The influence of affect on stereotyping: The case of illusory correlations. En D.M. Mackie y D.L. Hamilton (eds.), *Affect, cognition, and stereotyping: Interactive processes in group perception.* San Diego, CA: Academic Press.

Hamilton, M. y Yee, J. (1990). Rape knowledge and propensity to rape. *Journal of Research in Personality, 24*, 111-122.

Hammer, J. (1992, 26 de octubre). Must Blacks be buffoons? *Newsweek*, pp. 70-71.

Hammond, R. y Yung, B. (1991). Preventing violence in at-risk African American youth. *Journal of Health Care for the Poor and Underserved, 2*, 359-373.

Hammond, S.L. y Lambert, B.L. (1994a). Communicating about medications: Directions for research. Special Issue: Communicating with patients about their medications. *Health Communication, 6*, 247-251.

Hammond, S.L. y Lambert, B.L. (eds.). (1994b). *Communicating with patients about their medications.* Mahwah, NJ: Erlbaum.

Hammond, W.R. y Yung, B. (1993). Psychology's role in the public health response to assaultive violence among young African American men. *American Psychologist, 48*, 142-154.

Handler, A., Franz, C.E. y Guerra, M. (1992, abril). Sex differences in moral orientation in midlife adults: A longitudinal study. Ponencia presentada en las reuniones de la Eastern Psychological Association, Boston.

Hanisch, K.A. (1996). An integrated framework for studying the outcomes of sexual harassment: Consequences for individuals and organizations. En M.S. Stockdale (ed.), *Sexual harassment in the workplace: Perspectives, frontiers, and response strategies. Women and work: A research and policy series, Vol. 5.* Thousand Oaks, CA: Saage.

Hanna, E. y Meltzoff, A.N. (1993). Peer imitation by toddlers in laboratory, home, and day-care contexts: Implications for social learning and memory. *Developmental Psychology, 29*, 701-710.

Hanna, J.L. (1984). Black/white nonverbal differences, dance, and dissonance: Implications for desegregation. En A. Wolfgang (ed.), *Nonverbal behavior: Perspectives, applications, intercultural insights.* Lewiston, NY: Hogrefe.

Hansen, B. y Knopes, C. (1993, 6 de julio). Prime time tuning out varied culture. *USA Today*, pp. 1A, 3D.

Hanson, S.J. y Olson, C.R. (eds.). (1990). *Connectionist modeling and brain function.* Cambridge, MA: MIT Press.

Hansson, R.O. y Carpenter, B.N. (1994). *Relationships in old age: Coping with the challenge of transition.* Nueva York: Guilford Press.

Harachiewicz, J.M. y Elliot, A.J. (1993). Achievement goals and intrinsic motivation. *Journal of Personality and Social Psychology, 65*, 904-915.

Hare, R.D., Hart, S.D. y Harpur, T.J. (1991). Psychopathy and the DSM-IV criteria for antisocial personality disorder. *Journal of Abnormal Psychology, 100*, 391-398.

Harley, T.A. (1995). *The psychology of language: From data to theory.* Mahwah, NJ: Erlbaum.

Harlow, H.F., Harlow, M.K. y Meyer, D.R. (1950). Learning motivated by a manipulation drive. *Journal of Experimental Psychology, 40*, 228-234.

Harlow, H.F. y Zimmerman, R.R. (1959). Affectional responses in the infant monkey. *Science, 130*, 421-432.

Harlow, J.M. (1869). Recovery from the passage of an iron bar through the head. *Massachusetts Medical Society Publication, 2*, 329-347.

Harlow, R.E. y Cantor, N. (1996). Still participating after all these years: A study of life task participation in later life. *Journal of Personality and Social Psychology, 71*, 1235-1249.

Harnisch, P. (1997, abril). Conferencia de prensa. Nueva York: NY.

Harold, G.T., Fincham, F.D., Osborne, L.N. y Conger, R.D. (1997). Mom and dad are at it again: Adolescent perceptions of marital conflict and adolescent psychological distress. *Developmental Psychology, 33*, 333-350.

Harper, T. (1978, 15 de noviembre). It's not true about people 65 or over. *Green Bay (Wis.) Press-Gazette*, p. D-1.

Harrington, L., Hull, C., Crittenden, J. y Greider, C. (1995). Gel shift and UV cross-linking analysis of Tetrahymena telomerase. *Journal of Biological Chemistry, 270*, 8893-8901.

Harris Poll: National Council on the Aging. (1975). *The myth and reality of aging in America.* Washington, DC: National Council on the Aging.

Harris, C.R. y Christenfeld, N. (1996). Gender, jealousy, and reason. *Psychological Science, 7*, 364-366.

Harris, D. (1996, febrero). How does your pay stack up? *Working Woman*, pp. 27-28.

Harris, J.E. y Morris, P.E. (1986). *Everyday memory and action and absent mindedness.* Nueva York: Academic Press.

Harris, L.E., Luft, F.C., Rudy, D.W. y Tierney, W.M. (1995). Correlates of health care satisfaction in inner-city patients with hypertension and chronic renal insufficiency. *Social Science and Medicine, 41*, 1639-1645.

Harris, M.J. (1991). Controversy and cumulation: Meta-analysis and research on interpersonal expectancy effects. *Personality and Social Psychology Bulletin, 17*, 316-322.

Harris, S.L. y Handleman, J.S. (1990). *Aversive and nonaversive interventions.* Nueva York: Springer.

Harris vs. Forklift Systems. 510 U.S. 17. (1993).

Harris-Kern, M.J. y Perkins, R. (1995). Effects of distraction on interpersonal expectancy effects: A social interaction test of the cognitive busyness hypothesis. *Social Cognition, 13*, 163-182.

Harrison, J.A. y Wells, R.B. (1991). Bystander effects on male helping behavior: Social comparison and diffusion of responsibility. *Representative Research in Social Psychology, 19,* 53-63.

Harrison, P.J., Everall, I.P. y Catalan, J. (1994). Is homosexual behaviour hard-wired? Sexual orientation and brain structure. *Psychological Medicine, 24,* 811-816.

Harsch, N. y Neisser, U. (1989). Substantial and irreversible errors in flashbulb memories of the Challenger explosion. Cartel presentado en la reunión de la Psychonomic Society. Atlanta.

Hart, B. y Risley, T. (1997). Use of language by three-year-old children. Cortesía de Drs. Betty Hart y Todd Risley.

Hart, B. y Risley, T.R. (1997). *Meaningful differences.* Baltimore, MD: Brookes.

Hart, D., Hofmann, V., Edelstein, W. y Keller, M. (1997). The relation of childhood personality types to adolescent behavior and development: A longitudinal study of Icelandic children. *Developmental Psychology, 33,* 195-205.

Hart, J., Jr. y Gordon, B. (1992, 3 de septiembre). Neural subsystems for object knowledge. *Nature, 359,* 60-64.

Hart, K.E. y Sciutto, M.J. (1994, abril). Gender differences in alcohol-related problems. Ponencia presentada en la reunión anual de la Eastern Psychological Association. Providence, RI.

Hartman, W. y Fithian, M. (1984). *Any man can.* Nueva York: St. Martin's.

Hartmann, E. (1967). *The biology of dreaming.* Springfield, IL: Charles C. Thomas.

Hartmann, W.M. (1993). On the origin of the enlarged melodic octave. *Journal of the Acoustical Society of America, 93,* 3400-3409.

Hartup, W.W. (1989). Social relationships and their developmental significance. *American Psychologist, 44,* 120-126.

Hartup, W.W. (1996). The company they keep: Friendships and their developmental significance. Society for Research in Child Development Biennial Meetings: discurso presidencial (1995, Indianapolis, Indiana, US). *Child Development, 67,* 1-13.

Hartup, W.W. y Moore, S.G. (1993). Early peer relations: Developmental significance and prognostic implications. *Early Childhood Research Quarterly, 5,* 1-17.

Haseltine, W.A. (1997, marzo). Discovering genes for new medicines. *Scientific American,* pp. 92-97.

Haslam, N. (1997). Evidence that male sexual orientation is a matter of degree. *Journal of Personality and Social Psychology, 73,* 862-870.

Haslam, S.A., McGarty, C. y Brown, P.M. (1996). The search for differentiated meaning is a precursor to illusory correlation. *Personality and Social Psychology Bulletin, 22,* 611-619.

Hass, N. (1994, 21 de marzo). Fighting and switching. *Newsweek,* pp. 52-53.

Hatchett, L., Friend, R., Symister, P. y Wadhwa, N. (1997). Interpersonal expectations, social support, and adjustment to chronic illness. *Journal of Personality and Social Psychology, 73,* 560-573.

Hatfield, E. y Rapson, R.L. (1993). *Love, sex, and intimacy: Their psychology, biology, and history.* Nueva York: HarperCollins.

Hatfield, E. y Sprecher, S. (1986). *Mirror, mirror: The importance of looks in everyday life.* Albany: State University of New York Press.

Hatfield, E. y Sprecher, S. (1995). Men's and women's preferences in marital partners in the United States, Russia, and Japan. *Journal of Cross Cultural Psychology, 26,* 728-750.

Hathaway, B. (1984, julio). Running to ruin. *Psychology Today,* pp. 14-15.

Hathaway, S.R. y McKinley, J.C. (1989). *MMPI-2: Minnesota Multiphasic Personality Inventory-2.* Minneapolis: University of Minnesota Press.

Haugtvedt, C.P., Petty, R.E. y Cacioppo, J.T. (1992). Need for cognition and advertising. Understanding the role of personality variables in consumer behavior. *Journal of Consumer Psychology, 1,* 239-260.

Hauri, P.J. (ed.). (1990). *Case studies in insomnia.* Nueva York: Plenum.

Havighurst, R.J. (1973). Social roles, work, leisure, and education. En C. Eisdorfer y M.P. Lawton (eds.), *The psychology of adult development and aging.* Washington, DC: American Psychological Association.

Hawkins, D.J., Catalano, R.F. y Miller, J.Y. (1992). Risk and protective factors for alcohol and other drug problems in adolescence and early adulthood: Implications for substance abuse prevention. *Psychological Bulletin, 112,* 64-105.

Hawley, W.D. y Jackson, A.W. (eds.). (1995). *Toward a common destiny: Improving race and ethnic relations in America.* San Francisco, CA: Jossey-Bass.

Hawton, K. (1986). *Suicide and attempted suicide among children and adolescents.* Newbury Park, CA: Sage.

Hayes, A.M., Castonguay, L.G. y Goldfried, M.R. (1996). Effectiveness of targeting the vulnerability factors of depression in cognitive therapy. *Journal of Consulting and Clinical Psychology, 64,* 623-627.

Hayes, J.R. (1966). Memory, goals, and problem solving. En B. Kleinmuntz (ed.), *Problem solving: Research, method, and theory.* Nueva York: Wiley.

Hayes, J.R. (1989). *The complete problem solver.* (2a. ed.). Mahwah, NJ: Erlbaum.

Hayes, S.C., Folette, W.C. y Follette, V.M. (1995). Behavior therapy: A contextual approach. En A.S. Gurman y Stanley B. Messer (eds.), *Essential psychotherapies: Theory and practice.* Nueva York: Guilford Press.

Hayflick, L. (1974). The strategy of senescence. *Journal of Gerontology, 14,* 37-45.

Hayflick, L. (1994). *How and why we age.* Nueva york: Ballatine Books.

Haymes, M., Green, L. y Quinto, R. (1984). Maslow's hierarchy, moral development, and prosocial behavioral skills within a child psychiatric population. *Motivation and Emotion, 8,* 23-31.

Haynes, J.D. (1995). A critique of the possibility of genetic inheritance of homosexual orientation. Special Issue: Sex, cells, and same-sex desire: The biology of sexual preference: I. *Journal of Homosexuality, 28,* 91-113.

Haynes, R.B., Wang, E. y Gomes, M.D.M. (1987). A critical review of interventions to improve compliance with prescribed medications. *Patient Education and Counseling, 10,* 155-166.

Hazen, R.M. y Trefil, J. (1991). *Science matters: Achieving scientific literacy.* Nueva York: Doubleday.

Heath, A.C. y Madden, P.A.F. (1995). Genetic influences on smoking behavior. En J.R. Turner, L.R. Cardon y J.K. Hewitt (eds.), *Behavior genetic approaches in behavioral medicine. Perspectives on individual differences.* Nueva York: Plenum.

Heath, L., Tindale, R.S., Edwards, J., Posavac, E.J., Bryant, F.B., Henderson-King, E., Suarez-Balcazar, Y. y Myers, J. (eds.). (1994). *Applications of heuristics and biases to social issues.* Nueva York: Plenum.

Heath, R.P. (1996, julio). The frontiers of psychographics. *American Demographics,* pp. 38-43.

Heatherton, T.F., Herman, C.P. y Polivy, J. (1992). Effects of distress on eating: The importance of ego-involvement. *Journal of Personality and Social Psychology, 62,* 801-803.

Heatherton, T.F., Kiwan, D. y Hebl, M.R. (1995, agosto). *The stigma of obesity in women: The difference is black and white.* Ponencia presentada en la reunión anual de la American Psychological Association. Nueva York.

Heckhausen, H., Schmalt, H.D. y Schneider, K. (1985). *Achievement motivation in perspective* (M. Woodruff y R. Wicklund, Trans.). Orlando, FL: Academic Press.

Hedges, L.V. y Nowell, A. (1995, julio). Sex differences in mental test scores, variability, and numbers on high-scoring individuals. *Science, 269,* 41-45.

Heider, F. (1958). *The psychology of interpersonal relations.* Nueva York: Wiley.

Heidrich, S.M. y Denney, N.W. (1994). Does social problem solving differ from other types of problem solving during the adult years? *Experimental Aging Research, 20,* 105-126.

Heilman, M.E. y Stopeck, M.H. (1985). Attractiveness and corporate sucess: Different causal attributions for men and women. *Journal of Applied Psychology, 70,* 379-388.

Heinrichs, R.W. (1993). Schizophrenia and the brain: Conditions for neuropsychology of madness. *American Psychologist, 48,* 221-233.

Heishman, S.J., Kozlowski, L.T. y Henningfield, J.E. (1997). Nicotine addiction: Implications of public health policy. *Journal of Social Issues, 53,* 13-33.

Hellige, J.B. (1990). Hemispheric asymmetry. *Annual Review of Psychology, 41,* 55-80.

Hellige, J.B. (1993). Unity of thought and action: Varieties of interaction between the left and right cerebral hemispheres. *Current Directions in Psychological Science, 2,* 21-25.

Hellige, J.B. (1994). *Hemispheric asymmetry: What's right and what's left.* Cambridge, MA: Harvard University Press.

Helmes, E. y Reddon, J.R. (1993). A perspective on developments in assessing psychopathology: A critical review of the MMPI and MMPI-2. *Psychological Bulletin, 113,* 453-471.

Helmreich, R.L. (1997, mayo). Managing human error in aviation. *Scientific American,* pp. 62-67.

Helmreich, R.L. y Foushee, H.C. (1993). Why crew resource management? Empirical and theoretical bases of human factors training in aviation. En E.L. Wiener, B. Kanki y R. Helmreich. *Team performance in the operating room.* San Diego: Academic Press.

Helmreich, R.L. y Schaefer, H.G. (1994). Team performance in the operating room. En M.S. Bogner (ed.), *Human error in medicine.* Mahwah, NJ: Erlbaum.

Helmreich, R.L., Wiener, E.L. y Kanki, B.G. (1993). The future of crew resource management in the cockpit and elsewhere. En E. L. Wiener, B. Kanki y R. Helmreich (eds.), *Team performance in the operating room.* San Diego: Academic Press.

Helms, J.E. (1992). Why is there no study of cultural equivalence in standardized cognitive ability testing? *American Psychologist, 47,* 1083-1101.

Henderson-King, E.I. y Nisbett, R.E. (1996). Anti-black prejudice as a function of exposure to the negative behavior of a single black person. *Journal of Personality and Social Psychology, 71,* 654-664.

Hendrick, S.S. y Hendrick, C. (1992). *Romantic love.* Newbury Park, CA: Sage.

Hendrick, S.S., Hendrick, C. y Adler, N.L. (1988). Romantic relationships: Love, satisfaction, and staying together. *Journal of Personality and Social Psychology, 54,* 980-988.

Henneberger, M. (1993). Secrets of long life from two who ought to know. *New York Times,* pp. B1, B10.

Hepper, P.G., Scott, D. y Shahidullah, S. (1993). Newborn and fetal response to maternal voice. Special Issue: Prenatal and perinatal behaviour, *Journal of Reproductive and Infant Psychology, 11,* 147-153.

Heppner, M.J., Good, G.E., Hillenbrand-Gunn, T.L. y Hawkins, A.K. (1995). Examining sex differences in altering attitudes about rape: A test of the Elaboration Likelihood Model. *Journal of Counseling & Development, 73,* 640-647.

Herbert, T.B. y Cohen, S. (1993). Depression and immunity: A meta-analytic review. *Psychological Bulletin, 113,* 472-486.

Herek, G.M. (1993). Sexual orientation and military service: A social science perspective. *American Psychologist, 48,* 538-549.

Herholz, K. (1995). FDG PET and differential diagnosis of dementia. *Alzheimer Disease and Associated Disorders, 9,* 6-16.

Herman, C.P. (1987). Social and psychological factors in obesity: What we don't know. En H. Weiner y A. Baum (eds.), *Perspectives in behavioral medicine: Eating regulation and discontrol.* Mahwah, NJ: Erlbaum.

Hermann, C., Kim, M. y Blanchard, E.B. (1995). Behavioral and prophylactic pharmacological intervention studies of pediatric migraine: An exploratory meta-analysis. *Pain, 60,* 239-255.

Hermann, D.J. (1991). *Super memory.* Emmaus, PA: Rodale Press.

Herrett-Skjellum, J. y Allen, M. (1996). Television programming and sex stereotyping: A meta-analysis. En B.R. Burleson (ed.), *Communication Yearbook 19.* Thousand Oaks, CA: Sage.

Herrmann, D., McEvoy, C., Hertzog, C., Hertel, P. y Johnson, M. (1996). *Basic and applied research. Volume I: Theory and context. Volume 2: Practical applications.* Mahwah, NJ: Erlbaum.

Herrnstein, R.J. y Murray, D. (1994). *The bell curve.* Nueva York: Free Press.

Herron, R.E., Hillis, S.L., Mandarino, J.V. et al. (1996). The impact of the Transcendental Meditation program on government payments to physicians in Quebec. *American Journal of Health Promotion, 10,* 208-216.

Hersh, S.M. (1994, junio). The wild east. *Atlantic Monthly,* pp. 61-86.

Hershenson, M. (ed.). (1989). *The moon illusion.* Mahwah, NJ: Erlbaum.

Herz, R.S. y Cupchik, G.C. (1992). An experimental characterization of odor-evoked memories in humans. *Chemical Senses, 17,* 519-528.

Hester, R.K. y Miller, W.R. (eds.). (1995). *Handbook of alcoholism treatment approaches: Effective alternatives* (2a. ed.). Needham Heights, MA: Allyn & Bacon.

Hetherington, E.M. y Parke, R.D. (1993). *Child Psychology: A contemporary viewpoint* (4a. ed.). Nueva York: McGraw-Hill.

Hetherington, T.F. y Weinberger, J. (eds.). (1993). *Can personality change?* Washington, DC: American Psychological Association.

Heubusch, K. (1997, marzo). More teens lighting up. *American Demographics,* p. 36.

Heward, W.L. y Orlansky, M.D. (1988). *Exceptional children* (3a. ed.). Columbus, OH: Merrill.

Heyneman, N.E., Fremouw, W.J., Gano, D., Kirkland, F. y Heiden, L. (1990). Individual differences and the effectiveness of different coping strategies for pain. *Cognitive Therapy and Research, 14,* 63-77.

Heyward, W.L. y Curran, J.W. (1988, octubre). The epidemiology of AIDS in the U.S. *Scientific American,* pp. 72-81.

Higbee, K.L. (1988). *Your memory: How it works and how to improve it.* Nueva York: Paragon House.

Higbee, K.L. y Kunihira, S. (1985). Cross-cultural applications of Yodni mnemonics in education. *Educational Psychologist, 20,* 57-64.

Higley, J.D., Suomi, S.J. y Linnoila, M. (1990). Developmental influences on the serotonergic system and timidity in the nonhuman primate. En E.F. Cocaro y D.L. Murphy (eds.), *Serotonin in major psychiatric disorders.* Washington, DC: American Psychiatric Press.

Higley, J.D., Suomi, S.J. y Linnoila, M. (1996). A nonhuman primate model of Type II alcoholism? Part 2. Diminished social competence and excessive aggressive correlates with low cerebrospinal fluid 5-hydroxyindoleacetic acid concentrations. *Alcoholism Clinical and Experimental Research, 20,* 643-650.

Hilgard, E.R. (1974). Imaginative involvement: Some characteristics of the highly hypnotizable and the nonhypnotizable. *International Journal of Clinical and Experimental Hypnosis, 22,* 138-156.

Hilgard, E.R. (1975). Hypnosis. *Annual Review of Psychology, 26,* 19-44.

Hilgard, E.R. (1980). Consciousness in contemporary psychology. *Annual Review of Psychology, 31,* 1-26.

Hilgard, E.R., Leary, D.E. y McGuire, G.R. (1991). The history of psychology: A survey and critical assessment. *Annual Review of Psychology, 42,* 79-107.

Hill, C.T. y Stull, D.E. (1981). Sex differences in effects of social and value similarity in same-sex friendship. *Journal of Personality and Social Psychology, 41,* 488-502.

Hill, H., Soriano, F.I., Chen, A. y LaFromboise, T.D. (1994). Socio-cultural factors in the etiology and prevention of violence among ethnic minority youth. En L.D. Eron, J.H. Genry y P. Schlegel (eds.), *Reason to hope: A psychosocial perspective on violence & youth* (pp. 59-97). Washington, DC: American Psychological Association.

Hill, W. (1992). Comunicación personal. Public Affairs Network Coordinator for the American Psychiatric Association.

Hilton, A., Patuin, L. y Sachder, I. (1989). Ethnic relations in rental housing: A social psychological approach. *Canadian Journal of Behavioural Science, 21,* 121-131.

Hinds, M.C. (1993, 19 de octubre). Not like the movie: A dare leads to death. *New York Times*, p. A11.

Hine, D.W., Summers, C., Tilleczek, K. y Lewko, J. (1997). Expectancies and mental models as determinants of adolescents' smoking decision. *Journal of Social Issues, 53*, 35-52.

Hinz, L.D. y Williamson, D.A. (1987). Bulimia and depression: A review of the affective-variant hypothesis. *Psychological Bulletin, 102*, 150-158.

Hipkiss, R.A. (1995). *Semantics: Defining the discipline*. Mahwah, NJ: Erlbaum.

Hirsch, S., Cramer, P. y Bowen, J. (1992). The triggering hypothesis of the role of life events in schizophrenia. *British Journal of Psychiatry, 161*, 84-87.

Hirschman, R.S., Leventhal, H. y Glynn, K. (1984). The development of smoking behavior: Conceptualization and supportive cross-sectional survey data. *Journal of Applied Social Psychology, 14*, 184-206.

Hirsh, I.J. y Watson, C.S. (1996). Auditory psychophysics and perception. *Annual Review of Psychology, 47*, 461-484.

Hirsh-Pasek, K. y Golinkoff, R.M. (1996). *The origins of grammar: Evidence from early language comprehension*. Cambridge, MA: MIT Press.

HMHL. (Harvard Mental Health Letter). (1994, enero). AIDS and mental health—Part I. *Harvard Mental Health Letter, 10*, 1-4.

HMHL. (Harvard Mental Health Letter). (1994b, marzo). Brief psychodynamic therapy—Part I. *Harvard Mental Health Letter*, p. 10.

HMHL. (Harvard Mental Health Letter). (1994c, febrero). AIDS and mental health—Part II. *Harvard Mental Health Letter, 10*, 1-4.

HMHL. (Harvard Mental Health Letter). (1996, noviembre). Suicide. *Harvard Mental Health Letter, 13*, 1-5.

HMHL. (Harvard Mental Health Letter). (1997, junio). Nicotine dependence—Part II. *Harvard Mental Health Letter*, pp. 1-4.

Hobfoll, S.E. (1989). Conservation of resources: A new attempt at conceptualizing stress. *American Psychologist, 44*, 513-524.

Hobfoll, S.E. (1996). *Social support: Will you be there when I need you?* Pacific Grove, CA: Brooks/Cole.

Hobfoll, S.E., Freedy, J.R., Green, B.L. y Solomon, S.D. (1996). Coping in reaction to extreme stress: The roles of resource loss and resource availability. En M. Zeidner y N.S. Endler (eds.), *Handbook of coping: Theory, research, applications*. Nueva York: Wiley.

Hobfoll, S.E., Spielberger, C.D., Breznitz, S., Figley, C., Folkman, S., Lepper-Green, B., Meichenbaum, D., Milgram, N.A., Sandler, I., Sarason, I. y Van der Kolk, B. (1991). War-related stress: Addressing the stress of war and other traumatic events. *American Psychologist, 46*, 848-855.

Hobson, J.A. (1988). *The dreaming brain*. Nueva York: Basic Books.

Hobson, J.A. (1996, febrero). How the brain goes out of its mind. *Harvard Mental Health Letter*, pp. 3-5.

Hobson, J.A. y McCarley, R.W. (1977). The brain as a dream state generator: An activation-synthesis hypothesis of the dream process. *American Journal of Psychiatry, 134*, 1335-1348.

Hoch, S.J. (1987). Perceived consensus and predictive accuracy: The pros and cons of projection. *Journal of Personality and Social Psychology, 53*, 221-234.

Hochberg, J.E. (1978). *Perception*. Englewood Cliffs, NJ: Prentice-Hall.

Hochschild, A. (1997). *The time bind. When work becomes home and home becomes work*. Nueva York: Henry Holt.

Hochschild, A.R. (1990). The second shift: Employed women and putting in another day of work at home. *Utne Reader, 38*, 66-73.

Hochschild, A.R. (1997, 20 de abril). There's no place like work. *New York Times Magazine*, 51-84.

Hochschild, A.R. y Machung, A. (1990). *The second shift: Working parents and the revolution at home*. Nueva York: Viking.

Hochschild, A.R. Machung, A. y Pringle, R. (1995). The architecture of gender: Women, men, and inequality. En D.M. Newman (ed.), *Sociology: Exploring the architecture of everyday life: Readings*. Thousand Oaks, CA: Sage.

Hocutt, A.M. (1996). Effectiveness of special education: Is placement the critical factor? *The Future of Children, 6*, 77-102.

Hoehn-Saric, R. (ed.). (1993). *Biology of anxiety disorders*. Washington, DC: American Psychiatric Association.

Hoeller, K. (ed.). (1990). *Readings in existential psychology & psychiatry*. Seattle, WA: Review of Existential Psychology & Psychiatry.

Hofferth, S.L., Kahn, J.R. y Baldwin, W. (1987). Premarital sexual activity among U.S. teenage women over the past three decades. *Family Planning Perspectives, 19*, 46-53.

Hoffman, C., Lau, I. y Johnson, D.R. (1986). The linguistic relativity of person cognition: An English-Chinese comparison. *Journal of Personality and Social Psychology, 51*, 1097-1105.

Hoffman, L.W. (1989). Effects of maternal employment in the two-parent family. *American Psychologist, 44*, 283-292.

Hoffman, M. (1991, 28 de junio). A new role for gases: Neurotransmission, *Science, 252*, 1788.

Hofstede, G. (1980). *Culture's consequences*. Beverly-Hills, CA: Sage.

Hofstee, W.K.B., De Raad, B. y Goldberg, L.R. (1992). Integration of the big five and circumflex approaches to trait structure. *Journal of Personality and Social Psychology, 63*, 146-163.

Hogan, R., Curphy, G.J. y Hogan, J. (1994). What we know about leadership: Effectiveness and personality. *American Psychologist, 49*, 493-504.

Hogan, R., Hogan, J. y Roberts, B.W. (1996). Personality measurement and employment decisions: Questions and answers. *American Psychologist, 51*, 469-477.

Hogan, R., Johnson, K. y Briggs, S. (eds.). (1997). *Handbook of personality psychology:* Orlando, FL: Academic Press.

Hogg, M.A. y Hardie, E.A. (1992). Prototypicality, conformity, and depersonalized attraction: A self-categorization analysis of group cohesiveness. *British Journal of Social Psychology, 31*, 41-56.

Holahan, C.J. y Moos, R.H. (1987). Personal and contextual determinants of coping strategies. *Journal of Personality and Social Psychology, 52*, 946-955.

Holahan, C.J. y Moos, R.H. (1990). Life stressors, resistance factors, and improved psychological functioning: An extension of the stress resistance paradigm. *Journal of Personality and Social Psychology, 58*, 909-917.

Holden, C. (1986, 19 de septiembre). Researchers grapple with problems of updating classic psychological test. *Science, 233*, 1249-1251.

Holden, C. (1987, 9 de octubre). Why do women live longer than men? *Science, 238*, 158-160.

Holden, C. (1991, 11 de enero). Probing the complex genetics of alcoholism. *Science, 251*, 163-164.

Holden, C. (1993, 15 de enero). Wake-up call for sleep research. *Science, 259*, 305.

Holland, J.C. (1996, septiembre). Cancer's psychological challenges. *Scientific American*, pp. 158-161.

Holland, J.C. y Lewis, S. (1993). Emotions and cancer: What do we really know? En D. Goleman y J. Gurin (eds.), *Mind-body medicine*. Yonkers, NY: Consumer Reports Books.

Hollander, E.P. (1985). Leadership and power. En. G. Lindzey y Aronson (eds.), *Handbook of social psychology* (3a. ed.). Nueva York: Random House.

Hollingshead, A.B. y Redich, F.C. (1958). *Social class and mental illness*. Nueva York: Wiley.

Hollingworth, H.L. (1943/1990). *Leta Stetter Hollingworth: A biography*. Boston, MA: Anker.

Hollingworth, L.S. (1928). *The psychology of the adolescent*. Nueva York: Appleton.

Hollis, K.L. (1984). The biological function of Pavlovian conditioning: The best defense is a good offense. *Journal of Experimental Psychology: Animal Behavior Processes, 10*, 413-425.

Hollis, K.L. (1997, septiembre). Contemporary research on Pavlovian conditioning: A "new" functional analysis. *American Psychologist, 52*, 956-965.

Hollister, L.E. (1988). Cannabis-1988. *Acta Psychiatry Scandinavia, 78,* Suppl. 345, 108-118.

Holmes, C.T. y Keffer, R.L. (1995). A computerized method to teach Latin and Greek root words: Effect on verbal SAT scores. *Journal of Educational Research, 89,* 47-50.

Holmes, D.S. (1985). To meditate or rest? The answer is rest. *American Psychologist, 40,* 728-731.

Holmes, J. (1994). *John Bowlby and attachment theory.* Nueva York: Routledge.

Holroyd, J. (1996). Hypnosis treatment of clinical pain: Understanding why hypnosis is useful. *International Journal of Clinical and Experimental Hypnosis, 44,* 33-51.

Holyoak, K.J. (1990). Problem solving. En D.N. Osherson y E.E. Smith (eds.). *Thinking.* Cambridge, MA: MIT Press.

Holyoak, K.J. y Thagard, P. (1994). *Mental leaps: Analogy in creative thought.* Cambridge, MA: MIT Press.

Holzman, P.S. y Matthysse, S. (1990). The genetics of schizophrenia: A review. *Psychological Science, 1,* 279-286.

Hong, E., Milgram, R.M. y Gorsky, H. (1995). Original thinking as a predictor of creative performance in young children. *Roeper Review, 18,* 147-149.

Honts, C.R., Hodes, R.L. y Raskin, D.C. (1985). Effects of physical countermeasures on the physiological detection of deception. *Journal of Applied Psychology, 70,* 177-187.

Honts, C.R. y Kircher, J.C. (1994). Mental and physical countermeasures reduce the accuracy of polygraph tests. *Journal of Applied Psychology, 79,* 252-259.

Honts, C.R., Raskin, D.C. y Kircher, J.C. (1987). Effects of physical countermeasure and their electromyographic detection during polygraphy tests for deception. *Journal of Psychophysiology, 1,* 241-247.

Hood, B.M. y Atkinson, J. (1993). Disengaging visual attention in the infant and adult. *Infant Behavior and Development, 16,* 405-422.

Hoogenraad, T.U., Ramos, L.M.P. y Van Gijn, J. (1994). Visually induced central pain and arm withdrawal after right parietal lobe infarction. *Journal of Neurology, Neurosurgery, and Psychiatry, 57,* 850-852.

Hoon, P.W., Bruce, K. y Kinchloe, B. (1982). Does the menstrual cycle play a role in sexual arousal? *Psychophysiology, 19,* 21-26.

Hoptman, M.J. y Davidson, R.J. (1994). How and why do the two cerebral hemispheres interact? *Psychological Bulletin, 116,* 195-219.

Horesh, N., Apter, A., Ishai, J., Danziger, Y. et al. (1996). Abnormal psychosocial situations and eating disorders in adolescence. *Journal of the American Academy of Child and Adolescent Psychiatry, 35,* 921-927.

Horgan, J. (1993, diciembre). Fractured functions: Does the brain have a supreme integrator? *Scientific American,* pp. 36-37.

Horgan, J. (1995, noviembre). Get smart, take a test. *Scientific American,* pp. 12-14.

Horgan, J. (1996, diciembre). Why Freud isn't dead. *Scientific American,* pp. 106-111.

Horn, J.L. (1985). Remodeling old models of intelligence. En B.B. Wolman (ed.), *Handbook of intelligence.* Nueva York: Wiley.

Horney, K. (1937). *Neurotic personality of our times.* Nueva York: Norton.

Horowitz, F.D. y Colombo, J. (eds.). (1990). *Infancy research: A summative evaluation and a look to the future.* Detroit: Wayne State University.

Horowitz, F.D. y O'Brien, M. (eds.). (1987). *The gifted and talented: Developmental perspectives.* Washington, DC: American Psychological Association.

Horton, R. y Katona, C. (eds.). (1991). *Biological aspects of affective disorders.* San Diego, CA: Academic Press.

Horwitz, L., Gabbard, G.O., Allen, J.G., Frieswyk, S.H., Colson, D.B., Newsom, G.E. y Coyne, L. (1996). *Borderline personality disorder: Tailoring the psychotherapy to the patient.* Washington, DC: American Pychiatric Press.

Hosoi, J., Murphy, G.F., Egan, C.L., Lerner, E.A., Grabbe, S., Asahina, A. y Granstein, R.D. (1993, 13 de mayo). Regulation of Langerhans cell function by nerves containing calcitonin gene-related peptide. *Nature, 363,* 159-163.

House, J.S., Landis, K.R. y Umberson, D. (1989, 29 de julio). Social relationships and health. *Science, 241,* 540-545.

Houston, L.N. (1981). Romanticism and eroticism among black and white college students. *Adolescence, 16,* 263-272.

Hovland, C., Janis, I. y Kelly, H.H. (1953). *Communication and persuasion.* New Haven, CT: Yale University Press.

Howard, A., Pion, G.M., Gottfredson, G.D., Flattau, P.E., Oskamp, S., Pfafflin, S.M., Bray, D.W. y Burstein, A.D. (1986). The changing face of American psychology: A report from the commitee on employment and human resources. *American Psychologist, 41,* 1311-1327.

Howard, K.I. y Zola, M.A. (1988). Ponencia presentada en la reunión anual de la Society for Psychotherapy Research. Chicago.

Howells, J.G. y Osborn, M.L. (1984). *A reference companion to the history of abnormal psychology.* Westport, CT: Greenwood Press.

Howes, C. (1990). Can the age of entry into child care and the quality of child care predict adjustment in kindergarten? *Developmental Psychology, 26,* 292-303.

Hser, Y., Anglin, M.D. y Powers, K. (1993). A 24-year follow-up of California narcotics addicts. *Archives of General Psychiatry, 50,* 577-584.

Hsiao, J.K., Colison, J., Bartko, J.J., Doran, A.R., Konicki, P.E., Potter, W.Z. y Pickar, D. (1993). Mononamine neurotransmitter interactions in drug-free and neuroleptic-treated schizophrenics. *Archives of General Psychiatry, 50,* 606-614.

Hsu, L.K.G. (1990). *Eating disorders.* Nueva York: Guilford Press.

Hubel, D.H. y Wiesel, T.N. (1979). Brain mechanisms of vision. *Scientific American,* pp. 150-162.

Hudson, W. (1960). Pictorial depth perception in subcultural groups in Africa. *Journal of Social Psychology, 52,* 183-208.

Huesmann, L.R. (1994). *Aggressive behavior: Current perspectives.* Nueva York: Plenum Press.

Huesmann, L.R. y Eron, L.D. (eds.). (1986). *Television and the aggressive child: A cross-national comparison.* Mahwah, NJ: Erlbaum.

Huesmann, L.R., Eron, L.D., Klein, R., Brice, P. y Fischer, P. (1983). Mitigating the imitation of aggressive behaviors by changing children's attitudes about media violence. *Journal of Personality and Social Psychology, 5,* 899-910.

Huesmann, L.R. y Moise, J. (1996, junio). Media violence: A demonstrated public health threat to children. *Harvard Mental Health Letter,* pp. 5-7.

Hughes, J.N. y Hasbrouck, J.E. (1996). Television violence: Implications for violence prevention. *School Psychology Review, 25,* 134-151.

Hull, C.L. (1943). *Principles of behavior.* Nueva York: Appleton-Century-Crofts.

Human Capital Initiative. (1997). *Reducing violence: A research agenda.* Washington, DC: American Psychological Association.

Humphreys, L.G. (1992). Commentary: What both critics and users of ability test need to know. *Psychological Science, 3,* 271-274.

Hunt, E. (1994). Problem solving. En R.J. Sternberg (ed.), *Thinking and problem solving. Handbook of perception and cognition* (2a. ed.) San Diego, CA: Academic Press.

Hunt, E., Streissguth, A.P., Kerr, B. y Olson, H.C. (1995). Mothers' alcohol consumption during pregnancy: Effects on spatial-visual reasoning in 14-year-old children. *Psychological Science, 6,* 339-342.

Hunt, M. (1974). *Sexual behaviors in the 1970s.* Nueva York: Dell.

Hunt, M. (**1993**). *The story of psychology.* Nueva York. Doubleday.

Hunt, M. (**1997**). *How science takes stock: The story of meta-analysis.* Nueva York: Russell Sage Foundation.

Hunt, R.R. (1995). The subtlety of distinctiveness: What von Restorff really did. *Psychonomic Bulletin and Review, 2,* 105-112.

Hunter, J.A., Platow, M.J., Howard, M.L. y Stringer, M. (1996). Social identity and intergroup evaluative bias: Realistic categories and domain specific self-esteem in a conflict setting. *European Journal of Social Psychology, 26*, 631-647.

Hunter, J.A., Stringer, M. y Watson, R.P. (1991). Intergroup violence and intergroup atributtions. *British Journal of Social Psychology, 30*, 261-266.

Hunter, M.S., Swann, C. y Ossher, J.M. (1995). Seeking help for premenstrual syndrome: Women's self-reports and treatment preferences. *Sexual and Marital Therapy, 10*, 253-262.

Hurlburt, A.C. y Poggio, T.A. (1988, 29 de enero). Synthesizing a color algorithm from examples. *Science, 239*, 482-485.

Hurt, S.W., Reznikoff, M. y Clarkin, J.F. (1995). The Rorschach. En L.E. Beutler y M.R. Berren (eds.), *Integrative assessment of adult personality*. Nueva York: Guilford Press.

Huston, T.L. y Vangelisti, A.L. (1991). Socioemotional behavior and satisfaction in marital relationships: A longitudinal study. *Journal of Personality and Social Psychology, 61*, 721-733.

Hutcheson, G.D., Baxter, J.S., Telfer, K. y Warden, D. (1995). Child witness statement quality: Question type and errors of omission. *Law and Human Behavior, 19*, 631-648.

Hutchison, J.B. (ed.). (1978). *Biological determinants of sexual behavior*. Nueva York: Wiley.

Hutton, J.T., Koller, W.C., Ahlskog, J.E., Pahwa, R. et al. (1996). Multicenter, placebo-controlled trial of cabergoline taken once daily in the treatment of Parkinson's disease. *Neurology, 46*, 1062-1065.

Hyde, J.S. (1994). *Understanding human sexuality* (5a. ed.). Nueva York: McGraw-Hill.

Hyde, J.S., Fennema, E. y Lamon, S.J. (1990). Gender differences in mathematics performance: A meta-analysis. *Psychological Bulletin, 107*, 139-155.

Hyde, J.S. y Linn, M.C. (1988). Gender differences in verbal ability: A meta-analysis. *Psychological Bulletin, 104*, 53-69.

Hyler, S.E., Gabbard, G.O. y Schneider, I. (1991). Homicidal maniacs and narcissistic parasites: Stigmatization of mentally ill persons in the movies. Annual Meeting of the American Psychiatric Association (1989, San Francisco, California). *Hospital and Community Psychiatry, 42*, 1044-1048.

Hyman, R. (1994). Anomaly or artifact? Comments on Bem and Honorton. *Psychological Bulletin, 115*, 19-24.

Hyman, S.E. (1996, 2 de agosto). Shaking out the cause of addiction. *Science, 273*, 611-612.

Iaccino, J.F. (1993). *Left brain-right brain differences: Inquiries, evidence, and new approaches*. Mahwah, NJ: Erlbaum.

Iacono, W.G. (1991). Can we determine the accuracy of polygraph tests? En P.K.

Ackles, J.R. Jennings y M.G.H. Coles (eds.), *Advances in psychophysiology* (Vol. 4). Greenwich, CT: JAI Press.

Iacono, W.G. y Grove, W.M. (1993). Schizophrenia reviewed: Toward an integrative genetic model. *Psychological Science, 4*, 273-276.

IBM (1997, 15 de mayo). "Deep Blue vs. Gary Kasparov." Sitio WWW.

Ingelfinger, F.J. (1944). The late effects of total and subtotal gastrectomy. *New England Journal of Medicine, 231*, 321-377.

Ingraham, L.J. y Chan, T.F. (1996). Is there psychopathology in the coparents of schizophrenic adoptees' half-siblings. *Psychological Reports, 79*, 1296-1298.

Ingram, R.E. (ed.). (1990). *Contemporary psychological approaches to depression: Theory, research, and treatment*. Nueva York: Plenum.

Institute for Mental Health Initiatives. (1993). Violence. *Dialogue, 1*, 1-4.

Institute for Mental Health Initiatives. (1996). Language, sex, violence, children. *Dialogue, 4*, 1-4.

Irani, K., Xia, Y., Zweier, J.L., Sollott, S.J., Der, C.J., Fearon, E.R., Sundaresan, M., Finkel, T. y Goldschmidt-Clermont, P.J. (1997). Mitogenic signaling mediated by oxidants in ras-transformed fibroblasts. *Science, 275*, 1649.

Isaksen, S.G. y Murdock, M.C. (1993). The emergence of a discipline: Issues and approaches to the study of creativity. En S.G. Isaksen, M.C. Murdock, R.L. Firestein y D.J. Treffinger (eds.), *The emergence of a discipline* (Vol. 1). Norwood, NJ: Ablex.

Isay, R.A. (1990). *Being homosexual: Gay men and their development*. Nueva York: Avon.

Issac, A.R. y Marks, D.F. (1994). Individual differences in mental imagery experience: Developmental changes and specialization. *British Journal of Psychology, 85*, 479-500.

Izard, C.E. (1990). Facial expressions and the regulation of emotions. *Journal of Personality and Social Psychology, 58*, 487-498.

Izard, C.E. (1991). *The psychology of emotions*. Nueva York: Plenum.

Izard, C.E. (1994). Innate and universal facial expressions: Evidence from developmental and cross-cultural research. *Psychological Bulletin, 115*, 288-299.

Jacklin, C.N. y Reynolds, C. (1993). Gender and childhood socialization. En A.E. Beall y R.J. Sternberg (eds.), *The psychology of gender*. Nueva York: Guilford Press.

Jackson, D.N., Ashton, M.C. y Tomes, J.L. (1996). The six-factor model of personality: Facets from the big five. *Personality and Individual Differences, 21*, 391-402.

Jackson, D.N., Paunonen, S.V., Fraboni, M. y Goffin, R.D. (1996). A five-factor versus six-factor model of personality structure. *Personality and Individual Differences, 20*, 33-45.

Jackson, T.L. (ed.). (1996). *Acquaintance rape: Assessment, treatment, and prevention*. Sarasota, FL: Professional Resource Press/Professional Resource Exchange, Inc.

Jacobs, B.L. (1987, julio-agosto). How hallucinogenic drugs work. *American Scientist, 75*, 386-392.

Jacobs, B.L. (1994, septiembre-octubre). Serotonin, motor activity, and depression-related disorders. *American Scientist, 82*, 456-463.

Jacobs, G.D., Benson, H. y Friedman, R. (1993). Home-based central nervous system assessment of a multifactor behavioral intervention for chronic sleep-onset insomnia. *Behavior Therapy, 24*, 159-174.

Jacobs, L.F. y Spencer, W.D. (1994). Natural space-use patterns and hippocampal size in kangaroo rats. *Brain, Behavior and Evolution, 44*, 125-132.

Jacobs, M.K. y Goodman, G. (1989). Psychology and self-helping groups: Predictions on a partnership. *American Psychologist, 44*, 536-545.

Jacobson, J.W. y Mulick, J.A. (eds.). (1996). *Manual of diagnosis and professional practice in mental retardation*. Washington, DC: American Psychological Association.

Jacobson, N.S., Dobson, K.S., Truax, P.A. et al. (1996). A component analysis of cognitive-behavioral treatment for depression. *Journal of Consulting and Clinical Psychology, 64*, 295-304.

Jacobson, N.S. y Truax, P. (1991). Clinical significance: A statistical approach to defining meaningful change in psychotherapy research. *Journal of Consulting and Clinical Psychology, 59*, 12-19.

Jacobson, P.B., Perry, S.W. y Hirsch, D. (1990). Behavioral and psychological responses to HIV antibody testing. *Journal of Consulting and Clinical Psychology, 58*, 31-37.

Jacobson, P.D., Wasserman, J. y Anderson, J.R. (1997). Historical overview of tobacco legislation and regulation. *Journal of Social Issues, 53*, 75-95.

Jacoby, L.L. y Kelley, C.M. (1992). A process-dissociation framework for investigating unconscious influences: Freudian slips, projective tests, subliminal perception, and signal detection theory. *Current Directions in Psychological Science, 1*, 174-179.

Jaffe, J.W. (1990). Drug addiction and drug abuse. En. A. G. Gilman, T.W. Rall, A.S. Nies y P. Taylor (eds.), *Goodman and Gilman's The pharmacological basis of therapeutics* (8a. ed.). Nueva York: Pergamon.

James, J.E. (1997). *Understanding caffeine: A biobehavioral analysis*. Newbury Park, CA: Sage.

James, W. (1890). *The principles of psychology*. Nueva York: Holt.

Jamison, K.R. (1993). *Touched with fire: Manic depressive illness and the artistic temperament*. Nueva York: Free Press.

Jamison, K.R. (1995, febrero). Manic-depressive illness and creativity. *Scientific American*, pp. 62-67.

Janda, L.H. y Klenke-Hamel, K.E. (1980). *Human sexuality*. Nueva York: Van Nostrand.

Jang, K.L., Livesley, W.J. y Vernon, P.A. (1996a.) The genetic basis of personality at different ages: A cross-sectional twin study. *Personality and Individual Difference, 21*, 299-301.

Jang, K.L., Livesley, W.J. y Vernon, P.A. (1996b). Heritability of the big five personality dimensions and their facets: A twin study. *Journal of Personality, 64*, 577-591.

Janis, I. (1972). *Victims of groupthink: A psychological study of foreign policy decisions and fiascoes*. Boston: Houghton Mifflin.

Janis, I. (1984). Improving adherence to medical recommendations: Descriptive hypothesis derived from recent research in social psychology. En A. Baum, J.E. Singer y S.E. Taylor (eds.), *Handbook of medical psychology* (Vol. 4). Mahwah, NJ: Erlbaum.

Janis, I.L. (1989). *Crucial decisions: Leadership in policy-making management*. Nueva York: Free Press.

Janis, I.L. y Frick, F. (1943). The relationship between attitudes toward conclusions and errors in judging logical validity of syllogisms. *Journal of Experimental Psychology, 33*, 73-77.

Janssen, E. (1995). Understanding the rapist's mind. *Perspectives in Psychiatric Care, 31*, 9-13.

Jaret, P. (1992, noviembre/diciembre). Mind over malady. *Health*, pp. 87-94.

Jaroff, L. (1996, otoño). Keys to the kingdom. *Time*, pp. 24-29.

Jarrett, R.B. (1991). University of Texas Southwestern Medical Center at Dallas: Psychosocial Research Program in Mood Disorders. En L.E. Beutler y M. Crago (eds.), *Psychotherapy research: An international review of programmatic studies*. Washington, DC: American Psychiatric Press, Inc.

Jarvik, M.E. (1990, 19 de octubre). The drug dilemma: Manipulating the demand. *Science, 250*, 387-392.

Jarvis, T.J., Tebbutt, J. y Mattick, R.P. (1995). *Treatment approaches for alcohol and drug dependence*. Nueva York: Wiley.

Jenkins, B.M. (1983). *Some reflections on recent trends in terrorism*. Santa Monica, CA: Rand Corporation.

Jenkins, C.D., Zyzanski, S.J. y Rosenman, R.H. (1978). Coronary-prone behavior: One pattern or several? *Psychosomatic Medicine, 40*, 25-43.

Jenkins, S.R. (1994). Need for power and women's careers over 14 years: Structural power, job satisfaction, and motive change. *Journal of Personality and Social Psychology, 66*, 155-165.

Jensen, J.K. y Neff, D.L. (1993). Development of basic auditory discrimination in preschool children. *Psychological Science, 4*, 104-107.

Jervis, R., Lebow, R.N. y Stein, J.G., con Moragan, P.M. y Snyder, J.L. (1985). *Psychology and deterrence*. Baltimore: Johns Hopkins University Press.

Jessell, T.M. y Kelly, D.D. (1991). Pain and analgesia. En E.R. Kandel, J.H. Schwartz y T.M. Jessell (eds.), *Principles of neural science* (3a. ed.). Nueva York: Elsevier.

Jevning, R., Anand, R., Biedebach, M. y Fernando, G. (1996). Effects on regional cerebral blood flow of transcendental meditation. *Physiological Behavior, 59*, 399-402.

Jhally, S., Goldman, R., Cassidy, M., Katula, R., Seiter, E., Pollay, R.W., Lee, J.S., Carter-Whitney, D., Steinem, G. et al. (1995). Advertising. En G. Dines y J.M. Humez (eds.), *Gender, race, and class in media: A text-reader*. Thousand Oaks, CA: Sage.

Jiang, W., Babyak, M., Krantz, D.S., Waugh, R.A., Coleman, R.E., Hanson, M.M., Frid, D.J., McNulty, S., Morris, J.J., O'Connor, C.M. y Blumenthal, J.A. (1996, 5 de junio). Mental stress-induced myocardial ischemia and cardiac events. *Journal of the American Medical Association, 275*, 1651-1656.

Johnsen, S.K. y Ryser, G.R. (1996). An overview of effective practices with gifted students in general-education settings. *Journal for the Education of the Gifted, 19*, 379-404.

Johnson, A.M., Wadsworth, J., Wellings, K. y Bradshaw, S. (1992). Sexual lifestyles and HIV risk. *Nature, 360*, 410-412.

Johnson, B.T. (1991). Insights about attitudes: Meta-analytic perspectives. *Personality and Social Psychology Bulletin, 17*, 289-299.

Johnson, D.M., Parrott, G.R. y Stratton, R.P. (1968). Production and judgment of solutions to five problems. *Journal of Educational Psychology Monograph Supplement, 59* (6, pt. 2).

Johnson, J.T., Cain, L.M., Falke, T.L., Hayman, J. y Perillo, E. (1985). The "Barnum Effect" revisited: Cognitive and motivational factors in the acceptance of personality descriptions. *Journal of Personality and Social Psychology, 49*, 1378-1391.

Johnson, M.G. y Henley, T. (1990). *Reflections on the principles of psychology*, Mahwah, NJ: Erlbaum.

Johnson, R.W., Kelly, R.J. y LeBlanc, B.A. (1995). Motivational basis of dissonance: Aversive consequences of inconsistency. *Personality & Social Psychology Bulletin, 21*, 850-855.

Johnson, S.C., Pinkston, J.B., Bigler, E.D. y Blatter, D.D. (1996). Corpus callosum morphology in normal controls and traumatic brain injury: Sex differences, mechanisms of injury, and neuropsychological correlates. *Neuropsychology, 10*, 408-415.

Johnson-Laird, P.N. (1983). *Mental models: Towards a cognitive science of language, inference, and consciousness*. Cambridge, MA: Harvard University Press.

Johnson-Laird, P.N., Byrne, R.M. y Schaeken, W. (1992). Propositional reasoning by model. *Psychological Review, 99*, 418-439.

Johnson-Laird, P.N. y Shafir, E. (eds.). (1994). *Reasoning and decision making*. Nueva York: Blackwell.

Johnston, D. (1997, 17 de octubre). A missing link? LTP and learning. *Science, 278*, 401-402.

Johnston, L. (1996). Resisting change: Information-seeking and stereotype change. *European Journal of Social Psychology, 26*, 799-825.

Johnston, L., Bachman, J. y O'Malley, P. (1996). *Monitoring the future: A continuing study of the lifestyles and values of youth*. Ann Arbor: University of Michigan Institute of Social Research.

Johnston, N. (1993). CRM: Cross-cultural perspectives. En E.L. Wiener, B. Kanki y R. Helmreich (eds.), *Team performance in the operating room*. San Diego: Academic Press.

Joiner, T.E. y Wagner, K.D. (1995). Attribution style and depression in children and adolescents: A meta-analytic review. *Clinical Psychology Review, 15*, 777-798.

Jones, A. y Crandall, R. (eds.). (1991). Handbook of self-actualization. *Journal of Social Behavior and Personality, 6*, 1-362.

Jones, E.E. (1990). *Interpersonal perception*. Nueva York: Freeman.

Jones, F.D. y Koshes, R.J. (1995). Homosexuality and the military. *American Journal of Psychiatry, 152*, 16-21.

Jones, G.N., Brantley, P.J. y Gilchrist, J.C. (1988, agosto). The relation between daily stress and health. Ponencia presentada en la reunión anual de la American Psychological Association, Atlanta.

Jones, J.C. y Barlow, D.H. (1990). Self-reported frequency of sexual urges, fantasies, and masturbatory fantasies in heterosexual males and females. *Archives of Sexual Behavior, 19*, 269-279.

Jones, J.M. (1994). Our similarities are different: Toward a psychology of affirmative diversity. En E.J. Trickett, R.J. Watts y D. Birman (eds.), *Human diversity: Perspectives on people in context*. The Jossey-Bass social and behavioral science series. San Francisco: Jossey-Bass.

Jones, L.V. (1984). White-black achievement differences: The narrowing gap. *American Psychologist, 39*, 1207-1213.

Joseph, R. (1996). *Neuropsychiatry, neuropsychology, and clinical neuroscience: Emotion, evolution, cognition, language, memory, brain damage, and abnormal behavior* (2a. ed.). Baltimore, MD: Williams & Wilkins.

Josephs, R.A., Markus, H.R. y Tafarodi, R.W. (1992). Gender and self esteem. *Journal of Personality and Social Psychology, 63,* 391-402.

Josephs, R.A. y Steele, C.M. (1990). The two faces of alcohol myopia: Attentional mediation of psychologial stress. *Journal of Abnormal Psychology, 99,* 115-126.

Joyce, J. (1934). *Ulysses.* Nueva York: Random House.

Julesz, B. (1986). Stereoscopic vision. *Vision Research, 26,* 1601-1612.

Julien, R.M. (1991). *A primer of drug action* (7a. ed.). Nueva York: Freeman.

Julien, R.M. (1995). *Primer of drug action* (8a. ed.). Nueva York: Freeman.

Julius, M. (1990). Ponencia presentada en la Gerontological Society of America sobre mujeres que suprimen su ira.

Jusczyk, P.W. (1986). Toward a model of the development of speech perception. En J.S. Perkell y D.H. Klatt (eds.), *Invariance and variability in speech processes.* Mahwah, NJ: Erlbaum.

Jusczyk, P.W. (1995). Language acquisition: Speech sounds and the beginning of phonology. En J.L. Miller y P.D. Eimas (eds.), *Speech, language, and communication. Handbook of perception and cognition* (2a. ed.). San Diego, CA: Academic Press, Inc.

Jusczyk, P.W. (1997). *The discovery of spoken language.* Cambridge, MA: MIT Press.

Jusczyk, P.W. y Derrah, C. (1987). Representation of speech sounds by young infants. *Developmental Psychology, 23,* 648-654.

Jussim, L. y Eccles, J. (1995). Naturally occurring interpersonal expectancies. En N. Eisenberg, (ed.), *Social development. Review of personality and social psychology* (p. 15.). Thousand Oaks, CA: Sage.

Jussim, L., Fleming, C.J., Coleman, L. y Kohberger, C. (1996). The nature of stereotypes: II. A multiple-process model of evaluations. *Journal of Applied Social Psychology, 26,* 283-312.

Jussim, L., Milburn, M. y Nelson, W. (1991). Emotional openness: Sex-role stereotypes and self-perceptions. *Representative Research in Social Psychology, 19,* 35-52.

Justice, T.C. y Looney, T.A. (1990). Another look at "superstitions" in pigeons. *Bulletin of the Psychonomic Society, 28,* 64-66.

Kagan, J. (1989a). Temperamental contributions to social behavior. *American Psychologist, 44,* 668-674.

Kagan, J. (1989b). *Unstable ideas: Temperament, cognition, and self.* Cambridge, MA: Harvard University Press.

Kagan, J. (1990). Temperament and social behavior. *Harvard Medical School Mental Health Letter, 6,* 4-5.

Kagan, J. (1994). Inhibited and uninhibited temperaments. En W.B. Carey y S.C. McDevitt (eds.), *Prevention and early intervention: Individual differences as risk factors for the mental health of children: A festschrift for Stella Chess and Alexander Thomas.* Nueva York: Brunner/Mazel.

Kagan, J. (1997). Temperament and the reactions to unfamiliarity. *Child Development, 68,* 139-143.

Kagan, J., Arcus, D. y Snidman, N. (1993). The idea of temperament: Where do we go from here? En R. Plomin y G.E. McClearn (eds.), *Nature, nurture y psychology.* Washington, DC: American Psychological Association.

Kagan, J., Kearsley, R. y Zelazo, P.R. (1978). *Infancy: Its place in human development.* Cambridge, MA: Harvard University Press.

Kagan, J. y Snidman, N. (1991). Infant predictors of inhibited and uninhibited profiles. *Psychological Science, 2,* 40-44.

Kahn, M.W., Hannah, M., Hinkin, C., Montgomery, C. y Pitz, D. (1987). Psychopathology on the streets: Psychological measurements of the homeless. *Professional Psychology, 22,* 103-109.

Kahn, R.S., Davidson, M. y Davis, K.L. (1996). Dopamine and schizophrenia revisited. En S. J. Watson (ed.), *Biology of schizophrenia and affective disease.* Washington, DC: American Psychiatric Press.

Kahn, R.S., Davidson, M., Knott, P., Stern, R.G., Apter, S. y Davis, K.L. (1993). Effect of neuroleptic medication on cerebrospinal fluid monoamine metabolite concentrations in schizophrenia. Serotonin-dopamine interactions as a target for treatment [véanse comentarios]. *Archives of General Psychiatry, 50,* 599-605.

Kahn, S., Zimmerman, G., Csikszentmihalyi, M. y Getzels, J.W. (1985). Relations between identity in young adulthood and intimacy at midlife. *Journal of Personality and Social Psychology, 49,* 1316-1322.

Kail, R. (1991). Processing time declines exponentially during childhood and adolescence. *Developmental Psychology, 27,* 259-266.

Kakigi, R., Matsuda, Y. y Kuroda, Y. (1993). Effects of movement-related cortical activities on pain-related somatosensory evoked potentials following CO_2 laser stimulation in normal subjects. *Acta Neurologica Scandinavica 88,* 376-380.

Kalafat, J., Elias, M. y Gara, M.A. (1993). The relationship of bystander intervention variables to adolescents' responses to suicidal peers. *Journal of Primary Prevention, 13,* 231-244.

Kalichman, S.C. (1998). *Preventing AIDS: A sourcebook for behavioral interventions.* Mahwah, NJ: Erlbaum.

Kamins, M.A. y Gupta, K. (1994). Congruence between spokesperson and product type: A matchup hypothesis perspective. *Psychology and Marketing, 11,* 569-586.

Kandel, E. y Abel, T. (1995, 12 de mayo). Neuropeptides, adenylyl cyclase, and memory storage. *Science, 268,* 825-826.

Kandel, E., Schwartz, R. y Kessell, T.M. (1995). *Essentials of neural science and behavior.* Nueva York: Appleton & Lange.

Kandel, E.R. y Hawkins, R.D. (1995). Neuronal plasticity and learning. En R.D. Broadwell (ed.), *Neuroscience, memory, and language. Decade of the brain, Vol. 1.* Washington, DC: U.S. Government Printing Office.

Kandel, E.R. y Schwartz, J.H. (1982). Molecular biology of learning: Modulation or transmitter release. *Science, 218,* 433-442.

Kandel, E.R., Siegelbaum, S.A. y Schwartz, J.H. (1991). Synaptic transmission. En E.R. Kandel, J.H. Schwartz y T.M. Jessell (eds.), *Principles of neural science* (3a. ed.). Nueva York: Elsevier.

Kane, J.M. (1992). *Tardive dyskinesia.* Washington, DC: American Psychiatric Association Press.

Kaniasty, K. y Norris, F.H. (1995, junio). Mobilization and deterioration of social support following natural disasters. *Current Directions in Psychological Science, 4,* 94-98.

Kanigel, R. (1987, 17 de mayo). One man's mousetraps. *Nueva Tork Times Magazine,* 48-54.

Kanner, A.D., Coyne, J.C., Schaefer, C. y Lazarus, R. (1981). Comparison of two modes of stress measurement: Daily hassles and uplifts versus major life events. *Journal of Behavioral Medicine, 4,* 14.

Kanner, B. (1989, 8 de mayo). Mind games. *New York Magazine,* pp. 34-40.

Kantrowitz, B. (1991, 21 de octubre). Striking a nerve. *Newsweek,* pp. 34-40.

Kantrowitz, B. (1992, 3 de agosto). Teenagers and AIDS, *Newsweek,* pp. 44-49.

Kaplan, G. y Rogers, L.J. (1994). Race and gender fallacies: The paucity of biological determinist explanations of difference. En E. Tobach y B. Rossoff (eds.), *Challenging racism and sexism: Alternatives to genetic explanations. Genes and gender, 7.* Nueva York: Feminist Press at The City University of New York.

Kaplan, H.I. y Sadock, B.J. (eds.). (1993). *Comprehensive group psychotherapy* (4a. ed.). Baltimore: Williams and Wilkins.

Kaplan, H.S. (1974). *The new sex therapy.* Nueva York: Brunner-Mazel.

Kaplan, M.F. (1975). Information integration in social judgment: Interaction of judge and informational components. En M. Kaplan y S. Schwartz (eds.), *Human development and decision processes.* Nueva York: Academic Press.

Kaplan, R.M. y Saccuzzo, D.P. (1997). *Psychological testing: Principles, applications, and issues* (4a. ed.). Pacific Grove, CA: Brooks/Cole.

Kaplan, R.M., Sallis, J.F., Jr. y Patterson, T.L. (1993). *Health and human behavior.* Nueva York: McGraw-Hill.

Kapur, S. y Remington, G. (1996). Serotonin-dopamine interaction and its relevance to schizophrenia. *American Journal of Psychiatry, 153,* 466-476.

Karbon, M., Fabes, R.A., Carlo, G. y Martin, C.L. (1992). Preschoolers' beliefs about sex and age differences in emotionality. *Sex Roles, 27*, 377-390.

Karlins, M. y Abelson, H.I. (1979). *How opinions and attitudes are changed.* Nueva York: Springer-Verlag.

Karmel, B.Z. y Gardner, J.M. (1996). Prenatal cocaine exposure effects on arousal-modulated attention during the neonatal period. *Developmental Psychology, 29*, 463-480.

Karni, A., Tanne, D., Rubenstein, B.S., Askenazy, J.J.M. y Sagi, D. (1992, octubre). No dreams-no memory: The effect of REM sleep deprivation on learning a new perceptual skill. *Society for Neuroscience Abstracts, 18*, 387.

Karni, A., Tanne, D., Rubenstein, B.S., Askenazy, J.J.M. y Sagi, D. (1994, 29 de julio). Dependence on REM sleep of overnight improvement of a perceptual skill. *Science, 265*, 679-682.

Karoly, P. y Kanfer, F.H. (1982). *Self-management and behavior change.* Nueva York: Pergamon.

Karp, D.A. (1988). A decade of remembrances: Changing age consciousness between fifty and sixty years old. *The Gerontologist, 28*, 727-738.

Karp, D.A. (1991). A decade of reminders: Changing age consciousness between fifty and sixty years old. En B.B. Hess y E.W. Markson (eds.), *Growing old in America* (4a.ed.). New Brunswick, NJ: Transaction Publishers.

Kaslow, F.W. (1991). The art and science of family psychology: Retrospective and perspective. *American Psychologist, 46*, 621-626.

Kasparov, G. (1996, 25 de marzo). The day that I sense a new kind of intelligence. *Time*, p. 55.

Kassin, S.M. (1983). Deposition testimony and the surrogate witness: Evidence for a "messenger effect" in persuasion. *Personality and Social Psychology Bulletin, 9*, 281-288.

Katigbak, M.S. y Akamine, T.X. (1994, agosto). Relating indigenous Philippine dimension to the big five model. Ponencia presentada en la 102nd Annual Convention of the American Psychological Association, Los Ángeles, CA.

Katz, A.N. (1989). Autobiographical memory as a reconstructive process: An extension of Ross's hypothesis. *Canadian Journal of Psychology, 43*, 512-517.

Katz, D. y Braly, K.W. (1933). Racial stereotypes of 100 college students. *Journal of Abnormal and Social Psychology, 4*, 280-290.

Katz, P.A. (ed.). (1976). *Towards the elimination of racism.* Nueva York: Pergamon.

Kaufman, J. y Zigler, E. (1987). Do abused children become abusive parents? *American Journal of Orthopsychiatry, 57*, 186-192.

Kaufman, M.T. (1992, 28 de noviembre). Teaching compassion in theater of death. *New York Times.*

Kausler, D.H. (1994). *Learning and memory in normal aging.* San Diego, CA: Academic.

Kavanaugh, R.D., Zimmerberg, B. y Fein, S. (eds.). (1995). *Emotion: Interdisciplinary perspectives.* Mahwah, NJ: Erlbaum.

Kawachi, I., Colditz, G.A., Speizer, F.E., Manson, J.E., Stampfer, M.J., Willett, W.C. y Hennekens, C.H. (1997). A prospective study of passive smoking and coronary heart disease. *Circulation, 95*, 2374-2379.

Kawasaki, C., Nugent, J.K., Miyashita, H., Miyahara, H. et al. (1994). The cultural organization of infants' sleep. Special Issue: Environments of birth and infancy. *Children's Environment, 11*, 135-141.

Kay, F.M. y Hagan, J. (1995). The persistent glass ceiling: Gendered inequalities in the earnings of lawyers. *British Journal of Sociology, 46*, 279-310.

Kazdin, A.E. (1989). *Behavior modification in applied settings* (4a. ed.). Pacific Grove, CA: Brooks/Cole.

Kazdin, A.E. (1993). Psychotherapy for children and adolescents: Current progress and future research directions. *American Psychologist, 48*, 644-657.

Kazdin, A.E. (1994). *Behavior modification in applied settings* (5a. ed.). Pacific Grove, CA: Brooks/Cole.

Keating, D.P. y Clark, L.V. (1980). Development of physical and social reasoning in adolescence. *Developmental Psychology, 16*, 23-30.

Keefe, K. y Berndt, T.J. (1996). Relations of friendship quality to self-esteem in early adolescence. *Journal of Early Adolescence, 16*, 110-129.

Keehn, J.D. (1996). *Master builders of modern psychology: From Freud to Skinner.* Nueva York: New York University Press.

Keesey, R.E. y Powley, T.L. (1986). The regulation of body weight. *Annual Review of Psychology, 37*, 109-133.

Keith, S., Regier, D., Rae, D. y Matthews, S. (1992). The prevalence of schizophrenia: Analysis of demographic features, symptom patterns, and course. En A.Z. Schwartzberg, A.H. Essman, S.C. Feinstein y S. Lebovici (eds.), *International annals of adolescent psychiatry.* Vol. 2. Chicago: University of Chicago Press.

Keith, S. J., Regier, D.A. y Rae, D.S. (1991). Schizophrenic disorders. En L.N. Robins y D.A. Regier (eds.), *Psychiatric disorders in America.* Nueva York: Free Press.

Kellegrew, D.H. (1995). Integrated school placements for children with disabilities. En R.L. Koegel y L.K. Koegel (eds.), *Teaching children with autism: Strategies for initiating positive interactions and improving learning opportunities.* Baltimore, MD: Brookes.

Keller, M.C. y Young, R.K. (1996). Mate assortment in dating and married couples. *Personality and Individual Differences, 21*, 217-221.

Kelley, H. (1950). The warm-cold variable in first impressions of persons. *Journal of Personality and Social Psychology, 18*, 431-439.

Kelley, H.H. (1992). Common-sense psychology and scientific psychology. *Annual Review of Psychology, 43*, 1-23.

Kelley, J. y Evans, M.D. (1993). The legitimation of inequality: Occupational earnings in nine nations. *American Journal of Sociology, 99*, 75-125.

Kelly, D.D. (1991a). Disorders of sleep and consciousness. En E. R. Kandel, J.H. Schwartz y T.M. Jessell (eds.), *Principles of neural science* (3a. ed.). Nueva York: Elsevier.

Kelly, D.D. (1991b). Sexual differentiation of the nervous system. En E.R. Kandel, J.H. Schwartz y T. M. Jessell (eds.), *Principles of neural science* (3a. ed.). Nueva York: Elsevier.

Kelly, D.D. (1991c). Sleep and dreaming. En E.R. Kandel, J.H. Schwartz y T. M. Jessell (eds.), *Principles of neural science* (3a. ed.). Nueva York: Elsevier.

Kelly, E.S. (1997, 22 de enero). The latest in take-at-home tests: I.Q. *New York Times*, p. B7.

Kelly, J.A. (1995). *Changing HIV risk behavior: Practical strategies.* Nueva York: Guilford Press.

Kelly, J.A. y Kalichman, S.C. (1995). Increased attention to human sexuality can improve HIV-AIDS prevention efforts: Key research issues and directions. *Journal of Consulting and Clinical Psychology, 63*, 907-918.

Kelly, J.A., Murphy, D.A., Sikkema, K.J. y Kalichman, S.C. (1993). Psychological interventions to prevent HIV infection are urgently needed. *American Psychologist, 48*, 1023-1034.

Kelly, J.P. (1991). The sense of balance. En E.R. Kandel, J.H. Schwartz y T.M. Jessell (eds.), *Principles of neural science* (3a. ed.). Nueva York: Elsevier.

Kempton, W., Darley, J.M. y Stern, P.C. (1992). Psychological research for the new energy problems: Strategies and opportunities. *American Psychologist, 47*, 1213-1223.

Kendall, P.C. (eds.). (1991). *Child and adolescent therapy: Cognitive-behavioral procedures.* Nueva York: Guilford Press.

Kendler, K.S. (1996). Parenting: A genetic-epidemiologic perspective. *American Journal of Psychiatry, 153*, 11-20.

Kendler, K.S., MacLean, C.J., O'Neill, A. y Burke, J. (1996). Evidence for a schizophrenia vulnerability locus on chromosome 8p in the Irish study of high-density schizophrenia families. *American Journal of Psychiatry, 153*, 1534-1540.

Kenny, D.A. (1991). A general model of consensus and accuracy in interpersonal perception. *Psychological Review, 98*, 155-163.

Kenny, D.A. (1994). *Interpersonal perception.* Nueva York: Guilford Press.

Kerns, K.A. y Barth, J.M. (1995). Attachment and play: Convergence across components of parent-child relationships and their relations to peer competence. *Journal of Social and Personal Relationships, 12*, 243-260.

Kershner, R. (1996). Adolescent attitudes about rape. *Adolescence, 31*, 29-33.

Kertesz, A.E. (1983). Cyclofusion and stereopsis. *Perception and Psychophysics, 33*, 99-101.

Kessler, R.C., McGonagle, K.A., Zhao, S., Nelson, C.B., Hughes, M., Eshleman, S., Wittchen, H. y Kendler, K.S. (1994). Lifetime and 12-month prevalence of DSM-III-R psychiatric disorders in the United States. *Archives of General Psychiatry, 51*, 8-19.

Kety, S.S. (1996). Genetic and environmental factors in the etiology of schizophrenia. En S. Matthysse, D.L. Levy, J. Kagan y F.M. Benes (eds.), *Psychopathology. The evolving science of mental disorder.* Nueva York: Cambridge University Press.

Keyes, R. (1980). *The height of your life.* Boston: Little, Brown.

Kidwell, J.S., Dunham, R.M., Bacho, R.A., Pastorino, E. et al. (1995). Adolescent identity exploration: A test of Erikson's theory of transitional crisis. *Adolescence, 30*, 785-793.

Kiecolt-Glaser, J.K. y Glaser, R. (1986). Behavioral influences on immune function: Evidence for the interplay between stress and health. En T. Field, P. McCabe y N. Schneiderman (eds.), *Stress and coping* (Vol. 2.) Mahwah, NJ: Erlbaum.

Kienker, P.K., Sejnowski, T.J., Hinton, G.E. y Schumacher, L.E. (1986). Separating figure from ground with a parallel network. *Perception, 15*, 197-216.

Kiesler, C.A. y Simpkins, C. (1991, junio). The de facto national system of psychiatric inpatient care. *American Psychologist, 46*, 579-584.

Kiesler, C.A. y Simpkins, C.G. (1993). *The unnoticed majority in psychiatric inpatient care.* Nueva York: Plenum.

Kiesler, S. (ed.). (1996). *Culture of the Internet.* Mahwah, NJ: Erlbaum.

Kihistrom, J.F. (1987, 18 de septiembre). The cognitive unconscious. *Science, 237*, 1445-1452.

Kihistrom, J.F., Schacter, D.L., Cork, R.C., Hurt, C.A. y Behr, S.E. (1990). Implicit and explicit memory following surgical anesthesia. *Psychological Science, 1*, 303-306.

Kilborn, K., Lynch, G. y Granger, R. (1996). Effects of LTP on response selectivity of simulated cortical neurons. *Journal of Cognitive Neuroscience, 8*, 328-343.

Kilborn, P.T. (1991, 15 de mayo). "Race norming" tests become a fiery issue. *New York Times.*

Killen, M. y Hart, D. (eds.). (1995). *Morality in everyday life: Developmental perspectives.* Cambridge, Inglaterra: Cambridge University Press.

Kilpatrick, D.G., Edmunds, C.S. y Seymour, A.K. (1992, 13 de noviembre). *Rape in America: A report to the nation.* Arlington, VA: National Victims Center and Medical University of South Carolina.

Kim, J., Allen, C.T. y Kardes, F.R. (1996). An investigation of the mediational mechanisms underlying attitudinal conditioning. *Journal of Marketing Research, 33*, 318-328.

Kim, U., Triandis, H.C., Kagitcibasi, C. y Yoon, G. (1994). *Individualism and collectivism: Theory, method, and applications.* Newbury Park, CA: Sage.

Kimble, G.A. (1989). Psychology from the standpoint of a generalist. *American Psychologist, 44*, 491-499.

Kimble, G.A. (1994). A frame of reference for psychology. *American Psychologist, 49*, 510-519.

Kimchi, R. (1992). Primacy of wholistic processing and global/local paradigm: A critical review. *Psychological Bulletin, 112*, 24-38.

Kimmel, A.J. (1996). *Ethical issues in behavioral research: A survey.* Oxford, Inglaterra: Blackwell.

Kimura, D. (1992, septiembre). Sex differences in the brain. *Scientific American*, pp, 119-125.

Kimura, D. y Hampson, E. (1988). Reciprocal effects of hormonal fluctuations on human motor and perceptual-spatial skills. *Behavioral Neuroscience, 102*, 456-459.

Kimura, D. y Hampson, E. (1994). Cognitive pattern in men and women is influenced by fluctuations in sex hormones. *Current Directions in Psychological Science, 3*, 57-61.

King, G.R. y Logue, A.W. (1990). Humans' sensitivity to variation in reinforcer amount: Effects of the method of reinforcer delivery. *Journal of the Experimental Analysis of Behavior, 53*, 33-46.

King, S.H. (1993). The limited presence of African American teachers. *Review of Educational Research, 63*, 114-149.

Kinsey, A.C., Pomeroy, W.B. y Martin, C.E. (1948). *Sexual behavior in the human male.* Filadelfia: Saunders.

Kinsey, A. C., Pomeroy, W.B., Martin, C.E. y Gebhard, P.H. (1953). *Sexual behavior in the human female.* Filadelfia: Saunders.

Kirby, D. (1977). The methods and methodological problems of sex research. En J.S. DeLora y C.A.B. Warren (eds.), *Understanding sexual interaction.* Boston: Houghton Mifflin.

Kirk, S.A. (1992). *The selling of DSM: The rhetoric of science in psychiatry.* Hawthorne, NY: Aldine de Gruyter.

Kirsch, B. (1989, 8 de octubre). Breaking the sound barrier. *New York Times Magazine*, pp. 64-66, 68-70.

Kirsch, I. y Council, J.R. (1992). Situational and personality correlates of suggestibility. En E. Fromm y M. Nash (eds.), *Contemporary perspectives in hypnosis research.* Nueva York: Guilford Press.

Kirsch, I. y Lynn, S.J. (1995). The altered state of hypnosis: Change in the theoretical landscape. *American Psychologist, 50*, 846-858.

Kirsch, I. y Lynn, S.J. (1998). Dissociation theories of hypnosis. *Psychological Bulletin, 123*, 100-115.

Kirshner, H.S. (1995). Alexias. En H.S. Kirshner (ed.), *Handbook of neurological speech and language disorders. Neurological disease and therapy, Vol. 33.* Nueva York: Dekker.

Kitani, K., Aoba, A. y Goto, S. (eds.). (1996). *Pharmacological intervention in aging and age-associated disorders. Annals of the New York Academy of Sciences, 786.* Nueva York: New York Academy of Sciences.

Kitayama, S. y Markus, H.R. (eds.). (1994). *Emotion and culture: Empirical studies of mutual influence.* Washington, DC: American Psychological Association.

Kitcher, P. (1997). *The lives to come.* Nueva York: Touchstone Books.

Kitterle, F.L. (ed.). (1991). *Cerebral laterality: Theory and research.* Mahwah, NJ: Erlbaum.

Klatzky, R.L., Colledge, R.G., Loomis, J.M., Cicinelli, J.G. et al. (1995). Performance of blind and sighted persons on spatial tasks. *Journal of Visual Impairment and Blindness, 89*, 70-82.

Klein, S.B. y Mowrer, R.R. (1989). *Contemporary learning theories, instrumental conditioning theory and the impact of biological constraints on learning.* Mahwah, NJ: Erlbaum.

Kleinke, C.L., Peterson, T.R. y Rutledge, T.R. (1998). Effects of self-generated facial expressions on mood. *Journal of Personality and Social Psychology, 74*, 272-279.

Kleinman, A. (1991, julio). The psychiatry of culture and culture of psychiatry. *Harvard Mental Health Letter.*

Kleinman, A. (1996). How is culture important for DSM-IV? En J.E. Mezzich, A. Kleinman, H. Fabrega, Jr. y D.L. Parron (eds.), *Culture and psychiatric diagnosis: A DSM-IV perspective.* Washington, DC: American Psychiatric Press, Inc.

Kleinman, A. y Cohen, A. (1997, marzo). Psychiatry's global challenge. *Scientific American*, pp. 86-89.

Klineberg, O. (1990). A personal perspective on the development of social psychology. *Annals of the New York Academy of Sciences, 602*, 35-50.

Klinkenborg, V. (1997, 5 de enero). Awakening to sleep. *New York Times Magazine*, pp. 26-31, 41, 51, 55.

Kluft, R.P. (1996). Dissociative identity disorder. En L.K. Michelson y W.J. Ray (eds.), *Handbook of dissociation: Theoretical, empirical, and clinical perspectives.* Nueva York: Plenum.

Kluger, J. (1996, 25 de noviembre). Can we stay young? *Time,* pp. 89-98.

Knapp, R.B. y Lusted, H.S. (1992). Biocontrollers for the physically disabled: A direct link from nervous system to computer. En H.J. Murphy (ed.), *Virtual reality and persons with disabilities: Proceedings.* California State University.

Knight, G.P., Johnson, L.G., Carlo, G. y Eisenberg, N. (1994). A multiplicative model of the dispositional antecedents of prosocial behavior: Predicting more of the people more of the time. *Journal of Personality and Social Psychology, 66,* 178-183.

Knittle, J.L. (1975). Early influences on development of adipose tissue. En G.A. Bray (ed.), *Obesity in perspective.* Washington, DC: U.S. Government Printing Office.

Kobasa, S.C. (1979). Stressful life events, personality, and health: An inquiry into hardiness. *Journal of Personality and Social Psychology, 37,* 1-11.

Kobasa, S.C.O., Maddi, S.R., Puccetti, M.C. y Zola, M.A. (1994). Effectiveness of hardiness, exercise, and social support as resources against illness. En A. Steptoe y J. Wardle (eds.), *Psychosocial processes and health: A reader.* Cambridge, Inglaterra: Cambridge University Press.

Koch, S. (1993). "Psychology" or "The psychological studies"? *American Psychologist, 48,* 902-904.

Koester, J. (1991). Membrane potential. En E.R. Kandel, J.H. Schwartz y T.M. Jessell (eds.), *Principles of neural science* (3a. ed.). Nueva York: Elsevier.

Kohlberg, L. (1969). Stage and sequence: The cognitive-developmental approach to socialization. En D. Goslin (ed.), *Haandbook of socialization theory and research.* Chicago: Rand McNally.

Kohlberg, L. (1984). *The psychology of moral development: Essays on moral development* (Vol.2). San Francisco: Harper & Row.

Kohlberg, L. y Ryncarz, R.A. (1990). Beyond justice reasoning: Moral development and consideration of a seventh stage. En C.N. Alexander y E.J. Langer (eds.), *Higher stages of human development: Perspectives on adult growth.* Nueva York: Oxford University Press.

Köhler, W. (1927). *The mentality of apes.* Londres: Routledge & Kegan Paul.

Kohn, A. (1990). *You know what they say.* Nueva York: HarperCollins.

Kohn, A. (1996). By all available means: Cameron and Pierce's defense of extrinsic motivators. *Review of Educational Research, 66,* 1-4.

Kohn, P.M., Lafreniere, K. y Genrevich, M. (1991). Hassles, health, and personality.

Journal of Personality and Social Psychology, 61, 478-482.

Kolata, G. (1987, 15 de mayo). Early signs of school-age IQ. *Science, 236,* 774-775.

Kolata, G. (1988, 25 de febrero). New obesity studies indicate metabolism is often to blame. *New York Times,* pp, A1, B5.

Kolata, G. (1991, 15 de mayo). Drop in casual sex tied to AIDS peril. *New York Times.*

Kolata, G. (1993, 28 de febrero). Rethinking the statistics of "epidemic" breast cancer. *New York Times.*

Kolata, G. (1995, 16 de marzo). Parkinson's sufferers gamble on surgery with great risks. *New York Times,* p. A1.

Kolb, B. y Whishaw, I.Q. (1990). *Fundamentals of human neuropsychology* (3a. ed.) Nueva York: Freeman.

Konishi, M. (1993, abril). Listening with two ears. *Scientific American,* pp. 66-73.

Konner, M. (1988, 17 de enero). Caffeine high. *New York Times Magazine,* pp. 47-48.

Konrad, W. (1994, abril). Ten things your doctor won't tell you. (Reporte de estudio en *Annals of Internal Medicine). Smart Money,* p. 76.

Koop, C.B. (1994). Infant assessment. En C.B. Fisher y R.M. Lerner (eds.), *Applied developmental psychology.* Nueva York: McGraw-Hill.

Koop, C.E. (1988). *The health consequences of smoking.* Washington, D.C.: Government Printing Office.

Korb, M.P., Gorrell, J. y VanDeRiet, V. (1989). *Gestalt therapy: Practice and theory* (2a. ed.). Nueva York: Pergamon.

Korsch, B.M. y Negrete, V.F. (1972). Doctor-patient communication. *Scientific American,* pp. 66-74.

Kosambi, D.D. (1967). Living prehistory in India. *Scientific American,* p. 105.

Kosik, K.S. (1992, 8 de mayo). Alzheimer's disease: A cell biological perspective. *Science, 256,* 780-783.

Koss, M.P. (1993). Rape: Scope, impact, interventions, and public policy responses. *American Psychologist, 48,* 1062-1069.

Koss, M.P. y Burkhart, B.R. (1989). A conceptual analysis of rape victimization. *Psychology of Women Quarterly, 13,* 27-40.

Koss, M.P. y Butcher, J.N. (1986). Research on brief psychotherapy. En S.L. Garfield y A.E. Bergin (eds.), *Handbook of psychotherapy and behavior change* (3a. ed.). Nueva York: Wiley.

Koss, M.P., Dinero, T.E., Seibel, C.A. y Cox, S.L. (1988). Stranger and acquaintance rape: Are there differences in the victim's experience? *Psychology of Women Quarterly, 12,* 1-24.

Kosslyn, S.M. (1981). The medium and the message in mental imagery. *Psychological Review, 88,* 46-66.

Kosslyn, S.M., Seger, C., Pani, J.R. y Hillger, L.A. (1990). When is imagery used is

everyday life? A diary study. *Journal of Mental Imagery, 14,* 131-152.

Kosslyn, S.M. y Shin, L.M. (1994). Visual mental images in the brain: Current issues. En M.J. Farah y G. Ratcliff (eds.), *The neuropsychology of high-level vision: Collected tutorial essays. Carnegie Mellon symposia on cognition.* Mahwah, NJ: Erlbaum.

Kostses, H. et al. (1991). Long-term effects of biofeedback-induced facial relaxation on measures of asthma severity in children. *Biofeedback and Self-Regulation, 16,* 1-22.

Kotkin, M., Daviet, C. y Gurin, J. (1996, octubre). Comment. *American Psychologist, 51,* 1080-1088.

Kotler, P. (1986). *Principles of marketing* (3a. ed.). Englewood Cliffs, NJ: Prentice-Hall.

Kotler-Cope, S. y Camp, C.J. (1990). Memory interventions in aging populations. En E.A. Lovelace (ed.), *Aging and cognition: Mental processes, self-awareness, and interventions. Advances in psychology.* Amsterdam, Países Bajos: North-Holland.

Kotre, J. y Hall, E. (1990). *Seasons of life.* Boston: Little, Brown.

Kotulak, R. (1995, 7 de enero). Memory drug is probable in near future. *The Arizona Daily Star,* pp. 1, 16A.

Koveces, Z. (1987). *The container metaphor of emotion.* Ponencia presentada en la University of Massachusetts, Amherst.

Kowner, R. y Ogawa, T. (1995). The role of raters' sex, personality, and appearance in judgments of facial beauty. *Perceptual & Motor Skills, 81,* 339-349.

Kraines, S.H. (1948). *The therapy of the neuroses and psychoses.* (3a. ed.). Filadelfia: Lea & Febiger.

Kramer, P. (1993). *Listening to Prozac.* Nueva York: Viking.

Krantz, D.S., Glass, D.C., Schaeffer, M.A. y Davia, J.E. (1982). Behavior patterns and coronary disease: A critical evaluation. En J.T. Cacioppo y R.E. Petty (eds.), *Focus on cardiovascular psychophysiology* (pp. 315-346). Nueva York: Guilford Press.

Kraus, S.J. (1995, enero). Attitudes and the prediction of behavior: A meta-analysis of the empirical literature. *Personality and Social Psychology Bulletin, 21,* 58-75.

Kravitz, E.A. (1988). Hormonal control of behavior: Amines and the biasing of behavioral output in lobsters. *Science, 241,* 1775-1782.

Krechevsky, M. y Gardner, H. (1990). The emergence and nurturance of multiple intelligences: The Project Spectrum approach. En M.J.A. Howe (ed.), *Encouraging the development of exceptional skills and talents.* Leicester, Inglaterra: British Psychological Society.

Kremer, J.M.D. y Scully, D.M. (1994). *Psychology in sport.* Londres, Inglaterra: Taylor & Francis.

Kreuger, L.E. (1989). *The world of touch.* Mahwah, NJ: Erlbaum.

Kriz, J. (1995). Naturwissenschaftliche Konzepte in der gegenwartigen Diskussion zum Problem der Ordnung. (The contribution of natural science concepts to the current discussion of order.) *Gestalt Theory, 17,* 153-163.

Krohne, H.W. (1996). Individual differences in coping. En M. Zeidner y N.S. Endler (eds.), *Handbook of coping: Theory, research, applications.* Nueva York: Wiley.

Kruger, A. (1994). The midlife transition: Crisis or chimera? *Psychological Reports, 75,* 1299-1305.

Kruger, L. (ed.). (1996). *Pain and touch.* Nueva York: Academic Press.

Kruglanski, A.W., Freund, T. y Bar Tal, D. (1996). Motivational effects in the mere-exposure paradigm. *European Journal of Social Psychology, 26,* 479-499.

Krull, D.S. y Anderson, C.A. (1997). The process of explanation. *Current Directions in Psychological Science, 6,* 1-5.

Kryger, M.H., Roos, L., Delaive, K., Walld, R. y Horrocks, J. (1996). Utilization of health-care services in patients with severe obstructive sleep apnea. *Sleep, 19 (Suppl.),* S111-S116.

Kryzanowski, E. y Stewin, L. (1985). Developmental implications in youth counseling: Gender socialization. *International Journal for the Advancement of Counseling, 8,* 265-278.

Kübler-Ross, E. (1969). *On death and dying.* Nueva York: Macmillan.

Kubovy, M. y Wagemans, J. (1995). Grouping by proximity and multistability in dot lattices: A quantitative gestalt theory. *Psychological Science, 6,* 225-233.

Kubzansky, L.D., Kawachi, I, Spria, A., III, Weiss, S.T., Vokonas, P.S. y Sparrow, D. (1997). Is worrying bad for your heart? A prospective study of worry and coronary heart disease in the Normative Aging Study. *Circulation, 95,* 818-824.

Kucharski, D. y Hall, W.G. (1987). New routes to early memories. *Science, 238,* 786-788.

Kuczmarski, R.J. Flegal, K.M., Campbell, S.M. y Johnson, C.L. (1994, 20 de julio). Increasing prevalence of overweight among U.S. adults. *Journal of the American Medical Association, 272,* 205-211.

Kuhl, P.K., Williams, K.A., Lacerda, F., Stevens, K.N. y Lindblom, B. (1992, 31 de enero). Linguistic experience alters phonetic perception in infants by 6 months of age. *Science, 255,* 606-608.

Kulik, J.A., Bangert-Drowns, R.L. y Kulik, C.C. (1984). Effectiveness of coaching for aptitude tests. *Psychological Bulletin, 95,* 179-188.

Kulynych, J.J., Vladar, K., Jones, D.W. y Weinberger, D.R. (1994). Gender differences in the normal lateralization of the supratemporal cortex: MRI surface-rendering morphometry of Heschl's gyrus and the planum temporale. *Cerebral Cortex, 4,* 107-118.

Kupfer, D.J., Reynolds, C.F., III. (1997, 30 de enero). Management of insomnia. *New England Journal of Medicine, 336,* 341-346.

Kupfermann, I. (1991a). Hypothalamus and limbic system: Motivation. En E.R. Kandel, J.H. Schwartz y T.M. Jessell (eds.), *Principles of neural science* (3a. ed.). Nueva York: Elsevier.

Kupfermann, I. (1991b). Hypothalamus and limbic system: Peptidergic neurons, homeostasis, and emotional behavior. En E.R. Kandel, J.H. Schwartz y T.M. Jessell (eds.), *Principles of neural science* (3a. ed.). Nueva York: Elsevier.

Kupfermann, I. (1991c). Localization of higher cognitive and affective functions: The association cornices. En E.R. Kandel, J.H. Schwartz y T.M. Jessell (eds.), *Principles of neural science* (3a. ed.). Nueva York: Elsevier.

Kupfermann, I. (1991d). Genetic determinants of benavior. En E.R. Kandel, J.H. Schwartz y T.M. Jessell (eds.), *Principles of neural science* (3a. ed.). Nueva York: Elsevier.

Kurdek, L.A. (1993). The allocation of household labor in gay, lesbian, and heterosexual married couples. *Journal of Social Issues, 49,* 127-139.

Kuriki, S., Takeuchi, F. y Kobayashki, T. (1994). Characteristics of the background fields in multichannel-recorded magnetic field responses. *Electroencephalography and Clinical Neurophysiology Evoked Potentials, 92,* 56-63.

Kurtz, L. (1994). Psychosocial coping resources in elementary school-age children of divorce. *American Journal of Orthopsychiatry, 64,* 554-563.

Kvale, S. (1996). *Interviews: An introduction to qualitative research interviewing.* Newbury Park, CA: Sage.

Labrell, F. (1996). Paternal play with toddlers: Recreation and creation. *European Journal of Psychology of Education, 11,* 43-54.

Lacayo, R. (1997, 6 de enero). *Time,* pp. 82-85.

Ladd, G.W. (1990). Having friends, keeping friends, making friends, and being liked by peers in the classroom: Predictors of children's early school adjustment? *Child Development, 61,* 1081-1100.

LaFromboise, T., Coleman, H.L. y Gerton, J. (1993). Psychological impact of biculturalism: Evidence and theory. *Psychological Bulletin, 114,* 395-412.

LaFromboise, T., Coleman, H.L.K. y Gerton, J. (1995). Psychological impact of biculturalism: Evidence and theory. En N.R. Goldberger y J.B. Veroff (eds.), *The culture and psychology reader.* Nueva York: New York University Press.

LaGreca, A.M., Silverman, W.K., Vernberg, E.M. y Prinstein, M.J. (1996). Symptoms of post-traumatic stress in children after Hurricane Andrew: A prospective study. *Journal of Consulting and Clinical Psychology, 64,* 712-723.

Laird, J.D. y Bresler, C. (1990). William James and the mechanisms of emotional experience. *Personality and Social Psychology Bulletin, 16,* 636-651.

Laird, J.D. y Bresler, C. (1992). The process of emotional experience: A self-perception theory. En M.S. Clark (ed.), *Review of personality and social psycholoogy.* Newbury Park, CA: Sage.

Lakowski, B. y Hekimi, S. (1996, 17 de mayo). Determination of life-span in caenorhabditis elegans by four clock genes. *Science, 272,* 1010.

Lam, T.C.M. (1992). Review of practices and problems in the evaluation of bilingual education. *Review of Educational Research, 62,* 181-203.

Lamal, P.A. (1979). College students' common beliefs about psychology. *Teaching of Psychology, 6,* 155-158.

Lamb, M. (1982). The bonding phenomenon: Misinterpretations and their implications. *Journal of Pediatrics, 101,* 555-557.

Lamb, M.E. (ed.). (1987). *The father's role.* Mahwah, NJ: Erlbaum.

Lamb, M.E. (1996). Effects of nonparental child care on child development: An update. *Canadian Journal of Psychiatry, 41,* 330-342.

Lambert, M.J., Shapiro, D.A. y Bergin, A.E. (1986). The effectiveness of psychotherapy. En S.L. Garfield y A.E. Bergin (eds.), *Handbook of psychotherapy and behavior change* (3a. ed.) Nueva York: Wiley.

Lambert, W.E. y Peal, E. (1972). The relation of bilingualism to intelligence. En A.S. Dil (ed.), *Language, psychology, and culture.* Stanford, CA: Stanford University Press.

Lambert, W.W. (1971). *Comparative perspectives on social psychology.* Boston: Little, Brown.

LaMendola, N.P. y Bever, T.G. (1997, 17 de octubre). Peripheral and cerebral asymmetries in the rat. *Science, 278,* 483-486.

Lancaster, L., Royal, K.E. y Whiteside, H.D. (1995). Attitude similarity and evaluation of a women's athletic team. *Journal of Social Behavior and Personality, 10,* 885-890.

Landesman, S. y Ramey, C. (1989). Developmental psychology and mental retardation: Integrating scientific principles with treatment practices. *American Psychologist, 44,* 409-415.

Landis, D., Day, H.R., McGrew, P.L., Thomas, J.A. y Miller, A.B. (1976). Can a black "culture assimilator" increase racial understanding? *Journal of Social Issues, 32,* 169-183.

Landry, D.W. (1997, febrero). Immunotherapy for cocaine addiction. *Scientific American,* 41-45.

Lang, J.S. (1987, 13 de abril). Happiness is a reunited set of twins. *U.S. News & World Report,* pp. 63-66.

Lang, S.S. y Patt, R.B. (1994). *You don't have to suffer.* Nueva York: Oxford, University Press.

Langer, E., Bashner, R.S. y Chanowitz, B. (1985). Decreasing prejudice by increasing discrimination. *Journal of Personality and Social Psychology, 49*, 113-120.

Langer, E. y Janis, I. (1979). *The psychology of control*. Beverly Hills, CA: Sage.

Langer, E., Janis, I.L. y Wolfer, J.A. (1975). Reduction of psychological stress in surgical patients. *Journal of Experimental Social Psychology, 11*, 155-165.

Langer, E.J. (1983). *The psychology of control*. Beverly Hills, CA: Sage.

Langreth, R. (1996, 20 de agosto). Science yields powerful new therapies for pain. *Wall Street Journal*, pp. B1, B4.

Larroque, B., Kaminski, M., Dehaene, P., Subtil, D. et al. (1995). Moderate prenatal alcohol exposure and psychomotor development at preschool age. *American Journal of Public Health, 85*, 1654-1661.

Larsen, R.J. y Diener, E. (1987). Affect intensity as an individual characteristic: A review. *Journal of Research in Personality, 21*, 1-39.

Larsen, R.J., Kasimatis, M. Frey, K. (1992). Facilitating the furrowed brow: An unobtrusive test of the facial feedback hypothesis applied to unpleasant affect. *Cognition and Emotion, 6*, 321-338.

Larson, R.K. (1990). Semantics. En D.N. Osherson y H. Lasnik (eds.), *Language*. Cambridge, MA: MIT Press.

Larson, R.W., Richards, M.H. y Perry-Jenkins, M. (1994). Divergent worlds: The daily emotional experience of mothers and fathers in the domestic and public spheres. *Journal of Personality and Social Psychology, 67*, 1034-1046.

Lashley, K.S. (1950). In search of the engram. *Symposia of the Society for Experimental Biology, 4*, 454-482.

Lask, B. y Bryant-Waugh, R. (eds.). (1993). *Childhood onset of anorexia nervosa and related eating disorders*. Mahwah, NJ: Erlbaum.

Lasnik, H. (1990). Syntax. En D.N. Osherson y H. Lasnik (eds.), *Language*. Cambridge, MA: MIT Press.

Lassner, J.B., Matthews, K.A. y Stoney, C.M. (1994). Are cardiovascular reactors to asocial stress also reactors to social stress? *Journal of Personality and Social Psychology, 66*, 69-77.

Latané, B. y Darley, J.M. (1970). *The unresponsive bystander: Why doesn't he help?* Nueva York: Appleton-Century-Crofts.

Latané, B. y Nida, S. (1981). Ten years of research on group size and helping. *Psychological Bulletin, 89*, 308-324.

Lau, R.R. (1997). Cognitive representation of health and illness. En D.S. Gochman (ed.), *Handbook of health behavior research*. Nueva York: Plenum Press.

Laumann, E., Gagnon, J.H., Michael, R.T. y Michaels, S. (1994). *The social organization of sexuality*. Chicago: University of Chicago Press.

Laursen, B. y Collins, W.A. (1994). Interpersonal conflict during adolescence. *Psychological Bulletin, 115*, 197-209.

Laursen, B., Hartup, W.W. y Koplas, A.L. (1996). Towards understanding peer conflict. *Merrill-Palmer Quarterly, 42*, 76-102.

Laws, G., Davies, I. y Andrews, C. (1995). Linguistic structure and non-linguistic cognition: English and Russian blues compared. *Language and Cognitive Processes, 10*, 59-94.

Lazarus, A.A. (1997). *Brief but comprehensive psychotherapy: The multimodal way*. Nueva York: Springer.

Lazarus, A.A., Beutler, L.E. y Norcross, J.C. (1992). The future of technical eclecticism. *Psychotherapy, 29*, 11-20.

Lazarus, R. (1994). Appraisal: The long and short of it. En P. Ekman y R.J. Davidson (eds.), *The nature of emotion: Fundamental questions*. Nueva York: Oxford University Press.

Lazarus, R.S. (1984). On the primacy of cognition. *American Psychologist, 39*, 124-129.

Lazarus, R.S. (1991a). Cognition and motivation in emotion. *American Psychologist, 46*, 352-367.

Lazarus, R.S. (1991b). *Emotion and adaptation*. Nueva York: Oxford University Press.

Lazarus, R.S. (1995). Emotions express a social relationship, but it is an individual mind that creates them. *Psychological Inquiry, 6*, 253-265.

Lazarus, R.S. y Cohen, J.B. (1977). Environmental stress. En I. Altman y J.F. Wohlwill (eds.), *Human behavior and the environment: Current theory and research* (Vol. 2). Nueva York: Plenum Press.

Lazarus, R.S., DeLongis, A., Folkman, S. y Gruen, R. (1985). Stress and adaptational outcomes: The problem of confounded measures. *American Psychologist, 40*, 770-779.

Lazarus, R.S. y Lazarus, B.N. (1994). *Passion and reason: Making sense of our emotions*. Nueva York: Oxford University Press.

Leahey, T.H. (1994). Is this a dagger I see before me? Four theorists in search of consciousness. *Contemporary Psychology, 39*, 575-581.

Leary, W.E. (1996, 20 de noviembre). U.S. rate of sexual diseases highest in developed world. *New York Times*, p. C21.

Lebow, R.N. y Stein, J.G. (1987). Beyond deterrence. *Journal of Social Issues, 43*, 5-71.

Lechtenberg, R. (1982). *The psychiatrist's guide to diseases of the nervous system*. Nueva York: Wiley.

Lee, F., Hallahan, M. y Herzog, T. (1996). Explaining real-life events: How culture and domain shape attributions. *Personality and Social Psychology Bulletin, 22*, 732-741.

Lee, F.R. (1993, 4 de octubre). On the campus, testing for AIDS grows common. *New York Times*, pp. A1, B2.

Lee, M.E., Matsumoto, D., Kobayashi, M., Krupp, D., Maniatis, E.F. y Roberts, W. (1992). Cultural influences on nonverbal behavior in applied settings. En R.S. Feldman (ed.), *Applications of nonverbal behavioral theory and research*. Mahwah, NJ: Erlbaum.

Lee, V.E., Brooks-Gunn, J., Schnur, E. y Liaw, F. (1990). Are Head Start effects sustained? A longitudinal follow-up comparison of disadvantaged children attending Head Start, no preschool, and other preschool programs. *Child Development, 61*, 495-507.

Lee, Y. (1994). Why does American psychology have cultural limitations? *American Psychologist, 49*, 524.

Leenaars, A.A. (1991). Suicide notes and their implications for intervention. *Crisis, 12*, 1-20.

Lehman, D.R., Lempert, R.O. y Nisbett, R.E. (1988). The effects of graduate training on reasoning: Formal discipline and thinking about everyday-life events. *American Psychologist, 43*, 431-442.

Lehman, D.R. y Taylor, S.E. (1988). Date with an earthquake: Coping with a probable, unpredictable disaster. *Personality and Social Psychology Bulletin, 13*, 546-555.

Lehrer, P.M. (1996). Recent research findings on stress management techniques. En Editorial Board of Hatherleigh Press, *The Hatherleigh guide to issues in modern therapy. The Hatherleigh guides series, Vol. 4*. Nueva York: Hatherleigh Press.

Leibel, R.L., Rosenbaum, M. y Hirsch, J. (1995). Changes in energy expenditure resulting from altered body weight [véanse los comentarios] [una fe de erratas aparece en *New England Journal of Medicine*, 1995, 10 de agosto; 333(6):399] *New England Journal of Medicine, 332*, 621-628.

Leibovic, K.N. (ed.). (1990). *Science of vision*. Nueva York: Springer-Verlag.

Leigh, H. Y Reiser, M. F. (1980). *The patient*. Nueva York: Plenum Press.

Lemoine, P. y Lemoine, P. (1992). Outcome of children of alcoholic mothers (study of 105 cases followed to adult age) and various prophylactic findings. *Annals of Pediatrics-Paris, 39*, 226-235.

Lenhardt, M.L., Skellet, R., Wang, P. y Clarke, A.M. (1991, 5 de julio). Human ultrasonic speech perception. *Science, 253*, 82-85.

Leong, F.T. y Austín, J.T. (eds.). (1996). *The psychology research handbook: A guide for graduate students and research assistants*. Thousand Oaks, CA: Sage.

Lepore, S.J., Evans, G.W. y Schneider, M.L. (1991). Dynamic role of social support in the link between chronic stress and psychological distress. *Journal of Personality and Social Psychology, 61*, 899-909.

Lepowsky, M. (1994). *Fruit of the motherland: Gender in an egalitarian society.* Nueva York: Columbia University Press.

Lepper, H.S., Martin, L.R. y DiMatteo, M.R. (1995). A model of nonverbal exchange in physician-patient expectations for patient involvement. *Journal of Nonverbal Behavior, 19,* 207-222.

Lepper, M.R. y Greene, D. (1975). Turning play into work: Effects of adult surveillance and extrinsic rewards on children's intrinsic motivation. *Journal of Personality and Social Psychology, 31,* 479-486.

Lepper, M.R. y Greene, D. (eds.). (1978). The hidden costs of reward. Mahwah, NJ: Erlbaum.

Lepper, M.R., Keavney, M. y Drake, M. (1996). Intrinsic motivation and extrinsic rewards: A commentary on Cameron and Pierce's meta-analysis. *Review of Educational Research, 66,* 5-32.

Lesch, K.P., Bengel, D., Heils, A., Sabol, S.Z., Greenberg, B. D., Petri, S., Benjamin, J., Muller, C.R., Hamer, D.H. y Murphy, D.L. (1996, 29 de noviembre). Association of anxiety-related traits with a polymorphism in the serotonin transporter gene regulatory region. *Science, 274,* 1527-1531.

Leshner, A.I. (1997, 3 de octubre). Addiction is a brain disease, and it matters. *Science, 278,* 45-47.

Leshowitz, B., Jenkens, K., Heaton, S. y Bough, T.L. (1993). Fostering critical thinking skills in students with learning disabilities: An instructional program. *Journal of Learning Disabilities, 26,* 483-490.

Leslie, C. (1991, 11 de febrero). Classrooms of Babel. *Newsweek,* pp. 56-57.

Lester, D. (1990). *Understanding and preventing suicide: New perspectives.* Springfield, IL: Thomas.

Leung, K. e Iwawaki, S. (1988). Cultural collectivism and distributive behavior. *Journal of Cross-Cultural Psychology, 19,* 35-49.

Leutwyler, K. (1994, marzo). Prosthetic vision. *Scientific American,* p. 108.

LeVay, S. (1991). A difference in hypothalamic structure between heterosexual and homosexual men. *Science, 253,* 1034-1037.

LeVay, S. (1993). *The sexual brain.* Cambridge, MA: MIT Press.

Levenson, R.W. (1992). Autonomic nervous system differences among emotions. *Psychological Science, 3,* 23-27.

Levenson, R.W. (1994). The search for autonomic specificity. En P. Ekman y R.J. Davidson (eds.), *The nature of emotion: Fundamental questions.* Nueva York: Oxford University Press.

Levenson, R.W., Ekman, P. y Friesen, W.V. (1990). Voluntary facial expression generates emotion-specific nervous system activity. *Psychophysiology, 27,* 363-384.

Levenson, R.W., Ekman, P., Heider, K. y Friesen, W.V. (1992). Emotion and autonomic nervous system activity in the Minangkabau of West Sumatra. *Journal of Personality and Social Psychology, 62,* 972-988.

Leventhal, H. (1970). Findings and theory in the study of fear communications. En L. Berkowitz (ed.), *Advances in experimental social psychology* (Vol. 5). Nueva York: Academic Press.

Leventhal, H., Baker, T., Brandon, T. y Fleming, R. (1989). Intervening and preventing cigarette smoking. En R. Ney y A. Gale (eds.), *Smoking and human behavior.* Chichester, Inglaterra: Wiley.

Leventhal, H. y Cleary, P.D. (1980). The smoking problem: A review of the research and theory in behavioral risk modification. *Psychological Bulletin, 88,* 370-405.

Leventhal, H., Nerenz, D. y Leventhal, E. (1985). Feelings of threat and private views of illness: Factors in dehumanization in the medical care system. En A. Baum y J.E. Singer (eds.), *Advances in environmental psychology* (Vol. 4). Mahwah, NJ: Erlbaum.

Leventhal, H. y Tomarken, A.J. (1986). Emotion: Today's problems. *Annual Review of Psychology, 37,* 565-610.

Levine, J.M. (1989). Reaction to opinion deviance in small groups. En P.B. Paulus (ed.), *Psychology of group influence* (2a. ed.). Mahwah, NJ: Erlbaum.

Levine, M.W. y Shefner, J.M. (1991). *Fundamentals of sensation and perception* (2a. ed.). Pacific Grove, CA: Brooks/Cole.

Levine, R.V. (1993, febrero). Is love a luxury? *American Demographics,* pp. 27-29.

Levinger, G. (1983). Development and change. En H.H. Kelley *et al., Close relationships.* San Francisco: Freeman.

Levinson, D.J. (1986). A conception of adult development. *American Psychologist, 41,* 3-13.

Levinson, D. J. (1990). A theory of life structure development in adulthood. En C.N. Alexander y E.J. Langer (eds.), *Higher stages of human development: Perspectives on adult growth.* Nueva York: Oxford University Press.

Levinson, D.J. y Levinson, J.D. (1996). *The seasons of a woman's life.* Nueva York: Knopf.

Levitan, I.B. y Kaczmarek, L.K. (1991). *The neuron: Cell and molecular biology.* Nueva York: Oxford University Press.

Levy, B. (1996). Improving memory in old age through implicit self-stereotyping. *Journal of Personality and Social Psychology, 71,* 1092-1107.

Levy, B.L. y Langer, E. (1994). Aging free from negative stereotypes: Successful memory in China and among the American deaf. *Journal of Personality and Social Psychology, 66,* 989-997.

Levy, D.A. (1997). *Tools of critical thinking: Metathoughts for psychology.* Boston: Allyn & Bacon.

Levy, S. (1997, 19 de mayo). Big Blue's hand of God. *Newsweek,* p. 72.

Levy, S.M., Lee, J., Bagley, C. y Lippman, M. (1988). Survival hazards analysis in first recurrent breast cancer patients: Seven-year follow-up. *Psychosomatic Medicine, 50,* 520-528.

Lewandowsky, S., Dunn, J.C. y Kirsner, K. (eds.). (1989). *Implicit memory: Theoretical issues.* Mahwah, NJ: Erlbaum.

Lewis, C., O'Sullivan, C. y Barraclough, J. (1994). *The psychoimmunology of human cancer.* Nueva York: Oxford University Press.

Lewis, C.E. (1994, marzo). Ponencia presentada en la reunión de la American Heart Association, Tampa, FL.

Lewis, M. y Feinman, S. (eds.). (1991). *Social influences and socialization in infancy.* Nueva York: Plenum Press.

Lewis, M., Feiring, C., McGuffog, C. y Jaskir, J. (1984). Predicting psychopathology in six-year-olds from early social relations. *Child Development, 55,* 123-136.

Lewis, P. (1987). Therapeutic change in groups: An interactional perspective. *Small Group Behavior, 18,* 548-556.

Lewis-Fernandez, R. y Kleinman, A. (1995). Cultural psychiatry: Theoretical, clinical, and research issues. *Psychiatric Clinics of North America, 18,* 433-448.

Lex, B.W. (1995). Alcohol and other psychoactive substance dependence in women and men. En M.V. Seeman (ed.), *Gender and psychopathology.* Washington, DC: American Psychiatric Press.

Ley, P. y Spelman, M.S. (1967). *Communicating with the patient.* Londres: Staples Press.

Li, J.H. y Watanabe, H. (1994). A bayesian study of the correlation between standard scores of twins. *Behaviormetrika, 21,* 121-130.

Li, S. (1995). A comparative study of personality in supernormal children and normal children. *Psychological Science-China, 18,* 184-186.

Lichtenstein, E. (1982). The smoking problem: A behavioral perspective. *Journal of Consulting and Clinical Psychology, 50,* 804-819.

Lichtenstein, E. y Penner, M.D. (1977). Long-term effects of rapid smoking treatment for dependent cigarette smokers. *Addictive Behaviors, 2,* 109-112.

Licinio, J., Wong, M.L. y Gold, P.W. (1996). The hypothalamic-pituitary-adrenal axis in anorexia nervosa. *Psychiatry Research, 62,* 75-83.

Lidz, T. (1973). *The origin and treatment of schizophrenic disorders.* Nueva York: Basic Books.

Lidz, T. y Fleck, S. (1985). *Schizophrenia and the family* (2a. ed.). Nueva York: International Universities Press.

Lieberman, J.A. y Koreen, A.R. (1993). Neurochemistry and neuroendocrinology of schizophrenia: A selective review. *Schizophrenia Bulletin, 19,* 371-429.

Lieberman, M.A. (1982). The effects of social supports on responses to stress. En L. Goldberger y L. Breznitz (eds.), *Handbook of stress*. Nueva York: Free Press.

Lieberman, M.A. y Bond, G.R. (1978). Self-help groups: Problems of measuring outcome. *Small Group Behavior, 9*, 222-241.

Liebert, R.M. y Sprafkin, J. (1988). *The early window: Effects of television on children and youth* (3a. ed.). Nueva York: Pergamon.

Lietaer, G. (1984). Unconditional positive regard: A controversial basic attitude in client-centered therapy. En R.F. Levant y L.M. Shlien (eds.), *Client-centered therapy and the person-centered approach*. Nueva York: Praeger.

Lim, K.O., Tew, W., Kushner, M. y Chow, K. (1996). Cortical gray matter volume deficit in patients with first-episode schizophrenia. *American Journal of Psychiatry, 153*, 1548-1553.

Lindholm, K.J. (1991). Two-way bilingual/immersion education: Theory, conceptual issues, and pedagogical implications. En R.V. Padilla y A. Benavides (eds.), *Critical perspectives on bilingual education research*. Tempe, AZ: Bilingual Review Press.

Lindsay, P.H. y Norman, D.A. (1977). *Human information processing* (2a. ed.). Nueva York: Academic Press.

Linscheid, T.R., Iwata, B.A., Ricketts, R.W., Williams, D.E. y Griffin, J.C. (1990). Clinical evaluation of the self-injurious behavior inhibiting system (SIBIS). *Journal of Applied Behavior Analysis, 23*, 53-78.

Linszen, D.H., Dingemans, P.M., Nugter, M.A., Van der Does, A.J.W. et al. (1997). Patient attributes and expressed emotion as risk factors for psychotic relapse. *Schizophrenia Bulletin, 23*, 119-130.

Linz, D.G. Donnerstein, E. y Penrod, S. (1988). Effects of long-term exposure to violent and sexually degrading depictions of women. *Journal of Personality and Social Psychology, 55*, 758-768.

Lipman, J. (1992, 10 de marzo). Surgeon General says it's high time Joe Camel quit. *Wall Street Journal*, pp. B1, B7.

Lipsey, M.W. y Wilson, D.B. (1993). The efficacy of psychological, educational, and behavioral treatment: Confirmation from meta-analysis. *American Psychologist, 48*, 1181-1209.

Lisak, D. y Roth, S. (1988). Motivational factors in nonincarcerated sexually aggressive men. *Journal of Personality and Social Psychology, 55*, 795-802.

Liskin, L. (1985, noviembre-diciembre). Youth in the 1980s: Social and health concerns 4. *Population Reports, 8*, no. 5.

Lister, R.G. y Weingartner, H.J. (eds.). (1991). *Perspectives on cognitive neuroscience*. Nueva York: Oxford University Press.

Little, T.D. y Lopez, D.F. (1997). Regularities in the development of children's causality beliefs about school performance across six sociocultural contexts. *Developmental Psychology, 33*, 165-175.

Lloyd, J.W., Kameenui, E.J. y Chard, D. (eds.). (1997). *Issues in educating students with disabilities*. Mahwah, NJ: Erlbaum.

Lobsenz, M.M. (1975). *Sex after sixty-five*. Public Affairs Pamphlet #519, New York Public Affairs Committee.

Locke, D.C. (1992). *Increasing multicultural understanding*. Newbury Park, CA: Sage.

Locke, E.A. y Latham, G.P. (1991). The fallacies of common sense "truths": A reply to Lamal. *Psychological Science, 2*, 131-132.

Loeber, R. y Hay, D. (1997). Key issues in the development of aggression and violence from childhood to early adulthood. *Annual Review of Psychology, 48*, 371-410.

Loehlin, J.C., Willerman, L. y Horn, J.M. (1987). Personality resemblance in adoptive families: A 10-year follow-up. *Journal of Personality and Social Psychology, 53*, 961-969.

Loewenstein, G. (1994). The psychology of curiosity: A review and reinterpretation. *Psychological Bulletin, 116*, 75-98.

Loftus, E.F. (1993). Psychologists in the eyewitness world. *American Psychologist, 48*, 550-552.

Loftus, E.F. (1997). Memory for a past that never was. *Current Directions in Psychological Science, 6*, 60-65.

Loftus, E.F. y Ketcham, K. (1991). *Witness for the defense: The accused, the eyewitness who puts memory on trial*. Nueva York: St. Martin's.

Loftus, E.F., Loftus, G.R. y Messo, J. (1987). Some facts about "weapon focus". *Law and Human Behavior, 11*, 55-62.

Loftus, E.F. y Palmer, J.C. (1974). Reconstruction of automobile destruction: An example of the interface between language and memory. *Journal of Verbal Learning and Verbal Behavior, 13*, 585-589.

Loftus, E.F., Smith, K.D., Klinger, M.R. y Fiedler, J. (1992). Memory and mismemory for health events. En J. M. Tanur (ed.), *Questions About Questions: Inquiries into the Cognitive Bases of Surveys*. Nueva York: Russell Sage Foundation.

Logie, R.H. (1995). *Visuo-spatial working memory*. Mahwah, NJ: Erlbaum.

Logothetis, N.K. y Schall, J.D. (1989, 18 de agosto). Neuronal correlates of subjective visual perception. *Science, 245*, 761-763.

Logue, A.W. (1991). *The psychology of eating and drinking*. (2a. ed.). Nueva York: Freeman.

Lohman, D.F. (1989). Human intelligence: An introduction to advances in theory and research. *Review of Educational Research, 59*, 333-373.

Long, A. (1987, diciembre). What is this thing called sleep? *National Geographic, 172*, 786-821.

Long, B.C. y Flood, K.R. (1993). Coping with work stress: Psychological benefits of exercise. Special Issue: Exercise, stress and health. *Work and Stress, 7*, 109-119.

Long, G.M. y Beaton, R.J. (1982). The case for peripheral persistence: Effects of target and background luminance on a partial-report task. *Journal of Experimental Psychology: Human Perception and Performance, 8*, 383-391.

Lonsway, K.A. y Fitzgerald, L.F. (1995). Attitudinal antecedents of rape myth acceptance: A theoretical and empirical reexamination. *Journal of Personality and Social Psychology, 68*, 704-711.

Loomis, J.M., Golledge, R.G. y Klatzky, R.L. (En prensa). Navigation system for the blind: Auditory display modes and guidance. Presence: Teleoperators and Virtual Environments.

Loomis, J.M., Klatzky, R.L., Golledge, R.G., Cicinelli, J.G., Pellegrino, J.W. y Fry, P.A. (1993). Nonvisual navigation by blind and sighted: Assessment of path integration ability. *Journal of Experimental Psychology: General, 122*, 73-91.

Looy, H. (1995). Born gay? A critical review of biological research on homosexuality. *Journal of Psychology and Christianity, 14*, 197-214.

LoPiccolo, L. (1980). Low sexual desire. En S.R. Leiblum y L.A. Pervin (eds.), *Principles and practice of sex therapy*. Nueva York: Guilford Press.

Lorenz, K. (1966). *On aggression*. Nueva York: Harcout Brace Jovanovich.

Lorenz, K. (1974). *Civilized man's eight deadly sins*. Nueva York: Harcourt Brace Jovanovich.

Lovaas, O.L. y Koegel, R. (1973). Behavior therapy with autistic children. En C. Thoreson (ed.), *Behavior modification and education*. Chicago: University of Chicago Press.

Lovallo, W.R. (1997). *Stress and health*. Newburyport, CA: Sage.

Lowe, M.R. (1993). The effects of dieting on eating behavior: A three-factor model. *Psychological Bulletin, 114*, 100-121.

Lowinson, J.H., Ruiz, P., Millman, R.B. y Langrod, J.G. (1992). *Substance abuse: A comprehensive textbook* (2a. ed.). Baltimore: Williams & Wilkins.

Lowinson, J.H., Ruiz, P., Millman, R.B. y Langrod, J.G. (eds.). (1997). *Substance abuse: A comprehensive textbook* (3a. ed.). Baltimore, MD: Williams & Wilkins.

Lubart, T.I. (1994). Creativity. En R.J. Sternberg (ed.), *Thinking and problem-solving*. San Diego, CA: Academic Press.

Lubart, T.I. y Sternberg, R.J. (1995). An investment approach to creativity: Theory and data. En S.M. Smith, T.B. Ward y R.A. Finke (eds.), *The creative cognition approach*. Cambridge, MA: MIT Press.

Lubinski, D. y Benbow, C.P. (1992). Gender differences in abilities and preferences among the gifted: Implications for the math-science pipeline. *Current Directions in Psychological Science, 1,* 61-66.

Luborsky, L. (1988). *Who will benefit from psychotherapy?* Nueva York: Basic Books.

Luce, R.D. (1993). *Sound and hearing.* Mahwah, NJ: Erlbaum.

Luchins, A.S. (1946). Classroom experiments on mental set. *American Journal of Psychology, 59,* 295-298.

Lucy, J.A. (1992). *Language diversity and thought: A reformulation of the linguistic relativity hypothesis.* Cambridge, Inglaterra: Cambridge University Press.

Lucy, J.A. (1996). The scope of linguistic relativity: An analysis and review of empirical research. En J.J. Gumperz y S.C. Levinson (eds.), *Rethinking linguistic relatiivity. Studies in the social and cultural foundations of language,* No. 17. Cambridge, Inglaterra: Cambridge University Press.

Ludwick-Rosenthal, R. y Neufeld, R.W.J. (1988). Stress management during noxious medical procedures: An evaluative review of outcome studies. *Psychological Bulletin, 104,* 326-342.

Ludwig, A.M. (1969). Altered states of consciousness. En C.T. Tart (ed.), *Altered states of consciousness.* Nueva York: Wiley.

Ludwig, A.M. (1996, marzo). Mental disturbances and creative achievement. *The Harvard Mental Health Letter,* pp. 4-6.

Luria, A.R. (1968). *The mind of a mnemonist.* Cambridge, MA: Basic Books.

Lusted, H.S. y Knapp, R.B. (1996, octubre). Controlling computers with neural signals. *Scientific American,* 82-87.

Lykken, D.T. (1995). *The antisocial personalities.* Mahwah, NJ: Erlbaum.

Lykken, D.T., McGue, M., Tellegen, A. y Bouchard, T.J., Jr. (1993). Emergenesis: Genetic traits that may not run in families. *American Psychologist, 47,* 1565-1577.

Lynch, G., Granger, R. y Staubli, U. (1991). Long-term potentiation and the structure of memory. En W.C. Abraham, M.C. Corballis y K.G. White (eds.), *Memory mechanisms: A tribute to G.V. Goddard.* Mahwah, NJ: Erlbaum.

Lynch, J.G., Jr. y Cohen, J.L. (1978). The use of subjective expected utility theory as an aid to understanding variables that influence helping behavior. *Journal of Personality and Social Psychology, 36,* 1138-1151.

Lyness, S.A. (1993). Predictors of differences between Type A and B individuals in heart rate and blood pressure reactivity. *Psychological Bulletin, 114,* 266-295.

Lynn, S.J. (1997, agosto). *Should hypnosis be used for memory recovery? The answer is no.* Ponencia presentada en la reunión anual de la American Psychological Association, Toronto.

Lynn, S.J., Neufeld, V., Green, J.P., Sandberg, D. *et al.* (1996). Daydreaming, fantasy, and psychopathology. En R.G. Kunzendorf, N.P. Spanos y B. Wallace

(eds.), Hypnosis and imagination. Imagery and human developmennt series. Amityville, NY: Baywood.

Lynn, S.J. y Rhue, J.W. (1988). Fantasy-proneness: Hypnosis, developmental antecedents, and psychopathology. *American Psychologist, 43,* 35-44.

Lynn, S.J., Rhue, J.W. y Weekes, J.R. (1990). Hypnotic involuntariness: A social cognitive analysis. *Psychological Review, 97,* 169-184.

Lynn, S.J. y Snodgrass, M. (1987). Goal-directed fantasy, hypnotic susceptibility, and expectancies. *Journal of Personality and Social Psychology, 53,* 933-938.

Lynn, S.J., Weekes, J.R., Neufeld, V., Zivney, O., Brentar, J. y Weiss, F. (1991). Interpersonal climate and hypnotizability level: Effects on hypnotic performance, rapport, and archaic involvement. *Journal of Personality and Social Psychology, 60,* 739-743.

Lytton, H. y Romney, D.M. (1991). Parents' differential socialization of boys and girls: A meta-analysis. *Psychological Bulletin, 109,* 267-296.

Maccoby, E.E. (1992). The role of parents in the socialization of children: A historical overview. *Developmental Psychology, 28,* 1006-1017.

Maccoby, E.E. y Jacklin, C.N. (1974). *The psychology of sex differences.* Stanford, CA: Stanford University Press.

MacCoun, R.J. (1993). Drugs and the law: A psychological analysis of drug prohibition. *Psychological Bulletin, 113,* 497-512.

MacDermid, S.M., Huston, T.L. y McHale, S.M. (1990). Changes in marriage associated with the transition to parenthood: Individual differences as a function of sex-role attitudes and changes in division of labor. *Journal of Marriage and the Family, 52.* 475-486.

MacEwen, K.E. (1994). Refining the intergenerational transmission hypothesis. *Journal of Interpersonal Violence, 9,* 350-356.

MacFadyen, J.T. (1987, noviembre). Educated monkeys help the disabled help themselves. *Smithsonian,* pp. 125-133.

MacKenzie, B. (1984). Explaining race differences in IQ: The logic, the methodology, and the evidence. *American Psychologist, 39,* 1214-1233.

MacKenzie, E.K.R. (1990). *Introduction to time-limited group psychotherapy.* Washington, DC: American Psychiatric Press.

Mackie, D.M. (1987). Systematic and nonsystematic processing of majority and minority persuasive communications. *Journal of Personality and Social Psychology, 53,* 41-52.

Mackie, D.M. y Hamilton, D.L. (1993). *Affect, cognition, and stereotyping: Interactive processes in group perception.* San Diego, CA: Academic Press.

MacLeod, D.I.A. y Willen, J.D. (1995). Is there a visual space? En R.D. Luce, M. D'Zmura, D.D. Hoffman, G.J. Iverson y A.K. Romney (eds.), *Papers in honor of Tarow Indow on his 70th birthday.* Mahwah, NJ: Erlbaum.

Macmillan, M. (1991). *Freud evaluated: The competed arc.* Amsterdam: North-Holland.

Macrae, C.N., Stangor, C. y Hewstone, M. (1996). *Stereotypes and stereotyping.* Nueva York: Guilford Press.

Maddi, S.R., Bartone, P.T. y Puccetti, M.C. (1987). Stressful events are indeed a factor in physical illness: Reply to Schroeder and Costa (1984). *Journal of Personality and Social Psychology, 52,* 833-843.

Madon, S., Jussim, L. y Eccles, J. (1997). In search of the powerful self-fufiling prophecy. *Journal of Personality and Social Psychology, 72,* 791-809.

Maier, S.F., Watkins, L.R. y Fleshner, M. (1994, diciembre). Psychoneuroimmunology: The interface between behavior, brain, and immunity. *Science Watch, 49,* 1004-1017.

Mairs, D.A.E. (1995). Hypnosis and pain in childbirth. *Contemporary Hypnosis, 12,* 111-118.

Major, B. (1993). Gender, entitlement, and the distribution of family labor. *Journal of Social Issues, 49,* 141-159.

Major, B. y Konar, E. (1984). An investigation of sex differences in pay expectations and their possible causes. *Academy of Management Journal, 27,* 777-792.

Malamuth, N.M., Linz, D., Heavey, C.L. y Barnes, G. (1995). Using the confluence model of sexual aggression to predict men's conflict with women: A 10-year follow-up study. *Journal of Personality and Social Psychology, 69,* 353-369.

Malin, J.T. (1979). Information-processing load in problem solving by network search. *Journal of Experimental Psychology: Human Perception and Performance, 5,* 379-390.

Malinowski, C.I. y Smith, C.P. (1985). Moral reasoning and moral conduct: An investigation prompted by Kohlberg's theory. *Journal of Personality and Social Issues, 49,* 1016-1027.

Malott, R.W., Whaley, D.L. y Malott, M.E. (1993). *Elementary principles of behavior* (2a. ed.). Englewood Cliffs, NJ: Prentice Hall.

Mandal, M.K., Asthana, H.S., Pandey, R. y Sarbadhikari, S. (1996). Cerebral laterality in affect and affective illness: A review. *Journal of Psychology, 130,* 447-459.

Mann, D. (1997). *Psychotherapy: An erotic relationship.* Nueva York: Routledge.

Mann, T. (1994). Informed consent for psychological research: Do subjects comprehend consent forms and understand their legal rights? *Psychological Science, 5,* 140-143.

Mansfield, E.D. y McAdams, D.P. (1996). Generativity and themes of agency and communion in adult autobiography. *Personality and Social Psychology Bulletin, 22*, 721-731.

Manstead, A.S.R. (1991). Expressiveness as an individual difference. En R.S. Feldman y B. Rime (eds.), *Fundamentals of nonverbal behavior.* Cambridge, Inglaterra: Cambridge University Press.

Manuck, S., Olsson, G., Hjemdahl, P. y Rehnqvist, N. (1992). Does cardiovascular reactivity to mental stress have prognostic value in postinfarction patients? A pilot study. *Psychosomatic Medicine, 54*, 102-108.

Manz, C.C. y Sims, H.P., Jr. (1992). The potential for "groupthink" in autonomous work groups. En R. Glaser (ed.), *Classic readings in self-managing teamwork: 20 of the most important articles.* King of Prussia, PA: Organization Design and Development, Inc.

Mapes, G. (1990, 10 de abril). Beating the clock: Was it an accident Chernobyl exploded at 1:23 in the morning? *Wall Street Journal,* pp. A1, A16.

Marco, C.C., McKee, L.J., Bauer, T.L. *et al.* (1996). Serum immunoreactive-leptin concentrations in normal-weight and obese humans. *New England Journal of Medicine, 334*, 292-295.

Marcus, G.F. (1996). Why do children say "breaked"? *Current Directions in Psychological Science, 5*, 81-85.

Marks, G. y Miller, N. (1987). Ten years of research on the false-consensus effect: An empirical and theoretical review. *Psychological Bulletin, 102*, 72-90.

Markus, H. y Kitayama, S. (1991). Culture and the self: Implications for cognition, emotion, and motivation. *Psychological Review, 98*, 224-253.

Markus, H.R. y Kitayama, S. (1994). A collective fear of the collective: Implications for selves and theories of selves. Special Issue: The self and the collective. *Personality and Social Psychology Bulletin, 20*, 568-579.

Marr, D.C. (1982). *Vision.* Nueva York: Freeman.

Marshall, G. y Zimbardo, P. (1979). The affective consequences of "inadequately explained" physiological arousal. *Journal of Personality and Social Psychology, 37*, 970-988.

Martin, A., Haxby, J.V., Lalonde, F.M., Wiggs, C.L. y Ungerleider, L.G. (1995, 6 de octubre). Discrete cortical regions associated with knowledge of color and knowledge of action. *Science, 270*, 102-105.

Martin, C.L. (1987). A ratio measure of sex stereotyping. *Journal of Personality and Social Psychology, 52*, 489-499.

Martin, J. (1993). Episodic memory: A neglected phenomenon in the psychology of education. *Educational Psychologist, 28*, 169-183.

Martin, J.H., Brust, J.C.M. e Hilal, S. (1991). Imaging the living brain. En E.R. Kandel, J.H. Schwartz y T.M. Jessell (eds.), *Principles of neural science.* (3a. ed.). Nueva York: Elsevier.

Martin, J. K. y Shehan, C.L. (1989). Education and job satisfaction: The influences of gender, wage earning status, and job values. *Work and Occupations, 16*, 184-199.

Martin, L. y Pullum, G.K. (1991). *The great Eskimo vocabulary hoax.* Chicago: University of Chicago Press.

Martindale, C. (1981). *Cognition and consciousness.* Homewood, IL: Dorsey.

Martinez, J.L., Jr. y Derrick, B.E. (1996). Long-term potentiation and learning. *Annual Review of Psychology, 47*, 173-203.

Marx, J. (1995, 22 de diciembre). A new guide to the human genome. *Science, 270,* pp. 1919-1920.

Marx, M.B., Garrity, T.F. y Bowers, F.R. (1975). The influence of recent life experience on the health of college freshmen. *Journal of Psychosomatic Research, 19*, 87-98.

Masfield, E.D. y McAdams, D.P. (1996, julio). Generativity and themes of agency and communion in adult autobiography. *Personality and Social Psychology Bulletin, 22*, 721-731.

Maslow, A.H. (1970). *Motivation and personality* (2a. ed.). Nueva York: Harper & Row.

Maslow, A.H. (1987). *Motivation and personality?* (3a. ed.). Nueva York: Harper & Row.

Mason, J.W. (1974). Specificity in the organization of neuroendocrine response profiles. En P. Seeman y G.M. Brown (eds.), *Frontiers in neurology and neuroscience research.* First International Symposium of the Neuroscience Institute. Toronto: University of Toronto Press.

Mason, J.W. (1975). A historical view of the stress field. *Journal of Human Stress, 1*, 6-12, 22-37.

Mason, M. (1994). *The making of Victorian sexual attitudes* (Vol. 2). Nueva York: Oxford University Press.

Massaro, D. (1991). Psychology as a cognitive science. *Psychological Science, 2*, 302-306.

Masters, W.H. y Johnson, V.E. (1966). *Human sexual response.* Boston: Little, Brown.

Masters, W.H. y Johnson, V.E. (1979). *Homosexuality in perspective.* Boston: Little, Brown.

Masters, W.H. y Johnson, V.E. (1994). *Heterosexuality.* Nueva York: HarperCollins.

Mastropieri, M.A. y Scruggs, T. (1987). *Effective instruction for special education.* Boston: College-Hill Press/Little, Brown.

Mastropieri, M.A. y Scruggs, T.E. (1991). *Teaching students ways to remember: Strategies for learning mnemonically.* Cambridge, MA: Brookline Books.

Mastropieri, M.A. y Scruggs, T.E. (1992). Science for students with disabilities. *Review of Educational Research, 62*, 377-411.

Matarazzo, J.D. (1992). Psychological testing and assessment in the 21st century. *American Psychologist, 47*, 1007-1018.

Matlin, M.M. (1987). *The psychology of women.* Nueva York: Holt.

Matlin, M.W. (1996). *The psychology of women.* Fort Worth, TX: Harcourt Brace.

Matson, J.L. y Mulick, J.A. (eds.). (1991). *Handbook of mental retardation* (2a. ed.). Nueva York: Pergamon.

Matsumoto, D. (1987). The role of facial response in the experience of emotion: More methodological problems and a meta-analysis. *Journal of Personality and Social Psychology, 52*, 769-774.

Matsumoto, D. (1990). Cultural similarities and differences in display rules. *Motivation and Emotion, 14*, 195-214.

Matsumoto, D., Kudoh, T., Schjerer, K. y Wallbot, H.G. (1988). Emotion antecedents and reactions in the U.S. and Japan. *Journal of Cross-Cultural Psychology, 19*, 267-286.

Matthews, D.B., Best, P.J., White, A.M., Vandergriff, J.L. y Simson, P.E. (1996). Ethanol impairs spatial cognitive processing: New behavioral and electrophysiological findings. *Current Directions in Psychological Science, 5*, 111-115.

Matthies, H. (1989). Neurobiological aspects of learning and memory. *Annual Review of Psychology, 40*, 381-404.

Matute, H. (1994). Learned helplessness and superstitious behavior as opposite effects of uncontrollable reinforcement in humans. *Learning and Motivation, 25*, 216-232.

Matute, H. (1995). Human reactions to uncontrollable outcomes: Further evidence for superstitions rather than helplessness. *Quarterly Journal of Experimental Psychology Comparative and Physiological Psychology, 48*, 142-157.

Maunsell, J.H.R. (1995, 3 de noviembre). The brain's visual world: Representation of visual targets in cerebral cortex. *Science, 270*, 764-768.

Mauro, R., Sato, K. y Tucker, J. (1992). The role of appraisal in human emotions: A cross-cultural study. *Journal of Personality and Social Psychology, 62*, 301-317.

Mawhinney, V.T., Boston, D.E., Loaws, O.R., Blumenfeld, G.T. y Hopkins, B.L. (1971). A comparison of students' studying behavior produced by daily, weekly, and three-week testing schedules. *Journal of Applied Behavior Analysis, 4*, 257-264.

May, R. (1969). *Love and will.* Nueva York: Norton.

May, R. (1990). Will decision and responsibility. En K. Hoeller (ed.), *Readings in existential psychology and psychiatry: Studies in existential psychology and psychiatry.* Seattle, WA: Review of Existential Psychology and Psychiatry.

Mayer, J.D., McCormick, L.J. y Strong, S.E. (1995). Mood-congruent memory and natural mood: New evidence. *Personality and Social Psychology Bulletin, 21,* 736-746.

Mayer, R.E. (1982). Different problem-solving strategies for algebra word and equation problems. *Journal of Experimental Psychology: Learning, Memory, and Cognition, 8,* 448-462.

Mayes, A. y Downes, J.J. (eds.). (1997). *Theories of amnesia: A special issue of the journal memory.* Washington, DC: Psychology Press.

Mayford, M., Barzilai, A., Keller, F., Schacher, S. y Kandel, E.R. (1992). Modulation of an NCAM-related adhesion molecule with long-term synaptic plasticity in aplysia. *Science, 256,* 638-644.

Mayr, U., Kliegl, R. y Krampe, R.T. (1996). Sequential and coordinative processing dynamics in figural transformations across the life span. *Cognition, 59,* 61-90.

Mays, V.M., Rubin, J., Sabourin, M. y Walker, L. (1996). Moving toward a global psychology: Changing theories and practice to meet the needs of a changing world. *American Psychologist, 51,* 485-487.

Maziotta, J. (1993, junio). *History and goals of the human brain project.* Ponencia presentada en la reunión anual de la American Psychologial Society, Chicago.

McAdams, D.P., Diamond, A., De St. Aubin, E. y Mansfield, E. (1997). Stories of commitment: The psychosocial construction of generative lives. *Journal of Personality and Social Psychology, 72,* 678-694.

McCain, N.L. y Smith, J. (1994). Stress and coping in the context of psychoneuroimmunology: A holistic framework for nursing practice and research. *Archives of Psychiatric Nursing, 8,* 221-227.

McCann, C.D., Ostrom, T.M., Tyner, L.K. y Mitchell, M.L. (1985). Person perception in heterogeneous groups. *Journal of Personality and Social Psychology, 49,* 1449-1459.

McCarley, R.W. (1994). Human electrophysiology: Basic cellular mechanisms. En S.C. Yudofsky y R.E. Hales (eds.), *Synopsis of neuropsychiatry.* Washington, DC: American Psychiatric Press.

McCarthy, M.J. (1991, 18 marzo). Marketers zero in on their customers. *Wall Street Journal,* p. B1.

McCaul, K.D., Ployhart, R.E., Hinsz, V.B. y McCaul, H.S. (1995). Appraisals of a consistent versus a similar politician: Voter preferences and intuitive judgments. *Journal of Personality and Social Psychology, 68,* 292-299.

McCauley, C. (1989). The nature of social influence in groupthink: Compliance and internalization. *Journal of Personality and Social Psychology, 57,* 250-260.

McCauley, C. y Swann, C.P. (1980). Sex differences in the frequency and functions of fantasies during sexual activity. *Journal of Research in Personality, 14,* 400-411.

McClearn, G.E., Johansson, B., Berg, S., Pedersen, N.L., Ahern, F., Petrill, S.A. y Plomin, R. (1997, 6 de junio). Substantial genetic influence on cognitive abilities in twins 80 or more years old. *Sciene, 276,* 1560-1583.

McClelland, D.C. (1985). How motives, skills, and values determine what people do. *American Psychologist, 40,* 812-825.

McClelland, D. (1993). Intelligence is not the best predictor of job performance. *Current Directions in Psychological Research, 2,* 5-8.

McClelland, D.C., Atkinson, J.W., Clark, R.A. y Lowell, E.L. (1953). *The achievement motive.* Nueva York: Appleton-Century-Crofts.

McClintock, M.K. (1971). Menstrual synchrony and suppression. *Nature, 229,* 244-245.

McClintock, M.K. y Herdt, G. (1996). Rethinking puberty: The development of sexual attraction. *Current Directions in Psychological Science, 5,* 178-183.

McCloskey, M., Wible, C.G. y Cohen, N.J. (1988). Is there a special flashbulb-memory mechanism? *Journal of Experimental Psychology: General, 117,* 171-181.

McClusky, H.Y. (1991). Efficacy of behavioral versus triazolam treatment in persistent sleep-onset insomnia. *American Journal of Psychiatry, 148,* 121-126.

McConaghy, N. (1993). *Sexual behavior: Problems and management.* Nueva York: Plenum.

McConkey, K.M. y Sheehan, P.W. (1995). *Hypnosis, memory, and behavior in criminal investigation.* Nueva York: Guilford Press.

McConnell, A.R., Sherman, S.J. y Hamilton, D.L. (1994). Illusory correlation in the perception of groups: An extension of the distinctiveness-based account. *Journal of Personality and Social Psychology, 67,* 414-429.

McCrae, R.R. y Costa, P.T., Jr. (1994). The stability of personality: Observations and evaluations. *Current Directions in Psychological Science, 3,* 173-175.

McCrae, R.R. y Costa, P.T., Jr. (1997). Personality trait structure as a human universal. *American Psychologist, 52,* 509-516.

McDaniel, M.A., Riegler, G.L. y Waddill, P. J. (1990). Generation effects in free recall: Further support for a three-factor theory. *Journal of Experimental Psychology: Learning, Memory, and Cognition, 16,* 789.

McDermott, K.B. (1996). The persistence of false memories in list recall. *Journal of Memory and Language, 35,* 212-230.

McDonald, H.E. y Hirt, E.R. (1997). When expectancy meets desire: Motivational effects in reconstructive memory. *Journal of Personality and Social Psychology, 72,* 5-23.

McDonald, J.L. (1997). Language acquisition: The acquisition of linguistic structure in normal and special populations. *Annual Review of Psychology, 48,* 215-241.

McDonald, K. (1988, marzo). Sex under glass. *Psychology Today,* pp. 58-59.

McDonald, S.M. (1989). Sex bias in the representation of male and female characters in children's picture books. *Journal of Genetic Psychology, 150,* 389-402.

McDougall, W. (1908). *Introduction to social psychology.* Londres: Methuen.

McFadyen, R.G. (1996). Gender, status and "powerless" speech: Interactions of students and lectures. *British Journal of Social Psychology, 35,* 353-367.

McFarland, D.J., Neat, G.W., Read, R.F. y Wolpaw, J.R. (1993). An EEG-based method for graded cursor control. *Psychobiology, 21,* 77-81.

McFarlane, J., Martin, C.L. y Williams, T.M. (1988). Mood fluctuations: Women versus men and menstrual versus other cycles. *Psychology of Women Quarterly, 12,* 201-223.

McGaugh, J.L. (1989). Involvement of hormonal and neuromodulatory systems in the regulation of memory storage. *Annual Review of Neuroscience, 12,* 255-287.

McGaugh, J.L., Weinberger, N.M. y Lynch, G. (eds.). (1990). *Brain organization and memory: Cells, systems, and circuits.* Nueva York: Oxford University Press.

McGinnis, J.M. y Foege, W.H. (1993, 10 de noviembre). Actual causes of deaths in the United States. *Journal of the American Medical Association, 270,* 2207-2212.

McGrath, E., Keita, G.P., Strickland, B.R. y Russo, N.F. (eds.). (1990). *Women and depression: Risk factors and treatment issues.* Washington, DC: American Psychological Association.

McGraw, K.M. y Bloomfield, J. (1987). Social influence on group moral decisions: The interactive effects of moral reasoning and sex-role orientation. *Journal of Personality and Social Psychology, 53,* 1080-1087.

McGuire, A.M. (1994). Helping behaviors in the natural environment: Dimensions and correlates of helping. *Personality and Social Psychology Bulletin, 120,* 45-56.

McGuire, P.K., Shah, G.M.S. y Murray, R.M. (1993, 18 de septiembre). Increased blood flow in Broca's area during auditory hallucinations in schizophrenia. *Lancet, 342,* 703-706.

McGuire, T.R. (1995). Is homosexuality genetic? A critical review and some suggestions. Special Issue: Sex, cells, and same-sex desire: The biology of sexual preference: I. *Journal of Homosexuality, 28,* 115-145.

McGuire, W.J. (1985). Attitudes and attitude change. En G. Lindzey y E. Aronson (eds.), *Handbook of social psychology* (Vol. 2, 3a. ed.). Nueva York: Random House.

McGuire, W.J. (1997). Creative hypothesis generating in psychology: Some useful heuritics. *Annual Review of Psychology, 48,* 1-30.

McHugh, P.R. (1993, septiembre). Multiple personality disorder. *Harvard Medical School Letter,* pp. 4-6.

McInerney, D.M., Roche, L.A., McInerney, V. y Marsh, H.W. (1997). Cultural perspectives on school motivation: The relevance and application of goal theory. *American Educational Research Journal, 34*, 207-236.

McIntosh, H. (1994, julio/agosto). Psychologists find way to help blind navigate. *APS Observer*, 22-23.

McIvor, R.J., Davies, R.A., Wieck, A., Marks, M.N. et al. (1996). The growth hormone response to apomorphine at 4 days postpartum in women with a history of major depression. *Journal of Affective Disorders, 40*, 131-136.

McKeever, C.F., Joseph, S. y McCormack, J. (1993). Memory of Northern Irish Catholics and Protestants for violent incidents and their explanations for the 1981 hunger strike. *Psychological Reports, 73*, 463-466.

McKinley, J.B. (1975). Who is really ignorant —physician or patient? *Journal of Health and Social Behavior, 16*, 3-11.

McLaughlin, S. y Margolskee, R.F. (1994, noviembre-diciembre). The sense of taste. *American Scientist, 82*, 538-545.

McManus, F. y Waller, G. (1995). A functional analysis of binge-eating. *Clinical Psychology Review, 15*, 845-863.

McMillan, J.R. et al. (1977). Women's language: Uncertainty or interpersonal sensitivity and emotionality? *Sex Roles, 3*, 545-560.

McMillen, L. (1997, enero). Linguists find the debate over "Ebonics" uniformed. *The Chronicle of Higher Education*, A16-A17.

McNally, R. J. (1994). *Panic disorder: A critical analysis*. Nueva York: Guilford Press.

McNeal, E.T. y Cimbolic, P. (1986). Antidepressants and biochemical theories of depression. *Psychological Bulletin, 99*, 361-374.

McRae, R.R. y Costa, P.T., Jr. (1990). *Personality and adulthood*. Nueva York: Guilford.

McWhirter, D.P., Sanders, S. y Reinisch, J.M. (1990). *Homosexuality, heterosexuality: Concepts of sexual orientation*. Nueva York: Oxford University Press.

Mead, M. (1949). *Male and female*. Nueva York: Morrow.

Mearns, D. (1994). *Developing person-centered counselling*. Londres: Sage.

Mednick, A. (1993). World's women familiar with a day's double shift. *APA Monitor*, p. 32.

Mehler, J. y Dupoux, E. (1994). *What infants know: The new cognitive science of early development*. Cambridge, MA: Blackwell.

Mehren, E. (1996, 11 octubre). Parents want safety, not family values: A survey discovers that moms and dads are far more interested in the practical matters of daily life. (Reporte de la National Parenting Association). *Los Angeles Times*, p. E1.

Meier, R.P. y Willerman, R. (1995). Prelinguistic gesture in deaf and hearing infants. En K. Emmorey y J.S. Reilly (eds.), *Language, gesture, and space*. Mahwah, NJ: Erlbaum.

Melamed, T. (1995). Barriers to women's career sucess: Human capital, career choices, structural determinants, or simply sex discrimination. *Applied Psychology: An International Review, 44*, 295-314.

Melges, F.T. y Bowlby, J. (1969). Types of hopelessness in psychopathological process. *Archives of General Psychiatry, 70*, 690-699.

Mel'nikov, K.S. (1993, octubre-diciembre). On some aspects of the mechanistic approach to the study of processes of forgetting. *Vestnik Moskovskogo Universiteta Seriya 14 Psikhologiya*, 64-67.

Meloy, J.R., Acklin, M.W., Gacono, C.B., Murray, J.F. y Peterson, C.A. (eds.). (1997). *Contemporary Rorschach interpretation*. Mahwah, NJ: Erlbaum.

Melton, G.B. y Garrison, E.G. (1987). Fear, prejudice, and neglect: Discrimination against mentally disabled persons. *American Psychologist, 42*, 1007-1026.

Meltzer, H.Y. (1993, agosto). Clozapine: A major advance in the treatment of schizophrenia. *Harvard Mental Health Letter, 10*, 4-6.

Meltzoff, A.N. (1996). The human infant as imitative generalist: A 20-year progress report on infant imitation with implications for comparative psychology. En C.M. Heyes y B.G. Galef, Jr. (eds.), *Social learning in animals: The roots of culture*. San Diego, CA: Academic Press.

Meltzoff, A.N. y Moore, M.K. (1993). Why faces are special to infants: On connecting the attraction of faces and infants' ability for imitation and cross-modal processing. En B. de Boysson-Bardies, S. de Schonen, P.W. Jusczyk, P. McNeilage y J. Morton (eds.), *Developmental neurocognition: Speech and face processing in the first year of life. NATO ASI series D: Behavioural and social sciences, Vol. 69*. Dordecht, *Países Bajos:* Kluwer Academic Publishers.

Melzack, R. y Wall, P.D. (1965). Pain mechanisms: A new theory. *Science, 150*, pp. 971-979.

Mendez, F.J. y Garcia, M.J. (1996). Emotive performances: A treatment package for children's phobias. *Child and Family Behavior Therapy, 18*, 19-34.

Mendolia, M. y Kleck, R.E. (1993). Effects of talking about a stressful event on arousal: Does what we talk about make a difference? *Journal of Personality and Social Psychology, 64*, 283-292.

Mendoza, R. y Miller, B.L. (1992, julio). Neuropsychiatric disorders associated with cocaine use. *Hospital and Community Psychiatry, 43*, 677-680.

Menella, J.A. y Beauchamp, G.K. (1996). The early development of human flavor preferences. En E.D. Capaldi (ed.), *Why we eat what we eat: The psychology of eating*. Washington, DC: American Psychological Association.

Mentzer, S.J. y Snyder, M.L. (1982). The doctor and the patient: A psychological perspective. En G.S. Sanders y J. Suls (eds.), *Social psychology of health and illness* (pp. 161-181). Mahwah, NJ: Erlbaum.

Merai, A. (ed.). (1985). *On terrorism and combating terrorism*. College Park, MD: University Publications of America.

Mercer, R.T., Nichols, E.G. y Doyle, G.C. (1989). *Transitions in a woman's life: Major life events in developmental context*. Nueva York: Springer.

Merikle, P.M. (1992). Perception without awareness: Critical issues. *American Psychologist, 47*, 792-795.

Merlin, D. (1993). Origins of the modern mind: Three stages in the evolution of culture and cognition. *Behavioral and Brain Sciences, 16*, 737-791.

Merritt, A. y Helmreich, R. (1996). Human factors on the flightdeck: The influence of national culture. *Journal of Cross-Cultural Psychology, 27*, 5-24.

Mesquita, A.M., Bucaretchi, H.A., Castel, S. y deAndrade, A.G. (1995). Estudantes da Faculdade de Medicina da Universidade de Sao Paulo: Uso de substancias psicoativas em 1991. (Medical students of the University of Sao Paulo: Use of alcohol and other drugs in 1991). *Revista ABP-APAL, 17*, 47-54.

Mesquita, B. y Frijda, N.H. (1992). Cultural variations in emotions: A review. *Psychological Bulletin, 112*, 179-204.

Messer, S.B. y Warren, C.S. (1995). *Models of brief psychodynamic therapy: A comparative approach*. Nueva York: Guilford Press.

Messick, D.M. y Brewer, M.B. (1983). Solving social dilemmas: A review. En L. Wheeler y P. Shaver (eds.), *Review of personality and social psychology* (Vol. 4). Beverly Hills, CA: Sage.

Messick, S. y Jungeblut, A. (1981). Time and method in coaching for the SAT. *Psychological Bulletin, 89*, 191-216.

Metcalfe, J. (1986). Premonitions of insight predict impending error. *Journal of Experimental Psychology: Learning, Memory, and Cognition, 12*, 623-634.

Metee, D.R. y Aronson, E. (1974). Affective reactions to appraisal from others. En T.L. Huston (ed.), *Foundations of interpersonal attraction* (pp. 235-283). Nueva York: Academic Press.

Meyer, J.P. y Pepper, S. (1977). Need compatibility and marital adjustment in young married couples. *Journal of Personality and Social Psychology, 35*, 331-342.

Meyer, R.G. y Macciocchi, S.N. (1989). The context of self-disclosure, the polygraph, and deception. *Forensic Reports, 2*, 295-303.

Meyer, R. G. y Osborne, Y.V.H. (1987). *Case studies in abnormal behavior* (2a. ed.). Boston: Allyn & Bacon.

Meyer, R.G. y Parke, A. (1991). Terrorism: Modern trends and issues. *Forensic Reports, 4*, 51-59.

Meyer-Bahlburg, H.F.L., Ehrhardt, A.A., Rosen, L.R., Gruen, R.S., Veridiano, N.P., Vann, F.H. y Neuwalder, H.F. (1995). Prenatal estrogens and the development of homosexual orientation. *Developmental Psychology, 31*, 12-21.

Meyerhoff, M.K. y White, B.L. (1986, septiembre). Making the grade as parents. *Psychology Today*, pp. 38-45.

Michael, R.T., Gagnon, J.H., Laumann, E.O. y Kolata, G. (1994). *Sex in America: A definitive survey*. Boston: Little, Brown.

Middlebrooks, J.C., Clock, A.E., Xu, L. y Green, D.M. (1994, 6 de mayo). A panoramic code for sound location by cortical neurons. *Science, 264*, 842-844.

Middlebrooks, J.C. y Green, D.M. (1991). Sound localization by human listeners. *Annual Review of Psychology, 42*, 135-159.

Mikamo, K., Takao, Y., Wakutani, Y. y Naishikawa, S. (1994). Effects of mecobalamin injection at acupoints on intractable headaches. *Current Therapeutic Research, 55*, 1477-1485.

Mikhail, A. (1981). Stress: A psychophysiological conception. *Journal of Human Stress, 7*, 9-15.

Miklowitz, D., Velligan, D., Goldstein, M.J., Neuchterlein, K., Gitlin, M., Ranlett, G. y Doane, J. (1991). Communication deviance in families of schizophrenic and manic patients. *Journal of Abnormal Psychology, 100*, 163-173.

Milewski, A.E. (1976). Infant's discrimination of internal and external pattern elements. *Journal of Experimental Child Psychology, 22*, 229-246.

Milgram, R.M., Dunn, R.S. y Price, G.E. (eds.). (1993). *Teaching and counseling gifted and talented adolescents: An international learning style perspective*. Westport, CT: Praeger Publishers/Greenwood Publishing Group.

Milgram, S. (1974). *Obedience to authority*. Nueva York: Harper & Row.

Miller, A.G. (1986). *The obedience experiments: A case study of controversy in social science*. Nueva York: Praeger.

Miller, A.G., Collins, B.E. y Brief, D.E. (1995). Perspectives on obedience to authority: The legacy of the Milgram experiments. *Journal of Social Issues, 51*, 1-29.

Miller, G.A. (1956). (The magical number seven, plus or minus two: Some limits on our capacity for processing information. *Psychology Review, 63*, 81-97.

Miller, G.R. y Stiff, J.B. (1992). Applied issues in studying deceptive communication. En R.S. Feldman (ed.), *Applications of nonverbal behavioral theories and research*. Mahwah, NJ: Erlbaum.

Miller, J.G. (1984). Culture and the development of everyday social explanation. *Journal of Personality and Social Psychology, 46*, 961-978.

Miller, J.G. y Bersoff, D.M. (1992). Culture and moral judgment: How are conflicts between justice and interpersonal responsibilities resolved? *Journal of Personality and Social Psychology, 62*, 541-554.

Miller, J.G., Bersoff, D.M. y Harwood, R.L. (1990). Perceptions of social responsibility in India and in the United States: Moral imperatives or personal decisions? *Journal of Personality and Social Psychology, 58*, 33-47.

Miller, L.T. y Vernon, P.A. (1997). Developmental changes in speed of information processing in young children. *Developmental Psychology, 33*, 549-554.

Miller, M.W. (1986, 19 de septiembre). Effects of alcohol on the generation and migration of cerebral cortical neurons. *Science, 2133*, 1308-1310.

Miller, M.W. (1994, 1 de diciembre). Brain surgery is back in a limited way to treat mental ills. *Wall Street Journal*, pp. A1, A12.

Miller, N. y Brewer, M.B. (1984). *Groups in contact: The psychology of desegregation*. Nueva York: Academic Press.

Miller, N.E. (1985a febrero). Rx: Biofeedback. *Psychology Today*, pp. 54-59.

Miller, N.E. (1985b). The value of behavioral research on animals. *American Psychologist, 40*, 423-440.

Miller, S.M., Brody, D.S. y Summerton, J. (1988). Styles of coping with threat: Implications for health. *Journal of Personality and Social Psychology, 54*, 142-148.

Miller, S.M. y Mangan, C.E. (1983). Interacting effects of information and coping style in adapting to gynecologic stress: Should the doctor tell all? *Journal of Personality and Social Psychology, 45*, 223-236.

Miller, T.Q., Smith, T.W., Turner, C.W., Guijarro, M.L. y Hallet, A.J. (1996). A meta-analytic review of research on hostility and physical health. *Psychological Bulletin, 119*, 322-348.

Miller-Jones, D. (1989). Culture and testing. *American Psychologist, 44*, 360-366.

Millon, T. (1991). Classification in psychopathology: Rationale, alternatives, and standards. *Journal of Abnormal Psychology, 100*, 245-261.

Millon, T. (ed.). (1997). *The million inventories: Clinical and personality assessment*. Nueva York: Guilford Press.

Millon, T. y Davis, R.D. (1995). *Disorders of personality: DSM-IV and beyond* (2a. ed.). Somerset, NJ: Wiley.

Milloy, C.N. (1986, 22 de junio). Crack user's highs, lows. *Washington Post*, p. A-1.

Milner, A.D. y Rugg, M.D. (eds.). (1992). *The neuropsychology of consciousness*. San Diego, CA: Academic Press.

Milner, B. (1996). Amnesia following operation on temporal lobes. En C.W.M. Whitty y P. Zangwill (eds.), *Amnesia*. Londres: Butterworth.

Milner, P.M. (1996). Neural representations: Some old problems revisited. *Journal of Cognitive Neuroscience, 8*, 69-77.

Mineka, S. y Henderson, R.W. (1985). Controllability and predictability in acquired motivation. *Annual Review of Psychology, 36*, 495-529.

Minuchin, S. (1974). *Families and family therapy*. Cambridge, MA: Harvard University Press.

Minuchin, S. y Nichols, M.P. (1992). *Family healing*. Nueva York: Free Press.

Miserando, M. (1991). Memory and the seven dwarfs. *Teaching of Psychology, 18*, 169-171.

Misra, R.K., Kharkwal, M., Kilroy, M.A. y Thapa, K. (1997). *Rorschach test: Theory and practice*. Thousand Oaks, CA: Sage.

Misra, S. y Beatty, S.E. (1990). Celebrity spokesperson and brand congruence: An assessment of recall and affect. *Journal of Business Research, 21*, 159-173.

Mitchell, K.J. y Zaragoza, R. (1996). Repeated exposure to suggestion and false memory: The role of contextual variability. *Journal of Memory and Language, 35*, 246-260.

Mitchell, S.A. y Black, M.J. (1996). *Freud and beyond: A history of modern psychoanalytic thought*. Nueva York: HarperCollins.

Mittelstaedt, H. y Glasauer, S. (1993). Crucial effects of weightlessness on human orientation. Special Issue: Space and the Vestibular System. *Journal of Vestibular Research Equilibrium and Orientation, 3*, 307-314.

Mittleman, M.A., Maclure M., Sherwood, J.B., Mulry, R.P., Tofler, G.H., Jacobs, S.C., Friedman, R., Benson, H. y Muller, J.E. (1995, 1 de octubre). Triggering of acute myocardial infarction onset by episodes of anger. *Circulation, 92*, 1720-1725.

Miyake, K., Chen, S. y Campos, J.J. (1985). Infant temperament, mother's mode of interaction, and attachment in Japan: An interim report. *Monographs of the Society for Research in Child Development, 50*, 276-297.

Miyashita, Y. (1995, 23 de junio). How the brain creates imagery: Projection to primary visual cortex. *Science, 268*, 1719-1720.

Mogelonsky, M. (1996, septiembre). Aficionados de cerveza. *American Demographics, 8*.

Moghaddam, F.M., Taylor, D.M. y Wright, S.C. (1993). *Social psychology in cross-cultural perspective*. Nueva York: Freeman.

Moldofsky, H., Gilbert, R., Lue, F.A. y MacLean, A.W. (1995). Sleep-related violence, *Sleep, 18*, 731-739.

Molitor, F. y Hirsch, K.W. (1994). Children's toleration of real-life aggression after exposure to media violence: A replication of the Drabman and Thomas studies. *Child Study Journal, 24,* 191-207.

Molotsky, I. (1984, 30 de noviembre). Implant to aid the totally deaf is approved. *New York Times,* pp. 1, B-10.

Money, J. (1987). Sin, sickness, or status? Homosexuality, gender identity, and psychoneuroendocrinology. *American Psychologist, 42,* 384-399.

Montague, J. (1996). Counseling families from diverse cultures: A nondeficit approach. *Journal of Multicultural Counseling and Development, 24,* 37-41.

Montemayor, P. (1983). Parents and adolescents in conflict: All families some of the time and some families most of the time. *Journal of Early Adolescence, 3,* 83-103.

Montemayor, R., Adams, G.R. y Gullotta, T.P. (eds.). (1994). *Personal relationships during adolescence.* Thousand Oaks, CA: Sage.

Montgomery, G. y Kirsch, I. (1996). Mechanisms of placebo pain reduction: An empirical investigation. *Psychological Science, 7,* 174-176. Washington, DC: Center for Media Education.

Montgomery, K.C. y Pasnik, S. (1996). *Web of deception: Threats to children from online marketing.* Washington, DC: Center for Media Education.

Moon, C., Cooper, R.P. y Fifer, W.P. (1993). Two-day-olds prefer their native language. *Infant Behavior and Development, 16,* 495-500.

Moore, B.C.J. (ed.). (1995). *Hearing.* Nueva York: Academic Press.

Moore, B.E. y Fine, B.D. (1990). *Psychoanalytic terms and concepts.* New Haven, CT: Yale University Press.

Moore, D.S. y Erickson, P.I. (1985). Age, gender, and ethnic differences in sexual and contraceptive knowledge, attitudes, and behaviors. *Family and Community Health, 8,* 38-51.

Moore, J.C. y Surber, J.R. (1992). Effects of context and keyword methods on second language vocabulary acquisition. *Contemporary Educational Psychology, 17,* 286-292.

Moore-Ede, M. (1993). *The twenty-four hour society.* **Boston: Addison-Wesley.**

Moorhead, G., Ference, R. y Neck, C.P. (1991). Group decision fiascoes continue: Space shuttle challenger and a revised groupthink framework. *Human Relations, 44,* 539-550.

Morell, V. (1996, 16 de febrero). Setting a biological stopwatch. *Science, 271,* 905-910.

Morell, V. (1996, 5 de abril). Manic-depression findings spark polarized debate. *Science, 272,* 31-32.

Morgan, M. (1982). Television and adolescents' sex-role stereotypes: A longitudinal study. *Journal of Personality and Social Psychology, 43,* 947-955.

Morgan, P. (1996). *Who needs parents? The effects of childcare and early education on children in Britain and the USA.* Londres, Inglaterra: Institute of Economic Affairs.

Morgan, P.M. (1977). *Deterrence: A conceptual analysis.* Beverly Hills, CA: Sage.

Morris, M.W. y Peng, K. (1994). Culture and cause: American and Chinese attributions for social and physical events. *Journal of Personality and Social Psychology, 67,* 949-971.

Morris, R.G. (1994). Working memory in Alzheimer-type dementia. Special Section: Working memory. *Neuropsychology, 8,* 544-554.

Morris, R.J. (1991). Fear reduction methods. En F.H. Kanfer y A.P. Goldstein (eds.), *Helping people change: A textbook of methods* (4a. ed.). Pergamon general psychology series, Vol. 52. Nueva York: Pergamon.

Morrow, J. y Wolff, R. (1991, mayo). Wired for a miracle. *Health,* pp. 64-84.

Moscovici, S. (1985). Social influence and conformity. En G. Lindzey y E. Aronson (eds.), *Handbook of social psychology* (3a. ed.). Nueva York: Random House.

Moses, L.J. y Chandler, M.J. (1992). Traveler's guide to children's theories of mind. *Psychological Inquiry, 3,* 286-301.

Mosher, D.L. y Anderson, R.D. (1986). Macho personality, sexual aggression, and reactions to guided imagery of realistic rape. *Journal of Research in Personality, 20,* 77-94.

Motley, M.T. (1987, febrero). What I meant to say. *Psychology Today,* pp. 25-28.

Moutoussis, K. y Zeki, S. (1997). A direct demonstration of perceptual asynchrony in vision. *Proceedings of the Royal Society of London, B, Biological Sciences, 264,* 393-399.

Movshon, J.A. y Newsome, W.T. (1992). Neural foundations of visual motion perception. *Current Directions in Psychological Science, 1,* 35-39.

Mrzljak, L., Bergson, C., Pappy, M., Huff, R. et al. (1996). Localization of dopamine D4 receptors in GABAergic neurons of the primate brain. *Nature, 381,* 245-248.

Mucha, T.F. y Reinhardt, R.F. (1970). Conversion reactions in student aviators. *American Journal of Psychiatry, 127,* 493-497.

Muehlenhard, C.L. y Hollabaugh, L.C. (1988). Do women sometimes say no when they mean yes? The prevalence and correlates of women's token resistance to sex. *Journal of Personality and Social Psychology, 54,* 872-879.

Mueller, E. y Lucas, T. (1975). A developmental analysis of peer interaction among toddlers. En M. Lewis y L.A. Rosenblum (eds.), *Friendship and peer relations.* Nueva York: Wiley-Interscience.

Mueser, K.T., Bellack, A.S., Wade, J.H., Sayers, S.L., Tierney, A. y Haag, G. (1993). Expressed emotion, social skill, and response to negative affect in schizophrenia. *Journal of Abnormal Psychology, 102,* 339-351.

Mukerjee, M. (1997, febrero). Trends in animal research. *Scientific American, 276,* 86-93.

Mullen, M.K. y Yi, S. (1995). The cultural context of talk about the past: Implications for the development of autobiographical memory. *Cognitive Development, 10,* 407-419.

Mumme, D.L., Fernald, A. y Herrera, C. (1996). Infants' responses to facial and vocal emotional signals in a social referencing paradigm. *Child Development, 67,* 3219-3237.

Murphy, S.T. y Zajonc, R.B. (1993). Affect, cognition, and awareness: Affective priming with optimal and suboptimal stimulus exposures. *Journal of Personality and Social Psychology, 64,* 723-739.

Murray, B. (1996, junio). Computer addictions entangle students. *APA Monitor,* p. 38-39.

Murray, J.B. (1990). Nicotine as a psychoactive drug. *Journal of Psychology, 125,* 5-25.

Murray, J.B. (1995). Evidence for acupuncture's analgesic effectiveness and proposals for the physiological mechanisms involved. *Journal of Psychology, 129,* 435-461.

Murray, S.L. y Holmes, J.G. (1997). A leap of faith? Positive illusions in romantic relationships. *Personality and Social Psychology Bulletin, 23,* 586-604.

Murray, S.L., Holmes, J.G. y Griffin, D.W. (1996). The self-fulfilling nature of positive illusions in romantic relationships: Love is not blind, but prescient. *Journal of Personality and Social Psychology, 71,* 1155-1180.

Mussen, P.H. y Jones, M.C. (1957). Self-conceptions, motivations, and interpersonal attitudes of late -and early-maturing boys. *Child Development, 28,* 243-256.

Mustaca, A.E. y Bentosela, M. (1995). Estados psicológicos, salud y enfermedad. Psychological states, health, and disease. Special Issue: Aids and psychology. *Avances en Psicología Clínica Latinoamericana, 13,* 101-119.

Mutrie, N. y Biddle, S.J.H. (1995). The effects of exercise on mental health in nonclinical populations. En S.J.H. Biddle (ed.), *European perspectives on exercise and sport psychology.* Champaign, IL: Human Kinetics.

Myerhoff, B. (1982). Rites of passage: Process and paradox. En V. Turner (ed.), *Celebration: Studies in festivity and ritual.* Washington, DC: Smithsonian Institution Press.

Myers, N.A., Perris, E.E. y Speaker, C.J. (1994). Fifty months of memory: A longitudinal study in early childhood. En R. Fivush (ed.), *Long-term retention of infant memories. Memory, Vol. 2, No. 4.* Hove, Inglaterra: Erlbaum.

Nagel, J. (1995). Resource competition theories. *American Behavioral Scientist, 38,* 442-458.

Nahome, L. y Lawton, M.P. (1975). Similarity and propinquity in friendship formation. *Journal of Personality and Social Psychology, 32,* 205-213.

Nakagawa, M., Lamb, M.E. y Miyaki, K. (1992). Antecedents and correlates of the strange situation behavior of Japanese infants. *Journal of Cross-Cultural Psychology, 23,* 300-310.

Naroll, R., Bullough, V.L. y Naroll, F. (1974). *Military deterrence in history: A pilot cross-historical survey.* Albany: State University of New York Press.

Nash, M. (1987). What, if anything, is regressed about hypnotic age regression? A review of the empirical literature. *Psychological Bulletin, 102,* 42-52.

Nathans, J., Davenport, C.M., Maumenee, I.H., Lewis, R.A., Hejtmancik, J.F., Litt, M., Lovrien, E., Weleber, R., Bachynski, B., Zwas, F., Klingaman, R., y Fishman, G. (1989, 25 de agosto). Molecular genetics of human blue cone monochromacy. *Science, 245,* 831-838.

Nathans, J., Piantanidu, T.P., Eddy, R.L., Shows, T.B. y Hogness, D.S. (1986, 11 de abril). Molecular genetics of inherited variation in human color vision. *Science, 232,* 203-210.

National Center on Addiction and Substance Abuse. (1996, junio). *Substance Abuse and the American Woman.* Nueva York: National Center on Addiction and Substance Abuse.

National Center for Health Statistics. (1991). *Adolescent suicide.* Washington, DC: National Center for Health Statistics.

National Center for Health Statistics. (1994). *Report on obesity in the United States.* Washington, DC: National Center for Health Statistics.

National Institute on Alcohol Abuse and Alcoholism (NIAAA). (1990). *Alcohol and health.* Washington, DC: U.S. Government Printing Office.

National Institute on Drug Abuse. (1991). *National survey results on drug use.* Washington, DC: U.S. Department of Health and Human Services.

National Institutes of Health (NIH). (1996a). Integration of behavioral and relaxation approaches into the treatment of chronic pain and insomnia. NIH Technology Assessment Panel on Integration of Behavioral and Relaxation Approaches into the Treatment of Chronic Pain and Insomnia. *Journal of the American Medical Association, 276,* 313-318.

National Institutes of Health (NIH). (1996b). *Statement on behavioral and relaxation approaches for chronic pain and insomnia.* Washington, DC: National Institutes of Health.

Navon, R. y Proia, R.L. (1989, 17 de marzo). The mutations in Ashkenazi Jews with adult G(M2) Gangliosidosis, the adult form of Tay-Sachs disease. *Science, 243,* 1471-1474.

Nay, W.R. (1995). Cognitive-behavioral and short-term interventions for anger and aggression. En L. VandeCreek, S. Knapp y T.L. Jackson (eds.), *Innovations in clinical practice: A source book.* Vol. 14. Sarasota, FL: Professional Resource Press/Professional Resource Exchange, Inc.

Neck, C.P. y Moorhead, G. (1995). Groupthink remodeled: The importance of leadership, time pressure, and methodical decision-making procedures. *Human Relations, 48,* 537-557.

Neely, K. (1990, 4 de octubre). Judas Priest gets off the hook. *Rolling Stone,* p. 39.

Negrin, G. y Capute, A.J. (1996). Mental retardation. In R.H.A. Haslam y P.J. Valletutti (eds.), *Medical problems in the classroom: The teacher's role in diagnosis and management* (3a. ed.). Austin, TX: PRO-ED, Inc.

Neher, A.N. (1991). Maslow's theory of motivation: A critique. *Journal of Humanistic Psychology, 31,* 89-112.

Neher, E. (1992, 24 de abril). Ion channels for communication between and within cells. *Science, 256,* 498-502.

Neisser, U. (1982). *Memory observed.* San Francisco: Freeman.

Neisser, U. (1996, abril). Intelligence on the rise: Secular changes in IQ and related measures. Conferencia en Emory University, Atlanta, GA.

Neisser, U., Boodoo, G., Bouchard, T.J., Jr., Boykin, A.W., Brody, N., Ceci, S.J., Halpern, D.F., Loehlin, J.C., Perloff, R., Sternberg, R.J. y Urbina, S. (1996). Intelligence: Knowns and unknowns. *American Psychologist, 51,* 77-101.

Neisser, U. y Harsch, N. (1992). Phantom flashbulbs: False recollections of hearing the news about Challenger. En E. Winograd y U. Neisser (eds.), *Affect and accuracy in recall: Studies of "flashbulb" memories.* Nueva York: Cambridge University Press.

Neitz, J., Neitz, M. y Kainz, P.M. (1996, 1 de noviembre). Visual pigment gene structure and the severity of color vision defects. *Science, 274,* 801-804.

Nelson, K. (1993). The psychological and social origins of autobiographical memory. *Psychological Science, 4,* 7-14.

Nelson, M. (1992, 3 de febrero). Too tough to die. *People Weekly,* pp. 30-33.

Nelson, R.J., Badura, L.L. y Goldman, B.D. (1990). Mechanisms of seasonal cycles of behavior. *Annual Review of Psychology, 41,* 81-108.

New York Times. Dispute over Prozac therapy is settled with psychologist. (1996, 24 de noviembre). *New York Times,* p. 7.

New York Times/CBS News Poll. Respondents citing each problem as the most important facing the country. (1994, 20 de febrero). *New York Times,* p. 3E.

NYT/CBS Public survey, (1997, 14-17, enero). *New York Times/CBSNews.*

Newell, A. (1990). *Unified theories of cognition.* Cambridge, MA: Harvard University Press.

Newman, D.L., Caspi, A., Moffitt, T.E. y Silva, P.A. (1997). Antecedents of adult interpersonal functioning: Effects of individual differences in age 3 temperament. *Developmental Psychology, 33,* 206-217.

Newman, J.P. y Kosson, D.S. (1986). Passive avoidance learning in psychopathic and nonpsychopathic offenders. *Journal of Abnormal Psychology, 95,* 252-256.

NICHD Early Child Care Research Network. (1997). The effects of infant child care on infant-mother attachment security: Results of the NICHD study of early child care. *Child Development, 68,* 860-879.

Nichols, M.P. y Schwartz, R.C. (1995). *Family therapy: Concepts and methods* (3a. ed.). Boston: Longwood.

Nickerson, R.S. (1994). Teaching of thinking and problem-solving. En R.J. Sternberg (ed.), *Thinking and problem-solving.* San Diego, CA: Academic Press.

Nierenberg, A.A. (1998, 17 de febrero). The physician's perspective. *HealthNews,* pp. 3-4.

Nigg, J.T. y Goldsmith, H.H. (1994). Genetics of personality disorders: Perspectives from personality and psychopathology research. *Psychological Bulletin, 115,* 346-380.

Nisbett, R. (1994, 31 de octubre). Blue genes. *New Republic, 211,* 15.

Nisbett, R.E. (1968). Taste, deprivation, and weight determinants of eating behavior. *Journal of Personality and Social Psychology, 10,* 107-116.

Nisbett, R.E. (1972). Hunger, obesity, and the ventromedial hypothalamus. *Psychological Review, 79,* 433-453.

Nisbett, R.E. (1990). Evolutionary psychology, biology, and cultural evolution. Special issue: Symposium on sociobiology. *Motivation and Emotion, 14,* 255-263.

Nisbett, R.E. y Cohen, D. (1996). *Culture of honor: The psychology of violence in the south.* Boulder, CO: Westview Press.

Nisbett, R.E., Krantz, D.H., Jepson, D. y Kunda, Z. (1993). The use of statistical heuristics in everyday reasoning. En R.E. Nisbett (ed.), *Rules for reasoning.* Mahwah, NJ: Erlbaum.

Noben-Trauth, K., Naggert, J.K. *et al.* (1996, 11 de abril). A candidate gene for the mouse mutation tubby. *Nature, 380,* p. 534.

Noble, B.P. (1993, 13 de junio). Staying bright-eyed in the wee hours. *New York Times,* p. F11.

Nock, S.L. (1995). A comparison of marriages and cohabiting relationships. *Journal of Family Issues, 16,* 53-76.

Nofzinger, E.A. y Wettstein, R.M. (1995). Homicidal behavior and sleep apnea: A case report and medicolegal discussion. *Sleep, 18,* 776-782.

Nogrady, H., McConkey, K.M. y Perry, C. (1985). Enhancing visual memory: Trying hypnosis, trying imagination, and trying again. *Journal of Abnormal Psychology, 94,* 105-204.

Nolan, M.F. (1997, 26 de abril). Tiger's racial multiplicity. *Boston Globe,* p. A11.

Nolen-Hoeksema, S. (1995). Epidemiology and theories of gender differences in unipolar depression. En M.V. Seeman (ed.), *Gender and psychopathology.* Washington, DC: American Psychiatric Press.

Nolen-Hoeksema, S. y Girgus, J.S. (1994). The emergence of gender differences in depression during adolescence. *Psychological Bulletin, 115,* 424-443.

North, C.S., Ryall, J.M., Wetzel, R.D. y Ricci, D.A. (1993). *Multiple personalities, multiple disorders.* Nueva York: Oxford University Press.

Novaco, R.W. (1975). *Anger control: The development and evaluation of an experimental treatment.* Lexington, MA: Lexington Books.

Novaco, R.W. (1986). Anger as a clinical and social problem. En R.J. Blanchard y D.C. Blanchard (eds.), *Advances in the study of aggression* (Vol. 2). Orlando, FL: Academic Press.

Novak, M.A. y Petto, A.J. (1991). *Through the looking glass: Issues of psychological well-being in captive nonhuman primates.* Washington, DC: American Psychological Association.

Novak, M.A. y Suomi, S.J. (1988). Psychological well-being of primates in captivity. *American Psychologist, 43,* 765-773.

Novy, M., Nelson, D.V., Francis, D.J. y Turk, D.C. (1995). Perspectives of chronic pain: An evaluative comparison of restrictive and comprehensive models. *Psychological Bulletin, 118,* 238-247.

Nowak, R. (1994a, 4 de marzo). Chronobiologists out of sync over light therapy patents. *Science, 263,* 1217-1218.

Nowak, R. (1994b, 18 de marzo). Nicotine scrutinized as FDA seeks to regulate cigarettes. *Science, 263,* 1555-1556.

Nowak, R. (1994c, 22 de julio). Genetic testing set for takeoff. *Science, 265,* 464-467.

Nowich, S. y Duke, M. (1978). An examination of counseling variables within a social learning framework. *Journal of Counselting Phychology, 25,* 1-7.

Noyes, R. Kathol, R. G,. Fisher, M. M,. Phillips, B. M. *et al.* (1993). The vality of DSM-111-R hypochondriasis. *Archives of general Phychiatry, 50,* 961-970.

Nunn, K. P. (1996). Personal hopefulness: A conceptual review of the relevance of the perceived future to psychiatry. *Brithish Journal of Medical Psychology, 69* 227-245.

Nyberg, L. y Tulving, E. (1996). Classifyng human long-term memory: Evidence from conversong dissociations. *European Journal of Cogitive Psychology, 8,* 163-183.

Oatley, K. (1992). *Best laid schemes: The psychology of emotions.* Cambridge, MA: Cambridge University Press.

Oatley, K. y Jenkins, J.M. (1996). *Understanding emotions.* Oxford, Inglaterra: Blackwell.

Oberle, I., Rousseau, F., Heitz, D., Kretz, C., Devys, D., Hanauer, A., Boue, J., Bertheas, M.F. y Mandel, J.L. (1991, 24 de mayo). Instability of a 550-base pair DNA segment and abnormal methylzatin in fragile X syndrome. *Science, 252,* 1097-1102.

Oblinger, D.G. y Rush, S.C. (eds.). (1997). *The learning revolution: The challenge of technology in the Academy.* Boston, MA: Anker.

O'Brien, C.P., Childress, A.R., McLellan, A.T. y Ehrman, R. (1992). Classical conditioning in drug-dependent humanas. En P.W. Kalivas y H.H. Samson (eds.), *The neurobiology of drug and alcohol addiction. Annals of the New York Academy of Science, Vol. 654.* Nueva York: New York Academy of Sciences.

O'Connor, S.C. y Rosenblood, L.K. (1996). Affiliation motivation in everyday experience. A theoretical comparison. *Journal of Personality and Social Psychology, 70,* 513-522.

O'Donohue, W. (ed.). (1997). *Sexual harassment: Theory, research, and treatment.* Boston, MA: Allyn & Bacon.

O'Donohue, W. y Geer, J.H. (eds.). (1992). *The sexual abuse of children* (Vol. 1). Mahwah, NJ: Erlbaum.

Office of Demographic, Employment, and Educational Research. (1994). *Demographic characteristics of members by type of APA membership.* Washington, DC: American Psychological Association.

Office on Smoking and Health. (1989). *Statistics on quitting smoking.* Atlanta, GA: Centers for Disease Control.

Office of Technology Assessment. (1990). *Unconventional cancer treatments.* Washington, DC: U.S. Government Printing Office.

Ogbu, J. (1992). Understanding cultural diversity and learning. *Educational Researcher, 21,* 5-14.

Ogilvie, R. y Harsh, J. (eds.). (1994). *Sleep onset: Normal and abnormal processes.* Washington, DC: American Psychological Association.

O'Grady, W.D. y Dobrovolsky, M. (eds.). (1996). *Contemporary linguistic analysis: An introduction* (3a. ed.). Toronto: Copp Clark Pitman, Ltd.

O'Hare, D. y Roscoe, S. (1990). *Flightdeck performance: The human factor.* Ames: Iowa State University Press.

Ohring, R., Apter, A., Ratzoni, G., Weizman, R. *et al.* (1996). State and trait anxiety in adolescent suicide attempters. *Journal of the American Academy of Child and Adolescent Psychiatry, 35,* 154-157.

Okun, B.F. (1996). *Understanding diverse families: What practitioner need to know.* Nueva York: Guilford Press.

Olanow, C.W. y Lieberman, A. (eds.) (1992). *Neurodegeneration and neuroprotection in Parkinson's disease.* San Diego: Academic Press.

Olds, J. y Milner, P. (1954). Positive reinforcement produced by electrical stimulation of septal area and other regions of rat brain. *Journal of Comparative and Physiological Psychology, 47,* 411-427.

Olds, M.E. y Fobes, J.L. (1981). The central basis of motivation: Intracranial self-stimulation studies. *Annual Review of Psychology, 32,* 123-129.

O'Leary, D.S., Andreasen, N.C., Hurtig, R.R., Kesler, M.L. *et al.* (1996). Auditory attentional deficits in patients with schizophrenia: A positron emission tomography study. *Archives of General Psychiatry, 53,* 633-641.

Oliet, S.H.R., Malenka, R.C. y Nicoll, R.A. (1996, 1 de marzo). Bidirectional control of quantal size by synaptic activity in the hippocampus. *Science, 271,* 1294-1297.

Oliver, C. (1995). Self-injurious behaviour in children with learning disabilities: Recent advances in assessment and intervention. *Journal of Child Psychology & Psychiatry & Allied Disciplines, 36,* 909-927.

Oliver, M.B. y Hyde, J.S. (1993). Gender differences in sexuality: A meta-analysis. *Psychological Bulletin, 114,* 29-51.

Olshansky, S.J., Carnes, B.A. y Cassel, C. (1990, 2 de noviembre). In search of Methuselah: Estimating the upper limits to human longevity. *Science, 250,* 634-639.

Olson, R.P., Schwartz, N.M. y Schwartz, M.S. (1995). Definitions of biofeedback and applied psychophysiology. En M.S. Schwartz (ed.), *Biofeedback: A practitioner's guide* (2a. ed.). Nueva York: Guilford Press.

Omdahl, B. (1995). *Cognitive appraisal, emotion, and empathy.* Mahwah, NJ: Erlbaum.

O'Neil, M. (1990, 1 de abril). Dieters, craving balance, are battling fears of food. *New York Times,* pp. 1, 22.

Opler, L.A., Kay, S.R., Rosado, V. y Lindenmayer, J.P. (1984). Positive and negative syndromes in chronic schizophrenia in patients. *Journal of Nervous and Mental Disease, 172,* 317-325.

O'Regan, J.K. (1992). Solving the "real" mysteries of visual perception: The world as an outside memory. Special Issue: Object perception and scene analysis. *Canadian Journal of Psychology, 46,* 461-488.

Oren, D.A. y Terman, M. (1998, 16 de enero). Tweaking the human circadian clock with light. *Science, 279,* 333-334.

Orlans, F.B. (ed.). (1993). *In the name of science: Issues in responsible animal experimentation.* Nueva York: Oxford University Press.

Referencias

Orne, M.T., Dinges, D.F. y Orne, E.C. (1984). On the differential diagnosis of multiple personality in the forensic context. *International Journal of Clinical and Experimental Hypnosis, 32*, 118-169.

Orne, M.T. y Holland, C.C. (1968). On the ecological validity of laboratory deceptions. *International Journal of Psychiatry, 6*, 282-293.

Ornstein, P.A. y Naus, M.J. (1988). Effects of the knowledge base on children's memory strategies. En H.W. Reese (ed.), *Advances in child development and behavior* (Vol. 19). Nueva York: Academic Press.

Ornstein, R.E. (1977). *The psychology of consciousness* (2a. ed.). Nueva York: Harcourt Brace Jovanovich.

Orth-Gomer, K., Chesney, M.A. y Wenger, N.K. (eds.). (1996). *Women, stress and heart disease*. Mahwah, NJ: Erlbaum.

Orth-Gomer, K. y Schneiderman, N. (eds.). (1995). *Behavioral medicine approaches to cardiovascular disease prevention*. Mahwah, NJ: Erlbaum.

Ortony, A. y Turner, T.J. (1990). What's basic about basic emotions? *Psychological Review, 97*, 315-331.

Orwin, R.G. y Condray, D.S. (1984). Smith and Glass' psychotherapy conclusions need further probing: On Landman and Dawes's re-analysis. *American Psychologist, 39*, 71-72.

Osborne, J.W. (1995). Academics, self-esteem, and race: A look at the underlying assumptions of the disidentification hypothesis. *Personality and Social Psychology Bulletin, 21*, 449-455.

Oskamp, S. (1984). *Applied social psychology*. Englewood Cliffs, NJ: Prentice-Hall.

Osman, A., Bashore, T.R., Coles, M.G.H., Donchin, E. y Meyer, D.E. (1992). On the transmission of partial information: Inferences from movement-related brain potentials. *Journal of Experimental Psychology: Human Perception and Performance, 18*, 217-232.

Osofsky, J.D. (ed.). (1997). *Children in a violent society*. Nueva York: Guilford Press.

Osofsky, J.D. (1995). The effects of exposure to violence on young children. *American Psychologist, 50*, 782-788.

Oster, M.I. (1994). Psychological preparation for labor and delivery using hypnosis. Annual Scientific Meeting of the American Society of Clinical Hypnosis (1992, Las Vegas, Nevada). *American Journal of Clinical Hypnosis, 37*, 12-21.

Ottoson, D. (ed.). (1987). *Duality and unity of the brain*. Londres: Macmillan.

Owens, J., Bower, G.H. y Black, J. (1979). The "soap opera" effect in story recall. *Memory and Cognition, 7*, 185-191.

Ozeki, M. (1993, 28 febrero). On turning 13: Reports from the front lines. *New York Times*, sec. 4, p. 2.

Paalman, M. (ed.). (1990). *Promoting safer sex: Prevention of sexual transmission of AIDS and other STD*. Amsterdam: Swets & Zeitlinger.

Pagliaro, L.A. (1995). Adolescent depression and suicide: A review and analysis of the current literature. *Canadian Journal of School Psychology, 11*, 191-201.

Paivio, A. (1971). *Imagery and verbal processes*. Nueva York: Holt, Rinehart & Winston.

Paivio, A. (1975). Perceptual comparison through the mind's eye. *Memory and Cognition, 3*, 635-647.

Pajares, F. (1996). Self-efficacy beliefs in academic settings. *Review of Educational Research, 66*, 543-578.

Palermo, G.B. (1995). Adolescent criminal behavior: Is TV violence one of the culprits? *International Journal of Offender Therapy and Comparative Criminology, 39*, 11-22.

Palermo, G.B. y Knudten, R.D. (1994). The insanity plea in the case of a serial killer. *International Journal of Offender Therapy and Comparative Criminology, 38*, 3-16.

Palladino, J.J. y Carducci, B.J. (1984). Students' knowledge of sleep and dreams. *Teaching of Psychology, 11*, 189-191.

Palmer, S.F. (1975). The effects of contextual scenes on the identification of objects. *Memory and Cognition, 3*, 519-526.

Paludi, M.A. (ed.). (1990). *Ivory power: Sexual harassment on campus*. Albany: State University of New York Press.

Paludi, M.A. (ed.). (1996). *Sexual harassment on college campuses: Abusing the Ivory Power*. Albany: State University of New York Press.

Pancyr, G. y Genest, M. (1993). Cognition and pain experience. En K.S. Dobson y Philip C. Kendall (eds.), *Psychopathology and cognition. Personality, psychopathology, and psychotherapy series*. San Diego, CA: Academic Press.

Papalia, D. y Olds, S. (1989). *Human development* (4a. ed.). Nueva York: McGraw-Hill.

Papini, M.R. y Bitterman, M.E. (1990). The role of contingency in classical conditioning. *Psychological Review, 97*, 396-403.

Parke, R.D. (1981). *Fathers*. Cambridge, MA: Harvard University Press.

Parke, R.D. (1996). *Fatherhood*. Cambridge, MA: Harvard University Press.

Parkes, C.M., Laungani, P. y Young, B. (eds.). (1997). *Death and bereavement across cultures*. Nueva York: Routledge.

Parkin, A.J. (1997). *Memory and amnesia: An introduction* (2a. ed.). Londres: Blackwell.

Parlee, M.B. (1979, octubre). The friendship bond. *Psychology Today*, pp. 43-45.

Parrott, A.C. (1995). Stress modulation over the day in cigarette smokers. *Addiction, 90*, 233-244.

Parsons, T. (1975). The sick role and the role of the physician reconsidered. *Milbank Memorial Fund Quarterly/Health and Society, 53*, 257-278.

Participant. (1994). *Young lives in the balance*. Washington, DC: Teachers Insurance and Annuity Association.

Pascual-Leone, Alvaro *et al.* (1995). Bethesda, MD: National Institutes of Neurological Disorders and Stroke. U.S. Department of Health & Human Services.

Paterson, R.J. y Neufeld, R.W.J. (1987). Clear danger: Situational determinants of the appraisal of threat. *Psychological Bulletin, 101*, 404-416.

Patrick, C.J. y Iacono, W.G. (1991). Validity of the control question polygraph test: The problem of sampling bias. *Journal of Applied Psychology, 76*, 229-238.

Patterson, C.H. (1996). Multicultural counseling: From diversity to universality. *Journal of Counseling and Development, 74*, 227-231.

Patterson, C.J. (1994). Lesbian and gay families. *Current Directions in Psychological Science, 3*, 62-64.

Patzwahl, D.R., Zanker, J.M. y Altenmuller, E.O. (1994). Cortical potentials reflecting motion processing in humans. *Visual Neuroscience, 11*, 1135-1147.

Paunonen, S.V., Jackson, D.M.N., Trzebinski, J. y Forsterling, F. (1992). Personality structure across cultures: A multimethod evaluation. *Journal of Personality and Social Psychology, 62*, 447-456.

Paunonen, S.V., Keinonen, M., Trzebinski, J. y Forsterling, F. *et al.* (1996). The structure of personality in six cultures. *Journal of Cross Cultural Psychology, 27*, 339-353.

Pavlides, C. y Winson, J. (1989). Influences of hippocampal place cell firing in the awake state on the activity of these cells during subsequent sleep episodes. *Journal of Neuroscience, 9*, 2907-2918.

Pavlov, I.P. (1927). *Conditioned reflexes*. Londres: Oxford University Press.

Pawlik, K. y d'Ydewalle, G. (1996). Psychology and the global commons: Perspectives of international psychology. *American Psychologist, 51*, 488-495.

Payne, D.G. (1986). Hyperamnesia for pictures and words: Testing the recall level hypothesis. *Journal of Experimental Psychology: Learning, Memory, and Cognition, 12*, 16-29.

Payne, D.G., Elie, C.J., Blackwell, J.M. y Neuschatz, J.S. (1996). Memory illusions: Recalling, recognizing, and recollecting events that never occurred. *Journal of Memory and Language, 35*, 261-285.

Peachey, N.S., Arakawa, K., Alexander, K.R. y Marchese, A.L. (1992). Rapid and slow changes in the human cone electroretinogram during light and dark adaptation. *Vision Research, 32*, 2049-2053.

Peacock, E.J., Wong, P.T. y Reker, G.T. (1993). Relations between appraisals and coping schemas: Support for the congruence model. *Canadian Journal of Behavioural Science, 25*, 64-80.

Pearlson, G.D. y Petty, A.Y. (1996). Schizophrenia: A disease of heteromodal association cortex? *Neuropsychopharmacology, 14,* 1-17.

Pedersen, P.B., Dragnus, J.G., Jonner, W.J. y Trimble, J.E. (eds.). (1996). *Counseling across cultures* (4a. ed.). Newbury Park, CA: Sage.

Pedlow, R., Sanson, A., Prior, M. y Oberklaid, F. (1993). Stability of maternally reported temperament from infancy to 8 years. *Developmental Psychology, 29,* 998-1007.

Peele, S. y Brodsky, A. (1991). *The truth about addiction and recovery.* Nueva York: Simon & Schuster.

Peirce, R.S., Frone, M.R., Russell, M. y Cooper, M.L. (1996). Financial stress, social support, and alcohol involvement: A longitudinal test of the buffering hypothesis in a general population survey. *Health Psychology, 15,* 38-47.

Pekala, R.J., Kumar, V.K. y Marcano, G. (1995). Hypnotic types: A partial replication concerning phenomenal experience. *Contemporary Hypnosis, 12,* 194-200.

Peled, E., Jaffe, P.G. y Edleson, J.L. (eds.). (1995). *Ending the cycle of violence: Community responses to children of battered women.* Thousand Oaks, CA: Sage.

Pelleymounter, M.A., Cullen, M.J., Baker, M.B., Hecht, R. Winters, D., Boone, T. y Collins, F. (1995, 18 de julio). Effects of the obese gene product on body weight regulation in *ob/ob* mice. *Science, 269,* 540-550.

Pelligrini, A.D. (ed.). (1995). *The future of play theory: A multidisciplinary inquiry into the contributions of Brian Sutton-Smith.* Albany: State University of New York Press.

Penfield, W. y Rasmussen, T. (1950). *The cerebral cortex of man.* Nueva York: Macmillan.

Peng, K. y Nisbett, R.E. (1997). *Cultural differences in preferences for linear vs. non-linear proverbs.* Manuscrito sin publicar, University of Michigan.

Penn, A. y Snyder, C. (1993, octubre). *Circulation, 88,* 1820.

Penn, D.L., Corrigan, P.W., Bentall, R.P., Racenstein, J.M. y Newman, L. (1997). Social cognition in schizophrenia. *Psychological Bulletin, 121,* pp. 114-132.

Pennebaker, J. y Roberts, T.A. (1992). Toward a his and hers theory of emotion: Gender differences in visceral perception. *Journal of Social and Clinical Psychology, 11,* 199-212.

Pennebaker, J.W. (1990). *Opening up: The healing power of confiding in others.* Nueva York: Morrow.

Pennebaker, J.W. y Harber, K.D. (1993). A social stage model of collective coping: The Loma Prieta earthquake and the Persian Gulf War. *Journal of Social Issues, 49,* 125-145.

Pennisi, E. (1997, 24 de octubre). Enzyme linked to alcohol sensitivity in mice. *Science, 278,* 573.

People Magazine (1996, 15 de agosto). Leap of Faith, p. 118.

Peper, R.J. y Mayer, R.E. (1978). Note taking as a generative activity. *Journal of Educational Psychology, 70,* 514-522.

Peplau, L.A., Rubin, Z. y Hill, C.T. (1977). Sexual intimacy in dating relationships. *Journal of Social Issues, 2,* 86-109.

Perdue, C.W., Dovidio, J.F., Gurtman, M.B. y Tyler, R.B. (1990). Us and them: Social categorization and the process of intergroup bias. *Journal of Personality and Social Psychology, 59,* 475-486.

Pereira-Smith, O., Smith, J. *et al.* (1988, agosto). Ponencia presentada en la reunión anual del International Genetics Congress, Toronto.

Pérez-Peña, R. (1996, 12 de febrero). Engineer in fatal train collision had a record of running signals. *New York Times,* pp. A1, B5.

Perkins, D.N. (1983). Why the human perceiver is a bad machine. En J. Beck, B. Hope y A. Rosenfeld (eds.), *Human and machine vision.* Nueva York: Academic Press.

Perlmutter, M. (1994). Cognitive skills within the context of adult development and old age. En C.B. Fisher y R.M. Lerner (eds.), *Applied developmental psychology.* Nueva York: McGraw-Hill.

Perlmutter, M. y Hall, E. (1992). *Adult development and aging* (2a. ed.). Nueva York: Wiley.

Perlmutter, M. y Mitchell, D.B. (1986). The appearance and disappearance of age differences in adult memory. En I.M. Craik y S. Trehub (eds.), *Aging and cognitive processes.* Nueva York: Plenum.

Perloff, R.M. (1993). *The dynamics of persuasion.* Mahwah, NJ: Erlbaum.

Perls, F., Hefferline, R. y Goodman, P. (1994). *Gestalt therapy: Excitement and growth in the human personality* (2a. ed.). Nueva York: New York Journal Press.

Perls, F.S. (1970). *Gestalt therapy now: Therapy, techniques, applications.* Palo Alto, CA: Science and Behavior Books.

Perls, F.S. (1967). Group vs. individual therapy. *ETC: A Review of General Semantics, 34,* 306-312.

Perry-Jenkins, M. (1993). Family roles and responsibilities: What has changed and what has remained the same? En J. Frankell (ed.), *The employed mother and the family context.* Focus on women series, Vol. 14. Nueva York: Springer.

Pervin, L.A. (ed.). (1990). *Handbook of personality: Theory and research.* Nueva York: Guilford.

Persons, J.B. (1991). Psychotherapy outcome studies do not accurately represent current models of psychotherapy: A proposed remedy. *American Psychologist, 46,* 99-106.

Petersen, A.C., Compas, B.E., Brooks-Gunn, J., Stemmler, M., Ey, S. y Grant, K.E. (1993). Depression in adolescence. *American Psychologist, 48,* 155-168.

Petersen, A.C., Silbereisen, R.K. y Sorenson, S. (1996). Adolescent development: A global perspective. En K. Hurrelmann y S.F. Hamilton (eds.), *Social problems and social contexts in adolescence: Perspectives across boundaries.* Nueva York: Aldine de Gruyter.

Petersen, S.E. y Fiez, J.A. (1993). The processing of single words studied with positron emission tomography. *Annual Review of Neuroscience, 16,* 509-530.

Peterson, A. (1985). Pubertal development as a cause of disturbance: Myths, realities, and unanswered questions. *Genetic, Social, and General Psychology Monographs, 111,* 205-232.

Peterson, A.C. (1988, septiembre). Those gangly years. *Psychology Today,* pp. 28-34.

Peterson, B.E. y Stewart, A.J. (1993). Generativity and social motives in young adults. *Journal of Personality and Social Psychology, 65,* 186-198.

Peterson, C., Maier, S.F., Seligman, M.E.P. (1993). *Learned helplessness: A theory for the age of personal control.* Nueva York: Oxford University Press.

Peterson, C. y Raps, C.S. (1984). Helplessness and hospitalization: More remarks. *Journal of Personality and Social Psychology, 46,* 82-83.

Peterson, D.R. (1991). Connection and disconnection of research and practice in the education of professional psychologists. *American Psychologist, 46,* 422-429.

Peterson, K.C., Prout, M.F. y Schwarz, R.A. (1991). *Post-traumatic stress disorder: A clinician's guide.* Nueva York: Plenum.

Peterson, L.R. y Peterson, M.J. (1959). Short-term retention of individual items. *Journal of Experimental Psychology, 58,* 193-198.

Peterzell, D.H. (1993). Individual differences in the visual attention of human infants: Further evidence for separate sensitization and habituation processes. *Developmental Psychobiology, 26,* 207-218.

Petri, H.L. (1991). *Motivation: Theory, research, and applications* (3a. ed.). Belmont, CA: Wadsworth.

Petri, H.L. (1996). *Motivation: Theory, research, and applications,* (4a. ed.). Pacific Grove, CA: Brooks/Cole.

Petrill, S.A., Luo, D., Thompson, L.A. y Detterman, D.K. (1996). The independent prediction of general intelligence by elementary cognitive tasks: Genetic and environmental influences. *Behavior Genetics, 26,* 135-147.

Petronis, A. y Kennedy, J.L. (1995). Unstable genes—unstable mind? *American Journal of Psychiatry, 152,* 164-172.

Pettigrew, T.F. (1997, 8 de febrero). Generalized intergroup contact effects on prejudice. *Personality and Social Psychology Bulletin, 23,* 173-185.

Pettingale, K.W., Morris, T., Greer, S. y Haybittle, J.L. (1985). Mental attitudes to cancer: An additional prognostic factor. *Lancet,* 750.

Pettito, L.A. (1993). On the ontogenetic requirements for early language acquisition.

En B. de Boysson-Bardies, S. de Schonen, P.W. Jusczyk, P. McNeilage y J. Morton (eds.), *Developmental neurocognition: Speech and face processing in the first year of life.* NATO ASI series D: *Behavioural and social sciences,* Vol. 69. Dordrecht, Países Bajos: Kluwer Academic Publishers.

Pettito, L.A. y Marentette, P.F. (1991, 22 de marzo). Babbling in the manual mode: Evidence for the ontogeny of language. *Science, 251,* 1493-1496.

Petty, F. (1996, noviembre). What is the role of GABA in mood disorders. *The Harvard Mental Health Letter,* p. 8.

Petty, R.E. (1994). Two routes to persuasion: State of the art. En G. d'Ydewalle, P. Eelen y P. Bertelson (eds.), *International perspectives on psychological science, Vol. 2: The state of the art.* Hove, Inglaterra: Erlbaum.

Petty, R.E. y Cacioppo, J.T. (1984). The effects of involvement on responses to argument quantity and quality: Central and peripheral routes to persuasion. *Journal of Personality and Social Psychology, 46,* 69-81.

Petty, R.E. y Cacioppo, J.T. (1986). The elaboration likelihood model of persuasion. En L. Berkowitz (ed.), *Advances in experimental social psychology* (Vol. 10). Nueva York: Academic Press.

Petty, R.E., Cacioppo, J.T., Strathman, A.J. y Priester, J.R. (1994). To think or not to think: Exploring two routes to persuasion. En S. Savitt y T.C. Brock (eds.), *Persuasion: Psychological insights and perspectives.* Boston: Allyn & Bacon.

Petzold, P. (1992). Context effects in judgments of attributes: An information-integration approach. En H.G. Geissler, S.W. Link y J.T. Townsend (eds.). *Cognition, information processing, and psychophysics: Basic issues.* Scientific psychology series. Mahwah, NJ: Erlbaum.

Peyser, M. y Underwood, A. (1997). Shyness, sadness, curiosity, joy: Is it nature or nurture? *Newsweek, 149,* 60-64.

Pezdek, K. y Banks, W.P. (eds.). (1996). *The recovered memory/false memory debate.* Nueva York: Academic Press.

Phares, V. (1992). Where's poppa? The relative lack of attention to the role of fathers in child and adolescent psychopathology. *American Psychologist, 47,* 656-664.

Philippot, P., Reldman, R.S. y Coats, E.J. (eds.). *Social context of nonverbal behavior.* Cambridge, Inglaterra: Cambridge University Press.

Phillips, D., McCartney, K. y Scarr, S. (1987). Child-care quality and children's social development. *Developmental Psychology, 23,* 537-543.

Phillips, R.D., Wagner, S.H., Fells, C.A. y Lynch, M. (1990). Do infants recognize emotion in facial expressions? Categorical and "metaphorical" evidence. *Infant Behavior and Development, 13,* 71-84.

Phillips-Henshey, E.H. y Ridley, x. (1996). Stategies for acceptance of diversity of students with mental netandantion. *Elementary School Guidance and Counseling, 30,* 282-291.

Phinney, J.S. (1996). When we talk about American ethnic groups, what do we mean? *American Psychologist, 51,* 918-927.

Piaget, J. (1970). Piaget's theory. En P.H. Mussen (ed.), *Carmichael's manual of child psychology* (Vol. 1, 3a. ed.). Nueva York: Wiley.

Piaget, J. e Inhelder, B. (1958). *The growth of logical thinking from childhood to adolescennce.* (A. Parsons, y S. Seagrin, Trans.). Nueva York: Basic Books.

Piasecki, T.M., Kenford, S.L., Smith, S.S., Fiore, M.C. y Baker, T.B. (1997). Listening to nicotine: Negative affect and the smoking withdrawal conundrum. *Psychological Science, 8,* 184-189.

Piattelli-Palmarini, M. (1994). *Inevitable illusions: How the mistakes of reason rule our minds.* Nueva York: Wiley.

Pich, E.M., Pagliusi, S.R., Tessari, M., Talabot-Ayer, D., Hooft van Huijsduijnen, R. y Chiamulera, C. (1997, 3 de enero). Common neural substrates for the addictive properties of nicotine and cocaine. *Science, 275,* 83-86.

Pickar, D. (1988). Perspectives on a time-dependent model of neuroleptic action. *Schizophrenia Bulletin, 14,* 255-265.

Pierce, G.R., Sarason, B.R. y Sarason, I.G. (eds.), (1996). *Handbook of social support and the family.* Nueva York: Plenum.

Piercy, F.P., Sprenkle, D.H., Wetchler, J. L. y asociados. (1996). *Family therapy sourcebook.* Nueva York: Guilford Press.

Pihlgren, E.M., Gidycz, C.A. y Lynn, S.J. (1993). Impact of adulthood and adolescent rape experiences on subsequent sexual fantasies. *Imagination, Cognition and Personality, 12,* 321-339.

Piliavin, J.A. y Piliavin, I.M. (1972). Effect of blood on reactions to a victim. *Journal of Personality and Social Psychology, 23,* 353-362.

Pillard, R.C. (1996). Homosexuality from a familial and genetic perspective. En R.P. Cabaj y T.S. Stein (eds.), *Textbook of homosexuality and mental health.* Washington, DC: American Psychiatric Press.

Pillemer, D.B. (1990). Clarifying the flashbulb memory concept: Comment on McCloskey, Wible, and Cohen (1988). *Journal of Experimental Psychology: General, 119,* 92-96.

Pines, M. (1981, 16 de abril). Recession is linked to far-reaching psychological harm. *New York Times,* p. C1.

Pinker, S. (1990). Language acquisition. En D.N. Osherson y H. Lasnik (eds.), *Language.* Cambridge, MA: MIT Press.

Pinker, S. (1994). *The language instinct.* Nueva York: William Morrow.

Pion, G.M., Mednick, M.T., Astin, H.S., Hall, C.C.I., Kenkel, M.B., Keita, G.P., Kohout, J.L. y Kelleher, J.C. (1996). The shifting gender composition of psychology: Trends and implications for the discipline. *American Psychologist, 51,* 509-528.

Piotrowski, C. y Keller, J.W. (1989). Psychological testing in outpatient mental health facilities: A national study. *Professional Psychology: Research and Practice, 20,* 423-425.

Pi-Sunyer, F.X. (1987). Exercise effects on caloric intake. En R. Wurtman (ed.), *Obesity:* Nueva York: New York Academy of Science.

Pledge, D.S. (1992). Marital separation/divorce: A review of individual responses to a major life stressor. *Journal of Divorce and Remarriage, 17,* 151-181.

Plomin, R. (1989). Environment and genes: Determinants of behavior. *American Psychologist, 44,* 105-111.

Plomin, R. (1990, 13 de abril). The role of inheritance in behavior. *Science, 248,* 183-188.

Plomin, R. (1994). *Genetics and experience: The interplay between nature and nurture.* Newbury Park, CA: Sage.

Plomin, R. (1995). Molecular genetics and psychology. *Current Directions in Psychological Science, 4,* 114-117.

Plomin, R. y McClearn, G.E. (eds.). (1993). *Nature, nurture, and psychology.* Washington DC: American Psychological Association.

Plomin, R. y Neiderhiser, J.M. (1992). Genetics and experience. *Current Directions in Psychological Science, 1,* 160-163.

Plomin, R., y Petrill, S.A. (1997). Genetics and intelligence: What's new? *Intelligence, 24,* 53-77.

Plous, S. (1988). Disarmament, arms control, and peace in the nuclear age: Political objectives and relevant research. *Journal of Social Issues, 44,* 133-154.

Plous, S. (1991). An attitude survey of animal rights activists. *Psychological Science, 2,* 194-196.

Plous, S. (1996a). Attitudes toward the use of animals in psychological research and education: Results from a national survey of psychologists. *American Psychologist, 51,* 1167-1180.

Plous, S. (1996b). Attitudes toward the use of animals in psychological research and education: Results from a national survey of psychology majors. *Psychological Science, 7,* 352-358.

Plucker, J.A. y McIntire, J. (1996). Academic survivability in high-potential, middle school students. *Gifted Child Quarterly, 40,* 7-14.

Plumert, J.M., Carswell, C., De Vet, K. y Ihrig, D. (1995). The content and organization of communication about object locations. *Journal of Memory and Language, 34,* 477-498.

Plummer, W. y Pick, G. (1996, 10 de octubre). Beating the blitz. *People Weekly,* pp. 129-132.

Plutchik, R. (1980). *Emotion, a psychorevolutionary synthesis.* Nueva York: Harper & Row.

Plutchik, R. (1984). Emotion. En K. Scherer y P. Ekman (eds.), *Approaches to emotion.* Mahwah, NJ: Erlbaum.

Polivy, J. y Herman, C.P. (1985). Dieting and binging: A causal analysis. *American Psychologist, 40,* 193-201.

Polivy, J. y Herman, C.P. (1991). Good and bad dieters: Self-perception and reaction to a dietary challenge. *International Journal of Eating Disorders, 10,* 91-99.

Polk, N. (1997, 30 de marzo). The trouble with school testing systems. *New York Times,* p. CN3.

Pollack, A. (1993, 9 de febrero). Computers taking wish as their command. *New York Times,* pp. A1, D2.

Pollock, D.A., Rhodes, P., Boyle, C.A., Decoufle, P. y McGee, D.L. (1990). Estimating the number of suicides among Vietnam veterans. *American Journal of Psychiatry, 147,* 772-776.

Polymeropoulos, M.H., Higgins, J.J., Golbe, L.W., Johnson, W.G., Ide, S.E., Di Iorio, G., Sanges, G., Stenroos, E.S., Pho, L.T., Schaffer, A.A., Lazzarini, A.M., Nussbaum, R.L. y Duvoisin, R.C. (1996, 15 de noviembre). Mapping of a gene for Parkinson's Disease to chromosome 4q21-q23. *Science, 274,* 1197-1199.

Pomerlau, O.F. (1995). Individual differences in sensitivity to nicotine: Implications of genetic research on nicotine dependence. Special Issue: Genetic, environmental, and situational factors mediating the effects of nicotine. *Behavior Genetics, 25,* 161-177.

Pomerleau, O., Adkins, D. y Pertschuk, M. (1978). Predictors of outcome and recidivism in smoking cessation treatment. *Addictive Behaviors, 3,* 65-70.

Pomerleau, O.F. y Pomerleau, C.S. (1989). A biobehavioral perspective on smoking. En T. Ney y A. Gale (eds.), *Smoking and human behavior.* Nueva York: Wiley.

Ponomarev, D. (1993, 28 de febrero). On turning 13: Reports from the front lines. *New York Times,* Sec. 4, p. 2.

Pontieri, F.E., Tanda, G., Orzi, F. y Di-Chiara, G. (1996, 18 de julio). Effects of nicotine on the nucleus accumbens and similarity to those of addictive drugs. *Nature, 382,* 255-257.

Porer, S.L., Malpass, R.S. y Koehnken, G. (eds.). (1996). *Psychological issues in eyewitness identification.* Mahwah, NJ: Erlbaum.

Porkka-Heiskanen, T., Strecker, R.E., Thakkar, M., Bjorkum, A.A., Greene, R.W. y McCarley, R.W. (1997, 23 de mayo). Adenosine: A mediator of the sleep-inducing effects of prolonged wakefulness. *Science, 276,* 1265-1268.

Porte, H.S. y Hobson, J.A. (1996). Physical motion in dreams: One measure of three theories. *Journal of Abnormal Psychology, 105,* 329-335.

Porter, C.P., Oakley, D., Ronis, O.L. y Neal, R.W. (1996). Pathways of influence on fifth and eighth graders' reports about having had sexual intercourse. *Journal of Research in Nursing and Health, 19,* 193-204.

Porter, R.H., Cernich, J.M. y McLaughlin, F.J. (1983). Maternal recognition of neonates through olfactory cues. *Physiology and Behavior, 30,* 151-154.

Posner, M.I. (1993). Seeing the mind. *Science, 262,* 673-674.

Potheraju, A. y Soper, B. (1995). A comparison of self-reported dream themes for high school and college students. *College Student Journal, 29,* 417-420.

Potter, M.C. (1990). Remembering. En D.N. Osherson y E.E. Smith (eds.), *Thinking.* Cambridge, MA: MIT Press.

Pottieger, A.E., Tressell, P.A., Inciardi, J.A. y Rosales, T.A. (1992). Cocaine use patterns and overdose. *Journal of Psychoactive Drugs, 24,* 399-410.

Powell, D.H. y Whitla, D.K. (1994a). *Profiles in cognitive aging.* Cambridge, MA: Cambridge University Press.

Powell, D.H. y Whitla, D.K. (1994b, febrero). Normal cognitive aging: Toward empirical perspectives. *Current Directions in Psychological Science, 3,* 27-31.

Powell, J. (1996). *AIDS and HIV-related diseases: An educational guide for professionals and the public.* Nueva York: Plenum/Insight Books.

Powell, L.H., Shaker, L.A. y Jones, B.A. (1993). Psychosocial predictors of mortality in 83 women with premature acute myocardial infarction. *Psychosomatic Medicine, 55,* 426-433.

Power, T. (1981). Sex typing in infancy: The role of the father. *Infant Mental Health Journal, 2,* 226-240.

Power, T.G. y Parke, R.D. (1982). Play as a context for early learning: Lab and home analyses. En L.M. Loasa e I.E. Sigal (eds.), *The family as a learning environment.* Nueva York: Plenum.

Powers, D.E. (1993). Coaching for the SAT: A summary of the summaries and an update. *Educational Measurement Issues and Practice, 12,* 24-30, 39.

Prado-Alcala, R.A. (1995). Serial and parallel processing during memory consolidation. En J.L. McGaugh, F. Bermudez-Rattoni y R.A. Prado-Alcala (eds.), *Plasticity in the central nervous system: Learning and memory.* Mahwah, NJ: Erlbaum.

Pratt, S.I. y Moreland, K.L. (1996). Introduction to treatment outcome: Historical perspectives and current issues. En S.I. Pfeiffer (ed.), *Outcome assessment in residential treatment.* Nueva York: Haworth Press.

Pressley, M. (1987). Are keyword method effects limited to slow presentation rates? An empirically based reply to Hall and Fuson (1986). *Journal of Educational Psychology, 79,* 333-335.

Pressley, M. y Levin, J.R. (1983). *Cognitive strategy research: Psychological foundations.* Nueva York: Springer-Verlag.

Pressman, M.R. y Orr, W.C. (1997). *Understanding sleep: The evaluation and treatment of sleep disorders.* Washington, DC: American Psychological Association.

Pribram, K.H. (1984). Emotion: A neurobehavioral analysis. En K.R. Scherer y P. Ekman (eds.), *Approaches to emotion.* Mahwah, NJ: Erlbaum.

Price, R. (1992). Psychosocial impact of job loss on individuals and families. *Current Directions in Psychological Science, 1,* 9-14.

Priester, J.R. y Petty, R.E. (1995). Source attributions and persuasion: Perceived honesty as a determinant of message scrutiny. *Personality and Social Psychology Bulletin, 21,* 637-654.

Prince, R.J. y Guastello, S.J. (1990). The Barnum effect in a computerized Rorschach interpretation system. *Journal of Personality, 124,* 217-222.

Prochaska, J.O. (1995). An eclectic and integrative approach: Transtheoretical therapy. En A.S. Gurman y S.B. Messer(eds.), *Essential psychotherapies: Theory and practice.* Nueva York: Guilford Press.

Pruitt, D.G. y Rubin, J.Z. (1986). *Social conflict: Escalation, stalemate, and settlement.* Nueva York: Random House.

Pryor, J.B. y Reeder, G.D. (eds.). (1993). *The social psychology of HIV infection.* Mahwah, NJ: Erlbaum.

PsychINFO (1991, enero). The PsychINFO Basic Workshop. *Psychological Bulletin, 107,* 210-214.

Pulkkinen, L. (1994). Emootion saately kehityksessa. /Emotion regulation in human development. *Psykologia, 29,* 404-418.

Pulvirenti, L. y Koob, G.F. (1994). Lisuride reduces intravenous cocaine self-administration in rats. *Pharmacology, Biochemistry and Behavior, 47,* 819-822.

Purdy, M. (1994, 30 de enero). Budding scientist's success breaks the mold. *New York Times,* pp. A1, A36.

Purves, D., Augustine, G.J., Fitzpatrick, D., Katz, L.C., LaMantia, A. y McNamara, J.O. (eds.). (1997). *Neuroscience.* Sunderland, MA: Sinauer.

Purvis, A. (1997, 6 de enero). The global epidemic. *Time,* pp. 76-78.

Putnam, F.W. (1995a). Development of dissociative disorders. En D. Cicchetti y D.J. Cohen (eds.), *Developmental psychopathology, Vol. 2: Risk, disorder, and adaptation.* Wiley series on personality processes. Nueva York: Wiley.

Putnam, F.W. (1995b). Traumatic stress and pathological dissociation. En G.P. Chrousos, R. McCarty, K. Pacak, G. Cizza, E.

Sternberg, P.W. Gold y Kvetnansky (eds.), *Stress: Basic mechanisms and clinical implications.* Annals of the New York Academy of Sciences, Vol. 771. Nueva York: New York Academy of Sciences.

Putnam, F.W., Guroff, J.J., Silberman, E.K., Barban, L. *et al.* (1986). The clinical phenomenology of multiple personality disorder: Review of 100 recent cases. *Journal of Clinical Psychiatry, 47*, 285-293.

Quick, E.K. (1996). *Doing what works in brief therapy: A strategic solution focused approach.* San Diego, CA: Academic Press.

Quinn, M. (1990, 29 de enero). Don't aim that pack at us. *Time*, p. 60.

Quinn, M.J. (1997). *Sexual harassment.* Amherst, MA: University of Massachusetts Office of Equal Opportunity & Diversity.

Quirion, R., Wilson, A., Rowe, W., Aubert, I. *et al.* (1995). Facilitation of acetylcholine release and cognitive performance by an M2-muscarinic receptor antagonist in aged memory-impaired rats. *Journal of Neuroscience, 15*, 1455-1462.

Rachman, S. y deSilva, P. (1996). *Panic disorder.* Oxford, Inglaterra: Oxford University Press.

Rachman, S. y Hodgson, R. (1980). *Obsessions and compulsions.* Englewood Cliffs, NJ: Prentice-Hall.

Racy, J. (1966, agosto). Combined therapy. *The Harvard Mental Health Letter*, pp. 5, 6.

Raggozzino, M.E., Hellems, K., Lennartz, R.C. y Gold, P.E. (1995). Pyruvate infusions into the septal area attenuate spontaneous alternation impairments induced by intraseptal morphine injections. *Behavioral Neuroscience, 109*, 1074-1080.

Ragland, D.R. (1988, 14 de enero). Type A behavior and mortality from coronary heart disease. *New England Journal of Medicine, 318*, 65.

Ragozin, A.S. (1980). Attachment behavior of day care children: Naturalistic and laboratory observations. *Child Development, 51*, 409-415.

Rahe, R.H. y Arthur, R.J. (1978). Life change and illness studies: Past history and future directions. *Human Stress, 4*, 3-15.

Raichle, M.E. (1994). Images of the mind: Studies with modern imaging techniques. *Annual Review of Psychology, 45*, 333-356.

Raikkonen, K., Keskivaara, P., Keltikangas, J.L. y Butzow, E. (1995). Psychophysiological arousal related to Type A components in adolescent boys. *Scandinavian Journal of Psychology, 36*, 142-152.

Rainville, P., Duncan, G.H., Price, D.D., Carrier, B. y Bushnell, M.C. (1997, 15 de agosto). Pain affect encoded in human anterior cingulate but not somatosensory cortex. *Science, 277*, 968-971.

Rajecki, D.W. (1989). *Attitudes* (2a. ed.). Sunderland, MA: Sinauer.

Rakel, R.E. (1993). Insomnia: Concerns of the family physician. *Journal of Family Practice, 36*, 551-558.

Rakoff, V.M. (1995). Trauma and adolescent rites of initiation. En R.C. Marohn y S.C. Feinstein (eds.), *Adolescent psychiatry: Developmental and clinical studies*, Vol. 20. Annals of the American Society for Adolescent Psychiatry. Mahwah, NJ: Analytic Press, Inc.

Ramachandran, V.S. (1992). Filling in gaps in perception: Part 1. *Current Directions in Psychological Science, 1*, 199-205.

Ramachandran, V.S. (1995). Filling in gaps in logic: Reply to Durgin *et al. Perception, 24*, 841-845.

Randolph, C., Tierney, M.C. y Chase, T.N. (1995). Implicit memory in Alzheimer's disease. *Journal of Clinical and Experimental Neuropsychology, 17*, 343-351.

Raphael, B. (1976). *The thinking computer.* San Francisco: Freeman.

Rapoff, M.A. y Christophersen, E.R. (1982). Improving compliance in pediatric practice. *Pediatric Clinics of North America, 29*, 339-357.

Rappaport, Z.H. (1992). Psychosurgery in the modern era: Therapeutic and ethical aspects. *Medicine and Law, 11*, 449-453.

Raskin, N.J. y Rogers, C.R. (1989). Person-centered therapy. En R.J. Corsini y D. Wedding (eds.), *Current psychotherapies* (4. ed.). Itasca, IL: Peacock.

Rasmussen, J. (1981). Models of mental strategies in process control. En J. Rasmussen y W. Rouse (eds.), *Human detection and diagnosis of system failures.* Nueva York: Plenum.

Ratcliff, R. y McKoon, G. (1989). Memory models, text processing, and cue-dependent retrieval. En H.L. Roediger, III y F.I.M. Craik (eds.), *Varieties of memory and consciousness: Essays in honour of Endel Tulving.* Mahwah, NJ: Erlbaum.

Ratner, H.H., Schell, D.A., Crimmins, A., Mittelman, D. *et al.* (1987). Changes in adults' prose recall: Aging or cognitive demands? *Developmental Psychology, 23*, 521-525.

Rattermann, M.J (1992). Developmental trends in similarity as structural alignment: Evidence from children's performance in mapping tasks. *Dissertation Abstracts International, 52*, 6108.

Rau, H., Weitkunat, R., Brody, S., Buhrer, M. *et al.* (1996). Biofeedback of R-wave to pulse interval produces differential learning of blood pressure control. *Scandinavian Journal of Behaviour Therapy, 25*, 17-25.

Rauch, S.L. y Renshaw, P.F. (1995). Clinical neuroimaging in psychiatry. *Harvard Review of Psychiatry*, 297-312.

Raykov, T. (1995). Multivariate structural modeling of plasticity in fluid intelligence of aged adults. *Multivariate Behavioral Research, 30*, 255-287.

Raymond, J.L., Lisberger, S.G. y Mauk, M.D. (1996, 24 de mayo). The cerebellum: A neuronal learning machine? *Science, 272*, 1126-1131.

Read, J.D. (1996). From a passing thought to a false memory in 2 minutes: Confusing real and illusory events. *Psychonomic Bulletin and Review, 3*, 105-111.

Redding, G.M. y Hawley, E. (1993). Length illusion in fractional Müller-Lyer stimuli: An object-perception approach. *Perception, 22*, 819-828.

Redmond, R. y Redmond, X. (1994). *Anger kills.* Nueva York: Harper Perennial.

Ree, M.J. y Earles, J.A. (1992). Intelligence is the best predictor of job performance. *Current Directions in Psychological Research, 1*, 86-89.

Reed, D.R., Bartoshuk, L.M., Duffy, V., Marino, S. y Price, R. A. (1995). Propylthiouracil tasting: Determination of underlying threshold distributions using maximum likelihood. *Chemical Senses, 20*, 529-533.

Reed, S.K. (1988). *Cognition: Theories and applications* (2a. ed.). Monterey, CA: Brooks/Cole.

Reed, S.K. (1996). *Cognition: Theory and applications* (4a. ed.)., Pacific Grove, CA: Brooks/Cole.

Rees, G., Frith, C.D. y Lavie, N. (1997, 28 de noviembre). Modulating irrelevant motion perception by varying attentional load in an unrelated task. *Science, 278*, 1616-1619.

Reeves, R.A., Baker, G.A., Boyd, J.G. y Cialdini, R.B. (1991). The door-in-the-face technique: Reciprocal concessions vs. self-presentational explanations. *Journal of Social Behavior and Personality, 6*, 545-558.

Register, A.C., Beckman, J.C., May, J.G. y Gustafson, D.F. (1991). Stress inoculation bibliotherapy in the treatment of test anxiety. *Journal of Counseling Psychology, 38*, 115-119.

Reich, P.A. (1986). *Language development.* Englewood Cliffs, NJ: Prentice-Hall.

Reich, W. (ed.). (1990). *Origins of terrorism: Psychologies, ideologies, theologies, states of mind.* Mahwah, NJ: Erlbaum.

Reichman, W.E. y Rabins, P.V. (1996). Schizophrenia and other psychotic disorders. En W.E. Reichman y P.R. Katz (eds.), *Psychiatric care in the nursing home.* Nueva York: Oxford University Press.

Reinisch, J.M., Rosenblum, L.A., Rubin, D.B., Schulsinger, M.F. *et al.* (1997). Biological causation: Are gender differences wired into our biology? En M.R. Walsh (ed.), *Women, men, & gender: Ongoing debates.* New Haven, CT: Yale University Press.

Reis, S.M. (1989). Reflections on policy affecting the education of gifted and talented students. *American Psychologist, 44*, 399-408.

Reisberg, D. (1997). *Cognition: Exploring the science of the mind.* Nueva York: Norton.

Reisenzein, R. (1983). The Schachter theory of emotion: Two decades later. *Psychological Bulletin, 94,* 239-264.

Reiss, B.F. (1980). Psychological tests in homosexuality. En J. Marmor (ed.), *Homosexual behavior* (pp. 296-311). Nueva York: Basic Books.

Reiss, D. y Price, R.H. (1996, noviembre). National research agenda for prevention research: The National Institute of Mental Health report. *American Psychologist, 51,* 1109-1115.

Reiss, I.L. (1960). *Premarital sexual standards in America.* Nueva York: Free Press.

Reitman, J.S. (1965). *Cognition and thought.* Nueva York: Wiley.

Rescorla, R.A. (1988). Pavlovian conditioning: It's not what you think it is. *American Psychologist, 43,* 151-160.

Resnick, S.M. (1992). Positron emission tomography in psychiatric illness. *Current Directions in Psychological Science, 1,* 92-98.

Reuman, D.A., Alwin, D.F. y Veroff, J. (1984). Assessing the validity of the achievement motive in the presence of random measurement error. *Journal of Personality and Social Psychology, 47,* 1347-1362.

Reynolds, B.A. y Weiss, S. (1992, 27 de marzo). Generations of neurons and astrocytes from isolated cells of the adult mammalian central nervous system. *Science, 255,* 1707-1710.

Reynolds, C.F., III y Kupfer, D.J. (1994). Sleep disorders. En J.M. Oldham y M.B. Riba (eds.), *Review of Psychiatry, 13.* Washington, DC: American Psychiatric Press.

Reynolds, R.I. y Takooshian, H. (1988, enero). Where were you August 8, 1985? *Bulletin of the Psychonomic Society, 26,* 23-25.

Rheingold, H.L. (1994). *The psychologist's guide to an academic career.* Washington, DC: American Psychological Association.

Rhodes, N. y Wood, W. (1992). Self-esteem and intelligence affect influenceability: The mediating role of message reception. *Psychological Bulletin, 111,* 156-171.

Rhodewalt, F. y Fairfield, M. (1991). An alternative approach to Type A behavior and health: Psychological reactance and medical noncompliance. En M.J. Strube (ed.), *Type A behavior.* Newbury Park, CA: Sage.

Rhue, J.W. y Lynn, S.J. (1987). Fantasy-proneness and psychopathology. *Journal of Personality and Social Psychology, 53,* 327-336.

Rhue, J.W., Lynn, S.J. y Kirsch, I. (eds.). (1993). *Handbook of clinical hypnosis.* Washington, DC: American Psychological Association.

Ricciuti, H.N. (1993). Nutrition and mental development. *Current Directions in Psychological Science, 2,* 43-46.

Rice, A. (1984, mayo). Imagination to go. *Psychology Today,* pp. 48-52.

Rice, M.L. (1989). Children's language acquisition. *American Psychologist, 44,* 149-156.

Rich, F. (1997, 1 de mayo). Harnisch's perfect pitch. *New York Times,* p. A35.

Richards, M., Boxer, A., Petersen, A. y Albrecht, R. (1990). Relation of weight to body image in pubertal girls and boys from two communities. *Developmental Psychology, 26,* 313-321.

Richards, R., Kinney, D.K., Benet, M. y Merzel, A.P.C. (1988). Assessing everyday creativity: Characteristics of the lifetime creativity scales and validation with three large samples. *Journal of Personality and Social Psychology, 54,* 476-485.

Richie, J. (1994, abril). Ponencia presentada en la reunión anual de la American Association for Cancer Research, San Francisco.

Richmond, B.J., Optical, L.M., Podell, M. y Spitzer, H. (1987). Temporal encoding of two-dimensional patterns by single units in primate inferior temporal cortex. 1. Response characteristics. *Journal of Neurophysiology, 57,* 132-146.

Ricklefs, R.E. y Finch, C.E. (1995). *Aging: A natural history.* Nueva York: Scientific American Library/Scientific American Books.

Rieder, R.O., Kaufmann, C.A. y Knowles, J.A. (1996). Genetics. En R.E. Hales y S.C. Yudofsky (eds.), *The American Psychiatric Press synopsis of psychiatry.* Washington, DC: American Psychiatric Press.

Riefer, D.M., Keveri, M.K. y Kramer, D.L.F. (1995). Name that tune: Eliciting the tip-of-the-tongue experience using auditory stimuli. *Psychological Reports, 77,* 1379-1390.

Riegel, K.F. y Riegel, R.M. (1972). Development, drop, and death. *Developmental Psychology, 6,* 306-319.

Rierdan, J. (1996). *Adolescent suicide: One response to adversity.* En R.S. Feldman (ed.), *The psychology of adversity.* Amherst, MA: University of Massachusetts Press.

Riese, M.L. (1990). Neonatal temperament in monozygotic and dizygotic twin pairs. *Child Development, 61,* 1230-1237.

Riggio, R.F. y Porter, L.W. (eds.). (1996). *Introduction to industrial/organizational psychology* (2a. ed.). Nueva York: HarperCollins.

Riggs, D.S. y Foa, E.B. (1995, abril). Post-traumatic stress disorder following assault: Theoretical considerations and empirical findings. *Current Directions in Psychological Science 4,* 61-65.

Ringold, D.J. (1996). Social criticisms of target marketing: Process or product? En R.P. Hill (ed.), *Marketing and consumer research in the public interest.* Thousand Oaks, CA: Sage.

Rinn, W.E. (1984). The neuropsychology of facial expression: A review of neurological and psychological mechanisms for producing facial expressions. *Psychological Bulletin, 95,* 52-77.

Rinn, W.E. (1991). Neuropsychology of facial expression. En R. S. Feldman y B. Rimé (eds.), *Fundamentals of nonverbal behavior.* Cambridge. Inglaterra: Cambridge University Press.

Rips, L.J. (1990). Reasoning. *Annual Review of Psychology, 41,* 321-353.

Rips, L.J. (1994a). Deductive reasoning. En R.J. Sternberg (ed.), *Thinking and problem-solving.* San Diego, CA: Academic Press.

Rips, L.J. (1994b). *The psychology of proof: Deductive reasoning in human thinking.* Cambridge, MA: MIT Press.

Rips, L.J. (1995). Deduction and cognition. En E.E. Smith y D. N. Osherson (eds.), *Thinking: An invitation to cognitive science,* Vol. 3 (2a. ed.). Cambridge, MA: MIT Press.

Risch, N. y Merikangas, K. (1996, 13 de septiembre). The future of genetic studies of complex human diseases. *Science, 273,* 1516-1517.

Ritzler, B. y Rosenbaum, G. (1974). Proprioception in schizophrenics and normals: Effects of stimulus intensity and interstimulus interval. *Journal of Abnormal Psychology, 83,* 106-111.

Rizley, R.C. y Rescorla, R.A. (1972). Associations in higher order conditioning and sensory pre-conditioning. *Journal of Comparative and Physiological Psychology, 81,* 1-11.

Robbins, M. y Jensen, G.D. (1978). Multiple orgasm in males. *Journal of Sex Research, 14,* 21-26.

Robbins, T.W. (1988). Arresting memory decline. *Nature, 336,* 207-208.

Robbins, W.J. (1929). *Growth.* New Haven, CT: Yale University Press.

Roberts, A.H., Kewman, D.G., Mercier, L. y Hovell, M. (1993). The power of nonspecific effects in healing: Implications for psychosocial and biological treatments. *Clinical Psychology Review, 13,* 375-391.

Roberts, B.W. y Helson, R. (1997). Changes in culture, changes in personality: The influence of individualism in a longitudinal study of women. *Journal of Personality and Social Psychology, 72,* 641-651.

Roberts, L. (1988, 1 de enero). Zeroing in on the sex switch. *Science, 239,* 21-23.

Roberts, S.B., Savage, J., Coward, W.A., Chew, B. y Lucas, A. (1988, 25 de febrero). Energy expenditure and intake in infants born to lean and overweight mothers. *New England Journal of Medicine, 318,* 461-466.

Roberts, S.M. (1995). Applicability of the goodness-of-fit hypothesis to coping with daily hassles. *Psychological Reports, 77,* 943-954.

Robertson, J.M. (1994). Tracing ideological perspectives through 100 years of an academic genealogy. *Psychological Reports, 75,* 859-879.

Robinson, D.N. (1995). *An intellectual history of psychology* (3a. ed.). Madison, WI: University of Wisconsin Press.

Robinson, J. y Godbey, G. (1997). *Time for life*. Pennsylvania State University Press.

Robinson, R.J., Keltner, D. y Ross, L. (1991). Misconstruing the views of the "other side": Real and perceived differences in three ideological conflicts. *Working Paper No. 18*, Stanford Center on Conflict and Negotiation, Stanford University.

Rodin, J. (1981). Current status of the internal-external hypothesis of obesity: What went wrong? *American Psychologist, 34*, 361-372.

Rodin, J. (1985). Insulin levels, hunger, and food intake: An example of feedback loops in body-weight regulation. *Health Psychology, 4*, 1-18.

Rodin, J. (1986, 19 de septiembre). Aging and health: Effects of the sense of control. *Science, 233*, 1271-1276.

Rodin, J. y Janis, I.L. (1979). The social power of health care practitioners as agents of change, *The Journal of Social Issues, 35*, 60-81.

Roediger, H.L., III. (1990). Implicit memory: Retention without remembering. *American Psychologist, 45*, 1043-1056.

Roediger, H.L., III y Jacoby, J.D. (1996). Misinformation effects in recall: Creating false memories through repeated retrieval. *Journal of Memory and Language, 35*, 300-318.

Roediger, H.L., III y McDermott, K.B. (1995). Creating false memories: Remembering words not presented in lists. *Journal of Experimental Psychology: Learning, Memory, and Cognition, 21*, 803-814.

Roediger, H.L., Weldon, M.S. y Challis, B.H. (1989). Explaining dissociations between implicit and explicit measures of retention: A processing account. En H.L. Roediger y F.I.M. Craik (eds.), *Varieties of memory and consciousness: Essays in honour of Endel Tulving*. Mahwah, NJ: Erlbaum.

Rogers, C.R. (1951). *Client-centered therapy*. Boston: Houghton-Mifflin.

Rogers, C.R. (1971). A theory of personality. En S. Maddi (ed.), *Perspectives on personality*. Boston: Little, Brown.

Rogers, C.R. (1980). *A way of being*. Boston: Houghton Mifflin.

Rogers, M. (1988, 15 de febrero). The return of 3-D movies-on TV. *Newsweek*, pp. 60-62.

Rogers, P. y Eftimiades, M. (1995, 24 de julio). *People Weekly*, 42-43.

Rogoff, B. (1990). *Cognitive development in social context*. Nueva York: Oxford University Press.

Rohner-Jeanrenaud, F. y Jeanrenaud, B. (1996). Obesity, leptin, and the brain. *New England Journal of Medicine, 334*, 324-325.

Rokeach, M. (1971). Long-range experimental modification of values, attitudes, and behavior. *American Psychologist, 26*, 453-459.

Rolland, J.S. y Walsh, F. (1996). Family therapy: Systems approaches to assessment and treatment. En R.E. Hales y S.C. Yudofsky (eds.), *The American Psychiatric Press synopsis of psychiatry*. Washington, DC: American Psychiatric Press.

Rolls, E.T. (1994). Neural processing related to feeding in primates. En C.R. Legg y D.A. Booth (eds.), *Appetite: Neural and behavioural bases*. European Brain & Behaviour Society Publications Series, 1. Oxford, Inglaterra: Oxford University Press.

Rorschach, H. (1924). *Psychodiagnosis: A diagnostic test based on perception*. Nueva York: Grune and Stratton.

Rosch, E. (1974). Linguistic relativity. En A Silverstein (ed.), *Human communication: Theoretical explorations* (pp. 95-121). Nueva York: Halstead Press.

Rose, R.J. (1995). Genes and human behavior. *Annual Review of Psychology, 46*, 625-654.

Rose, R.J., Koskenvuo, M., Kaprio, J., Sarna, S. y Langinvainio, H. (1988). Shared genes, shared experiences, and similarity of personality: Data from 14,288 adult Finnish co-twins. *Journal of Personality and Social Psychology, 54*, 161-171.

Rosenau, J.N. (1967). Introduction. En J.N. Rosenau (ed.), *Domestic sources of foreign policy*. Nueva York: Free Press.

Rosenblatt, R. (1996, 26 de agosto). New hopes, new dreams. *Time*, p. 40-51.

Rosenfeld, J.P. (1995). Alternative views of Bashore and Rapp's (1993) alternatives to traditional polygraphy: A critique. *Psychological Bulletin, 117*, 159-166.

Rosenhan, D.L. (1973). On being sane in insane places. *Science, 179*, 250-258.

Rosenheck, R., Cramer, J., Xu, W., Thomas, J., Henderson, W., Frisman, L., Oye, C. y Charney, D. (1997). A comparison of clazapine and haloperidol in hospitalized patients with refractory schizophrenia. *New England Journal of Medicine, 337*, 809-815.

Rosenman, R.H. (1990). Type A behavior pattern: A personal overview. *Journal of Social Behavior and Personality, 5*, 1-24.

Rosenman, R.H., Brond, R.J., Sholtz, R.I. y Friedman, M. (1976). Multivariate prediction of coronary heart disease during 8.5 year follow-up in the Western collaborative group study. *American Journal of Cardiology, 37*, 903-910.

Rosenstein, D.S. y Horowitz, H.A. (1996). Adolescent attachment and psychopathology. *Journal of Consulting and Clinical Psychology, 64*, 244-253.

Rosenthal, A.M. (1993, 27 de julio). The torture continues. *New York Times*, p. A13.

Rosenthal, E. (1993, 23 de abril). Pulses of light give astronauts new rhythms. *New York Times*, pp. C1, C8.

Rosenthal, J. (1997, 9 de marzo). The age boom. *New York Times Magazine*, pp. 39-43.

Rosenthal, L.H. (1997). *A new perspective on the relation between fear and persuasion: The application of dual-process models*. Tesis de doctorado sin publicar. University of Massachusetts, Amherst.

Rosenthal, R. (1994a). Interpersonal expectancy effects: A 30-year perspective. *Current Directions in Psychological Science, 3*, 176-179.

Rosenthal, R. (1994b). Science and ethics in conducting, analyzing, and reporting psychological research. *Psychological Science, 5*, 127-134.

Rosenthal, T.L. y Steffek, B.D. (1991). Modeling methods. En F.H. Kanfer y A.P. Goldstein (eds.), *Helping people change: A textbook of methods* (4a. ed.). Pergamon General Psychology Series, Vol. 52. Nueva York: Pergamon Press.

Rosenzweig, M.R. (1992). Psychological science around the world. *American Psychologist, 47*, 718-722.

Rosenzweig, M.R. (1996). Aspects of the search for neural mechanisms of memory. *Annual Review of Psychology, 47*, 1-32.

Rosewicz, B. (1996, septiembre). Here comes the bride… for the umpteenth time. *The Wall Street Journal*, p. B1.

Roskos-Ewoldsen, D.R. y Fazio, R.H. (1992). The accessibility of source likability as a determinant of persuasion. *Personality and Social Psychology Bulletin, 18*, 19-25.

Rosnow, R.L. y Rosenthal, R. (1997). *Turn away influences that undermine scientific experiments*. Nueva York: Freeman.

Rosnow, R.L., Rotheram-Borus, M.J., Ceci, S.J., Blanck, P.D. y Koocher, G.P. (1993). The institutional review board as a mirror of scientific and ethical standards. *American Psychologist, 48*, 821-826.

Ross, C.A. (1989). *Multiple personality disorder: Diagnosis, clinical features and treatment*. Nueva York: Wiley.

Ross, C.A. (1996). *Dissociative identity disorder: Diagnosis, clinical features, and treatment of multiple personality*. Somerset, NJ: Wiley.

Ross, C.A., Miller, S.D., Reagor, P., Bjornson, L., Fraser, G.A. y Anderson, G. (1990). Structured interview data on 102 cases of multiple personality disorder from four centers. *American Journal of Psychiatry, 147*, 596-601.

Ross, D.F., Read, J.D. y Toglia, M.P. (eds.). (1994). *Adult eyewitness testimony: Current trends and developments*. Nueva York: Cambridge University Press.

Ross, L. (1977). The intuitive psychologist and his shortcomings. Distortions in the attribution process. En. L. Berkowitz (ed.), *Advances in experimental social psychology* (Vol. 10, pp. 174-221). Nueva York: Academic Press.

Ross, L., Greene, D. y House, P. (1977). The false consensus effect: An egocentric bias in social perception and attribution processes. *Journal of Experimental Social Psychology, 13*, 279-301.

Ross, L. y Nisbett, R.E. (1991). *The person and the situation*. Nueva York: McGraw-Hill.

Ross, M. y Newby, I.R. (1996). Distinguishing memory from fantasy. *Psychological Inquiry, 7*, 173-177.

Rossi, P.H. y Freeman, H.E. (1993). *Evaluation* (5a. ed.). Newbury Park, CA: Sage.

Roth, A. y Fonagy, P. (1996). *What works for whom? A critical review of psychotherapy research*. Nueva York: Guilford Press.

Rothbart, M.K., Ahadi, S.A. y Hershey, K.L. (1994). Temperament and social behavior in childhood. Special Issue: Children's emotions and social competence. *Merrill Palmer Quarterly, 40*, 21-39.

Rothbaum, B.O., Hodges, L.F., Kooper, R., Opdyke, D., Williford, J.S. y North, M. (1995). Effectiveness of computer-generated (virtual reality) graded exposure in the treatment of acrophobia. *American Journal of Psychiatry, 152*, 626-628.

Rothblum, E.D. (1990). Women and weight: Fad and fiction. *Journal of Psychology, 124*, 5-24.

Roush, W. (1995, 1 de septiembre). Can "resetting" hormonal rhythms treat illness? *Science, 269*, 1220-1221.

Routtenberg, A. y Lindy, J. (1965). Effects on the availability of rewarding septal and hypothalamic stimulation on bar pressing for food under conditions of deprivation. *Journal of Comparative and Physiological Psychology, 60*, 158-161.

Rovee-Collier, C. (1993). The capacity for long-term memory in infancy. *Current Directions in Psychological Science, 2*, 130-135.

Rovescalli, A., Maderna, A., Gaboli, G. y Conti, A. (1992). Patologia cromosomica e ritardo mentale. Indagine epidemiologica in una popolazione di soggetti istituzionalizzati (Chromosome aberrations and mental retardation: An epidemiological investigation of a group of institutionalized subjects.) *Giornale di Neuropsichiatria dell'Eta Evolutiva, 12*, 7-14.

Rowe, J.W. y Kahn, R.L. (1987. 10 de julio). Human aging: Usual and succesful. *Science, 237*, 143-149.

Roy, A. (1993). Genetic and biologic risk factors for suicide in depressive disorders. *Psychiatric Quarterly, 64*, 345-358.

Royce, J.E. y Scratchley, D. (1996). *Alcoholism and other drug problems*. Nueva York: Free Press.

Royer, J.M. y Feldman, R.S. (1984). *Educational psychology: Applications and theory*. Nueva York: Knopf.

Rozin, P. (1977). The significance of learning mechanisms in food selection: Some biology, psychology, and sociology of science. En L.M. Barker, M.R. Best y M. Donijan (eds.), *Learning mechanisms in food selection*. Waco, TX: Baylor University Press.

Rozin, P. (1990). The importance of social factors in understanding the acquisition of food habits. En E.D. Capaldi y T.L. Powley (eds.), *Taste, experience, and feeding*. Washington, DC: American Psychological Association.

Rubenstein, C. (1982, julio). Psychology's fruit flies. *Psychology Today*, pp. 83-84.

Rubin, D.C (1985, septiembre). The subtle deceiver: Recalling our past. *Psychology Today*, pp. 39-46.

Rubin, D.C. (1995). *Memory in oral traditions*. Nueva York: Oxford University Press.

Rubin, D.C. (ed.). (1996). *Remembering our past: Studies in autobiographical memory*. Nueva York: Cambridge University Press.

Rubin, J.Z. y Friedland, N. (1986). Theater of terror. *Psychology Today*, pp. 18-19, 22, 24, 26-28.

Rubin, K.H., Stewart, S.L. y Coplan, R.J. (1995). Social withdrawal in childhood: Conceptual and empirical perspectives. *Advances in Clinical Child Psychology, 17*, 157-196.

Rubin, Z. (1970). Measurement of romantic love. *Journal of Personality and Social Psychology, 16*, 265-273.

Rubin, Z. (1973). *Liking and loving*. Nueva York: Holt, Rinehart and Winston.

Ruble, D.N., Fleming, A.S., Hackel, L.S. y Stangor, C. (1988). Changes in the marital relationship during the transition to first-time motherhood: Effects of violated expectations concerning division of household labor. *Journal of Personality and Social Psychology, 55*, 78-87.

Runco, M.A. (1991). *Divergent thinking*. Norwood, NJ: Ablex.

Runco, M.A. y Sakamoto, S.O. (1993). Reaching creatively gifted students through their learning styles. En R.M, Milgram, R.S. Dunn y G.E. Price (eds.), *Teaching and counseling gifted and talented adolescents: An international learning style perspective*. Westport, CT: Praeger Publishers/Greenwood Publishing Group.

Runowicz, C. (1996, 29 de octubre). Genetic testing for breast cancer. *HealthNews*, pp. 4-5.

Ruppin, E., Reggia, J.A. y Horn, D. (1996). Pathogenesis of schizophrenic delusions and hallucinations: A neural model. *Schizophrenia Bulletin, 22*, 105-123.

Russell, J.A. (1991). Culture and the categorization of emotion. *Psychological Bulletin, 110*, 426-450.

Russell, J.A., Fernandez-Dols, J.M. y Mandler, G. (1997). *The psychology of facial expressions*. Nueva York: Cambridge University Press.

Russell, J.A. y Sato, K. (1995). Comparing emotion words between languages. *Journal of Cross Cultural Psychology, 26*, 384-391.

Russell, M.A.H. (1979). Tobacco dependence: Is nicotine rewarding or aversive? En N.A. Krasnegor (ed.), *Cigarette smoking as a dependence process* (NIDA Research Monograph No. 23, U.S. Department of Health, Education, and Welfare, Publication No. [ADM] 79-800). Rockville, MD: National Institute on Drug Abuse.

Russell, M.A.H. (1990). The nicotine addiction trap: A 40-year sentence for four cigarettes. *British Journal of Addiction, 85*, 293-300.

Russo, D.C., Carr, E.G. y Lovaas, O.I. (1980). Self-injury in pediatric populations. *Comprehensive handbook of behavioral medicine* (Vol. 3: Extended applications and issues). Holliswood, NY: Spectrum.

Russo, N. (1981). En L.T. Benjamin, Jr. y K.D. Lowman (eds.), *Activities handbook for the teaching of psychology*. Washington, DC: American Psychological Association.

Russo, N.F. y Denmark, F.L. (1987). Contribution of women to psychology. *Annual Review of Psychology, 38*, 279-298.

Russo, R. y Parkin, A.J. (1993). Age differences in implicit memory: More apparent than real. *Memory & Cognition, 21*, 73-80.

Rusting, R.L. (1992, diciembre). Why do we age? *Scientific American*, pp. 130-141.

Rutter, M. (1982). Social-emotional consequences of day-care for preschool children. En E.F. Zigler y E.W. Gordon (eds.), *Day-care: Scientific and social policy issues*. Boston: Auburn House.

Rutter, M.L. (1997). Nature-nurture integration: The example of antisocial behavior. *American Psychologist, 52*, 390-398.

Ruzgis, P. y Grigorenko, E.L. (1994). Cultural meaning systems, intelligence, and personality. En R.J. Sternberg y P. Ruzgis (eds.), *Personality and intelligence*. Nueva York: Cambridge University Press.

Ryan, M. (1991, 27 de enero). *Parade*, p. 14.

Ryan, R.M. y Deci, E.L. (1996). When paradigms clash: Comments on Cameron and Pierce's claim that rewards do not undermine intrinsic motivation. *Review of Educational Research, 66*, 33-38.

Ryan, R.M. y Solky, J.A. (1996). What is supportive about social support? On the psychological needs for autonomy and relatedness. En G.R. Pierce, B.R. Sarason y I. G. Sarason (eds.), *Handbook of social support and the family. Plenum series on stress and coping*. Nueva York: Plenum Press.

Rychlak, J. (1997). *In defense of human consciousness*. Washington, DC: American Psychological Association.

Saariluoma, P. (1994). Location coding in chess. *Quarterly Journal of Experimental Psychology, Human Experimental Psychology, 47A*, 607-630.

Sacco, W.P. y Beck, A.T. (1995). Cognitive theory and therapy. En E.E. Beckham y W.R. Leber (eds.), *Handbook of depression* (2a. ed.). Nueva York: Guilford Press.

Sack, R.L., Lewy, A.J., White, D.M., Singer, C.M., Fireman, M.J. y Vandiver, R. (1990). Morning vs. evening light treatment for winter depression: Evidence that the therapeutic effects of light are mediated by circadian phase shift. *Archives of General Psychiatry, 47*, 343-351.

Sackett, P.R. (1994). Integrity testing for personnel selection. *Current Directions in Psychological Science, 3,* 73-76.

Sackett, P.R. y Wilk, S.L. (1994). Within-group norming and other forms of score adjustment in preemployment testing. *American Psychologist, 49,* 929-954.

Sackheim, H.A. (1985, junio). The case for E.C.T. *Psychology Today,* pp. 36-40.

Sackheim, H.A, Luber, B., Katzman, G.P. *et al.* (1996, septiembre). The effects of electroconvulsive therapy on quantitative electroencephalograms. *Archives of General Psychiatry, 53,* 814-824.

Sadker, M. y Sadker, D. (1994). *Failing at fairness: How America's schools cheat girls.* Nueva York: Scribners.

Saigh, P.A. (1996). Post-traumatic stress disorder among children and adolescents: An introduction. *Journal of School Psychology, 34,* 103-105.

Sajda, P. y Finkel, L.H. (1995). Intermediate-level visual representations and the construction of surface perception. *Journal of Cognitive Neuroscience, 7,* 267-291.

Salber, E.J., Freeman, H.E. y Abelin, T. (1968). Needed research on smoking: Lessons from the Newton study. En E.F. Borgatta y R. R. Evans (eds.), *Smoking, health, and behavior.* Chicago: Aldine.

Salovey, P., Mayer, J.D. y Rosenhan, D.L. (1991). Mood and helping: Mood as a motivator of helping and helping as a regulator of mood. En M.S. Clark (ed.), *Prosocial Behavior.* Newbury Park, CA: Sage.

Salthouse, T.A. (1996, julio). The processing-speed theory of adult age differences in cognition. *Psychological Review, 103,* 403-428.

Samora, J., Saunders, L. y Larson, R.F. (1961). Medical vocabulary knowledge among hospital patients. *Journal of Health and Social Behavior, 2,* 83-89.

Sanchez, R. (1997, 13 de enero). Ebonics-Without the emotion. *The Washington Post National Weekly Edition,* p. 29.

Sandler, B. (1994, 31 de enero). First denial, then a near-suicidal plea: "Mom, I need your help." *People Weekly,* pp. 56-58.

Sanes, J.N., Donoghue, J.P., Thangaraj, V., Edelman, R.R. y Warach, S. (1995, 23 de junio). Shared neural substrates controlling hand movements in human motor cortex. *Science, 268,* 1775-1777.

Sansavini, A., Bertoncini, J. y Giovanelli, G. (1997). Newborns discriminate the rhythm of multisyllabic stressed words. *Developmental Psychology, 33,* 3-11.

Sanson, A.V., Smart, D.F., Prior, M. y Oberklaid, F. *et al.* (1994). The structure of temperament from age 3 to 7 years: Age, sex, and sociodemographic influences. *Merrill Palmer Quarterly, 40,* 233-252.

Sapolsky, R.M. (1996, 9 de agosto). Why stress is bad for your brain. *Science, 273,* 749-750.

Sapsford, R. y Jupp, V. (eds.). (1996). Data collection and analysis. Londres: Sage.

Sarafino, E.P. (1990). *Health psychology: Biopsychosocial interactions.* Nueva York: Wiley.

Sarason, B.R., Sarason, I.G. y Pierce, G.R. (1990). *Social support: An interactional view.* Nueva York: Wiley.

Sarason, I.G. (1976). A modeling and informational approach to delinquency. En E. Ribes-Inesta y A. Bandura (eds.), *Analysis of delinquency and aggression.* Mahwah, NJ: Erlbaum.

Sarason, S., Johnson, J.H. y Siegel, J.M. (1978). Assessing the impact of life changes: Development of the Life Experiences Survey. *Journal of Consulting and Clinical Psychology, 46,* 932-946.

Sarbin, T.R. (1991). Hypnosis: A fifty year perspective. *Contemporary Hypnosis, 8,* 1-15.

Sarbin, T.R. (1993). Whither hypnosis? A rhetorical analysis. *Contemporary Hypnosis, 10,* 1-9.

Sarter, M., Berntson, G.G. y Cacioppo, J.T. (1996). Brain imaging and cognitive neuroscience: Toward strong inference in attributing function to structure. *American Psychologist, 51,* 13-21.

Sasaki, K., Kyuhou, S., Nambu, A., Matsuzaki, R. *et al.* (1995). Motor speech centres in the frontal cortex. *Neuroscience Research, 22,* 245-248.

Sauber, S.R., L'Abate, L., Weeks, G.R. y Buchanan, W.L. (1993). *The dictionary of family psychology and family therapy* (2a. ed.). Newbury Park, CA: Sage.

Saudino, K.J., Pedersen, N.L., Lichtenstein, P., McClearn, G.E. y Plomin, R. (1997). Can personality explain genetic influences on life events? *Journal of Personality and Social Psychology, 72,* 196-206.

Saudino, K.J. y Plomin, R. (1996). Personality and behavioral genetics: Where have we been and where are we going? *Journal of Research in Personality, 30,* 335-347.

Saul, E.V. y Kass, T.S. (1969). Study of anticipated anxiety in a medical school setting. *Journal of Medical Education, 44,* 526.

Savage-Rumbaugh, E.S., Murphy, J., Sevcik, R.A., Williams, S., Brakke, K. y Rumbaugh, D.M. (1993). Language comprehension in ape and child. *Monographs of the Society for Research in Child Development. 58,* nos. 3 & 4.

Savage-Rumbaugh, S. (1987). Communication, symbolic communication, and language: Reply to Seidenberg and Petitto. *Journal of Experimental Psychology: General, 116,* 288-292.

Savage-Rumbaugh, S. y Brakke, K.E. (1996). Animal language: Methodological and interpretive issues. En M. Bekoff y D. Jamieson (eds.), *Readings in animal cognition.* Cambridge, MA: MIT Press.

Sawaguchi, T. y Goldman-Rakic, P.S. (1991, 22 de febrero). D1 Dopamine receptors in prefrontal cortex: Involvement in working memory. *Science, 251,* 947-950.

Saxe, L. (1994). Detection of deception: Polygraphy and integrity tests. *Current Directions in Psychological Science, 3,* 69-73.

Saxe, L., Dougherty, D. y Cross, T. (1985). The validity of polygraph testing. *American Psychologist, 40,* 355-366.

Sayette, M.A. (1993). An appraisal disruption model of alcohol's effects on stress responses in social drinkers. *Psychological Bulletin, 114,* 459-476.

Saywitz, K. y Goodman, G. (1990). Estudio sin publicar reportado en D. Goleman (1990, 6 de noviembre). Doubts rise on children as witnesses. *New York Times,* pp. C-1, C-6.

Scarr, S. (1992). Developmental theories for the 1990s: Development and individual differences. Bienial Meetings of the Society for Research in Child Development Presidential Address (1991, Seattle, Washington). *Child Development, 63,* 1-19.

Scarr, S. (1993). Genes, experience, and development. En D. Magnusson, P. Jules y M. Casaer (eds.), *Longitudinal research on individual development: Present status and future perspectives. European network on longitudinal studies on individual development, 8.* Cambridge, Inglaterra: Cambridge University Press.

Scarr, S. (1994). Why developmental research needs evolutionary theory: To ask interesting questions. En P. Bertelson, P. Eelen y G. d'Ydewalle (eds.), *International perspectives on psychological science, Vol. 1: Leading themes.* Hove, Inglaterra: Erlbaum.

Scarr, S. (1996). Behavior genetics and socialization theories of intelligence: Truce and reconciliation. En R.J. Sternberg y E. Grigorenko (eds.), *Intelligence, heredity, and environment.* Nueva York: Cambridge University Press.

Scarr, S. y Carter-Saltzman, L. (1982). Genetics and intelligence, En R.J. Sternberg (ed.), *Handbook of human intelligence* (pp. 792-896). Cambridge, Inglaterra: Cambridge University Press.

Scarr, S. y Weinberg, R.A. (1976). I.Q. test performance of black children adopted by white families. *American Psychologist, 31,* 726-739.

Schab, F.R. (1990). Odors and the remembrance of things past. *Journal of Experimental Psychology: Learning, Memory, and Cognition, 16,* 648-655.

Schab, F.R. (1991). Odor memory: Taking stock. *Psychological Bulletin, 109,* 242-251.

Schab, F.R. y Crowder, R.G. (eds.). (1995). *Memory for odors.* Mahwah, NJ: Erlbaum.

Schachter, S. (1971). Some extraordinary facts about obese humans and rats. *American Psychologist, 26,* 129-144.

Schachter, S., Goldman, R. y Gordon, A. (1968). Effects of fear, food deprivation, and obesity on eating. *Journal of Personality and Social Psychology, 10,* 91-97.

Schachter, S. y Singer, J.E. (1962). Cognitive, social, and physiological determinants of emotional state. *Psychological Review, 69,* 379-399.

Schacter, D. (1993). Understanding implicit memory: A cognitive neuroscience approach. En A.F. Collins, S.E. Gathercole, M.A. Conway y P.E. Morris (eds.), *Theories of memory*. Mahwah, NJ: Erlbaum.

Schacter, D. (1997). Searching for memory: The brain, the mind, and the past. Nueva York: Basic Books.

Schacter, D.L. (1992). Understanding implicit memory. *American Psychologist, 47,* 559-569.

Schacter, D.L. (1983). Amnesia observed: Remembering and forgetting in a natural environment. *Journal of Abnormal Psychology, 92,* 236-242.

Schacter, D.L. (1994a. mayo). Harvard conference on false memories. Cambridge, MA.

Schacter, D.L. (1994b). Implicit knowledge: New perspectives on unconscious processes. En O. Sporns y G. Tononi (eds.), *Selectionism and the brain. International review of neurobiology, Vol. 37.* San Diego, CA: Academic Press.

Schacter, D.L. (1995). Implicit memory: A new frontier for cognitive neuroscience. En M.S. Gazzaniga (ed.), *The cognitive neurosciences.* Cambridge: MA: MIT Press.

Schacter, D.L. (1996). Searching for memory: The brain, the mind, and the past. Nueva York: Basic Books.

Schacter, D.L., Chiu, C.-Y.P. y Ochsner, K.N. (1993). Implicit memory: A selective review. *Annual Review of Neurosience, 16,* 159-182.

Schafer, M. y Crichlow, S. (1996). Antecedents of groupthink: A quantitative study. *Journal of Conflict Resolution, 40,* 415-435.

Schaffer, R.H. (1996). *Social development.* Cambridge, MA: Blackwell.

Schaie, K.W. (1991). Developmental designs revisited. En S.H. Cohen y H.W. Reese (eds.), *Life-span developmental psychology: Methodological innovations.* Mahwah, NJ: Erlbaum.

Schaie, K.W. (1993). The Seattle longitudinal studies of adult intelligence. *Current Directions in Psychological Science, 2,* 171-175.

Schaie, K.W. (1994). The course of adult intellectual development. *American Psychologist, 49,* 304-313.

Schaller, M., Asp, C.H., Rosell, M.C. y Heim, S.J. (1996). Training in statistical reasoning inhibits the formation of erroneous group stereotypes. *Personality and Social Psychology Bulletin, 22,* 829-844.

Schatz, R.T. y Fiske, S.T. (1992). International reactions to the threat of nuclear war: The rise and fall of concern in the eighties. *Political Psychology, 13,* 1-29.

Schechter, B. (1996, 18 de octubre). How the brain gets rhythm. *Science, 274,* 339-340.

Scheff, T.J. (1985). The primacy of affect. *American Psychologist, 40,* 849-850.

Scheier, M.F. y Carver, C.S. (1992). Effects of optimism on psychological and physical well-being: Theoretical overview and empirical update. Special issue: Cognitive perspectives in health psychology. *Cognitive Therapy and Research, 16,* 201-228.

Schellhardt, T.D. (1990, 19 de septiembre). It still isn't dad at home with sick kids. *Wall Street Journal,* p. B1.

Schelling, T.C. (1992, 4 de enero). Addictive drugs: The cigarette experience. *Science, 255,* 430-433.

Scherer, K.R. (1984). Les motions: Fonctions et composantes. [Emotions: Functions and components.] *Cahiers de psychologie cognitive, 4,* 9-39.

Scherer, K.R. (ed.). (1988). *Facets of emotion.* Mahwah, NJ: Erlbaum.

Scherer, K.R. (1994). Emotion serves to decouple stimulus and responde. En P. Ekman y R.J. Davidson (eds.), *The nature of emotion: Fundamental questions.* Nueva York: Oxford.

Scherer, K.R. y Wallbott, H.G. (1994). Evidence for universality and cultural variation of differential emotion response patterning. *Journal of Personality and Social Psychology, 66,* 310-328.

Schickedanz, J.A., Schickedanz, D.I. y Forsyth, P.D. (1982). *Toward understanding children.* Boston: Little, Brown.

Schindehette, S. (1990, 5 de febrero). After the verdict, solace for none. *People Weekly,* pp. 76-80.

Schindehette, S. (1994, 17 de enero). High life. *People Weekly,* pp. 57-66.

Schmeck, H.M., Jr. (1987, 29 de diciembre). New light on the chemistry of dreams. *New York Times,* pp. C-1, C-2.

Schmidt, F. y Hunter, J.E. (1995). The impact of data-analysis methods on cumulative research knowledge: Statistical significance testing, confidence intervals, and meta-analysis. Special Issue: The meta-analytic revolution in health research: II. *Evaluation and the Health Professions, 18,* 408-427.

Schmidt, U. y Treasure, J. (1993). *Getting better bit(e) by bit(e): A survival kit for sufferers of bulimia nervosa and binge eating disorders.* Mahwah; NJ: Erlbaum.

Schmitz, S., Saudino, K.J., Plomin, R., Fulkner, D.W. et al. (1996). Genetic and environmental influences on temperament in middle childhood: Analyses of teacher and tester ratings. *Child Development, 67,* 409-422.

Schneider, A.M. y Tarshis, B. (1995). *Elements of physiological psychology.* Nueva York: McGraw-Hill.

Schneider, E.L. y Rowe, J.W. (eds.). (1996). *Handbook of the biology of aging* (4a. ed.). San Diego, CA: Academic Press.

Schneider, K.J. y May, R. (1995). *The psychology of existence: An integrative, clinical perspective.* Nueva York: McGraw-Hill.

Schneider, K.S. (1996, 3 de junio). Mission impossible. *People,* pp. 65-74.

Schneider, W., Gruber, H., Gold, A. y Opwis, K. (1993). Chess expertise and memory for chess positions in children and adults. *Journal of Experimental Child Psychology, 56,* 328-349.

Schneiderman, N. (1983). Animal behavior models of coronary heart disease. En D.S. Krantz, A. Baum y J.E. Singer (eds.), *Handbook of psychology and health* (Vol. 3). Mahwah, NJ: Erlbaum.

Schneiderman, N., McCabe, P. y Baum, A. (eds.). (1992). *Stress and disease processes.* Mahwah, NJ: Erlbaum.

Schneidman, E.S. (1987). A psychological approach to suicide. En G.R. VandenBos y B.K. Bryant (eds.), *Cataclysms, crises, and catastrophes: Psychology in action.* Washington, DC: American Psychological Association.

Schoen, L.M. (1996). Mnemopoly: Board games and mnemonics. *Teaching of Psychology, 23,* 30-32.

Schofield, W. (1964). *Psychotherapy: The purchase of friendship.* Englewood Cliffs, NJ: Prentice-Hall.

Schofield, W. y Vaughan-Jackson, P. (1913). *What a boy should know.* Nueva York: Cassell.

Schorr, J.A. (1993). Music and pattern change in chronic pain. *Advances in Nursing Science, 15,* 27-36.

Schuler, G.D., Boguski, M.S., Stewart, E.A., Stein, L.D., Gyapay, G. et al. (1996, 25 de octubre). A gene map of the human genome. *Science, 274,* 540-545.

Schulman, M. (1991). *The passionate mind: Bringing up an intelligent and creative child.* Nueva York: Free Press.

Schuman, E.M. y Madison, D.V. (1994, 28 de enero). Locally distributed synaptic potentiation in the hippocampus. *Science, 263,* 532-536.

Schuman, H. y Presser, S. (1996). *Questions and answers in attitude surveys: Experiments on question, form, wording and content.* Newbury Park, CA: Sage.

Schuman, S.P. (1996). The role of facilitation in collaborative groups. En C. Huxham (ed.), *Creating collaborative advantage.* Londres: Sage.

Schwartz, M.S. (ed.). (1995). *Biofeedback: A practitioner's guide* (2a. ed.). Nueva York: Guilford Press.

Schwartz, M.S. y Schwartz, N.M. (1993). Biofeedback: Using the body's signals. En D. Goleman y J. Gurin (eds.), *Mind-body medicine.* Yonkers, NY: Consumer Reports Books.

Schwartz, S.H. y Inbar-Saban, N. (1988). Value self-confrontation as a method to aid in weight loss. *Journal of Personality and Social Psychology, 54,* 396-404.

Schwartzberg, N.S. y Dytell, R.S. (1996). *Journal of Occupational Health Psychology, 1,* 211-223.

Schwarz, N., Bless, H., Strack, F., Klumpp, G. et al. (1991). Ease of retrieval as information: Another look at the availability heuristic. *Journal of Personality and Social Psychology, 61,* 195-202.

Schwebel, M., Maher, C.A. y Fagley, N.S. (eds.). (1990). *Promoting cognitive growth over the life span.* Mahwah, NJ: Erlbaum.

Schweitzer, R.D. y Hier, S.J. (1993). Psychological maladjustment among homeless adolescents. *Australian and New Zealand Journal of Psychiatry, 27,* 275-280.

Scott, J. (1994, 11 de marzo). Multiple personality cases perplex legal system. *New York Times,* pp. A1, B6.

Scott, J. (1996). Cognitive therapy of affective disorders: A review. *Journal of Affective Disorders, 37,* 1-11.

Seagraves, R.T. y Schoenberg, H.W. (1985). *Diagnosis and treatment of erectile disturbances.* Nueva York: Plenum Press.

Searleman, A. y Herrmann, D. (1994). *Memory from a broader perspective.* Nueva York: McGraw-Hill.

Sears, D.O. (1986). College sophomores in the laboratory: Influences of a narrow data base on social psychology's view of human nature. *Journal of Personality and Social Psychology, 51,* 515-530.

Sears, R.R. (1977). Sources of life satisfaction of the Terman gifted men. *American Psychologist, 32,* 119-128.

Sebel, P.S., Bonke, B., Winograd, E. (eds.). (1993). *Memory and awareness in anesthesia.* Englewood Cliffs, NJ: Prentice-Hall.

Sedlacek, K. y Taub, E. (1996). Biofeedback treatment of Raynaud's disease. *Professional Psychology Research and Practice, 27,* 548-553.

Seeman, P. (1993). Schizophrenia as a brain disease: The dopamine receptor story. *Archives of Neurology, 50,* 1093-1095.

Seeman, P., Guan, H.C. y Van Tol, H.H. (1993). Dopamine D4 receptors elevated in schizophrenia. *Nature, 347,* 441.

Segal, N.L. (1993). Twin, sibling, and adoption methods: Tests of evolutionary hypotheses. *American Psychologist, 48,* 943-956.

Segal, N.L., Topolski, T.D., Wilson, S.M., Brown, K.W. *et al.* (1995). Twin analysis of odor identification and perception. *Physiology and Behavior, 57,* 605-609.

Segal, N.L., Weisfeld, G.E. y Weisfeld, C.C. (eds.). (1997). *Uniting psychology and biology: Integrative perspectives on human development.* Mahwah, NJ: Erlbaum.

Segall, M.H. (1988). Cultural roots of aggressive behavior. En M. Bond (ed.), *The cross-cultural challenge to social psychology.* Newbury Park, CA: Sage.

Segall, M.H., Campbell, D.T. y Herskovits, M.J. (1966). *The influence of culture on visual perception.* Nueva York: Bobbs-Merrill.

Seidenberg, M.S. y Petitto, L.A. (1987). Communication, symbolic communication, and language: Comment on Savage-Rumbaugh, McDonald, Sevcik, Hopkins, & Rupert (1986). *Journal of Experimental Psychology: General, 116,* 279-287.

Self, D.W., Barnhard, W.J., Lehman, D.A. y Nestler, E.J. (1996, 15 de marzo). Opposite modulation of cocaine-seeking behavior by D_1- and D_2-like dopamine receptor agonists. *Science, 271,* 1586-1589.

Seligman, L. (1995). *Promoting a fighting spirit: Psychotherapy for cancer patients, survivors, and their families.* San Francisco: Jossey-Bass.

Seligman, M. (1994). *What you can change and what you can't.* Nueva York: Knopf.

Seligman, M.E.P. (1975). *Helplessness: On depression, development, and death.* San Francisco: Freeman.

Seligman, M.E.P. (1988, octubre). Baby boomer blues. *Psychology Today,* p. 54.

Seligman, M.E.P. (1995, diciembre). The effectiveness of psychotherapy: The Consumer Reports study. *American Psychologist, 50,* 965-974.

Seligman, M.E.P. (1996, octubre). Science as an ally of practice. *American Psychologist, 51,* 1072-1079.

Seligmann, J. (1991, 17 de junio). A light for poor eyes. *Newsweek,* p. 61.

Selikowitz, M. (1997). *Down syndrome: The facts.* (2a. ed.). Nueva York: Oxford University Press.

Selkoe, D.J. (1997, 31 de enero). Alzheimer's disease: Genotypes, phenotype, and treatments. *Science, 275,* 630-631.

Sells, R. (1994, agosto). Homosexuality study. Ponencia presentada en la reunión anual de la American Statistical Association, Toronto.

Selman, R.L., Schorin, M.Z., Stone, C.R. y Phelps, E. (1983). A naturalistic study of children's social understanding. *Developmental Psychology, 19,* 82-102.

Selsky, A. (1997, 16 de febrero). African males face circumcision rite. *The Boston Globe,* p. C7.

Seltzer, L. (1986). *Paradoxical strategies in psychotherapy.* Nueva York: Wiley.

Selye, H. (1976). *The stress of life.* Nueva York: McGraw-Hill.

Selye, H. (1993). History of the stress concept. En L. Goldberger y S. Breznitz (eds.), *Handbook of stress: Theoretical and clinical aspects* (2a. ed.). Nueva York: Free Press.

Seppa, N. (1996, mayo). A multicultural guide to less spanking and yelling. *APA Monitor,* p. 37.

Seppa, N. (1997, junio). Children's TV remains steeped in violence. *APA Monitor,* p. 36.

Serpell, R. y Boykin, A.W. (1994). Cultural dimensions of thinking and problem solving. En R.J. Sternberg (ed.), *Thinking and problem-solving.* San Diego, CA: Academic Press.

Service, R.F. (1994, 14 de octubre). Will a new type of drug make memory-making easier? *Science, 266,* 218-219.

Service, R.F. (1996, 7 de junio). New dynamic duo: PET, MRI, joined for the first time. *Science, 272,* 1423.

Sesser, S. (1993, 13 de septiembre). Opium war redux. *New Yorker,* pp. 78-89.

Seyfarth, R. y Cheney, D. (1996). Inside the mind of a monkey. En M. Bekoff y D. Jamieson (eds.), *Readings in animal cognition.* Cambridge, MA: MIT Press.

Seyfarth, R. M. y Cheney, D.L. (1992, diciembre). Meaning and mind in monkeys (vocalizations and intent). *Scientific American, 267,* 122-128.

Shapiro, A.P. (1996). *Hypertension and stress: A unified concept.* Mahwah, NJ: Erlbaum.

Shapiro, D.A., Ress, A., Barkham, M. *et al.* (1995). Effects of treatment duration and severity of depression on the maintenance of gains after cognitive-behavioral and psychodynamic-interpersonal psychotherapy. *Journal of Consulting and Clinical Psychology, 63,* 378-387.

Shapiro, E. (1993, 1 de abril). Trend toward quitting smoking slows as discount cigarettes gain popularity. *Wall Street Journal,* pp. B1, B8.

Shapiro, L. (1993, 19 de abril). Rush to judgment. *Newsweek,* pp. 54-60.

Shapiro, T. y Emde, R.N. (eds.). (1994). *Research in psychoanalysis: Process, development, outcome.* Madison, CT: International Universities Press.

Shapiro, Y. y Gabbard, G.O. (1994). A reconsideration of altruism from an evolutionary and psychodynamic perspective. *Ethics & Behavior, 4,* 23-42.

Sharma, S., Ghosh, S.N. y Spielberger, C.D. (1995). Anxiety, anger expression, and chronic gastric ulcer. *Psychological Studies, 40,* 187-191.

Sharpe, L.T., Fach, C., Nordby, K. y Stockman, A. (1989, 21 de abril). The incremental threshold of the rod visual system and Weber's Law (achromatism). *Science, 244,* 354-356.

Sharps, M.J., Price, J.L. y Williams, J.K. (1994). Spatial cognition and gender: Instructional and stimulus influences on mental image rotation performance. *Psychology of Women Quarterly, 18,* 413-425.

Sharpton, W.R. y West, M.D. (1996). Severe mental retardation. En P.J. McLaughlin y P. Wehman (eds.), *Mental retardation and developmental disabilities* (2a. ed.). Austin, TX: PRO-ED, Inc.

Shatz, C.J. (1992, septiembre). The developing brain. *Scientific American, 267,* 60-67.

Shaughnessy, J.J. y Zechmeister, E.B. (1997). *Research methods in psychology* (4a. ed.). Nueva York: McGraw-Hill.

Shaw, L.L., Batson, C.D. y Todd, R.M. (1994). Empathy avoidance: Forestalling feeling for another in order to escape the motivational consequences. *Journal of Personality and Social Psychology, 67,* 879-887.

Shawver, L. (1995). *And the flag was still there: Straight people, gay people, and sexuality in the U.S. military.* Nueva York: Harrington Park Press/Haworth Press.

Shaywitz, B.A., Shaywitz, S.E., Pugh, K.R., Constable, R.T., Skudlarski, P., Fulbright, R.K., Bronen, R.A., Fletcher, J.M., Shankweller, D.P., Katz, L. y Gore, J. (1995, 16 de febrero). Sex differences in the functional organization of the brain for language. *Nature, 373,* 607-609.

Shea, C. (1996a, 12 de enero). New students uncertain about racial preferences. *Chronicle of Higher Education,* p. A33.

Shea, C. (1996b, 27 de septiembre). Researchers try to understand why people are doing better on IQ tests. *Chronicle of Higher Education,* p. A18.

Shear, J. (ed.). (1997). *Explaining consciousnes: The hard problem.* Cambridge, MA: MIT Press.

Sheehan, S. (1982). *Is there no place on earth for me?* Boston: Houghton Mifflin.

Shepard, R. y Metzler, J. (1971). Mental rotation of three dimensional objects. *Science, 171,* 701-703.

Shepard, R.N. y Cooper, L.A. (1992). Representation of colors in the blind, color-blind, and normally sighted. *Psychological Science, 3,* 97-104.

Shepherd, G.M. (ed.). (1900). *The synaptic organization of the brain* (3a. ed.). Nueva York: Oxford University Press.

Sherman, J.W. (1996). Development and mental representation of stereotypes. *Journal of Personality and Social Psychology, 70,* 1126-1141.

Sherman, J.W. y Klein, S.B. (1994). Development and representation of personality impressions. *Journal of Personality and Social Psychology, 67,* 972-983.

Shim, S. y Bickle, M.C. (1994). Benefit segments of the female apparel market: Psychographics, shopping orientations, and demographics. *Clothing & Textile Researchers Journal, 12,* 1-12.

Shine, J. (1994, octubre). Mind games. *Sky,* p. 120-127.

Ship, J.A. y Weiffenbach, J.M. (1993). Age, gender, medical treatment, and medication effects on smell identification. *Journals of Gerontology, 48,* M26-M32.

Shnek, Z.M., Foley, F.W., LaRocca, N.G., Smith, C.R. *et al.* (1995). Psychological predictors of depression in multiple sclerosis. *Journal of Neurologic Rehabilitation, 9,* 15-23.

Shock, N.W. (1962, enero). The physiology of aging. *Scientific American,* pp. 100-110.

Short, R.H. y Hess, G.C. (1995). Fetal alcohol syndrome: Characteristics and remedial implications. *Developmental Disabilities Bulletin, 23,* 12-29.

Short, R.V. y Balaban, E. (eds.). (1992). *The differences between the sexes.* Cambridge, Inglaterra: Cambridge University Press.

Shorter, E. (1991). *From paralysis to fatigue: A history of psychosomatic illness in the modern era.* Nueva York: Free Press.

Shotland, R.L. (1984, marzo). Ponencia presentada en la Catherine Genovese Memorial Conference on Bad Samaritanism, Fordham University, Nueva York.

Shotland, R.L. (1985, junio). When bystanders just stand by. *Psychology Today,* pp. 50-55.

Shotland, R.L. (1992). A theory of the causes of courtship rape: Part 2. *Journal of Social Issues, 48,* 127-143.

Shrique, C.L. y Annable, L. (1995). Tardive dyskinesia. En C. L. Shriqui y H.A. Nasrallah (eds.), *Contemporary issues in the treatment of schizophrenia.* Washington, DC: American Psychiatric Press.

Shuchter, S.R., Downs, N. y Zisook, S. (1996). *Biologically informed psychotherapy for depression.* Nueva York: Guilford Press.

Shurkin, J.N. (1992). *Terman's kids: The groundbreaking study of how the gifted grow up.* Boston: Little, Brown.

Shweder, R.A. (1994). "You're not sick, you're just in love": Emotion as an interpretive system. En P. Ekman y R.J. Davidson (eds.), *The nature of emotion: Fundamental questions.* Nueva York: Oxford University Press.

Shweder, R.A. y Sullivan, M.A. (1993). Cultural psychology: Who needs it. *Annual Review of Psychology, 44,* 497-523.

Si, G., Rethorst, S. y Willimczik, K. (1995). Causal attribution perception in sports achievement: A cross-cultural study on attributional concepts in Germany and China. *Journal of Cross Cultural Psychology, 26,* 537-553.

Sibicky, M.E., Schroeder, D.A. y Dovidio, J.F. (1995). Empathy and helping: Considering the consequences of intervention. *Basic and Applied Social Psychology, 16,* 435-453.

Sieber, J.E. (1992). *Planning ethically responsible research.* Newbury Park, CA: Sage.

Sieber, J.E. (1993). Ethical considerations in planning and conducting research on human subjects. *Academic Medicine, 68,* Suppl. S9-S13.

Sieber, W.J., Rodin, J., Larson, L., Ortega, S. *et al.* (1992). Modulation of human natural killer cell activity by exposure to uncontrollable stress. *Brain, Behavior and Immunity, 6,* 141-156.

Siegel, B. (1996a). Is the emperor wearing clothes? Social policy and the empirical support for full inclusion of children with disabilities in the preschool and early elementary grades. *Social Policy Report, 10,* p. 2-17.

Siegel, B. (1996b). *The world of the autistic child: Understanding and treating autistic spectrum disorders.* Nueva York: Oxford University Press.

Siegel, G.J., Agranoff, B.W., Albers, R.W. y Molinoff, P.B. (eds.). (1994). *Basic neurochemistry: Molecular, cellular, and medical aspects.* Nueva York: Raven Press.

Siegel, J.M. (1990). Stressful life events and use of physician services among the elderly: The moderating role of pet ownership. *Journal of Personality and Social Psychology, 58,* 1081-1086.

Siegel, J.M. (1993). Companion animals: In sickness and in health. *Journal of Social Issues, 49,* 157-167.

Siegel, J.M., Nienhuis, R., Fahringer, H.M., Paul, R., Shiromani, P., Dement, W.C., Mignot, E. y Chiu, C. (1991, 31 de mayo). Neuronal activity in narcolepsy: Identification of cataplexy-related cells in the medial medulla. *Science, 252,* 1315-1318.

Siegel, M., Carrington, J. y Radel, M. (1996). Theory of mind and pragmatic understanding following right hemisphere damage. *Brain and Language, 53,* 40-50.

Siegel, R.K. (1989). *Life in pursuit of artificial paradise.* Nueva York: Dutton.

Siegelbaum, S.A. y Koester, J. (1991). Ion channels. En E.R. Kandel, J.H. Schwartz y T.M. Jessell (eds.), *Principles of neural science* (3a. ed.). Nueva York: Elsevier.

Siegler, R.S. (1989). Mechanisms of cognitive development. *Annual Review of Psychology, 40,* 353-379.

Siegler, R.S. (1991). *Children's thinking* (2a. ed.). Englewood Cliffs, NJ: Prentice-Hall.

Siegler, R.S. (1994). Cognitive variability: A key to understanding cognitive development. *Current Directions in Psychological Science, 3,* 1-5.

Siegler, R.S. y Ellis, S. (1996). Piaget on childhood. *Psychological Science, 7,* 211-215.

Siegman, A.W. y Smith, T.W. (eds.). (1994). *Anger, hostility, and the heart.* Mahwah, NJ: Erlbaum.

Siever, L.J. (1995). Brain structure/function and the dopamine system in schizotypal personality disorder. En A. Raine, T. Lencz y S.A. Mednick (eds.), *Schizotypal personality.* Nueva York: Cambridge University Press.

Sigman, M. (1995). Nutrition and child development: More food for thought. *Current Directions in Psychological Science, 4,* 52-55.

Signorielli, N., Gerbner, G. y Morgan, M. (1995). Violence on television: The Cultural Indicators Project. *Journal of Broadcasting and Electronic Media, 39,* 278-283.

Silbereisen, R., Petersen, A., Albrecht, H. y Kracke, B. (1989). Maturational timing and the development of problem behavior: Longitudinal studies in adolescence. *Journal of Early Adolescence, 9,* 247.

Silver, R.L. y Wortman, C.B. (1980). Coping with undesirable life events. En J. Barber y M.E.P. Seligman (eds.), *Human helplessness: Theory and application.* Nueva York: Academic Press.

Silverman, K., Evans, S.M., Strain, E.C. y Griffiths, R.R. (1992, 15 de octubre). Withdrawal syndrome after the double-blind cessation of caffeine consumption. *New England Journal of Medicine, 327,* 1109-1114.

Silverman, K., Mumford, G.K. y Griffiths, R.R. (1994). Enhancing caffeine reinforcement by behavioral requirements following drug ingestion. *Psychopharmacology, 114,* 424-432.

Silverstein, B., Perdue, L., Peterson, B., Vogel, L. et al. (1986). Possible causes of the thin standard of bodily attractiveness for women. *International Journal of Eating Disorders, 5,* 907-916.

Simmons, R. y Blyth, D. (1987). *Moving into adolescence.* Nueva York: Aldine de Gruyter.

Simon, R.J. y Aaronson, E.E. (1988). *The insanity defense: A critical assessment of law and policy in the post-Hinckley era.* Nueva York: Praeger.

Simonoff, E., Bolton, P. y Rutter, M. (1996). Mental retardation: Genetic findings, clinical implications and research agenda. *Journal of Child Psychology and Psychiatry and Allied Disciplines, 37,* 259-280.

Simons, R.L. (1996). *Understanding differences between divorced and intact families: Stress, interaction, and child outcome.* Thousand Oaks, CA: Sage.

Simonton, D.K. (1994). *Greatness: Who makes history and why.* Nueva York: Guilford.

Simpson, G.E. y Yinger, J.M. (1985). *Racial and cultural minorities: An analysis of prejudice and discrimination* (5a. ed.). Nueva York: Harper & Row.

Simpson, J.A. (1987). The dissolution of romantic relationships: Factors involved in relationship stability and emotional distress. *Journal of Personality and Social Psychology, 53,* 683-692.

Simpson, J.A. y Harris, B.A. (1994). Interpersonal attraction. En A.L. Weber y J.H. Harvey (eds.), *Perspectives on close relationships.* Boston: Allyn & Bacon.

Sinclair, J.D. (1990). Drugs to decrease alcohol drinking. *Annals of Medicine, 22,* 357-362.

Sinclair, R.C., Hoffman, C., Mark, M.M., Martin, L.L. y Pickering, T.L. (1994). Construct accessibility and the misattribution of arousal: Schachter and Singer revisited. *Psychological Science, 5,* 15-19.

Singelis, T., Choo, P. y Hatfield, E. (1995). Love schemas and romantic love. *Journal of Social Behavior & Personality, 10,* 15-36.

Singer, J.L. (1975). *The inner world of daydreaming.* Nueva York: Harper & Row.

Singer, W. (1995, 3 de noviembre). Development and plasticity of cortical processing architectures. *Science, 270,* 758-764.

Sinnott, J.D. (ed.). (1989). *Everyday problem solving: Theory and applications.* Nueva York: Praeger.

Sisk, J.E., Gorman, S.A., Reisinger, A.L., Glied, S.A. et al. (1996). Evaluation of Medicaid managed care: Satisfaction, access, and use. *Journal of the American Medical Association, 276,* 50-55.

Sizemore, C.C. (1989). *A mind of my own: The woman who was known as Eve tells the story of her triumph over multiple personality disorder.* Nueva York: Morrow.

Skinner, B.F. (1957). *Verbal behavior.* Nueva York: Appleton-Century-Crofts.

Skinner, B.F. (1975). The steep and thorny road to a science of behavior. *American Psychologist, 30,* 42-49.

Skrypnek, B.J. y Snyder, M. (1982). On the self-perpetuating nature of stereotypes about women and men. *Journal of Experimental Social Psychology, 18,* 277-291.

Slater, A. (1996). The organization of visual perception in early infancy. En F. Vital-Durand, J. Atkinson y O.J. Braddick (eds.), *Infant vision. The European brain and behaviour society publication series. Vol. 2.* Oxford, Inglaterra: Oxford University Press.

Slater, A., Mattock, A. y Brown, E. (1990). Size constancy at birth: Newborn infants' responses to retinal and real size. *Journal of Experimental Child Psychology, 49,* 314-322.

Slater, A. y Morison, V. (1991). Visual attention and memory at birth. En M.J.S. Weiss y P.R. Zelazo (eds.), *Newborn attention: Biological constraints and the influence of experience.* Norwood, NJ: Ablex.

Slater, E. y Meyer, A. (1959). Contributions to a pathography of the musicians. *Confinia Psychiatrica.* Reimpreso en K.R. Jamison, *Touched with fire: Manic-depressive illness and the artistic temperament.* Nueva York: Free Press.

Sleek, S. (1995, noviembre). Online therapy services raise ethical question. *APA Monitor,* p. 9.

Slevin, K.F. y Aday, D.P. (1993). Gender differences in self-evaluations of information about current affairs. *Sex Roles, 29,* 817-828.

Sloan, E.P., Hauri, P., Bootzin, R., Morin, C. et al. (1993). The nuts and bolts of behavioral therapy for insomnia. *Journal of Psychosomatic Research, 37, (Suppl),* 19-37.

Slovic, P., Fischhoff, B. y Lichtenstein, S. (1976). Cognitive processes and societal risk taking. En J.S. Carroll y J.W. Payne (eds.), *Cognition and social behavior.* Mahwah, NJ: Erlbaum.

Slusher, M.P. y Anderson, C.A. (1987). When reality monitoring fails: The role of imagination in stereotype maintenance. *Journal of Personality and Social Psychology, 52,* 653-662.

Smith, C.A. y Ellsworth, P.C. (1987). Patterns of appraisal and emotion related to taking an exam. *Journal of Personality and Social Psychology, 52,* 475-488.

Smith, C.A., Haynes, K.N., Lazarus, R.S. y Pope, L.K. (1993). In search of the "hot" cognitions: Attributions, appraisals, and their relation to emotion. *Journal of Personality and Social Psychology, 65,* 916-929.

Smith, D. (1991). *Imagery in sport: An historical and current overview.* Nueva York: Plenum Press.

Smith, E. (1988, mayo). Fighting cancerous feelings. *Psychology Today,* pp. 22-23.

Smith, E.R. (1984). Attributions and other inferences: Processing information about the self versus others. *Journal of Experimental Social Psychology, 20,* 97-115.

Smith, J. (1990). *Cognitive-behavioral relaxation training.* Nueva York: Springer.

Smith, M. y Lin, K.M. (1996). Gender and ethnic differences in the pharmacogenetics of psychotropics. En M.F. Jensvold, U. Halbreich y J.A. Hamilton (eds.), *Psychopharmacology and women: Sex, gender, and hormones.* Washington, DC: American Psychiatric Press.

Smith, M.L., Glass, G.V. y Miller, T.J. (1980). *The benefits of psychotherapy.* Baltimore: Johns Hopkins.

Smith, M.V. (1996). Linguistic relativity: On hypotheses and confusions. *Communication and Cognition, 29,* 65-90.

Smith, R.C., Lyles, J.S., Mettler, J.A., Marshall, A.A. et al. (1995). A strategy for improving patient satisfaction by the intensive training of residents in psychosocial medicine: A controlled, randomized study. *Academic Medicine, 70,* 729-732.

Smith, S.M. (1994). Frustrated feelings of imminent recall: On the tip of the tongue. En J. Metcalfe y A. P. Shimamura (eds.), *Metacognition: Knowing about knowing.* Cambridge, MA: MIT Press.

Smith, S.M., Ward, T.B. y Finke, R.A. (eds.). (1995). *The creative cognition approach.* Cambridge, MA: MIT Press.

Smith, T.W. (1990, diciembre). Ethnic images. *GSS Topical Report No. 19.* Chicago: National Opinion Research Center.

Smith, T.W. (1991). Adult sexual behavior in 1989: Number of partners, frequency of intercourse, and risk of AIDS. *Family Planning Perspectives, 23,* 102-107.

Snarey, J.R. (1985). Cross-cultural universality of social-moral development: A critical review of Kohlbergian research. *Psychological Bulletin, 97,* 202-232.

Snyder, F. (1970). The phenomenology of dreaming. En L. Madow y L.H. Snow (eds.), *The psychodynamic implications of the physiological studies on dreams.* Springfield, IL: Thomas.

Snyder, M. y Cantor, N. (1979). Testing hypotheses about other people: The use of historical knowledge. *Journal of Experimental Social Psychology, 15,* 330-343.

Snyder, R.A., Verderber, K.S., Langmeyer, L. y Myers, M. (1992). A reconsideration of self - and organization-referent attitudes as "causes" of the glass ceiling effect. *Group and Organization Management, 17,* 260-278.

Snyder, S.H. (1978). Dopamine and schizophrenia. En L.C. Wynne, R.L.

Cromwell y S. Matthysse (eds.), *The nature of schizophrenia: New approaches to research and treatment* (pp. 87-94). Nueva York: Wiley.

Soble, A. (1990). *The structure of love.* New Haven, CT: Yale University Press.

Sohn, D. (1996). Publication bias and the evaluation of psychotherapy efficacy in reviews of the research literature. *Clinical Psychology Review, 16,* 147-156.

Solano, L., Montella, F., Coda, R., Costa, M. *et al.* (1995). Espressione delle emozioni e situazione immunitaria nell'infezione da HIV-1: studio su 33 soggetti sieropositivi asintomatici./ Expressed emotions and immunological assessment in 33 asymptomatic HIV-1 patients. *Medicina Psicosomatica, 40,* 135-146.

Solcova, I. y Tomanek, P. (1994). Daily stress coping strategies: An effect of hardiness. *Studia Psychologica, 36,* 390-392.

Solms, M. (1996). *The neuropsychology of dreams.* Mahwah, NJ: Erlbaum.

Solomon, C. (1993, 21 de diciembre). Having nightmares? Chances are, they are about your job. *Wall Street Journal,* pp. A1, A4.

Solomon, J. (1996, 20 de mayo). Breaking the silence. *Newsweek,* pp. 20-21.

Solomon, Z. (1995). *Coping with war-induced stress: The Gulf War and Israeli response.* Nueva York: Plenum Press.

Solso, R.L. (1991). *Cognitive psychology* (3a. ed.). Boston: Allyn & Bacon.

Sorenson, S.B. y Siegel, J.M. (1992). Gender, ethnicity, and sexual assault: Findings from a Los Angeles study. *Journal of Social Issues, 48,* 93-104.

Sorrentino, C. (1990). The changing family in international perspective. *Monthly Labor Review, 113,* 41-58.

Sorrentino, R.M., Hewitt, E.C. y Raso-Knott, P.A. (1992). Risk-taking in games of chance and skill: Informational and affective influences on choice behavior. *Journal of Personality and Social Psychology, 62,* 522-533.

Sos-Pena, R., Gabucio, F. y Tejero, P. (1995). El impacto actual de la psicologia de la Gestalt. (The influence of Gestalt psychology in the current social sciences.) *Revista de Psicologia Universitas Tarraconensis, 17,* 73-92.

Southern, W.T., Jones, E.D. y Stanley, J.C. (1993). Acceleration and enrichment: The context and development of program options. En K.A. Heller, F.J. Monks y A.H. Passow (eds.), *International handbook of research and development of giftedness and talent.* Oxford, Inglaterra: Pergamon.

Spangler, W.D. (1992). Validity of questionnaire and TAT measures of need for achievement: Two meta-analyses. *Psychological Bulletin, 112,* 140-154.

Spangler, W.D. y House, R.J. (1991). Presidential effectiveness and the leadership motive profile. *Journal of Personality and Social Psychology, 60,* 439-455.

Spanos, N.P. (1986). Hypnotic behavior: A social psychological interpretation of amnesia, analgesia, and "trance logic." *Behavioral and Brain Science, 9,* 449-467.

Spanos, N.P. (1994). Multiple identity enactments and multiple personality disorder: A sociocognitive perspective. *Psychological Bulletin, 116,* 143-165.

Spanos, N.P. (1996). *Multiple identities and false memories: A sociocognitive perspective.* Washington, D.C.: American Psychologial Association Books.

Spanos, N.P., Burgess, C.A., Roncon, V., Wallace-Capretta, S. *et al.* (1993). Surreptitiously observed hypnotic responding in simulators and in skill-trained and untrained high hypnotizables. *Journal of Personality and Social Psychology, 65,* 391-398.

Spanos, N.P. y Chaves, J.F. (eds.). (1989). *Hypnosis: The cognitive-behavioral perspective.* Buffalo, NY: Prometheus Books.

Spanos, N.P., Cross, W.P., Menary, E.P., Brett, P.J. y deGroic, M. (1987). Attitudinal and imaginal ability predictors of social cognitive skill-training enhancements in hypnotic susceptibility. *Personality and Social Psychology Bulletin, 13,* 379-398.

Spanos, N.P., Menary, E., Gabora, N.J., DuBreuil, S.C. y Dewhirst, B. (1991). Secondary identity enactments during hypnotic past-life regression: A sociocognitive perspective. *Journal of Personality and Social Psychology, 61,* 308-320.

Spates, C.R., Little, P., Stock, H.V. y Goncalves, J.S. (1990). Intervention in events of terrorism. En L.J. Hertzberg, G.F. Ostrum y J.R. Field (eds.), *Violent behavior, Vol. 1: Assessment & intervention.* Costa Mesa, CA: PMA Publishing.

Spearman, C. (1927). *The abilities of man.* Londres: Macmillan.

Spector, P.E. (1996). *Industrial and organizational psychology: Research and practice.* Nueva York: Wiley.

Spence, J.T. (1985 agosto). *Achievement American style: The rewards and costs of individualism.* Discurso presidencial, 93rd Annual Convention of the American Psychological Association, Los Ángeles.

Spence, M.J. y DeCasper, A.J. (1982, marzo). Human fetuses perceive maternal speech. Ponencia presentada en la reunión de la International Conference on Infant Studies, Austin, TX.

Spence, M.J. y Freeman, M.S. (1996). Newborn infants prefer the maternal low-pass filtered voice, but not the maternal whispered voice. *Infant Behavior and Development, 19,* 199-212.

Sperling, G. (1960). The information available in brief visual presentation. *Psych Monographs, 74,* (número entero no. 498).

Sperry, R. (1982). Some effects of disconnecting the cerebral hemispheres. *Science, 217,* 1223-1226.

Spiegel, D. (1993). Social support: How friends, family, and groups can help. En D. Goleman y J. Gurin (eds.), *Mind-body medicine.* Yonkers, NY: Consumer Reports Books.

Spiegel, D. (1995). Commentary. Special Issue: Psychosocial resource variables in cancer studies: Conceptual and measurement issues. *Journal of Psychosocial Oncology, 13,* 115-121.

Spiegel, D. (1996a). Dissociative disorders. En R.E. Hales y S.C. Yudofsky (eds.), *The American Psychiatric. Press synopsis of psychiatry,* Washington, DC: American Psychiatric Press.

Spiegel, D. (1996b). Hypnosis. En R.E. Hales y S.C. Yudofsky (eds.), *The American Psychiatric Press synopsis of psychiatry.* Washington, DC: American Psychiatric Press.

Spiegel, D. (1996c, julio). Cancer and depression. *British Journal of Psychiatry, 168,* 109-116.

Spiegel, D. (en prensa). *Living beyond limits.* Nueva York: Times Books.

Spiegel, D. y Cardena, E. (1991). Disintegrated experience: The dissociative disorders revisited. *Journal of Abnormal Psychology, 100,* 366-378.

Spiegel, D., Bloom, J.R., Kraemer, H.C. y Gottheil, E. (1989, 14 de octubre). Effect of psychosocial treatment on survival of patients with metastatic breast cancer. *Lancet, 2,* 888-891.

Spiegel, D., Frischholz, E.J., Fleiss, J.L. y Spiegel, H. (1993). Predictors of smoking abstinence following a single-session restructuring intervention with self-hypnosis. *American Journal of Psychiatry, 150,* 1090-1097.

Spiegel, H. (1987). The answer is: Psychotherapy plus. Special issue: Is hypnhotherapy a placebo? *British Journal of Experimental and Clinical Hypnosis, 4,* 163-164.

Spiegel, R. (1989). *Psychopharmacology: An Introduction.* Nueva York: Wiley.

Spielman, D. (1997). Reducing boys' aggression: A basic human needs and skill training approach. Manuscrito sin publicar, University of Massachusetts.

Spillmann, L. y Werner, J. (eds.). (1990). *Visual perception: The neurophysiological foundations.* San Diego, CA: Academic Press.

Spira, A., Bajos, N., Bejin, A. y Beltzer, N. (1992). AIDS and sexual behavior in France. *Nature, 360,* 407-409.

Spira, J. (ed.). (1997). *Group therapy for medically ill patients.* Nueva York: Guilford Press.

Spitz, H.H. (1987). Problem-solving processes in special populations. En J.G. Borkowski y J.D. Day (eds.), *Cognition in special children: Comparative approaches to retardation, learning disabilities, and giftedness.* Norwood, NJ: Ablex.

Spitzer, R.L., Skodol, A.E., Gibbon, M. y Williams, J.B.W. (1983). *Psychopathology: A case book.* Nueva York: McGraw-Hill.

Sporer, S.L., Malpass, R.S. y Koehnken, G. (eds.). (1996). *Psychological issues in eyewitness identification*. Mahwah, NJ: Erlbaum.

Sprecher, S. y Hatfield, E. (1996). Premarital sexual standards among U.S. college students: Comparison with Russian and Japanese students. *Archives of Sexual Behavior, 25*, 261-288.

Sprecher, S. y McKinney, K. (1993). *Sexuality*. Newbury Park, CA: Sage.

Sprecher, S., Sullivan, Q. y Hatfield, E. (1994). Mate selection preferences: Gender differences examined in a national sample. *Journal of Personality and Social Psychology, 66*, 1074-1080.

Sprenkle, D.H. y Moon, S.M. (eds.). (1996). *Research methods in family therapy*. Nueva York: Guilford Press.

Springer, S.P. y Deutsch, G. (1989). *Left brain, right brain* (3a. ed.). Nueva York: Freeman.

Springer, S.P. y Deutsch, G. (1993). *Left brain, right brain* (4a. ed.). Nueva York: Freeman.

Squire, L. (1987). *Memory and brain*. Nueva York: Oxford University Press.

Squire, L.R. (1993). The hippocampus and spatial memory. *Trends in Neurosciences, 6*, 56-57.

Squire, L.R. (1995). Biological foundations of accuracy and inaccuracy in memory. En D.L. Schacter (ed.), *Memory distortions: How minds, brains, and societies reconstruct the past*. Cambridge, MA: Harvard University Press.

Squire, L.R., Knowlton, B. y Musen, G. (1993). The structure and organization of memory. *Annual Review of Psychology, 44*, 453-495.

Sridhar, K.S., Raub, W.A., Weatherby, N.L. y Metsch, L.R. et al. (1994). Possible role of marijuana smoking as a carcinogen in the development of lung cancer at a young age. *Journal of Psychoactive Drugs, 26*, 285-288.

Sroufe, L.A., Fox, N.E. y Pancake, V.R. (1983). Attachment and dependency in a developmental perspective. *Child Development, 54*, 1615-1627.

St. Onge, S. (1995a). Modeling and role-playing. En M. Ballou (eds.), *Psychological interventions: A guide to strategies*. Westport, CT: Praeger Publishers/Greenwood Publishing Group, Inc.

St. Onge, S. (1995b). Systematic desensitization. En M. Ballou (ed.), *Psychologial interventions: A guide to strategies*. Westport, CT: Praeger Publishers/Greenwood Publishing Group, Inc.

Staats, A.W. (1975). *Social behaviorism*. Homewood, IL: Dorsey Press.

Stacy, A.W., Newcomb, M.D. y Bentler, P.M. (1991). Social psychological influences on sensation seeking from adolescence to adulthood. *Personality and Social Psychology Bulletin, 17* (6), 701-708.

Stacy, A.W., Sussman, S., Dent, C.W., Burton, D. y Flay, B.R. (1992). Moderators of peer social influence in adolescent smoking. *Personality and Social Psychology Bulletin, 18*, 163-172.

Stahl, L. (1994, 13 de febrero). *Sixty Minutes: Changing the odds*. Livingston, NJ: Burrelle's Information Services.

Stake, R.E. (1995). *The art of case study research*. Newbury Park, CA: Sage.

Stambak, M. y Sinclair, H. (eds.). (1993). *Pretend play among 3-year-olds*. Mahwah, NJ: Erlbaum.

Stampi, C. (1992). Evolution, chronobiology, and functions of polyphasic and ultrashort sleep: Main issues. En C. Stampi (ed.), *Why we nap: Evolution, chronobiology, and functions of polyphasic and ultrashort sleep*. Boston, MA: Birkhauser.

Stanley, B.H. y Guido, J.R. (1996). Informed consent: Psychological and empirical issues. En B.H. Stanley, J.E. Sieber y G.B. Melton (eds.), *Research ethics: A psychological approach*. Lincoln, NE: University of Nebraska Press.

Stanley, J.C. (1980). On educating the gifted. *Educational Researcher, 9*, 8-12.

Stanley, J.G. (1990). Finding and helping young people with exceptional mathematical reasoning ability. En M.J.A. Howe (ed.), *Encouraging the development of exceptional skills and talents*. Leicester, Inglaterra: British Psychological Society.

Stanton, H.E. (1994). Sports imagery and hypnosis: A potent mix. *Australian Journal of Clinical and Experimental Hypnosis, 22*, 119-124.

Staples, E. y Dare, C. (1996). The impact of childhood sexual abuse. En K. Abel, M. Buszewicz, S. Davison y S. Johnson (eds.), *Planning community mental health services for women: A multiprofessional handbook*. Londres: Routledge.

Stapp, J., Fulcher, R. y Wicherski, M. (1984). The employment of 1981 and 1982 doctorate recipients in psychology. *American Psychologist, 39*, 1408-1423.

Staub, E. (1988). The evolution of caring and nonaggressive persons and societies. *Journal of Social Issues, 44*, 81-100.

Staub, E. (1995). *The caring schools project: A proposal for a program to develop caring, helping, positive self-esteem and nonviolence*. Manuscrito sin publicar, University of Massachusetts at Amherst.

Staub, E. (1996). Cultural-societal roots of violence. *American Psychologist, 51*, 117-132.

Staub, E. (1996). Altruism and aggression in children and youth: Origins and cures. En R. Feldman (ed.), *The psychology of adversity*. Amherst, MA: University of Massachusetts Press.

Staub, E. (1996b). Cultural-societal roots of violence: The examples of genocidal violence and of contemporary youth violence in the United States. *American Psychologist, 51*, 117-132.

Steadman, H., McGreevy, M.A., Morrissey, J.P. et al. (1993). *Before and after Hinckley: Evaluating insanity defense reform*. Nueva York: Guilford Press.

Steblay, N.M. (1992). A meta-analytic review of the weapon focus effect. *Law and Human Behavior, 16*, 413-424.

Steele, C.M. (1992, abril). Race and the schooling of Black America. *Atlantic Monthly*, 37-53.

Steele, C.M. (1997). A threat in the air: How stereotypes shape intellectual identity and performance. *American Psychologist, 52*, 613-629.

Steele, C.M. y Aronson, J. (1995). Stereotype threat and the intellectual test performance of African Americans. *Journal of Personality and Social Psychology, 69*, 797-811.

Steele, C.M. y Josephs, R.A. (1990). Alcohol myopia: Its prized and dangerous effects. *American Psychologist, 45*, 921-933.

Steele, C.M. y Southwick, L. (1985). Alcohol and social behavior I: The psychology of drunken excess. *Journal of Personality and Social Psychology, 48*, 18-34.

Steen, R.G. (1996). *DNA and destiny: Nature and nurture in human behavior*. Nueva York: Plenum Press.

Steil, J.M. y Hay, J.L. (1997, abril). Social comparison in the workplace: A study of 60 dual-career couples. *Personality and Social Psychology Bulletin, 23*, 427-438.

Stein, J.A., Newcomb, M.D. y Bentler, P.M. (1992). The effect of agency and communality on self-esteem: Gender differences in longitudinal data. *Sex Roles, 26*, 465-483.

Stein, M. y Baum, A. (eds.). (1995). *Chronic diseases*. Mahwah, NJ: Erlbaum.

Stein, N.L., Brainerd, C., Ornstein, P.A. y Tversky, B. (eds.). (1996). *Memory for everyday and emotional events*. Mahwah, NJ: Erlbaum.

Stein, N.L., Ornstein, P.A., Tversky, B. y Brainerd, C. (eds.). (1997). *Memory for everyday and emotional events*. Mahwah, NJ: Erlbaum.

Steinberg, L. (1987, septiembre). Bound to bicker. *Psychology Today*, pp. 36-39.

Steinberg, L. (1989). *Adolescence* (2a. ed.). Nueva York: Knopf.

Steinberg, L. (1993). *Adolescence* (3a. ed.). Nueva York: McGraw-Hill.

Steinberg, L. y Dornbusch, S. (1991). Negative correlates of part-time employment during adolescence: Replication and elaboration. *Developmental Psychology, 27*, 304.

Steiner, J.E. (1979). Human facial expressions in response to taste and smell stimulation. En H. Reese y L.P. Lipsitt (eds.), *Advances in child development and behavior* (Vol. 13). Nueva York: Academic Press.

Steinmetz, H., Staiger, J.F., Schlaug, G., Huang, Y. et al. (1995). Corpus callosum and brain volume in women and men.

Neuroreport: An International Journal for the Rapid Communication of Research in Neuroscience, 6, 1002-1004.

Stern, P.C. (1992). What psychology knows about energy conservation. *American Psychologist, 47,* 1224-1232.

Stern, R.M. y Koch, K.L. (1996). Motion sickness and differential susceptibility. *Current Directions in Psychological Science, 5,* 115-120.

Sternbach, R.A. (ed.). (1987). *The psychology of pain.* Nueva York: Raven Press.

Sternberg, R. (1996). *Successful intelligence: How practical and creative intelligence determine success in life.* Nueva York: Simon & Schuster.

Sternberg, R.J. (1982). Reasoning, problem solving, and intelligence. En R.J. Sternberg (ed.), *Handbook of human intelligence* (pp. 225-307). Cambridge, MA: Cambridge University Press.

Sternberg, R.J. (1985a). *Beyond IQ: A triarchic theory of human intelligence.* Nueva York: Cambridge University Press.

Sternberg, R.J. (1985b). Implicit theories of intelligence, creativity, and wisdom. *Journal of Personality and Social Psychology, 49,* 607-627.

Sternberg, R.J. (1986). Triangular theory of love. *Psychological Review, 93,* 119-135.

Sternberg, R.J. (1987). Liking versus loving: A comparative evaluation of theories. *Psychological Bulletin, 102,* 331-345.

Sternberg, R.J. (1988a). *The nature of creativity.* Cambridge, Inglaterra: Cambridge University Press.

Sternberg, R.J. (1988b). Triangulating love. En R.J. Sternberg y M.J. Barnes (eds.), *The psychology of love.* New Haven, CT: Yale University Press.

Sternberg, R.J. (1990). *Metaphors of mind: Conceptions of the nature of intelligence.* Cambridge, Inglaterra: Cambridge University Press.

Sternberg, R.J. (1991). Theory-based testing of intellectual abilities. Rationale for the Sternberg triarchic abilities test. En H.A.H. Rowe (ed.), *Intelligence: Reconceptualization and measurement.* Mahwah, NJ: Erlbaum.

Sternberg, R.J. (1994). Experimental approaches to human intelligence. *European Journal of Psychological Assessment, 10,* 153-161.

Sternberg, R.J. (1995). Theory and measurement of tacit knowledge as a part of practical intelligence. *Zeitschrift fur Psychologie, 203,* 319-334.

Sternberg, R.J. (1996). Educating intelligence: Infusing the triarchic theory into school instruction. En R.J. Sternberg y E. Grigorenko (eds.), *Intelligence, heredity, and environment.* Nueva York: Cambridge University Press.

Sternberg, R.J. (ed.). (1997). *Career paths in psychology: Where your degree can take you.* Washington, DC: American Psychological Association.

Sternberg, R.J. y Beall, A.E. (1991). How can we know what love is? An epistemological analysis. En G.J.O. Fletcher y F.D. Fincham (eds.), *Cognition in close relationships.* Mahwah, NJ: Erlbaum.

Sternberg, R.J., Conway, B.E., Ketron, J.L. y Bernstein, M. (1981). Peoples' conceptions of intelligence. *Journal of Personality and Social Psychology, 41,* 37-55.

Sternberg, R.J. y Davidson, J.E. (eds.). (1986). *Conceptions of giftedness.* Nueva York: Cambridge University Press.

Sternberg, R.J. y Detterman, D. (1986). *What is intelligence?* Norwood, NJ: Ablex.

Sternberg, R.J. y Frensch, P.A. (1991). *Complex problem solving: Principles and mechanisms.* Mahwah, NJ: Erlbaum.

Sternberg, R.J. y Grigorenko, E. (eds.). (1996). *Intelligence, heredity, and environment.* Nueva York: Cambridge University Press.

Sternberg, R.J. y Grigorenko, E.L. (1997). Are cognitive styles still in style? *American Psychologist, 52,* 700-712.

Sternberg, R.J. y Lubart, T.I. (1992). Buy low and sell high: An investment approach to creativity. *Current Directions in Psychological Science, 1,* 1-5.

Sternberg, R.J. y Lubart, T.I. (1995). An investment perspective on creative insight. En R.J. Sternberg y J.E. Davidson (eds.), *The nature of insight.* Cambridge, MA: MIT Press.

Sternberg, R.J. y Lubart, T.I. (1996). Investing in creativity. *American Psychologist, 51,* 677-688.

Sternberg, R.J. y Wagner, R.K. (eds.). (1986). *Practical intelligence: Nature and origins of competence in the everyday world.* Nueva York: Cambridge University Press.

Sternberg, R.J. y Wagner, R.K. (1993). The g-ocentric view of intelligence and job performance is wrong. *Current Directions in Psychological Science, 2,* 1-5.

Sternberg, R.J. y Wagner, R.K., Williams, W.M. y Horvath, J.A. (1995). Testing common sense. *American Psychologist, 50,* 912-927.

Stevens, C.F. (1979, septiembre). The neuron. *Scientific American,* p. 56.

Stevens, G. y Gardner, S. (1982). *The women of psychology: Pioneers and innovators* (Vol. 1). Cambridge, MA: Schenkman.

Stevens, H.W., Chen, C. y Lee, S.Y. (1993). A comparison of the parent-child relationship in Japan and the United States. En L.L.Roopnarine y D.B. Carter (eds.), *Parent-child socialization in diverse cultures.* Norwood, NJ: Ablex.

Stevenson, H.W. (1992, diciembre). Learning from Asian schools. *Scientific American,* pp. 70-75.

Stevenson, H.W., Chen, C. y Lee, S. (1993). Motivation and achievement of gifted children in East Asia and the United States. *Journal for the Education of the Gifted, 16,* 223-250.

Stevenson, H.W., Chen, C. y Lee, S.Y. (1992). A comparison of the parent-child relationship in Japan and the United States. En J.L. Roopnarine y D.B. Carter (eds.), *Parent-child socialization in diverse cultures.* Norwood, NJ: Ablex.

Stevenson, H.W. y Lee, S.Y. (1990). Contexts of archievement: A study of American, Chinese, and Japanese children. *Monographs of the Society for Research in Child Development, no. 221, 55,* nos. 1-2.

Stevenson, H.W., Lee, S.Y., Chen, C., Lummis, M., Stigler, J., Fan, L. y Ge, F. (1990). Mathematics achievement of children in China and the United States. *Child Development, 61,* 1053-1066.

Stevenson, H.W. y Stigler, J.W. (1992). *The learning gap: Why our schools are failing and what we can learn from Japanese and Chinese education.* Nueva York: Summit.

Steward, E.P. (1995). *Beginning writers in the zone of proximal development.* Mahwah, NJ: Erlbaum.

Stewart, D.W. y Kamins, M.A. (1993). *Secondary research: Information sources and methods* (2a. ed.). Newbury Park, CA: Sage.

Stix, G. (1996, enero). Listening to culture. *Scientific American,* pp. 16-17.

Stolberg, S.G. (1997, 4 de mayo). Breaks for mental illness: Just what the government ordered. *New York Times,* pp. 4-1, 4-5.

Storandt, M. *et al.* (1984). Psychometric differentiation of mild senile dementia of the Alzheimer type. *Archives of Neurology, 41,* 497-499.

Straube, E.R. y Oades, R.D. (1992). *Schizophrenia: Empirical research and findings,* San Diego, CA: Academic Press.

Straughan, R. (1994). Why not act on Kohlberg's moral judgments? (Or how to reach stage 6 and remain a bastard). En B. Puka (ed.), *The great justice debate: Kohlberg criticism. Moral development: A compendium,* Vol. 4. Nueva York: Garland.

Stricker, E.M. y Zigmond, M.J. (1976). Recovery of function after damage to catecholamine-containing neurons: A neurochemical model for hypothalamic syndrome. En J.M. Sprague y A.N. Epstein (eds.), *Progress in psychobiology and physiological psychology* (Vol. 6). Nueva York: Academic Press.

Stricker, G. y Gold, J.R. (eds.). (1993). *Comprehensive handbook of psychotherapy integration.* Nueva York: Plenum.

Strickland, B.R. (1992). Woman and depression. *Current Directions in Psychological Science, 1,* 132-135.

Stroebe, M.S., Stroebe, W. y Hansson, R.O. (eds.). (1993). *Handbook of bereavement: Theory, research, and intervention.* Cambridge, Inglaterra: Cambridge University Press.

Stroh, L.K., Brett, J.M. y Reilly, A.H. (1996). Family structure, glass ceiling, and traditional explanations for the differential rate of turnover of female and male managers. *Journal of Vocational Behavior, 49*, 99-118.

Strong, L.D. (1978). Alternative marital and family forms: Their relative attractiveness to college students and correlates of willingness to participate in nontraditional forms. *Journal of Marriage and the Family, 40*, 493-503.

Strongman, K.T. (1996). *The psychology of emotion: Theories of emotion in perspective* (4a. ed.). Chichester, Inglaterra: Wiley.

Strube, M. (ed.). (1990). Type A behavior [Special issue]. *Journal of Social Behavior and Personality, 5.*

Strupp, H.H. (1996, octubre). The Tripartite model and the *Consumer Reports* study. *American Psychologist, 51*, 1017-1024.

Strupp, H.H. y Binder, J.L. (1992). Current developments in psychotherapy. *The Independent Practitioner, 12*, 119-124.

Studd, M.V. (1996). Sexual harassment. En D.M. Buss y N.M. Malamuth (eds.), *Sex, power, conflict: Evolutionary and feminist perspectives.* Nueva York: Oxford University Press.

Stumpf, H. (1995). Gender differences in performance on tests of cognitive abilities: Experimental design issues and empirical results. Special Issue: Psychological and psychobiological perspectives on sex differences in cognition: 1. Theory and research. *Learning and Individual Differences, 7*, 275-287.

Suarez, E.C. y Williams, R.B., Jr. (1992). Interactive models of reactivity: The relationship between hostility and potentially pathogenic physiological responses to social stressors. En N. Schneiderman, P. McCabe y A. Baum (eds.), *Stress and disease processes.* Mahwah, NJ: Erlbaum.

Subotnik, R.F. y Arnold, K.D. (1993). Longitudinal studies of giftedness: Investigating the fulfillment of promise. En K.A. Heller, F.J., Monks y A.H. Passow (eds.), *International handbook of research and development of giftedness and talent.* Oxford, Inglaterra: Pergamon.

Subotnik, R.F. y Arnold, K.D. (1994). *Beyond Terman: Contemporary longitudinal studies of giftedness and talent.* Norwood, NJ: Ablex.

Suddath, R.L., Christison, G.W., Torrey, E.F., Casanova, M.F. y Weinberger, D.R. (1990, 22 marzo). Anatomical abnormalities in the brains of monozygotic twins discordant for schizophrenia. *New England Journal of Medicine, 322*, 789-794.

Sudsuang, R., Chentanez, V. y Veluvan, K. (1991). Effect of Buddhist meditation on serum cortisol and total protein levels, blood pressure, pulse rate, lung volume and reaction time. *Physiology and Behavior, 50*, 543-548.

Sue, D. (1979). Erotic fantasies of college students during coitus. *Journal of Sex Research, 15*, 299-305.

Sue, D.W. (1981). *Counseling the culturally different: Theory and practice.* Nueva York: Wiley.

Sue, D.W., Ivey, A.E. y Pedersen, P.B. (eds.). (1996). A theory of multicultural counseling and therapy. Pacific Grove, CA: Brooks/Cole.

Sue, D.W. y Sue, D. (1990). *Counseling the culturally different: Theory and practice* (2a. ed.). Nueva York: Wiley.

Sue, D.W., Sue, D. y Sue, S. (1990). *Understanding abnormal behavior* (3a. ed.). Boston: Houghton-Mifflin.

Suedfeld, P. (1992). Bilateral relations between countries and the complexity of newspaper editorials. *Political Psychology, 13*, 601-632.

Suedfeld, P. y Tetlock, P. (1977). Integrative complexity of communications in international crises. *Journal of Conflict Resolution, 21*, 169-184.

Sullivan, B. (1985). *Double standard.* Ponencia presentada en la reunión anual de la Society for the Scientific Study of Sex, San Diego, CA.

Sulzer-Azaroff, B. y Mayer, R. (1991). *Behavior analysis and lasting change.* Nueva York: Holt.

Sundin, O., Ohman, A., Palm, T. y Strom, G. (1995). Cardiovascular reactivity, Type A behavior, and coronary heart disease: Comparisons between myocardial infarction patients and controls during laboratory-induced stress. *Psychophysiology, 32*, 28-35.

Super, C.M. (1980). Cognitive development: Looking across at growing up. En C.M. Super y S. Harakness (eds.), *New directions for child development: Anthropological perspectives on child development* (pp. 59-69). San Francisco: Jossey-Bass.

Suris, O. (1997, 28 de febrero). AIDS deaths drop significantly for first time. *Wall Street Journal*, p. B1.

Surra, C.A. (1991). Mate selection and premarital relationships. En A. Booth (ed.), *Contemporary families.* Minneapolis, MN: National Council on Family Relations.

Sutker, P.B., Uddo, M., Brailey, K. y Allain, A.N., Jr. (1993). War-zone trauma and stress-related symptoms in Operation Desert Shield/Storm (ODS) returnees. *Journal of Social Issues, 49*, 33-49.

Sutton, S. (1992). Shock tactics and the myth of the inverted U. *British Journal of Addiction, 87*, 517-519.

Suzuki, K. (1991). Moon illusion simulated in complete darkness: Planetarium experiment reexamined. *Perception & Psychophysics, 49*, 349-354.

Svarstad, B. (1976). Physician-patient communication and patient conformity with medical advice. En D. Mechanic (ed.), *The growth of bureaucratic medicine.* Nueva York: Wiley.

Swaab, D.F. y Gofman, M.A. (1995). Sexual differentiation of the human hypothalamus in relation to gender and sexual orientation. *Trends in Neurosciences, 18*, 264-270.

Swede, G. (1993). *Creativity: A new psychology.* Toronto: Wall & Emerson, Inc.

Swerdlow, J.L. (1995, junio). Quiet miracles of the brain. *National Geographic*, 2-41.

Swets, J. (1996). *Signal detection theory and ROC analysis in psychology and diagnostics: Collected papers.* Mahwah, NJ: Erlbaum.

Swets, J.A. (1992). The science of choosing the right decision threshold in high-stakes diagnostics. *American Psychologist, 47*, 522-532.

Swets, J.A. y Bjork, R.A. (1990). Enhancing human performance: An evaluation of "new age" techniques considered by the U.S. Army. *Psychological Science, 1*, 85-96.

Symbaluk, D.G., Heth, C.D., Cameron, J. y Pierce, W.D. (1997). Social modeling, monetary incentives, and pain endurance: The role of self-efficacy and pain perception. *Personality and Social Psychology Bulletin, 23*, 258-269.

Szasz, T. (1982). The psychiatric will: A new mechanism for protecting persons against "psychosis" and psychiatry. *American Psychologist, 37*, 762-770.

Szasz, T.S. (1961). *The myth of mental illness.* Nueva York: Harper & Row.

Szasz, T.S. (1994). *Cruel compassion: Psychiatric control of society's unwanted.* Nueva York: Wiley.

Tabakoff, B. y Hoffman, P.L. (1996). Effect of alcohol on neurotransmitters and their receptors and enzymes. En H. Begleiter y B. Kissin (eds.), *The pharmacology of alcohol and alcohol dependence. Alcohol and alcoholism, No. 2.* Nueva York: Oxford University Press.

Tafti, M., Villemin, E., Carlander, B. y Besset, A. *et al.* (1992). Sleep in human narcolepsy revisited with special reference to prior wakefulness duration. *Sleep, 15*, 344-351.

Tagiuri, R. (1958). Social preference and its perception. En R. Tagiuri y L. Petrullo (eds.), *Person, perception, and interpersonal behavior* (pp. 316-336). Stanford, CA: Stanford University Press.

Tajfel, H. (1982). *Social identity and intergroup relations.* Londres: Cambridge University Press.

Takami, S., Getchell, M.L., Chen, Y., Monti-Bloch, L., Berliner, D.L., Stensaas, L.J. y Getchell, T.V. (1993). Vomeronasal epithelial cells of the adult human express neuron-specific molecules. *Neuroreport, 4*, 375-378.

Talbot, J.D., Marrett, S., Evans, A.C., Meyer, E., Bushnell, M.C. y Duncan, G.H. (1991, 15 de marzo). Multiple representations of pain in human cerebral cortex. *Science, 251*, 1355-1358.

Tamura, T., Nakatani, K. y Yau, K.-W. (1989, 18 de agosto). Light adaptation in cat retinal rods. *Science, 245*, 755-758.

Tan, V.L. y Hicks, R.A. (1995). Type A-B behavior and nightmare types among college students. *Perceptual and Motor Skills, 81,* 15-19.

Tandon, R. (1995). Neurobiological substrate of dimensions of schizophrenic illness. *Journal of Psychiatric Research, 29,* 255-260.

Tanford, S. y Penrod, S. (1984). Social influence model: A formal integration of research on majority and minority influence processes. *Psychological Bulletin, 95,* 189-255.

Tanner, J.M. (1978). *Education and physical growth* (2a. ed.). Nueva York: International Universities Press.

Tanner, J.M. (1990). *Foetus into man: Physical growth from conception to maturity, Revised.* Cambridge, MA: Harvard University Press.

Tasker, F. y Golombok, S. (1995). Adults raised as children in lesbian families. *American Journal of Orthopsychiatry, 65,* 203-215.

Tavris, C. (1992). *The mismeasure of woman.* Nueva York: Simon & Schuster.

Taylor, A. (1991, 8 de abril). Can Iacocca fix Chrysler-again? *Fortune,* pp. 50-54.

Taylor, M. (1996). A theory of mind perspective on social cognitive development. En R. Gelman y T. K-F. Au (eds.), *Perceptual and cognitive development. Handbook of perception and cognition* (2a. ed.). San Diego, CA: Academic Press.

Taylor, R.J., Chatters, L.M., Tucker, M. y Lewis, E. (1991). Developments in research on Black families. En A. Booth (ed.), *Contemporary families.* Minneapolis, MN: National Council on Family Relations.

Taylor, S.E. (1982). Hospital patient behavior: Reactance, helplessness, or control. En H.S. Friedman y M.R. DiMatteo (eds.), *Interpersonal issues in health care.* Nueva York: Academic Press.

Taylor, S.E. y Aspinwall, L.G. (1996). Mediating and moderating processes in psychosocial stress: Appraisal, coping, resistance, and vulnerability. En H.B. Kaplan (ed.), *Psychosocial stress: Perspectives on structure, theory, life-course, and methods.* San Diego, CA: Academic Press.

Taylor, S.E., Buunk, B.P. y Aspinwall, L.G. (1990). Social comparison, stress, and coping. *Personality and Social Psychology Bulletin, 16,* 74-89.

Taylor, S.E., Helgeson, V.S., Reed, G.M. y Shokan, L.A. (1991). Self-generated feelings of control and adjustment to physical illness. *Journal of Social Issues, 47,* 91-109.

Taylor, S.L. (1995). Quandary at the crossroads: paternalism versus advocacy surrounding end-of-treatment decisions. *American Journal of Hospital Palliatory Care, 12,* 43-46.

Tellegen, A., Lykken, D.T., Bouchard, T.J., Jr., Wilcox, K.J., Segal, N.L. y Rich, S. (1988). Personality similarity in twins reared apart and together. *Journal of Personality and Social Psychology, 54,* 1031-1039.

Teller, D.Y. y Palmer, J. (1996). Infant color vision: Motion nulls for red/green vs. luminance-modulated stimuli in infants and adults. *Vision Research, 36,* 955-974.

Tepperman, L. y Curtis, J. (1995). A life satisfaction scale for use with national adult samples from the USA, Canada, and Mexico. *Social Indicators Research, 35,* 255-270.

Terman, L.M. y Oden, M.H. (1947). *Genetic studies of genius, IV: The gifted child grows up.* Stanford, CA: Stanford University Press.

Tesser, A. (1988). Toward a self-evaluation maintenance model of social behavior. En L. Berkowitz (ed.), *Advances in experimental social psychology* (Vol. 21). Nueva York: Academic Press.

Tesser, A. y Shaffer, D.R. (1990). Attitudes and attitude change. *Annual Review of Psychology, 41,* 479-523.

Tessier-Lavigne, M. (1991). Phototransduction and information processing in the retina. En E.R. Kandel, J.H. Schwartz y T.M. Jessell (eds.), *Principles of neural science* (3a. ed.). Nueva York: Elsevier.

Tetlock, P.E. (1988). Monitoring the integrative complexity of American and Soviet policy rhetoric: What can be learned? *Journal of Social Issues, 44,* 101-131.

Tetlock, P.E., Hoffmann, S., Janis, I.L., Stein, J.G., Kressel, N.J. y Cohen, B.C. (1993). The psychology of international conflict. En N.J. Kressel (ed.), *Political psychology: Classic and contemporary readings.* Nueva York: Paragon House Publishers.

Tetlock, P.E., McGuire, C.B. y Mitchell, G. (1991). Psychological perspectives on nuclear deterrence. En M.R. Rosenzweig y L.W. Porter (eds.), *Annual review of psychology, Vol. 42.* Palo Alto, CA: Annual Reviews, Inc.

Tetlock, P.E., Peterson, R.S., McGuire, C., Chang, S. y Feld, P. (1992). Assessing political group dynamics: A test of the groupthink model. *Journal of Personality and Social Psychology, 63,* 403-425.

Thacker, R.A. y Gohmann, S.F. (1996). Emotional and psychological consequences of sexual harassment: A descriptive study. *Journal of Psychology, 130,* 429-446.

Thagard, P. (1996). *Mind: Introduction to cognitive science.* Cambridge, MA: MIT Press.

Tharp, R.G. (1989). Psychocultural variables and constants: Effects on teaching and learning in schools. Special issue: Children and their development: Knowledge base, research agenda, and social policy application. *American Psychologist, 44,* 349-359.

t'Hart, P. (1991). Groupthink, risk-taking and recklessness: Quality of process and outcome in policy decision making. *Politics and the Individual, 1,* 67-90.

Thatcher, R.W., Hallett, M., Zeffiro, T., John, E.R. y Huerta, M. (1994). *Functional neuroimaging.* San Diego: Academic Press.

Thiel, A., Broocks, A. y Schussler, G. (1995). Obsessive-compulsive disorder among patients with anorexia nervosa and bulimia nervosa. *American Journal of Psychiatry, 152,* 72ff.

Thienhaus, O.J., Margletta, S. y Bennett, J.A. (1990). A study of the clinical efficacy of maintenance ECT. *Journal of Clinical Psychiatry, 51,* 141-144.

Thomas, S.J., Rest, J.R. y Davison, M.L. (1991). Describing and testing a moderator of the moral judgment and action relationship. *Journal of Personality and Social Psychology, 61,* 659-669.

Thomas, C.B., Duszynski, K.R. y Schaffer, J.W. (1979). Family attitudes reported in youth as potential predictors of cancer. *Psychosomatic Medicine, 4,* 287-302.

Thomas, E. (1996, 22 de abril). Blood brothers. *Newsweek,* p. 28.

Thomas, E. (1997, 7 de abril). Web of death. *Newsweek,* pp. 26-35.

Thompson, C.P., Skowronski, J.J., Larsen, S.F. y Betz, A. (eds.). (1996). *Autobiographical memory: Remembering what and remembering when.* Mahwah, NJ: Erlbaum.

Thompson, L. (1992, 14 de agosto). Fetal transplants show promise. *Science, 257,* 868-870.

Thompson, S.C. (1988, agosto). *An intervention to increase physician-patient communication.* Ponencia presentada en la reunión anual de la American Psychological Association, Atlanta.

Thompson, S.C., Nanni, C. y Schwankovsky, L. (1990). Patient-oriented interventions to improve communication in a medical office visit. *Health Psychology, 9,* 390-404.

Thompson, W.C. (1996). Research of human judgment and decision making: Implications for informed consent and institutional review. En B.H. Stanley, J.E. Sieber y G.B. Melton (eds.), *Research ethics: A psychological approach.* Lincoln, NE: University of Nebraska Press.

Thomson, A.M. (1997, 10 de enero). More than just frequency detectors? *Science, 275,* 179-180.

Thoresen, C.E. y Low, K.G. (1990). Women ant the Type A behavior pattern: Review and commentary. *Journal of Social Behavior and Personality, 5,* 117-133.

Thorndike, E.L. (1932). *The fundamentals of learning.* Nueva York: Teachers College.

Thorndike, R.L., Hagan, E. y Sattler, J. (1986). *Stanford-Binet* (4a. ed.). Chicago: Riverside.

Tierney, J. (1988, 15 de mayo). Wired for stress. *New York Times Magazine,* pp. 49-85.

Time. (1976, septiembre). Svengali squad: L.A. police. *Time,* p. 76.

Time. (1982, 4 de octubre). "We're sorry: A case of mistaken identity". *Time*, p. 45.

Time. (1996, Fall Special Issue). The human condition: Pain. *Time*, p. 86.

Timnick, L. (1985, 25 de agosto). The *Times* poll: 22% in survey were child abuse victims. *Los Angeles Times*, pp. 1, 34.

Tiunova, A., Anokhin, K., Rose, S.P.R. y Mileusnic, R. (1996). Involvement of glutamate receptors, protein kinases, and protein synthesis in memory for visual discrimination in the young chick. *Neurobiology of Learning and Memory, 65,* 233-243.

Toga, A.W. y Mazziotta, J.C. (eds.). (1996). *Brain mapping: The methods.* Nueva York: Academic Press.

Tolan, P., Keys, C., Chertok, F. y Jason, L. (1990). *Researching community psychology.* Washington, DC: American Psychological Association.

Tolman, E.C. (1959). Principles of purposive behavior. En S. Koch (ed.), *Psychology: A study of a science*, (Vol. 2). Nueva York: McGraw-Hill.

Tolman, E.C. y Honzik, C.H. (1930). Introduction and removal of reward and maze performance in rats. *University of California Publications in Psychology, 4,* 257-275.

Tomlinson-Keasey, C. (1985). *Child development: Psychological, sociological, and biological factors.* Homewood, IL: Dorsey.

Tomlinson-Keasey, C., Eisert, D.C., Kahle, L.R., Hardy-Brown, K. y Keasey, B. (1979). The structure of concrete operations. *Child Development,* 1153-1163.

Torgersen, S. (1983). Genetic factors in anxiety disorders. *Archives of General Psychiatry, 40,* 1085-1089.

Torrey, E.F. (1996). *Out of the shadows: Confronting America's mental illness crisis.* Nueva York: Wiley.

Torrey, E.F. (1997, 13 de junio). The release of the mentally ill from institutions: A well-intentioned disaster. *Chronicle of Higher Education,* pp. B4-B5.

Toth, J.P. y Reingold, E.M. (1996). *Beyond perception: Conceptual contributions to unconscious influences of memory.* Oxford, Inglaterra: Oxford University Press.

Toynbee, P. (1977). *Patients.* Nueva York: Harcourt Brace Jovanovich.

Trappler, B. y Friedman, S. (1996). Post-traumatic stress disorder in survivors of the Brooklyn Bridge shooting. *American Journal of Psychiatry, 153,* 705-707.

Travis, J. (1992, 4 de septiembre). Can "hair cells" unlock deafness? *Science, 257,* 1344-1345.

Trehub, S.E., Schneider, B.A., Thorpe, L.A. y Judge, P. (1991). Observational measures of auditory sensitivity in early infancy. *Developmental Psychology, 27,* 40-49.

Treisman, A. (1988). Features and objects: The Fourteenth Bartlett Memorial Lecture. *Quarterly Journal of Experimental Psychology, 40,* 201-237.

Treisman, A. (1993). The perception of features and objects. En A.D. Baddeley y L. Weiskrantz (eds.), *Attention: Selection, awareness, and control: A tribute to Donald Broadbent.* Oxford, Inglaterra: Oxford University Press.

Triandis, H.C. (1994). *Culture and social behavior.* Nueva York: McGraw-Hill.

Trinder, J. (1988). Subjective insomnia without objective findings: A pseudodiagnostic classification. *Psychological Bulletin, 107,* 87-94.

Troiano, R.P., Flegal, K.M. y Johnson, C.L. (1995). Overweight prevalence and trends for children and adolescents: The National Health and Nutrition Examination Surveys-1963 to 1991. *Archives of Pediatrics and Adolescent Medicine, 149,* 1085ff.

Tsuang, M.T. y Faraone, S.V. (1996). Epidemiology and behavioral genetics of schizophrenia. En S.J. Watson (eds.), *Biology of schizophrenia and affective disease.* Washington, DC: American Psychiatric Press.

Tsunoda, T. (1985). *The Japanese brain: Uniqueness and universality.* Tokio, Japón: Taishukan Publishing.

Tulving, E. (1972). Episodic and semantic memory. En E. Tulving y W. Donaldson (eds.), *Organization of memory.* Nueva York: Academic Press.

Tulving, E. (1993). What is episodic memory? *Current Directions in Psychological Science, 2,* 67-70.

Tulving, E. y Psotka, J. (1971). Retroactive inhibition in free recall: Inaccessibility of information available in the memory store. *Journal of Experimental Psychology, 87,* 1-8.

Tulving, E. y Schacter, D.L. (1990, 19 de enero). Priming and human memory systems. *Science, 247,* 301-306.

Tulving, E. y Thompson, D.M. (1973). Encoding specificity and retrieval processes in episodic memory. *Psychological Review, 80,* 352-373.

Turk, D.C. (1994). Perspectives on chronic pain: The role of psychological factors. *Current Directions in Psychological Science, 3,* 45-49.

Turk, D.C. y Melzack, R. (eds.). (1992). *Handbook of pain assessment.* Nueva York: Guilford Press.

Turk, D.C. y Nash, J.M. (1993). Chronic pain: New ways to cope. En D. Goleman y J. Guerin (eds.), *Mind-body medicine: How to use your mind for better health.* Yonkers, NY: Consumer Reports Publications.

Turkewitz, G. (1993). The origins of differential hemispheric strategies for information processing in the relationships between voice and face perception. En B. de Boysson-Bardies, S. de Schonen, P.W. Jusczyk, P. McNeilage y J. Morton (eds.), *Developmental neurocognition: Speech and face processing in the first year of life.*

NATO ASI series D: Behavioural and social sciences, Vol. 69. Dordrecht, Países Bajos: Kluwer Academic Publishers.

Turkington, C. (1987, septiembre). Special talents. *Psychology Today,* pp. 42-46.

Turkington, C. (1992, diciembre). Ruling opens door-a crack-to IQ-testing some Black kids. *APA Monitor,* pp. 28-29.

Turkkan, J.S. (1989). Classical conditioning: The new hegemony. *Behavioral & Brain Sciences, 12,* 121-179.

Turner, J.C. (1987). *Rediscovering the social group: A self-categorization theory.* Nueva York: Blackwell.

Turner, M.E., Pratkanis, A.R., Probasco, P. y Leve, C. (1992). Threat, cohesion, and group effectiveness: Testing a social identity maintenance perspective on groupthink. *Journal of Personality and Social Psychology, 63,* 781-796.

Turner, W.J. (1995). Homosexuality, Type 1: An Xq28 phenomenon. *Archives of Sexual Behavior, 24,* 109-134.

Tuss, P., Zimmer, J. y Ho, H.Z. (1995). Causal attributions of underachieving fourth grade students in China, Japan, and the United States. *Journal of Cross Cultural Psychology, 26,* 408-425.

Tversky, A. y Kahneman, D. (1974). Judgment under uncertainty: Heuristics and biases. *Science, 185,* 1124-1131.

Tversky, A. y Kahneman, D. (1990). Judgment under uncertainty: Heuristics and biases. En P.K. Moser (ed.), *Rationality in action: Contemporary approaches.* Nueva York: Cambridge University Press.

Tversky, B. (1981). Distortions in memory for maps. *Cognitive Psychology, 13,* 407-433.

Tyler, T.R. y McGraw, K.M. (1983). The threat of nuclear war: Risk interpretation and behavioral response. *Journal of Social Issues, 39,* 25-40.

Tzeng, O.C.S. (ed.). (1992). *Theories of love development, maintenance, and dissolution: Octagonal cycle and differential perspectives.* Nueva York: Praeger Publishers/Greenwood Publishing Group.

U.S. Bureau of Census. (1996). *Current projections of the population makeup of the U.S.* Washington, DC: U.S. Bureau of Census.

U.S. Bureau of Labor Statistics. (1988). *Special labor force reports.* Washington, DC: U.S. Government Printing Office.

U.S. Census Bureau. (1988). *Current population reports.* Washington, DC: U.S. Government Printing Office.

U.S. Census Bureau. (1991). Household and family characteristics, March 1990 & 1989. *Current population reports.* Washington, DC: U.S. Census Bureau.

U.S. Census Bureau. (1993). *The top 25 languages.* Washington, DC: U.S. Census Bureau.

U.S. Census Bureau. (1996). *Planning document.* Washington, DC: U.S. Census Bureau.

U.S. Commission on Civil Rights. (1990). *Intimidation and violence: Racial and religious bigotry in America*. Washington, DC: U.S. Commission on Civil Rights Clearinghouse.

U.S. Department of Education. (1993). *Projection of minority students*. U.S. Department of Education. Washington, DC.

U.S. Department of Health and Human Services. (1981). *The health consequences of smoking for women: A report of the Surgeon General*. Washington, DC: Public Health Service.

U.S. Public Health Service. (1992). *Pain control after surgery*. Washington, DC: U.S. Public Health Service.

U.S. Surgeon General. (1988, mayo). *Report on smoking*. Washington, DC: U.S. Government Printing Office.

Ubell, E. (1993, 10 de enero). Could you use more sleep? *Parade*, pp. 16-18.

Ubell, E. (1996, 15 de septiembre). Are you at risk? *Parade*, pp. 20-21.

Uchino, B.N., Cacioppo, J.T. y Kiecolt-Glaser, J.K. (1996). *Psychological Bulletin, 119*, 488-531.

Udolf, R. (1981). *Handbook of hypnosis for professionals*. Nueva York: Van Nostrand.

Ullman, L.P. y Krasner, L. (1975). *A psychological approach to abnormal behavior* (2a. ed.). Englewood Cliffs, NJ: Prentice-Hall.

Ullman, S. (1996). *High-level vision: Object recognition and visual cognition*. Cambridge, MA: MIT Press.

Ulrich, R.E. (1991). Animal rights, animal wrongs and the question of balance. *Psychological Science, 2*, 197-201.

Underwood, G.D.M. (ed.). (1996). *Implicit cognition*. Oxford, Inglaterra: Oxford University Press.

Unger, R.K. y Crawford, M.E. (1992). *Women and gender: A feminist psychology*. Filadelfia: Temple University Press.

Urberg, K.A., Degirmencioglu, S.M. y Pilgrim, C. (1997). Close friend and group influence on adolescent cigarette smoking and alcohol use. *Developmental Psychology, 33*, 834-844.

Ursano, R.J., Sonnenberg, S.M. y Lazar, S. (1991). *Concise guide to psychodynamic psychotherapy*. Washington, DC: American Psychiatric Press.

Valenstein, E.S. (1986). *Great and desperate cures: The rise and decline of psychosurgery and other radical treatments for mental illness*. Nueva York: Basic Books.

Valente, S.M. (1991). Electroconvulsive therapy. *Archives of Psychiatric Nursing, 5*, 223-228.

Valentiner, D.P., Foa, E.B., Riggs, D.S. y Gershuny, B.S. (1996). Coping strategies and post-traumatic stress disorder in female victims of sexual and nonsexual assault. *Journal of Abnormal Psychology, 105*, 455-458.

Van Biema, D. (1996, 11 de noviembre). Just say life skills. *Time*, p.70.

Van Ginkel, R. (1990). Fishermen, taboos, and ominous animals: A comparative perspective. *Anthrozoos, 4*, 73-81.

Van Goozen, S.H.M., Cohen-Kettenis, P.T., Gooren, L.J.G., Frijda, N.H. et al. (1995). Gender differences in behaviour: Activating effects of cross-sex hormones. *Psychoneuroendocrinology, 20*, 343-363.

Van Goozen, S.H.M., Van de Poll, N.E. y Sergeant, J.A. (eds.). (1994). *Emotions: Essays on emotion theory*. Mahwah, NJ: Erlbaum.

Van Manen, S. y Pietromonaco, P. (1994). *Acquaintance and consistency influence memory from interpersonal information*. Manuscrito sin publicar. University of Massachusetts at Amherst.

Vance, E.B. y Wagner, N.W. (1976). Written descriptions of orgasm: A study of sex differences. *Archives of Sexual Behavior, 5*, 87-98.

VanLehn, K. (1996). Cognitive skill acquisition. *Annual Review of Psychology, 47*, 513-539.

Vannatta, R.A. (1996). Risk factors related to suicidal behavior among male and female adolescents. *Journal of Youth and Adolescence, 25*, 149-160.

Vassar, R., Chao, S.K., Sitcheran, R., Nunez, J.M., Vosshall, L.B. y Axel, R. (1994). Topographic organization of sensory projections to the olfactory bulb. *Cell, 79*, 981-991.

Velichkovsky, B.M. y Rumbaugh, D.M. (eds.). (1996). *Communicating meaning: The evolution and development of language*. Mahwah, NJ: Erlbaum.

Verdoux, H., Van Os, J., Sham, P., Jones, P. et al. (1996). Does familiarity predispose to both emergence and persistence of psychosis? A follow-up study. *British Journal of Psychiatry, 168*, 620-626.

Verhaeghen, P., Marcoen, A. y Goossens, L. (1992). Improving memory performance in the aged through mnemonic training: A meta-analytic study. *Psychology and Aging, 7*, 242-251.

Vernon, P.A., Jang, K.L., Harris, J.A. y McCarthy, J.M. (1997). Environmental predictors of personality differences: A twin and sibling study. *Journal of Personality and Social Psychology, 72*, 177-183.

Victor, S.B. y Fish, M.C. (1995). Lesbian mothers and the children: A review for school psychologists. *School Psychology Review, 24*, 456-479.

Vihman, M.M. (1996). *Phonological development: The origins of language in the child*. Londres, Inglaterra: Blackwell.

Vingerhoets, A.J., Croon, M., Jeninga, A.J. y Menges, L.J. (1990). Personality and health habits. *Psychology and Health, 4*, 333-342.

Vinogradov, S. y Yalom, I.D. (1996). Group therapy. En R.E. Hales y S.C. Yudofsky (eds.), *The American Psychiatric Press synopsis of psychiatry*. Washington, DC: American Psychiatric Press.

Vital-Durand, F., Atkinson, J. y Braddick, O.J. (eds.). (1996). *Infant vision. The European brain and behaviour society publication series. Vol. 2*. Oxford, Inglaterra: Oxford University Press.

Vlaeyen, J.W.S., Geurts, S.M., KoleSnijders, A.M.J., Schuerman, J.A., Groenman, N.H. y Van Eek, H. (1990). What do chronic pain patients think of their pain? Towards a pain cognition questionnaire. *British Journal of Clinical Psychology, 29*, 383-394.

Voeller, B., Reinisch, J.M. y Gottlieb, M. (1991). *AIDS and sex: An integrated biomedical and biobehavioral approach*. Nueva York: Oxford University Press.

Vogt, W.P. (1993). *Dictionary of statistics and methodology: A nontechnical guide for the social sciences*. Newbury Park, CA: Sage.

Volling, B.L. y Feagans, L.V. (1995). Infant day care and children's social competence. *Infant Behavior and Development, 18*, 177-188.

Von Restorff, H. (1933). Uber die wirking von bereichsbildungen im Spurenfeld. En W. Kohler y H. von Restorff, *Analyse von vorgangen in Spurenfeld. I. Psychologische forschung, 18*, 299-342.

Vonnegut, M. (1975). *The Eden express*. Nueva York: Bantam

Vroom, V.H. y Yetton, P.W. (1973). *Leadership and decision making*. Pittsburgh, PA: University of Pittsburgh Press.

Vygotsky, L.S. (1926/1997). *Educational psychology*. Delray Beach, FL: St. Lucie Press.

Vygotsky, L.S. (1979). *Mind in society: The development of higher mental processes*. Cambridge, MA: Harvard University Press. (Obras originales publicadas en 1930, 1933 y 1935).

Vyse, S.A. (1994, 27 de febrero). Mensaje de correo electrónico sin publicar. Connecticut College.

Wachs, T.D. (1993). The nature-nurture gap: What we have here is a failure to collaborate. En R. Plomin y G.E. McClearn (eds.), *Nature, nurture, and psychology*. Washington, DC: American Psychological Association.

Wachs, T.D. (1996). Environment and intelligence: Present status, future directions. En D.K. Detterman (ed.), *Current topics in human intelligence, Volume 5, The environment*. Norwood, NJ: Ablex.

Wachtel, P.L. y Messer, S.B. (eds.). (1997). *Theories of psychotherapy: Origins and evolution*. Washington, DC: American Psychological Association.

Waddington, J.L. (1990). Sight and insight: Regional cerebral metabolic activity in schizophrenia visualized by positron emission tomography, and competing neurodevelopmental perspectives. *British Journal of Psychiatry, 156*, 615-619.

Wagner, B.M. (1997). Family risk factors for child and adolescent suicidal behavior. *Psychological Bulletin, 121*, 246-298.

Wagner, B.M., Cole, R.E. y Schwartzman, P. (1995). Psychosocial correlates of suicide attempts among junior and senior high school youth. *Suicide and Life Threatening Behavior, 25,* 358-372.

Wagner, D.A. (1981). Culture and memory development. En H.C. Triandis y A. Heron (eds.), *Handbook of cross-cultural psychology: Vol. 4. Developmental psychology.* Boston: Allyn & Bacon.

Wagner, R. y Sternberg, R. (1985). Alternate conceptions of intelligence and their implications for education. *Review of Educational Research, 54,* 179-223.

Wagner, R.K. (1997). Intelligence, training, and employment. *American Psychologist, 52,* 1059-1069.

Wagner, R.K. y Sternberg, R.J. (1991). *Tacit knowledge inventory.* San Antonio, TX: The Psychological Corporation.

Wahlsten, D. (1995). Increasing the raw intelligence of a nation is constrained by ignorance, not its citizens' genes. Special Issue: Canadian perspectives on *The Bell Curve. Alberta Journal of Educational Research, 41,* 257-264.

Waid, W.M. y Orne, M.T. (1982). The physiological detection of deception. *American Scientist, 70,* 402-409.

Waitzkin, H., Stoeckle, J.D., Beller, E. y Mons, C. (1978). The informative process in medical care: A preliminary report with implications for instructional communication. *Instructional Science, 7,* 385-419.

Wald, M.L. (1997). Eye problem cited in '96 train crash. *New York Times,* pp. A1, A22.

Waldorf, D., Reinarman, C. y Murphy, S. (1991). *Cocaine changes: The experience of using and quitting.* Filadelfia: Temple University Press.

Waldrop, M.W. (1989, 29 de septiembre), NIDA aims to fight drugs with drugs. *Science, 245,* 1443-1444.

Walker, N. y Jones, P. (1983). Encoding processes and the recall of text. *Memory and Cognition, 11,* 275-282.

Walker, W.D., Rowe, R.C. y Quinsey, V.L. (1993). Authoritarianism and sexual aggression. *Journal of Personality and Social Psychology, 65,* 1036-1045.

Wall, P.D. y Melzack, R. (eds.). (1984). *Textbook of pain.* Edimburgo: Churchill Livingstone.

Wall, P.D. y Melzack, R. (1989). *Textbook of pain* (2a. ed.). Nueva York: Churchill Livingstone.

Wallace, P. (1977). Individual discrimination of humans by odor. *Physiology and Behavior, 19,* 577-579.

Wallace, R.K. y Benson, H. (1972, febrero). The physiology of meditation. *Scientific American,* pp. 84-90.

Wallerstein, J. y Kelly, J.B. (1996). *Surviving the breakup: How children and parents cope with divorce.* Nueva York: Basic Books.

Wallis, C. (1984, 11 de junio). Unlocking pain's secrets. *Time,* pp. 58-60.

Wallis, C. y Willwerth, J. (1992, 6 de julio). Schizophrenia: A new drug brings patients back to life. *Time,* pp. 52-57.

Walsh, D.M., Liggett, C., Baxter, D. y Allen, J.M. (1995). A double-blind investigation of the hypoalgesic effects of transcutaneous electrical nerve stimulation upon experimentally induced ischaemic pain. *Pain, 61,* 39-45.

Walster, E. y Walster, G.W. (1978). *Love.* Reading, MA: Addison-Wesley.

Walter, H.J., Vaughan, R.D. y Wynder, E.L. (1994). Primary prevention of cancer among children: Changes in cigarette smoking and diet after six years of intervention. En A. Steptoe y J. Wardle (eds.). *Psychosocial processes and health: A reader.* Cambridge, Inglaterra: Cambridge University Press.

Walters, J.M. y Gardner, H. (1986). The theory of multiple intelligences: Some issues and answers. En R.J. Sternberg y R. K. Wagner (eds.), *Practical intelligence.* Cambridge, Inglaterra: Cambridge University Press.

Wang, D. y Arbib, M.A. (1993). Timing and chunking in processing temporal order. *IEEE Transactions on Systems, Man, and Cybernetics, 23,* 993-1009.

Wang, J. y Kaufman, A.S. (1993). Changes in fluid and crystallized intelligence across the 20- to 90-year age range on the K-BIT. *Journal of Psychoeducational Assessment, 11,* 29-37.

Wang, M.C., Reynolds, M.C. y Walberg, H.J. (eds.). (1996). *Handbook of special and remedial education: Research and practice* (2a. ed.). Nueva York: Pergamon.

Wang, M.Q., Fitzhugh, E.C., Westerfield, R.C. y Eddy, J.M. (1995). Family and peer influences on smoking behavior among American adolescents: An age trend. *Journal of Adolescent Health, 16,* 200-203.

Wang, Z.W., Black, D., Andreasen, N.C. y Crowe, R.R. (1993). A linkage study of chromosome 11q in schizophrenia. *Archives of General Psychiatry, 50,* 212-216.

Ward, K.D., Klesges, R.C. y Halpern, M.T. (1997). Predictors of smoking cessation and state-of-the-art smoking interventions. *Journal of Social Issues, 53,* 129-145.

Ward, T. (1997, 15 de abril). Resolving Gulf War Syndrome. *HealthNews,* p. 4.

Ward, T.B., Smith, S.M. y Vaid, J. (1997). *Creative thought: An investigation of conceptual structures and processes.* Washington, DC: American Psychological Association.

Ward, W.C., Kogan, N. y Pankove, E. (1972). Incentive effects in children's creativity. *Child Development, 43,* 669-677.

Warga, C. (1987, agosto). Pain's gatekeeper. *Psychology Today,* pp. 51-56.

Wark, G.R. y Krebs, D.L. (1996). Gender and dilemma differences in real-life moral judgment. *Developmental Psychology, 32,* 220-230.

Warshaw, R. (1988). *I never called it rape: The 'Ms.' report on recognizing, fighting, and surviving date and acquaintance rape.* Nueva York: Harper & Row.

Wartner, U.G., Grossman, K., Fremmer-Bombik, E. y Suess, G. (1994). Attachment patterns at age six in south Germany: Predictability from infancy and implications for preschool behavior. *Child Development, 65,* 1014-1027.

Warwick, H.M.C. y Salkovskis, P.M. (1990). Hypochondriasis. *Behaviour Research and Therapy, 28,* 105-117.

Washton, A.M. (ed.). (1995). *Psychotherapy and substance abuse: A practitioner's handbook.* Nueva York: Guilford Press.

Wasserman, E.A. y Miller, R.R. (1997). What's elementary about associative learning? *Annual Review of Psychology, 48,* 573-607.

Waters, H.F. (1993, 12 de julio). Networks under the gun. *Newsweek,* pp. 64-66.

Waterson, E.J. y Murray-Lyon, I.M. (1990). Preventing alcohol-related birth damage: A review. *Social Science and Medicine, 30,* 349-364.

Watkins, L.R. y Mayer, D.J. (1982). Organization of endogenous opiate and nonopiate pain control systems. *Science, 216,* 1185-1192.

Watson, J.B. (1925). *Behaviorism.* Nueva York: Norton.

Watson, J.B. y Rayner, R. (1920). Conditioned emotional reactions. *Journal of Experimental Psychology, 3,* 1-14.

Watson, T. (1994, 8 de agosto). A tissue of promises. *U.S. News & World Report,* pp. 50-51.

Wauquier, A., McGrady, A., Aloe, L., Klausner, T. et al. (1995). Changes in cerebral blood flow velocity associated with biofeedback-assisted relaxation treatment of migraine headaches are specific for the middle cerebral artery. *Headache, 35,* 358-362.

Webb, D. (1990, 7 de noviembre). Eating well. *New York Times,* p. C3.

Webb, W.B. (1992). *Sleep: The gentle tyrant* (2a. ed.). Boston, MA: Anker.

Webber, B. (1996, 19 de febrero). A mean chess-playing computer tears at the meaning of thought. *New York Times,* pp. A1, B6.

Weber, R. y Crocker, J. (1983). Cognitive processes in the revision of stereotypic beliefs. *Journal of Personality and Social Psychology, 45,* 961-977.

Webster, R. (1995). *Why Freud was wrong: Sin, science, and psychoanalysis.* Nueva York: Basic Books.

Wechsler, D. (1975). Intelligence defined and undefined. *American Psychologist, 30,* 135-139.

Wechsler, H., Davenport, A., Dowdall, G., Moeykens, B. y Castillo, S. (1994). Health and behavioral consequences of binge drinking in college. A national survey of students at 140 campuses [see comments]. *Journal of the American Medical Association, 272,* 1672-1677.

Week, D. y James, J. (1995). Eccentrics: A study of sanity and strangeness. Nueva York: Villard Books.

Wegener, D.T. y Petty, R.E. (1994). Mood management across affective states: The hedonic contingency hypothesis. *Journal of Personality and Social Psychology, 66,* 1034-1048.

Weinberg, M.S., Williams, C.J. y Pryor, D.W. (1991, 27 de febrero). Comunicación personal. Indiana University, Bloomington.

Weinberg, R.A. (1996). Commentary: If the nature-nurture war is over, why do we continue to battle? En D.K. Detterman (ed.), *Current topics in human intelligence, Volume 5, The environment.* Norwood, NJ: Ablex.

Weiner, B. (1985a). "Spontaneous" causal thinking. *Psychological Bulletin, 97,* 74-84.

Weiner, B. (1985b). *Human motivation.* Nueva York: Springer-Verlag.

Weiner, B.A. y Wettstein, R. (1993). *Legal issues in mental health care.* Nueva York: Plenum Press.

Weiner, I.B. (1994). Rorschach assessment. En M.E. Maruish (ed.), *The use of psychological test for treatment planning and outcome assessment.* Mahwah, NJ: Erlbaum.

Weiner, I.B. (1996). Some observations on the validity of the Rorschach Inkblot Method. *Psychological Assessment, 8,* 206-213.

Weiner, R. (1982). Another look at an old controversy. *Contemporary Psychiatry, 1,* 61-62.

Weinshel, E.M. y Renik, O. (1996). Psychoanalytic technique. En E. Nersessian y R.G. Kopff, Jr. (eds.), *Textbook of psychoanalysis.* Washington, DC: American Psychiatric Press.

Weinstein, C.E. (1986). Assessment and training of student learning strategies. En R.R. Schmeck (ed.), *Learning styles and learning strategies.* Nueva York: Plenum Press.

Weintraub, M. (1976). Intelligent noncompliance and capricious compliance. En L. Lasagna (ed.), *Patient compliance.* Mt. Kisco, NY: Futura.

Weisberg, H.F., Krosnick, J.A. y Bowen, B.D. (1996). *An introduction to survey research, polling, and data analysis.* Newbury Park, CA: Sage.

Weisberg, R.W. (1994, noviembre). Genius and madness? A quasi-experimental test of the hypothesis that manic-depression increases creativity. *Psychological Science, 5,* 361-367.

Weiskrantz, L. (1989). Remembering dissociations. En H.L. Roediger y F.I.M. Craik (eds.), *Varieties of memory and consciousness: Essays in honour of Endel Tulving.* Mahwah, NJ: Erlbaum.

Weisman, A., Lopez, S.R., Karno, M. y Jenkins, J. (1993). An attributional analysis of expressed emotion in Mexican-American families with schizophrenia. *Journal of Abnormal Psychology, 102,* 601-606.

Weiss, A.S. (1991). The measurement of self-actualization: The quest for the test may be as challenging as the search for the self. *Journal of Social Behavior and Personality, 6,* 265-290.

Weiss, R. (1990, 3 de febrero). Fetal-cell recipient showing improvements. *Science News,* p. 70.

Weiss, R. (1992, 28 de abril). Travel can be sickening: now scientists know why. *New York Times,* pp. C1, C11.

Weiss, R.S. (1994). A different kind of parenting. En G. Handel y G.G. Whitchurch (eds.), *The psychosocial interior of the family* (4a. ed.). Nueva York: Aldine de Gruyter.

Weissman, M. y the Cross-National Collaborative Group. (1992, 2 de diciembre). Changing rates of major depression. *Journal of the American Medical Association, 262,* 3098-3105.

Weissman, M.M., Bland, R.C., Canino, G.J., Faravelli, C., Greenwald, S., Hwu, H.G., Joyce, P.R., Karam, E.G., Lee, C.K., Lellouch, J., Lepine, J.P., Newman, S.C., Rubio-Stipec, M., Wells, J.E., Wickramarante, P.J., Wittchen, H. y Yeh, E.K. (1996, 24-31 de julio). Cross-national epidemiology of major depression and bipolar disorder. *Journal of the American Medical Association, 276,* 293-299.

Weissman, M.W. y Olfson, M. (1995, 11 de agosto). Depression in women: Implications for health care research. *Science, 269,* 799-801.

Weisz, J.R., Weiss, B. y Donenberg, G.R. (1992). The lab versus the clinic: Effects of child and adolescent psychotherapy. *American Psychologist, 47,* 1578-1585.

Weisz, J.R., Weiss, B., Han, S.S., Granger, D.A. y Morton, T. (1995). Effects of psychotherapy with children and adolescents revisited: A meta-analysis of treatment outcome studies. *Psychological Bulletin, 117,* 450-468.

Weitzenhoffer, A.M. (1989). *The practice of hypnotism.* Nueva York: Wiley.

Weller, E.B. y Weller, R.A. (1991). Mood disorders in children. En G.J. Wiener (ed.), *Textbook of child and adolescent psychiatry.* Washington, DC: American Psychiatric Press.

Weller, L. y Weller, A. (1995). Menstrual synchrony: Agenda for future research. *Psychoneuroendocrinology, 20,* 377-383.

Wells, E.K. (1997, enero/febrero). New prognosis for HIV. *HIV Frontline,* pp. 4, 6.

Wells, G.L. (1993). What do we know about eyewitness identification? *American Psychologist, 48,* 553-571.

Wells, G.L., Luus, C.A.E. y Windschitl, P.D. (1994). Maximizing the utility of eyewitness identification evidence. *Current Directions in Psychological Science, 3,* 194-197.

Wells, K. (1993, 30 de julio). Night court: Queen is often the subject of subjects' dreams. *Wall Street Journal,* pp. A1, A5.

Wells, R.A. y Giannetti, V.J. (1990). *Handbook of the brief psychotherapies.* Nueva York: Plenum Press.

Wertheimer, M. (1923). Untersuchungen zur Lehre von der Gestalt. II. *Psychol. Forsch., 5,* 301-350. En Beardsley y M. Wertheimer (eds.) (1958), *Readings in perception.* Nueva York: Van Nostrand.

Wertsch, J.V. y Tulviste, P. (1992). L.S. Vygotsky and contemporary developmental psychology. *Developmental Psychology, 28,* 548-557.

West, R.L. (1995). Compensatory strategies for age-associated memory impairment. En A.D. Baddeley, B.A. Wilson, y F.N. Watts (eds.), *Handbook of memory disorders.* Chichester, Inglaterra: Wiley.

Westen, D. (1990). Psychoanalytic approaches to personality. En L.A. Pervin (ed.), *Handbook of personality: Theory and research.* Nueva York: Guilford Press.

Westera, D.A. y Bennett, L.R. (1994). Population-focused research: A broad-based survey of teens' attitudes, beliefs, and behaviours. *International Journal of Nursing Studies, 31,* 521-531.

Westover, S.A. y Lanyon, R.I. (1990). The maintenance of weight loss after behavioral treatment: A review. *Behavior Modification, 14,* 123-127.

Wever, R.A. (1989). Light effects on human circadian rhythms: A review of recent experiments. *Journal of Biological Rhythms, 4,* 161-185.

Wheeler, D.L. (1995, 18 de agosto). How does nature keep time? *Chronicle of Higher Education,* pp. A8, A13.

Whimbey, A. y Lochhead, J. (1991). *Problem solving and comprehension* (5a ed.). Mahwah, NJ: Erlbaum.

Whisman, M.A. (1993). Mediators and moderators of change in cognitive therapy of depression. *Psychological Bulletin, 114,* 248-265.

Whitbourne, S.K. (1986). *Adult development* (2a. ed.). Nueva York: Praeger.

Whitbourne, S.K., Zuschlag, M.K., Elliot, L.B. y Waterman, A.S. (1992). Psychosocial development in adulthood: A 22-year sequential study. *Journal of Personality and Social Psychology, 63,* 260-271.

White, A.P. y Liu, W.Z. (1995). Superstitious learning and induction. *Artificial Intelligence Review, 9,* 3-18.

White, P.A. (1992). The anthropomorphic machine: Causal order in nature and the world view of common sense. *British Journal of Psychology, 83,* 61-96.

White, R. (1984). *Fearful warriors: A psychological profile of U.S.-Soviet relations.* Nueva York: Free Press.

Whitehead, B.D. (1993, abril). Dan Quayle was right. *Atlantic Monthly,* pp. 47-84.

Whitfield, C.L. (1995). How common is traumatic forgetting? Special Issue: Trusting childhood memories. *Journal of Psychohistory, 23,* 119-130.

Whiting, B.B. (1965). Sex identity conflict and physical violence: A comparative study. *American Anthropologist, 67,* 123-140.

Whorf, B.L. (1956). *Language, thought, and reality.* Nueva York: Wiley.

Wickens, C.D. (1984). *Engineering psychology and human performance.* Columbus, OH: Merrill.

Wickens, C.D. (1991). *Engineering psychology and human performance* (2a. ed.). Nueva York: HarperCollins.

Widiger, T.A., Frances, A.J., Pincus, H.A. y Davis, W.W. (1990). DSM-IV literature reviews: Rationale, process, and limitations. *Journal of Psychopathology and Behavioral Assessment, 12,* 189-202.

Widmeyer, W.N. y Loy, J.W. (1988). When you're hot, you're hot! Warm-cold effects in first impressions of persons and teaching effectiveness. *Journal of Educational Psychology, 80,* 118-121.

Widner, H., Tetrud, J., Rehncrona, S., Snow, B., Brundin, P., Gustavii, B., Bjorklund, A., Lindvall, O. y Langston, J.W. (1992, 26 de noviembre). Bilateral fetal mesencephalic grafting in two patients with Parkinsonism induced by 1-methyl-4-phenyl-1,2,3,6-tetrahydropyridine (MPTP). *New England Journal of Medicine, 327,* 1591-1592.

Widom, C.S. (1989). Does violence beget violence? A critical examination of the literature. *Psychological Bulletin, 106,* 3-28.

Wiebe, D.J. (1991). Hardiness and stress moderation: A test of proposed mechanisms. *Journal of Personality and Social Psychology, 60,* 89-99.

Wiederhold, W.C. (ed.). (1982). *Neurology for non-neurologists.* Nueva York: Academic Press.

Wiehe, V.R. y Richards, A.L. (1995). *Intimate betrayal: Understanding and responding to the trauma of acquaintance rape.* Thousand Oaks, CA: Sage.

Wiggins, J.G., Jr. (1994). Would you want your child to be a psychologist? *American Psychologist, 49,* 485-492.

Wiggins, J.S. (ed.). (1996). *The five-factor model of personality: Theoretical perspectives.* Nueva York: Guilford Press.

Wiggins, J.S. (1997). In defense of traits. En R. Hogan, J. Johnson y S. Briggs (eds.), *Handbook of personality psychology.* Orlando, FL: Academic Press.

Wiggins, J.S. y Trapnell, P.D. (1997). Personality structure: The return of the Big Five. En R. Hogan, J. Johnson y S. Briggs (eds.), *Handbook of personality psychology.* Orlando, FL: Academic Press.

Wilber, D.M. (1993, mayo/junio). H. Ross Perot spurs a polling experiment (unintentionally). *The Public Perspective,* pp. 28-29.

Wilcock, G.K. (1993). Nerve growth factor and other experimental approaches. En R. Levy, R. Howard y A. Burns (eds.), *Treatment and care in old age psychiatry.* Petersfield, Inglaterra: Wrightson Biomedical Publishing.

Wilder, D.A. (1986). Social categorization: Implications for creation and reduction of intergroup bias. En L. Berkowitz (ed.), *Advances in experimental social psychology* (Vol. 19). San Diego, CA: Academic Press.

Wilder, D.A. (1990). Some determinants of the persuasive power of in-groups and out-groups: Organization of information and attribution of independence. *Journal of Personality and Social Psychology, 59,* 1202-1213.

Wildman, R.W., Wildman, R.W., II, Brown, A. y Trice, C. (1976). Note on males' and females' preference for opposite-sex body parts, bust sizes, and bust-revealing clothing. *Psychological Reports, 38,* 485-486.

Wileman, R. y Wileman, B. (1995). Towards balancing power in domestic violence relationships. *Australian and New Zealand Journal of Family Therapy, 16,* 165-176.

Wilford, J.N. (1994, 29 de marzo). Sexes equal on South Sea isle. *New York Times,* pp. C1, C11.

Wilkerson, I. (1991, 2 de diciembre). Black-White marriages rise, but couples still face scorn. *New York Times,* p. B6.

Wilkerson, I. (1992, 21 de junio). The tallest fence: Feelings on race in a White neighborhood. *New York Times,* p. A18.

Williams, J.E. y Best, D.L. (1990). *Measuring sex stereotypes: A multinational study.* Newbury Park, CA: Sage.

Williams, J.E., Munick, M.L., Saiz, J.L. y FormyDuval, D.L. (1995). Psychological importance of the "Big Five": Impression formation and context effects. *Personality and Social Psychology Bulletin, 21,* 818-826.

Williams, K. (1997). Preventing suicide in young people: What is known and what is needed. *Child: Care, Health & Development, 23,* 173-185.

Williams, R.B. (1993). Hostility and the heart. En D. Goleman y J. Gurin (eds.), *Mind-body medicine.* Yonkers, NY: Consumer Reports Books.

Williams, R.B. (1996). Coronary-prone behaviors, hostility, and cardiovascular health: Implications for behavioral and pharmacological interventions. En K. Orth-Gomer y N. Schneiderman (eds.), *Behavioral medicine approaches to cardiovascular disease prevention.* Mahwah, NJ: Erlbaum.

Williams, R.B., Jr., Barefoot, J.C., Haney, T.L., Harrell, F.E., Jr., Blumenthal, J.A., Pryor, D.B. y Peterson, B. (1988). Type A behavior and angiographically documented coronary atherosclerosis in a sample of 2,289 patients. *Psychosomatic Medicine, 50,* 139-152.

Williams, S.W. y McCullers, J.C. (1983). Personal factors related to typicalness of career and success in active professional women. *Psychology of Women Quarterly, 7,* 343-357.

Willis, S.L. y Nesselroade, C.S. (1990). Long-term effects of fluid ability training in old-old age. *Developmental Psychology, 26,* 905-910.

Willis, S.L. y Schaie, K.W. (1994). En C.B. Fisher y R.M. Lerner (eds.), *Applied developmental psychology.* Nueva York: McGraw-Hill.

Willis, W.D., Jr. (1988). Dorsal horn neurophysiology of pain. *Annals of the New York Academy of Science, 531,* 76-89.

Wilson, F.A.W., O Scalaidhe, S.P. y Goldman-Rakic, P.S. (1993, 25 de junio). Dissociation of object and spatial processing domains in primate prefrontal cortex. *Science, 260,* 1955-1958.

Wilson, G.T. y Agras, W.S. (1992). The future of behavior therapy. *Psychotherapy, 29,* 39-43.

Wilson, G.T., Franks, C.M., Kendall, P.C. y Foreyt, J.P. (1987). *Review of behavior therapy: Theory and practice* (Vol. 11). Nueva York: Guilford Press.

Wilson, J.P. y Keane, T.M. (eds.). (1996). *Assessing psychological trauma and PTSD.* Nueva York: Guilford Press.

Wilson, M.A. y McNaughton, B.L. (1994, 29 de julio). Reactivation of hippocampal ensemble memories during sleep. *Science, 265,* 676-679.

Winch, R.F. (1958). *Mate selection: A study of complementary needs.* Nueva York: Harper & Row.

Windholz, G. (1997, septiembre). Ivan P. Pavlov: An overview of his life and psychological work. *American Psychologist, 52,* 941-946.

Winerip, M. (1993, 15 de noviembre). No. 2 pencil fades as graduate exam moves to computer. *New York Times,* pp. A1, B9.

Winerip, M. (1994, 11 de junio). S.A.T. increase the average score, by fiat. *New York Times,* pp. A1, A10.

Wink, P. y Helson, R. (1993). Personality change in women and their partners. *Journal of Personality and Social Psychology, 65,* 597-605.

Winkler, K.J. (1997, 11 de julio). Scholars explore the blurred lines of race, gender, and ethnicity. *Chronicle of Higher Education,* pp. A11-A12.

Winner, E. (1997). *Gifted children: Myths and realities.* Nueva York: Basic Books.

Winograd, E. y Neisser, E. (eds.). (1992). *Affect and accuracy in recall: Studies in "flashbulb memories".* Cambridge, Inglaterra: Cambridge University Press.

Winograd, E. y Neisser, U. (eds.). (1993). *Affect and accuracy in recall: Studies of "flashbulb" memories.* Nueva York: Cambridge University Press.

Winson, J. (1990, noviembre). The meaning of dreams. *Scientific American*, pp. 86-96.

Winter, D.G. (1973). *The power motive*. Nueva York: Free Press.

Winter, D.G. (1987). Leader appeal, leader performance, and the motive profile of leaders and followers: A study of American presidents and elections. *Journal of Personality and Social Psychology, 52*, 196-202.

Winter, D.G. (1988). The power motive in women—and men. *Journal of Personality and Social Psychology, 54*, 510-519.

Winters, D., Boone, T. y Collins, F. (1995, 28 de julio). Effects of the *obese* gene product on body weight regulation in *ob/ob* mice. *Science, 269*, 540-543.

Wisniewski, H.M. y Wegiel, J. (1996). The neuropathology of Alzheimer's disease is caused by fibrillisation of ABeta and PHF (tau) proteins. En C.N. Stefanis y H. Hippius (eds.), *Neuropsychiatry in old age: An update. Psychiatry in progress series.* Gotinga, Alemania: Hogrefe & Huber.

Witelson, S. (1989, marzo). *Sex differences.* Ponencia presentada en la reunión anual de la New York Academy of Sciences, Nueva York.

Witelson, S.F. (1995). Neuroanatomical bases of hemispheric functional specialization in the human brain: Possible developmental factors. En F.L. Kitterle (ed.), *Hemispheric communication: Mechanisms and models.* Mahwah, NJ: Erlbaum.

Wixted, J.T. y Ebbeson, E.B. (1991). On the form of forgetting. *Psychological Science, 2*, 409-415.

Wohl, M. (1995). Depression and guilt. En M. Laufer (ed.), *The suicidal adolescent.* Madison, CT: International Universities Press.

Wolman, B.B. y Stricker, G. (eds.). (1990). *Depressive disorders: Facts, theories, and treatment methods.* Nueva York: Wiley.

Wolozin, B.L., Pruchnicki, A., Dickson, D.W. y Davies, P. (1986). A neuronal antigen in the brains of Alzheimer patients. *Science, 232*, 648-650.

Wolpaw, J.R. y McFarland, D.J. (1994). Multichannel EEG-based brain-computer communication. *Electroencephalography and Clinical Neurophysiology Evoked Potentials, 90*, 444-449.

Wolpe, J. (1990). *The practice of behavior therapy.* Boston: Allyn & Bacon.

Wolters, G. (1995). Het geheugen. Functie, structuur en processen. (Memory: Its function, structure, and processes.) *Psycholoog, 30*, 369-374.

Women Fight Uphill Battle for Equity. *Science* (1996, 4 de octubre); 274 (5284):50 (en Science in Japan: Competition on Campus; News) J. Kinoshita.

Wonderlich, S., Klein, M.H. y Council, J.R. (1996). Relationship of social perceptions and self-concept in bulimia nervosa. *Journal of Consulting and Clinical Psychology, 64*, 1231-1237.

Wong, D.F., Gjedde, A., Wagner, H.M., Jr., Dannals, R.F., Links, J.M., Tune, L.E. y Pearlson, G.D. (1988, 12 de febrero). Response to Zeeberg, Gibson, and Reba. *Science, 239*, 790-791.

Wong, D.F., Wagner, H.N., Jr., Tune, L.E., Dannals, R.F., Pearlson, G.D., Links, J.M., Tamminga, C.A., Broussolle, E.P., Ravert, H.T., Wilson, A.A., Toung, T., Malat, J., Williams, J.A., O'Tuama, L.A., Snyder, S.H., Kuhar, M.J. y Gjedde, A. (1986, 19 de diciembre). Positron emission tomography reveals elevated D2 dopamine receptors in drug-naive schizophrenics. *Science, 234*, 1558-1563.

Wong, M.M. y Csikszentmihalyi, M. (1991). Affiliation motivation and daily experience: Some issues on gender differences. *Journal of Personality and Social Psychology, 60*, 154-164.

Wood, F.B., Flowers, D.L. y Naylor, C.E. (1991). Cerebral laterality in functional neuroimaging. En F.L. Kitterle (ed.), *Cerebral laterality: Theory and research.* Mahwah, NJ: Erlbaum.

Wood, J.M. y Bootzin, R. (1990). The prevalence of nightmares and their independence from anxiety. *Journal of Abnormal Psychology, 99*, 64-68.

Wood, J.M., Nezworski, M.T. y Stejskal, W.J. (1996). The comprehensive system for the Rorschach: A critical examination. *Psychological Science, 7*, 3-10.

Wood, W., Lundgren, S., Ouellette, J.A., Busceme, S. y Blackston, T. (1994). Minority influence: A meta-analytic review of social influence processes. *Psychological Bulletin, 115*, 323-345.

Wood, W. y Stagner, B. (1994). Why are some people easier to influence than others? En S. Savitt y T.C. Brock (eds.), *Persuasion: Psychological insights and perspectives.* Boston: Allyn & Bacon.

Woolfolk, R.L. y McNulty, T.F. (1983). Relaxation treatment for insomnia: A component analysis. *Journal of Consulting and Clinical Psychology, 4*, 495-503.

Wozniak, R.H. y Fischer, K.W. (eds.). (1993). *Development in context: Acting and thinking in specific environments.* Mahwah, NJ: Erlbaum.

Wright, J.H. y Beck, A.T. (1996). Cognitive therapy. En R.E. Hales y S.C. Yudofsky (eds.), *The American Psychiatric Press synopsis of psychiatry.* Washington, DC: American Psychiatric Press.

Wright, R. (1996, 25 de marzo). Can machines think? *Time*, pp. 50-56.

Wu, C. y Shaffer, D.R. (1987). Susceptibility to persuasive appeals as a function of source credibility and prior experience with the attitude object. *Journal of Personality and Social Psychology, 52*, 677-688.

Wurtman, R.J., Corkin, S., Growdon, J.J. y Nitsch, R.M. (eds.). (1996). *The neurobiology of Alzheimer's disease. Annals of the New York Academy of Sciences, Vol. 777.* Nueva York: New York Academy of Sciences.

Wyatt, G.E. (1992). The sociocultural context of African American and White American women's rape. *Journal of Social Issues, 48*, 77-92.

Wyatt, G.E. (1994). The sociocultural relevance of sex research: Challenges for the 1990s and beyond. *American Psychologist, 49*, 748-754.

Wyatt, R.J., Apud, J.A. y Potkin, S. (1996). New directions in the prevention and treatment of schizophrenia: A biological perspective. *Psychiatry, 59*, 357-370.

Wynn, K. (1992, 27 de agosto). Addition and subtraction by human infants. *Nature, 358*, 749-750.

Wynn, K. (1993). Evidence against empiricist accounts of the origins of numerical knowledge. En A.I. Goldman (ed.), *Readings in philosophy and cognitive science.* Cambridge, MA: MIT Press.

Wynn, K. (1995). Infants possess a system of numerical knowledge. *Current Directions in Psychological Science, 4*, 172-177.

Wynne, L.C., Singer, M.T., Bartko, J.J. y Toohey, M.L. (1975). *Schizophrenics and their families: Recent research on parental communication.* Psychiatric Research: The Widening Perspective. Nueva York: International Universities Press.

Wyshak, G. y Barsky, A. (1995). Satisfaction with and effectiveness of medical care in relation to anxiety and depression: Patient and physician ratings compared. *General Hospital Psychiatry, 17*, 108-114.

Yalom, I.D. (1995). *The theory and practice of group psychotherapy* (4a. ed.). Nueva York: Basic Books.

Yalom, I.D. (1997). *The Yalom reader: On writing, living, and practicing psychotherapy.* Nueva York: Basic Books.

Yamamoto, T., Yuyama, N. y Kawamura, Y. (1981). Cortical neurons responding to tactile, thermal and taste stimulations of the rat's tongue. *Brain Research, 22*, 202-206.

Yang, G. y Masland, R.H. (1992, 18 de diciembre). Direct visualization of the dendritic and receptive fields of directionally selective retinal ganglion cells. *Science, 258*, 1949-1952.

Yee, A.H., Fairchild, H.H., Weizmann, F. y Wyatt, G.E. (1993). Addressing psychology's problem with race. *American Psychologist, 48*, 1132-1140.

Yell, M.L. (1995). The least restrictive environment mandate and the courts: Judicial activism or judicial restraint? *Exceptional Children, 61*, 578-581.

Yenerall, J.D. (1995). College socialization and attitudes of college students toward the elderly. *Gerontology and Geriatrics Education, 15*, 37-48.

Yontef, G.M. (1995). Gestalt therapy. En A.S. Gurman y S.B. Messer (eds.), *Essential psychotherapies: Theory and practice.* Nueva York: Guilford Press.

Yost, W.A. (1992). Auditory perception and sound source determination. *Current Directions in Psychological Science, 1,* 179-184.

Youdim, M.B.H. y Riederer, P. (1997, enero). Understanding Parkinson's disease. *Scientific American,* pp. 52-59.

Youkilis, H. y Bootzin, R.R. (1981). A psychophysiological perspective on the etiology and treatment of insomnia. En S.M. Haynes y L.A. Gannon (eds.), *Psychosomatic disorders: A psychophysiological approach to etiology and treatment.* Nueva York: Praeger.

Young, M.A., Fogg, L.F., Scheftner, W., Fawcett, J. *et al.* (1996). Stable trait components of hopelessness: Baseline and sensitivity to depression. *Journal of Abnormal Psychology, 105,* 155-165.

Young, W. (1996, 26 de julio). Spinal cord regeneration. *Science, 273,* 451.

Youngman, N. (1992, febrero). Adapt to diversity or risk irrelevance, field warned. *APA Monitor, 23,* 44.

Yu, S., Pritchard, M., Kremer, E., Lynch, M., Nancarrow, J., Baker, E., Holman, K., Mulley, J.C., Warren, S.T., Schlessinger, D., Sutherland, G.R. y Richards, R.I. (1991, 24 de mayo). Fragile X genotype characterized by an unstable region of DNA. *Science, 252,* 1179-1181.

Yurek, D.M. y Sladek, J.R., Jr. (1990). Dopamine cell replacement: Parkinson's disease. *Annual Review of Neuroscience, 13.*

Yuskauskas, A. (1992). Conflict in the developmental disabilities profession: Perspectives on treatment approaches, ethics, and paradigms. *Dissertation Abstracts International, 53,* 1870.

Zaidel, D.W. (1994). Worlds apart: Pictorial semantics in the left and right cerebral hemispheres. *Current Directions in Psychological Science, 3,* 5-8.

Zaidel, E., Aboitiz, F., Clarke, J., Kaiser, D. y Matterson, R. (1995). Sex differences in interhemispheric relations for language. En F.L. Kitterle (ed.), *Hemispheric communication: Mechanisms and models.* Mahwah, NJ: Erlbaum.

Zajonc, R.B. (1968). The attitudinal effects of mere exposure. *Journal of Personality and Social Psychology, 9,* 1-27.

Zajonc, R.B. (1985). Emotion and facial efference: A theory reclaimed. *Science, 228,* 15-21.

Zajonc, R.B. y McIntosh, D.N. (1992). Emotions research: Some promising questions and some questionable promises. *Psychological Science, 3,* 70-74.

Zamarra, J.W., Schneider, R.H., Besseghini, I. Robinson, D.K. y Salerno, J.W. (1996). Usefulness of the transcendental mediation program in the treatment of patients with coronary artery disease. *American Journal of Cardiology, 77,* 867-870.

Zanna, M.P. y Pack, S.J. (1974). On the self-fulfilling nature of apparent sex differences in behavior. *Journal of Experimental Social Psychology, 11,* 583-591.

Zaragoza, M.S. y Mitchell, K.J. (1996). Repeated exposure to suggestion and the creation of false memories. *Psychological Science, 7,* 294-300.

Zaslow, M.J. (1991). Variation in child care quality and its implications for children. *Journal of Social Issues, 47,* 125-138.

Zautra, A.J., Reich, J.W. y Guarnaccia, C.A. (1990). Some everyday life consequences of disability and bereavement for older adults. *Journal of Personality and Social Psychology, 59,* 550-561.

Zebrowitz-McArthur, L. (1988). Person perception in cross-cultural perspective. En M.H. Bond (ed.), *The cross-cultural challenge to social psychology.* Newbury Park, CA: Sage.

Zeidner, M. y Endler, N.S. (eds.). (1996). *Handbook of coping: Theory, research, applications.* Nueva York: Wiley.

Zeki, S. (1992, septiembre). The visual image in mind and brain. *Scientific American, 267,* 68-76.

Zeki, S. (1993). *A vision of the brain.* Boston: Blackwell Scientific Publications.

Zevon, M. y Corn, B. (1990). Ponencia presentada en la reunión anual de la American Psychological Association, Boston.

Zhang, Y., Proenca, R., Maffei, M., Barone, M., Leopold, L. y Friedman, J.M. (1994, diciembre). Positional cloning of the mouse obese gene and its human homologue. *Nature, 372,* p. 425.

Zhdanova, I., Wurtman, R. y Green, C.H. (1996, junio1). How does melatonin affect sleep? *The Harvard Mental Health Letter,* 8.

Ziegler, E. y Styfco, S.J. (1993). *Head start and beyond: A national plan for extended childhood intervention.* New Haven, CT: Yale University Press.

Zigler, E. y Glick, M. (1988). Is paranoid schizophrenia really camouflaged depression? *American Psychologist, 43,* 284-290.

Zigler, E.F. y Lang, M.E. (1991). *Child care choices: Balancing the needs of children, families, and society.* Nueva York: Free Press.

Zika, S. y Chamberlain, K. (1987). Relation of hassles and personality to subjective well-being. *Journal of Personality and Social Psychology, 53,* 155-162.

Zilbergeld, B. y Ellison, C.R. (1980). Desire discrepancies and arousal problems in sex therapy. En S.R. Leiblum y L.A. Pervin (eds.), *Principles and practices of sex therapy.* Nueva York: Guilford Press.

Zillman, D. (1978). *Hostility and aggression.* Mahwah, NJ: Erlbaum.

Zillman, D. (1993). Mental control of angry aggression. En D.M. Wegner y J.W. Pennebaker (eds.), *Handbook of mental control.* Englewood Cliffs, NJ: Prentice Hall.

Zimmer, J. (1984). Courting the gods of sport: Athletes use superstition to ward off the devils of injury and bad luck. *Psychology Today,* pp. 36-39.

Zimmer, L. y Morgan, J.P. (1997). *Marijuana myths, marijuana fact. A review of the scientific evidence.* Nueva York: Lindesmith Center.

Zimmerman, B.J. (1995). Self-efficacy and educational development. En A. Bandura (ed.), *Self-efficacy in changing societies.* Nueva York: Cambridge University Press.

Zimmerman, B.J. (1996). Enhancing student academic and health functioning: A self-regulatory perspective. *School Psychology Quarterly, 11,* 47-66.

Zinberg, N.E. (1976). Normal psychology of the aging process, revisited (1): Social learning and self-image in aging. *Journal of Geriatric Psychiatry, 9,* 131-150.

Zito, J.M. (1993). *Psychotherapeutic drug manual* (3a. ed. rev.). Nueva York: Wiley.

Zola-Morgan, S. y Squire, L.R. (1993). The neuroanatomy of memory. *Annual Review of Neuroscience, 16,* 547-563.

Zola-Morgan, S.M. y Squire, L.R. (1990, 12 de octubre). The primate hippocampal formation: Evidence for a time-limited role in memory storage. *Science, 250,* 288-290.

Zubin, J. y Spring, B. (1977). Vulnerability: New view of schizophrenia. *Journal of Abnormal Psychology, 86,* 103-126.

Zuckerman, M. (1978). The search for high sensation. *Psychology Today,* pp. 30-46.

Zuckerman, M. (1991). One person's stress is another person's pleasure. En C.D. Spielberger, I.G. Sarason, Z. Kulczar y G.L. Van Heck (eds.), *Stress and emotion: Anxiety, anger, and curiosity.* Nueva York: Hemisphere.

Zuckerman, M. (1994). *Behavioral expressions and biosocial bases of sensation seeking.* Nueva York: Cambridge University Press.

Zuckerman, M., Miyake, K. y Elkin, C.S. (1995). Effects of attractiveness and maturity of face and voice on interpersonal impressions. *Journal of Research in Personality, 29,* 253-272.

Zuger, A. (1996, 8 de octubre). Home testing for HIV. *Health News,* p. 4.

Agradecimientos

Capítulo 1: Figura 1.1 tomada de Office of Demographic, Employment and Educational Research (ODEER). (1994). Major speculate areas within the field of psychology. Washington, DC: American Psychological Association. Derechos reservados © 1994 por la American Psychological Association. Adaptado con autorización. Página 30 dibujo de Handelsman; © The New Yorker Magazine.

Capítulo 2: Figura 2.2 usada con autorización de Carol Donner. **Figura 2.7** tomada de Loftus, E. y Wortmann, C. (1989). *Psychology*, 4a. ed. Nueva York: Knopf. (McGraw-Hill), p. 69. Reproducida con autorización de The McGraw-Hill Companies. **Figura 2.11** usada con autorización de Carol Donner. **Figura 2.12a** tomada de Schneider, A.M. y Tarshis, B. (1995). *Elements of Physiological Psychology*. Nueva York: McGraw-Hill. Reproducida con autorización de The McGraw-Hill Companies. **Figura 2.13b** usada con la autorización de Carol Donner. **Figura 2.14** tomada de Penfield, W. y Rasmussen, T. (1950). *The cerebral cortex of man*. Nueva York: Macmillan Publishing. **Figura 2.16** usada con autorización del Dr. Peter Fox, Research Imaging Center. University of Texas at San Antonio, Health Science Center. **Figura 2.19** usada con autorización del Dr. Mark R. Rosenzweig y Dr. Arnold L. Leiman. **Figura 2.20** reimpresa con autorización de Psychology Today Magazine. Derechos reservados © 1985 (Sussex Publishers, Inc.).

Capítulo 3: Figura 3.5 adaptada de *Human Information Processing: An Introduction to Psychology*, Segunda edición, de Peter H. Lindsay y Donald A. Norman. Derechos reservados © 1997 por Harcourt Brace & Company, reproducida con autorización del editor. **Figura 3.10** tomada de National Institutes of Health, 1996, Washington, DC. **Figura 3.12** usada con autorización de la Dra. Linda Bartoshuk y Laura Lucchina. **Figura 3.13** tomada de Kinshalo, R. *The skin senses*. (1968). Cortesía de Charles C. Thomas, Publisher, Springfield, Illinois. **Figura 3.14c** tomada de *Mind Sights* de Shepard. © 1990 por Roger N. Shepard. Reimpresa con autorización de W.H. Freeman and Company. **Página 125** (*margen*) © 1996 Ian Falconer originalmente en The New Yorker. Todos los derechos reservados. **Figura 3.16** tomada de *Sensation and Perception* de E.B. Goldstein. Derechos reservados © 1996, 1989, 1984, 1980 Brooks/Cole Publishing Company, Pacific Grove, CA 93950, a division of International Thomson Publishing Inc. Con autorización del editor. **Figura 3.17** tomada de Biederman, I. (1990). Higher level vision. En D.N. Osherson, S. Kosslyn y J. Hollerbach (eds.), *An invitation to cognitive science: Visual cognition and action*. Cambridge, MA: MIT Press. **Figura 3.18** Reimpresa de *Vision research, 26*, Julesz, B., Stereoscopic vision, pp. 1601-1602. Derechos reservados © 1986 con la amable autorización de Elsevier Science Ltd, The Boulevard, Langford Lane, Kidlington OX5 1GB, UK. **Figura 3.19** tomada de *Sensation and Perception*, tercera edición, de Stanley Coren y Lawrence M. Ward. Derechos reservados © 1989 por Harcourt Brace & Company, reproducida con autorización. **Figura 3.20** usada con autorización del

Dr. Donald A. Norman y Dr. David Rumelhart. **Figura 3.21a-d** adaptada de *Sensation and Perception*, segunda edición, de Stanley Coren, Clare Porac y Lawrence M. Ward. Derechos reservados © 1984 por Harcourt Brace & Company, reproducida con autorización del editor. **Figura 3.22a** adaptada de *Sensation and Perception*, segunda edición, de Stanley Coren, Clare Porac y Lawrence M. Ward. Derechos reservados © 1984 por Harcourt Brace & Company, reproducida con autorización del editor.

Capítulo 4: Figura 4.1 tomada de Palladino, J.J. y Carducci, B.J. (1984). Students knowledge of sleep and dreams. *Teaching of Psychology, 11*, 89-191. Derechos reservados © 1984 Lawrence Erlbaum Associates, Inc. **Figura 4.2** tomada de *Sleep*, de Hobson. © 1995 por J. Allen Hobson. Usada con autorización de W.H. Freeman and Company. **Figura 4.3** tomada de Hartmann, E., *The Biology of Dreaming* (1967). Cortesía de Charles C. Thomas, Publisher, Springfield, Illinois. **Figura 4.4** tomada de *Secrets of Sleep*, de Alexander Borbely. Derechos reservados de la traducción al inglés © 1986 por BasicBooks, Inc. Derechos reservados © 1984 por Deutsche Verlag-Anstalt GmbH, Stuttgart. Reimpresa con autorización de BasicBooks, a division of HarperCollins Publishers, Inc. **Figura 4.5** usada con autorización del Dr. Martin Moore-Ede. **Figura 4.6** tomada de Dement, W.C., en D.F. Dinges y R.J. Broughton (eds.). (1989). *Sleep and Alertness: Chronobiological, Behavioral, and Medical Aspects of Napping*. Filadelfia: Lippincott-Raven. **Página 154** THE FAR SIDE © 1983 THE FARWORKS, INC. Usada con autorización de UNIVERSAL PRESS SYNDICATE. Todos los derechos reservados. **Figura 4.7** tomada de Griffith, R.M., Otoya, M. y Tago, A. (1958). The universality of typical dreams: Japanese *vs.* American. *American Anthropologist, 60:6*, pt. 1. 1958. Reproducida con autorización de la American Anthropological Association de American Anthropologist 60:6, pt. 1, 1958. No se autoriza su reproducción posterior. **Página 166** dibujo de Richter; © 1993 The New Yorker Magazine, Inc. **Figura 4.8** tomada de Benson, H., *The Relaxation Response*. Derechos reservados © 1975 William Morrow and Co., Inc., Nueva York. Usada con autorización del editor. **Figura 4.9** tomada de Monitoring the Future Study (1994). University of Michigan at Ann Arbor. **Figura 4.10** tomada de *The New York Times*. (7 de agosto, 1991). Blakeslee. Levels of caffeine in various foods. Derechos reservados © 1991 por The New York Times Company. Reimpresa con autorización. **Figura 4.11** Gawin, F.H. y Kleber, H.D. (29 de marzo, 1991). Cocaine abstinence phases. *Science*. Derechos reservados © 1991 American Association for the Advancement of Science. **Figura 4.12** tomada de Wechsler, H., Davenport, A., Dowdall, G., Moeykens, B., Castillo, S. Health and behavioral consequences of binge drinking in college. A national survey of students at 140 campuses. *JAMA*. 272(21):1672-1677, 7 de diciembre de 1994, Derechos reservados © 1994, American Medical Association. **Figura 4.14** tomada de

Monitoring the Future Study (16 de diciembre, 1996). University of Michigan at Ann Arbor.

Capítulo 5: Página 199 dibujo de Cheney; © 1993 The New Yorker Magazine, Inc. **Página 179** © **Jim Daniels. Figura 5.6** tomada de Tolman, E.C. y Honzik, C.H. (1930). Introduction and removal of reward and maze performance in rats. *University of California Publications in Psychology, 4*, 257-275. Usada con autorización de University of California Press. **Cuadro 5.2** tomado de Anderson, J.A., & Adams, M. (1992). Acknowledging the learning styles of diverse student populations: Implications for instructional design. *New Directions for Teaching and Learning, 49*, 19-33. Derechos reservados © 1992 Jossey-Bass, Inc., Publishers. **Página 213** Gahan Wilson © 1995 tomado de The New Yorker Collection. Todos los derechos reservados.

Capítulo 6: Figura 6.2 tomada de Atkinson, R.C. y Shiffrin, R.M. (1968). Human memory: A proposed system and its control processes. En K.W. Spence y J.T. Spence (eds.), *The psychology of learning and motivation: Advances in research and theory* (Vol. 2, pp. 80-195). Nueva York: Academic Press. **Página 235** dibujo de R. Chast; © 1994 The New Yorker Magazine, Inc. **Figura 6.5** tomada de Gathercole, S.E. y Baddeley, A.D. (1993). *Working memory and language processing*. Hillsdale, NJ: Erlbaum. **Figura 6.7** tomada de Collins, A.M. y Quillian, M.R. (1969). Retrieval times from semantic memory. *Journal of Verbal Learning and Verbal Behavior, 8*, 240-247. Academic Press. **Página 240** © Rob Rogers, reimpreso con autorización de UFS, Inc. **Figura 6.10** reimpreso con autorización de Psychology Today Magazine. Derechos reservados © 1985 (Sussex Publishers, Inc.). **Figura 6.11** tomada de Allport, G.W. y Postman, L.J. (1958). The basic psychology of rumor. En E.D. Maccoby, T.M. Newcomb y E.L. Hartley (eds.), *Readings in social psychology* (3a. ed.). Nueva York: Holt.

Capítulo 7: Figura 7.1 Tomada de Shepard, R. y Metzler, J. (1971). Mental rotation of three dimensional objects. *Science, 171*, 701-703. American Association for the Advancement of Science. Derechos reservados © 1971 American Association for the Advancement of Science. **Figura 7.5a** tomada de Poncini, M. (1990). *Brain Fitness*. Nueva York: Random House. **Figura 7.5b** tomada de Solso, R.L. *Cognitive psychology*, 3a. ed. Derechos reservados © 1991 por Allyn and Bacon. Reimpresa/adaptada con autorización. **Figura 7.6** usada con autorización del Dr. Barry F. Anderson. **Página 286** THE FAR SIDE © 1981 THE FARWORKS, INC. Usada con autorización de UNIVERSAL PRESS SYNDICATE. Todos los derechos reservados. **Figura 7.10** tomada de Luchins, A.S. (1946). Classroom experiments on mental set. *American Journal of Psychology, 59*, 295-298. University of Illinois Press. **Figura 7.11** cortesía de los Drs. Betty Hart y Todd Risley, 1997. **Cuadro 7.1** tomado de Rosch, E. y Mervis, C.B. (1975). Family resemblances: Studies in the internal structure of categories. *Cognitive Psychology, 7*, 573-605. Academic Press.

735

Capítulo 8: Figura 8.2 Reactivos simulados parecidos a los de la Wechsler Intelligence Scale for Children: Third Edition. Derechos reservados © 1990 por The Psychological Corporation. Reproducidos con autorización. Todos los derechos reservados. "Wechsler Intelligence Scale for Children" y "WISC-III" son marcas registradas de The Psychological Corporation. **Figura 8.3** tomada de The New York Times, 15 de noviembre, 1994, p. B9. A new approach to test-taking. Derechos reservados © 1994 por The New York Times Company, reimpreso con autorización. **Figura 8.4** tomada de Walters, J.M. y Gardner, H. (1986). En R.J. Sternberg (ed.), *Practical Intelligence*. Extracto, pp. 167-173. Nueva York: Cambridge University Press. Reimpreso con autorización de Cambridge University Press. **Figura 8.5** tomada de Reasoning, problem solving, and intelligence. En R.J. Sternberg (ed.), *Handbook of human intelligence* (pp. 225-307). Nueva York: Cambridge University Press. Reimpreso con autorización de Cambridge University Press. **Figura 8.6** usada con autorización del Dr. Robert J. Sternberg. **Figura 8.7** tomada de Sternberg, R.J. y Wagner, R.K. (1993). The g-ocentric view of intelligence and job performance is wrong. *Current Directions in Psychological Science, 2,* 1-5. Usada con autorización de Cambridge University Press. **Página 324** THE FAR SIDE © 1982 THE FARWORKS INC. Usado con autorización de UNIVERSAL PRESS SYNDICATE. Todos los derechos reservados. **Página 335** Charles Barsotti © 1994 de The New Yorker Collection. Todos los derechos reservados. **Figura 8.8** resumida con autorización de Bouchard, T.J. y McGue, M. Familial studies of intelligence: A review. *Science, 212,* 1055-1059. Derechos reservados © 1981 American Association for the Advancement of Science. **Figura 8.9** usada con autorización de Dimitry Schildlovsky. **Cuadro 8.1** reimpreso con autorización de Knight-Ridder/Tribune Information Services.

Capítulo 9: Figura 9.1 tomada de *Motivation and Personality*, 3a. ed., de Abraham H. Maslow. Derechos reservados © 1954, 1987 por Harper & Row Publishers. Inc. Derechos reservados © 1970 por Abraham H. Maslow. Reimpreso con autorización de Addison-Wesley Educational Publishers, Inc. **Figura 9.3** tomada de Fischer, K.W., Shaver, P.R. y Carnochan, P. (1990). How emotions develop and how they organize development. *Cognition and Emotion, 4,* 81-127. Reimpreso con autorización de Psychology Press Limited, Hove, UK. **Figura 9.5** tomada de George, M.S., Ketter, T.A., Parekh, P.I., Horwitz, B., Herscovitch, P. y Post, R.M. (1955). Brain activity during transcient sadness and happiness in healthy women. *American Journal of Psychiatry, 152,* 341-351. **Figura 9.6** tomada de Selye, H. (1976). *The stress of life.* Nueva York: McGraw-Hill. Reproducida con autorización de The McGraw-Hill Companies. **Figura 9.7 (vicisitudes cotidianas)** tomada de Chamberlain, K. y Zika, S. (1990). The minor events approach to stress: Support for the use of daily hassles. *British Journal of Psychology, 81,* 469-481. © The British Psychological Society. **Figura 9.7 (sucesos agradables)** Kanner, A.D., Coyne, J.C., Schaefer, C. y Lazarus, R. (1981). Comparison of two modes of stress measurement: Daily hassles and uplifts *versus* major life events. *Journal of Behavioral Medicine, 4,* 14. Reproducido con autorización de Plenum Publishing Corporation. **Cuadro 9.1** reimpreso con autorización de *Psychology Today Magazine.* Derechos reservados © 1978 (Sussex Publishers, Inc.) **Cuadro 9.2** tomado de Jenkins, C.D., Zyzansky, S.J. y Rosenman, R.H. (1979). Coronary-prone behavior: One pattern or several? *Psychosomatic Medicine, 40,* 25-43. Derechos reservados © 1979 Williams y Wilkins.

Capítulo 10: Figura 10.1 tomada de Shirely, M.M., *The first two years: A study of twenty-five babies*, Vol. 2. (University of Minnesota Press, 1933). **Página 418** dibujo de Lorenz; © 1985 The New Yorker Magazine, Inc. **Figura 10.5** tomada de Schickedanz, J.A., Schickedanz, D.I. y Forsyth, P.D. (1982). *Toward understanding children.* Boston: Little, Brown. **Figura 10.6** tomada de Schaie, K.W. (1994). The course of adult intellectual development. *American Psychologist, 49,* 304-313. Derechos reservados © 1994 por la American Psychological Association. Adaptada con autorización. **Cuadro 10.5** tomado de Kohlberg, L. (1969). Stage and sequence: The cognitive-developmental approach to socialization. En D. Goslin (ed.), *Handbook of socialization theory and research.* Chicago: Rand McNally. Usado con autorización de David Goslin, presidente, American Institutes for Research. **Página 382** Michael Crawford © 1991 por The New Yorker Collection. Todos los derechos reservados. **Capítulo 11: Figura 11.2** tomada de Catell, Eber y Tatsuoka, 1970. *Handbook for the 16PF.* Champaign, IL: Institute for Personality and Ability Testing. **Figura 11.3** tomada de Eysenck, H.J. (1990). Biological dimensions of personality. En L.A Pervin (ed.), *Handbook of personality: Theory and research,* p. 246. Nueva York: Guilford. **Figura 11.4** tomada de Tellegen, A., Lykken, D.T., Bouchard, T.J., Jr., Wilcox, K.J., Segal, N.L. y Rich, S. (1988). Personality similarity in twins reared apart and together. *Journal of Personality and Social Psychology, 54,* 1031-1039. Derechos reservados © 1988 por la American Psychological Association. Adaptada con autorización. **Página 475** Robert Mankoff © 1991 por The New Yorker Collection. Todos los derechos reservados. **Figura 11.5** basada en Halgin, R.P. y Whitbourne, S.K. (1994). *Abnormal psychology.* Fort Worth, TX: Harcourt Brace, and Minnesota Multiphasic Personality Inventory 2. University of Minnesota. Reproducida con autorización de The McGraw-Hill Companies. **Cuadro 11.3** tomado de Pervin, L.A. (ed.). (1990). *Handbook of personality: Theory and research.* Nueva York: Guilford.

Capítulo 12: Figura 12.1 tomada de *Anxiety disorders and phobias,* de Aaron T. Beck y Gary Emery, con Ruth L. Greenberg. Derechos reservados © 1985 por Aaron T. Beck, MD y Gary Emery, PhD. Reimpresa con autorización de BasicBooks, a division de HarperCollins Publishers, Inc. **Figura 12.3** tomada de *The New York Times,* 10 de octubre, 1993, p. C8. Mapping madness and genius. Derechos reservados © 1993 por The New York Times Company, reimpresa con autorización. **Figura 12.6** tomada de *Schizophrenia genesis. The origins of madness,* de Gottesman © 1991 por Irving I. Gottesman. Reimpresa con autorización de W.H. Freeman and Company. **Figura 12.7** usada con autorización de la Dra. Nancy C. Andreasen. **Figura 12.9** tomada de Kessler, R.C., McGonagle, K.A., Zhao, S., Nelson, C.B., Hughes, M., Eshleman, S., Wittchen, H. y Kendler, K.S. (1994). Lifetime and 12-month prevalence of DSM-III-R psychiatric disorders in the United States. *Archives of General Psychiatry, 51,* 8-19.

Capítulo 13: Página 546 Donal Reilly © 1994 por The New Yorker Collection. Todos los derechos reservados. **Figura 13.1** tomada de Smith, M.L., Glass, G.V. y Miller, T.J. *The benefits of psychotherapy.* Derechos reservados © 1980 Johns Hopkins University Press. **Figura 13.2** Derechos reservados 1995 por Consumers Union of U.S., Inc., Yonkers, NY 10703-1057. Reimpresa con autorización de CONSUMER REPORTS, noviembre, 1995. **Página 564** dibujo de Gahan Wilson; © 1994 The New Yorker Magazine, Inc. **Figura 13.3** tomada de Howard, A., Pion, G.M.,

Gottfredson, G.D., Flattau, P.E., Oskamp, S., Pfafflin, S.M., Bray, D.W. y Burstein, A.D. (1986). The changing face of American psychology: A report from the committee on employment and human resources. *American Psychologist, 41,* 1311-1327. Derechos reservados © 1986 por la American Psychological Association. Adaptada con autorización. **Cuadro 13.2** usado con autorización del Dr. Herbert Benson. **Capítulo 14: Figura 14.4** adaptada de Anderson. C.A., Krull, D.S. y Weiner, B. (1996). Explanations: Processes and consequences. En E.T. Higgins y A.W. Kruglanski (eds.), *Social Psychology: Handbook of basic principles* (pp. 271-296). NY: Guilford Press. **Figura 14.7** reimpresa con autorización de *Psychology Today Magazine.* Derechos reservados © 1979 (Sussex Publishers, Inc.). **Figura 14.8** tomada de Sternberg, R.J. (1986). Triangular theory of love. *Psychological Review, 93,* 119-135. Derechos reservados © 1986 por la American Psychological Association. Adaptada con autorización. **Figura 14.9** tomada de Duck, S. (ed.). (1984) *Personal Relationships.* Nueva York: Academic Press. **Figura 14.10** tomada de *The Unresponsive Bystander* de Latané/Darley, © 1970. Adaptada con autorización de Prentice-Hall, Inc. Upper Saddle River, NJ. **Cuadro 14.2** tomado de Buss, D.L. International preferences in selecting mates: A study of 37 cultures. *Journal of Cross-Cultural Psychology, 21,* 5-47. Derechos reservados © 1990 por Sage Publications. Reimpreso con autorización de Sage Publications. **Cuadro 14.3** tomado de Benjamin, L.T., Jr. (1985, febrero). Defining aggression: An exercise for classroom discussion. *Teaching of Psychology, 12*(1), 40-42. Derechos reservados © 1985 Lawrence Erlbaum Associates, Inc.

Créditos de fotografías

Investigación de LouAnn Wilson

Capítulo 1: Inicio: © Bob Daemmrich/Stock Boston; pp. 4, 20 y 24: AP/Wide World Photos; p. 8: © Beringer/Howard Dratch/The Image Works; p. 14: Psychology Archives-University of Akron; p. 18: Corbis-Bettmann; p. 19: Culver Pictures Inc.: p. 27: © Robert Brenner/Photo Edit; p. 28: © Dirck Halstead/Gamma Liaison; p. 31: © Michael Newman/Photo Edit; p. 33: © James Wilson/Woodfin Camp; pp. 40, 41: B.W. Hoffman/Unicorn Stock Photos.

Capítulo 2: Inicio: © Howard Sochurek/The Stock Market; p. 50: © Bob Daemmrich/Stock Boston; p. 51 (*izquierda y derecha*): © Manfred Kage/Peter Arnold, Inc.; pp. 53 y 59: AP/Wide World Photos; Figura 2.9a,b Science Photo Library/Science Source/Photo Researchers, Inc.; Figura 2.9c © Scott Camazine/Photo Researchers, Inc.; Figura 2.9d: © Dan McCoy/Rainbow; Figura 2.9e: © Hank Morgan/Photo Researchers, Inc.; p. 68: © Stephen Ferry/Gamma Liaison; Figura 2.15: The National History Museum, Londres; p. 77: Usada con autorización de Antonio Damascio en *Science Magazine*, Vol. 264, 20 de mayo, 1994. Derechos reservados © 1994 American Association for the Advancement of Science; Figura 2.16; Cortesía de Peter T. Fox y Jack L. Lancaster; Figura 2.17: © J.C. Mazziota y M.E. Phelps, UCLA School of Medicine/Dan McCoy/Rainbow; Figura 2.18: Shaywitz *et al.*, 1995 NMR Research/Yale Medical School; p. 86: © James Schnepf/Gamma Liaison.

Capítulo 3: Inicio: © Robert Holmes/Corbis; p. 94: AP/Wide World Photos; p. 97: © George Rose/Gamma

Liaison; Figura 3.6*a-d*: © Joe Epstein 1988/Design Conceptions; p. 110: Fotografía cortesía del Dr. Jack M. Loomis, Dr. Reginald G. Golledge y Dr. Robert L. Klatzky; p. 118: © Louie Psihoyos/Contact Press Images; Figura 3.14*a*: Cortesía de Kaiser-Porcelain Ltd.; Figura 3.15: Ronald C. James, tomada de R.G. Carraher y J.B. Thurston, *Optical Illusions in the Visual Arts*, 1966. Van Nostrand Reinhold Press, Nueva York.; Figura 3.18: Cortesía del Dr. Bela Julesz, Laboratory of Vision Research, Rutgers University; Figura 3.21: © John G. Ross/Photo Researchers, Inc.; Figura 3.23*a,b*: © Innervisions.

Capítulo 4: Inicio: Laurie Rubin/The Image Bank, © 1998; p. 146: AP/Wide World Photos; Figura 4.1: © Ted Spagna/Science Source/Photo Researchers, Inc.; p. 153: © William McCoy/Rainbow; p. 162: © Dan McCoy/Rainbow; p. 164: © John Ficara/Woodfin Camp; p. 167: © Deborah Davis/Photo Edit; p. 171: © Dion Ogust/The Image Works; p. 172: © Mary Kate Denny/Photo Edit; p. 173: © Mark C. Burnett/Photo Researchers, Inc.; p. 176: © Steve Skjold/Photo Edit.

Capítulo 5: Inicio: © Jeff Greenberg/Photo Edit; p. 188: © Spencer Grant/Liaison International; p. 190: Culver Pictures Inc.; p. 198: Nina Leen/Life Magazine © Time, Inc.; p. 203: © Jim Daniels/Index Stock; p. 207: © Frieda Leinwand/Monkmeyer; p. 209: © Michael Newman/Photo Edit; p. 214: The Photo Works/Photo Researchers, Inc.; p. 215: Gamma Liaison; p. 220: © Lester Sloan/Woodfin Camp.

Capítulo 6: Inicio: © Steve Raymer/Corbis; p. 228: © Adolphe Pierre-Louis; p. 237: © Jeffrey Muir Hamilton/Stock Boston; p. 242: © Tom McCarthy Photos/Index Stock; p. 218: © Disney Enterprises, Inc.; pp. 245 y 258: AP/Wide World Photos; Figura 6.15: Cortesía del Dr. Steven E. Peterson, Washington University Medical School.

Capítulo 7: Inicio: © Bob Daemmrich/Stock Boston; p. 270 © Paula Lerner/Woodfin Camp; Figura 7.2: Cortesía del Dr. Alvaro Pascual-Leone, M.D., PhD.; p. 274: © Bob Daemmrich/Stock Boston; p. 276: © Najlah Reanny/Stock Boston; p. 285: *The Mentality of Apes*, de Wolfgang Kohler, 1925. Reimpreso con autorización de Routledge, Inglaterra; p. 291: © Michael Schwarz/Gamma Liaison; p. 294: Cortesía de la Dra. Laura Ann Petitto © 1991/fotografía de Robert LaMarche; p. 295: © Dwayne Newton/Photo Edit; p. 297: © W. & D. McIntyre/Photo Researchers, Inc.; p. 299: © Georgia State University's Language Research Center.

Capítulo 8: Inicio: © Bill Bachmann/Stock Boston; p. 308 (*arriba*): © James S. Douglass; p. 308 (*abajo*): © Pat Harbron/Outline/*Newsweek*; p. 309: © David Hiser/Photographers Aspen; p. 312: © Suzanne Szasz/Photo Researchers, Inc.; p. 318 (*izquierda*): © Sepp Seitz/Woodfin Camp; p. 318 (*derecha*): © Bob Daemmrich/The Image Works; p. 322: © Bill Bachmann/The Image Works; p. 325: © Bill Aron/Photo Edit; p. 327: © Stephen Frisch/Stock Boston; p. 333: © Bob Daemmrich/The Image Works.

Capítulo 9: Inicio: © E.B. Graphics/Liaison International; p. 344: AP/Wide World Photos; p. 350: © Peter Southwick/Stock Boston; p. 354: © Dean Berry/Liaison International; pp. 357 y 358: © Tony Freeman/Photo Edit; p. 360 (*izquierda*): © Chuck O'Rear/Woodfin Camp; p. 360 (*derecha*): © Bill Bachmann/Stock Boston; p. 363: AP/Wide World Photos; Figura 9.2: Reimpresa con autorización del editor, tomada de Henry A. Murray, *Thematic Apperception Test*. Cambridge, Mass.: Harvard University Press, © 1943 por President & Fellows of Harvard College, © 1971 por Henry A. Murray; p. 377: Cortesía de Donald G. Dutton, PhD; Figura 9.5: *American Journal of Psychiatry* (152) p. 379, marzo, 1995, American Psychiatric Press Association. Fotografía cortesía del Dr. Mark S. George. Reimpresa con autorización; p. 384: © Frank Siteman/Index Stock.

Capítulo 10: Inicio: © Malisky/Liaison International; p. 396: © Michael Gallacher/Missoulian/Gamma Liaison; p. 398: © Peter Byron; p. 402: © 1989 Peter Menzel/Stock Boston; p. 362 (*izquierda):* Lennart Nilsson/Albert BonnierForlag AB, *A Child is Born*, Dell Publishing; p. 405 (*derecha*): Petit Format/Science Source/Photo Researchers, Inc.; p. 406: Reimpresa con autorización de la American Cancer Society, Inc.; Figura 10.3: Tomada de A.N. Meltzoff y M.K. Moore, "Imitations of Facial and Manual Gestures by Human Neonates". *Science*, 1977: Vol. 198, pp. 75-78; Figura 10.4: Harlow Primate Laboratory, University of Wisconsin; p. 415: The Photo Works/Photo Researchers, Inc.; p. 416: © Lawrence Migdale/Photo Researchers, Inc.; p. 426: © M.S. Wexler/Woodfin Camp; p. 430: © David Young Wolff/Tony Stone; p. 434: © Catherine Karnow/Woodfin Camp; p. 440: © James Wilson/Woodfin Camp; p. 444: © Bob Daemmrich/Stock Boston.

Capítulo 11: Inicio: © David Young-Wolff/Photo Edit; p. 456: © Jacques M. Chenet/Gamma Liaison; p. 459: © Margaret Miller/Photo Researchers, Inc.; p. 464 (*ambas*): Photofest; p. 466: © J.C. Francolon/Gamma Liaison; p. 472: AP/Wide World Photos; p. 477: © Bob Daemmrich/Stock Boston; p. 481: © Bob Daemmrich/The Image Works.

Capítulo 12: Inicio: © Vanessa Vick/Photo Researchers, Inc.: p. 494 (*izquierda*): © Joseph Sohm/Chromosohm; p. 494 (*derecha*) y Figura 12.4: AP/Wide World Photos; p. 495: Corbis-Bettmann; p. 512: © Frank Micelotta/Outline; Figura 12.4: AP/Wide World Photos; Figura 12.5: Tomada del Dr. Hans Prinzhorn, *The Artistry of the Mentally Ill: A Contribution to Psychopathology of Configuration*, 1995. Reimpresa con autorización de Springer-Verlag, Viena; Figura 12.7a,b: Nancy Andreasen, University of Iowa Hospitals & Clinics; Figura 12.8: Monte S. Buchsbaum, M.D., Mount Sinai Medical Center; p. 524: © Kal Muller/Woodfin Camp; p. 527: © Evan Agostini/Gamma Liaison.

Capítulo 13: Inicio. © Zigy Kaluzny/Tony Stone; p. 434: © Lynn Johnson/Black Star; p. 540: © Jonahan Nourok/Photo Edit; p. 541: © Rick Friedman/Black Star; p. 543: © Gary Meek at Georgia Tech Communications; p. 545: © David Young-Wolff/Photo Edit; p. 550: © Alon Reininger/Contact Press Images; p. 554: © David Young-Wolff/Photo Edit; p. 558: Custom Medical Stock Photo.

Capítulo 14: Inicio: © Jay Nubile/The Image Works; p. 570: © Michael Newman/Photo Edit; p. 574: © Gilles Mingason/Gamma Liaison; p. 588: © Bob Daemmrich/The Image Works; Figura 14.6a,b: © 1965 Stanley Milgram, tomada de la película "Obedience" distribuida por Pennsylvania State University Media Sales; pp. 594 y 608: AP/Wide World Photos; p. 595: © Barbara Burnes/Photo Researchers, Inc.; p. 601: © Esbin-Anderson/The Image Works.

Índice de nombres

Índice temático

Nota: Los números de página en *cursivas* indican figuras; los números de página seguidos de una *c* indican cuadros.